Modern Macroeconomics

Its Origins, Development and Current State

Brian Snowdon
Howard R. Vane

현대거시경제학

기원, 전개 그리고 현재

박만섭 • 배인철 • 이상호 • 강성진 공역

서울경제경영

현대거시경제학

기원, 전개 그리고 현재

2009년 2월 21일 | 제1판 1쇄 인쇄
2009년 2월 26일 | 제1판 1쇄 발행

역　　자 | 박만섭, 배인철, 이상호, 강성진
발 행 인 | 김은중
발 행 처 | 서울경제경영출판사
북디자인 | 우일미디어

주　　소 | 120-808 서울특별시 서대문구 대현동 67-5 대현빌딩 6층
전　　화 | 02)313-2682
팩　　스 | 02)313-8860

등　　록 | 1998년 1월 22일 제5-63호

ISBN 978-89-88106-52-5　93320　정가 29,000원

※ 파본은 바꾸어 드립니다.

현대거시경제학

기원, 전개 그리고 현재

박만섭 • 배인철 • 이상호 • 강성진 공역

서울경제경영

역자 약력

▶ 박만섭

– 고려대학교 경제학 학사
– 영국 케임브리지대학교 경제학 석사
– 영국 맨체스터대학교 경제학 박사
– 영국 리즈대학교 교수(1991~1998)
– 현재 고려대학교 교수
– 《비전을 상실한 경제학》(역서, 2007)
– 《경제학, 더 넓은 지평을 향하여》(편저, 2005)
– 《케인즈의 경제학》(편저, 2002)
– "Homogeneity Masquerading as Variety: The Case of Horizontal Innovation Models"(2007)
– 〈비주류 경제학: 해외 동향과 국내 연구〉(2007)
– "The Financial System and the Pasinetti Theorem"(2006)

▶ 배인철

– 고려대학교 경제학 학사, 석사, 박사
– 현재 한국도로공사 도로교통연구원 경영연구팀장
– 〈슘페터의 동학에 내재된 시장제도론〉(2002)
– 〈화폐에 의한 상품생산: 스라피안 화폐접근방식의 가능성과 한계〉(2000)
– 〈투크와 슘페터의 동학에 비추어 본 맑스 신용론의 재해석〉(1999)

▶ 이상호

– 고려대학교 경제학 학사, 석사, 박사
– 고려대학교, 가톨릭대학교, 덕성여자대학교 강사
– 현재 고려대학교 민족문화연구원 HK연구교수
– 《양극화 시대의 한국경제》(공저, 2008)
– 《작은 것이 아름답다》(역서, 2002)
– 〈조지스큐–로이젠의 생명경제학과 플로우–펀드 모델〉(2008)
– 〈인구고령화와 고령친화적 고용정책의 가능성–영국 경험을 중심으로〉(2008)

▶ 강성진

– 고려대학교 경제학 학사, 석사
– 미국 스탠퍼드대학교 경제학 박사
– 일본 쯔꾸바대학교 교수(1999~2003)
– 현재 고려대학교 경제학과 부교수
– 제17대 대통령직 인수위원회 자문위원(2008)
– 현재 미래기획위원회 위원(미래경제산업분과)
– 《우리나라 FDI의 현황과 과제》(공저, 2007)
– 《한국의 경제정책》(공저, 2005)
– "Did Public Transfers Crowd Out Private Transfers in Korea During the Financial Crisis?"(2009)
"A Credit Crunch and Household Welfare: The Case of the Korean Financial Crisis"(2008)
– 〈가격균등화와 빈곤 평가: 한국도시가구의 소비지출패턴을 중심으로〉(2006)

역자 서문

《현대거시경제학》은 특별하다. 대부분의 거시경제학 교과서가 거의 천편일률적인 내용들을 동일한 순서에 따라 서술하는 반면, 《현대거시경제학》은 현대거시경제학의 기원에서부터 시작하여 현재까지의 전개 과정을 '학파' 별로 서술한다. 기존 교과서의 서술 방식은 마치 거시경제학에서 거의 합의를 이루고 있는 하나의 체계가 존재한다는 인상을 준다. 그러나 이 책을 읽는 독자들은 현대거시경제학의 태동 시기부터 얼마나 다양한 관점('학파')들이 동일한 경제현상에 대하여 서로 다른 분석결과를 내놓고 정책처방을 제안해 왔는가, 그리고 이 학파들이 서로 어떻게 영향을 주면서 거시경제학의 현재 모습에 공헌했는가를 배울 수 있을 것이다.

그렇다고 이 교과서가 '경제학설사'의 교과서인 것은 아니다. 《현대거시경제학》은 '학파들의 발전과정'을 서술하는 방식을 통해 통상의 거시경제학 교과서에서 다루어지는 내용들을 상세히 다룬다. 이 책을 완독하는 독자는 케인즈의 《일반이론》은 물론 거시경제학에서 가장 최근에 이루어지고 있는 대부분의 논의 모두를 섭렵하게 될 것이다.

또 《현대거시경제학》은 일반 교과서와 달리 어느 정도 전문적인 논문의 형식을 갖추고 있다. 각 내용마다 그 내용을 전개한 원래 논문들의 참고문헌 정보가 빼곡하게 들어있다. 특히 책 말미에 있는 방대한 참고문헌 목록은 전문적으로 경제학을 공부하고자 하는 학생들은 물론 현재 일선에서 활동하고 있는 경제학자들에게도 매우 유용할 것이다.

번역은 네 명이 분담하였다. 서문, 제1~3장 및 제12장은 박만섭이, 제4~6장은 배인철이, 제7~9장은 이상호가, 제10~11장은 강성진이 1차 번역을 했다. 그후 이 번역본을 역자들이 서로 돌려 읽으면서 교정을 했다. 그럼에도 불구하고 아직도 번역 오류와 표현의 미진함이 간간히 눈에 띈다. 책 자체가 방대하고 또 역자들의 이해와 글 쓰는 방식이 다르기 때문에 책 전반에 걸쳐 완벽한 일관성을 바라는 것은 너무 큰 기대일 수 있겠다는 변명을 해 본다. 오류와 미진한 부분은 독자들의 따끔한 질책을 받아들여 시간에 걸쳐 수정해 나갈 것이다(번역에 대한 최종 책임은 박만섭에게 있다).

고려대학교 경제학과의 민병길, 최지영, 조남운, 연제호, 이민준 학생은 여러 차례에 걸쳐 번역본과 교정지를 꼼꼼히 검토해 주었다. 특히 이민준 학생은 이 책의 첫 쪽부터 마지막 쪽까지 검토하고 교정하는 데 최고의 조수 역할을 했다. 서울경제경영의 김은중 사장은 이 책의 번역 제안을 선뜻 응낙하고 이 책이 현재의 모습을 갖출 때까지 끈기 있게 기다려주었다. 역자들은 이들 모두에게 깊은 감사의 뜻을 전한다.

2009년 2월

역자들을 대표하여 안암동에서 박 만 섭

저자 서문

지난 10년 동안 우리는 거시경제학에 관한 책 다섯 권을 공동 집필하거나 편집하였다.[1]

연속으로 출간된 이 책들의 첫 권인 《현대거시경제학 입문》(*A Modern Guide to Macroeconomics: An Introduction to Competing Schools of Thought*)이 1994년 에드워드 엘가(Edward Elgar)에서 출판되었고, 가장 최근의 공동작업인 《거시경제학 백과사전》(*An Encyclopedia of Macroeconomics*)이 2002년 역시 에드워드 엘가에서 출판되었다. 《거시경제학 백과사전》을 공동집필하고 편집하는 과정에서, 연구 작업에 같이 참여했던 많은 저명한 경제학자들이 《현대거시경제학 입문》의 제2판의 집필 여부를 우리에게 물어보았다. 책은 발간 이후 많은 사람들에게서 매우 좋은 평가를 받았고 여러 나라 언어로 번역되었다. 프랑스어 번역이 에디시앙스(Ediscience)에서 1997년에, 중국어 번역이 상무인서관(商務印書館)에서 1998년에, 이탈리어 번역이 에타스 리브리(Etas Libri)에서 1998년에, 그리고 폴란드어 번역이 폴란드 과학출판사(Polish Scientific Publishers)에서 1998년에 각각 출판되었다.[2]

처음에 우리는 《현대거시경제학 입문》의 각 장에 약간 수정을 가하고 네이터와 참고문헌을 최근 것으로 업데이트함으로써 2판을 만들려고 하였다. 그러나 작업이 진행되면서 우리는 《현대거시경제학 입문》을 대대적으로 재집필해야겠다고 결정하였다. 각 장의 많은 부분을 수정할 뿐만 아니라 '새정치거시경제학(new political macroeconomics)' 과 '새성장이론(new growth)' 이라는 새롭게 발전하고 있는 연구 분야를 소개하는 새로운 두 개의 장을 첨가하기로 하였다. 대대적인 수정의

1. A Guide to Modern Macroeconomics: An Introduction to the Competing Schools of Thought (Edward Elgar, 1994); A Macroeconomics Reader (Routledge, 1997); Conversations with Leading Economists: Interpreting Modern Macroeconomics (Edward Elgar, 1999); Reflections on the Development of Modern Macroecnomics (Edward Elgar, 1999); An Encyclopedia of Macroeconomics (Edward Elgar, 2002).
2. La pens e macro conomique moderne: Guide des grands courants de Keynes nos jours (Ediscience, 1997); 現代宏觀經濟學指南 各思想流派比較研究引論 (北京 商務印書館, 1998); Guida alla macroeconomia: scuole pensiero a confronto (Etas Libri, 1998); Wsp czesne nurty teorii makroekonomii (Wydaw. Naukowe PWN, 1998)

결과 이 책은 1판과 완연히 다르게 되었고 그 주제와 내용을 반영하는 새로운 제목이 필요하였다. 그리하여 지금 발간되는 《현대거시경제학: 기원, 전개 그리고 현재》(*Modern Macroeconomics: Its Origin, Development and Current State*)를 집필하면서, 우리는 두 저명한 경제학자들로부터 그들 각자의 전문분야에 관하여 친절한 도움을 받았다. 폴 데이비드슨(Paul Davidson) 교수는 포스트케인즈 학파에 관한 제8장을, 그리고 로저 개리슨(Roger Garrison) 교수는 오스트리아 학파에 관한 제9장을 각각 집필하였다.

이 책의 주목적은 책 제목이 반영하고 있다. 즉 거시경제학 강의를 듣는 중급 학부학생들에게 적당한 수준으로 현대거시경제학의 기원과 발전 그리고 현재의 상태를 소개하는 것이다. 이때 우리는 다음과 같은 가정을 했다. 즉 중급학부생들이라면 기본적인 경제원론을 이미 확실히 이해하고 있을 것이고, 또 예를 들어 아벨과 버냉키(Abel and Bernanke, 2001), 블랑샤르(Blanchard, 2003) 혹은 맨큐(Mankiw, 2003) 같은 교과서에서 소개되는 기초적인 거시경제이론과 모형들에 친숙하리라는 것이다. 그러나 이 책은 다른 학부 경제학 과목 특히 경제사상사와 경제사를 수강하는 학생들에게도 유용할 것이다. 중급학부생들의 편의를 위하여 심화학습을 위한 특별추천 참고문헌은 참고문헌목록의 문헌에 별표(*)를 하였다. 또한 광범위한 참고문헌을 제공하고 있기에 이 책은 대학원생들이 그들의 연구 초기과정에서 연구문헌을 수집하는 데 유용한 가이드가 될 것이다.

이 책은 다양한 학위 과정에 있는 학생들이 각자의 관심과 필요에 따라 각 장을 개별적으로 읽을 수 있도록 집필되어 있는 한편, 《현대거시경제학 입문》과 마찬가지로 현대거시경제학의 기원과 발전을 역사적 시각에서 추적해 가는 구조화된 방향을 따르고 있다. 이런 성질을 갖는 책에서 모든 분야를 다 포함하는 것은 분명히 불가능하다. 따라서 우리는 1930년대에 거시경제학이 탄생한 이후 주요한 이슈가 되었다고 생각되는 것을 강조하기로 하였다.

거시경제학을 이해하기 위한 기본적인 장 다음에, 제2장은 케인즈와 구고전학파(old classical) 모형 사이의 논쟁을 살펴본다. 그런 다음 제3장에서는 정통파 케인즈 학파(orthodox Keynesian), 제4장에서는 정통파 통화주의 학파(orthodox monetarist), 제5장에서는 새고전학파(new classical), 제6장에서는 실물경기변동 학파(real business cycle), 제7장에서는 새케인즈 학파(new Keynesian), 제8장에서는 포스트케인즈 학파(Post Keynesian), 제9장에서는 오스트리아 학파(Austrian)의 전개를 살펴본다. 《현대거시경제학 입문》에 친숙한 독자라면 우리가 선택한 접근법을 금방 알아차릴 것이다. 그것은 거시경제학에서 서로 경쟁하는 이 주요 학파들의 근본에 자리 잡고 있는 기본 주장들과 정책적 함의가 어떻게 전개되어 갔는지를 역사적 시각에서 논의하는 것이다. 이 과정에서 우리는 제2~7장에 걸쳐 좀 더 최근의 참고문헌을 포함하였다. 이보다 더 중요한 것은 우리의 새 책이 이들 학파가 거시경제학의 현재 상태에 끼친 영향을 평가하고 있다는 것이다. 또한 《현대거시경제학 입문》에서 가졌던 제목과 동일한 제목을 가진 장들에도 많은 새로운 내용을 도입하였다. 예를 두 가지 들자면, 제2장 2.14절에서는 대공황의 원인과 결과에 대한 논의를 새로이 도입하였고, 제3장 3.5절에서는 케인즈 학파의 IS-LM 모형이 개방경제로 확장되었을 때 경제안정화를 위한 재정정책과 통화정책의 효과를 논의하고 있다. 이 책에서는 포스트케인즈 학파와 오스트리아 학파가 각각 하나의 장을 차지하고 있으며 각 분야의 선봉에 있는 학자들이 이 장을 집필하였다. 이것은 《현대거시경제학 입문》에서 이 두 학파가 같이 하나의 장에서 소개되었던 것과 대비된다. 더 나아가, 20세기의 마지막 10여 년 동안 거시경제학에서 발생한 중요한 발전을 반영하기 위하여 두 개의 완전히 새로운 장을 첨가하였다. 제10장은 '새정치거시경제학(new political macroeconomics)'이라고 알려진 분야를 다루고 있으며, 제11장은 '경제성장'의 분야에서 새롭게 중흥을 이루고 있는 연구를 논의하고 있다. 이러한 변화들을 이 책의 논평자나 독자 모두가 환영하기를 희망한다.

《현대거시경제학 입문》에서와 같이, 주제에 생동감을 주고 독자의 상상력을 사로잡기 위하여 각 장의 말미에는 각자의 연구 분야에서 전문가로 널리 알려져 있는 학자들과의 인터뷰를 포함하였다. 책에 인터뷰가 실린 순서대로 나열하여 다음과 같은 분들에게 감사를 드린다. 케인즈와 두 세계대전 사이의 기간에 대한 연구에서 그 선봉에 서있는 로버트 스키델스키(Robert Skidelsky), 1981년 노벨상 수상자이며 미국에서 가장 탁월하고 저명한 케인즈 학파 경제학자인 고(故) 제임스 토빈(James Tobin), 1976년 노벨상 수상자이며 통화주의의 창시자로 널리 알려진 밀턴 프리드먼(Milton Friedman), 1995년 노벨상 수상자이며 새고전학파 거시경제학의 발전에 선봉역할을 한 것으로 널리 알려진 로버트 루커스(Robert E. Lucas Jr.), 경기변동에 관하여 실물경기변동적 접근방식을 대표하는 에드워드 프레스컷(Edward Prescott, 2004년 노벨상 수상), 새케인즈 학파 거시경제학의 대표적 주창자인 맨큐(Gregory Mankiw), 새정치거시경제학에 관한 연구에서 대표적 논객으로 활동하는 알베르토 알레시나(Alberto Alesina), 경제성장 분야에 지대한 영향을 끼친 1987년 노벨상 수상자인 로버트 솔로(Robert Solow)와 폴 로머(Paul Romer). 이들의 응답은 문제를 잘 설명하면서도 서로 대조되기에, 거시경제학이 얼마나 흥미롭고 논쟁적인 분야인가를 잘 보여주고 있다. 중요하지는 않지만, 혹 독자 중에는 포스트케인즈 학파에 관한 제8장과 오스트리아 학파에 관한 제9장의 말미에 왜 인터뷰가 실리지 않았는가 의아해 할 사람들이 있을지 모르겠다. 그것은 이 두 장을 포스트케인즈 학파의 세계적 권위자인 폴 데이비드슨과 오스트리아 학파의 세계적 권위자인 로저 개리슨이 집필하였기 때문이다. 이들이 친절하게도 제8장과 제9장을 직접 집필하기로 하지 않았다면 우리는 기꺼이 이들을 인터뷰 대상으로 하였을 것이다.

따라서 이 책에 대하여 논평을 하려고 하거나 이 책을 구매하려고 하는 사람들에게 이 책은 《현대거시경제학 입문》 제2판보다 훨씬 더 새롭고 많은 내용을 담고 있음을 분명히 하고자 한다. 이 책은 논의하고 있는 이슈들이 얼마나 중요한가를 성공적으로 전달해 주리라 기대되는 새로운 책이다. 케인즈가 이미 알고 있었듯이, 경제학자들의 아이디어는 통상적으로 이해하고 있는 것보다 훨씬 더 강력하다. 이 책은 20세기 중에, 그리고 새천년을 향해 진입해가는 시기에 발생하고 있는 그대로 주요한 사건과 아이디어의 발전 그리고 상호작용을 다르고 있다. 그럼으로써 우리는 케인즈의 생각이 옳음을 보이고자 하였다.

브라이언 스노든
하워드 베인

감사의 글

저자들은 이전에 출간된 내용을 이 책에 재수록할 수 있도록 친절하게 허락해 준 다음 기관에 감사의 말을 전하고자 한다.

영국 국립 경제사회 연구원(NIESR, National Institute of Economic and Social Research): 《내셔널 인스티튜트 이코노믹 리뷰》(*National Institute Economic Review*) 2002년 1월호에 게재된 브리턴(A. Britton)의 논문, 〈거시경제학과 역사〉("Macroeconomics and History")에서 그림 1.1과 1.2를 재수록하였다.

오하이오 주립대학 출판부(Ohio State University Press): 《저널 오브 머니 크레디트 앤드 뱅킹》(*Journal of Money, Credit and Banking*) 1993년 5월호에 게재된 알레시나와 서머스(A. Alesina and L.H. Summers)의 논문, 〈중앙은행 독립성과 거시경제적 실적: 비교를 위한 실증자료〉("Central Bank Independence: Some Comparative Evidence")에서 그림 5.6과 표 5.2를 재수록하였다.

경제협력개발기구(OECD, Organisation for Economic Co-operation and Development): OECD에서 2001년 판권을 갖고 있는 매디슨(A. Maddison)의 책, 《세계경제: 새천년의 시각》(*The World Economy: A Millennial Perspective*)에서 표 1.2와 11.1을 재수록하였다.

팔그레이브 맥밀런 출판사(Palgrave Macmillan): 맥밀런 사에서 1990년 출판된 도이처(P. Deutscher)의 책 《호트리와 거시경제학의 발전》(*R.G. Hawtrey and the Development of Macroeconomics*)에서 표 2.3~2.6을 재수록하였다.

피어슨 애디슨 웨슬리(Pearson Addison Wesley) 이름으로 출판하고 있는 피어슨 에듀케이션 사: 피어슨 에듀케이션 사가 2001년 판권을 가진 아벨과 버냉키의 책, 《거시경제학》(*Macroeconomics*, 4판)의 288쪽에서 표 6.1을 재수록하였다.

국제 경제학 인명 사회(International Honor Society in Economics): 본 저자들이 쓴 좀더 긴 논문으로 《아메리칸 이코노미스트》(*The American Economist*) 1995년 봄호에 게재된 〈새케인즈 경제학의 현재: 제국의 반격〉("New Keynesian Economics Today: The Empire Strikes

Back")의 일부를 그레고리 맨큐와의 인터뷰로 재수록하였다.

엠시비 대학출판부(MCB University Press): 본 저자들이 쓴 좀더 긴 논문으로 《저널 오브 이코노믹 스터디스》(*Journal of Economic Studies*) 1997년 호에 게재된 〈통화주의의 시각에서 바라본 현대거시경제학과 그 전개: 밀턴 프리드먼 교수와의 인터뷰〉("Modern Macroeconomics and Its Evolution from a Monetarist Perspective: An Interview with Professor Milton Friedman")의 일부를 밀턴 프리드먼과의 인터뷰로 재수록하였다.

라우틀리지 출판사(Routledge): 본 저자들이 쓴 좀더 긴 논문으로 《저널 오브 이코노믹 메소돌로지》(*Journal of Economic Methodology*) 1998년 6월호에 게재된 〈거시경제학 바꾸기: 로버트 루커스와의 인터뷰〉("Transforming Macroeconomics: An Interview with Robert E. Lucas Jr.")의 일부를 로버트 루커스와의 인터뷰로 재수록하였다.

국제 경제학 인명 사회(International Honor Society in Economics): 본 저자들이 쓴 좀더 긴 논문으로 《아메리칸 이코노미스트》(*The American Economist*) 1999년 봄호에 게재된 〈새정치거시경제학〉("New Political Macroeconomics")의 일부를 알베르토 알레시나와의 인터뷰로 재수록하였다.

미국 워싱턴과 영국 헨리온템즈 소재 엔티시 경제금융 출판(NTC Economic and Financial Publishing): 본 저자들이 쓴 좀더 긴 논문으로 《월드 이코노믹스》(*World Economics*) 2002년 7~9월호에 게재된 〈제임스 토빈, 1918-2002: '재구성되기를 거부한,' 그러나 멈추지 않았던 구식 케인지언〉("James Tobin, 1918-2002: An 'Unreconstructed' Old Keynesian Who Wouldn' t Quit")의 일부를 제임스 토빈과의 인터뷰로 재수록하였다.

본 저자들은 또한 폴 로머 교수에게 판권이 있는 폴 로머 교수와의 인터뷰를 사용하도록 허락한 데 대하여 로머 교수에게 감사의 말을 전하고자 한다.

차례

제6장 실물경기변동학파 281

제7장 새케인즈학파 339

제8장 포스트케인지언 학파 433

제9장 오스트리아 학파 457

제10장 새정치거시경제학 497

제12장 결론과 회고 667

1

현대거시경제학의 이해

경제학 지식은 역사적으로 결정된다. (…) 경제체계에 관해 오늘 우리가 갖고 있는 지식은 오늘 아침에 발견된 것이 아니라 과거의 긴 기간 동안 쌓여온 우리의 통찰, 발견, 오류가 합해진 것이다. 피구가 없었다면 케인즈도 없었을 것이고, 케인즈가 없었다면 프리드먼도 없었을 것이며, 프리드먼이 없었다면 루커스도 없었을 것이다. 만일 루커스가 없었다면 (…)

(Blaug, 1991a, x–xi쪽)

1.1 거시경제학의 문제와 사상

거시경제학은 경제 전체의 구조와 작동방식, 그리고 그 움직임을 다룬다. 거시경제학자의 주요 관심은 재화와 서비스의 국내총생산(GDP), 실업, 인플레이션 및 국제교역과 관련하여 경제의 주요 총량들의 움직임을 결정하는 근본요소들을 분석하고 이해하는 것이다. 특히 거시경제학적 분석은 국내총생산이 단기적으로 변동하는 원인과 영향(경기변동), 그리고 국내총생산의 장기적 추세를 결정하는 주요 요인(경제성장)을 설명하려고 한다. 거시경제학의 주제가 매우 중요하다는 것은 분명하다. 왜냐하면 이런 저런 경로를 통해 거시경제적 사건은 우리 모두의 삶과 복지에 중요한 영향을 끼치기 때문이다. 만족스러운 거시경제적 성과가 한 나라 국민의 복지에 얼마나 중요한가는 아무리 강조해도 과장이 아니다. 거시경제를 성공적으로 관리하고 있는 경제에서는 실업과 인플레이션이 낮을 것이고 경제성장이 안정적으로 유지될 것이다. 반면 거시경제를 잘못 관리하고 있는 나라에서는 그 나라 국민들의 생활수준과 고용기회가 악영향을 받게 될 것이다. 극단의 경우 거시경제적 불안정은 파국적인 결과를 가져오기도 했다. 예를 들어 1918~33년 사이의 기간 동안 주요 선진 산업국들은 거시경제적 안정을 유지하는 데 실패했고, 그로 인한 파국적인 정치-경제적 결과는 일련의 사건들을 통해 결국 제2차 세계대전을 일으키는 데 기여했다. 물론 이 전쟁은 인간의 존엄성과 세계 경제에 파멸적인 결과를 가져왔다.

거시경제적 성과와 정책은 밀접히 연관되어 있다. 그렇게 때문에 주요 거시경제적 문제들은 끊임없이 언론의 관심대상이 되고 정치적 논란에서 불가피하게 중심 역할을 한다. 특히 자유민주주의 국가에서 이루어지는 선거 기간 동안 경제적 성과는 중요하면서도 적절한 영향을 정치적 사건에 끼친다. 제2차 세계대전 이후 이루어진 선거에서 많은 경우 선거 결과가 경제적 성과에 좌우되었다는 것이 연구를 통해 밝혀졌다. 이 때 경제적 성과는 커다랗게 3가지 거시경제적 지표에 의해 측정된다. 그 3가지 지표는 인플레이션, 실업, 경제성장이다. 물론 유권자들의 '행복'에 영향을 끼치는 요소들에는 비경제적 요소들이 많이 있다. 그러나 분명히 고용과 소득증가 같은 경제변수들은 투표행위를 설명하는 중요한 요소다. 더 나아가, 이념적 갈등이 중요한 거시경제적 문제들을 축으로 하여 발생하는 경우도 많이 있다(예를 들어 Frey and Schneider, 1988; Alesina and Roubini with Cohen, 1997; Drazen, 2000a).

미국과 영국이라는 두 주요국가의 경제가 실업과 인플레이션의 면에서 어떤 성과를 이루었는가에 대해 약간이나마 알아보기 위해서 다음의 〈그림 1.1〉과 〈그림 1.2〉를 보라. 여기서 우리가 분명히 알 수 있는 것은, 높은 실업률과 높은 인플레이션율이라는 병적인 상태가 정상적인 수준 훨씬 이상으로 발생하는 경우가 가끔 있다는 사실이다. 〈그림 1.1〉은 20세기 동안 미국과 영국의 경제에서 발생한 실업률의 추이를 보여준다. 이 그림은 양국의 경제에서 대공황(1929~33년)이 실업에 끼친 영향을 인상적으로 보여주고 있다. 미국에서 실업 증가가 영국에서 실업 증가보다 훨씬 더 극적이었다. 영국에서 실업은 1929년 이전에 이미 매우 높은 상태였다(1.4절과 제2장 참조).

그림 1.1 • 20세기 동안 미국과 영국의 실업

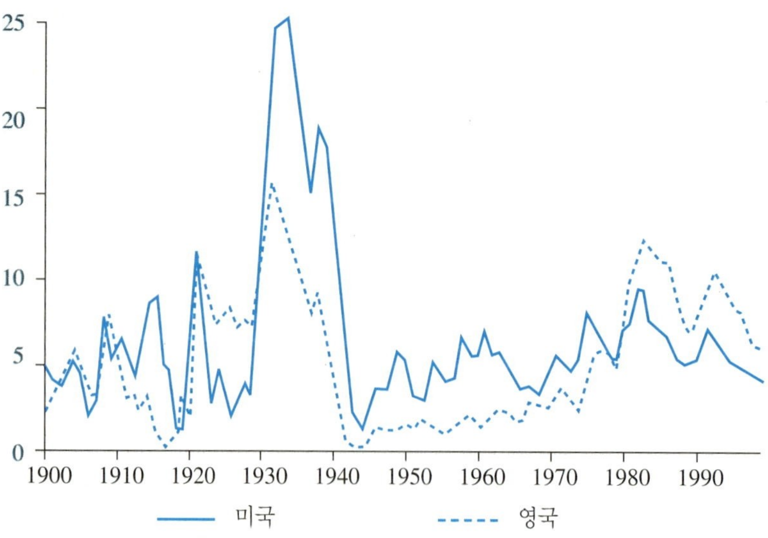

자료: 브리턴(Britton, 2002)

그림 1.2 • 20세기 동안 미국과 영국의 경제에서 인플레이션

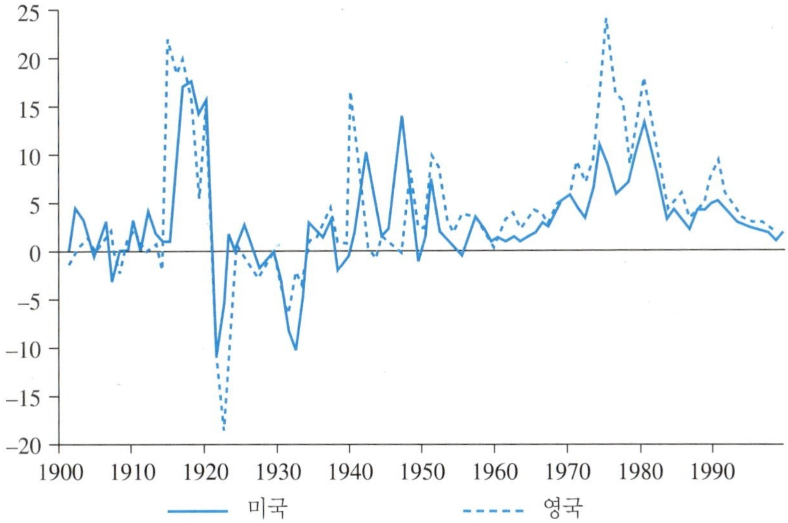

자료: 브리턴(Britton, 2002)

〈그림 1.2〉는 20세기 동안에 미국과 영국의 경제에서 인플레이션이 어떻게 변화했는가를 보여준다. 여기서 특히 눈에 띄는 사항들은 다음과 같다(Taylor, 1992a). (1) 두 세계대전 시기(1914~18년, 1939~45년)와 한국전쟁(1950~53년) 시기에 인플레이션이 극적으로 증가했다. (2) 1920년대 초와 1930년대에는 디플레이션이 발생했다. (3) 1970년대는 '대(大) 인플레이션(Great Inflation)' 시기였다. 들롱(Delong, 1997)이 말하듯이, "1970년대는 미국에서 전쟁이 없던 시기에 인플레이션이 급격히 발생한 유일한 경우나."

이런 예외적인 사건들과 관련하여 경제학자들은 몇 가지 질문에 직면한다. 이런 사건들은 특별히 커다란 충격 때문에 발생한 것인가? 아니면 조정 메커니즘이 실패했기 때문에 발생했는가? 아니면 정책상의 실수 때문에 발생했는가? 아니면 이 세 가지 이유 모두 때문인가? 이 질문에 대한 답을 구하는 일은 매우 중요하다. 왜냐하면 어떤 한 시기에 경제안정화 정책을 어떻게 실행할 것인가는 역사의 교훈과 경제학자들의 이론적, 실증적 연구결과를 반영해야 할 것이기 때문이다.

1.2 경제이론의 역할과 이론적 논쟁

정부의 정책입안자들이 경제의 후생을 크게 증진시킬 잠재력을 가진 경제정책을 설계하고 실행할 수 있으려면 경제의 단기적인 경기변동이나 장기적인 경제성장을 결정하는 요소들이 무엇인가를 이해해야만 한다. 거시경제학적 연구의 주목적은 경제가 어떻게 작동하는가, 그리고 경제에

불안정을 불러올 수도 있을 수요-공급 측의 여러 충격들이 발생할 때나 특정한 경제정책이 실행될 때 경제가 어떻게 반응할 것인가를 가능한 한 포괄적으로 이해하는 것이다. 거시경제학 이론은 경제의 작동방식에 대한 견해들을 논리적인 틀 속에서, 즉 이론의 형태로 조직한 것이다. 따라서 거시경제학 이론은 경제정책이 설계되고 실행되는 기초다. 이론은 그 정의상 현실을 단순화시킨 것이다. 현실 세계의 복합성을 고려할 때 이것은 당연한 일이다. 경제학자가 직면하는 지적인 문제는 경제활동에 참여하고 있는 수많은 개인들의 복잡한 상호작용을 어떻게 특정한 모형의 형태로 포착하는가이다. 헌팅턴(Huntington, 1996)은 명시적인 모형 작성이 사고를 위한 필요불가결의 도구임을 다음과 같이 간결하게 표현하고 있다.

> 단순화된 패러다임이나 지도는 인간의 사고에 필요불가결하다. 우리는 한편으로 이론이나 모형을 명시적으로 구성하여 그것들을 의식적으로 행동의 안내자로 사용할 수 있다. 그러나 그와는 달리 우리는 그런 안내자가 필요 없다고 주장하면서 사람들은 오직 특정한 '객관적' 사실들에 근거해서만, 즉 각각의 경우를 '그 자체로'만 다루면서 행동할 것이라고 가정할 수 있다. 그러나 이렇게 가정하면 우리는 우리 자신을 기만하는 것이다. 왜냐하면 우리 마음의 뒤편에는 언제나 어떤 가정과 편견과 편향이 숨겨져 있어서, 바로 이것들이 우리가 실재를 어떻게 지각하는가, 우리가 어떤 사실들을 바라보는가, 그리고 그 사실들의 중요성과 장단점을 어떻게 판단하는가를 결정하기 때문이다.

따라서 매우 복잡한 세계를 이해하기 위해서는 명시적이건 암묵적이건 어떤 모형이 필요하다. 경제학에서 이론이나 특정 모형은 일반적으로 사회과학에 결여되어 있는 실험실로 작용한다. 여러 경제 현상들의 원인과 결과에 대해 사고실험을 할 때 경제학자들은 이론이나 모형을 통해서 어떤 요소가 중요한 것이고 또 분석되어야 할 필요가 있는 것인가를 결정한다. 성공적인 이론이라면 경제학자들로 하여금 서로 다른 정책설정의 결과에 대하여 더 나은 예측을 할 수 있도록, 또 그럼으로써 한 사회가 선택한 목표를 달성할 가능성이 가장 높은 정책 방향을 지시할 수 있도록 해 줄 것이다.

따라서 어느 정도 높은 경제성장률과 가능한 한 낮은 경제적 불안정을 달성하기 위한 일관적인 경제정책을 설계하기 위해, 경제에 대해 내적 일관성이 있는 이론적 모형이 필요하다. 이런 모형은 주요 거시 변수들의 동향을 만족스러울 정도로 설명할 수 있어야 하고 실증 자료와 어긋나지 않아야 한다. 그런 모형은 무리 없는 거시적 안정과 성장을 가져올 제도와 정책을 발전시키고 개선하는 데 필요한 것들을 조직하는 틀을 제공한다. 그러나 20세기에 걸쳐 경제학자들은 경제의 '정확한' 모형이 무엇인가에 대해 종종 서로 다른, 때로는 근본적으로 다른 의견을 펼쳐왔다. 그 결과 거시경제 사상의 역사는 장기간에 걸친 반대와 논쟁으로 점철되어 왔다(Woodford, 2000).

경제의 작동 방식에 대해 현재 경제학자들이 갖고 있는 지식은 오랜 기간에 걸친 연구노력의 산물이다. 이 연구노력은 종종 격한 논쟁을 겪었고 시간이 지나면서 실증 자료를 축적시켜 왔다. 블랑샤르(Blanchard, 1997a)는 다음과 같이 지적했다.

> 거시경제학은 정밀과학이 아니라 응용과학이다. 여기에서는 사상, 이론, 모형이 사실에 비추어서 끊임없이 평가되고 그에 따라 수정되거나 거부되기도 한다. (…) 따라서 거시경제학은 지속적인 건설 과정의 결과요, 사상과 사건 사이에 발생하는 상호작용의 결과다. 오늘날 거시경제학자들이 믿고 있는 것은 현실세계를 잘 설명하는 데 실패한 사상들을 버리고 설명에 성공한 듯이 보이는 사상들을 유지하는 진화과정을 통해 얻어진 결과다.

좀 더 장기적인 안목으로 볼 때, 21세기 초반 현재 우리가 갖고 있는 거시경제학의 이해는 경제사상 역사 중의 또 다른 한 장에 불과하다. 그러나 거시경제학에 대한 경제학자들의 사고가 그렇게 매끄럽게 진행되어 오지 않았다는 사실을 우리 논의의 처음부터 분명히 알아둘 필요가 있다. 그 진행이 너무도 순탄하지 않았기에 많은 경제학자들이 거시경제학의 역사를 논의할 때 '혁명'이나 '반혁명' 같은 용어를 아무런 거부감 없이 빈번히 사용한다. 1970년대 초에 전통적인 케인즈주의 사상은 극적인 쇠퇴를 겪었다. 그 쇠퇴는 '구(舊)케인즈주의(Old Keynesianism)'가 실증적인 자료들을 설명하지 못했다는 사실과, 통화주의(Monetarism)와 새고전학파(New Classcial) 경제학자들에 이해 던져진 비판('반혁명')이 점차 신빙성을 더해 갔다는 사실에 기인한다(Johnson, 1971; Tobin, 1981, 1996; Blaug, 1997; Snowdon and Vane, 1996, 1997a, 1997b).

한 시대의 거시경제학 상황을 제대로 설명하기 위해서는 그 시대 이전의 사상들이 어떻게 영향력을 갖게 되었다 쇠락했는지, 그리고 새로운 사상은 어떠한 상태에 있는지를 비교역사적인 맥락 속에서 살펴보아야 한다(Britton, 2002). 이 책은 현재 유행하는 거시경제학 사상들을 포함하여 서로 경쟁해온 주요 이론들이 어떻게 변화해 왔는가를 살펴보고, 비교하고, 평가할 것이다. 우리는 서로 대안적인 설명과 관점이 동시에 존재한다는 것이 약점이기보다는 강점이라고 주장할 것이다. 왜냐하면 그런 공존을 통해서 지적인 교역이 이루어지고, 그로부터 상호이득이 발생하며, 경제에 대한 이해가 증진되기 때문이다. 이미 150년 전에 밀(John Stuart Mill)은 사람들은 자신의 사상을 서로 비교함으로써 이득을 얻는다는 것을 알고 있었다. 대안적인 사상들은 비판 없는 순응, 즉 "전쟁터에 적군이 없어지자마자 선생과 학생들이 초소에 가서 잠들어버리는" 상황이 발생하지 않도록 한다(Mill, 1982, 105쪽). 그 뿐만이 아니다. 대안적인 사상들은 더 나은 이해를 위한 매개물 역할도 한다. 대안적인 견해들을 이해하려는 노력을 통해 경제학자들은 어쩔 수 없이 자신들의 견해를 재평가하기 때문이다. 논쟁과 대화야말로 거시경제학에서 새로운 지식이 축적되고 지식의 진보가 이루어지도록 해 준 가장 중요한 동력이었고 앞으로도 그러할 것이다. 따라서 우리는(지금의 경우에는 거시경제학 안에서) 서로 대안적인 이론들 사이의 계속적인 대화를 주장한 밀의 요청을 추천하고자 한다. 모든 경제학자들은 상대방으로부터 배울 어떤 점들을 갖고 있다. 많은 경우, 경제학자들이 다루고 해결하고자 노력하는 거시경제적 문제는 공통적이다.

넓게는 경제학 전체, 좁게는 거시경제학 안에 많은 학파들이 있다는 사실은 탐구하고자 하는 문제들이 본질적으로 어렵고 중요하다는 것을 생각할 때 그리 놀라운 일이 아니다. "학계에서는 자신의 생산물을 차별화하려는 강한 유인"(Blanchard and Fischer, 1989)이 존재하지만, 특히 거시경제학에서는 많은 논쟁이 매우 근본적인 차원에서 이루어지고 있다. 물론 많은 문제들에 대해 경제학자들은 서로 다른 의견을 갖고 있다. 그러나 특히 거시경제학에서 경제학자들은 좀 더 빈번하게, 좀 더 큰 목소리로, 그리고 좀 더 상세하게 다른 견해를 표출하는 듯하다. 거시경제학에서 왜 그렇게 수많은 논쟁이 있었는가를 논의하면서 메이어(Mayer, 1994)는 다음과 같은 일곱 가지의 원인을 밝혔다. 즉 (ㄱ) 경제의 작동 방식에 대한 지식이 제한되어 있고, (ㄴ) 경제학자들이 탐구하는 문제들의 범위가 점차 증가하며, (ㄷ) 정치적 요소 같은 경제 외적인 영향들을 고려해야 할 필요가 있고, 또 경제학자들이 서로 다른 (ㄹ) "형이상학적 중핵, (ㅁ) 가치판단, (ㅂ) 사회적 감정이입, 그리고 (ㅅ) 방법론"을 갖고 있다는 것이다. 경제학이 "지속적이고 영원한 전쟁 상태 속에 있는 듯이 보인다"는 빅셀(Wicksell, 1958, 51~2쪽)의 주장은 현대거시경제학의 상황에 매우 적절한 듯하다. 이런 상황은 많은 부분 거시경제학이 다루는 문제들의 중요성을 반영한다. 그러나 이 상황은 경제학자들이 거시경제학적 명제들보다는 미시경제학적 명제들에 대해 더 강하게 합의하는 경향을 보인다는 이전의 서베이 결과를 지지하는 것이기도 하다(Alston et al., 1992 참조).

20세기의 몇몇 특정 기간에 거시경제학 이론의 상황은 경제학자들의 여러 군단이 서로 다른 깃발 아래 뭉쳐서 싸우고 있는 전쟁터를 방불케 했다. 그러나 경제학자들은 한편으로 치우치거나 제한된 합의를 아무런 비판 없이 포용하고 싶은 유혹을 거부해야 한다는 것이 우리의 생각이다. "왜냐하면 어느 순수한 경제학설이라도 옳은 답을 보여줄 가능성이 없기 때문이다"(Deane, 1983). 더욱이 이견과 논쟁은 반드시 그래야 하듯이 과학적 탐구의 최전방에서 가장 큰 목소리로 나타나는 것이고, 이것이 바로 과학적 탐구의 본성이다. 또 루커스(Robert E. Lucas Jr)가 주장하듯이, 전문 경제학자의 책임은 "새로운, 따라서 필연적으로 논쟁 대상이 되는 영역으로 탐구를 확장시켜서 새로운 지식을 창출하는 것이며, 특정한 문제에 대해서는 합의가 도출될 수 있지만, 한 탐구영역 전체에서의 합의란 곧 그 탐구가 정체되었음을, 그 탐구가 현실과 무관함을, 그 탐구가 죽어버렸음을 뜻한다"(제5장 인터뷰 참조). 더 나아가 프리드먼(Milton Friedman)은 "일반적으로 과학은 실패한 실험들이 지평을 정리해줌으로써 앞으로 나아간다"고 말한다(제4장 인터뷰 참조).

거시경제학은 1930년대에 첫 선을 보인 후 괄목할 만한 진보를 이루었다. 특히 구케인즈주의 경제학 패러다임이 한창이던 1965년에 잠에 빠진 '립 반 윙클' 경제학자가 21세기의 초기에 잠에서 깨어난다면 그는 분명 커다란 인상을 받을 것이다. 그동안 거시경제학에는 엄청난 변화가 일어났기 때문이다.

1.3 정부의 목표, 도구, 그리고 역할

거시경제학을 역사적으로 살펴보는 과정에서 우리는 거시경제학이 몇몇 위기의 기간을 겪었음을 보게 될 것이다. 서로 다른 학파들 간에 매우 깊은 의견 충돌이 있다는 것은 분명하다. 이런 상황은 1970년대와 1980년대에 특히 두드러지게 나타났다. 그러나 경제학자들은 궁극적인 정책 목표에 대해서보다는 이론적인 논점들이나 실증 자료들, 혹은 정책 도구의 선정 등의 문제에 대해서 더 많은 이견을 보이는 경향이 있다. 프리드먼은 제2차 세계대전 이후 발표된 논문들 중 가장 영향력이 컸던 논문 중의 하나가 된 논문(Friedman, 1968a)의 서두에서 바로 이 문제를 강조했다.

> 경제정책의 주요 목표가 무엇인가에 대해서는 광범위한 동의가 이루어져 있다. 높은 고용과 안정된 물가, 그리고 빠른 성장이 바로 그것이다. 그러나 이 목표들이 서로 양립가능한가에 대해서, 그리고 그것들이 양립할 수 없다고 주장하는 사람들 사이에서는 그 목표들이 어떤 조건으로 서로 대체될 수 있거나 대체되어야만 할 것인가에 대해서 상대적으로 적은 동의가 이루어져 있다. 다수의 정책 목표를 달성하기 위해 여러 정책 도구들이 수행할 수 있고 또 수행해야만 하는 역할에 대해서는 가장 적은 동의가 이루어져 있다.

경제정책의 '주요 목표들'을 달성하는 데 적절한 정책 도구는 특정 거시경제적 문제의 원인을 상세하게 분석해 얻는 결과에 따라 다르다. 이와 관련하여 거시경제학에는 두 개의 주요한 지적 전통이 존재한다. 넓게 보아 그 두 전통을 각각 고전학파 접근법(classical approach)과 케인즈학파 접근법(Keynesian approach)으로 부를 수 있다. 정책에 관한 문제는 곧 경제에서 정부의 역할이 무엇인가라는 문제다. 이 문제에 대해 경제학자들이 많은 이견을 보이는 것은 그 근저에 어떤 근본적인 질문이 있기 때문이다. 그 질문은 정책 목표들이 서로 어떻게 연결되어 있는가, 그리고 경제활동을 조정하는 데 있어 시장의 역할이 무엇이고 시장이 얼마나 효과적인가에 대해 경제학자들이 어떤 다른 견해를 갖고 있는가를 살펴볼 때 우리에게 분명하게 나타난다. 경제에서 정부 개입이 어느 정도로, 또 어떤 형태로 이루어져야 하는가라는 문제는 《국부론》(*The Wealth of Nations*)에서 애덤 스미스(Smith, 1776)가 가장 관심을 가졌던 문제였다. 또한 통제되지 않은 자유방임주의를 케인즈가 어떻게 반박했는가도 잘 알려져 있는 사실이다. 20세기 동안 거시경제학에서 제기되었던, 정말로 커다란 질문들도 바로 이 문제를 중심으로 이루어졌다. 맨큐(Mankiw, 1989)는 고전학파 접근법을 "개별 행위자의 최적화 결정"과 "통제받지 않는 시장의 효율성을 강조하는" 접근법으로 정의했다. 반면에 케인즈학파는 "경제의 부침을 이해하기 위해서 일반균형의 복잡성을 이해해야 할 뿐만 아니라 시장실패의 가능성도 인정해야 한다고 주장한다." 케인즈학파의 시각에서 볼 때 분명 정부가 더 광범위한 역할을 할 여지가 존재한다. 1934년 케인즈는 '빈곤과 풍요: 경제체제는 자동적으로 조정되는가?'라는 주제로 라디오 강연을 했다. 여기서 그는 서로 싸우고 있는 두 집단의 경제학자들을 구분했다.

> 심연의 한편에는 현존하는 경제체제가 때로는 시차에 의해, 외부 간섭에 의해, 실수에 의해 조정과정이 방해받아 삐걱거리고 신음하고 덜컹거릴 수는 있지만, 장기에 걸쳐 자동적으로 조정되는 체제라고 믿는 사람들이 있습니다. (…) 심연의 다른 한편에는 현존하는 경제체제가 그 어떤 중요한 의미로 보더라도 자동적으로 조정되는 체계라는 생각을 거부하는 사람들이 있습니다. 자동조정 학파의 강점은 지난 수백 년 동안 조직적으로 행

> 해져온 경제학적 사고체계의 거의 전부를 등에 업고 있다는 것입니다. (…) 따라서 심연의 다른 편에 있는 이단 학자들은 19세기의 정통파가 갖고 있는 힘을 폭파시켜야 합니다. (…) 이단자들은 요새 안에 있는 정통파들을 공격해야만 하는 상황입니다. (…) 저는 이단자들과 편을 같이 합니다. (Keynes, 1973a, Vol. XIII, 485~92쪽)

지난 반세기 동안 경제학에서는 좀 더 복잡하고 수량적으로 우세한 분석기술들이 발전했지만, 케인즈가 찾아냈던 이 두 기본 견해들은 아직도 그대로 지속되고 있다. 1980년대 말 피셔(Stanley Fischer)는 다음과 같은 말로 거시경제학의 발전에 대한 서베이 논문을 시작했다.

> 한편으로 케인즈와 케인즈주의자 및 새케인즈주의자들과 연계되는 학파의 견해가 있다. 이 견해에 따르면 민간 경제는 조정실패를 겪을 수밖에 없으며, 그 결과 경제에서 매우 높은 실업률과 격심한 실물경제 변동이 발생할 수 있다. 다른 한편으로 고전학파 경제학자들과 연계되고 통화주의자와 균형경기변동 이론가들에 의해 개진되는 견해가 있다. 이 견해에 따르면 주어진 정부 정책의 제약 하에서 민간 경제는 가능한 한 가장 좋은 균형상태에 도달한다는 것이다. (Fischer, 1988, 294쪽)

근래의 논쟁들 중에는 1930년대에 케인즈와 그의 비판자들 사이에 벌어졌던 논쟁들과 너무 흡사한 것들이 많이 있는 듯하다. 최근에 캐스퍼(Kasper, 2002)는 미국의 거시경제 정책 논쟁에서 자유방임주의를 지지하는 어떤 주장이 1970년대에 강력한 모습으로 부활했었다고 말한다. 이것은 분명 '미래로 다시 돌아가기(back to the future)' 의 좋은 예다.

이 책에서 우리가 추구하는 주된 목표는 케인즈(Keynes, 1936)의 《고용, 이자 및 화폐에 관한 일반이론》(*The General Theory of Employment, Interest and Money*)이 출간된 이후 거시경제학의 발전과 거시경제정책 수립을 결정한 지적 영향을 살피는 것이다. 제2차 세계대전이 끝난 후 처음 25년은 케인즈학파 거시경제학의 황금시대였다. 일반적으로 신세대 거시경제학자들은 자유방임적 자본주의 경제가 매우 높은 비자발적 실업으로 특징 지워지는 균형에 머무를 수 있다는 케인즈의 메시지를 받아들였다. 《일반이론》에서 도출된 가장 주요한 정책 메시지는, 만족할 만한 총생산과 총고용 수준을 유지하기 위해서 총수요를 조절해야 하고, 그것을 위해 정부의 적극적인 개입이 필요하다는 것, 아니 정부의 적극적 개입이 불가피하다는 것이었다. 스키델스키(Skidelsky, 1996a)가 지적하듯이 케인즈가 《일반이론》에서 대공황을 명시적으로 다루지는 않았지만, 케인즈가 1929년 이후 모든 자본주의 경제에 퍼져가고 있던 커다란 지각변동적 사건들에 대한 직접적인 반응으로 그 책을 썼다는 것은 분명한 사실이다.

1.4 대공황

경제사상사는 연속되는 사건들이야말로 새로운 사상의 추동력임을 가르쳐준다. 이론적인 사상은 역사적인 사건들을 이해하는 데 도움이 된다. 그렇지만 "역사적 사건들은 이론가들에 도전장을 내밀며 종종 기존 이론을 뒤집어엎어 새로운 이론을 발전시킨다"는 것도 사실이다(Gordon, 2000a, 580쪽). 1960년대와 1970년대에 가속화되던 인플레이션이 통화주의의 반혁명을 가능하게 한 것처럼, 현대거시경제학을 탄생시키게 한 것은 대공황(Great Depression)이었다(Johnson, 1971). 이에 못지않게 중요한 사실은 밀턴 프리드먼, 제임스 토빈, 폴 새뮤얼슨과 같은 20세기의 유명한 경제학자들이 경제학을 공부하게 된 우선적인 계기가 이 대공황의 기간 동안 그들이 개인적으로 겪었던 경험이었다는 것이다(Parker, 2002).

레이들러(Laidler, 1991, 1999)는 1930년대 이전에 이미 경기변동과 통화 불안정의 원인과 결과를 분석하는 수많은 연구가 있었음을 상기시킨다. 그렇지만 현대거시경제학이 대공황과 함께 시작했다는 데에는 의심의 여지가 없다. 1936년 이전의 거시경제학은 "특이한 재료를 포함하여 수많은 재료를 섞었고 수많은 통찰도 있었지만 대단히 혼동되어 있는 시적 마녀의 마법약"과 같았다(Blanchard, 2000). 세계경제가 어떻게 그런 파국을 맞을 수 있었는지를 일관적으로 설명하기 위하여 경제학자들은 70년이 넘도록 노력해 왔다. 심지어 버냉키(Bernanke, 1995)는 "대공황을 이해하는 것은 곧 거시경제학의 성배(聖杯)를 찾은 것과 같다"고까지 주장한다.

케인즈는 알려져 있는 모든 경제조직의 형태 중 자본주의 체제를 가장 강력하게 옹호하면서도, 자본주의 체제가 눈에 몹시 잘 띠고 잠재적으로 치명적일 수 있는 약점을 갖고 있다고 믿었다. 자본주의 체제는 "소득을 임의적으로, 그리고 불공평하게 분배"할 뿐만 아니라, "완전고용을 보장"하는 데에도 실패했다(Keynes, 1936, 372쪽). 경제학자로서 가장 생산적인 기간(1919~37년) 동안 케인즈는 자본주의 체제가 20세기에 가졌던 위기 중 가장 큰 위기 상황, 즉 대공황을 직접 경험했다. 케인즈는 그 당시 자본주의가 자원을 효율적으로 배분하는 데에서가 아니라 고용과 국내총생산의 총량을 결정하는 데에서 실패하고 있다고 판단했다. 케인즈는 자본주의적 시장체제가 과격하게 불안정하다고는 생각하지 않았다. 그렇지만 케인즈의 관찰에 의하면, 자본주의 시장체제는 "정상 이하의 경제활동 상황에 상당히 오랜 기간 동안 고질적으로 잠겨 있을 수 있고, 스스로 그 상황에서 벗어나거나 완전히 붕괴되는 그 어떤 방향으로도 뚜렷하게 변화하지 않을 수 있는 듯하다"(Keynes, 1936, 249쪽). 케인즈의 이런 관찰과 발언은 비자발적 실업이 균형현상으로 지속될 수 있다는 케인즈의 주장에 대한 근거로 해석되었다. 자본주의는 두 세계대전 사이의 기간 동안 독일의 파시스트 정권과 소련의 공산주의 정권이라는 전체주의적 대안으로부터 이데올로기적 측면에서 공격받고 있었다. 이 관점에서 케인즈는 자본주의가 그런 공격으로부터 살아남으려면 자신의 단점과 잘못된 운용방식을 제거할 필요가 있다고 결론지었다.

베르사이유 평화협정[1]의 조건들에 반대하고 그것을 변경시키려고 하는 의도야말로 1920년대에 나치주의자들이 영향력을 확대했던 중요한 요소 중의 하나였다. 그러나 궁극적으로 나치주의자들이 독일에서 정권을 장악했던 데에 경제적인 상황이 밀접하게 연결되어 있었다는 것에 의심의 여지는 없다. 만약 미국과 유럽에서 1929년 이후에 경제정책이 달랐었다면 "나치주의와 제2차 세계대전이라는 끔찍한 일은 일어나지 않았을 수도 있었을 것이다"(Eichengreen and Temin, 2002). 먼델(Mundell, 2000)의 평가에 따르면, "주요국의 중앙은행이 금본위제도를 준수하지 않고 물가안정정책을 추구했더라면 대공황도, 나치 혁명도, 제2차 세계대전도 없었을 것이다."

1930년대 동안 세계는 '암흑의 계곡(Dark Valley)'에 들어섰고, 유럽은 세계의 '암흑의 대륙(Dark Continent)'이 되었다(Mazower, 1998; Brendon, 2000). 두 세계대전 사이의 기간은 자유민주주의, 파시즘, 그리고 공산주의라는 세 개의 이데올로기 사이에 격심한 정치적 경쟁이 일어났던 시기였다. 베르사이유 조약(1919년)에 따라 유럽에 민주주의가 실행되었지만, 1930년대에 이르러 유럽의 거의 모든 곳에서 민주주의가 사라지고 있었다. 1940년이 되면 민주주의는 "거의 멸종상태에 이르렀다." 대공황 시기 동안 자본주의 세계는 경제 관리에 실패했다. 그 덕에 전체주의와 극단적인 민족주의가 힘을 얻었고 세계경제는 분해되기 시작했다. 브렌던(Brendon, 2000)이 말하듯이, "1914년에 불이 꺼졌고, 1939년에 빛 차단막이 내려졌다면, 1929년 이후는 불빛이 점차로 희미해진 시기다." 대공황은 "경제적으로 아마겟돈[2]에 해당하는 것"이고 "흑사병 이후로 평화 시기에 인류에게 가장 큰 해를 끼친 위기상황"이었다. 자본주의의 위기를 통해 민주주의와 이전의 자유주의적 질서가 신뢰를 잃게 되었고, 많은 사람들이 "만일 자유방임주의가 혼돈을 야기시켰다면 질서를 세울 것은 권위주의일 것"이라고 결론지었다. 두 세계대전 사이의 경제적 파국은 이탈리아에서 무솔리니가 권력을 강화하는 데 도움을 주었고, 히틀러에게 1933년 1월 독일에서 정치적 권력을 장악할 기회를 주었으며, 일본을 "경제적 침체와 정치적 혼란 그리고 군부의 투쟁"으로 얼룩진 시기로 빠져들게 하였다. 1939년에 이르자 스페인에서는 3년 동안의 내전이 끝나고 프랑코가 서부유럽에 또 하나의 다른 파시스트 독재정권을 수립하였다.

---

1. 베르사이유 조약(Versailles Treaty). 1919년 6월 18일 연합군과 독일 사이에 체결된 강화조약으로 제1차 세계대전을 정식으로 끝내고 이후의 국제관계를 확립한 의의를 지닌다. 이 조약을 통해 독일은 모든 해외 식민지를 잃게 되었고, 자국 영토의 일부를 주변국에 분할해 주어야 했으며, 연합국에 당시 환율로 약 330억 달러에 해당하는 전쟁 배상금을 지불해야 했다. 이 조약은 4개 연합국(미국, 영국, 프랑스, 이탈리아)에 의해서 작성되었으며 독일은 조약의 내용을 결정하는 데 참여하지 못했다. 이 때문에 많은 독일사람들은 이 조약이 불공평하다고 생각했으며, 히틀러는 이 점을 이용하여 정치적 힘을 강화하였다.
2. 아마겟돈(Armageddon). 성경의 '요한 묵시록' 16장 16절에 나오는 표현으로, 히브리어인 '므기토(Megiddo)의 언덕'(Har Megido)에서 유래된 것으로 생각된다. 므기토는 팔레스타인 지역의 분지로서 이곳에서 팔레스타인 지역의 역사상 중요한 사건이 여러 번 일어났다. 특히 이곳은 다비드 왕가의 조시아(Josiah) 왕이 이집트와의 전쟁 중 젊은 나이로 사망한 곳이다. 조시아 왕 사망 후 유대 민족은 강력한 단일왕족 국가를 상실하게 되었고, 이 사건은 그 이후 다비드 왕계로부터 메시아가 나타날 것이라는 이야기를 만들어 내는 계기가 되었다고 해석된다.

그 유명한 1929년의 미국 주식시장(Wall Street) 주가폭락은 자본주의적 산업 국가의 경제 역사 상 가장 극적이고 파국적인 시기의 시작을 알린 사건이었다. 10월 23일에서 29일까지의 일주일 사이에 다우 존스 산업평균 지수는 29.5%나 하락했다. '암흑의 목요일(Black Thursday, 10월 24일)'과 '암흑의 화요일(Black Tuesday, 10월 29일)'에는 주가가 '수직으로' 하락하였다. 이 주가 폭락의 원인이 무엇이며, 주가 폭락 후 이어졌던 경제활동 상의 대공황과 이 주가 폭락이 어떤 관계를 갖는가에 대해서는 아직도 논란이 있다(Snowdon, 2002a 버냉키와 로머 인터뷰 참조). 여기서 기억해야 할 것은 1920년대 동안 미국의 경제는 많은 유럽의 국가들과는 달리 '포효(咆哮)의 20년대'[3]라 불리는 호황기를 맞아 번영을 누리고 있었다는 사실이다. 후에 로스토(Rostow, 1960)가 말한 '고 대량소비의 시기'는 이 시기를 위한 표현인 것 같다. 1920년대 중반에서 후반에 이르는 기간 동안 주식시장에 완연히 보였던 낙관주의는 1928년 11월 스탠퍼드 대학에서 허버트 후버(Herbert Hoover)[4]가 한 연설에서 잘 나타나 있다. 공화당 대통령 후보 수락 연설에서 그는 다음과 같은 '유명한 마지막 말'을 했다.

> 현재 미국에 살고 있는 우리는 그 어느 국가의 역사에서도 이전에 이루지 못한, 빈곤에 대한 마지막 승리에 가장 가까이 다가서 있습니다. 미국에서 이제 빈민구제소는 사라지고 있습니다. 아직 목표에 완전히 이르지는 못했지만, 우리에게는 지난 8년 동안의 정책을 통해 앞으로 나아갈 기회가 주어졌고, 이제 우리는 신의 도움을 받아 빈곤이 이 나라에서 영원히 사라질 날을 목전에 두고 있습니다. (Heilbroner, 1989)

후버의 연설이 있은 후 10년의 세월 동안 미국의 경제는(다른 주요 산업국가의 경제와 더불어) 많은 사람들이 과연 자본주의와 민주주의가 살아남을 수 있을까 염려할 정도로 그 역사상 최악의 경제적 위기를 겪었다. 미국경제는 1929년 여름에 경기변동의 정점에 이른 후, 주가폭락이 1920년대의 주식활황시장을 끝냈을 때 이미 국내총생산의 하락을 겪고 있었다. 주가폭락이 공황의 시작과 함께 발생했다는 것을 감안할 때 1929~30년에 극심한 산출량 감소가 일어난 것은 불가피한 일이었다. 그러나 초기의 이 산출량 감소는 이전에 발생했던 경기변동의 폭을 넘지 않은 것이었다. 공황이 '대공황'으로 된 것은 일반적으로 인정되고 있듯이 1931년 초와 1933년 3월 사이의 기간 동안에 발생한 두 번째 단계의 산출량 감소를 통해서였다(Dornbusch et al., 2004). 따라서 경제학

3. Roaring Twenties. 미국에서 이 시기는 제1차 세계대전 참전 군인들의 귀국으로 시작하여 대공황의 시작으로 끝을 맺은 시기를 말한다. 이 시기는 과학과 기술에서 대량생산기술과 전기와 전화의 보급, 라디오를 통한 대량소비 등이 이루어졌고, 문화적으로는 아르 데코(Ars Deco)와 표현주의, 초현실주의, 재즈 등이 유행하였다. 이 시기는 또한 여성의 투표권이 인정된 시기로 이를 통해 여권이 신장이 급속도로 이루어진 시기이기도 하다. 경제는 제1차 세계대전 직후의 불황에서 벗어나 새로운 소비재들의 도입과 공화당 정권의 자유방임주의적 정책을 통해 공전의 호황을 누렸다. '미국의 역사상 가장 화려한 시기 중의 하나'로 여겨진다.
4. 미국의 31대 대통령(1929~33). 모든 사회적, 경제적 문제들을 기술발전에 의해 해결할 수 있다고 믿은 '효율성 운동(Efficiency Movement)'을 대표한다.

▶ 표 1.1 대공황

국가	공황 시작 시점*	경기회복 시작 시점*	산업산출량** (% 감소)
미국	1929 (3)	1933 (2)	46.8
영국	1930 (1)	1931 (4)	16.2
독일	1928 (1)	1932 (3)	41.8
프랑스	1930 (2)	1932 (3)	31.3
이탈리아	1929 (3)	1933 (1)	33.0
벨기에	1929 (3)	1932 (4)	30.6
네덜란드	1929 (4)	1933 (2)	37.4
덴마크	1930 (4)	1933 (2)	16.5
스웨덴	1930 (2)	1932 (3)	10.3
체코슬로바키아	1929 (4)	1932 (3)	40.4
폴란드	1929 (1)	1933 (2)	46.6
캐나다	1929 (2)	1933 (2)	42.4
아르헨티나	1929 (2)	1932 (1)	17.0
브라질	1928 (3)	1931 (4)	7.0
일본	1930 (1)	1932 (3)	8.5

주: * 연도, 괄호 안은 분기
** 경기정점에서 경기저점 사이의 하락
자료: 로머(C. Romer, 2004)

자들의 연구관심을 끌어온 문제는 '어떻게 1929~30년의 극심한 경기후퇴가 1931~33년의 대공황으로 발전되었는가?'이다. 이제 대다수의 경제학자들은 1930년 이후 발생한 파국적인 산출량 감소와 고용감소의 주원인이 많은 산업국가에서 재정당국과 통화당국이 저지른 일련의 정책적 실수라는 데 동의한다. 이런 상황은 특히 미국에서 더 그랬는데 미국에서 경제활동의 감소는 다른 어느 국가에서보다도 더 심했다(Bernanke, 2000과 제 2장 참조).

공황의 강도와 규모는 다음 〈표 1.1〉의 자료들을 보면 알 수 있을 것이다. 이 표는 1929년과 1933년 사이에 주요 자본주의 시장경제에서 발생한 산업산출량 급감의 시점과 정도를 기록하고 있다.

가장 큰 감소는 미국에서 발생했다. 미국에서 산업산출량은 46.8% 감소했고 국내총생산은 28% 감소했다. 1933년 이후(1938년을 제외하고) 산출량이 급증했음에도 불구하고 1942년까지도 산출량은 정상 수준을 훨씬 밑돌았다. 이 기간 동안 미국의 실업은 국내총생산의 변화와 같이 움직였다. 미국의 실업률은 1929년에 3.2%였던 것이 1933년에는 25.2%로 치솟았고, 1930년대 평균은 18% 정도였으며, 1941년까지 10% 밑을 내려간 적이 없었다(Gordon, 2000a). 생산기술 향상과 인적자본투자 그리고 노동력의 급성장 덕에 생산능력이 계속적으로 증가하고 있었던 반면에 실제 생산은 그 생산능력에 훨씬 못 미쳤다. 따라서 1933년과 1937년 사이에 산출량이 47%

나 증가했음에도 불구하고 실업률은 9% 이하로 떨어지지 않았고, 1941년 12월 미국이 제2차 세계대전에 돌입하게 될 때에도 실업률은 1938년의 경기후퇴의 영향으로 아직도 거의 10%에 이르렀다(Lee and Passell, 1979; C. Romer, 1992). 유럽의 상황도 파국적이었고 미국에서의 상황과 밀접하게 연결되어 있었다. 미국 이외의 국가로서 가장 심한 경기후퇴를 겪은 국가는 캐나다, 독일, 프랑스, 이탈리아, 네덜란드, 벨기에, 체코슬로바키아와 폴란드였다. 스칸디나비아 국가들과 영국 그리고 일본은 상대적으로 덜 영향을 받았다. 경제활동의 축소와 함께 실업률은 위험할 정도로 치솟았고 상품가격과 도매가격은 폭락했다(Aldcroft, 1993).

경제 전체의 경제활동이 이렇게 대규모로, 그리고 파국적으로 감소한 사실을 우리는 어떻게 설명할 수 있을 것인가? 지금 우리가 거시경제학이라 부르는 분야에서 1930년대 이전에 주도적이었던 입장은 '구' 고전학파 접근법이었다. 이 접근법은 그 기원이 2세기 이상 거슬러 올라간다. 1776년에 그 유명한 애덤 스미스의 《국부론》(*An Inquiry into the Nature and Causes of the Wealth of Nations*)이 발간되었는데, 여기서 스미스는 '보이지 않는 손'의 정리를 제시했다. 경쟁적 상황에서 합리적 경제주체들이 이윤극대화와 효용극대화 활동을 하게 되면, '보이지 않는 손'의 작용에 따라 수많은 개인들의 행동이 저절로 사회적 최적상황을 발생시킨다는 것이 이 정리의 중심 주장이다. 스미스를 따라서 정치경제학은 기본적인 방향을 자유방임 쪽으로 편향되게 잡았고, 고전학파의 거시경제학적 관점은 '공급은 스스로 수요를 창출한다'는 유명한 명제로 가장 잘 표현되었다. 일반적으로 세의 법칙(Say's Law)이라 알려진 이 명제는 경제 전체 수준에서 과잉생산이나 과소생산이 발생할 가능성을 부정한다. 맬더스와 마르크스를 포함한 소수의 이단경제학자들의 경우를 제외하고, 이 관점은 고전학파와(1870년 이후의) 초기 신고전파의 거시경제학 이론을 모두 주도했다(Baumol, 1999; Backhouse, 2002; 제2장 참조). 대공황의 기간 동안 시카고 학파의 경제학자들이 확대통화정책을 권장했다고 프리드먼은 말한다. 그러나 고전학파 경제학자들의 저술에 담겨있는, 당시 주도적이고 전통적이었던 지혜를 사고의 중심으로 삼았던 경제학자들은 경제활동이 어떤 원인 때문에 그렇게 격심하게, 그리고 오랜 기간 동안 감소했는가에 대해 논리적이고 설득력 있는 해답을 제시하지 못했다(제4장 프리드먼 인터뷰; Parker, 2002 참조).

1.5 케인즈와 거시경제학의 탄생

케인즈 이전의 경제학자들도 경기변동, 인플레이션, 실업, 성장과 같이 현재 우리가 거시경제학적 문제라 부르는 것들을 논의했음을 잊어서는 안 될 것이다. 그러나 경제 전체의 경제적 현상을 일관적이고 체계적으로 접근하는 방식으로서 현대거시경제학이 탄생한 기원은 1936년 2월 케인즈의 《고용, 이자 및 화폐에 관한 일반이론》(*The General Theory of Employment, Interest and Money*)이 출간된 시기에서 찾을 수 있다. 1935년 1월 1일 친구인 버나드 쇼(George Bernard

Shaw)에게 보낸 편지에서 케인즈는 "지금 나는 사람들이 경제적 문제들을 생각하는 방식을 당장은 아니지만 추측컨대 앞으로 10년 안에 거의 완전히 뒤바꿔 놓을 경제이론에 관한 책을 쓰고 있다고 나 자신이 믿고 있네"라고 말했다. 케인즈의 이런 대담한 예측이 정확하게 들어맞았다는 사실은 케인즈가 지녔던 자신감을 보여주는 것인 동시에, 고전학파의 경제학적 분석이 1930년대 초에 만연했던 경제적 상황을 인정할 만하고 설득력 있는 방식으로 설명하지 못했다는 사실을 반영하는 것이기도 하다. 케인즈는 1930년대에 자본주의 체제가 직면했던 극단적인 경제상황이 자본주의의 존속 여부 자체를 위협하고 가격 메커니즘이 조정도구로서 갖는 기능에 본질적인 하자가 있음을 보여주고 있다고 판단했던 것이다.

이 문제를 해결하기 위해서 케인즈는 고전학파 경제학자들을 그들의 요새 안에서 공격해야 했다. 케인즈가 생각했던 가격 메커니즘의 하자는 고전학파 이론 자체에 있었다. 케인즈는 고전학파 이론의 결론이 사람들에게 "그릇된 판단을 갖게" 할 뿐만 아니라, 두 세계대전 사이의 기간 동안 자본주의 경제가 직면했던 현실 세계의 문제들에 적용된다면 "파국적인 결과를 가져올" 것이라고 생각했다. 케인즈에게 자본주의는 불치병에 걸린 것이 아니라 불안정한 상태에 있었다. 그의 목표는 자본주의 체제 안에서 게임의 규칙을 바꿔서 자본주의 체제를 보존하고 강화시키는 것이었다. 그는 완전고용이 예외적인 상황이 아니라 항상적인 상황이 되기를 원했다. 그의 혁명은 보수적인 혁명이었다. 갤브레이스(Galbraith, 1977)가 주목하듯이, 케인즈는 결코 개인적인 불만에서 세계를 변화시키려 하지 않았다. "케인즈에게 세계는 훌륭한 것이었다." 케인즈가 정치적으로 상상했던 공화국은 '우주의 극좌(極左)'에 위치했지만 케인즈는 결코 사회주의자가 아니었다. 버나드 쇼의 채근에도 불구하고 케인즈가 마르크스에게 눈을 감고 있었다는 사실은 잘 알려져 있다. 케인즈의 견해에 따르면, 《자본론》(*Das Kapital*)은 "황량하고 시대에 뒤쳐진 탁상공론적인 논쟁"만을 담고 있고 복잡한 속임수 외에는 아무 것도 더해 주지 않는 것이었다. 케인즈는 자신이 마르크스를 마치 탐정소설을 읽는 마음으로 읽었노라고 그의 '정치경제학 모임(Political Economy Club)'에서 말한 적이 있다. 케인즈는 마르크스로부터 어떤 아이디어에 대한 단서를 찾기를 바랐지만 결코 성공하지 못했다(Skidelsky, 1992, 514~23쪽). 그러나 케인즈가 마르크스주의적 분석을 경멸했다고 해서, 정치적 스펙트럼의 오른쪽에 자리하고 있던 사람들이 그의 메시지가 위험할 정도로 급진적이라는 생각을 버린 것은 아니었다. 케인즈에게 궁극적인 정치적 문제는 경제적 효율성과 사회정의 그리고 개인의 자유를 어떻게 결합하는가였다. 그러나 형평성의 문제는 언제나 효율성과 안정성 및 성장이라는 문제에 부속적인 것으로 여겨져 왔다. 1930년대 초에 자본주의 경제를 휩쓸고 있던 경제적 질병에 대한 케인즈의 처방은 "전통적인 정부기능을 대규모로 확장"하는 것이었다. 그러나 《자유방임의 종말》(*The End of Laissez-Faire*)(Keynes, 1926)에서 케인즈가 주장했듯이, 정부의 활동이 효과적이려면 정부는 "민간부문의 개인들이 이미 실행하고 있는 활동들"에 관여하지 말고 그 대신 "개인의 민간부문 바깥에 위치한 기능들, 즉 국가가 하지 않으면 아무도 하지 않을 결정들"에 힘을 쏟아야 한다(Keynes, 1972, Vol. IX, 291쪽).

대공황에 대한 가장 설득력 있는 설명은 총수요의 대규모 감소에 관한 것이다. 파틴킨(Patinkin, 1982)과 토빈(Tobin, 1997)은 《일반이론》에서 케인즈가 이룬 가장 중요한 발견이 '유효수요의 원리(Principle of Effective Demand)'임을 강력히 주장했다(제8장 참조). 고전학파의 거시경제학 체계에 따르면 총(유효)수요가 감소하면 곧 물가하락이라는 교정적인 힘이 작동하게 된다. 따라서 총수요 감소의 최종 결과는 물가가 하락하는 것, 그리고 실질산출량 및 고용이 완전고용 수준으로 되돌아가는 것이다. 고전학파의 세계에서는 가격 메커니즘을 통해 작용하는 자기교정적인인 시장의 힘이 정부 개입이라는 도움이 없이도 균형을 복구한다. 미국의 경제가 1920년대에 고전학파 모형과 일치하는 모습을 보였다고 주장하는 사람이 있을 수 있다. 그렇지만 1929년 이후의 10년의 기간 동안 미국의 경제가 그렇지 않았다는 데에는 의심의 여지가 없다. 고전학파 모형은 세계 주요 국가들의 경제가 경험했던 경제적 쇠퇴의 강도와 기간을 설득력 있게 설명할 수 없었다. 미제스(Mises)－하이에크(Hayek)－로빈스(Robbins)－슘페터(Schumpeter)의 오스트리아 학파에 속하는 경제학자들은 공황이 끝까지 가도록 경제를 놔두어야 한다고 믿었다. 왜냐하면 그런 상황은 인위적으로 만들어진 호황 시기 동안 과잉투자(overinvestment)가 이루어졌기 때문에 불가피하게 발생한 결과이기 때문이다(제9장 참조). 그들의 견해에 따르면 대공황은 정책입인자들이 관여할 문제가 아니었고, 총수요 촉진이라는 형태로 정부가 개입하면 상황이 더 나쁘게 될 뿐이었다. 정부는 현재의 공황을 감내하느냐, 아니면 정부가 부적절하게도 개입하여 더 심각한 미래의 공황을 초래할 것이냐 라는 두 상황 중 하나를 선택해야만 했다.

현재는 총수요 부족에 초점을 맞춘 설명이 대공황 기간 동안 일어났던 경제의 상황과 부합한다고 일반적으로 인정되고 있다. 그러나 총수요 부족에 근거한 이런 설명은 세의 법칙과 균형이라는 슬로건 아래서 잘 훈련된 신고전파 경제학자들에게 쉽게 이해되거나 받아들여질 수 있는 것이 아니다. 실제로 대공황에 관하여 총수요의 역할을 축소하는 대신 공급측 요소의 중요성을 강조하는 설명이 최근에 다시 모습을 나타냈다(Cole and Ohanian, 1999, 2002a). 서구의 경제체제에 닥쳤던 경제적 파국을 설명하려는 경제학자들에게 대공황은 자유방임적 자본주의에 대한 그들의 열망을 짓누르는 우울한 사건이었다.

1.6 케인즈주의적 합의의 흥망성쇠

제2차 세계대전 기간 중에 대규모 실업은 제거되었다. 이 사실은 정부가 완전고용을 유지할 책임을 갖는다는 케인즈주의적 사고가 널리 전파되고 영향력을 행사하는 데 결정적인 역할을 했다. 1944년 영국에서 비버리지(William Beverage)의 《자유사회에서 완전고용》(*Full Employment in a Free Society*)이 발간되었고, 같은 해에 영국정부는 《고용정책》(*Employment Policy*) 백서에서 '높고 안정적인 고용수준'을 유지하는 데 전력을 다할 것을 천명했다. 미국에서는 1946년 고용법(Employment Act)이 제정되어 연방정부가 '최대의 고용과 생산 및 구매력'을 추구할 것을 요구하였다. 영국과 미국에서 이러한 정부정책이 천명되었다는 사실은 그 목표들이 어떤 방식으로 달성될 것인가에 대한 논의가 구체적으로 진행되지는 않았지만 커다란 상징적 의미를 갖는 것이었다. 영국의 경우 케인즈는 연평균 실업률 3%라는 비버리지의 목표가 비록 "달성하려고 하는 노력 자체가 해로운 것은 아니나" 너무 낙관적이라고 생각했다(Hutchison, 1977). 그렇지만 세계대전 후 선진국 경제가 누렸던 번영의 많은 부분이 케인즈주의적 안정화 정책의 직접적인 결과라고 생각되었다. 2002년 사망할 때까지 미국에서 가장 유명한 케인즈주의 경제학자였던 토빈은 다음처럼 말했다.

> 케인즈주의 정책의 성공을 뒷받침하는 많은 증거가 있다. 제2차 세계대전 이후 선진 민주주의적 자본주의 사회는 그 정도의 차이는 있지만 거의 모두가 케인즈주의적인 수요관리 전략을 채택했다. 분명 1950년에서 1973년에 걸치는 시기는 유례를 찾아볼 수 없는 번영과 성장, 그리고 세계무역의 확대와 안정을 누렸던 시기였다. 이 '황금시대' 동안 인플레이션과 실업은 낮은 수준에 머물렀고, 경기변동은 길들여졌다. (Tobin, 1987)

이와 비슷한 맥락에서 스튜어트(Stewart, 1986)도 다음과 같이 주장했다.

> 세계대전 이후의 4반세기 동안 영국을 위시한 서구 국가들이 완전고용을 달성했던 이유는 정부가 완전고용 정책을 유지했고 어떻게 완전고용을 달성할 수 있는지 알고 있었기 때문이라는 것이 널리 받아들여지는 결론이다. 그리고 정부가 어떻게 완전고용을 달성할 수 있는지 알 수 있었던 이유는 케인즈가 그 방법을 가르쳐주었기 때문이다.

미국에서 "1946년 이후에, 특히 1961년 이후부터 자동적이고 재량적인 안정화 정책을 의식적으로 추구"했기 때문에 실질산출량이 이전보다 더 안정적이었다는 것이 1980년대 이전에 널리 받아들여지던 결론이었다(Tobin, 1980a). 이 사실은 미국경제에 대해 가장 널리 인정되고 있는 경험적 일반화 중의 하나다(Burns, 1959; Bailey, 1978). 그러나 크리스티나 로머(Christina Romer)는 커다란 영향을 끼친 그녀의 일련의 논문에서, 미국경제가 대공황 이전의 시기보다 1945년 이후의 시기 동안 더 안정적이었다는 통상적인 거시경제학적 결론에 도전장을 내밀었다(C. Romer, 1986a, 1986b, 1986c, 1989, 1994). 그녀의 1986년 논문들에서 로머는, 대공황 이전의 기간 동안 발생했던 경기변동은 1945년 이후 발생했던 불안정성에 비해 아주 조금만 더 심했었다고 주장했다. 실업과 산업산출량 및 국민총생산(GNP) 자료를 상세하게 분석하여 로머는 역사적 자료를 구성하는 데 사용하는 방법들이 결과의 체계적인 편향을 야기했음을 발견했다. 이 편향 때문에 경기변동적 변화에 관한 대공황 이전의 자료들이 과장되었다. 따라서 불안정성이 상당한 정도로 감소된 것으로 결론을 이끌게 했던 불안정성의 역사적 기록들에 대한 기존의 평가는 인기 있는 것이긴 했지만 '허구의 자료'에 근거한 잘못된 견해였다. 1945년 이전의 것과 일관되게 수정된 1945년 이후의 자료에 근거해서 로머는 1945년 이후의 호황과 경기후퇴가 기존의 자료에서 나타난 것보다 더 컸음을 보일 수 있었다. 또 1916년 이전의 기간에 대한 국민총생산 자료를 새로 구성하여 분석한 결과, 로머는 새로운 자료에 따른 경기변동의 정도가 쿠즈네츠가 원래 추정했던 것보다 훨씬 작다는 것을 발견했다. 따라서 로머는 1929년 이전의 미국경제가 1945년 이후보다 훨씬 더 불안정했다는 주장을 뒷받침할 증거가 사실은 불충분하다고 결론지었다. 물론 이 분석은 대공황이 그 이전과 이후의 경제상황과는 매우 다른 '전례없는 규모'의 사건이었음을 함축한다. 로머(1986b)는 "대공황은 세계대전 이전에 매우 심했던 많은 공황들 중의 하나라기 보다는, 상대적으로 안정적이었던 전쟁 이전의 경제가 전례 없이 와해되었음을 의미한다"고 말한다. 다른 말로 표현하면 대공황은 자본주의의 평상적인 사건이 아니라 진정으로 특유한 사건이었다는 것이다. 로머의 결론에 처음에는 비판적이었던 들롱(DeLong)도 이제는 로머의 비판이 옳았다고 인정한다(DeLong and Summers, 1986; DeLong, 2001; Snowdon, 2002a 들롱과 로머 인터뷰 참조).

최근의 논문(Romer, 1999)에서 로머는 19세기 후반 이후 미국의 단기 경기변동 자료들을 분석했다. 여기서 그녀가 얻은 결론은, 실질적인 거시경제 지표들의 변동성과 경기후퇴의 평균 강도가 1916년 이전과 1945년 이후의 기간 사이 동안 아주 조금 감소했지만 경기후퇴의 빈도수는 줄어들었고 좀 더 균일해졌음을 뒷받침할 강력한 증거가 있다는 것이다. 경기안정화 정책은 1945년 이후의 경기확장국면을 연장시켰으며 심각한 경기후퇴를 방지했다. 그러나 1945년 이후 호황과 경기후퇴가 정책에 의해 촉발된 예도 있는데(전자의 예는 1962~69년이고 후자의 예는 1980~82년이다), 이것이 바로 "왜 세계대전 이후 여전히 경제가 불안정했는가를 설명해 주는" 것이기도 하다.

세계대전 이후의 경제가 1914년 이전 시기보다 훨씬 더 안정적이었다는 통상적인 견해를 인정하더라도, 경제정책에 있어 케인즈주의적 혁명이 있었다고 모든 사람들이 동의하지는 않을 것이다(이와 반대의 의견을 잘 주장한 사람들로, Stein, 1969; Robinson, 1972; Tomlinson, 1984; Booth, 1985; Salant, 1988; Laidler, 1999). 또 어떤 학자들은 1945년 이후의 경제적 성과가 그 이전 시기와 다르게 된 것이 과연 재정정책에 대한 전통적인 케인즈주의적 강조 때문이었는가에 대해 의문을 제시하기도 한다(Matthews, 1968). 그러나 제2차 세계대전 이후부터 1973년까지 선진 산업국들이 전례 없는 번영의 '황금시대'를 누렸다는 데에는 의심의 여지가 없다. 매디슨(Maddison, 1979, 1980)은 다음과 같은 특징이 이 시기에 이루어졌던 예외적인 경제적 성과에 기여했다고 주장한다.

1. 국제교역과 국제거래에 있어 자유화의 증진
2. 매우 높은 수준의 총수요 속에서 인플레이션은 낮은 수준에 머물러 있도록 만든 상황과 정책
3. 적극적인 정부정책을 통한 국내수요 부양
4. 제2차 세계대전을 거치면서 사용되지 않고 축적된 성장가능성

〈표 1.2〉가 보여주듯이 1950~73년 동안 연평균 4.08%였던 서부유럽의 1인당 국내총생산 성장은 전례가 없는 것이었다. 크래프츠와 토니올로(Crafts and Toniolo, 1996)는 '황금시대'가 "유럽

▶ 표 1.2 전세계와 세계 주요 지역별 1인당 국내총생산 성장률, 1820~1998년(연평균 복리 성장률)

지역	1820~70	1870~1913	1913~50	1950~73	1973~98
서부유럽	0.95	1.32	0.76	4.08	1.78
변방의 서부유럽*	1.42	1.81	1.55	2.44	1.94
일본	0.19	1.48	0.89	8.05	2.34
아시아(일본 제외)	−0.11	0.38	−0.02	2.92	3.54
라틴아메리카	0.10	1.81	1.42	2.52	0.99
동부유럽과 구소련	0.64	1.15	1.50	3.49	−1.10
아프리카	0.12	0.64	1.02	2.07	0.01
세계	0.53	1.30	0.91	2.93	1.33

자료: 매디슨(Maddison, 2001), 표 3-1a

▶ 표 1.3 주요 국가별 국내총생산 성장률, 1820~1998년

국가	1820~70	1870~1913	1913~50	1950~73	1973~98
프랑스	1.27	1.63	1.15	5.05	2.10
독일	2.01	2.83	0.30	5.68	1.76
이탈리아	1.24	1.94	1.49	5.64	2.28
영국	2.05	1.90	1.19	2.93	2.00
미국	4.20	3.94	2.84	3.93	2.99
캐나다	4.44	4.02	2.94	4.98	2.80
일본	0.41	2.44	2.21	9.29	2.97

자료: 매디슨(Maddison, 2001)에 근거하여 정리

만의 특수한 현상"이라고 생각한다. 그러나 이 시기의 성장 기적이 라틴 아메리카와 아시아 및 아프리카의 중앙 계획국가에도 발생했음에 주목해야 할 것이다. 이 시기에 일본의 1인당 국내총생산은 진정으로 예외적이라는 표현이 어울릴 정도로 연평균 8.05%를 기록했다. 〈표 1.3〉은 1820~1998년에 이르는 기간을 5개의 소기간으로 나누어 G7 국가의 국내총생산 성장률에 대한 자료를 담고 있다. 이 표는 1950~73년 기간 동안 특히 프랑스, 독일, 이탈리아, 일본이 역사적으로 유례없는 고성장을 이루었음을 보여 준다(제11장 참조).

그 이유가 무엇이든 간에 이 '황금시대'는 1973년 이후 종말을 고했고, 1970년대의 경제 문제들 덕에 케인즈주의의 요란한 악대 행렬은 갑자기(그러나 단기간 동안만) 멈추게 되었다. 1970년대에 인플레이션은 가속화되었고, 실업률은 상승했으며, 경제성장은 둔화되었다(표 1.3~1.5참조). 케인즈주의를 비판하는 사람들은 이런 상황이 케인즈의 이름하에 실행된 잘못된 확대정책 때문이라고 주장했다. 1960~2002년 기간 전체의 평균과 비교해 볼 때 '황금시대'의 실업과 인플레이션은 모두 낮은 수준에 머물렀다. 1983~93년의 기간 동안 인플레이션율은 하락했지만 많은 국가에서 실업

은 꾸준히 높은 수준에 머물렀다. 특히 서부유럽국가에서 실업률이 높았던 이유를 일부 경제학자들은 이력현상(hysteresis)[5]이나 노동시장 경직성으로 돌렸다(제7장 참조). 가장 최근의 기간인 1994~2002년 동안 인플레이션은 낮았지만 실업은 유럽에서는 여전히 높았고 미국에서는 하락했다. 오직 1973~83년의 기간에서만 높은 실업률과 높은 인플레이션이 동시에 존재하는 스태그플레이션이 발생했다. 케인즈주의의 비판자들에게 스태그플레이션은 수요관리를 특징으로 하는 '황금시대'가 필연적으로 남긴 유산이었다(Friedman, 1975; Bruno and Sachs, 1985; DeLong, 1997; 1960년대의 상황에 대한 논의로는 Cairncross and Cairncross, 1992).

1.7 이론적 정신분열증과 신고전파 종합

자신의 이름으로 실행된 케인즈주의적 정책을 케인즈 자신이 어떻게 생각했을지에 대해서 우리는 추측밖에 할 수 없다. 경험을 통해 뒤돌아보면서 우리가 이보다 좀 더 분명하게 알 수 있는 것은, 이론의 차원에서 케인즈주의 경제학은 경제학 교육에 정신분열증을 유발시켰다는 것이다. 미시경제학 과정은 전형적으로 자원배분과 생산 및 분배에, 즉 효율성과 공평성의 문제에 초점을 맞추었고, 거시경제학 과정은 총산출량과 고용의 수준 및 장기 추세, 그리고 인플레이션에, 즉 성장과 안정성의 문제에 중점을 두었다. 거시경제학에서 케인즈주의적 명제로 제시되는 시장실패와 비자발적 실업은 발라스적인 일반경쟁균형 이론과 잘 부합되지 않았다. 발라스적 이론에서는 합리적이고 극대화하는 개인들의 행동을 통해 노동시장을 위시한 모든 시장이 유연한 가격에 의해 모두 청산되기 때문이다. 미시경제학을 주도하는 이론인 발라스적 모형에서 완전고용으로부터의 이탈은 생각할 수 없었다. 폴 새뮤얼슨을 위시한 경제학자들이 경제학의 이 두 흐름을 '신고전파 종합(neoclassical synthesis)'이라는 이름으로 통합하려고 시도했지만, 케인즈주의적 거시경제학과 신고전파 주류 미시경제학에 대한 이런 통합은 마치 기름과 물을 섞은 것과 같았다. '황금시대' 동안 이 문제는 무시될 수 있었다. 1973년에 이르러 인플레이션이 가속화되자 그런 무시는 더 이상 가능하지 않았다. 그린월드와 스티글리츠(Greenwald and Stiglitz, 1987)가 주장했듯이, 이 시점부터 경제학의 두 분야를 결합시키는 방식에는 두 가지가 존재하게 되었다. 첫 번째 방식은 거시경제학이 고전학파 주류 미시경제학 이론에 적응하는 것이었다(새고전학파적 접근법). 두 번째 방식은 미시이론이 거시이론에 적응하는 것이었다(새케인즈학파적 접근법). 결합을 위한 이런 시도야말로 지난 30여년 동안 거시경제학의 이론적 작업에 주도적인 영향을 끼쳐온 것이었다.

5. 이력현상(履歷現象, hysteresis)은 영국의 물리학자 유잉(James Alfred Ewing, 1855~1935)이 1890년에 철금속의 자기장 실험에서 자석의 힘이 제거된 뒤에도 여전히 철금속에 자성이 남아 있는 것을 발견하고 그 현상에 붙인 이름이다. 그리스어 histeresis는 '결함'을 뜻하며, 그 어원인 histerein은 '뒤로 처지다', '모자라다'의 뜻을 갖는다. 물리적 현상으로서의 이력현상은 물체의 전자기장 성질과 탄력성 등에서 발견되며, 음향녹음 테이프와 컴퓨터 메모리 등에 응용된다. 경제학에서의 이력현상은 때로 '경로의존적(path dependent)인 현상'으로도 불린다.

이런 이분적 상황에 케인즈 자신도 한 몫을 했다. 케인즈에 따르면, "현재의 경제체제가 현재 사용되고 있는 생산요소들을 심각할 정도로 잘못된 방향으로 사용한다고 생각할 하등의 이유가 없다. (…) 현재의 경제체제가 실패한 부분은 실제 고용의 방향을 결정하는 데가 아니라 그 양을 결정하는 데에 있다"(Keynes, 1936, 379쪽). 다른 말로 표현하면, 자본주의 체제는 완전고용을 달성하는 데 실패했다는 점에서 커다란 오점을 가지지만, 그렇지만 않다면 매우 훌륭한 경제체제라는 것이다. 이 주요한 단점이 치유되어 완전고용이 복구되기만 하면, "이 시점 이후부터 고전학파 이론이 다시 제자리에 설 수 있으며", "어떤 특정 상품이 생산될 것인가, 그 상품을 생산하기 위해서 생산요소들이 어떤 비율로 결합될 것인가, 그리고 최종 생산물의 가치가 그 생산요소들 사이에 어떻게 분배될 것인가에 대한 결정이 개인의 자기이해에 따라 이루어진다는 고전학파의 분석을 반대할 수 없다"(Keynes, 1936, 378~9쪽). 따라서 우리는 케인즈가 자본주의적 시장경제에 대한 다음과 같은 두 가지 서로 상반되는 견해를 화합시키려고 시도한 것으로 볼 수 있다. 첫째, 자원의 희소성으로부터 발생하는 근본적인 배분과 생산의 문제를 해결하는 데 있어 가격기구가 갖는 효율성을 높이 평가하는 고전학파-신고전학파가 있다. 둘째, 적어도 경제 전체 차원에서의 총산출량과 총고용에 대해서는 보이지 않는 손이 작동하지 않는다는 단점을 강조하는 케인즈의 우상파괴적인 비전이 있다. 케인즈는 후자의 문제가 정부의 제한된 개입을 통해 해결될 수 있다고, 따라서 그것을 통해 자본주의가 구출될 수 있다는 낙관적인 생각을 갖고 있었다.

고전학파 경제학자들의 사상과 케인즈의 사상을 종합한 이론체계가 적어도 1970년대 초까지 주류경제학을 주도했다. 제2차 세계대전에서 1970년대 초에 이르는 기간 동안 거시경제학에 대한 표준적인 교과서는 《일반이론》에 대한 힉스(Hicks, 1937)의 해석과 그에 대한 모딜리아니(Modigliani, 1944), 파틴킨(Patinkin, 1956), 토빈(Tobin 1958)의 수정에 결정적으로 기초하였다. 새뮤얼슨의 베스트셀러 교과서는 케인즈와 고전학파 사상의 종합을 대중화시켰다. 이 교과서를 통해 케인즈와 고전학파의 사상이 넓은 독자층과 수많은 세대의 학생들에게 전달될 수 있었다. 새뮤얼슨은 1955년에 발간된 《경제학》(*Economics*)에서 '신고전파 종합(neoclassical synthesis)'이라는 명칭을 최초로 경제학에 도입했다. 고전학파와 케인즈의 사상의 종합은 교과서와 전문적 논의 모두에서 거시경제학적 분석에 대한 표준적인 접근방식이 되었다(제3장 참조). 정통파 케인즈주의 모형은 클라인(Lawrence Klein)과 그 외 카울스 커미션(Cowles Commission) 소속 경제학자들이 발전시킨 대규모 거시계량 모형들의 기초가 되었다.[6] 이 거시계량 모형들은 경기예측을

6. '경제학 연구를 위한 카울스 커미션(Cowles Commission for Research in Economics)'은 사업가겸 경제학자인 앨프레드 카울스(Alfred Cowles)가 1932년 미국의 콜로라도 스프링스에 설립했다. 이 연구소는 1939년 시카고 대학교로 이전했다가, 시카고 대학 경제학과의 마찰로 인해 1955년 쿱만스(Tjalling Koopmans)에 의해 예일 대학교로 이전되면서 명칭을 '카울스 재단(Cowles Foundation)'으로 변경했다. '과학은 측정(Science is Measurement)'이라는 연구소의 모토가 말해 주듯이, 연구소의 목표는 경제학 이론을 수학 및 통계학과 연결시키는 것이었고, 연구소의 활동은 특히 일반균형이론과 계량경제학의 발전에 크게 이바지했다. 연구소와 연계하여 연구를 진행했던 경제학자로는 쿱만스, 애로(Kenneth Arrow), 드브뢰(Gerard Debreu), 토빈(James Tobin), 모딜리아니(Franco Modigliani), 사이먼(Herbert Simon), 클라인(Lawrence Klein), 호벨모(Trygve Haavelmo), 마코비츠(Harry Markowitz) 등이 있다.

위해 사용되었고 경제학자들이 서로 대안적인 경제정책의 영향을 평가할 수 있게 해주었다. 루커스와 사전트(Lucas and Sargent, 1978)에 의하면, 1960년에 이르러 정통파 케인즈주의 경제학이 '주도적인 과학적 지위'를 획득할 수 있었던 이유는 그것이 "명시적인 계량경제학 모형으로 쉽게 형식화될 수 있었다"는 사실에 있다. 거시경제학에 관한 한, 1960년대의 경제학자들 대부분에게 "케인즈주의 모형은 학계에서 행할 수 있던 유일한 게임이었다"(Barro, 1989a).

적극적인 통화정책과 재정정책의 형태로 이루어지는 정부의 개입이 경제 전체의 차원에서 발생하는 시장경제의 불안정성을 교정할 수 있다는 정통파 케인즈주의의 주장은 정치적 결정자들에게도 영향을 끼쳤다. 적어도 1970년대 중반까지 영국의 노동당과 보수당은 모두 정통파 케인즈주의의 원칙을 고수했다. 미국에서는 1960년대 초에 이르러서야 비로소 '새 경제학(New Economics)'이라는 이름으로 케인즈주의적 접근법이 실질적으로 많은 관심을 끌면서 적용되었다(Tobin, 1987; Perry and Tobin, 2000). 케네디 대통령이 임명한 경제자문위원회(Council of Economic Advisers)는 케인즈주의 경제학자들 일색이었다. 헬러(Walter Heller)를 위원장으로 한 경제자문위원회에는 토빈과 솔로(Robert Solow)가 속해 있었고, 새뮤얼슨은 비공식 자문위원으로 위촉되었다(Snowdon and Vane, 2002a). 1971년에는 심지어 닉슨 대통령조차 "우리는 이제 모두 케인즈주의자들이다"라고 선언하기에 이르렀다. 그러나 1980년대에 들어서자 미국의 경제정책은 케네디-존슨 대통령 시기에 행해졌던 형태와는 매우 다른 모습을 띠게 되었다(Feldstein, 1992).

1970년대 이전에 케인즈주의적 접근법은 수요측 요소들을 강조했다. 케인즈는 세의 법칙을 전도시켰고, IS-LM 모형을 통한 케인즈 해석에 기초한 케인즈주의는 거시경제학에서 확고한 정통파 지위를 차지하고 있었다(IS-LM 모형을 통한 케인즈 해석에 관해서는 이 책의 제3장과 Patinkin, 1990a 참조). 처음에 케인즈주의는 재정정책주의로 간주되었다. 그러나 1960년대 후반에 이르면서 화폐적 요인의 중요성을 많은 케인즈주의자들이 인지하기에 이르렀다(Tobin, 1987, 1996; Buiter, 2003a). 이 시기에 케인즈주의가 이룬 가장 중요한 발전은 당시 주노선이었던 거시경제 모형에 필립스 곡선을 통합시킨 것이다(Phillips, 1958; Lipsey, 1978; 제3장 참조). 1960년대 초에 이르자 IS-LM 모형이 산출량과 고용의 결정을 설명하는 데 널리 사용되었다. 반면 필립스 곡선을 통해 정책입안자들은 여러 목표실업률로부터 발생할 인플레이션율을 예측할 수 있었다. 〈표 1.4〉와 〈표 1.5〉에서 보는 바와 같이 1970년대 초에 주요 산업국에서 실업과 인플레이션이 동시에 상승하던 상황은 케인즈주의의 매우 단순화된 해석인 '수력학적(hydraulic)' 케인즈주의에 치명적인 타격을 입혔고, 통화주의와 새고전학파의 반혁명을 위한 길을 열어 주었다(Johnson, 1971; Bleaney, 1985; Colander, 1988). 1970년대에 이르자 케인즈 이전의 신념, 즉 정부의 '보이는(그리고 중풍에 걸린) 손'이 적극적이고 재량적으로 재정정책과 통화정책을 실행하지 않는 한 시장경제가 거시경제적 안정과 급성장을 달성할 수 있다는 신념이 상당한 정도로 부활하였다. 케인즈주의적인 거시경제 정책이 너무 야심적이고, 더 중요하게도, 근본적으로 오류가

▶ 표 1.4 실업률, 1964~2002

	미국	캐나다	일본	프랑스	독일	이탈리아	영국
1964	5.0	4.3	1.1	1.4	0.4	4.3	2.6
1965	4.4	3.6	1.2	1.5	0.3	5.3	2.3
1966	3.6	3.3	1.3	1.8	0.2	5.7	2.2
1967	3.7	3.8	1.3	1.9	1.3	5.3	3.3
1968	3.5	4.4	1.2	2.7	1.5	5.6	3.1
1969	3.4	4.4	1.1	2.3	0.9	5.6	2.9
1970	4.8	5.6	1.1	2.5	0.8	5.3	3.0
1971	5.8	6.1	1.2	2.7	0.9	5.3	3.6
1972	5.5	6.2	1.4	2.8	0.8	6.3	4.0
1973	4.8	5.5	1.3	2.7	0.8	6.2	3.0
1974	5.5	5.3	1.4	2.8	1.6	5.3	2.9
1975	8.3	6.9	1.9	4.0	3.6	5.8	4.3
1976	7.6	7.1	2.0	4.4	3.7	6.6	5.6
1977	6.9	8.1	2.0	4.9	3.6	7.0	6.0
1978	6.1	8.4	2.2	4.7	3.0	5.3	5.7
1979	5.8	7.5	2.1	5.3	2.7	5.8	4.7
1980	7.2	7.5	2.0	5.8	2.6	5.6	6.2
1981	7.6	7.6	2.2	7.0	4.0	6.2	9.7
1982	9.7	11.0	2.4	7.7	5.7	6.8	11.1
1983	9.6	11.9	2.7	8.1	6.9	7.7	11.1
1984	7.5	11.3	2.7	9.4	7.1	7.9	10.9
1985	7.2	10.7	2.6	9.8	7.2	8.1	11.2
1986	7.0	9.6	2.8	9.9	6.5	8.9	11.2
1987	6.2	8.8	2.8	10.1	6.3	9.6	10.3
1988	5.5	7.8	2.5	9.6	6.2	9.7	8.5
1989	5.3	7.5	2.3	9.1	5.6	9.7	7.1
1990	5.6	8.1	2.1	8.6	4.8	8.9	6.9
1991	6.8	10.3	2.1	9.1	4.2	8.5	8.6
1992	7.5	11.2	2.2	10.0	6.4	8.7	9.7
1993	6.9	11.4	2.5	11.3	7.7	10.1	9.9
1994	6.1	10.4	2.9	11.8	8.2	11.0	9.2
1995	5.6	9.4	3.1	11.4	8.0	11.5	8.5
1996	5.4	9.6	3.4	11.9	8.7	11.5	8.0
1997	4.9	9.1	3.4	11.8	9.7	11.6	6.9
1998	4.5	8.3	4.1	11.4	9.1	11.7	6.2
1999	4.2	7.6	4.7	10.7	8.4	11.3	5.9
2000	4.0	6.8	4.7	9.3	7.8	10.4	5.4
2001	4.7	7.2	5.0	8.5	7.8	9.4	5.0
2002	5.8	7.7	5.4	8.7	8.2	9.0	5.1

주: 표준화된 실업률(1977년까지는 총노동력 대비, 그 이후 년도부터는 민간총노동력 대비)
자료: OECD, 《경제전망》(*Economic Outlook*), 여러 호

▶ **표 1.5 인플레이션율, 1964~2002**

	미국	캐나다	일본	프랑스	독일	이탈리아	영국
1964	1.3	1.8	3.8	3.2	2.4	5.9	3.2
1965	1.6	2.5	6.6	2.7	3.2	4.5	4.8
1966	3.0	3.7	5.1	2.6	3.6	2.2	3.9
1967	2.8	3.6	4.0	2.8	1.6	1.6	2.4
1968	4.2	4.1	5.4	4.6	1.6	1.5	4.7
1969	5.4	4.5	5.2	6.0	1.9	2.4	5.5
1970	5.9	3.4	7.7	5.9	3.4	5.0	6.4
1971	4.3	2.8	6.4	5.4	5.2	4.9	9.4
1972	3.3	4.8	4.8	6.1	5.5	5.8	7.1
1973	6.2	7.6	11.6	7.4	7.0	10.8	9.2
1974	11.0	10.8	23.2	13.6	7.0	19.0	15.9
1975	9.2	10.8	11.9	11.8	5.9	17.2	24.1
1976	5.8	7.6	9.4	9.6	4.3	16.7	16.7
1977	6.5	8.0	8.2	9.5	3.7	18.5	15.9
1978	7.6	8.9	4.2	9.3	2.7	12.1	8.2
1979	11.2	9.1	3.7	10.6	4.1	14.8	13.4
1980	13.5	10.2	7.8	13.5	5.4	21.2	18.1
1981	10.4	12.5	4.9	13.3	6.3	19.6	11.9
1982	6.2	10.8	2.7	12.1	5.3	16.5	8.7
1983	3.2	5.9	1.9	9.5	3.3	14.7	4.6
1984	4.3	4.4	2.3	7.7	2.4	10.8	5.0
1985	3.6	4.0	2.0	5.8	2.2	9.2	6.1
1986	1.9	4.2	0.6	2.6	−0.1	5.8	3.4
1987	3.7	4.4	0.1	3.3	0.2	4.7	4.2
1988	4.1	4.0	0.7	2.7	1.3	5.1	4.9
1989	4.8	5.0	2.3	3.5	2.8	6.3	7.8
1990	5.4	4.8	3.1	3.4	2.7	6.4	9.5
1991	4.3	5.6	3.2	3.2	3.5	6.3	5.9
1992	3.0	1.5	1.7	2.4	1.7	5.2	3.7
1993	3.0	1.8	1.3	2.1	5.1	4.5	1.6
1994	2.6	0.2	0.7	1.7	4.4	4.1	2.5
1995	2.8	2.2	−0.1	1.8	2.8	5.2	3.4
1996	2.9	1.6	0.1	2.0	1.7	4.0	2.5
1997	2.3	1.6	1.7	1.2	1.4	2.0	3.1
1998	1.6	1.0	0.7	0.7	1.9	2.0	3.4
1999	2.2	1.7	−0.3	0.5	0.9	1.7	1.6
2000	3.4	2.8	−0.7	1.7	0.6	2.5	2.9
2001	2.8	2.5	−0.7	1.6	2.0	2.8	1.8
2002	1.6	2.3	−0.9	1.9	1.3	2.5	1.6

주: 전년도 소비자 물가지수에 대한 퍼센티지 변화율
자료: IMF, 《국제재무금융통계》(*International Financial Statistics*), 여러 호

있는 이론에 기초해 있다고 오랫동안 경고해 오던 경제학자들이 1970년대의 스태그플레이션을 통해 점차로 더 높은 신뢰와 영향력을 얻게 되었다(Friedman, 1968a; Hayek, 1978; Buchanan et al., 1978; Lucas and Sargent, 1978; Romer and Romer, 1997).

신고전파 종합 주류 경제학의 몰락은 케인즈주의 거시경제학이 누리던 주도적 역할의 종말을 알리는 신호였다. 이미 우리가 본 바와 같이, 이 합의 상태가 붕괴된 것은 실증과 이론 모두에서 케인즈주의가 결함을 갖고 있었기 때문이다(Mankiw, 1990). 케인즈주의를 좀 더 극단적인 입장에서 비판하는 경제학자들의 시각에서 볼 때, 새로운 세대의 거시경제학자가 직면한 과제는 "케인즈주의 혁명이라 불리는 놀랄 만한 지적 사건의 잔해를 정리하여 어느 것이 쓸 만하여 건져낼 것인가, 그리고 그 나머지는 버릴 것인가를 결정하는" 일이었다(Lucas and Sargent, 1978).

1.8 케인즈 이후의 거시경제학 학파

존슨(Johnson, 1971)에 따르면, "혁명적인 새 이론이 빠른 속도로 전파되기에 가장 적합한 상황은 기존의 정통파 이론이 현실 속에서 가장 눈에 띄는 사실들과 분명하게 모순되는 것"이다. 우리가 이미 보았듯이, 고전학파 모형은 1930년대 발생했던 산출량과 고용의 폭락을 적절하게 설명하지 못했고, 이것이 케인즈주의 혁명의 길을 열어 주었다. 1950년대와 1960년대 동안 신고전파 종합이 대부분의 경제학자들이 받아들이는 정통파 이론이 되었다(제3장 참조). 케인즈주의 경제학을 주도한 것은 토빈(James Tobin), 클라인(Lawrence Klein), 솔로(Robert Solow), 모딜리아니(Franco Modigliani), 미드(James Meade), 힉스(John Hicks), 새뮤얼슨(Paul Samuelson) 같은 노벨경제학상 수상자들이었다. 이들의 저술은 수요관리의 형태를 띤 정부개입이 경제의 성과를 현저하게 개선할 수 있다는 견해에 지적인 근거를 제공했다. 1961년 케네디 정부가 채택한 '새 경제학'은 케인즈주의적인 사고의 영향을 여실히 보여주었고, 1962년 《대통령 경제보고서》는 "전체 수요를 경제의 기본적 생산능력에 맞게" 유지함을 목표로 하는 안정화 정책을 명시적으로 표방했다.

1970년대에 이 케인즈주의적 접근법은 점차로 더 많은 공격을 받게 되었고, 결국에는 두 가지의 '반혁명적' 접근법, 즉 통화주의 경제학과 새고전학파 경제학에 힘을 내주었다. 이 두 접근법의 기초에는 적극적인 안정화 정책이 필요 없다는 신념이 자리 잡고 있다. 특히 새고전학파 경제학의 견해에 따르면, 정부당국이 적극적인 수요관리 정책을 사용하여 산출량과 고용량의 변동을 안정시킬 수 없고, 따라서 그렇게 해서도 안 된다(Lucas, 1981a).

아래 제4장에서 논의하겠지만 정통파 통화주의에 따르면 아주 극단적인 경우를 제외하고는 적극적인 안정화정책이 필요없다. 왜냐하면 자본주의 경제는 불규칙적인 통화 성장에 의해 교란되지 않는 한 본질적으로 안정적이기 때문이다. 통화주의자들은 어떤 교란을 당하더라도 경제가 상당히 빠른 속도로 산출량과 고용의 '자연'수순에 가까이 되돌아간다고 주장한다. 이 견해를 기초로 통화주의자들은 총수요를 '미세조정(fine-tuning)'하는 안정화 정책의 필요성에 의문을 가한다. 설사 그럴 필요가 있더라도 정부당국이 산출량과 고용의 변화를 안정시킬 수는 없다. 그 이유는 안정화 정책 그 자체에 딸린 문제가 있기 때문이다. 예를 들어 재정정책은 내부시차의 기간이 길며, 통화정책은 외부시차의 기간이 길고 변동적이고, 자연실업률이 정확히 얼마인가가 불확실하다. 그 결과 정부당국이 알맞다고 판단하는 대로, 또 판단하는 그 때에, 재량적으로 재정정책과 통화정책의 강도를 조정할 권한이 정부당국에 주어져서는 안 된다고 통화주의자들은 주장한다. 통화주의자들은 그런 재량적 권한이 좋은 효과보다는 나쁜 효과를 가져 올 것이라고 경계한다. 재량적 정책실행 대신 통화당국이 준칙(rules)에 따라 정책을 실행해야 한다고 통화주의자들은 주장한다.

뒤돌아 볼 때 통화주의적 반혁명의 기초를 공고히 하는 데 특히 영향이 컸던 저술이 두 개 있었다. 첫 번째는 프리드먼과 슈워츠(Friedman and Schwartz, 1963)의 기념비적인 연구인 《미국통화사, 1867~1960》(*A Monetary History of the United States,* 1867~1960)이다. 이 책은 경기변동에 있어서 통화공급이 주로 독립적인 역할을 한다는 통화주의의 주장을 뒷받침하는 증거자료들을 제시했다. 두 번째는 《아메리칸 이코노믹 리뷰》(*American Economic Review*)에 실린 프리드먼(Friedman, 1968a)의 논문, '통화정책의 역할'이다. 이 논문에서 프리드먼은 자연실업률 가설을 제시하면서, 장기에 인플레이션과 실업 사이에는 상충관계가 없다는 견해를 피력했다. 프리드먼 논문의 영향력이 더욱 크게 되었던 것은 그 논문이 1970년대의 사건들을 예측했기 때문이었다. 특히 이 논문은 과다하게 낙관적인 고용량 목표를 달성하기 위해 확대통화정책을 반복하여 사용하면 인플레이션이 가속화될 것이라고 예측했다.

1970년대에 두 번째의 반혁명이 발생했다. 그것은 새고전학파 경제학이다. 이 접근법은 전통적인 케인즈주의 총수요관리 정책이 과연 경제를 안정화시키는 데 사용될 수 있을지에 의문을 던진다. 이 접근법은 종종 프리드먼의 시카고 대학 학생 중의 한 명이면서 1995년 노벨경제학상 수상자인 루커스(Robert E. Lucas, Jr.)의 저술과 동일시된다. 이 외에 1970년대에 새고전학파의 통화이론 틀 속에서 경기변동 분석을 실행했던 대표적인 경제학자로는 사전트(Thomas Sargent), 월리스(Neil Wallace), 배로(Robert Barro), 프레스컷(Edward Prescott), 민퍼드(Patrick Minford)가 있다(Hoover, 1988; Snowdon et al., 1994).[7]

이 책의 제5장에서 논의하겠지만 루커스는 1972년 《저널 오브 이코노믹 시어리》(*Journal of Economic Theory*)에 실린 〈기대와 화폐중립성〉("Expectations and the Neutrality of Money") 이라는 논문에서, 뮤스(John Muth)가 1960년 초에 미시경제학의 맥락 속에서 처음 제시했던 합리적 기대가설과, 시장들이 연속적으로 청산된다는 가정, 그리고 프리드먼의 자연실업률 가설을 결합하였다. 이를 통해서 루커스는 만일 불완전 정보로 인해 인플레이션이 예상되지 않는다면 인

---

7. 프레스컷은 쉬들란(Finn E. Kydland)과 함께 실물경기변동이론에 대한 공헌으로 2004년 노벨경제학상을 수상했다.

플레이션과 실업 사이에 단기균형 관계(필립스 곡선)가 성립할 것임을 증명하였다.

새고전학파 경제학자들은 통화주의 학파와 같은 선상에 서 있다. 그들은 경제가 불규칙적인 통화 성장에 의해 교란되지 않는 한 본질상 안정적이며, 교란을 당하는 경우에도 자연산출량과 자연고용량 수준으로 재빨리 되돌아 갈 것이라고 믿는다. 그러나 새고전학파 접근법에서 경기변동의 주원인은 예측되지 않은 화폐적 충격이다. 새고전학파 접근법도 통화주의와 마찬가지로 적극적이고 재량적인 정책을 반대하고 그 대신 준칙에 따른 정책을 주장한다. 그러나 그런 주장의 근거는 통화주의가 내세우는 것과 다르다. 특히 세 가지 주장이 새고전학파 접근법의 기초를 형성한다. 첫째, 정책 비실효성 명제(Sargent and Wallace, 1975, 1976)에 따르면 정책당국이 행하는 무작위적이고 임의적인 통화정책만이 단기적인 실물 효과를 가질 수 있다. 그런 정책은 합리적 경제주체가 예측할 수 없기 때문이다. 그런 정책은 단지 자연산출량과 자연고용량 수준을 중심으로 실제의 산출량과 고용이 변동하는 폭을 증가시키고, 경제에서 불확실성을 증가시키는 역할만을 할 뿐이다. 따라서 정책 비실효성 명제는 적극적이고 재량적인 정책에 대한 반대이면서 준칙에 근거한 정책에 대한 주장으로 귀결된다(제5장 5.5.1절 참조). 둘째, 경제정책 평가에 대한 루커스 비판(Lucas Critique)(Lucas, 1976)은 케인즈주의적 거시계량모형들을 사용하여 여러 정책적 변화가 주요 거시경제 변수들에 끼치는 영향을 정확히 예측할 수 있다는 믿음의 기반을 약화시켰다(제5장 5.5.6절 참조). 셋째, 쉬들란과 프레스컷의 동학적 시간비일관성(Kydland and Prescott, 1977)은 정책당국이 재량적 권한을 사용하지 않을 때 경제적 성과가 개선될 수 있음을 함축한다. 이 명제는 통화정책이 재량에 의해서보다는 준칙에 의해서 실행되어야 한다는 주장에 또 다른 근거를 제공한다(제5장 5.5.3절 참조).

1980년대 초에 이르러 화폐적 충격에 근거하는 새고전학파 거시경제학은 뒷전으로 물러났고, 그 대신 경기변동에 관한 균형이론적 접근의 두 번째 단계가 시작되었다. 이 단계를 시작한 것은 쉬들란과 프레스컷의 기념비적인 논문(Kydland and Prescott, 1982)으로, 이 논문은 후에 롱과 플로서(Long and Plosser, 1983)가 실물경기변동이론이라 부르게 된 이론의 효시가 되었다. 이 책의 제6장에서 논의하겠지만 이런 현대 균형경기변동 이론은 "성장과 경기변동은 서로 다른 자료와 분석도구를 통해 연구되는 현상이 아니다"라는 견해에서 출발한다(Cooley and Prescott, 1995). 이 접근법을 주장하는 사람들의 입장에서 볼 때, 경제변동을 발생시키는 주요인은 경제에 가해지는 예측되지 않은 화폐적(수요측) 충격이 아니라 지속적인 실물적(공급측) 충격이다. 이런 실물적 충격의 가장 중요한 진원은 생산기술진보율의 임의적이고 대규모적인 변동이다. 이런 기술변동은 상대가격에 변화를 가져오고, 이런 가격 변화에 반응하여 합리적 경제주체들이 노동공급과 소비를 변화시킨다. 이 접근법이 갖는 측면 중 어쩌면 가장 논란거리가 되는 측면은, 산출량과 고용의 변동이 실은 총공급함수에 가해지는 실물적 기술 충격에 대한 파레토 효율적인 반응의 결과라는 주장이다. 이 말은 곧 실제로 관찰되는 산출량의 변동이 미리 결정되어 있는 매끈한 장기적 성장로로부터의 이탈이 아니라 자연산출량 그 자체의 변동이라는 것을 의미한다. 따라서 정부가 안정화 정책을 사용하여 이러한 변동을 감소시키려 해서는 안 될 것이다. 그 이유는 그런 시도가 목표를 달성할 가능성이 적기 때문만이 아니라, 불안정성의 감소가 후생을 감소시키기 때문이기도 하다(Prescott, 1986).

실물경기변동이론은 균형을 자연(완전고용) 성장로의 안정적인 추세로 이해하는 통화주의나 새고전학파 화폐균형이론, 그리고 전통적인 케인즈주의적 분석과도 상치된다. 케인즈주의 접근법에서 완전고용으로부터의 이탈은 불균형 상황이다. 이 상황에서 사회적 후생은 잠재수준보다 낮고, 정부는 재정정책과 통화정책을 사용하여 이 거시경제적 시장실패를 교정하는 역할을 갖는다. 이에 반하여 실물경기변동이론은 경기변동의 각 단계인 호황과 불황이 각자 균형 상태라는 '대담한 추측' 을 한다. "불황은 사람들이 직면한 제약조건들이 사람들이 원하지도 않았는데도, 원하지 않는 방향으로, 그리고 피할 수 없이 변동했음을 의미한다. 그러나 이 제약조건들이 주어졌을 때, 시장은 효율적으로 반응하며 사람들은 상황이 허락하는 최선의 결과를 달성한다(…) 경기변동의 각 단계는 모두 파레토 효율적인 균형이다"(Hartley et al., 1998). 두말할 필요도 없이 실물경기변동이론은 심각한 논쟁의 대상이 되었고, 경기후퇴를 야기하는 부정적 생산기술충격을 확인하는 문제를 비롯하여 많은 비판을 받아왔다. 제6장에서 우리는 이런 비판들을 살펴보면서 실물경기변동이론이 현대거시경제학에 기여한 정도를 평가할 것이다.

경기변동에 대한 새고전학파 균형이론 접근법은 최근에 새로 활력을 얻은 케인즈파 경제학자들, 즉 새케인즈학파(New Keynesian) 경제학자들에 의해 비판받는다. 새고전학파 접근법이 시장청산에 근거한 정통적 신고전파의 미시적 기초에 맞게 거시이론을 조절한 데 반하여, 새케인즈학파는 미시이론을 거시이론에 맞게 조절한다. 중요한 새케인즈학파 경제학자들로는 애컬로프(George Akerlof), 옐렌(Janet Yellen), 블랑샤르(Olivier Blanchard), 맨큐(Gregory Mankiw), 펠프스(Edmund Phelps), 로머(David Romer), 스티글리츠(Joseph Stiglitz), 버냉키(Ben Bernanke)가 있다(Gordon, 1989; Mankiw and Romer, 1991).[8] 이 책의 제7장에서 논의하겠지만 새케인즈주의 모형은 합리적 기대가설, 시장이 임금과 가격의 경직성 때문에 청산되지 않을 수 있다는 가정, 그리고 프리드먼의 자연율 가설을 통합한다. 새케인즈학파 경제학을 주장하는 학자들에 따르면, 자본주의 경제는 수요측 충격과 공급측 충격으로 인해 산출량과 고용에 비효율적인 변동이 발생하기 때문에 안정화 정책을 필요로 한다. 자본주의 경제가 짧은 시간 내에 자동적으로 균형을 이루지 못할뿐더러, 실제 실업률이 장기간 자연실업률을 웃돌 경우 자연실업률 자체가 '이력(hysteresis)' 효과에 의해 증가할 수도 있다(자연실업률을 새케인즈주의자들은 비가속 인플레이션 실업률(NAIRU, non-accelerating inflation rate of unemployment)이라 부르기를 더 좋아한다). 정부가 만일 재량적 정책을 실행할 수 있다면 정부는 거시경제적 성과를 개선할 수 있다. 이와 관련

8. 이 가운데 스티글리츠는 정보경제학에 대한 공헌으로 2001년에, 펠프스는 거시경제학의 미시적 기초에 대한 공헌으로 2006년에 노벨경제학상을 수상했다. 버냉키는 그린스펀(Alan Greenspan)에 뒤이어 2006년부터 미국 연방준비제도이사회(FRB) 의장으로 활동하고 있다.

하여 우리는 이 책의 제7장에서 클라리다 외(Clarida et al., 1999)와 버냉키 외(Bernanke et al., 1999)가 제안한 통화정책에 관한 새케인즈학파적 접근법을 살펴볼 것이다.

마지막으로 두 개의 학파가 더 있다. 포스트케인지언(Post Keynesian) 학파는 케인즈와 동시대에 활동하던 경제학자들이나 그 제자들 중에 좀 더 급진적인 견해를 갖고 있던 이들에 의해 시작되었다. 이 학파에 영감을 주고, 또 이 학파를 다른 학파들과 구별할 수 있게 하는 특별한 접근법을 정립한 학자들로 로빈슨 여사(Joan Robinson), 칼도(Nicholas Kaldor), 칼레츠키(Micha Kalecki), 섀클(George Shackle), 스라파(Piero Sraffa)가 있다. 최근에 이 학파를 대표하는 경제학자는 크레겔(Jan Kregel), 칙(Victoria Chick), 민스키(Hyman Minsky), 데이비드슨(Paul Davidson) 등이다. 특히 데이비드슨은 포스트케인지언 경제학을 다루는 이 책의 제8장을 직접 집필했다. 또 다른 학파가 있는데, 이 학파의 지적 근원은 미제스(Ludwig von Mises)와 노벨경제학상 수상자인 하이에크(Friedrich von Hayek)의 저술에 있다. 이들의 저술은 경제적 분석, 특히 경기변동 현상에 대한 설명에서 남들과 구별되는 특이한 오스트리아식 접근법을 정립시키는 데 결정적인 영감을 주었다. 오스트리아 학파의 최근 대표자로는 커즈너(Israel Kirzner), 본(Karen Vaughan), 그리고 오스트리아 학파를 소개하는 이 책의 제9장 집필자인 개리슨(Roger Garrison) 등이다.

지금까지의 논의를 요약해보자. 우리는 20세기 거시경제학의 발전에 중요한 공헌을 한 학파로 다음의 학파들을 언급했다. (i) 정통파 케인즈학파(제3장), (ii) 정통파 통화학파(제4장), (iii) 새고전학파(제5장), (iv) 실물경기변동학파(제6장), (v) 새케인즈학파(제7장), (vi) 포스트케인지언 학파(제8장), (vii) 오스트리아 학파(제9장). 물론 이와 다른 방식으로 학파를 분류할 수 있고, 실제로 그렇게 다른 방식으로 한 경우도 있다(Cross, 1982a; Phelps, 1990). 예를 들어 제라드(Gerrard, 1996)는 현대거시경제학의 발전이 "영원히 진행되는 고전학파-케인즈주의 논쟁"이었으며, 여러 학파의 공헌은 정통파, 새로운 학파, 급진적 학파로 분류될 수 있다고 주장한다. 두 '정통' 학파인 'IS-LM 케인즈학파'와 '신고전파 통화주의'가 1970년대 중반까지 거시경제학 이론을 주도했다. 그 이후로는 세 개의 새로운 학파가 영향력을 행사했다. 새고전학파, 실물경기변동학파, 새케인즈학파는 총공급과 관련된 문제들을 강조한다. 이것은 우선적으로 총수요 결정요소와 수요관리 정책의 결과에 연구관심을 집중했던 정통 학파들과 대비되는 점이다. 특히 새고전학파는 거시경제학 모형들이 견고한 미시경제학적 기초 위에 서 있어야 한다는 루커스의 견해를 공유한다(Hoover, 1988, 1992). '급진적' 학파인 포스트케인지언 학파와 오스트리아 학파는 정통파이건 새로운 학파건 주류 경제학의 분석에 비판적이다.

특정 경제학자들을 특정 범주에 집어넣게 되면 이들 견해가 갖는 복잡성과 넓이를 너무 단순화시킬 수밖에 없다. 우리는 그런 단순화의 위험을 잘 알고 있다. 많은 경제학자들이 자신에게 특정한 이름표가 붙여지거나 특정 연구 프로그램 혹은 학파와 연계되는 것을 싫어한다. 위에 언급한 경제학자들 가운데에도 그런 사람들이 있다. 우리와 비슷한 연구 맥락에서 후버(Hoover, 1988)가 언급했듯이, "어떤 경제학자들이라도 그들을 묘사하기 위해서는 특성들의 벡터가 필요하며" 특정 경제학자에 대한 어떤 정의라도 "이 벡터의 원소들 중 일부는 강조하고 다른 것들은 무시하게 된다." 그런데 또 한 가지 사실은, 20세기의 마지막 10년 기간 동안 거시경제학은 굿프렌드와 킹(Goodfriend and King, 1997)이 '새신고전파 종합(New Neoclassical Synthesis)'이라 부르는 상태로 발전했다는 것이다. 이 새종합의 주요소에는 다음과 같은 새고전학파와 새케인즈학파의 요소들이 포함된다.

1. 거시경제학 모형은 시제적(時際的, intertemporal) 최적화를 고려해야 한다.
2. 합리적 기대가설을 광범위하게 이용한다.
3. 상품시장, 노동시장, 신용시장에서 불완전 경쟁이 갖는 중요성을 인식한다.
4. 가격조정비용을 거시경제학 모형에 통합시킨다.

따라서 1970년대와 1980년대의 시끄러웠던 논쟁을 통해서 나타난 중요한 발전 중의 하나는 '실용적 거시경제학의 핵심'을 구성하는 것이 무엇인가에 대해 25년 전보다 더 많은 합의가 이루어져 있다는 것이다(Blanchard, 1977b, 2000; Blinder, 1997a; Eichenbaum, 1997; Solow, 1997; Taylor, 1997b).

이런 단서 속에서 우리는 제3장에서 제9장에 걸쳐 위에서 분류한 거시경제학파들을 살펴볼 것이다. 또 우리는 각 학파를 대표한다고, 혹은 제2차 세계대전 이후 거시경제학 분석을 발전시키는 데 뛰어난 공을 세웠다고 일반적으로 인정되고 있는 경제학자들과의 인터뷰도 포함했다. 이 여러 학파들을 논의할 때 잊어서는 안 될 것이 있다. 그것은 케인즈의 경제학이 "모든 거시경제학파가 긍정적이건 부정적이건 언제나 준거로 삼는 가장 중요한 중심점"이라는 것이다. 따라서 모든 학파들은 케인즈가 《일반이론》에서 처음으로 제시한 사상과의 관계를 통해, 즉 "케인즈 사상의 어떤 해석을 발전시키는 것으로서, 혹은 케인즈 이전의 고전학파 사상이 어떤 해석을 복구시키는 것으로서" 자신의 입장을 정립한다(Vercelli, 1991, 3쪽).

이 주요 학파들의 중심 주상과 정책적 함의가 무엇인가를 살펴보기 전에, 우리는 20세기의 마지막 10여 년 동안 거시경제학에서 발생한 두 가지의 중요한 변화를 강조하고자 한다. 첫째, 다음 1.9절에서 우리는 새정치거시경제학(new political macroeconomics)이라 알려지게 된 이론의 발전을 대략 설명할 것이다. 지난 20여 년 동안 발생한 강조해야 할 두 번째 변화는 1.10절에서 다뤄지는데, 그것은 바로 성장이론과 성장과 관련된 실증분석의 부활이다.

1.9 새정치거시경제학

지난 20여 년 동안, 정치학과 거시경제학 사이의 상호작용이 갖는 여러 가지 형태에 관한 탐구가 급속히 성장하여 '새정치거시경제학'이라는 분야를 탄생시켰다(Alesina, 1995; Alt and Alesina,

1996; Alesina and Rosenthal, 1995; Alesina et al., 1997; Drazen, 2000a). 이 연구 분야는 거시경제학, 사회선택이론, 그리고 게임이론의 접점에서 발전되었다. 거시경제학자에게 특별히 관심을 불러일으키는 것은 정치적 요소가 경기변동, 인플레이션, 실업, 성장, 적자 예산, 안정화 정책의 운용과 실행 같은 문제들에 어떤 영향을 끼치는가이다(Snowdon and Vane, 1999a).

제10장에서 논의하겠지만, 현대의 정치경제 모형들은 1970년대에 노드하우스(Nordhaus, 1975), 히브스(Hibbs, 1977), 프라이와 슈나이더(Frey and Schneider, 1978a)에 의해 처음으로 개발되었다. 이 모형들은 정부를 정치경제적 체계의 내생적 부분으로 본다. 이와 매우 대조적으로 기존의 규범적 접근방식은 정책입안자란 사회적 후생을 극대화하는 목표를 가진 '자선적 사회 계획자'라고 생각한다. 규범적 접근방식은 정책입안자가 어떻게 행동해야 하느냐를 다루었지 정책입안자가 실제로 어떻게 행동하느냐를 다루지 않았다.

알레시나(Alesina, 1994)는 경제를 결정적으로 왜곡시키는 역할을 하는 두 가지의 일반적인 정치적 힘이 언제나 존재한다고 강조했다. 첫째 요소는 기존의 권력을 유지하려는 기존 정책입안자의 욕구다. 이 욕구는 '기회주의적' 행위를 유발한다. 둘째, 사회는 양극화되어 있으며 이 때문에 불가피하게 일정 정도의 사회적 갈등이 존재한다. 따라서 이데올로기적인 고려가 존재하고 이것은 '당파적(partisan)'인 행위의 형태로 나타난다.

노드하우스의 모형은 선거 전에는 어느 당에 속하는가에 관계없이 자기이해적인 기회주의 행위가 발생한다고 예측한다. 이런 정치적 동기가 유권자의 근시안적인 비합리적 행위 및 경제주체의 비합리적 기대와 결합될 때 정치적 경기변동이 발생한다. 이 경기변동을 통해 궁극적으로 민주주의에서는 최적 수준 이상으로 높은 인플레이션이 발생한다. 히브스의 모형에서는 '좌파' 성향의 정치가들이 인플레이션보다 실업을 더 싫어하는 반면, '우파' 성향의 정치가들은 그 반대의 선호를 갖고 있다. 따라서 히브스의 모형은 기존 정치가들의 당파적 선호에 따라 정책 선택과 결과에 있어 체계적인 차이가 있을 것이라고 예측한다.

이 두 모형 모두 합리적 기대 혁명에 의해 타격을 받았다. 1970년대 중반에 이르자 그때까지도 적응적 기대를 사용하거나 안정적인 장기 필립스 곡선 상충관계에 의존하던 모형들은 강력한 비판을 받게 되었다. 기회주의적 혹은 이데올로기적 행위는 '앞을 예상하는' 합리적 유권자들과 경제주체들, 따라서 체계적으로 잘못 유도되지 않는 유권자들과 경제주체들이 주도하는 세계에서는 그 가능성이 매우 제한된 듯이 보였다. 그러나 비교적 관심을 끌지 못했던 시기를 지나 1980년대에 이르면서 두 번째 단계의 정치경제학 모형들이 나타났다. 이 모형들은 합리적 기대가설로부터 거시경제학 모형들이 얻을 수 있었던 통찰을 포착했다. 로고프와 사이버트(Rogoff and Sibert, 1988) 같은 경제학자들이 '합리적 기회주의' 모형을 개발했고, 알레시나가 경제 전체적인 불안정에 관한 '합리적 당파성' 이론을 발전시키는 데 발군의 역할을 했다(Alesina, 1987, 1988; Alesina and Sachs, 1988). 이 모형들에 의하면, 기회주의적이거나 이데올로기적인 행위가 합리적 기대라는 배경에서는 매우 제한되지만 불완전 정보와 선거결과에 대한 불확실성이 존재하는 상황에서 정치적 왜곡이 거시경제 정책 수립에 끼치는 영향은 그래도 존재한다(Alesina and Roubini, 1992). 따라서 이런 연구는 재정정책 실행에 있어 더 높은 투명성을 제고하고 통화정책 실행을 위해 중앙은행의 독립성을 확립할 것을 요구한다(Alesina and Summers, 1993; Alesina and Gatti, 1995; Alesina and Garotti, 1996a; Snowdon, 1997).

최근에 몇몇 경제학자들의 손에 의해 새정치거시경제학의 범위는 재정적자와 정부부채비율 급증의 기원과 지속의 문제, 성장의 정치경제학, 국가의 적정 규모, 재정 통합 가입과 관련된 경제-정치적 위험, 경제성장에 대한 정치적 제약 등으로 확장되었다(Alesina and Perotti, 1996b, 1997a; Alesina et al., 1996; Alesina and Spolare, 1997, 2003; Alesina and Perotti, 1998; Acemoglu and Robinson, 200a, 2003). 재정적자 대 국내총생산의 비율을 감소시키는 목표와 관련하여 알레시나의 연구는 성공적인 재정적 조정이 지출 감축의 구조와 매우 밀접하게 관련됨을 시사했다. 실패한 재정적 조정은 공공투자지출의 감소와 연결되는 반면, 성공적인 경우 지출 감축의 절반 이상이 정부 고용자 임금과 이전지출에서 발생한다(Alesina et al., 1997). 또 OECD 국가에서 재정정책은 점차 더 소득재분배와 관련되어 가고 있기 때문에, 이전지출을 충당하기 위해 노동자 임금에 대한 조세를 인상하게 되면 임금압력이 발생하고, 노동비용이 상승되며, 결국 경쟁력이 감소된다(Alesina and Perotti, 1997a). 국가의 적정 규모에 관한 연구는 무역자유화와 정치적 분리주의 사이에 중요한 연결고리가 있음을 시사했다. 무역 제한이 일반적인 세계에서는 대규모의 정치적 단위가 의미를 갖는다. 왜냐하면 시장규모가 정치적 경계에 의해 결정되기 때문이다. 그러나 자유무역이 일반적이 되면 상대적으로 소규모이고 동질적인 정치적 관할지역이 전세계적 시장으로부터 더 많은 이익을 얻어 번창할 수 있다(Alesina and Spolare, 2003). 재정 통합의 함의에 관한 연구 또한 대규모 단위의 잠재적인 불이익을 시사한다. 대규모 관할지역은 중앙집권적인 소득재분배 체제라는 형태로 이득을 얻을 수 있지만, "이 이득은 대규모 관할지역의 구성원들이 갖는 이해의 다양성과 그에 따른 갈등 잠재성의 증가에 의해 (일부분 혹은 완전히) 상쇄될 수 있다"(Alesina and Perotti, 1998).

최근에 '성장의 정치화 이론(politicisation of growth theory)' (Hibbs, 2001)은 정치와 정책 및 제도적 조정이 경제성장에 끼치는 영향에 대한 연구를 싹트게 했다. 아세모글루(Daron Acemoglu)와 그의 공동연구자들은 경제성장을 결정하는 '좀 더 심오한' 제도적 요인들과 경제적 진보의 장애로서 정치적 왜곡이 갖는 역할에 관한 논쟁에 매우 중요한 공헌을 했다(Acemoglu, 2003a; Snowdon, 2004c). 아세모글루의 최근 연구는 '경제발전에 대한 정치적 장애'의 중요성을 강조한다. 이 연구는 계급사회에서 변화에 대한 태도에 관심을 집중한다. 경제학자들은 경제성장이 빈곤을 퇴치하고 생활수준을 유지가능하게 증가시키는 데 필요한 조건임을 인식하고 있다. 또한 기술변화와 기술혁신은 성장을 촉진하는 주요소다. 그렇다면 왜 정치적 엘리트 집단은 경제적 후진성을 제거하는 데 도움을 줄 제도와 정책의 채택을 의도적으로 방해하는가? 아세모글루와 로빈슨(Acemoglu and Robinson, 2000a, 2003)의 주장에 따르면, 더 나은 제도와 기술의 도입이 저항에 직면하는 것은 그 제도와 기술이 엘리트 집단의 정치적 권력을 약화시킬 수 있기 때문이다. 또한 강력한 제도가 부재할 때 귀족적인 지배집단은 그들의 정권에 대한 반대를 제거하는 데 매우 효과적인 정치적 전략을 채택할 수 있다. 그 결과는 경제성장과 경제발전의 침체다.

1.10 경제성장 연구의 부흥

케인즈의 저술이 가져온 중요한 결과 중의 하나는 고전학파의 장기 경제성장 문제에서 경제 전체의 단기 불안정성으로 연구의 중심이 옮겨졌다는 것이다. 토빈(Tobin, 1997)이 강조하듯이, 케인즈주의 경제학자들은 케인즈 경제학이 경제성장과 발전이라는 장기 문제에 적용된다고 주장하지 않는다. 이것은 애덤 스미스, 데이비드 리카도 및 다른 고전학파 경제학자들의 저술과 매우 대조적이다. 이들 고전학파 경제학자들은 단기적 불안정성의 문제에 연구의 초점을 맞추기보다는 '국부(Wealth of Nations)'의 본질과 원인을 이해하고자 했다. 고전학파 거시경제학 모형에서 경제가 빠른 시간 내에 자동적으로 균형을 이룬다는 점을 감안할 때 그런 입장은 놀랄만한 일이 아니다(제2장 참조).

서로 다른 국가의 1인당 소득 성장률의 차이가 아무리 작다 해도 이 차이가 오랜 기간 동안 지속되면 이들 국가의 상대적 생활수준은 커다란 차이를 보이게 된다. 사람들의 후생을 개선하는 기반으로서 경제성장이 갖는 중요성은 아무리 강조해도 지나침이 없다. 왜냐하면 성장률의 조그만 차이라도 시간에 걸쳐 복리법적으로 지속되기 때문에 그 영향은 실로 엄청나기 때문이다(제11장 참조). 배로와 살라이마르틴(Barro and Sala-i-Martin, 1995)은 성장률 차이의 장기적 결과를 잘 보여주는 간단한 예를 제공한다. 미국경제는 1870~1990년의 기간 동안 연평균 1.75%의 성장률로 성장했다. 그로 인해 미국의 1인당 실질 국내총생산은(1985년 달러 가격을 기준으로) 1870년의 2244달러에서 1990년에는 18,258달러로 상승했다. 만일 같은 기간 동안 성장률이 0.75%였다면, 1990년의 1인당 실질 국내총생산은 18,258달러가 아니라 5519달러였을 것이다. 반면 만일 성장률이 2.75%였다면 1990년 미국의 1인당 실질 국내총생산은 60,841달러가 되었을 것이다. 결과의 이런 커다란 차이가 상대적으로 작은 성장률 차이에서 발생한다는 사실에 주목하라. 데이비드 로머(Romer, 1996)도 같은 요점을 다음처럼 간명하게 표현했다. "장기 성장이 후생에 끼치는 영향은 거시경제학이 전통적으로 초점을 맞추어 온 단기적 경기변동의 모든 가능한 효과를 삼켜 버린다." 인도, 이집트, '아시아의 4마리 용', 일본, 미국 같은 나라들이 이룬 서로 다른 경제성장 성과와 이런 성장의 차이가 그들의 생활수준에 끼친 결과를 분석하면서 루커스(Lucas, 1988)는 "이런 문제가 인간의 후생에 갖는 결과는 그야말로 엄청나다. 이런 문제들을 생각하기만 하면 다른 문제들은 생각에서 멀어져 버린다"고 말한다. 프레스컷(Prescott, 1996) 같은 경제학자들은 지난 20여 년 동안 성장 문제에 관한 관심이 새롭게 불었던 이유로서, 경기순환적 변동이 "사회에 그리 큰 비용을 유발하지 않으며," "경기변동을 매끄럽게 하는 것보다 경제 전반의 생산성 증가율을 증가시키는 것"에 더 관심을 가져야 한다는 경제학자들의 믿음을 든다. 이런 입장은 이미 루커스가 1985년 5월 이료 얀손(Yrjo Jahnsson) 강연을 하면서 공공연하게 표명한 입장이다.[9] 이 강연에서 그는 1945 이후의 경제 안정은 특히 "약하게나마 감소한 성장률의 비용"에 비교하면 상대적으로 "소소한 문제"였다고 주장한다(Lucas, 1987). 더욱 최근에도 루커스(Lucas, 2003)는 지난 50년 동안 미국의 경제성장을 기준으로 하여 같은 메시지를 전했다. 루커스는 "더 나은 장기 공급우선 정책으로부터 얻을 수 있는 잠재적 후생의 이득은 단기적 수요관리의 개선에서 얻어질 잠재적 이득을 훨씬 상회한다"고 주장한다.

변변치 않은 경제성장이 경제적 후생에 끼치는 커다란 부정적 영향, 그리고 그에 따라 경제학자들이 경제성장에 부여하는 중요성을 고려할 때, 이 분야의 연구가 부침을 경험했다는 사실은 어쩌면 놀라운 일이다. 고전학파 경제학자들에게 경제성장의 문제는 주요 관심사였다. 그러나 1870~1945년의 기간 동안 경제학자들의 연구는 '한계혁명'에 크게 영향받았고, 그 결과 주어진 자원의 효율적 배분과 관련된 문제들로 연구의 방향이 쏠리게 되었다(Blaug, 1997). 1929~33년 이후의 4반세기 동안에는 대공황과 관련된 문제들과 그에 대한 케인즈의 반응이 거시경제학에서의 논의를 주도했다.

이 책의 제11장에서 논의하듯이, 1945년 이후 성장이론에 대한 관심은 세 번의 높은 물결을 탔다(Solow, 1994). 첫 번째 물결은 해로드(Harrod, 1939, 1948)와 도마(Domar, 1947)의 신케인즈파적(Neo-Keynesian) 연구에 초점이 맞춰졌다. 1950년대 중반에 솔로(Solow, 1956)와 스원(Swan, 1956)이 신고전파 성장모형을 발전시키면서 성장이론은 좀 더 지속적이고 영향력 있는 두 번째의 물결을 타게 되었다. 이런 관심은 1970~1986년의 기간 동안 상대적으로 시들해졌다가 다시 불이 붙었다(Mankiw et al., 1992). 1970년과 1985년 사이에 거시경제학적 연구는 정통파 케인즈주의 모형의 쇠퇴, 균형경기변동 이론의 등장, 공급측 충격, 스태그플레이션, 그리고 거시경제적 모형과 정책 수립에 대한 합리적 기대의 영향 등과 관련되는 이론적 문제들에 의해 주도되었다. 성장회계에 관한 실증 연구는 계속되었지만(예를 들어 Denison, 1974), 1970~85년의 기간 동안 이 분야에서 이론적 연구는 경제학자들이 새로운 아이디어를 내놓지 못했기 때문에 "실질적으로 죽어 있었다."

제3의 물결은 폴 로머(Paul Romer)와 로버트 루커스(Robert Lucas)의 연구에 의해 시작되었다. 이들의 연구로부터 발전된 내생성장이론은 신고전파 모형의 이론적, 실증적 결함에 대한 반응으로 나타났다. 1980년대 동안 여러 이유로 해서 성장과정에 대한 이론적 연구가 다시 관심을 일으켰고, 실증 연구에서도 새로운 방향이 나타나기 시작했다. 이론적 연구의 최전방에서 로머(Romer, 1986)는 그의 1983년 시카고 대학 박사학위 논문에 기초한 논문들을 발표하기 시작했다.

9. 이료 얀손 강연은 핀란드의 이료 얀손 재단(Yrjo Jahnsson Foundation)에 의해 1963년 이후 헬싱키에서 매 2~3년마다 경제학과 관련된 주제로 한 명의 경제학자가 초대되어 행해진다. 강연은 소책자로 편집되어 블랙웰 출판사(Blackwell Publishing)에서 출간된다.

같은 1986년 보몰(Baumol)과 아브라모비츠(Abramovitz)는 각각 '따라잡기와 수렴' 이라는 문제와 관련하여 매우 영향력 있는 논문들을 발표했다. 이 논문들에 곧 이어 케임브리지 대학에서 행한 루커스의 1985년 마셜 강연이 출간되었다(Lucas, 1987).[10] 바로 이 연구들에 영감을 받아 내생성장이론이라는 '새로운' 종이 생겨났고 장기적 경제발전에 관련된 이론적, 실증적 문제에 새로운 관심이 일어났다(P.M. Romer, 1944a; Barro, 1997; Aghion and Howitt, 1998; Jones, 2001a). 또 다른 중요한 영향은, 실증자료들을 통해 점차로 많은 경제학자들이 주요 OECD 국가에서 1973년 이후 생산성 증가가 둔화되었다는 사실을 알게 되었다는 것이다(Romer, 1987a).

18세기와 19세기에는 몇몇 국가만이 경제성장을 이루었다(Pritchett, 1997; Maddison, 2001). 산업혁명 이후 주요 선진산업국에서 생활수준이 획기적으로 증가했고 이런 발전은 이제 세계의 다른 국가들로 확산되고 있다. 그러나 이런 확산의 과정은 매우 균일하지 않았고 어떤 경우에는 존재하지 않았다. 이런 비균일적 성장이 오랜 기간 지속된 결과 세계의 최부유 국가와 최극빈 국가 사이의 1인당 소득의 차이는 거의 상상을 초월할 정도가 되었다. 최근의 경제성장 연구를 촉발시킨 동기의 많은 부분은, 서로 다른 국가의 1인당 소득에 이토록 엄청난 차이가 존재하는 근원과 그 차이가 지속되고 있다는 사실에 대한 염려였다. 이런 생활수준의 '대격차(Great Divergence)' 가 있게 된 근원이 무엇인가라는 문제는 경제사가들에게는 언제나 논란의 주요 대상이었다(Pomeranz, 2000). 최근에 이 문제는 통일된 성장이론을 제공하고자 하는 경제학자들의 상상을 사로잡았다. 통일된 성장이론은 18세기 이전에 줄곧 관찰되어 왔던 '맬더스적 성장 양식(Malthusian growth regime)' 과 그 후 '산업혁명' 을 경험한 시기 동안 지배적이었던 '현대적 성장 양식(modern growth regime)' 을 모두 설명할 수 있어야 한다(Galor and Weil, 2000). 요컨대 경제성장 분석은 다시 한 번 더 거시경제학에 중심적인, 활발하고 생동적인 연구분야가 되었다(Klenow and Rodriguez-Clare, 1997a). 경제성장이론은 이 책의 제11장에서 좀 더 상세히 논의될 것이다.

다음에 이어질 장들에서 우리는 오랫동안 논쟁의 중요한 원천이 되어온 이런 문제들을 다룰 것이다. 그러나 20세기 거시경제학의 발전을 보기 위한 우리의 여행은 우선 케인즈가 《일반이론》에서 공격한 정형화된 '구' 고전학파 모형이 어떤 중심적인 특성을 갖는가를 복습함으로써 시작할 것이다. '케인즈 대 고전학파' 라는 이 중요한 논쟁이야말로 이 책의 다음 장들을 위한 무대를 마련해 준다.

10. 마셜 강연은 마셜을 기리기 위해 1927년 출범한 케임브리지 대학의 경제학자 모임인 '마셜 소사이어티(Marshall Society)' 의 주관으로 매년 케임브리지 대학에서 개최된다.

2

케인즈 대 '구' 고전학파 모형

이 책은 나의 동료 경제학자들을 주요 대상으로 한다. (…) 이 책의 주목적은 이론상의 난제들을 다루는 것이며 이 이론을 현실 경제에 적용하는 일은 부차적인 목적이다. (…) 만일 내 설명이 옳다면 내가 제일 먼저 설득시켜야 할 사람들은 일반 대중이 아니라 나의 동료 경제학자들이다.

(Keynes, 1936, v–vi쪽)

2.1 서론

거시경제학에서 현재 진행되고 있는 논쟁들을 더 잘 이해하고자 한다면, 1930년대에 시작되었고 그 이후 줄곧 여러 형태로 계속되고 있는 '케인즈 대 고전학파(Keynes vs. Classics)' 논쟁으로 기원을 거슬러 올라가야만 한다. 예를 들어 1980년대에 주류 경제학의 논쟁 중심에 있던 두 학파는 새고전파(실물)균형 경기변동(New Classical Real Business Cycle) 이론가들과 새케인즈학파(New Kcynesian) 이론가들에 의해 대표되었다. 새고전파 이론가들은 고전학파 경제학자들의 전통을 이어받아, 경제주체가 자유시장의 틀 안에서 행동하면서 최적화를 이룰 수 있는 능력을 강조했다. 새케인즈파 이론가들은 "경제변동을 이해하려면 일반균형의 복잡성을 연구해야할 뿐 아니라 시장실패가 대규모로 발생할 수도 있다는 점을 인지해야만 한다고 믿는다"(Mankiw, 1989; 제6장, 7장 참조).

고전학파 경제학은 케인즈(Keynes, 1936)의 《일반이론》(*The General Theory*)이 출간되기 이전에 존재했던 경제사상 체계다. 케인즈에게 고전학파 경제학은 스미스(Adam Smith), 리카도(David Ricardo), 밀(John Stuart Mill)만을 포함하는 것이 아니라 "리카도의 추종자들, 즉 리카도주의 경제학 이론을 채택하고 완성했던 경제학자들"도 포함한다(Keynse, 1936, 3쪽). 따라서 케인즈는 통상적인 경제사상사 분류와 다르게 고전학파를 분류하고 있다. 특히 마셜(Alfred Marshall)과 피구(Arthus Cecil Pigou)라는 두 경제학자를 고전학파에 포함하고 있다. 그러나 신고전학파 경제학이 고전학파 경제학과 차별하여 이룬 이론적 발전 대부분이 미시경제적 분석이었다는 사실을 고려할 때, 케인즈는 1776년~1936년의 기간 동안 전개되었던 거시경제 사상이 그 전반적인 메시지 면에서 상당히 동질적이라고 보아도 괜찮다고 생각했던 것 같다. 그 전반적인 메시지는 시장의 자연적 조정 메커니즘이 완전고용균형을 유지하는 수단이라는 굳은 신념이었다.

고전학파 경제학자들과 연계된 거시경제사상의 중심 줄기를 살펴보기 전에 독자들이 먼저 알아두어야 할 것이 있다. 그것은 《일반이론》이 출간되기 이전에는 하나의 통일된, 혹은 형식화된 총고용 이론이 없었고 경기변동의 본질과 원인에 대해서 경제학자들 간에 상당한 이견이 있었다는 것이다(Harberler, 1963). 고전학파 거시경제학의 구조가 나타난 것은 주로 1936년 이후였고, 그것도 주로 케인즈 이론에 대한 반응으로서, 즉 케인즈의 이론과 비교하기 위해서 나타났다. 여기서 우리는 통상적인 접근법에 따라 고전학파 거시경제학을 어느 정도 인공적으로 요약한 해석을 제공할 것이다. 그러나 고전학파 거시경제학이 실제로는 매우 복잡하고 다양한 사상체계라는 사실을 잊어서는 안 될 것이다(O' Brien, 1975).

아래에 소개될 사상들을 모두 주장한 고전학파 경제학자는 한 명도 없지만, 케인즈 이전의 경제학을 관통하는 어떤 사상의 흐름이 있다. 이 공통된 사상을 통해 고전학파 이론은 분명한 기본 건축블록을 가진 정합적인 이론으로 표현될 수 있다. 그렇게 표현하는 것이 "역사적으로는 어느 정도 부정확한" 것이지만(Ackley, 1966, 109쪽), 분석적으로는 유용할 것이다. 고전학파 이론의 '샐리 아줌마' 해석마저도 그런 것이 없는 경우와 비교할 때 1936년 이후 거시경제학 이론이 전개되는 상황을 더 잘 이해할 수 있게 해준다.[1] '케인즈 대 고전학파' 논쟁에 관한 대부분의 논의, 특히 힉스(Hicks, 1937)와 레이욘후푸드(Leijonhufvud, 1968)의 논의가 비역사적인 허구에 근거해 있고 허수아비 역할을 하지만, 그것들이 케인즈와 고전학파의 입장을 모두 명시적으로 단순화시켜 우리의 이해를 돕는다는 점은 인정되어야 할 것이다.

2.2. 고전학파 거시경제학

고전학파 경제학자들은 자본주의적 시장경제가 균형산출량과 균형고용량에서 이탈할 수 있다는 것을 잘 알고 있었다. 그러나 그들은 그런 시장교란이 일시적이며 곧 사라질 것이라 믿었다. 그들이 공통적으로 가졌던 생각은 시장 메커니즘이 비교적 즉시, 그리고 효율적으로 작동하여 완전고용균형을 복구하리라는 것이었다. 고전학파 경제 분석이 옳다면, 적극적인 안정화 정책이라는 형태로 행해지는 정부의 개입은 필요하지도 바람직하지도 않다. 오히려 그런 정책은 경제에 더 심

1. 샐리 아줌마(Aunt Sally)는 나무로 만든 여인의 머리상의 입에 흙파이프를 물리고 막대를 던져 그 흙파이프를 부수는 놀이로 영국에서 기원했다. 현재는 여인상과 흙파이프 대신, 막대 위에 '돌리(dolly)'라 불리는 공을 얹어 놓고 놀이한다. 은유적으로 공격의 대상을 뜻하다.

한 불안정을 가져올 것이었다. 후에 논의하듯이 구고전학파 견해의 현대적 대표자, 즉 새고전파 균형경기변동 이론가들은 시장이 최적화 능력을 갖고 있으며 적극적인 정부 개입은 조화보다는 혼동을 야기할 것이라는 구고전학파의 믿음을 이어받는다. 따라서 고전학파 경제학자들은 총수요를 결정하는 요소들이나 총수요를 안정화시켜 완전고용을 촉진하는 데 사용할 수 있는 정책들에 거의 관심을 갖지 않았다. 고전학파 경제학자들에게 완전고용은 경제의 통상적인 상황이었다. 케인즈가 1930년대에 그런 견해를 공격했다는 사실은 그 기간 동안 모든 주요 자본주의 국가들이 경험하고 있던 대규모 실업을 고려할 때 그리 놀라운 일이 아니다. 그렇다면 고전학파 경제학자들은 어떻게 그런 낙관적인 결론에 이르렀을까? 다음에 우리는 경제 전체의 실질산출량(Y), 실질 임금(W/P), 명목임금(W), 물가(P), 그리고 실질이자율(r)을 결정하기 위한, '정형화' 된 고전학파 모형을 논의할 것이다(Ackley, 1966). 이 정형화된 모형은 다음과 같은 가정을 한다.

1. 모든 경제주체, 즉 기업과 가계는 합리적이며 이들은 이윤 혹은 효용을 극대화하려고 한다. 또 이들은 화폐착각에 빠지지 않는다.

2. 모든 시장은 완전경쟁적이다. 따라서 경제주체는 완전히 유연한 가격들에 근거하여 매매량을 결정한다.

3. 모든 경제주체들은 교환에 임하기 이전에 시장조건과 가격들에 대해 완전한 지식을 갖고 있다.

4. 교환은 모든 시장에서 시장청산 가격이 형성되었을 때에만 이루어진다. 이 상황은 왜곡된 교환(false trading)을 저지하는 허구적인 발라스적 경매인에 의해 보장된다.[2]

5. 경제주체의 기대는 안정적이다.

이 가정들 덕에 고전학파 모형에서 노동시장을 포함하여 모든 시장은 언제나 청산된다. 주요 거시변수들의 결정을 고전학파 모형이 어떻게 설명하는지 보기 위해서 우리는 그들의 접근방식을 따라 경제를 두 개의 부문, 즉 실물부문과 화폐부문으로 나눈다. 분석을 단순화하기 위해 우리는 외국 교역상대가 없는 폐쇄경제를 가정할 것이다.

실물부문과 화폐부문의 움직임을 살펴보기 위해서는 다음과 같은 고전학파 모형의 세 가지 구성요소를 고려해야 한다. 즉 (i) 고용과 산출량 결정에 관한 고전학파 이론, (ii) 시장에 관한 세의 법칙(Say' s Law), 그리고 (iii) 화폐수량설(Quantity Theory of Money)이 그것이다. 앞의 두 구성요소는 모형의 실질변수들의 균형값이 전적으로 노동시장과 상품시장에서 결정됨을 보여준다. 세 번째 구성요소는 이론 체계의 명목변수들이 어떻게 결정되는가를 설명한다. 따라서 고전

2. 왜곡된 교환(false trading)은 균형가격이 아닌 가격에서 이루어지는 교환을 뜻한다.

학파의 모형에서는 이분법(dichotomy)이 존재한다. 실물부문과 화폐부문은 서로 분리되어 있다. 그 결과 통화량의 변화는 모형의 실질변수들의 균형값에 영향을 끼치지 않는다. 실질변수들이 통화량의 변화에 영향 받지 않으므로, 고전학파 경제학자들은 통화량이 중립적이라고 주장한다.

2.3 고용과 산출량의 결정

고전학파의 중립성 명제는 실질산출량이 경제의 통화량에 독립적이라는 것을 의미한다. 이제 실질산출량을 결정하는 것이 무엇인지를 살펴보기로 하자. 고전학파 모형의 중요한 구성요소 중의 하나는 단기 생산함수이다. 일반적으로 말해서 미시적 차원에서 생산함수는 한 기업이 주어진 생산요소 투입량으로부터 생산해 낼 수 있는 최대의 생산량을 표현한다. 기업이 노동(L)과 자본(K)을 더 많이 사용할수록 생산량은(투입물이 효율적으로 사용된다는 조건 하에서) 더 많아질 것이다. 그러나 단기에서는 노동만이 가변투입물이라 가정된다. 자본투입량과 생산기술 상태는 일정하다고 간주된다. 경제 전체를 고려하는 총산출량($GDP=Y$)도 투입물이 얼마나 많이 사용되는가와 얼마나 효율적으로 사용되는가에 좌우된다. 이 관계가 단기 총생산함수인데, 다음과 같은 형태로 표현될 수 있다.

$$Y = AF(K, L) \tag{2.1}$$

단 (1) Y = 단위기간 당 실질산출량

(2) K = 단위기간 동안 사용된 자본 투입물의 양

(3) L = 단위기간 동안 사용된 노동 투입물의 양

(4) A = 총요소생산성 지수

(5) F = 실질산출량을 투입물 K와 L과 연결시키는 함수

기호 A는 생산기술 상태의 개선이 생산에 끼치는 영향, 그리고 경제의 생산요소 사용에 있어서 전반적으로 효율성을 향상시키는 다른 모든 영향들을 포함하는 자율적 성장요소를 표현한다. 식 (2.1)은 자본스톡과 생산기술 상태 및 투입물 조직방식이 주어져 있을 때 총산출량이 고용된 노동량에 따라 결정된다고 말하고 있다. 이 관계는 〈그림 2.1〉의 (a)분면에 그래프로 표현된다.

단기 총생산함수는 몇 개의 특성을 갖는다. 특히 다음의 세 가지 특성은 유의할 필요가 있다. 첫째, 주어진 A와 K의 값에 대해 고용(L)과 산출량(Y) 사이에 정(+)의 관계가 있다. 이것은 예를 들어 생산함수의 점 a에서 점 b로 움직이는 이동으로 표현된다. 둘째, 생산함수는 가변투입물, 즉 노동에 대해 수익체감(diminishing returns)을 보인다. 이 특성은 고용량이 증가함에 따라 생산함수의 기울기, 즉 $\Delta Y/\Delta L$ 이 감소하는 것으로 표현된다. 노동량이 점차적으로 증가하면 그에 따른 산출량 증가는 점차로 감소한다. $\Delta Y/\Delta L$은 노동의 한계생산물(MPL)이므로, 생산함수의 기울기를 통해 우리는 고용량의 증가가 노동의 한계생산물의 체감과 연계됨을 볼 수 있다. 이

그림 2.1 • (a) 총생산함수, (b) 한계노동생산물

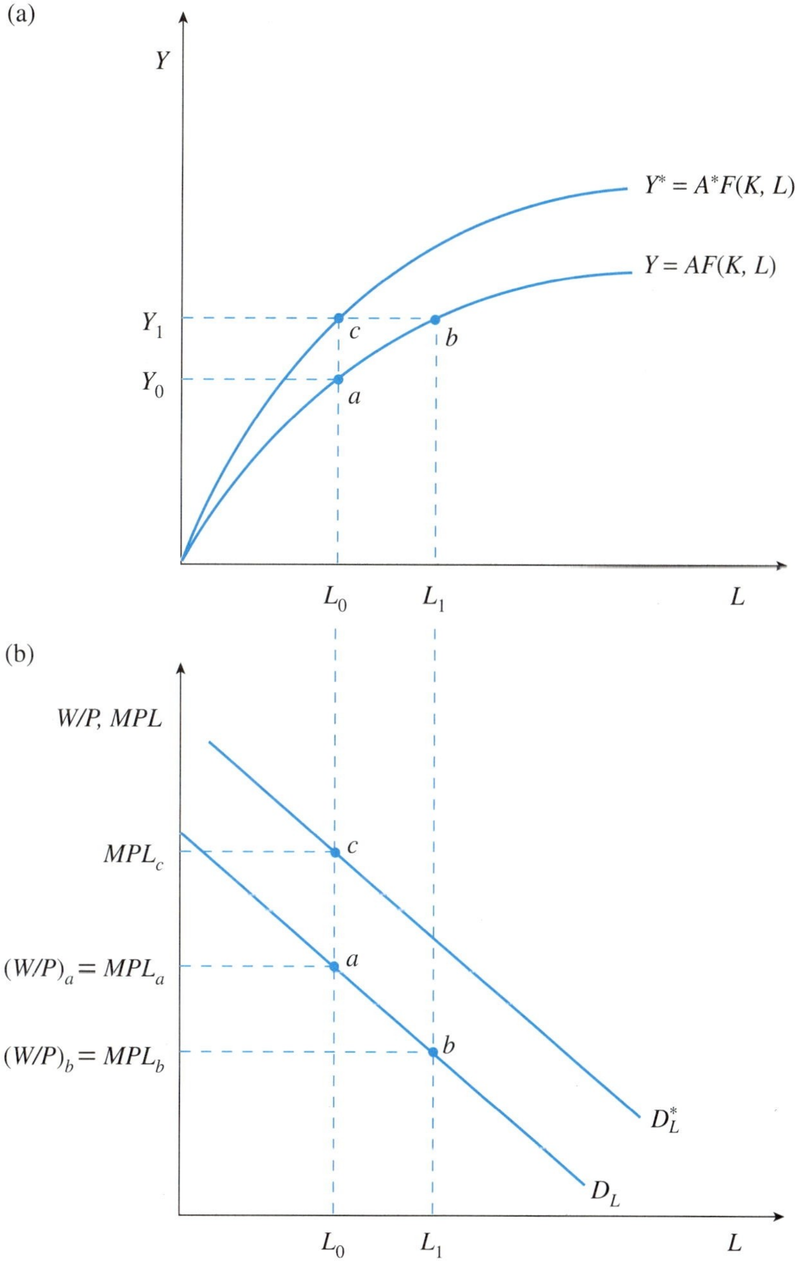

점은 〈그림 2.1〉의 (b)분면에서 그림으로 표현되고 있다. 여기서 D_L은 MPL이 양의 값을 갖지만 체감함을 보이고 있다. MPL은 고용량이 L_0에서 L_1으로 증가하면 감소한다. 즉 $MPL_a > MPL_b$. 셋째, 예를 들어 생산기술이 개선되었을 때 A의 값이 증가하는데 이런 A 값의 증가로 표현되는 투입물 생산성의 증가가 있거나 자본의 투입량이 증가하면, 생산함수는 위로 이동한다. 그런 변화는 〈그림 2.1〉의 (a)분면에서 A가 A^*로 증가함에 따라 생산함수가 Y에서 Y^*로 이동하는 것으로 표현된다. 생산함수가 상향 이동함에 따라 (b)분면에서는 MPL곡선이 D_L에서 D_L^*로 상향 이동한다. 이 변화에 따라 노동생산성이 증가함에 유의하라. 즉 L_0의 노동고용량은 이제 Y_0 대신 Y_1의 수준으로 산출량을 생산한다. 우리는 제6장에서 이런 생산함수의 이동이 최근의 새고전파 실물경기변동이론에서 결정적인 역할을 함을 보게 될 것이다(Plosser, 1989).

식 (2.1)과 〈그림 2.1〉은 경제 전체의 산출물과 투입물 사이의 관계에 대해 많은 것을 알려준다. 그러나 한 주어진 특정 기간 동안 얼마만큼의 노동이 실제로 고용될 것인가에 대해서는 아무것도 알려주지 않는다. 고전학파 모형에서 총고용량이 어떻게 결정되는가를 보기 위해서는 고전학파 경제학자들의 노동시장 모형을 살펴보아야만 한다. 우선 이윤극대화 기업이 얼마만큼의 노동을 고용할 것인가를 보자. 이윤극대화 조건은 잘 알려져 있다. 즉 한계수입(MR_i)이 한계생산비용(MC_i)과 같을 때 기업은 이윤을 극대화한다. P를 기업 i의 생산물 가격이라 하면, 완전경쟁 기업에게는 $MR_i = P_i$ 이다. 따라서 이윤극대화 규칙을 다음의 식 (2.2)로 표현할 수 있다.

$$P_i = MC_i \tag{2.2}$$

만일 기업이 완전경쟁 노동시장에서 노동을 고용한다면, 추가로 고용되는 노동 매 한 단위에 대해 이 기업은 명목임금 W_i 를 지불해야 한다. 따라서 추가로 고용되는 노동에 대한 추가비용은 $W_i\Delta L_i$가 될 것이다. 추가로 고용된 노동에 의해 추가로 얻어지는 수입은 추가로 생산된 산출량 ΔQ_i에 기업의 생산물 가격(P_i)을 곱한 값이다. 즉 추가적인 수입은 $P_i\Delta Q_i$이다. $W_i\Delta L_i < P_i\Delta Q_i$ 인 한 이윤극대화 기업은 노동을 고용하는 것이 유리하다. 따라서 이윤극대화는 다음 조건을 만족시켜야 한다.

$$P_i\Delta Q_i = W_i\Delta L_i \tag{2.3}$$

이 조건은 다음과 동치다.

$$\frac{\Delta Q_i}{\Delta L_i} = \frac{W_i}{P_i} \tag{2.4}$$

$\Delta QJ\Delta L_i$는 노동의 한계생산물이므로, 기업은 노동의 한계생산물이 실질임금과 같아질 때까지 노동을 고용해야 한다. 이 조건은 식 (2.2)를 다른 방식으로 표현한 것에 불과하다. MC_i는 추가적인 노동단위 고용 비용 W_i을 그 추가 노동에 의해 생산된 추가 산출량(MPL_i)으로 나눈 값이다.

$$MC_i = \frac{W_i}{MPL_l} \tag{2.5}$$

식 (2.5)와 식 (2.2)를 결합하면 다음 식 (2.6)이 도출된다.

$$P_i = \frac{W_i}{MPL_i} = MC_i \tag{2.6}$$

수확체감의 영향 때문에 MPL은 노동고용량의 감소함수다. 따라서 MPL곡선은 아래를 향한다 (그림 2.1의 (b)분면 참조). 기업이 MPL_i 과 W_i/P_i를 일치시킬 때 이윤이 극대화되므로 노동의 한계생산물 곡선은 이 기업의 노동수요곡선(D_{Li})와 같다. 식 (2.7)은 이 관계를 표현한다.

$$D_{Li} = D_{Li}(W_i / P_i) \tag{2.7}$$

이 관계식은 기업의 노동수요가 실질임금의 역함수임을 말해준다. 즉 실질임금이 낮을수록 이윤극대화 조건 하에서 더 많은 노동이 고용될 것이다.

위의 분석에서 우리는 개별 기업의 행위를 살펴보았다. 동일한 논리가 경제 전체에도 적용될 수 있다. 개별 기업의 노동수요가 실질임금의 역함수이므로, 경제 전체의 모든 기업들의 노동수요함수를 총합하면 총노동수요도 실질임금의 역함수라는 고전학파의 가설이 도출된다. 이 경우 경제 전체의 평균 명목임금을 W로, 일반물가수준을 P로 나타낸다. 〈그림 2.1〉의 (b)분면에서 이 관계가 D_L로 표현된다. 실질임금이 $(W/P)_a$ 에서 $(W/P)_b$로 감소하면, 고용은 L_0 에서 L_1로 확대된다. 총노동수요함수는 식 (2.8)로 표현된다.

$$D_L = D_L(W / P) \tag{2.8}$$

지금까지 우리는 노동수요를 결정하는 요인들을 살펴보았다. 이제 노동시장의 공급 측면을 고려해야 한다. 고전학파 모형에서는 가계가 효용을 극대화함을 목표로 한다고 가정된다. 따라서 노동의 시장공급량은 실질임금의 정함수이며 다음의 식 (2.9)로 표현되고 〈그림 2.2〉의 (b)분면에서 S_L로 그려진다.

$$S_L = S_L(W / P) \tag{2.9}$$

인구가 주어져 있을 때 얼마나 많은 노동이 공급될 것인가는 소비와 여가에 대한 가계의 선호에 달려 있다. 소비와 여가는 모두 양(+)의 효용을 가계에 가져다준다. 그러나 소비하기 위해서는 소득이 필요하고, 이것은. 여가 시간을 일하는 시간으로 대체함을 요구한다. 일은 음(−)의 효용(disutility)을 발생시키는 것으로 이해된다. 따라서 노동자들의 선호와 실질임금이 효용극대화 노동공급량을 결정한다. 실질임금이 상승하면 포기된 소득의 크기로 계산되는 여가의 비용이 증가하기 때문에 노동공급이 증가한다. 이 효과는 대체효과(substitution effect)라 알려져 있다. 그러나 실질임금의 상승은 노동자들의 후생을 더 나아지게 하는 효과도 갖는다. 왜냐하면 더 높은 실질임금으로 노동자들이 더 많은 여가를 즐길 수 있기 때문이다. 이 효과는 소득효과(income effect)라 알려져 있다. 고전학파 모형은 대체효과가 소득효과보다 더 크다고 가정한다. 그 결과 노동공급은 실질임금의 상승에 따라 같이 증가한다. 이 주제에 대한 좀 더 상세한 논의로는 예를 들어 베그 외(Begg et al., 2003, 10장)를 보라.

그림 2.2 • 고전학파 모형에서 산출량과 고용의 결정

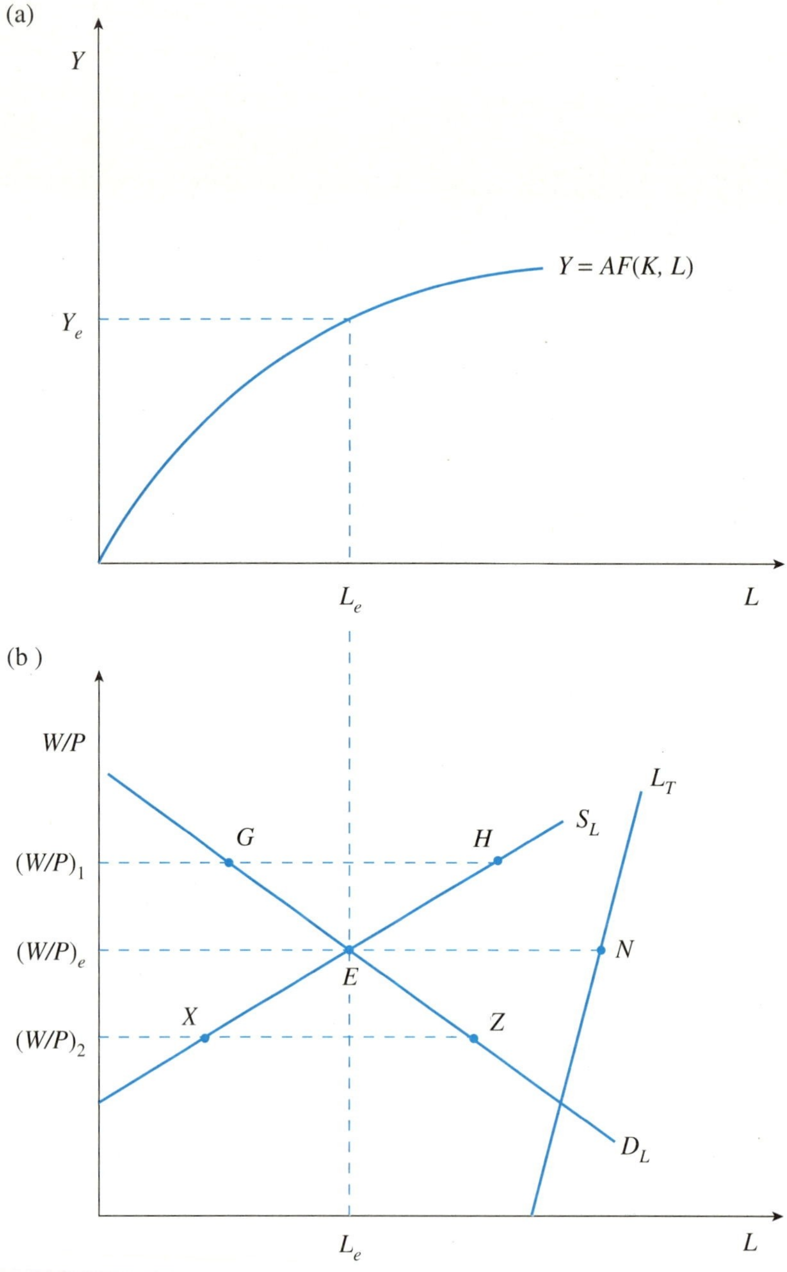

노동수요곡선과 노동공급곡선이 어떻게 도출되는가를 설명했으므로 이제 우리는 고전학파 모형에서 경쟁적 균형 산출량과 고용량이 어떻게 결정되는가를 살펴볼 수 있다. 고전학파의 노동시장은 〈그림 2.2〉의 (b)분면에 그림으로 표현되어 있다. 여기서 수요와 공급의 힘을 통해 시장청산 균형 실질임금 $(W/P)_e$와 균형고용량 L_e가 결정된다. 실질임금이 $(W/P)_e$보다 낮은 수준, 예를 들어 $(W/P)_2$라면, 초과노동수요 ZX가 발생하고 명목임금이 기업의 경쟁적 임금인상에 의해 상승하여, 실질임금이 균형수준으로 되돌아간다. 실질임금이 $(W/P)_e$보다 높은 수준, 예를 들어 $(W/P)_2$라면, HG만큼의 초과노동공급이 발생한다. 이 경우 명목임금은 실질임금이 $(W/P)_e$으로 되돌아갈 때까지 하락한다. 고전학파 모형에서 이 결과가 보장되는 이유는 고전학파 경제학자들이 완전경쟁적 시장, 유연한 가격, 완전정보를 가정했기 때문이다. 균형고용량 L_e는 균형실질임금 수준에서 일하기를 원하는 모든 노동자들이 일할 수 있다는 의미에서 '완전고용' 수준이다. 곡선 S_L이 각 실질임금 하에서 일자리 제공을 받아들일 준비가 되어있는 노동자들의 수를 표시하는 반면에, 곡선 L_T는 각 실질임금 하에서 노동력에 포함되기를 원하는 사람들의 수를 표시한다. L_T의 기울기는 양으로서, 실질임금이 높으면 노동력에 포함되기를 원하는 사람들이 더 많음을 보이고 있다. 고전학파 모형의 노동시장균형 상태에서는 〈그림 2.2〉의 (b)분면에서 선분 EN에 해당하는 실업이 존재한다. 고전학파의 완전고용균형에서 마찰적 실업 및 자발적 실업은 아무런 문제없이 존재할 수 있다. 그러나 비자발적 실업은 가능하지 않다. 후에 프리드먼(Friedman, 1968a)은 노동시장에서 균형실업을 논의하면서 자연실업률이라는 개념을 도입했다(제4장 4.3절 참조). 노동시장에서 균형고용량이 결정되면, 산출량은 총생산함수의 위치에 따라 결정된다. 〈그림 2.2〉의 (a)분면에서 볼 수 있듯이, L_e의 고용량은 Y_e의 산출량을 생산한다.

지금까지 정형화된 단순모형을 통해 우리는 고전학파 경제학자들이 균형 실질산출량, 균형 고용량, 균형 실질임금률, 그리고 균형 실업량 결정을 어떻게 설명했는지 볼 수 있었다. 이 변수들의 균형값은 노동수요곡선이나 노동공급곡선이 이동하면 변화한다. 예를 들어 기술진보로 인한 생산함수의 상향 이동은 노동수요곡선을 오른쪽으로 이동시킨다. 노동공급곡선이 양의 기울기를 갖고 있다는 가정 하에, 노동수요곡선의 오른쪽 이동은 고용량, 산출량 및 실질임금의 상승을 가져온다. 인구가 증가하면 노동공급곡선이 오른쪽으로 이동하고 그 결과 고용량과 산출량이 증가하며 실질임금이 하락한다. 독자들은 이 결과를 직접 확인해 보길 바란다.

지금까지의 분석을 통해 우리는 고전학파 모형에서 완전고용이 노동시장에서 경쟁을 통해 보장됨을 보았다. 균형 실질임금 하에서 그 실질임금을 받고 일하기를 원하는 사람들 중에 고용되지 않는 사람은 없다. 이 의미에서 "고전학파의 전제는 비자발적 실업의 가능성의 여지를 남겨놓지 않는다"(Keynes, 1936, 6쪽). 그러나 고전학파 경제학자들은 만일 실질임금의 균형 기능에 인위적인 제한이 가해진다면 균형수준 이상으로 실업이 지속적으로 존재할 수 있음을 완벽하게 알고 있었다. 만일 노동조합의 독점력이나 최소임금법 등에 의해 실질임금이 〈그림 2.2〉의 (b)분면에서 $(W/P)_1$ 수준처럼 균형수준 이상으로 유지되면, 그렇게 '왜곡된' 실질임금 하에서는 일하기를 원하는 사람들이 모두 일할 수 없을 것이다. 고전학파 경제학자들에게 그런 '고전적 실업'의 해법은 간단하고 분명했다. 화폐임금을 하락시켜 실질임금을 낮춰야만 한다.

케인즈는 〈그림 2.2〉에서와 같은 균형 결과가 "우리가 실제로 살고 있는 경제적 사회"의 전형적인 모습이 아니라고 생각했다(Keynes, 1936, 3쪽). 고전학파 모형의 완전고용 균형은 특별한 경우였다. 왜냐하면 그 상황은 총수요의 수준이 생산된 산출량 모두를 흡수하기에 딱 알맞은 상황이기 때문이다. 케인즈는 총수요가 그런 수준으로 존재할 것을 보장할 수 없다고 반박했다. 고전학파 경제학자들은 '세의 법칙'에 근거하여, 총수요의 부족이 발생할 가능성이 없다고 주장했다. 세의 법칙은 "완전고용을 이루는 데 어떤 장애도 없다는 명제와 동치이다" (Keynes, 1936, 26쪽). 다음 절에서는 바로 이 명제를 다룬다.

2.4 세의 법칙

1803년 장 밥티스트 세(Jean-Baptiste Say)의 《정치경제학 논고》(*Treatise of Political Economy*)가 출간되었다. 이 경제학자의 이름과 연결된 법칙의 가장 간단한 형태에 따르면, 노동자는 소득을 획득하기 위해 노동을 공급하며 이렇게 획득된 소득은 생산된 산출물을 구입하는 데 사용된다. 세 자신은 이 명제를 다음과 같이 표현했다.

> 한 생산물은 생산되는 그 순간부터 자신이 지닌 가치에 완전히 상응하여 다른 생산물들을 구입할 수 있다. (…) 한 생산물의 생산이라는 단순한 사건은 그 즉시 다른 생산물들이 빠져나갈 출구를 열어 놓는다. (Say, 1821)

다시 말하면, 생산은 그 활동과 동시에 소득과 구매력을 창출하기 때문에 총수요 부족에 따른 완전고용 장애가 전혀 발생하지 않는다는 것이다. '공급은 수요를 창조한다'라는 문구는 세의 법칙의 요점을 정확히 표현하고 있다. 세의 법칙은 분화된 경제에서 발생하는 교환활동의 가장 본질적인 모습을 보여주고자 하는 것이었다. 공급 활동이 그에 상응하는 수요를 창출한다는 것은 고전학파 경제학자들에게 아주 분명한 듯이 보였다. 세의 법칙은 자원이 잘못 배분될 수 있고 특정 상품들이 과잉공급될 수 있음을 부인하지 않는다. 그러나 이런 문제들은 한시적인 것이고 상품들 전체에 대해서는 그런 초과 공급이 발생할 수 없다고 생각했다. 세의 공헌에 대해 좀 더 자세하고 정교하게 논의한 것으로는 소웰(Sowell, 1972), 보몰(Baumol, 1977, 1999), 백하우스(Backhouse, 2002)를 보라.

세의 법칙은 원래 물물교환경제의 맥락에서 제시되었다. 물물교환경제에서는 그 정의상 어떤 한 상품을 공급하는 행위는 필연적으로 어떤 다른 상품에 대한 수요를 의미한다. 일반적으로 고전학파 경제학자들, 특히 리카도와 밀은 세의 법칙을 옹호했다. 이들은 화폐적 교환경제에서도 세의 법칙이 성립한다고 믿었다. 화폐는 시장 참가자들로 하여금 물물교환의 거북함과 불편함을 피할 수 있게 해 주는 편안한 교환의 매개체 역할 이상을 하지 않는 것으로 생각되었다. 세의 법칙이 화폐 사용 경제에 적용된다면, 그것은 비록 시장의 힘에 의해 분명히 총산출량의 구성은 변화할 것이지만 특정 상품들의 어떤 양이 생산되든지 그 산출량에 대해 시장이 보장된다는 것을 의미한다. 총수요와 총공급이 항상 일치함이 보장된다면, 화폐는 경제의 근본에 존재하는 실물적 힘을 덮고 있는 '장막'에 지나지 않는다.

여기에서 세의 법칙의 두 가지 해석을 구별해야 할 것이다. 트레비식(Trevithick, 1992)에 따르면, 약한 해석은 생산과 공급 활동이 언제나 필연적으로 전체 산출량에 대해 공급과 동일한 양의 수요를 발생시킨다고 하는 것이다. 그러나 세의 법칙에 대한 이런 해석은 생산된 산출량이 노동의 완전고용을 보장한다고까지는 주장하지 않는다. 이 해석은 단지 어떤 수준의 총산출량이건 생산되기만 하면 그에 상응하는 시장이 존재한다는 것을 뜻할 뿐이다. 세의 법칙의 이 약한 해석은 호황기의 생산과 불황기의 생산 모두에 대해 적용된다. 반면 세의 법칙의 강한 해석은 경쟁적 시장경제에서 노동이 자동적으로 완전고용되는 경향이 존재한다고 말한다(그림 2.2의 (b)분면참조). 세의 법칙의 강한 해석에서는 총수요와 총공급의 일치가 노동시장의 균형과 일맥상통한다. 따라서 이 해석은 완전고용을 달성하는 데 장애가 되는 총수요의 부족이 존재하지 않는다는 명제와 동일하다. 경제에서 완전고용 수준의 산출량을 구입하기에 충분하게 언제나 총지출이 이루어진다는 믿음을 고전학파 경제학자들이 어떻게 정당화했는가를 보기 위해서는 투자, 저축, 이자율에 관한 그들의 생각을 살펴보아야 한다.

총수요 부족이 발생하지 않는다는 것을 보장하는 데는 고전학파의 이자율 결정 이론이 결정적인 역할을 한다. 두 부문, 즉 기업과 가계로 구성된 경제를 상상해 보자. 그러면 균형에서 총지출(E)과 총산출(Y)이 같아야 한다는 조건을 다음과 같은 방정식으로 표현할 수 있다.

$$E = C(r) + I(r) = Y \tag{2.10}$$

더 나아가 총지출은 두 가지의 성분으로 구성된다. 첫째는 기업에서 발생하는 투자지출(I)이고, 둘째는 가계에서 발생하는 소비지출(C)이다. 상품에 대해 계획된 수요(E)는 소비재에 대해 계획된 수요와 투자재에 대해 계획된 수요의 합이다. 고전학파 모형에서 이 두 가지 형태의 재화에 대한 수요는 이자율(r)의 함수다. 가계는 자신들의 소득을 자동적으로 모두 소비하지 않으므로 다음과 같은 식 (2.11)이 성립된다.

$$Y - C(r) = S(r) \tag{2.11}$$

식 (2.10)과 식 (2.11)을 결합하면 다음 식 (2.12)와 같은 균형조건이 도출된다.

$$S(r) = I(r) \tag{2.12}$$

식 (2.11)에서 볼 수 있듯이 고전학파 모형에서 저축(S)도 이자율의 함수다. 이자율이 높을수록 저축자들은 현재의 소비를 미래의 소비로 대체하려고 할 것이다. 따라서 고전학파 경제학자들은 이

그림 2.3 • 고전학파의 이자율 메커니즘과 세의 법칙

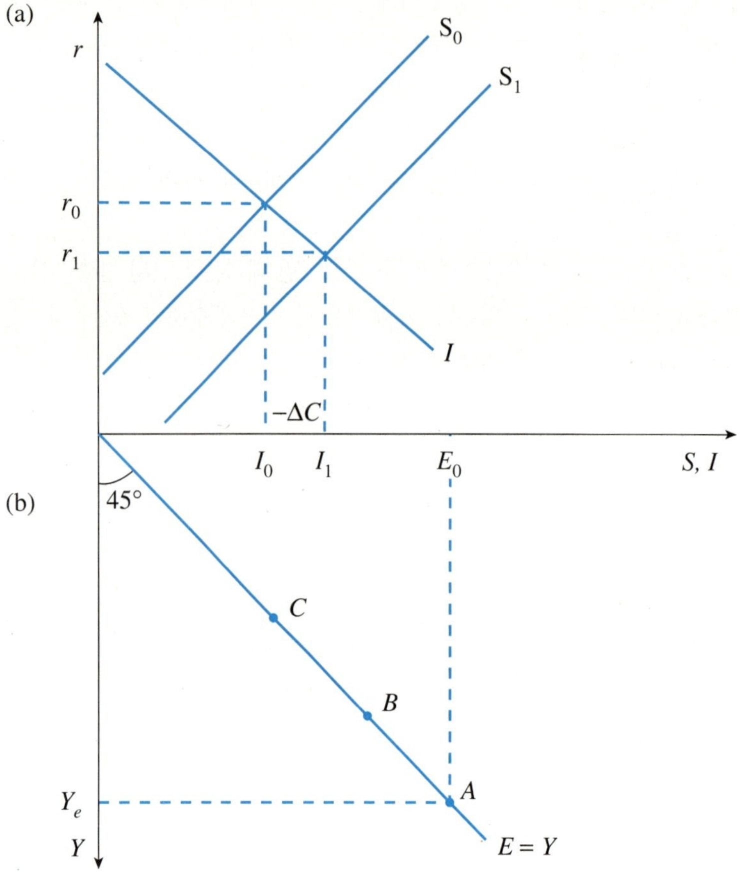

자율을 절제(abstinence) 혹은 검약(thrift)에 대한 실질적 대가로 보았다. 그러므로 저축의 흐름은 자본시장에서 대부기금(loanable funds)의 공급을 뜻했다. 가계 저축이 이자율에 대해 정의 방향으로 반응하므로($\Delta S/\Delta r > 0$), 가계 소비는 이자율에 역의 방향으로 반응한다($\Delta C/\Delta r < 0$). 고전학파 모형에서 자본재에 대한 투자지출은 자본시장에서 대부자금에 대한 수요를 뜻하는데 이자율에 역의 방향으로 반응한다($\Delta I/\Delta r > 0$). 기업의 투자지출이 정당화되기 위해서는, 그 지출에서 얻을 수 있는 기대수익률이 자본재를 구매하기 위한 자금을 확보하는 비용보다 크거나 적어도 그것과 같아야 한다. 이자율이 높을수록 자본재를 구매하기 위한 자금의 명시적(그리고 암묵적) 비용이 높아진다. 따라서 기업 지출(I)은 이자율의 감소함수로 표현될 수 있다. 아래 〈그림 2.3〉의 (a)분면은 고전학파 모형에서 투자, 저축, 이자율의 관계를 보여준다. 생산성과 검약이라는 한 쌍의 힘이 실질이자율을 결정한다. 그리고 이자율의 변동은 대부자금의 수요와 공급을 일치시키고, 그 일치를 유지하며, 그럼으로써 총수요가 절대로 부족하지 않도록 보장하는 균형적 힘의 역할을 한다. 〈그림 2.3〉

을 통해 우리는 고전학파의 균형 과정에서 이자율의 유연성이 얼마나 중요한 위치를 차지하는가를 알 수 있다. (a)분면은 고전학파의 이자율 결정 이론을 표현한다. 종축은 이자율을, 횡축은 일정기간 동안 발생하는 저축량과 투자량을 표시한다. (b)분면에서는 종축에 실질산출량이, 횡축에 상품에 대한 총수요($C+I$)가 표시된다. 이미 〈그림 2.2〉에서 우리는 노동시장에서 경쟁을 통해 균형 실질임금, 그리고 생산함수와 연계하여 완전고용 산출량 Y_e를 발생시키는 노동고용수준이 결정됨을 보았다. 〈그림 2.3〉의 (b)분면은 Y_e의 산출량을 구매하기 위해서 E_0에 해당하는 총지출이 필요함을 보여준다. 45° 선의 모든 점에서 산출량과 수요가 일치하므로, B 와 C 같은 점은 세의 법칙의 약한 해석과 일맥상통한다. 반면 (b)분면의 A 점은 세의 법칙의 강한 해석에 상응한다. 즉 총지출과 총산출량이 일치할 뿐만 아니라, Y_e는 완전고용 노동시장 균형과 연계된 산출량에 해당한다.

이 모형에서 이자율의 유연성이 얼마나 중요한가를 보기 위해, 만일 가계가 갑자기 더 많이 저축하기로(더 적게 소비하기로) 결정했을 때 어떤 일이 일어나는가를 살펴보기로 하자. 이 경우는 〈그림 2.3〉의 (a)분면에서 저축함수가 S_0에서 S_1으로 오른쪽 이동을 하는 것으로 나타난다. 초기에 발생하는 대부자금의 초과공급은 이자율을 r_0에서 r_1으로 하락시킬 것이고, 이 이자율의 하락은 투자지출을 I_0에서 I_1으로 증가시키는 유인을 제공할 것이다. $E_0 - I_0$는 소비지출과 같으므로 투자지출의 증가량인 $I_1 - I_0$는 그림에서 $-\Delta C$ 에 해당하는 소비지출 감소량을 정확히 상쇄한다. 총지출의 구성은 변화하지만 총지출의 수준은 여전히 E_0에서 유지되는 것이다.

고전학파 모형에서 저축결정과 투자결정은 서로 다른 사람들에 의해 내려질 수 있지만, 이자율이 변동하여 저축욕구와 투자욕구가 서로 화합된다. 케인즈주의 이론에서는 S와 I사이에 차이가 발생하면 산출량이 반응한다. 저축이 증가하는 경우 케인즈주의 모형에서는 총지출, 산출량, 고용의 감소가 예상된다. 이것이 케인즈의 '절약의 역설'이다. 그러나 세의 법칙과 임금, 가격, 이자율의 유연성으로 무장한 고전학파 모형에서는 최종수요의 구조에 변화가 발생할 수 있지만 장기적인 수요부족이나 비자발적 실업은 발생하지 않는다. 이것은 매우 주목할 만한 결과이다.

모든 고전학파 경제학자들이 세의 법칙과 그 함의를 받아들인 것은 아니다. 맬더스(Robert Thomas Malthus)는 상품의 일반적인 초과공급이 가능하다고 주장했다. 리카도와 밀을 비롯한 세의 추종자들은 공급 상황이 총산출을 결정한다고 믿었다. 그러나 맬더스는 케인즈의 선구자 역할을 하면서 수요가 총산출의 결정 요소임을 강조했다(Dorfman, 1989). 그러나 "리카도는 종교재판소가 스페인을 정복했던 것처럼 영국을 완전히 정복했다"(Keynes, 1936, 32쪽). 리카도 경제학이 이룬 승리의 완결성은 케인즈에게 궁금증을 자아내는 것이면서도 불가사의한 것이었다. 이 때문에 케인즈는 총수요의 일반적 부족에 관련한 자신의 생각을 예상한 선구자로서 맬더스를 매우 높이 평가했다(Keynes, 1936, 362~71쪽). 리카도는 맬더스의 말에 전혀 귀를 기울이지 않은 듯이 보였다. 그러나 이런 의견 불일치는 리카도와 맬더스가 각기 채택한 기간에 그 기원이 있었다. 리카도는 그의 눈을 견고하게 장기에 고정시켜 놓았던 반면, 맬더스는 케인즈와 마찬가지로 단기에 좀 더 관심이 있었다.

지금까지 고전학파 모형에 대한 논의는 실물부문에 집중되어 있었다. 세의 법칙을 버팀목으로 하는 노동시장과 자본시장의 작동은 고전학파 경제학자들에게 경제의 실물변수들의 결정을 설명할 수 있는 이론체계를 제공했다. 그러나 고전학파 모형에서 물가수준은 어떻게 결정되는가? 물가수준과 다른 명목변수들을 결정하는 고전학파 체계의 마지막 구성요소는 바로 화폐수량설이다.

2.5 화폐수량설

고전학파 거시경제학 이론의 가장 큰 특징은 실물변수와 명목변수를 분리한다는 것이다. 이 고전학파 이분법에 따르면, 경제에서 명목변수를 무시하고 실물변수들만의 행동을 살펴볼 수 있다. 위에서 살펴본 정형화된 고전학파 모형에서 화폐량은 실물변수를 결정하는 데 아무런 상관이 없다. 장기 화폐중립성은 고전학파 모형의 결정적인 성질 중의 하나다.

경제에서 명목변수가 어떻게 결정되는가를 설명하기 위해 고전학파 경제학자들은 화폐수량설을 이용했다. 수많은 유명한 경제학자들이 이 이론을 발전시키는 데 공헌을 했거나 이 이론이 함축하는 정책을 지지했다. 여기에는 캉티용(Robert Cantillon), 흄(David Hume), 리카도, 밀, 마셜, 피셔(Irving Fisher), 피구(A. C. Pigou), 하이에크(F. A. Hayek), 심지어는 케인즈도 포함된다. 좀 더 최근에 화폐수량설은 통화주의의 발전과 아마도 지난 4반세기 기간 동안 가장 영향력이 있는 경제학자인 프리드먼(Milton Friedman)의 저술과 연계된다. 비록 '통화주의' 라는 용어 자체가 1968년 이전에는 사용되지 않았지만(Brunner, 1968), 그 중심 명제인 화폐수량설은 흄이 후에 커다란 영향력을 끼친 에세이 《화폐론》(*Of Money*)을 1752년에 발간한 이후 고전학파 거시경제학에서 공고하게 자리잡고 있었다. 메이어(Mayer, 1980)는 통화주의의 특징을 보여주는 기본적 명제들 대부분이 흄의 에세이에서 발견되기 때문에 통화주의적 사고의 진정한 탄생이 1752년에 이루어졌다고 주장한다. 이 장에서는 고전학파 경제학의 구도를 완결하기 위해 화폐수량설을 간략히 설명하도록 하겠다. 좀 더 상세한 논의로는 레이들러(Laidler, 1991)를 보라.

1930년대 이전에 지배적이었던 거시경제학 이론은 화폐수량설이었다. 문헌을 보면 두 종류의 화폐수량설이 커다란 영향력을 끼쳤음을 알 수 있다. 첫째 종류는 마셜과 피구에 연계되는 것으로 케임브리지 현금잔고 접근법(Cambridge cash-balance approach)으로 알려져 있고, 둘째 종류는 어빙 피셔와 연결되어 있다.

케임브리지 경제학자들은 그들의 화폐수량설 해석에서 화폐수요(M_d)와 화폐공급(M)을 분명하게 구분했다. 화폐수요는 기본적으로 거래를 실행할 필요에 의해 결정되는데, 거래량은 총지출의 화폐액과 정의 관계를 갖는다. 총지출의 화폐액은 명목국민소득과 같으므로 케임브리지 화폐수요함수는 다음의 식 (2.13)으로 표현될 수 있다.

$$M_d - kPY \tag{2.13}$$

M_d는 명목화폐잔고를 보유하고자 하는 수요이고, k 는 명목국민소득의 연간 가치(PY) 중에서 경제주체(기업과 가계)가 보유하고자 하는 부분의 비율이다. 여기서 독자들이 주의해야 할 점은, 케임브리지 화폐이론에서 k는 단기에서 변동할 수 있는 것으로 인지되었다는 것이다(Laidler, 1993). 그러나 식 (2.13)에 대한 정형화된 해석에서 계수 k는 일정한 것으로 가정된다. 원래 케임브리지 방정식은 화폐수요이론이다. 물가를 설명하기 위해서는 화폐공급을 고려해야 한다. 화폐공급이 통화당국에 의해 결정된다고(즉 M이 외생적이라고) 가정하면, 화폐적 균형의 조건은 다음의 식 (2.14)로 표현될 수 있다.

$$M = M_d \tag{2.14}$$

식 (2.14)를 식 (2.13)에 대입하면 다음 식 (2.15)가 얻어진다.

$$M = kPY \tag{2.15}$$

화폐수량설의 결론은 화폐량의 변화가 장기에 있어 아무런 실물적 효과도 가져오지 않고 단지 물가를 결정한다는 것이다. 이런 결론은 이전에 우리가 논의했던 사항, 즉 Y가 생산함수와 경쟁적 노동시장의 작동에 의해 완전고용 수준에서 결정된다는 점을 기억해 내기만 하면 쉽게 얻어진다. k와 Y가 일정하므로, M이 P를 결정한다. 초기에 균형 상태에 있는 화폐시장에서 화폐공급이 증가하면 화폐시장에 불균형이 발생한다($M>M_d$). Y와 k의 값이 고정되어 있으므로 화폐시장의 균형은 물가의 상승에 의해서만 다시 이루어질 수 있다. 고전학파 모형에서 물가가 상승하는 이유는 다음과 같다. 가계와 기업은 자신들이 원하는 것보다 더 많은 화폐를 보유하게 되면 초과 화폐잔고를 재화와 서비스를 구매하는 데 사용한다. 그런데 재화와 서비스의 공급이 이미 이전에 결정되어 있는 완전고용 산출량에 묶여 있으므로, 재화시장에서 초과수요가 발생하고 이 초과수요는 화폐공급의 초기 증가에 비례하여 일반 물가수준을 상승시킨다.

두 번째 접근방식은 피셔의 교환방정식을 소득에 관련해 해석하여 사용한다. 이 관계는 다음 식 (2.16)으로 주어진다.

$$MV = PY \tag{2.16}$$

여기서 V는 화폐의 소득 유통속도로서, 명목 국민총생산을 결정하는 최종 거래 과정에서 화폐 한 단위가 사용되는 평균 회수를 표현한다. V는 k의 역수로 정의될 수 있다. 경제주체가 실행하는 거래의 빈도를 결정하는 제도적 요소들은 시간에 걸쳐 매우 완만하게 변화할 가능성이 높기 때문에, V가 일정하다는 가정은 정당화될 수 있다. V가 k의 역수라는 것은 (2.15)와 (2.16)을 비교할 때 V와 $1/k$가 모두 PY/M과 같다는 사실에서 확인할 수 있다. 물가가 명목화폐공급에 좌우된다는 명제는 식 (2.16)을 재정리한 다음 식 (2.17)을 볼 때 명확하게 보여진다.

$$P = MV/Y \tag{2.17}$$

V와 Y가 일정하므로 P가 M에 따라 변화한다는 것과 $\Delta M = \Delta P$임을 쉽게 알 수 있다.

고전학파 모형에서 물가가 어떻게 결정되고, 화폐량이 변화해도 어떻게 실질 산출량, 실질 임금, 고용량이 일정하게 유지되는지를 보기 위해서 다음 〈그림 2.4〉를 보자. (a)분면과 (b)분면은 〈그림 2.2〉를 그대로 옮겨왔다. 여기서는 경쟁적 노동시장에서 균형 고용량 L_0와 균형 실질임금 W_0/P_0이 결정됨을 보여준다. (c)분면에는 고전학파의 총수요함수(*AD*)와 총공급함수(*AS*)가 그려져 있다. *AS*함수는 완전 비탄력적이다. 즉 실질 산출량은 일반 물가수준의 변화에 반응하지 않는다. 고전학파의 *AD*곡선은 식 (2.16)에서 도출된다. 일정한 화폐공급(M_0)과 일정한 화폐유통속도 하에서 높은 물가는 낮은 실질 산출량과 연계된다. $AD_0(M_0)$는 주어진 화폐공급 하에서 *MV*가 *P*와 *Y*의 무수한 조합으로 나뉠 수 있음을 보여준다. *V*가 고정되어 있다고 가정되므로 경제 내에서 행해지는 모든 거래의 명목가치는 화폐공급에 의해 결정된다. 물가가 높으면 각 거래는 더 많은 단위의 화폐를 필요로 하고, 따라서 구매될 수 있는 재화와 서비스의 양은 감소한다. *AD*곡선은

그림 2.4 • 고전학파 모형에서 물가의 결정

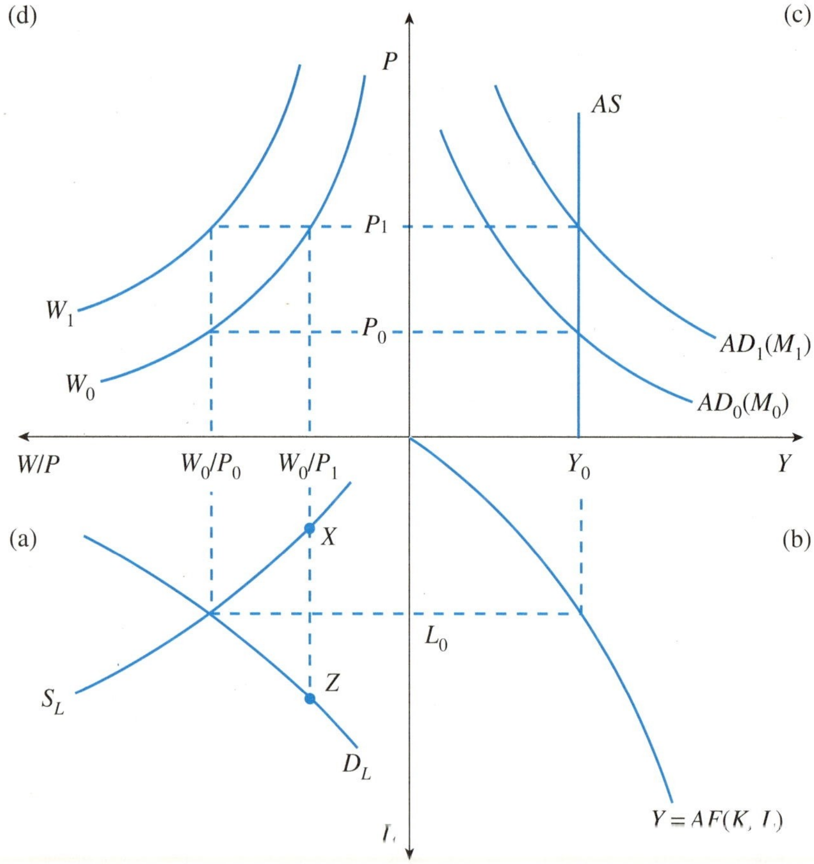

주어진 화폐공급에 대해 그려지므로, 화폐공급이 증가하면 AD곡선은 오른쪽으로 이동한다. 이 경우는 $AD_1(M_1)$으로 그려진다. 마지막으로 (d) 분면은 주어진 명목임금 하에서 실질임금과 물가 사이의 관계를 보여준다. 명목임금이 W_0이면 높은 물가는 실질임금을 하락시킨다.

모형에서 화폐량 M_0와 연계된 초기 균형값이 Y_0, W_0/P_0, L_0라 하자. 통화당국이 실질 산출량과 고용량을 증가시키기 위해 화폐공급을 M_1으로 증가시킨다고 가정해 보자. 고전학파 모형에서는 그런 정책이 아무런 효과도 가져오지 못한다. 화폐량의 증가는 화폐시장에서 불균형을 가져오고($M_d < M$), 재화와 서비스에 대한 수요를 증가시킨다. Y가 노동시장의 균형 고용량(L_0)에 상응하는 Y_0에 묶여 있으므로, 물가는 P_1으로 상승한다. 명목임금이 W_0로 주어져 있다면 물가 상승은 실질임금을 낮추고, 이것은 노동시장에서 불균형을 초래한다. 실질임금이 W_0/P_1이 되므로 노동에 대한 초과수요 ZX가 발생한다. 고용자들은 경쟁적으로 명목임금을 올리고 결국 명목임금은 W_1의 수준에 이른다. 이 때 실질임금은 원래의 균형값으로 되돌아간다(즉, $\frac{W_0}{P_0} = \frac{W_1}{P_1}$). 또 피셔(Fisher, 1907)는 화폐량의 증가가 '피셔 효과(Fisher effect)'를 통해 명목이자율을 상승시킨다는 것을 증명했다. 고전학파 모형에서 실질이자율은 대부자금시장에서 저축과 투자를 일치시키기 위해 변동한다. 실질이자율은 명목이자율에서 인플레이션율을 뺀 값이고 생산성과 검약이라는 실물적 힘에 의해 결정되므로, 실질이자율과 인플레이션율의 변화가 끼치는 영향을 반영하기 위해서는 명목이자율이 조정되어야 한다. 화폐량의 증가는 인플레이션율을 상승시키므로 명목이자율도 상승시킬 것이다. 요컨대 화폐량 증가의 궁극적인 결과로 물가, 명목임금, 명목이자율은 상승하지만 경제의 모든 실물변수들은 아무런 영향도 받지 않는다. 즉 화폐는 중립적이다. 흄(1752)의 말로 표현하면, "상품들의 가격이 언제나 화폐량과 비례하므로, 화폐가 적고 많음은 분명 아무런 효과도 가져오지 않는다".

고전학파 모형에 대한 케인즈의 반박을 살펴보기 전에, 위에서 소개된 정형화된 화폐수량설 해석은 화폐수량설의 전통 속에서 작업해온 케인즈 이전의 경제학자들이 복잡하고 정교하게 그들의 이론들을 발전시켰다는 사실을 제대로 반영하지 못하고 있음을 알아야 할 것이다. 리카도와 같은 고전학파 경제학자들은 장기균형 상태에 관심이 있었고 한 균형 상태를 다른 균형 상태와 비교하기 위해 비교정학 방법을 사용했다. 고전학파 경제학자들 중에는 화폐중립성 명제가 단기에 적용되지 않는다는 것을 알고 있던 사람들도 있었다(Corry, 1962). 예를 들어 케인즈보다 먼저 고전학파 경제학의 보금자리를 박차고 나온 호트리(Ralph Hawtrey)는 그의 활동 전반에 걸쳐 경기변동이 순수하게 화폐적 요소에 의해 발생한다는 이론을 주장했는데, 이 이론에서 화폐는 단기에 전혀 중립적이지 않다(Haberler, 1963; Deutscher, 1990). 그러나 대공황의 골이 깊었던 1930년대 초기의 관점에서 볼 때 리카도적인 장기균형은 별나라 이야기로 받아들여졌음에 틀림없다. 케인즈는 《화폐개혁론》(*Tract on Monetary Reform*, 1923)에서, "장기에 우리는 모두 죽는다. 만일 경제학자들이 격랑이 몰아치고 있는 시기에 이 태풍이 지나가면 바다가 다시 잠잠해질 것이라고 밖에 말해줄 수 없다면 경제학자들의 임무는 너무도 쉽고 너무도 무용한 것이다"라고 선언했다. 이제 고전학파 이론에 대한 케인즈의 반박을 고려하기로 하

자. 케인즈의 반박은 1936년에 그의 가장 영향력 있는 저서가 발간되는 시점에 최고조에 이르렀다.

2.6 케인즈의 《일반이론》

《일반이론》이 1936년 2월 발간된 후 거의 70여년이 지났지만, 경제이론에 케인즈가 어떤 공헌을 했는가는 아직도 많은 논란의 대상이다. 경제학이 지나온 길에서 케인즈가 끼친 영향이 "20세기 경제과학에서 가장 중요한 사건"이고 거시경제학이 케인즈의 창조물이라는 새뮤얼슨(Samuelson, 1988)의 견해에 반대할 사람은 거의 없을 것이다. 반면 반대자들은 케인즈가 근본적으로 오류를 범하고 있다고 굳게 믿는다(Hayek, 1983; 본서 제 4장, 제5장 프리드먼과 루커스 인터뷰 참조). 케인즈주의자들도 커다랗게 두 파로 나뉘어져 있다. 한편으로는 케인즈와 마찬가지로 《일반이론》의 정책적 함의가 적당히 보수적이라고 생각하는 사람들이 있고(Tobin, 1987), 다른 한편에는 케인즈의 대작이 주류의 고전학파와 신고전학파 이론으로부터 혁명적인 단절을 이루었다고 생각하는 사람들이 있다(Robinson, 1971; Davidson, 1994; 제8장). 요컨대 《일반이론》이 거시경제학의 발전과 거시정책 수립에 좋건 나쁘건 심대한 영향을 끼쳤다는 것은 의심의 여지가 없는 사실이다.

케인즈는 기본적으로 알프레드 마셜의 케임브리지 전통에서 교육받은 응용 경제학자였다. 이 전통에서 경제학의 묘미는 경제학이 경제를 운용하는 사람들에게 이 세상을 좀 더 좋은 세상으로 만들 수 있게 하는 전망을 제공한다는 데에 있었다. 그러나 케인즈에게 《일반이론》을 쓰는 작업은 "습관적인 사고와 표현의 양식으로부터(...) 빠져나오기 위한 길고 긴 투쟁"이었다. 케인즈가 빠져나오고자 했던 오래된 사상은 19세기 고전학파 경제학자들의 자유주의적 전통과 연계된 자유방임주의(*laissez-faire*) 사상이었다. 아담 스미스를 따라서 정치경제학은 근본적으로 자유방임주의로 편향되어 있었다. 예외가 있지만 대부분의 고전학파 경제학자들은 정부실패에 관심을 집중했다. 그들의 생각에 국가는 시민들이 개인적 목표를 가능한 한 완전하게 추구할 수 있는, 평화롭고 경쟁적인 환경을 보장하는 데 그 활동을 제한해야 한다. 오직 경제상황에 대한 정부의 지나친 간섭이나 독점력 같은 악에 의해서만 가격 메커니즘은 희소하지만 완전 고용되는 자원의 제약하에서 총산출량을 극대화하는 데 실패할 수 있다. 이 정통파 이론에 반하여 케인즈는 이미 1920년대 중반 이후 저술에서부터 혁명적인 사상을 명확하고 분명한 그의 메시지를 통해 주장했다. 그의 가장 혁명적인 사상은 경제 전체의 총고용과 총산출 수준에 관련하여 개인의 자기이해를 어떤 사회적 최적상태로 이끄는 '보이지 않는 손(invisible hand)' 이 존재하지 않는다는 것이다. 케인즈의 우상 파괴적 비전은 1920년대 영국 정부정책에 대한 비판을 통해 산발적으로 나타나긴 했지만, 그의 정책 제안들에는 많은 경우 그 제안들을 논리적으로 도출할 수 있게 할 이론적 구조가 결여되어 있었다. 예를 들어 1929년 케인즈는 로이드 조지(Lloyd George)가 이끄는 자유당이 경기회복 정책을 전적으로 지지하면서 적자재정을 통해 수요를 확대하도록 정부가 정책을 수립해야 한다고 주장했다(Keynes, 1929).[3] 그러나 이 시점에서 케인즈는 이런 주장에 결정적으로 중요한 유효수요이론과 승수에 관한 이론을 갖고 있지 못했다(Keynes, 1972, Vol. IX).

현존하는 정통적 고전학파 이론에 정면으로 대항하여 그것을 효과적으로 파괴하기 위해서 케인즈는 대안의 이론을 제공해야만 했다. 대공황이 발생하자 케인즈는 "48세의 나이에도 불구하고, 경제적 파국이 가져올, 모든 것을 삼켜버릴 야만주의의 커다란 파도로부터 서구 문명을 구하려는 지고한 지적 노력을 하기 위해 킹스 칼리지(King's College)의 상아탑으로" 잠적했다(Skidelsky, 1992, xxvii쪽). 케인즈는 세계사의 이 시점에서 세계의 자본주의가 처한 극도의 난관을 날카롭게 꿰뚫고 있었다.

> 오늘날의 권위주의적 국가체계는 실업 문제를 효율성과 자유를 희생하여 해결하고 있는 듯이 보인다. 실업은 사회적 동요의 짧은 기간을 제외하고는 (…) 내 생각에 필연적으로 (…) 현재의 자본주의적 개인주의와 연결되어 있다. 세계가 이런 실업을 오랫동안 인내하지 않으리라는 것은 분명하다. 그러나 문제를 올바르게 분석만 한다면 효율성과 자율을 유지하면서도 실업이라는 병을 치유할 수 있을 것이다. (Keynes, 1936, 381쪽)

따라서 케인즈는 1931년 이후 그의 이전 저작과는 다르게 동료 경제학자들을 대상으로 하는 저술, 《일반이론》을 향해 가고 있었다.

1932년 말, 아무리 늦게 잡아도 1933년 초에 이르자 《일반이론》의 첫 번째 안, 혹은 케인즈의 마음속에 있는 "회색빛의 희미한 솜털 같은 괴물"이 그의 케임브리지 대학 강의를 통해 모습을 드러내기 시작했다(Skidelsky, 1992; Patinkin, 1993). 케인즈의 비판자들에게 《일반이론》은 여전히 '괴물'로 남아있다. 현재 케인즈주의에 대한 비판을 선두에서 이끌고 있는 루커스는 《일반이론》이 "읽을 수 없는" 채, "대공황에 대한 정치적 대응"으로 "부주의하게 써진" 책이라고 생각한다(Klamer, 1984). 새뮤얼슨은 케인즈의 사상에 심취한 가장 초기의 경제학자들 중의 한 명이지만, 그런 그도 《일반이론》을 "그 구조가 엉망이고," "난삽하게 써진" 책으로 묘사한다. 그러나 새뮤얼슨에게 《일반이론》은 그것이 가진 모호성과 논란성 때문에 경제학의 발전에 오랫동안 영향력을 발휘할 "천재의 작품"이다(Samuelson, 1946). 갤브레이스(Galbraith, 1977)도 이와 비슷한 결론에 이른다. 그는 《일반이론》에 담긴 모호성이야말로 사람들의 마음을 얻는 데 적격인 특징이라고 생각한다.

> 사람들은 오랜 노력 끝에 이해를 하게 되면 자신들의 믿음에 끈기 있게 집착한다. 사람

3. 로이드 조지(David Lloyd George, 1863~1945)는 웨일즈 출생으로 1916년~22년 기간 동안 영국 수상으로 재임하였다. 영국 자유당은 찰스 2세(1630~85) 때의 휘그당에서 기원을 두었고, 19세기 초부터 1920년대까지 보수당과 함께 영국의 양대 정당을 구성했다. 그 이후 보수당, 노동당과 함께 영국의 3대 정당으로 존립하다, 노동당에서 갈라져 나온 사회민주당(Social Democratic Party)과 1988년 합병하여 현재 자유민주당(Liberal Democrats)으로 존재한다.

> 들은 이해하기 위해 치러야 했던 고통이 가치가 있었다고 생각하기를 원한다. 성경이나 마르크스 저술에서 볼 수 있듯이 충분한 양의 모순과 모호함이 있으면 독자들은 자신들이 믿기 원하는 것을 언제나 그 안에서 찾을 수 있다. 이것도 추종자들을 얻는 방법이다.

케인즈의 새로운 사상에 재빨리 심취한 경제학자들이 주로 영국의 케임브리지와 미국의 케임브리지에 있던 젊은 경제학자들이었다는 사실은 그리 놀라운 일이 아니다.[4] 50세 이상의 경제학자들이 대체적으로 케인즈의 메시지에 귀를 기울이지 않았던 반면, 《일반이론》은 "마치 남태평양 섬에서 오랫동안 격리되어 살고 있던 종족들을 처음으로 공격하여 그들을 멸종시키는 예상치 못했던 독성을 가진 질병처럼 35세 이하의 젊은 경제학자들 대부분을 전염시켰다"(Samuelson, 1946). 경제이론의 변화가 경제학자 세대의 변화와 함께 일어난다는 사실은 케인즈 후에도 다시 중요한 역할을 하게 된다. 케인즈 혁명이 일어난 지 40여년 후 새고전파 경제학(New Classical)의 발흥은 주로 젊은 세대의 경제학자들을 전염시켰고, 그 전염으로 케인즈주의자들은 거의 멸종하기에 이른 듯이 보였다(Colander, 1988; Blinder, 1988b).

2.7 《일반이론》 해석

《일반이론》의 내용을 논의하는 과정에서 발생하는 커다란 문제들 중의 하나는, 이 책이 워낙 복잡하고 논쟁적이고 영향력 있는 책이기 때문에, 서로 매우 다른 신념을 갖는 경제학자들이 케인즈가 원래 전하고자 했던 본질적인 메시지에 대해 나름대로 해석을 내리고 그 해석을 지지하는 언질들을 이 책에서 찾아낼 수 있다는 사실이다. '케인즈학(Keynesiology)' 은 이미 그 방대함에도 불구하고 기하급수적으로 계속 성장하고 있다. 여러 견해가 존재한다는 사실 때문에 혼란과 계몽이 동시에 발생한다. 예를 들어 로이 와인트로브(Weintraub, 1979)가 쓴 책의 한 장은 '케인즈 체계에 대한 4,827번째 재고찰' 이라는 제목을 달고 있다. 《일반이론》에 대해 내려진 서로 상반되는 이론적 해석을 조금이나마 알고 싶은 사람은 힉스(Hicks, 1937), 모딜리아니(Modigliani, 1944, 2003), 클라인(Klein, 1947), 파틴킨(Patinkin, 1956, 1976, 1990b), 레이욘후푸드(Leijonhufvud, 1968), 데이비드슨(Davidson, 1978, 1994), 칙(Chick, 1983), 코딩턴(Coddington, 1983), 칸(Kahn, 1984), 멜처(Meltzer, 1988)를 보라. 우드(Wood, 1983)가 편집한 책들에 수록된 논문들은 1936년 이후 나타난 비판과 발전에 대해 어느 정도 알려준다. 케인즈의 공헌이 어떻게 전개되었는가를 그의 삶과 철학이라는 좀 더 넓은 맥락 속에서 알고자 한다면 해로드(Harrod, 1951), 모그리지(Moggridge, 1992), 스키델스키(Skidelsky, 1983, 1992, 2000)가 쓴 훌륭한 케인즈 전기들을 참조하라. 모그리지(Donald Moggridge)가 편집한 《존 메이나드 케

4. 영국의 케임브리지는 영국 케임브리지 대학을 말하고, 미국의 케임브리지는 미국 보스턴의 케임브리지 지역에 있는 하버드 대학과 MIT를 말한다.

인즈 전집》(*The Collected Writings of John Maynard Keynes*)은 30권에 이른다.

현재 모든 사람들이 지지하는 결정적인 케인즈 해석은 존재하지 않으며, 《일반이론》의 비수학적인 문체를 고려할 때 결코 그렇게도 될 수 없을 것이다. 경제학에서 케인즈가 발생시켰던 거친 바람은 지금도 계속되고 있으며, 《일반이론》은 "아직도 완전히 파헤쳐지지 않은" 저서이다(Phelps, 1990; 또 2000년 애컬로프(Akerlof)의 노벨상 수상 기념강연도 참조). 상황이 이러한 이유들 중의 하나는 케인즈가 관심을 가졌던 문제, 즉 적극적인 정부의 개입이 없이 시장이 혼자 힘으로 안정적인 완전고용 균형을 발생시킬 있는가라는 문제가 아직도 경제학적 논란의 중심에 위치하고 있다는 것이다(정부실패 대 시장실패라는 동일한 문제가 경제학의 다른 분야에서도 논란의 핵심이다. Snowdon, 2001b).

제라드(Gerrard, 1991)는 《일반이론》에 대해 서로 다른 해석이 존재하는 이유들을 분석한다. 그 이유들 중에는 케인즈 자신의 '기술적 무능력', '문체상의 난점', '논의의 비일관성', '실수' 등에서 발생한 혼란이 포함된다. 혼란의 다른 가능한 원인들은 '독자들이 발생시킨' 것으로서, '선택적으로 독해하기', '부적절한 맥락 속에 놓기', '2차 문헌에 의존하여 이해하기' 등이다. 더 나아가 케인즈가 《일반이론》 이외에 쓴 막대한 양의 저술에서도 문제가 발생한다. 그래서 예를 들어 어떤 저자들은 그동안 무시되어 왔던 케인즈의 초기 철학 논문들을 강조하기도 한다(O'Donnell, 1989). 제라드는 케인즈의 《일반이론》이 이룩한 주요 공헌이 거시경제를 바라보는 여러 가능한 방법들을 반영하는 "다양한 연구 프로그램들을 발생시키는 능력"에 있다고 결론짓는다. 요컨대 제라드는 다양한 해석이 존재한다는 사실을 염려해서는 안 된다고 제안한다. 왜냐하면 이 다양성이야말로 케인즈 저술의 번식력과 '기준점으로서의 힘'을 확인하기 때문이라는 것이다.

케인즈에 대해 존재하는 수많은 해석들을 모두 적절히 다룰 수 없으므로 이 장에서는 《일반이론》과 관련한 주요 논의들 중 일부에 대한 전형적인 해석만을 소개하도록 하겠다.

2.8 케인즈의 주요 명제

《일반이론》에서 케인즈는 "한 주어진 경제체제의 국민소득과(그리고 거의 같은 말이지만) 그 경제의 고용량을 어떤 시점에서든지 결정하는 요인들을 찾아내려고" 한다(Keynes, 1936, 247쪽). 그가 세운 틀에서 "국민소득은 고용량에 의존한다." 자신의 이론을 전개하기 위해 케인즈는 또 거시경제 균형이 비자발적 실업과 양립한다는 것을 보여주려 했다. 유효수요원리(principle of effective demand)는 《일반이론》이 이론적으로 새롭게 보여주는 것이기도 하자 이 책의 중심 명제다. 여기서 경제에 균형을 가져다주는 것은 가격의 변화가 아니라 수량의 변화이다. 《일반이론》에서 가격 조정보다 수량 조정이 더 강조되었다는 사실은 저축과 투자 사이에 차이가 발생하면 가격이 변동하는 고전학파 모형과 케인즈 자신의 이전 저술인 《화폐론》(*Treatise on Money*, 1930)에서 제시된 주장과 날카롭게 대조된다.

《일반이론》의 핵심 사상을 종국적으로 구성하게 될 구성요소들은 실제로 책이 발간되기 수년 전부터 발전하기 시작했다. 위에서 이미 언급했듯이 1929년 케인즈는 적자재정을 통해 총수요를 확장시키는 정부정책을 지지하고 있었다. 1929년 휴버트 헨더슨(Hubert Henderson)과 공저한 유명한 소책자에서 케인즈는 정부의 공공사업 계획을 역설하면서, 로이드 조지 수상이 1929년 총선에서 실업을 "1년 이내에 정상 상태로" 감소시키겠다며 내세운 선거 공약을 지지했다(Skidelsky, 1992). 그러나 케인즈와 헨더슨은 주류 경제학의 '재무성 견해(Treasury dogma)'를 신빙성 있게 반박하지 못했다. '재무성 견해'는 1929년 재무장관이 피력했던 것으로, "정부 채무와 정부 지출이 정치적으로 혹은 사회적으로 어떤 이득을 가져다줄지는 몰라도 그것이 고용 증가에 공헌하는 바는 사실상, 또 일반적으로, 거의 없다"는 견해였다. 실업을 감소시키기 위한 공공사업 계획을 지지하면서 케인즈와 헨더슨이 내세운 주장은 산출량이 수요에 의해 결정된다는 명제와 고용승수 개념이었다.

유효수요원리는 유휴 생산능력이 존재하는 폐쇄경제에서 산출량이(따라서 고용량도) 계획된 총지출에 의해 결정된다는 명제이다. 여기서 계획된 총지출은 가계부문의 소비지출(C)과 기업부문의 투자지출(I)이라는 두 요소로 구성된다. 《일반이론》에서는 직접적으로 정부지출이나 간접적으로 조세 변화에 의해 발생하는 지출의 변화가 어떤 영향을 가져오는지에 대해 명시적으로 분석하지 않는다. 따라서 《일반이론》에서는 가계와 기업이라는 두 부문이 존재하며 계획된 지출은 다음 식 (2.18)으로 표현된다.

$$E = C + I \tag{2.18}$$

고전학파 모형에서는 식 (2.10)과 식 (2.11)에서 보듯이 소비, 저축, 투자가 모두 이자율의 함수였다. 케인즈의 모형에서 소비지출은 내생적이며 본질적으로 수동적인 것으로 이해된다. 즉 소비지출은 이자율이 아니라 소득에 영향 받는다. 케인즈의 소비함수이론은 바로 이 관계를 발전시킨다.

투자지출은 투자의 기대수익성과 대부자금 비용을 반영하는 이자율에 영향 받는다. 케인즈는 기대이윤을 '자본의 한계효율성(marginal efficiency of capital)'이라 불렀다. 따라서 어쩔 수 없이 케인즈 모형에서 고용은 불안정한 요소, 즉 광범위하면서도 갑작스럽게 변동할 수 있는 투자지출에 영향 받게 된다. 만일 투자지출이 매년 안정적이라면 산출과 고용이 투자에 영향을 받느냐 아니냐는 그렇게 중요하지 않을 것이다. 그러나 불행하게도 투자 결정은 어려운 결정이다. 왜냐하면 기계와 건물들은 지금 구입되어야 하지만, 그로부터 생산되는 상품들은 미래에 판매되어야 하고, 미래는 불가피하게 불확실하기 때문이다. 투자 결정에는 미래의 수요와 비용에 대한 기대가 계산 안에 넣어지고, 따라서 확실한 사실 뿐만 아니라 기대와 염려가 투자 결정에 영향을 끼치게 된다. 많은 경우 기대가 '동물적 본성(animal spirits)'에 의해 움직여지고 따라서 매우 불안정적임을 고려할 때, 자본의 기대수익성 또한 매우 불안정해 질 수밖에 없다. 투자 결정이 비합리적인 낙관주의와 비관주의의 조류에 따라 움직이고 따라서 사업에 대한 자신감(confidence) 상태에 커다란 변화를 가져올 수 있다는 결론에 이르자, 케인즈는 이자율 조정이 투자량을 결정하는 방법으로서 갖는 효율성에 의문을 갖게 되었다. 미래를 현재와 연결시키는 데 있어 이자율보다 투자의 미래 수익성에 대한 기대가 훨씬 더 중요하다. 왜냐하면 "사람들의 심리상태가 주어져 있을 때, 경제 전체의 산출량과 고용량은 투자량에 의존하며," "투자율을 결정하는 요소들은 사람들이 거의 알지 못하는 미래에 대한 견해에 영향 받기 때문에 그 요소들은 매우 믿지 못할 것들"이기 때문이다(Keynes, 1937).

투자결정의 기대수익에 대해 기업들이 알고 있는 바가 "극도로 신빙성이 없다"는 생각이 경기변동에 대한 케인즈의 설명의 핵심에 자리 잡고 있다. 경제의 불안정성에 대한 케인즈의 분석에서 자본의 한계효율성의 "과격한 변동"은 총실질수요를 변화시키는 충격으로 작동한다. 즉 경기변동의 주원천은 *IS*곡선으로 묘사되는 경제의 실물부문에서 발생한다(제3장 3.3.1절 참조). 소비함수에 대한 분석을 통해 케인즈는 한계소비성향(marginal propensity to consume) 개념을 발전시키는데, 이 개념은 승수(multiplier)의 크기를 결정하는 데 결정적인 역할을 한다. 투자지출 상의 어떤 변화라도 투자승수를 통해 총산출량에 확대된 영향을 가져온다. 이 과정이 어떻게 이루어지는지는 다음과 같이 쉽게 보여질 수 있다. c를 한계소비성향($\Delta C/\Delta Y$)이라 하고 a를 독립소비(autonomus consumption)라 하면, 소비 행동방정식을 식 (2.19)로 쓸 수 있다.

$$C = a + cY \tag{2.19}$$

케인즈 모형에서 총수요량이(주로) 총소득에 영향 받는다는 점을 기억하자. 식 (2.19)를 식 (2.18)에 대입하면 다음 식 (2.20)의 균형조건을 얻는다.

$$Y = a + cY + I \tag{2.20}$$

$Y - cY = a + I$ 이고 $Y - cY = Y(1 - c)$이므로, 우리가 익히 알고 있는 다음과 같은 식 (2.21)을 얻는다.

$$Y = (a + I)/(1 - c) \tag{2.21}$$

여기서 $1/(1 - c)$는 승수를 나타낸다. κ를 승수를 나타내는 기호로 사용하면 식 (2.21)은 $Y = (a + I)\kappa$로 다시 쓸 수 있다. 따라서 투자지출의 한 주어진 변화량(ΔI)에 대하여, 산출량의 변화(ΔI)는

$$\Delta Y = \Delta I\kappa \tag{2.22}$$

이다. 식 (2.22)는 소득(혹은 산출량)이 투자지출 변화의 일정한 배수로 변화한다는 것을 보여준다. 케인즈의 정의에 따르면, 투자승수(κ)는 소득의 변화량이 그 소득의 변화를 발생시킨 독립지출의 변화량에 대해 갖는 비율이다. "총투자가 증가하면 소득은 투자 증가량의 κ배로 증가한다" (Keynes, 1936, 115쪽).

다른 것이 일정할 때, 한계저축성향($= 1 - c$)이 작을수록 승수는 크다. 다시 말하면 승수의 크기는 $c(1 > c > 0)$의 크기에 따라 변화한다. 승수효과는 독립적인 수요 증가(ΔI)가 있을 때 처음에는 소득이 그와 같은 양만큼 증가함을 보여준다. 그러나 이 소득 증가는 소비를 $c\Delta I$ 만큼 증가시킬 것이다. 이를 통해 2차적인 소득 증가가 발생하고, 이 소득 증가는 다시 지출을 $c(c\Delta I)$ 만큼 증

가시킨다. 이 지출 증가는 다시 지출과 소득을 증가시킨다. 이 과정은 무한히 계속된다. 즉 여기에는 무한 기하급수 과정이 있다. 따라서 독립적인 수요 변화가 산출에 끼치는 영향을 모두 합하면 다음 식 (2.23)과 같이 표현된다.

$$\Delta Y = \Delta I + c\Delta I + c^2\Delta I + = \Delta I(1 + c + c^2 + c^3 + \ldots) \tag{2.23}$$

물론 $(1 + c + c^2 + c^3 + \ldots) = 1/(1 - c)$이다. 위의 분석 전반에서 취해진 가정은, 경제에서 유휴 생산시설이 존재하는 덕에 기업은 부가적인 수요가 있을 때 생산을 늘려 반응할 수 있다는 것이다. 더 많은 산출을 하기 위해서는 더 많은 노동이 투입되어야 하므로, 산출량 승수는 고용량 승수를 함축한다(Kahn, 1931). 따라서 독립적 지출이 증가하면 산출과 고용이 증가한다. 현재 노동이 완전고용 되지 않은 상태에서 독립 투자량이 증가한다고 가정해 보자. 투자지출의 증가는 자본재를 생산하는 기업에서 고용을 증가시킬 것이다. 자본재 산업에서 추가적으로 고용된 노동자들은 자신들의 소득 일부를 소비재 구입에 지출하고 나머지는 저축할 것이다. 소비재 수요가 증가하고, 이 증가는 소비재 산업에서 고용의 증가를 가져오며, 이것은 또 다시 지출의 추가적인 증가를 발생시킨다. 결과적으로 처음의 독립투자 증가는 소득을 그 이상으로 증가시킨다. 이 같은 승수 과정이 독립투자의 변화뿐만 아니라 독립소비의 변화의 경우에도 동일하게 적용된다. 새뮤얼슨의 유명한 교차선 케인즈주의(Cross Keynesian) 모형에서 상대적으로 더 큰 승수는 상대적으로 더 가파른 기울기를 가진 총지출곡선으로 나타난다(Pearce and Hoover, 1995). IS-LM 케인즈주의 모형에서는 승수가 IS곡선의 기울기에 영향을 끼치는데, IS곡선은 승수 값이 클수록 더 평평해진다(제3장 참조).

케인즈는 여러 요소들 때문에 공공지출이 가져올 승수효과의 크기가 제한될 수 있음을 잘 알고 있었다. 그 요소들에는 "이자율이 상승"하지만 "통화당국이 반대 효과를 가져 올 조치를 취하여" "투자를 다른 방향으로" 변화시키지 않는 경우, "자신감"을 위축시킬 가능성이 있는 여러 경우, 지출이 조세 혹은 영국 같은 개방경제에서 수입의 형태로 누출되는 경우 등이 포함된다(Keynes, 1936, 119~20쪽). 완전고용 경제의 경우 투자가 증가하면 "한계소비성향이 어떻건 간에 명목가격이 무한정으로 증가하는 경향이 생긴다."

승수 개념 하면 주로 케인즈와 그의 《일반이론》이 연상되지만, 이 개념이 처음으로 커다란 영향력을 갖고 사용된 곳은 1930년 여름 칸(Richard Kahn)이 경제자문위원회에 제출한 보고서에서였다. 칸은 《이코노믹 저널》에 발표한 1931년 논문에서 승수를 좀 더 수식적으로 표현했다. 이 논문은 정부투자지출 증가가 고용에 끼치는 영향을 분석하면서 다음과 같은 가정을 했다. (1) 경제에 유휴 생산시설이 존재한다. (2) 통화정책은 수용적이다. (3) 명목임금은 안정적이다. 당시 영국 재무성은 '구축효과(crowding out)'를 주장하면서, 실업을 감소시키기 위한 방법으로 정부부채를 통해 공공사업 지출을 확대해야 한다는 정책 제안에 반대하고 있었다. 칸의 논문은 이런 재무성의 반대에 대한 응답이었다. 다음 해에 워밍(Warming, 1932)은 칸의 분석을 비판하면서 세련시켰고 또 확대했다. 승수에 대한 논의에 소비함수의 개념을 처음으로 도입한 사람도 워밍이었다(Skidelsky, 1992, 451쪽). 케인즈가 승수 개념을 처음으로 일목요연하게 제시한 것은 1933년 3월 《더 타임즈》(*The Times*)에 〈번영을 위한 방법〉("The Means to Prosperity")이라는 제목으로 4개의 논문을 연속물로 발표하고 4월에 〈승수〉("The Multiplier")라는 제목으로 《뉴 스테이츠먼》(*New Statesman*)에 논문을 하나 발표하면서였다. 그러나 승수 개념은 주류의 금융가와 고전학파 전통에 얽매여 있던 동료 경제학자들로부터 상당한 저항에 직면했다. 1933년에 이르러 케인즈는 승수에 대한 이런 반대가 다음과 같은 사실에 기인한다고 생각했다.

> 우리가 의식하고 있건 그렇지 않건, 경제학에 대한 우리의 모든 생각은 생산능력이 이미 완전히 사용되고 있고 균형 상태에 있는 사회에만 적용될 수 있는 특정한 이론적 전제들에 흠뻑 빠져 있다. 많은 사람들이 실업이 존재하지 않는다는 가정에 근거해 있는 이론을 사용하여 실업 문제를 해결하려고 한다. (…) 이런 생각들은 원래 주어진 적절한 맥락 속에서는 완벽하게 정당하지만 현재의 상황에는 적용될 수 없다. (멜처(Meltzer, 1988, 137쪽)가 인용. 이 기간 동안에 승수 개념이 발전해 갔던 과정을 개관하는 훌륭한 논문으로 다이아몬드(Diamond, 1988)를 보라.)

승수과정이 케인즈주의 경제학에서 중심 역할을 한다는 데에는 의심의 여지가 없다. 파틴킨(Patinkin, 1976)이 볼 때 승수 개념의 발전은 "《일반이론》을 향한 커다란 도약"이었고, 스키델스키(Skidelsky, 1992)는 승수 개념을 "케인즈 마술에서 가장 악명 높은 도구"라고 불렀다. 승수개념이 2차 대전 이후 초기의 케인즈주의적 경기변동이론에서 중심적인 역할을 했다는 사실도 주목받아야 할 것이다. 독립투자가 증가하면 승수과정에 따라 소득이 상승하고, 이 소득 상승이 '가속도(accelerator)' 메커니즘에 의해 신투자의 상승으로 이어지고, 이 투자의 상승이 소득에 추가적인 승수 효과를 가져오는 과정이 계속된다. 케인즈주의적 경기변동이론가들은 이른바 승수-가속도(multiplier-accelerator) 모형을 '천장(ceiling)'과 '마루(floor)' 분석과 연합하여 경기변동의 상한점과 하한점을 설명할 수 있었다.

이자율 결정에 관한 케인즈의 설명 또한 고전학파 경제학과 단절했다. 케인즈는 이자율이 검약과 자본의 한계생산성이라는 실물적인 힘에 의해 결정된다는 생각을 거부했다. 《일반이론》에서 이자율은 민간의 유동성 선호(liquidity preference) 즉 화폐수요와 통화당국이 결정하는 화폐공급에 의해 결정되는, 순전히 화폐적인 현상이다. 화폐를 보유하고자 하는 동기로서 케인즈는 거래적(transactions) 동기에 예비적(precautionary) 동기와 투기적(speculative) 동기를 추가했다. 이 중 투기적 동기는 이자율에 민감하게 반응한다(제3장 3.3.2절 참조). 케인즈는 이자가 현재 소비를 지연하는 데에 대한 보답이라는 고전학파의 생각을 버렸다. 그에게 이자율은 한 특정 기간 동안 유동성을 포기하는 데에 대한, 즉 화폐를 퇴장시키지 않는 데에 대한 보답이다. 불확실성이 만연해 있는 세계에서는 채권 같은 다른 금융자산 대신 현금을 보유하고자 하는 투기적 동기가 항상 있기 마련이다. 케인즈의 생각에 '유동성 선호'는 저축 결정보다 다 강력한 영향력을 이자율에 미친다. 화폐수요함수에 투기적 동기를 도입함으로써 케인즈는 이자율을 화폐공급 뿐만 아니라 자신감 상태에도 영향 받는 것으로 만들었다(제3장 참조). 유동성 선호가 변동할 수 있다면, 이것은 화폐수요함수가 안정적이라는 고전학파 가정의 기반을 약화시킨다. 그렇다면 또 화폐의 유통속도도 변동하기 쉬운 변수가 된다.

케인즈 유효수요이론이 기본구조는 〈그림 2.5〉를 보면 이해될 수 있다. 이 그림에서 보듯이, 총산출과 총고용이 총지출($C + I$)에 의존한다는 사실 때문에 경제는 잠재적으로 불안정하다. 왜냐하면 불확실한 미래와 관련된 기업의 기대가 미치는 영향 때문에 전형적으로 투자지출이 불안정하기 때문이다. 불확실한 미래는 또 유동성에 대한 수요를 창출한다. 따라서 화폐공급의 변화 뿐만 아니라 화폐수요의 변동 또한 산출량과 고용에 영향을 끼친다. 따라서 케인즈 모형에서 통화량이 중립적이라는 고전학파의 명제는 기각된다. 화폐공급이 증가하면 이자율이 감소하고, 이에 따라 투자가 증가하면서 이후의 승수 효과를 통해 총지출이 촉진될 수 있다. 식 (2.22)를 보라. 이 관계는 다음과 같이 표현될 수 있다.

$$+\Delta M \rightarrow -\Delta r \rightarrow +\Delta I \rightarrow +\Delta Y, +\Delta L \tag{2.24}$$

이제 왜 케인즈의 책 제목이 《고용, 이자 및 화폐에 관한 일반이론》(*The General Theory of Employment, Interest and Money*)인가가 명확해졌을 것이다. 케인즈에게 이 책은 일반적이었다. 왜냐하면 완전고용은 특정한 경우일 뿐이고, 고전학파 경제학에서 가정된 이 특정한 경우의 특징은 "실제로 현재 우리가 살고 있는 경제사회의 특징이 아니기" 때문이다(Keynes, 1936, 3쪽). 통화정책의 효과가 약하거나 비실효적인 것으로 밝혀지는 경우, 총지출은 정부지출 같은 직접적 방법이나 가계의 가처분 소득을 증가시켜 소비자 지출을 촉진시키는 조세 변화 같은 간접적 방법을 통해 증가될 수 있다. 《일반이론》의 결론부에서 케인즈는 정책적인 결론에 대해 약간의 암시적 제안을 한다. "정부는 일부는 조세 제도를 통해, 일부는 이자율을 고정시켜서, 일부는 어쩌면 다른 방법들을 사용하여 소비성향에 대해 선도적인 영향력을 행사해야만 한다"(Keynes, 1936, 378쪽).

그러나 여기서 "다른 방법들"은 어떤 것인가? 케인즈가 보기에 저축성향은 만성적으로 투자성향보다 더 큰 경향을 보이기 때문에, 경제 전체의 불안정성을 감소시키는 열쇠는 완전고용 수준의 저축을 흡수하기에 충분한 수준에서 투자지출을 안정화시키는 방법을 찾아내는 데 있다. "투자를 어느 정도 포괄적으로 사회화하는 것"이 "완전고용에 가까이 갈 수 있도록 하는 유일한 방법"이라는 케인즈의 제안은 폭넓은 해석의 여지가 있다(Meltzer, 1988). 케인즈가 자신의 이론을 "적절하게 보수적인" 함의를 갖는 동시에 "전통적인 정부의 기능을 커다랗게 확대하는" 것으로 보았다는 사실은 《일반이론》에서 발견되는 모호성의 종류를 완벽하게 보여주는 한 예이다. 바로 이 모호성 때문에 그 이후의 경제학자들은 여러 다양한 해석을 내놓을 수 있었다.

고전학파 모형을 논의하면서 우리는 그들의 이론이 갖는 세 가지 주요 측면에 주목했었다.

그림 2.5 • 산출량과 고용의 결정

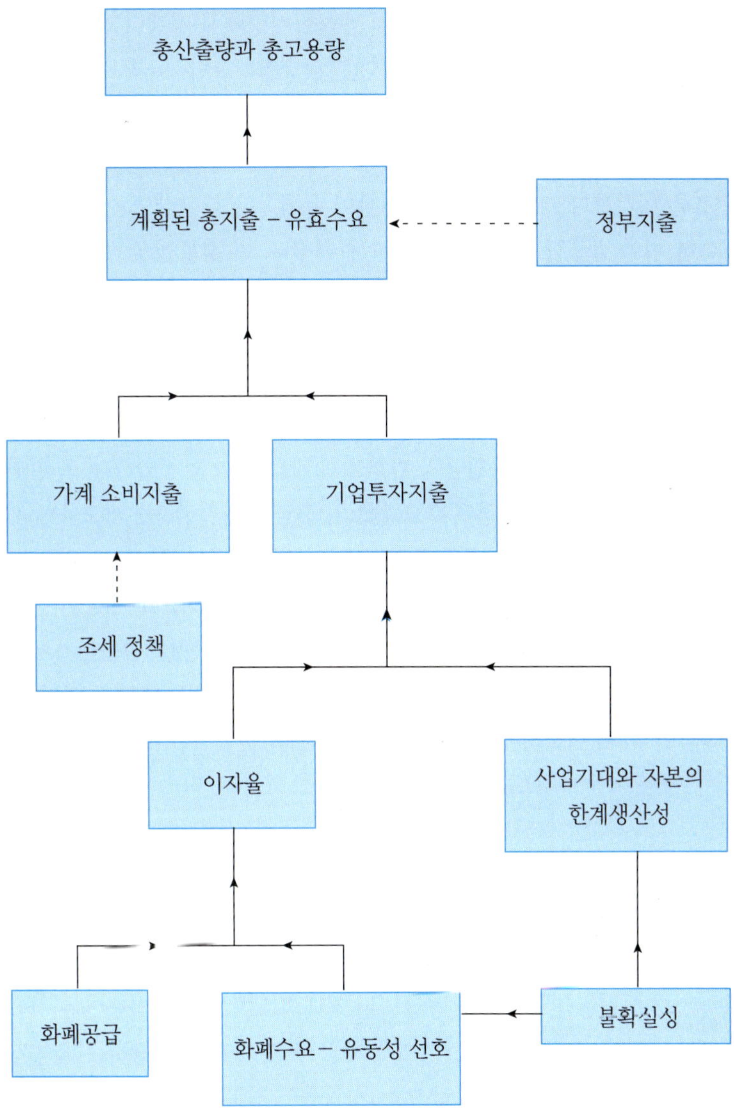

고용과 산출량 결정의 이론, 세의 시장의 법칙, 그리고 화폐수량설이 그것이었다. 이제 고전학파 경제학의 기초를 이루는 이 측면들 각각과 관련된 기본개념들을 케인즈가 어떻게 타파했는지 간략하게 살펴보기로 하자.

2.9 케인즈의 노동시장 분석

우리가 이미 위(제 2.3절)에서 보았듯이, 고전학파 모형에서는 노동시장에서 경쟁이 이루어지고 있고 가격과 임금이 완전히 유연한 경우 완전고용이 보장된다(그림 2.2와 그림 2.4 참조). 이와 매우 대조적으로 케인즈는 노동시장이 항상 시장청산을 보장하는 방식으로 작동한다는 명제를 받아들이지 않았다. 만일 명목임금이 경직적이라면 비자발적 실업이 노동시장의 면모로 나타날 가능성이 높다. 그러나 케인즈는 이것보다 더 나아가, 명목임금이 유연하다 하더라도 경제가 완전고용으로 복귀할 만큼 강력한 힘이 발생할 가능성이 없다고 주장했다. 이 경우들 각각을 살펴보기로 하자.

2.9.1 명목임금의 경직성

《일반이론》에서 케인즈는 처음에는 "논의의 편의"를 위하여 명목임금이 "일정하다"고 가정한다. 그러나 그러면서도 "논지의 기본적 특징은 명목임금의 변화에 상관없이 항상 동일하다"고 말한다(Keynes, 1936, 27쪽). 명목임금이 경직적인 경우 수요 감소의 충격이 실질산출량과 고용에 끼치는 영향을 〈그림 2.6〉을 통해 살펴볼 수 있다. 초기에 완전고용 균형 상태(L_e와 Y_F)에 있는 경제에서 총수요의 감소가 있다고 가정하자. 이 경우는 AD곡선이 AD_0에서 AD_1으로 이동하는 것으로 표현된다. 만일 상품 가격은 유연하지만 명목임금은 경직적이라면, 경제는 (b)분면의 e_0상태에서 e_1상태로 이동할 것이다. 명목임금이 경직되어 있으므로 총공급곡선은 W_0AS가 된다. 물가가 P_1으로 하락하고 명목임금이 W_0에 머물러 있으므로, 실질임금은 (a)분면에서 W_0/P_1으로 상승할 것이다. 이 실질임금 수준에서 노동공급(L_d)은 노동수요(L_c)를 초과하고, 따라서 cd만큼의 비자발적 실업이 발생한다.

케인즈(1936, 15쪽)에 따르면, "화폐임금에 상대적으로 임금재의 가격이 약간 상승할 때, 현재의 화폐임금 수준에서 일하기를 원하는 노동의 총공급과 그 화폐임금 수준에서 발생하는 노동의 총수요가 모두 현재의 고용량보다 더 큰 경우," 노동자들은 비자발적 실업 상태에 있다. 이 말의 의미는 노동공급곡선이 각 실질임금 수준에서 공급되는 최대의 노동량을 나타낸다는 것을 상기하면 명확해진다. 비자발적으로 실업 상태에 있는 노동자들 중 $L_e - L_c$에 해당하는 노동자들은 균형실질임금 W_0/P_0수준에서 일할 준비가 되어 있는 사람들이다. 따라서 이 사람들은 실질임금이 W_0/P_1에서 W_0/P_0로 하락하더라도 그것을 받아들일 것이다. 이 사람들은 b점과 e점 사이의 노동공급곡선 부분이 의미하듯이, 더 낮은 실질임금에서도 일할 준비가 되어 있었던 사람들이기 때문이다. 또, 실질임금이 하락하면 이윤극대화 기업들은 더 많은 노동을 수요할 것이다.

그러나 실질임금이 어떻게 하락할 수 있는가? 여기에는 기본적으로 두 가지 길이 있다. 하나는 화폐임금이 물가에 상대적으로 하락하는 것이고, 다른 하나는 물가가 명목임금에 상대적으로 상승하는 것이다. 케인즈는 후자를 더 지지했고, 물가에 상승 압력을 가하기 위해 총수요를 확장시킬 것을 주장했다. 그러기 위해서는 〈그림 2.6〉의 (b)분면에서 AD곡선을 AD_1에서 AD_0로 움직일 정책이

그림 2.6 • 케인즈와 비자발적 실업

(a)

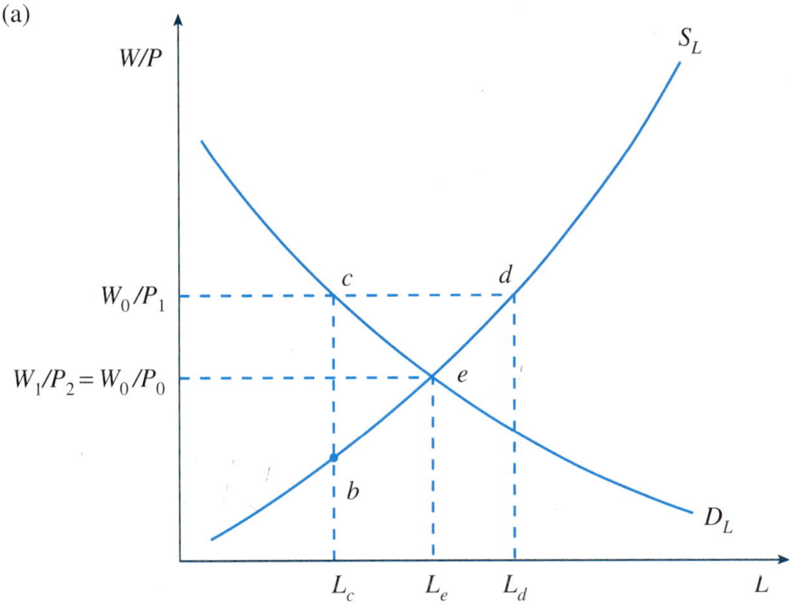

(b)

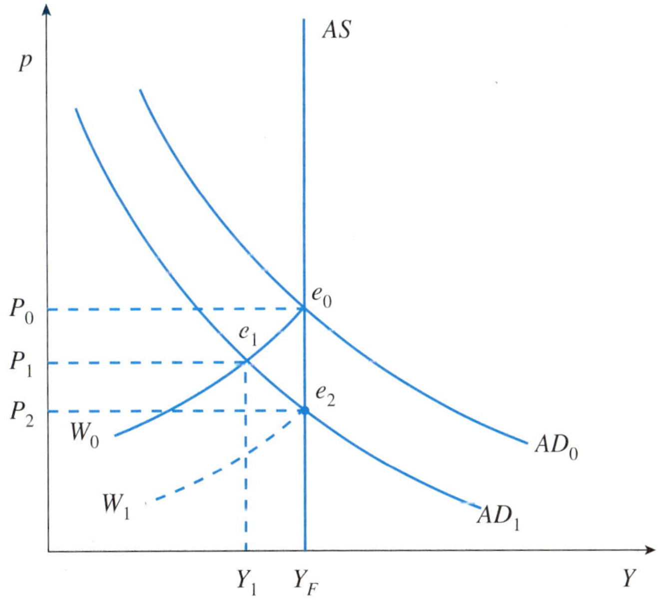

요구된다. 물가가 P_1에서 P_0로 상승하면 실질임금은 균형수준인 W_0/P_0로 돌아갈 것이고 비자발적 실업은 제거된다. 케인즈는 고용을 촉진하는 방법으로 임금을 삭감하는 정책을 실용적인 측면과 이론적 측면 모두에서 반대했다. 실용적인 면에서의 이유는, 민주주의 사회에서 임금협상이 분산되어 있기 때문에 임금 하락은 오직 "낭비적이고 파국적인 투쟁" 이후에만 가능하고, 그 종국적인 결과는 사회적 정의나 경제적 편의의 기준으로 볼 때 어떤 근거에서도 정당화될 수 없다는 것이다(《일반이론》의 제3장과 19장 참조). 케인즈는 또 노동자들은 일반적인 물가의 상승으로 인한 실질임금 하락에 저항하지 않을 것이라 주장했다. 왜냐하면 물가가 상승해도 노동자 간의 상대적인 실질임금은 변하지 않을 것이고, 상대적 실질임금이야말로 노동자들의 주관심이기 때문이다. 이 말이 노동자들이 화폐착각에 빠져 있다는 것을 의미하지 않음에 주의하자. 화폐임금 삭감에는 저항하고 생활비의 일반적 상승에 의한 실질임금의 하락은 받아들이는 행위는 기존의 상대적 임금 구조를 유지하는 장점이 있다(Trevithick, 1975; Keynes, 1936, 14쪽). 어쨌거나 노동자들은 화폐임금에 대해서만 협상을 벌일 수 있고 물가는 이들의 조정능력 밖에 있으므로, 노동자들 전체가 기업가들과 화폐임금 협상을 재조정하여 실질임금을 하락시킬 수 있는 방법은 존재하지 않는다(Keynes, 1936, 13쪽). 그러나 케인즈는 이런 실용적 문제를 넘어서서도 명목임금 삭감에 반대했다. 그는 균형을 복귀시킬 믿을만한 방법으로서 임금과 가격의 신축성을 이론적 근거에 의해서도 반박했다. 실제로 많은 경우 화폐적 경제에서 명목임금의 지나친 신축성은 상황을 더 악화시킬 가능성이 매우 높다.

2.9.2 명목임금의 신축성

많은 정통파 케인즈주의자들은 화폐임금의 경직성이 케인즈가 《일반이론》에서 제안한 비자발적 실업에 대한 설명의 핵심에 있다고 주장한다(Modigliani, 1944, 2003; Snowdon and Vane, 199b; Snowdon, 2004a). 케인즈는 《일반이론》에서, 명목임금 삭감이 실업을 제거하는 길은 주로 그 삭감이 이자율에 끼치는 영향을 통해서 작동함을 보였다. 만일 임금 삭감을 통해 물가가 더 하락한다면, 화폐공급의 실질가치가 증가하고 이자율이 하락하며 투자지출이 증가할 것이다. 〈그림 2.6〉의 (b)분면에서 명목임금의 하락은 총공급곡선을 W_0AS 에서 W_1AS로(여기서 $W_1 < W_0$) 이동시킨다. 경제는 완전고용 상태인 e_2로 돌아갈 것이다. 총수요 진작 형태의 정부 개입이 없이도 가격 메커니즘을 통해 총수요가 증가했다. 그러나 이 책의 제3장 3.4.2절에서 더 분명히 보게 되듯이, 케인즈는 이 '케인즈 효과(Keynes effect)'가 제대로 작동되지 않는 두 가지 이유를 소개했다. 유동성 함정이 존재하는 경우 이자율이 하락하지 못할 것이고, 투자함수가 이자율에 대해 비탄력적인 경우 물가가 하락해도 이자율 변화를 통해 총수요가 진작되지 못한다. 〈그림 2.6〉의 (b)분면에서 경기회복을 위한 길로서 디플레이션이 갖는 이런 제한적 경우는 e_1점 이하에서 AD곡선이 수직이 되는 것으로 표현될 것이다. 이 경우 경제는 e_1 에서 e_2로 이동할 수 없게 된다.

케인즈에게 통화공급량이 주어져 있을 때 화폐임금을 하락시키는 정책은 명목임금이 주어져 있을 때 통화공급량을 확대시키는 정책과 이론상 동일한 영향을 가져올 수 있다. 그러나 바로 이 이유 때문에 통화정책은 완전고용을 보장하는 방법으로서 임금 삭감과 동일한 제한점을 갖는다. 그렇지만 격심한 물가의 하락도 경기에 대한 기대에 나쁜 영향을 끼칠 가능성이 높고, 이런 영향을 통해 총수요가 더 감소할 수 있다(Keynes, 1936, 269쪽). 격심한 디플레이션이 소득분배를 거쳐 결국 소비성향에 끼칠 영향도 "나쁠" 것일 가능성이 높다(Keynes, 1936, 262쪽). 이 문제를 요약하면서 케인즈는 실용적인 입장을 취했다.

> 인간본성과 우리의 제도를 고려할 때, 신축적인 통화정책보다 신축적인 임금정책을 더 주장하는 사람은 어리석은 사람일 수밖에 없다. (…) 신축적인 임금정책이 전체적으로 자유방임주의적인 사회체제에 속하는 올바르고 적절한 부속물이라는 생각은 진리의 정반대편에 서 있다. (Keynes, 1936년, 268~9쪽; Modigliani, 2003)

가격 메커니즘이 갖는 이런 여러 제한들 때문에 케인즈는 비자발적 실업을 없애기 위해서 정책당국이 적극적으로 행동을 취해야 할 필요가 있다고 굳게 믿었다. 만일 정책당국이 그렇게 하지 않는다면 경제는 과소고용균형(underemployment equilibrium) 상태, 즉 시장경제가 "경기회복이나 완전한 붕괴로 향하는 뚜렷한 움직임 없이"(Keynes, 1936, 249쪽) 상당 기간 동안 만성적으로 정상 이하의 경제활동에 머물러 있는 상황에 빠질 수 있다.

2.10 케인즈의 세의 법칙 거부

세의 법칙을 인정하면 거시경제적인 수요관리정책은 군더더기가 되어 버린다. 앞에서 보았듯이 고전학파 모형에서 현재 소비를 자제하는 결정은 미래에 더 많이 소비하려는 결정과 동일하다. 따라서 자동적으로 이 결정은 자원 중 일부가 자본재 생산으로 돌려져야 한다는 것을 의미한다. 왜냐하면 자본재는 미래의 소비재를 제공하는 데 필요하기 때문이다. 저축의 증가는 이자율의 조정을 통해 자동적으로 투자지출의 증가가 된다. 고전학파 모형에서 저축은 실제로는 다른 형태의 지출에 지나지 않는다. 세의 법칙의 근본에 있는 원리들이 명시적으로 모습을 드러낸 때는 두 세계대전 사이의 기간 중 불경기 퇴치를 위한 경제정책과 관련되어 논의가 진행되었을 때였다. '재무성 견해'의 강력한 주창자였던 호트리(Ralph Hawtrey)는 공공사업 프로그램에 따른 지출이 단지 그 지출과 동일한 양의 민간지출을 '구축(crowding out)' 해 버릴 뿐이라는 이유로 공공사업 프로그램이 아무런 소용도 없을 것이라고 강력히 주장했다. 그러나 이런 주장이 의미를 갖는 경우는 완전고용 경제의 맥락에서 뿐이다(Deutscher, 1990).

《일반이론》을 집필한 제일목적은 세의 법칙을 이론적으로 반박하는 것이었다. 이것은 한 세기 전에 맬더스가 하려 했으나 실패했던 것이었다. 케인즈의 모형에서 산출량과 고용량은 유효수요에 의해 결정되고, 노동시장의 작동은 완전고용을 보장하지 못한다. 이자율은 저축과 투자의 결정에 의해서가 아니라 화폐시장에서 결정된다. 투자의 한계효율성이 변동하면 승수효과에 따라 실질 산출량이 변동하고, 그 결과 저축은 소득의 변화를 통해 투자에 맞춰진다. 따라서 케인즈의 모형에서 계획된 투자와 계획된 저축 사이에 차이가 생기면 이자율에 의한 균형조정이 아니라 수량의 조정이 발생한다. 수요가 감소하는 충격 후에 경제를 다시 완전고용 상태로 되돌리는 방법으로서 임금과 물가의 신축성이 갖는 결함을 보임으로써 케인즈는 실질적으로 세의 법칙을 뒤집어 놓았다. 과소고용균형이라는 케인즈의 세계에서는 수요가 공급을 창출한다!

2.11 케인즈와 화폐수량설

고전학파 모형에서 화폐적 충격은 경제에 아무런 실물적 영향도 끼치지 않는다. 화폐는 중립적이다. 실질 산출량이 경쟁적 노동시장과 세의 법칙에 따라 결정되므로, 통화량의 변화는 단지 일반적 물가에만 영향을 미칠 수 있다. 세의 법칙과 고전학파의 노동시장 모형을 모두 반박하는 케인즈의 이론은 이제 실질 산출량이 완전고용 수준에서 미리 결정된다고 가정하지 않는다. 《일반이론》의 제21장에서 케인즈는 여러 가능성들을 논한다. 총공급곡선이 완전하게 탄력적인 경우, 통화량 증가에 의해 발생한 유효수요의 변화는 산출량과 고용량을 증가시키지만 산출량과 고용량이 완전고용 수준에 이를 때까지 물가에는 아무런 영향도 미치지 않는다. 그러나 보통의 경우 유효수요 증가는 "일부는 고용량을 증가시키는 데, 다른 일부는 물가를 상승시키는 데 사용될" 것이다(Keynes, 1936, 296쪽). 다시 말하면 케인즈의 모형에서 경제의 공급측 반응은 〈그림 2.6〉의 (b)분면에서 W_0AS같은 총공급함수로 표현될 수 있다. 따라서 $Y < Y_F$일 때 통화량이 증가하면 산출량과 물가가 모두 증가할 것이다. 완전고용에 상응하는 총산출량이 생산되는 상황에 이르면, "고전학파 이론이 다시 본래의 특성을 발휘"하여 통화량 확대가 "진정한 인플레이션"으로 이어질 것임을 케인즈는 인정했다(Keynes, 1936, 378쪽, 303쪽). 케인즈의 모형에서는 통화량 변화와 유효수요 변화 사이의 연결 관계가 간접적이라는 점에서 다른 복잡성이 존재한다. 통화량 변화는 이자율과 투자 및 승수의 크기에 영향을 끼침으로써 유효수요의 변화와 연결된다. 또 우리가 주목할 점은, 일단 케인즈의 유동성 선호 이론이 인정되면, 화폐수요함수가 예측할 수 없을 정도로 변동하고 그에 따라 화폐유통속도가 변동할 수 있다는 사실은 곧 M의 변화를 V가 반대 방향으로 변화하여 상쇄할 수도 있음을 의미한다는 것이다. $MV = PY$식에서 Y와 V가 일정하다고 더 이상 가정되지 않기 때문에, 통화량이 변화하면 그에 따라 V, P 혹은 Y가 변동할 수 있다. 화폐의 중립성은 더 이상 보장되지 않는다.

2.12 케인즈에 대한 세 가지 중요한 해석

케인즈의 공헌에 관해 1936년 이후 쌓여온 방대한 문헌에서 지지도가 서로 다른 세 가지의 다른 해석을 찾아낼 수 있다(Snowdon and Vane, 1997a). 세 가지 해석을 구별한 이는 코딩턴(Coddington, 1983)이다. 그 세 가지 해석은, (i) '수력학적(hydraulic)' 해석, (ii) '근본주의자(fundamentalist)' 해석, (iii) 수정된 일반균형이론적 접근법이다

2.12.1 '수력학적' 해석[5]

이것은 힉스(Hicks, 1937), 모딜리아니(Modigliani, 1944), 클라인(Klein, 1947), 새뮤얼슨(Samuelson, 1948), 핸슨(Hansen, 1953) 등에 의해 시작되고 고무된 정통파 케인즈 해석이다. IS-LM 모형은 이 접근법에서 이론작업의 근간을 이루며, 1950년대와 1960년대 동안 발흥하던 신고전파 종합의 사고방식을 지배했다. 1948년에 처음 발간된 새뮤얼슨의 유명한 교과서 《경제학》(*Economics*)은 여기서 매우 중요한 역할을 했는데, 45° 케인즈 교차선 그림을 통해 케인즈를 유행시켰다. 모딜리아니의 논문을 통해 케인즈주의 경제학은 임금과 가격 경직성의 경제학으로 이해되었다. 불안정한 기대가 가져오는 불안정화 영향은 이 접근법에서 배제되었다. 모딜리아니와 토빈 같은 케인즈주의자들이 케인즈 모형의 미시적 기초를 개선하려고 노력했지만, 수력학적 케인즈주의의 주요한 약점은 임금과 가격의 경직성에 대해 합리적 행동에 기초한 신빙성 있는 이유를 제공하지 못했다는 것이다. 케인즈주의의 이런 수력학적 해석과 관련된 여러 주장들은 이 책의 제3장에서 다루어질 것이고, 신고전파 종합 모형의 이론적 결함을 보완하기 위해 좀 더 최근에 이루어진 새케인즈파 이론가들의 노력은 제7장에서 논의될 것이다.

2.12.2 '근본주의자' 해석

《일반이론》에 대한 이 해석은 케인즈의 저술을 신고전파 정통 경제학에 대한 전면적 공격으로 이해한다. 근본주의자들은 불확실성으로 인해 발생하는 불안정한 기대의 영향을 케인즈 저술의 가장 중심적인 사고로 간주한다. 이 사고는 특히 '장기기대상태'와 '이자와 화폐의 본질적 성질들'을 다루는 《일반이론》의 제12장과 17장에 잘 나타나 있다. 근본주의자들은 또 케인즈가 비판자들에 대한 대응으로 1937년 《쿼털리 저널 오브 이코노믹스》에 발표한 논문인 〈고용에 관한 일반이론〉을 불확실성의 조건 하에서 의사결정의 문제가 케인즈 체계의 핵심이라는 주장의 증빙으로 내세운다. 이 학파의 중심인물들에는 섀클(Shackle, 1967, 1974)과 로빈슨(Robinson, 1962)이 있지만, 티운스헨드(Townshend, 1937)는 이들보다 이른 시기에 근본주의자적 입장을 표명했다. 근본주의자들은 수력학적 해석이 케인즈가 이룬 공헌을 '사생아화(bastardisation)' 한 것이라 간주하고 그 해석에 반대한다. 이런 포스트 케인즈주의 학파의 사고와 발전은 이 책의 제8장에서 다루어질 것이다.

5. '수력학적 해석'에서 '수력학적'의 의미는 다음과 같다. '수력학(hydraulics)'은 유체(특히, 물)의 역학적 성질을 탐구하는 학문으로서, 수력발전, 관개, 교량 건설, 운하 건설 등에 응용된다. 수력발전에서 수력 댐에 물을 공급하면 그 결과로 전기가 생산되고, 물의 공급량과 전기의 생산량 사이에는 명확한 수력학적 관계가 존재한다. 그리고 전기를 더 많이 생산하기 위해서는 물의 공급을 증가하기만 하면 된다. 이와 마찬가지로, 경제에서 정부의 재정정책이나 통화정책의 정책수단이 이용되면 그 결과로 고용과 산출의 변화가 명확히 계산되고, 고용과 산출을 증가하기 위해서는 재정지출이나 통화량을 증가하기만 하면 된다.

2.12.3 수정된 일반균형이론적 접근법

코딩턴(Coddington, 1983)은 이 견해를 '재구성된 환원주의(reconstituted reductionism)' 라 부른다(환원주의자들은 "시장을 개인 교역자들이 내리는 결정에 근거하여 분석하는" 분석방법을 사용하는 경제학자들이다. Coddington, 1983, 92쪽 참조). 이 접근법은 원래 케인즈주의 경제학이 실업 불균형의 경제학이고 비자발적 실업은 동학적 불균형의 문제로 간주되어야 한다는 파틴킨(Patinkin, 1956)의 제안으로부터 자극을 받았다. 파틴킨의 분석에서는 비자발적 실업이 임금과 가격이 신축적인 완전경쟁 경제에서도 발생할 수 있다. 파틴킨은 시장에 충격이 가해졌을 때 시장이 그 충격을 흡수하고 교정할 수 있는 속도를 강조했다. 파틴킨의 이 강조는 경제학자들의 관심을 가격과 임금의 신축성 정도에서 조정(coordination)의 문제로 이동시켰다. 이런 방향의 연구는 클라우어(Clower, 1965)와 레이욘후푸드(Leijonhufvud, 1968)가 이어받았다. 이들은 발라스적 연구방향을 따라 수정된 일반균형이론적 접근법을 발전시켜, 가상적인 '경매인(auctioneer)' 없이 작동하는 시장경제에서 필연적으로 발생하는 조정의 문제를 논했다. 수력학적 해석이 이론가로서 케인즈의 공헌을 격하시킨 반면, 재구성된 환원주의자적 접근은 《일반이론》을 불균형적 동학에서 선구자적인 업적을 쌓은 작업으로 재활시키려고 한다.

클라우어(Robert W. Clower)는 케인즈가 신고전파 경제학의 테두리 안에서 발라스적인 일반균형이론 전통을 비판하는 것으로 《일반이론》을 재해석한다. 발라스적 패러다임에서는 모든 시장이 가상적인 경매인의 작업에 힘입어 연속적으로 청산된다. 파틴킨(Patinkin, 1956)의 통찰에 근거하여 클라우어는 케인즈의 이론이 갖는 동학적 불균형 성격을 강조한다. 클라우어는 케인즈의 목표가 경매인 신화를 제거하고 현실 경제에서 발생하는 정보와 시제적(intertemporal) 조정상의 난점들을 부각시키는 것이었다고 주장한다. 케인즈의 《일반이론》에서 주장된 누적적인 산출량 감소는 경제주체들이 잘못된 가격 신호에 반응하면서 생기는 대규모의 조정실패에 기인한다. 가격이 순식간에 조정된다는 가정을 버리기만 하면, 여러 경제주체가 분산되어 결정하는 가격체계가 경제활동을 완전고용에 이르도록 조정할 것이라는 보장은 더 이상 존재하지 않는다. 다시 한 번 고전학파 모형은 '특별한 경우' 이고 케인즈의 이론이 좀 더 '일반적' 인 이론임이 증명된다. 클라우어는 모든 주류 거시경제학이 시장과정을 심각하게 고려하지 않는다고 줄곧 비판했다. 시장과정을 제대로 고려하기 위해서는 시장과 통화제도가 기업과 개인 및 정부에 의해 창출된다는 점을 인정해야 한다. 클라우어는 시장과정을 진실로 이해하기 위해서는 경제학자들이 발라스적인 미시 기초가 아니라 마셜적인 미시 기초에 바탕을 둔 '포스트발라스적 거시경제학(Post Walrasian Macroeconomics)' 을 만들어야 한다고 생각한다(Clower and Howitt, 1966; Colander, 1996). 비록 케인즈가 거시경제학의 발전에 지대한 영향을 끼쳤지만, 그의 반형식주의적 접근법은 1945년 이후에 주류 경제이론가들의 '발라스적 형식주의' 에 의해 휩쓸려 치워졌다(Backhouse, 1997a).

1970년대에 클라우어의 통찰에 고무된 몇몇 경제학자들이 신케인즈주의적인 수량 제약적 모형을 발전시켰다(Barro and Grossman, 1976; Malinvaud, 1977). 이 작업은 전통적인 케인즈주의 모형이 견고한 미시적 기초를 결여하고 있음을 경제학자들에게 상기시키는 역할을 했다(Barro, 1979). 이것은 또 1970년대 전반을 통해 새고전파 경제학자들이 자신들을 위해 이용했던, 그러나 클라우어가 바랐던 것과는 매우 딴판으로 이용했던 주제이기도 하다. 1970년대에 새고전파적 접근법이 번창했던 반면 신케인즈파 모형은 인기를 잃어버렸는데, 그 이유 중 하나는 높은 인플레이션율 때문에 고정가격 모형이 '비현실적' 으로 보였다는 것이다(Backhouse, 1995).

1960년대 중반에서 말까지 레이욘후푸드(Axel Leijonhufvud) 또한 케인즈의 《일반이론》에 대해 영향력 있고 도발적인 해석을 제공했다. 그의 박사학위 논문인 《케인즈주의 경제학과 케인즈의 경제학》(*On Keynesian Economics and the Economics of Keynes*)은 1968년 출판되자마자 커다란 반향을 일으켰고, 케인즈의 가장 영향력 있는 저술에 대한 참신한 분석 때문에 격심한 논의와 논쟁의 주제가 되었다. 레이욘후푸드는 클라우어의 논지를 더욱 발전시켜, 주류 신고전파 종합 해석의 특징인 발라스적 케인즈주의와는 다른 '케인즈의 경제학(Economics of Keynes)' 을 수립했다. 레이욘후푸드는 파틴킨(Patinkin, 1948)을 따라, 불균형 상태에서 교환과 조정실패가 발생하는 과정 및 그 함의에 초점을 맞춘 신발라스주의적 케인즈 해석을 제공했다. 이런 작업을 통해 레이욘후푸드는 어떻게 케인즈(Keynes, 1936, 15쪽)의 '비자발적 실업' 개념이 동학적인 불균형 현상으로 나타나는가를 보인다. 케인즈의 《일반이론》에 대한 레이욘후푸드의 해석에서 케인즈가 이룬 가장 큰 혁신은, 가격과 임금의 조정이 완전하게 신축적이지 않을 때 민간기업 시장경제가 총수요 충격에 대해 단기에 어떻게 반응하고 조정되는지를 일관적이고 체계적으로 분석하는 데 있다. 가격과 임금이 즉시 조정된다는 발라스주의적 가정은 허구에 지나지 않는다. 따라서 레이욘후푸드는 케인즈가 경제주체의 불완전한 정보로 인해 경제체제가 총수요 충격 후 새로운 균형 상태로 신속하고 매끄럽게 이동하지 못하는 좀 더 '일반적인 이론' 을 제시했다고 주장한다. 레이욘후푸드의 케인즈 해석은 선택이론적 틀에서 경제주체가 완전정보를 갖고 교역한다는 핵심 가정이 폐기되었을 때 《일반이론》의 내용이 그 선택이론적 틀과 부합한다는 점을 보이고자 한다. 케인즈적인 결과를 발생시키기 위해서 경직적인 명목임금 같은 제도상의 경직성을 가격 메커니즘에 강제로 부과할 필요가 없다. 이것은 '케인즈 경제학의 모딜리아니 복음(Modigliani, 2003)' 을 직접적으로 반박하는 것이다. 노벨경제학상 수상자인 모딜리아니(Modigliani, 2003)는 "케인즈주의 경제학의 핵심은 임금 경직성이고, 그것이 바로 케인즈다"라고 줄곧 주장했다(Snowdon and Vane, 1999b에 수록된 모딜리아니와의 인터뷰와 본서 제3장 참조).

레이욘후푸드는 신고전파 종합의 케인즈 해석이 케인즈 혁명에 대해 이론적으로 모순적인 기초를 제공한다고 주장한다. 그에 의하면 케인즈는 의사결정이 분산된 시장경제에서 적절한 시장청산 가격들을 발견하는 데 어려움이 존재한다는 것을 알고 있었다. 케인즈의 시각에서 볼 때, 경제체제에 가해지는 충격에 대한 초기 반응은 가격 조정이 아니라 수량 조정이다. 가격 조정의 상대적 조정속도는 수량 조정에 비해 낮은 경향이 있다(이것은 발라스적 접근법에 정반대이다). 허구적인 '발라스적 경매인' 이 존재하지 않을 때 핵심 문제는 조절 메커니즘에 초점이 맞춰져 있고 정보의 생성 및 전파와 관련된다. 레이욘후푸드에 따르면 정보와 조정에서의 결함은 승수와 같은 편차 확대적(양의 되먹임) 과정으로 이어진다. 이런 과정은 편차 축소적(음의 되먹임) 메커니즘을 강조하는 발라스적 종합에 의해 격하되었었다.

레이욘후푸드는 신고전파 종합이 케인즈를 전적으로 잘못 이해하고 잘못 해석했다고 주장한다(Leijonhufvud, 1981; Snowdon, 2004a). 정통파 케인즈주의는 케인즈주의자들의 연구에서는 중요한 부분을 차지하지만 《일반이론》의 논의에서는 아무런 실질적 위치도 차지하지 않는 요소들을 강조한다. 임금이 경직적이라거나 유동성 함정이 현실에서 실제로 존재한다, 혹은 투자가 이자율에 대해 비탄력적이라는 등의 주장이 그런 예이다. 레이욘후푸드는 케인즈주의 경제학의 핵심을 이루는 이런 구성요소들을 케인즈의 경제학에서는 발견할 수 없다고 주장함으로써 논쟁을 불러일으켰다(제3장 참조).

레이욘후푸드의 케인즈 해석은 1970년대에 처음에는 열광적이고 광범위한 관심을 불러일으켰다. 그러나 젊은 경제학자 세대는 루커스가 시작한 '합리적 기대' 혁명의 열기 속에 곧 빠져들었다(제5장 참조). 케인즈와 케인즈주의 경제학에 대한 관심은 사그라지기 시작했다. 레이욘후푸드(Leijonhufvud, 1993) 자신도 인정하듯이 "1970년대 중반부터 시제적 최적화가 유행을 휩쓸면서 [나의 해석은] 주류의 전문 경제학계에서 도태되었다." 레이욘후푸드(Leijonhufvud, 1998a)는 다음처럼 회상한다. "영화가 줄거리는 더욱 더 단순해지고 놀라운 특수효과만 점점 더 많아진 것처럼 거시경제학도 그렇게 변화했다. 줄거리가 인간의 상황에 더 많은 통찰을 던져줄 거시경제학이 나오기만을 바랄 뿐이다." 신고전파 경제학의 젊은 세대 경제학자들이 모든 곳에서 케인즈 시대의 종말을 외치고 합리적 기대와 균형경기변동이론을 받아들이던 때에, 레이욘후푸드는 계속해서 케인즈주의 경제학에 미래가 있다고 주장했다. 레이욘후푸드(Leijonhufvud, 1992)는 그런 낙관론을 뒷받침하는 두 가지 이유를 제시한다. 첫째, 조정의 문제는 경제학자의 연구계획목록에서 무한정 제외되기에는 너무 중요한 문제이다. "시장체계가 '자동적으로' 경제활동을 조정할 것인가? 언제나 그럴 것인가? 절대로 그렇지 않을 것인가? 어떤 때는 꽤 훌륭하게, 하지만 어떤 때는 꽤 형편없이 조정할 것인가? 만일 마지막 경우가 실제라면, 어떤 조건에서, 그리고 어떤 제도적 구조 속에서 시장이 때로는 훌륭하게 때로는 형편없게 조정할 것인가?" 레이욘후푸드는 이런 문제들이 거시경제학의 가장 중심적인 문제라고 생각한다. 둘째, 레이욘후푸드는 조만간 경제학자들이 자신들의 이론적 구조를 개방하여 다른 행태 과학에서의 결과를 경제학적 분석에 도입해야만 할 것이라 믿는다. 이런 일이 발생하면, "'무제한적 합리성' 가정은 사라지게 될 것"이다.

애컬로프(Akerlof, 2002)도 그의 노벨경제학상 수상 연설에서 "인지적 편향, 상호성, 공정성, 무리 근성, 사회적 지위" 같은 행태를 고려하는 가정들을 통합하여 거시경제학 이론을 강화시켜야 한다고 강력하게 주장했다. 그렇게 하면 "거시경제학은 《일반이론》이 심리적, 사회적 요소들을 강조했다는 사실을 무시했던 신고전파 종합의 '임의성'에 더 이상 고통 받지 않게 될" 것이다. 애컬로프의 시각에서 볼 때 《일반이론》은 "현재 이전에 행태 경제학에 커다란 공헌을 이룬 저술"이다. 따라서 경제학자들은 "너무 합리적이지 않은 거시경제학"의 수립을 시작하기 위해서 거시경제적 행동의 '야생적 측면'을 재발견해야만 할 것이다(Leijonhufvud, 1993).

이 문제에 관심이 있는 독자는 클라우어, 레이욘후푸드, 말랭보(Malinvaud) 등의 이론을 좀 더 상세히 논한 스노던 외(Snowdon, et al, 1994)의 제3장 3.5절과 그곳에서 제시된 참고문헌을 참조하라.

2.13 '신' 케인즈연구

1980년대에는 《일반이론》에서 나타난 후기 케인즈 사상을 좀 더 잘 이해하기 위해 초기의 케인즈 사상에 대한 관심이 일어났다. 그래서 근래에는 케인즈의 철학적 방법론적 틀이 그의 정치관은 물론 경제학적 분석에도 중요한 영향을 끼쳤다는 생각이 점차 더 널리 알려지고 인정되고 있다. 케인즈의 경제학 내용에 대해서는 많은 글들이 있지만 케인즈의 방법과 철학에 대해서는 거의 글이 없었다. 리틀보이와 메흐타(Littleboy and Mehta, 1983)는 "케인즈가 거시경제학 이론에 준 커다란 자극은 잘 알려져 있지만 과학적 방법론에 관한 케인즈의 견해에 대해서는 훨씬 적게 알려져 있다"고 주장한다. 로손과 페사란(Lawson and Pesaran, 1985, 1쪽)은 "케인즈가 방법론에서 이룬 공헌은 일반적으로 무시되어왔다"고 인정한다. 이런 비판에서 벗어나는 유일한 예외가 오도넬(O' Donnell, 1982)의 초기연구다. 이 연구는 케인즈의 철학과 경제학 사이의 관계에 대해 심도 깊게 상세한 분석을 하고 있다. 이후 이런 연구는 카라벨리(Carabelli, 1988), 피츠기번스(Fitzgibbons, 1988), 오도넬(O' Donnell, 1989)의 연구로 이어졌다. 케인즈 정치경제학의 방법론적 철학적 기초를 탐구하려는 최근의 시도에 스키델스키(Skidelsky, 1992, 82~9쪽)는 '신케인즈연구(New Keynes Scholarship)'라고 이름을 붙였다.

이 신연구의 주목적은 케인즈의 경제학에 강력한 철학적 기초가 있다는 점을 인지하고 불확실성, 지식, 무지, 확률 등에 대한 케인즈의 풍부하고 정교한 연구를 상세하게 고찰해야 할 필요성을 강조하는 것이다. 신연구는 또 불확실성 조건 하에서의 의사결정 문제에 케인즈가 일생동안 매혹되어 있었다는 점에 최우선의 중요성을 부여한다. 카라벨리(Carabelli, 1988)는 케인즈의 방법이 갖는 일반적인 인식론적 전제들이 일반적으로 무시되어 왔지만, 그 전제들은 케인즈의 《확률론》(*A Treatise on Probability*, 1921)에서 비록 매우 정제된 상태이긴 하지만 체계적으로 제시되어 있다고 주장한다. 피츠기번스(Fitzgibbons, 1988)는 케인즈의 철학이 체계적이지 못하고 반모더니즘적 입장을 띠고 있기 때문에 경제학자들이 그것을 억압하는 범죄를 저질렀다고 주장한다. 피츠기번스에 따르면 케인즈는 단기(短期)의 일시적 성격에 근거하여 장기(長期)적 입장에 대한 급진적인 대안을 제시했다. 《일반이론》은 '동물적 본성(animal spirits)'과 창조적 충동, 그리고 그에 따른 끊임없는 경제적 파국의 위협을 중심으로 하는 급진적 불확실성의 경제학이 핵심을 이루고 있다. 이런 세계에서 화폐는 그 존재의미를 갖고 경제의 실물 측면에 영향력을 행사한다. 케인즈는 경제적 불확정성과 균형의 포기라는 문제에 관심을 갖고 있던 것으로 이해된다. 이와 비슷하게 카라벨리도 케인즈가 시간과 변화 사이의 밀접한 관계, 그리고 단기적 문제를 분석하고 처리할 필요에 초점을 맞추었다고 강조한다. 오도넬(O' Donnell, 1982, 222~9쪽)은 케인즈에 대한 장기적 해석과 단기적 해석을 화합시키려는 노력 속에서, 케인즈가 장기와 단기 모두에 관심을 갖고 있었지만 후자를 좀 더 강조했다고 주장한다. 오도넬의 케인즈 해석도 기간의 차원과는 상관없이 불확실성과 기대가 행하는 보편적인 역할을 인정한다.

신연구는 케인즈의 철학과 경제학 사이의 관계에 대한 인지도를 높였다. 그러나 케인즈의 방법의 핵심을 케인즈의 심도 깊고 학문적인 경제학적 저술보다 훨씬 앞선 《확률론》에서 찾음으로써, 카라벨리 같은 학자들은 철학적 사고에 대한 경제학적 사고의 영향, 그들 간의 상호작용, 그리고 그들 간에 그 이후 계속된 발전을 제대로 고려하지 못했다. 이런 문제점에도 불구하고 신연구는 불확실성에 관한 케인즈의 사고가 그의 경제관에 핵심이 된다는 '근본주의자' 적 케인즈주의에 힘을 실어준다(Shackle, 1974; Davidson, 1978; 제8장 참조).

그러나 이 책의 전반을 통해서 우리는 케인즈로 하여금 그의 가장 중요한 경제학 이론 책인 《일반이론》을 쓰게 한 것은 다른 그 무엇보다 대공황의 경험이었다는 견해를 견지할 것이다. 바로 이 책에서 케인즈는 경제 전체적인 불안정성에 대한 설명으로 기대와 불확실성의 역할을 강조했다(위 2.8절 참조).

2.14 대공황의 원인과 결과

대공황이야말로 현대에 발생한 가장 중요한 경제적 파국이다. 지금에 이르러서도 대부분의 경제학자들은 1930년대의 세계 전반에 걸친 불황과 그 파국의 결과를 20세기에 일어난 가장 중요한 거시경제적 사건 중의 하나로 생각하고 있다. 이 사건의 정치적, 경제적 의미는 이 상처 깊은 역사적 사건에 대하여 지금도 끊임없이 연구가 진행되고 있다는 사실에서 볼 수 있다(Temin, 1976, 1989; Bernanke, 1983, 1995, 2000; Eichengreen, 1992a, 1992b; C. Romer, 1992, 1993; Bordo et al., 1998; Hall and Ferguson, 1998; Wheeler, 1998; Krugman, 1999; Cole and Ohanian, 1999, 2002a; Prescott, 1999; James, 2001). 넓게는 두 세계대전 사이의 기간, 좁게는 대공황이 이토록 경제학자와 경제사가들에게 관심을 불러일으키는 이유는 쉽게 찾아낼 수 있다.

1. 이 시대의 사건들은 그 이후 세계의 정치와 경제를 영원히 바꾸어 놓은 제2차 세계대전을 발발시키는 데 결정적인 역할을 했다.
2. 대공황은 20세기에 세계의 산업화된 자본주의 경제가 경험한 경제적 침체 중 가장 심각한 것이었고, 전 세계에 걸친 이런 경제활동 침체의 원인과 결과가 아직도 뜨거운 논쟁거리가 되고 있다.

3. 일반적으로 인정되듯이 대공황은 케인즈에게 《일반이론》이라는, 거시경제학의 탄생을 알리는 책을 쓸 필연적인 자극을 제공했다. 스키델스키(Skidelsky, 1996a)에 따르면, "《일반이론》은 10년 일찍 출간될 수 없었던 책이다. 고전학파 경제학과 더 나아가 경제의 작동 방식에 대한 특정한 비판이 구체화되기 위해서는 대공황이 필요했다".
4. 거시경제학자들은 자신의 총량 변동 모형을 검증하기 위해서 종종 대공황을 사용하며, 세계대전 사이 기간의 자료는 거시경제 연구자들에게 매우 귀중한 자료다.
5. "그런 사건이 또 일어날 수 있을 것인가?"라는 질문을 하는 사람들이 주기적으로 항상 있다.
6. 마지막으로, 1930년대의 경험 후에 모든 시장경제에서 정부의 역할은 상당히 증가했고, 정부와 민간부문 사이의 관계는 근본적이고 지속적인 변화를 겪게 되었다. 그 결과 20세기 후반의 경제제도들은 1929년에 존재하던 경제제도들과는 매우 다르다. 따라서 보르도 외(Bordo et al., 1998)가 대공황을 20세기 미국 경제의 전개에 있어 '결정적인 순간'으로 묘사한 것은 매우 설득력이 있다. 거시경제학의 영역에서 안정화 정책에 대한 현대적인 접근방식은 1930년대의 '대침체'의 경험으로부터 발전된 것이다(Delong, 1996, 1998).

경제학자들은 대공황의 대략적인 원인에 총수요의 급격한 하락을 가져오게 한 여러 요소들의 복합적인 작용이 포함된다는 데 일반적으로 동의한다(Fackler and Parker, 1994; Snowdon and Vane, 199b; Sandilands, 2002). 〈표 2.1〉의 자료는 물가의 강한 경기 순행적 변화, 즉 국민총생산이 하락하면 물가도 동반 하락하는 경향을 고려할 때 대공황 시기에 대규모의 총수요 충격이 있었음을 보여주는 설득력 있는 증거이다. 실업도 급격히 증가했음에 주목하라.

버냉키와 캐리의 자료도 대부분의 국가에서 실질임금률이 경기 역행적으로 변화했음을 보여준다. 이런 경향은 총수요충격이 있었을 때 명목임금 하락보다 물가 하락이 더 강하면 나타난다. 따라서 "대공황 시기 동안 총공급곡선이 수직이 아니라"는 증거는 "강력하다"(Bernanke

▶ 표 2.1 미국 국내총생산, 물가, 실업 1929~33

연도	실질국내총생산[a] 10억$ 단위	물가[b]	실업 %
1929	103.1	100.0	3.2
1930	94.0	96.8	8.9
1931	86.7	88.0	16.3
1932	75.2	77.6	24.1
1933	73.7	76.0	25.2

주: [a] 1929년 물가를 기준으로 측정
[b] GDP 디플레이터, 1929 = 100
자료: 고든(Gordon, 2000a)에서 편집

and Carey, 1996). 〈그림 2.7〉은 AD-AS 틀을 사용하여 1929~33년의 기간 동안 미국 경제 상황을 설명하고 있다. 이 기간 동안 총수요의 급격한 감소는 AD곡선의 왼쪽 이동으로 나타난다. 물가와 국민총생산의 동반 하락은 공급 감소 충격(AS곡선의 왼쪽 이동)으로는 발생할 수 없다. 이 경우에 총국민생산은 하락하고 물가는 증가할 것이다.

미국 대공황의 원인과 관련된 논란에서는 5개의 가설이 제시되는데, 이 중 처음 4개는 총수요의 급격한 감소의 원인에 초점을 맞춘다.

1. **비화폐적/비금융적 가설.** 여기서는 소비자 지출과 투자지출의 하락이 가져온 영향과 1930년 도입된 스무트-홀리 관세법(the Smoot-Hawley Tariff)이 수출에 끼친 악영향에 초점을 맞춘다(Temin, 1976; C. Romer, 1990; Crucini and Kahn, 1996).[6] 《일반이론》의 제22장에서 케인즈는 다음과 같이 말했다. "경기순환을 가장 잘 이해하는 길은 그것이 경제체계의 다른 주요한 단기적 변수들의 변화에 의해 복잡한 양상을 갖게 되고 종종 강화되기도 하지

그림 2.7 • 미국 경제에서의 총수요 실패, 1929~33

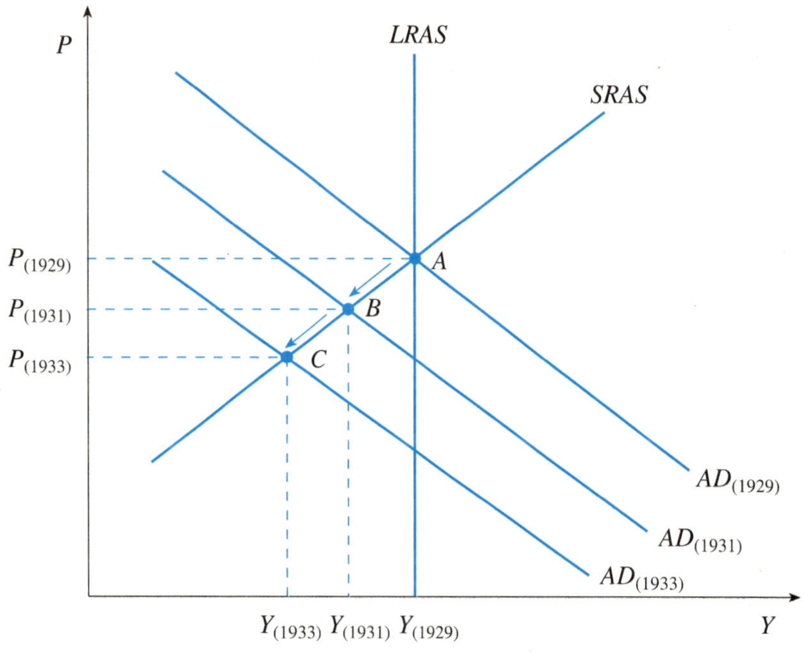

6. 스무트-홀리 관세법은 1930년 당시 공화당 하원의원이었던 리드 스무트(Reed Smoot)와 윌리스 홀리(Willis Hawley)가 하원에 제출하여 그해 6월 17일 통과된 법안이다. 이에 따라 3,200개가 넘는 수입 품목에 대한 관세가 이전의 4배 수준인 60%로 상승했다.

만, 기본적으로 자본의 한계효율성의 순환적 변화에 의해 야기된다고 이해하는 것이다." 따라서 경기침체의 "주도적"인 결정요인은 "자본의 한계효율성의 갑작스런 붕괴"다.

2. **화폐적 가설.** 프리드먼과 슈워츠(Friedman and Schwartz, 1963)가 제시한 이 가설은 국민총생산의 대규모 감소가 주로 명목 통화공급량의 전례 없는 감소에 기인한다고 본다. 특히 1930년부터 시작된 연속적인 은행파산의 결과 명목화폐공급량이 급격히 감소했는데, 연방준비은행은 확대통화정책을 사용하여 이것을 상쇄시키지 못했다. 그래서 물가의 하락은 '케인즈 효과'를 통해 총수요를 안정화시키는 작용을 했을 실질 통화공급량의 증가로 이어지지 못했다. 피셔(Fisher, 1933b)가 최초로 제시한 또 다른 화폐적 가설은 부채-디플레이션 과정이 금융체계의 지급능력에 끼치는 영향에 초점을 두었다.
3. **비화폐적/금융적 가설.** 이 가설은 특히 버냉키의 기념비적 논문(Bernanke, 1983)과 연관된다. 버냉키의 신용견해는 피셔의 부채-디플레이션 이론을 출발점으로 한다. 침체기에 많은 은행들이 파산을 했기 때문에 금융체계가 붕괴되었고, 그에 따라 기존의 고객과 잠재적 고객에 대하여 은행이 갖고 있던 지식과 정보의 네트워크도 붕괴되었다. 따라서 많은 대출자들이 금융상 신용이 건전함에 불구하고 필요한 신용을 공급받지 못하게 되었다(Bernanke and James, 1991).
4. **버냉키-아이헨그린-테민(*Bernanke-Eichengreen-Temin*). 금본위제도 가설.** 공황을 '거대한' 국제적 사건으로 만든 요인을 보기 위해서는 미국 내에서 작동하고 있던 국내적 메커니즘을 넘어설 필요가 있다. "대공황은 1929년에 시작하지 않았다. 미국 주식시장이 붕괴한 후 주도적이 된 상황은 이미 몇 년 전부터 그 알을 부화시키고 있었다. 대공황을 올바르게 분석하려면, 1929년 이후의 공황을 그 공황 발생 이전에 진행되고 있던 경제적 상황의 맥락 속에서 분석해야 한다"(Eichengreen, 1992a).
5. **비화폐적 신고전파 실물경기변동 가설.** 이것은 매우 최근의 것이면서 많은 논쟁을 불러일으키고 있는 가설로서, 특히 콜과 오하니안(Cole and Ohanian, 1999, 2002a)과 프레스컷(Prescott, 1999, 2002)의 저술과 연관된다. 이 접근법은 "16세 이상 국민의 1인당 작업하는 정상적 혹은 균제상태 시장노동시간을 하락시킨 경제제도상의 변화"가 있었고, 이 실물적 충격이 경제에 끼친 영향을 강조한다(Prescott, 1999; 제6장 참조).

총수요 감소를 강조하는 설명들과 관련하여 대공황에 관한 최근의 많은 연구들은 미국 내의 사건을 강조하는 전통적인 접근법에서 벗어나 두 세계대전 사이의 기간 동안 작동하던 국제통화체제에 초점을 맞추고 있다. 대공황은 거대한 국제적 거시경제 사건이었기에 세계 전반에 걸친 경제침체의 국가간 전달과정에 대한 설명이 필요하다. 버냉키(Bernanke, 1995)에 따르면, 최근에 대공황의 원인에 대한 이해에 있어 "상당한 진전"이 있었고, 1920년대에 금본위제도가 부활한 후의 기간 동안 국제적 금본위제도의 작동에 초점을 맞춘 많은 연구들이 지난 20여년 동안 이루어졌다(Choudri and Kochin, 1980; Eichengreen and Sachs, 1985; Eichehngreen, 1992a, 1992b; Eichengreen and Temin, 2000, 2002; Hamilton, 1988; Temin, 1989, 1993; Bernanke, 1993, 1995, 2000; Bernanke and James, 1991; Bernanke and Carey, 1996; James, 2001).

금본위제도의 전성기는 제1차 세계대전 전의 40년 동안의 기간이었다. 국제수지 균형 메커니즘은 '가격정화 흐름 메커니즘(price specie flow mechanism)'으로 알려진 과정을 통해 작동했다. 국제수지 적자 국가에서는 금의 유출이 일어나고 흑자 국가에서는 반대로 금의 유입이 발생한다. 한 국가의 통화공급이 금의 공급과 연계되어 있으므로, 적자 국가에서는 통화량이 감소하면서 물가의 하락이 발생할 것이고, 반대로 흑자 국가에서는 물가의 상승이 발생할 것이다. 이 과정을 통해 적자 국가의 수출은 국제시장경쟁에서 더 유리한 위치를 차지하게 되고, 그 결과 국제수지는 균형을 되찾게 된다. 이것이 '게임의 법칙' 이었다. 이 전체과정은 고전학파의 화폐수량설에 대한 믿음, 그리고 물가하락의 충격이 있을 때 시장이 충분히 신속하게 청산되어 완전고용이 복원된다는 가정에 의해 지지되었다. 이 체제는 제1차 세계대전 이전에 꽤 잘 작동했다. 그러나 제1차 세계대전은 국가간의 채무관계에 커다란 불균형을 초래했고 이런 상황은 1920년대 전반을 통해 국제경제체제의 기반을 약화시켰다. 특히 세계대전을 통해 "미국은 순채무국에서 순채권국으로 탈바꿈했고," "전쟁배상액과 전쟁채무변제액이 서쪽으로 흘러들어 갔다. (···) 따라서 세계대전 사이 기간 동안 금본위제도의 안정성 자체는 미국이 자국의 국제수지흑자를 계속 재현할 것인가의 의지에 달려 있었다"(Eichengreen, 1992a).

테민(Temin, 1989)과 아이헨그린은 모두 세계대전이 금본위제도에 가해진 대규모의 충격이었고, 1920년대 동안 전쟁 이전의 평가치로 체제를 복귀시키려 했던 시도는 실패할 수밖에 없었다고 보았다. 1928년 미국 경제가 과열되고 있다는 우려에 답하여 연방은행은 긴축통화정책을 시행했고 미국은 유럽과 라틴 아메리카에 대한 대출을 축소했다. 각국의 중앙은행들에서는 국제수지 적자로 인하여 금 지분의 손실이 발생했고, 이에 중앙은행들은 금본위제도의 규정에 따라 미국과 마찬가지로 긴축통화정책을 시행했다. 그렇기 때문에 1929년 여름에는 이미 디플레이션 과정이 국제적으로 상당히 진행되어 있었다. 이것은 그 해 10월에 미국의 주식시장이 그토록 급격하게 붕괴하기 훨씬 전이었다. 아이헨그린과 테민(Eichengreen and Temin, 2000)은 국제적으로 경제침체가 일단 시작되자 "정책입안자들은 금본위제도의 이데올로기와 심리상태 그리고 수사(修辭)에 따라 행동을 취했고 이 행동은 1930년대에 경제침체를 강화하는 데 기여했을 뿐이다. 중앙은행장들은 세계경제가 이미 쓰러져 있었는데도 세계경제가 의식을 잃을 때까지 계속 발길질을 했다"고 주장한다. 따라서 대공황의 궁극적인 원인은 제1차 세계대전을 통해 금본위제도에 가해진 무리한 요구와 1920년대의 전혀 다른 세계 속에 재도입된 금본위제도였다. 1914년 이전에 그랬던 것과는 달리 이제는 국제적 경쟁력을 되찾기 위해 물가하락과 실업을 통해 임금하락을 유도해 내는 일이 쉽지 않았다. 자본주의 경제 내부의 정치적 관계는 전쟁으로 이미 변형되어 있었다. 노동자 계급은 고용 목표에 더 우선권을 주는 것보다는 환율 유지에 더 맞게 기획된 통화성

책 시행에 대해 점점 더 반감을 드러내었다. 1929년에 눈에 띄게 시작되었던 경기후퇴는 오래 전부터 발생을 기다리고 있던 파국이었던 것이다.

금본위제도의 심리상태는 정책입안자들의 사고방식을 제약했고, "가능한 것이 무엇인가에 대한 그들의 생각을 결정했다." 금본위제도 하에서 각 국가는 자국의 화폐를 평가절하하여 수출을 자극하는 방식을 사용하지 못했고, 한 국가가 일방적으로 시행하는 확대통화정책도 그 국가의 환율 안정성을 위태롭게 하기 때문에 역시 시행에서 제외되었다. 금본위제도 하의 모든 국가들이 서로 조정하여 경기부양 정책을 함께 시행할 수 없는 한, 금 지분이 유출되고 있는 국가들이 할 수 있는 유일한 선택은 통화수축과 디플레이션이었다. 그러나 아이헨그린(Eichengreen, 1992a)이 지적하듯이, 정치적 분쟁, 보호주의의 부상, 서로 양립할 수 없는 개념적 틀 등은 국제적 협력이 이루어지는 데 "넘을 수 없는 장애"가 되었다. 그리하여 1929년에 시작된 경기후퇴는 금본위제도를 유지하고 보존하도록 기안된 역행적 정책이 전 세계적으로 채택됨에 따라 대공황으로 발전했다. 버냉키와 캐리(Bernanke and Carey, 1996)가 주장하듯이, "구조적으로 결함이 있고 서투르게 운용된 국제적 금본위제도"가 경제정책에 끼친 영향을 고려함으로써 경제학자들은 적어도 "대공황의 총수요 수수께끼," 즉 그토록 많은 국가들에서 동시에 총수요 하락이 발생했던 이유를 설명할 수 있다. 금본위제도 하의 국가들의 경제정책 시행이 전 세계적인 경제활동 침체를 완화하기 보다는 오히려 더 강화했던 것이다. 믿지 못하겠지만 대공황의 한 가운데에서도 중앙은행들은 아직도 인플레이션을 걱정하고 있었다. 이것은 "노아의 대홍수 속에서 '불이야' 하고 외치는" 것과 마찬가지였다. 후버(Herbert Hoover) 대통령에게 멜런(Andrew Mellon) 재무부 장관은 미국 경제를 다시 건강하게 만들기 위해서는 "노동을 청산하고, 주식을 청산하고, 농민을 청산하고, 부동산을 청산하고 (…) 경제체계의 썩어 문드러진 부분을 도려내야" 한다고 조언했다(Eichengreen and Temin, 2000에서 재인용). 궁극적으로 이런 정책들은 이 정책들이 유지하려고 했던 바로 그 경제구조 자체를 파괴시키고 말았다.

1930년대에 세계의 국가들은 하나하나 금본위제도를 폐기하고 자국 통화를 평가절하했다. 이렇게 '금족쇄'를 버리자 비로소 정책입안자들은 확대통화정책을 시행하여 경제를 다시 부양시킬 수 있었다(영국은 1931년 가을에, 미국은 1933년 3월에, 독일은 1931년 8월/9월에, 프랑스는 1936년에 각각 금본위제도에서 탈퇴했다). 따라서 프리드먼과 슈워츠(Friedman and Schwartz, 1963) 외에 많은 사람들이 1931년 당시 연방준비은행이 좀 더 확대적인 통화정책을 시행하지 않았다고 올바르게 비판했던 반면에, 아이헨그린(Eichengreen, 1992b)은 금본위제도에 의해 가해진 제약 하에서 "고정된 금 가격을 보호하는 데 온 힘을 쏟아야 했던 중앙은행이 다른 어떤 일을 하기는 쉽지 않았을 것"이라고 주장한다. 최근의 연구에 의하면 미국의 경기 회복은 주로 통화확대의 결과였고(C. Romer, 1992), 더 일찍 금족쇄를 차버리고 확대통화정책을 시행했던 국가일수록 경기도 더 빨리 회복되었다(Choudri and Kochin, 1980; Eichengreen and Sachs, 1985).

금본위제도에 의해 가해진 제약 때문에 확대통화정책이 시행되지 못했다는 버냉키-아이헨그린-테민의 가설이 모두에게 인정되는 것은 아니다. 보르도 외(Bordo, et al., 2002a)는 이들의 주장이 소규모 개방경제에는 옳지만, "대규모의 금 지분을 보유하고 있었고" "금융 패닉을 상쇄하기 위해 확대통화정책을 사용하는 데 아무런 제약이 없었던" 미국에는 적용되지 않는다고 주장한다. 불행하게도, 좀 더 민주적인 국가들이 '금족쇄'를 벗어나 경기회복을 경험할 때 즈음, 독일의 절망적인 경제상황은 히틀러가 집권하는 계기를 마련해 주었다. 따라서 1939~45년 기간 동안 일어났던 인간성의 말살이라는 파국적인 결과는 두 세계대전 사이의 기간 동안 정책입안자들이 커다랗게 잘못된 선택을 했기 때문에 발생했다고 주장할 수 있겠다(Eichengreen and Temin, 2002).

2.15 전비 부담 문제

스키델스키(Skidelsky, 2000)에 따르면, 1937년 이후 케인즈는 "완전고용에 근접한" 경제에서 재무장이 가져올 문제에 대해 관심을 집중했다. 완전고용 경제에서는 재무장에 필연적으로 따르는 전쟁물자 생산을 증가시킬 여유가 필요하다. 수출과 투자지출을 유지하는 한, 전쟁물자 생산의 증가를 위해서는 총수요 중 소비지출 부분을 감소시켜야만 한다. 이 목표를 이루기 위해서 케인즈는 《전비를 어떻게 부담할 것인가》(How to Pay for the War, 1940)에서 전시 하에서 재정제약을 주장했다. 실제로 그의 계획은 부분적으로만 채택되었지만, 바인즈(Vines, 2003, 343쪽)는 이 소책자를 "응용경제학의 최고작"이라고 칭찬한다(케인즈는 재정제약의 대안으로 제시된 일반 배급제는 '볼셰비키주의'에 버금간다고 믿었다. Skidelsky, 2000, 68쪽).[7] 케인즈의 분석에서는 전비 지출을 포함한 총수요가 잠재적인 총공급과 비교되었다. 케인즈는 '인플레이션 갭(inflation gap)'이 "조세나 일차적 저축에 의해 퇴출되는 구매력"으로 정의하고, "이 구매력을 제외한 나머지 구매력이 현재의 물가에서 시장에 존재하는 공급량과 일치해야만 한다"고 주장했다. 재정제약(강제저축)의 목적은 소비를 감소시켜 '인플레이션 갭'을 제거하는 것이었다. 케인즈의 제안은 비록 거시경제 수준에서도 시장실패가 있어 총수요관리가 필요하기는 하지만 가장 효율적인 자원배분 메커니즘은 관료제적인 통제가 아니라 가격 메커니즘이라는 케인즈의 강한 믿음을 보여주고 있음에 주목하자.

제2차 세계대전 발발 후 재무성에서 케인즈가 주도한 논의들은 중요한 부가효과를 발생시켰다. 그것은 국민계정 계산과 과정을 시급히 발전시키고 개선해야 한다는 의식과 경기침체기와 경기호황기 모두에서 수요관리가 필요하다는 인정이 더욱 분명해졌다는 것이다. 스키델스키(Skidelsky, 2000)는 수요관리 개념이야말로 케인즈가 남긴 가장 중요한 지적 유산이라고 생각

7. 1903년 런던에서 개최된 전당대회에서 '러시아 사회민주노동당'은 볼셰비키주의자들과 멘셰비키주의자들로 나뉘었다. 마르토프(Martov)가 주도한 멘셰비키주의자들이 러시아의 다른 사회주의자들이나 비사회주의자들에게도 당원자격을 부여해야 한다고 주장한 반면, 레닌이 이끌었던 볼셰키주의자들은 당이 거의 군대조직에 가까운 위계질서 속에 전문혁명가들로 구성되어야 한다는 '민주적 중앙집권제'를 주장하였다. 1912년 볼셰비키주의자들은 '소련공산당'이라는 이름으로 독자적인 당을 수립하였고, 1917년의 러시아 혁명에서 주도적인 역할을 했다.

한다. 또 케인즈가 제안한 수요관리 개념은 케인즈가 처음부터 끝까지 철저한 확대주의자가 아니었음을 보여준다. 스키델스키(Skidelsky, 2000)가 분명히 밝히듯이, 케인즈는 언제나 인플레이션이 가져올 위험에 경고를 보낼 준비가 되어 있었다. 또《일반이론》(Keynes, 1936, 295~6쪽)에서 케인즈는 일단 완전고용이 성취되기만 하면, "임금단위와 가격이 유효수요의 증가에 비례하여 증가할 것"이고, 따라서 경제가 고전학파 모형이 적용되는 세계로 되돌아간다는 점을 분명히 했다. 그러나 케인즈(Keynes, 1936, 3쪽)에게 고전학파의 세계는 "특별한 경우"였지 "실제로 우리가 살고 있는 사회"의 "일반적 경우"는 아니었다.

2.16 케인즈와 국제거시경제학

케인즈가 거시경제학을 탄생시키는 데 그 누구보다도 더 공헌한 경제학자라는 점은 널리 알려져 있다. 그러나 바인즈(Vines, 2003)에 따르면, 스키델스키의 케인즈 전기 마지막 권에서 분명히 밝혀졌듯이,[8] 케인즈는 현대 국제거시경제학의 발전에 중심적인 역할을 하기도 한 경제학자였다. 1945년에 국제 경제체제는 완전히 붕괴되어 있었고 이후 세계 경제체제를 새롭게 구축하는 데는 50년이 넘게 걸렸다. 1944년 7월에 미국 뉴햄프셔의 브레턴우즈(Bretton Woods)에서 45개국의 대표들이 모여 전후 주요 국제기구의 수립을 논의했다. 이 기구들의 목적은 국제협력을 용이하게 하고 국제적인 경제통합과 발전을 증진시켜 세계경제의 안정성을 개선하는 것이었다. 브레튼우즈 대표자들의 주요 논제 중 하나는 두 세계대전 사이의 기간 동안 발생했던 잘못된 경제운용과 그것이 가져온 파국적인 결과가 다시는 재발하지 않도록 하는 것이었다. 이 회의의 결과, 케인즈가 "브레튼우즈 쌍둥이"라 불렀던 두 국제기구, 즉 국제통화기금(International Monetary Fund, IMF)과 지금은 세계은행(World Bank)으로 알려져 있는 국제재건개발은행(International Bank for Reconstruction and Development, IBRD)이 설립되었다. 세계은행의 주목적은 상기적 경제발전과 빈곤감소 같은 문제에 집중되어 있고, 국제통화기금의 주목적은 그 동의안(헌장)에 의하면 국제통화체제의 단기적 안정화에 있다. 국제통화기금은 1945년 12월에 29개국이 참여함으로써 공식적으로 출범했으며, 마침내 1947년 3월 1일 금융 업무를 시작했다. 세계은행은 1946년 6월 25일 공식적으로 업무를 시작했다. 이에 추가적으로 1947년에는 관세와 무역에 관한 일반협정(General Agreement on Tariff and Trade, GATT)이 체결되었다. 이 협정의 주목적은 각국이 무역장벽을 낮추도록 장려하고 편의를 제공함으로써 무역자유화를 고무시키는 것이다. 현재의 도하 협의(Doha Round)에 이르기까지 총 여덟 번의 협상을 통하여

8. 스키델스키는 지금까지 총 3권의 케인즈 전기를 연속물로 발간했다. 제1권은《존 메이나드 케인즈. 제1권: 희망의 좌절, 1883~1920》(1983), 제2권은《존 메이나드 케인즈. 제2권: 구원자로서 경제학자, 1920~37》(1992), 제3권은《존 메이나드 케인즈. 제3권: 영국을 위한 투쟁, 1937~46》이다. 본서의 참고문헌 목록을 참조하라.

GATT는 관세를 인하하는 등 무역장벽을 낮추는 데 상당한 성공을 거두었다.[9] GATT는 어떤 공식적인 기구로 설립된 것이 아니라, 국제무역기구(International Trade Organization, ITO)를 설립할 때까지 한시적인 도구로 만들어졌었다. 1995년 마침내 세계무역기구(World Trade Organization, WTO)가 설립되면서 이 계획은 결실을 맺었다.

스키델스키는 해리 덱스터(Harry Dexter)와 함께 케인즈를 브레튼우즈 국제통화체제의 "공동저자"라고 부른다. 바인즈(Vines, 2003, 339쪽)는 이보다 더 나아가, 케인즈가 "전세계적인 경제의 구성체들이 독립적인 각 국가의 정책에 따라 어떻게 상호 작용하는가를 매우 명확하게 이해하고 있었다"고 주장한다. 영국의 전시 재무에 대한 저술과 "세계대전의 말미에 미국의 손아귀에 놓여 재정적 파국을 맞고 있던 영국을 구출하기 위한" 노력을 통해, 케인즈는 전후 형성되기 시작하던 국제경제체제를 정교하게 이해하고 있었다. 1945년에 이르자 영국의 경제상황과 재무상황은 파국에 이르고 말았다. 이 위기에 대응하여 생애의 마지막 몇 년 동안 케인즈가 집필했던 저술을 통해 국제거시경제학이 탄생했고, 이 공헌은 "경제학자로서 케인즈가 이룬 다른 업적들 어느 것에도 필적할 정도로 중요한" 것이다(Vines, 2003, 339쪽). 케인즈의 전시 저술은 국제금융에 관한 자신의 이전 저술, 즉 《인도의 통화와 금융》(*Indian Currency and Finance*, 1913), 《화폐개혁론》(*A Tract on Monetary Reform*, 1923), 《평화조약의 경제적 결과》(*The Economic Consequences of the Peace*, 1919), 《처칠수상의 경제적 결과》(*The Economic Consequences of Mr. Churchill*, 1925), 《화폐론》(*A Treatise on Money*, 1930)에 기초하고 있다. 폐쇄경제를 배경으로 한 《일반이론》과는 달리 케인즈의 초기 저작들은 국제통화체제의 작동을 강조했다. 바인즈는 훗날 먼델-플레밍(Mundell-Fleming)의 IS-LM-BP 모형의 2국가 버전을 "케인즈가 창시했다"고까지 주장한다(제3장 3.5절 참조).

막 형성되어 가고 있던 국제경제체제의 형태에 대해 케인즈가 보인 놀라운 통찰력은 이미 1944년에 구체화되어 있었다. 바인즈는 노벨경제학상 수상자인 미드(James Meade)와 나눈 개인적 대화를 전하면서, 미드는 케인즈가 미래에 대한 자신의 관점을 "편지봉투의 뒷면"에 다음 〈표 2.2〉와 비슷한 표로 스케치하는 것을 목격했다고 말했다고 했다.

국제무역기구 대신 GATT가 1947년 설립되었지만, 〈표 2.2〉에 나타난 관점은 훗날 '브레튼우즈 체제'로 알려지게 되는 국제경제체제를 놀라울 정도로 정확하게 그리고 있다.

9. 도하협의는 관세장벽을 낮추고 자유무역을 장려하기 위해 세계무역기구(WTO)의 주도 하에 이루어지는 세계 국가들의 일련의 협상들을 말한다. 2001년 11월 카타르의 도하에서 시작한 협의는 이후 2003년 멕시코 칸쿤, 2004년 스위스 제네바, 2005년 프랑스 파리와 홍콩, 2006년 다시 스위스 제네바에서 협상이 진행되었다.

2.17 케인즈의 유산과 고전학파의 부활

'거시경제학' 이라는 단어가 경제학 저술에 그 모습을 처음 나타낸 것은 1941년 《이코노믹 저널》에 실린 드 울프(De Wolff)의 논문에서였다. 그러나 거시경제적 현상을 탐구할 수 있는 모든 실물변수와 명목변수를 하나의 형식적 틀 안에 최초로 모아놓았던 이는 존 메이나드 케인즈였다(Blanchard, 2000; Woodford, 2000). 1946년 타계할 때까지 케인즈가 거시경제학이라는 당시 막 형태를 갖춰가고 있던 분야에서 끼친 영향력은 〈표 2.3〉~〈표 2.6〉이 보여주는 대로 1920~44년 기간 동안의 피인용 횟수 자료에서 명확히 나타나 있다.

이 자료는 1930년대 중반에 이르면서 케인즈가 '거시경제학' 을 지배하는 정도가 얼마였는지를 뚜렷이 보여주고 있다. 그러나 이 책의 다음에 올 장들에서 보게 되듯이 1936년 이후 거시경제학은 주기적인 반혁명들로 점철되어 전개되어 갔으며, 그 결과 그가 서거한 1946년 이후 30년 동안의 기간에 "케인즈의 명성은 하늘로 치솟았다가 땅으로 곤두박질쳤다." 이런 운명의 부침은 상당 부분 '케인즈주의적' 확대정책을 무리하게 적용한 사실과 연관된다. 스키델스키(Skidelsky,

▶ 표 2.2 케인즈와 국제경제체제, 1944년

목표	정책 도구	담당 기구
완전고용	수요관리(주로 재정정책)	각국의 정부
국제수지 조정	고정되었지만 조정 가능한 환율	국제통화기금
국제무역 장려	관세인하 등	국제무역기구
경제발전	공식적인 국제대출	세계은행

자료: 바인즈(Vines, 2003)

▶ 표 2.3 최상위 피인용 거시경제학자(1920~30년)

순위	이름	피인용 횟수
1	피셔(Irving Fisher)	30
2	미첼(W.C. Mitchell)	24
3	피구(A.C. Pigou)	21
4	마셜(Alfred Marshall)	15
5	제번스(W.S. Jevons)	13
6	호트리(R.G. Hawtrey)	11
	로버트슨(D.H. Robertson)	11
8	무어(H.L. Moore)	10
	스나이더(Carl Snyder)	10
10	케인즈(J.M. Keynes)	9

자료: 도이처(Deutscher, 1990)

▶ 표 2.4 최상위 피인용 거시경제학자(1931~35년)

순위	이름	피인용 횟수
1	케인즈(J.M. Keynes)	66
2	로버트슨(D.H. Robertson)	44
3	하이에크(F. von Hayek)	33
4	호트리(R.G. Hawtrey)	30
	피셔(I. Fisher)	30
6	카셀(G. Cassel)	22
7	피구(A.C. Pigou)	20
8	빅셀(K. Wicksell)	17
9	핸슨(A. Hansen)	14
10	마셜(A. Marshall)	13

자료: 도이처(Deutscher, 1990)

▶ 표 2.5 최상위 피인용 거시경제학자(1936~39년)

순위	이름	피인용 횟수
1	케인즈(J.M. Keynes)	125
2	로버트슨(D.H. Robertson)	48
3	힉스(J. Hicks)	33
4	피구(A.C. Pigou)	31
5	해로드(Roy Harrod)	27
6	호트리(R.G. Hawtrey)	25
7	하이에크(F. von Hayek)	24
	하벌러(G. Haberler)	24
9	조운 로빈슨(Joan Robinson)	20
10	클라크(J.M. Clark)	18

자료: 도이처(Deutscher, 1990)

2000)는 케인즈 전기의 마지막인 제3권의 결론에서, 1950년경부터 1970년대 초까지의 '황금시대' 를 주름잡았던 '케인즈주의적 정신상태' 가 가지고 있던 4가지 중요한 요소들을 강조했다.

1. 경제는 "경직적인, 유연하지 않은" 것으로 이해되었고, 따라서 충격이 있을 때 경제는 비교적 완만하게 조정된다.
2. 강력한 정치경제학적 논의에 의하면 자유민주주의 사회는 20세기의 두 세계대전 사이 기간 동안 경험되었던 것 같은 지속적인 고실업률을 장기간 묵과하지 않을 것이며, 따라서

▶ 표 2.6 최상위 피인용 거시경제학자(1940~44년)

순위	이름	피인용 횟수
1	케인즈(J.M. Keynes)	59
2	힉스(J. Hicks)	30
3	하벌러(G. Haberler)	24
4	로버트슨(D.H. Robertson)	22
5	호트리(R.G. Hawtrey)	20
6	칼레츠키(M. Kalecki)	18
	슘페터(J. Schumpeter)	18
8	핸슨(A. Hansen)	17
	칼도(N. Kaldor)	17
10	쿠즈네츠(S. Kuznets)	16
	러너(A. Lerner)	16

자료: 도이처(Deutscher, 1990)

비록 "장기에 있어서 우리는 모두 죽을 것"이지만 단기에 있어서 높은 실업률은 사회혁명으로 귀결될 수도 있다.

3. 부유국에서 투자기회가 시들해져서 그 부유국이 경기침체 추세에 빠질 수도 있다.
4. 많은 케인즈주의 경제학자들이 통계적 예측에 강한 믿음을 갖고 있었다.

케인즈는 이 요소들 중 처음 셋은 분명히 지지했지만, "통계를 통한 쾌락"에 대해서는 언제나 "강력히 회의적"이었다. 그러나 그의 후계자들은 그리 유보적이지 않았다. 대공황의 경험과 장기적 침체에 대한 불안으로 길게 드리워져 있던 그림자는 잦은 총수요 진작 주장에 힘을 부여해 주었고 중요한 공급측 고려를 간과하게 만들었다(DeLong, 1998). 케인즈(Keynes, 1936, 16쪽)는 수요부족 이외에도 다른 실업의 원인들이 있음을 잘 알고 있었지만, 그가 《일반이론》에서 그런 다른 원인들에 거의 신경을 쓰지 않았다는 사실은 이해될 만하다. 케인즈는 세계대전 사이 기간 동안 발생했던 영국 실업의 많은 부분이 구조적 요소에 기인함을 알고 있었다. 그러나 1929년 이후 주요 자본주의 국가에서 국제적으로 동시에 실업률이 상승하기 시작한 사실을 구조적 변화나 마찰적 요소들로 설명하는 일은 케인즈에게 전혀 설득력이 없는 것이었다. 투자기회가 결여되어 장기적인 경기침체가 발생할 것이라는 예측도 실현되지 않았다. 아브라모비츠(Abramovitz, 1986, 1990)가 주목하듯이, 세계대전 사이 기간 동안 경기침체가 계속되었고 미국의 대량생산 제조업 방식을 서유럽의 산업국가들이 채택하지 못했기 때문에, 사용되지 못한 생산기술 기회가 대규모로 축적되어 있었고, 그 덕에 서유럽 국가들의 '따라잡기(catch-up)' 전망은 커다랗게 넓어졌다. 결과적으로 자본투자는 높은 한계생산성을 보였고 서유럽은 황금시대 동안 장기간의 호황을 누리게 되었다.

또 제프리 삭스(Sachs, 1999)는 일부 극단적인 수요관리 지지자들이 남기는 인상, 즉 대공황이 시장경제의 정상적인 작동을 보이는 것이라는 생각은 잘못된 것이라고 주장한다. 2.14절에서 논의되었듯이 대공황은 예외적인 것이었고 많은 부분 역행적인 정책적 반응의 결과였다.

> 경제사에서 대공황이 갖는 중요성은 어쩌면 정치사에서 제1차 세계대전이 갖는 중요성과 맞먹을 것이다. 대공황은 많은 교훈을 남겼고, 대부분의 교훈들은 잘못된 것이었다. 20세기에 가장 위대한 정치경제학자인 케인즈는 그의 책 제목을 《고용, 이자 및 화폐에 관한 일반이론》으로 하는 커다란 실수를 범했다. 즉 그는 대공황이 상상할 수 없던 규모로 발생한 단 한 번의 우연적 상황이 아니라 시장경제의 '일반적' 상황이라는 잘못된 인상을 남겼다. 그는 대공황이 국제적인 금본위제도 때문에 발생했다는 사실을 분명히 하지 못했다. 금본위제도야말로 케인즈가 열성적으로 공격하고 반감을 가졌던 통화제도였음에도 불구하고 그는 이상하게도 《일반이론》에서 이것을 충분히 강조하지 않았다. 어쨌든 대공황은 세계로 하여금 시장체제가 자기조직적(self-organising)이라는 생각에 대해 심각한 회의를 갖게끔 만들었다. 시장경제가 다시 견고한 믿음을 회복하는 데는 수십 년이 걸렸다.

따라서 이 시각에 따르면 케인즈의 《일반이론》은 "그가 믿었던 만큼 그렇게 일반적이지는 않았다"(Skidelsky, 2000, 499쪽).

1936년 이후 줄곧 케인즈의 《일반이론》에 적대적인 반응을 보이는 사건들이 전개되고 저술들이 발간되었으며, 이것들은 결국 고전학파가 부활하는 데 일조했다. 프리드먼과 통화주의 반혁명의 영향은 수력학적 케인즈주의의 단순한 모형과 정책 제안에 대한 주요한 도전을 보여주는 것이었다. 프리드먼(Friedman, 1983)은 "《일반이론》이 훌륭한 책이긴 하지만 나는 그것을 케인즈가 쓴 최고의 책이라고는 생각하지 않는다 ... 내가 그 책을 거부하게 된 것은 그것이 경험적 증거와 모순된다고 생각되었기 때문"이라는 견해를 피력했다.

제4장에서 우리는 정통파 케인즈주의에 대해 통화주의적 분석이 가한 중요한 도전을 살필 것이다. 그 다음에는 1970년대에 좀 더 근본적인 차원에서 케인즈주의를 공격한 새고전파의 출현을 논할 것이다. 많은 사람들이 보기에 이 새고전파의 비판은 전통적인 케인즈주의적 입장에 대해 지금까지 행해진 것 중 가장 중요한 도전이다. 루커스와 사전트에게 케인즈주의 모형들의 예측은 "형편없이 부정확하고," 그것들이 "근본적으로 오류가 있는" 이론에 근거해 있다는 것은 부인할 길 없는 "사실"이다. 1970년대 케인즈주의 모형들이 보여준 "눈이 휘둥그레질 만한 실패"를 보면서 사람들은 "케인즈 혁명으로 인해 상처 입은 이론들, 그리고 케인즈와 동시대에 활동했던 경제학자들과 오랫동안 낡은 것으로 생각되어왔던 그 이전 경제학자들의 사상"에 더 많은 관심과 존경을 갖게 되었다(Lucas and Sargent, 1978, 강조 첨가).

거시적 경기순환에 대해 신고전파 입장의 실물경기변동이론을 주창하는 가장 대표적인 경제학자인 플로서(Charles Plosser)도 케인즈주의 모형이 근본적으로 오류가 있다고 생각한다. 그에 따르면, "경기변동에 대한 이해는 케인즈주의 모형을 적절히 수정하여 만드는 것이 아닌 다른 방식으로 그 기초가 마련될 것이다"(Plosser, 1989). 민퍼드와 필(Minford and Peel, 1983)은 합리적 기대가 거시경제학에 끼친 영향을 논하면서, "합리적 기대는 1960년대 말의 네오 케인지언이나 신고전파 체계에 기초한 거시경제학이라는 한 지시체계를 완전히 뒤집어 놓았다. 거의 모든 주제들이 재고의 대상이 되어 버렸다"고 말한다. 이 책의 제5장과 제6장에서 우리는 루커스, 사전트, 배로, 프레스컷, 쉬들란, 플로서 등과 연관되는 새고전파 사상의 발전을 살필 것이다.

오스트리아 경제학의 입장에서 볼 때 하이에크(Friedrich von Hayek)는 평생 동안 케인즈와 케인즈주의자들에 대한 강력한 비판자였다. 하이에크 자신을 말을 빌리면, 케인즈는 "그 이름을 알린 주요한 과학적 업적에서 완전히 틀렸다"(Hayek, 1983). 하이에크와 그의 추종자들과 연관된 강력한 오스트리아 경제학적 비판은 제9장에서 논해질 것이다.

이 책에서 '공공선택' 의 관점이 한 특정 학파로 다루어지지는 않지만, 그 사상이 대중적 의견에 끼친 영향을 고려할 때 뷰캐넌과 와그너(Buchanan and Wagner, 1978)가 제시하는 관점은 주목할 만하다. 뷰캐넌과 와그너는 케인즈가 "기념비적인 지적 오류"를 범했으며, 케인즈주의 경제학 때문에 "정치가들은 마음대로 행동할 수 있게 되었다. 보통 정치가들은 세금을 걷어들여야 할 명백한 필요성을 생각하지 않고 무조건 돈을 쓰려는 욕구가 강한데 이런 정치가의 욕구에 효과적인 제한이 파괴되었다"고 케인즈를 비판한다(제10장 참조).

오직 위대한 경제학자만이 이런 반응을 일으킬 수 있다. 1935년 로이 해로드에게 보낸 편지에서 케인즈는 곧 발간될 책에 대해 "고전학파가 대꾸하기를" 바라기 때문에 그 책에서 고전학파 경제학자들에 가할 공격을 매우 정교하게 꾸몄다고 분명히 말했다. 그의 목표는 "말하자면 평지풍파를 일으키는" 것이었다(Skidelsky, 1992, 534쪽). 이 목표를 케인즈가 멋지게 달성했다는 것이 우리가 내릴 수 있는 결론이다.

다음에 올 장들과 인터뷰들에서 우리는 경제학자들이 이토록 다양한 결론에 이르게 된 이유들을 살펴볼 것이다.

Interview:

로버트 스키델스키 (Robert Skidelsky, 1939~)

로버트 스키델스키는 1939년 중국에서 태어났고 1960년 옥스퍼드 대학교의 지저스 칼리지(Jesus College)를 졸업했다. 동 대학에서 1961년에는 석사학위를, 1967년에는 박사학위를 받았다. 옥스퍼드 대학교의 너필드 칼리지(Nuffield College)의 연구 펠로(1965~68), 영국학술원의 연구 펠로(1968~70), 존스 홉킨스 대학교의 역사학과 부교수(1970~76), 노스 런던 폴리테크닉의 역사-철학-유럽연구 학과 학과장(1976~78), 워릭 대학교의 국제연구 교수(1978~90)를 역임했고, 1990년 이후 현재까지 워릭 대학교의 정치경제학 교수로 재직하고 있다. 1991년 일대 귀족으로 임명되었다.

스키델스키 교수는 케인즈와 세계대전 사이 기간에 대한 세계적 전문가 중의 한 사람이다. 그의 책 중 널리 알려진 것으로 다음이 있다. 《정치가와 경기침체》(*Politicians and the Slump, Macmillan*, 1967), 《케인즈 시대의 종말》(*The End of the Keynesian Era, Macmillan*, 1977)(편집),《존 메이나드 케인즈. 제1권: 희망의 좌절, 1883~1920》(*John Maynard Keynes. Vol.* 1*: Hopes Betrayed, 1883~1920*, Macmillan, 1983), 《존 메이나드 케인즈. 제2권: 구원자로서 경제학자, 1920~1937》(*John Maynard Keynes. Vol*. 2: *Economist as Saviour, 1920~1937*, Macmillan, 1992), 《케인즈》(*Keynes*, Oxford University Press, 1996), 《존 메이나드 케인즈. 제3권: 영국을 위한 투쟁》(*John Maynard Keynes. Vol*. 3: *Fighting for Britain*, *1937~46*, Macmillan, 2000).

논문으로는 다음이 있다. 《50년 후 케인즈와 공공정책. 제1권: 경제학과 정책》(*Keynes and Public Policy After Fifty Years*, Vol. 1: *Economics and Policy*, New York Univeristy Press, 1988, O.F. Hamouda and J.N. Smithin (eds.))에 수록된 〈케인즈의 정치적 유산〉과 〈인간 케인즈의 몇몇 측면〉, 《국가의 경제적 경계》(*The Economics Borders of the State*, Oxford University Press, 1989, D. Helm (ed.))에 수록된 〈케인즈와 국가〉, 《히스토리 오브 이코노믹스 리뷰》(*History of Economics Review*, 1996년 겨울-여름호)에 실린 〈대공황이 케인즈의 《일반이론》에 끼친 영향〉.

노섬브리아 대학교(Northumbria University) 경제학과 교수였던 피터 비나르쉬크(Peter Wynarczyk)와 함께 우리(스노던과 베인)는 1993년 3월 9일 워릭 대학교의 연구실에서 스키델스키 교수를 인터뷰했다.

| 케인즈 전기를 왜 쓰기로 하셨는지요?

두 세계대전 사이 기간에 관해 제가 전부터 진행하던 역사적 연구로부터 시작되었습니다. 케인즈는 제가 이전에 썼던 저술에서 중심인물이었고 그 당시 제가 갖고 있던 입장을 결정한 중요한 영감의 원천이었습니다. 저는 케인즈가 흥미 있는 사람이라고 생각했고 그에 대해 글을 쓰는 것이 좋을 것 같다고 생각했습니다. 저는 로이 해로드가 쓴 케인즈 전기를 읽은 후 이 결론에 이르렀는데, 그 책에서 너무 모호하고 불분명하게 남겨진 부분들이 많다고 생각했기 때문이지요.

| 케인즈의 생애와 저술에 대한 교수님의 해석은 해로드와 모그리지의 해석과 어떤 점에서 근본적으로 다른가요?

저는 좀 더 역사적으로 접근했습니다. 이게 아마도 가장 큰 차이일 겁니다. 어떤 현상에 관해 사고하는 데는 역사적으로 접근하는 법과 경제학적으로 접근하는 방법이 있습니다. 그렇다고 이 둘 사이를 명확히 구분해야 한다는 것은 아니고, 경제학자들은 일반화를 하는 경향이 있는 반면 역사학자는 특정적이고 예측되지 않았던 것에 주목하는 경향이 있지요. 평균적으로 경제학자보다는 역사학자가 더 좋은 전기를 씁니다. 많은 경제학자들에게 사료는 단순히 자료일 뿐이지 어떤 것을 조명해 주는 역사가 아니지요. 경제학자들은 역사를 통계학자들처럼 다룹니다. 그렇지만 그것은 한 사람의 생애나 저술을 이해하는 데 무언가를 밝게 비춰주는 그런 접근법이 아닙니다.

| 케인즈의 《일반이론》에 관한 해석이 이토록 많은 것은 무슨 이유 때문일까요? 이런 현상은 그 책의 강점을 보이는 것인가요 아니면 약점을 보이는 것인가요?

아마도 가장 중요한 이유는 케인즈가 체계적인 사상가라기보다는 매우 창조적인 사상가라는 것일 겁니다. 케인즈는 장문의 체계적 논문보다는 단문의 에세이에 훨씬 더 능했지요. 그의 마음은

언제나 새로운 아이디어로 넘쳐흘렀고, 그는 어떤 한 방향으로 오랫동안 머물러 있지 못했습니다. 너무 많은 것들이 계속 흘러 들어왔지요. 두 번째 이유는 그의 모든 저술에는 항상 매우 강한 논쟁적 요소가 있다는 것입니다. 케인즈는 무언가를 이루려고 항상 원했습니다. 그러기 위해서는 이론에서 논쟁거리를 골라내야 하는데, 여기에는 어디에서 시작해서 어디에서 끝나는지가 항상 명확하지는 않습니다. 케인즈는 정책적 결론을 이끌어내기 위해 항상 논의의 한 면을 부각시켜 강조하곤 했습니다. 세 번째 이유는 케인즈가 여러 다른 차원에서 작업을 했다는 것입니다. 작업차원이 많으면 그때그때 가장 마음에 드는 차원을 골라 작업을 할 수 있지요. 이것 때문에 이렇게 많은 해석들이 있는 것입니다.

| 이런 다차원적인 면모가 강점이라고 생각하시나요?

예. 왜냐하면 결국 끝까지 남는 것은 엄격함이 아니라 창조성이기 때문입니다. 엄격함은 당대를 위한 것이고, 창조성은 모든 때를 위한 것입니다.

| 케인즈가 《화폐개혁론》에서 《일반이론》으로 옮겨가는 여정 동안 마셜의 요소들 중 어떤 것을 버리고 어떤 것을 유지했나요?

가장 분명한 것은 케인즈가 시간을 다루는 마셜의 특정한 방법을 물려받았다는 것입니다. 케인즈는 많은 저술에서 단기와 장기를 분명히 구분했습니다. 이것은 직접적으로 마셜로부터 내려온 것이지요. 그러나 이것을 곧이곧대로 받아들여서는 안 됩니다. 케인즈는 《일반이론》을 집필하던 시기의 끝부분까지도 자신이 사용할 분석적 방법에 대해, 즉 단기균형 틀을 사용할 것인가 불균형 틀을 사용할 것인가에 대해 상당히 개방된 마음을 갖고 있었습니다. 둘째로 케인즈는 마셜의 기업이론에서 결코 멀리 떨어져 있지 않았습니다. 마셜이 수확체증 현상을 받아들였음에도 불구하고 케인즈는 비논리적이게도 항상 마셜의 완전경쟁모형을 수용했습니다. 케인즈는 그 이상을 전혀 생각해 보지 않았습니다. 그렇기 때문에 케인즈는 불완전경쟁 혁명에 그리 관심이 없었던 것이지요. 저는 이것이 매우 흥미로우면서도 역설적이고 이상하다고 생각했습니다. 사실 케인즈는 피에로 스라파(Piero Sraffa)의 열렬한 지지자였으면서도 스라파의 [1926년] 논문에서 시작하여 조운 로빈슨의 [1933년] 논문으로 이어지는 케임브리지 혁명의 요소를 전혀 받아들이지 않았습니다.[10] 이것은 부분적으로는 케인즈가 미시경제학의 공급 측면에서 매우 마셜적이었고 어쩌면 마셜과 마찬가지로 이런 문제들 중 몇몇에 대해서 혼동하고 있었기 때문일 것입니다. 케인즈는 3세대 기업이론을 믿고 있었고 기업이 시장에서 상당한 독점적 지위를 얻기 전에 자연적으로 소멸한다고 가정

10. Piero Sraffa, "The Law of Returns under Competitive Conditions," *Economic Journal*, December, 1926. Joan Robinson, *The Economics of Imperfect Competition*, London: Macmillan, 1933. 여기서 말하는 '케임브리지 혁명'은 스라파의 논문에 영감을 받아 로빈슨이 본격적으로 다룬 불완전경쟁 경제학을 말한다.

하는 경향이 있었습니다. 세 번째 영향은 사람들의 욕망이 주어져 있는 것이 아니고 사람들에게는 더 높은 차원의 욕망이 존재한다는 생각입니다. 그러나 마셜과 다르게 케인즈는 이 고차원의 욕망이 진화과정에서 확인되는 것이 아니라 철학에서 추론된다고 생각했습니다. 넷째로 케인즈는 마셜로부터 화폐수량설의 현금잔고설을 물려받았습니다. 케인즈는 언제나 화폐수량설을 피셔 방식이 아닌 마셜 방식으로 받아들였습니다. 이것이 케인즈가 《화폐론》을 쓰고 다음에 그것을 넘어 《일반이론》을 쓰게 된 과정이지요. 이런 마셜의 유산은 케인즈에게 정말로 중요했습니다.

| 교수님께서는 케인즈의 방법론적 입장이 어떤 것이라 생각하시는지요?

저는 케인즈가 매우 약한 검증주의자(verificationist)라고 생각합니다. 케인즈는 가설이 이런 저런 종류의 검사에 의해 검증될 수 있다는, 특히 사회과학 혹은 도덕과학에서 가설이 그렇게 검증될 수 있다는 견해를 그리 탐탁하게 여기지 않았습니다. 사실 이것은 케인즈가 계량경제학을 반대한 근본 이유이기도 합니다. 그는 이론에서 가장 중요한 것은 이론이 생산적이어야 하고 사람의 직관에 맞아떨어져야 한다는 것이라 생각했습니다. 이런 직관을 형성하는 데 자료가 매우 중요하다고 생각했습니다. 실제의 세계를 간과해서는 안 된다는 것이지요. 항상 주의 깊은 관찰자가 되어야 하는 것이 경제학자에게 주어진 가장 중요한 임무 중의 하나이지만, 자료는 자연 그대로 주어지는 것이지 가르쳐지거나 미리 손질되어 주어지는 것이 아닙니다. 현대 경제학자들이 바라보는 것들은 모두 미리 손질되어져 있는 것들이지요. 곡선들이 이미 앞에 놓여 있습니다. 케인즈는 경제자료를 그래프로 제시하는 방식을 혐오했습니다. 그렇기에 케인즈는 자신의 저술 어떤 것에서도 그래프를 사용하지 않았습니다. 《일반이론》에 실려 있는 단 하나의 그림은 사실 해로드가 만든 것이지요. 케인즈는 언제나 실제 수치들을 원했습니다. 이 수치들은 가설을 검증하기 위한 것이 아니라 우리 직관이 가질 타당성의 한계를 지적하기 위한 것이었습니다. 만일 수치들이 직관에 완전히 어긋난다면 그것은 아마도 직관이 틀렸다는 것입니다. 그러나 이것은 대략적이고 쉽게 사용할 수 있는 섬승방식이지 결코 검증주의 이론으로 간주될 그런 것은 아니지요. 포퍼의 반증성(falsifiability) 방법에 대해 케인즈가 어떻게 생각했을지는 저도 잘 모릅니다. 아마 검증주의보다는 반증주의에 더 관심을 보였을 것입니다.

| 케인즈에 대해 상세한 전기를 쓰셨는데 연구과정에서 이전과는 다른 뜻밖의 발견이 있었는지요?

뜻밖의 발견은 만약 있다면 역사적 접근법 그 자체에서 나옵니다. 뜻밖의 발견은 케인즈의 사상을 그의 가치관을 포함하여 역사적이고 개인사적인 상황에 매우 주의 깊게 자리지우고 그러기 위해서 좀 더 주변적인 저술에 더 많은 관심을 기울이는 데에서 나오는 것이지요. 어떤 사람의 행동과 사물의 주변에 있는 마음을 볼 수 있는 곳은 보통 그런 주변적인 서술입니다. 저는 《일반이론》 자체보다 1931~33년 기간에 행해진 그의 강의가 어떤 면에서 훨씬 더 흥미롭게 느껴집

니다. 왜냐하면 강의에서는 모든 것이 가공되지 않은 상태로 보이기 때문이지요. 실제로 어떤 작업이 이루어지고 있는지를 훨씬 더 확실하게 볼 수 있습니다. 《확률론》을 쓰고 있을 때 케인즈는 리튼 스트래치(Lytton Strachey)에게 보낸 편지에서 이렇게 말했지요. "이제 내 생각들을 좀 더 형식적인 논문으로 바꾸고 있는 중인데, 이 과정에서 내가 독창적이라고 생각한 것은 모두 잘려져 나갈 것이네. 학자적 삶이라는 게 바로 그런 것 아닌가"라고요. 물론 정말로 그렇지는 않지요. 《일반이론》은 처음 발간되었을 때 혁명적인 책으로 여겨졌으니까요. 그러나 그 책을 만드는 데 들어갔던 무가공 상태의 에너지 중 일부가 없어져 버린 것은 사실입니다.

| 교수님은 "케인즈의 통찰력은 급진적이지만 그의 목적은 보수적"이라고 말씀하셨습니다. 케인즈는 이 모순적인 힘들을 어떻게 화합했나요?

음, 이 질문에 대한 가장 적합한 대답은 갤브레이스가 이미 했다고 봅니다. 그는 화폐와 관련해 급진적인 사람들은 대개 사회적으로는 보수주의자라고 말했지요. 다시 말하면 경제를 치유할 치료법에는 비구조적인 것이 있는데 이 치료법은 기존의 구조를 유지하는 것이 목적입니다. 제 생각에는 이것 자체가 문제가 되지는 않습니다. 케인즈 시대에 존재했던 서로 경쟁하던 급진주의들, 특히 마르크스주의를 생각해 보면, 케인즈의 이론은 그것들과 비교할 때 사회질서에 관해 매우 보수적이었고 또 의도적으로 그랬습니다. 케인즈는 반복해서 이렇게 말하곤 했지요. 만일 내가 제시하는 온건한 치유책을 받아들이지 않는다면 조만간 내 것보다 더 받아들일 수 없는 치유책을 받아들여야 하는 일에 부닥칠 것이라고요. 저는 그의 이론이 기존의 사회질서를 유지하는 데 도구적 역할을 할 뿐이라고는 생각하지 않습니다. 케인즈는 그런 사회질서 유지를 목표 중의 하나로 생각하고 있었지요. 케인즈는 또 경제를 운용하는 방식을 조금만 변경하면 경기변동의 최악상황을 피하고 경제를 안정화시킬 수 있다고 실제로 믿었습니다. 경제과학을 개선하면 그렇게 할 수 있다는 것이었습니다. 따라서 경제이론으로 볼 때 케인즈는 종국적으로 매우 급진적이었지만, 《일반이론》의 결론 부분을 볼 때 그는 자신의 이론이 온건한 보수주의라고 주장하고 있는 것이지요.

| 케인즈가 '투자의 사회화'를 이야기할 때 그가 의미하는 바는 정확히 무엇인가요?

케인즈는 정치적 조작자였고, 이 말은 그가 노동당에게 던진 말들 중의 하나입니다. 이 표현은 케인즈가 자본주의의 자궁 속에서 성장하고 있는 사회주의적 제도를 이야기하면서 1920년대에 사용한 표현입니다. 1920년대 말에 이르러 케인즈는 민간기업의 많은 부분이 더 이상 정확히 민간적이지 않다고 주장했습니다. 기업 경영자들이 단기의 이윤극대화보다는 안정성에 더 관심을 보였기 때문에 기업은 어떤 의미에서 사회화되었다는 것이지요. 기업은 일단 일정 정도의 규모에 도달하자 공공적인 동기와 책임을 갖기 시작했고, 공격적인 구식의 슘페터적 기업가가 아니라 공무원에 더 가까운 사람들에 의해 운영되었습니다. 따라서 투자의 사회화라는 표현을 최소한의 의미로 보면, 그것은 단순히 자본주의 체제의 자연적 진화에서 발생하는 투자기준의 사회화 경향을 말할 뿐입니다. 제 생각으로는 갤브레이스도 그의 《신산업사회》(*New Industrial State*, 1967)에서 이와 비슷한 생각을 갖고 있었습니다.

| 케인즈주의가 급격하게 전파된 사실, 특히 미국에서 그랬다는 사실을 교수님은 어떻게 설명하시겠습니까?

음, 케인즈주의가 미국에서 급격하게 전파되었나요? 미국 전체를 보았을 때 학계에서 케인즈주의의 수용은 매우 부분적이었습니다. 물론 하바드 대학교에서는 재빨리 수용되었습니다. 하바드 대학교와 워싱턴 정계의 연결고리는 매우 잘 연구되어 있지요. 케인즈주의가 공공지출 형태가 아니라 조세감면 형태를 갖게 되자, 케인즈주의가 보수적인 기업의 지지를 많이 얻게 된 것은 물론입니다. 케인즈주의는 언제든지 공급 측면에서 정당화될 수 있습니다. 그렇기 때문에 1980년대에 케인즈에 대한 레이건식 해석이 가능했던 것이지요. 1940년대와 1950년대에는 이보다 훨씬 더 온건한 형태의 내장된 안정화 장치 해석이 있었습니다. 저는 개인적으로, 케인즈가 최근에 들어 특히 루스벨트 대통령의 뉴딜 정책의 초기에 그의 《일반이론》 이전 입장으로 받고 있는 평가보다 더 많은 영향을 뉴딜 정책에 끼쳤다고 생각합니다. 그러나 영국에서처럼 케인즈주의는 실제로는 전시 재정과 연계되어 미국에 도달했던 것이지요.

| 교수님은 케인즈의 이론과 케인즈주의자들의 이론을 분명히 구분하시나요? 특히 *IS-LM* 해석에 대한 교수님의 생각은 어떠신지요?

최초 선구자의 업적과 그 후의 추종자들의 업적은 항상 구분되어야만 합니다. 최초의 이론이 갖는 독창성, 순진무구함, 날카로움 등은 일상적인 생활에 맞도록 수정이 되지요. 케인즈는 언제나 자기의 이론 중 일부가 모형화될 수 있도록 많은 주의를 기울였습니다. 물론 자신이 그 모형화에 많은 시간을 할애하지는 않았지요. 모형화 작업은 다른 사람들, 힉스뿐만 아니라 해로드와 미드 등이 하도록 남겨졌습니다. 이들에 의해 모든 것이 연립방정식 체계로 환원되었지만, 이런 접근방식은 케인즈 자신의 의도에 충실한 것은 아니었습니다. 케인즈는 이보다는 연쇄적인 방정식 체계를 더 선호했습니다. 인과관계의 연결고리에 훨씬 더 관심을 가졌고 그 연결 관계를 알아내려고 했던 것이지요. 힉스는 《일반이론》에서 가장 핵심적인 부분을 떼어내어 일반화시켰으며 수용가능성을 높였습니다. 그럼으로써 신고전파 종합으로 가는 초석을 마련했지요. 저는 이것이 분명 매우 중요한 홍보작업이었지만 케인즈가 이야기하려고 했던 것의 진수를 파악했다고는 생각하지 않습니다. 사실 힉스도 이것을 인정했지요. 재미있는 것은 힉스의 해석에 대한 케인즈의 반응입니다. 여기서 저의 입장은 파틴킨의 입장과 약간 다릅니다. 파틴킨은 케인즈가 힉스의 해석을 자기 이론에 대한 완벽히 정확한 해석으로 인정했다고 항상 주장했습니다. 케인즈가 힉스의 해석을

비판한 적이 없다는 것은 명백한 사실입니다. 제 생각으로는, 이상하게 들릴지 모르겠지만, 케인즈는 힉스 해석의 의미를 전혀 파악하지 못했고 그것이 특별히 흥미로운 것이라고 생각하지 않았습니다. 케인즈가 힉스의 해석에 한 번도 반응하지 않았다는 것, 이 사실이 중요합니다. 힉스의 해석이 훌륭하다거나 형편없다고 케인즈가 말했다는 것이 아니라 단지 전혀 반응하지 않았다는 것이고, 이 사실은 수수께끼 같습니다. 케인즈는 꼼꼼한 답변자였습니다. 그러나 힉스가 자신의 해석을 케인즈에게 보냈지만 케인즈는 6개월이 넘도록 답변을 하지 않았고, 결국 중요하지 않은 한두 가지 논점을 제외하고는 "이것에 대해서는 할 말이 없습니다"라고 답장을 보냈습니다. 케인즈는 힉스가 그리 흥미로운 경제학자라고 생각하지 않은 것으로 보입니다. 그는 힉스가 중간 이상의 능력을 가졌다고 말했습니다. 그러나 이것은 실수였습니다. 힉스에게는 케인즈가 반응하지 않은 그 어떤 것이 있었지요. 이것은 칼도가 힉스에게 했던 것과 똑같은 것이기도 하지요. 칼도는 언젠가 제게 힉스는 위대한 경제학자가 아니라고 하면서, "위대한 경제학자는 시사 논평자여야 합니다. 힉스는 판사입니다. 그는 모든 것의 경중을 비교하고 중간 견해를 택하지요. 이것은 아담 스미스의 전통이 전혀 아닙니다. 케인즈는 바로 아담 스미스의 전통 속에 있었지요. 나 칼도도 그 전통 속에 있습니다. 힉스는 아닙니다"라고 말했습니다. 케인즈와 힉스 사이에는 동일 감정이 결여되어 있었고 그래서 케인즈는 힉스가 했던 것들을 무시하는 경향을 보였던 것입니다.

| 케인즈는 《일반이론》에서 고전학파 경제학자들을 불공정하게 다루었나요?

그렇습니다. 케인즈는 '샐리 아줌마' 놀이에서처럼 일종의 허수아비를 내세웠습니다. 고전학파 경제학자들 중에는 케인즈가 고전학파 경제학자들이 주장했다고 말한 것을 믿었던 사람은 전혀 없었습니다. 케인즈와 동시대 경제학자들 중에도 그렇게 믿었던 사람은 없었습니다. 로버트슨도, 호트리도, 하이에크도 고전학파 경제학자가 아니었습니다. 유일하게 고전학파 경제학자였던 사람은 피구 정도였지요. 여기서 케인즈는 매우 의도적이었습니다. 케인즈는 그가 고전학파 경제학으로 묘사하는 것이 당대의 경제학자들이 실제로 믿었던 것이 아니라 그들이 이야기하는 것을 이해가능하게 하기 위해서 믿어야만 할 것이라고 말했지요. 케인즈는 그들의 전제가 그들의 결론과 모순이 없도록 되어야 한다고 당대 경제학자들에게 도전장을 내밀었던 것입니다.

| 만일 《일반이론》이 *1926*년에 발간되었다면 *1930*년대에 발생했던 경제적 파국을 피할 수 있었을까요?

아닙니다. 제 생각으로 《일반이론》은 10년 일찍 발간될 수 없었을 것입니다. 고전학파 경제학과 경제의 행동 방식에 대한 그 특정한 비판이 결정화될 수 있기 위해서는 대공황이 필요했습니다. 케인즈의 여러 책들은 서로 다른 시기의 경험을 훌륭하게 반영하고 있습니다. 《화폐개혁론》은 1920년대의 상황을 잘 요약하고 있으며 대공황과는 아무런 관련도 없습니다. 이 책에서 제시된 것은 개방경제 모형에서 한 국가의 경제상황이 그리 좋지 않은 경우입니다. 《일반이론》은 세계의 경제공황에 관한 책이며, 따라서 정부를 통하지 않고서는 다른 해결방안이 없습니다. 그런데 당신의 질문은 이 외에도 '더 나은 이론이 있었다면 더 나은 경제정책이 나올 수 있지 않았을까' 라는 내용을 포함하고 있는 것 같군요. 필요했던 것은 더 나은 이론만이 아니라 사람들이 받아들일 수 있는 더 나은 이론이기도 했습니다. 이 둘은 매우 다른 것이지요. 제가 언뜻 느끼기에 모든 케인즈주의 형식의 이론들은 상황이 아주 나빠지면 사람들에게 인정을 받지 못하기 시작하는 것 같습니다. 역설적인 상황이지요. 이 이론들은 가장 덜 필요할 때 가장 잘 인정되곤 했습니다. 다시 말하면 모든 사람들이 케인즈주의자였던 1950년대와 1960년대에는 케인즈주의적 정책의 압력이 필요 없던 때였지요. 그리고 그런 압력이 시작되면 정통파이론은 다시 복귀하는 버릇이 있습니다. 여기에는 심리적으로 잘 이해되지 않는 점이 있습니다. 즉 사람들은 커다란 스트레스를 받고 신경이 크게 날카로워져 있을 때 새롭게 나타난 것보다는 이전에 믿고 따르던 가장 오래된 것에 집착한다는 것입니다.

| 교수님께서는 케인즈의 이론적 업적을 감소시키는 데 피구효과가 과도하게 강조되었다고 생각하시는지요? 케인즈 자신은 이 개념을 미리 알고 있었고 거부하지 않았었나요?

이 개념은 1920년대에 논의된 '유인된 결여(induced lacking)' 개념의 맥락 속에서 도입되었습니다. '유인된 결여' 개념은 케인즈가 로버트슨의 《은행정책과 물가》(*Banking Policy and the Price Level*, 1926)에 첨가했던 것입니다. 이 개념은 인플레이션에 의해 감소된 현금의 실질가치를 원래 수준으로 돌리기 위해 저축을 증가시키는 경우를 뜻합니다. 일종의 균형 메커니즘인데 케인즈는 이 실질잔고효과를 로버트슨에게 제시했습니다. 왜 케인즈는 이 효과가 반대의 경우에, 즉 디플레이션의 상황에도 작동할 것을 보지 못했을까요? 제 생각으로 그 답은 케인즈가 그런 균형적 사고방식으로 사고하지 않았다는 것입니다. 저도 케인즈가 실제로 그런 식으로 사고하고 있었다고 하는 프레슬리(Presley, 1986)의 주장을 알고는 있지만 그의 주장은 설득력이 없습니다. 피구효과의 경우 케인즈는 왜 그것을 이론상의 가능성으로만 생각하고 현실적으로는 관련성이 적거나 매우 약한 효과만을 갖는 것으로 폄하하지 않았을까요? 그 이유는 서노 보릅니다. 케인즈는 사회 전체가 점점 더 빈곤화되는 상황이 가져올 결과에 많은 우려를 갖고 있었습니다. 실질잔고의 기계적 조정 같은 데는 관심이 적었지요.

| 제2차 세계대진 이후의 기간에 영국과 미국에서 케인즈 혁명은 어느 정도였나요? 교수님께서는 케인즈가 케인즈 자신의 이름하에 시행된 그 많은 정책들을 인정했으리라 생각하시는지요?

혁명이 없었다고는 말하기 힘들 겁니다. 혁명이 있었다는 데 의문을 표하는 사람들이 있기는 합니다. 그러나 저는 아직도 고용수준을 안정적으로 계속 높은 수준으로 유지해야 한다고 하는 주장은 새로운 주장이었다고 생각합니다. 이전에 그런 말을 한 정부는 없었으니까요. 어느 정도로

그렇게 하려고 했는가는 다른 문제입니다. 그러나 일단 말로 표현되면 정치가들이라 하더라도 어느 정도 그 말에 제약을 받게 됩니다. 그리고 물론 정치가들은 만약 제2차 세계대전 전에 있었던 것과 약간이나마 다른 경제 모형을 알고 있었고 제2차 세계대전 중에 행해졌던 케인즈주의적 재정관리를 약간이나마 경험했더라면 분명히 그런 공약을 내세웠을 겁니다. 따라서 서로 다른 나라에서 분명히 서로 다른 형태이기는 하지만 케인즈 혁명이 전 세계적으로 있었습니다. 모든 국가들이 케인즈로부터 자신들이 원하던 것을 찾아내어 자신들의 전통에 접목시켰던 것입니다.

| 정치경제학자로서 케인즈에게 '하비가의 전제들(*presuppositions of Harvey Road*)'[11] 은 얼마나 근본적일까요? 공공선택학파와 정치적 경기변동이론에서 이루어진 연구들은 케인즈가 정치적으로 미숙했음을 분명 보여주지 않았나요?

그렇지 않습니다. 저는 그런 판단을 인정하지 않습니다. 한 사람이 어떤 문제와 관련된 시대를 살았지만 그 시대에 발견된 여러 점들을 제대로 인지하는 데 실패하지 않았다면 그 사람을 미숙했었다고 부를 수는 없습니다. 미숙했다는 말은 케인즈에 대해 사용할 수 있는 말이 아닙니다. 저는 케인즈가 1960년대와 1970년대를 살았더라면 그의 정치적 관점을 더 발전시켰으리라 생각합니다. 저는 케인즈가 당대에 채택했던 가정들은 이 이후 시대의 사실보다는 그 시대의 사실들과 좀 더 잘 부합했을 것이라 생각합니다.

| 케인즈 이외에 《일반이론》 이후 거시경제학의 발전에 가장 중요한 영향을 끼친 경제학자는 누구라고 생각하시는지요?

두말 할 것 없이 그것은 프리드먼입니다. 케인즈에 대한 도전자로서, 그리고 독자적인 사상의 지도자로서 모두 그렇지요. 케인즈에 대한 프리드먼 식의 도전은 또 합리적 기대 혁명으로 이어졌지요. 프리드먼이 거시경제학자였고 경제 안정화에 있어 거시경제학이 갖는 역할에 관해 케인즈와 많은 생각을 공유하고 있었다는 사실을 이해하는 것은 매우, 정말로 매우 중요합니다. 프리드먼은 언제나 케인즈의 《화폐개혁론》을 높이 평가했습니다. 20세기의 다른 위대한 경제학자는 하이에크입니다. 그러나 그는 거시경제학에 신념을 갖고 있지 않았습니다. 하이에크는 매우 극단적인 방법론적 개인주의자였기 때문에 거시경제학이 타당한 과학이라고 믿지 않았던 것이지요.

| 케인즈는 《일반이론》에서 기대의 중요성을 강조했습니다. 이를 고려할 때 교수님께서는 루커스 등이 발전시킨 합리적 기대가설과 새고전파 모형을 케인즈가 어떻게 받아들였을 것이라 생각하십니까?

11. 하비가(Harvey Road)는 케인즈 가족이 살던 영국 케임브리지의 거리 이름이다. '하비가의 전제들'은 케인즈의 전기를 쓴 로이 해로드(Roy Harrod)가 사용한 표현으로, 정부의 정책이 사심 없이 사회 전체의 이익을 위해 일하는 능력 있는 엘리트 관료들에 의해 결정되고 운용되어야 한다는 (케인스의) 믿음을 뜻한다.

다시 말하지만 이 질문에 답하는 것은 매우 어려운 일입니다. 왜냐하면 이 질문은 케인즈의 인식론에 관한 것이고, 그의 《확률론》으로 이어지는 질문이기 때문입니다. 이 질문은 사람들이 신념의 합리성에 대해 어떻게 이야기하는가에 관련된 것입니다. 케인즈에게도 합리적 기대가 번뜩번뜩 보이기는 합니다. 예를 들어 순간적 투자승수 개념에서 사람들은 순간적으로 모든 효과들을 예측한다고 가정되기 때문에 순간적 투자승수에 관한 합리적 기대를 이야기할 수 있을 것입니다. 그러나 분명한 것은 전체적으로 보아 케인즈의 주된 생각은 불확실한 기대였습니다.

| 데이비드 레이들러(*Laidler, 1992b*)는 경제학자들이 낮은 수준의 역사적 지식을 갖고 있음을 지적했습니다. 역사학자 겸 경제학자로서 교수님께서는 이 견해에 동의하십니까?

예, 저도 그렇게 생각합니다. 부분적으로 제가 이미 앞에서 말했던 이유 때문입니다. 경제학자들은 대체로 훌륭한 역사학자가 아닙니다. 이런 경향은 특히 케인즈 연구가 주로 단 하나의 저술, 즉 《일반이론》만 강조하거나 그것에만 관심을 집중시키기 때문에 발생한다고 저는 믿습니다. 이런 케인즈 연구는 《일반이론》이 케인즈의 사고체계 전체와 당대의 역사에 어떻게 맞아 들어가는지에 대해서는 전혀 관심을 보이지 않습니다. 이것을 이해한 몇 안 되는 경제학자들 중의 한 명이 바로 악셀 레이욘후푸드(Leijonhufvud, 1968)입니다. 그는 《화폐론》을 중요하게 다뤘고, 그럼으로써 《화폐론》과 《일반이론》 사이의 중간 단계에 있는 케인즈주의 이론의 모습을 보여주려고 시도했습니다. 이것은 매우 흥미로운 시도였지요. '신연구'는 후기 케인즈의 경제학적 저술과 초기 케인즈의 철학적 저술을 연결시키는 문제를 심각하게 다루었지만, 이상하게도 이 접근방식은 비역사적입니다. 예를 들어 이 연구는 역사학자라면 본능적으로 보게 될 것과는 달리, 《확률론》이 1914년 이전에 써진 저술이라는 사실을 간과하고 마치 그곳에 케인즈 사상의 뿌리가 있는 듯이 생각합니다. 이런 새로운 방향으로 연구하는 연구자들은 《확률론》을 《일반이론》의 옆에 두고 그 차이점과 유사점을 찾아내려고 합니다. 이것은 역사적인 방법이 아닙니다.

| 케인즈의 경제학에 영향을 끼친 비경제적 요소들은 어떤 것들이 있나요?

저는 세 가지의 비경제적 요소들이 있다고 생각합니다. 첫째는 케인즈가 대학교에 배웠던 고전과 고전적인 세계 및 방법에 대한 케인즈의 감각입니다. 케인즈의 저술에는 수많은 고전과 동화에 대한 언급이 있습니다. 둘째는 신학입니다. 케인즈가 사용한 언어와 그 사용법의 많은 부분이 상당히 신학적인 내용을 담고 있습니다. 모든 것을 다 고려해 볼 때 결국 경제학은 신학의 후계자였고 신학이 가졌던 특색들의 많은 부분을 물려받았습니다. 셋째는 예술입니다. 경제활동은 무엇을 위한 것일까? 이 질문은 〈우리의 후손을 위한 경제적 가능성〉("Economic Possibilities for Our Grandchildren", 1930) 같은 에세이에 특히 잘 나타나 있습니다. 미학은 경제학의 역할에 대한 케인즈의 생각에 많은 영향을 끼쳤습니다.

| 앨런 월터스(*Alan Walters*)나 패트릭 민퍼드(*Patrick Minford*) 같은 영국의 대표적인 통화주의자들은 영국이 유럽환율제도(*Exchange Rate Mechanism, ERM*)에 가입하는 데 격렬하게 반대했습니다. 이것은 *1920*년대 케인즈가 처칠의 정책을 공격했던 것과 기분 나쁠 정도로 비슷합니다. 이 두 사건은 유사점이 있나요?

이 두 사건은 여러 점에서 비슷합니다. 양자의 경우 모두 파운드화가 과대평가되어 있었고 조정과정에 대해 충분한 관심이 기울여지지 않았습니다. 금본위제도에 대한 케인즈의 반대는 《화폐개혁론》의 주장에 근거해 있었는데 매우 통화주의적인 입장이었습니다. 이 책은 가격이나 환율이 바뀌었을 때 발생하는 조정과정의 시차 체계에 관한 것입니다. 그러나 저는 케인즈가 1970년대 통화주의적인 의미에서 현금 확대주의자가 결코 아니라고 생각합니다. 케인즈는 관리체계를 원했습니다. 그가 브레튼우즈 체계의 주설립자 중의 한 사람이라는 것을 잊지 말기 바랍니다. 자본 통제가 없고 금융제도에 대한 규제가 케인즈 시대보다도 훨씬 더 완화되어 있는 세계에서 과연 정부가 투기자와의 싸움에서 이길 수 있다고 케인즈가 생각했을까 아닐까는 쉽게 추측할 수 있을 것입니다. 따라서 고정환율제를 유지하려는 시도는 실패할 수밖에 없습니다.

| 케인즈주의가 위기에 처해 있다는 생각은 1970년대에는 널리 인정되었는데, 이런 생각이 최근에 다시 고개를 들고 있습니다. 이것을 어떻게 설명할 수 있을까요? 교수님께서는 케인즈주의가 거시경제학에서 중심을 이루는 합의가 다시 나타날 수 있다고 보시는지요?

음, 그러리라고 생각합니다. 케인즈가 한 말 중에 제가 보기에 영원한 가치를 갖고 있고 경제의 작동방식에 대한 어떤 사고에서도 반드시 들어가야 할 말이 두 가지가 있습니다. 첫째, 그는 불안정성을 발생시키는 불확실성을 강조했습니다. 투기는 경제의 균형 작동인데, 투기를 통한 균형은 다른 시장에서 극심한 불안정성을 발생시킵니다. 둘째, 케인즈는 가격만이 아니라 가격과 소득 그리고 생산량에 대한 영향들을 강조했습니다. 이 두 가지 생각은 매우 중요한 것으로 경제의 작동 방식을 이해하고자 하는 현대의 경제학이라면 반드시 염두에 두어야 할 것입니다. 경제가 불안정하고, 경기후퇴가 충분히 심각하며, 이 여파가 자동적으로 사라지지 않을 것이라 생각하는 사람이라면, 여기서 정부가 어떤 역할을 할 수 있다고 믿을 수밖에 없을 것입니다. 반면에 정부가 많은 역할을 해서는 안 되고 단지 몇 가지 소수의 규칙만을 따라야 한다고 주장하는 경제학자들도 있습니다. 바로 여기가 진짜 논쟁이 이루어지는 곳이고, 여기서 저는 케인즈의 편에 서 있습니다. 물론 이것이 케인즈가 실제로 내세운 처방을 그대로 따라야 한다는 것을 의미하지는 않습니다. 시대는 변합니다. 따라서 케인즈의 정책도 시대와 함께 변해야 할 것입니다.

| 만일 케인즈가 *1969*년에도 살아 있었다면 노벨경제학상을 받았을까요?

아. [웃음을 터뜨림] 음, 그렇다고 말할 수밖에 없을 것 같네요. [더 웃음을 터뜨림]

3

정통파 케인즈주의 학파

케인즈 혁명은 20세기 경제과학에서 일어난 가장 중요한 사건이었다. (Samuelson, 1988)

3.1 서론

《일반이론》이 출간된 후 10여 년 동안 '케인즈 대 고전학파' 논란에 참여했던 경제학자들은 케인즈의 주장과 케인즈 비판자들의 반대 주장을 명확히 하려고 노력했다. 예를 들어, 모딜리아니의 논문(Modigliani, 1944)의 주제는 극단적인 임금 경직성과 몇몇 특별한 극한적 경우를 제외하면 케인즈 체계에서도 가격의 신축성을 통해 완전고용 균형이 다시 이루어진다는 것을 보이고자 하는 것이었다. 그러나 1950년 중반에 들어서서 새뮤얼슨(Samuelson, 1955)은 휴전을 선포하였다. 새뮤얼슨은 미국 경제학자의 90%가 이제 더 이상 반케인즈주의자와 친케인즈주의자로 나누어지지 않고 오히려 신고전파 미시경제학과 케인즈주의 거시경제학이 서로의 옆에서 같이 다정히 지낼 수 있다고 생각하는 '신고전파 종합(neoclassical synthesis)' 속에서 연구를 진행하고 있다고 주장했다. 고전학파/신고전파 모형은 미시경제적 문제와 성장에 대한 장기적 분석에 여전히 유효한 반면, 정통파 케인즈주의 거시경제학은 단기의 총량 현상을 분석하는 데 매우 유효한 틀을 제공한다는 것이다. 이 역사적 타협의 산물은 1970년대까지 경제학의 지배적 패러다임으로 군림했다.

이 장의 주목적은 4가지다. 첫째, 케인즈의 《일반이론》에 대한 해석 중 매우 큰 영향력을 가졌던 정통파 케인즈주의적 해석, 즉 힉스의 폐쇄경제 IS–LM 모형을 간단히 다시 살펴보고, 그 다음에 이 모형의 맥락 속에서 과소고용실업에 대한 이론적 논란을 좀 더 상세히 살펴보는 것이다(3.3~3.4절). 둘째, 이 모형을 개방경제로 확장시킬 때 재정정책과 통화정책이 경제안정화에 얼마나 실효가 있는가를 분석하는 것이다(3.5절). 셋째, 원래의 필립스 곡선 분석을 논의하고 정통파 케인즈주의 분석에서 필립스 곡선이 갖는 중요성에 대해 논평하는 것이다(3.6절). 그리고 마지막으로, 이 논의를 바탕으로 정통파 케인즈주의 경제학이 제시하는 주요 명제들을 요약하는 것이다(3.7절).

독자들은 이 장과 다음 장들에서 서로 연관된 두 개의 문제가 반복해서 나타남에 유의해야 할 것이다. 그 문제는 (i) 경제의 자기균형적 성질에 대한 논란과 (ii) 정부개입에 따른 정책의 역할이다. 거시경제학에서 이 주요 문제에 대해 초기의 정통파 케인즈주의가 어떻게 접근했는지를 검토함으로써 우리의 논의를 시작하자.

3.2 정통파 케인즈주의 학파

제2차 세계대전 이후 몇 해 동안 정통파 케인즈주의 학파 내에서는 다음과 같은 신념들이 가장 눈에 띄는 중심명제로 제시되었다.

1. 경제는 본질적으로 불안정하며 불규칙적인 충격에 노출되어 있다. 이 충격은 우선적으로 기업의 자신감 상태, 혹은 케인즈가 투자자의 '동물적 본성(animal spirits)' 이라 칭한 상태가 변화하기 때문에 발생하는 투자의 한계효율성 변동에 기인한다(제2장 2.8절 참조).
2. 경제에 어떤 교란이 일어난 후 경제가 혼자 힘으로 작동하도록 놓인다면, 그 경제가 완전고용에 가까운 상태로 가기까지 오랜 시간이 걸릴 수 있다. 즉 경제는 신속한 자기교정적 성질을 갖고 있지 않다.
3. 총산출량과 총고용량은 본질적으로 총수요에 의해 결정되며, 정책당국은 총 '유효' 수요에 영향을 끼치는 개입을 하여 경제가 완전고용에 더 신속하게 복귀할 수 있도록 할 수 있다.
4. 경제안정화 정책에 있어 재정정책은 통화정책에 비해 일반적으로 더 선호된다. 왜냐하면 재정정책의 효과는 통화정책의 효과보다 더 직접적이고, 예측가능하며 총수요에 더 신속하게 작용하기 때문이다.

이러한 신념들은 IS–LM모형으로 알려져 있는 정통파 케인즈주의 모형에서 발견되는 것들이다. 이제 이 모형을 다루기로 하자.

3.3 폐쇄경제 IS-LM 모형

최근까지도 거시경제학 발전에 커다란 영향을 끼쳐온 정통파 케인즈주의 모형은 원래 힉스(Hicks, 1937)의 유명한 논문인 〈케인즈 씨와 '고전학파' : 한 해석의 제시〉("Mr. Keynes and the 'Classics': A Suggested Interpretation")에서 유래했다. 이 힉스의 모형은 이후 모딜리아니(Modigliani, 1944)에 의해 더 발전되었고 미국에서 핸슨(Hansen, 1949, 1953)에 의해 대중화되었다. 이후 반세기 동안 힉스의 IS–LM 모형은 거시경제학 이론에서 공인된 모형이었고 1960년대 중반에 이르기까지 거시경제정책의 방향에 지대한 영향을 끼쳤다.

여기서는 대부분의 독자들이 적어도 IS–LM 모형의 도출방식에 친숙하다고 가정할 것이다. 따라서 우선 폐쇄경제 모형의 주요 특징들을 간단히 살펴보기만 할 것이다. 특히 어떻게 이 모형에서 총수요, 따라서 산출량과 고용량을 결정하는 데 있어 실물적 요소와 화폐적 요소가 결합되는지를 살펴볼 것이다. 모형이 어떻게 도출되는지(혹은 이 모형이 어떻게 개방경제로 확장되는지) 잘 알지 못하는 독자는 표준적인 거시경제학 교과서, 예를 들어 돈부시 외(Dornbusch et al., 2004)를 참조하라. 이제 먼저 재화시장과 *IS*곡선을 다루면서 논의를 시작하자.

3.3.1 재화시장과 *IS*곡선

재화시장의 균형은 재화에 대한 총수요와 총공급이 일치할 때 발생한다. 정통파 케인즈주의 모형에서 산출량과 고용량은 전적으로 총수요에 의해 결정된다고 가정된다. 즉 공급측 제약은 무시된다. 폐쇄경제에서 총수요는 소비, 정부지출, 그리고 투자를 포함한다. 분석을 간단히 하기 위해 소비지출은 외생적으로 결정된다고 가정되고, 투자는 이자율과 역관계를 갖는 것으로 다루어진다. 이자율은 재화시장과 화폐시장의 상호작용에 의해 모형에서 결정되는 변수다.

*IS*곡선은 재화시장의 균형에서 얻어지는 이자율과 소득의 짝의 궤적을 표현한다. *IS*곡선이라는 이름은 정부부문이 없는 폐쇄경제에서 투자(*I*)가 저축(*S*)과 일치하는 재화시장 균형조건에서 나왔다. 투자가 이자율과 역관계에 있다고 가정되기 때문에, *IS*곡선은 하향곡선으로 그려진다(그림 3.2 참조). 다른 것이 모두 일정할 때, 이자율이 하락하면 투자가 증가하고, 그 결과 소득이 상승한다. *IS*곡선의 기울기는 투자지출의 이자율 탄력성과 투자승수의 크기에 좌우된다(제2장 2.8절 참조). *IS*곡선은 이자율 변화에 대한 투자의 반응이 약할수록(강할수록), 그리고 승수의 크기가 작을수록(클수록), 그 기울기가 가파르다(완만하다). 예를 들어, 다른 모든 것이 일정할 때, 일정한 이자율 하락에 대해 상대적으로 더 적은 양의 투자가 증가한다면 소득은 상대적으로 더 적은 양으로 증가할 것이고, 그 결과 *IS*곡선의 기울기는 상대적으로 더 가파르게 될 것이다. 이와 비슷하게, 승수의 크기가 작을수록 일정한 양의 투자 증가에 대해 소득이 상대적으로 더 적은 양으로 증가할 것이고, 그 결과 *IS*곡선은 그 기울기가 상대적으로 더 가파라질 것이다. 투자가 이자율에 대해 완전히 비탄력적인 극한적인 케인즈주의의 경우, *IS*곡선은 수직이 된다.

마지막으로 *IS*곡선이 정부지출, 조세, 그리고 기대가 주어져 있다는 가정 하에서 그려진다는 사실을 잊어서는 안 된다. 따라서 확대재정정책(정부지출의 증가 혹은 조세의 감소, 혹은 좀 더 낙관적인 경기전망)은 *IS*곡선을 오른쪽으로 이동할 것이다(긴축재정정책의 경우는 그 반대로 나타날 것이다). 예를 들어 정부지출이 증가하면 주어진 이자율에 대해 소득이 더 증가할 것이고, 그 결과 *IS*곡선은 정부지출에 승수값을 곱한 크기만큼 우측으로 이동할 것이다. 이제 화폐시장과 *LM*곡선을 보기로 하자.

3.3.2 화폐시장과 *LM*곡선

화폐시장의 균형은 화폐수요와 화폐공급이 일치할 때 발생한다. 화폐공급은 정책당국에 의해 외생적으로 주어진다고 가정된다. 모형에서는 화폐를 보유하고자 하는 동기로서, 거래적(transactions) 동기, 예비적(precautionary) 동기, 투기적(speculative) 동기의 3가지 동기가 있음을 확인한다. 거래적 동기와 예비적 동기에 따른 화폐잔고 수요는 소득과 정관계에 있다고 가정된다. 투기적 잔고, 즉 유휴잔고(idle balances)에 대한 수요는 정상이자율에 비교한 현재의 이자율에 따라 달라진다. 미래의 이자율에 대한 기대가 사람마다 서로 다를 것이라 가정하면, 투기적 잔고 수요가 이자율과 역의 방향으로 변동할 것이라고 가정할 수 있게 된다(그림 3.1 참조). 현재의 이자율이(정상이라고 생각되는 수준에 비해 상대적으로) 높으면 높을수록, 앞으로 이자율이 하락할 것이라고(따라서 채권가격이 상승할 것이라고) 기대하는 사람들이 더 많아지고, 그 결과 투기적 잔고에 대한 수요는 더 작아질 것이다. 이론적으로 가능한 경우이지만 매우 중요한 경우가 있는데. 그것은 과소고용균형 상태에서 관찰될 수 있는 매우 낮은 이자율의 경우 화폐수요가 이자율에 대해 완전히 탄력적인 경우다. 이 경우는 〈그림 3.1〉에서 화폐수요곡선이 r^*의 이자율에서 수평인 것으로 나타난다. r^*에서는 모든 사람들이 앞으로 이자율이 상승할 것이라고 기대하는 기대의 수렴현상이 발생하고, 그 결과 화폐수요는 이자율에 대해 완전탄력적이 된다. 이것이 소위 '유동성 함정(liquidity trap)' 이다. 유동성 함정과 관련하여 흥미로운 사실은, 케인즈가 유동성 함정을 이론상의 가능성으로만 제시했

그림 3.1 • 투기적 화폐잔고에 대한 수요

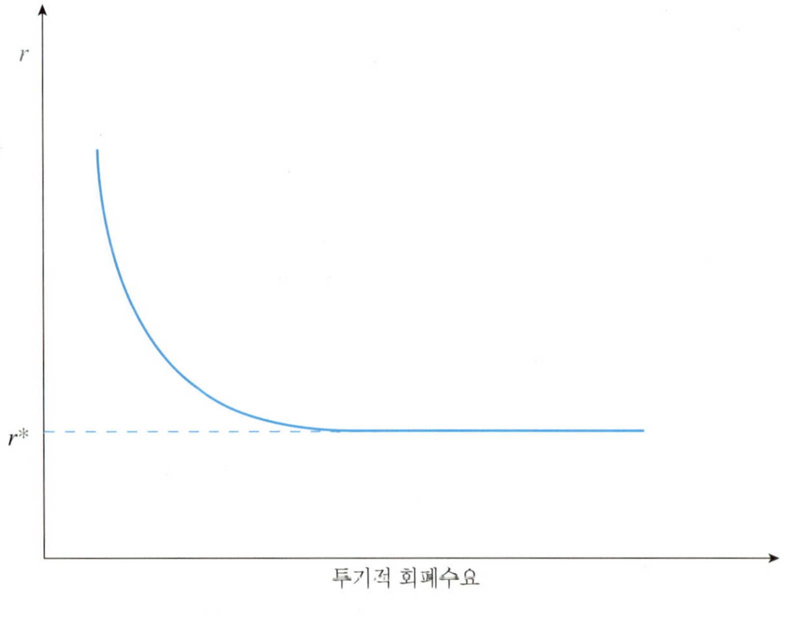

을 뿐 그 자신도 실제로 발생한 경우에 대해서는 전혀 아는 바가 없다고 말하기까지 했다는 것이다(Keynes, 1936, 207쪽). 그럼에도 불구하고 아래 3.4.2절에서 논의하듯이 유동성 함정은 정통파 케인즈 모형의 과소고용균형 분석에서 매우 중요한 역할을 한다.

*LM*곡선은 화폐시장의 균형을 이루게 하는 이자율과 소득의 궤적을 나타낸다. *LM*곡선이라는 이름은 화폐수요, 즉 케인즈가 유동성 선호(*L*)라 부른 것이 화폐공급(*M*)과 일치하는 화폐시장 균형 조건으로부터 유래되었다. 화폐수요가 소득에는 같은 방향으로, 이자율에는 역의 방향으로 연관된다고 가정할 때, *LM*곡선은 우상향한다(그림 3.2 참조). 다른 모든 것이 일정할 때, 소득이 증가하면 거래적 동기와 예비적 동기에 따른 화폐수요가 증가하고, 이 화폐수요의 증가는 화폐공급이 일정할 때 이자율의 상승을 가져와 투기적 동기에 따른 화폐수요를 감소시켜 화폐시장의 균형을 유지한다. *LM*곡선의 기울기는 화폐수요의 소득탄력성과 이자율탄력성에 좌우된다. *LM*곡선은 화폐수요의 소득탄력성이 클수록(작을수록), 그리고 이자율탄력성이 작을수록(클수록) 더 급경사(완만한 경사)를 이룬다. 예를 들어, 다른 모든 것이 일정할 때 일정한 소득 증가에 대해 화폐수요가 더 많이 증가할수록 화폐시장의 균형을 유지하기 위해 필요한 이자율 상승 폭이 더 커지고, 이것은 경사가 더 급한 *LM*곡선으로 나타난다. (i) 화폐수요가 이자율에 대해 완전히 비탄력적인 소위 '고전학파 시역(classical range)', 그리고 (ii) 화폐수요가 이자율에 대해 완전히 탄력적인 '유동성 함정'이라는 두 극한적인 경우에 *LM*곡선은 각각 수직과 수평이 된다.

마지막으로 유의할 점은 *LM*곡선이 화폐공급, 물가, 기대가 주어져 있다는 가정 하에서 그려진다는 것이다. 따라서 확대통화정책, 즉 화폐공급의 증가는 *LM*곡선을 오른쪽 아래로 이동시킨

그림 3.2 • 일반화된 *IS–LM* 모형

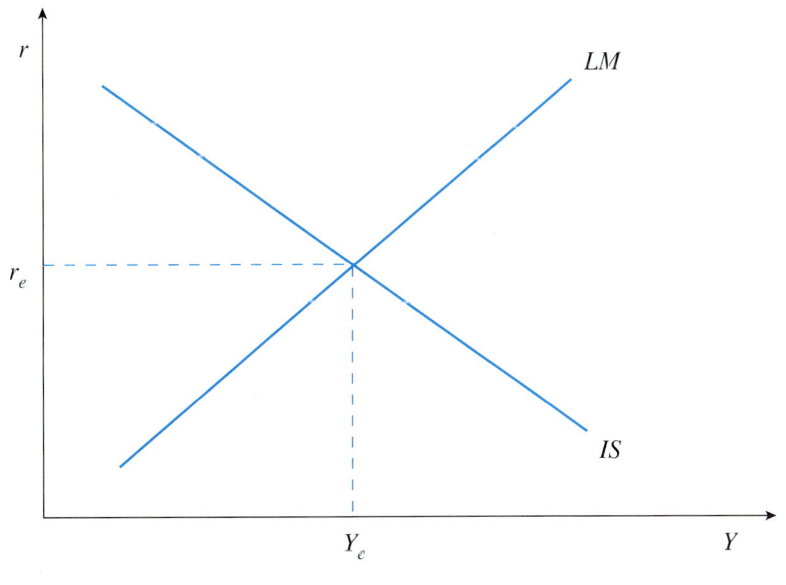

다(긴축 통화정책의 경우는 반대 방향으로 이동한다). 화폐수요의 소득탄력성이 주어져 있을 때 화폐공급이 증가하면 각각의 주어진 소득에 대해 이자율이 낮아져야만 화폐시장의 균형이 유지될 것이다. *LM*곡선이 이동하는 정도는 화폐수요의 이자율탄력성에 달려있다. 화폐수요가 이자율에 대해 상대적으로 더 탄력적(비탄력적)이면, 일정한 화폐공급의 증가는 *LM*곡선을 상대적으로 적게(많이) 이동시킬 것이다. 왜냐하면 이 경우 화폐시장의 균형을 위해 이자율이 상대적으로 적게(많이) 하락해야 하기 때문이다. 독자들은 이것을 직접 확인해 보기 바란다.

3.3.3 완전 모형과 재정정책 · 통화정책의 역할

재화시장과 화폐시장에서 동시에 균형이 이루어지는 점은 *IS*곡선과 *LM*곡선이 교차하는 점, 즉 〈그림 3.2〉에서 (Y_e, r_e)점이다. 여기서 두 가지 사항이 강조되어야만 할 것이다. 우선 〈그림 3.2〉에서 그려진 두 곡선의 교차점은 재화시장과 화폐시장에서 동시에 균형이 이루어지도록 하는 유일한 이자율과 소득의 쌍이다. 둘째, 소득이 완전고용 수준에 못 미치면 재정정책과 통화정책은 모두 경제를 안정화하는 데 중요한 역할을 수행할 수 있다. 재정정책과 통화정책은 총수요에, 따라서 산출량과 고용량에 상대적으로 다른 영향을 끼친다. 이제 이 두 가지 정책의 상대적 효과를 결정하는 요인이 무엇인지 간단히 살펴보기로 하자.

〈그림 3.3〉에서 경제는 처음에 균형점 (Y_0, r_0), 즉 IS_0와 *LM*의 교차점에 있다. 여기서 고용은 완전고용 수준에 미치지 못한다. 예를 들어 정부지출 증가와 같은 확대재정정책은 *IS*곡선을 오른쪽으

그림 3.3 • 확대재정정책

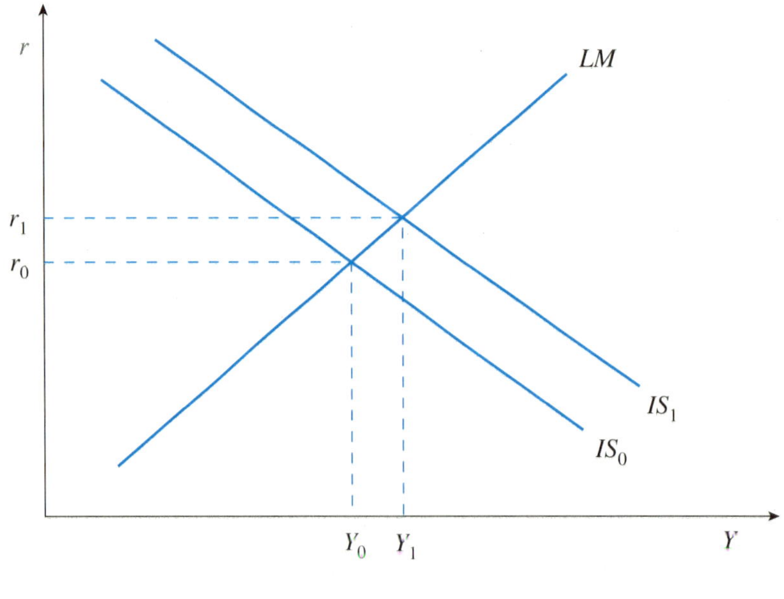

로 이동시키고, 그 결과 균형 이자율은 r_0에서 r_1으로 증가하고 균형소득도 Y_0에서 Y_1으로 증가한다. 지출과 소득이 증가하면 거래적 동기와 예비적 동기에 의한 화폐수요가 증가하고, 화폐공급이 주어져 있는 한 화폐수요 증가는 이자율을 상승시킨다. 다음에 이 이자율의 상승으로 인해 민간부문에서 투자지출이 감소하는데, 그 감소의 크기는 투자의 이자율탄력성에 달려있다. (i) 화폐수요가 이자율에 대해 더 탄력적일수록, 즉 *LM*곡선의 기울기가 더 완만할수록, (ii) 투자가 이자율에 대해 덜 탄력적일수록, 즉 *IS*곡선의 기울기가 더 급할수록, 재정정책은 총수요, 따라서 산출량과 고용량에 더 효과적인 영향을 끼친다. 독자들이 직접 이것을 확인해 보기 바란다. 극단적인 경우, 즉 (i) 수직의 *LM*곡선(고전학파 영역)의 경우, 재정정책은 소득에 아무런 영향을 끼치지 않는데, 그 이유는 이자율이 상승하면 민간투자가 정부지출 증가분과 동일한 양으로 감소하기 때문이다. 이것은 완전한(100%의) 구축효과이며, 이것이 '재무성 견해'이기도 하다. 또 다른 극단적인 경우, 즉 (ii) 수평의 *LM*곡선(유동성 함정)의 경우, 재정정책은 45° 곡선 단순 케인즈 모형의 완전 승수효과를 가져온다.

〈그림 3.4〉에서 경제가 처음에는 완전고용 수준 이하에서 LM_0와 *IS*의 교차점인 균형상태(Y_0, r_0)에 있다고 가정하자. 확대통화정책은 *LM*곡선을 LM_0에서 LM_1으로 오른쪽 아래로 이동시킨다. 그 결과 균형이자율은 r_0에서 r_1으로 하락하고 균형소득은 Y_0에서 Y_1으로 증가한다. 정통파 케인즈주의의 전달 메커니즘 속에서 통화정책의 강도는 (i) 화폐가 증가할 때 이자율이 얼마나 하락하는가, (ii) 이자율이 하락할 때 투자가 어느 정도로 반응하는가, (iii) 승수의 크기가 얼마인가에 달려있다. (i) 화폐수요가 이자율에 대해 더 비탄력적일수록, 즉 *LM*곡선의 기울기가 급할수록, (ii) 투자가 이자율에 대해 더 탄력적일수록, 즉 *IS*곡선의 기울기가 완만할수록 통화정책이 총수요, 따

그림 3.4 • 확대통화정책

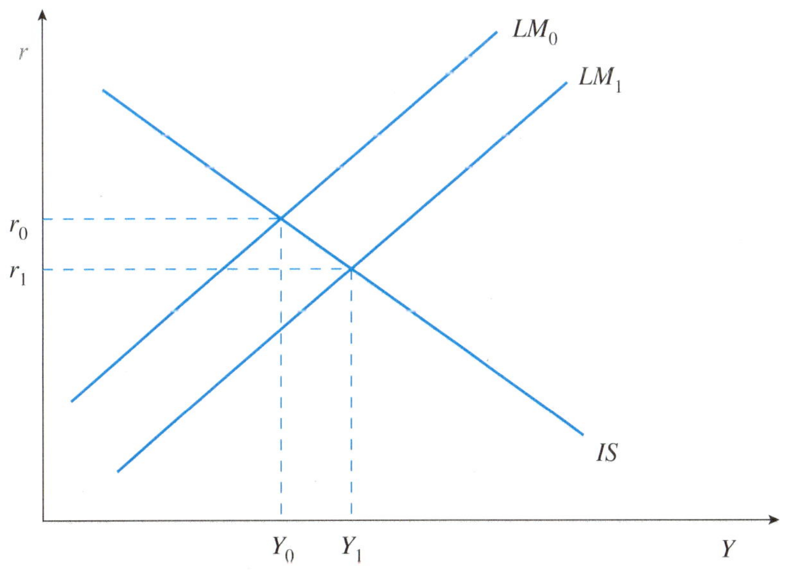

라서 산출량과 고용량에 더 효과적인 영향을 끼친다. 극단적인 케인즈주의의 경우들, 즉 (i) 수평의 *LM*곡선(유동성 함정)의 경우나 (ii) 수직의 *IS*곡선(이자율에 대해 완전 비탄력적인 투자)의 경우, 전달 메커니즘은 작동을 멈추게 되고 통화정책은 소득에 아무런 영향도 끼치지 못한다.

위의 논의를 통해서 다음의 사실이 분명해졌을 것이다. 즉 통상적인 상황에서 재정정책과 통화정책을 모두 산출량과 고용량에 영향을 주기 위해 사용할 수 있지만, 이 두 가지 정책도구의 상대적 효과는 모형의 구조적인 패러미터들, 즉 *IS*곡선과 *LM*곡선의 상대적 기울기에 달려있다. 정통파 케인즈주의 접근법에서 전통적으로 화폐수요는 이자율 변화에 대해 매우 민감하게 반응하는 것으로(따라서 *LM*곡선의 기울기가 상대적으로 완만한 것으로) 이해되는 반면, 투자는 이자율 변화에 상당히 둔감하게 반응하는 것으로(따라서 *IS*곡선의 기울기가 상대적으로 급한 것으로) 이해된다. 실제로 초기의 실증 자료들은 *IS*곡선과 *LM*곡선의 탄력성과 관련하여 정통파 케인즈주의 입장을 뒷받침하였다. 클라인(Klein, 1968, 65~6쪽, 71~2쪽)은 이와 관련하여 '견고한 실증적 기반' 이라는 표현을 사용했다(그러나 우리는 이 기반이 1960년대 초반에 이르러서는 점차로 의문시되기 시작했다는 사실도 언급하고자 한다). 이런 상황에서는 주로 경제의 실물 분야에서 발생한 교란, 즉 *IS*곡선의 확률적(stochastic) 이동이 소득 변화를 주도한다. 더 나아가 재정정책은 상대적으로 강력하고 통화정책은 상대적으로 약하기 때문에 일반적으로 재정정책이 더 선호된다. 여기서 독자들은 1950년대 말에 통화정책보다 재정정책이 더 효과적이라는 믿음이 미국의 케인즈주의자들보다는 영국의 케인즈주의자들에게서 훨씬 더 강하게 나타났다는 사실에 주목해야 할 것이다.

지금까지의 분석은 다음과 같이 대수적으로 요약될 수 있다. 여기서 경제가 완전고용 수준 이하에 있을 때 물가는 고정되어 있다고 가정된다. 총실질지출(E)은 자율적 지출 부분(A)과 실질 소득에 영향 받는 부분(cY), 그리고 이자율에 반응하는 부분(ar)으로 구성된다.

$$E = A + cY - ar \tag{3.1}$$

재화시장의 균형은 재화에 대한 총수요와 총공급이 일치할 때 발생한다.

$$E = Y \tag{3.2}$$

화폐시장에서 실질화폐잔고(M/P)는 실질소득에 영향 받는 부분(mY)과 이자율에 반응하는 부분(br)으로 구성된다.

$$\frac{M}{P} = mY - br \tag{3.3}$$

명목화폐잔고의 공급은 외생적으로 결정된다고 가정된다 ($\overline{M}_s$). 화폐시장의 균형은 화폐수요와 화폐공급이 일치할 때 발생한다.

$$\frac{M}{P} = \frac{\overline{M}_s}{P} \tag{3.4}$$

이 관계들을 정리하고 Y에 대해 방정식체계를 풀면,

$$Y = \frac{1}{1-\left(c-\frac{a}{b}m\right)}A + \frac{1}{m+\frac{b}{a}(1-c)}\frac{\overline{M}_s}{P} \tag{3.5}$$

이 틀에서 정통파 케인즈주의자는 낮은 값의 a와 높은 값의 b를 주장하는 사람들로 정의될 수 있다. 식 (3.5)를 보면, a/b 비율이 작을 때 (i) 경제의 실물 분야에서 발생한 교란이 소득의 변화를 주도하며, (ii) 자율적 지출 승수가 $1/(1-c)$에 가까운 값을 가지므로 재정정책이 상대적으로 강력한 반면 화폐승수는 영에 가까운 값을 가지므로 통화정책이 상대적으로 약하다는 것을 알 수 있다. 정통파 케인즈주의를 특징짓는 이런 중심 명제는 이미 3.2절에서 언급되었다.

재정정책의 상대적 효과에 대한 정통파 케인즈주의의 믿음은 누구보다도 통화주의자들에 의해 가장 많이 비판되었다. 통화주의자들은 전형적으로 장기에 있어 '순수한' 재정확대, 즉 화폐공급이 수반되지 않는 재정지출 확대는 민간지출을 구축 혹은 대체하여 총수요에 상대적으로 미미한 효과를 발생시킨다고 주장한다. 화폐수요가 이자율에 대해 완전 비탄력적(수직의 LM곡선)이라는 가정에 근거하지 않고 IS–LM 모형의 틀 속에서 이런 구축효과가 발생하는 몇 가지 이유들이 문헌에서 논의되어 왔다. 그 이유들 중에는 기대와 부의 효과(wealth effect)가 포함된다(Carlson and Spencer, 1975). 다음에서 우리는 정부지출 증가에 필요한 재원을 채권발행을 통해 조달할 때 발생하는 부의 효과를 강조하면서 재정정책의 중요성을 다시 한 번 천명하는 케인즈주의자들(Blinder and Solow, 1973)의 반응을 살펴볼 것이다. 이 분석에는 케인즈주의적 IS–LM 모형에 정부의 예산제약을 통합한 확장 모형이 이용된다.

〈그림 3.5〉의 위 분면은 통상적인 IS–LM 모형을, 아래 분면은 정부예산의 상태를 그리고 있다. 정부예산 상태는 소득에 독립적이라고 가정되는 정부지출(G)과 소득에 따라 변화하는 조세수입(T)에 의해 결정된다. IS_0와 LM이 교차할 때 발생하는 Y_0에서 재화시장과 화폐시장은 모두 균형 상태에 있으며, 정부예산은 균형예산($G_0 = T$)을 이루고 있다. 즉 현재 안정적인 균형상태가 이루어져 있다. 이제 정책당국이 지출을 증가시켜 소득과 고용량을 증가시키려 한다고 가정하자. 정부지출의 증가는 IS곡선을 IS_0에서 IS_1으로 오른쪽 위로 이동시키고, 정부지출함수를 G_0에서 G_1으로 아래로 이동시킨다. IS_1과 LM의 교차점에서 얻어지는 Y_1에서는 AB에 해당하는 재정적자가 발생한다. 이 적자가 지속되는 한 정책당국은 채권을 더 발행해야 하고, 채권보유량의 증가 덕에 민간부문의 부가 증가하며, 그 결과 민간부문 소비지출과 화폐수요가 증가한다. 소비에 대한 부의 효과는 IS곡선을 오른쪽으로 더 이동시킬 것이고, 화폐수요에 대한 부의 효과는 LM곡선을 왼쪽 위로 이동시킨다(각 곡선의 이동은 화살표로 표시되어 있다). 만일 소비에 대한 부의 효과가 화폐수요에 대한 부의 효과를 상쇄하고도 남으면, 장기적으로 채권발행을 통해 조달된 재정확대는 소득을 Y_2로 증가시키는 결과를 가져올 것이다. 이 소득 수준에서 재정적자는 사라진다. 즉 구축효과가 존재하지 않게 된다. 더 나아가 채권을 통한 자금조달에서 발생하는 이자 지불액 증가를 고려에 넣으면 정부지출함수가 G_1

그림 3.5 • 정부예산제약과 채권발행을 통한 재정확대

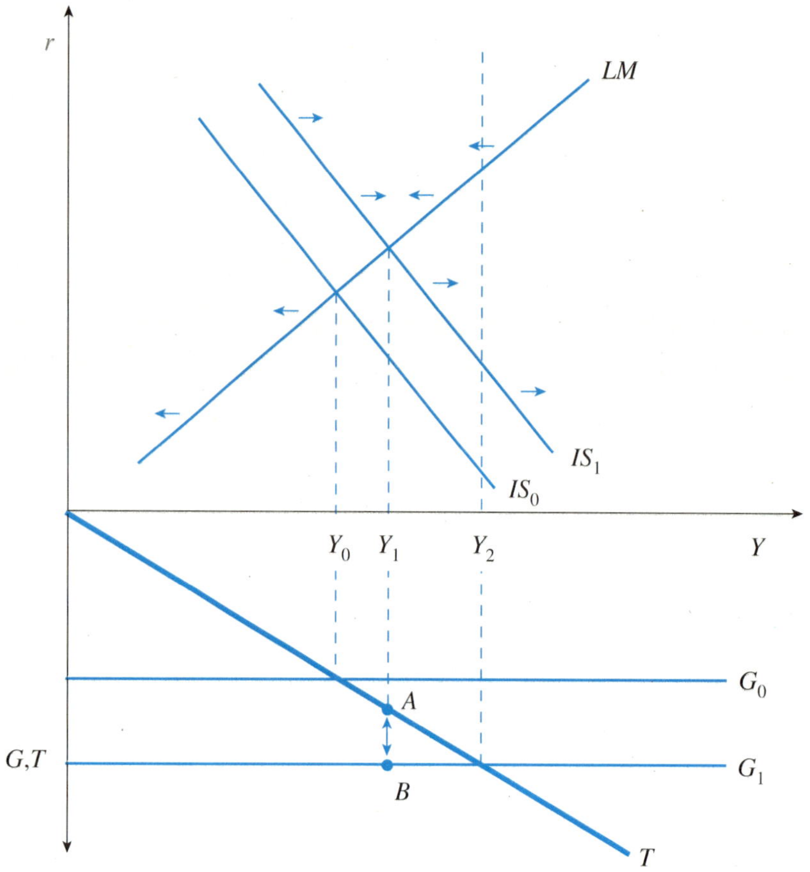

보다 더 아래로 이동하고, 그 결과 소득은 정부예산의 균형을 맞추기 위해 Y_2보다 더 높은 수준으로 증가해야 할 것이다. 따라서 부의 효과와 정부예산제약을 IS–LM모형에 통합시키면 채권발행을 통한 정부지출 증가는 소득과 고용량을 증가시키는 매우 효과적인 정책도구가 될 수 있다.

재정정책의 효과에 관한 이런 분석에 대해 특기할 만한 반대주장이 하나 있다. 그것은 '리카도 부채 등치 정리(Ricardian debt equivalence theorem)'로 알려져 있는 명제에 근거해 있다(예를 들어 Buchanan, 1976; Dimand, 2002a). 간단히 말해서 이 정리는, 정부지출이 조세의 증가를 통해 조달되건 아니면 채권 판매를 통해 조달되건 정부지출 때문에 민간부문이 감당해야 하는 부담은 동일하다는 것이다. 정부가 채권을 판매하면 정부는 채권에 대한 이자를 지불하고 채권이 영구채권이 아닌 경우 채권원금을 상환하기 위해 미래에 민간부문에 세금을 부과해야 한다. 민간부문이 이 미래의 세금부담을 완벽하게 고려한다면 정부채권은 순부(net wealth)로 간주되지 않을 것이다. 할인된 미래 세금부담의 현재가치는 판매된 채권의 가치를 정확히 상쇄할 것이다. 기다

란 영향을 끼쳤던 배로(Barro, 1974)의 논문은 정부채권이 순부로 간주되어서는 안 된다는 논쟁적인 주장을 깔끔하게 전개했다. 이런 상황에서는 채권 판매가 민간부문의 부에 영향을 끼치지 않기 때문에, 정부가 지출자금을 조달하기 위해 채권을 판매하건 아니면 세금을 부과하건 아무런 차이가 없다. 정부가 채권발행을 통해 지출을 증가시키면 민간부문은 미래 세금부담을 준비하기 위해 단지 현재에 저축을 증가시키는 방식으로 반응할 것이다. 바꿔 말하면 정부지출 증가는 조세증가를 통해 조달되건 채권 판매를 통해 조달되건 그 효과는 이른바 '균형예산' 승수에 따라 동일하게 나타날 것이다(Shaw, 2002). 채권발행을 통한 정부지출 증가가 조세를 통한 정부지출 증가보다 더 효과적인 경우는 오직 정부채권이 순부로 받아들여질 때뿐이다.

리카도 부채 등치 정리를 비판하는 주장이 여러 개 있다. 다음에서 우리는 그 중에서 두 가지 비판을 간단히 논의할 것이다. 독자들은 리카도적 주장과 그 함의를 쉽고도 비판적으로 소개하는 문헌으로 토빈(Tobin, 1980a)과 펠드스타인(Feldstein, 1982)을, 그리고 그 주장에 대한 이론적 비판들을 역비판하면서 리카도적 주장을 힘차게 방어하는 문헌으로 배로(Barro, 1989a)를 참조하라. 첫째 비판은, 채권발행을 통한 재정확대로 발생하는 미래의 세금부담이 미래의 세대에 지워진다면, 현재 세대의 부는 더 크다고 말할 수 있다는 것이다. 그러나 배로는, 유산상속이라는 제도가 있기 때문에 현재 세대는 현재의 저축을 증가시켜 자녀들에 상속될 유산을 증가시키고 이를 통해 미래에 지워질 세금을 지불할 것이라고 주장한다. 유산상속제도의 존재는 부모세대가 자녀세대가 부담해야 할 세금에 대해 관심을 갖고 있다는 것을 뜻한다는 배로의 주장 또한 많은 비판을 받았다. 예를 들어, 모든 부모들이 그토록 멀리 미래를 바라보거나 관심을 갖고 자녀들에 지워질 것으로 기대되는 세금부담을 고려할 것인가는 논의의 여지가 있다. 둘째 비판은 자본시장이 불완전하므로 정부채권은 순부로 받아들여질 것이라는 것이다. 정부가 채권에 대해 지불하는 이자율은 미래 세금부담의 크기를 결정한다. 정부는 개인보다 자본시장에 좀 더 좋은 조건으로 접근할 수 있기 때문에, 만일 민간부문이 미래의 세금부담의 현재가치를 추정하기 위해 사용하는 할인율보다 이자율이 더 낮다면, 정부채권은 순부로 받아들여질 것이다. 이런 상황에서 채권발행을 통한 정부지출 증가는 민간부문의 부와 소비를 증가시킬 것이고, 조세를 통한 정부지출 증가보다 경제활동 확대에 더 효과적이 될 것이다.

IS–LM 틀을 사용하여 '과소고용균형' 문제에 관한 케인즈 대 고전학파의 논쟁을 논의하기 전에, IS–LM 모형이 오랜 기간 동안 상당히 많은 논란을 불러일으켜 왔다는 사실에 주목하자. 제2차 세계대전 이후 초기에 있었던 이론적 발전을 회고하면서 모딜리아니(Modigliani, 1986)는 '케인즈 체계(Keynesian system)'를 구성하는 4개의 기본요소를 밝혀냈다. 그것은 소비함수, 투자함수, 화폐수요와 공급, 그리고 가격과 임금의 변화를 결정하는 메커니즘이다. 힉스(Hicks, 1937)의 노력은 모딜리아니의 '기본요소' 가운데 3개를 모형화한 것이었는데, 그 이후 1940년대와 1950년대에 걸쳐 많은 케인즈주의 경제학자들이 경제에 대한 우리의 이해를 신장시켰다. 그런 경제학자들로는 모딜리아니(Modigliani, 1944), 모딜리아니와 브럼버그(Modigliani and Brumberg, 1954), 파틴킨(Patinkin, 1956), 필립스(Phillips, 1958), 토빈(Tobin, 1958)이 있다. 필립스

(Phillips, 1958)의 영향력 큰 논문이 출간된 후 1960년대 초에 이르자 주류 거시경제학의 모형은 필립스 곡선(Phillips Curve) 관계에 의해 확장된 힉스(Hicks, 1937)–핸슨(Hansen, 1949) IS–LM 모형이라 불릴만한 모형이었다. 확장된 IS–LM 모형에 근거한 MPS–FMP 거시계량 모형은 모딜리아니와 그의 동료들이 1960년대에 구축한 것인데, 이 모형이야 말로 이 시대의 합의된 입장을 보여주는 아마도 가장 좋은 예일 것이다(Beaud and Dostaler, 1997; Blaug, 1997).

대다수의 경제학자들(예를 들어 파틴킨, 1990a와 이 장의 말미에 있는 토빈과의 인터뷰)은 힉스에 의해 촉발된 IS–LM 모형이 케인즈가 《일반이론》에서 제시한 사상의 본질을 정확하게 반영한다고 생각한다. 그러나 IS–LM 모형이 케인즈의 사상을 왜곡시키고 '사생아화(bastardisation)' 시켰다고 목소리 높여 주장하는 소수의 '케인즈주의자' 들도 있다(Leijonhufvud, 1968; Robinson, 1975; Davidson, 1944). 이 점에서 디먼드(Dimand, 2004)가 최근에 보인 사실은 흥미롭다. 디먼드는 라임스(Rymes, 1989)가 편집한 케인즈의 강의록을 근거로 하여, 케인즈가 1933년 가을학기 강의와 《일반이론》의 1934년 초안에서 힉스의 것과 비슷한 IS–LM 형태의 일반균형 방정식 체계를 사용하여 자신의 새로운 사상을 표현하고자 했음을 보였다. 프리드먼, 브러너(Brunner), 멜처(Meltzer) 같은 통화주의자들도 IS–LM 틀을 '싫어한다.' 보르도와 슈워츠(Bordo and Schwartz, 2003)는 이런 부정적인 견해가 IS–LM 모형에서 투자가 매우 좁은 의미로 정의되고 화폐의 영향이 편협하게 해석된다는 사실에서 기인한다고 주장한다. 그럼에도 불구하고, 비록 IS–LM 모형이 이제는 더 이상 대학원 거시경제학 과정의 기초를 형성하지는 않더라도(이제 주도적인 모형은 일반균형 동학이다), 1970년대 중반까지도 그랬듯이 대부분의 중급 주류 거시경제학 교과서에서 IS–LM 모형은 중요한 위치를 차지한다. 예를 들어 블랑샤르(Blanchard, 2003), 돈부시 외(Dornbusch et al., 2004), 고든(Gordon, 200a), 맨큐(Mankiw, 2003)를 보라. IS–LM 모형의 기원과 발전 및 지속에 관한 최근의 논란과 논의에 관심이 있는 독자들은 킹(King, 1993), 영(Young, 1987), 영과 질버파브(Young and Zilberfarb, 2000), 영과 대리티(Young and Darity, 2004), 바렌스와 카스파리(Barens and Caspari, 1999), 드브로이(De Vroey, 2000), 백하우스(Backhouse, 2004), 컬랜더(Colander, 2004), 디먼드(Dimand, 2004), 스노던(Snowdon, 2004a)을 보라.

이제 경제가 어떤 교란을 받은 다음에 완전고용으로 복귀하는 데 오랜 시간이 걸릴 수 있다는 케인즈주의적 믿음을 살펴보기로 하자. 그러기 위해서는 과소고용균형에 관한 논란을 살펴보아야 하는데, 다음에서 우리는 IS–LM 모형이 완전고용 수준에서 자동적으로 균형을 잡지 못하게 되는 상황들을 고찰할 것이다.

3.4 케인즈주의 모형에서 과소고용균형

3.4.1 일반적인 경우

IS–LM 모형에서 과소고용균형은 체계에 존재하는 '경직성' 때문에, 특히 두 가지 주요 가격인 명목임금과 이자율의 경직성 때문에 발생할 수 있다고 이해된다. 먼저 명목임금의 하방 경직성이라는 '케인즈주의적' 가정에서 시작하자. 이 경우는 〈그림 3.6〉의 사사분면 도형으로 설명될 수 있다. (a)분면은 표준적인 IS–LM 모형을 보여준다. (c)분면은 단기생산함수를 그리고 있는데, 자

그림 3.6 • 일반적인 경우와 케인즈 효과

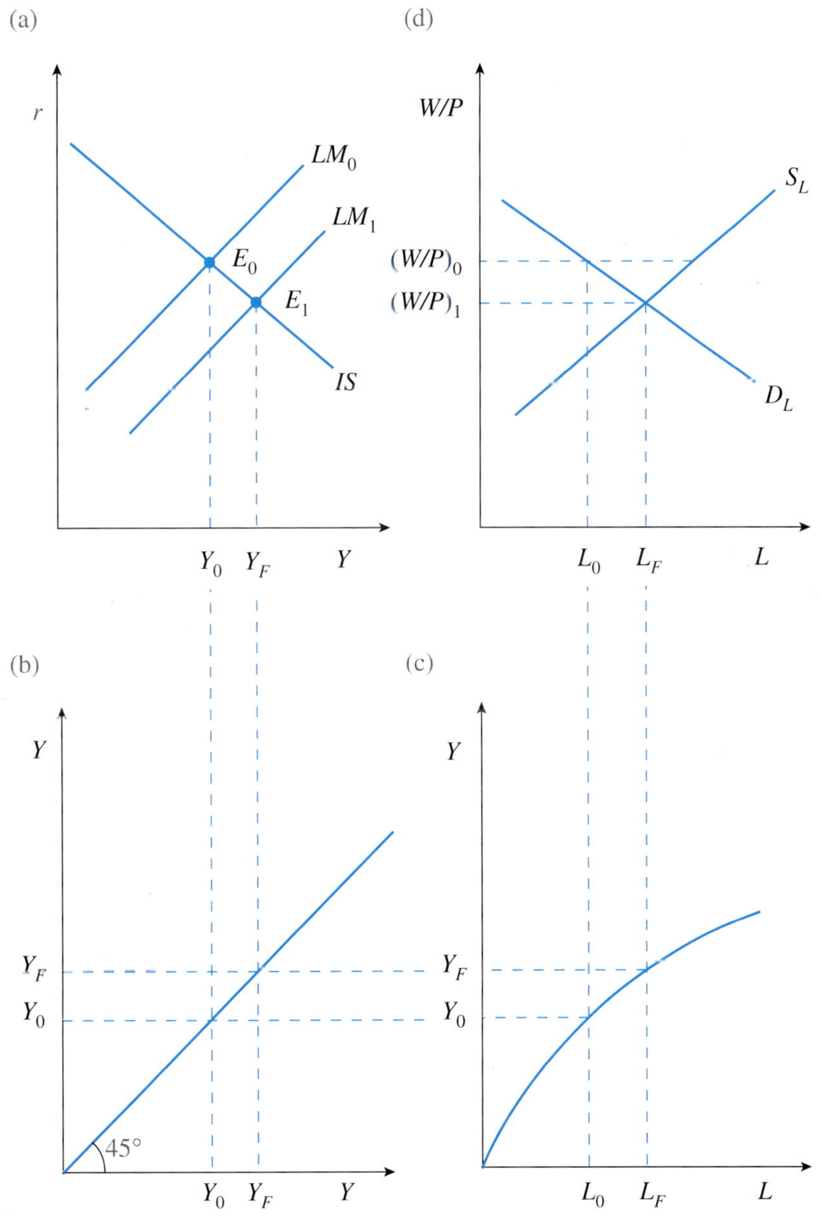

본스톡과 생산기술이 주어져 있을 때 산출량(혹은 소득, Y)이 고용수준(L)에 좌우됨을 보여준다(제2장 2.3절 참조). (d)분면은 노동시장을 표현하고 있는데, 노동수요가 실질임금(W/P)에 역방향으로, 그리고 노동공급이 실질임금에 정방향으로 반응함을 보여준다. 마지막으로, (b)분면은 45° 선을 통해 두 축의 양이 동일함을 표현하는데, 두 축의 양은 모두 소득을 나타낸다. (b)분면을 통해서 우리는 (a)분면에서 결정되는 재화시장과 화폐시장에서의 균형소득이 (d)분면에 나타나는 고용수준에 어떤 영향을 끼치는가를 좀 더 쉽게 볼 수 있다. 다시 말하면, 앞으로의 논의에서 독자들은 항상 (a)분면에서 시작하여 시계 반대방향으로 돌아가면서, 총수요에 의해 결정되는 소득수준이 (d)분면의 고용수준에 끼치는 영향을 살피게 될 것이다.

경제가 처음에 (a)분면에서 LM_0와 IS의 교차점인 E_0점에 있다고 가정하자. 재화시장과 화폐시장이 모두 균형에 있는 반면, 그 때 발생하는 소득수준 Y_0는 완전고용 소득수준인 Y_F에 미치지 못하고 있다. (d)분면을 보면, 명목임금이 외생적으로 주어져 고정되어 있고 물가가 화폐시장의 균형에 부합하는 수준일 때(즉 LM곡선이 LM_0일 때) 그 결과로 나타나는 실질임금인$(W/P)_0$은 노동시장의 균형과는 부합하지 않는다. 다시 말하면, 유효수요에 따라 결정되는 고용수준(L_0)이 완전고용수준(L_F)이 되리라는 보장이 없다. 초과노동공급은 명목임금에 아무런 영향도 끼치지 않으므로, 이 경제에서는 고용이 완전고용 이하의 수준에 머무르면서 실업이 지속될 수 있다. 다음에는 가격 및 명목임금이 모두 유연하다는 고전학파 가정과 IS–LM 모형을 결합할 때 과소고용균형의 이론적 가능성이 어떻게 영향받는지 살펴보기로 하자.

이전처럼 경제가 처음에 (a)분면에서 LM_0와 IS의 교차점인 E_0점에 있다고 가정하자. 이전 경우와 동일하게, 재화시장과 화폐시장이 모두 균형에 있는 반면, 그 때 발생하는 소득수준 Y_0는 완전고용 소득수준인 Y_F에 미치지 못하고 있다. (d)분면을 보면 실제 고용수준(L_0)이 완전고용수준(L_F) 아래에 있고, 실질임금$(W/P)_0$는 시장청산 수준인$(W/P)_1$보다 더 높다. 그러나 가격과 명목임금이 완전하게 유연한 한, 경제는 거시적 차원에서 자동적으로 완전고용 균형을 이룰 것이다. $(W/P)_0$에서 노동이 초과공급되므로 명목임금(W)이 하락하고 그 결과 기업의 생산비용이 하락하므로 상품들의 가격(P)도 하락한다. 가격이 하락하면 통화공급의 실질가치가 증가하므로 LM 곡선은 오른쪽으로 이동한다. 실질잔고의 초과공급의 효과는 채권시장으로 흘러들어가서 채권가격을 상승시키고 이자율을 하락시킨다. 이렇게 하락된 이자율은 투자지출을 자극하여 총수요 수준을 높이게 되고, 그 결과 산출량과 고용이 증가한다. 명목임금과 가격의 하락이 이자율에 대한 영향을 통해 지출을 증가시키는 '간접적' 효과는 '케인즈 효과(Keynes effect)' 로 불린다. 총수요의 증가는 가격하락의 정도를 완화시키고, 그 결과 명목임금이 가격보다 더 높은 속도로 하락하게 된다(불균형 디플레이션). 따라서 실질임금은 (d)분면에서 완전고용 시장청산 수준인$(W/P)_1$을 향해 하락한다. 명목임금과 가격이 계속 하락하므로 LM곡선도 오른쪽으로 계속 이동하여, 결국 완전고용이 복구되고 노동의 초과공급이 제거된다. 이 상태는 LM_1과 IS의 교차점인 E_1에서 발생한다. 여기서 강조되어야 할 것은 경제를 완전고용 상태로 되돌리는 것은 케인즈 효과를 통한 총수요 증가라는 점이다.

그러나 이 일반적인 틀 안에는 명목임금과 가격이 완전히 유연함에도 불구하고 경제가 자동적으로 완전고용 균형을 이루지 못하는 두 가지의 극단적이거나 특별한 경우가 있다. 이 두 가지 특별한 경우는 (i) 유동성 함정의 경우와 (ii) 투자지출이 이자율에 대해 비탄력적인 경우로서, 〈그림 3.7〉과 〈그림 3.8〉은 이 두 경우를 각각 설명하고 있다.

그림 3.7 • 유동성 함정의 경우

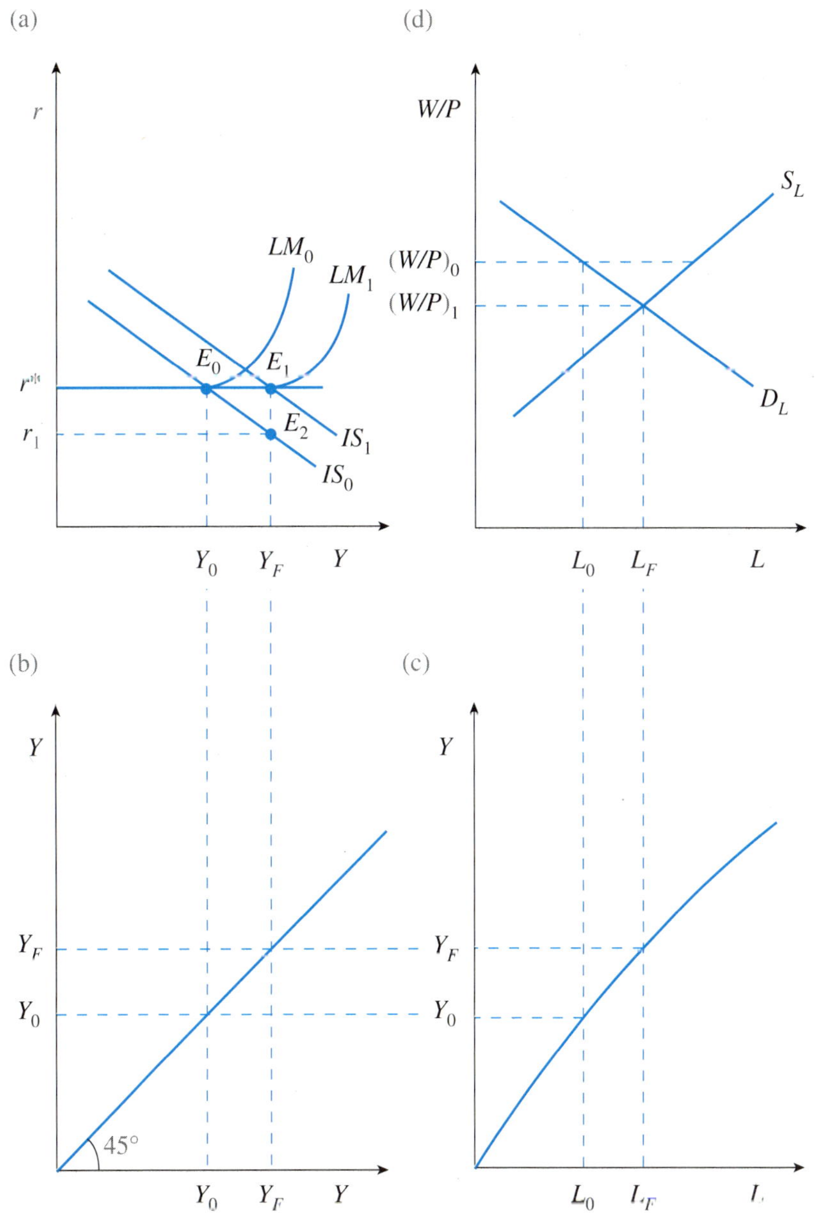

3.4.2 극단적이거나 특별한 경우

〈그림 3.7〉은 유동성 함정의 경우를 설명하고 있다. 처음에 경제는 IS_0와 LM_0의 교차점인 E_0에 있다. 재화시장과 화폐시장이 모두 균형 상태에 있지만 소득수준 Y_0는 완전고용수준인 Y_F에 미치지 못

그림 3.8 • 투자가 이자율에 비탄력적인 경우

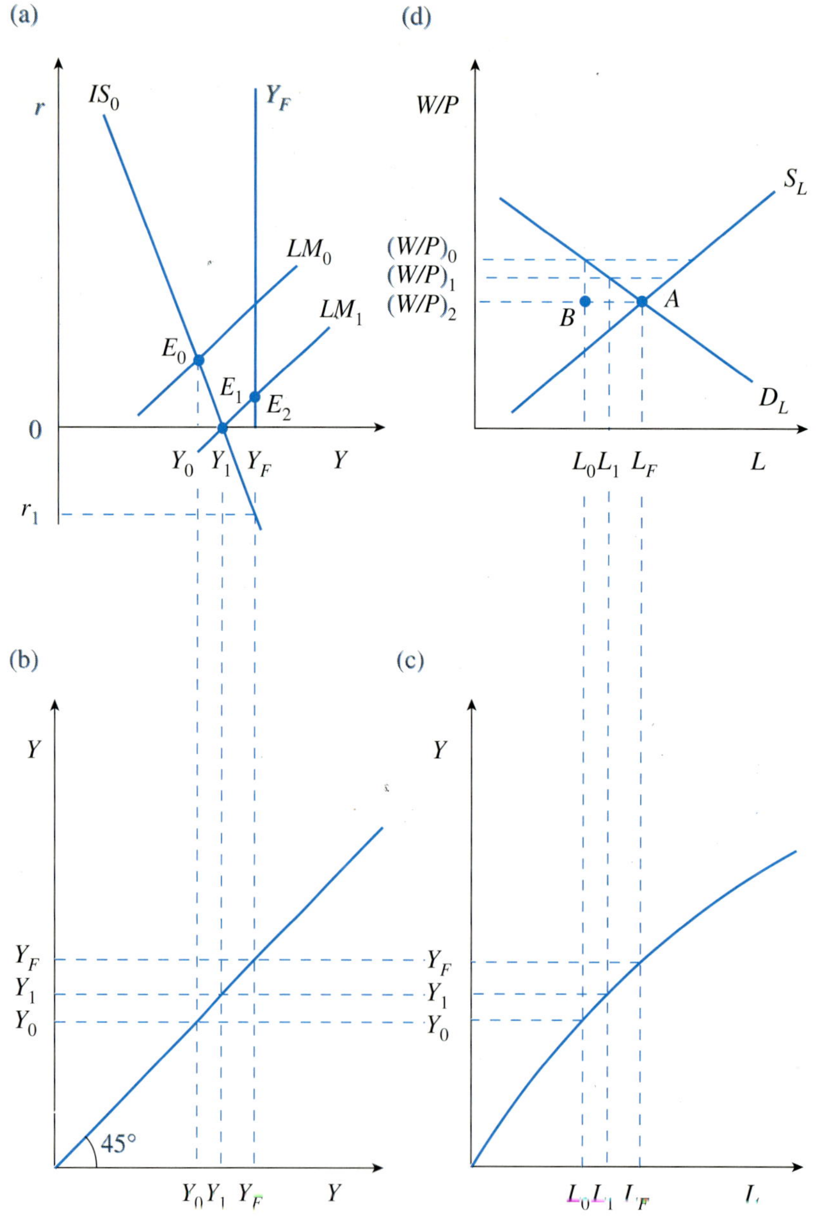

하고 있다. (d)분면을 보면 균형고용량은 L_0로 완전고용수준인 L_F보다 낮으며, 실질임금은$(W/P)_0$로 시장청산수준인$(W/P)_1$보다 높다. $(W/P)_0$에서 노동의 초과공급은 명목임금(W)을 하락시킬 것이고, 그 결과 기업의 비용이 하락하고 가격도 하락할 것이다. 가격하락으로 인해 화폐공급의 실질가치가 증가하지만(그에 따라 LM곡선이 LM_0에서 LM_1으로 이동하지만), 실질잔고의 증가는 모두 유휴잔고, 즉 투기적 잔고로 흡수되고 만다. 달리 말하면, 이자율이 r^*일 때 화폐수요가 이자율에 대해 완전히 탄력적인 유동성 함정 상태에서(그림 3.1 참조), 초과 잔고는 채권시장으로 전혀 흘러들어가지 않게 되고, 그 결과 이자율은 총수요를 자극하여 완전고용을 복구하는 데 필요한 수준인 r_1(균형점 E_1)으로 하락하지 않는다. 가격의 하락 정도를 완화시킬 총수요의 증가가 없으므로, 가격은 명목임금 하락과 동일한 비율로 하락하고(균형 디플레이션), 그 결과 실질임금은 시장청산 수준인$(W/P)_1$보다 높은$(W/P)_0$에 머무른다. 총수요는 완전고용을 달성하기에 부족하고, 경제는 완전고용에 미달하는 상태에서 균형을 이루어 '비자발적' 실업이 지속된다. 앞의 3.3.3절에서 언급한 바와 같이, 유동성 함정의 경우, 총수요를 증가시키고 그 결과 산출량과 고용을 증대시키는 수단으로서 통화정책은 효력을 완전히 상실하는 반면 재정정책은 매우 강력한 효과를 발휘한다.

〈그림 3.8〉은 이자에 대해 비탄력적인 투자의 경우를 보여준다. 여기서도 경제는 완전고용 수준에서 자동적으로 균형을 이루지 못한다. 이전처럼, 처음에 경제가 IS_0와 LM_0의 교차점인 E_0의 상태에 있어, 소득수준이 완전고용수준인 Y_F에 미치지 못하는 Y_0라고 가정하자. 따라서 균형고용량은 L_0로 완전고용수준보다 낮으며, 실질임금은$(W/P)_0$로 시장청산 수준인$(W/P)_1$보다 높다. 노동이 초과공급되고 있으므로, 명목임금과 가격이 하락한다. 실질잔고의 증가(LM곡선이 LM_0에서 LM_1으로 이동)가 케인즈 효과를 통해 이자율의 하락으로 이어지지만, 이 이자율의 하락은 완전고용을 복구시키기에는 불충분하다. 〈그림 3.8〉을 보면, 투자지출이 이자율에 대해 비탄력적인 상태에서 완전고용 균형은 이자율이 r_1같은 음의 수준이 될 때에만 복구될 수 있음을 알 수 있다. 이론상 경제는 이자율이 0이 되는 E_1에 머물게 될 것인데, 이 점은 소득이 Y_1이 되어 비자발적 실업이 지속적으로 존재하는 과소고용 균형 상태를 나타낸다.

여기서 위에서 진행했던 분석의 요점을 강조하고 넘어가는 것이 좋을 것 같다. 그것은 명목임금과 가격이 하락해도 그것이 케인즈 효과를 통해 총수요를 증가시키지 못한다면 완전고용은 복구되지 않는다는 것이다. 유동성 함정과 이자율에 비탄력적인 투자의 경우, 총수요는 완전고용을 달성하는 데 불충분하고, 지속적인 비자발적 실업은 총수요가 확대재정정책을 통해 증가될 때서야 비로소 제기될 수 있다. 비교정학적인 IS–LM 모형과 유연한 가격 및 명목임금이라는 고전학파의 가정을 결합할 때, 케인즈는 과소고용 균형에 대한 견고한 '일반이론'을 제시하지 못했고 그 대신 과소고용 균형의 가능성은 매우 극단적이고 특별한 두 가지 경우에 한정된다는 결론이 도출된다.

모딜리아니의 저술에 많이 의존하고 있는 위의 균형 분석에 의하면, 경제는 비자발적 실업이 지속적으로 존재하는 상태에 계속 머무를 수 있는데, 그것은 체계 내에 존재하는 여러 종류의 '경직성,' 즉 경직적인 명목임금, 유동성 함정 혹은 이자율에 대해 비탄력인 투자 때문이다. 반면 파틴킨(Patinkin, 1956)은 실업이 불균형적 현상이며 명목임금과 가격이 완전히 유연해도 존재할 수 있다고 주장한다. 그의 주장을 설명하기 위해, 우선 경제의 초기 상태가 완전고용의 상태이고 이제 총수요가 감소했다고 가정해보자. 이 총수요의 감소 때문에 가격과 명목임금이 모두 하락하는 불균형의 기간이 발생한다. 파틴킨은 명목임금과 가격이 동일한 비율로 하락한다고, 즉 균형 디플레이션의 경우를 가정한다. 그 결과 고용량의 하락은 실질임금의 상승 때문에 발생하는 것이 아니고, 총 '유효' 수요의 하락 때문에 발생한다. 다시 말하면, 기업은 노동수요 곡선 밖에서 활동하게 된다. 〈그림 3.8〉의 (d)분면을 통해 보면, 이것은 A점에서 B점으로의 이동을 의미한다. 그렇지만 파틴킨에 따르면 이런 상태는 무한히 지속되지 않는다. 왜냐하면 명목임금과 가격이 하락하므로 화폐잔고의 가치가 증가하고 그 덕택에 총수요가 증가하는 '직접적' 효과가 있을 것이기 때문이다. 그 결과 경제는 완전고용상태로 다시 돌아가고, (d)분면에서 경제는 B점에서 A점으로 돌아간다. 이런 특정한 형태의 부의 효과는 '실질잔고(real balance)' 효과라 불린다(Dimand, 2002b). 다음 절에서 논의하겠지만 좀 더 일반적으로 말해서, 지출에 대한 부의 효과, 혹은 피구 효과(Pigou effect)를 분석에 도입하면 위에서 논의했던 두 가지 특별 경우에도 명목임금과 가격이 유연하기만 하면 경제는 완전고용 수준으로 자동적으로 복귀한다. 이제 케인즈주의적 IS–LM 모형에서 과소고용균형의 가능성과 관련하여 피구 효과의 성격과 역할을 논의하도록 하자.

3.4.3 피구 효과

피구(Arther Cecil Pigou)는 1940년대에 고전학파를 대변했던 마지막의 위대한 고전학파 경제학자들 중 한 명이다(예를 들어, Pigou, 1941, 1943, 1947). 이들은 명목임금과 가격이 유연한 한 정통파 케인즈주의 모형은 완전고용에 미치지 못하는 상태에서 균형을 이루지 못한다고 주장했다. 피구 효과는 가격 하락이 실질 부를 증가시키고 다시 이것이 소비지출을 증가시키는 효과와 관련된다(피구 효과에 대한 고전적 논의로 Patinkin, 1948 참조). 〈그림 3.7〉의 경우에서 보듯이 경제가 IS_0와 LM_0의 교차점 E_0에서 유동성함정에 빠져있는 과소고용균형(Y_0)에 있다고 가정하자. 물가가 하락하면 화폐의 실질가치가 증가하므로 LM곡선이 오른쪽으로(LM_0에서 LM_1으로) 이동할 뿐만 아니라, 이 때 결과로 나타나는 실질 부의 증가가 소비지출을 증가시키므로 IS곡선도 오른쪽으로(IS_0에서 IS_1로) 이동한다. 이론상 경제는 과소고용균형에 머물지 못하고 IS_1와 LM_1의 교차점 E_1에서 완전고용이 이루어질 때까지 자동적으로 조정과정을 거칠 것이다. 지출에 대한 피구효과 혹은 부의 효과가 분석에 통합되면 〈그림 3.8〉이 나타내고 있는 특별한 경우, 즉 이자율에 대해 비탄력적인 투자의 경우에도 경제가 자동적으로 완전고용상태인 E_2점으로 조정됨을 독자들은 확인할 수 있을 것이다. 이론 차원에서 피구효과가 갖는 중요성을 존슨(Johnson, 1964, 239쪽)은 매끈하게 다음처럼 요약한다. "피구효과는 과소고용균형이 임금경직성 가정에 근거하지 않는다는 케인즈주의의 주장을 마침내 퇴치시켰다. 과소고용균형은 바로 그 가정에 근거한다."

실제로 피구효과 혹은 부의 효과가 경제를 완전고용상태로 신속히 복귀시킬 것인가에 대하여 오랜 기간 동안 많은 의문이 제기되었다(예를 들어 Tobin, 1980a). 다음에서 우리는 피구효과에 대한 비판 중 두 가지를 고려할 것이다. 첫째, 동학적으로 생각할 때 피구효과는 신속한 자기조정 메커니즘으로서 자격을 상실할 수 있다고 비판되었다. 예를 들어 미래에 물가가 더 떨어질 것으로 예상하면 개인들은 소비를 유예할 것이고 실업은 더 증가할 것이다. 이와 동시에 만일 기업이 경기침체가 계속될 것이라 예상하면 기업은 투자계획을 유예할 것이고 이것은 다시 실업을 증가시킬 것이다. 더 나아가 경기침체가 심화된 상황에서는 가계와 기업의 도산이 증가할 것이고 이것은 지출을 더 감소시킬 것이다(예를 들어 Fisher, 1933b). 우리가 지금까지 사용해 온 도표 분석 방식을 통해 말하면, 물가하락은 *IS*곡선을 왼쪽으로 이동시켜 경제를 완전고용균형에서 더 멀어지게 할 수 있다. 이런 상황에서는 확대재정정책이 완전고용을 좀 더 신속하게 복귀시킬 수 있을 것이다.

둘째, 어떤 자산이 '순부(net wealth)'를 구성하는가에 대한 논쟁을 간략히 살펴볼 필요가 있다. 순부는 총부에서 미결제부채를 뺀 양으로 정의된다. 케인즈주의 모형에서 부는 화폐와 채권으로 소유될 수 있다. 우선 화폐를 고려하자. 화폐는 보통 현금과 은행예금을 포함하는 것으로 이해된다. 외부화폐(outside money)는 시중의 현금과 은행예금 중 은행의 현금준비금이나 중앙은행에 예치된 지불준비금에 상당하는 부분으로 정의될 수 있다. 외부화폐는 민간부문의 순부로 간주될 수 있는데, 그 이유는 그것을 상쇄하는 민간부문의 부채가 존재하지 않기 때문이다. 대조적으로 내부화폐(inside money)는 민간부문에 대한 은행대부에 의해 창출된 은행예금으로 정의될 수 있다. 이 은행예금은 그에 상응하는 민간부문 부채(즉, 은행대부)가 있기 때문에, 내부화폐는 순부로 간주될 수 없다고 할 수 있을 것이다. 내부화폐가 순부를 구성하지 않는다는 주장은 특히 페섹과 세이빙(Pesek and Saving, 1967)과 존슨(Johnson, 1969)에 의해 도전받았음에 주목할 필요가 있다. 이 논쟁은 화폐경제학에서 흥미로운 논쟁이기는 하지만, 현재 우리의 목적을 위해서 이 논쟁을 깊이 다룰 필요는 없다. 우리의 목적을 위해 충분한 것은, 외부화폐만 순부를 명확히 구성한다는 주장을 인정하면 물가 하락이 소비지출에 끼치는 부의 효과는 상당 부분 감소할 것이라는 점을 잊지 않는 것이다. 다음, 이미 3.3.3절에서 언급했듯이 정부부채가 순부로 간주될 수 있는가에 대해서도 논쟁이 있다. 민간부문은 물가가 하락하면 현존하는 정부부채의 실질가치가 증가하고 따라서 정부채권에 대한 이자지불액과 변제액이 증가할 것이기 때문에 미래에 조세가 증가할 것임을 알고 있을 것이다. 미래 조세부담의 현재가치 상승분이 현존하는 정부부채의 실질가치 증가분을 정확히 상쇄하는 경우, *IS*곡선을 이동시킬 부의 효과는 존재하지 않는다. 내부화폐의 경우와 마찬가지로, 이 견해는 보편적으로 인정되지는 않지만 피구효과에 의한 경제의 자기조정적 특성에 대한 의문을 제기하기에 충분하다. 피구효과의 크기를 검증한 실증자료에 따르면, 피구효과는 매우 약한 것으로 나타난다. 예를 들어 미국경제에 대한 글라헤(Glahe, 1973, 213~14쪽)의 연구와 영국경제에 대한 모건(Morgan, 1978, 55~7쪽)의 연구 모두, 피구효과는 두 세계대전 사이의 기간 동안 완전고용을 복구할 정도로 충분히 강하지 않았고 오히려 실제로는 물가의 하락이 지출과 산출량의 하락과 함께 발생했음을 보이고 있다. 스티글리츠(Stiglitz, 1992)는 만일 물가가 연간 10% 하락하면 다른 모든 것이 일정할 때 "소비를 25% 증가시키기 위해서는 대략 400년이 걸리며", "가장 낙관적인 견해를 취하더라도 단기 거시분석에 대해 실질잔고효과가 갖는 수량적 중요성은 거의 없다"고 말한다. 이런 의문을 고려할 때 정통파 케인즈주의자들은 완전고용에 좀 더 신속히 복귀하기 위해서는 확대재정정책을 사용해야 한다고 권고한다.

마지막으로 다음과 같은 피구(Pigou, 1947)의 제안을 인용하는 것도 흥미로울 것이다. "우리가 지금까지 고려해 온 수수께끼는 ... 학문적인 연습으로서, 사고를 명확히 하기 위해서는 어느 정도 쓸모가 있지만 현실의 마당에서 실제로 사용될 가능성은 거의 희박하다."

3.4.4. 신고전파 종합

3.4.1절에서 3.4.3절까지의 논의를 통해 확실해진 사실은, 명목임금과 가격이 유연하면 케인즈주의적 IS–LM 모형에서 경제는 이론적으로 피구효과 혹은 부의 효과를 통해 자동적으로 완전고용을 달성하도록 조정된다는 것이다. 피구는 지적 싸움에서 고전학파의 승리를 확보한 승리자가 되었다. 몇몇 학자들(예를 들어, Wilson, 1980; Presley, 1986; Bridel, 1987)은 케인즈가 부의 효과를 예견했지만 이론적 · 실용적 근거에서 그것을 거부했다고 주장한다. 간과되어온 이런 점들에도 불구하고, 케인즈주의자들은 정책 논쟁에서는 자신들이 승리자라고 여겼다. 즉 피구효과를 통한 조정과정은 너무 느리기 때문에 정부의 개입 정책, 특히 확대재정정책이야말로 경제를 더 신속히 완전고용 상태로 되돌리는 데 필요하다는 것이다. 1950년대 후반과 1960년대 초반에 '신고전파 종합(neoclassical synthesis)'이라 불리는 한 합의안이 형성되었다(Fletcher, 2002). 이 합의안에서는 한편으로 《일반이론》은 더 일반적인 고전학파 이론의 특별한 경우로, 즉 명목임금의 하방 경직성으로 인해 완전고용상태로 향하는 고전학파적 자동적 조정이 방해받는 경우로 여겨졌고, 다른 한편으로는 완전고용으로 좀 더 신속하게 되돌아가기 위해서 케인즈주의적인 개입 정책이 필요하다고 인정되었다.

3.5 IS–LM 개방경제 모형

지금까지 우리는 폐쇄경제 IS–LM 모형의 맥락 속에서 안정화 정책에 대한 케인즈주의적 접근을 논의했다(3.2~3.4절). 다음에는 1960년대 초에 처음으로 먼델(Robert Mundell)과 플레밍(Marcus Fleming)이 발전시킨 모형을 사용하여 개방경제에서 경제의 안정화를 위해 사용되는 재정정책과 통화정책을 논의하려 한다(Mundell, 1963; Fleming, 1962). 뒤에서 보게 되듯이, 재정정책과 통화정책의 변화가 가져오는 영향은 자본의 이동성 정도와 환율제도의 형태에 따라 달라진다. 먼저 IS–LM 모형을 개방경제로 확장시키기 위해 도입해야 할 주요 변화를 살펴보기로 하자.

3.5.1 재화시장과 *IS*곡선

폐쇄경제의 경우와 마찬가지로, 재화시장의 균형은 재화에 대한 총수요와 총공급이 일치할 때 발생한다. 개방경제에서 총수요는 수요, 투자, 정부지출의 합만이 아니라 '순수출,' 즉 수출에서 수입을 제한 양($X - Im$)으로 구성된다. 수출은 다음 변수들의 함수로 가정된다. (i) 나머지 세계의 소득, (ii) 외국 경쟁자가 생산하는 재화에 대한 자국 재화의 상대가격(외국 통화를 기준으로 자국 통화를 표현하는 환율을 e, 자국 통화로 표현된 자국 재화의 가격을 P_D, 외국통화로 표현된 외국재화의 가격을 P_F 라 하면, 이 상대가격은 eP_D/P_F로 정의될 수 있다), (iii) 사람들의 선호, 재화의 질, 재화 인도시기 등의 다른 요소들. 한 나라의 수입은 다른 나라의 수출이므로, 수입은 수출에 영향을 끼치는 요소들과 동일한 요소들에 의해 결정된다고 가정한다. 단 한 가지 예외는 수입에 관련되는 소득변수는 자국의 소득이다. 자국의 소득이 증가하면, 다른 모든 것이 일정할 때, 총수요가 증가하며, 이런 수요 증가의 일부분은 수입에 의해 충족될 것이다. 다시 말하면 한계수입경향은 0보다 크다.

3.3.1절에서 논의했듯이 *IS*곡선은 재화시장 균형과 관련된 이자율과 소득의 쌍의 궤적이다. 개방경제에서 *IS*곡선은 우하향하지만 개방경제의 경우보다 기울기가 더 급하다. 왜냐하면 개방경제에 비해 수요라는 누출이 더 존재하고, 이것은 자국 소득이 증가함에 따라 같이 증가하여 승수의 크기를 감소시키기 때문이다. 폐쇄경제에서 *IS*곡선의 위치를 결정하는 요소들에 덧붙여, '순수출'에 영향을 끼치는 변수들에 변화가 있으면 *IS*곡선의 위치도 변할 것이다. 예를 들어 세계 소득의 증가로 인해 수출이 증가하면 주어진 이자율 수준에서 자국 소득도 더 높게 되고, 따라서 *IS*곡선은 오른쪽으로 이동한다. 이와 비슷하게, 다른 모든 것이 일정할 때 순수출은 다음과 같은 경우에 증가한다. (i) 환율 감소(즉 자국 통화 가치의 감소). 단, 최초의 균형무역수지 상황에서 출발하면서 수출과 수입에 대한 공급의 가격탄력성이 무한하고 수출과 수입에 대한 수요의 가격탄력성의 합이 1보다 크다는 조건, 즉 마셜-러너 조건(Marshall–Lerner conditions)이 충족되어야 한다(De Vanssay, 2002). (ii) 외국 물가의 상승. (iii) 자국 물가의 하락. 이 각각의 경우 *IS*곡선은 오른쪽으로 이동하고, 이동하는 거리는 충격의 크기에 승수를 곱한 크기와 같다. 거꾸로 이 변수들이 위와 반대방향으로 변하면 *IS*곡선은 왼쪽으로 이동할 것이다.

3.5.2 화폐시장과 *LM*곡선

개방경제 *LM*곡선은 폐쇄경제의 경우와 정확하게 동일하지만 한 가지 중요한 점에서 확장된 것이다. 고정환율제도를 시행하는 개방경제에서 자국의 통화공급은 국제수지의 적자나 흑자 상태(즉, 경상수지와 자본수지를 합할 때의 순수지)에 따라 변화한다. 물론 당국이 국제수지의 적자나 흑자 상태가 국내 통화량에 끼치는 영향을 중립화시킬 수 없는 한에서 그렇다. 고정환율제도하에서 당국은 고정된 가격으로 자국 통화를 사용하여 외국 통화를 구매하거나 외국 통화를 판매하여 자국 통화를 얻도록 되어 있다. 예를 들어 국제수지 흑자의 경우 국내거주자들은 고정된 환율에 따라 외국 통화를 당국에 판매하여 자국 통화를 얻을 것이다. 다른 모든 것이 일정할 때, 국제수지 흑자는 당국이 보유하는 외환잔고와 국내 통화공급량을 증가시킬 것이고, 그에 따라 *LM*곡선은 오른쪽 아래로 이동할 것이다. 거꾸로 국제수지 적자는 당국의 외환보유고와 국내통화공급량을 감소시킬 것이고, 이에 따라 *LM*곡선은 왼쪽 위로 이동할 것이다. 이와 대조적으로, 변동환율제 하에서는 환율이 조정되어 외환시장이 청산된다. 즉 중앙통화당국은 외환시장에 개입하지 않는다. 따라서 경상수지와 자본수지의 합은 항상 0이 된다. *LM*곡선은 외적 요소들에 대해 독립적이 되고 *LM*곡선의 위치를 결정하는 요소들은 3.3.2절에서 논의한 것과 동일하다.

이제 개방경제 IS–LM 모형을 완결하기 위해서 종합국제수지 균형과 *BP*곡선을 살피도록 하자.

3.5.3 종합국제수지 균형과 *BP*곡선

국제수지에 관한 초기의 케인즈주의적 분석(Dimand, 2002)은 경상수지의 결정에, 그리고 정부정책이 국제수지를 어떻게 개선할 수 있는가, 특히 어떤 조건 하에서 평가절하가 그런 개선을 위해 성공적일 수 있는가에 초점을 맞추었다. 1950년대 말과 1960년대 초는 무역과 자본의 국제간 이동이 점점 더 자유롭게 되었던 시기였고, 이미 우리가 앞에서 보았듯이, 먼델과 플레밍은 케인즈주의 모형을 자본의 흐름을 포함하여 개방경제로 확장하였다. 이 논의를 시작하는 처음에 기억해야 할 점은 우리가 다루고자 하는 경제는 소규모 개방경제로서 이 국가의 국내 경제와 거시경제적 정책이 나머지 세계에 아주 미미한 영향을 끼친다고 가정한다는 것이다.

종합국제수지 균형을 위해서는 국제수지의 경상수지와 자본수지의 합이 0이어야 한다. 이전에 보았듯이, 수입은 자국 소득, 그리고 자국 재화 대 외국 재화의 상대가격의 함수고, 수출은 세계 소득과 상대가격의 함수다. 다른 모든 것이 일정할 때, 국내 소득이 상승하면 수입이 증가하여 경상수지가 악화된다. 환율 변화에 대한 기대가 정적이라면, 순자본흐름은 자국 이자율과 외국 이자율의 차이의 함수다. 다른 모든 것이 일정할 때, 자국 이자율이 상승하면 자국의 자산이 더 매력적이 되고 그에 따른 자금의 국내 유입을 통해 자본수지는 개선된다.

*BP*곡선(그림 3.9)은 경상수지와 자본수지의 합한 종합국제수지가 0이 되도록 하는 자국 이자율과 자국 소득의 쌍의 궤적이다. *BP*곡선의 기울기는 양이다. 왜냐하면 국제수지 균형(0의 종합국제수지)이 유지되기 위해서는 경상수지를 악화시키는 자국 소득의 상승이 자본수지를 개선시키는 자국 이자율의 상승과 동반되어야 하기 때문이다. 반대로 자국 소득이 하락하는 경우는 자국 이자율도 하락해야 할 것이다. *BP*곡선의 왼쪽 위에 있는 점들은 종합국제수지 흑자 상태를 나타낸다. 소득수준이 주어졌을 때 자국 이자율은 0의 종합국제수지를 위해 필요한 수준보다 높기 때문이다. 거꾸로 *BP*곡선의 오른쪽 아래의 점들은, 주어진 국내 소득수준에 대해 국내 이자율이 종합국제수지를 0으로 만들기 위해 필요한 수준보다 낮으므로, 종합국제수지 적자 상태를 나타낸다.

*BP*곡선이 기울기는 한계수입성향과 국제자본흐름의 이자율탄력성에 의존한다. 다른 모든 것이 동일할 때, *BP*곡선은 한계수입성향이 작을수록, 그리고 자본흐름의 이자율탄력성이 클수록 더 가파른 기울기를 갖는다. 예를 들어, 자본의 흐름이 자국 이자율 변화에 민감할수록, 주어진 소득의 증가에 대해 종합국제수지가 0이 되는 균형을 유지하기 위해 필요한 자국 이자율의 상승폭은 작아도 된다. 따라서 *BP*곡선의 기울기는 더 완만하다. 〈그림 3.9〉의 *BP*곡선은 불완전한 자본

그림 3.9 • 먼델-플레밍 케인즈주의 모형

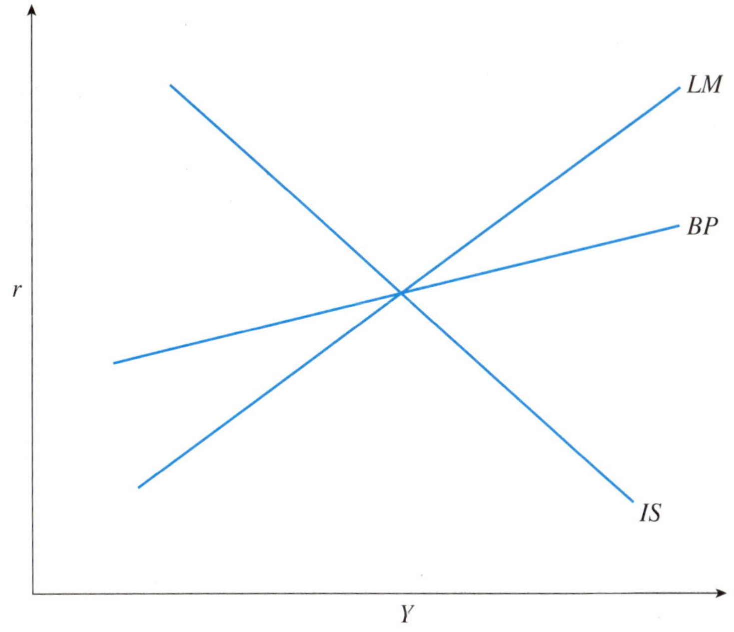

이동성의 상황을 나타낸다. 왜냐하면 자국 이자율이 세계 이자율에서 벗어날 수 있기 때문이다. 국제자본이동의 이자율탄력성과 관련하여 주의해야 할 점은, 완전한 자본이동성과 완전한 자본불이동성이라는 두 가지 극단적인 경우에 *BP*곡선이 각각 수평과 수직이 된다는 것이다. 예를 들어 완전한 자본이동성의 경우 *BP*곡선은 수평이 되는데, 이것은 국내 이자율이 나머지 세계의 이자율과 같아지기 때문이다. 국내 이자율이 세계 이자율보다 더 높이 상승하면 무한한 양의 자본이 유입될 것이고, 반대의 경우 무한한 양의 자본이 유출될 것이다.

*BP*곡선은 주어진 세계 소득, 세계 이자율, 세계 물가, 환율, 그리고 국내 물가에 대하여 정의된다. 만일 이 변수들 중 하나라도 변화하면 *BP*곡선은 이동할 것이다. 수출을 증가시키거나 수입을 감소시키는 원인(예를 들어 세계 소득의 증가, 환율의 하락, 세계 물가의 상승, 국내물가의 하락 등)이 발생하면, *BP*곡선은 오른쪽 아래로 이동할 것이다. 다시 말하면, 어떤 주어진 국내 소득수준에 대하여 경상수지의 개선은 0의 종합국제수지 상태를 유지하기 위해 자본수지를 악화시켜야 하고 이를 위해서는 국내 이자율이 하락해야 한다.

3.5.4 완결모형과 재정 통화정책의 영향

이제 소규모 개방경제를 위해 완결된 IS-LM 모형을 살펴볼 수 있다. 재화시장과 화폐시장, 그리고 국제수지의 균형은 *IS*, *LM*, *BP* 곡선이 3중으로 교차하는 점에서 발생한다. 다음에서 우리는 재정 통화정책이 (i) 고정환율제 하에서 국내소득과 국제수지에 끼치는 영향, (ii) 변동환율제 하에서 국내소득과 환율에 끼치는 영향을 분석한다.

고정환율제 하에서 재정확대는 소득의 증가를 가져오는 한편 종합국제수지를 개선할 수도, 악화시킬 수도 있다. 재정확대가 소득수준과 국제수지에 끼치는 영향은 〈그림 3.10〉의 두 분면에서 설명되고 있다. (a)분면에서 *LM*곡선은 *BP*곡선보다 기울기가 가파른 반면, (b)분면에서는 그

그림 3.10 • 불완전 자본이동성 하에서 확대재정정책

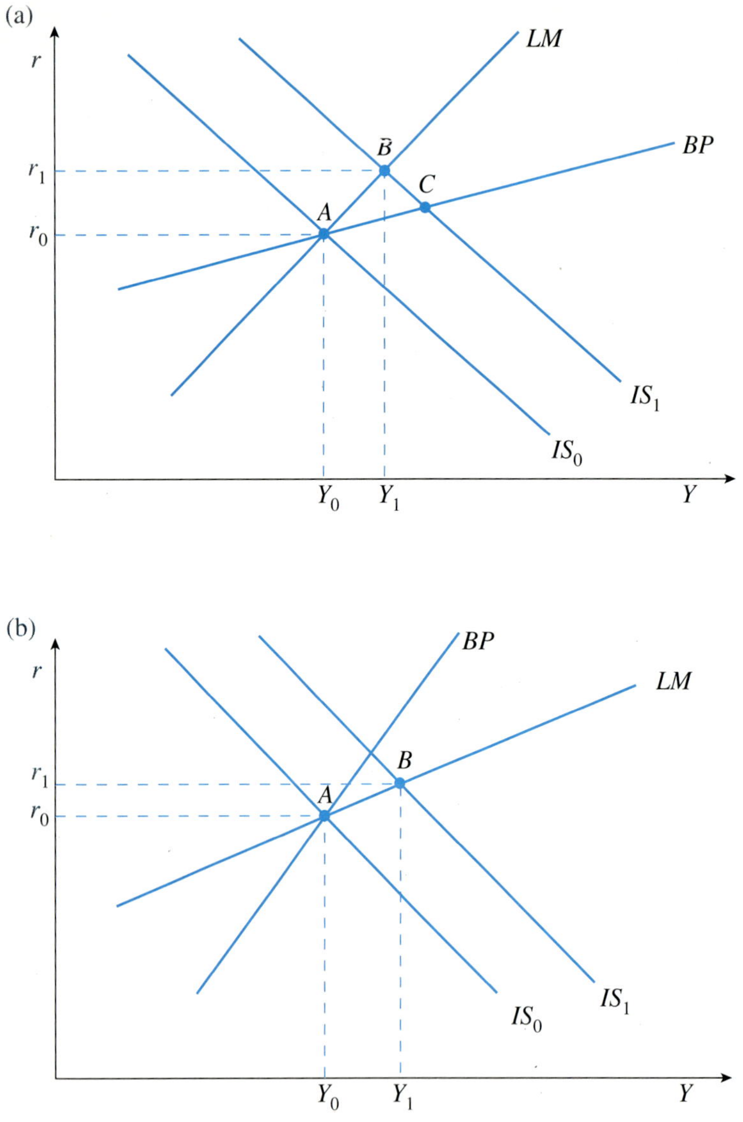

반대다. 〈그림 3.10〉의 두 분면에서 모두 경제는 초기에 IS_0, LM, BP 곡선이 3중 교차하여 재화시장과 화폐시장 및 국제수지에서 균형을 이루는, (r_0, P_0)로 표현되는 점 A에서 작동하고 있다. 확대재정정책은 IS곡선을 IS_0에서 IS_1로 오른쪽으로 이동시키고, 그 결과 국내 이자율은 r_0에서 r_1로 증가하여 자본수지가 개선되고, 소득은 Y_0에서 Y_1로 증가하여 경상수지가 악화된다. 〈그림 3.10〉의 두 분면에서 볼 수 있듯이 종합국제수지에 끼치는 순효과는 LM곡선과 BP곡선 기울기의 상대적 크기(즉, 모형을 구성하는 구조적 패러미터)에 달려 있다. 분면에서 순효과는 종합국제수지가 흑자인 B점으로, 즉 IS_0와 LM이 BP곡선의 위에서 교차하는 점으로 나타난다. (b)분면에서 순효과는 종합국제수지가 적자인 B점, 즉 IS_0와 LM이 BP곡선의 아래에서 교차하는 점으로 나타난다. 확대재정정책이 종합국제수지를 개선할 가능성이 높은 경우는 다음과 같다. (i) 한계수입성향이 작고 자본흐름의 이자율탄력성이 높을수록(즉, BP곡선의 기울기가 완만할수록), (ii) 화폐수요의 소득 탄력성이 크고 이자율탄력성이 작을수록(즉, LM곡선의 기울기가 가파를수록). 현실적으로 LM곡선의 기울기는 BP곡선의 기울기보다 더 가파를 가능성이 높은데, 그것은 화폐수요의 이자율탄력성이 자본흐름의 이자율탄력성보다 더 작기 때문이다. 이 같은 견해는 실증자료에 의해 뒷받침되고 있으며 다음에 우리가 다룰 장기균형에 관한 논의에서 채택될 것이다.

여기서 다음을 강조할 필요가 있다. 고정환율제 하에서 재정정책의 변화가 국제수지에 미치는 영향을 분석하는 데 있어 케인즈주의적 접근법은 국제수지의 적자나 흑자가 통화량에 미치는 효과를 통화당국이 단기에 중화시킬 수 있다고 가정한다. 지금까지 우리가 분석해 온 결과는 단기에 한정될 수밖에 없다. 왜냐하면 기간이 길어질수록 장기적인 국제수지의 적자나 흑자가 통화량에 미치는 영향을 중화시키기는 일은 어려워지기 때문이다. 장기균형을 위해서 국제수지는 반드시 0이 되어야만 한다. 국제수지가 0이 아니면, 3.5.2절에서 논의한 방식대로 국내의 통화량이 변화할 것이다. 〈그림 3.10〉 (a)분면의 B점에서처럼 국제수지 흑자가 발생하면 고정된 환율을 유지하기 위해 통화당국이 개입하여 국내 통화량을 확대시킬 것이다. 이에 따라 LM곡선은 오른쪽 아래로 이동하고 장기균형이 C점에서 이루어지게 된다. 여기서 국제수지는 0이 되고 재화시장과 화폐시장은 균형상태가 된다.

사본의 이동이 불완전한 고정환율제 하에서, 재정확대의 경우와 대조적으로 통화확대는 LM곡선이 BP곡선보다 기울기가 크건 작건 상관없이 언제나 국제수지 상태를 악화시킨다. 이 경우는 〈그림 3.11〉을 통해 설명된다. 여기서 경제는 초기에 IS, LM_0, BP 곡선이 3중 교차하는 A점에 있어서, 재화시장과 화폐시장 및 국제수지가 균형을 이루고 있다. 확대통화정책은 LM곡선을 LM_0에서 LM_1으로 이동시키고, 그 결과 국내이자율이 r_0에서 r_1로 하락하여 자본수지가 악화되고, 소득도 Y_0에서 Y_1로 증가하여 경상수지가 악화된다. 이자율과 소득이 자본수지와 경상수지에 각각 음의 효과를 가져오므로, 종합국제수지는 IS와 LM_0이 BP곡선의 아래에서 교차하는 B점에서 틀림없이 적자를 기록한다.

확대재정정책에 대해 논했던 경우와 비슷하게, B점은 장기균형이 될 수 없다. 이 상태에서는

그림 3.11 • 불완전 자본이동성 하에서 확대통화정책

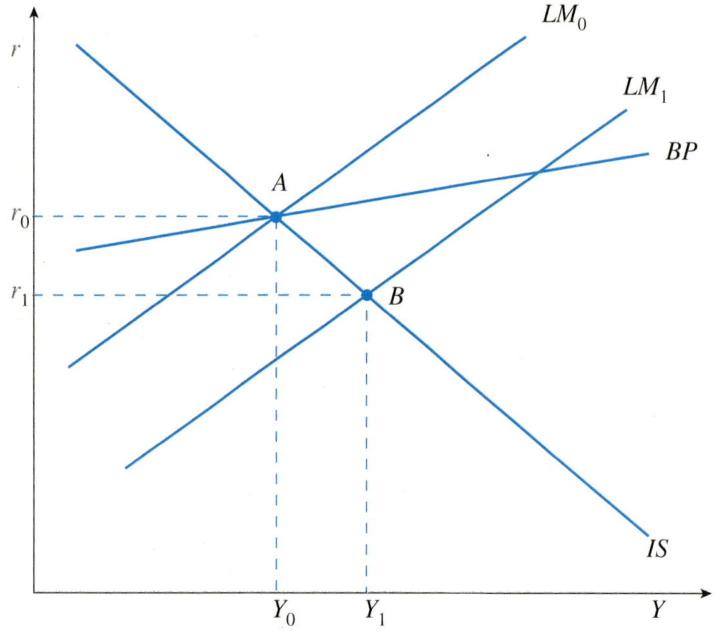

국제수지가 적자이므로 통화공급량이 감소할 것이고 이에 따라 *LM*곡선은 왼쪽으로 이동한다. 장기의 조정과정은 *LM*곡선이 원래의 위치로 돌아간 *A*점에서 멈출 것이다. 바꾸어 말하면 불태화정책(sterilisation)이 없는 상태에서 통화정책은 소득수준에 대한 영향에 관한 한 아무런 효력도 발휘하지 못한다. 이 결론에는 국내경제가 세계경제에 비해 상대적으로 소규모이기 때문에 국내에서 통화공급이 확대되어도 세계의 통화공급에는 미미한 영향을 끼친다는 가정이 깔려 있다.

고정환율제 하의 소규모 개방경제에서 자본이 완전한 이동성을 갖는 극단적인 경우 국내의 균형소득은 장기에서 *IS*곡선과 '수평' 의 *BP*곡선이 만나는 점에서 결정된다. 이 상황에서는 재정정책이 강력한 힘을 발휘한다. 즉 재정이 확대되면 민간부문 투자에 대한 구축효과 없이 케인즈주의의 45° 교차곡선 모형의 100% 승수효과가 발생한다. 반면 통화정책은 전혀 효력이 없어 장기적으로 총수요와 소득에 아무런 영향도 끼치지 못한다.

변동환율제 하에서 재정정책과 통화정책의 효과를 논의하기 전에 다음과 같은 사실에 주목하자. 먼델(Mundell, 1962)은 내적 균형(완전고용수준에서의 산출량과 고용량)과 외적 균형(0의 종합국제수지)이라는 두 개의 목적을 성공적으로 달성하기 위해 통화정책과 재정정책을 적절히 운용하는 방법을 논의했다. 소위 임무부여(assignment) 문제에 대한 먼델의 해법은 그의 유효시장구분원리(principle of effective market classification)를 따른다(Mundell, 1960). 이 원리에 따르면 각 정책도구는 그것이 가장 많은 영향을 끼치는 정책목표와 짝이 지워져야 하고, 재정정책에는 내

적 균형을 달성하는 임무가, 통화정책에는 외적 균형을 달성하는 임무가 부여되어야 한다.

이제 변동환율제 하에서 재정정책과 통화정책이 소득과 환율에 끼치는 영향을 살펴보기로 하자. 재정확대가 소득과 환율에 끼치는 영향은 이전의 경우처럼 *BP*곡선과 *LM*곡선의 상대적 기울기에 따라 달라진다. 이 경우는 〈그림 3.12〉의 (a)분면과 (b)분면에서 자본 이동성이 불완전한 경우

그림 3.12 • 확대재정정책: (a)와 (b) 불완전 자본이동성, (c) 완전 자본이동성

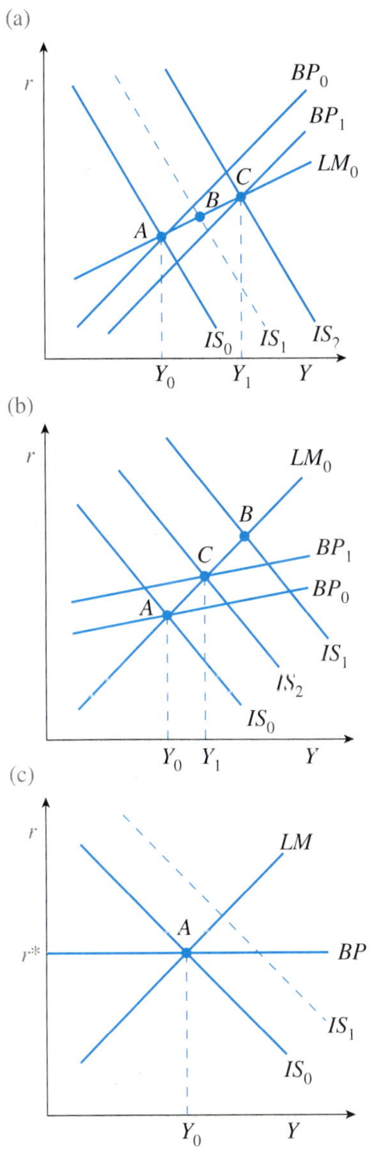

와 관련되어 설명된다. 이 그림은 고정환율제와 관련하여 논의되었던 〈그림 3.10〉을 변동환율제의 경우로 수정한 것이다.

〈그림 3.12〉의 (a)분면에서 *BP*곡선은 *LM*곡선보다 기울기가 더 가파르다. 처음에 경제는 IS_0, LM_0, BP_0 세 곡선이 함께 교차하고 있는 점 *A*에서 균형 상태에 있다. 확대재정정책은 *IS*곡선을 IS_0에서 IS_1로 이동시킬 것이다. 위에서 설명했듯이 고정환율제 하에서 재정확대는 국제수지 적자를 가져온다(즉, IS_0와 LM_0이 BP_0 아래의 점 *B*에서 교차한다). 환율이 변동하면 환율은 국제수지 불균형에 따라 조정될 것이다. 외환시장에서 국내통화가 과잉공급되면 국내통화는 평가절하된다. IS_0와 BP_0가 오른쪽으로 이동하여 LM_0 상에서 *B*점 오른쪽에 새로운 균형상태가 이루어진다. 예를 들어 IS_2, LM_0, BP_1이 모두 교차하는 *C*점에서 새로운 균형이 이루어지고 이때 소득은 Y_1이 된다. 이 특별한 경우 국내통화 평가절하는 국내의 재정확대가 총수요에 끼치는 영향을 강화하여 더 높은 산출과 고용을 가져온다.

〈그림 3.12〉의 (b)분면은 *LM*곡선이 *BP*곡선보다 더 가파른 경우를 보여주고 있다. 경제는 처음에 *A*점에서 균형 상태를 이루고 있다. 이 점은 IS_0, LM_0, BP_0가 모두 교차하는 점이다. 재정이 확대되면 *IS*곡선은 IS_0에서 IS_1로 오른쪽으로 이동하고, BP_0 위에 있는 *B*점에서 IS_1와 LM_0이 교차하게 된다. 이 상태는 고정환율제 하에서 국제수지 흑자 상태에 상응하므로, 환율은 국내통화에 대한 초과수요를 없애기 위해 조정될 것이다. *BP*곡선이 *LM*곡선보다 더 가파른 경우와 달리, 국내통화는 평가절상되고 그 결과 IS_1와 BP_0는 모두 왼쪽으로 이동한다. 균형은 *LM*곡선 상에서 *B*점의 왼쪽, 예를 들어 *C*점에서 이루어진다. 이런 상황에서는 총수요에 대한 재정확대의 효과가 평가절상 때문에 부분적으로 상쇄되기 때문에 재정정책은 산출과 고용에 미치는 영향에서 상대적으로 효력을 상실한다. 위에서 언급한 바와 같이 (b)분면의 경우가 좀 더 현실에 가까운 경우라 할 수 있을 것이다.

〈그림 3.12〉의 (c)분면은 자본이 완전한 이동성을 갖는 극한적인 경우를 보여주고 있다. 이 경우 재정정책은 효력을 완전히 상실하여 산출과 고용에 영향을 끼칠 수 없다. 완전 자본이동성의 경우 *BP*곡선은 수평이다. 즉 국내이자율은 세계 전체의 이자율 r^*에 묶여져 있다. 만일 국내이자율이 세계이자율보다 높아지면 자본유입이 끝없이 이루어질 것이고, 반대의 경우에는 자본유출이 무한히 계속될 것이다. 재정이 확대되면(즉 *IS*곡선이 IS_0에서 IS_1로 오른쪽으로 이동하면) 국내이자율에 상승 압력이 가해진다. 이 초기 압력은 결국 자본의 유입을 가져오고 국내통화를 평가절상하게 된다. 평가절상과 함께 순수출은 감소하고, *IS*곡선은 왼쪽으로 되돌아간다. 자본유입의 양이 매우 커 *IS*곡선을 원래의 위치로 돌릴 정도로 평가절상이 진행되면 *A*점에서 원래의 균형이 다시 이루어진다. 다시 말하면, 재정확대가 순수출을 완전히 구축하기 때문에 산출과 고용에 아무런 변화도 일어나지 않는다. 원래의 소득수준인 Y_0에서 경상수지 적자가 정확히 정부예산적자 만큼 증가하기 때문이다.

마지막으로 불완전 자본이동성과 완전 자본이동성 하에서 통화팽창이 소득과 환율에 끼치는 영향을 살펴보도록 하자. 불완전 자본이동성의 경우는 〈그림 3.13〉의 (a)분면에서 설명된다. 경제의 초기상태는 IS_0, LM_0, BP_0가 모두 교차하는 *A*점으로 균형상태다. 통화팽창은 *LM*곡선을 LM_0

에서 LM_1으로 이동시킨다. 이 때 고정환율제였다면 국제수지 적자가 발생했을 것이다. 그러나 변동환율제에서는 국내통화가 평가절하되어 국제수지균형을 유지할 것이다. 즉 BP곡선과 IS곡선이 오른쪽으로 이동하여 새로운 균형점이 LM_1 위에서 B점의 오른쪽, 예를 들어 IS_1, LM_1, BP_1이 모두 교차하는 C점에서 이루어진다. 통화팽창의 효과가 국내통화 평가절하를 통해 강화되어 더 높은 소득으로 귀결된다. (b)분면에 그려진 자본의 완전이동성이라는 극단적인 경우, 통화가 팽창하

그림 3.13 • 자본이동성이 (a) 불완전 (b) 완전할 때의 통화팽창

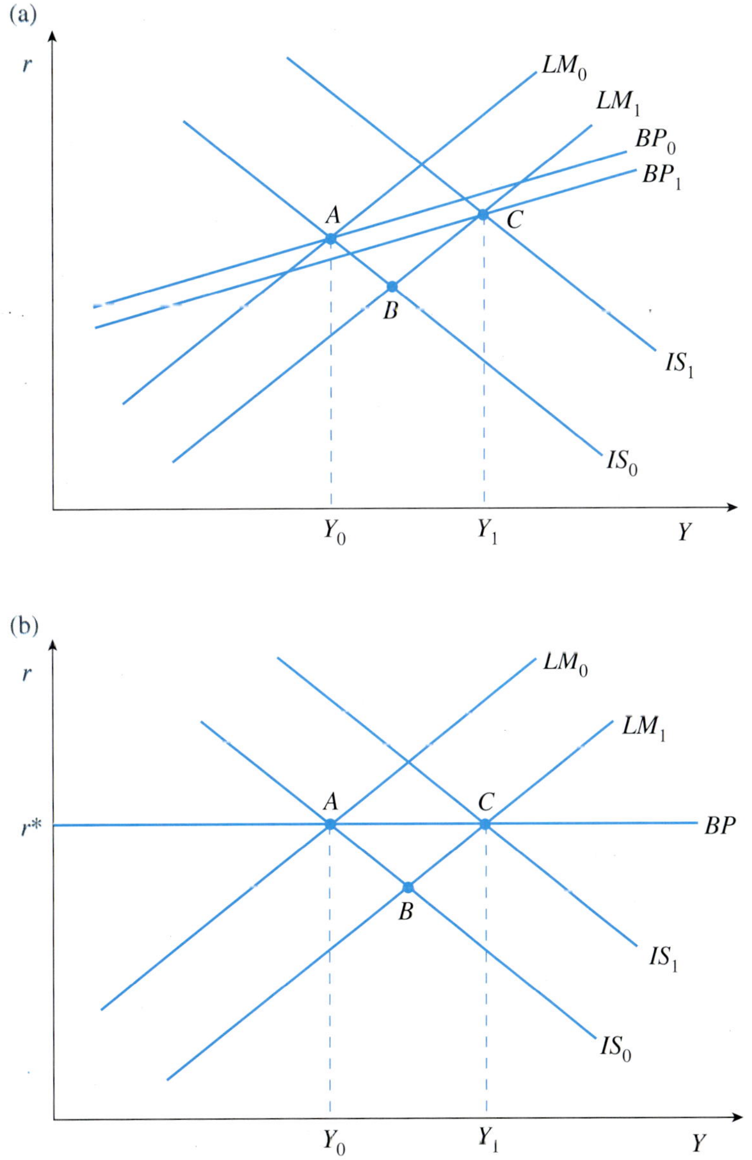

면(즉 *LM*곡선이 LM_0에서 LM_1로 이동하면) 국내이자율에 하락 압력이 발생한다. 이 초기 압력으로 자본유출과 평가절하가 발생하여, *IS*곡선은 *IS*에서 *IS*로 오른쪽으로 이동한다. 이 이동은 IS_1, LM_1, *BP*가 모두 교차하는 *C*점에서 새로운 균형이 발생할 때까지 계속될 것이고, 이 새 균형점에서 이자율은 주어진 세계이자율 r^*와 같고 소득은 새로운 수준인 Y_1이 된다. 이 극단적인 경우 통화정책은 100%의 효력을 가지며 이것은 위에서 논의한 재정정책의 경우와 대조된다.

지금까지의 논의를 정리하자. 자본의 이동이 불완전한 고정환율제 하에서 재정확대는 소득을 증가시키지만 종합국제수지에 대한 효과는(불태화정책이 시행된다는 가정 하에서) *LM*곡선과 *BP*곡선의 기울기에 따라 달라진다. 반면 통화정책의 효과는 명확하다. 통화팽창은 소득을 증가시키고 언제나 국제수지를 악화시킨다. 그러나 불태화정책이 시행되지 않으면 통화정책은 소득에 아무런 영향도 끼치지 못한다. 또 자본의 이동이 완전한 극단적인 경우 재정정책은 100%의 효력을 발휘하는 반면, 통화정책은 아무런 효력도 갖지 못하여 총수요와 소득에 장기적인 영향을 끼치지 못한다. 자본의 이동이 불완전한 변동환율제 하에서는 재정이 확대되면 소득은 반드시 증가하지만, *LM*곡선과 *BP*곡선의 상대적 기울기에 따라 환율은 하락하거나 상승할 수 있고 그 결과 총수요와 고용에 대한 재정확대의 효과가 강화될 수도 있고 부분적으로 상쇄될 수도 있다. 반면 통화가 팽창하면 소득은 증가하고 국내통화 평가절하를 통해 총수요와 소득에 대한 통화팽창의 영향은 강화된다. 자본의 이동이 완전한 극단적인 경우 재정정책의 전혀 효력이 없어 산출과 고용에 아무런 영향을 줄 수 없는 반면, 통화정책은 100% 효력을 발휘한다.

결론적으로 말해, 개방경제에 대한 IS–LM모형에는 여러 제약이 있다는 점을 알아야 할 것이다. 그런 제약으로는 다음을 들 수 있다. (1) 제한적인 가정(예를 들어 고정된 임금과 물가, 환율변화에 대한 정태적 기대 등). (2) 자본계정에 대한 설정(즉 순자본유입이 국내이자율과 세계이자율 사이의 차에만 영향을 받는다는 설정. 이 설정은 자본유입이 무한히 계속되기 위해서는 이자율이 연속적으로 변해야 한다는 자산선택이론과 상충된다). (3) 계속되는 경상수지 적자를 자본수지의 흑자로 상쇄할 수 있다는 암묵적인 가정(현실에서 국제수지는 종합적인 균형보다는 훨씬 더 세부적인 부분에 대해 목표가 설정된다). (4) 외부 교란이 발생했을 때 경제가 조정되어가는 과정에 대한 동학적 분석보다는 균형점들을 비교하는 비교정태분석(Ugur, 2002). 먼델-플레밍 모형의 기원과 그 이후의 발전에 대한 논의로는 프렝클과 레이즌(Frenkel and Razin, 1987), 먼델(Mundell, 2001), 옵스트펠드(Obstfeld, 2001), 로고프(Rogoff, 2002), 브라우턴(Broughton, 2003)을 보라.

지금까지 우리는 폐쇄경제와 개방경제에 대해 물가가 고정된 케인즈주의적 모형 속에서 재정정책과 통화정책의 실효성을 분석했다. 다음에는 원래의 필립스 곡선 분석과 이 곡선이 정통파 케인즈주의 경제학에서 차지하는 중요성에 대해 논의하겠다.

3.6 필립스 곡선과 정통파 케인즈주의 경제학

필립스 곡선은 인플레이션과 실업 사이의 관계에 대한 논쟁과 관련된 것으로 거시경제학에서 가장 유명한 관계 중의 하나다(Smithin, 2002). 실업과 인플레이션의 관계에 대한 최초의 통계적 연구는 어빙 피셔가 1926년에 행했다(Fisher, 1973). 그러나 필립스(Phillips, A. W.)의 이름에 따라 명명된 곡선은 1861년~1957년 기간 동안 영국의 실업(U)과 명목임금 변화율($\dot{W}$) 간의 관계에 대해 1958년 출간된 통계적 연구에서 도출되었다. 〈그림 3.14〉가 보여주듯이 추정된 평균적 관계는 비선형적 역관계였다. 예를 들어 약 5.5%의 실업률에서 명목임금 변화율은 0%인 반면, 약 2.5%의 실업률에서 명목임금 변화율은 2.0%였다.

필립스는 1861~1913년 기간에 대해 맞춰진 곡선에 놀랍게도 1948~57년 자료도 매우 근접하게 맞춰진다는 사실을 발견했다. 그 관계는 다음 식 (3.6)으로 주어졌다

$$\dot{W} = -0.9 + 9.638(U)^{-1.394} \tag{3.6}$$

일부 경제학자들은 이 사실이 곧 인플레이션과 실업 사이에 장기적으로 안정적인 역관계가 존재할 수 있다는 것을 보여준다고 생각했다.

원래의 필립스의 논문(Phillips, 1958)은 실업과 명목임금 인플레이션 사이의 관계에 대한 실증 연구였지만, 필립스는 논문의 서두에서 이 두 변수 사이에 역관계가 존재할 수 있는 이유를 설명할 이론적 추론을 대략적으로 제시했다. 그는 다음과 같은 말로 논문을 시작한다.

그림 3.14 • 필립스 곡선

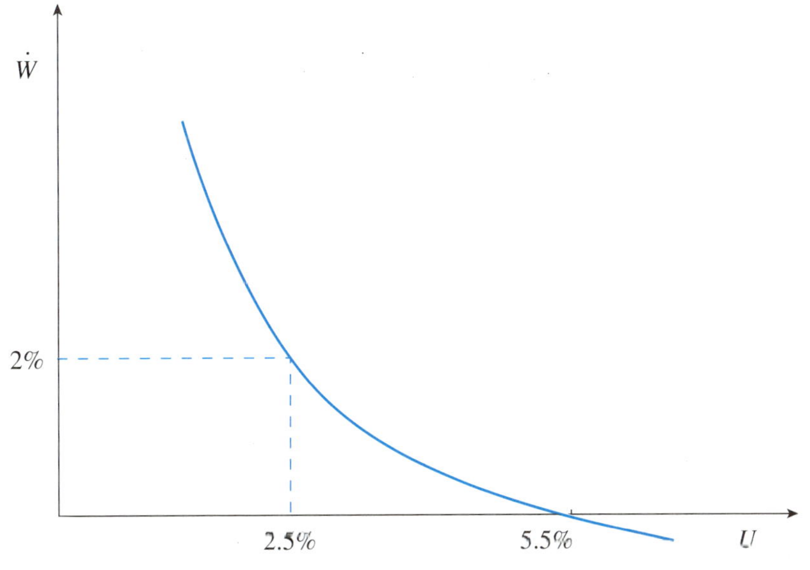

> 재화나 서비스에 대한 수요가 그에 대한 공급보다 많으면 그 가격은 상승할 것으로 기대된다. 이 때 상승률은 초과수요가 클수록 더 높다. 역으로 수요가 공급보다 적으면 가격은 하락할 것으로 기대되고 하락률은 수요 부족이 클수록 더 높다. 이 원리가 명목임금률의 결정요소 중의 하나로 작동하리라는 것은 매우 설득력이 있는 듯이 보인다.

필립스의 선구적인 작업에 뒤이어 두 방향의 연구가 발전했다. 하나는 이론적 연구였고 다른 하나는 실증적 연구였다. 실증적 연구에서 경제학자들의 관심은 다른 시장 경제에서도 인플레이션과 실업 사이에 안정적 관계가 성립하는가를 확인하는 일이었다(실증연구에 대한 논의로는 Santomero and Seater, 1978). 낮은 인플레이션율과 낮은 실업률을 동시에 이루려고 하는 정부 입장에서 볼 때, 이 두 가지 목표 사이에 존재하는 안정적인 상충관계는 정책상의 딜레마였다. 이 딜레마를 해결하기 위해서는 곡선을 적절한 경제정책을 통해 옆으로 이동할 수 있을 때만 가능한 것으로 생각되었다. 그러나 이 목표를 달성하기 위한 효과적인 정책을 도안할 수 있기 위해서는 우선 이 관계의 배후에 있는 경제적 힘들에 관한 일관적인 이론적 설명이 필요했다.

필립스 곡선에 대해 견고한 이론적 토대를 제공하려는 시도 중 가장 먼저 이루어진 것은 립시(Lipsey, 1960)의 연구였다. 그는 (i) 명목임금의 증가율과 초과노동수요(X_L) 사이의 선형 정관계, (ii) 초과수요와 실업 간의 비선형 역관계라는 두 가지 관계를 가정하여 이론적 설명을 시도했다. 이 두 가정은 다음과 같이 식 (3.7)과 (3.8)로 주어진다.

$$\dot{W} = \alpha(X_L) = \alpha[(D_L - S_L)/S_L] \tag{3.7}$$

$$X_L = \beta(U) \tag{3.8}$$

여기서 D_L은 노동수요, S_L은 노동공급, α 는 양의 임금유연성 계수, β 는 가변적인 음의 패러미터로서 $X_L \to 0$이면 $U = U^* > 0$이고 $X_L \to \infty$ 이면 $U \to 0$이다. 이 두 가지 가정을 결합하여 립시는 〈그림 3.14〉에서 보이는 명목임금 변화율과 실업 사이의 비선형 역관계에 대한 필립스의 관찰에 이론적 타당성을 제공할 수 있었다.

임금변화율과 초과노동수요 사이의 관계는 〈그림 3.15〉에서 설명되고 있다. (a)분면에서 보듯이, W_e 이하의 명목임금률에서 임금은 초과노동수요의 결과로 상승할 것이다. (b)분면은 명목임금률의 상승률이 초과노동수요가 클수록 더 커짐을 보여준다. 예를 들어 (a)분면의 임금률 W_1에서는 초과노동수요 aa가 존재한다. 이 초과수요는 (b)분면에서 $0a$와 동일하며 그 결과 명목임금률 상승률은 $\dot{W}_1$이 된다. 초과노동수요와 실업의 관계는 〈그림 3.16〉에서 설명된다. 노동시장이 청산되더라도(즉 초과수요나 초과공급이 없더라도), 노동시장에는 $0e$에 해당하는 약간의 실업이 존재한다. 그 이유는 사람들이 직장을 바꾸고 새로운 직장을 탐색하는 노동시장 마찰이 존재하기 때문이다. 립시에 의하면, 비록 실업이 양의 초과수요에 반응하여 하락하더라도(즉 구인자수(求人者數, vacancies)가 증가하여 직장 찾기가 쉬워진다 하더라도), 실업은 점근적으로 0에 가까워질 수 있을 뿐이다. 다시 말하면, 초과수요가 일정한 속도로 계속 증가하더라도 그에 따른 실업 감소는 점차로 작아진다.

요약하면, 립시의 근거는 간단히 말해서 명목임금률의 변화율이 노동시장에서 실업수준으로 측정되는 초과수요(혹은 초과공급)의 정도에 좌우된다는 것이다. 이 근거는 다음의 방정식으로 표현될 수 있다.

그림 3.15 • 임금률 변화와 초과노동수요의 관계

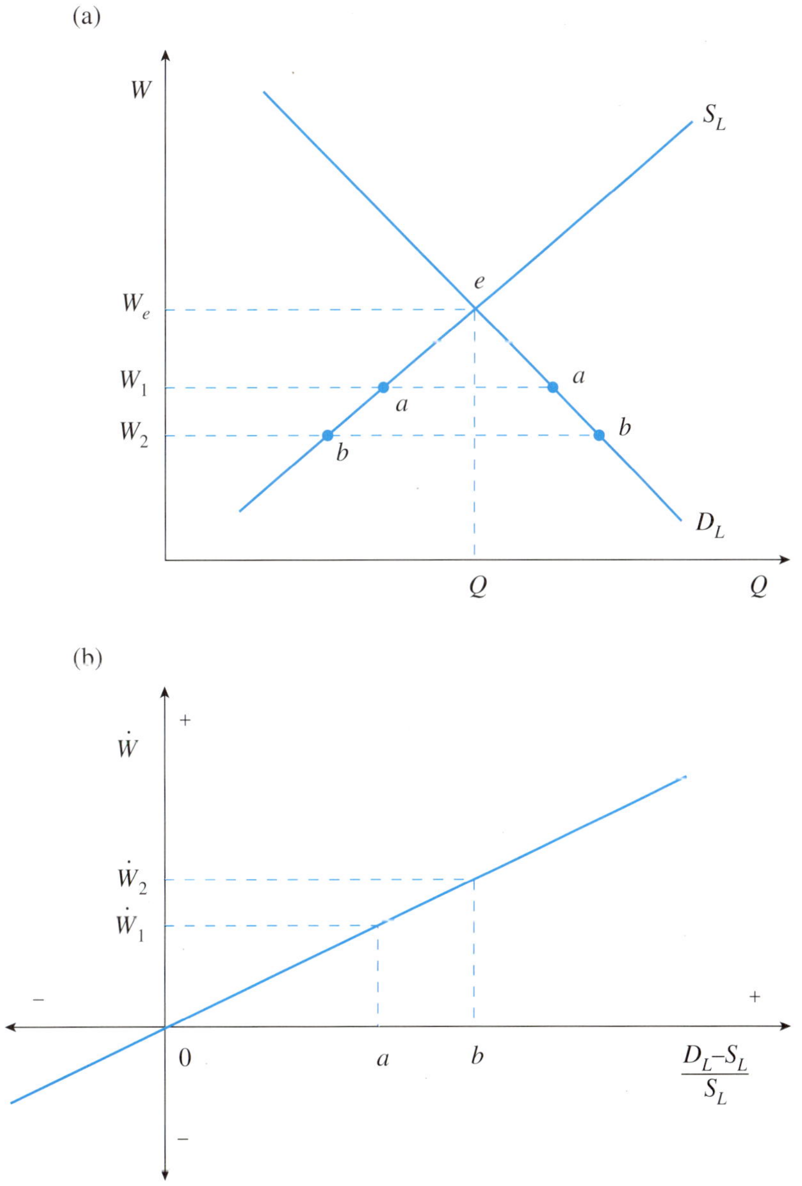

그림 3.16 • 초과노동수요와 실업의 관계

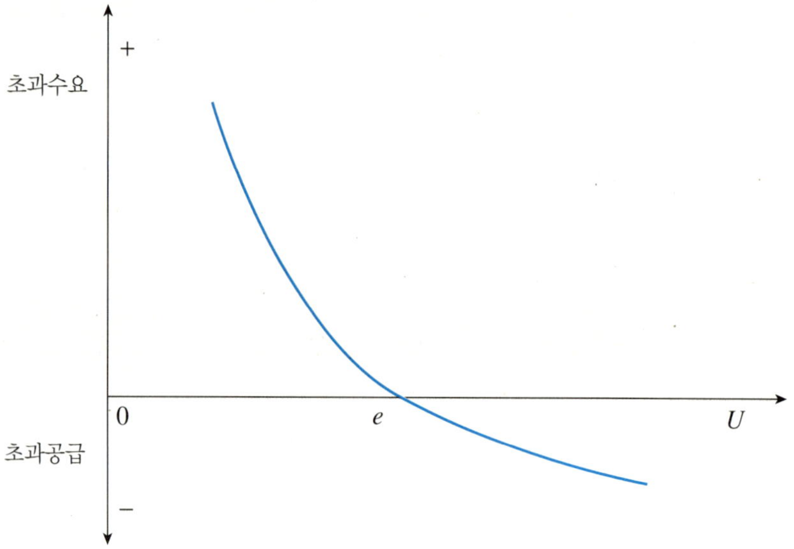

$$\dot{W} = f(U) \tag{3.9}$$

필립스의 1958년 논문 서두를 참조할 때, 명백히 필립스는 명목임금 인플레이션과 실업 사이에 존재하는 매우 높은 상관관계가 인플레이션에 대한 '수요견인' 설명을 지지하는 강력한 근거라고 생각했다.

립시의 모형에서는 노동시장 마찰로 인하여 노동시장의 균형이 $U = U^* > 0$에서 발생한다(Lipsey, 1960, 470~71쪽). $U = U^*$일 때, 구인자수(V)는 적극적으로 구직활동을 하는 실업자수와 같다. S_L은 총고용자수(E)와 실업자수(U)의 합과 같고, D_L은 구인자수(V)와 고용자수(E)의 합과 같으므로, 비례적 초과노동수요는 다음과 같이 표현될 수 있다.

$$X_L = [(D_L - S_L)/S_L] = [(V - U)/(E + U)] \tag{3.10}$$

$V/S_L = v$, $U/S_L = u$라 하면, 초과노동수요는 측정가능한 두 변수, 즉 구인배율(求人倍率, vacancy rate, v)과 실업률(u)로 표현될 수 있다.

$$X_L = v - u \tag{3.11}$$

X_L이 증가할 때 퇴직률이 신규고용률을 초과하지 않는다고 가정할 때, 경기순환 과정에서 구인배율은 X_L과 정의 관계에 있고 실업률은 X_L과 역의 관계에 있다.

후에 핸슨(Hansen, 1970)은 립시의 분석을 세련화하여, 구인배율과 실업률이 포물선 관계, 즉 $h = vu$ 의 관계를 갖는다고 가정한다(여기서 h는 노동시장에서의 마찰율이다. 노동시장에서 마찰이 없으면 $h=0$이고, 따라서 $v=0$ 혹은 $u=0$이 된다). 노동시장에서 마찰이 있을 때 X_L, u, v 사이의 관계는 〈그림 3.17〉과 같다.

(a)분면에서 보듯이, 초과노동수요가 0이라 하더라도 실업률과 구인배율은 모두 양의 값을 갖

그림 3.17 • 노동초과수요, 구인배율, 실업률 간의 관계

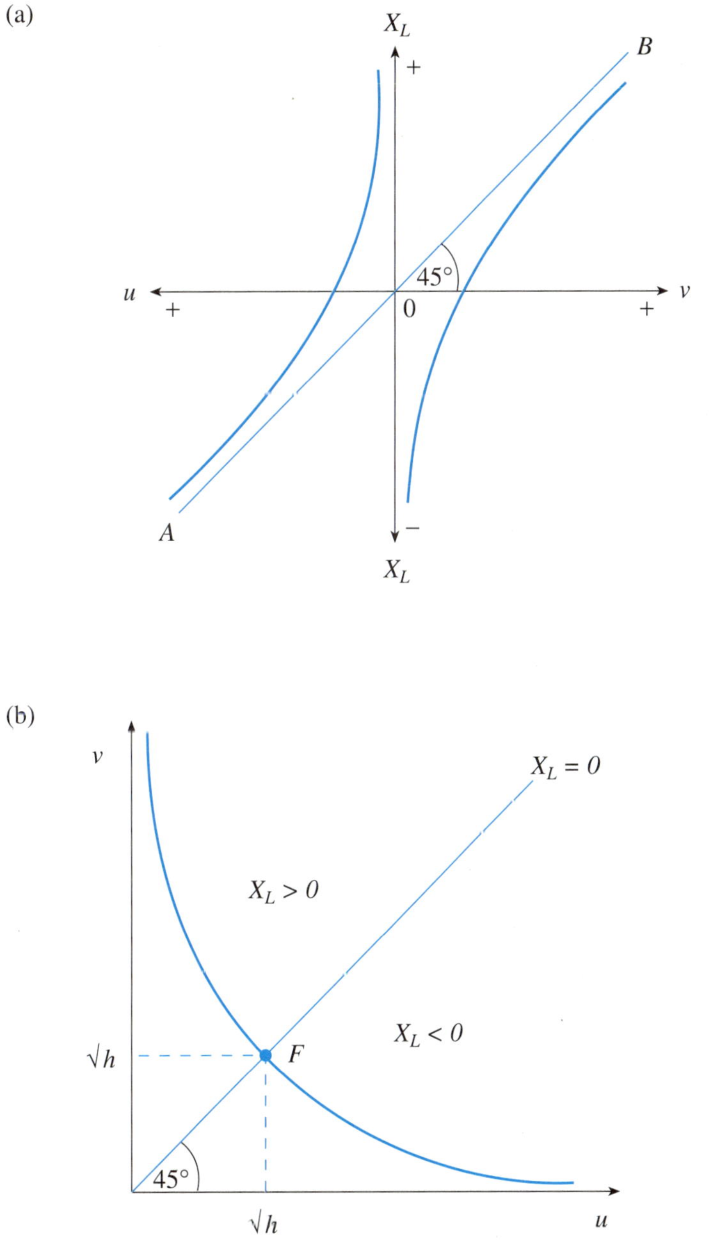

는다. 이것은 노동시장에서 마찰이 존재함을 반영한다. 마찰이 없는 노동시장에서 X_L, u, v 사이의 관계는 직선 AB, 즉 45° 선으로 표현된다. 〈그림 3.17〉의 (b)분면은 포물선 vu로 나타난, v와 u의 모든 결합을 나타내고 있다. 45° 선 상의 임의의 한 점은 노동시장에서의 균형을 뜻한다. 왜냐하면 $X_L = 0$ 인 상태에서는 $v = u$ 이기 때문이다. 〈그림 3.17〉의 (b)분면에서, 현재 노동시장의 마찰의 정도는 F점에서 포물선의 위치로 표현된다. 노동시장에서 마찰이 더 강해지면 이 포물선은 밖으로 이동한다. 그 결과 필립스 곡선도 오른쪽으로 이동할 것이다. 왜냐하면 $X_L = 0$에 상응하는 실업수준은 노동시장의 마찰이 증가하면 같이 증가하기 때문이다. 예를 들어 그런 종류의 관계가 1960년대 후반과 1970년대 초에 영국 경제에서 발생했다는 강력한 증거가 존재한다(Gujarati, 1972; Taylor, 1972).

핸슨에 의해 세련된 필립스 관계는 다음과 같이 표현될 수 있다.

$$\dot{W} = \alpha(h/u - u) + w^* = \alpha h/u - \alpha u + w^* \tag{3.12}$$

여기서 w^*는 외생적으로 주어진(예를 들어, 노동조합의 영향력에 따라 결정된) 임금 인플레이션율이다. 식 (3.12)에서 보듯이, 필립스 곡선의 기울기는 임금의 유연성 α 에 좌우되고, 곡선의 위치는 w^*와 노동시장에서의 마찰의 정도 h에 영향 받는다. 노동시장이 덜 유연할수록 마찰의 정도는 더 커지고, 주어진 실업률에 대해 임금 인플레이션도 더 높아진다(Rothschild, 1971; Frisch, 1977; Lipsey, 1978).

1960년대에 필립스 곡선은 그 당시 지배적이었던 정통파 케인즈주의 패러다임의 주요 부분으로 급속히 인정되었다. 그 이유 중 중요한 것은, 필립스 곡선이 장기적으로 안정적인 인플레이션-실업 간의 상충관계를 보여주는 것이고 따라서 필립스 곡선이 정부가 정책 선택을 하는 데 선택할 수 있을 인플레이션과 실업의 여러 조합을 제공해 준다는 식으로 많은 정통파 케인즈주의자들이 해석했다는 것이다. 학계에서 필립스 곡선에 대한 교과서적 해석은 지속적으로 높은 인플레이션율을 감내하면 지속적으로 낮은 실업률이 실질적으로 성취될 수 있다는 명제로 제시되기에 이르렀다. 제임스 갤브레이스(Galbriath, 1997)가 지적하듯이, 1968년에 미국의 주류 케인즈주의자들은 '필립스 곡선에 대한 새뮤얼슨과 솔로(Samuelson and Solow, 1960)식 해석' 을 충실히 따르고 있었다. 로버트 리슨(Leeson, 1994a, 1997a, 1999)에 따르면 이런 해석은 필립스 자신이 자기가 발견한 관계를 이해하는 방식과는 전혀 다른 것이었다. 리슨의 견해에서 볼 때 필립스의 1958년 논문은 안정적 물가와 양립할 수 있는 실업수준을 찾아내려는 시도였다. 리처드 립시의 확언에 따르면, 필립스는 "실업을 감소시키는 대가로 인플레이션을 받아들이는 것에 대해 조금의 관용도 보이지 않았다"(Leeson, 1997a). 그러나 적어도 1960년대 말까지 당시 지배적이었던 케인즈주의적 정통파 경제학에서 필립스 곡선은 정책 목표로 삼는 여러 실업률들을 적극적인 총수요 정책, 특히 재정정책 도구를 강조하는 정책을 통해 달성할 때 발생할 인플레이션율을 예측하는 데 사용되었다. 들롱(Delong, 1998)이 지적하듯이, 거시정책에 대한 이런 접근법은 목표 실업률이 계속 하락하기 시작하자 불가피하게 인플레이션을 유발시켰고, 1970년대의 '평화 시기 최대의 인플레이션(Great Peacetime Inflation)' 의 모습으로 우리에게 복수하였다.

필립스 곡선이 정통파 케인즈주의자들에게 신속하게 인정되었던 주요 이유들 중의 하나는 필립스 곡선이 당시 지배적이었던 거시경제학 모형에서 결여되었던 인플레이션에 대한 설명을 제공하는 듯이 보였기 때문이다. 독자들은 우리가 3.3절에서 했던 논의를 상기하라. 거기서 논의되었던 IS–LM 모형에서 물가는 고용이 완전고용 이하일 때 고정되어 있는 것으로 가정되었고, 그 결과 완전고용에 이를 때까지는 총수요의 변화가 그대로 실질소득과 고용 수준에 영향을 끼치는 것으로 가정되었다. 명목임금도 고용이 완전고용수준에 이를 때까지 고정되어 총수요의 변화에 반응하지 않는다고 가정되었다. 완전고용수준 이상일 때에만 총수요 변화가 물가에 영향을 끼칠 수 있다고 생각되었다. 필립스 곡선을 통해 산출량과 고용 결정에 관한 정통파 케인즈주의 이론은 임금 인플레이션과 물가 인플레이션 이론과 연계될 수 있었다. 이것을 립시(Lipsey, 1978)에 따라 〈그림 3.18〉로 설명하자. 〈그림 3.18〉의 상단은 표준적인 IS–LM 모형을 그리고 있고, 하단은 필립스 곡선을 보이고 있는데 여기서 각 축은 물가 인플레이션율($\dot{P}$)과 산출 혹은 소득(Y)을 측정하는 것으로 수정되어 있다. (b)분면을 도출하는 데는 다음과 같은 가정이 사용된다. (i) 산출량 수준은 고용수준에 좌우되며, 실업수준은 고용수준과 역관계에 있다. (ii) 상품가격은 임금이 주요 구성요소인 단위생산비용에 대한 가산(markup)으로 결정된다. 가장 간단한 형태의 가산가격 가설을 따를 때, 물가 인플레이션은 명목임금 인플레이션에서 생산성 성장률을 뺀 값으로 결정된다. 여기서 흥미로운 점은 〈그림 3.14〉가 보여주는 실제로 추정된 필립스 곡선에서 약 2.5%의 실업률이 안정적인 물가와 양립한다는 것이다. 그 이유는 이 실업수준에서 명목임금의 변화율이 당시의 생산성 평균증가율이 2%와 거의 같기 때문이다. 초기에 경제가 완전고용 소득수준(Y_{FE}), 즉 〈그림 3.18〉의 (a)분면에서 IS_0와 LM_0의 교차점에 있다고 가정하자. (b)분면을 보면 이 완전고용 소득수준이 안정적인 물가, 즉 $\dot{P} = 0$과 양립함을 알 수 있다. 확대적인 실물 충격이 한 번 발생하면 IS곡선은 오른쪽 위로, 즉 IS_0에서 IS_1로 이동하고, 그 결과 실질소득은 완전고용수준인 Y_{FE}에서 그보다 더 높은 Y_1로 상승한다. (b)분면을 보면, 소득이 완전고용수준 이상으로 상승함에 따라 물가 인플레이션이 $\dot{P}_1$으로 높아짐을 알 수 있다. 물가가 상승함에 따라 화폐공급의 실질가치가 감소되어 이제 LM곡선은 왼쪽으로, 즉 LM_0에서 LM_1로 이동한다. 그러면 경제는 다시 완전고용수준, 즉 (a)분면에서 IS_1와 LM_1의 교차점으로 되돌아간다. 완전고용수준에서 물가는 다시 안정적이 된다. 즉 (b)분면에서 $\dot{P} = 0$이 된다.

지대한 영향력을 끼친 새뮤얼슨과 솔로(Samuelson and Solow, 1960)의 논문에 따라 많은 정통파 케인즈주의자들은 필립스 곡선이 인플레이션과 실업 사이에 장기적으로 안정적인 상충관계가 있음을 보여주는 것으로서 정부당국은 이 곡선 상의 인플레이션과 실업의 조합들 중에서 한 조합을 정책적으로 선택할 수 있다고 생각하였다(Leeson, 1994b, 1997a, 1997b, 1997c). 새뮤얼슨-솔로 논문에 따라 일반적으로 이 상충관계는 임금 인플레이션이 아니라 물가 인플레이션으로 표현되었다. 그러나 1960년대 말~1970년대 초에 이르자 〈표 1.4〉와 〈표 1.5〉에서 보듯이 인플레이션과 실업이 동시에 상승하기 시작했다. 다음 장에서 논의하듯이, 서로 독립적으로 밀턴 프리드먼

그림 3.18 • 케인즈주의 모형과 임금 인플레이션 및 물가 인플레이션의 관계

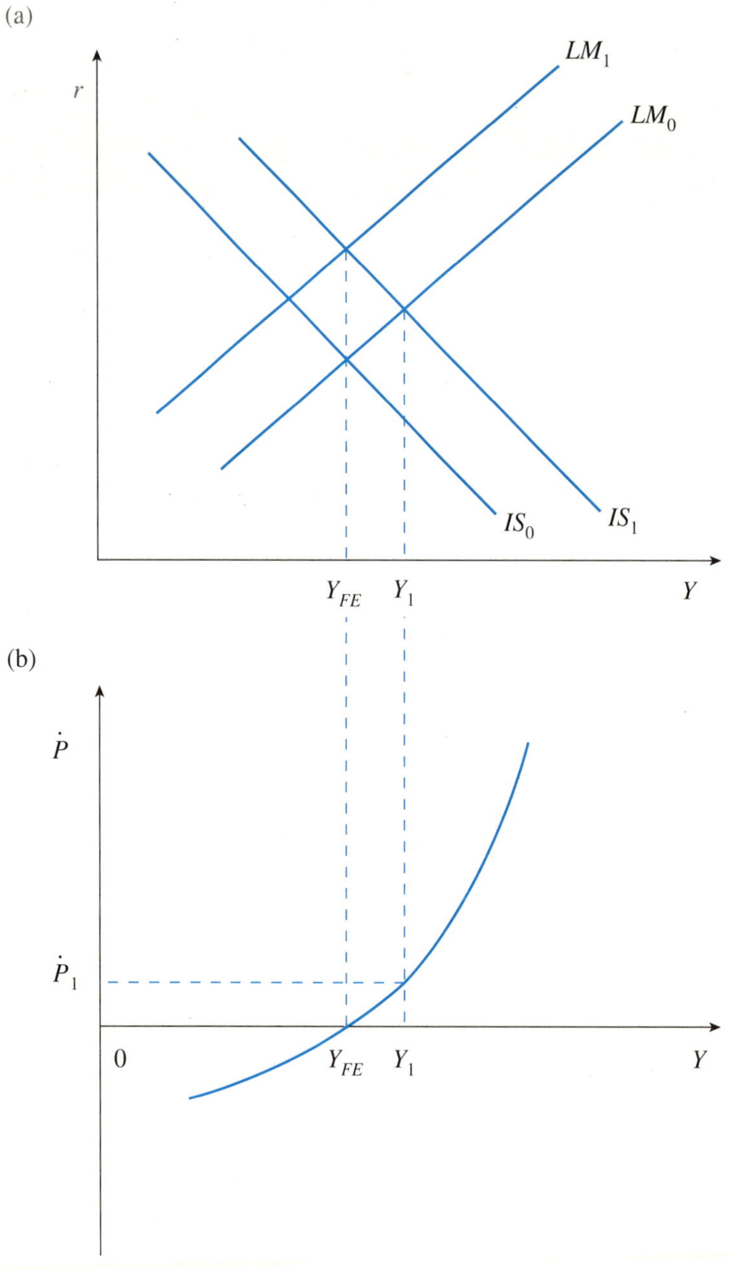

(Friedman, 1968)과 에드먼드 펠프스(Phelps, 1967)는 인플레이션과 실업 사이에 안정적 관계가 존재한다는 생각에 도전장을 내밀었다. 이들은 모두 인플레이션과 실업 사이에 지속적(장기적)인 상충관계가 존재함을 부정했다.

3.7 정통파 케인즈주의의 중심 명제들

이 장의 마지막으로, 3.2절에서 3.6절까지 이르는 논의를 종합하여 1960년대 중반-후반에 존재했던 정통파 케인즈주의 경제학의 중심 명제들을 요약하도록 하자.

제1명제. 현대의 산업자본주의 경제에는 한 중요한 결점이 만연해 있다. 즉 경기후퇴가 자주 발생하고 이 경기후퇴는 값비싼 대가를 요구하며 때로 매우 심각한데, 이 경기후퇴의 기본적 원인은 총(유효)수요의 부족이다. 경기후퇴는 완전고용균형으로부터의 바람직하지 않은 일탈로서, 일반적으로 여러 종류의 실물적 혹은 화폐적 원천에서 발생하는 수요측 충격 때문에 발생한다. 제6장에서 논의하겠지만 이 견해는 경제 전반적인 불안정성의 주요 원인으로 공급측 충격을 강조하는 실물경기변동이론의 결론과 매우 대조적이다.

제2명제. 정통파 케인즈주의는 경제가 두 가지 상태 중 하나에 있을 수 있다고 믿는다. 케인즈주의적 상태에서는 경제 전반적인 활동이 수요에 의해 제약받는다. 고전주의적 상태에서는 산출량이 공급에 의해 제약을 받으며, 공급이 수요를 창출한다(세의 법칙). '구' 케인즈주의적 견해에 따르면 서로 다른 시점에서 경제는 이 두 상태 중 하나에 속한다. 이와 대조적으로 로버트 루커스(Robert Lucas)와 에드워드 프레스컷(Edward Prescott) 같은 새고전파 경제학자들은 경제가 언제나 공급측 제약을 받고 있는 것으로 가정하고 경제를 분석한다. 케인즈주의적인 수요제약적 상태에서 고용과 산출량은 원천이 무엇이든 간에 추가적인 실질 수요가 있을 때 이에 비례적으로 반응한다.

제3명제. 노동실업은 케인즈주의적 상태의 중요한 면모이며, 실업의 많은 부분은 비자발적이다. 즉 실업의 많은 부분이 비슷한 수준의 숙련도를 가진 다른 노동자들이 고용상태에서 현재 받고 있는 임금 수준에서 일하고자 하지만 일자리를 갖지 못한 사람들로 구성되어 있다(예를 들어 Solow, 1980; Blinder, 1988a). 다음에 올 장들에서 논의하겠듯이, 이런 입장은 실업이 자발적 현상이라고 생각하는(Lucas, 1978a) 수많은 통화주의자, 새고전파 경제학자, 실물경기변동이론가들의 입장과 날카롭게 대조된다.

제4명제. '시장경제에서 총산출, 실업, 물가는 항상 변동한다. 이런 변동은 바로잡아야 할 필요가 있고, 바로잡을 수 있으며, 따라서 바로잡아야만 한다'(Modigliani, 1977, 1986). 재량적이지만 서로 조정된 재정정책과 통화정책은 경제를 안정화하는 데 중요한 역할을 한다. 이런 거시경제적 정책도구들은 실질산출량이나 고용 같은 실물적 경제목표를 위해 사용되어야 한다. 재정정책을 강조하던 초기의 '수력발전식' 케인즈주의적 입장은 1960년대 중반에 이르면서 케인즈주의자들에 의해, 특히 미국에서 모딜리아니와 토빈에 의해 상당히 많이 수정되었다(Snowdon and Vane, 1999b). 그러나 미국의 '신경제(New Economy)' 지지자들은 '통화주의자(monetarists)'와 구별하여 '재정주의자(fiscalists)'로 명명되었다. 그러나 솔로와 토빈(Solow and Tobin, 1988)이 지적하듯이, "이런 이분법은 상당히 부정확하다. 1960년 훨씬 이전에 이미 신케인즈주의적 신고전파 종합의 입장은 총수요를 안정시키는 데 통화적 정책도구들이 재정적 정책도구들과 마찬가지의 효과를 갖는다고 인정하고 있었다"(Buiter, 2003a).

제5명제. 현대 산업경제에서 가격과 임금은 완전히 유연하지 않으며, 그렇게 때문에 총수요의 변화는 그 변화가 예상되었건 예상되지 않았건 단기에서 언제나 명목변수들보다는 실질산출량과 고용에 더 커다란 영향을 끼친다. 명목가격 경직성 하에서 단기 총공급곡선은 적어도 경제가 공급제약적인 완전고용균형에 이르기 전까지는 양의 기울기를 갖는다.

제6명제. 경기변동은 산출량의 변동을 뜻하며, 이런 변동은 산출량의 완전고용균형 추세선의 아래쪽으로 향하는 바람직하지 못한 일탈이다. 경기순환은 추세선에 대해 비대칭적으로 발생한다.

제7명제. 재정정책과 통화정책을 조절하는 정책입안자는 단기에서 인플레이션과 실업 사이의 상충관계에 직면해 있다. 1960년대에 처음에는 많은 케인즈주의자들이 이 상충관계가 상대적으로 안정적이라고 생각했다. 솔로와 토빈(Solow and Tobin, 1988)이 인정하듯이, 1960년대 초에 케인즈주의자들은 "제2차 세계대전 후부터 1961년에 이르는 자료가 보여준 필립스 곡선의 안정성에 너무 많이 의존했다"(Leeson, 1999).

제8명제. 좀 더 논란거리이고 이견이 있지만, 토빈을 비롯한 몇몇 케인즈주의자들은 완전고용과 물가안정을 동시에 달성하기 위해 필요한 추가적인 정책도구로 소득정책('지침(Guideposts)')을 임시적으로 사용할 것을 지지했다(Solow, 1966; Tobin, 1977). 소득정책에 대한 지지는 언제나, 특히 1960년대와 1970년대 초에, 미국의 케인즈주의자들보다는 유럽의 케인즈주의자들에게서 훨씬 더 강력했다.

제9명제. 케인즈주의적 거시경제학은 단기적인 불안정성 문제에 관심을 가지며, 경제성장이나 경제발전 같은 장기적 문제들에 적용된다고 주장하지 않는다. 단기적 수요변동을 장기적 공급추세와 분리하는 것은 신고전파 종합의 중요한 면모 중 하나다. 그러나 긴축재정정책과 확대통화정책을 결합하는 안정화 정책을 시행하면 "산출량 구성에서 투자와 자본형성은 더 많은 비중을 부여받고 소비는 적은 비중을 부여받는다." 따라서 이런 산출량 구성은 잠재산출량의 장기성장에 더 도움이 될 것이다(Tobin, 1987, 142~67쪽; Tobin, 2001). "경기순환을 완화하고 완전고용을 유지하는 것이야말로 거시적 경제정책의 우선적 목표다. 그러나 이 목표는 경제의 생산능력을 좀 더 빨리 성장시키는 방식으로 이루어져야만 한다"(Tobin, 1996, 45쪽).

정통파 케인즈주의는 1960년대 중반에 그 영향력이 가장 컸다. 영국에서 페이시(Paish, 1968)는 필립스의 자료에 근거하여 만일 실업이 약 2.5%로 유지되면 물가 안정을 달성할 가능성이 충분히 있다고 결론을 내렸다. 미국에서 1966년의 《경제자문 연례보고서》는 1946년 고용법이 제정된 이후의 20년을 돌아보면서, 케인즈주의적 수요관리정책의 실효성에 대해 다음과 같이 낙관적인 결론을 내렸다(강조는 첨가).

> 지난 20년의 경험은 우리가 파괴적인 인플레이션과 심각한 경기침체를 피할 능력을 갖추고 있음을 증명했다. 이제는 우리가 좀 더 야심찬 목표를 설정할 때이고 우리는 그런 능력을 갖고 있다. 우리는 경기후퇴의 재발을 막고, *지난 10년 동안의 평균보다 훨씬 더 낮은 실업률을 유지하며*, 완전고용 수준에서 물가안정을 이룩하고, 위대한 사회로 향해 나아가며, 완전한 번영을 미국 경제의 항상적인 상태로 만들고자 한다. *이제 우리는 경제를 완전히 이해할 뿐만 아니라* 진보를 위한 효과적인 도구로 경제정책을 사용하고자 하는 의지와 결단도 아울러 갖고 있다.

지금 돌아볼 때, 이 단언은 경제학자들이 거시경제에 대해 갖고 있던 지식과 실업률이 계속 하락하는 상태로 경제를 나아가게 할 능력이라는 면에서 너무 낙관적이었음이 밝혀졌다(DeLong, 1996, 1997, 1998).

그렇다면 이것이 케인즈주의 경제학이 죽어버렸다는 것을 의미하는가(Tobin, 1977)? 물론 그렇지 않다. 폴 크루그먼(Krugman, 1999)은 1990년대가 '공황 경제학의 귀환'의 시기라고 경제학자들에게 경고했다. 크루그먼에 의하면, '2세대에 걸쳐 처음으로, 경제의 수요측면 실패, 즉 민간부문의 지출이 사용가능한 생산능력을 모두 사용하기에 충분하지 못한 상황은 세계의 도처에서 번영을 저해하는 분명하고도 현존하는 장애물이 되어버렸다.' 크루그먼은 특히 1990년대에 일본과 아시아의 4마리 호랑이, 그리고 유럽의 몇몇 국가에서 일어난 일을 볼 때 경제학자들이 경기침체와 디플레이션의 가능성에 대해 결코 안심하지 말아야한다고 상기시킨다. 들롱(DeLong, 1999a, 1999b, 1999c)도 경기변동과 디플레이션 위험은 결코 사라지지 않았음을 강조한다. 몇몇 경제학자들은 일본 경제가 '유동성 함정'에 빠져 있는 것 같다고 주장한다(Krugman, 1998). 크루그먼(Krugman, 1999)은 다음과 같이 쓰고 있다

> 지금까지도 아직 많은 경제학자들이 경기후퇴가 중요치 않은 문제이며 그에 대한 연구가 이제는 조금도 논란거리가 되지 않는다고 생각하고 있다. 지금 유행하는 연구는 모두 기술진보와 장기성장에 관심을 보이고 있다. 물론 이런 문제들은 중요한 것들이고 장기에 정말로 우리에게 영향을 끼치는 것들이다. (...) 그러나 단기에 세계는 연이은 위기로 비틀거리고 있고, 이들 위기는 모두 충분한 수요를 창출하는 문제와 결정적으로 연결되어 있다. (...) 경제의 생산능력을 완전히 사용하기에 충분한 수요를 유지하는 문제는 다시 한 번 결정적인 문제가 되었다. 공황의 경제학이 되돌아왔다.

따라서 정통파 케인즈주의의 틀에 새로운 사고를 요하는 중요한 결점이 있다는 것을 인정하더라도, 케인즈의 관심을 끌었던 문제들이 사라진 것은 아니다.

다음 장에서 우리는 1950년대 중반에서 1970년대 초에 이르기까지 그 당시 지배적이었던 정통파 케인즈주의 이론의 이론적, 실증적 약점들을 강조했던 정통파 통화주의 학파의 발전을 논한다.

Interview

제임스 토빈
(James Tobin, 1918~2002)

Photograph courtesy of T. Charles Erickson, Yale University, Office of Public Information

제임스 토빈은 1918년 일리노이주 샴페인(Champaign, Illinois)에서 태어났으며, 하버드 대학교에서 1939년 학사학위, 1940년 석사학위, 1947년 박사학위를 받았다. 그는 하버드 대학교의 대학원생이었던 1946년부터 교직생활을 시작했다. 1950년에 예일 대학교로 옮겨가서 그곳에서 2002년 사망할 때까지 줄곧 경제학 교수로 재직했다. 그가 예일 대학교를 떠나 있던 시기는 1년 반(1961~2) 동안 케네디 대통령의 경제자문회의 위원으로 워싱턴에 있었을 때와 안식년 출장기간 동안뿐이었다. 안식년 출장으로는 케냐의 나이로비 대학 경제개발연구소(the University of Nairobi Institute for Development Studies)의 방문교수직이 포함되어 있다.

제임스 토빈은 미국에서 가장 저명한 케인즈주의 경제학자 중의 한명이다. 오랫동안 케인즈주의적 경제안정화 정책을 주창했고 통화주의와 새고전파적 균형 접근법에 대한 비판의 선봉에 서 있었다. 화폐이론과 거시경제이론에 근본적인 공헌을 했을 뿐 아니라 경기순환적 변동과 경제성장 사이의 관계에 대해서도 중요한 공헌을 했다. 그는 '금융시장에 대한 분석, 그리고 금융시장과 지출결정, 고용, 생산, 가격과의 관계에 대한 분석'으로 1981년 노벨경제학상을 수상했다.

널리 알려진 저서 중에는 다음과 같은 것들이 있다. 《국민경제정책》(*National Economic Policy*, Yale University Press, 1966), 《거시경제학 논문집》(*Essays in Economics: Macroeconomics*, Markham, 1971), 《새경제학, 10년 후》(*The New EconomicsOne Decade Older*, Princeton University Press, 1974), 《경제학 논문집: 소비와 계량 경제학》(North-Holland, 1975), 《자산축적과

경제활동》(*Asset Accumulation and Economic Activity*, Basil Blackwell, 1980), 《번영을 위한 경제정책: 케인즈주의 논문집》(*Policies for Prosperity: Essays in a Keynesian Mode*, Harvester Wheatsheaf, 1987, 피터 잭슨(Peter Jackson) 편집), 《완전고용과 경제성장: 경제정책에 관한 또 하나의 케인즈주의 논문집》(*Full Employment and Growth*: *Further Keynesian Essays on Policy*, Edward Elgar, 1996).

그가 발표한 수많은 논문들 중에서 가장 널리 알려진 것들은 다음과 같다. 〈거래적 현금수요의 이자율 탄력성〉("The Interest–Elasticity of Transactions Demand for Cash," *Review of Economics and Statistics*, 1956), 〈위험에 대한 행위로서 유동성 선호〉("Liquidity Preference as Behavior towards Risk," *Review of Economic Studies*, 1958), 〈화폐와 경제성장〉("Money and Economic Growth," *Econometrica*, 1965), 〈화폐이론에 대한 일반균형이론적 접근〉("A General Equilibrium Approach to Monetary Theory," *Journal of Money, Credit and Banking*, 1969), 〈화폐와 소득: 선후-인과 오류〉("Money and Income: Post Hoc, Ergo Propter Hoc," *Quarterly Journal of Economics*, 1970), 〈인플레이션과 실업〉("Inflation and Unemployment," *American Economic Review*, 1972), 〈과연 케인즈는 죽었는가?〉("How Dead is Keynes?," *Economic Inquiry*, 1977), 〈새고전파 모형은 경제정책을 인도하기에 충분히 현실적인가?〉("Are New Classical Models Plausible Enough to Guide Policy?," *Journal of Money, Credit and Banking*, 1980), 〈통화주의 반혁명: 평가〉("The Monetarist Counter-Revolution: An Appraisal," *Economic Journal*, 1981).

제임스 토빈 교수와의 인터뷰는 1993년 2월 17일 그의 연구실에서 이루어졌고, 이후 1998년 1~2월 기간 동안 서한 교류가 있었다.

케인즈와 케인즈주의 경제학

| 교수님이 하버드 대학교에서 경제학을 공부하기 시작했던 해는 바로 《일반이론》이 출간되었던 해입니다. 어떤 이유로 경제학에 관심을 갖게 되었나요?

경제학은 세계를 구하겠노라는 약속과 지적인 문제풀기 관점에서 보았을 때 흥미진진함의 결합이었고 이 결합은 믿을 수 없을 정도로 행복한 결합이었습니다. 저는 또 대공황에 대해 무척 염려스러웠고, 경제의 대규모 실패가 곧 세계의 다른 정치적, 경제적 문제들의 발생원인이라고 믿을 이유를 충분히 갖고 있었습니다.

| 《일반이론》은 매우 어려운 책이고, 이전 사고로부터 '도피하려는 [케인즈의] 오랜 기간의 투쟁'을

반영하고 있습니다. 《일반이론》을 처음 접했을 때 어떤 생각을 하셨나요?

저는 그 책이 어려운 책인 것을 알 정도로 충분한 지식이 없었습니다. 저는 어려운 책을 잘 읽지 않았거든요. 그 때 저는 19살이었습니다. 하버드 대학교의 제 지도교수는 바로 전에 영국에 1년 머물렀었는데, 저와의 단독 지도시간에 "이 새 책에 대해 내가 전해들은 바가 있는데, 이 책을 자네와 내가 올해 지도수업시간 동안 읽어보지 않겠나?"라고 말했지요. 저는 특별히 다른 대안이 없었기에 그 책을 읽게 되었지요. 그 책이 그리 어렵다고는 느껴지지 않았습니다. 물론 19살의 소년을 흥분시켰던 것 중의 하나는 과거의 사고 속에 자리잡고 있는 낡은 지혜를 뒤집어엎는 지적 혁명의 느낌이었습니다. 특히 그 새 이론은 저와 제 세대의 사람들을 염려시켰던 주요 문제들에 대해 어떤 건설적인 것을 제공하는 듯이 보였기에 더욱 그랬습니다.

| 스키델스키(Skidelsky, 1992)는 그의 케인즈 전기(제2권)에서 "케인즈의 영감은 급진적이었지만 그의 목적은 보수적이었다"과 주장했습니다. 케인즈는 이 두 개의 상반된 힘을 어떻게 조화시켰을까요?

제 생각에 스키델스키의 주장은 본질적으로 옳습니다. 당시 세계문제들에 대한 케인즈의 처방책을 마르크스주의자 혹은 《서구의 몰락》(*Decline of the West*)에서 스펭글러(Spengler)가 제시한 처방책과 비교해 보시지요. 후자는 모두 자본주의가 결코 성공할 수 없다는, 자본주의의 사멸에 대한 종말론적인 경고였습니다. 이때 케인즈가 나타나서 자본주의의 기본적 문제는 경제의 조직에 관한 문제가 아니라 총수요가 조절되는 방식에 관한 문제라고 말합니다. 케인즈는 자본주의 경제가 경제에서 고용되는 자원을 배분하는 방식에 대해서는 그리 불만이 없었습니다. 단지 자본주의 경제가 가용 자원들을 전혀 사용하지 않는다고 불평했던 것이지요.

| 《일반이론》이 경제학계 대다수의 마음을 사로잡는 데는 12년 정도밖에 걸리지 않았습니다. 케인즈의 사상이 그토록 빨리 전파되었던 이유는 무엇인가요?

흠, 그 이유는 케인즈의 사상이 대공황의 문제들을 치유할 것으로 보였기 때문입니다. 당시 모든 나라에서는 제2차 세계대전이 끝나면 세계가 전쟁 이전의 경기침체 상황으로 되돌아갈 것이라는 우려가 팽배해 있었습니다. 케인즈의 사상은 그럴 가능성을 피할 수 있는 좋은 방법이라 생각되었지요. 미국에서 전쟁을 시작하기도 전에 전쟁동원을 위한 지출이 시작되었고 그로 인해 국민총생산과 고용에 어떤 영향이 있었는지 생각해 보세요. 그것은 케인즈 사상의 타당성을 극적이고 생생하게 입증하는 사건입니다.

| 교수님은 가장 저명한 미국의 케인즈주의 경제학자로 널리 알려져 있습니다. 교수님은 케인즈주의자라는 명칭에 만족하신가요? 그리고 케인즈주의자라는 것은 교수님에게 어떤 의미를 갖나요?

만약 한 25년 전쯤에 이 질문을 제게 했다면 저는 어떤 명칭도 좋아하지 않으며 단지 제가 관심을

갖는 문제들, 즉 거시경제적 문제, 통화정책과 재정정책 등을 다루는 한 경제학자일 뿐이라고 대답했을 겁니다. 당시에는 이런 문제들에 대해서 실질적으로 상당한 정도의 합의가 이루어져 있었던 것으로 보였습니다. 제 연구의 많은 부분은 케인즈에서 이론적 문제가 있거나 '미시적 기초'가 결여되었다고 생각되는 부분을 보완하는 것이었습니다. 실제로 제가 최초로(1941년) 발표했던 논문은 명목임금과 고용의 관계에 대한 케인즈의 문제에 대해 반케인즈주의적 이론을 제시한 것이었지요. 그래서 25년 전이었다면 저는 사람들에 명칭을 부여하지 말고 그저 연구만 하자고 말했을 겁니다. 수많은 학파와 명칭들이 쏟아져 나왔던 것은 통화주의 반혁명이 있은 후였습니다. 그런 지금 다른 대안 명칭을 고려할 때 저는 케인즈주의자로 여겨지는 것을 자랑스럽게 여길 수밖에 없습니다. [웃음]

| 케인즈주의자들이 견지하는 기본명제들은 무엇인가요?

한 가지 표현방식은 경제의 두 가지 상태를 표현하는 모형이 있다고 말하는 것입니다. 때로 경제는 고전적 상태에 있습니다. 이 상태에서는 시장이 청산되고(수요와 공급이 일치하고) 경제의 생산능력이 공급측 제약을 받습니다(단순화를 위해 과장되게 표현하자면). 본질적으로 더 이상의 유휴자원이 없기 때문에 더 이상 생산할 수 없는 상태지요. 따라서 생산에 대한 제약조건은 생산능력입니다. 생산능력제약 하에서 발생하는 가격과 소득은 그 가격에서 수요와 공급이 일치되도록 하는 구조를 갖습니다. 다른 때에 경제는 케인즈적 상태에 있습니다. 이 상태에서는 실제 산출량에 대한 제약은 수요, 즉 총지출입니다. 총실질수요가 추가적으로 발생한다면, 그에 따라 산출이 추가적으로 발생할 수 있습니다. 그런 산출을 위한 필요한 투입물은, 생산요소가 고용되었을 때 그 생산요소가 자신의 생산성에 따라 획득할 수 있는 수익률보다 크지 않은 실질수익률 하에서 고용 가능합니다. 이 상태는 항상은 아니지만 매우 자주 발생합니다. 이런 상태에서는 수요증대정책을 사용하여 그 때 발생할 수 있을 사회적 낭비를 제거할 수 있습니다. 바로 이것이 서로 다른 점입니다. 반면에 (프레스컷 같은) 실물변동이론가와 (배로 같은) 새고전파 이론가들에게 경제는 언제나 공급측에서 제약받습니다. 이들에게는 단 하나의 상태만 있을 뿐이고, 관찰되는 경기변동은 자발적인 고용 의지의 변동일 뿐입니다.

| 1950년대 말과 1960년대 초에 나타난 신고전파 종합의 해석에 따르면, 《일반이론》은 좀 더 일반적인 고전학파 모형의 특수 경우라고 주장합니다. 이 특별한 해석에 대해 교수님을 어떻게 생각하십니까?

저는 신고전파 종합을 그런 식으로 해석하지 않습니다. 오히려 제가 방금 이야기했던 두 상태 모형에 대해 합의가 이루어져 있었습니다. 제 생각에는 또 일종의 규범적인 합의가 이루어져 있었는데, 그것은 유휴자원을 사용하는 데에는 여러 대안적인 방식이 있기 때문에 유휴 자원을 사용하여 얻는 생산물을 공짜라고 생각해서는 안 된다는 것입니다. 이와 동일한 생각이 고전학파에도 있는

데 그것은 기회비용의 개념이지요. 그런데 고전학파적 균형에서 자원의 배분을 결정하는 기회비용은 공급제약적인 상태로 돌아가는 여러 대안적인 방식들로서 자원배분을 결정합니다. 따라서 제 생각에 고전학파적 개념에서는 예를 들어 땅에 구덩이를 파는 일 같은, 고용을 증대시키기 위한 낭비적인 사업이 설 자리가 없습니다. 왜냐하면 이와는 달리 투자나 혹은 사회적 혜택을 가져다주는 다른 사업들을 통해 사람들을 고용하도록 할 수 있기 때문이지요. 바로 이 의미에서 고전학파적 기회비용 개념은 두 상태 모두에 적용됩니다. 그러나 경제가 현재 빠져 있는 낭비적인 상태에서 빠져 나오기 위해 무언가를 할 준비가 되어 있을 때에만 그렇습니다.

| 케인즈가 경제이론에서 이룩한 공헌을 감소시키기 위해 피구 효과가 너무 남용되지 않았나요?

물론입니다. 그게 제가 줄곧 논문을 통해 주장해 온 바이지요. 피구효과는 자기조절적인 메커니즘의 실효성을 확립하기에는 너무 가녀린 갈대와 같습니다. 하나만 이야기하자면, 채권과 채무를 회계적으로 합한 결과가 반드시 채권과 채무가 가져올 행동의 순결과와 일치하지는 않습니다. 현실적으로 그렇듯이 만일 채무자가 채권자보다 부의 지출성향이 더 크다면, 디플레이션이 총수요에 역효과를 끼칠 수 있습니다. 그렇다면 현재 경제가 직면하고 있는 물가에서 더 낮은 물가로 옮겨가느냐 하는 문제는 전면적으로 새롭게 고려되어야 합니다. 그 문제에 대한 처녀잉태적(immaculate conception) 개념에 의하면 실질적인 시간이 전혀 개입되지 않습니다. 그저 한 물가와 다른 물가를 정학적으로 비교하면 됩니다. 반면 케인즈 자신의 관찰에 따르면(비록 케인즈는 이것을 이론적 원리로 생각하지는 않았지만) 디플레이션이 이루어지는 과정(혹은 동일한 논리로, 인플레이션이 감속되는 과정)에서는 실질이자율이 증가하고 따라서 역효과가 발생합니다.

| 교수님은 만일 케인즈가 1969년에(86세의 나이로) 아직 살아있었다면 최초의 노벨경제학상을 수상했으리라고 생각하십니까?

가능성이 매우 높은 추측입니다. 저는 분명 케인즈에 한 표를 던졌을 겁니다. 케인즈 대 실제 수상자인 틴버겐과 프리시에 대해서는 잘 모르겠습니다. 노벨경제학상은 경제과학을 위한 것입니다. 어떤 의미에서 틴버겐과 프리시가 이루었던 공헌은 자연과학의 노벨상 수상자들이 이룬 것과 더 유사한 것으로 생각되었을지도 모릅니다. 반면 존 메이나드 케인즈는 적어도 노벨경제학상의 초기 수상자가 되었을 겁니다.

| 교수님은 교수님의 1981년 노벨상 수상을 어떻게 생각하십니까? 거시경제학에 대한 교수님의 가장 중대한 공헌은 어떤 것이라고 생각하시는지요.

저는 제가 그 상을 타게 될 것이라고 전혀 생각하지 않았습니다. 저는 제가 이해하는 대로 거시경제학과 신고전파 종합 문제를 풀어나가는 것, 다양한 자산을 고려하기 위한 화폐모형을 일반화하는 것, 포트폴리오 이론과 그것의 거시경제학적 함의에 흥미가 있습니다. 그것이 제가 하고자 했던 것이지요.

| 《일반이론》에 대해서는 왜 상반되는 해석이 그토록 많이 존재합니까?

이유 중 하나는 그 책이 많은 점에서 애매모호하고 서로 다른 메시지를 지지하기 위해 인용될 수 있는 많은 사고의 지류들을 포함하고 있기 때문이라고 생각합니다. 이런 사고의 지류들은 사람들이 여러 견해를 가질 수 있도록 해 줍니다. 특히 한편으로 《일반이론》이 제가 위에서 언급했던 두 상태 모두에 적용될 수 있는 산출, 고용, 이자율 결정에 관한 일종의 일반균형 모형이라고 해석하는 사람들이 있습니다. 이것이 바로 힉스가 그 유명한 논문에서 주장했던 바이지요. 다른 한편으로 장기기대에 관한 《일반이론》의 12장에 따르면 투자함수가 전혀 존재하지 않을 수 있습니다. 힉스의 일반균형 모형에서는 반드시 투자함수가 있어야 합니다. 기대의 관습적 특성과 동물적 본능을 강조하는 두 번째 접근법은 이와는 다른 모형을 만들 수 있는 길을 열어 놓는 듯이 보입니다. 실제로 그렇다는 증거는 많이 있습니다. 예를 들어, 케인즈는 투자의 사회화를 잠정적으로나마 주창했고, 어쩌면 투자가 통화정책이나 재정정책으로 적절한 수준으로 안정될 수 없을지도 모른다고 의심했으며, 모든 것을 바로잡기 위해서는 일종의 중앙계획이 필요하다고 생각했습니다. 이런 애매모호함 덕택에 그 책을 여러 방식으로 해석할 수 있다고 생각합니다. 물론 사람들 중에는 사회적, 정치적 제도에 관하여 케인즈가 명시적으로 표현한 것보다 훨씬 더 급진적인 입장을 케인즈로부터 도출하기를 원하는 사람들도 있습니다. 예를 들어 케인즈의 적자(嫡子)라고 주장하는 조운 로빈슨 여사 같은 사람들입니다. 말하자면 케인즈의 이론적 가문(家門)에 관한 이런 류의 싸움에 대해서는 저는 전혀 흥미를 느끼지 못했습니다. 《일반이론》의 중심부, 모형화의 핵심은 다른 편에, 즉 힉스의 편에 있다는 것이 제 의견입니다. 실제로 그 모형이야말로 50년이 넘게 학교에서 가르쳐지고 정책입안과 거시경제학 이론적 연구에 영향을 끼쳐온 모형이라는 점에 이문의 여지가 없으니까요.

| 로빈슨 여사나 클라워, 레이온후푸드 같은 경제학자들이 IS-LM 모형에 대해 가한 비판을 고려할 때, 교수님은 학부 수준에서 거시 경제를 이해하는 데 IS-LM 모형에 대한 교육이 아직도 중요한 부분을 차지한다고 생각하시는지요?

예, 저는 IS-LM 모형이 가장 먼저 교육되어야 할 분석도구라 생각합니다. 우리가 경제정책이건 경제적 사건이건 경제를 해석하는 문제에 봉착했을 때 유용하게 가장 먼저 할 수 있는 일은 아마도 그 문제를 IS-LM 모형의 틀 속에서 이해하려고 하는 것일 겁니다. 학생들이야 당연히 그런 입장에 있으니까, 예, 물론 학생들은 IS-LM 모형을 알아야만 합니다. 그렇다고 IS-LM 모형으로 충분하다고 말하는 것은 아닙니다. 케인즈나 힉스가 IS-LM 모형으로 충분하다고 생각하지는 않았을 겁니다. 그러나 그 모형은 분석의 출발점이고 많은 경우 옳은 분석을 제공합니다.

케인즈주의 비판

| 교수님은 1970년대에 루커스 같은 경제학자들에 영감을 받아 발생한 이론적 변화 중 많은 것들이 케인즈주의적 모형이 갖고 있던 결함 때문에 필연적으로 나온 결과라고 생각하시는지요?

아니요, 저는 그것을 인정하지 못합니다. 모형 일관적 기대라는 개념은 좋은 개념이라고 생각합니다. 어떤 균형모형에서라도 사람들이 변수에 대해 잘못된 기대, 즉 사람들이 갖는 기대가 모형에서 지속적으로 발생하는 기대와 다르다는 의미에서, 잘못된 기대를 상습적으로 계속 반복한다면 그만큼 그 모형은 나쁜 모형입니다. 그러나 이 개념을 학습이 계속 진행되고 있고 사람들이 세계에 대해 매우 많은 여러 견해들을 갖고 있는 동학적 상황에 적용하는 것은 너무 지나친 것이라 생각합니다.

| 거시경제학이 신고전파의 선택이론적 기초를 갖는 일이 얼마나 중요하다고 생각하시는지요?

흠, 제 생각에 거시경제 모형의 행동방정식들이 선택이론적 결과들과 모순되지 않고 원칙상 그것들과 일관성을 갖는 것은 매우 중요합니다. 그러나 '미시적 기초'에 대한 좀 더 강한 해석은 방법론상의 오류로서 어마어마한 양의 해악을 발생시켰습니다. 제가 말하고 있는 것은 대표적 주체에 의한 최적화가 '거시경제적' 행동방정식을 발생시킨다고 상정하는, 이제는 필수사항이 되버린 요구입니다. 이것은 거시경제학의 본질 중 많은 부분을 상당히 희생시키는 일입니다. 수많은 서로 다른 형태의 경제주체가 있고 이들이 각자 최적화를 하고 있고 가정해 보시지요. 그렇다면 경제학자가 거시경제 모형을 위해 원하는 것은 이들을 총합하여 하나의 행동방정식으로 만드는 것입니다. 이 총합이 반드시 한 특정한 주체에 대한 해결책이지는 않을 겁니다. 그런데 그래야만 한다고 주장하는 것은 매우 잘못된 생각인 듯이 보입니다. 그런 주장 때문에 거시경제학 혹은 지금 거시경제학으로 인정되는 것이 잘못된 길로 접어들게 되었던 것이지요.

| 교수님은 1960년대 말에 밀턴 프리드먼과 많은 논쟁을 벌였는데, 한때 프리드먼은 거시경제학자들 사이에 존재하는 주요 차이는 실증적 문제일 뿐이라고 주장했었지요. 그러나 1970년대를 통해 확인할 수 있듯이 1970년대에 거시경제학자들 사이에는 어떤 근본적인 이론적 차이가 존재하지 않았었나요?

프리드먼의 말은 부정직한 말입니다. 그의 화폐수요이론에서 화폐수요함수에는 수많은 변수들이 포함되어 있습니다. 또 그 변수들 중에는 여러 종류의 이자율들이 포함되어 있지요. 그러나 실제로 통화정책에 관한 그의 명제들은 이자율들이 수요함수에 들어있지 않다는 가정에 근거해 있었습니다. 프리드먼은 자신만이 유일하게 인정하는 실증결과, 즉 화폐수요의 이자율 탄력성이 무시할 정도로 작다는 결과를 세상에 발표했지요. 그 결과에 대한 증거의 무게가 압박해 오자 프리드먼은 화폐수요의 이자율 탄력성 크기는 자신의 이론이 내리는 결론 중 어떤 것과도 상관이 없다고 말을 바꿨습니다. 이 말이 의미를 갖는 유일한 경우는 화폐스톡의 크기가 어떻건 상관없이 항상 완전고용이 이루어지고 따라서 이자율은 안전고용 수준의 저축에 대한 수요와 공급과 상립할

수 있는 수준이 되어야 하는 경우일 뿐입니다. 그러나 이것은 우리 사이 논쟁의 원래 문제를 완전히 회피하는 것이지요. 이전에 프리드먼은 통화정책이 실물 변수에 아무런 영향을 갖지 않을 것이라 말한 적이 없습니다. 오히려 통화정책이 실물 변수에 커다란 영향을 끼친다고 말했지요. 프리드먼은 그렇게 부르지는 않았지만 일종의 필립스 곡선을 생각하고 있었고 심지어 자연실업률 개념을 만들어 냈을 때도 그랬습니다. 그는 통화정책이 경기변동 과정 중에 실질산출량에 영향을 끼친다는 점을 부정하지 않았습니다. 따라서 그는 진정한 의미의 새고전파 경제학자와 실용적 통화주의자 사이를 왔다 갔다 했지요 . 전자의 경우에는 화폐가 중요하지 않다고 말해야 했고, 후자의 경우에는 자신이 말하는 것에 대해 설득력 있는 이론적 혹은 실증적 기초를 제공하지 못했습니다.

| 프리드먼의 자연실업률과 인플레이션 비가속 실업률(NAIRU)의 차이는 정확히 무엇인가요? 이 두 개념 사이에 어떤 중요한 차이가 있는지요?

제 생각에는 실용적으로 커다란 차이가 없습니다. 모딜리아니가 NAIRU라는 약자를 처음 만들어냈을 때는 어쩌면, 자연실업률이 발라스 일반균형 방정식의 해가 되는 실업량이라고 하는 프리드먼의 말을 생각하고 있었을지도 모릅니다. 그러나 이 명제는 제가 아는 한 프리드먼을 포함하여 어느 누구도 증명하지 못한, 순전한 추측입니다. 도대체 어떻게 발라스 방정식에서 실업이 해가 될까요? [웃음] 이런 식으로 자연실업률을 정의하는 것은 아무런 의미도 없을뿐더러 분명히 틀린 말입니다. 모딜리아니 같은 사람들이 NAIRU를 언급할 때 그들은 실용적인 실증자료에 대해서 더 이야기하고 있었습니다.

| 궁극적으로, 정책을 만드는 사람들은 정치가들입니다. 공공선택학파, 그리고 교수님의 동료교수인 윌리엄 노드하우스 교수의 정치적 경기변동이론에 따르면, 정치가들이 자신들의 이득을 위해 경제정책을 사용한다고 합니다. 사람들이 정치가들의 손에 정책입안의 임무를 맡기면 정치가들이 경제학자들의 조언을 따를 것이라고 생각했던 케인즈는 너무 순진한 생각을 하고 있지는 않았나요?

저는 《일반이론》의 마지막 절, 즉 장기적으로 사상이 중요하다고 하는 말을 인용하지 않을 겁니다. 이 말은 맞는 것이긴 하지만, 저는 좀 다른 점을 강조하고자 합니다. 경제학자들이 정부관료, 정치가, 투표자들에게 조언을 할 때 경제학자들이 그들과 게임을 하고 있는 것이 아닙니다. 공공사업지출을 통해 실업을 줄일 수 있다고 말하는 것이 단지 케인즈를 위해서 하는 것이 아닙니다. 저는《일반이론》을 무시하고 의회나 노동당 혹은 보수당 혹은 그 누구에게도 그런 조언을 해 주지 않는, 그런 일은 하지 않을 겁니다. 그들에게 전시(戰時) 재정에 대한 조언, 아니 그 어떤 종류의 조언을 해 줄 때더라도 제가 해 주는 조언은 나쁜 일을 하지 말라는 것이지요. 저는 그들이 사악하고 무책임하기 때문에 그들에게 어떤 행동이 어떤 결과를 가져올 것인가를 이야기해 주지 않겠

다고 하지 않습니다. 뷰캐넌(Buchanan)에게, 그리고 제게도 마찬가지로, 미국의 대통령이나 국회의원들 혹은 유권자들이 경제학자가 아는 것을 안다면 그 지식을 잘못 사용할지도 모른다는 이유로 그들에게 조언을 하지 않을 권리는 없습니다. 그것을 결정하는 것은 경제학자들에게 있지 않습니다.

| 교수님은 경제학에서 훌륭한 업적이란 기발한 내용을 갖고 미래의 연구에 자극을 주는 업적이라고 말했습니다. 이 기준에서 볼 때 루커스, 사전트, 윌리스, 배로 등이 1970년대에 발표한 업적들은 훌륭한 업적입니다. 교수님은 새고전파 거시경제학은 거시경제학을 더 나은 방향으로 변화시켰다고 생각하시는지요?

어떤 측면에서 볼 때, 경제주체들이 정책을 미리 예측하기 때문에 경제입안자들은 정책이 변화할 때 경제주체들의 행동이 이전과 동일하게 머물러 있을 것이라 확신할 수 없다는 루커스의 주장은 중요한 주장입니다. 경제학자들이 염두에 두어야 할 주장이지요. 그러나 저는 루커스가 생각하는 것만큼 그 주장이 중요하다고는 생각하지 않습니다. 저는 관찰자료들이 필립스 곡선처럼 보일 수 있지만 어떻게 그 곡선이 실제로 응용될 만한 정책적 함의를 갖지 않는가에 대한 루커스의 기발한 설명이 산뜻하다고 생각했습니다. 그러나 그 설명은 그리 훌륭한 생각이 아닌 것으로 드러났다고 생각합니다. 그 설명은 결국 폐기되었는데 그 이유는 사람들이 화폐공급이 어느 정도인지에 대해 혼동하기 때문이라는 설득력 없는 생각 때문입니다. 사람들이 혼동한다면, 당국이 매주 금요일 오후에 화폐공급에 대한 자료를 발표하면 되지 않을까요? 물론 이것은 미국에서 실제로 실행되고 있는 것이고 그것도 오랫동안 실행되어온 일입니다. 이제 새고전파 경제학자들은 이런 잘못된 인식 이야기에 더 이상 관심을 보이지 않고 있습니다. 오히려 더 극단적이 되어 버렸습니다. 배로의 [1974년] 논문은 도발적이었고 수많은 이론적, 실증적 연구에 자극을 가했습니다. 저는 저의 얀손 강의 [Tobin, 1980a]에서 배로의 중립성 명제가 제대로 작동하지 않는, 확실치는 않지만 15개 정도의 이유를 든 적이 있습니다. 그 강의 이후로, 제가 말한 이유 하나하나에 대해 수많은 논문들이 쏟아져 나왔지요.

| 최근에 소위 새케인즈파 경제학자들에 의해 수많은 연구가 이루어졌습니다. 케인즈주의 경제학에 대한 교수님의 견해와 새케인즈 학파의 연구 사이에는 어떤 중요한 차이가 있는지요? 새케인즈파가 합리적 기대가설과 수많은 통화주의 주장을 받아들인다는 것이 차이인가요?

예, 새케인즈파는 합리적 기대가설을 받아들입니다. 또 그들은 선택이론적 기초와 대표적 주체라는 방법론을 제가 받아들이는 것보다 훨씬 더 강하게 받아들입니다. 또 불완전 경쟁에 의해 수정되는 경우를 제외하고는 시장청산을 받아들입니다. 이것도 제가 받아들일 수 있는 것보다 훨씬 더 강한 정도입니다. 그들이 생각하는 과제는 명목임금과 명목가격이 경직성에 대한 근거, 즉 명목

변수 상의 충격이 실물변수에 영향을 끼칠 수 있는 근거를 제공하는 것입니다. 저는 이것이 케인즈의 생각은 아니었다고 생각합니다. 케인즈가 관심을 가졌던 것은 명목수요의 충격이 아니라 실질수요의 충격이었다고 생각합니다. 실질수요의 충격은 가격이 유연하더라도 문제를 발생시킵니다. 새케인즈파는 자신들이 하는 일이란 명목가격이 경직적인 것이 왜 합리적임을 보이고 그로부터 어떻게 실업이 발생하는가를 보이는 것뿐이라고 말합니다. 그러나 제 생각에 모든 유효수요문제가 단지 식당의 메뉴판에서 명목가격을 변동시킬 때 실질비용이 발생한다는 사실에 있다고 말하는 것은 그리 설득력이 있어 보이지 않습니다. 케인즈도 저와 같은 생각이었을 것이라고 저는 확신합니다. 제 생각에 케인즈는 메뉴비용이 대공황이나 여타 다른 경제활동상의 대규모 손실을 가져올 정도로 커다란 자원 활용 문제라는 생각에 웃음을 터뜨렸을 겁니다. 그런 생각은 전혀 설득력이 없습니다. 만일 제가 케인즈주의자라는 용어에 대해 지적재산권을 갖고 있다면 새케인즈파가 그 용어를 사용하지 못하도록 했을 겁니다. [웃음]

| 실물경기변동이론에 대해서는 어떻게 생각하시는지요?

정말로 이 이론은 거시경제학의 다른 극단에 서있는 적입니다. 실물경기변동이론에 따르면 사회는 기술–생산성–공급측 충격에 끊임없이 반응하는 움직이는 균형이고 경제는 그런 충격에 가능한 한도 내에서 가장 훌륭하게 반응합니다. 이런 순조로운 반응들이 경기변동이라 불리는 경제활동의 변화를 발생시킨다고 합니다. 케인즈주의적인 의미에서 실업은 전혀 존재하지 않습니다. 단지 현재의 고용과 미래의 고용 사이에 시제적 대체가 있을 뿐인데, 이것은 사람들이 살고 있는 불확실한 환경에 대해 사람들이 합리적으로 반응하는 결과입니다. 얼마나 일하고 싶은가에 대해 사람들이 수없이 많은 시제적 대체를 하고 있다는 생각에 저는 한 점의 믿음도 갖지 않습니다. 미국에서 실업률이 1978년 5.7%에서 1982년 11%로 상승한 현상을 노동자들이 앞으로 실질임금이 더 높아질 것이라 생각하고 그 때를 위한 준비 과정으로 여가를 즐기려고 하기 때문이라고 해석하는 것, 이것은 분명 가소로운 해석이지요. [웃음]

| 루커스(Lucas, 1978a)의 제안을 받아들여 비자발적 실업 개념을 포기해야만 할까요?

분명히 아니지요. 현재 가격 하에서 수요와 공급이 일치하지 않을 때는 언제나 비자발적인 무엇이 있습니다. 그 가격에서는 더 공급하기를 원하거나 더 수요하기를 원하지만 그렇게 하지 못하는 사람들이 있습니다. 모든 것이 자발적이라고 말할 수 있는 유일한 방법은 시장이 항상 청산된다고, 즉 매 순간 경제가 시장청산적인 균형 상태에 있다고 가정하는 것뿐입니다.

| 새고전파 모형에서 완전고용은 실제의 실업과 같습니다. 완전고용을 어떻게 정의해야 할까요?

저라면 케인즈가 한 것과 같이 고전적인 방식으로, 즉 노동자들이 노동공급곡선 상의 한 점에 있

는 상태, 다시 말하면 고용주가 지불할 수 있고 지불하고자 하는 실질임금 하에서 노동자들이 받아들이고자 하는 모든 일자리를 얻을 수 있는 상태로 완전고용을 정의할 겁니다. 케인즈 자신도 부문간 노동자 이동과 마찰적 실업을 인정했지만, 저는 균형완전고용을 고전학파 모형과 조금도 다르게 정의하지 않을 겁니다.

| 경제학자들 사이에는 거시경제적 문제들보다는 미시경제적 문제들에 대해 더 많은 합의가 이루어져 있습니다. 그 이유가 무엇이라 생각하시는지요?

케인즈가 말했던 것으로 돌아가 봅시다. 케인즈는 시장경제가 경제에서 사용되는 자원을 배분하는 방식에 대해 크게 단서를 달지 않았습니다. 저를 포함하여 많은 미시경제학자들과 일반 경제학자들은 케인즈가 너무 많이 양보했다고 말할 겁니다. 케인즈는 실제로 그 자신이 인정했던 것보다 자원의 평상적인 시장배분에 더 많은 외부성이 존재함을 인정해야 했었고, 독점적 경쟁이 가져올 사회적 낭비에 대해 더 많이 염려했어야 합니다. 지대(rent) 조정이나 최소임금 같은 거시경제학의 많은 분야에서 선택이론적인 기회비용 방법론이 우리가 보통 교육받은 대로 사용되고 있습니다. 그것이 우리 경제학자만이 알고 있고 사회학자나 다른 사회과학 연구자들이 알지 못하는 비밀이지요. 경제학은 좀 더 과학적인 학문이지만 그렇다고 모든 것이 다 좋지만은 않다고 생각합니다. 현재 게임이론은 합리적 기대가 거시경제학에 끼친 영향을 그대로 미시경제학에 끼치고 있습니다. 게임이론의 문제점은 항상 수많은 해를 갖는다는 것입니다. 그래서 게임이론은 구체적인 결과에 이르지 못하는 것 같습니다. 게임이론은 합리적 기대가 그랬던 것처럼 수학적인 문제와 수수께끼 해결에 있어 훌륭한 솜씨를 보여줄 방법들을 찾고 있는 사람들에게 커다란 매력을 던져 주었습니다. 그러나 그런 매력은 좀 더 실용적이고 실증적인, 그리고 제도적인 산업조직 연구를 희생으로 삼습니다. 따라서 저는 미시경제학에서도 모든 것이 잘 되고 있다는 확신이 없습니다. 좀 더 응용적인 분야에서 더 많은 좋은 정책연구가 실행되고 있습니다.

| 거시경제학에서 새로운 합의가 형성될 조짐이 보이는지요?

합의가 형성될 수는 있지만 현재로서는 그렇지 않습니다. 아직도 커다란 갈등이 존재합니다.

경제정책

| 대처(Thatcher) 수상은 인플레이션이 거시경제정책의 가장 중요한 목표라고 말하곤 했습니다. 교수님은 이런 견해에 어떻게 반응하실 것인가요?

이것은 일차적 목표를 부차적 목표로 대체하는 것입니다. 인플레이션이 현재나 미래의 실질 생활기준에 해를 끼치는 한, 인플레이션은 모두가 염려해야 할 일입니다. 그러나 인플레이션을 감소

시킬 때 발생하는 혜택의 가치보다 인플레이션의 이름으로 희생되어야 하는 실질산출과 실질소비가 더 클 수 있습니다.

| 구조적 예산적자는 1980년대 미국 경제의 한 모습이었고, 현재에도 점점 더 커져가는 예산적자 문제에 대해 많은 이야기가 진행되고 있습니다. 예산적자는 나쁜 것인가요? 교수님은 미국의 구조적 예산적자가 진정으로 문제라고 생각하시는지요? 그리고 어떻게 그 문제를 다루어야 할까요?

다시 한 번 더 말하지만 우리는 구르는 공에 계속 주목해야하고 목적과 수단을 혼동하지 말아야 합니다. 재정정책과 관련된 목표들을 생각할 때 중요한 것은 미래의 생활기준을 더 높이기 위한 우리 능력의 성장입니다. 미국의 경우 우리는 달러화로 표시된 적자, 즉 우리가 인쇄하는 지폐로 표시된 부채에 대해서 이야기하고 있습니다. 그것은 영국 파운드나 일본 엔, 그 어느 것으로 표기된 부채도 아닙니다. 그것은 대부분 내부적 채무관계로 발생한 부채이고, 국제적인 부의 대차대조표를 고려할 때 외국인이 우리의 연방정부 공채를 보유하고 있는지 아니면 다른 자산을 보유하고 있는지는 중요하지 않습니다. 그러나 공적 채무로 인해, 민간이 보유하는 생산적 자본에 투여되었을 민간의 부가 민간부문이나 공공부문의 소비를 자본조달하기 위해 발행되는 정부채를 보유하는 데로 옮겨진다는 점에서, 예산적자는 부담이 됩니다. 예산적자는 채무를 증가시키고, 그럼으로써 우리의 저축을 사용해 왔습니다. 그 저축은 우리의 자손이 획득할 실질임금을 증가시킬 자본에 생산적 투자를 하는 데 쓰일 수 있었을 것입니다. 그렇다고 경제가 침체에 있을 때 당장 당해 연도에 적자를 줄여야 한다는 것은 아닙니다. 당해 연도 국민총생산은 공급에 제약받지 않습니다. 경제전체의 투자량은 저축의 공급에 제약받지 않습니다. 실제로는 약한 경제에서 적자를 감소시키면 역효과가 나서 국민총생산을 줄이고 투자를 줄일 것입니다. 그런 정책은 민간부문 투자를 촉진시키는 방식으로 공공투자지출을 하거나 감세를 했을 때 우리의 자손들에게 발생할 만큼의 혜택을 가져오지 못합니다. 이 모든 내용들이 예산적자에 대한 정치적 논의에서 정신없이 뒤섞여 있습니다. 저는 레이건 정부와 부시 정부가 12년 동안 실행했던 종류의 재정정책에 가장 앞장서 반대했던 사람들 중의 하나입니다. 그와 동시에 경제가 침체에서 벗어나기도 전에 너무 일찍 적자를 감소시키려는 맹목적인 정책 또한 지지하지 않습니다. 중요한 것은 환자의 상태에 알맞은 약을 처방하는 일이지요.

| 교수님은 아직도 소득정책을 주장하시는지요? 앨런 블라인더 같은 케인즈주의자들은 그런 정책을 거의 지지하지 않지만, 교수님은 소득정책이 수요관리정책에 덧붙여 수행할 역할이 있다고 생각하시는 것 같습니다.

저는 1970년대에, 특히 1979년에 시작된 디스인플레이션(disinflation) 정책에서 소득정책이 담당할 역할이 있었다고 생각했습니다. 그 당시 소득정책을 사용했더라면 더 적은 산출량과 고용의 손실로 물가를 하락시킬 수 있었다고 생각합니다. 그러나 현재에는 소득정책에 그리 매력을 느끼

지 못합니다. 1980년대에 다행스러웠던 상황 중 하나는 더 이상의 석유파동이 없었다는 것입니다. 임금 압박도 매우 약했습니다. 1979/80년에는 실업을 1988년에 5%로 감소시키면서도 인플레이션을 거의 발생시키지 않을 것이라 말할 경제학자는 거의 없었습니다. 저도 10년 전에는 그렇게 말하지 않았을 겁니다. 하지만 실제로는 그런 현상이 발생했지요. 현재 우리에게 인플레이션 문제는 없습니다. 만일 인플레이션 문제가 다시 발생한다면 소득정책은 하나의 가능한 정책이 될 수 있습니다. 그러나 당장 지금 흙탕물에 들어가서 뛰어놀 생각은 없습니다.

| 지난 10여년 동안 케인즈주의가 일종의 부활을 겪고 있는 것은 무엇 때문일까요?

그건 지난 5년 동안 경제가 케인즈주의적 문제를 겪고 있기 때문입니다. 케인즈주의 경제학은 1970년대에 엉덩이를 두드려 맞았습니다. 그런 일이 지금도 일어나고 있음을 저는 알고 있습니다. 사람들은 "왜 1960년대 말과 1970년대의 실패한 정책으로 돌아가려고 하는가"라고 말합니다. 사람들은 케인즈주의 정책이 인플레이션과 스태그플레이션을 일으켰다고 말합니다. 사람들은 석유파동과 베트남 전쟁에 대해서는 전혀 말하지 않거나 그것을 기억에서 지워버립니다. 현재 우리는 좀 더 정상적인 환경으로 되돌아왔고, 새고전파적 생각은 반혁명의 파고가 가장 높았던 시기 이후에 성장한 새로운 세대의 경제학자들에게 그리 호소력이 없습니다.

| 앞으로 4년 동안 추구해야 할 경제정책에 대해 클린턴 정부에 자문을 한다면, 클린턴 대통령이 어떤 일을 하는 것이 가장 중요하다고 생각하시는지요?

이 문제는 앞서 이야기했던 이유로 힘든 문제입니다. 클린턴 정부가 당장 현재 갖고 있는 문제는 경제를 일으켜 세워 회복시키는 일입니다. 현재 경제는 6개월 전보다는 나아졌습니다. 그러나 아직도 완전히 건강한 모습은 아닙니다. 동시에 연방정부 적자에 대해 무언가를 해야 하는 부담도 있습니다. 현 정부는 현재 양자를 모두 하려고 노력하고 있습니다. 하나를 하기 위해서는 더 많은 적자가 필요하고 다른 하나를 하기 위해서는 적은 적자가 필요하기 때문에, 그렇게 하는 일은 쉬운 일이 아닙니다. 현 정부가 실행하려고 하는 자극은 그리 크지 않을 것이고 오래 이어지지 않을 것이라 생각됩니다. 올해에는 정부의 계획 중 적자가 증가하는 단계이고, 아마도 내년(1994년)에는 균형예산이 될 겁니다. 그 다음에는 조세의 증가와 정부지출 감소가 예정되어 있고, 드디어 1997년 재정연도에 이르러서야 클린턴 정부는 처음에 공약했던 것을 이루었노라 말할 수 있을 겁니다. 현재 정부는 이 두 가지를 동시에 요구하고 있습니다. 이것은 환자를 지금 수술해야 하지만 당장 현재는 환자가 너무 약하기 때문에 먼저 환자를 튼튼히 해야한다고 말하는 것과 같습니다. 여기에는 두 가지 어려움이 있습니다. 그 중 하나는 이런 이중적 접근법이 설명하기에 까다롭다는 것입니다. 왜 현재는 이런 일을 하고 나중에는 그와 반대되는 일을 해야 하는가를 설명하는 일이지요. 실상 현 정부는 그 이유를 아직 설명하지도 않았습니다.

| 어쩌면 현 정부가 그 이유를 이해하지 못하고 있는지도 모르지요.

아닙니다. 클린턴 대통령은 이해하고 있습니다. 그는 똑똑한 사람입니다. 클린턴은 제가 지금까지 보아온 정치가들 중 가장 똑똑한 사람입니다. 그는 그 이유를 이해하고 있습니다.

1998년 1월/2월 서신으로 주고받은 추가 질문과 답변

| 교수님은 1995년 논문 〈새고전파 경제학으로서 자연실업률〉에서 프리드먼의(1968년) 논문 〈통화정책의 역할〉이 "아마도 경제학 학술지에 발간된 논문들 중 가장 영향력 있는 논문일 것"이라고 말했습니다. 어떤 중요한 점에서 그 논문이 거시경제학을 바꿔놓았나요? 자연실업률 가설이 주류 거시경제학의 '핵심'을 이룬다고 생각하시는지요?

아마도 그 표현은 과장법이었을 겁니다. 하지만 그 논문이 경제학과 그것을 넘어 전 세계의 경제정책에 대한 함의에 있어 커다란 영향을 끼쳤다는 것은 분명합니다. 제가 1995년 논문에서 말한 바와 같이 프리드먼의 그 논문이 새고전파 거시이론과 실물경기변동이론을 향한 커다란 걸음이라면, 그건 그 논문이 처음에 끼쳤던 영향이 시간과 함께 몇 배로 커져버렸다는 것을 뜻합니다. 이 이론들이 현재 주류 거시경제학의 핵심이라면, 자연율 개념도 마찬가지입니다. 그러나 이런 판단은 학술적인 거시이론에는 맞는 것이지만, 정부의 정책과 기업의 실제 활동에서 사용되는 실용적인 거시이론에는 맞지 않다고 생각합니다. 후자의 경우 더 많이 사용되는 개념은 NAIRU이고, 제가 1995년 논문을 비롯한 여러 논문에서 주장했듯이 이 개념은 자연실업률 개념과 같지 않습니다. 이 두 개념 모두에 지난 몇 년 동안 실증적으로 문제가 발생했습니다. 즉 지금까지 사용해 온 NAIRU 예측치가 틀렸음이 밝혀졌던 것이지요. 더구나 장기에 수직의 필립스 곡선이 존재한다는 생각은 낮은 인플레이션율에서는 실업률과 상충관계가 존재한다는 저의 생각과 비교해 볼 때 그 근거가 약해져 버렸습니다. 저의 생각은 최근에 애컬로프-디킨스-페리의 《브루킹스 페이퍼》 논문(Akerlof, Dickens and Perry, 1996)에서 검증을 받았지요.

| 현재(1998년 1월) 미국 경제는 실업률이 4.7%이고 인플레이션율은 2%를 약간 넘을 뿐입니다. 미국 경제에 대한 대부분의 자연실업률 예측치는 6% 주위입니다. 이런 현재의 상황을 어떻게 설명하시겠습니까?

실업률 이외에 노동시장 밀도(tightness)를 나타내는 지표들에 따르면 1970년대 중반 이후 노동시장은 실업률이 제시하는 것보다 밀도가 훨씬 더 낮습니다. 미국에서 구인 지표로 측정되는 구인자수는 이전보다 더 많아졌고, 이직이 해고보다 덜 빈번하며, 노동가능인구에서 벗어났던 사람들이 다시 일을 하고자 하는 경우가 더 많아졌습니다. 베버리지 곡선이 1950년대와 1960년대 위

치로 다시 돌아간 듯이 보입니다.[1] 또 노동조합 가입률이 낮아졌고 민간부문 기업고용주에 대한 노동조합의 힘이 약화되었으며, 최악의 상황과 주식가격을 개선하기 위해(장기계약 노동자를 희생하면서까지) 고용을 축소해야 할 필요가 이제 더 일반적으로 인정되고 있고, 수입 경쟁도 격화되었지만 특히 국내에서의 경쟁이 더 격화되었고, 더욱이 새고전파 학자들이 기억하기 원하는 것 이상으로 1970년대의 스태그플레이션의 원인이 되었던 공급측 충격이 없었습니다. 인플레이션을 3.5% 수준에서 유지하면서 실업을 1960년대 케네디 정부가 목표로 했던 4% 선까지 충분히 감소시킬 수도 있을 겁니다.

| 현재 미국과 영국 경제의 실업률은 상대적으로 낮지만 유럽연합 경제의 평균실업률은 상대적으로 높습니다. 현재 한편으로 미국과 다른 한편으로 프랑스와 독일 같은 국가 사이에 존재하는 실업률 차이를 어떻게 설명할 수 있을까요? 유럽통화연합(EMU)이 유럽의 실업 문제를 악화시킬 것이라 생각하시는지요?

그에 대한 제 생각은 완강합니다. 저는 유럽의 실업률이 지나치게 높은 이유 중 많은 부분이 고의적인 나쁜 거시경제정책 때문이라고 아직도 믿고 있습니다. 자연실업률이 실제 실업률이 증가함에 따라 같이 계속적으로, 한 자리 수에서 두 자리 수로 증가할 수는 없습니다. 유럽 경제학자들은, 실제 실업률이 어떤 수준이건 그 수준에서 눈에 띌 만한 디플레이션이 발생하지 않으면 그 실업률은 자연실업률과 같거나 그보다 낮은 것이기 때문에 어떤 확대재정정책이나 확대통화정책도 인플레이션을 발생시킬 것이라고 결론짓습니다. 그러나 실제로는 단기 필립스 곡선의 기울기가 매우 완만하기 때문에 이런 추론이 옳지 않을 수 있습니다. 어쨌건 유럽 경제학자들은 확대정책을 전혀 시도하지 않습니다. 제가 보기에는 미국과 영국 보다 유럽 대륙에는 실업 감소를 저해하는 구조적인 장애물이 더 많이 있습니다. 영국 파운드화가 독일 마르크화에 연계되어 고정되었을 때 영국의 임금과 물가가 폭락하지 않았지만, 대처 수상의 노동조합 때리기가 도움이 되었다고는 생각합니다. 제 생각에 유럽 대륙의 구조적 문제 중 일부는 이력현상(hysteresis)과 관련됩니다. 미국과는 달리 유럽의 정부와 중앙은행들은 1979~82년 경기후퇴로부터 회복하려는 노력을 전혀 하지 않았습니다. 그렇기 때문에 그 경기후퇴기에 발생한 경기변동적 실업이 '구조적'이 되어버린 것이지요. 그 성격과 원인이 무엇이건, 유럽의 실업은 망신거리이고 유럽 정부들은 능력을 발휘하여 그런 상황을 어떻게든 교정해야만 할 것입니다. 마치 그런 상황을 미국이 그들에게 떠넘긴 것처럼 불평만 하지 말고요.

유럽통화연합이 실업 상황을 어느 쪽 방향으로건 크게 변화시킬 것으로 예상되지도 않습니다.

1. 베버리지 곡선(Beveridge curve)은 실업률과 구인율 간의 관계를 나타내는 곡선. 보통 수평좌표에 실업률을, 수직좌표에 구인율을 표시하는데 음(-)의 기울기를 갖고 원점에 대해 볼록하다. 노동시장에서 노동자들의 구직 활동이 더 비효율적일수록, 노동인구의 크기가 클수록, 장기실업자가 증가할수록 원점에서 더 멀리 떨어진다.

만일 변화가 있다면 나쁜 방향일 것입니다. 유럽연합 국가들은 유럽통화체계(EMS) 하에서 거시적 결과를 향상시키기 위해 그리 많은 일을 하지 않았습니다. 그러나 개별 국가별로 그나마 어떤 정책들을 실행하기는 했습니다. 그런데 유럽통화연합에 속하게 되면 이들 국가는 아무런 거시정책도구도 사용할 수 없게 될 것입니다. 새로운 중앙은행이 만들어지더라도 그것은 독일중앙은행과 다르지 않을 것이고, 유럽 연합은 재정정책을 수행할 수 있을 국고를 갖고 있지 않습니다.

| 교수님과 1993년 인터뷰를 한 이후 거시경제학에서 그 때보다는 더 커다란 합의가 이루어지고 있다고 생각하시는지요?

케인즈주의 이론이 그저 무시되고 대학원 학생들이 그 이론에 대해 아무 것도 배우지 않는다는 의미에서, 어쩌면 거시이론에서는 그때보다 더 커다란 합의가 이루어져 있다고 할 수 있습니다. 그러나 어쩌면 현실에서 적용되는 거시이론에는 더 많은 합의가 이루어져 있다고 할 수 있지요. 왜냐하면 여기에서는 케인즈주의적 요소를 피할 방도가 없고 기계적인 통화주의는 죽어버렸기 때문입니다.

| 많은 저명한 경제학자들(예를 들어, Barro and Sala-i-Martin, 1995; Lucas, 1987)이 정작 중요한 거시경제학 분야는 성장이라고 주장하고 있습니다. 교수님은 이 견해에 동의하시는지요? 지난 10여 년 동안 발전해온 내생성장이론이 경제성장과정에 대한 우리의 이해를 증진시켰는지요?

예. 세계 전역을 통해 저개발 빈곤국에서 수억 명 사람들의 건강을 증진시키고 기대수명이 높이며 생산성을 증가시키는 일은 분명 서부 유럽에서 실업률을 3~4% 감소시키는 것보다 훨씬 더 많은 효용을 가져다 줍니다. 그러나 저는 성장을 연구하는 거시경제학자들이 어떻게 그런 일을 이룰 수 있는지에 대해 답을 주었다고는 생각하지 않습니다. 총수요 문제는 선진 산업 자본주의 국가에서나 볼 수 있는 사치재입니다. 총수요 부족, 즉 대공황 시기에 잠재적인 부에도 불구하고 사회적으로 비효율적인 조직 때문에 발생한 불필요한 빈곤 현상은 이제 더 이상 최우선적인 문제가 아닙니다. 그 이유는 총수요부족이 결코 문제가 아니었고 그에 맞춰 생성되었던 거시이론과 거시정책이 잘못된 것이었기 때문이 아니라, 거시경제학이 그 문제를 해결해 버렸기 때문입니다. 그러나 교차로에서 교통사고가 거의 발생하지 않는다는 사실이 교통신호등이 필요 없다는 것을 의미하지는 않습니다. 제가 보기에 배로와 루커스는 수요지향적인 거시경제학을 쓰레기통에 던져버린 후 어쨌든 그런 것에는 흥미가 없다고 말하면서 자리를 떠 버렸습니다. 충분히 흥미롭게도 내생성장이론은 수확체감 현상을 극복하기 위해 이런 저런 종류의 외부성에 의존해야 합니다. 이 이론은 흥미를 돋우는 것이긴 하지만 제게는 아직 확신을 주지 못합니다.

4

정통파 통화주의 학파

지금까지 경제이론에서 나타났던 격렬한 변화는 이데올로기 전쟁의 결과물이 아니었다. 다양한 정치적 신념이나 목표에서 비롯된 것도 아니었다. 그 변화는 유력한 사건들, 즉 정치적 또는 이데올로기적 선택 중 가장 강고한 것보다 훨씬 더 강력하다고 입증된 맹목적 경험에 거의 전적으로 반응한 것이었다.

(Friedman, 1977, 470쪽)

4.1 서론

1950년대에, 그리고 적어도 1960년대 중후반까지는 힉스와 핸슨의 IS–LM 모형(Hicks–Hansen IS–LM model)으로 요약되는 케인즈학파 경제학(Keynesian economics)이 이론작업과 정책처방의 모든 면에서 거시경제학 발전의 지배세력이었다. 케인즈학파 경제학의 주도적 비평가 중 한 사람이 인정했듯이, 1960년대 후반기에 케인즈학파 모형은 "거시경제학에 있어서 할 수 있는 유일한 소일거리인 것 같았다"(Barro, 1984). 케인즈가 쓴 《일반이론》(*The General Theory*)의 중심주제는 자본주의 시장경제가 내재적으로 불안정해서 완전고용균형에 미달하는 지점에서 장기간 정지해 있을 수 있다는 주장이다. 케인즈가 보기에 이러한 불안정성은 주로 총수요 변동의 결과였다. 1940년대 중후반에서 1950년대에 걸쳐 당시 유행했던 케인즈학파 정통학설(Keynesian orthodoxy)은 화폐 또는 명목소득 변동의 주요인이 주로 실질소득의 변화로 나타나는 실물교란, 특히 투자와 자발적 소비의 변동임을 상조했다. 초기 케인즈주의자들에게 대공황은 투자수준의 급격한 저하에서 비롯된 것으로서 심각한 실업은 총수요의 부족 상태를 반영하는 것이었다. 이러한 사고는 일찍이 화폐스톡의 변화가 화폐소득의 변화를 설명하는 유일하지는 않더라도 주된 요인이라고 생각했던 화폐수량설(Quantity Theory of Money, QTM)의 관점과 대비되는 것이었다.

1950년대와 1960년대에 걸쳐 프리드먼(Milton Friedman)은 그 어떤 경제학자보다도 화폐수량설의 번영을 되찾아 준 장본인이었다. 1968년 브러너(Karl Brunner)는 화폐수량설을 옹호했던 경제학자들, 특히 프리드먼의 사고를 저 유명한 '통화주의(monetarism)' 라는 말로 명명했다. 화폐수량설은 통화주의의 핵심강령이자 블라우흐(Mark Blaug)가 말한 바 있는 '경제학에서 가장 장수한 학설' (Blaug et al, 1995)이다. 나름대로 수미일관한 형태를 갖고 있는 화폐수량설의 기원은 1692년 출판된 로크(John Locke)의 《이자율 인하와 화폐가치 인상의 결과에 관한 고찰》(*Some Considerations of the Consequences of the Lowering of Interest and Raising the Value of Money*)에 이르기까지 적어도 300년을 거슬러 올라간다(Eltis, 1995). 그렇지만 화폐수량설에 대한 가장 정교한 초기 서술서로 널리 인식되고 있는 저서는 1752년에 출판된 흄(David Hume)의 고전적 저작인 《화폐에 관하여》(*Of Money*)일 것이다. 메이어(Mayer, 1980)에 따르면, 통화주의의 기본 주장들 중 대부분은 이 저작에서 비롯한다. 그 후 리카도(David Ricardo), 마셜(Alfred Marshall), 피셔(Irving Fisher), 그리고 적어도 1930년까지 케인즈 자신을 포함한 저명한 경제학자들 다수가 19세기와 20세기 초 전반에 걸쳐 화폐수량설을 받아들이고 발전시켰다. 블라우흐가 언급하듯이 "케인즈는 처음에 화폐수량설에 깊은 호감을 가졌지만, 결국에는 적대시하게 되었다"(Blaug et al, 1995).

이 장의 주요 목적은 다음 두 가지다. 화폐수량설 접근법(제4.2절)에서 출발한 정통파 통화주의의 역사적 발전(그림 4.1)을 살펴보는 것이다. 즉, 1950년대 중반에서 1960년대 중반까지 발전된 통화주의에서 시작하여, 1960년대 중후반 이후에 통화주의에 흡수된 기대를 고려한 필립스 곡선(expectations-augmented Phillips curve)의 분석(제4.3절)을 거쳐, 마지막으로 1970년대 초에 통화주의 분석에 편입된 국제수지설 및 환율 결정에 관한 통화주의적 접근법(제4.4절)에 이르는 변모과정을 살펴본다. 둘째, 이러한 논의를 바탕으로 정통파 통화주의 학파 내에서, 특히 안정화 정책의 역할 및 수행과 관련해 흔히 견지되었던 그들만의 차별화된 주요 신념들을 요약하고(제4.5절), 오늘날에도 여전히 남아있는 '통화주의 반혁명(monetarist counter-revolution)' 에 대해 진지하게 살펴본다.

그림 4.1 • 정통파 통화주의의 변모과정

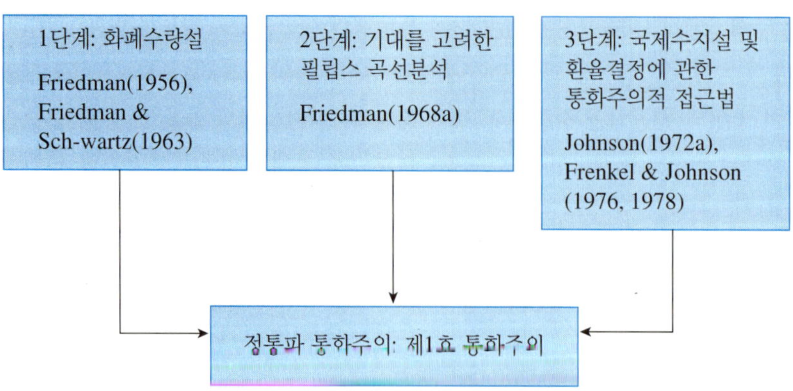

거시경제학 분석에 대한 화폐수량설 접근법을 검토하기에 앞서, '통화주의 반혁명' 으로 알려진 과정에서 프리드먼이 한 주요 역할에 주목해야 한다(Johnson, 1971; Snowdon and Vane, 1996, 1997b). 대다수의 경제학자들과 달리, 프리드먼은 학계 외부에 잘 알려져 있는데, 이러한 특징은 케인즈와 흡사하다. 케인즈와 더불어 그는 아마도 20세기에 있어 그 누구보다도 거시경제학 이론과 정책수립에 영향을 끼쳤을 것이다. 그 원인은 그의 연구 성과의 양과 질에서 뿐만 아니라, 논점을 제기하는 예술적 수완과 화려한 언변에서 찾을 수 있다. 프리드먼은 학문적 업적을 인정받아 1976년 "소비분석과 화폐 역사 및 이론분야, 그리고 안정화 정책의 복합성을 예증한 공로"로 노벨경제학상을 수상했다. 그의 화폐분석, 그리고 동태적이고 불확실한 세계에서 재량적 안정화 정책이 갖는 한계와 위험성에 대한 예증이 모든 세대의 저명한 거시경제학자들에게 영향을 주었음은 의심의 여지가 없다. 그중에서도 가장 많이 영향을 받은 루커스(Robert Lucas Jr.)는 프리드먼을 "최고의 경제학자"라 칭하면서, 은사에 대한 지적 채무를 거리낌 없이 인정한다(Klamer, 1984). 프리드먼과 슈워츠(Friedman and Schwartz, 1963)가 공저한 《미국통화사》(*A Monetary History of the United States*)는 1960년대 안정화 정책을 둘러싼 논쟁에서 루커스(Lucas, 1994b)에게 매우 중요한 원천이었고 그의 입장에 "아마도 결정적인" 역할을 했다. 이 책의 출판은 1960년대 조 이래 미국에서 교육받은 경제학자들 세대에게 각별한 영향을 끼쳤다. 이 '고전적' 교과서의 장수를 회고하는 자리에서, 루커스는 혹시 "벚꽃놀이 이외의 다른 목적으로" 자신이 워싱턴에 초대된다면 이 책이야말로 자신의 가방 속에 들어갈 최초의 책이 될 것이라고 말한 바 있다. 그에 따르면 프리드먼은 "단연코" 자신의 "가장 중요한 스승"이기도 한데, 루커스는 이러한 언급을 통해 필경 프리드먼이 저술한 모든 것을 자신이 읽어보았음을 시사하고 있다(Lucas, 1994a). 이 장에서 우리는 프리드먼의 업적 중 많은 부분을 검토할 것이다.

4.2 화폐수량설 접근법

정통파 통화주의의 첫 번째 발전 단계는 1950년대 중반에서 1960년대 중반까지 거슬러 올라갈 수 있는데, 이 시기는 케인즈 혁명으로 빼앗긴 거시경제학 분석에 대한 화폐수량설 접근법을 재정립하려는 시도를 담고 있었다. 화폐수량설 접근법(제2장 2.5절)에서는 화폐스톡의 변화가 화폐소득(명목소득)의 변화를 설명하는 유일한 요인은 아닐지라도 주된 요인으로 간주된다(Laidler, 1991).

정통파 케인즈학파 분석(제3장 2.5절)의 경우 화폐소득 변동의 주요인이 주로 실질소득의 변화로 나타나는 실물 교란, 특히 투자와 자발적 소비의 변동임을 강조했다. 제2장의 2.5절에서 개괄한 정형화된 수량설에 비추어 보면, 케인즈의 《일반이론》은(장기간 지속될 가능성이 있는) 과소균형이라는 조건 아래서 화폐유통속도(V)가 몹시 불안정해져서 화폐공급(M)이나 화폐소득(PY)과 독립적으로 발생하는 그 어떤 변화에도 수동적으로 반응하는 경제를 그리고 있다. 이러한 상황에서 화폐는 상대적으로 중요하지 않다고 간주되었다. 예를 들어 유동성 함정과 투자 함정이라는 두 가지 극단적 경우에 경제활동에 대한 통화정책의 효과가 전무하다는 의미에서 화폐는 중요하지 않다. 유동성 함정의 경우 화폐공급의 증가는 화폐유통속도의 하락에 의해 정확하고 온전하게 상쇄될 것이다. 이자율과 소득수준이 불변인 상태에서 화폐공급 증가는 유휴 잔고, 즉 투기적 잔고로 완전히 흡수될 것이다. 투자가 이자에 대해 완전 비탄력적인 투자 함정의 경우에도 화폐공급 증가는 실질소득 수준에 조금도 영향을 미치지 못할 것이다. 투자가 이자율 변화에 둔감하기 때문에, 화폐공급이 증가하더라도 실질소득 수준은 전혀 영향을 받지 않을 것이다. 소득수준이 불변인 상태에서 상대적으로 화폐수요가 증가함에 따라 화폐유통속도의 감소 정도는 약해질 것이다. 독자들은 화폐가 중요하지 않게 된 이 두 가지 극단적 케인즈학파의 경우, 자발적 소비나 투자 또는 정부지출의 변화가 45° 곡선 단순 케인즈 모형의 완전 승수효과를 가져올 것이라는 점을 스스로 확인해 볼 필요가 있다. 그러한 조건 아래서는 수량설의 관계(식 2.16)가 타당할지 몰라도, 정통파 케인즈주의자들은 그것이 통화정책 처방이라는 측면에서는 쓸모가 없을 것이라고 주장했다.

4.2.1 화폐수요이론으로서의 수량설

스스로 시카고 대학의 구술적 전통(oral tradition)이라 여겼던 것, 즉 거시경제학 분석에 대한 화폐수량설적 접근법을 학계 전반에 내세우고 재정립하려 했던 프리드먼의 시도는 이러한 정통파 케인즈학파를 배경삼아 이루어진 것이었다(이러한 해석에 대한 비판으로는, Patinkin, 1969 참조). 전통적인 수량설은 화폐공급과 물가수준 간의 관계에 관한 학설이지만, 프리드먼(Friedman, 1956)은 처음부터 그것을 물가수준이나 화폐소득에 관한 이론이 아니라 화폐수요이론으로 제시했다.

그는 여느 자산과 마찬가지로 화폐에 대한 수요가 보유자에게 서비스의 흐름을 제공하며, (i) 보유 가능한 최대 화폐량을 결정하는 부의 제약, (ii) 부를 담보할 수 있는 여타 금융 및 실물자산의 수익과 관련된 화폐의 수익 또는 보수, (iii) 자산 보유자의 취향과 기호라는 세 가지 주요 요인에 의해 좌우된다고 가정했다. 부 전체가 다양한 형태로 배분되는 방식은 다양한 자산의 상대적 수익률에 좌우된다. 이 자산들은 화폐와 채권뿐만 아니라 주식과 물적 재화도 포함한다. 균형 상태에서 부는 한계수익률이 균등하도록 각 자산에 배분될 것이다. 파틴킨(Patinkin, 1969)은 프리드먼의 수정이 케인즈의 분석을 확장한 것으로 간주되어야 한다고 시사했지만, 두 입장 사이에는 강조할만한 가치가 있는 중요한 세 가지 차이점이 존재한다. 첫째, 프리드먼의 화폐수요 분석은 항상소득(permanent income) 소비이론을 특정 자산에 대한 수요에 적용한 것으로 생각할 수 있다. 둘째, 그는 기대물가상승률을 잠재적으로 중요한 변수로서 화폐수요 함수에 도입했다. 셋째, 그는 화폐수요가 몇 안 되는 변수들의 안정적 함수라고 주장했다.

실질화폐잔고에 대한 프리드먼 수요함수의 단순화된 버전은 다음과 같은 형태로 쓸 수 있다.

$$\frac{M_d}{P} = f(Y^P; r, \dot{P}^e; u) \tag{4.1}$$

Y^P: 부, 즉 예산제약의 대리변수로 사용되는 항상소득

r: 금융자산에 대한 수익
$\dot{P}^e$: 기대물가상승률
u: 개인의 취향과 기호

이러한 분석에서는 다른 조건이 불변이라면, (i) 부의 수준이 높을수록, (ii) 화폐 이외의 다른 자산에 대한 수익이 낮을수록, (iii) 기대물가상승률이 낮을수록, 그만큼 화폐수요가 더 증가할 것이며 그와 반대의 경우도 성립하리라고 예측된다. 효용을 극대화하는 개인은 한계수익률이 균등하지 않을 때면 언제나 자산들 사이에 부를 재분배할 것이다. 이 포트폴리오 조정과정은 통화주의자들이 전달경로(transmission mechanism)를 상세히 설명하는 데 있어 핵심적 역할을 하는데, 그 전달경로에 의해 화폐스톡의 변화는 실물부문에 영향을 준다. 일례로 우리는 이것을 통화당국에 의한 공개시장조작이 초래하는 화폐공급 증가의 효과를 검토함으로써 설명할 수 있다. 한계수익률이 균등화되도록 부가 금융자산과 실물자산에 분배되는 최초의 균형 상태를 가정해보자. 통화당국이 공개시장에서 채권을 매입하면, 사람들은 화폐를 더 보유하게 된다. 어느 자산이든 그 보유량이 증가하게 되면 한계수익은 감소하므로, 화폐를 보유하는 데 따르는 한계수익률도 결국 하락할 것이다. 초과화폐잔고는 금융자산 및 내구소비재 따위의 실물자산과 교환되며, 그에 따라 포트폴리오 균형이 다시 달성될 때까지 자산들의 가격은 상승할 것이다. 그리고 그러한 재균형 상태에 도달할 때 사람들은 모든 자산을 기꺼이 재차 보유하려 할 것이고, 한계수익률은 균등화된다. 정통파 케인즈학파의 분석과 달리, 통화주의자들은 화폐가 광범위한 실물자산과 금융자산의 대용물이지만, 그 어떠한 단일 자산이나 일단의 자산도 화폐에 근사한 대용물로 간주될 수 없다고 주장한다. 그들은 훨씬 더 광범위한 자산과 그와 관련된 지출을 강조하며, 결과적으로 화폐적 충격이 총지출에 한층 더 강력하고 직접적인 영향을 준다고 생각한다.

4.2.2 수량설과 화폐소득의 변화: 실증자료

실질잔고에 대한 수요와 그것을 결정하는 제한된 수의 변수들 사이에 안정적인 함수관계(행태)가 존재한다는 주장은 거시경제학적 분석에 대한 화폐수량설적 접근법의 중추적 사고이다. 화폐수요함수가 안정적이라면 화폐유통속도 또한 안정적이어서, 화폐수요함수에서 제한된 수의 변수들 중 그 어느 것이 변화하더라도 속도의 변화가 예측가능할 것이다. 프리드먼은 화폐수량설을 다음과 같이 공준화했다(Friedman, 1968b, 434쪽).

> [화폐수량설이란] 사람들이 보유하길 원하는 실질잔고의 변화, 즉 화폐수요의 변화는 서서히 그리고 점진적으로 진행되거나, 그에 앞선 공급변화로 인해 발생한 사건들의 결과로 나타나는 경향이 있는 반면, 그와 반대로 명목잔고 공급의 실질적 변화는 수요의 어떠한 변화와도 독립적으로 발생할 수 있으며, 실제로도 자주 그러한 일이 일어남을 실증적으로 일반화한 것이다. 결론적으로 가격이나 명목소득의 실질적 변화는 거의 항상 명목화폐 공급량 변화의 결과이다.

이 절에서 우리는 거시경제학적 분석에 대한 화폐수량설적 접근법을 옹호하기 위해 제시된 다양한 실증자료에 대해 논의할 것인데, 그 출발점은 화폐수요함수이다. 지면상의 제약으로 인해 화폐수요에 관한 실증자료를 상세히 다룰 수는 없다. 그럼에도 불구하고 다음 두 가지 사항은 주목할 가치가 있다. 첫째, 화폐수요에 관한 초기 실증작업에서 프리드먼(Friedman, 1959)은 이자율이 중요하지 않다는 사실을 발견했다고 주장했지만, 그 이후에 착수된 거의 모든 연구들은 이자율이 화폐수요함수에서 중요하다는 것을 발견했다. 실제로 후속 논문에서 프리드먼(Friedman, 1966)은 이 점을 인정했다. 뷰터(Buiter, 2003a)는 토빈이 프리드먼과의 긴 논쟁에서 "화폐수요가 경제학적으로나 통계학적으로 이자율에 뚜렷이 반응한다"는 것, 즉 LM곡선이 완전 비탄력적이지 않다는 것을 대부분의 동료들에게 납득시켰다고 전하고 있다. 이러한 주장은 안정화 정책에 있어서 재량적 재정정책이 구실을 한다는 점을 옹호했던 토빈의 경우에 결정적 역할을 했다. 게다가 1950년대와 1960년대에는 유동성 함정이 요구하는 바대로 이자율이 하락함에 따라 화폐수요의 이자탄력성이 증가했다는 증거도 거의 없었다. 이는 극단적인 수량설, 그리고 수직이나 수평의 *LM*곡선을 갖는 케인즈학파의 경우가 모두 배제될 수 있음을 의미한다. 그렇지만 실질이자율과 실질소득이 모두 화폐가 아닌 실물적 힘에 의해 결정되고, 경제가 자동적으로 완전고용을 향하는 경향을 갖는 한, 정태적인 IS–LM 모형은 여전히 거시경제학적 분석에 대한 수량설적 접근을 예증하는 데 이용될 수 있다(Friedman, 1968a). 둘째, 안정적인 화폐수요함수에 대한 믿음은 1970년대 초까지 실증자료에 의해 충분히 뒷받침되었지만, 그 이후로 미국과 기타 경제에서 수행된 수많은 연구들이 화폐수요가 명백히 불안정하다는 증거를 발견했다. 예를 들면 미국의 경우 1980년대 초에 협의의 총통화량 M1의 속도는 뚜렷이 급락하는 추세를 보였고, 1990년대 초에 이르면 광의의 총통화량 M2와 M3의 속도까지 후속적으로 하락한 바 있다. 이 명백한 불안정성을 설명하기 위해 1970년대와 1980년대에 발생한 금융제도 내의 제도적 변화를 포함하는, 가능한 설명들이 수없이 제기되었다. 화폐수요에 관한 실증자료와 화폐수요함수의 불안정성 문제를 둘러싸고 이어졌던 논쟁에 대한 상세하고도 매우 쉽게 접근할 수 있는 논의에 대해서는 레이들러(Laidler, 1993)를 보라.

프리드먼(Friedman, 1958)은 화폐증가율을 미국의 경제활동 수준에 있어서의 전환점과 비교하는 시계열 자료의 연구를 통해 화폐의 독립적 역할의 중요성을 재정립하려 했다. 1870년부터 평균 18개의 평시 주기(non-war cycles)에서 그는 화폐공급 변화율의 최고점(최저점)이 경제활동 수준의 최고점(최저점)보다 평균 16(12)개월 앞섰음을 발견했다. 프리드먼은 이것이 화폐가 경제활동에 영향을 미친다는 것을 강력히 시사하는 증거라고 결론지었다. 그의 연구는 이후 방법론적으로나 통계학적 이유로 컬버트슨(Culbertson, 1960, 1961) 및 카레켄과 솔로(Kareken and Solow, 1963)에 의해 비판되었다. 첫째, 시간적 순서(timing)와 관련된 실증자료가 화폐에서 경제활동으로 향하는 인과관계가 존재한다는 추론의 정당성을 과연 입증한 것인가라는 의문이 제기되었다(Kaldor, 1970a; Sims, 1972). 둘째, 그의 비교대상이 동일한 수준의 것이 아니었다는 측면에서 프리드먼의 분석절차에 대해 통계학적 이의가 제기되었다. 카렌과 솔로가 화폐와 경제활동의 변화율을 사용한 프리드먼의 자료를 가지고 다시 분석했을 때, 그들은 화폐부문의 변화가 경제활동 수준의 변화를 일관되게 이끌어왔다는 점을 전혀 발견하지 못했다. 이후 화폐와 소득 사이의 인과관계 문제는 잘 알려졌다시피 토빈(Tobin, 1970)에 의해 본격적으로 다루어졌는데, 그는 프리드먼과 다른 통화주의자들이 끌어 모은 시간적 순서(선행과 시차)에 관한 실증자료의 신뢰성에 이의를 제기했다. 토빈은 '극단적인 케인즈학파' 모형을 사용해 통화주의의 입장을 지지하는 것과 똑같이 그 자료가 어떻게 경기순환과 불안정성에 관한 케인즈학파의 입장을 지지하는 것으로 해석될 수 있는지를 쉽게 보여주었다. 그는 프리드먼이 '전후관계와 인과관계를 혼동하는 (Post Hoc Ergo Propter Hoc)'[1] 오류에 빠졌다고 비판했다. 또한 토빈은 더 나아가 프리드먼이 주장하는 통화주의는 그 근거가 되는 인과 고리의 이론적 기초가 분명하지 않다고 비판했다. 프리드먼 저서 중 상당량이 '이론 없는 측정(measurement without theory)' 이며, 통화주의는 그야말로 '암흑상자' 로 남아있다는 주장이 빈번히 제기되었다. 후버(Hoover, 2001a, 2001b)가 최근 경제학자들에게 일깨웠듯이, 상관관계는 결코 인과관계가 될 수 없다. '거시경제학에서의 인과관계' 라는 이 문제는 실증 거시경제학에서 끝없는 주장과 논쟁을 촉발해 왔고, 앞으로도 그럴 것이다(Friedman, 1970b; Davidson and Weintraub, 1973; Romer and Romer, 1994a, 1994b; Hoover and Perez, 1994; Hammond, 1996).

1963년 프리드먼과 슈워츠(Friedman and Schwartz, 1963)는 화폐스톡의 변화가 주기적인 경기변동에 있어서 대체로 독립적 역할을 한다는 통화주의자들의 신념을 뒷받침하는 좀 더 설득력 있는 증거를 제시했다. 영향력 있는 저서《미국통화사, 1867~1960》(*Monetary History of the United States, 1867~1960*)에서 그들은 주기적 경기확장과 경기수축 국면을 막론하고 화폐스톡이 증가하는 경향이 있었던 반면, 화폐공급의 증가율은 경제활동 수준이 확장하는 기간보다 수축되는 기간 동안 더 완만하게 증가했다는 사실을 발견했다. 조사기간 내에서 화폐스톡이 눈에 띌 만큼 절대적으로 하락했던 때도 6개의 확인된 주요 경기수축기인 1873~9년, 1893~4년, 1907~8년, 1920~21년, 1929~33년, 그리고 1937~8년의 기간뿐이었다. 게다가 이와 같은 주요 경기후퇴기 동안 화폐공급에서 발생한 변화들의 근저에 놓여있는 역사적 상황에 관한 연구를 통해, 프리드먼과 슈워츠는 통화량의 수축을 가져온 요인들이 주로 그 당시 또는 그에 앞선 화폐소득 및 가격의 변화와 독립적이라고 주장했다. 다시 말해 통화량 변화는 주요 경기후퇴 국면의 결과라기보다 원인으로 간주되었다. 예를 들어 프리드먼과 슈워츠는 1920~21년과 1937~8년 두 기간에 발생한 화폐스톡의 절대적 하락이 연방준비제도가 착수한 극도의 긴축적인 정책의 결과라고 주장했다. 그 예로서 지불준비금에 대한 요구가 1936년과 1937년 초에 두 배로 증가했다는 사실을 들었다. 이러

1. 논리학 용어로 원뜻은 '이 이후에, 그러므로 이 때문에(after this, therefore because of this)' 이다. '선후 인과의 오류' 라고도 하는데, 먼저 일어난 일과 뒤에 일어난 일을 원인과 결과로서 결부시키는 데서 오는 판단의 오류를 의미한다. 예를 들어 사건 A 다음에 사건 B가 일어났다면, 그 때문에 무조건 사건 B가 사건 A에 의해서 일어났다고 결론을 내리는 잘못된 판단을 말한다.

한 조치들이 취해진 뒤에 화폐스톡은 급격히 하락했고, 결국 격심한 경기 수축국면이 뒤를 이었다.

대공황을 강력한 통화량 변화 및 통화정책의 사례로 재해석하는 문제는 훨씬 더 격렬한 논쟁을 불러일으켰다. 프리드먼과 슈워츠는 1929년부터 1930년까지 화폐스톡에서 나타난 초기의 완만한 하락이 1930년 후반에 시작된 파상적인 은행도산에 의해 급격한 하락으로 전환되었다고 주장했다(Bernanke, 1983). 은행도산으로 예금에 대한 통화와 준비금의 비율이 모두 상승했는데, 전자는 은행의 예금상환 능력에 대한 고객들의 신뢰상실에 기인한 것이었고, 후자는 고객들이 예금을 기꺼이 자신들에게 예치할지 은행이 확신하지 못했기 때문이었다. 프리드먼과 슈워츠의 견해에 따르면, 그 결과로 나타난 화폐스톡의 저하는 1931년 10월 연방준비제도의 긴축적 할인율 인상조치에 의해 더욱 심화되었고, 결국 더 많은 은행도산을 가져왔다. 이러한 해석대로라면, 불황은 1929년 10월과 1933년 6월 사이에 화폐스톡이 1/3 수준으로 떨어졌던 실례와 같은 이 화폐스톡의 극적인 하락을 연방준비은행이 사전에 막지 못한 결과로 확대되었을 뿐이다. 만약 다른 방도를 취했더라면, 연방준비제도가 은행도산과 그에 따른 화폐스톡의 감소 및 경제활동의 급격한 위축을 막을 수 있었을 것이라고 그들은 주장했다. 프리드먼과 슈워츠는 심지어 1867~1960년 사이에 미국에서 보편화되었던 매우 상이한 통화기구 하에서도 화폐의 주기적 운동이 시간적 순서와 진폭 면에서 경제활동의 주기적 움직임과 유사한 관계를 맺고 있었다는 실증자료를 통해, 경기변동에서 화폐스톡의 변화가 대체로 독립적 역할을 한다는 자신들의 견해를 한층 정당화했다(이러한 쟁점들에 대한 좀 더 자세한 논의로는 Temin, 1976; Romer and Romer, 1989; Romer, 1992; Hammond, 1996 참조).

화폐신용위원회(Commission on Money and Credit)를 위해 프리드먼과 마이즐먼(Friedman and Meiselman, 1963)이 착수했던 연구가 출판되면서 더욱 격렬한 의견교환이 시작되었다. 그 결과 계속된 프리드먼-마이즐먼 논쟁은 상당 기간 동안 경제학자들의 관심을 끌었지만, 이제 일반적으로 논쟁 그 자체는 주로 경제사상사를 전공하는 학생들의 관심사일 뿐이라고 여겨지고 있다. 요컨대 프리드먼과 마이즐먼은 소득의 대리변수인 소비의 변동 중 얼마나 많은 부분이 수량설적 접근법과 부합하는 화폐변동의 변화에 의해 설명될 수 있고, 또 얼마만큼이 케인즈학파의 분석과 일치하는 자발적 지출(투자)의 변화에 의해 설명될 수 있는지를 추정하려고 했다. 1897~1958년 기간 동안의 미국 자료들을 두 개의 검증식, 즉 독립변수로서 화폐와 자발적 지출을 각기 사용하는 식에 적용함으로써, 그들은 대공황으로 특징지어지는 하나의 하위기간을 제외하면 화폐식이 훨씬 더 설명력이 있다는 것을 발견했다. 이러한 결과를 놓고 곧바로 비판을 가했던 경제학자들 중 가장 눈에 띄는 인물이 드 프라노와 메이어(De Prano and Mayer, 1965), 그리고 안도와 모딜리아니(Ando and Modigliani, 1965)인데, 이들은 자발적 지출의 정의를 바꿈으로써 자발적 지출을 사용한 식의 설명력이 더 높아질 수 있음을 입증했다.

생각해 보면 이러한 검증은 화폐수량설과 케인즈학파의 견해를 구별하기에 부적합해서, 소득변화를 야기한 것이 화폐공급변화인지 아니면 자발적 지출인지를 확인할 수 없었다고 말하는 것

그림 4.2 • 고전학파의 경우

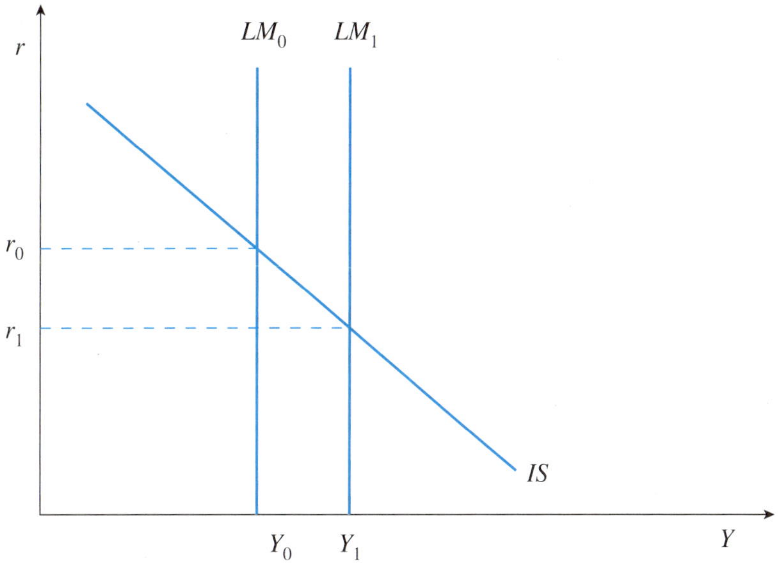

이 옳을 것이다. 이것은 폐쇄경제를 가정한 IS–LM 모형을 예로 들어 설명할 수 있다. 일반적으로 힉스의 IS–LM 모형틀 내에서는, 통화승수와 재정승수가 소비함수와 유동성선호함수 모두에 의존한다. 고전학파와 케인즈학파를 막론하고 소득을 결정할 때 두 식을 사용하면, 모두 양호한 결과를 얻을 수 있다. 고전학파의 경우를 예로 든 것이 〈그림 4.2〉인데, 여기서 화폐수요는 이자율에 대해 독립적이다. 경제는 최초에 소득수준 Y_0와 이자율 r_0에서, 즉 LM_0와 IS가 교차하는 지점에서 과소고용균형 상태에 있다. 이 상태에서 화폐공급이 증가하면, LM곡선은 LM_0에서 LM_1으로 이동하고, 결국 이자율은 r_1으로 하락하며, 소득은 Y_1 수준으로 증가할 것이다. 이자율이 하락함에 따라 투자지출은 활기를 띠는데, 이는 결국 승수를 통해 소비와 소득에 영향을 준다. 고전학파의 경우 실증연구를 해보면, 비록 인과관계의 방향이 화폐에서 소득으로 향한다 할지라도, 자발적 지출과 소득수준 사이에 안정적인 관계가 있음이 밝혀질 것이다.

케인즈학파의 경우는 〈그림 4.3〉으로 설명할 수 있다. 경제가 최초에 소득수준 Y_0와 이자율 r^*에서, 즉 IS_0와 LM_0의 교차점에서 균형이라고 가정하자. 이 상태에서 실물부분의 충격이 확대되면, IS곡선이 우측 바깥쪽인 IS_0에서 IS_1으로 이동하고, 통화당국은 화폐공급을 늘림으로써, 즉 LM곡선을 우하방인 LM_0에서 LM_1로 이동시켜야 이자율을 r^*에서 안정화시킬 수 있을 것이다. 케인즈학파의 경우는, 비록 이같이 특수한 경우에 인과관계의 방향이 소득에서 화폐로 향한다 할지라도, 실증연구를 통해 화폐공급과 소득수준 사이에 안정적인 관계가 있음이 밝혀질 것이다. 결론적으로 프리드먼-마이즐먼 테스트가 증명했다고 보이는 것은 (i) 한계소비성향이 비교적 안정적이었다는 것과 (ii) 만약 경제가 유동성 함정이나 투자함정에 빠진 상태에 있었다면 화폐식에

그림 4.3 • 케인즈학파의 경우

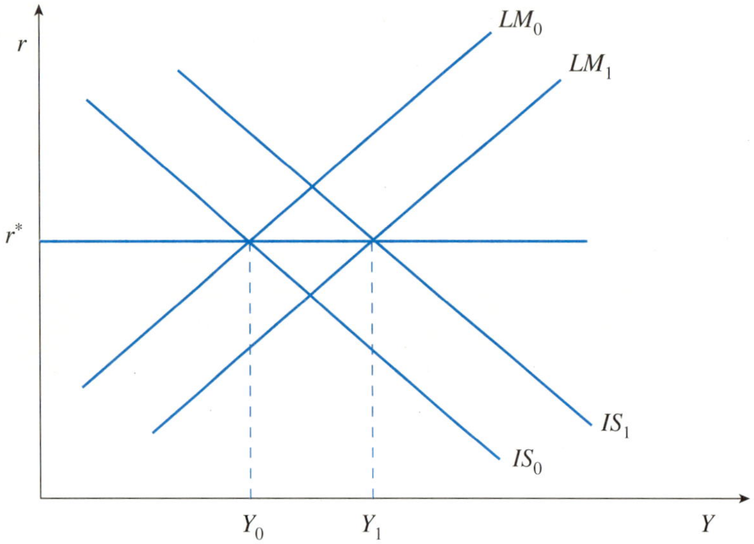

대한 검증 결과가 그처럼 좋을 수가 없었기 때문에, 극단적인 케인즈학파의 견해와는 달리 경제가 유동성 함정이나 투자 함정에 놓여있지 않았다는 것이었다.

4.2.3 평가

이제 지금까지 제시된 소재들을 끌어 모아 거시경제학 분석에 대한 화폐수량설 접근의 지지자들이 1960년대 중반 무렵 일반적으로 고수했던 핵심원리들을 요약해보는 것이 유용할 것이다 (Mayer, 1978; Vane and Thompson, 1979; Purvis, 1980; Laidler, 1981). 당시 이들을 특징지었던 핵심적 사고를 열거하면 다음과 같다.

1. 화폐스톡의 변화는 화폐소득의 변화를 설명하는 주된 요인이다.
2. 화폐수요가 안정적임에도 불구하고, 경제에서 관찰된 불안정성의 대부분은 통화당국이 유발한 화폐공급 변동에 기인한 것일 수 있다.
3. 통화당국은 마음만 먹으면 화폐공급을 규제할 수 있고, 그러한 규제를 행사할 때 화폐소득의 경로는 화폐공급이 내생적인 상황과는 다를 것이다.
4. 화폐스톡의 변화와 화폐소득의 변화 사이에 발생하는 시차(lag)는 길고 가변적이어서, 경제의 미세조정을 위해 재량적 통화정책을 사용하려는 시도들은 경제를 결국 불안정하게 할 수 있다.
5. 장기적인 물가안정성을 확보하기 위해서는 그 기초가 되는 산출의 증가에 맞추어 화폐공급을 일정한 비율로 증가시켜야 한다.

화폐소득의 변화를 설명하는 주된 요인으로서 화폐스톡 변화가 갖는 중요성과 관련된 케인즈주의자 대 통화주의자들의 논쟁은 1970년에 절정에 달했다. 그 때 프리드먼은 자신을 비판한 사람들에 대한 답변으로 〈화폐적 분석을 위한 이론체계〉("Theoretical Framework for Monetary Analysis")를 발표하려고 했다. 그의 1970년 논문이 발표될 때까지는, 통화주의 선언의 바탕을 이루는 이론적 구조에 관해 그 어떤 명시적이고 공식적이며 일관된 성명도 없었다. 이론적 정교함을 기하기 위해 통화주의의 '암흑상자' 를 개봉함으로써 프리드먼은 "경제학자들의 기본적 차이는 이론에 있는 것이 아니라 실증에 있다"는 것을 입증하고자 했다. 그가 이론적으로 제시한 것은 결국 통화주의 접근법을 주류의 위치에 놓는 데 기여했던 일반화된 IS–LM 모형이었다(Friedman, 1970a, 1972; Tobin, 1972b, Gordon, 1974). 이 논쟁은 합리적 기대 혁명과 새고전학파 경제학이 "중앙무대에서 케인즈학파와 통화주의를 모두 휩쓸어버렸던" 사태가 일어나기 전까지 "프리드먼과 그에 대한 케인즈학파 비판가들 사이의 최후의 대첩"을 상징했다(Hammond, 1996). 토빈(Tobin, 1981)에 따르면, 거시경제이론과 정책 양 측면에서 핵심논점은 화폐적 충격에 대한 경제의 공급측 반응이다. 그러한 충격을 가격과 수량 사이에 분산하는 것을 프리드먼은 '사라진 식(missing equation)' 이라 불렀다. 토빈이 보기에 이 문제에 대한 프리드먼의 해결책은 "케인즈학파 이론과 계량경제학을 절충한 주류진영의 임금/가격/산출 메커니즘과 본질적으로 다를 바 없었다"(Tobin, 1981, 36쪽).

이러한 내용들을 되돌아봄으로써, 우리는 이제 자신을 비판한 사람들과 벌인 프리드먼의 논쟁을 통해 그들 간의 차이점이 질적이기 보다는 양적인 것이었다는 점이 드러났으며, 이 논쟁이 통화주의와 케인즈학파 종합이 출현하는 데에도 기여했다는 점이 입증되었음을 알 수 있다. 이러한 종합, 또는 이론적 합일의 출현은 케인즈학파가 지배했던 1950년대의 거시경제학이 경제적 불안정성을 발생시키는 화폐적 충격의 중요성을 무시하지는 않았지만, 과소평가했음을 확인해주는 것이었다(Laidler, 1992a). 이것은 자국 통화제도의 운영에 관한 래드클리프 보고서(Radcliffe Report)에서 절정을 이뤘던 영국의 경우 특히 그러했을 것이다. 미국의 주도적 케인즈주의자인 새뮤얼슨에 따르면, 영국에 있는 다수의 케인즈 추종자들은 "그의 체계 중 여전히 '모형 T 버전(Model T version)' [2]에 매달려 있었기" 때문에, 1959년에 이르면 "영국과 미국 케인즈학파의 차이가 극명하게 대비를 이루게 되었다"(Samuelson, 1983, 1988; Johnson, 1978).

2. 새뮤얼슨은 케인즈가 《일반이론》에서 원래 제시한 모형을 "1936년의 모형 T, 네안데르탈 원시인, 대공황 모형"으로 표현한다. 이 표현은 새뮤얼슨 자신의 45° 교차곡선 모형이나 힉스-모딜리아니의 IS–LM 모형에 대비하여 이 모형들의 원형인 케인즈의 1936년 《일반이론》 모형을 표현하기 위해 사용한 용어이다. '모형 T' 는 포드 자동차 회사가 1908년에서 1927년까지 생산한 자동차 모형으로, 어셈블리 라인을 통해 매우 단순한 디자인으로 제작되어 일반인들도 구매할 수 있을 정도의 가격으로 공급되었다. 자동차의 대중화를 가능하게 한("미국을 자동차로 뒤덮이게 한") 모형이며, "20세기에서 가장 영향력이 컸던 자동차" 로 평가된다.

4.3 기대를 고려한 필립스 곡선 분석

정통파 통화주의 발전의 두 번째 단계는 통화증가율의 변화 효과가 실물적 크기와 명목적 크기로 나누어지는 방식을 보다 정확하게 분석함으로써 등장했다. 이 분석에는 필립스 곡선을 다루고 있는 문헌에 대한 프리드먼(Friedman, 1968a)과 펠프스(Phelps, 1967, 1968)의 독자적인 기여가 담겨 있다(제3장 3.6절 참조). 그들은 인플레이션과 실업 사이에 안정적인 관계가 존재한다는 생각에 이의를 제기했고, 두 사람 다 인플레이션과 실업 사이에 장기적인 상충관계(trade-off)가 존재한다는 것을 부인했다(펠프스의 분석은 비통화주의적 관점에서 시작되었다. Cross, 1995). 원판(原版) 필립스 곡선이 갖는 문제점은 화폐임금 변화율이 인플레이션율과 완전히 독립적으로 결정된다는 것이다. 이것은 결국 노동자들이 화폐임금 수준에 기초해 현재의 가격변동 상황과 완전히 독립적으로 자신들의 노동공급을 결정한다는 점에서, 비합리적이며 100% 화폐착각(money illusion)을 겪는다는 것을 의미한다. 이하에서 우리는 1967년 미국경제학회 회장 연설에서 프리드먼(Friedman, 1968a)이 개진한 매우 유력한 주장에 초점을 맞춰 살펴볼 것이다. 그러기 전에 우리는 그의 논문이 1968년 이후 거시경제학 발전에서 결과적으로 얼마나 중요한 위치를 차지하는지 알아보아야 한다. 《미국통화사》가 거시경제학 분야에 있어서 의심할 여지없이 프리드먼의 가장 영향력 있는 저서라면, 〈화폐정책의 역할〉("The Role of Monetary Policy")이라는 제목으로 출판된 그의 1967년 학회장 연설은 분명 그의 가장 영향력 있는 논문이다. 1981년 고든(Robert Gordon)은 이 논문이 아마도 이전 20년간 거시경제학에서 쓰인 가장 영향력 있는 논문일 것이라고 기술한 바 있다. 프리드먼을 비판할 때 가장 열변을 토했고 가장 효과적이면서도 꾸준히 비판을 가했던 인물 중 하나인 토빈(James Tobin, 1995)은 더 나아가 1968년 논문을 "필경 이제까지 경제학 저널에 게재된 가장 영향력 있는 논문"이라 칭했다. 크루그먼(Paul Krugman, 1994a)은 프리드먼의 논문을 "전후 경제학에서 결정적으로 중요한 지적 성과 중 하나"라고 평가했고, 블라우흐(Mark Blaug, 1997)와 스키델스키(Robert Skidelsky, 1996b)는 그것을 "단언컨대 전후 시기에 출판된 거시경제학에 관한 가장 영향력 있는 논문"으로 간주한다. 1968년에서 1997년까지 그의 논문은 사회과학 인용지수에 의하면 대략 924번의 인용회수를 기록했고, 여전히 경제학에서 가장 많이 인용되는 논문 중 하나이다(Snowdon and Vane, 1998). 그가 빅셀의 '자연 이자율' 개념을 실업이라는 맥락에서 활용한 것은 기대가설에 '합리적' 이라는 용어를 적용한 것이 결국 1970년대에 새고전학파가 출현하게 되는 계기가 되었던 것과 똑같이, 수사학적인 측면에서 볼 때 "마케팅의 걸작"(Dixon, 1995)이었다. 프리드먼 교수의 연구가 던진 충격으로 인해 케인즈주의자들은 루카스 교수 및 새고전학파를 주도하는 여타 경제학자들의 예리한 이론적 비판에 의해 자신들의 주장이 더욱 훼손되기도 전에, 정책적 개입을 옹호하는 자신들의 논거를 재천명하고 수정할 수밖에 없었다.

4.3.1 기대를 고려한 필립스 곡선

필립스 곡선에 대한 케인즈학파의 지배적 견해는 1960년대에 갓 등장한 새로운 사고와 1970년대의 사건들에 의해 와해되었다(Mankiw, 1990). 새로운 사고의 핵심 구성요소는 필립스 곡선이 상충관계를 갖는다는 해석에 대한 프리드먼의 비판을 담고 있었다. 이것은 임금 및 가격 지침을 둘러싼 솔로(Solow, 1966)와의 논쟁에서 프리드먼에 의해 처음 제기되었고, 그보다 훨씬 이전인 1960년 립시(Richard Lipsey)와의 대화에서 그 윤곽을 드러낸 바 있다(Leeson, 1997a). 그렇지만 그 주장은 1967년 그의 유명한 학회장 연설에서 좀 더 완전하게 전개되었다. 프리드먼에 따르면, 화폐임금 변화율을 실업과 결부시킨 원판 필립스 곡선은 잘못 설정된 것이다. 화폐임금은 비록 협상에서 결정되지만, 고용주와 고용인은 모두 명목임금이 아닌, 실질임금에 관심을 갖는다. 임금협상은 불연속적인 기간에 걸쳐 이루어지기 때문에, 예상된 실질임금에 영향을 주는 것은 계약기간 전반에 걸쳐 존재하리라 예상되는 인플레이션율이다. 프리드먼은 필립스 곡선이 실질임금의 변화율에 의해 정해진다고 주장했다. 따라서 그는 화폐임금의 변화율을 결정하는 추가적 변수인 예상된 인플레이션율, 즉 기대 인플레이션율로 기본 필립스 곡선을 보강했다. 이처럼 기대를 고려한 필립스 곡선은 수학적으로 표현하면 다음과 같은 식이 된다.

$$\dot{W} = f(U) + \dot{P}^e \tag{4.2}$$

식 (4.2)는 화폐임금 증가율을 결정하는 구성요소가 실업수준을 대리변수로 하는 초과수요 상태와 기대 인플레이션율임을 보여주고 있다.

화폐임금 변화율 결정에 초과수요 외의 추가변수로 기대 인플레이션율을 도입했다는 것은 하나의 단일한 필립스 곡선이 아닌, 각자 다양한 기대 인플레이션율과 결부된 필립스 곡선의 군(群)이 존재하리라는 것을 암시한다. 그 같은 두개의 곡선을 예로 든 것이 〈그림 4.4〉다. 실업이 자연

그림 4.4 • 기대를 고려한 필립스 곡선

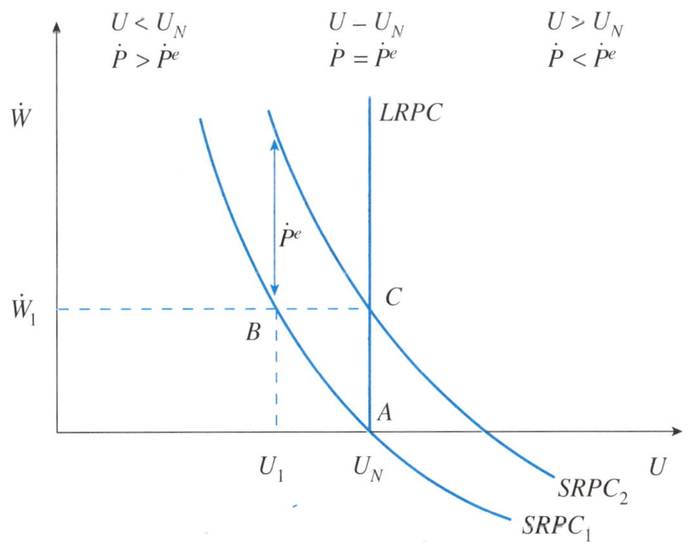

율 수준인 U_N이고, 화폐임금 증가율이 0인 상태에서 단기 필립스 곡선($SRPC_1$)을 따라 A점에서 초기균형을 이루고 있는 경제를 가정해보자. 현재 및 이후의 분석을 단순화하기 위해, 화폐임금 증가율이 0인 상태에서 물가수준 또한 일정하고, 기대 인플레이션율이 0이 되도록 생산성 증가가 0이라고 가정한다. 즉 $\dot{W} = \dot{P} = \dot{P}^e = 0\%$다. 이제 통화당국이 통화공급 증가를 통해 총수요를 확대시켜 실업을 U_N에서 U_1으로 감소시킨다고 가정하자. 상품가격은 일반적으로 임금보다 더 신속히 조정되므로, 재화와 노동시장의 초과수요는 가격과 화폐임금에 인상압력을 가하는 결과를 가져올 것이다. 노동자들은 근래 가격이 안정되었던($\dot{P}^e = 0$) 시기를 겪었기 때문에, 화폐임금의 상승을 실질임금 상승으로 오인하여 노동공급을 늘릴 것이다. 다시 말해, 그들은 일시적인 화폐착각에 빠질 것이다. 그렇지만 실제로는 실질임금은 하락할 것이고, 기업이 더 많은 노동을 수요함에 따라 화폐임금은 $\dot{W}_1$의 비율로 인상되며, 실업은 감소할 것이다. 즉, 경제는 단기 필립스 곡선($SRPC_1$) 상의 B점으로 이동할 것이다. 이제 노동자들은 실제 경험한 인플레이션율($\dot{P} = \dot{W}_1$)에 비추어 자신들의 인플레이션 기대치를 서서히 적응해가기 시작한다. 이때 노동자들은 비록 화폐임금은 인상되었지만 실질임금은 하락했다는 사실을 깨닫고 화폐임금 인상을 요구할 것이다. 이렇게 되면 단기 필립스 곡선은 $SRPC_1$에서 $SRPC_2$로 상향 이동한다. 화폐임금은 비율 $\dot{W}_1$에 기대 인플레이션율을 더한 수준으로 인상될 것이다. 실질임금이 인상됨으로써 기업들은 노동자들을 해고한다. C점은 실질임금이 원래 수준으로 돌아가고 실업이 자연수준인 상태로 될 때까지 증가한 상태를 표현한다. 이것은 일단 임금협상에서 실제 인플레이션율이 완전히 예견된다면($\dot{P}_1 = \dot{P}^e$), 다시 말해 화폐착각이 없다면($\dot{W}_1 = \dot{P}^e$), 실업과 임금 인플레이션 사이에 장기적인 상충이 결코 존재하지 않을 것임을 의미한다. 따라서 초과수요가 전혀 없다면, 즉 경제가 자연실업률에서 움직이고 있다면, 화폐임금 증가율은 기대 인플레이션율과 같아질 것이고, 기대 인플레이션율이 0인 특수한 경우에서만 임금 인플레이션이 0, 즉 〈그림 4.4〉의 A점에 있게 될 것이다. A 및 C와 같은 점들을 연결함으로써, 우리는 장기적으로 자연실업률(U_N)에서 수직인 필립스 곡선을 얻을 수 있다. U_N에서 화폐임금 증가율은 가격상승률과 정확히 같아져 실질임금이 불변이다. 그 결과 노동시장은 결코 교란되지 않을 것이다. 자연율에서 노동시장은 균형 상태에 있고, 실제 인플레이션율과 기대 인플레이션율은 같다. 즉 인플레이션은 완전히 예견된다. 프리드먼의 분석은 화폐의 장기 중립성에 관한 고전학파의 명제(제2장 2.5절 참조)를 융화시키는 데 도움이 되었지만, 다른 한편 화폐가 실물부문에 대해 끼치는 단기적 효과를 인정하는 것이었다.

필립스 곡선에 대한 프리드먼의 공격이 있고난 후, 기대를 고려한 필립스 곡선에 대해 수많은 실증연구들이 시도되었는데, 여기서는 다음과 같은 유형의 식이 사용되었다.

$$\dot{W} = f(U) + \beta\dot{P}^e \tag{4.3}$$

β를 추정한 값이 1이면, 그것은 장기적으로 상충성이 전혀 존재하지 않음을 의미한다. 거꾸로 말하면, β의 추정치가 0보다 크고 1보다 작을 경우, 장기적인 상충성이 존재하지만 그 정도는 단기

에서보다 약하다. 이것을 대수적으로 보이면 다음과 같다. $\dot{W} = \dot{P}$이 되도록 생산성 증가가 0이라고 가정하면, 식 (4.3)을 아래와 같이 쓸 수 있다.

$$\dot{P} = f(U) + \beta\dot{P}^e \tag{4.4}$$

식 (4.4)를 다시 정리하면 다음과 같이 된다.

$$\dot{P} - \beta\dot{P}^e = f(U) \tag{4.5}$$

실업이 U^*이고(그림 4.5 참조), 실제 인플레이션율과 기대 인플레이션율이 모두 0(즉, $\dot{P} = \dot{P}^e$)인 균형 상태에서 시작해, 식 (4.5)를 인수분해하면 다음과 같이 쓸 수 있다.

$$\dot{P}(1-\beta) = f(U) \tag{4.6}$$

마지막으로 식 (4.6)의 양쪽을 (1 − β)로 나누면, 다음과 같다.

$$\dot{P} = \frac{f(U)}{1-\beta} \tag{4.7}$$

이제 통화당국이 처음에 화폐공급을 늘려 총수요를 확대함으로써 실업을 U^* 이하로 감소시킨다고 생각해 보자(그림 4.5 참조). 〈그림 4.5〉에서 알 수 있듯이, 우리는 식 (4.7)로부터 다음과 같은 세 가지 사실을 알 수 있다. (i) β를 추정한 값이 0이면, 그것은 장단기를 막론하고 인플레이션과 실업 사이에 안정적인 상충관계가 존재하여, 원판 필립스 곡선과 같아짐을 의미한다. (ii) β

그림 4.5 • 인플레이션과 실업의 상충

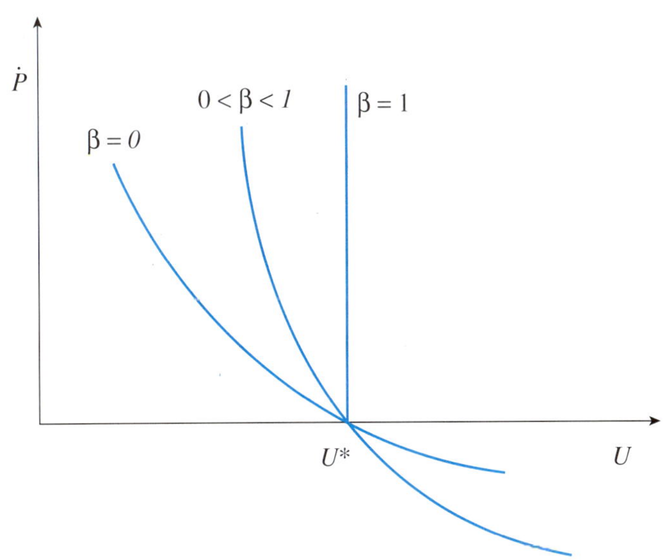

의 추정치가 1이면 장기적인 상충성이 전혀 존재하지 않음을 뜻한다. (iii) β의 추정치가 0보다 크고 1보다 작을 경우, 장기적 상충성이 존재하지만, 그 정도가 단기에서 보다는 약하다는 것을 시사한다. 기대 인플레이션 항의 계수(β)가 과연 0인지를 측정하려 했던 광범위한 연구들로부터 얻을 수 있는 초기 자료들은 그 결과가 결코 명확하지 않다는 점을 보여주었다. 결과적으로 1970년대 초에는, 장기적으로 수직인 필립스 곡선이 존재할 수 있는가라는 문제가 통화주의자와 케인즈주의자의 논쟁에 있어서 쟁점이 되었다. β가 1이어서 장기적으로 실업과 인플레이션이 결코 상충되지 않을 것이라는 믿음을 정당화하기 위해 통화주의자들이 기댈 수 있는 증거는 많았지만, 회의론자들을 전부 설득하기에는 증거가 불충분했다. 그렇지만 미국 케인즈학파 경제학자들 중 어느 저명한 사람의 말을 인용하자면, "1972년 무렵에는 필립스 곡선에 대한 '장기 수직적' 관점이 결국 논쟁의 승리자가 되었다"(Blinder, 1992a). 1978년까지의 필립스 곡선에 관한 방대한 문헌 중 꽤 읽기 쉬운 평론서로는 산토메로와 시터(Santomero and Seater, 1978)의 논문을 참고하라. 1970년대 중후반 경에 이르러, 특히 미국에서 주류 케인즈주의자들은 장기 필립스 곡선이 수직이라는 것을 인정하게 되었다. 그렇지만 경제가 교란된 뒤 장기 균형점으로 복귀하는 데 어느 정도의 시간이 걸리는지에 관해서는 여전히 논란이 분분하다.

기대를 고려한 필립스 곡선이 갖는 정책적 함의를 논의하기에 앞서, 노벨 경제학상 수상 기념 강연에서 프리드먼(Friedman, 1977)이 몇 년에 걸쳐 양(+)의 기울기를 보이면서도 자연실업률 수준에서 수직인 장기 필립스 곡선과 양립가능한 필립스 곡선의 존재에 대해 설명했다는 사실은 언급할만한 가치가 있다. 그는 인플레이션율이라는 것이 높아지면 높아질수록 점점 더 크게 변동한다는 점에 주목했다. 인플레이션율의 변동 폭이 커질수록 그것은 불확실성을 증가시키고, 시장 효율성이 떨어져 의사조정 및 전달기구의 기능을 수행하는 가격체계의 효율성이 저하될수록 실업은 증가할 것이다(Hayek, 1948). 불확실성의 증가는 또한 투자하락의 원인이 되어, 실업의 증가를 가져올 수도 있다. 프리드먼은 여기서 더 나아가, 인플레이션율이 증가하고 그 변동성이 커질수록 임금 및 가격통제에 의한 정부의 가격책정 과정에 대한 개입은 늘어나는 경향이 있는데, 그러한 개입이 가격체계의 효율성을 저하시켜 결국 실업이 늘어난다고 주장했다. 따라서 인플레이션과 실업 사이의 양의 관계는 인플레이션율과 변동 폭의 예기치 못한 증가에서 비롯된다. 경제가 이행하는 기간은 수십 년에 걸쳐 대단히 길수도 있지만, 높고도 변동이 심한 인플레이션에 경제가 일단 적응한 순간, 그것은 다시 자연실업률 수준으로 돌아간다는 것이 프리드먼의 견해이다.

4.3.2 기대를 고려한 필립스 곡선의 정책적 함의

단기적으로 산출-고용이 증가할 여지 통화주의자들은 장기적으로 수직선 모양의 필립스 곡선이 존재한다고 믿는다. 그러한 믿음이 의미하는 바는, 통화 팽창률이 증가한다면 그로 인해 발생하는 인플레이션이 예기치 못한 것이라는 이유만으로 실업을 자연율 이하로 떨어뜨릴 수 있다는 것이다. 앞서 논의했듯이, 인플레이션이 완전 예견된다면 그것은 임금협상에서 고려될 것이고 실업은 자연율로 되돌아갈 것이다. 정통파 통화주의자들 분석의 바탕에 깔려있는 가정은 기대 인플레이션이 실제 인플레이션에 단지 서서히 적응할 뿐이라는 것인데, 이러한 사고는 이른바 '적응적'(adaptive) 또는 오차학습 기대가설(error-learning expectations hypothesis)과 궤를 같이 한다. 흥미롭게도 프리드먼은 '필립스의 적응적 인플레이션 기대공식'에 크게 영향을 받은 것으로 보인다(Leeson, 1999). 그의 필립스 곡선 분석에 함축되어 있고, 《화폐수량설 연구》(*Studies in the Quantity Theory of Money*, 1956)에서 사용된 바 있는 적응적 기대 방정식은 1952년 5월 런던 어느 곳에 있는 공원벤치에서 프리드먼이 필립스와 토론을 하고 나서, 필립 케이건(Philip Cagan)과의 공동연구에 의해 진전되었던 것으로 보인다(Leeson, 1994b, 1997a). 사실상 프리드먼은 경제학자로서의 필립스에게 깊은 감명을 받은 나머지, 1955년과 1960년 두 차례에 걸쳐 시카고 대학으로 옮기라고 그를 설득하려 했다(Hammond, 1996).

적응적 기대가설의 배후에 놓여있는 주된 사고는 경제주체가 과거의 인플레이션에 맞추어 인플레이션 기대를 적응시키며 시행착오를 겪는다는 것이다. 노동자들은 과거의 마지막 순간에 범한 착오의 한 부분만큼, 즉 실제 인플레이션율과 기대 인플레이션율의 차이만큼 인플레이션 기대를 조정한다고 가정된다. 이는 다음과 같은 식으로 표시할 수 있다.

$$\dot{P}_t^e - \dot{P}_{t-1}^e = \alpha(\dot{P}_t - \dot{P}_{t-1}^e) \tag{4.8}$$

여기서 α는 상수이다($0 \le \alpha \le 1$). 반복 후방대입(repeated back substitution)을 통해 기대 인플레이션을 기하학적으로 표현하면 과거에 경험한 실제 인플레이션율의 가중평균으로 나타낼 수 있다. 여기서 인플레이션 경험은 현재에 가까울수록 중요도를 더 크게 갖는다.

$$\dot{P}_t^e = \alpha\dot{P}_t + \alpha(1-\alpha)\dot{P}_{t-1} \ldots \alpha(1-\alpha)^n \dot{P}_{t-n} \tag{4.9}$$

이 '회고적(backward-looking)'인 모델에서, 인플레이션 기대는 오로지 과거의 실제 인플레이션율에만 기초해 있다. 실제 인플레이션율 상승과 기대 인플레이션율 상승 사이에는 시차가 존재하기 때문에, 실업은 자연율 이하로 잠시 하락한다. 인플레이션이 완전 예견되면, 경제는 자연실업률로 되돌아가지만, 균형수준에서의 임금 및 가격 인플레이션율은 통화증가율과 같아지도록 더 증가한다. 우리가 제5장 5.5.1절에서 논의하겠지만, 합리적 기대가설에 따라서 기대가 형성되고 경제주체가 통화당국이 갖고 있는 것과 동일한 정보에 접근할 수 있다면, 기대 인플레이션율은 통화증가율의 증가에 반응해 즉시 상승할 것이다. 실제 인플레이션율의 증가와 기대 인플레이션율의 증가 사이에 시차가 없다면, 통화당국은 단기적으로도 산출과 고용에 영향을 미칠 수 없을 것이다.

가속도 가설 장기 수직 필립스 곡선의 존재에 대한 믿음이 갖는 또 하나의 중요한 정책적 함의는 이른바 '가속도(accelerationist)' 가설과 관련이 있다. 이 가설은 실업을 내내 자연율 이하로 유지하려는 어떠한 시도도 인플레이션을 가속화시키고, 결과적으로 통화당국이 통화증가율을 지속적으로 인상할 필요가 있다는 함의를 담고 있다. 〈그림 4.4〉에서 알 수 있듯이, 만약 실업이 자연율 U_N에 못 미치는 U_1에 줄곧 머물러 있다면, 노동시장에는 계속 초과수요가 발생해 실제 인플레이션율이 예상보다 더 높아질 것이다. 실제 인플레이션율이 증가함에 따라, 사람들은 인플레이션 기대치를 더 높게 수정할 것이다. 이것은 단기 필립스 곡선이 위쪽으로 이동하는 것을 의미하는데, 이로 인해 결국 실제 인플레이션율은 더 높아지고, 이러한 현상이 반복되면 하이퍼인플레이션이 된다. 다시 말해 실업을 자연율 이하로 유지하기 위해서는, 실질임금을 균형수준 이하로 유지해야할 것이다. 이러한 일이 일어나려면, 실제 가격이 화폐임금보다 더 빠른 속도로 올라가야 할 것이다. 그 같은 상황에서 피고용인은 인플레이션 기대치를 상향 조정해서 더 높은 화폐임금 증가를 요구할 것이므로, 결국 실제 인플레이션율은 더 높아진다. 그리하여 최종적으로는 인플레이션이 가속화되는데, 이는 결국 끊임없는 인플레이션율 증가를 정당화하기 위한 통화증가율의 지속적 인상을 필연적으로 동반할 것이다. 정반대로 만약 실업이 상당 기간 동안 자연율을 상회하는 수준에 있다면, 디플레이션이 가속화될 것이다. 실업이 장기간 자연율을 상회할 경우, 노동시장에는 초과공급이 지속적으로 존재하므로 실제 인플레이션율은 예상보다 더 낮아지게 된다. 이 상황에서 사람들은 인플레이션 기대치를 더 낮게 수정할 것이다. 즉, 단기 필립스 곡선이 아래쪽으로 이동하며, 이로 인해 실제 인플레이션율은 더 낮아지는 현상이 반복될 것이다. 이러한 분석에서 나오는 결론은 자연실업률이 인플레이션율을 일정하게 유지할 유일한 실업수준이라는 것이다. 다시 말해 경제가 자연실업률 상태에 있는 장기균형에서 산출과 유통속도가 일정하다고 가정하면 통화증가율이 인플레이션율을 결정하는데, 이러한 결론은 거시경제 분석에 대한 화폐수량설적 접근법과 일치한다.

의심할 여지없이 프리드먼 논문(Friedman, 1968a)의 영향력은 과도한 고용목표에 맞춰 통화확대 정책을 거듭 사용한 결과로 1970년대에 발생한 인플레이션의 가속화를 그가 예상했었기에 더욱 확대되었다. 1970~71년에 미국과 영국이 모두 실업률이 높아지는 상황에서 인플레이션을 완화시키는 데 실패했다는 사실, 그리고 그 이후 1973~4년에 처음으로 밀어닥친 난관인 석유수출국기구(OPEC)의 원유가(공급)쇼크에 뒤이어 모든 나라에서 높은 실업률과 높은 인플레이션률이 공존하는 현상(소위 스태그플레이션)이 나타났다는 사실은 인플레이션과 실업률 사이에 항상적인 상충관계가 존재할지도 모른다는 생각을 깨뜨려버렸다. 루커스(Lucas, 1981b)는 프리드먼-펠프스(Friedman-Phelps) 모형, 그리고 그 예측에 대한 검증이 "아마도 거시경제학 사상 가장 명료한 실험적 기여"를 했을 것이라고 평가한다. 과학철학 문헌에서 라카토쉬(Imre Lakatos, 1978)는 새로운 사실에 대한 예언을 이론 평가의 유일한 기준으로 삼고 있는데, 프리드먼(Friedman, 1953a)도 이와 견해를 같이한다. 블라우흐(Blaug, 1991b, 1992)는 《일반이론》 중 가장 새로운 사실은 순간적 승수(instantaneous multiplier)의 크기가 1보다 크다는 예언이라고 주장했고, 또한 프리드먼의 1958년 논문으로부터 나오는 새로운 사실에 대한 예언은 제1호 통화주의를 1960년대와 1970년대 초의 진보적 연구프로그램으로 만들기에 충분했다고 주장한다. 백하우스(Backhouse, 1995)가 언급하고 있듯이, '펠프스와 프리드먼이 예측한 새로운 사실들은 1970년대 초에 일어난 사건들에 의해 극적으로 확증되었다.'

인플레이션을 약화시키는 데 드는 산출–고용상의 비용 프리드먼(Friedman, 1970c)은 "인플레이션은 산출보다 더 빠른 통화량의 증가에 의해서만 발생할 수 있다는 의미에서, 언제나 그리고 어느 곳에서나 화폐적 현상이다"라고 말한 바 있다. 정통파 통화주의자들은 인플레이션이 본질적으로 과도한 통화량의 증가에 의해 전파되는 화폐적 현상이라고 믿기 때문에, 통화량의 증가율을 완화시켜야만 인플레이션을 약화시킬 수 있다고 주장한다. 통화증가율을 감소시키면 실업이 증가한다. 통화당국이 직면하는 정책 딜레마는 통화량 감축을 통해 좀 더 신속히 인플레이션을 약화시키려 하면 할수록, 실업 면에서 치러야 할 비용이 그만큼 더 커진다는 것이다. 이러한 사실을 인식함으로써, 레이들러와 같은 일부 정통파 통화주의자들은 인플레이션을 약화시키는 데 드는 산출-고용상의 비용을 최소화하기 위해, 통화증가율을 그들이 바라는 수준으로 서서히 끌어내리는 방식의 점진적인 조정과정을 옹호하게 되었다. 〈그림 4.6〉은 급진주의(cold turkey)에 맞서 점진주의(gradualism) 정책을 대신 선택하는 데 드는 비용을 보여준다.

〈그림 4.6〉에서 우리는 경제가 최초에 단기 필립스 곡선($SRPC_1$)과 장기 필립스 곡선($LRPC$)이 교차하는 A점에서 움직인다고 가정한다. 따라서 최초의 출발점은 단기균형인 동시에 장기균형 상태이며, 그 때 경제는 임금 및 가격 인플레이션이 완전 예견되어 그 변화율이 일정하고(즉 $\dot{W}_1 = \dot{P} = \dot{P}^e$), 실업은 자연율 수준($U_N$)에 있다. 이제 통화당국이 보기에 인플레이션율이 너무 높아서, 통화증가율을 낮춰 인플레이션을 약화시키는 한편, 장기 수직 필립스 곡선상의 D점으로 이

그림 4.6 • 인플레이션을 약화시키는 데 드는 산출–고용상의 비용

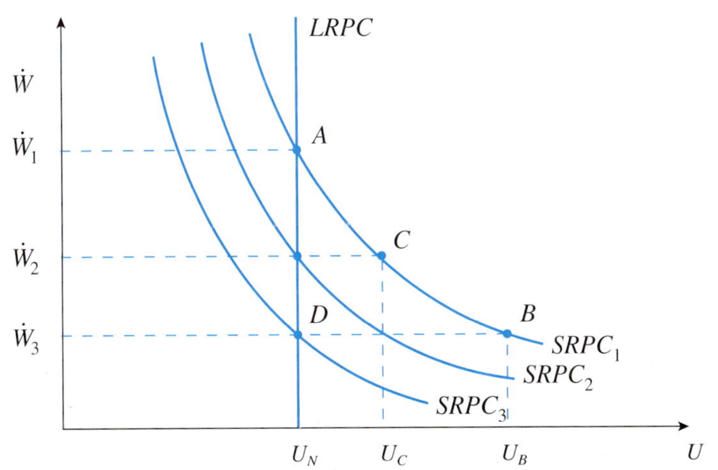

동하기를 원한다고 가정해보자. 통화당국이 선호하는 위치 D점으로 옮겨가는 데에는 다음 두 가지 정책적 선택권이 있다고 생각할 수 있다. 그 중 하나인 급진주의를 선택하면, 통화증가율은 현저하게 감소하고 실업은 U_B까지 증가하여, 임금 및 가격 인플레이션은 $\dot{W}_3$으로 빠르게 하락했다. 즉 $SRPC_1$을 따라 A점에서 B점까지 최초의 이동이 이루어진다. 이러한 선택에 따르는 초기비용은 U_N에서 U_B까지의 비교적 큰 실업증가일 것이다. 실제 인플레이션은 기대율에 못 미치기 때문에, 미래에 발생할 인플레이션에 대한 기대치는 하향 조정될 것이다. 따라서 단기 필립스 곡선은 아래쪽으로 이동하고, 실업이 U_N이면서 $\dot{W}_3 = \dot{P} = \dot{P}^e$ 인 상태로 $SRPC_3$와 $LRPC$가 교차하는 D점에서 마침내 단기균형이며 동시에 장기균형이기도 한 새로운 균형이 성립될 것이다.

통화당국이 취할 수 있는 또 하나의 선택인 점진적 정책은, 급진적 정책에 비해 통화증가율의 감소폭을 훨씬 더 작게 하는 것으로 시작된다. 그래서 처음에 가령 실업이 U_C까지 늘어나, 임금 및 가격 인플레이션이 $\dot{W}_2$로 하락했다고 하자. 즉 $SRPC_1$을 따라 A점에서 C점까지 최초의 이동이 이루어진다. 급진주의적 선택과 비교해 볼 때, 이러한 선택은 U_N에서 U_C까지 훨씬 더 작은 폭의 초기 실업 증가를 동반할 것이다. 실제 인플레이션의 경우도 첫 번째 경우보다 훨씬 더 소폭이지만 기대율에 못 미치기 때문에, 기대가 하향 조정될 것이다. 단기 필립스 곡선($SRPC_2$)은 기대 인플레이션율 $\dot{W}_2$와 연결될 것이다. 만약 통화증가율이 더 떨어진다면, 통화당국이 목표로 삼았던 인플레이션 $\dot{W}_3$에 도달할 때까지 인플레이션율이 더 떨어질 것이다. 그러나 점 D가 $LRPC$선상을 따라 이동하는 데 걸리는 시간은 첫 번째 정책을 선택했을 경우보다 더 길어질 것이다. 이러한 정책은 꽤 오랜 기간 동안 인플레이션을 감내하는 생활을 요구하므로, 그 결과 일부 경제학자들은 서서히 이자율을 낮춰나가는 보조정책 조치를 옹호하게 되었다. 물가연동제와 가격 및 소득정책 같은 보조정책 조치를 취할 수 있는 잠재적 범위를 고려하기에 앞서, 우리는 그 어떤 인플레이션 억제정책도 그것이 갖는 신뢰성이 중요하다는 점을 강조해야 하는데, 이 문제는 제5장 5.5.3절에서 좀 더 자세히 논의할 것이다. 만약 당국이 인플레이션을 완화하기 위해 이율배반적인 통화정책을 취하는 우를 범하고 있다고 여겨지면, 경제주체들은 보다 신속히 자신들의 인플레이션 기대를 하향 조정할 것이고, 그로 인해 그러한 조정과 연결되어 있는 산출-고용수준은 하락할 것이다.

프리드먼(Friedman, 1974) 같은 몇몇 통화주의자들은 어떤 형태의 연동방식이 서서히 이자율을 낮춰나가는 결과를 낳는 하나의 유력한 보조 정책조치가 될 것인가에 대해 시사한 바 있다. 그들은 연동방식이 소득과 부의 임의적 재분배로 인해 초래되는 예상치 못한 인플레이션 비용을 절감할 뿐만 아니라, 통화증가율 감소와 관련된 산출-고용 비용 또한 감소시킬 것이라고 주장한다. 연동방식을 취할 경우, 인플레이션이 둔화됨에 따라 화폐임금 증가율도 자동적으로 감소하고, 그로 인해 기존의 계약 하에서 고용주가 인플레이션이 완화되는 상황에서 지나치게 화폐임금을 인상할 위험성도 사라질 것이다. 다시 말해 연동방식을 취함으로써 임금은 보다 완만하게 증가하고, 그에 따라 고용도 좀 더 소폭으로 증가할 것이다. 게다가 토빈(Tobin, 1977, 1981), 트레비식과 스티븐슨(Trevithick and Stevenson, 1977)과 같은 일부 경제학자들은 통화량 감소에 대한 잠정적이고 보조적인 정책조치로서의 가격 및 소득정책이 인플레이션에 대한 기대치를 감소시켜 인플레이션을 좀 더 완화하는 데 도움을 주는 역할을 할 수 있다고 주장했다. 이를 〈그림 4.6〉으로 설명하자면, 가격 및 소득정책이 인플레이션에 대한 기대치를 감소시키는 데 성공하는 만큼 단기 필립스 곡선은 더욱 빠르게 아래쪽으로 이동할 것이다. 그 결과 통화량 감소에 수반되는 좀 더 낮은 인플레이션율로의 조정은 더욱 빠르게, 그리고 실업의 정도나 지속기간의 측면에서 더 낮은 비용을 부담하고도 이루어질 수 있을 것이다. 그렇지만 가격 및 소득정책을 사용함으로써 발생하는 문제들 중 하나는, 설령 정책이 초기에 인플레이션에 대한 기대치를 낮출 수 있다고 해도 일단 정책이 무력화되거나 종료되고 나면 그것이 상향 조정될 수 있다는 점이다. 결과적으로 단기 필립스 곡선은 위쪽으로 이동하고, 그로 인해 실업이 감소되고 임금 인플레이션이 완화됨으로써, 초기의 정책효과는 상쇄될 것이다. 그러한 예로 헨리와 오머로드(Henry and Ormerod, 1978)는 다음과 같은 결론을 내렸다.

> 어떤 소득정책은 그것이 발효되는 기간 동안 임금 인플레이션율을 감소시켰지만, 그러한 감소는 일시적이었을 뿐이다. 정책이 종료되는 직후의 기간 동안 발생한 임금증가는 정책이 아예 시행되지 않았을 때보다 더 높았고, 그 증가는 소득정책이 발효되었던 기간 동안에 발생한 손실과 맞먹는다.

요약하면 정통파 통화주의적 접근법 내에서 통화량 감소와 관련된 산출-고용 비용은 첫째 통화당국이 통화증가율을 급격히 감소시키는지 아니면 서서히 감소시키는지의 기조, 둘째 임금을 물가와 연동시키는 임금계약 같은 제도적 적응도, 셋째 경제주체가 자신의 인플레이션 기대치를 하향 조정하는 속도, 이 같은 세 가지 주된 요인에 의해 좌우된다.

통화공급 증가율을 둔화시킴으로써만 인플레이션을 완화할 수 있다는 통화주의자들의 견해는 1980년대 초 미국과 영국을 막론하고 추구되었던 거시경제정책의 전개과정과 중요한 관계를 맺고 있었다(Brimmer, 1983). 예를 들어 영국의 경우 1979년 집권한 보수당 정부는 중기 금융전략의 한 부분으로 인플레이션을 항구적으로 완화시키는 것이 최우선 목표인 경제정책을 위해, 다가올 4년 동안의 목표치를 미리 공표함으로써 통화증가율을 점차 감소시키려 했다. 게다가, 산출-고용 비용을 치르지 않고서는 인플레이션을 완화할 수 없다는 정통파 통화주의자들의 주장은 1981~82년 사이의 미국과 1980~81년 동안에 영국 경제가 경험했던 경기후퇴에 의해 뒷받침되었던 것처럼 보인다(제5장 5.5.2절 참조). 언론매체가 '대처 수상의 통화주의 경험'이라 칭했던 것의 배경과 그것의 실행 및 효과에 대한 적절하고도 매우 이해하기 쉬운 설명으로서, 관심있는 독자들은 키건(Keegan, 1984)과 스미스(Smith, 1987)를 참고하라.

통화정책의 역할과 실행 장기적으로 수직인 필립스 곡선에 대한 신봉과 총수요 관리정책이 단기적으로만 산출 및 고용수준에 영향을 미칠 수 있다는 사고는 통화정책의 역할과 실행에 대해 중요한 함의를 담고 있다. 통화량 증가율을 일정하게 유지하는 준칙을 준수하기 위해 프리드먼이 내린 정책처방의 이론적 근거를 논의하기에 앞서 다음 사항이 강조되어야 할 것이다. 즉, 비록 장기 필립스 곡선이 수직이지만 단기적으로 경제를 안정시키기 위해 재량적인 통화개입이 필요하다는 주장이 제기될 수 있으며, 그런 주장의 근거로, 경제적 교란의 실체를 확인하고 그에 반응하는 잠재적 능력을 밝혀야 한다는 주장, 아니면 경제가 교란에 이어 자연율로 복귀하는 데 일정한 기간이 필요하다는 사실을 들 수 있다는 것이다.

경제의 추세 또는 장기성장률에 조응해 변동환율을 주장하면서 그와 함께 통화량 증가율을 일정하게 유지해야한다는 프리드먼의 정책처방은 수많은 논거에 기초해 있다. 그 논거들은 다음과 같은 사고를 담고 있다. (i) 통화당국이 시간이 경과함에 따라 안정적인 비율로 통화공급을 증가시키면, 경제는 안정적인 인플레이션율을 갖는 자연실업률에, 즉 장기적으로 수직인 필립스 곡선 상의 한 지점에 자리 잡는 경향이 있다. (ii) 통화준칙을 채택하면, 경제의 불안정성을 야기하는 가장 큰 요인이 제거될 것이다. 즉, 선진 자본주의 경제는 불규칙한 통화량 증가에 의해 교란되지 않는 한, 자연실업률 부근에서 본래 안정적이다. (iii) 경제지식이 현재의 상태에 있는 한, 재량적 통화정책은 그와 결부된 길고도 가변적인 시차로 인해 결국 경제를 불안정하게 하고, 개선하기보다는 악화시킬 수 있다. (iv) 시간에 따라 바뀔 수 있는 자연율 자체를 알 수 없으므로, 정부는 앞에서 언급한 결과, 특히 인플레이션 가속화를 우려한 나머지 실업률을 목표로 삼아서는 안 된다.

마지막으로 자연실업률에 대한 확고한 신념이 고용정책에 대해 갖는 함의를 살펴보자.

자연실업률과 공급우선 정책 앞서 논의했듯이 자연실업률은 노동시장의 균형, 따라서 실질임금률 구조와 연결되어 있다. 프리드먼(Friedman, 1968a)은 자연실업률을 다음과 같이 정의했다.

> [자연실업률은] 시장의 불완전성, 수요 및 공급에 있어서의 확률론적 가변성, 일자리의 결원상태 및 노동공급 상황에 관한 정보 수집비, 그리고 이직에 따른 비용 등을 포함하는 노동 및 상품시장의 실제 구조적 특징들을 발라스의 일반균형식 속에 끼워 넣을 때 그 식 체계에 의해 정교하게 결정되는 실업률 수준이다.

이러한 접근법이 시사하는 바는, 만약 정부가 보다 높은 산출 및 고용수준을 달성하기 위해 자연실업률을 낮추고자 한다면, 수요관리 정책보다는 노동시장 및 산업의 구조와 기능을 개선할 목적으로 고안된 공급관리 정책을 추구해야한다는 것이다. 1980년대에 영국(예를 들어 Vane, 1992 참조) 및 여타 국가들이 추구했고 종종 논란의 여지가 많았던 광범위한 공급우선 정책의 사례를 들면, (i) 한계소득세율 인하, 실업 감소, 그리고 사회보장연금 제공 따위를 통한 근로유인 강화, (ii) 노동조합의 권한 축소 등에 의한 임금 및 노동 관행의 유연성 제고, (iii) 정부가 제공하는 재교육 프로그램 확대와 같은 직무상의 전업기회 및 지리적 전업기회 확대, (iv) 민영화 등에 의한 재화 및 서비스 시장의 효율성 증대가 있다.

프리드만-펠프스의 논문들이 발표된 이후, 자연실업률 개념은 줄곧 논란을 불러일으켰다(Tobin, 1972a, 1995; Cross, 1995). 또 자연실업률 개념은 매우 다양한 방식으로 정의되어 왔다. 로저슨(Rogerson, 1997)이 보여주고 있듯이, 자연실업률에서는 "장기 = 마찰적 = 평균적 = 균형 = 정상적 = 완전고용 = 균제상태 = 최저점에서 지속가능한 = 효율적 = 호드릭-프레스컷 추세 = 자연적"이라고 여겨졌다. 이러한 정의에 따르는 여러 문제 때문에, 솔로(Solow, 1998)와 같은 회의론자들은 자연실업률 '원리'를 "가장 취약한" 것이라고 묘사한 바 있다. 실업과 인플레이션간의 관계를 논의할 때, 많은 경제학자들은 'NAIRU(비가속인플레이션 실업률, non-accelerating inflation rate of unemployment)'이라는 개념을 더 즐겨 사용하는데, 이는 모딜리아니와 파파데모스(Modigliani and Papademos, 1975)에 의해 'NIRU(비인플레이션 실업률, non-inflationary rate of unemployment)'라는 용어로 처음 도입되었다. 대다수의 경제학자들은 아마도 "NAIRU 개념이 없는 거시경제 정책은 생각하기 힘들다"고 인정하겠지만(Stiglitz, 1997), 자연율이라는 개념의 유용성에 대해 여전히 납득하지 않는 다른 경제학자들도 있다(J. Galbraith, 1997; Arestis and Sawyer, 1998; Akerlof, 2002).

4.4 국제수지설 및 환율 결정에 관한 통화주의적 접근법

정통파 통화주의 발전의 세 번째 단계는 국제수지설 및 환율 결정에 관한 통화주의적 접근법이 통화주의적 분석에 통합되는 1970년대에 시작되었다. 미국 달러화에 대한 고정환율제도인 브레턴우즈 체제가 1971년 붕괴되기까지는 미국 경제를 폐쇄경제에 가까운 것으로 다루어도 무방할 것이다. 통화주의적 접근법은 이처럼 폐쇄경제라는 맥락에서 암묵적으로 발전했던 통화주의적 분석을 영국과 같은 개방경제에도 타당한 것으로 삼았다는 점에서 특히 중요했다.

4.4.1 고정환율제 하에서의 국제수지에 관한 통화주의적 접근법

1970년대에는 문헌상으로 국제수지에 관한 다양한 모델들이 상당수 출현했다. 그러나 모든 통화수의 모형에 공통된 것은 국제수지가 본질적으로 화폐적 현상이라는 관점이다. 이하에서 논의하겠지만, 이러한 접근법은 화폐에 대한 스톡 수요와 공급 사이의 관계를 국제수지 플로의 주된 결정요소로 간주하는 화폐시장에 주로 집중하고 있다. 게다가 다양한 특성에도 불구하고, 국제수지에 관한 대부분의 통화주의 모형들은 일반적으로 다음 네 가지 핵심적인 가정을 하고 있다. 첫째, 화폐수요는 몇 안 되는 변수들의 안정적 함수이다. 둘째, 장기적으로 산출과 고용은 완전고용 또는 자연적 수준으로 향한다. 셋째, 통화당국은 장기적으로 볼 때 국제수지 적자와 흑자가 국내 통화공급에 가하는 화폐적 충격을 해소하거나 중립화할 수 없다. 넷째, 관세와 운송비를 적절히 고려한 뒤에 이루어는 재정거래는 유사 교역재 가격의 장기적 균등화 경향을 보장할 것이다.

국제수지설에 관한 통화주의적 접근법의 발전에 지대한 기여를 한 것은 존슨(Johnson,

1972a), 프렝클과 존슨(Frenkel and Johnson, 1976)이었다. 이제부터 우리는 존슨(Johnson, 1972a)을 따라가며, 소국 개방경제의 국제수지에 관한 단순한 통화주의 모형을 살펴볼 것이다. 이 모형 안에서는 (i) 완전고용 또는 자연적 수준에서의 실질소득이 확정되어 있고, (ii) 상품시장과 금융시장에서 모두 일물일가의 법칙이 적용되며, (iii) 국내 물가수준과 이자율이 모두 세계 수준에 고정되어 있음을 가정한다.

실질잔고에 대한 수요는 실질소득과 이자율에 달려있다.

$$M_d = Pf(Y, r) \tag{4.10}$$

통화공급은 국내신용, 즉 국내에서 창조된 통화에 대외준비금 변동과 관련된 화폐를 더한 것과 같다.

$$M_s = D + R \tag{4.11}$$

화폐시장이 균형일 때, M_d는 M_s와 일치해야 하므로

$$M_d = D + R \tag{4.12}$$

또는

$$R = M_d - D \tag{4.13}$$

경제제도가 처음에 균형임을 가정한 상태에서, 이제 우리는 통화당국이 국내신용(D)을 단 한번 최종적으로 확대했을 때 나타나는 결과를 살펴보자. 화폐수요함수(식 4.10)의 독립변수들은 모두 외생적으로 결정되므로, 화폐수요는 국내의 신용증가에 맞추어 조정될 수 없다. 개별 경제주체들은 해외의 상품 및 유가증권을 구입함으로써 초과 화폐잔고를 제거할 것이므로, 국제수지 적자가 발생한다. 고정환율제도 하에서는 당국이 국제수지 적자를 메우기 위해 외환을 팔아 국내통화를 확보하게 되는데, 그 결과 대외준비금(R)의 손실이 발생한다. 대외준비금 손실은 국내신용의 증가로 인한 최초의 화폐공급 증가를 역전시키고, 통화공급은 국제수지 적자가 해소될 때까지 지속적으로 감소할 것이다. 국내 신용증가는 그에 해당하는 만큼의 외환보유고 감소로 상쇄되므로, 통화공급이 원래의 수준으로 회복되면 경제제도는 균형으로 돌아갈 것이다(식 4.11). 간단히 말해 실제의 화폐잔고와 사람들이 보유하고자 하는 화폐잔고가 일치하지 않으면, 항상 국제수지 적자나 흑자가 발생하는데, 이 발생 자체가 화폐잔고의 간극을 해소하는 방식이 된다. 균형에서 실제 화폐잔고와 사람들이 보유하길 원하는 화폐잔고는 다시 균형을 이루어 국제준비금 상의 변동은 전혀 없을 것이다. 즉 국제수지는 자기보정적(self-correcting)이다.

이러한 분석은 동학적 차원에서도 이루어질 수 있다. 이러한 접근법에서의 예측을 설명하기 위해, 이번에는 소국 개방경제가 실질소득의 지속적 증가를 겪는 반면 세계의(따라서 국내의) 가격과 이자율은 불변이라고 가정함으로써 재차 분석을 단순화하자. 이 경우 국제수지 상태는 화폐

수요 증가와 국내 신용증가 간의 관계를 반영하게 된다. 국가는 끊임없는 국제수지 적자를 경험할 것이고, 그 결과 국내신용의 확대 폭이 실질소득 증가로 인한 화폐잔고에 대한 수요증가보다 더 클 때마다 대외준비금은 계속 감소할 것이다. 분명한 것은 지속적인 국제수지 적자를 충당하기 위해 국가가 자금을 조달할 수 있는 기간을 외환준비고가 어느 정도 제한한다는 점이다. 이와 반대의 경우에, 국가는 화폐잔고에 대한 수요증가에 발맞추어 통화당국이 국내신용을 확대할 수 없을 때마다, 지속적인 국제수지 흑자를 경험할 것이다. 국가가 고갈된 대외준비금을 늘려나가기 위해 국제수지 흑자를 달성하려는 목표를 단기적으로 겨냥할 수는 있지만, 장기적으로 볼 때 국제수지 흑자를 연속적으로 달성함으로써 끊임없이 대외준비금을 획득하려는 정책을 추구한다면 그것은 불합리한 정책일 것이다.

4.4.2 고정환율제 하에서의 통화주의적 접근법이 갖는 정책적 함의

자동적 조정과 지출전환 정책의 효력 통화주의적 접근법은 재량적 정부정책을 취하지 않고서도, 국제수지 불균형을 바로잡도록 작동하는 자동조정기구가 존재한다고 주장한다. 앞서 논의했듯이, 실제의 화폐잔고와 사람들이 보유하고자 하는 화폐잔고가 일치하지 않으면, 사람들이 해외의 재화 및 유가증권 시장을 통해 실질화폐잔고를 없애거나 획득하려 하기 때문에 항상 국제수지이 불균형이 발생한다. 그러한 조정과정은 국제수지의 흐름을 통해 작동하고, 실질화폐잔고의 간극이 해소될 때까지 계속된다. 이 자동조정기구에 대한 신뢰와 밀접한 관련을 맺고 있는 것이 있다. 그것은 설사 지출전환 정책이 국내 가격을 인상함으로써 화폐수요 증가를 유발한다 할지라도, 그로 인해서는 단지 일시적으로만 국제수지가 개선될 것이라는 예측이다. 예를 들어 환율이 평가절하되면, 그로 인한 국내물가 상승은 실질 화폐잔고 수준을 균형수준 이하로 감소시킬 것이다.

식 (4.12)를 보면 알 수 있듯이 국내의 신용이 전혀 증가하지 않는다고 가정할 때 통화공급이 증가했다면, 경제제도는 국제수지 흑자 및 그와 연관된 외환보유고 수준의 증가를 통해 균형으로 복귀할 것이고, 화폐에 대한 수요증가는 충족될 것이다.

통화정책의 효력 이러한 분석에 비추어 볼 때, 어티 국가에 대해 고정환율을 유시하고 있는 소국의 경우, 그 국가의 통화공급이 내생변수가 된다는 것은 자명할 것이다. 다른 사정이 같다면, 국제수지 적자는 한 나라의 외환보유고 및 국내 통화공급을 감소시키며, 그와 반대의 경우도 성립할 것이다. 다시 말해 당국이 일정한 가격에서 자국통화와 외환을 매매하는 경우에는, 국내적 요인, 즉 국내신용으로 인해서 뿐만 아니라, 고정환율을 유지하기 위한 국제수지 개입정책으로 말미암아 통화공급이 변동할 수도 있다. 식 (4.11)을 보면 알 수 있듯이, 국내 통화정책은 단지 그 나라의 통화공급 자체가 아니라, 그것이 국내신용과 외환준비금으로 분할되는 비율만을 결정한다. 다른 조건이 불변이라면, 국내 신용의 어떠한 증가도 화폐공급에 전혀 영향을 주지 않으면서 그에 상응하는 외환준비금 감소를 가져올 것이다. 소국 개방경제에서 통화정책은 장기적으로 볼 때, 외환준비금을 제외한 그 어떤 변수에도 전혀 영향을 줄 수 없다. 고정환율제 아래서 운영되는 개방경제의 경우, 통화공급의 증가율($\dot{M}$)은 국내의 신용확대($\dot{D}$)에다 국제수지 상태를 반영하고 있는 외환준비금의 변화율($\dot{R}$)을 더한 값과 같아질 것이다. 국내의 통화확대는 국내 인플레이션율이나 이자율 또는 산출 증가율에 전혀 영향을 주지 못할 것이다. 그러나 비교적 규모가 큰 국가의 통화확대는 세계적인 통화팽창율과 인플레이션에 영향을 미칠 수 있다.

국제적인 화폐현상으로서의 인플레이션　환율이 고정된 세계에서 인플레이션은 초과수요 기대모형에 의해 설명될 수 있는 국제적인 화폐현상으로 간주된다. 초과수요는 국내의 통화확대보다는 세계적인 통화확대에 달려있다. 어느 한 큰 나라가 급속히 통화를 확대하거나 수많은 작은 국가들이 동시적으로 통화를 확대한다면, 그로 인한 세계적인 통화확대율 증가는 초과수요를 발생시키고, 그 결과 세계경제 전반에 인플레이션 압력이 가해질 것이다. 이러한 맥락에서 흥미로운 점은, 1960년대 후반에 서구경제에서 발생한 인플레이션 가속화가 주로 증가일로에 있던 베트남 전쟁 전비지출 자금을 조달하기 위해 미국에서 통화확대율이 증가한 결과라고 통화주의자들이 주장했다는 사실이다(Johnson, 1972b; Laidler, 1976). 그들은 1971년까지 존재했던 고정환율 체제 하에서는, 미국에서 개시된 인플레이션 압력이 미국의 국제수지 적자에 뿌리를 두고 있는 국내의 통화공급 변화를 통해서 다른 서구 경제에 전파되었다고 주장한다. 실제로 미국은 여타 세계의 통화 조건을 결정했다. 이러한 상황을 마침내 다른 나라들이 받아들일 수 없다는 것이 증명되었고, 그 결과 브레턴우즈 체제는 붕괴하게 되었다.

4.4.3 환율 결정에 관한 통화주의적 접근법

환율 결정에 관한 통화주의적 접근법은 국제수지에 관한 통화주의적 접근법을 변동환율의 경우에 직접 적용한 것이다(Frenkel and Johnson, 1978). 완전 변동환율제 하에서, 환율은 외환시장을 청산하도록 조정되고, 그 결과 국제수지는 항상 0이 된다. 국제수지상으로 적자나 흑자가 아니라면 대외준비금은 결코 변화하지 않으므로, 국내의 신용확대가 통화증가의 유일한 원인이 된다. 다른 사정이 같다면, 국내의 신용증가가 국제수지 적자와 대외준비금의 손실을 가져오는 고정환율제와는 대조적으로, 변동환율제 하에서의 국내 신용확대는 명목환율의 하락과 국내 물가수준의 인상을 가져온다. 변동환율제 하에서의 통화주의적 접근법의 경우, "환율을 대략적으로 결정하는 요소는(…) 여러 국가의 화폐에 대한 수요와 공급이다(Mussa, 1976)".

환율 결정에 관한 통화주의적 접근법은 제4.4.1절에서 처음 소개된 단순한 화폐모형을 이용해 설명할 수 있다. 경제제도가 초기에 균형 상태에 있다고 가정할 때, 국내 통화공급(즉, 국내 신용)을 단 한번이자 마지막으로 증가시키는 결과를 다시 검토해보자. 통화당국은 이러한 조치를 통해 최초의 화폐시장 균형을 교란한다. 식 (4.10)을 보면 알 수 있듯이, 실질소득이 완전고용과 자연실업률 수준에, 그리고 국내 이자율이 세계 이자율에 각각 고정되어 있다면, 화폐의 초과공급은 국내 물가수준을 인상하는 방식으로만 제거될 수 있을 것이다. 실제의 화폐잔고와 사람들이 보유하고자 하는 화폐잔고의 불일치는 해외 상품 및 유가증권에 대한 수요증가와 외환시장에서 그에 상응하는 국내통화의 초과공급을 가져오고, 그로 인해 국내통화는 평가절하될 것이다. 국내통화의 평가절하는 국내 물가수준을 인상시키고, 그 결과 화폐잔고에 대한 수요는 증가하며, 실제의 화폐잔고와 사람들이 보유하고자 하는 화폐잔고가 다시 균형을 이룰 때, 화폐시장의 균형이 회복된다. 이 단순한 화폐모형에서 명목환율은 통화공급의 증가에 비례하여 하락한다. 다시 말해 환율은 통화공급의 상대적인 크기에 의해 결정된다. 예를 들어, 두 나라만이 존재하는 세계에서 다른 조건이 같고 양국이 동일한 크기로 통화공급을 동시에 늘리면, (실질) 환율은 전혀 변하지 않을 것이다.

이러한 분석은 실질소득 증가율의 변화값, 그리고 통화증가율의 차이에서 비롯되는 인플레이션 경험의 차이를 고려하는 약간 더 복잡한 화폐모형들을 사용하면, 동학적 차원에서 이루어질 수 있다. 그 모형들은 환율의 변화율이 통화증가와 실질소득 증가의 상대적 비율에 좌우된다고 예측한다. 이는 다음 두 가지 예로 충분히 설명될 수 있다. 첫째, 다른 조건이 불변일 때 만약 국내의 실질소득 증가가 여타 국가들에 비해 더 작다면, 환율은 떨어질 것이고, 그 역도 성립한다. 둘째, 다른 조건이 같을 때 국내의 통화증가율이 나머지 국가들보다 더 크다면 환율은 인하될 것이고, 반대의 경우도 성립한다. 다시 말해 통화주의적 접근법은 다른 조건이 같을 때, 완만하게 성장하거나 급속한 인플레이션을 겪는 국가가 환율이 하락하는 경험을 겪을 것이고, 반대의 경우도 성립한다고 예측한다. 이러한 접근법으로부터 얻을 수 있는 중요한 정책적 함의는, 환율의 변동성이 국내 통화증가율 조절을 통한 국내 인플레이션율 통제의 필요조건이지 충분조건은 아니라는 점이다. 완전 변동환율제의 경우, 국내 인플레이션율은 실질소득 증가에 비해 통화증가율이 얼마만큼 증가하는가에 따라 결정된다고 통화주의자들은 주장한다.

4.5 정통파 통화주의 학파와 안정화 정책

결론적으로 정통파 통화주의 학파가 어떻게 발전했고 그것이 안정화 정책의 역할과 실행에 대해 현재 진행되고 있는 논쟁에 어떠한 영향을 미쳤는지 평가해 보는 것은 유익한 일일 것이다. 정통파 통화주의의 발전은 그것이 1950년대 중반에서 1970년대 초까지 이론적으로나 실증적으로 거듭 진보해 왔다는 점에서 보면, 긍정적으로 평가할 수 있다(예를 들어 Cross, 1982a, 1982b). 화폐수량설(QTM) 접근법의 재정립, 적응적 기대가설(AEH)을 이용해 기대를 고려한 필립스 곡선(EAPC) 분석의 추가, 그리고 국제수지설과 환율 결정에 관한 통화주의적 접근법(MTBE)의 편입은 무수히 많은 실무적 의견교환과 실증적 지지를 가져왔다(Laidler, 1976). 그로 말미암아 우리는 정통파 통화주의(OM)의 주요 특징들을 다음과 같이 요약할 수 있다.

$$OM = QTM + EAPC + AEH + MTBE$$

정통파 통화주의와 대조적으로, 1970년대 초와 그 기간이 끝나갈 무렵의 정통파 케인즈학파의 입장은 점점 더 퇴보하고 있는 듯이 보였다. 그것은 (i) 필립스 곡선이 표현하는 관계의 와해를 이론적으로 설명하지 못한 점, 그리고 (ii) 가속화되는 인플레이션과 실업의 증가를 점점 더 비경제학적으로 설명하려 했던 점을 보면 알 수 있다(Jackson et al., 1972).

우리는 4.2~4.4절에 담겨있는 논의를 정리해 정통파 통화주의 학파를 특징짓는 핵심 사고들을 그들 사상 내에서 요약해 보고자 한다(Brunner, 1970; Friedman, 1970c; Mayer, 1978; Vane and Thompson, 1979; Purvis, 1980; Laidler, 1981, 1982; Chrystal, 1990 참조). 그것들을 나열하면 다음과 같다.

1. 화폐스톡의 변화는 화폐소득의 변화를 설명하는, 유일하지는 않지만 유력한 요인이다.
2. 경제는 불규칙한 통화증가에 의해 교란되지 않는 한 본래 안정적이며, 어떤 교란요인이 발생하게 되면 자연실업률 수준에서 장기균형 근방으로 매우 빠르게 복귀할 것이다.
3. 장기적으로 볼 때 실업과 인플레이션간의 상충관계는 전혀 존재하지 않는다. 즉, 장기 필립스 곡선은 자연실업률에서 수직이다.
4. 인플레이션과 국제수지는 본질적으로 화폐적 현상이다.
5. 경제정책을 실행할 때 통화당국은 소득 및 부의 분배와 자원배분에 영향을 주는 전통적 역할을 재정정책에 부과하는 한편, 장기적인 가격 안정성을 담보하기 위해 총화폐량에 부과되는 일정한 준칙을 따라야 한다. 프리드먼은 선택된 총통화를 증가함에 있어 법으로 정한 경직된 준칙을 부과해야 한다고 제안했다. 반면, 레이들러(Laidler, 1993, 187쪽)는 통제하고자 하는 그 어떤 총통화공급의 움직임에 대해서도 통화당국이 적응할 태세를 갖추어야 한다고, 즉 제도상의 변화와 같은 예에서 비롯되는 화폐수요의 변동에 반응해야 한다고 주장했다.

통화 및 재정정책을 막론하고, 상호연관된 이론적 명제와 제4.2~4.4절에서 논의한 실증자료에서 도출된 적극적 안정화 정책에 대해 통화주의자들이 갖고 있는 반감은 정통파 통화주의자들을 케인즈주의자들과 구별하는 핵심적 주제이다.

1950~80년 전반에 걸쳐 케인즈학파와 통화주의 사이에 벌어진 논쟁의 주요 특징은, 불안정성과 연계된 사회 · 경제적 낭비를 제한하기 위해 총수요를 관리하는 가장 효과적인 방법과 경기역행적 정책을 사용해 경제를 '미세조정' 하려는 정부의 시도가 과연 바람직한 것인가라는 문제를 둘러싼 견해차와 관련된 것이었다. 이 논쟁에서 프리드먼은 가장 일찍이 적극적 재량정책을 비판한 인물들 중 하나였다. 처음에 그는 그러한 정책들을 실행하는 데 따르는 몇 가지 실질적 문제들에

초점을 맞추었다. 일찍이 1948년에 프리드먼은 "따라서 경기변동을 억제하자는 제안들은 마치 그 외에는 다른 목표가 없는 것처럼, 그리고 그 어떤 구조 내에서 경기변동이 발생하든 그것은 전혀 중요하지 않은 것처럼 전개되는 경향이 있다"라고 언급한 바 있다. 그는 자신이 십중팔구 "경기변동을 완화하기보다는 강화"하게 될 것이라 여긴 시차(time lags) 문제에도 주목했다. 프리드먼은 인식하는 데 발생하는 시차(recognition lag), 행동으로 옮기는 데 발생하는 시차(action lag), 그리고 효과가 나타나는 데 발생하는 시차(effect lag)라는 세 가지 유형의 시차를 구분했다. 외부적인 것과 내부적인 것으로 나뉘어지는 이 시차는 정책효과가 가져올 충격을 늦춤으로써, "부가적인 임의 교란항"(additional random disturbance)에 해당하는 기능을 수행할 것이다. 프리드먼은 통화정책이 강력한 효과를 발휘하고 비교적 신속하게 수행될 수 있지만, 그 효과는 기나긴 외부적 시차를 두고 발휘된다고 주장했다. 재정상의 재량적 조정은, 특히 미국과 같은 정치제도에서는, 현실적으로 신속하게 수행될 수 없을 것이다. 이론상으로 볼 때, 정확한 예측이 이루어지면 통화당국이 경기변동 추세를 예견하여 통화 및 재정정책을 조절할 수 있기 때문에, 이 문제를 극복하는 데 도움이 될 것이다. 그러나 형편없는 예측은 분명 총수요관리를 뒤흔들만한 충격을 가중시킬 것이다. 맨큐(Mankiw, 2003)가 강조하듯이, "대공황과 1982년 미국의 경기후퇴는 가장 극적인 경제적 사건 중 다수가 예측불가능하다는 것을 입증하고 있다. 사적이고 공적인 의사결정자들이 경제학적 예측에 의존할 수밖에 없지만, 그들은 그 예상들이 허다한 오류 가능성을 동반한다는 점을 항상 명심해야한다." 프리드먼은 이러한 사항들을 고려해, 적극적 수요관리정책이 분권화된 시장경제를 안정화하기 보다는 불안정하게 할 가능성이 높다고 결론지었다.

프리드먼의 또 다른 주요 기여 중, 화폐경제학에 관한 이론 및 실증작업과 직접적인 관련은 없지만 안정화 정책에 대해 중요한 함의를 갖고 있는 것이 1957년에 출판된 그의 저서 《소비함수론》(*A Theory of the Consumption Function*)이다. 재정정책에 관한 정통파 케인즈학파 이론의 중요한 가정은, 재정을 담당하는 기관이 가처분소득을 증가시키는 감세를 통해 소비지출을 끌어올림으로써 총수요를 자극할 수 있고, 그 반대의 경우도 성립한다는 것이다. 이는 현재의 소비가 대체로 현재의 가처분소득의 함수임을 가정하는 것이다. 프리드먼은 현재의 소비(Y)가 안시적(temporary) 구성요소(Y_T)와 항상적(permanent) 구성요소(Y_P)의 두 가지 요소로 구성되어 있다고 주장했다. 사람들은 Y_P를 자신의 평균소득으로, 그리고 Y_T를 평균소득의 편차로 여기기 때문에, 항상적 요소에 기초해 소비를 결정한다. 과세로 인해 유발된 Y_T의 변화는 Y를 변화시키는데, 이 Y의 변화는 일시적인 것으로 간주될 것이므로, 현재의 소비계획(C)에 거의 영향을 주지 않는다. 따라서 프리드먼의 모형에서 우리는 다음 두 개의 식을 얻게 된다.

$$Y = Y_T + Y_P \tag{4.14}$$

$$C = \alpha Y_P \tag{4.15}$$

소비가 항상소득에 비례한다면, 과세로 인해 유발된 변화가 총수요에서 차지하는 영향력은 현저히 감소한다. 이것은 적극적 재정정책을 주장하는 케인즈주의자들의 입장을 더욱 약화시킨다.

프리드먼은 또한 국민저축과 장기성장에 해로운 결과를 가져오는 만성적자가 아마도 민주주의 내에서 운영되는 재량적 재정정책의 결과일 가능성이 있음을 시사하는 공공선택(Public Choice) 분야의 문헌에 대해 언제나 호의적이었다(Buchanan and Wagner, 1978). 정치적 경기변동 관련 문헌이 시사하듯이, 민주주의 체제 내에서는 정치가들이 정치적 이익을 위해 경제를 조작하고자 하는 유혹에 빠질 수 있으므로, 그들이 재량을 갖게 되면 의도적으로 불안정성을 조장할 수도 있다(Alesina and Roubini with Cohen, 1997; 제10장 참조).

경제학에 있어서의 이론적 · 실증적 발전은 클라인, 골드버거(Goldberger), 모딜리아니 등에 의해 이루어진 여러 모형의 발전, 즉 주로 집계변수로 구성된 연립방정식을 대상으로 예측목적을 위해 사용되는 거시계량 모형의 발전을 촉진했다. 그러나 많은 경제학자들은 시차문제, 그리고 그보다 더 광범위한 정치적 제약이 부과하는 문제점들을 그러한 예측이 과연 극복할 수 있을지에 대해 여전히 확신할 수 없었다. 프리드먼은 정부가 불확실한 세계에서 미세조정이라는 형태의 재량정책을 수행하는 데 요구되는 지식과 정보를 갖고 있지 않다는 결론을 내렸다. 그리고 그 대신 통화당국이 지정한 총통화 증가를 일정하게 규정해 고시한 비율(k%)로 미리 결정하는 수동적 형태의 통화준칙을 택해야한다고 주장했다(Friedman, 1968a, 1972). 프리드먼(Friedman, 1960)은 그러한 준칙이 안정성을 증진시킬 것이라고 주장했지만, "일부 불확실성과 불안정성은 여전히 남아있을 것"이라고 말했다. 왜냐하면 "진보와 변화는 그것들을 동반하지 않을 수 없기 때문이다. 한쪽 면이 자유인 동전이 있다면, 불확실성과 불안정성은 그 동전의 반대쪽 면"이기 때문이다. 들롱(DeLong, 1997) 또한 "'재량적' 재정정책이 제2차 세계대전 이후 미국경제를 안정화시키는 역할을 했다고 주장하기는 어렵다"고 결론짓는다. 그러나 자동안정화장치가 경제적 충격의 영향을 완화하는 데 있어 중요한 역할을 한다는 점은 일반적으로 받아들여지고 있다. 1970년대 당시의 안정화 정책의 역할과 실행에 대한 논의는 모딜리아니(Modigliani, 1977)의 미국경제학회 회장취임 강연에서 발췌한 다음 구절에 잘 요약되어 있다.

> 통화주의론자가 아닌 사람들은 내가 《일반이론》의 중요한 실천적 메시지라고 생각하는 것을 인정한다. 그것은 무형의 화폐를 사용하고 있는 민간기업 경제는 적절한 통화정책 및 재정정책에 의해 안정화될 *필요*가 있고, 그럴 수 있으며, 따라서 마땅히 그렇게 *되어야 한다*는 것이다. 통화주의자들은 그와 반대로 경제를 안정화시킬 절박한 필요성이 전혀 없다는 견해를 취하고 있다. 그들은 설령 그럴 필요가 있다 하더라도 그것이 가능하지 않다고 여기는데, 이는 안정화 정책이 불안정성을 감소시키기보다는 증가시킬 가능성이 더 높다고 생각하기 때문이다.

수많은 기여에도 불구하고, 1970년대 후반 또는 1980년대 초에 이르러 통화주의는 학계 내부에서 더 이상 케인즈학파의 맞수로 여겨지지 않았다. 이제 1970년대 동안 이론적 수준에서 그 역할을 떠맡은 것은 새고전학파(new classical school)와 관련된 거시경제학의 발전이었다. 이 발전은 전통적인 안정화 정책이 경제의 총체적 성과를 향상시키는 데 이용될 수 있느냐에 대한 의구심을 증폭시켰다. 그러나 통화주의는 1979~85년의 기간에는 영국 대처(Thatcher) 정부의, 그리고 1979~81년에는 미국 연방정부의 각종 정책에 막대한 영향력을 행사하고 있었다. 통화주의의 영향력이 소멸하는 데 특히 중요했던 것은 1980년대 미국과 그 밖의 곳에서 발생한 추세적 화폐유통속도(trend velocity)의 급격한 하락이다. 1982년 미국이 경험한 골이 깊은 경기후퇴의 원인은 부분적으로는 예기치 못한 큰 폭의 추세속도 하락이었다(B. M. Friedman, 1988; Modigliani, 1988a; Poole, 1988). 추세속도가 몹시 불안정하다면, 프리드먼이 지지한 바 있는 일정한 증가율을 부과하는 통화준칙 찬성론은 신빙성을 완전히 상실하게 된다. 따라서 1980년대 초의 안정적 화폐수요함수의 붕괴는 통화주의에 막대한 타격을 주었음이 입증되었다. 결과적으로 통화주의는 학계에서나 정책입안가들 사이에서 "치명적 내상"을 입었고(Blinder, 1987), 그 후 "골수 통화주의는 대부분 사라졌다"(Pierce, 1995). 총통화 유통속도를 예측할 수 없게 됨으로써 나타난 한 가지 중요한 결과는 단기 명목이자율을 통화정책의 주요수단으로 널리 사용하게 되었다는 점이다(Bain and Howells, 2003). 최근 몇 년 동안에는, 정부의 개입을 주장하는 테일러형 화폐되먹임 준칙(Taylor-type monetary-feedback rule)이 통화정책 실행에 관한 '유일한 연구거리'가 되었다. 뷰터가 언급하고 있듯이, "총통화량의 증가율을 일정하게 유지하라는 프리드먼의 처방은 오늘날 경제학 이론가와 통화정책 입안자 모두에게 논의의 대상이며, 적어도 이삼십년 동안 그래왔다"(Buiter, 2003a 제7장 참조).

끝으로 통화주의 반혁명의 주장 중 아직까지 거시경제학 이론에 남아있는 것에 대해 살펴보는 것도 가치 있는 일일 것이다. 1970년대에 도래한 '평화 시기의 대(大)인플레이션(Great Peacetime Inflation)' 의 결과로, 통화주의자들의 주요 통찰들 중 많은 부분이 주류 모형들 내부로 흡수되었다(Blinder, 1988b; Romer and Romer, 1989; Mayer, 1997; DeLong, 2000). 들롱에 따르면, 통화주의적 사고의 핵심적 측면들 중에는 아직도 현재 주류 거시경제학적 사고의 결정적 부분을 이루는 것들이 있다. 즉, 자연실업률 가설, 경기변동을 경제가 잠재적 성장수준 이하로 이탈하는 것이 아니라 추세치 부근을 오르내리는 것으로 분석하기, 정상적 상황에서는 통화정책이 재정정책보다 안정화를 위한 "더 강력하고도 유용한 도구"임을 받아들이는 것, 준칙을 바탕으로 한 관점에서 거시경제정책을 고려하는 것, 그리고 안정화 정책의 성공률이 낮다는 인식 등이 그것이다. 통화주의에 관한 학회지 논문과 학술대회 발표문이 점차 사라진 사실에서 증명되듯이, 통화주의는 1960년대 후반과 1970년대 초 학계에서 행사했던 영향력을 더 이상 갖고 있지 않다. 그러나 통화주의가 자취를 감추게 된 주원인은 '온건한' 통화주의에서 발견된 상당수의 통찰들이 주류 거시경제학으로 흡수되었다는 사실에서 찾을 수 있다. 실제로 새케인즈학파를 주도하는 두 논객인 맨큐와 로머(Greg Mankiw and David Romer, 1991)는 새케인즈학파 경제학을 '새로운 통화주의 경제학' 이라 불러도 무방하다고 말한 바 있다(제7장 참조).

그러므로 통화주의는 현대거시경제학에 몇 가지 중요하고도 사라지지 않을 기여를 했다. 첫째, 기대를 고려한 필립스 곡선 분석, 그리고 장기 필립스 곡선이 수직이며 화폐는 장기적으로 중립적이라는 생각, 이 모두는 현재 널리 받아들여지고 있고 주류 거시경제학에 있어서 반드시 필요한 구성요소다. 둘째, 대다수의 경제학자들과 중앙은행들은 장기에 걸친 인플레이션을 설명하고 그것을 완화하기 위해 노력하는 문제와 관련해서 통화공급 증가율의 중요성을 강조한다. 셋째, 중앙은행들이 통화정책의 1차 목표로서 인플레이션을 억제하는 데 초점을 맞추어야 한다는 것은 이제 널리 받아들여지고 있다. 흥미롭게도 1990년대 이후 수많은 나라들이 인플레이션 목표제를 채택하였다(Mishkin, 2002a, 제7장 참조). 통화주의 반혁명에서 현재 사라진 것은 통화주의를 이끌었던 다수의 인물들이 한때 제창했던 '핵심적인' 사고, 즉 통화정책을 실행함에 있어서 통화당국은 우연성에 좌우되지 않는 '고정된' 통화증가율을 추구해야한다는 것이다. 화폐수요가 불안정적이라는 증거, 또 화폐유통속도의 추세에 급격한 변화가 발생하여 유통속도가 더욱 불규칙하게 되었다는 증거는 고정된 통화증가율을 부과해야 한다는 논리를 손상시켰다. 이런 현상은 미국과 여타 지역에서 특히 1980년대 초 이후 더욱 그랬다. 끝으로, 통화주의의 가장 중요하고도 오래 남을만한 기여는 적극적인 재량적 재정 및 통화 정책이 지니는 잠재력이 통화주의 반혁명 이전에 사람들이 생각했던 것보다는 훨씬 더 제한적이라는 사고를 받아들이도록 많은 경제학자들을 설득했다는 점일 것이다.

Intervew

밀턴 프리드먼 (Milton Friedman, 1912~2006)

밀턴 프리드먼은 1912년 뉴욕에서 태어났고 1932년 럿거스 대학교(Rutgers University)를 졸업했다. 1933년에는 시카고 대학교에서 석사학위를, 1946년에는 컬럼비아 대학교에서 박사학위를 받았다. 1946년부터 은퇴한 해인 1977년까지 시카고 대학교 교수로 재직했고, 전 세계의 대학교를 순회하며 강연을 했다. 현재 캘리포니아 주에 있는 스탠퍼드 대학교의(전쟁, 혁명, 그리고 평화에 관한) 후버연구소의 선임 연구원이다. 존 메이나드 케인즈와 더불어 20세기의 가장 유명한 경제학자라고 보아도 틀림없을 것이다. 프리드먼 교수는 통화주의의 창시자이자, 넓은 의미에서 볼 때 불굴의 자유시장 옹호자로 널리 알려져 있다. 주요 기여 분야는 경제학방법론, 소비함수, 국제경제학, 화폐이론, 역사와 정책, 그리고 경기순환 및 인플레이션이다. 1976년 "소비에 관한 분석, 화폐의 역사 및 이론 분야에서의 공로로, 그리고 안정화 정책의 복잡성을 논증한 것으로" 노벨 경제학상을 받았다.

그의 저서 중 가장 잘 알려진 것들은 다음과 같다. 《실증경제학 에세이》(*Essays in Positive Economics*, University of Chicago Press, 1953), 《화폐수량설 연구》(*Studies in the Quantity Theory of Money*, University of Chicago Press, 1956), 《소비함수론》(*A Theory of the Consumption Function,* Princeton University Press, 1957), 《자본주의와 자유》(*Capitalism and Freedom*, University of Chicago Press, 1962), 《미국통화사, 1867~1960》(*A Monetary History of the United States, 1867~1960*, Princeton University Press, 1963, 슈워츠(Anna Schwartz)와

공저), 《선택의 자유》(*Free to Choose*, Harcourt Brace Jovanovich, 1980, 부인인 로즈 프리드먼(Rose Friedman)과 공저), 《미국과 영국에서의 화폐적 추세》(*Monetary Trends in the United States and United Kingdom*, University of Chicago Press, 1982, 슈워츠와 공저), 《통화주의 경제학》(*Monetarist Economics*, Basil Blackwell, 1991).

그가 쓴 수많은 논문들 중에서 가장 잘 알려진 것들은 다음과 같다. 《실증경제학 에세이》(*Essays in Positive Economics*, University of Chicago Press, 1953)에 수록된 〈실증경제학 방법론〉과 〈변동환율제 옹호론〉; 《화폐수량설 연구》(*Studies in the Quantity Theory of Money*, University of Chicago Press, 1956, M. Friedman (ed.))에 수록된 〈화폐수량설: 재론〉, 미국경제학회 회장취임 강연인 〈통화정책의 역할〉("The Role of Monetary Policy," *American Economic Review*, 1968a), 〈화폐분석의 이론적 구조〉("A Theoretical Framework for Monetary Analysis," *Journal of Political Economy*, 1970a), 노벨경제학상 수상 강연인 〈인플레이션과 실업〉("Inflation and Unemployment," *Journal of Political Economy,* 1977).

프리드먼 교수와의 인터뷰는 우리가 미국경제학회 연례총회에 참석했던 1996년 1월 8일 샌프란시스코에 있는 그의 아파트 서재에서 이루어졌다.

배경지식

| 경제학을 연구하여 경제학자가 되신 첫 번째 동기는 무엇이었는지요?

저는 1932년에 대학을 졸업했습니다. 대학시절 경제학과 수학을 복수전공해서, 졸업을 할 때에는 2개의 대학원 진학 장학금을 제의받았죠. 그 당시에는 지금과 같이 후한 펠로십 제도 같은 건 없었습니다. 대학원 장학금이라고 해봤자, 누군가가 수업료를 내주는 게 고작이었죠. 저는 브라운대학교에서 수학을, 시카고 대학교에서는 경제학을 제의받았죠. 인구의 1/4이 실업상태였던 1932년도에 와 있다고 한번 생각해보세요. 가장 급한 문제가 뭐였을까요? 그건 분명 경제학이었고, 저로서는 경제학을 공부하기로 하는 데 추호의 망설임도 없었습니다. 대학에 처음 입학했을 때는 이런 문제들에 대해서 상당히 무지했죠. 저는 더 넓은 세계를 그다지 잘 이해하지 못했던 저소득층 가정에서 자랐거든요. 그래서 혹시 수학으로 먹고 살 수 있는 길이 있는지 주위를 돌아보게 되었습니다. 대학에 진학하기 전에 발견한 유일한 길은 보험계리사가 되는 것이어서, 대학에 들어갔을 때 지녔던 최초의 포부도 보험계리사가 되는 것이었습니다. 실제로 대학 첫 두 해 동안 보험계리사 시험을 몇 차례 치렀습니다만, 그 뒤론 결코 다시 하지 않았죠.

케인즈의 《일반이론》과 케인즈주의 경제학

| 시카고 대학의 대학원생 시절, 대공황을 해명하기 위해 교수님의 은사들께서 제시했던 해석은 어떤 것이었습니까?

매우 흥미로운 질문입니다. 왜냐하면 저는, 특정한 사례를 들어 설명 드리자면, 케인즈에 대한 제 접근법과 러너(Abba Lerner) 교수 접근법의 기본적 차이가 교수님들이 가르치셨던 내용에서 비롯된다고 오랫동안 생각해 왔기 때문입니다. 제가 대학원에 다니기 시작했던 1932년 가을은 결코 공황이 끝났다고 말할 수 없는 시기였습니다. 은사이셨던 바이너(Jacob Viner), 나이트(Frank Knight), 그리고 민츠(Lloyd Mints) 교수님은 당시의 상황이 연방준비위원회가 통화공급을 감소시키는 치명적 실수를 저지른 것이라고 가르치셨습니다. 그것은 자연재해도 아니었고, 당연히 일어났어야 할 사건도 아니었으며, 그냥 진행되도록 놔두어야 할 사태도 아니었습니다. 마땅히 해야 할 일들이 있었던 거죠. 제가 대학원생 시절에 순수경제이론을 처음 수강했던 바이너 교수님은 미네소타에서 가졌던 회견에서 매우 분명한 어조로 연방준비위원회와 정부 측에 확대정책을 주문했습니다. 따라서 케인즈 혁명은 당신 외에는 그 누구도 어찌해야 할지 모르는 상황에 대해 당신이 대처할 수 있는 바를 알려주는, 어둠 속에서 홀연히 나타난 한 줄기 빛처럼 찾아온 것은 아니었습니다.

| 언제 처음 《일반이론》을 읽으셨는지, 그리고 책에 대한 느낌은 어땠는지 혹시 기억이 나시나요?

그런 건 정말 대답할 수 없습니다. 기억이 안 나요. 제 경우 때론 책을 산 날짜와 지불한 가격을 그 안에 적는 습관이 있으니까, 《일반이론》 원본을 보면 말씀드릴 수 있을지 모르죠. 아, 여기 있군요. 1938년에 구입했고, 1달러 80센트를 냈네요. [웃음] 그 때 아마 처음 읽었을 거예요. 하지만 너무 오래되어서 당시의 느낌은 기억이 나지 않습니다. 1940년대 초 케인즈의 분석에 대해 매우 비판적이었던 서평을 쓴 기억은 분명 있습니다만.

| 케인즈의 《일반이론》이 1936년 출판된 후 10여년이라는 비교적 짧은 기간에 그토록 많은 경제학자들의 마음을 사로잡은 이유가 어디에 있다고 생각하시는지요?

그건 설명 드리기 어렵지 않을 것 같네요. 경제학계 전체와 비교해 볼 때, 제가 말씀드린 시카고 대학의 강의내용은 매우 이례적이었습니다. 경제학 수업의 상당 부분이 거의 미제스-하이에크(Mises–Hayek) 계보를 따라가는 것이었죠. 런던정경대(London School of Economics)와 비교해 보면, 러너 교수와의 차이가 극명하게 드러나죠. 그를 포함해 당시 경제학을 공부하고 있었던 대부분의 사람들은 대공황이 그 이전 시기의 통화확대가 가져온 해악들을 경제가 치료하기 위해 필요한 정화제라고 배웠으니까요. 그건 정말 암담한 접근법입니다. 그런데 갑자기 케인즈의 《일반이론》이라는 매력적인 학설이 케임브리지에서 등장한 겁니다. 그는 주로 《평화의 경제적 귀결》(*The Economic Consequences of the Peace*, 1919)이라는 책으로 이미 엄청난 평판을 얻고 있었

죠. 케인즈의 말은 "이봐, 우리는 이 문제들을 해결할 방법을 알고 있고, 그건 매우 간단하다고. 우리가 왜 이런 곤경에 처했는지를 알고 있다는 가정 하에, 당신이 갖고 있었던 유일한 대안이 그 암담한 오스트리안 관점뿐이었다면, 분명히 해결책을 찾을 수 있을 거야"라는 것입니다. [웃음]

| 케인즈 경제학이 보급되는 데 있어서, 새뮤얼슨의 1948년 초급교재와 1953년 핸슨(Alvin Hansen)의 중급교재는 어느 정도 기여했나요?

그 두 권의 책은 매우 중요했습니다. 미국에서 핸슨은 정말 중요한 인물이었다고 생각합니다. 다른 나라들에 대해서는 그렇게 말할 수 없는 이유는, 당시 그가 이미 아주 급작스런 입장 변화를 보였다는 데에서도 일부 기인합니다. 케인즈 이전에 나온 그의 초기 저작을 보면, 정확히 미제스-하이에크 계보를 따르고 있었죠. 핸슨은 공황이 필요한 정화제라 굳게 믿고 있었지만, 그러다 문득 무엇인가 깨닫곤 케인즈주의의 확고한 옹호자가 되었습니다. 초기의 입장을 표명했을 때는 미네아폴리스 대학교에 있었지만, 당시에는 하버드 대학교에 재직하고 있었습니다. 매우 유능한 교수인데다 인품도 훌륭했습니다. 그의 영향력이 상당했다는 것은 의심의 여지가 없습니다. 새뮤얼슨의 영향은 그보다 나중이었죠. 내 기억이 틀리지 않다면, 핸슨이 입장 변화를 보인 시기가 1938년이나 1939년 무렵이었다면, 새뮤얼슨의 초급교재는 전후에 출판되었으므로, 그 영향력은 훨씬 나중에 나타났죠. 핸슨은 하버드에 있던 사람들에게 영향을 끼쳤기 때문에 특히 중요했습니다. 당시 하버드에는 연방준비제도, 재무성, 워싱턴 정가에서 중요한 역할을 했던 매우 뛰어난 경제학자 집단이 있었는데, 이들은 전쟁기간 동안 충원되었죠. 그래서 제 생각엔 핸슨의 영향력이 매우 컸던 것 같습니다.

| 저명한 실물경기변동 이론가인 플로서(Charles Plosser, 1994)는 힉스의 IS-LM 분석틀이 없었다면, 케인즈의 《일반이론》이 갖는 영향력은 훨씬 적었을 것이라고 말한 바 있습니다. 이 생각에 동의하십니까?

나중에 새뮤얼슨도 완전히 힉스의 IS–LM 분석틀에서 비롯된 교차선 그림(cross diagram)을 사용할 수 있었으니까, 그 말은 꽤 일리가 있다고 생각합니다. 그건 정확하게 본거죠.

| 만약 케인즈가 살아서 노벨 경제학상을 수상했다면, 공식적인 수상 근거는 무엇이었을 것이라고 생각하시나요?

그건 상이 언제 주어졌느냐에 달려있겠지요. 1969년 초에 상을 받았다면, 틀림없이 "불황에서 탈출하는 방법과 완전하고도 안정적인 고용수준에 연착륙할 수 있게 하는 정책을 펼쳐 나가는 방법을 알려 준 인물"이었을 겁니다. 그러나 가령 1989년이었다면, 달리 표현되었겠죠. "《확률론》(*Treatise On Probability*, 1921)에서 시작되어 줄곧 이어져 온 후속연구가 경제학계의 흐름에 지대한 영향을 주었던 경제학자"라고 말했을 겁니다. 그러나 그건 추측일 뿐 누가 알겠어요? [웃음] 케

인즈에 대한 제 소견을 분명히 해두겠습니다. 그는 위대한 경제학자, 즉 우리 시대의 위대한 경제학자 중 한 사람이었고 《일반이론》은 탁월한 지적 성과라고 생각합니다. 당시 설명이 필요했던 현상이 발생한 거죠. 생산성이 그렇게 높은 경제에서 어떻게 그렇게 실업이 만연할 수 있었을까요? 그것은 설명이 필요한 현상이 었고, 제가 보기엔 케인즈가 그 문제에 대해 적절히 설명했던 거죠. 필요한 것은 기본적인 것을 포착하는 매우 간단한 이론입니다. 대부분의 현상들은 몇 가지 핵심적 동인에 의해 발현되므로, 너무 복잡하고 어려운 이론은 성공할 수 없습니다. 좋은 이론의 역할은 단순화하는 것이어서, 핵심적 동인을 추출하고 나머지는 제거합니다. 그래서 케인즈의 《일반이론》이 제대로 된 이론이었다는 거죠. 전반적으로 과학은 실패한 선구적 실험들에 의해 주로 발전하고, 저는 《일반이론》이 불발된 실험이었다고 생각합니다. 그것은 올바른 이론이었죠. 예측을 가능하게 했기에 그만큼 내용이 충실했지만, 막상 예측에 들어갔을 때는 확인할 수가 없었기에, 결과적으로 저는 그것을 불발에 그친 실험이라고 생각하는 겁니다.

| 새케인즈학파의 문헌이 거시경제학 발전에 중요한 기여를 했다면 그것이 무엇이라고 생각하시나요?

그 질문에는 답하지 않겠습니다. 그 문헌들을 제가 정말로 충분히 면밀하게 검토해 보지 않았기 때문이지요. 《화폐적 추세》(*Monetary Trends*, Fridemand and Schwartz, 1982)가 나온 뒤, 특히 제가 쓴 《화폐의 해악》(*Money Mischief*, 1992)이 출판된 이후, 저는 실은 그 같은 문제에 대해 연구해 본 적이 없었습니다. 그보다는 지난 3~4년간 제 아내와 자서전에 줄곧 신경을 써왔죠.

통화주의

| 1956년 교수님께서 화폐수량설을 재언급하신 것이 케인즈의 유동성선호설을 보다 세련되게 다듬은 것이라고 생각하십니까?

전혀 그렇지 않습니다. 당시 말했듯이, 저는 그것을 케인즈의 이론이 나오기 전 학생 신분으로 제가 가르침 받았던 일반적인 화폐이론의 연장이라고 생각했습니다. 그 중 하나의 구성요소는 유동성선호 분석과 맞아 떨어집니다. 그러나 그 당시 그것이 제 발표의 동기였다거나 그것을 이해한 방식이냐를 묻고 계신 것이라면, 아니라고 답하겠습니다.

| 그렇다면 당시 말씀하신 것이 케인즈의 분석과 명백히 다르다고 보시는 건지요?

아니요. 전혀 그런 식으로 생각하지 않았습니다. 저는 단지 화폐수량설의 재구성이라고 여겼던 것을 연구해보려고 했을 뿐입니다. 케인즈가 수량론자였다는 점을 기억하십시요. 예를 들어 제 생각에 그가 쓴 최고의 책 중 하나이자 《일반이론》보다 훨씬 더 과소평가되고 있지만 더 유용한 저서인 《화폐개혁론》(*Monetary Reform*, 1923)을 보십시오. 《일반이론》과 달리 그것은 새로운 이론을 구

축하려는 시도는 아니었습니다. 기존 이론을 전쟁 직후의 인플레이션이라는 흥미로운 현상에 적용하는 내용을 담고 있었습니다. 그 책은 매우 훌륭한 저서이자 명백한 수량설입니다. 그리고 저도 수량론자였습니다. 그래서 만약 케인즈의 유동성선호설이 그가 《화폐개혁론》에서 채택한 수량설과 어떻게 달랐는지 물으신다면, 유동성 함정이 들어가 있다는 사고에서만 차이가 있었던 것이라 답하겠습니다. 유동성 함정이 유일하게 본질적으로 다른 생각이었습니다. 제가 했던 재구성에는 유동성 함정이 없습니다. 물론 제 재구성에서 유동성 함정이 가능하지만 분석의 일부가 아닙니다.

| 안정적인 화폐수요함수가 존재한다는 믿음이 1970년대까지도 충분히 지지를 받았지만, 그 이후 수많은 연구들이 명백한 불안정성이 존재하다는 결과를 내놓았습니다. 이것이 통화증가율을 일정하게 유지하자는 준칙에 대한 근거를 약화시키는 것인지요?

그렇기도 하고, 그렇지 않기도 합니다. 수요함수가 안정적이라 할지라도, 그것이 수요함수가 결코 이동하지 않는다거나, 그 밖의 다른 어떤 것에 의해서도 영향을 받지 않는다는 것을 의미하는 것은 아닙니다. 내가 가장 잘 알고 있는 미국의 경우를 예로 들어보죠. 제2차 세계대전 이후부터 가령 1980년까지의 기간을 보면, 화폐수요함수는 매우 안정적입니다. 본원통화, M1, M2, M3 중에서 그 어느 것을 사용하든지 본질적으로 같은 결과를 얻게 될 것입니다. 1980년대 초에 금융제도 내에, 특히 화폐수요함수, 그 중에서도 본원통화와 M1에 변화를 가져왔던 요구불예금에 대한 이자 지불의 경우에 일련의 구조적 변화가 발생했습니다. 이러한 변화로 인해 진행 상황을 이해하기 매우 어려운 5년간의 기간이 있습니다. 그 후 1985년 무렵부터 줄곧 M2의 수요함수는 다시 안정되지만, M1이나 본원통화의 경우에는 그렇지 않고 매우 불안정합니다. 내가 그랬던 것처럼 만약 당신이 연간 나타나는 이 다양한 집계량의 변화율을 2년 뒤, 언제까지인가는 중요하지 않지만, 예컨대 1980년까지의 연간 인플레이션 변화에 대한 좌표로 표시한다면, 모두 매우 양호하게 나타납니다. 1980년이 지나면 M1과 본원통화는 완전히 불안정하게 나타나죠. 반면 M2에 대한 이들의 관계 역시 매우 안정적입니다. 그래서 저는 아니었지만 많은 사람들이 그러했듯이 M1을 주요 화폐 집계량으로 간주하고 있었다면, 이처럼 꾸준한 증가율을 계속 얻는다는 것은 뭔가 잘못된 것이며 거기에 진짜 문제가 있습니다. 그러나 만약 M2가 꾸준히 증가하는 결과를 얻었다면, 그건 정확한 것이었겠죠.

| 1970년대는 프리드먼과 슈워츠의 책 《미국통화사》(Friedman and Schwartz, 1963)에게 호황기였지만 1980년대는 그 책에게 완만한 경기후퇴기였다고 봐야한다는 루커스(Robert Lucas, 1994b) 교수의 언급을 어떻게 생각하십니까? 이런 평가가 실물경기변동이론가들의 영향 때문인가요?

그것에 대해서는 어찌 답변해야할지 모르겠군요. 저는 정말로 그 책 자체의 역사를 호황이나 불황이라는 관점에서 본 적이 전혀 없으니까요. [웃음] 그 책의 30주년 출판기념을 맞아 모두 3개의 서평이 나왔습니다. 그 중 제가 가장 마음에 드는 것은 마이런(Jeffrey Miron)씨 것인데, 제 생각에 정말 중요하면서 화폐에 관한 쟁점들뿐만 아니라 경제학계 전반과 관련될 수 있는 역사적이고 실증적인 자료에 대한 이론들을 검증하는 문제의 중요성을 강조했기 때문이죠. 저는 여러모로 볼 때 《통화사》의 기여 중 하나가 방법론적인 것이었다고 생각합니다. 그것의 실질적 기여가 없었다는 말이 아니라, 방법론적인 기여도 있었는데, 제 기억이 정확하다면, 마이런 씨가 서평에서 그 점을 강조했다는 것이죠. 그럼 이제 당신의 질문에 답하겠습니다. 그 책에 대한 그런 평가에는 과학을 정치와 구별하는 문제가 놓여 있습니다. 1980년대는 레이건 대통령 시대였죠. 저는 그의 측근 자문이라고 알려져 있었습니다. 다른 학문분야에 비해 경제학의 경우는 비교적 덜했겠지만, 거의 모든 학계가 레이건에 반대했습니다. 여기서 제가 말하는 것은 사회과학과 인문학이지, 자연과학이 아닙니다. 제가 전적으로 잘못 생각하고 있고 또 그러길 바랍니다만, 제가 레이건 행정부에 관여했다는 사실은 경제학자들의 입장에서 볼 때 자신들을 제가 한 일과 단절하고자 하는 바람과 어느 정도 관련이 있었다고 생각합니다. 한 가지 덧붙여 말하자면, 그것이 경제학이나, 수학, 기타 어떤 것일지라도, 과학의 흥미로운 점은 과거를 되풀이하지 않고 새로운 것으로 나아간다는 사실입니다. 모든 과학은 10년 또는 20년마다 새로운 유행거리가 있어야 하며, 그렇지 않으면 쇠퇴합니다. 실물경기변동이론에 대한 강조는 한동안 새로운 유행을 낳았고, 경제학자들이 해왔던 연구에 지대한 영향을 미쳤다고 생각합니다.

| 교수님의 논문 〈통화정책의 역할〉(Friedman, 1968a)이 결국 가장 영향력 있는 논문일 것이라는데 동의하십니까?

그 문제라면, 그것이 큰 영향력을 발휘했다는 데 의심의 여지가 없습니다. 그러나 다른 것과의 비교를 묻는 것이라면, 나로선 그와는 다른 방향, 즉 내용이 아닌 방법론의 측면에서 그에 못지않은 영향을 미친 〈실증경제학의 방법론〉(Friedman, 1953a) 사이에서 결정을 내리기가 힘듭니다.

| <통화정책의 역할>이 1970년대의 사건들, 특히 인플레이션의 가속화를 예견함으로써 그 영향력이 어느 정도나 크게 증대되었다고 보십니까?

그 문제라면 너무 당연하다고 생각합니다. 그것이 태도의 변화를 가져온 주된 이유였으니까요. 앞에서 말했듯이, 올바른 이론은 사실에 비추어 반박당할 수 있는 예측을 하는 이론입니다. 케인즈학파 이론은 반박당할 수 있는 예측을 했고, 실제로 사실에 비추어 반박당했습니다. 제가 기술한 이론도 예측을 했지요. 그런데 그 예측은 우리가 장차 인플레이션의 가속화를 경험할 것이라는 것이었고, 사실에 들어맞았습니다.

| 교수님이 미국경제학회 회장취임 강연을 하셨던 해에 펠프스(*Edmund Phelps*) 교수 역시 1967년 《이코노미카》(*Economica*) 논문에서 인플레이션과 실업 사이에 장기적인 상충관계가 존재한다는 것을 부정했습니다. 교수님의 필립스 곡선 분석과 그의 분석은 크게 다른가요?

상당히 유사하고 중복되는 부분도 많습니다. 주요 차이점은 제가 화폐적 측면에서 그것을 바라

본 반면, 펠프스 교수는 노동시장의 측면에서 관찰을 했다는 것이죠. 그러나 이론 면에서나 서술 면에서 동일하며, 결코 다르지 않습니다.

| 교수님의 자연실업률 정의와 케인즈의 완전고용 정의는 큰 차이점이 있습니까?

어려운 질문이군요. 완전고용에 대한 케인즈의 정의는 간단히 말해 욕구가 충족되지 않는 피고용인이 전혀 존재하지 않는, 현재의 임금수준에서 일할 의사가 있는 사람이면 누구든지 일자리를 얻게 되는 상태입니다. 제 생각에 이 인용은 나름대로 정확한 인용일 것입니다. 자연실업률에 대한 제 정의는 수요와 공급이 같아 초과공급이나 초과수요가 없고, 사람들의 기대가 충족되는 상태의 실업률입니다. 이 두 가지는 모두 빅셀의 자연이자율과 관련되어 있다고 생각합니다. 케인즈와 저는 큰 차이점이 없다고 봅니다.

| 논문 <통화정책의 역할>에서 교수님은 필립스 곡선에 인플레이션 기대를 도입하는 것의 의미를 강조하신 바 있습니다. 그 이후로 이른바 합리적 기대혁명이라는 것이 나타나 적응적 기대는 유행이 지나 버렸습니다. 경제주체가 기대를 어떻게 형성하는가를 모형화하는 방식으로 어떤 쪽의 가설을 선호하시는지요?

어떻게 답해야할지 잘 모르겠군요. 이론적 원리는 언제나 똑같습니다. 다시 말해 중요한 것은 기대가 어떤 것인가이고, 또 기대가 매우 중요한 역할을 한다는 점입니다. 그것은 오래된 사고이며, 전혀 새로운 것이 아닙니다. 우리는 그것을 틀림없이 마셜(Marshall)에게서 발견할 수 있을 겁니다. 슘페터에게서도 마찬가지고요. 사실 그것을 어디에서나 발견할 수 있습니다. 적응적 기대 접근법은 간단히 말해 기대를 경험적으로 관찰할 수 있게끔 하려는 방식이었고, 많은 경우 주효했던 것으로 보입니다. 가장 눈에 띄는 예가 독일 및 다른 유럽 국가들에 있어서의 하이퍼인플레이션에 대한 필립 케이건(Cagan, 1956)의 연구였는데, 거기서 적응적 기대는 개혁의 시점까지 주효하게 작용했습니다. 그 이후로는 전혀 먹혀들지 않았죠. 그러한 계통을 따라 이루어진 최고의 연구는 통화개혁의 효과에 관한 토마스 사전트(Sargent, 1982)의 보다 최근의 연구들이었습니다.

루커스(Bob Lucas)의 접근법인 합리적 기대는 어떤 면에선 당연한 것이고 잘 알려져 있습니다. 과거에도 사람들은 합리적 인간이라면 자신의 기대를 과거에 발생한 사건에만 의존하지 않을 것이라는 점을 알고 있었습니다. 공공정책에 큰 개혁이나 현저한 변화가 있다면, 그는 자신이 그것에 대해 알고 있었던 것에도 시선을 돌립니다. 루커스의 기여 중 일부는 그러한 생각에 이름을 붙여주는 것이었는데, 저는 사람들이 사물을 명명하는 것의 중요성을 과소평가하지 않기를 바랍니다. 아시다시피 마셜이 말했던 것처럼 그 누구도 모든 것을 단번에 머리에 담을 수는 없습니다. 사물을 단순화하고 그것들이 서로 적절히 맞물리는 방식을 보여주는 방법을 알고 있어야 합니다. 루커스의 실질적 기여는 가설적이고 측정 불가능한 합리적 기대의 경험적 대응물을 얻을 수 있는 모종의 방식을 사람들에게 제공하게 될 연구들을 수리화하면서, 동시에 경험적으로 설계할 가능성이 있는 방법을 보여준 것이었습니다. 그것이 그의 진정한 기여였죠.

사람들이 기대가 옳은가 틀린가를 말할 수 있는 어떤 의미가 존재한다는 기본 사고방식에 대해 저는 늘 커다란 곤혹감을 느껴왔습니다. 무슨 뜻인지 설명 드리죠. 지금 당장 20년 후의 어느 시점에 높은 인플레이션이 발생할 것이라고 상상하는 것은 완벽하게 합리적입니다. 지금까지 높은 인플레이션이 여러 차례 지속되어 왔으니까요. 내가 높은 인플레이션이 발생할 가능성이 10%라는 예상을 했는데, 현실은 그렇지 않았다고 가정해봅시다. 지금까지 줄곧 나는 높은 인플레이션이 일어나는 쪽에 내기를 걸어서, 방어 목적으로 명목자산 보다는 실물자산을 구입했습니다. 만약 높은 인플레이션이 발생하지 않는다면, 무엇을 근거로 내가 틀렸다고 말할 수 있나요? 가능성은 항상 있었습니다. 어떤 면에서 보면, 어떤 일이건 그것이 사후적으로 발생할 확률은 항상 1입니다. 어떤 사람의 이른바 합리적 기대가 옳았는지 아닌지를 제가 어떻게 판단합니까? 이미 발생한 일에 대한 분포를 얻어야한다고 말씀하실지 모르겠습니다. 그렇게 하는 데 1000년, 100년, 아니면 50년을 기다려야 하나요? 올바른 근거란 무엇입니까? 게다가 모든 합리적 기대 개념은 사람들이 사전에 갖고 있는 것이 단일한 점이 아니라 하나의 확률분포라는 것을 인정합니다. 그렇다면 객관적 확률이라는 것이 과연 존재하는가라는 질문이 발생합니다. 제가 이해할 수 있는 유일한 확률개념은 새비지(Savage) 같은 사람들 식의 개인적인 확률입니다. 케인즈의 확신도(degree of belief)도 같은 부류입니다. 사실 저는 케인즈의 저서 《확률론》의 기여가 지금까지 과소평가되고 또 간과되어왔다고 생각합니다. 오늘날 통계학에서 일어나고 있는 모든 베이지언(Bayesian) 운동은 지금까지의 통계방법론에 지대한 영향을 미쳤는데, 개인적 확률, 즉 확신도라는 사고에 기초해 있습니다. 그것은 케인즈가 1921년 자신의 저서 《확률론》에서 제시했던 종류의 사고에 기초해 있는 것이죠.

| 완만한 인플레이션율이 실질변수에 강한 영향을 주지 않는다는 증거들이 나타나는데도, 그것에 대해 우려해야 할까요?

우려하지 않아도 됩니다. 그것이 더 높은 인플레이션을 가져오는 원인이 아니라면, 걱정할 필요가 없습니다. 그런 경우는 아주 드물지요. [웃음] 과거 몇 년 동안 그 분야의 연구를 해 오지 않았기 때문에 권위를 갖고 말할 수는 없지만, 그 증거를 요약하자면 예상치 못한 인플레이션과 실업 사이에 단기적으론 관계가 있다는 것입니다. 그러나 장기적 관계는 결코 존재하지 않으며, 단기적 관계의 정도도 매우 약합니다. 단기적 관계에 대해 제가 들 수 있는 주요 사례는 미국의 1879~96년 기간과 1896~1913년의 기간입니다. 1879~96년 산에 물가는 물론 규칙적인 패턴이 아니라 평균적으로 연간 약 3% 하락했고, 1896~1913년 동안에는 연간 약 3% 상승했습니다. 그럼에도 불구하고 그 두 기간의 실질성장률은 대체로 비슷했습니다.

| 여러 해 동안 통화주의는 종종 보수정치와 결부된 것으로 간주되었습니다. 그러한 연관은 부득이 한 것일까요?

그렇지 않습니다. 마르크스(Karl Marx)도 수량론자였습니다. 중국(중화인민공화국) 중앙은행도 통화주의 정책을 취했습니다. 게다가 저 자신도 보수주의자가 아닙니다. 저는 고전적 의미에서의 자유주의자(liberal)이고, 현재 미국에서 흔히 사용되는 용어로는 철학사조 상의 자유지상주의자(libertarian)입니다. 여하튼 통화주의를 제대로 해석한다면 그것은 통화량과 여타 경제변수 간의 관계에 대한 객관적 명제들의 집합이라고 할 수 있겠죠. 보수, 급진, 공산주의, 그리고 사회주의를 막론하고 통치당국은 그들의 행동이 야기할 결과를 예측할 수 있다면, 자신의 목표를 달성할 수 있습니다. 일련의 올바른 통화주의 명제들은 그 어떤 유형의 통치기관에게든 필요합니다.

새고전학파 거시경제학

| 경제학에 있어 가장 어려운 것 중의 하나가 새로운 비전을 창조하는 것이라 할 수 있겠습니다. 이러한 주장이 루커스가 몰고 온 충격의 가장 중요한 특징 중 하나일까요?

저는 그 비전이 훨씬 전에도 존재했다고 생각하므로 그건 아니라고 봅니다. 사람들이 기대를 형성할 때 미래지향적이어야 한다는 것은 누구나 알고 있었습니다. 루커스가 한 일은 우리가 그러한 비전을 실행할 수 있는 방법을 개발한 것이었죠. 예전에 기대에 관한 인용구들을 모은 적이 있습니다. 슘페터가 아주 훌륭한 한 구절을 말했었는데, 그의 말은 비전이라는 의미에서의 합리적 기대 개념을 완벽히 서술했지만 실행 가능한 것은 아니었습니다. 루커스의 큰 기여는 그것을 실행할 수 있게 만들었다는 점이라고 생각합니다. 사람들이 미래를 예견했던 것을 토대로 행동한다는 사실을 누구나 이해하게 되었을 때 문제는 그것에 다가가는 방법이 된 거죠. 물론 합리적 기대의 실질적인 출발점은 《이코노메트리카》(*Econometrica*)에 실린 뮤스(John Muth, 1961)의 논문이었습니다.

| 결과적으로 새고전학파 거시경제학이 미국의 젊은 경제학자들 세대에게 그처럼 매력적이었던 이유가 무엇이라고 생각하십니까?

정책 비실효성 명제는 한 동안 꽤 인기가 있었지요. 그러나 그 명제는 올바른 이론이기는 하지만 예측과 어긋나는 많은 이론들 중의 한 예입니다. 1980년대 초의 경험에 직면한 사람들이라면 그 누구도 정책 비실효성 명제가 단기에 발생할 일을 타당하게 예측했다고 믿지 않습니다. 1980~82년 기간의 경기후퇴는 그것과 전혀 맞지 않았으니까요. 당시 그러한 접근법이 얼마나 광범하게 인기가 있었는지는 모르겠습니다. 소수의 집단에게는 인기가 있었죠. 그것의 매력은 우리를 순수한 이론분석으로 돌아가게 한다는 것입니다. 그것은 어떤 복잡성, 뒤얽힘, 알력, 그리고 다른 어떤 것에 의해서도 오염되지 않는 그런 종류의 것입니다. [웃음] 만약 사람들이 미래를 정확히 예견한다면 그것은 이론적으로 문제가 없지만, 그렇지 않을 경우 사정은 완전히 달라질 것입니다.

| 케빈 후버(Hoover, 1984)는 방법론적인 면에서 교수님의 연구를 마셜적(Marshallian)인 것으로, 루커스를 발라스적(Walrasian)인 것으로 구별했습니다. 이러한 구별이 타당한지요?

상당히 일리가 있습니다. 대체로 사실이 아닐까 생각되어지는군요. 저는 항상 마셜적 접근법과 발라스적 접근법을 구별해 왔습니다. 제 개인적으론 언제나 마셜 쪽이었죠. 그렇다고 해서 발라스적 접근법이 유용하지 않다거나 부적절한 접근법이라는 뜻은 아닙니다. 사람들의 기질과 태도는 다르기 마련이잖아요. 경제학자로서의 마셜을 존경한다는 면에 있어서 저는 누구에게도 뒤지지 않지만, 개인으로서의 그는 정말 문제가 있었죠. 자신의 부인을 대하는 태도는 남부끄러울 정도였습니다. 그것에 대해 알게 된 것은 1952~3년 1년 동안 케임브리지에서 보냈던 1950년대로 거슬러 올라갑니다. 우리는 마셜도서관[2]에서 많은 시간을 보냈고, 그의 원고를 참 많이 읽었죠. 마셜의 부인 페일리(Mary Paley) 여사는 꽤 유능한 여자였습니다. 이 얘기를 하자면 너무 오래 걸리니까, 이 정도로 끝내죠.

| 쉬들란과 프레스컷(Kydland-Prescott)의 시간적 비일관성(time inconsistency) 주장이 준칙 대 재량(rules v. discretion) 문제에 있어서 어느 정도나 중요했습니까?

그 주장은 논쟁에 꽤 영향력을 발휘했고, 매우 정확하면서도 전직으로 디당한 관점을 갖고 있습니다.

| 새고전학파 거시경제학은 화폐적 충격 버전(monetary-surprise version)이 1980년대 초 소멸되고 나서 실물경기변동이론으로 부흥했습니다. 실물경기변동이론을 유익한 연구방향이었다고 생각하시나요?

숙고된 답변을 하기에 마땅히 필요한 문헌을 충분히 연구해보지 않았기 때문에, 그 질문에 대답하기가 다소 망설여집니다. 저는 경기변동이 존재한다고 생각지 않습니다. 그것은 잘못된 개념입니다. 경기변동이라는 개념은 체계의 메커니즘에 의해 내부적으로 발생하는, 규칙적으로 재발되는 그런 종류의 것입니다. 그런 의미에서의 경기변동은 현실적으로 존재하지 않는다고 생각합니다. 어떤 반응 메커니즘을 갖는 체계는 존재하겠지만, 그 체계는 시간이 경과할수록 그것에 작용하는 크고 작은 외부의 임의적 힘에 좌우되며, 그 힘에 적응합니다. 그 적응과정은 어떤 면에서는 임의적 힘의 누적이라는 슬러츠키(Slutsky)의 기본적 사고로 거슬러 올라가는 일정한 규칙성을 갖고 있습니다. 그 힘들 중 어떤 것은 의심할 여지없이 실물적인 것이어서, 사람들이 교란이 외부에서 온다는 점을 강조하는 데서 그친다면 실물경기변동에 관한 한 문제가 없습니다. 그렇지만 다른 한편에서 보면, 실물적 교란에 반응하는 메커니즘은 주로 화폐적인 것인데, 이른 바 실물경기변동이론은 과정 중에 작용하는 화폐의 역할을 과소평가함으로써 그다지 유익하지 못했습니다. 제가 《이코노믹 인콰이어리》(*Economic Inquiry*) 지에 발표한 논문(Friedman, 1993)에서 '잡아당기기 모형(plucking model)'이라고 명명한 소논문에 대해서 아마 알고 계실 겁니다. 이것은

《이코노믹 인콰이어리》에 게재하기 위해 약간 수정하긴 했지만, 이미 몇 해 전에 전미경제조사국(National Bureau of Economic Research, NBER) 연간보고서에 실린 바 있으며, 또한 《최적 화폐량》(*The Optimum Quantity of Money*)(Friedman, 1969)에 수록된 논문들 중 하나이기도 합니다. 거기서 인용한 것으로 다음과 같은 표현들이 있습니다. "단단한 수평판 밑면의 두 개의 점 사이에서 팽팽하게 당겨져서 가볍게 부착된 고무줄이 있다고 생각해보자. 다음에, 임의로 선택된 여러 지점에서 각기 다른 힘을 주어 그 줄을 잡아당기고, 그렇게 해서 도달된 가장 낮은 점에서 고무줄을 잡고 있어 보자. 그 결과 우리는 줄을 잡아당기는 데 사용한 힘의 정도에 따라 줄의 진폭이 결정되는 일련의 명백한 사이클들을 얻게 될 것이다." 저는 개인적으로 이것이 자생적인 경기변동모형보다 훨씬 더 유용한 모형이라고 생각합니다.

| 1980년대에 실물경기변동모형이 인기를 더해 감에 따라, 많은 새고전학파 거시경제 학자들은 자신의 모형들이 거둔 성과를 검증하기는 데 있어 종래의 계량경제학 기법 보다는 캘리브레이션(calibration)에 관심을 기울여 왔습니다. 캘리브레이션 방법에 대한 교수님의 생각은 어떻습니까?

저는 그것이 논점을 회피하는 것이라 봅니다. 하나의 모형에서 시계열이 갖는 특성을 복제할 수 있다는 것을 보여주는 것은 충분치 않습니다. 그 모형이 어떤 의미를 갖기 위해서는 관찰해서 반박할 수 있는 것들에 대한 예측을 해야죠. 어떠한 데이터의 집합도 그 안에 충분한 변수들이 있다면, 최소제곱회귀(least squares regression)와 정확히 일치시킬 수 있습니다.

방법론적 논점과 일반적 논점들

| 교수님께서는 일찍이 <실증경제학 방법론>("Methodology of Positive Economics", Friedman, 1953a)이 가장 영향력 있는 논문 중 하나였다고 말씀하신 적이 있습니다. 이 논문이 이후 야기할 논쟁을 혹시 예상하셨는지요?

아닙니다.

| 과학철학과 형식적 방법론은 여전히 관심을 갖고 계신 분야입니까?

당시에는 관심이 있는 분야였지만, 그 논문을 쓰고 나서 저는 사람들에게 경제학 하는 방법을 알려주는 것보다는 경제학을 하는 게 진정 낫다고 결론을 내렸습니다. 제 관점이 칼 포퍼와 매우 유사하다는 것을 알았고, 다소 모호하게 그의 저작들을 보았지만, 썩 진지하지는 않았었죠. 그 논문이 그토록 많은 논쟁을 불러일으킨 주요 이유 중 하나는 그것에 대한 공격에 대응하지 않기로 제가 일찌감치 마음을 굳혔기 때문입니다. [웃음] 정말입니다. 당신의 논문 중 하나에 논쟁이 붙기를 원한다면, 사람들이 공격할만한 것을 쓰고 나서 대응하지 마십시오. 한바탕 난리가 날거니까요.

| 경제학자들이 거시경제학에 비해 미시경제학의 논점들에 있어서 더 많은 일치를 보이는 이유가 무엇이라고 생각하시나요?

그건 무엇보다도 거시경제학 분야에서의 케인즈 혁명에 비견할만한 어떤 것도 미시경제학에는 없기 때문입니다. 한 동안 체임벌린과 로빈슨의 불완전 경쟁 발전이론이 미시경제학 영역에서 그러한 역할을 할 것처럼 보였지만, 결국 마셜의 《경제학원리》에 나타난 것과 같은 전통적인 고전학파 미시경제학 체계에 더욱 쉽게 흡수되어 버렸습니다. 또 다른 이유는 실제로 케인즈 혁명을 촉발시킨 것인데, 고용/실업 및 경기변동이라는 주제가 주요한 정치적 쟁점이 되었다는 것입니다.

| 거시경제학 모형의 경우 선택이론 방식의 미시적 기초를 갖는 것이 얼마나 중요하다고 생각하시는지요?

논박 가능한 경험적 함의를 갖는 것이 그보다 더 중요합니다. 선택이론 방식의 미시적 기초는 거시경제학 모형을 개선하기 위한 가설들을 제공할 수 있을지는 모르지만, 핵심적인 거시경제학 모형은 이미 오랜 기간 존속해왔고, 보다 최근에 나타난 그에 대한 강조 없이도 대성공을 거두어 왔습니다.

| 임금 및 가격 경직성 원인을 이해하려는 시도들이 생산적인 연구방법이라고 보십니까?

무엇이 생산적인 연구방법인지 단정할 수는 없겠지요. 생산적이지 않은 연구방법은 없습니다. 박사과정의 학생들에게 논문에 관해 조언을 했던 기억이 선명한데, 그들은 찾아와서 뻔한 이야기를 하곤 했지만, 논문주제에 관해서는 많은 성취를 이루었습니다. 모든 주제는 다 추가적인 연구를 필요로 하며, 과거의 것에 기반을 두고 있습니다. 제가 임금 경직성이 있다는 것에 추호의 의심도 없는 이유는 그것이 현실적으로 분명 존재하기 때문입니다. 그것은 우리 인생의 한 가지 사실이어서 부인하기 어렵습니다. 문제가 되는 것은 그것이 중요한 것인지의 여부와, 중요하다면 어떤 면에서 그리고 어떤 현상으로서 중요한가입니다. 앞에서 말씀드렸듯이, 성공적인 이론의 요체는 그것을 둘러싼 모든 현상으로부터 핵심요소를 추출한다는 것입니다. 그래서 저는 임금 및 가격 경직성 영역의 연구에 종사하는 사람들 어느 누구도 그 일을 단념하지 말았으면 합니다. 그리고 이러한 생각은 어느 영역에나 다 해당합니다. 우리가 해야 할 일은 관심을 불러일으키는 것을 행동에 옮기고, 각자의 통찰력과 구상을 갈고 닦는 것입니다.

| 루커스(Lucas, 1994a, 226쪽)는 "직업이 경제학사인 사람들은 주로 학자들인데 (...) 새롭고, 따라서 필연적으로 논쟁적인 영역까지 연구해 들어감으로써 새로운 지식을 창조할 책임이 있다"고 주장한 바 있습니다. 거시경제학 연구가 어느 방향으로 진행되고 있다고 생각하시나요?

경제학자들은 학자입니다만, 자신을 둘러싸고 있는 세상의 발전에 영향을 받을 것입니다. 경기변동에 대한 지대한 관심이 부분적으로는 대공황기 현상의 결과인 것은 의심의 여지가 없습니다. 우리는 오늘날 세상에서 가장 두드러진 현상들을 보고 있습니다. 전 세계적으로 기술혁명이 일어나고 있으며, 다른 한편 소비에트 연방의 붕괴와 그 위성국들의 독립과 같은 정치혁명도 겪고 있습니다. 그 두 가지 영향은 제가 싫어하는 용어이긴 합니다만, 경제의 세계화(globalization)로 일컬어져 왔던 하나의 공통된 효과를 낳았습니다. 두 개의 혁명은 생산자가 세계의 어느 곳에서든지 상품을 생산할 수 있고, 이 세상 어디에 있는 자원이든 사용할 수 있고, 또 세계 어느 곳이든 갈 수 있는 상황을 가져다 준 것이죠. 그래서 이제는 국내 생산물의 내용에 대해 이야기하는 것은 더 이상 의미가 없습니다. 부품이 일본에서 그리고 다른 나라에서도 들어오는 자동차를 과연 미국 제품이라 할 수 있습니까? 그것은 지금까지 사실이었지만, 오늘날 훨씬 더 중요한 현상이 되었습니다. 게다가 이제 사상 최초로 현대적 조류에 속속 합류하고 있는 이른바 저개발국이나 후진국들과 관련된 문제들도 있습니다. 이러한 것들은 매우 중요한 현상이어서 우리가 토론하고 분석할 필요가 있습니다. 경제학자들은 마땅히 관점을 이동하여 이러한 현상들을 어떻게 이해해야 하며, 무엇이 그러한 현상을 가져오는가를 파악해야합니다. 저는 이것이 앞으로 다가올 수년간의 주요 연구쟁점이 될 것이라 확신합니다.

| 《이코노믹 저널》(*Economic Journal*)(Friedman, 1991)에 실린 논문에서 선생님께서는 '분석수단' 측면에서 큰 발전이 있었음에 주목하셨지만, 많은 경제학 연구의 수준이 떨어졌음을 암시하는 것 같았습니다. 이러한 견해에 대해 좀 더 자세히 설명해 주시겠습니까?

그런 뜻으로 한 말은 아닙니다. 제 의도는 경제학이 진정한 경제학적 문제들을 다루기보다는 갈수록 난해한 수학의 영역으로 되어간다는 것을 지적하고자 한 것입니다. 분명 그렇게 되었죠. 경제학은 그러한 방향으로 지나치게 나아갔지만, 현재 그것을 바로잡으려는 움직임이 진행되고 있다고 보입니다. 《이코노믹 저널》을 예로 들어보지요. 그 학술지는 현재 진행되고 있는 논쟁에 한 섹션을 할애했는데, 이는 그 전에 보였던 방향에서 전적으로 벗어나는 시도입니다. 자기 자신만의 특수 분야를 논외로 한다면, 누구도 최근 문헌을 좇아서 읽기란 더 어려워진 것이 분명 사실이고, 그런 점이 경제학 발전의 아주 나쁜 특징이라고 생각합니다. 그런 의미에서, 당신들께서 경제학 연구의 쇠퇴와 악화에 대해 말씀하신 것은 사실입니다. 그러나 기술적, 이론적 구조로서의 분석수단은 그 기간 동안 분명 엄청나게 좋아졌습니다.

| 2차 세계대전 이후 거시경제학 연구의 주도권이 영국에서 미국으로 넘어간 이유가 무엇이라고 생각하십니까?

대답은 간단합니다. 정통파적 관행이 너무 강하면, 주도권을 가질 수 없습니다. 영국이 1930년대에 경제학을 주도했다는 것은 분명 사실입니다. 그러나 그것이 요지부동의 정통파적 견해로 굳어져서, 미래를 주도할 온상이 되지 못했던 것이죠. 물론 이것은 2차 세계대전 결과 세계에서 차지하는 영국 전반의 역할 변화와 전적으로 연관된 것이기에, 복잡한 문제입니다. 1차 세계대전은 세

계 지도자로서의 영국의 영향력을 크게 감소시켰고, 2차 세계대전은 더욱 그러했습니다. 그러나 저는 영국 케임브리지 경제학의 리더십이 정통파적 관행으로 굳어진 나머지, 혁명적이거나 혁신적인 연구가 이루어질만한 온상이 되지 못한 것에 근본적인 문제가 있었다고 봅니다.

경제정책

| 일부 경제학자들, 아마도 대부분의 경제학자들은 통화주의자와 케인즈주의자의 기본적 차이점이 화폐공급의 영향에 대한 각자의 관점 보다는, 시장 메커니즘의 균형화 능력에 대한 견해 차이에 있다고 주장할 것입니다. 통화주의자들이 시장능력의 균형화 경향에 대한 믿음을 가지고 있는 데 반해, 케인즈주의자들은 실질적인 시장실패가 존재하므로 거시적 차원에서 어떤 종류의 적극적 개입이 필요하다고 주장합니다. 이러한 견해에 동의하시는지요?

동의하지 않습니다. 통화주의자들 중에는 시장실패를 강조하는 사람들도 있고, 그렇지 않은 사람들도 있습니다. 통화주의자, 케인즈주의자를 막론하고 모든 경제학자들은 시장실패 같은 것이 존재한다는 것을 알고 있습니다. 제 생각엔 경제학자들을 진정 구분하는 것은 시장실패에 대한 인식여부가 아니라, 정부실패에 대한 인식, 특히 사람들이 시장실패라고 부르는 것에 대해 정부가 치료책을 찾고 있을 때, 정부실패에 대해 어느 만큼의 중요성을 두느냐입니다. 그러한 차이는 결국 다양한 논점들에 대해 경제학자들이 갖고 있는 시간관념과 관련있습니다. 제 자신에 대해 말하자면, 시장능력의 균형화 경향에 대해 대부분의 케인즈주의자들보다 더 많은 믿음을 갖고 있는 것이 아니라, 사태를 악화시키지 않고 시장실패를 보정하는 정부의 능력에 대해 제가 갖고 있는 믿음이 케인즈주의자나 통화주의자를 막론하고 대부분의 경제학자들이 지니고 있는 것에 훨씬 미치지 못한다는 것입니다.

| 교수님께서는 대부분의 견해 차이가 경제정책의 주요목표와 관련된 것이라기보다는 그 목표들을 달성하는 적정한 수단의 선택을 둘러싼 것이라고 주장하신 바 있습니다(Friedman, 1968a). 소비함수와 화폐경제학 일반에 관한 교수님의 저작에 비추어 볼 때, 거시경제학적 맥락에서 재정정책이 어떤 역할을 한다고 보십니까?

진혀 역할을 하지 않습니다. 재정정책은 정부가 경제의 단기적 변동을 상쇄시키려하지 않는 한에서 가장 큰 기여를 할 것이라고 생각합니다. 이 대목에서 저는 소수의 견해를 피력하고 있긴 하지만, 재정정책이 경제의 단기변동을 통제하는 효과적 수단은 아니라고 믿습니다. 여러 해에 걸쳐 제가 노력해왔던 것들 중 하나는 재정정책이 어느 한 방향으로 진행되고 화폐정책이 정반대로 작용하는 경우를 발견하는 것입니다. 모든 경우에 있어 사건들이 진행되는 실제 경로는 화폐정책을 따르고 있습니다. 저는 재정정책이 화폐정책을 압도했던 경우를 결코 본 적이 없으므로, 시험 삼

아 그와 반대되는 사례를 찾아보라고 권하는 바입니다. 그 이유로 두 가지 설명을 들 수 있겠습니다. 제가 사실이라고 믿는 한 가지 설명은 정부 재정적자가 경기를 부양하고 있다는 케인즈주의의 견해가 정말 잘못되었다는 것입니다. 적자는 그 자금이 충당되어야 하므로 경기를 부양하는 것이 아니며, 설령 효과가 있다고 할지라도, 그 자금충당이 지출에 미치는 음(−)의 효과가 양(+)의 효과를 상쇄합니다. 그러나 또 한 가지 이유가 있기 때문에 이러한 설명이 사유가 되지 않을 수도 있습니다. 민감한 단기적 방법으로 재정정책을 맞추어 가는 것이 화폐정책의 경우보다 훨씬 더 어렵다는 점이 바로 그것입니다. 그래서 저는 단기적으로 재정정책이 갖는 역할이 존재하지 않는다고 봅니다. 여러 용도에 걸쳐 장기적으로 자원배분을 한다는 측면에서는 재정정책이 지대한 역할을 합니다. 바로 이에 대해서 논의가 필요합니다.

| 1930년대의 경우에조차 확대 재정정책에 찬성하지 않겠다는 말씀이신지요?

그 당시 지배적인 것은 재정정책이 아니라 통화정책이었습니다. 통화량의 1/3 감소분을 상쇄시키기 위해 재정정책으로 할 수 있는 것은 아무 것도 없었습니다. 현재의 예를 들어보겠습니다. 당장 일본의 경우를 보죠. 그들은 통화량을 확대하지 않은 채 확대 재정정책을 감행하려 함으로써 시간과 돈을 낭비하고 있습니다. 작년 무렵에, 특히 일본은행의 새총재가 임명되고 나서 통화정책의 확대 기조가 시작됐으므로, 일본의 경우 약간 과장된 면은 있습니다. 앞으로 일본은 상당한 호조를 보일 것이고, 경기도 회복될 것이라 생각합니다. 과거 5년 동안 일본 중앙은행이 취한 행동은 1929년 이후 연방준비은행의 조치를 그대로 따르고 있다는 점에서 이는 매우 흥미로운 현상입니다.

| 높은 실업율의 지속은 1980년대 초 이래 유럽경제의 한 가지 특징이었습니다. 이력이론(hysteresis theories)을 비롯해 다양한 설명들이 제시되었습니다. 그와 같은 만성적인 실업을 어떻게 설명하시겠습니까?

저는 그것이 복지국가의 확대와 제도적 경직성의 결과라고 생각합니다. 바로 얼마 전 륭크비스트(Lars Ljungqvist)와 사전트(Tom Sargent)가 함께 쓴 시카고 연방준비은행 연구논문[Ljungqvist and Sargent, 1998]을 매우 흥미롭게 읽은 적이 있습니다. 저는 그들의 결론에 동의합니다. 그들은 한 가지 분명한 설명, 즉 만성적인 실업의 원인이 복지국가 기구와 국민들이 지닌 인센티브의 변화에 있다는 말로 논의를 시작합니다. 그러나 그에 대한 분명한 답은 그것이 어째서 이전에는 실업에 동일한 효과를 주지 않았느냐는 것입니다. 그들의 설명은 초기는 환경변화에 대한 급격하고 폭넓은 동태적 조정을 하는 것이 불필요한 정체상태에 거의 가까웠다는 것입니다. 그러나 지난 10년 또는 20년 동안 이루어진 기술적, 정치적 혁명에 대해 말하자면, 큰 변화가 발생할 필요가 있었음에도 불구하고 유럽의 제도는 경직되어 있습니다. 모든 것이 순탄하게 진행된다면 괜찮겠지만, 큰 동태적 변화에 적응하기에는 썩 좋지 않은 것이죠. 그러면 어째서 미국은 동일한 경험

을 하지 않았느냐고 물으실지 모르겠습니다. 거의 같은 정도는 아니었지만, 지금까지 우리가 유럽과 같은 전철을 밟아왔기 때문에, 현재의 이러한 답변이 앞으로도 유효할지 확신할 수는 없습니다. 우리에게는 훨씬 더 유연한 임금제도가 있습니다. 사람을 고용하는 것이 점점 더 힘들어지고 있긴 하지만, 해고하는 것은 훨씬 더 쉽거든요. 그와 관련된 동의 조치, 모든 규정, 그리고 규제들로 인해 고용주의 고용행위를 저해하는 요소들이 점점 더 늘어났습니다. 그러나 여전히 우리는 유럽경제보다 더 나은 상태에 있습니다.

| 브레턴우즈 고정환율제도가 확립된 지 불과 9년 후인 1953년에 출판된 또 하나의 영향력 있는 논문(Friedman, 1953b)에서 교수님께서는 변동환율에 대한 옹호론을 제시하신 바 있습니다. 1970년대 초 고정환율제도가 붕괴된 후의 경험에 비추어 볼 때, 변동환율을 비판했던 사람들이 강조했던 변동성이나 불안정성에 관한 문제제기를 어떻게 생각하십니까?

변동성은 제 예상치를 훨씬 웃돈 것이었습니다. 그 사실에는 의심의 여지가 없지만, 두 가지로 설명할 수 있습니다. 첫째로, 변동이 컸던 이유는 국제시장에 영향력을 행사해 왔던 변동성이 매우 강한 요인들 때문인데, 그 높은 변동성은 1971년부터 세계가 그 어떤 전례도 없었던 통화제도를 갖게 되었다는 사실에서 비롯된다고 생각합니나. 그로 인해, 세계 역사상 최초로, 현재의 그 어떠한 주요통화도(그로 치자면 군소통화들도 마찬가지지만) 간접적으로나마 이 세상에 존재하는 상품과 연계되지 않게 되었습니다. 첫째로 모든 사람들은 해도에 존재하지 않는 미지의 바다에서 항해 중이었는데, 서로 다른 방향으로 나아갔습니다. 그래서 인플레이션율은 우리에게 이미 익숙한 정도를 훨씬 더 넘어서 폭 넓게 증가했고, 그로 인해 환율도 더 크게 변동했습니다. 두 번째 설명은 환율의 변동을 좋게 보는 것입니다. 그러한 조건에서 고정환율을 유지하려 했다면, 여러 국가들 사이에서 무역의 자유가 크게 침해되었을 겁니다. 그래서 환율의 변동폭이 제가 예상했던 수준보다 훨씬 더 컸을지라도, 그것은 당시 진행되었던 것에 대한 필요한 반응이었으며, 그리고 아마도 과잉반응이었겠지만 실제로 그 기간 동안의 경험을 살펴보면 심각한 부작용은 없었습니다. 그 어떤 환율의 조정도 극단으로 흐를 수 있다는 것은 분명합니다. 큰 변화가 필요하다면, 그것은 지나치게 커질 것이고, 그런 뒤에는 기대와 투기의 영향 때문에 다시 제 자리로 돌아올 것입니다. 투기꾼들은 대체로 긍정적인 역할을 수행했습니다. 유럽의 환율 메커니즘은 근본적으로 불안정했고, 1992년 가을에 투기꾼들이 그것을 깨뜨리지 않았더라면 좀 더 지속될 수 있었던 만큼, 그 일은 바람직한 것이었다는 거죠. 영국이 자국 통화를 유럽 환율 메커니즘(Exchange Rate Mechanism, ERM)[3]에 연동시킨 것은 큰 실수였습니다. 그래서는 안 됐는데, 그렇게 함으로써 비싼 대가를 치렀던 것이지요.

3. 영국 케임브리지 대학교 경제학과의 도서관.

| 유럽에서 단일통화를 구성하는 것이 과연 바람직하다고 생각하시는지요?

바람직하다는 것과 가능하다는 것은 다른 문제입니다. 저는 그것이 불가능한 일이라고 생각하며, 어디를 가든 수차례 언급한 바 있고 지금도 그렇습니다. 제가 보기엔 화폐를 통합하는 것과 통화를 고정환율에 연동시키는 것을 구별해야 합니다. 단 하나의 중앙은행, 즉 하나의 중심적 권한이 있을 때만 화폐통합을 이룰 수 있습니다. 저는 영국이 잉글랜드 은행을, 그리고 프랑스가 프랑스 은행을 기꺼이 폐쇄할 것이라는 등의 사태가 발생할 것이라고는 믿지 않습니다. 그러니까 정치적 통일이 먼저 이루어져야 할 것 같습니다. 똑같은 현상이 반복되는 것을 얼마나 많이 보아야 하는지요? 2차 세계대전 후에는 브레턴우즈 체제가 생겼다가 깨어졌고, 1970년대에는 '스네이크(Snake)'[4]가 해체되는 등의 사태를 겪었습니다. 독립국가들 간에 환율을 고정시키는 데 있어서 분명 몇 가지 실질적 문제가 따른다는 점을 깨닫기 전에 동일한 경험을 얼마나 많이 반복해야 합니까? 항상 지적되는 19세기라는 시기는 매우 간단한 방식으로 현재의 시기와 구별될 수 있습니다. 1913년 이전 시기에 주요국들의 정부지출은 국민소득의 약 10%였습니다. 정부지출이 국민소득의 10%일 때 운영될 수 있는 제도는 정부지출이 국민소득의 50%나 되면 운영될 수 없습니다. 어떤 의미에서는 단일 통화가 바람직할 수도 있겠지만, 이룰 수 없는 어떤 것을 바람직하다고 말해봤자 무슨 의미가 있겠습니까?[5]

| 영국의 많은 비평가들은 화폐통합이 정치통합으로 나아가는 하나의 방법으로 사용되고 있다는 점에 대해 의구심을 갖는 마당에, 교수님께선 경제통합에 앞서 정치적 합일이 필요하다고 말씀하시니 흥미롭습니다.

그 점은 의심의 여지가 없습니다. 독일인들과 프랑스인들이 그러한 노력을 하고 있는 것은 분명하지만, 저는 그들이 성공하리라고 보진 않습니다.

| 거시경제학은 실습용 과학이 아니라서, 사람들은 사건으로부터 배웁니다. 우리가 1980년대 초 미

4. 1979년 유럽공동체가 공동체 회원국들 환율의 변동성을 줄이고 통화제도의 안정을 위하여 도입한 환율제도. 각 회원국의 통화가 기준 환율을 중심으로 일정한 범위(±2.25%) 내에서 변동할 수 있도록 하였다. 기준 환율은 참여 회원국의 통화가치의 가중 평균치로 결정된 유럽통화단위(European Currency Unit, ECU)에 근거하여 결정되었다. 1999년 유로화가 도입된 후 적용되는 환율 제도는 ERM II로 불린다. 영국은 ERM에 1990년 가입하였는데, 1992년 9월 조지 소로스(George Soros)를 비롯한 국제투기자들에 의한 투기에 대항하여 환율을 기준 범위 내에 유지하기 위해 약 60억 파운드를 사용하였지만, 9월 16일 '검은 수요일'에 파운드화의 대폭락을 경험한 후 결국 ERM에서 탈퇴하였다.

5. 1979년 ERM을 도입하기 전, 유럽공동체가 1971년 채택한 환율제도는 '터널(tunnel)'이라 불리는데, 이 제도 하에서는 각 회원국의 기준 환율이 미국 달러화에 대하여 고정되었고 각 회원국의 환율이 달러화에 대해 ±2.25%의 범위 내에서 변동할 수 있었다. 이 경우, 회원국 통화 간의 변동 폭이 커지는(최대 9%) 단점이 있어, 회원국 통화들 간의 변동 폭 자체를 ±2.25%로 제한하는 제도를 1972년 채택했다. 이 제도를 '터널 속의 스네이크(snake in the tunnel)'라 부른다. 터널은 1973년 미국 달러화의 유동화로 와해되었고, 스네이크도 1970년대 말에 이르러 와해되었다. 이후에 채택된 제도가 ERM으로, 기준 환율을 달러화에 연계하지 않고 '유럽통화단위'를 기준으로 하였다

국과 영국에서 있었던 이른 바 '통화주의 실험'에서 배운 것은 무엇인가요?

두 가지를 구별해야 합니다. 소위 통화주의 실험은 연방준비제도이사회 의장이었던 볼커(Paul Volcker)가 이자율이 아닌 통화량을 규준으로 삼겠다고 선언한 1979년에 있었습니다. 그러나 그는 실제로는 그렇게 하지 않았죠! 화폐에 관한 여러 집계치들을 보면, 그것들은 역사상 그 이전의 어떤 때보다도 볼커의 시대에 변동성이 높았습니다. 이렇게 볼 때 그는 통화주의의 길을 따르지 않았던 것입니다. 반면에 여러 교란적 사건들을 배제한 후 1980~95년의 기간 동안 전 세계 각 나라의 집계치의 일반적 추세를 보면, 통화량 증가가 많이 줄어들었고 그와 함께 인플레이션도 감소했습니다. 따라서 제 생각에, 세계 모든 국가에서 행해졌던 실험은 인플레이션이 화폐적 현상이라는 명제를 확실하게 보여주었습니다.

| 어째서 정부는 인플레이션을 야기하는 것입니까?

정부가 인플레이션을 만들어내는 이유는 거기서 수입을 얻기 위함이고, 그것이 진정되는 이유는 정부가 더 고상해져서가 아니라 인플레이션으로부터 많은 수입을 거둘 수 없기 때문입니다. 1985년에 일본은행(Bank of Japan)에서 대담을 한 적이 있었는데, 그 경험을 기초로 쓴 것이 제 책 《화폐의 해악》(*Money Mischief*)(Friedman, 1992) 마지막 장입니다. 저는 그 장에 '법정 불환지폐 세계의 통화정책'이라는 제목을 붙였습니다. 거기에는 다음과 같은 말이 있습니다. "인플레이션은 정치적 선택으로서 예전에 비해 매력이 감소했다. 유권자들이 그것에 매우 민감해졌다는 사실을 고려하면, 현재의 불환지폐 본위를 피셔의 일반화에 대한 예외로 삼을 통화기구를 설립하는 것이 현재로선 정치적으로 더 이득일 것이다." 《화폐의 구매력》(*Purchasing Power of Money*)(Fisher, 1911)에서 피셔는 지폐본위제 하에서의 모든 시도는 완전한 실패였다고 말합니다. 정부는 인플레이션으로부터 어떻게 돈을 벌까요? 첫째로, 본원통화의 발행에서 나오는 직접적인 가치가 있습니다. 그것은 매우 작은 수입원이며, 사소한 것입니다. 다른 두 개의 수입원이 훨씬 더 중요하지요. 그 중 하나는 조세제도를 명목량으로 표시할 경우, 그 누구도 조세의 인상에 찬성하지 않는다 할지라도 인플레이션이 각종 세금을 인상시킨다는 것입니다. 또 다른 하나는 당신이 인플레이션율보다 더 낮은 이자율 하에서 유가증권을 발행할 수 있었다면, 그 발행으로부터 이득을 얻을 수 있다는 것입니다. 조세의 자동적 인상뿐만 아니라, 과거 채무로부터의 이득 수취는 의심할 여지없이 미국이 1970년대에 인플레이션으로부터 얻은 주요 수입원이었습니다. 이것은 분명한 사실입니다. 당시 금융위원회 소속이었던 루이지아나주 출신 상원의원 롱(Long)과 몇 차례 아침식사를 했던 기억이 납니다. 그는 인플레이션에 의해 자동적으로 인상되는 일이 없었다면, 현행 소득에 그러한 세율을 결코 부과할 수 없었을 것이라고 말한 적이 있습니다. 그것은 정치적으로는 불가능했을 겁니다. 인플레이션에 따른 세율의 조정, 즉 세율의 연동은 한 가지 수입원을 없앴습니다. 채권시장이 인플레이션에 대해 그 정도로 훨씬 더 민감해졌다는 사실이 위에서 말한 두 번째 수입원을 제거했던 것이죠. 그래서 이제 인플레이션에서 어느 정도나 수입을 얻을 수 있을까요?

인플레이션이 발생하는 만큼은 아닙니다. 장차 인플레이션이 발생한다면, 그것은 완전고용이라는 목적을 달성하기 위한 시도일 뿐이지, 수입을 늘리기 위한 방편은 아니라는 것이 제 예상입니다. 그것이야말로 앞으로 큰 인플레이션은 없을 것이라고 제가 아주 확신하는 이유입니다.

| 교수님께서는 실질생산과 고용이라는 측면에 있어서 큰 대가를 치르지 않고 인플레이션을 완화할 수 있다고 생각하십니까?

그것에 대해서는 매우 회의적입니다. 처음부터 인플레이션이 생기지 않기를 바라는 이유도 그 때문이죠. 인플레이션을 진정시키기란 매우 힘듭니다.

개인 정보

| 교수님께서는 노벨경제학상을 받으신 일에 대해 개인적으로 어느 정도의 의미를 부여하시는지요?

분명 그것은 엄청나게 값어치 있는 일입니다. 그렇지만 디트로이트 주차장에서 수상소식을 처음 알려준 어느 기자가 제 얼굴에 마이크를 갖다 대고, "이 일을 교수님 인생의 정점으로 생각하십니까?" 라고 물었을 때, 저는 "노벨위원회에서 활동하는 7인의 스웨덴 사람들이 내린 결정보다는 지금부터 50년 뒤 후학들이 제 학문적 성과를 어떻게 생각할 것인지가 더 신경 쓰입니다" 라고 답했었죠. 노벨위원회의 권위를 깎아내리려는 뜻은 없습니다. 노벨위원회의 위원들은 지금까지 매우 양심적이었고 대체로 훌륭히 역할을 수행해왔습니다. 그러나 그와 동시에 과학자에게 정말로 중요한 것은 자신의 학문적 성과가 미치는 장기적 결과입니다.

| 지금까지 엄청나게 많은 저서와 논문들을 출판하셨는데요.

일일이 어떤 것인지 기억하지 못합니다만, 말씀하신대로 매우 많겠죠.

| 저술 활동에 그렇게 많은 시간을 할애하시면서, 가족이며 사회생활을 하시는 데 지장은 없으셨습니까?

[웃음] 그렇지는 않았습니다. 결혼생활 중 많은 시간 동안, 그리고 특히 시카고에서 살았던 첫 번째 기간 동안, 우리는 처음에는 뉴햄프셔에, 그리고 나중에는 버몬트에 있었던 별장에서 꼬박 3개월 동안 전형적인 전원생활을 했습니다. 그 이후에는 줄곧 제 생활을 50대 50으로 나누어서, 1년 중 6개월은 시카고에서, 나머지 6개월은 버몬트에서 보냈죠. 거의 모든 글들을 버몬트나 뉴햄프셔에서 썼으니까, 실제 학기 동안 쓴 양은 그에 비하면 적습니다. 바깥 활동은 최대한 자제했습니다. 버몬트나 뉴햄프셔에서 멀리 떨어진 학회의 정기모임이나 공청회에는 강연을 하러 가지 않았습니다. 가끔 예외는 있었지만, 이 원칙을 대부분 철저히 지켰습니다. 그 기간에 쓴 일기를 보면, 시카고에서의 일은 잔뜩 적혀 있는데 비해 버몬트나 뉴햄프셔에 있을 때의 내용은 비어 있어서

깜짝 놀랍니다. [웃음] 그러니까 이거야말로 최대한 글을 많이 쓸 수 있었던 이유인 셈이죠.

| 교수님의 견해 중 많은 것들이 한 때 치열한 논쟁의 대상이었다가, 이제는 거시경제학에 있어서 확고한 주류의 정설 중 일부로 확고히 자리 잡았다는 사실이 아이러니라고 생각하시는지요?

전혀 그렇지 않고, 매우 만족합니다. 그것이 어째서 아이러니인가요? 새로운 사고들이 수용되기 위해서는 한바탕 전쟁을 치러야합니다. 만약 당신이 통설에 반대한다면, 비판하는 사람들의 반응 수순은 매우 간단합니다. 첫 번째 반응은 당신의 이론이 완전히 말도 안 되고 매우 극단적이어서 전혀 올바를 수가 없다고 비판하는 것입니다. 두 번째 반응은, 글쎄요, 우리 모두가 알다시피 어느 정도 일리는 있다고 말하는 것입니다. 세 번째 반응은 당신의 이론이 뿌리를 내리게 되고 그 이후 아무도 그것에 대해 시비를 걸지 않게 되는 것이지요.

| 그러한 상황에 처하면 반응에 무신경해지고 자신의 견해에 강렬한 확신을 가질 필요가 있지 않습니까?

문제는 무신경해지는 것이 아니라고 생각합니다. 우리가 하고 있는 일에 대해 믿음을 갖는다는 것이 중요하다고 봅니다. 확신은 강력합니다. 저는 지적 공세에 전혀 괘념해 본 적이 없습니다. 그런 건 전혀 문제가 되지 않았습니다. 저와 생각이 다른 사람들과 항상 꽤 좋은 인간적 관계를 맺어왔죠. 극히 예외적인 경우에도 대인관계상의 문제는 전혀 없었습니다. 예를 들어 폴 새뮤얼슨과 저는 좋은 친구 사이입니다.

| 혹시 아직까지 이루지 못한 학문적 욕심이 있으신지요?

아니요. 그런 생각은 들지 않습니다. 이제 큰 욕심이 있다면 회고집을 마무리하는 것입니다. 그 일에 너무 오랫동안 매달려왔어요. 1년 반이 넘게 건강상의 문제가 있었는데, 그로 인해 일의 진척이 더딥니다.

| 끝으로 한 가지 질문만 더 하겠습니다. 존 버턴(Burton, 1981)은 교수님을 20세기의 애덤 스미스라고 칭한 바 있습니다. 그러한 평가에 대해 만족하시는지요?

[웃음] 물론, 만족합니다. 말할 것도 없이, 스미스는 현대 경제학의 위대한 창시자였습니다. 사람들이 그런 식으로 생각해 준다면 크나 큰 영광이겠죠. 그러나 그러한 견해는 저의 학문적 성과가 아닌, 자유 시장을 선전하는 저의 대외활동에 근거한 것이라고 생각합니다.

5 새고전학파

현존하는 케인즈주의 거시계량경제학 모형은 통화, 재정, 그리고 기타 유형의 정책을 고안해내는 신뢰할 만한 지침을 제시할 수 없다. 이러한 결론은 이들 모형이 최근에 보여준 커다란 실패에 일부 근거한 것이며, 그것들이 건실한 이론적 기초와 계량경제학적 기초가 없다는 사실에도 일부 근거를 두고 있다. (...) 후자에 근거해서 보면, 그 모형들을 조금 또는 심지어 크게 변경한다 할지라도 모형의 신뢰성이 크게 개선될 가능성은 전혀 없다.

(Lucas and Sargent, 1978)

5.1 서론

1970년대 초에는, 정부의 보이는 손이 오도된 재량적 재정정책 및 통화정책을 수행하지 못하도록 미리 막을 수 있다면 시장경제가 거시경제학적 안정성을 달성할 수 있다는 믿음이 재차 현저하게 득세하였다. 특히 1970년대의 '대인플레이션(Great Inflation)'으로 인해, 케인즈주의적 개입주의가 과도한 욕심에 사로잡혀 있을 뿐만 아니라 더 중요하게는 근본적으로 잘못된 이론들에 입각해 있다고 경고했던 경제학자들의 신빙성과 영향력이 더욱 커졌다. 케인즈주의에 대한 비판가들이 보기에 케인즈의 이론적 기여와 더불어 대공황기에 벌어진 사건들은 그릇되게도 세인들로 하여금 "스스로 조직하는 시장제도에 대해 철저히 불신"하도록 만들어놓았다(Sachs, 1999). 앞의 제3장과 제4장에서 보았듯이, 비교적 낮은 수준의 실업이 총수요를 확대하는 정책에 의해 달성될 수 있다는 정통파 케인즈주의의 수상은 밀턴 프리드먼에 의해 거센 도전을 받았다. 프리드먼은 1950~60년의 기간 동안 정책적 개입에 대한 통화주의 '반혁명'에 착수했다. 1970년대에는 또 다른 일군의 경제학자들이 케인즈주의 경제학에 대해 훨씬 더 타격을 줄 수 있는 비판을 가하였다. 케인즈와 케인즈주의자들에 대한 그들 반론의 요지는 케인즈 및 케인즈주의자들이 경제주체들의 행위에 대해 내생적으로 형성된 기대가 갖는 완전한 함의를 탐구하지 못했다는 것이었다. 더욱이 이 비판가들은 존 뮤스(Muth, 1961)의 '합리적 기대가설(rational expectations hypothesis)'을 채택하는 것이 거시경제학 모형에 기대를 집어넣을 수 있는 유일한 방식이라고 주장했다.

토머스 사전트(Sargent, 1979)의 기여를 이어받아 균형 원리의 이론화에 몰두했던 합리적 기대론자들은 한데 묶여 새고전학파(new classical school)로 알려지게 되었다. 이러한 명칭에서 알 수 있듯이, 새고전학파는 경쟁적 시장이라는 틀 내에서 연속적 시장청산을 가정함으로써 고전학파의 균형분석 모형을 복원하려 했다. 완전하고도 즉각적인 신축가격을 의미하는 시장청산 가정은 새고전학파가 이론화한 것 중에서 가장 논쟁적인 양상을 보였다. 후버(Hoover, 1992)에 의하면, 이러한 가정을 내포하는 것이야말로 그들 사고에 있어서의 고전학파적 요소, 즉 '경제는 경제학적 균형으로서 모형화되어야 마땅하다' 라는 확신을 보여준다. 후버가 언급했듯이, 이 접근방식은 고전학파 사고방식의 부활뿐만 아니라, '거시경제학의 안락사' 를 의미하는 것이기도 하다.

5.2. 루커스의 영향

루커스 교수는 거시경제학에 대한 새고전학파적 접근법의 발전에 있어서 창시자이자 핵심인물로 널리 인정받고 있다. 마이클 파킨(Parkin, 1992)은 그를 "우리 세대의 주도적인 거시경제학 등반가" 라고 기술한 바 있다. 1995년 10월 스웨덴 왕립과학아카데미는 거시경제학에 있어서 루커스의 독창적 연구를 인정하여, "합리적 기대가설을 개발하고 응용하여, 거시경제학 분석을 변혁하는 동시에 경제정책에 대한 이해를 심화시킨 공로로" 노벨 경제학상을 수여하기로 한 결정을 발표했다. 중요한 기여로 인해 루커스는 의심의 여지없이 20세기의 마지막 4반세기 동안 가장 영향력 있는 거시경제학자가 되었기에, 이 유명한 상을 그가 받은 것은 경제학자들이 보기에 조금도 놀라운 일이 아니었다(Fischer, 1996a; Hall, 1996; Svensson, 1996; Hoover, 1988, 1992, 1999; Snowdon and Vane, 1998). 어떤 논평자들은 경기변동 분석에 대한 그의 기여를 "경제학의 자연스런 발전의 일부"(Chari, 1998) 또는 "꾸준한 지식축적의 일부"(Blanchard, 2000)라 여기는 반면, 거시경제학에 대한 그의 기여가 갖는 영향력에 대해 논의할 때 '혁명' 이나 반(反)혁명이란 말을 자주 언급하는 논자들도 있다(Tobin, 1996; Snowdon and Vane, 1999b; Woodford, 2000).

루커스는 일찍이 1965년에 적정 투자정책을 분석하는 데 합리적 기대가설을 명시적으로 사용했지만, 발라스의 일반균형 분석틀 내에서 총공급과 관련된 쟁점들과 씨름하기 시작하고 나서야 그 가설이 거시경제학에 있어서 갖는 진정한 의미가 비로소 명확해졌다(Fischer, 1996a). 루커스와 래핑(Lucas and Rapping, 1969)의 논문은 실업이 갖는 균형적(자발적) 성격을 강조하고 시제적(時濟的) 노동대체가설을 사용함으로써 아마도 사상적인 면에서 최초의 '새고전학파' 논문이라고 볼 수 있을 것이다(Hoover, 1988과 제6장 참조). 그러나 전반적인 경제의 파동(경기변동)에 대한 연구에 접근함에 있어서 합리적 기대 균형접근법의 분석적 토대를 확립한 것은 루커스가 저술하여 1972~78년 사이에 출판한 일련의 논문들이었다. 전반적으로 볼 때 이 논문들은 20세기의 마지막 4반세기 동안 거시경제학 연구의 방향에 막대한 영향을 미쳤다. 어떤 논문이 거시경제학 발전에 대해 미친 영향력을 알 수 있는 하나의 객관적 척도나 지표로 제공되는 것이 사회과학논문인용색인(Social Science Citations Index, SSCI)이 기록한 논문 피인용 횟수이다. 〈표 5.1〉은 주류 거시경제학 분야에 있어서 가장 많이 인용된 루커스의 논문 3편(Lucas, 1972a, 1973, 1976)과 경제성장 분야에서 일례로 취한 1편(Lucas, 1988)의 피인용 횟수를 보여준다. 이 논문들의 영향력을 가늠하는 데 도움이 되도록, 저명하고도 자주 인용되는 다른 3편의 논문, 즉 프리드먼(Friedman, 1968a)과 쉬들란과 프레스컷(1977, 1982)의 피인용 횟수에 관한 정보도 함께 보여주고 있다.

〈표 5.1〉에서 알 수 있듯이, 1970년 이후 거시경제학의 동향에서 루커스의 영향력은 막대하다. 그렇지만 1970년대 동안 미국의 영향력 있는 새고전학파 거시경제학 대표자 중에는 사전트(Thomas Sargent), 배로(Robert Barro), 프레스컷(Edward Prescott), 그리고 월리스(Neil Wallace)도 있었다. 영국의 새고전학파 접근방식에 대해 말하자면, 특히 민퍼드(Patrick Minford)가 합리적 기대가설을 거시경제 분석에 집어넣을 필요성을 주로 역설했다(Snowdon et al., 1994에 실린 배로 교수와 민퍼드의 대담 참조).

케인즈주의의 거시모형에서 내생적 기대가 소홀히 다루어지고 있음에 대해 프리드먼(Friedman, 1968)과 펠프스(Edmund Phelps, 1968)가 발전시킨 통찰에 기초한 루커스의 작업(Lucas, 1972a, 1972b, 1973, 1975, 1976)은 이론과 실증작업(Lucas, 1981) 면에서 엄청난 의미가 있을 뿐만 아니라, 거시경제학자들에게 뮤스(Muth, 1961)의 합리적 기대가설을 소개하는 데 결정적 역할을 했다. 특히 합리적 기대가 도입될 경우, 표준적인 케인즈주의 모형은 전통적인 정책 결론을 내릴 수 없을 것처럼 보였다. 블라인더(Alan Blinder)가 '루커스 혁명(Lucasian revolution)'이라 부른 것은 그보다 더 오랜 역사를 지녔던 통화주의의 비판보다 케인즈주의 주류에게 훨씬 더

▶ 표 5.1 피인용 횟수: 1966~97

논문	1966~70	1971~75	1976~80	1981~97	합계	출판된 이후의 연간 평균 인용횟수
Friedman(1968a)	30	148	238	508	924	31
Kydland and Prescott(1977)	–	–	25	499	524	25
Kydland and Prescott(1982)	–	–	–	443	443	28
Lucas(1972a)	–	12	112	503	627	24
Lucas(1973)	–	10	122	583	715	29
Lucas(1976)	–	–	105	654	759	35
Lucas(1988)	–	–	–	568	568	37

자료: Snowdon and Vane(1998)

강력하고도 장차 타격을 줄 수 있는 도전을 의미한다는 것이 곧 명백해졌다(Snowdon, 2001a). 루커스는 자신이 "1960년대에 통화주의자로 성장"했고 프리드먼에게 "지대한 영향을 받았다"고 회상한다. 실제로 1990년대 동안 그는 여전히 스스로를 '통화주의자'로 여겼다(Lucas, 1994b; Snowdon and Vane,1998). 그러나 정통파 통화주의는 표준적 케인즈주의 모형에 대한 하나의 대안으로 출현하긴 했어도, 이론적으로 근본적인 도전은 아니었다(Laidler, 1986 참조). 따라서 1970년대 새고전학파 거시경제학 제1호(號)가 처음에는 통화주의 거시경제학으로부터 성장해 나와서 그 접근방법의 일부 요소들, 예를 들면 인플레이션에 대한 통화주의의 설명을 포함하고 있긴 하지만, 새고전학파 경제학을 정통파 통화주의와 별개의 사상을 지닌 학파로 간주해야한다는 점은 분명하다. 정책처방의 측면에서 보면 1970년대의 새고전학파는 의심의 여지없이 '통화주의'였다. 그러나 후버(Hoover, 1984)에 의하면, 새고전학파의 결론들이 보다 근본적인 색조를 띠게 된 것은 루커스와 프리드먼의 주요 이론상의 차이와 그 차이의 근저에 놓여있는 방법론적인 차이, 즉 프리드먼은 마셜주의자이지만, 루커스는 발라스주의자라는 차이점에서 비롯되는 것이다. 두 사람의 방법론적인 차이에도 불구하고, 드 브로이(De Vroey, 2001)는 "프리드먼과 루커스는 아마도 20세기 후반부에 가장 영향력 있는 경제학자였을 것이다. 그들은 서로 주거니 받거니 하면서, 케인즈주의 패러다임의 기초를 제거할 수 있었다"라고 전적으로 올바른 주장을 펼치고 있다. 토빈(Tobin, 1980a)의 책 《자산축적과 경제활동: 현대거시경제이론에 관한 고찰》(*Asset Accumulation and Economic Activity*: *Reflections on Contemporary Macroeconomic Theory*)의 서평에서 루커스(Lucas, 1981b)는 다음과 같이 선언했다.

> 케인즈주의의 정통학설, 즉 신고전학파 종합이 매우 난처한 상황에 처해 있음은 의심의 여지가 없다. 그 난처한 상황은 이론을 현실에 적용할 때 처할 수 있는 것 중 가장 난처한 상황이다. 그 이론은 거시경제정책의 가장 기본적인 질문들에 대해 심각할 정도로 그릇된 답변을 제공하고 있는 것으로 보인다.

루커스와 다른 새고전학파 경제학자들이 1970년대 동안 어째서, 그리고 어떻게, 케인즈주의 경제학에 대해 이처럼 부정적인 견해를 갖게 되었는지가 이 장에서 다룰 주제이다.

이하의 논의에는 다음 4개의 주요 목표가 있다. 첫째, 새고전학파 모형들의 기초를 이루는 주요 이론적 명제들에 대해 논의한다(제5.3절). 둘째, 이러한 논의를 참고로, 새고전학파 경기변동 이론을 살펴본다(제5.4절). 셋째, 거시경제학에 대한 새고전학파의 접근법에서 도출되는 주요 정책적 함의에 대해 검토한다(제5.5절). 끝으로, 새고전학파가 거시경제학의 발전에 어떤 영향을 주었는지를 평가한다(제5.6절).

5.3 새고전학파 모형의 구조

새고전학파는 1970년대에 들어와 눈에 띄는 집단으로 부상했고, 이미 언급했듯이 그 발전의 핵심인물은 루카스였다. 그렇지만 새고전학파 연구전통의 뿌리는 다양하다. 예를 들어 초기의 새고전학파의 모형들에서 보이는 정보와 기대에 대한 강조는 하이에크의 저작에서 가장 잘 드러나는 오스트리아 학파 전통과의 연결점을 제공한다(제9장 참조). 경기변동을 분석할 때, 루카스가 충격과 전파 메커니즘을 구별한 것은 프리쉬(Frisch, 1933)의 선구적인 연구에 기원을 두고 있다. 총체적 불안정성을 발생시키는 데 있어 화폐적 교란이 중요한 역할을 한다는 것은 고전학파와 프리드먼의 통화주의 전통에 뿌리를 두고 있으며, 실제로 토빈(Tobin, 1981)은 초기 새고전학파의 기여를 '통화주의 제2호(號)' 라 부른다. 펠프스의 공저(Phelps et al, 1970)인 《고용 및 인플레이션이론의 미시적 기초》(*Microfoundations of Employment and Inflation Theory*)에 자극받아 루카스는 펠프스가 사용한 '섬의 우화(island parable)' 와 노동시장의 동학을 분석하기 위한 탐색이론으로부터 끌어 모은 통찰들을 활용하였다. 마지막으로, 루카스의 방법론 접근방식은 발라스, 힉스(J. R. Hicks), 그리고 애로(Kenneth Arrow)와 드브뢰(Gérard Debreu)의 일반균형 전통에 의해 큰 영향을 받았다(Zijp, 1993; Beaud and Dostaler, 1997 참조).

1970년대 초에 발전한 새고전학파 접근법은 다음과 같은 몇 가지 중요한 특징을 보였다.

1. 발라스의 일반균형 틀 내에서 거시경제학의 이론작업을 신고전학파적 선택이론의 미시적 기초로 보강할 것을 힘주어 강조함

2. 모든 경제주체는 합리적이다. 즉 그들이 직면하는 제약조건 하에서 기업은 이윤을 극대화하고 노동과 가계는 효용을 극대화하는 등 지속적으로 최적화 행동을 하는 자들이라는 신고전학파의 핵심적 가정을 채택함

3. 경제주체들은 화폐착각을 겪지 않으므로 최적화 결정을 내리는 데 있어서 실질가치(상대가격)만이 중요함

4. 완전하고도 지속적인 가격신축성은 시장의 연속적 청산을 보장하는 데, 이는 경제주체들이 할 수 있는 만큼의 모든 호혜적 거래를 다하여 더 이상 이윤을 얻을 수 있는 기회가 남아있지 않기 때문임

이상을 가정하면 통화량의 변화는 중립적이고, 실질가치는 명목가치와 독립적일 것이다. 그렇지만 실증자료에 따르면, 실질 국내총생산과 명목가격 수준 사이에, 그리고 명목화폐공급과 실질 국내총생산 사이에는(적어도 단기적으로는) 양(+)의 상관관계가 존재하며(우상향의 총공급곡선), 인플레이션과 실업 사이에는 음(−)의 상관관계가 존재한다(필립스 곡선). 즉, 경험적으로 볼 때 화폐는 단기적으로 중립적이지 않게 된다. 고전학파/신고전학파 이론이 예측하는 화폐의 중립성과

그림 5.1 • 새고전학파 모형의 구조

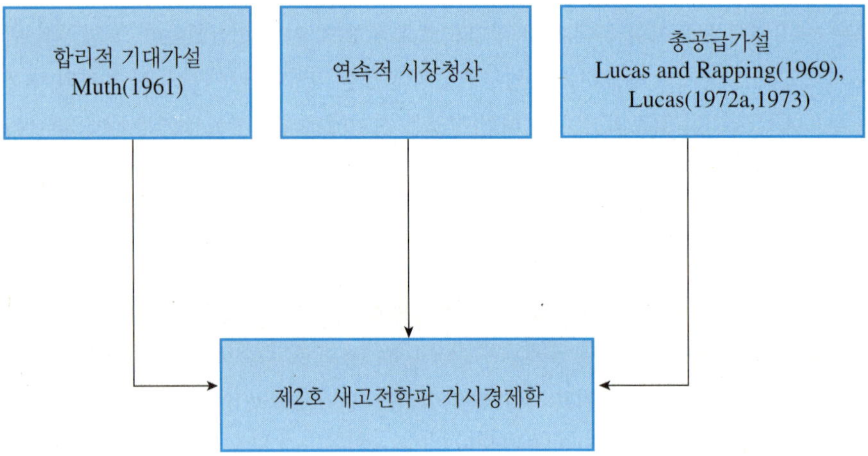

실증자료가 보여주고 있는 화폐의 비중립성 사이의 수수께끼를 푼다면, 그것은 상당한 지적 성취가 될 것이다. 제이프(Zijp, 1993)는 이를 '루커스의 문제(Lucas problem)'라 부른다. 루커스의 독창적인 논문(Lucas, 1972a) 〈기대와 화폐중립성〉("Expectations and the Neutrality of Money")이 바로 그러한 성과였다. 그의 핵심적 통찰은 경제주체들이 완전정보를 가지고 있다는 고전학파의 가정을 그들이 불완전 정보를 가지고 있다는 가정으로 바꾸는 것이었다.

초기 새고전학파의 거시경제학에 대한 접근방식의 주요요소를 (i) 합리적 기대가설, (ii) 연속적 시장청산 가정, (iii) 루커스의('놀람') 총공급가설을 포함하는 3개의 주요 하위가설(sub-hypothesis)을 한꺼번에 수용하는 것으로 요약할 수 있다. 이하에서 이 가설들을 개별적으로 논의할 때 염두에 두어야 할 것은, 비록 새고전학파가 이 3개의 가설을 모두 받아들이기는 하지만 (그림 5.1 참조), 서로 다른 견해를 지닌 개별 경제학자들은 반드시 3개의 가설 모두를 수용하지 않고서도 합리적 기대가설을 지지할 수 있다는 점이다(제7장 참조).

5.3.1 합리적 기대가설

새고전학파 거시경제학의 기초를 이루는 핵심적 교리 중 하나는 애초에 미시경제학을 배경으로 하여 이루어진 뮤스의 연구(Muth, 1961)와 연관된 합리적 기대가설(rational expectations hypothesis, REH)이다. 그러나 뮤스보다 거의 30년 이전에 합리적 기대모형을 제시한 선구자가 틴베르헨(Jan Tinbergen)이라고 코이첸캄프(Keuzenkamp)가 주장한 점은 흥미롭다.[1] 또한 이른

1. Jan Tinbergen. 1903~94. 계량경제학을 개발한 공로로 1969년 프리쉬(Ragnar Frisch)와 함께 최초의 노벨경제학상을 수상.

바 '일관된 기대(consistent expectations)' 라는 아이디어를 거시경제학에 처음 적용한 사람이 앨런 월터스(Walters, 1971)였다는 것에도 주목해야한다. 그렇지만 결국 1970년대 초 동안에 젊고 급진적인 새고전학파 경제학자들의 연구에 가장 큰 영향을 미쳤던 것은 뮤스(John Muth, 1961)의 독창적인 논문이었다. 그 논문에서 뮤스는 "기대란 미래 사건에 대한 정보에 근거한 예측이기 때문에, 그것과 관련된 경제이론의 예측과 본질적으로 동일하다"고 주장했다.

기대는 주관적이므로 경제주체들의 행위의 바탕을 이루며, 모든 경제활동은 정보와 기대의 차원을 갖는다. 예를 들어 경제적 변수들의 미래 기대치는 수요와 공급의 결정에 영향을 미칠 것이 분명하다. 카터와 매덕(Carter and Maddock, 1984)이 말하듯이, "사실상 모든 경제적 결정은 현재적 시점에서 미래의 불확실한 대가를 얻기 위한 행동을 포함하는 것이므로, 미래에 대한 예상은 의사결정에 있어서 결정적으로 중요하다." 인플레이션에 대한 기대가 행위에 영향을 미칠 것이라는 한 가지 명백한 사례는 노동조합과 고용주 간의 임금협상에 관한 것이다. 노동조합 측의 협상자가 협정 임금계약 기간에 지배적인 인플레이션율을 과소평가한다면, 노동자들은 자신들이 명목임금은 올랐지만 실질임금은 삭감되었다는 사실을 후에 알게 것이다.

어떤 주요 경제변수들의 미래값에 대한 예상치는 단일한 예측치에 국한될 필요가 없고, 얻어진 값들의 확률분포 형태를 띠는 것이 보다 현실적일 수 있다. 따라서 거시경제학 모형에 기대를 포함시키는 문제에 대해 거시경제학자들이 직면하는 핵심적 문제는 다음 두 가지이다.

1. 주요변수들에 대한 기대를 형성하기 위해 개인들이 정보를 획득하고, 가공하여, 사용하는 방법은 무엇인가?
2. 우리는 거시경제학 모형에 어떠한 형태의 기대가설을 적용해야 하는가?

1970년대에 내생적 기대를 모형화하는 주된 방식으로서 합리적 기대가설이 적응적 기대가설을 대체했다(1936년에 출판된 《일반이론》에서 케인즈는 거시경제적 불안정성을 이해하는 데 있어서 기대의 중요성을 강조한 바 있지만, 그의 이론에서 기대는 '동물적 본성(animal spirits)' 에 의해 좌우되는 외생적인 것이었다. 본서 제8장 및 Keynes, 1937 참조). 합리적 기대가설이 갖는 크나 큰 매력 하나는 기대형성에 관한 대안적인 (비합리적) 기대가설이 체계적인 오차를 갖는다는 것인데, 이 상황은 정통 신고전학파 모형이 가정하는 합리적 계산 하에서 행동하는 개인들에게 잘 들어맞지 않는 상황이다.

합리적 기대가설은 문헌상에서 오랫동안 다양한 형태와 버전으로 제시되었다(Redman, 1992). 애초에 합리적 기대가설의 약한 형태와 강한 형태의 구별에 유의하는 것이 중요하다. 약한 형태의 가설 이면에 놓여있는 주된 사고는, 어떤 변수의 미래값에 관한 예측이나 기대를 형성함에 있어서 합리적 경제주체들이 그 값을 결정한다고 여기는 요인들에 대해 공개적으로 이용가능한 모든 정보를 최대한(가장 효율적으로) 활용하리라는 것이다. 다시 말해, 기대는 개별 경제주체들

입장에서의 효용극대화 행위와 일치되게끔 '합리적으로' 형성된다고 가정된다. 강한 형태의 합리적 가설은 앞서 뮤스의 논문(Muth, 1961)에서 인용한 문구로 제시되어 있는데, 새고전학파의 주도적 옹호자들이 채택해서 그들의 거시경제학 모형에 통합한 것이 바로 이 뮤스의 버전이다. 뮤스의 '강한' 버전에서는 경제변수들에 대한 경제주체들의 주관적 기대치가 그 변수들에 대한 진정한 또는 객관적 수리적 조건부 기대치와 일치하게 되어있다. 인플레이션에 대한 경제주체들의 기대치($\dot{P}_t^e$)에 대한 예를 사용하면, 합리적 기대가설은 다음과 같이 대수적으로 표현할 수 있다.

$$\dot{P}_t^e = E(\dot{P}_t \mid \Omega_{t-1}) \tag{5.1}$$

여기서 $\dot{P}_t$ 는 실제 인플레이션율이고, $E(\dot{P}_t \mid \Omega_{t-1})$ 는 전기까지 이용 가능한 정보(Ω_{t-1}) 제약 조건에서의 합리적 기대 인플레이션율이다. 합리적 기대가설이란 경제주체들이 미래를 정확히 예견할 수 있음을 의미하는 것은 아니라는 점을 강조하는 것이 중요하다. 합리적 기대는 완전예견과 동일하지 않다. 인플레이션에 대한 합리적 기대를 형성하기 위해 경제주체들은 의당 자신들이 경제에 대해 '올바른' 거시경제학 모형이라고 여기는 것을 고려할 필요가 있다. 이용 가능한 정보가 불완전할 것이므로, 경제주체들은 예측 오류를 범할 것이다. 이것이야말로 루카스의 화폐적 놀람 모형(monetary surprise model)인데, 이에 대해서는 제5.3.3절과 5.5.1절에서 살펴볼 것이다. 그러나 그 같은 예측오류는 앞의 인플레이션의 예처럼 기대가 형성되었던 시점에서의 정보 집합과는 무관할 것이다. 합리적 기대의 경우, 경제변수들에 대한 경제주체들의 기대는 평균적으로는 옳은 것이어서 참값과 같을 것이다. 더 나아가 합리적 기대가설은 시간이 흐를수록 경제주체들이 체계적으로 잘못된(한쪽으로 치우친) 기대를 형성하지 않을 것임을 함축하고 있다. 기대치가 체계적으로 잘못되면, 경제주체들은 그러한 실수로 인한 학습효과를 통해, 기대를 형성했던 방식을 바꿈으로써 체계적 오류를 제거할 것이다. 보다 형식적으로 풀이하면, 강한 형태의 합리적 기대가설은 다음과 같은 의미를 내포하고 있다.

$$\dot{P}_t^e = \dot{P}_t + \varepsilon_t \tag{5.2}$$

위의 식에서 $\dot{P}_t^e = t$기에서 $t+1$기까지의 기대 인플레이션율, $\dot{P}_t = t$기에서 $t+1$기까지의 실제 인플레이션율이다. 그리고 $\varepsilon_t =$ 임의의 오차항으로서 (i) 평균값이 0이고, (ii) 기대가 형성될 당시 이용 가능한 정보 집합과 상관관계를 갖지 않는다(그렇지 않을 경우, 그것은 경제주체들이 모든 이용 가능한 정보들을 충분히 활용하지 않고 있다). 요약하자면 합리적으로 형성된 기대로부터 발생하는 예측 오류는 (i) 본질적으로는 임의적이어서 0의 평균값을 가지며, (ii) 이전 기간에 발생한 오류와 상관관계가 없어서 식별 가능한 패턴을 전혀 드러내지 않고, 즉 예측 오류는 시계열적으로 상관관계를 갖지 않을 것이고, (iii) 다른 어떤 예측방법에 비해서도 가장 낮은 분산을 갖는다. 다시 말해 합리적 기대는 가장 정확하고 효율적인 기대형성 방식이다.

합리적 기대가설은 기대를 고려한 필립스 곡선을 설명할 때 정통파 통화주의자들이 처음 사용한 적응적 기대가설(제4장 4절 참조)과 대비된다. 적응적 기대가설에서 경제주체들은(인플레이션과 같은) 어떤 변수의 미래값에 대한 자신들의 기대를 전적으로 관련 변수의 과거값에 의거해 형성한다. 기대형성에 대한 이 같은 '과거 지향적(backward-looking)' 접근법이 안고 있는 주요 문제점 중 하나는 예측된 값이 상당 기간 동안 안정적일 때까지는 그것에 대해 형성된 기대가 오류를 되풀이할 것이라는 점이다. 예를 들어 가속도론자들의 가설에 관한 제4장 4.3.2절의 논의대로 실업이 자연율 이하의 수준에 머무른다면, 인플레이션은 가속화되고 인플레이션에 대한 기대는 아래쪽 방향으로 치우칠 것이다. 이러한 문제가 발생하는 원인은 (i) 경제주체들이 지난 기에 범한 일부 오류에 의해서 기대를 단지 부분적으로만 조정한다는 가정과 (ii) 그들이 오류를 되풀이 함에도 불구하고 관련 변수의 과거값 외에 이용 가능한 추가적 정보를 고려할 수 없다는 점에 있다. 이와 반대로 '미래 지향적(forward-looking)' 접근법에서는 합리적 기대가 공개적으로 이용 가능한 모든 정보에 근거해 형성되므로, 경제주체들이 시간이 흐를수록 체계적으로 잘못된 기대를 형성하지 않을 것이라는 강한 형태의 가설에 들어있는 결정적 함의가 존재한다. 다시 말해 이러한 기대는 비편향적(unbiased)일 것이다.

합리적 기대가설에 대해서는 여러 비판이 제기되었지만, 여기서는 잘 알려져 있는 세 가지 비판을 다룬다. 첫 번째는 인플레이션과 같은 한 변수의 미래값을 예측하기 위해 공개적으로 이용 가능한 모든 정보를 획득하고 가공하는 데 드는 비용들(시간, 노력과 돈)에 관한 것이다. 약한 형태의 가설의 경우 경제주체들이 공개적으로 이용 가능한 '모든' 정보를 실제로 사용한다고 일부 비평가들은 주장하는데, 그럴 필요는 없다는 점에 주목하는 것이 중요하다. 정보를 습득하고 가공하는 데 비용이 수반된다면, 그들이 공개적으로 이용 가능한 모든 정보를 사용할 것 같지는 않다. 약한 형태의 가설을 주장하는 사람들이 시사하는 바는 '합리적' 경제주체들이 기대를 형성함에 있어서 공개적으로 이용 가능한 모든 정보를 '최대한' 활용하고자 하는 유인을 갖게 될 것이라는 점이다. 다시 말해 경제주체들은(변수를 예측하는 정확도를 향상시키는 것으로 측정되는) 한계효용이(공개적으로 이용 가능한 모든 정보를 획득하고 가공하는 데 들어가는) 한계비용과 같아지는 점까지 정보를 모두 사용해 버리고자 하는 유인을 갖게 될 것이다. 이 경우의 기대치는 이용 가능한 모든 정보가 사용되는 경우의 기대치가 갖는 효율성에 미치지 못할 것이다. 게다가 약한 형태의 가설의 경우 일부 비판가들이 주장하는 바와 달리, 모든 개인이 이용 가능한 정보를 직접 습득하고 손수 가공할 필요는 없다. 경제주체들은 공표된 예측과 뉴스 매체에 발표되는 논평 같은 것으로부터 정보를 간접적으로 얻을 수 있다. 그러나 종종 예측이 서로 다르다는 사실을 인정할 때, 어느 것이 '옳은' 관점인가를 식별하는 문제가 발생한다.

이보다 훨씬 더 심각한 반대론은 경제주체들이 실제로 '올바른' 경제모형에 관한 지식을 어떻게 획득하느냐에 관한 문제로서, 이에 대해서는 경제학자들도 상당한 견해 차이를 보이고 있다. 분권화된 시장에서 활동하는 개별 주체들이 과연 올바른 경제모형에 대해 '학습'할 수 있을 것인가라는 문제는 적지 않은 논란거리였다(Frydman and Phelps, 1983; Evans and Honkapohja, 1999). 이 특정 비판에 대해서는, 강한 형태의 가설의 경우 경제주체들이 실제로 올바른 경제모형을 알 필요가 없다는 점에 유의하는 것이 중요하다. 가설이 함축하고 있는 바는 합리적 경제주체가 상당한 시간에 걸쳐 체계적으로 잘못된 기대를 형성하지 않을 것이라는 점이다. 다시 말해 기대가 비편향적이고 시간에 걸쳐 임의적으로 분포된다는 의미에서 '마치(as if)' 경제주체들이 실제로 올바른 모형을 알고 있을 때 형성할 기대와 유사하게 기대가 형성될 것이라는 것이다. 그러나 이 가설을 비판하는 사람들은 그러한 주장을 인정하지 않는다. 비판자들은 이용 가능한 모든 정보를 획득하고 가공하는 비용과 올바른 모형과 관련된 불확실성과 같은 문제 때문에 '현실적으로' 경제주체들이 체계적으로 잘못된 기대를 형성할 수도 있다고 주장한다. 기대형성의 측면에서 경제주체들이 실제로 체계적 오류를 범한 몇 가지 증거사례도 있다(Lovell, 1986 참조).

세 번째 중요한 비판은 특히 포스트케인지언 학파(Post Keynesian school)와 연관되어 있는데, 근본적으로 불확실한 세계에서의 기대형성 문제에 관한 것이다. 케인즈 근본주의자들에게 있어서, 케인즈의 주요 업적은 불확실성의 문제를 거시경제학의 중심적 위치에 올려놓은 것이었다. 포스트케인지언의 관점에서 보면, 세상은 비에르고딕(non-ergodic)이다.[2] 즉, 각각의 역사적 사건들은 유일한 것이고 되풀이되지 않는다. 그러한 상황에 확률법칙은 맞지 않는다. 우리는 '부단한(kaleidic)' 변화와 근본적인 불연속성의 세계에 살고 있다(Shackle, 1974). 따라서 포스트케인지언들은 케인즈(Keynes, 1921)와 나이트(Knight, 1933)를 좇아 위험(risk)이 수반되는 상황과 불확실성(uncertainty)이 수반되는 상황을 구별하는 것이 중요하다고 주장한다. 위험이 수반되는 상황에서는 확률분포가 알려져 있다. 반대로 불확실성이 수반되는 상황에서는 의미 있는 확률분포를 표명할 가능성이 전혀 존재하지 않는다. 합리적 기대가설은 다양한 경제변화와 상황들이 낳는 결과물에 대해 경제주체들이 확률분포를 표시할 수 있다고 가정하므로, 위험의 세계에 속한다. 새고전학파 모형에서 루커스(Lucas, 1977)는 경기변동을 본질적으로 유사한 사건들이 되풀이되는 경우로 해석한다. 따라서 루커스에서 근본적 불확실성의 문제는 무시되고 있다. 루커스의 에르고딕 세계에서는, 결과에 대한 의미 있는 확률분포가 지적이고 합리적인 경제주체들에 의해 측정될 수 있다. 포스트케인지언들에 따르면, 불행하게도 현실세계는 근본적 불확실성(fundamental uncertainty)이 특징인 세계인데, 이는 합리적 기대가설을 사용하는 모형들 위에 구축된 결론들이 쓸모없음을 의미한다. 마찬가지로 오스트리아 학파 또한 합리적 기대가설에 대해 매우 비판적이다(Snowdon et al., 1994와 제8~9장 참조).

기대에 미치는 다양한 효과들에 대해 잉글랜드 은행이 최근 조사를 한 바 있다(Bank of

2. 에르고딕(ergodic)이란 물리학 용어로 상당한 기간이 지난 후, 하나의 체계가 최초의 상태와 거의 비슷한 상태로 돌아가는 조건 하에 있음을 의미한다. 따라서 세상이 비에르고딕이란 말은 과거에 관찰된 평균과 변동량이 필시 다른 시기에는 관찰되지 않는다는 사실을 뜻한다(Davidson, G. and Davidson, P., 1988 참조). 포스트케인지언의 일원인 섀클(G. L. S. Shackle)이 주장한 바와 같이, 모든 중대한 결정은 이 결정이 내려지는 순간에 존재했을지도 모르는 에르고딕 과정을 파괴시킨다. 따라서 이러한 비에르고딕 과정은 통계분석이나 계량연구에 기초해서 만들어진 결론이나 예측에 의구심을 던지는 포스트케인지언의 세계관을 압축해 표현하고 있다. 불확실성이 팽배한 세계에서 우리가 오늘 관찰한 사건이 미래에 그대로 재생산된다고 보기는 힘들기 때문이다.

England, 2003). 최근 이루어진 '인플레이션에 대한 태도 조사' 결과를 발표하면서, 잉글랜드 은행은 다음과 같은 흥미로운 결과를 찾아냈다.

1. 자료를 세분한 결과 여러 인물과 집단들은 인플레이션에 대해 저마다 다른 태도를 갖고 있음을 알 수 있다.
2. '전문가' 집단의 기대치는 평균적 기대치 부근에 밀집되어 있다.
3. 젊은 응답자들의 인플레이션에 대한 기대수준이 나이 든 세대의 응답자들보다 낮다.
4. 주택보유자들의 인플레이션에 대한 기대수준이 세입자들보다 낮다.
5. 영국 남부에 살고 있는 사람들의 인플레이션에 대한 기대수준이 북부에 살고 있는 사람들보다 높다.
6. 인플레이션에 대한 생애의 경험이 그 기대수준에 영향을 미친다.

이상에서 인플레이션에 대한 기대는 연령, 지리적 위치, 교육, 직업, 그리고 주거상황에 영향을 받는다. 분명한 것은 1970년대의 '대(大)인플레이션(Great Inflation)'을 겪을 정도로 나이 든 사람들이 그 때의 경험을 이번 반란에서 완진히 재기할 수는 없었다는 점이다.

이러한 비판들에도 불구하고, 1970년대 동안에는 거시경제학에 있어서 '합리적 기대혁명(rational expectations revolution)'은 분명 존재했다(Taylor, 1989; Hoover, 1992). 그러나 거시경제학자들이 뮤스의 사고를 즉시 받아들인 것은 아니었다는 점에 주목해야 할 것이다. 이는 아마도 1960년대 동안 정통파 케인즈주의 모형이 '유일한 관심거리'였기 때문일 것이다. 거의 10년의 세월이 흐르고 나서야 루커스, 사전트, 그리고 다른 주도적 새고전학파 경제학자들이 비로소 합리적 가설을 거시경제학 모형에 집어넣기 시작했다.

이러한 시차의 증기는 뮤스 논문(Muth, 1961)의 인용횟수에서 찾아낼 수 있다. 백하우스(Backhouse, 1995)는 뮤스의 논문이 갖는 상대적 영향력을 악셀 레이욘후푸드(Leijonhufvud, 1968)의 유명한 저서인 《케인즈주의 경제학과 케인즈의 경제학》(*On Keynesian Economics and the Economics of Keynes*)과 흥미롭게 비교한 바 있다(제2장 참조). 여기서 백하우스는 1970년대와 1980년대 동안 케인즈주의 경제학에 대한 관심이 사그라지면서 후자의 인용횟수가 감소하는 사이에 전자의 인용횟수가 어떻게 폭발적으로 늘었는가를 보여주었다(Snowdon, 2004 참조). 레이욘후푸드의 책이 즉각적인 영향을 주었지만 그가 강조했던 조정실패(coordination failure)의 측면에서 거시경제학을 변혁하는 데 결국 실패했던 반면, 뮤스의 논문은 늦게 시동이 걸렸지만 결국 거시경제학을 변모시키는 데 결정적 역할을 했다(거시경제학이 무엇보다도 조정문제를 다시 고려할 필요가 있다는 점에 대해서는, Leijonhufvud, 1992, 1993, 1998a, 1998b를 참조).

마지막 논점은 지적할 만한 가치가 있다. 가설을 제시할 때 '합리적'이라는 단어를 사용한 것은 결과적으로 1970년대 거시경제학자들의 사고를 지배한 전투에서 중요한 '수사적' 무기였음이 드러났다. 배로(Barro, 1984)는 다음과 같이 지적했다.

> 합리적 기대혁명이 갖는 가장 독특한 특징 중 하나는 '합리적'이라는 용어의 사용이었다. 그로 인해 이 접근법에 반대한 사람들은 비합리적이 되거나, 아니면 타인을 비합리적으로 모방하거나 하는 수세적 입장에 처할 수밖에 없었는데, 그 어느 쪽도 경제학자로서 달갑지 않은 것이다.

합리적 가설과 거시경제학에 있어서 그것의 적용에 대한 보다 상세한 논의로는 베그(Begg, 1982), 카터와 매덕(Carter and Maddock, 1984), 쇼(Shaw, 1984), 애트필드 외(Attfield et al., 1985), 레드먼(Redman, 1992); 쉐프린(Sheffrin, 1996), 그리고 민퍼드(Minford, 1997)를 참조하라. 새고전학파 경제학에 있어서 수사법의 사용에 관해서는 백하우스(Backhouse, 1997a)를 보라.

5.3.2 연속적 시장청산

새고전학파 모형의 두 번째 핵심적 가정은 경제에 존재하는 모든 시장이 연속적으로 청산된다는 것으로, 이것은 발라스의 전통과 궤를 같이한다. 각 시점에서 관찰된 결과들은 모두 '시장청산'(market-clearing)으로 간주되고, 경제주체들의 가격 인지에 대한 최적 수요/공급 반응의 소산이다. 결과적으로 경제는 연속적인(단기 및 장기) 균형 상태에 있는 것으로 간주된다. 그로 인해 새고전학파 모형은 종종 '균형' 모형이라 불리는데, 여기에서 균형이란 시장경제 내의 모든 경제주체들이 자신이 처한 제약조건 하에서 목표를 최적화하는 선택을 했음을 의미하는 것으로 해석된다.

시장청산 모형에서 경제주체들(노동자, 소비자, 기업)은 '가격 수용자(price-taker)'다. 즉, 그들은 시장가격을 주어진 것으로 받아들이지, 가격에 영향을 미치는 데 사용할 수 있는 시장지배력이 전혀 없다. 기업들은 '완전경쟁'이라 알려진 시장구조 내에서 활동하고 있다. 그러한 시장구조에서 기업들은 시장에서 결정되는 가격이 주어진 상태에서 그들의 최적 산출을 결정할 수 있을 뿐이다. 이윤을 극대화하는 최적산출량은 한계수입 = 한계비용인 지점에서 결정된다. 외부성이 존재하지 않을 때 경쟁적 균형은 수요와 공급의 힘에 의해 시장가격을 결정하고, 파레토 최적이고, 총잉여(생산자잉여와 소비자잉여)의 극대화에 도달한다. 〈그림 5.2(a)〉에서 경쟁적 시장청산 균형(P^*, Q^*)은 면적 BCE에 해당하는 소비자잉여와 생산자잉여의 합을 극대화하는 반면, 〈그림 5.2(b)〉에 표시된 $P_1(Q_1)$이나 $P_2(Q_2)$와 같은 비시장청산 가격(생산량)은 각각 면적 FEI와 GEH로 표시되는 후생손실을 가져온다(Dixon, 1997 참조).

〈그림 5.2(a)〉에서 교환으로부터 발생하는 모든 상호이익은 경제주체들에 의해 소진되어서 "길거리에 뿌려진 지폐는 전혀 없다"(Barro, 1979 참조). 수요/공급곡선의 위치와 그에 따른 시장청산 가격 및 균형거래량은 경제주체들의 기대에 영향을 받을 것이다. 합리적으로 형성된 기대조차도 불완전 정보로 인해 잘못된 것으로 판명될 여지가 있다. 따라서 적어도 경제주체들이 좀 더 정확한 정보를 획득할 때까지 현재 시점에서 관찰한 시장청산 균형이 완전정보 아래서의 균형과

그림 5.2 • 경쟁적 시장에서 균형이 갖는 후생적 함의

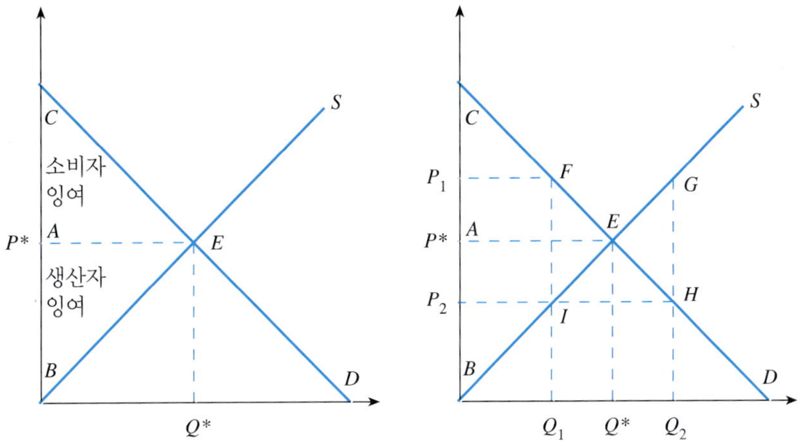

(a) 경쟁적 균형

(b) 생산량이 경쟁가격 수준 이상이거나 이하일 때의 후생손실

달라질 수 있다. 그럼에도 불구하고, 경제주체들은 자신이 획득한 정보로 최선을 다하고 있는 것이기에, 다음과 같은 도식대로 언제나 균형 상태에 있는 것으로 볼 수 있다.

$$\text{합리성} \Rightarrow \text{최적화} \Rightarrow \text{균형}$$

연속적 시장청산 가정은 새고전학파 분석의 기초가 되는 가장 중요하고도 논쟁적인 가정인데, 가격이 시장청산 상태로 즉각적으로 조정되는 데 아무런 문제가 없음을 뜻하므로 논란의 여지가 많다(Tobin, 1993, 1996 참조). 이 가정은 정통파 케인즈주의와 통화주의의 모형에서 함께 채택하고 있는 접근법과 뚜렷이 대비된다. 앞의 두 장에서 논의했듯이, 정통파 케인즈주의자들과 통화주의자들은 시장이 청산되는 데 걸리는 시간에 대해 견해를 달리한다. 케인즈주의 모형에는 더딘 가격조정으로 인해 시장이 청산되지 않을 수 있다는 가정이 들어있어서, 경제가 연속적인 불균형 상태에 있는 것이 가능하다고 본다. 반대로 정통파 통화주의 모형은 단기적으로는 경제가 불균형 상태에 있을 수 있다는 것을 받아들이면서도 가격이 시장청산에 맞춰 매우 신속히 조정된다는 가정을 담고 있어서, 통화주의자들은 경제가 장기적으로는 산출 및 고용의 자연율 수준인 거시적 균형 상태로 자동으로 돌아갈 것이라고 가정한다.

연속적 시장청산 가정은 합리적 기대가설보다 훨씬 더 논란이 많다. 제7장에서 논의하겠지만, 새케인즈주의자들은 교란이 발생한 후 어째서 가격과 임금이 시장청산 상태에 더디게 조정될 것인가를 설명하기 위해 수많은 주장들을 제시해왔다. 새고전학파 가정의 현실성에 대해, 특히 노동시장과 관련해 진지한 반론들이 제기될 수 있는데, 새고전학파 논객들은 노동시장에서 일하기

원하는 사람은 누구나 시장청산 균형임금 수준에서 일자리를 구할 수 있다고 주장한다. 다시 말해 새고전학파 균형접근법은 실업을 오로지 자발적 현상으로 취급한다(Lucas, 1978a). 그러나 효율성임금(efficiency wage)을 고려하면(제7장 참조), 기업이 시장청산 임금을 상회하는 효율성임금을 지급하는 것이 이득일 뿐만 아니라 합리적이라고 주장할 수 있다. 그러한 상황에서 노동시장은 불균형 현상으로서의 비자발적 실업이 존재하는 동시에 공급이 실업을 초과하는 지점에서 균형을 이룰 수 있다.

이제 새고전학파 거시경제학의 마지막 주요 원리인 총공급가설을 살펴보자.

5.3.3 총공급가설

합리적 기대가설의 경우와 마찬가지로, 우리는 문헌에서 총공급가설에 대한 다양한 설명들을 발견할 수 있다. 그 중에서도 총공급에 대한 두 가지 주요 접근법이 있음을 확인할 수 있다. 양자의 바탕을 이루는 것은 (i) 노동자와 기업이 내린 합리적 결정은 그들 나름대로 선택한 최적화 행위를 반영하고 있으며, (ii) 노동자가 제공하는 노동과 기업이 제공하는 생산물의 공급은 상대가격에 좌우된다는 두 가지 정통파 미시경제학의 가정이다.

총공급에 대한 새고전학파의 첫 번째 접근법은 노동공급에 주목하는 것으로, 루커스와 래핑(Lucas and Rapping, 1969)의 연구에 뿌리를 두고 있다. 이 분석에 대해서는 제6장에서 보다 상세히 논의되므로, 이하에서는 그 접근법의 핵심만을 간단히 살펴볼 것이다. 그 어떤 기간에도 노동자들은 노동과 여가에 얼마만큼의 시간을 배분할 것인지 결정해야한다. 그들이 정상 실질임금(normal real wage), 즉 기대 평균(expected average) 실질임금에 대해 어느 정도 알고 있다고 가정해보자. 현재의 실질임금이 정상 실질임금보다 높을 경우, 노동자들은 장차 더 많은 시간의 여가, 즉 더 적은 시간의 노동을 갖게 되기를 바랄 것이고 그에 따라 현재에는 더 많은 시간의 노동, 즉 더 적은 시간의 여가를 제공할 유인을 갖게 될 것이다. 이 때 실질임금은 더 낮아질 것으로 예상된다. 이와 반대로 현재의 실질임금이 정상수준보다 더 낮은 경우, 그들은 장차 더 많은 시간의 노동, 즉 더 적은 시간의 여가를 가질 것이라 예상하여, 현재에는 더 많은 시간의 여가, 즉 더 적은 시간의 노동을 보낼 유인을 갖게 될 것이다. 이 때 실질임금은 더 높아질 것으로 예상된다. 따라서 노동자들이 인지하는 실질임금의 일시적 변동에 따라 노동공급이 좌우된다고 가정된다. 미래의 여가를 현재의 노동으로 대체하고, 현재의 여가를 미래의 노동으로 대체하는 이러한 행태적 반응은 '시제적(時濟的) 대체(intertemporal substitution)' 라 명명된다. 시제적 대체 모형 안에서 고용 변화는 실질임금의 일시적 변화를 인지함에 따라 자신의 노동공급량을 바꾸는 노동자의 '자발적' 선택에 의해 설명된다.

총공급에 대한 새고전학파의 두 번째 접근법은 막대한 영향력을 행사한 루커스의 연구(Lucas, 1972a, 1973)에 기원을 두고 있다. 이하에서는 재화시장과 기업의 공급결정을 조명함으로써, 그의 주장에 내포된 의미를 설명할 것이다. 루커스의 분석에 있어서 중요한 요소는 생산자들이 사용 가능한 정보 집합 구조에 관한 것이다. 기업은 자신이 생산한 재화의 현재 가격을 알고 있지만, 다른 시장들의 전반적 가격은 일정한 시간이 흐른 뒤에야 알 수 있다고 가정된다. 생산물의 현재 시장가격이 상승할 때, 그것을 생산한 기업은 가격 변동이 다음 두 가지 상황 중 어느 것을 반영하고 있는지 판단해야 한다. 첫째, 그 생산물에 대한 실질적 수요변동으로, 이 경우 기업은 타 재화와 비교한 제품가격 상승에 대해 생산량을 늘림으로써 합리적으로 대응해야 할 것이다. 둘째, 수요가 전체 시장에 걸쳐 단지 명목적으로만 인상된 경우인데, 이는 가격 전반의 인상을 가져오므로 공급측면에서 대응할 필요가 없다. 기업들은 상대가격의 변화와 절대가격의 변화를 구별해야한다는 점에서, '신호적출(signal extraction)' 문제라 불리는 것에 직면해 있다. 실제로 일반물가수준의 변동 폭이 클수록, 생산자가 정확한 신호를 적출하는 것은 그만큼 더 어려워지고 그 어떤 가격변동에 대해서도 공급의 반응도가 떨어질 것이다(Lucas, 1973).

노동 및 재화공급의 측면에서 개별 경제주체들의 행위를 분석한 결과 루커스의 '놀람' 공급함수라 부르는 것을 도출할 수 있는데, 그 가장 단순한 형태는 다음과 같다.

$$Y_t = Y_{N_t} + \alpha[P_t - P_t^e], \quad \alpha > 0 \tag{5.3}$$

새고전학파 모형에서 기대는 합리적으로 형성되므로, 식 (5.3)은 다음과 같이 다시 쓸 수 있다.

$$Y_t = Y_{N_t} + \alpha[P_t - E(P_t \mid \Omega_{t-1})] \tag{5.4}$$

식 (5.4)는 단지 실제 가격수준(P_t)이 그(합리적) 기대치 $[E(\dot{P}_t \mid \Omega_{t-1})]$로부터 벗어난 결과, 즉 가격수준의 예기치 않은(놀라운) 상승에 대한 반응으로 산출(Y_t)이 그 자연 수준(Y_{N_t})에서 벗어난다는 것을 보여주고 있다. 예를 들어 실제 가격수준이 예상 가격수준보다 더 높게 나타나면, 개별 경제주체들은 '놀란' 나머지, 가격상승을 자기 생산물의 상대가격 상승으로 오인하게 되고, 결과적으로 해당 경제의 생산물 및 고용공급이 증가한다. 가격상의 '놀람' 요인이 없다면, 산출은 자연 수준에 머물게 될 것이다. 그 어떤 예상 가격수준에 대해서도 총공급곡선은 P–Y 공간에서 우상향할 것이다. 그리고 α의 값이 크면 클수록, '놀람' 총공급곡선은 그만큼 더 탄력적이 되고, 일반가격수준의 예기치 못한 상승이 실질변수들에 미치는 영향도 더 커질 것이다(그림 5.3과 제5.5.1절 참조).

루커스의 놀람 함수를 다른 식으로 풀어쓰면, 기대 인플레이션이 실제 인플레이션으로부터 벗어난 것에 대한 반응으로, 즉 인플레이션 기대 상의 착오에 대한 반응으로, 산출이 그 자연적 수준에서 벗어난 것에 지나지 않는다.

$$Y_t = Y_{N_t} + \alpha[P_t - E(P_t \mid \Omega_{t-1})] + \varepsilon_t \tag{5.5}$$

식 (5.5)에서, $\dot{P}_t$ = 실제 인플레이션율, $E(\dot{P}_t \mid \Omega_{t-1})$ = 전기까지 이용 가능한 정보 제약하의 합리적 기대 인플레이션율, 그리고 ε_t = 임의오차과정(random error process)이다. 루커스에 따르면, 인플레이션이 비교적 안정적이었던 국가들은 인플레이션 충격에 대해 공급반응이 더 커야하고,

그 역도 마찬가지일 것이다. 유명한 실증연구에서, 루커스(Lucas, 1973)는 다음과 같은 사실을 확인시켜 주었다.

> 미국과 같이 가격이 안정적인 나라에서는 (…) 명목소득 인상 정책들이 인플레이션율에 대해 갖는 양(+)의 효과는 작지만, 그것이 실질 생산량에 미치는 초기효과는 큰 경향을 갖는다. (…) 정반대로 아르헨티나와 같이 가격변동이 큰 나라에서는, 명목소득 변동이 실질 생산량에 주는 효과는 미미하지만, 그것이 가격변동에 미치는 효과는 명목소득 변화와 같은 정도이며 동시에 발생한다.

시차 생산량항$(Y_{t-1} - Y_{N_{t-1}})$을 넣어 식 (5.4)를 다시 쓸 수 있는데, 그 형태는 경제학적 집계치가 갖는 운동의 지속성, 즉 계열상관(serial correlation) 문제를 다루는 실증연구에서 루커스(Lucas, 1973)가 사용했던 것이다. 이제 놀람 총공급함수는 아래 식 (5.6)의 형태를 갖는다.

$$Y_t = Y_{N_t} + \alpha[P_t - E(P_t \mid \Omega_{t-1})] + \beta(Y_{t-1} - Y_{N_{t-1}}) + \varepsilon_t \tag{5.6}$$

즉, 실업과 국내총생산 사이에는 안정적이고도 예측가능한 음(−)의 관계가 있다는 '오컨의 법칙(Okun' s law)' (Okun, 1962)에 의지함으로써, 루커스의 놀람 총공급방정식은 식 (5.7)로 표시된 합리적 기대를 고려한 필립스 곡선을 단지 다른 방식으로 표현한 것으로 해석할 수 있다.

$$\dot{P}_t = E(\dot{P}_t \mid \Omega_{t-1}) - \varphi(U_t - U_{N_t}), \quad \varphi > 0 \tag{5.7}$$

여기서 U_t = 현재 실업률, U_{N_t} = 자연실업률이다. 식 (5.7)을 다시 정리하면, 식 (5.8)이 된다.

$$U_t = U_{N_t} - 1/\varphi[\dot{P}_t - E(\dot{P}_t \mid \Omega_{t-1})] \tag{5.8}$$

위의 식으로 정리할 때, 인플레이션 놀람은 실업을 자연율 수준 이하로 잠시 떨어뜨리는 결과를 가져온다. 식 (5.6)과 (5.8)에서 실질변수는 명목변수와 연계되어 있다. 그러나 루커스가 보여주었듯이, 명목변수의 변화가 하나의 '놀람' 일 때에만 고전학파의 이분법은 와해된다. 실제로 그 자신은 통화량 증가에 있어서 예상한 변동과 예기치 못한 변동이 매우 다른 효과를 낳는다는 발견이야말로 바로 전후 거시경제학의 핵심 사고라고 생각한다(Snowdon and Vane, 1998). 게다가 루커스(Lucas, 1996)는 통화량 변동을 이처럼 예상한 것과 예상치 못한 것으로 구별하는 것이 단기 상충관계로 표현되는 화폐의 비중립성을 설명하기 위해 1970년대에 개발된 모든 합리적 기대방식 모형들이 갖는 특징이라고 언급한다.

5.4 균형경기변동이론

케인즈의 《일반이론》이 나오기 전에, 많은 경제학자들은 경기변동 연구에 적극 참여했다(Haberler, 1963). 그러나 케인즈 혁명이 가져 온 중요 결과 중 하나는 거시경제학 연구의 방향을,

시간의 흐름에 따른 경제의 동태적 변화과정보다는 한 시점에서의 산출 수준에 관한 문제로 변경했다는 것이다. 그럼에도 불구하고 1945년 이후부터 1970년대 이전까지 주류 거시경제학 내에서 경기변동에 관한 주요 접근법을 제공한 사람들은 케인즈주의자들과 통화주의자들이었다(Mullineux, 1984). 1970년대에 집계량의 변화에 대한 새로운 접근법이 루커스에 의해 시작되었는데, 그는 경기변동 모형화 작업에 대해 균형 접근법을 주장하였다(Kim, 1988). 루커스의 균형이론은 국내총생산의 변동을 불균형 현상으로 간주했던 케인즈주의적 경기변동 분석에서 크게 벗어난 새로운 시도였다. 케인즈주의 거시경제학 모형의 특징이라면 주로 임금 및 가격 유연성을 가로막는 다양한 경직성과 마찰이다. 그 결과 단기에는 시장청산이 이루어지지 않고, 국내총생산은 상당 기간 동안 그 잠재적 수준으로부터 크게 벗어날 수도 있다. 프리드먼도 케인즈주의 모형이 총체적 불안정성의 주요 원천으로서 화폐적 교란이 갖는 중요성을 경시했다고 비판한 바 있다. 프리드먼과 슈워츠(Friedman and Schwartz, 1963)의 연구는 모든 세대의 경제학자들에게 커다란 영향을 주었음이 입증되었다. 특히 그들은 대공황이 "화폐적 요인의 중요성을 비극적으로 증언한 것"이라고 주장했다. 루커스는 프리드먼의 통화주의 사상에 아주 많은 영향을 받았지만, 경기변동을 분석할 때에는 프리드먼의 마셜적 접근법에 근거하기보다는 발라스의 연구방법론을 활용하는 쪽을 선호했다(Hoover, 1984).

경기변동 모형화에 대한 루커스 접근법의 기초는 『저널 오브 이코노믹 시어리』(*Journal of Economic Theory*)에 실린 그의 독창적인 논문(Lucas, 1972a)에서 발견할 수 있다. 그의 목표는 그 논문의 첫 구절에 명료하게 서술되어 있다.

> 명목가격 변동률(인플레이션)과 실질생산량 수준 간의 체계적 관계야말로 현대 경기변동의 핵심적 특징이라 할 수 있다. 이 논문은 그 관계가 균형가격과 균형거래량에 의해 표현되는 경제의 간단한 사례를 제시한다. 본래 잘 알려진 필립스 곡선의 변형인 그 관계는 모든 형태의 '화폐착각'이 엄격히 배제된 틀 내에서 도출된다. 즉 그 틀안에서, 모든 가격은 시장을 청산하고, 모든 경제주체들은 자신의 목적과 기대에 비추어 최적으로 행동하며, 기대는 최적으로 형성된다. (...) 그러한 틀에서, 가격변동은 *상대적인 수요변화* 또는 *명목적(화폐적)* 변화에 기인하여 발생한다. 이 위험분산 행위의 결과로 화폐의 비중립성, 또는 넓은 의미에서 우리가 현실에서 관찰하는 것과 성격이 비슷한 하나의 필립스 곡선이 생긴다. 동시에 화폐의 장기 비중립성, 즉 실질 변량과 명목 변량의 독립성에 대한 고전학파의 결론들은 계속적으로 유효하다.

루커스는 이런 발라스의 틀 내에서 화폐적 변화가 실질적 결과를 가져오지만, "그 이유는 단지 경제주체들이 수요변화가 화폐적인 것인지, 아니면 실질적인 것인지를 완벽하게 구별할 수 없기 때문"이고, 따라서 "인플레이션과 실질생산량 간에는 사실상의 상충관계가 없다"는 것을 보여주었다. 그의 1972년 모형에서, "필립스 곡선은 설명되지 않은 경험적 사실로서가 아니라, 일반균형 체계의 해가 갖는 핵심적 특징으로 나타난다."

이러한 통찰에 근거해서, 루커스는 더 나아가 집계량의 변화 분석에 대한 균형접근법을 개발했다. 루커스(Lucas, 1975)는 경기변동을 "생산요소의 이용 가능성 변화에 의해 설명되어질 수 없는" 실질생산량 추세에 관한 계열 상관성을 갖는 운동으로 정의한다. 국내총생산의 변동과 연관하여 가격, 소비, 영업이윤, 투자, 화폐 집계량, 그리고 생산성 및 이자율 같이 상이한 총계적 시계열 사이에 동행성(同行性, co-movements)이 나타난다(Abel and Bernanke, 2001). 그 불규칙성이 매우 심해서 루커스(Lucas, 1977)는 "계열간 동행성에서 나타나는 정성적 행태에 비추어 볼 때, (대공황을 제외하고) 경기변동은 모두 유사하다"고 공언한다. 그에게는 "경기변동의 되풀이되는 성격이 핵심적으로 중요하다." 루커스(Lucas, 1977)는 다음과 같이 설명한다.

> 우리가 경기변동을 본질적으로 유사한 사건들이 되풀이되는 현상으로 볼 수 있는 한, 경제주체들이 순환적 변화를 '위험'으로 간주하고 대응한다고 보거나, 그들의 기대를 합리적이라고, 즉 그들이 정보를 수집하고 가공하기 위해 필요한 매우 안정적인 기구를 가지고 있고, 미래를 예측하는 데 있어서 조직적이고 쉽게 교정 가능한 편의(偏倚)없이 안정적인 방식으로 이 정보를 활용한다고 가정하는 것은 *합리적*일 것이다.

1972년의 선구적인 논문과 1973년 논문에 기초하여, 루커스(Lucas, 1975; Lucas, 1977)는 경기변동을 균형현상으로 보는 '새고전학파'의 화폐적 설명을 제시한다. 케빈 후버(Hoover, 1988)가 진술했듯이, "불균형 개념에 의지하지 않고 거시경제학적 집계치와 가격의 연관된 움직임을 설명하는 것이야말로 경기변동이론에 대한 새고전학파 연구가 절실히 바라는 것이다." 루커스(Lucas, 1975)가 언급하듯이, '거시경제학의 중심문제'는 화폐적 교란이 실질생산량의 변동을 야기할 수 있지만, 가격경직성과 비합리적 기대를 특징으로 하는 케인즈주의 모형에서 발생하는 것과 같은 "지속적이고 반복되는, 획득되지 않은 이윤획득 기회의 존재"를 아울러 의미하지는 않는 이론적 틀을 발견하는 것이다.

일찍이 하이에크(Hayek, 1933)는 '경기변동이론의 핵심문제'가 "경제학의 균형이론 체계와 명백히 모순되는 순환 현상들을 그 체계에 통합시킬" 하나의 해법을 고안하는 것이라는 연구 과제를 공표한 바 있다. 그가 의미했던 균형이론은 "여러 이론경제학 중에서 로잔학파(Lausanne School)가 가장 완벽히 표현했던" 것이었다. 케인즈주의 경제학자들이 균형경기변동이론에 대한 탐색을 달성하기 어려운 것으로 여겼던 반면, 총량적 불안정성에 대한 균형이론적 설명을 개발하는 것이 가능함을 보여준 것은 루커스의 가장 두드러진 업적 중 하나이다. 비록 초기에 그가 균형 개념을 이론화하는 과정에서 하이에크의 경기변동에 관한 연구와 약간의 유사성이 있다고 주장했지만, 이제 경기변동에 관한 새고전학파와 오스트리아 학파의 이론은 매우 다르다는 것이 분명해졌다. 오스트리아 학파의 이론은 경기변동을 균형화 과정으로 보지만, 새고전학파의 모형에서 경기변동은 '균형의 연속체(continuum)'로 간주된다(Kim, 1988; 제9장 참조; Lucas, 1977; Hoover, 1984, 1988; Zijp, 1993).

루커스의 화폐적 균형경기변동이론(monetary equilibrium business cycle theory; MEBCT)은 뮤스(Muth, 1961)의 합리적 기대가설, 프리드먼(Friedman, 1968a)의 자연실업률 가설, 그리고 발라스의 일반균형 방법론을 통합하고 있다. 임금 및 가격의 완전 신축성으로 인해 시장이 연속적으로 청산될 때, MEBCT에서 여러 변동 현상들은 경쟁적 균형들로 묘사된다. 그러나 그런 세계에서 화폐적 교란은 어떻게 변동을 초래할 수 있는가? 경제주체들이 완벽한 정보를 갖고 있는 정형화된 고전학파 모형에서 화폐공급의 변동은 엄격히 중립적이어야 한다. 즉, 실질 국내총생산 및 고용과 같은 실질변수에 전혀 영향을 주지 않을 것이다. 그러나 프리드먼과 슈워츠(Friedman and Schwartz, 1963), 그리고 좀 더 최근에는 로머와 로머(Romer and Romer, 1989) 같은 연구자들이 경험적으로 관찰한 화폐의 주도적이고 경기순행적(procyclical)인 행태는 화폐가(역의 인과관계 가능성을 무시하면) 비중립적임을 시사한다. 루커스가 직면한 지적 도전은 합리적인 이윤극대화 행위자가 살고 있고 모든 시장들이 연속적으로 청산되는 세계에서 화폐의 비중립성을 설명하는 것이었다. 그의 새로운 연구 중 중심을 이루는 것은 경제주체들이 '불완전 정보'를 갖도록 고전학파 모형을 확장한 것이었다. 결과적으로 불안정성은 화폐에 의해 유도되는 오인의 결과라는 생각이 필립스 곡선에 대한 프리드먼(Friedman, 1968a) 분석의 주요 특징이기도 하지만, 루커스의 MEBCT는 '오인 이론(misperception theory)'이라 세간에 알려지게 되었다. MEBCT를 세우려는 루커스(Lucas, 1975)의 선구적 시도에서 그의 모형이 갖는 특징은, 가격 및 수량이 경쟁적 균형에서 결정되고, 경제주체들은 합리적 기대를 하며, "미래를 알 수 없다는 의미에서 뿐만 아니라, 경제의 현재 상태에 대해 그 어떤 개인도 완벽히 알 수 없다는 의미"에서 불완전 정보를 갖는 것이다.

총공급이 상대가격에 의존한다는 가설은 산출 및 고용 변동에 대한 새고전학파 설명의 핵심이다. 새고전학파의 분석에서 경제 전반에 영향을 미치는 충격, 즉 주로 예상치 못한 화폐공급의 변화에서 발생하는 예상치 못한 총수요 상의 충격은 합리적으로 형성된 가격 예상치에 착오를 발생시켜, 산출과 고용을 장기(완전정보) 균형(자연) 수준으로부터 벗어나게 하는 결과를 가져온다. 이러한 착오는 노동자와 기업을 막론하고 불완전/불완벽(incomplete/imperfect) 정보로 인해 발생하는데, 그들은 가격의 전반적 변화를 상대가격 변화로 오인해 각자 노동과 생산물 공급에 변화를 가하는 것으로 대응한다.

신고전학파 미시경제학 이론에서는 경쟁적 시장의 경우 개별생산자의 공급곡선은 우상향하는데, 이는 공급자가 가격상승에 반응하여 생산량을 늘릴 것임을 보여준다. 그러나 이 이윤극대화 반응은 상대가격 상승에 대한 생산자의 반응이다. 따라서 개별 공급자들은 자신이 공급하는 재화의 명목가격 상승에 대응해 생산량을 늘리는 것이 이득인지 아닌지를 합리적으로 계산하기 위해서 일반물가수준이 어떻게 변화하는지 알 필요가 있다. 인플레이션으로 인해 모든 가격이 오르고 있는 경우라면, 공급자들은 자신이 생산한 재화가격의 상승이 상대(실질)가격의 상승을 반영하는 것이 아니기 때문에 그에 대해 생산량을 늘려서는 안 된다. 그렇지만 자료에 따르면, 일반물가수준이 상승함에 따라 총생산량은 증가한다. 즉, 단기 총공급곡선은 P–Y 공간에서 우상향한다.

이것은 일반물가수준의 상승에 대한 수많은 개별 공급자들의 반응을 합하면 그것이 양(+)임에도 불구하고, 이윤을 극대화하는 개인들은 그처럼 대응하지 말아야 한다는 것을 의미한다. 그것이 어떻게 가능할 수 있는가? 합리적 경제주체들은 실질변수에만 반응해야 하고, 그들의 행위는 명목변수에 대해 불변이어야 한다. 루커스가 제시한 답은 상대가격에 대해 불완전한 정보를 갖고 있는 경제주체들(노동자, 가계, 기업)과 관련된 것이다(Lucas, 1972a). 만약 그들이 가격이 안정적인 세계에 줄곧 익숙해져 있다면, 자신이 생산한 재화(또는 용역)의 공급가격 상승을 상대가격의 증가로 해석해 생산량을 늘릴 것이다. 따라서 예기치 못한 가격상승은 경제주체들을 놀라게 하고, 그들은 재화가격 상승에 대해 자신이 관찰한 정보를 잘못 해석하여 생산량을 증가시킨다. 그들은 루커스(Lucas, 1977)가 말한 '신호적출 문제'를 겪는데, 만약 모든 경제주체들이 같은 실수를 한다면 일반물가수준 상승과 상관성을 지닌 총생산량 증가가 나타나게 될 것이다. 루커스의 모형은 '통화주의적'이기 때문에 일반물가수준의 상승은 그에 앞선 화폐공급량 증가에 의해 야기되므로, 우리는 화폐와 생산량이 양(+)의 상관관계를 갖는다는 것을 알 수 있다. 즉, 화폐는 비중립적이다.

일례로 초기에 산출과 고용이 자연율 수준에 있는 경제를 생각해보자. 예기치 못한 화폐적 교란이 발생해, 일반물가수준이 상승하고 따라서 경제 전반에 걸쳐 모든 시장('섬')의 개별가격들도 상승한다고 하자. 위에서 언급했듯이, 기업들은 자신이 거래하는 제한된 수의 시장에서 형성되는 가격에 관한 정보만을 갖고 있다고 가정한다. 만약 개별 기업들이 자신의 재화가격 상승을 그들이 생산한 제품의 상대가격 상승으로 해석한다면, 그들은 생산을 늘리는 것으로 반응을 보일 것이다. 노동자들 또한 불완전한 정보를 갖고 있다고 가정해보자. 만약 그들이(자신의 기대치와 비교한) 화폐임금 증가를 실질임금 증가로 오인한다면, 노동공급을 늘리는 것으로 반응할 것이다(Lucas and Rapping, 1969). 노동자들을 바보로 취급하는 프리드먼의 모형(제4장 참조)과 달리, 루커스의 모형은 노동자와 기업 간의 정보 비대칭성에 전혀 기대고 있지 않다. 기업과 노동자들은 모두 예측상의 오류를 범하여 각자 생산물과 노동의 공급을 늘림으로써, 그들이 잘못 알고 있는 전반적 가격상승에 적극적으로 반응하는 경향이 있다. 그 결과 총생산량과 고용은 자연적 수준을 넘어 일시적으로 증가할 것이다. 경제주체들이 상대가격의 변화가 전혀 없었다는 것을 일단 깨닫게 되면, 산출과 고용은 장기(완전정보) 균형(자연)수준으로 복귀한다.

루커스의 모형은 화폐적 충격을 총량적 불안정성의 주된 원인으로 강조하고 있으며, 상대가격과 일반물가수준의 변화를 경제주체들이 혼동한다는 점에 근거해 논의를 전개한다(Dore, 1993; Arnold, 2002). MEBCT에서는 그 어떤 시점에서의 생산물 공급(Y_t)도 식 (5.9)에서 표시되는 불변의(장기적인) 요소(Y_{N_t})와 주기적 요소(Yc_t)를 모두 갖는다.

$$Y_t = Y_{N_t} + Yc_t \tag{5.9}$$

국내총생산의 불변요소는 경제의 잠재적 성장을 반영하므로, 아래 식 (5.10)으로 표시되는 추세선을 따른다.

$$Y_{N_t} = \lambda + \phi_t \tag{5.10}$$

주기적 요소는 식 (5.11)이 보여주는 바와 같이, 가격 측면에서의 놀람과 이전 기간에 산출이 자연적 수준에서 벗어난 정도에 의존한다.

$$Yc_t = \alpha[P_t - E(P_t \mid \Omega_{t-1})] + \beta(Y_{t-1} - Y_{N_{t-1}}) \tag{5.11}$$

식 (5.11)의 시차 생산량 항은 추세로부터의 생산량 이탈이 다양한 전파 메커니즘(propagation mechanism)의 영향으로 인해 일시적인 것 이상의 성격을 갖는다는 것을 보여주고, 계수 β (> 0)는 충격이 지나간 뒤 생산량이 자연적 수준으로 복귀하는 속도를 결정한다. 합리적 기대가설과 놀람공급함수의 결합은 생산량과 고용이 자연적 수준 부근에서 임의적으로 변동하리라는 것을 의미하므로, 경기변동기 동안 그들이 일련의 기간에 걸쳐 지속적으로 추세치 이상(경기 상승기)이나 이하(경기 하강기)에 머무는 이유를 설명하기 위해서는 추가적 가정이 필요하다. 계열상관을 갖는 생산량과 고용의 움직임, 즉 모든 각 시점에서 생산량과 고용수준이 각각의 선행값과 상관관계를 갖는 현상은 문헌에서 여러 가지 방식으로 설명되어 왔다. 전파기제에 대한 이 설명들에는 시차 생산량, 투자 가속도효과, 정보지체 및 자본재의 내구성, 그리고 신속한 조정을 억제하는 계약의 존재와 조정비용에 대한 언급이 들어있다(Zijp, 1993 참조). 고용 분야를 예로 들면, 기업들이 노동력을 채용할 때나 해고할 때 모두 면접, 신입직원의 교육, 정리해고 수당지급 등과 관련된 비용이 든다. 결과적으로 어떤 예기치 못한 충격이 있은 뒤에 그들의 최적대응은 고용과 생산수준이 일정한 기간에 걸쳐 점진적으로 조정되도록 하는 일일 것이다.

식 (5.9) 및 (5.10), (5.11)을 결합하면, 아래의 식 (5.12)로 표시되는 루커스 총공급관계 식을 얻을 수 있다.

$$Y_t = \lambda + \phi_t + \alpha[P_t - E(P_t \mid \Omega_{t-1})] + \beta(Y_{t-1} - Y_{N_{t-1}}) + \varepsilon_t \tag{5.12}$$

여기서 ε_t는 임의오차과정이다.

루커스 모형 내에서 보이는 경제주체들의 행동은 사후적으로(*ex post*) 최적이 아니라는 것이 드러나지만, 그들은 자신이 획득한(불완전) 정보 상황에서 나름대로 최선을 다하고 있는 합리적 기대균형 상태에 있다. 루커스(Lucas, 1973)가 보여주듯이, 이것은 일반적으로 가격이 안정적인 국가의 경우 화폐적 교란(임의의 충격)이 실질변수에 미치는 영향이 훨씬 더 클 것임을 시사한다. 반면, 경제주체들이 인플레이션에 익숙해져 있는 나라에서는 화폐적 교란이 실질변수에 미치는 영향은 미미할 것이다. θ가 상대가격 변동에 기인하는 개별가격의 총변동분을 표시한다고 하자. θ가 클수록, 경제주체들은 관찰된 가격의 변동성을 실질적 충격, 즉 상대가격의 변화에서 비롯된 것으로 받아들이고, 그것을 순전히 일반물가수준의 인플레이션(명목적) 움직임 탓으로 받아들일 여지는 적어진다. 따라서 우리는 식 (5.12)를 변형해, 루커스의 총공급곡선을 그의 1973년 논문 〈산출과 인플레이션 간의 상충관계에 대한 국제적 증거〉("Some International Evidence on

Output–Inflation Trade-Offs")에 나타난 방식과 유사한 형태로 제시할 수 있다.

$$Y_t = \lambda + \phi_t + \theta\alpha[P_t - E(P_t \mid \Omega_{t-1})] + \beta(Y_{t-1} - Y_{N_{t-1}}) + \varepsilon_t \tag{5.13}$$

식 (5.13)에 따르면, 경제주체들이 가격 안정성을 기대하고 있는 나라에서 발생하는 예상치 않은 화폐적 교란은 상당한 실질 생산량의 교란을 가져올 것이다. 식 (5.13)에서 우리는 산출(Y_t)이 다음과 같은 요소로 나누어진다는 것을 알 수 있다.

1. 불변적 요소 = $\lambda + \phi_t$
2. 가격 측면에서의 놀람이 주는 충격과 관련된 요소 = $\theta\alpha[P_t - E(P_t \mid \Omega_{t-1})]$
3. 이전 기간에 생산량이 불변생산량에서 벗어난 것과 관련된 요소 = $\beta(Y_{t-1} - Y_{N_{t-1}})$
4. 임의적 요소 = ε_t

따라서 루커스의 모형에서 경기변동은, 불완전정보의 세계에서 공급을 늘림으로써 가격상승에 대응하는 경제주체들에게 불완전한 가격신호를 전송하는 외생적 화폐수요의 충격에 의해서 발생한다. 일반적 물가수준의 변동이 크면 클수록, 즉 상대가격 변동에 기인하는 가격변동이 적으면 적을수록, 화폐적 교란에 대한 생산량의 주기적 반응도는 그만큼 적을 것이고, 반대의 경우도 마찬가지일 것이다. MEBCT의 주된 정치적 함의는 온건한 통화정책이 총량적 불안정성의 거대한 원천을 제거하리라는 것이다. 따라서 새고전학파 경제학자들은 안정화 정책의 실행을 둘러싼 '준칙 대 재량'의 논쟁에서 준칙의 편에 서게 된다.

이제 거시경제학에 대한 새고전학파의 접근법이 갖는 주요 정책적 함의를 좀 더 자세히 살펴보기로 하자.

5.5 새고전학파 접근법의 정책적 함의

합리적 기대, 연속적 시장청산, 그리고 총공급가설을 결합하면 여러 중요한 정책적 결론들이 얻어진다. 이하에서는 새고전학파의 주요 정책적 함의, 즉 (i) 정책 비실효성 명제, (ii) 인플레이션을 완화하는 데 드는 산출-고용비용, (iii) 동태시간적 비일관성, 신뢰성, 그리고 통화준칙, (iv) 중앙은행의 독립성, (v) 총공급을 확대하기 위한 미시경제학적 정책의 역할, 그리고 (vi) 계량경제학적 정책평가에 대한 루커스 비판에 대해 검토한다.

우선 통화정책의 변화에 대한 완전예견 때문에 통화정책이 단기에서조차 산출과 고용수준에 제대로 영향을 미칠 수 없을 것이라는 강력한 정책적 결론, 즉 화폐의 초중립성(super-neutrality)에 관한 논의부터 살펴보자.

5.5.1 정책 비실효성 명제

새고전학파의 정책 비실효성 명제(policy ineffectiveness proposition)가 처음 제시된 것은 사전트와 월리스가 쓴 두 개의 영향력 있는 논문(Sargent and Wallace, 1975; 1976)에서였다. 이 명제는 〈그림 5.3〉에 표시된 총수요/공급 모형을 이용해 가장 잘 설명할 수 있다. 이 모형이 도출되는 과정에 익숙하지 않은 독자들은 맨큐(Mankiw, 2003)와 같은 표준적 거시경제학 교과서 중 하나를 참고할 것을 권장한다. 〈그림 5.3〉에서 경제는 초기에 AD_0, $SRAS_0$, 그리고 $LRAS$ 세 개의 선이 만나는 점 A에서 운영되고 있다. A점에서는 식 (5.3)에 따라, 가격수준(P_0)이 완전히 예견되고, 즉 실제 가격수준과 예상 가격수준이 일치하고, 산출과 고용은 장기(완전정보) 균형(자연) 수준에 있다. 통화당국이 통화공급을 늘리고자 한다는 소식을 공표한다고 해보자. 합리적 경제주체라면 자신의 기대를 형성하는 데 이 정보를 고려할 것이고, 또 통화량 증가가 일반물가수준에 미치는 효과를 완전히 예견할 것이다. 따라서 산출과 고용은 자연적 수준에서 불변인 상태로 있을 것이다. 총수요곡선이 AD_0에서 AD_1까지 우측으로 이동한다고 해도, 예상 가격의 즉각적인 상향 조정에 따라 화폐임금 증가하고 그로 인해 양의 기울기를 갖는 총공급곡선이 $SRAS_0$에서 $SRAS_1$까지 좌측으로 이동함에 따라, 총수요곡선의 변화가 상쇄될 것이다. 이러한 경우에 경제는 A점에서 C점으로 곧장 이동하여, 단기적으로도 산출과 고용에 진혀 변동이 없는 상태에서 수직의 장기 총공급곡선 상에 머물 것이다. 즉 화폐는 초중립적(super-neutral)이다.

반대로 통화당국이 자신의 의향을 알리지 않고 통화공급을 증가시켜 경제주체들을 놀라게 한다

그림 5.3 • 통화공급의 예상된 변동과 예상치 못한 변동이 산출 및 가격수준에 미치는 영향

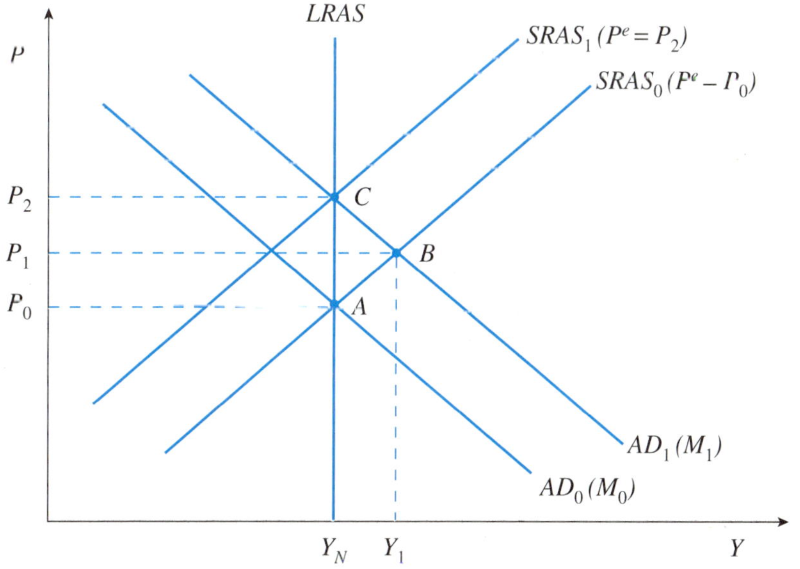

고 가정해보자. 이러한 상황에서 정보가 불완전한 기업과 노동자들은 그 결과로 나타나는 일반물가 수준의 상승을 상대가격 상승으로 오인하여, 생산물과 노동의 공급을 늘리는 반응을 보일 것이다. 다시 말해 노동자와 기업들은 이러한 현상을 자신의 서비스/재화에 대한 수요의('명목적' 증가와 반대되는) 실질적 증가로 착각하여, 노동/생산물 공급을 늘리는 반응을 보일 것이다. 이를 〈그림 5.3〉에서 살펴보면, 총수요곡선은 AD_0에서 AD_1까지 우측으로 이동해 양의 기울기를 갖는 총공급곡선 $SRAS_0$와 B점에서 교차할 것이다. 식 (5.3)에 따라, 가격수준(P_1)이 예상수준(P_0)과 어긋난 결과로, 즉 경제주체들이 예측상의 오류를 범한 결과로, 생산량(Y_1)은 그 자연적 수준(Y_N)에서 벗어날 것이다. 이러한 주장에 따르면, 생산량/고용의 어떤 증가/감소도 일시적일 뿐이다. 상대가격이 전혀 변하지 않았다는 것을 경제주체들이 일단 깨닫게 되면, 산출과 고용은 장기균형(자연적) 수준으로 돌아갈 것이다. 〈그림 5.3〉으로 설명하면, 경제주체들이 가격에 대한 기대치를 완전히 조정함에 따라, 양의 기울기를 갖는 총공급곡선은 $SRAS_0$에서 $SRAS_1$까지 좌상향 이동하여 C점에서 AD_1과 교차할 것이다. 여기서 흥미로운 사실은, 새고전학파의 조정과정 중 전술한 A에서 C까지의 과정은 정통파 통화주의자들의 장기에 있어서의 주장과 일치하는 반면, A에서 B로, 그리고 C로 가는 후술한 조정과정은 통화공급의 증가가 예견된 것인지 아닌지 여부와 관계없이 정통파 통화주의자들의 단기에 대해 내세우는 주장과 일치한다는 점이다. 요약하면, 새고전학파의 분석은 (i) 예견된 통화공급의 증가는 물가수준은 상승시키지만 실질 생산량과 고용에는 아무런 효과도 미치는 못할 것이고, (ii) 단지 예상치 못한 화폐적 충격만이 단기적으로 실질변수들에 영향을 줄 수 있다고 주장한다.

이 강력한 정책 비실효성 명제는 거시경제적 안정화 정책의 역할과 실행을 둘러싼 논쟁에 있어서 중요한 함의를 갖는다. 통화공급이 어떤 '알려진' 준칙에 따라 통화당국에 의해 결정된다면, 당국은 경제주체들이 예견할 수 있는 것과 같은 체계적인 통화정책을 추진하는 방식으로는 단기에조차 산출과 고용에 영향을 줄 수 없을 것이다. 일례로 통화당국은 연 6%의 일정한 통화증가율 부과를 고려하는 통화준칙을 채택할 수도 있다. 인플레이션에 대한 기대를 형성함에 있어서, 합리적 경제주체들은 통화공급 6% 확대에 따라 예상되는 효과를 헤아릴 것이다. 결과적으로 통화준칙 중 체계적인 구성요소(즉 6%)는 실질 변수들에 전혀 영향을 주지 못할 것이다. 만약 실제로 통화공급이 연 8%로 증가한다면, 통화확대 중 비체계적인(예상치 못한) 구성요소(즉 연 2%)가 인플레이션 예측의 오류를 가져와, 산출과 고용을 일시적이나마 장기균형(자연적) 수준 이상으로 증가시킬 것이다. 그와 달리 통화당국은 피드백 준칙에 의해(예를 들면 고용과 산출 변동에 대응하여) 통화량을 결정할 수도 있다. 이 경우에도 알려진 피드백 준칙에서 발생하는 통화량 증가율 변화는 경제주체들에 의해 예견되어, 피드백 정책 준칙을 무력하게 만들 것이다. 오직 예견되지 않은(통화당국이 저지르는 정책적 오류나 예기치 않은 정책변화 따위의) 알려진 통화준칙으로부터의 이탈만이 산출에 영향을 줄 것이다.

정책 비실효성 명제는 다음과 같이 대수적으로 표현될 수 있다(Gordon, 1976 참조). 먼저 프리드먼-펠프스 방정식을 변형된 선형형태로 풀어 쓰면 다음과 같다.

$$\dot{P}_t = \dot{P}_t^e - \phi(U_t - U_{N_t}) + \phi\theta S_t \tag{5.14}$$

여기서 θS_t는(0의 평균값을 갖는) '외생적인' 공급충격을, $U_t - U_{N_t}$는 실업의 자연율로부터의 이탈을 나타낸다. 식 (5.14)는 다시 다음과 같이 쓸 수 있다.

$$U_t = U_{N_t} - 1/\phi(\dot{P}_t - \dot{P}_t^e) + \theta S_t \tag{5.15}$$

인플레이션 $\dot{P}_t$와 통화증가율 $\dot{M}$ 사이의 구조적 관계는 다음과 같다.

$$\dot{P}_t = \dot{M}_t + \theta D_t \tag{5.16}$$

위 식에서 θD_t는 역시 0의 평균값을 갖는(민간부문에서 오는 충격과 같이) '예측할 수 없는' 수요충격을 나타낸다. $\dot{M}_t^e$가 예상 통화공급 증가율이라면, 합리적 인플레이션 기대는 다음과 같을 것이다.

$$\dot{P}_t^e = \dot{M}_t^e \tag{5.17}$$

케인즈주의 성향의 통화당국이 어떤 일정비율(λ_0)에 실업률이 자연율로부터 전기에 벗어난 비율(λ_1)을 더한 정도로 통화량을 증가시키려 한다고 가정해보자. 이 경우 실질 통화증가율은 다음과 같이 될 것이다.

$$\dot{M}_t = \lambda_0 + \lambda_1(U_{t-1} - U_{N_{t-1}}) + \theta\dot{M}_t \tag{5.18}$$

여기서 $\theta\dot{M}_t$는 통화량 증가 중 임의적이거나 예상하지 못한 요소를 나타낸다. 식 (5.18)은 통화준칙이 식 (5.1)의 정보집합(Ω_{t-1})의 일부가 됨에 따라, 합리적 경제주체들이 예측할 수 있는 체계적인 피드백 통화준칙을 통화당국이 운영하고 있다는 것을 보여준다. 따라서 합리적 경제주체들은 아래의 식 (5.19)에서 표시되는 예상 통화증가율에 근거해 인플레이션에 대한 기대를 갖게 될 것이다.

$$\dot{M}_t^e = \lambda_0 + \lambda_1(U_{t-1} - U_{N_{t-1}}) \tag{5.19}$$

식 (5.18)에서 식 (5.19)를 빼면, 다음 식을 얻는다.

$$\dot{M}_t - \dot{M}_t^e = \theta\dot{M}_t \tag{5.20}$$

식 (5.16)에서 식 (5.17)을 빼고, 거기에 식 (5.20)을 대입하면 아래의 식 (5.21)을 얻게 된다.

$$\dot{P}_t - \dot{P}_t^e = \theta\dot{M}_t + \theta D_t \tag{5.21}$$

끝으로 식 (5.21)을 식 (5.15)에 대입하면 다음과 같다.

$$U_t = U_{N_t} - 1/\theta(\theta\dot{M}_t + \theta D_t) + \theta S_t \tag{5.22}$$

식 (5.22)에서 주목해야 할 점은, 실업이 자연율 수준에서 벗어나는 것을 막기 위해 정부가 사용하려고 했던 통화증가의 체계적 구성요소인 $(\lambda_0 + \lambda_1(U_{t-1} - U_{N_{t-1}}))$가 그 안에 들어있지 않다는 것이다. 식 (5.22)에서 통화당국이 직접 영향력을 행사할 수 있는 유일한 구성요소는 통화증가의 임의적 구성요소인 $\theta\dot{M}_t$이다. 따라서 식 (5.22)가 우리에게 알려주는 바는, 사전트와 월리스의 세계에서는, 예측 불가능한 수요(θD_t)와 공급(θS_t), 또는 예기치 못한 화폐적 충격($\theta\dot{M}_t$)의 결과로 실업이 자연율로부터 벗어날 수 있다는 것이다. 그 어떤 체계적인 피드백 통화준칙도, 경제주체가 보유한 정보집합의 일부가 되면, 인플레이션을 그 기대수준으로부터 벗어나게 만들 수 없다. 오직 예견되지 않은(통화당국이 저지르는 정책적 오류나 예기치 않은 정책변화 따위의) 알려진 통화준칙에서 벗어나는 길만이 산출과 고용에 영향을 줄 것이다.

요약하면, 이상의 접근법은 합리적 경제주체란 알려진 통화준칙을 모두 고려해서 기대를 형성할 것이므로, 통화당국은 체계적인 통화준칙을 추진하는 것으로는 단기에조차 산출과 고용에 영향을 줄 수 없을 것이라고 내다본다. 게다가 임의적이거나 비체계적인 통화정책에 의해 산출과 고용에 영향을 주려는 어떤 시도도 자연수준 부근에서의 산출과 고용의 변동성을 증가시킬 뿐이라고 주장한다. 따라서 정책적 개입에 대한 새고전학파의 반대논거는 정통파 통화주의자들이 내놓은 것과 미묘한 차이를 보인다(통화정책의 역할과 수행에 관해서는 본서 제4장 4.3.2절 참조).

오직 예상치 못한 화폐적 충격만이 실질 산출효과를 낳는다는 정책 비실효성 명제(또는 '예상된–예상치 못한 화폐논쟁' 이라 때로 불리는 것)는 수많은 실증연구의 대상이었다. 초기 연구, 특히 배로(Barro, 1977a, 1978)가 쓴 독창적 논문들은 이 명제를 지지하는 것 같았다. 그는 1941~76년의 기간에 걸친 미국경제의 연간자료를 이용하여, 예상된 통화증가와 예상치 못한 통화증가를 먼저 추정하고, 예상치 못한 통화증가에 대해 산출과 고용을 회귀분석하는 2단계 방법을 사용했다. 일반적으로 배로의 연구는 산출과 고용이 통화증가에 의해 지대한 영향을 받는 반면, 예상된 통화증가의 실질적 효과는 전혀 없다는 견해를 지지했다. 그러나 후속 연구들, 그 중에서도 미시킨(Mishkin, 1982)과 고든(Gordon, 1982a)의 연구는 예상된 통화정책과 예상치 못한 통화정책 모두 다 산출과 고용에 영향을 미친다는 주장의 증거를 발견했다. 전체적으로 볼 때, 경험적 증거가 섞여있긴 하지만, 그 증거가 체계적 통화정책의 실질적 효과가 전혀 없다는 견해를 뒷받침하는 것 같지는 않다. 게다가 뷰터(Buiter, 1980)가 지적하듯이, 심지어 완전히 예견된 통화증가율 변화조차 인플레이션율과 그에 따른 0의 명목수익률을 갖는 화폐잔고수익률을 변경하는 방식으로 실질적 효과를 낳을 수 있는 이론적 모형을 짤 수 있다. 이것은 결국 균형 포트폴리오의 구성을 바꿈으로써, 자본축적률에 영향을 미칠 것이다. 노동공급과 저축행태를 바꾸는 조세율 변동 같이 완전히 예견된 재정적 변화가 실질적 효과를 가져올 것이라는 것은 또한 말할 나위 없다. "분명히 재정정책은 가장 고전적인 체계에서도 비중립적이다"(Buiter, 1980). 가격이 고정된 非시장청산 모형에서, 예상된 통화정책 변화는 정상적인 IS–LM–AD–AS 기제를 통해 실질적 효과를 미칠 것이다. 사전트와 월리스의 논문들에 답하여, 피셔(Fischer, 1977), 펠프스와 테일러(Phelps and Taylor, 1977), 그리고 테일러(Taylor, 1980)는 다기간(multi-period) 임금계약과 합리적 기대를 통합하면서, 통화정책이 비중립적인 모형을 만들었다(제7장 참조).

여기에 더하여, 케인즈주의자들 다수는 이 모든 접근법이 잘못된 것임을 깨닫고, 그 대안으로서 비시장청산이 모든 시장 참여자들의 극대화 행위와 양립할 수 있는 가능성을 탐색하는 쪽을 선호한다(Akerlof, 1979). 게다가 경제가 이미(완전고용) 균형일 때, 총수요를 자극한다는 사고는 케인즈에게는 금기사항이었을 것이다. 도대체 그러한 정책이 왜 필요하다고 생각하는 것일까? 한(Frank Hahn, 1982, p.75)이 말했듯이, "케인즈주의자들은 경제를 자연수준으로 끌어올리는 문제에 관심이 있었지, 그 수준을 넘어서는 문제에는 관심이 없었다. 경제가 이미 그 수준에 도달해 있다면, 우리는 모두 집에 가도 좋다."

5.5.2 인플레이션을 낮추는 데 드는 실질적 비용

새고전학파 접근법의 주요 정책적 함의 중 두 번째는, 인플레이션을 완화시키는 데 치러야 할 산출-고용 측면의 비용에 관한 것이다. 새고전학파 경제학자들은 인플레이션이 과도한 통화증가에 의해 전파되는 본질적으로 화폐적인 현상이라는 데 통화주의자들과 의견을 같이 한다. 그러나 인플레이션을 낮추는 데 드는 실질비용에 대해서는 경제학자들 사이에 상당한 이견이 존재한다. 여기서 우리는 새고전학파의 견해를 케인즈주의 및 통화주의자들과 비교할 것이다.

경제가 인플레이션을 완화하기 위해 감내하는 산출의 손실분은 '희생률(sacrifice ratio)' 이라고 알려져 있다.[3] 케인즈주의 모형에서 희생률은, 경제주체들이 설령 합리적 기대를 한다 해도, 총수요 감소에 대한 가격 및 임금의 반응이 더디므로, 높게 나타나는 경향이 있다. 가격조정이 점진적으로 이루어진다면, 디플레이션의 영향은 불가피하게 이력효과에 의해 연장될 수도 있는 적지 않은 실질적 손실, 즉 자연실업률을 증가시키는 원인이 되는 경기후퇴를 가져올 것이다(Cross, 1988; Gordon, 1988; 제7장 참조). 케인즈주의자들 중에서 어떤 사람들은 통화량 억제를 수반하는 데 따르는 보완책으로서의 소득정책을 인플레이션을 낮추기 위한 정책의 효율성을 제고하는 한 방법으로 한시적으로 사용하는 데 찬성했다(Lipsey, 1981). 포스트케인즈주의 경제학자들이 소득정책을 결정적이고도 영구적인 반(反)인플레이션 무기로 간주한다는 점 또한 유념해야한다. 포스트케인즈주의 모형에서는 인플레이션을 낮추기 위한 통화정책만으로는 항구적으로 더 높은 수준의 실업을 초래하기 쉬울 것이다(Cornwall, 1984 참조).

제4장 4.3.2절에서 논의한 정통파 통화주의자들의 견해는 통화가 축소된 뒤에는 실업이 증가하는데, 그 정도와 지속기간은 통화수축의 정도, 제도의 적응성, 그리고 사람들이 얼마나 신속히 인플레이션율에 대한 장래 예측치를 하향 조정하느냐에 달려있다. 여기서 중요한 요소는 통화운영체제의 변화에 대한 기대의 반응인데, 이것은 결국 희생률을 결정하는 데 있어서 통화당국의 신

3. 인플레이션을 1% 낮추기 위해 포기해야 하는 연간 실질 국내총생산의 백분율 숫자. 그 효과가 다년간에 걸쳐 나타나는 경우에는 국내총생산 감소율을 누적해서 구한다.

뢰성과 평판이 결정적 역할을 할 것임을 의미한다.

케인즈주의 및 통화주의 모형과 반대로, 새고전학파의 접근법은 공표된/예상된 통화정책의 변화는 정책이 신뢰성을 갖는다면, 단기에서도 산출과 고용수준에 전혀 영향을 주지 못한다는 내용을 함축한다. 사람들이 사실로 받아들이는 통화축소의 발표는 합리적 경제주체들로 하여금 인플레이션에 대한 기대치를 즉시 하향조정하게 하는 원인을 제공할 것이다. 통화당국은 원칙적으로는 케인즈주의와 통화주의의 분석이 예측한 산출 및 고용의 대가를 치르지 않고서도 인플레이션율을 낮출 수 있다. 즉 희생률은 0이다! 어느 비평가가 말했듯이, "사전트-월리스의 세계에서는 연준(Fed)이 이제부터 가격안정성을 달성하는 데 적합한 비율로 통화공급을 확대할 것이라고 발표하기만 하면, 인플레이션을 없앨 수 있을 것이다(Gordon, 1978, p. 338)". 〈그림 4.6〉을 보면, 실업이 늘지 않고서도 인플레이션율은 A에서 D로 감소할 수 있다. 그러한 상황에서는, 정통파 통화주의자들이 주장하는 점진적 통화축소정책을 따를 필요가 전혀 없다. 산출-고용 측면에서 비용이 들지 않기 때문에, 새고전학파 학자들은 통화당국이 인플레이션을 자신이 원하는 목표치로 낮추기 위해서는 통화증가율을 대폭 줄이겠다고 발표하는 것이 더 나을지 모른다고 주장한다.

인플레이션을 완화하는 데 느는 산출-고용상의 비용과 관련해서, 1980년대 초 레이건(미국)과 대처(영국) 디플레이션 시대가 제공하는 자명한 증거에 잠시 주목하는 것은 흥미로운 일이다. 이 기간 동안 두 나라에서 추진한 긴축통화정책을 따라서, 미국경제(1981~82년)와 영국경제(1980~81년) 모두 깊숙한 경기후퇴를 경험했다. 1979년과 1983년 사이에, 인플레이션은 미국의 경우 11.2%에서 3.2%로, 영국에서는 13.4%에서 4.6%로 떨어진 반면, 동기간에 실업은 전자의 경우 5.8%에서 9.6%로, 후자는 4.7%에서 11.1%로 각기 상승했다(표 1.4와 1.5 참조). 영국의 경험에 대해 언급하면서, 마슈스와 민퍼드(Matthews and Minford, 1987)는 이 기간에 발생한 가혹한 경기후퇴를 주로 불운한 대외충격과 공급충격 탓으로 돌린다. 그러나 대처정부에 의해 개시된 인플레이션 억제 통화정책 또한 하나의 요인이었다. 이 인플레이션 억제책은 뜻하지 않게 혹독했고, 결과적으로 '기대는 그에 대한 대비가 전혀 되어 있지 않았다'. 초기에 대처정부는 신뢰성 문제를 겪고 있었기 때문에, '우발적인 충격요법'은 산출과 고용에 고통스런 결과를 가져다주었다. 새고전학파 모형에서 신뢰성에 영향을 미치는 중요한 요인은 국채의 증가경로이다. 새고전학파 경제학자들은 높은 희생률을 겪지 않으면서 인플레이션 억제책을 원활히 추진하기 위해서는, 발표된 통화정책과 어긋나지 않는 재무전략이 필요하며, 그렇지 않을 경우 합리적 기대를 갖는 경제주체들은 장차 정책번복('유턴')을 예상할 것이라고 주장한다. 마슈스와 민퍼드(Matthews and Minford, 1987)가 지적하듯이, "대처의 반인플레이션 전략이 갖는 주요 특징은 그것과 나란히 정부예산 적자를 줄이는 것이었다." 이 '중기 금융전략'은 장기적인 신뢰조성을 겨냥한 것이었다(Minford et al., 1980; Sargent and Wallace, 1981; Sargent, 1993, 1999).

미국에서는 1979년 10월과 1982년 여름 사이에 '통화정책 실험'이 실시되었다. 제2차 석유파동의 영향도 불황을 부추기는 요인이었음에는 틀림없지만, 이 볼커(Volcker) 인플레이션 억제책 또한 격심한 경기후퇴와 결부되었다. 이러한 사태에 대해 언급하면서, 프리드먼(Milton Friedman, 1984)은 1979년 10월 연준이 발표한 새로운 인플레이션 진정책에 대해 해당 경제주체들이 어떠한 광범위한 믿음도 지니고 있지 않다고 주장했다. 비슷한 맥락에서, 풀(Poole, 1988)은 '중앙은행이 심각한 지경에 이르렀다는 증거를 제시하는 데 경기후퇴가 필요할지도 모른다'고 평했다. 미국의 '통화주의 실험'에 대한 논의로는, 브리머(Brimmer, 1983)와 프리드먼(B. Friedman, 1988)을 참조하라. 인플레이션 진정책 문제에 관한 유용한 개설논문으로는 데이얼(Dalziel, 1991), 볼(Ball, 1991, 1994), 차드하 외(Chadha et al., 1992) 등이 있다.

이상의 논의에서 고통 없이 인플레이션을 완화하기 위해서는 발표된 통화축소 정책을 통화당국이 수행할 준비가 되어있다는 믿음을 주어야한다는 것이 자명하다. 정책의 발표가 신뢰성이 결여되어 있다면, 인플레이션에 대한 기대치는 경제가 산출-고용 측면에서의 비용을 치르지 않을 만큼 충분히 떨어지지 않을 것이다. 초기에는 신뢰의 중요성에 관한 논의들이 펠너(Fellner, 1976, 1979)에 의해 강력히 제기된 바 있다. 후속 연구로 정책에 대한 신뢰의 필요성과 밀접한 관계에 있는 논의는 동적 시간 비일관성 문제와 연결되어 있다. 이 문제를 처음 제기한 것은 쉬들란과 프레스컷(Kydland and Prescott, 1977)의 독창적 논문이었는데, 다음 순서로 우리는 이 영향력 있는 이론의 정책적 함의를 살펴보자.

5.5.3 동적 시간 비일관성, 신뢰성 그리고 통화준칙

일정한 통화증가율 부과 준칙을 찬성하는 '극단적' 통화주의는 1950년대와 1960년대의 기간에 밀턴 프리드먼에 의해 명료히 제기되었다. 그의 주장은 정책결정자들이 직면하는 정보제약, 시차 및 예측과 관련된 문제들, 재정 및 통화정책 승수의 규모와 관련된 불확실성, 자연율 이하로 실업을 감소시키는 데 따른 인플레이션의 발생, 그리고 시장의 작용에 비한 정치적 과정에 대한 기본적인 불신을 포함하는 수많은 주장에 근거해 있다. 루커스–사전트–월리스 정책 비실효성 명제는 예상된 통화정책이 실질변수들에 미치는 영향력에 의문을 품고, 재량정책에 대한 프리드먼의 공격에 더욱 더 무게를 실어준다. 새고전학파 경제학자들의 발라스적 이론틀은 프리드먼의 마셜적 접근법과 뚜렷이 달랐지만, 루커스, 사전트, 그리고 월리스의 정책적 결론은, 그들의 모형이 적극적인 재량적 안정화정책에 찬성하는 케인즈주의의 입장에 대해 또 다른 공격수단을 제공했다는 점에서 '통화주의적'이었다. 예를 들면, 논리 정연한 논문 〈기대와 화폐의 중립성〉("Expectations and the Neutrality of Money")에서 루커스(Lucas, 1972a)는 프리드먼의 *k* % 준칙이 최적임을 보여준다.

1977년 쉬들란과 프레스컷은 정책결정자가 정교하게 미래를 헤아리는 민간부문 경제주체들과 전략상의 동태적 게임을 하는, 분석적으로 엄격한 새고전학파 모형을 개발함으로써, 재량정책에 대한 반론을 수정했다. 이런 틀 속에서, 재량적 통화정책은 '인플레이션 편의'를 포함하는 균형을 가져올 것이다. 볼(Ball, 1995)이 언급하듯이, 동적 일관성 문제에 근거한 모형들은 이제 온건한 인플레이션에 관한 선진적 이론이 되었다.

쉬들란과 프레스컷이 자신들의 논문에서 공격한 경제정책론은 1950년대와 1960년대 동안 발전해온 것이다. 틴베르헨(Tinbergen, 1952)에 의해 고취된 종래의 접근법은 3개의 주요단계로 이루어져 있다. 첫째, 정책결정자들은 경제정책의 목표나 목적을 명확히 밝혀야 한다(예를 들면 낮은 인플레이션과 고용). 둘째, 정책결정자가 극대화를 시도하고 있는 사회적 후생함수가 주어졌을 때, 목표를 달성하기 위해 사용될 도구들(통화정책과 재정정책)이 정해진다. 최종적으로, 정책결정자는 그 도구들이 최적값에서 정해질 수 있도록 경제모형을 사용해야 한다. 경제정책에 대한 이 규범적 접근은 정책결정자들의 행동방식과 관련이 있으며, 최적 통제이론이라는 맥락 속에서, 경제학자들은 결정을 수용하는 사람들의 선호체계가 주어졌을 때, 최선의 결과에 도달하기 위한 최적의 정책이 무엇인지 파악하고자 노력했다(Chow, 1975 참조). 쉬들란과 프레스컷은 "기대가 합리적일 때, 최적조절이론을 경제계획에 적용할 수 있는 방법은 전혀 없다"고 주장한다. 자연과학에서 최적조절이론은 매우 유용하다는 것이 입증되었지만, 쉬들란과 프레스컷은 사회제도에 대한 통제를 같은 방식으로 볼 수는 없다고 주장한다. 사회제도 내에는, 정책행위를 예측하고자 하는 똑똑한 행위자들이 존재한다. 결과적으로, 정책결정자들이 일정 기간에 걸쳐 발생하는 연속적 행동에 연루되어 있는 동적 경제제도에서, 현재의 상황이 주어졌을 때, "재량정책, 즉 최상의 결정을 선택하는 것은 사회적 목적함수가 최적화되는 결과를 가져오지 않는다"(Kydland and Prescott, 1977, p. 463). 이 명백한 역설은 "경제계획이 자연을 상대하는 게임이 아니라, 그 보다는 합리적 경제주체를 상대하는 게임"이기에 발생한다. 이러한 주장은 통화정책의 수행과 이미 발표된 낮은 인플레이션 목표에 대한 신뢰를 조성하는 데 매우 중요한 시사점을 제공한다.

거시경제정책의 평가와 관련해 쉬들란과 프레스컷이 제시한 기본적 통찰은 경제주체가 미래지향적일 때, 정책문제는 똑똑한 참여자들, 즉 정부(또는 통화당국)와 민간부문간의 동태적 게임으로 나타난다는 것이다(Blackburn, 1987). 정부가 최적의 정책이라고 여기는 것을 공식화해서, 민간 주체들에게 발표한다고 가정해보자. 사람들이 이 정책을 믿는다면, 새로운 상황에서는 정부가 자신이 사전에 발표한 최적 정책을 어기거나, 기만할 유인이 있다는 것을 깨닫고 있기 때문에, 그 이후의 기간 동안에 발표된 정책을 고수하는 것은 아마도 최적이 아닐 것이다. 사전적(*ex ante*) 최적과 사후적(*ex post*) 최적의 차이는 '시간 비일관성(time-inconsistency)'이라 알려져 있다. 블랙번(Blackburn, 1992)이 언급하듯이, t기에 계산된 최적정책은, $t + n$기의 재최적화(reoptimization)가 그것과 다른 최적정책을 내포하고 있다면, 시간적으로 일관성을 잃는다. 쉬들란과 프레스컷은 시간적 일관성이 없는 정책이 어떻게 이미 발표된 정책의 신뢰성을 현저히 약화시키게 되는지 보여준다.

최적의 계획이 시간적으로 일관성이 없다는 증거를 거시경제학적 맥락에서 가장 잘 보여주는 방법은 일관된 균형이 어떻게 인플레이션 편의를 포함하게 되는지를 입증하기 위해, 필립스 곡선에 나타나는 인플레이션과 실업의 상충성에 대한 루커스의 화폐적 놀람 유형을 활용하여, 통화당국과 민간 경제주체들 사이에 벌어지는 전략게임을 살펴보는 것이다. 쉬들란과 프레스컷 모형에서 재량정책은 최적균형을 달성할 수 없다. 이하에서 우리는 통화당국이 인플레이션율을 완벽히 통제할 수 있고, 시장이 연속적으로 청산되며, 경제주체들이 합리적 기대를 한다고 가정한다. 식 (5.23)은 양(+)의 인플레이션 충격이 의해 실업이 감소할 수 있다는 것을 보여준다.

$$U_t = U_{N_t} + \psi(\dot{P}_t^e - \dot{P}_t) \tag{5.23}$$

식 (5.23)은 정책결정자가 직면한 제약을 나타낸다. 앞에서와 마찬가지로, 여기서도 U_t는 t기의 실업이고, U_{N_t}는 자연실업율, Ψ는 양(+)의 상수이고, $\dot{P}_t^e$와 $\dot{P}_t$는 각각 t기의 기대 인플레이션과 실제 인플레이션이다. 쉬들란과 프레스컷은 식 (5.24)와 같이 기대는 합리적이라고 가정한다.

$$\dot{P}_t^e = E(\dot{P}_t \mid \Omega_{t-1}) \tag{5.24}$$

앞에서와 마찬가지로 여기서도 $\dot{P}_t$는 실제 인플레이션이고, $E(\dot{P}_t \mid \Omega_{t-1})$은 전기까지 이용 가능한 정보($\Omega_{t-1}$) 제약 하의 합리적 기대 인플레이션율이다. 쉬들란과 프레스컷은 정책선택을 합리화하고, 식 (5.25)로 표시되는 형태를 갖는 어떤 사회적 목적함수(S)가 존재한다는 조건을 부가한다.

$$S = S(\dot{P}_t, U_t),\ \text{여기서}\ \ S'(\dot{P}_t) < 0,\ S'(U_t) < 0 \tag{5.25}$$

사회적 목적함수 (5.25)는 인플레이션과 실업이 '악성' 임을 나타내는데, 이는 둘 중 어느 하나 또는 양쪽 모두의 감소가 사회적 후생을 증가시키기 때문이다. 일관성 있는 정책이라면 식 (5.23)에 의해 주어진 필립스 곡선 제약 하에서 식 (5.25)를 극대화하려 할 것이다. 〈그림 5.4〉는 두 개의 기대 인플레이션율 $\dot{P}_{to}^e$와 $\dot{P}_{tc}^e$에 대한 필립스 곡선상의 상충관계를 보여준다. 사회적 목적함수의 등고선을 가리키는 것이 무차별곡선 S_1, S_2, S_3, S_4이다. 인플레이션과 실업이 '악성' 이라면, $S_1 > S_2 > S_3 > S_4$이고, 무차별곡선의 형태는 '사회적으로 선호되는' 인플레이션이 0임을 의미한다. 〈그림 5.4〉에서, 수직축 상에 있는 점들은, 점 O와 C에서 실업이 자연율이고(즉 $U_t = U_{N_t}$), 경제주체들이 인플레이션을 정확히 예측하고 있기 때문에(즉 $\dot{P}_t^e = \dot{P}_t$), 모두 잠재적 균형포지션이다. 무차별곡선들은 $\dot{P}_t = 0$와 $U_t = U_{N_t}$의 조합으로 이루어진 점 O에 최적포지션(일관된 균형)이 위치에 있음을 가리킨다. 이 모형에서 통화당국은 인플레이션율을 결정할 수 있지만, 〈그림 5.4〉에서 필립스 곡선의 위치는 민간 경제주체의 인플레이션 기대에 따라 좌우된다. 이러한 상황에서 시간적 일관성이 있는(time-consistent) 균형은 점 C를 통과하는 필립스 곡선과 무차별곡선 S_3가 접하는 곳에서 달성된다. C는 S_3선상에 위치해 있으므로, 시간적 일관성이 있는 균형이 준최적(sub-optimal)이라는 것은 명백하다. 정책결정자와 민간주체 사이에서 벌어지는 동적 게임의 맥락에서 볼 때, 그러한 상황이 어떻게 일어날 수 있는지를 살펴보자.

동적 게임에서, 참여자들은 게임이 진행되는 동안 정보를 받으면서 자신이 어떻게 행동할지를 나타내는 전략을 각자 선택한다. 특정 참여자가 선택하는 전략은 자신의 전략에 의해 다른 참여자들이 어떤 영향을 받을 것인가에 대한 예상뿐만 아니라, 그들이 자신의 어떤 전략을 따라할

그림 5.4 • 일관된 최적의 균형

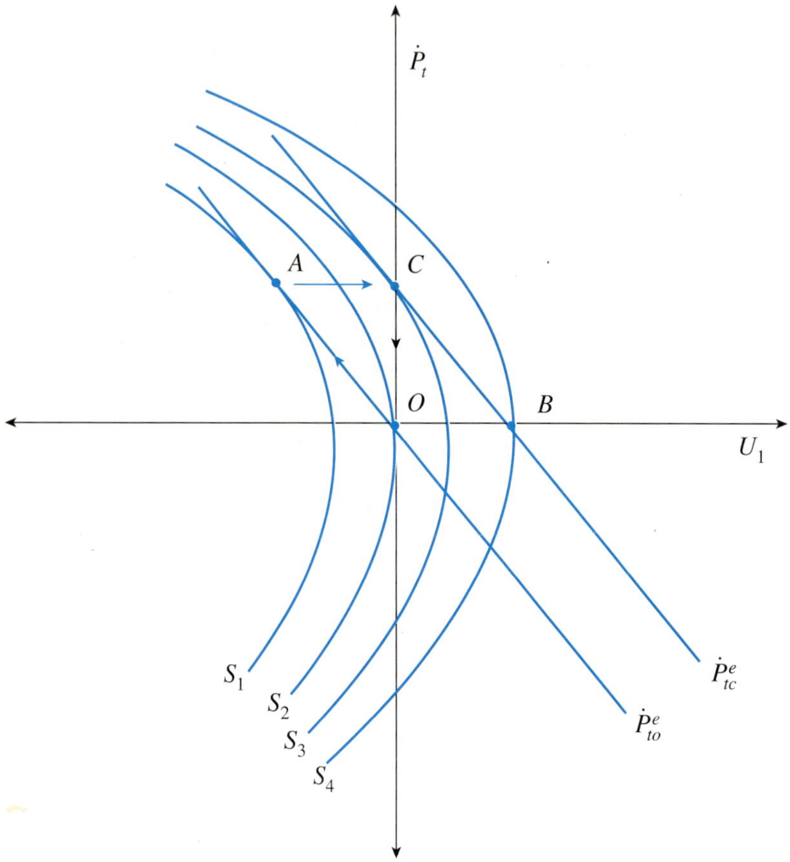

것인가를 간파하는 데에도 좌우될 것이다. 동적 게임에서, 참여자들은 다른 참여자들이 선택한 전략의 인지라는 제약 아래서 각자 자신의 목적함수를 극대화하려 할 것이다. 게임이 정부(통화당국)와 민간주체 사이에서 벌어지는 상황은 비협력적 '슈타켈베르크(Stackelberg)' 게임[4]의 한 예이다. 슈타켈베르크 게임은 지배적 위치에 있는 참여자가 선도자 역할을 하고, 나머지 참여자들은 선도자의 전략에 반응하는 위계구조를 갖는다. 쉬들란과 프레스컷이 논의한 통화정책 게임에서, 정부는 지배적 위치에 있는 참여자다. 최적의 정책을 결정할 때, 정부는 '추종자들(민간주체)'의 있을 법한 반응을 헤아릴 것이다. 슈타켈베르크 게임에서는, 발표된 정책에 대해 선도자의 사전공약(precommitment)이 없다면, 정부는 속임수를 써서 더 큰 이득을 볼 수 있기 때문에, 최적

4. 게임이론에서 참여자들이 대등한 입장에서 게임을 전개하는 게 아니라, 그들 가운데 선도자가 있어서 다른 참여자들이 어떻게 반응할지를 감안해 전략을 선택하고, 추종자들은 리더의 전략에 대해 최적의 반응을 하는 게임의 일종으로서, 선도기업과 추종기업 간의 관계를 처음으로 연구한 독일의 경제학자 하인리히 폰 슈타켈베르크(Heinlich von Stackelberg)의 이름을 따서, 일명 슈타켈베르크 모형이라고도 한다.

정책은 동적 일관성을 잃게 될 것이다. 민간부문의 참여자들도 이것을 알고 있기 때문에, 시간적 일관성이 있는 균형은 '내쉬(Nash)' 균형일 것이다. 그런 상황에서 각각의 참여자는 다른 참여자들의 행동을 전제한 채 자신이 최선을 다하고 있다는 것을 올바로 인지하고, 선도자는 지배적 역할을 포기한다(게임이론에 대한 비기술적 논의로는 Davis, 1983 참조).

경제가 처음에는 준최적이지만, 〈그림 5.4〉의 점 C가 가리키는 지점에서, 시간적 일관성이 있는 균형상태에 있다고 가정해보자. 점O로 표시되는 최적의 위치로 경제를 이동시키기 위해, 통화당국은 통화공급 증가율을 $\dot{M}_c$에서 $\dot{M}_o$로 감소시켜 제로 인플레이션 목표를 달성하겠다고 발표한다. 그러한 발표가 신뢰성이 있고, 민간 경제주체들이 그것을 믿는다면, 그들은 인플레이션 기대를 $\dot{P}^e_{tc}$에서 $\dot{P}^e_{to}$로 하향 조정해, 필립스 곡선을 C에서 O까지 아래로 이동시킬 것이다. 그러나 선언된 정책에 대한 반응으로, 경제주체들이 기대를 일단 수정했다면, 통화당국이 과연 약속을 어기고 인플레이션 충격을 주지 않으리라는 보장이 있는가? 그림 5.4에서 명확히 알 수 있듯이, 통화당국이 따라야 할 최적의 정책은 시간적 일관성이 없을 것이다. '인플레이션 충격' 을 주기 위해 통화당국이 자신의 재량능력을 행사해 통화증가율을 높인다면, 경제는 S_1상의 점A에 도달할 수 있는데, 그곳은 분명 점 O보다 상위에 있다. 그러나 그 같은 위치는 유지될 수 없다. 왜냐하면 점A에서 실업은 자연율 아래에 있고, $\dot{P}_t > \dot{P}^e_t$이기 때문이다. 합리적 경제주체들은 속았다는 것을 곧 깨닫게 될 것이고, 경제는 점 C에서 시간적 일관성이 있는 균형으로 돌아갈 것이다. 주목할 것은 경제가 C의 위치에 일단 도달하면, 정책으로 인한 후생의 감소 우려 때문에, 통화당국이 실업을 줄이기 위해 경제를 확대할 유인은 전혀 없다는 점이다. 즉 이 경우에 경제는 하위의 사회적 무차별곡선으로 이동할 것이다.

요약하면, 〈그림 5.4〉에서 위상관계는 $A > O > C$ 이지만, C만이 시간적으로 일관성이 있다. 실업이 자연율 아래에 있으므로, 위치 A는 유지될 수 없고, 위치 O에서 통화당국은 더 높은 수준의 (일시적) 사회후생을 달성하기 위해 기만할 유인을 갖게 된다. 이러한 사례로부터 알 수 있는 것은, 만일 통화당국이 재량능력을 갖고 있다면, 그들은 기만할 유인을 갖게 된다는 점이다. 따라서 시간적 일관성이 있는 정책발표는 신뢰할 수 없다. 인플레이션 게임에 참여하는 나머지 사람들은 통화당국의 목적함수를 알고 있기 때문에, 신뢰성 없는 발표에 반응해 인플레이션 기대를 조정하지 않을 것이고, 구속력 있는 규칙이 없다면, 경제는 점O가 가리키는 최적이지만, 시간적으로 일관성이 없는 위치에 도달할 수 없을 것이다. 점C가 가리키는 비협력적 내쉬균형은 재량정책이 인플레이션 편의를 나타내는 준최적의 결과를 가져온다는 것을 보여준다. 합리적 경제주체들은 재량능력을 보유한 통화당국의 전략을 내다볼 수 있기 때문에, $\dot{P}^e_{tc}$의 인플레이션을 예상할 것이다. 따라서 정책결정자들은 산출에 대한 압박을 방비하기 위해, 민간부문이 기대하는 것과 동일한 수준의 인플레이션도 제공해야만 한다. 따라서 시간적 비일관성 때문에 신뢰성이 부족한 최적 정책은 최적도 아니고, 실행할 수도 없다. 현재의 주어진 상황에서 최선의 정책을 선택하기를 강조하는 재량정책들은 일관성은 있으나, 준최적 결과를 초래할 것이다. 최적 포지션 O를 달성하는 유일한 방법은 통화당국이 가격안정성과 부합되는 확고한 통화준칙을 사전에 공약하는 것이다.

그림 5.5 • 통화당국과 임금교섭자들 사이에서 벌어지는 게임

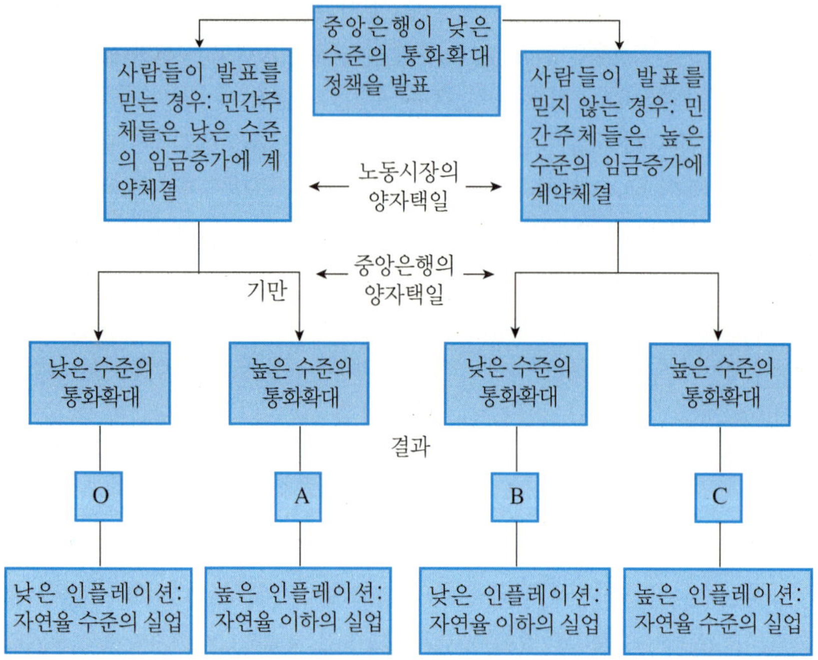

통화당국과 임금교섭자 사이에서 벌어지는 게임에서 발생할 수 있는 다양한 결과들을 적절히 표현한 것은 테일러(Taylor, 1985)였다. 〈그림 5.5〉는 테일러(Taylor, 1985)를 변형한 것으로서, 민간주체와 중앙은행 간의 비협력적 게임으로부터 나올 수 있는 네 가지 결과를 보여준다. 시간적으로 일관성이 있는 결과를 보여주는 것이 C이고, 실업을 자연율에 있게 하는 낮은 인플레이션의 최적 결과를 보여주는 것이 O이다. 시간적 비일관성 때문에 정부가 경제에 자극을 가하고자 하는 충동을 보여주는 것이 결과 A이며, 높은 기대인플레이션과 높은 임금상승을 승인하지 않는 결정은 경기후퇴를 가져올 것인데, 그 결과를 나타내는 것이 B이다.

쉬들란과 프레스컷에 의해 확인된 신뢰성 문제는 통화정책에 대해서 정부가 재량을 갖는 1회성의 완전정보 비협력 슈타켈베르크 게임(a one-shot full information non-cooperative Stackelberg game) 상황에서 가장 뚜렷이 나타난다. 그러나 경제정책을 결정하는 상황에서 게임은 반복될 것이므로, 이것은 비현실적이다. 반복되는 게임(장기게임, long-run game)의 경우에, 정책결정자는 현재의 정책결정이 가져올 미래의 결과가 자신의 평판에 영향을 미치기 때문에 보다 장기적인 안목을 갖지 않을 수 없다. 이러한 상황에서, 정부는 약속을 어김으로써 얻는 현재의 이득과 필립스 곡선을 따라감으로써 불가피하게 발생하는 미래의 비용 사이의 시제적 상충관계에 직면하기 때문에, 그들의 기만 유인은 감소한다.

이 평판문제는 시간적 비일관성 모형을 발전시키고 대중화하는 과정에서 배로와 고든(Barro

and Gordon, 1983a, 1983b)에 의해 다루어졌다. 그들은 보다 형식적인 규칙들을 정책결정자의 평판으로 대체할 가능성을 모색한다. 배로와 고든의 연구는 정책결정자들이 행동해야 하는 방식보다는, 실제로 행동하는 방식과 관련된 통화정책의 실증적 분석에 크게 기여했다. 경제학자들이 인플레이션을 결정하는 주요 요인은 통화량 증가라는 것에 동의할 수 있는데, 어째서 정부는 과도한 통화량 증가를 용인하는가? 배로-고든 모형에서 인플레이션 편의는 통화당국이 준칙에 얽매이지 않기 때문에 발생한다. 그러나 재량을 행사하는 정부조차도 만일 민간주체가 가하는 처벌에 직면하여, 발표된 정책을 어김으로써 얻는 이득과 재량적 균형의 특징인 미래의 인플레이션 비용을 저울질해야 한다면, 평판에 대한 고려에 영향을 받을 것이다. 이런 시나리오에서는, "정책결정자가 장기적인 평판을 유지하기 위해, 단기적인 이득을 포기하는 다른 형태의 균형이 나타날는지도 모른다"(Barro and Gordon, 1983b). (더 낮은 실업과 더 높은 산출로 표시되는) 현재의 이득과 미래의 비용 사이에 이러한 시제적 상충관계가 존재한다면, 게임의 균형은 정책결정자의 할인율에 의존할 것이다. 할인율이 높으면 높을수록, 균형해는 쉬들란-프레스컷 모형의 시간적 일관성이 있는 균형에 더 가까이 있다(그림 5.4의 점 *C*). 만일 할인율이 낮다면, 균형포지션은 사전에 공약된 최적 제로 인플레이션 결과에 더 가까워질 것이다. 준칙에 기초해 있는 통화제도를 재량에 기초한 통화제도와 구별하는 것은 사전공약의 존재라는 것에 유의하라.

이상의 분석이 안고 있는 한 가지 문제점은 민간주체들이 갖고 있는 정보는 불완전하므로, 그들은 자신이 대면하는 정부의 행동유형이 어떤 것인지 알지 못한다는 것이다(Driffill, 1988). 정부의 의도와 관련된 불확실성 때문에, 그들은 정책행위와 발표라는 형태 속에 들어있는 다양한 신호들을 면밀히 분석할 것이다. 이 시나리오에서는, 민간주체들이 '초지일관한(제로 인플레이션)' 행정부와 '갈팡질팡하는(높은 인플레이션)' 행정부를 구별하기 어렵다. 왜냐하면 '갈팡질팡하는 자들'이 '초지일관한 자들'로 변장할 유인이 있기 때문이다. 그러나 블랙번(Blackburn, 1992)이 주장했듯이, 경제주체들은 '정부의 행동을 지켜봄으로써, 정부의 실체에 대한 정보를 추출하고, 실제로 그렇게 지켜본 것이 사기꾼의 기만적 행동에 불과할지도 모른다는 것을 아주 잘 알고 있다'. 배커스와 드리필(Backus and Driffill, 1985)은 배로와 고든의 틀을 확장해 정책결정자의 의도와 관련해 민간부문이 갖는 불확실성을 고려했다. 이러한 불확실성하에서, 강경한 정부가 인플레이션 완화정책을 시작해, 임금교섭자들과 '치킨게임(chicken game)'[5]을 벌이면, 정부는 어쩔 수 없이 높은 희생률에 직면하게 될 것이다. 이 절에서 논의한 문제들을 좀 더 자세히 살펴본 연구로는, 배로(Barro, 1986), 페르손(Persson, 1988), 블랙번과 크리스텐센(Blackburn and Christensen, 1989), 그리고 피셔(Fischer, 1990)를 참조하라.

5. 1950년대에 미국의 젊은이들 사이에서 유행하던 게임에서 유래한 것으로, 이것은 두 명의 경쟁자가 자신의 차로 마주보고 돌진하다가 충돌 직전에 핸들을 꺾는 사람이 지는 게임이다. 여기서 핸들을 꺽은 사람은 겁쟁이, 즉 치킨으로 비난받는다. 그러므로 이것은 어느 한 쪽이 양보하지 않을 경우 양쪽이 모두 파국으로 치닫게 되는 극단적인 게임을 의미한다.

보다 최근에 스벤손(Svensson, 1997a)은 물가안정목표제가 재량적 통화정책에 내재된 인플레이션 편의를 제거하도록 고안된 전략으로서 부상했음을 보여주었다. 쉬들란과 프레스컷, 그리고 배로와 고든이 개척한 시간적 비일관성에 관한 연구문헌들은 재량을 가진 통화당국이 비효율적으로 높다고 판단하는 실업수준을 자연율 이하로 감소시킴으로써, 암묵적 고용 목표제를 달성하려고 한다는 것을 가정한다. 이 문제로 인해 경제학자들은 인플레이션 편의를 해결하는 데 도움이 될 신뢰할 만한 화폐이론체계를 모색하게 되었다. 그러나 '최선의(first-best)' 해결책은 자연실업률을 통화당국이 바라는 것보다 더 높게 만드는 공급 측의 왜곡을 바로잡는 것, 즉 근원적 문제와 씨름하는 것이다. 만일 이 해결책이 어떤 이유로 인해 정치적으로 실행될 수 없다면(강한 노동조합), 통화정책 룰에 대한 사전공약이나, 자연율과 동등한 고용 목표제를 통화당국에 위임하는 것은 차선책에 들어간다. 이 해결책들 중 어느 것도 실행할 수 없다면, 정책은 재량에 맡겨질 것이고, 경제는 차선의 균형에 비해 인플레이션 편의를 보일 것이다. 스벤손은 (시간적 일관성이 없는) 재량적 결과를 4선책(fourth-best solution)으로 분류한다. 4선의 결과는 '보수적인 중앙은행가' 에게 통화정책을 위임하는 방식으로 '중앙은행의 선호체계를 변경' (Rogoff, 1985)하거나, 중앙은행과의 최적 계약을 선택(Walsh, 1993, 1995a)함으로써 개선될 수 있다. 스벤손은 인플레이션 목표제가 경제를 차선책에 가깝게 이동시킬 수 있다고 주장한다.

5.5.4 중앙은행 독립

중앙은행 독립(central bank independence, CBI)에 관한 논의는 특히 인플레이션 기대, 시간적 비일관성, 평판, 그리고 신뢰성 같은 새고전학파의 사고에 지대한 영향을 받았다. 재량정책이 인플레이션 편의를 초래할 것이라는 쉬들란–프레스컷의 주장을 받아들인다면, 재량적 행동에 제약을 가할 어떤 제도적 기반을 정착시키는 것이 분명히 필요하다. 많은 경제학자들은 어떤 형태의 중앙은행독립이 필요한 제약을 가할 것이라는 점을 수긍한다. 중앙은행독립 옹호론은, 장기적으로는 인플레이션율이 실업수준과 독립적이어서, 재량정책이 인플레이션을 초래할 가능성이 높다는 자연실업률가설을 일반적으로 받아들이는 것과 관련이 있다. 따라서 장기적인 상충관계가 존재하지 않는다면, 선견지명이 있는 통화당국은, 지속가능한 낮은 인플레이션율과 양립할 수 있는 장기 필립스 곡선상의 한 점(그림 5.4의 O에 가까운 점)을 선택해야 한다. 쉬들란과 프레스컷에 의해 시작되어 배로와 고든, 그리고 배커스와 드리필에 의해 발전된 동적 비일관성 인플레이션이론은 어째서 과도한(온건한) 인플레이션이 장기 공약이 배제된 통화제도의 결과물이 되는가에 대한 설명을 제공한다. 그러한 재량적 제도는 금본위제와 같은 통화제도와 뚜렷한 대비를 이루는데, 후자의 경우 게임의 기본적 룰은 가격안정성에 대한 사전공약에 집중되어 있다. 이 모형들은 가격안정성을 유지하기 위한 제도와 규칙의 중요성을 강조함으로써, 사전공약 장치 역할을 하는 명시적인 반인플레이션 목표에 의해 재량성이 억제되는 독립된 중앙은행의 설립을 강력히 옹호한다. 신뢰성 문제는 통화정책의 수행과 관련된 통화당국의 재량권에서 나오는 것이므로, 반인플레이션 정책의 책무를 비정치적인 독립된 중앙은행에 양도함으로써 극복될 수 있을 것이다. 게다가 독립된 중앙은행은 '신뢰성 프리미엄' 의 덕을 볼 것이고, 그것에 의해 인플레이션 완화정책을 낮은 '희생률' 로 완수할 수 있을 것이다(Cukierman, 1992; Goodhart, 1994a, 1994b).

중앙은행독립을 둘러싼 논쟁에서는, '목표독립성(goal independence)' 과 '수단독립성(instrument independence)' 을 구별하는 것이 중요하다(Fischer, 1995a, 1995b 참조). 전자는 중앙은행이 고유의 목표를 설정하는 것을 의미하는 반면(즉, 정치적 독립성), 후자는 다양한 통화정책 수단과 관련된 독립성을 지칭한다(즉, 경제적 독립성). 최근(1997년 5월) 창설된 '독립적인' 잉글랜드 은행은 수단독립성만을 갖는다. 처음부터 정부가 2.5%의 인플레이션 목표를 정했고, 그것이 잉글랜드 은행이 명시적으로 밝힌 통화정책 목표가 되었다. 따라서 영국에서는, 각종 목적과 관련된 결정들은 정치적 영역에 머물러 있다(Bean, 1998; Budd, 1998).

이미 언급했듯이, 스벤손(Svensson, 1997a)은 시간적 비일관성 문제와 결부된 인플레이션 편의를, 로고프(Rogoff, 1985)가 제안한 것처럼, '보수적인 중앙은행가(예를 들면, 앨런 그린스펀)' 에게 통화정책을 위임하는 방식으로 '중앙은행의 선호체계를 변경' 하거나, 월쉬(Walsh, 1993, 1995a)가 제안한 대로, 중앙은행과의 최적계약을 선택함으로써 개선할 수 있다고 주장한다. 로고프의 보수적 중앙은행가는 목표독립성과 수단독립성을 모두 갖고 있고, 그것을 가장 잘 보여주는 대표적 사례가 독일의 분데스방크(Bundesbank)인데, 그것은 유럽통화동맹(European Monetary Union)이 결성되기 전에는 유럽에서 독립성이 가장 강한 중앙은행으로 남아 있었다(Tavelli et al., 1998). 로고프의 모형에서는 전체 사회구성원보다도 인플레이션에 대한 통제를 더 중요시하는 인플레이션 기피형의 보수적 중앙은행가가 임명된다(예를 들면, 1979년 지미 카터 대통령이 폴 볼커를 연방준비제도이사회 의장으로 임명한 것). 이것의 의도는, 만약 그렇게 하지 않을 경우 인플레이션을 낮추겠다는 사전공약을 확정하기 어려울 상황에서, 시간적 비일관성 문제와 결부된 과도한 인플레이션을 낮게 유지하기 위함이다. 일반적으로 이 모형을 사용해 예측하면, 인플레이션 평균은 더 낮고, 산출의 변동성은 더 높아진다(Waller and Walsh, 1996). 그러나 알레시나와 서머스(Alesina and Summers, 1993)의 연구를 살펴보면, 이 두 개의 예측 중 첫 번째 것만이 횡단면 자료(cross-sectional data)상에 나타난다는 것을 알 수 있다. 이와 대조적으로, 히치슨과 월쉬(Hutchison and Walsh, 1998)는 뉴질랜드의 경험에 관한 최근의 연구에서, 중앙은행 개혁이 단기 산출-인플레이션의 상충성을 더 크게 만든다는 사실을 발견한다. 로고프의 모형에서 보수적 중앙은행가는 사회와 동일한 선호체계를 갖고 있는 어떤 사람보다도 공급충격에 덜 반응하는데, 이것은 유연성과 의무이행 약속 사이에 잠재적 상충관계가 있음을 나타낸다. 이 문제에 대해 로만(Lohmann, 1992)은 중앙은행제도를 구상할 때에는, 정책설계자보다 인플레이션에 더 비중을 두는 보수적 중앙은행가에게 부분적인 독립성을 부여하는 내용이 포함되어야 하지만, "정책결정자는 엄격히 양(陽)의 값을 지닌, 그렇지만 한계가 있는 비용으로 중앙은행가의 결정을 무효화할 선택권을 보유하고 있다"고 주장한다. 그러한 조항은 잉글랜드 은행법(1998)에 부기되었는데, 거기에는 다음과 같은 유보권한이 명시되어 있다. '재무부는 공공의 이익과 극단적인 경제상황에 의해 지시가 필요하다고 판단되면, 잉글랜드 은행총재와 협의한 뒤에 통화정책에 관한 지시를 잉글랜드 은행에 명할 수 있다.' 그와 같은 권한이 사용될지는 두고 볼 일이다.

계약모형은 월쉬(Walsh, 1993, 1995a, 1998)와 관계되는데, 주인-대리인의 틀을 이용해 중앙은행의 책임성(accountability)을 강조한다. 그의 계약 접근법에서 중앙은행은 수단독립성은 있으나, 목표독립성은 전혀 없다. 중앙은행에 대한 보상과 처벌은 인플레이션 통제와 관련된 성취에 기초해 있다. 뉴질랜드 준비은행(Reserve Bank of New Zealand)은 이 주인-대리인 모형과 유사하다. 계약 접근법의 한 가지 중요한 논점은 중앙은행가의 최적 계약기간이다(Muscatelli, 1998). 장기 임명기간은 알레시나의 당파성 모형(partisan model)에서 설명하는 선거충격의 역할을 감소시킬 것이다(제10장 참조). 그러나 너무 긴 재직기간은, 사회의 선호체계가 자주 바뀌는 경우라면, 비용이 많이 들 수 있다. 월러와 월쉬(Waller and Walsh, 1996)는 최적 임기는 "선거효과를 감소시키는 데 따르는 장점들과 통화정책에 반영된 선호체계를 투표자들의 것과 같게 할 필요성이 적절하게 균형을 이루도록 해야 한다"고 주장한다.

중앙은행독립을 옹호하는 실증연구들은 선진 공업국들의 경우 중앙은행독립과 인플레이션 사이에 음(陰)의 관계가 있음을 보여주는 국가수준 횡단면 분석(cross-country evidence)과 연결되어 있다. 지난 15년 동안 중앙은행 독립과 경제적 성과 간의 관계를 검토한 연구들은 상당히 많다(Grilli et al., 1991; Bernanke and Mishkin, 1992; Alesina and Summers, 1993; Eijffinger and Schaling, 1993; Bleaney, 1996; Eijffinger, 2002a, 2002b). 중앙은행 독립의 경제적 영향에 대한 연구자들이 인식하고 있는 어려움 중에서 중요한 것은 독립성 지수(index of independence)를 만드는 문제이다. 알레시나와 서머스(Alesina and Summers, 1993)는 중앙은행이 정부의 영향을 받지 않고 그 정책목표를 고르는 능력, 중앙은행 총재의 선정절차, 어떤 제약도 없이 화폐적 수단을 사용하는 능력, 그리고 재정적자에 대한 중앙은행의 자금동원 요구를 중앙은행 독립성을 측정하는 데 사용할 수 있는 핵심지표로 여긴다. 파킨과 베이드(Parkin and Bade, 1982a)와 그릴리 외(Grilli et al., 1991)가 도출한 종합지수를 사용하여, 알레시나와 서머스는 독립성 지수와 몇 가지 주요 경제지표 간의 상관관계를 조사했다. 〈표 5.2〉는 '중앙은행 독립은 가격안정성을 증진하는 반면, 실질적인 경제성과에는 큰 영향을 미치지 못 한다' 는 것을 보여준다(Alesina and Summers, 1993, p.151).

인플레이션과 중앙은행 독립 사이의 '거의 완벽한' 음(−)의 상관관계는 〈그림 5.6〉에 잘 나타나 있다. 그러나 알레시나와 서머스가 인정하듯이, 상관관계가 인과관계를 입증하는 것은 아니며, 독일의 뛰어난 반인플레이션 성과는 독립적인 중앙은행의 존재보다는, 1923년 초인플레이션(hyperinflation)이라는 불행한 경험을 겪고 나서, 사람들이 인플레이션을 기피하는 것과 더 관계가 있을지 모른다. 이 경우에 독립된 중앙은행은 낮은 인플레이션의 원인이라기보다, 독일인들이 인플레이션을 기피한 결과일 수 있다. 실제로 독일 분데스방크가 낮은 인플레이션을 유지하여 쌓

▶ 표 5.2 중앙은행 독립과 경제적 성과

국가	중앙은행 독립성의 평균지수	평균 인플레이션 1955~88	평균 실업율 1958~88	평균 실질 국민총생산 증가 1955~87
스페인	1.5	8.5	n/a	4.2
뉴질랜드	1	7.6	n/a	3.0
호주	2.0	6.4	4.7	4.0
이탈리아	1.75	7.3	7.0	4.0
영국	2	6.7	5.3	2.4
프랑스	2	6.1	4.2	3.9
덴마크	2.5	6.5	6.1	3.3
벨기에	2	4.1	8.0	3.1
노르웨이	2	6.1	2.1	4.0
스웨덴	2	6.1	2.1	2.9
캐나다	2.5	4.5	7.0	4.1
네덜란드	2.5	4.2	5.1	3.4
일본	2.5	4.9	1.8	6.7
미국	3.5	4.1	6.0	3.0
독일	4	3.0	3.6	3.4
스위스	4	3.2	n/a	2.7

자료: Alesina and Summers(1993)

그림 5.6 • 평균 인플레이션과 중앙은행 독립성의 관계

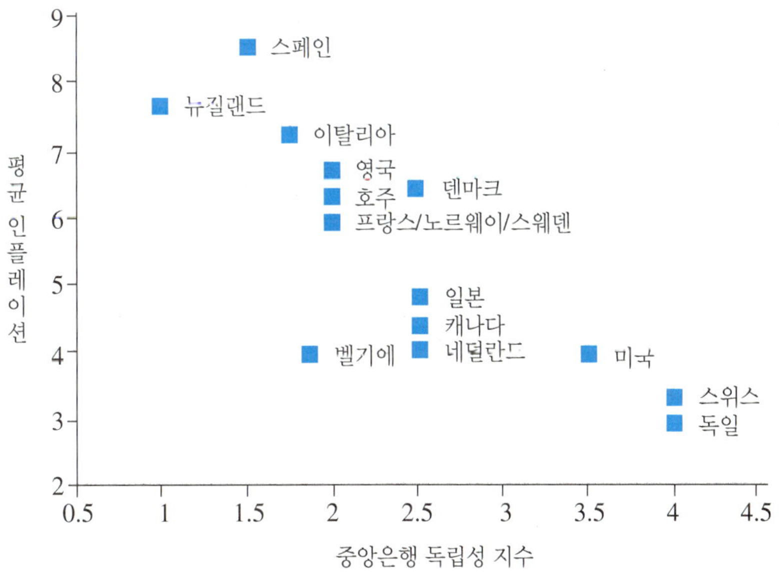

자료: Alesina and Summers(1993)

은 명성은, 1990년 10월 영국 정부가 ERM에 가입할 때 밝힌 한 가지 중요한 이유였다. 이와 같이 확고한 명성과 신뢰를 얻고 있는 반(反)인플레이션적 중앙은행에 의해 통화정책이 결정되는 체제에 영국이 참여한 것은, 국내 정책결정자들의 재량권을 빼앗아 인플레이션 기대를 낮추는 데 도움을 주기 위함이었다(Algoskoufis et al., 1992).

경제적 성과에 영향을 미치는 한 요인인 정치의 역할에 관해서도 많은 연구가 수행되었다. '정치적 경기변동' 또는 '화폐의 정치학' 연구문헌들 또한 중앙은행독립이 거시경제적 정책결정에 있어서 정치적인 왜곡문제를 완화하는 데 도움이 될 것이라고 주장한다. 지금은 '새정치거시경제학(new political macroeconomics)'이라 알려진 이것은 알베르토 알레시나(Alberto Alesina)의 연구에 크게 영향을 받았다. 그의 연구는 합리적 기대를 도입한다고 해도, 경기변동 분석에 있어서 정치적 요인의 중요성은 사라지지 않으며, 일반적으로 정치적 경기변동 연구문헌들은 당선된 정치가들에게 통화정책을 맡기고 싶어 하지 않는 경제학자들에게 더 많은 비판의 무기를 제공한다는 것을 보여주었다. 화폐의 정치학을 탁월하게 정리한 문헌들은 알레시나, 루비니와 코헨(Alesina and Roubini with Cohen, 1997)과 드레이즌(Drazen, 2000a)에게서 찾을 수 있다(제10장 참조).

중앙은행독립은 쉬들란과 프레스컷에 의해 확인된 동적 시간 비일관성 문제를 피해서, 평균 인플레이션율을 낮출 수 있지만, 많은 경제학자들은 예기치 못한 대형 충격들이 발생할 가능성이 있을 때, 일반적으로 준칙에 얽매인 중앙은행이 자유 재량권을 행사하도록 허용되는 중앙은행보다 더 나은 성과를 거둘 것이라고는 생각하지 않는다. 대형 충격에 직면하여 재량을 행사할 수 있는 중앙은행은 준칙에 기초한 정책에 대한 보다 매력적인 대안일 수 있다. 이것은 분명히 스티글리츠, 솔로, 그리고 토빈과 같은 케인즈주의자들의 관점이다(Solow and Taylor, 1998; Tobin, 1998, Stiglitz, 1999a). 미국 연방준비은행의 블라인더(Blinder, 1997b, 1998)와 잉글랜드 은행의 굿하트(Goodhart, 1994a)와 같이 주요 중앙은행들의 내부에서 일한 적이 있는 다른 경제학자들은, 중앙은행의 행위에 대한 게임이론 접근법의 유용성이나 현실성을 확신하지 못한다. 버냉키와 미시킨의 연구 또한 "그 어느 때도, 그리고 그 어느 곳에서도 중앙은행은 통화증가를 위한 엄격하고 완벽한 준칙을 결코 고수하지 않는다"는 사실을 뒷받침하고 있다(Bernanke and Mishkin, 1992, p.186 참조).

중앙은행독립에 대한 반대론 중에서 가장 중요한 것 한 가지는 그것이 통화당국과 재정당국 사이에 일으키는 갈등 가능성이다(Doyle and Weale, 1994; Nordhaus, 1994). 그들은 재정관리와 통화관리의 분리가 신뢰성을 저해할 수 있는 조정문제를 초래할 수 있다는 것을 인정한다. 그것이 갈등을 불러 일으켰던 (1979~82년 기간의 미국과 같은) 나라들에서는, 대규모 재정적자가 발생했고, 실질이자율도 높았다. 이러한 통화/재정의 혼합은 성장에 도움이 되지 않으며, 미국에서는 레이거노믹스 초기에 많은 경제학자들로부터 격렬한 비판을 받았다(Blanchard, 1986; Modigliani, 1988b; 그리고 Tobin, 1987). 연준과 미 재무성을 움직이는 유력한 동기가 부여된다면, 금융긴축과 재정확대의 혼합은 결코 놀라운 조합이 아니다. 독립된 중앙은행은 통화긴축과 낮은 인플레이션을 강조하는 경향이 있는 반면, 재정당국(정치가들)은 정부지출 증가와 감세가 '정치의 기본(meat, potatoes and gravy of politics)' 이라는 것을 알고 있다(Nordhaus, 1994). 비평가들이 볼 때, 중앙은행 독립은 만병통치약이 아니다. 특히 인플레이션이 중앙은행의 1차적 목표가 되어야 한다고 말하는 것과, 모든 상황에서 인플레이션을 통화정책의 유일한 목적으로 삼는 것은 전혀 다른 것이다(Akhtar, 1995; Carvalho, 1995/6; Minford, 1997; Forder, 1998; Posen, 1998). 블랙번(Blackburn, 1992)이 결론 내리듯이, "통화정책의 신뢰성은 단지 통화정책에만 의존하는 것이 아니라, 거시경제 프로그램 전체에 달려있는 문제이기도 하다."

5.5.5 총공급 확대를 위한 미시경제정책

다음으로 우리가 다룰 새고전학파 접근법의 정책적 함의는, 정책당국이 영속적으로 산출을 늘리면서 실업은 감소시키기를 원할 때, 어떤 정책을 추구해야 하는가와 관련된 문제이다(통화정책의 역할은 실업을 영속적으로 감소시키는 것이 아니라, 인플레이션을 낮고 안정적으로 유지하는 것이다). 이미 살펴보았듯이, 노동시장에서의 왜곡을 줄이기 위한 미시경제정책은 쉬들란과 프레스컷(Kydland and Prescott, 1977)이 밝힌 인플레이션 편의문제에 대한 '최선의' 해결책으로 권장되었다. 실업은 현재 및 미래 예상되는 실질임금의 변동에 따라 일과 여가를 대체하는 노동자들의 최적 결정을 반영하고 있는 균형 결과물이다. 노동시장은 연속적으로 청산된다. 그래서 현재의 실질임금 수준에서 일하기 원하는 사람은 누구나 그렇게 할 수 있다. 자발적 실업 상태에 있는 사람들은 현재의 실질임금 수준에서 일하지 않는 쪽을 택한다(Lucas, 1978a). 기업과 노동자들이 상대가격에 대해 알고 있다면, 산출과 고용의 변화는 그들의 균형 공급결정을 반영하는 것으로 간주된다. 이러한 견해로부터 산출을 늘리고 실업을 줄이는 적합한 정책수단들은 기업 및 노동자들이 더 많은 산출과 노동을 공급할 미시경제적 유인을 확대하는 것이다.최근 몇 년간 추진되어온 종종 매우 논쟁적인 공급우선의 광범위한 정책 사례들은 이 책의 제4장 4.3.2절에서 볼 수 있다(Minford et al., 1985; Minford, 1991). 공급측면에서의 개혁이 갖는 중요성은 최근 루커스에 의해 다루어졌다. 2003년 1월 미국 경제학협회 회장 연설에서, 그는 '거시경제학의 우선사항들(Lucas, 2003)' 을 중점적으로 다루었다. 지난 50년에 걸쳐 미국이 거둔 성과를 기준(benchmark)으로 사용하고 있는 어느 분석에서, 루커스는 더 나은 장기의 공급우선 정책에서 얻는 후생증진 가능성이, 단기 안정화 정책의 개선에서 얻을 수 있는 잠재적 이득을 훨씬 넘어선다고 결론지었다.

어떤 경제학자들에게는, 유럽의 실업문제는 근본적으로 통화정책의 문제가 아니라, 흔히 '유럽 동맥경화증(Eurosclerosis)' 이라 불리는 공급측면의 문제다. 1950년대와 1960년대 동안, 유럽의 OECD 소속 '복지국가' 경제들은 미국보다 평균적으로 더 낮은 수준의 실업을 경험했다. 1980년 무렵 이후, 이 경험은 역전되었다. 많은 경제학자들은 유럽의 노동시장 성과가 빈약한 원인을 노동시장의 유연성에 불리하게 작용했던 다양한 제도적 변화에서 찾았는데, 그 변화들은 실업수당 액수와 수령기간, 이동성을 제한하는 주택정책, 최저임금법 제정, 고용 및 해고 비용을 증가시키는 고용보호법 제정, 기업이 부담하는 노동비용(생산직 노동자 임금)과 노동자의 순소득(소비성 임금) 간의 '총세부담(tax wedge)', 그리고 특히 '내부자'의 권한과 관련된 조치들이었다(Siebert, 1997; Nickell, 1997). 갈수록 요동치는 경제 환경에 직면하여, 각국 경제는 상시 구조조정을 할 필요가 있다. 륭크비스트와 사전트(Ljungqvist and Sargent, 1998)는 유럽 OECD 복지국가들의 관대한 수급권 보장 프로그램(entitlement programme)[6]이 '터지기를 기다리는 사실상의 시간폭탄'을 낳았다고 주장한다. 그 폭발은 대규모의 경제적 충격이 보다 자주 발생할 때 찾아온다. 복지국가 프로그램은 필요한 경제의 구조조정을 방해하는데, 이러한 상황은 만성적인 높은 실업률로 나타난다.

공급측면의 주장들이 갖는 몇 가지 타당성을 인정하면서도, 솔로(Solow, 1998)와 모딜리아니(Modigliani, 1996)는 유럽의 실업률 증가 중 상당 부분이, 지난 20년간의 특징인 반(反)인플레이션적 긴축 통화정책에 그 뿌리를 두고 있다고 본다. 따라서 유럽의 실업문제를 해결하기 위해서는 미시지향적 공급우선 정책을 더욱 확대된 총수요정책과 결합할 필요가 있다.

5.5.6 계량경제학적 정책평가에 대한 루커스 비판

거시경제정책의 체계화에 대해 새고전학파 접근법이 갖는 마지막 함의는, 흔히 '루커스 비판'이라 알려진 것과 관계되는데, 이는 그것을 처음 제안했던 루커스의 독창적인 논문제목에서 따온 것이다. 루커스(Lucas, 1976)는 대안적 정책 시나리오의 결과를 평가하는 데 있어서 대규모 거시계량경제학 모형을 사용하는 기존의 관행을 비판했는데, 이는 그러한 정책 시뮬레이션이 정책이 변경될 때에도 여전히 모형의 매개변수들은 불변이라는 가정에 기초해있기 때문이다. 1950년대와 1960년대 기간에 개발된 케인즈주의 거시계량경제학 모형들은 내생변수와 외생변수들을 포함하고 있는 '방정식체계'로 구성되어 있다. 그 모형들은 콥만스(Koopmans, 1949)를 계승하여, '구조방정식'이라 불리는 다음 4가지 유형의 방정식을 포함하고 있다.

1. 정의상 참인 항등식과 방정식들
2. 과세율과 같은 제도상의 규정들을 포함하는 방정식들
3. 생산함수 같은 기술적 제약들을 구체적으로 나타내는 방정식들
4. 개인 또는 집단이 임금조정, 소비, 투자 및 화폐수요함수 같은 경제적 환경에 대응할 방식을 묘사하는 행태방정식들

이러한 유형의 '방정식체계'를 갖는 모형의 좋은 사례가 안도와 모딜리아니에 의해 미국에서 고안된 그 유명한 FMP모형(연방준비은행–메사추세츠공과대학교–펜실베이니아대학교 모형의 이름을

6. 복지정책, 의료보험, 농업가격 보조금정책 등 일정액으로 비용이 고정되어 있는 것이 아니라, 수급자격이 있는 사람의 수에 의해 결정되는 프로그램. 프로그램의 규칙을 변경하지 않는 한 정부의 재량권 밖에 있는 것이 특징이다.

본 땀)이다. 그 모형들은 예측목적을 위해, 그리고 확률적 내지는 임의적 충격의 가능한 효과를 검증하기 위해 사용되었다. 그 모형을 만든 사람들은 모형추정에 역사적 자료(historical data)를 사용했고, 그리고 나서는 대안적 정책의 가능한 결과들을 분석하기 위해 그 모형을 활용했다. 1960년대/1970년대 초의 전형적인 케인즈주의 모형은 필립스 곡선상의 관계와 결합된 IS-LM-AD-AS틀에 기초해 있었다. 이러한 유형의 모형들이 보여주는 행태는 무엇보다도, 모형 내에 있는 변수들의 추정계수값에 의존할 것이 분명하다. 예를 들면, 그 모형들은 전형적으로 소비함수를 기본관계들 중 하나로 포함한다. 소비함수가 $C = \alpha + \beta(Y - T)$의 단순한 형태를 갖는다고 가정해보자. 즉 소비는 가처분(세후)소득 $(Y - T)$에 비례한다. 그러나 이 단순한 케인즈주의 소비함수에서, 매개변수(α, β)는 효용함수가 주어진 상태에서, 얼마나 소비하고 저축할 것인가에 대해 경제주체들이 과거에 내린 최적의 결정에 의존할 것이다. 즉, 이 매개변수들이 형성된 기간은 당시 지배적이었던 특정 정책기조에 직접 영향을 받았던, 초기의 최적화 과정 동안이었다. 루커스는 효용을 극대화하는 합리적 경제주체들의 정책변경에 대한 최적(소비)반응이 모형을 통해 내내 진행됨에 따라 모형의 매개변수들이 전형적으로 바뀌기 때문에, 모형을 구축하는 데 이와 같은 방정식을 사용해서는 안 된다고 주장한다. 대규모 거시계량경제학 모형의 매개변수들은, 새로운 환경에 맞추어 경제주체들이 기대와 행위를 조정할지도 모르므로, 정책변경을 맞이하여 일정한(불변이) 값으로 남아있지 않을 수도 있다[사전트(Sargent, 1999)는 이것을 '표류하는 계수(drifting coefficients)' 문제라 부른다]. 경제에서 기대가 결정적 역할을 하는 것은, 그것이 소비자, 기업, 투자자, 노동자, 그리고 기타 모든 경제주체들의 행위에 영향을 미치는 방식 때문이다. 게다가 경제주체들의 기대는 정부가 추구하는 경제정책을 포함하는 여러 가지 것들에 좌우된다. 기대가 합리적이라고 가정하면, 경제주체들은 정부가 경제정책을 변경할 때 기대를 조정한다. 따라서 거시계량경제학 모형들은 그 어떠한 정책변경도 그 구조를 체계적으로 변화시킬 것이라는 사실을 고려해야 할 것이다. 민간부문의 구조적 행위관계는 정부정책이 변경될 때 항상 바뀐다. 따라서 정책변경의 효과를 평가할 때에는, 정책변경에 따라서 경제주체들의 기대가 어떻게 바뀔지 알 필요가 있다. 루커스(Lucas, 1976)는 전통적인(케인즈주의가 지배하는) 정책평가 방법들이 정책이 기대에 미치는 영향을 제대로 고려하지 않는다고 주장했다. 따라서 그는 다음과 같이 주장하면서, 그러한 모형들의 사용에 이의를 제기했다.

> 계량경제학 모형의 구조가 경제주체들의 최적 의사결정 규칙으로 구성되어 있고, 그 규칙이 의사를 결정하는 사람과 관련된 계열구조의 변화에 따라 체계적으로 바뀐다는 점을 고려하면, 결과적으로 그 어떠한 정책변경도 계량경제학 모형의 구조를 체계적으로 변화시킬 것이다.

다시 말해, 대규모 거시계량경제학 모형들의 매개변수들은, 정책변경에 직면하여, 불변의 상태로 머물러 있지 않을 것이다. 왜냐하면 합리적 경제주체들이 새로운 환경에 맞추어 행위를 조정할지도 모르기 때문이다. 현존하는 대부분의 케인즈주의형 거시계량경제학 모형들 내에서 추정된 식들이 정책대안에 따라 바뀌는 것은 아니므로, 정책 시뮬레이션에서 얻어진 그 어떤 조언도 잘못된 결과를 가져오지는 않을 것이다. 루커스에 따르면, 정책변경이 경제에 미치는 영향을 예측하고자 할 때, 과거의 자료들로부터 추정된 관계를 주어진 것으로 간주하는 것은 잘못된 일이다.

케인즈주의형 거시계량경제학 모형들의 이러한 약점이 유난히 노출되었던 때는 인플레이션이 가속화되고, 실업이 증가했던 1970년대 동안이었다. 이미 1950년대와 1960년대의 경험으로 인해, 일부 정책결정자들과 경제이론가들은 인플레이션과 실업 사이에 안정적인 장기 상충관계가 존재한다고 믿게 되었다. 그러나 이러한 사고에 영향을 받은 정책결정자들이 정책기조를 일단 변경하여, 실업을 낮추고 인플레이션은 높였을 때, 경제주체들의 기대가 예전보다 더 높은 인플레이션에 반응함에 따라, 필립스 곡선은 이동했다. 따라서 정통파 케인즈주의 모형의 예측들은, '기본적으로 잘못된' 원리에 기초하고 있으므로, '터무니없이 부정확하고' '완전히 실패' 한 것으로 판명되었다(Lucas and Sargent, 1978). 프리드먼-펠프스 자연율이론의 루커스 합리적 기대 판은, 정책결정자들이 그 어떤 단기 필립스 곡선의 상충관계도 분명히 존재한다는 점을 정책의 근거로 삼아서는 안 된다는 의미를 담고 있다. 통화당국은 낮은 인플레이션의 달성에 목표를 두어야 하는데, 그로 인해 후생이 크게 증가하기 때문이다(Sargent, 1999; Lucas, 2000a, 2003 참조).

루커스 비판이 거시경제정책의 체계화를 향해 던지는 시사점은 크다. 새롭고도 상이한 경제정책들이 기존 모형의 매개변수들에 미치는 효과를 정책결정자들은 예측할 수 없으므로, 그 모형을 사용하는 시뮬레이션도 대안적 정책기조의 결과를 예측하는 데 사용될 수 없다. 루커스가 보기에, 모형의 매개변수들이 정책변경에 대해 갖는 불변성은 케인즈주의형의 불균형 모형에서는 보장될 수 없다. 그와 반대로, 균형이론화의 장점은, 개인들의 목표와 제약에 관심을 집중함으로써, 그 결과로 생기는 모형이 정책변경에 대해 불변인 구조적 관계만으로 구성될 가능성이 훨씬 더 높다는 것이다. 루커스는 기대의 처리문제를 표준적 대규모 거시경제학 모형들이 갖는 중대한 결함으로 인식했다. 합리적 기대를 형성하는 경제주체들은 발표된 정책변경에 신속히 반응할 것이다. 1960년대 후반과 1970년대 초의 인플레이션에 대한 과소기대는 루커스의 주장을 확인해 주는 것 같았다. 1978년 루커스와 사전트는 "기존의 케인즈주의 거시계량경제 모형은 통화, 재정 및 기타 정책들을 체계화하는 데 있어서 믿을 만한 지침을 제시할 수 없다"고 당당히 선언했다.

루커스 비판에는 방정식들이 본래 구조적이거나 행태적이 되도록 거시계량경제 모형을 구축할 것을 전적으로 재검토할 필요가 있다는 의미가 들어 있다. 루커스와 사전트(Lucas and Sargent, 1978)는 균형모형의 경우, 기존의 케인즈주의 거시계량경제 모형이 안고 있는 난점들이 없어서, 경기변동의 주된 양적 특징들을 설명할 수 있다고 주장한다. 결국 루커스 비판의 영향은 현대의 새고전학파 경기변동 이론가들이 1980년대에 선택한 방법론적 접근법, 즉 '실물경기변동' 이론에 기여했다(그림 5.7 참조). 그러한 모형들은 행태적 관계를 동적 최적화 설정 내에서 도출하려 한다.

거시경제학적 안정화 정책에 대해서, 루커스 비판은 또한 '경제주체들이 잘 이해하고 있는 안정적인 "게임의 규칙"의 선택으로 정책을 사고할 필요성에 관심을 향하게 한다. 오직 그러한 배경하에서만, 경제이론은 경제주체들이 취할 행동을 예측하는 데 도움이 될 것이다' (Lucas and Sargent, 1978).

그러나 앨런 블라인더 같은 몇몇 경제학자들은 '루커스 비판' 이 거시경제학 발전에 부정적 영향을 미쳤다고 여긴다(Snowdon, 2001a 참조). 게다가 루커스 비판의 직접 검증은 정책변경이 행태방정식 계수의 변화를 가져온다는 명제를 강력히 뒷받침하지 못했다(Hoover, 1995a 참조). 블랑샤르(Blanchard, 1984)는 볼커의 인플레이션 완화정책 기간에 채택된 정책기조의 변화기 동안 "필립스 곡선이 크게 이동했다는 증거는 전혀 없다"는 것을 보여주었다. 다른 경제학자들은, 볼커의 인플레이션 완화정책은 그것이 수행되었던 1979년 10월 이전의 예상치보다 더 낮은 희생률을 동반했다는 점을 지적해왔다(Sargent, 1999 참조). 끝으로 경제정책의 룰이 변경되어, 경제주체들의 기호와 기술이 변한다면, 새고전학파 '균형' 모형들의 구조적 매개변수조차도 정책변경에 대해 불변이 아닐 수 있다는 점에 유의해야 할 것이다. 실제로 루커스 비판이 갖는 의의는, 정책당국이 고려하고 있는 특정 정책이 변경된 뒤에도, 모형의 매개변수들이 안정적일지의 여부에 달려있을 것 같다.

5.6 평가

루커스, 배로, 사전트, 그리고 월리스와 같은 선도적 새고전학파 경제학자들의 기여는 특히 미국에서, 1970년대 전반에 걸친 거시경제학 논의를 장악했다. 특히 1970년대에 이루어진 루커스의 경기변동 연구는 거시경제학자들의 연구수행 방법과 세계관에 지대한 방법론적 영향을 미쳤다(Lucas, 1980a, 1981a; Hoover, 1992, 1999; 제6장). 예를 들면, 모든 실업을 자발적인 것으로 보아야한다는 생각은 여전히 논란거리이지만, '루커스의 혁명' 이 있고나서 경제학자들은 예전에 비해 '비자발적 실업' 이라는 케인즈의 사고를 무비판적으로 받아들일 의향이 대폭 줄어들었다(Solow, 1980; Blinder, 1988a; Snowdon and Vane, 1999b).

그러나 1970년대가 저물어 갈 무렵에는, 새고전학파 균형접근법의 몇 가지 약점이 노골화되고 있었다. 이 결함들은 주로 쌍으로 이루어진 연속적 시장청산과 불완전정보의 가정을 이용한 결과였다. 1982년경 화폐 판 새고전학파 균형모형들은 이론적으로나 경험적으로 모두 막다른 골목에 다다랐다. 예를 들면 이론적 전선에서는, 정보혼동에 관한 가정을 받아들이기 어렵다는 점이 널리 인식되고 있었다(Okun, 1980; Tobin, 1980b). 방법론적 이유로 가격경직성을 배제했기에, 새고전학파 모형들에는 화폐에서 산출로 향하는 인과관계를 포함한, 경기번동에 대한 받아들일 수 있는 설명들이 남아 있지 않았다. 더군다나 화폐-산출 상관관계에 있어서 원인이 되는 화폐의 역할에 대해 심스(Sims, 1980)가 던진 의혹은 경기변동에 관한 화폐적 설명에 대해서 의문을 제기했다. 경험적 전선에서는, 초기의 몇 가지 성공에도 불구하고, 예상된 화폐가 중립적이라는 명제를 뒷받침하는 증거가 견실하지 않음이 드러났다(Barro, 1977a, 1978, 1989a). 고든(Gordon, 1989)에 따르면, 새고전학파 이론화의 첫 번째 국면이 갖는 영향력은 1976~8년 기간에 정점을 이루었다. 그는 또한 이 국면의 몰락 시점을 "뉴햄프셔주 볼드피크에서, 1978년 10월 13일 금요일 동부 서머타임으로 정확히 8시 59분"으로 추정하는데, 그 이유는 "세 명의 토론자들에게 심하게 비판받았을 뿐 아니라, 저자들에게조차 의심스러워 보이는 모호한 결론들이 들어있는, 미국의 전후 분기별 경제지표로 본 정책 비실효성 명제의 경험적 검증에 관해" 배로와 러시(Barro and Rush, 1980)가 구두발표를 한 곳이 바로 이곳이었기 때문이다(Hoover, 1992, 1권 참조). 따라서 1980년대 초 새고전학파 접근법 제1호 (화폐적 충격) 판은 종말을 맞이했는데, 이는 총 가격수준 및 통화공급 자료에 관한 정보격차 가정이 받아들여지기 어려웠고, 경험적 검증절차가 정책 비실효성 명제를 강력히 뒷받침하지 못한데 주로 기인한 것이었다(Barro, 1989a). 레이건과 대처의 디플레이션에 이은 1980~82년 기간에 미 · 영 양국에서 발생한 경기후퇴의 깊은 골은 비평가들에게 또 한 번 공격의 빌미를 제공했다. 이러한 난국을 겪고 나서, 화폐적 충격모형은 정보가 풍부한 현대의 산업경제에 부적합한 것으로 널리 인식되게 되었다.

그러는 사이에 피셔(Fischer, 1977), 펠프스와 테일러(Phelps and Taylor, 1977)는 연속적으로 청산되는 시장이라는 가정을 포기하면, 합리적 기대를 포함하고 있는 모형에서 명목적 교란이 실질적 효과를 낳을 수 있음을 보여주었다. 합리적 기대가설을 받아들이는 것이 새고전학파의 일원이 되는 필요조건이지만, 충분조건은 분명 아니었다. 당시 갓 태동하고 있었던 새케인즈학파의 기여에 뒤이어, 합리적 기대가설이 정책 비실효성을 위한 충분조건도 아니라는 인식이 급속히 확산되었다. 결과적으로 정책 비실효성 명제는 "아무도 돌보지 않고, 슬퍼하는 이 없이 사망하도록" 방치되었고, "이 공백 속으로 미네소타주 출신의 에드워드 프레스컷이 들어섰는데, 그는 자신의 실물경기변동이론을 지닌 채 닳아서 너덜너덜 해진 새고전학파의 깃발을 집어들었다"(Gordon, 1989). 따라서 루커스의 MEBCT는 1980년대 초 이후, 기술적 충격을 강조하는 새고전학파의 실물경기변동 모형(Stadler, 1994), 화폐적 교란을 강조하는 새케인즈주의 모형(Gordon, 1990), 그리고 이 두 가지 접근법의 통찰력을 결합한 새신고전학파종합 모형에 의해 대체되었다(Lucas, 1987; Goodfriend and King, 1997; Blanchard, 2000 참조).

(쉬들란과 프레스컷처럼) 새고전학파의 접근법에 공감하는 경제학자들은 실물균형경기변동이론(real equilibrium business cycle theory, REBCT, 〈그림 5.7〉 참조)이라 알려진 제2호 새고전학파 모형을 개발했다. REBCT 접근법을 주장하는 사람들은 경기변동을 설명함에 있어서 화폐적 충격 접근법을 포기했지만, 제1호에서 사용된 구성요소들 중에서 균형접근법과 (조정비용 같은) 전달경로를 계속 지니고 있었다. 루커스 비판에 답하는 것 또한 REBCT 발전의 배후에 존재하는 주요 추진력이었다(Ryan and Mullineux, 1997).

접근법을 둘러싼 논쟁에도 불구하고, 새고전학파 경제학은 지난 15년에 걸쳐 거시경제학 발전에 큰 영향을 주었다. 그 영향은 수많은 영역에서 찾아볼 수 있다. 첫째, 새고전학파 경제학은 기대를 모형화하는 방법에 훨씬 더 많은 관심을 갖게 함으로써, 거시경제학에 이른바 '합리적 기대혁명'을 가져왔다(Taylor, 1989). 예를 들면 합리적 기대가설은 새케인즈학파 경제학자들과

그림 5.7 • 새고전학파 거시경제학의 발전과정

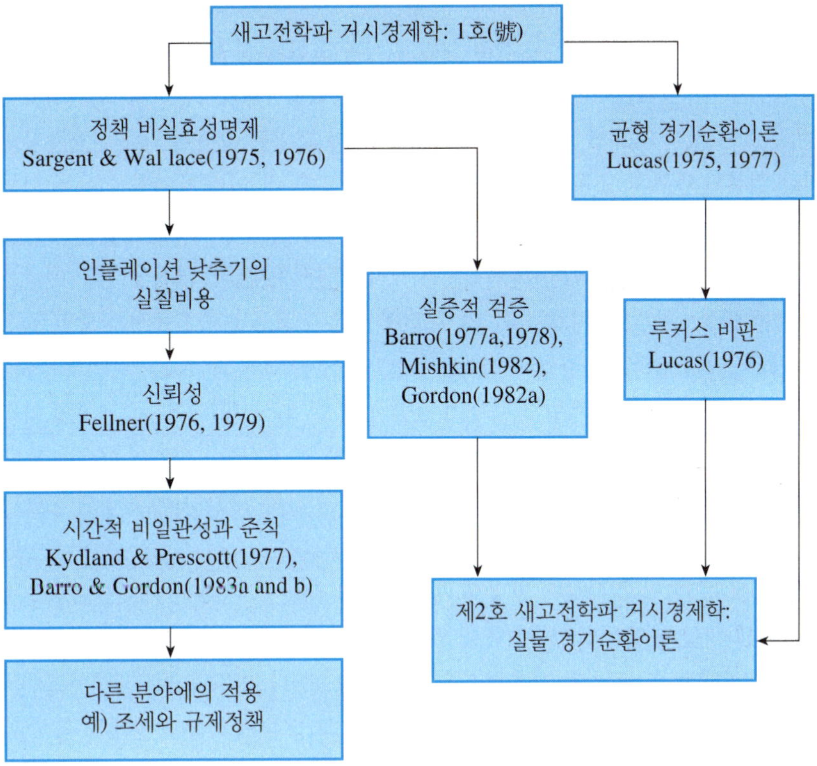

'새정치거시경제학' 영역의 연구자들에 의해 널리 채택되었다(제7장, 제10장 참조). 그것은 또한 돈부시(Dornbusch, 1976)의 환율 오버슈팅(exchange rate overshooting) 모형에 결정적 구성요소를 제공했다(제7장 참조). 둘째, 정책변경이 거의 확실하게 기대에 영향을 줄 것이라는 (따라서 경제주체들의 행위에도 영향을 줄 것 같다는) 합리적 기대의 통찰은 이제 매우 널리 받아들여지고 있다. 이로 인해 결국 경제학사들은 거시경제적 안정화 정책의 역할과 수행에 대해 다시 생각하게 되었다. 특히 통화정책의 안정화 역할을 논의할 때, '정책준칙'에 대한 현대적 강조는 합리적 기대의 사고로부터 큰 영향을 받았다.

새고전학파 거시경제학을 둘러싸고 있는 논쟁 중 많은 부분은 합리적 기대가설 자체가 아닌, 새고전학파 모형의 구조에서 나오는 정책적 함의를 향한 것이다. 이러한 맥락에서 볼 때, 그 안에서 시장이 연속적으로 청산되지는 않지만 자연실업률 가설을 포함하고 있을 뿐만 아니라 경제주체들이 합리적 기대를 하는 케인즈주의와 유사한 불균형모형들은 여전히 수요관리정책이 경제를 안정화시키는 역할을 할 것이라고 예측한다. 총수요에 대한 임의적 충격을 맞이하여 정부가 민간부문이 화폐임금을 재교섭하는 것보다 더 빠르게 정책을 조정할 수 있다면, 총수요관리는 여전히 경제를 안정화시키고 자연적 수준 주위에서의 산출 및 고용 변동을 상쇄하는 역할을 할 수 있다. 뷰터(Buiter, 1980)가 요약하듯이, "사실상 경제학적으로 흥미로운 모든 모형들에는, 예상한 것이든 예상치 못한 것이든 간에, 통화 및 재정정책의 실질적 결과가 있을 것이다. 이로 인해 실현가능한 정책개입에 대한 비용–편익분석은 실무적인 분야에 종사하는 경제학자들의 주요 관심사가 된다." 따라서 "아무 것도 하지 않으면서, 가능한 한 가장 단순한 고정된 준칙에 의해 정책수단의 움직임을 결정하는 정부가 반드시 모든 면에서 최고의 결과를 얻을 것"이라 생각할 이유는 전혀 없을 것이다. 게다가 만일 새케인즈주의 모형에서처럼 가격과 임금이 점차적으로만 조정된다면, 인플레이션을 완화하기 위한 그 어떤 통화정책도, 설령 합리적 경제주체들이 그것을 믿고 예상한다 할지라도, 자연실업률을 높이는 이력효과를 동반하면서 산출과 고용의 측면에서 상당한 경기후퇴를 가져올 것이다(제7장 참조).

끝으로, 거시경제적 안정화정책의 역할과 수행에 관한 논의에 새고전학파 거시경제학이 미친 영향을 전반적으로 평가하려 할 때에는, 다음과 같은 세 가지 결론을 제시할 수 있을 것이다. 첫째, 경제학자들 사이에서 꽤 널리 의견의 일치를 보이고 있는 사실은 거시경제적 안정화정책이 단기적으로 산출과 고용에 전혀 영향을 줄 수 없게 하기 위한 필요조건이 유효하지 않을 것이라는 점이다. 이렇게 보면, 경제주체들이 경제정책 변경 효과를 예상할 가능성이 있다는 것은 실제로 정책당국이 경제를 안정화시킬 여지가 줄어들었음을 의미한다. 둘째, 새고전학파 거시경제학은 산출과 고용을 자극하기 위해 총공급정책을 사용하자는 주장을 강화했다. 마지막으로 새케인즈주의자들은 새고전학파 거시경제학의 도전에 대응하지 않을 수 없었고, 그렇게 하는 과정에서, 특히 어째서 임금과 가격이 단지 서서히 조정되는 경향이 있는가를 설명하면서, 경제를 안정되게 할 개입주의 정책(수요 · 공급 양면의 관리정책)을 정당화하는 더욱 견고한 미시이론적 기초를 제시했다.

새케인즈주의 경제학을 논의하기에 앞서, 다음 장에서는 새고전학파 경제학 제2호, 즉 실물경기변동이론의 발전과정을 먼저 살펴본다.

Intervew

로버트 루커스 (Robert E. Lucas Jr., 1937~)

Permission to reprint from the University of Chicago Credit: Lloyd De Grane

로버트 루커스는 1937년 워싱턴 주의 야키마(Yakima)에서 태어났고, 1959년과 1964년에 각각 시카고 대학교에서 역사학사 학위와 박사 학위를 받았다. 그는 시카고 대학교에서 강의를 했고(1962~63년), 카네기멜런 대학교에서 경제학부 조교수(1963~7년), 부교수(1967~70년), 그리고 교수(1970~74년)직을 거쳐, 포드재단(Ford Foundation)의 객원연구교수(1974~5년)로 있었고, 시카고 대학교 교수(1975~80년)를 역임했다. 1980년 이후로는 시카고 대학교에서 존 듀이 경제학석좌교수((Jonh Dewey Distinguished Service Professor of Economics)로 있다.

거시경제 분석에 대한 균형접근방법과 거시경제정책의 분석에 합리적 기대를 적용한 것으로 가장 잘 알려진 로버트 루커스는 새고전학파 거시경제학 발전에 있어서 선도적 인물로 널리 인정받고 있다. 거시경제 모형화와 정책평가에 관한 매우 영향력 있는 연구 외에도, 최근에는 경제성장을 포함하는 다른 연구 분야에도 많은 중요한 기여를 하였다. 1995년에 그는 "합리적 기대가설을 발전시키고 응용하는 한편, 여기에 기초해서 거시경제 분석을 변혁하고, 경제정책에 대한 우리의 이해를 심화시킨 공로로" 노벨경제학상을 수상했다.

그의 저서 중 가장 잘 알려진 것들은 다음과 같다. 《경기변동론 연구》(*Studies in Business Cycle Theory, roman*, 1981), 사전트(Thomas Sargent)와 공동편집한《합리적 기대와 계량경제학 실증연구》(*Rational Expectation and Econometric Practice*, University of Minnesota Press,

1981), 《경기변동의 모형들》(*Models of Business Cycles*, Basil Blackwell, 1987), 스토키(Nancy Stokey)와 프레스컷(Edward Prescott)과의 공동저작인《계량경제동학에 있어서 재귀(再歸)적 방법》(*Recursive Methods in Econometric Dynamics*, Harvard University Press, 1989), 《경제성장 강의》(*Lectures on Economic Growth*, Harvard University Press, 2002).

그가 쓴 수많은 논문 중에서 가장 잘 알려진 것들은 다음과 같다. 〈기대와 화폐중립성〉("Expectations and the Neutrality of Money," *Journal of Economic Theory*, 1972a), 〈산출-인플레이션 상충관계에 대한 몇 가지 국제적 증거〉("Some International Evidence on Output-Inflation Tradeoffs," *American Economic Review*, 1973), 〈계량경제학적 정책평가: 비판〉("Econometric Policy Evaluation: A Critique,")《필립스 곡선과 노동시장》(*The Phillips Curve and Labor Markets*, North-Holland, 1976)에 수록, 〈경제발전의 작동과정〉("On the Mechanics of Economic Development," *Journal of Monetary Economics*, 1988), 〈노벨 강연: 화폐의 중립성〉("Nobel Lecture: Monetary Neutrality," *Journal of Political Economy*, 1996),〈거시경제학의 우선사항들〉("Macroeconomic Priorities," *American Economic Review*, 2003).

우리는 미국경제학회 연례총회에 참석하고 있었던 1997년 1월 3일, 루커스 교수가 투숙한 뉴올리언스의 호텔방에서 그를 인터뷰했다.

배경지식

| 학부생 때는 시카고 대학교에서 역사를 공부하셨고, 대학원도 시작은 버클리에서 역사를 전공하셨습니다. 시카고로 돌아와 대학원에서 전공을 경제학으로 바꾸기로 결심하신 이유가 무엇이었는지요?

역사학도로서 경제학과 경제사학에 점점 더 많은 관심을 갖게 되었습니다. 경제적 힘을 강조한 벨기에 역사학자 앙리 피렌느(Henri Pirenne)의 연구가 저에게 영향을 미쳤습니다. 버클리에 있었을 때, 저는 몇몇 경제사학 과목을 수강하기 시작했고 더 나아가 경제학 과목도 들었습니다. 그때가 바로 경제학이 매우 기술적인 분야이고, 아마추어로서 그것을 선택한다는 것이 얼마나 힘든 일인지 처음 깨달았던 시기였습니다. 그리고 나서 경제학으로 전공을 바꾸어야겠다고 결심했습니다. 경제학을 공부하는 데 버클리에서는 재정적 지원을 받을 가능성이 전혀 없어서, 시카고로 돌아오게 되었지요.

| 실제로 전공을 바꾸셨을 때, 경제학자들이 사용하는 테크닉이나 도구들이 익히기 어렵다고 생각하셨습니까?

물론입니다만, 저에게는 그것이 아주 재미있었습니다. 경제학에 입문하기 전에는 사회과학의 문제들을 해결하기 위해 사람들이 수학을 사용하고 있었다는 것을 전혀 몰랐습니다. 그 사실을 깨닫고 난 후, 그것을 엄청 즐기게 되었죠.

| 고등학교 시절 수학성적은 좋았습니까?

고등학교 때는 성적이 좋았지만, 대학교 때는 조금 듣다가 중도에 포기했습니다. 저는 자연과학에 흥미가 없었습니다. 수학을 계속 공부할 동기가 전혀 없었지만, 그것이 경제학에서 어떻게 쓰이고 있는지를 알게 되었을 때, 수학에 대한 관심이 다시 불붙었습니다.

| 어느 경제학자가 교수님의 연구에 가장 큰 영향을 주었습니까?

아주 많지요. 제가 대학원에서 처음 공부할 때, 새뮤얼슨의 《경제분석의 기초》(*Foundation of Economic Analysis*)의 영향이 컸습니다. 그 책은 제 세대의 경제학자들에게는 성경이었죠. 프리드먼은 훌륭한 선생님이셨습니다. 정말 찾아보기 힘든 선생님이셨죠. 시카고를 나온 사람은 누구나 다 그렇게 말할 겁니다.

| 어떤 점에서 그렇습니까? 복잡한 생각들을 전달하는 그분의 능력이었니요?

답하기 어려운 질문이네요. 우리가 경제학적 추론으로 학생들에게 전달할 수 있는 문제들에 대해 그분이 보여주신 사고의 폭이었던 것 같습니다. 그것이 바로 프리드먼이 강조했던 점이죠. 정말 깊이 분석할 수 있는 단일한 문제는 없었지만, 여러 문제들의 범위 안에는 모든 것이 들어있었습니다. 그래서 우리는 인간사에서 일어나는 그 어떤 문제도 다룰 수 있는 강력한 도구를 얻고 있다는 인상을 받았고, 그것은 당연했습니다.

| (하이에크 등) 오스트리아 학파의 연구는 교수님의 생각에 어느 정도나 영향을 미쳤는지요?

한 때는 나 자신을 일종의 오스트리아주의자라고 생각했습니다만, 케빈 후버(Kevin Hoover)의 책을 읽고 나서는, 그 생각이 단지 제가 하이에크와 여타 오스트리아주의자들의 책을 잘못 읽은 결과라는 것을 알게 되었습니다.

| 데이비드 레이들러(Laidler, 1992b)는 "경제학자들이 지닌 끔찍할 정도로 낮은 수준의 역사지식"이라고 표현해서 주목을 받은 적이 있습니다. 경제학자가 동시에 유능한 역사가가 되는 것이 중요하다고 생각하십니까?

아니요. 어떤 경제학자들은 유능한 수학자여야 하고 또 어떤 경제학자들은 유능한 사회학자여야 하는 것과 꼭 마찬가지로, 일부 경제학자들이 유능한 역사학자여야 한다는 것은 중요합니다. 그러나 모든 사람들이 모든 것을 다 잘 할 필요도 없고 그럴 수도 없습니다. 스티븐 디덜러스(Stephen Dedalus)[7]처럼, 우리들 중 누구도 세계문화의 향연장에서는 수줍은 손님 이상의 존재가 될 수 없습니다.[8]

케인즈의 《일반이론》과 케인즈주의 경제학

| 교수님은 1937년에 태어나셨습니다. 대공황은 무엇보다 경제학에 대한 관심을 자극하는데 있어서, 프리드먼, 새뮤얼슨, 토빈과 같은 경제학자들에게 막대한 영향을 주었습니다. 대공황이 20세기 최대의 거시경제학적 사건이라고 생각하십니까?

저는 경제성장, 그리고 특히 우리가 예전에 제3세계라 불렀던 곳으로 경제성장이 확산된 것이 20세기에 진정으로 중요한 거시경제적 사건이라고 생각합니다. 그러나 대공황도 두 번째로는 손색이 없습니다. 당시에는 너무 어려서 어떤 일이 벌어지고 있는지 몰랐지만, 대공황은 제 부모님께 큰 영향을 미쳤습니다. 그분들은 1930년대 동안 정치에 밝아지셨습니다. 정치학과 경제학은 제가 자라는 동안 집에서 늘 이야기되던 주제였습니다.

| 교수님은 역사적 사건이 이론적 발전에 얼마나 중요하다고 생각하십니까? 예를 들면, 대공황이 《일반이론》을 낳았다고 일반적으로 인식되고 있습니다.

분명히 맞는 말입니다.

| 역사적 사건들이 결정적이라고 생각하십니까?

네, 말씀하신 예가 마음에 듭니다.

| 1970년대 인플레이션 증가의 영향은 어떻습니까? 대공황이 케인즈주의 경제학의 발전을 가져왔던 것과 똑같이, 그 사건이 케인즈주의 경제학으로부터 멀어지게 하는 역할을 했다고 생각하시는지요?

합리적 기대와 관련된 주요 아이디어는 1970년대 초에 진전되었기 때문에, 당시 발생한 인플레이션이 갖는 중요성은 이 이론적 아이디어 중 몇 가지를 확인했다는 것이었습니다. 어떤 면에서는 발생 시점이 더할 나위 없이 적절했습니다. 우리는 실업 및 인플레이션과 관련된 안정적 필립

7. 20세기 아일랜드 문학의 거장 제임스 조이스의 두 번째 작품이자 半자전적 소설인 《젊은 예술가의 초상》(*A Portrait of the Artist as a Young Man*)의 주인공. 예민한 관찰력과 감수성을 지녔으며, 세상을 언제나 예술가의 관점에서 보던 그는, 급기야 예술가로서의 자신의 운명을 자각하여, 자유로운 예술을 추구하기 위해 예술의 신인 다이달로스의 도움을 기원하면서 스스로 망명의 길을 택함. 조이스 자신의 분신(alter ego)이라고 할 수 있는 그는, 20세기 영어권 문학의 최고봉으로 꼽히는 화제작 《율리시스》(*Ulysses*)에서도 계속 등장하여, 또 다른 주인공인 레오폴드 블룸과 함께 더블린에서의 하루의 삶을 살아간다.

8. 세계 여러 나라의 문화가 갖는 다양성만큼이나, 개인의 다양성도 인정되어야 한다는 의미임.

스 곡선이 결코 존재하지 않는다고 주장하고 있었습니다. 전후 시기부터 1970년대 초까지 이용 가능한 자료를 들여다보면, 그 질문에 대해 어느 쪽으로든 답할 수 있겠지만, 1970년대가 끝날 무렵이면, 상황은 이미 종료되었습니다.

| 거시경제학자로서의 케인즈를 어떻게 보십니까?

힉스, 모딜리아니, 그리고 새뮤얼슨을 통해서도 알려졌지만, 저는 케인즈를 거시경제학의 창시자였다고 생각하므로, 그를 이 분야의 선구자로 보아야겠지요.

| 로버트 솔로(Solow, 1986)는 《일반이론》은 "20세기의 가장 영향력 있는 경제학 저서이고, 케인즈는 가장 중요한 경제학자"라고 묘사했습니다. 그러나 케인즈에 대한 교수님의 여러 언급에서 우리가 받는 인상은 교수님께서 《일반이론》을 거의 이해할 수 없는 것으로 여기신다는 겁니다. 교수님께서는 분명 그것을 솔로와 같은 식으로 생각하시지는 않는 것 같습니다.

만약 솔로의 전집을 훑어보면서 지적인 채무의 증거, 즉 (인용 및 사고의 전이 같은) 학자들이 찾는 그런 증거를 찾는다면, 케인즈의 영향을 거의 발견할 수 없을 겁니다. 그래서 저는 솔로가 단지 이데올로기를 감안한 것이 아니라면, 그러한 언급들은 솔직하지 않은 면이 있다고 생각합니다. 물론 케인즈는 20세기 역사에 있어서 극히 중요한 인물이지만, 그의 영향은 주로 이데올로기적인 것이었다고 생각합니다. 대공황은 러시아 혁명 직후에 발생했던 만큼, 특히 소비에트 연방은 불황이 없었기 때문에, 경제문제를 해결하는 하나의 방식으로서 사회주의에 대해 많은 환상이 있었습니다. 케인즈는 《일반이론》에서 스스로를 여타 경제학자들과 철저히 구분했지만, 그 책 내내 주류경제학자들에 대한 언급은 거의 하지 않았습니다. 이러한 모습은 주류 경제학자들을 잔뜩 언급하고 있는 《화폐론》과 비교가 됩니다. 케인즈가 불황의 심각성을 강조했던 《일반이론》의 메시지는, 중앙 집중계획에 기대지 않고서도 자유 민주주의 체제 내에서 불황을 해결할 수 있다는 것입니다. 이것은 우리같이 민주주의를 유지하고 있는 나라들에서, 민주주의의 수호자들에게 분명히 힘을 실어주는 매우 중요한 메시지였습니다. 그것은 전후 세계 전체를 조직하는데 도움을 주었으며, 자유 민주주의 체제를 재집결시키는 깃발이었습니다. 그러한 의미에서 《일반이론》은 매우 중요한 책이었습니다. 아마 경제이론보다도 더 중요했을 겁니다. 그러나 그것은 우리가 경제학을 연구하는 방식에 케인즈의 이론적 아이디어가 미친 영향과는 별개의 문제인 것 같고, 현재 그 영향력은 매우 미미하다는 것이 저의 생각입니다.

| 거시경제학을 공부하는 학생들이 그래도 《일반이론》을 읽어야 할까요?

아니요.

| 케인즈가 1969년에도 살아있었다면, 그가 초대 노벨 경제학상을 받았을 것이라고 생각하십니까? 교수님도 그에게 투표하셨을까요?

저는 조운 로빈슨(Joan Robinson)이 첫 번째로 수상할 것이라 생각했으니까, 노벨상 수상 전망가로서의 자격은 애초에 0점이었습니다. 그러나 그 후 얼마 안 있어 케인즈도 그 상을 분명 받았을 겁니다. 저는 스웨덴 아카데미 회원이 아니기 때문에, 투표권이 없습니다.

| 케인즈와 마셜은 모두 수학자로 출발했지만, 방법론적 견지에서 보면 경제학에서 수학을 사용하는 것을 두 사람 다 경시했고, 경제적 사고를 구체화하는 중요한 방법으로 간주하지 않았다는 것을 이상하다고 생각하시는지요? 경제학에서 대세가 되어가고 있었던 것을 그들은 왜 외면했다고 생각하십니까?

마셜이 교육받았을 때, 그리고 심지어 케인즈가 교육을 받았을 때, 영국은 수학의 변두리였습니다. 만약 그들이 프랑스나 독일 또는 러시아에서 수학해, 콜모고로프(Kolmogorov), 보렐(Borel) 또는 칸토르(Cantor) 같은 사람들과 작업했다면 생각을 달리 했을 겁니다. 발라스, 파레토, 그리고 슬러츠키는 다르게 생각했거든요. 수리경제학을 탄생시키고 있었던 사람들은 당시 대부분 대륙에 있었습니다.

| 거시경제학에 있어서 단기와 장기를 구분하는 전통적 접근법은 잘못 인식되었고 역효과를 초래했다는 것이 교수님의 생각이십니까? 케인즈가 사람들을 잘못된 길로 이끌었나요?

단기-장기의 구분은 마셜이 한 것이지, 케인즈가 그런 것은 아닙니다. 실제로 케인즈는 《일반이론》에서 만성적인 경기침체의 원인이 수요의 부족일 수도 있다는 자신의 생각을 아주 분명히 밝히고 있습니다. 새뮤얼슨의 신고전파 종합은, 적어도 여기 미국에서는 장기를 신고전파의 분석영역으로 개발했습니다. 이제 새뮤얼슨의 제자들, 즉 저와 같은 세대에 속하는 모든 사람들은 단기 또한 다시 찾아오려고 합니다! 물론 힘든 일입니다만, 새뮤얼슨이 이미 쉬운 부분을 했으니, 어떻게 해서든지 해 보아야지요.

1930년대에 우리 모두는, 케인즈를 필두로, 잘못된 길로 들어섰습니다. 대공황이 끝난 지 50년이 흐른 오늘도, 저명인사들은 국민총생산 수치가 조금이라도 흔들릴 때마다, 그것이 마치 자본주의의 종말인 것처럼 떠들어댑니다. 케인즈가 오늘날 살아 있다면, 그는 유럽과 일본의 부흥을 가능케 했던 제도를 세우는 데 자신이 한 역할을 자랑스럽게 여길 것이고, 제2세계와 제3세계를 세계경제에 통합할 전망을 내다보고 흥분하게 될 것입니다. 저와 마찬가지로 그도 발 벗고 나서서, 단기 미세조정을 지나치게 강조하는 것을 비판했을 겁니다.

통화주의

| 1970년대에 학계와 정계에서 통화주의의 발흥에 기여했던 주요 요인은 무엇이었습니까?

제가 통화주의자로 키워진 시기가 1960년대라서, 말씀드리기 힘들군요. [웃음]

| 어찌됐든, 영국에서는 주변 환경이 매우 달라서, 통화주의적 사고는 코딩턴(Coddington, 1976)이 '수력학적 케인즈주의'라고 명명하고, 새뮤얼슨(Samuelson, 1983)이 '모형 T' 케인즈의 체계라고 언급한 것에 몰두해 있던 많은 영국 경제학자들에게는 훨씬 더 큰 충격으로 다가왔습니다.

우리의 선도적 케인즈주의 이론가들, 즉 토빈과 모딜리아니 같은 사람들은 항상 그들의 모델과 제가 대학원에서 배웠던 모델 속에 화폐의 역할을 부여했습니다. 영국에서 통화주의는 모든 대처 프로그램(Thatcher Programme)에 붙었던 훨씬 더 광범위한 꼬리표로 사용된다는 것이 사실 아닙니까?

| 영국의 대중매체는 공급우선 경제학과 통화주의를 동일한 것으로 생각하는 경향이 분명 있었습니다. 때로는 시장 메커니즘과 자유방임주의 철학에 대한 그 어떤 믿음도 통화주의의 한 부분으로 분류되기도 합니다.

다양한 요소들을 따로따로 취해서, 그것들을 내키는 대로 섞을 수 있죠.

| 프리드먼이 통화주의 반혁명을 거의 혼자서 모색했다고 보십니까?

프리드먼의 영향은 엄청났습니다. 그가 없었다면 어떤 일이 일어났을지 말하기 힘들군요.

| 영국에서 1960대 후반 경제학 학부생으로 지낸 우리 자신의 경험에 비추어 볼 때, 프리드먼은 종종 시카고에서 일종의 괴짜로 묘사되었다고 알고 있습니다만.

글쎄요, 그것은 어떤 면에서 여기에서도 사람들이 그를 대하려고 했던 방식입니다만, 성공적이지는 않았습니다.

| 프리드먼이 1968년에 《아메리칸 이코노믹 리뷰》(*American Economic Review*)에 게재했던 논문(Friedman, 1968a)으로 이야기를 옮기겠습니다. 1981년에 로버트 고든은 그것이 아마 지난 20년 동안 거시경제학에서 쓰인 가장 영향력 있는 논문일 것이라고 묘사했습니다만, 더 최근에는 제임스 토빈(Tobin, 1995)이 거기서 훨씬 더 나아가 그 논문을 "필경 지금까지 경제학 저널에 발표된 논문들 중에서 가장 영향력 있는" 것이라 표현했습니다. 교수님께서는 그 특정 논문이 얼마나 중요하다고 생각하십니까?

그 논문은 제게도 지대한 영향을 주었습니다. 레너드 래핑(Leonard Rapping)과 저는 그 시절 필립스 곡선에 대한 계량경제학 연구를 진행하고 있었는데, 그 논문은 우리가 생각을 체계화하려고 할 때 마침 정곡을 찔렀습니다. 우리의 모형은 프리드먼의 추론과 맞지 않았지만, 우리는 그의 추론에서 잘못된 점을 전혀 찾을 수 없었습니다. 그것은 두 개의 서로 양립할 수 없는 관점들을 가지고, 그들이 서로 들어맞는 지점에서 끝날 수 있도록 하기 위해서는 어떤 조정을 할 수 있는가를 알아내려고 하는 데서 오는 진정한 과학적 긴장감이었죠. 에드먼드 펠프스도 비슷한 생각을 진행시키고 있었습니다. 그는 프리드먼이 한 것보다 좀 더 분명하게 이론을 풀어썼고, 저에게도 큰 영향을 주었습니다.

| 그것은 미시적 기초의 필요성에 관한 것이었습니까?

그렇습니다. 저는 장기 필립스 곡선의 상충관계가 결코 존재하지 않는다는 명제가 프리드먼-펠프스의 명제라고 항상 생각하고 있습니다.

| 오늘날 통화주의 반혁명의 유물에 대해 어떻게 생각하십니까?

그것은 아주 여러 갈래로 진행되어 갔습니다. 합리적 기대 거시경제학이 그렇습니다. 화폐적 힘이 전혀 중요하지 않다는 실물경기변동이론이 나왔습니다. 저는 아직도 제 자신을 통화주의자라고 생각하고 있지만, 이 연구는 다른 사람들뿐만 아니라 저에게도 아주 큰 영향을 미쳤습니다. 그리고 사전트가 재정주의자라고 부르는 사람들이 있는데, 그들은 정부적자가 인플레이션을 결정하는 주요 요인이며, 적자를 채권발행에 의해 보전하느냐, 아니면 화폐발행에 의해 보전하느냐 하는 문제는 부차적이거나, 아니면 전혀 상관없을 것이라고 생각합니다. 그리고 옛날식 통화주의자들이 있는데, 거기에는 프리드먼과 앨런 멜처 같은 사람들과 함께 제가 들어가겠군요. 당장 나서서 말하는 사람들은 그리 많지 않겠지만, 이제 막 사람들이 동의하게 된 것들 중 하나는, 당신이 자료를 어떻게 보든지간에, 계량경제학적으로 살펴볼 때 전후 미국의 실질변동 중 화폐적 힘으로 설명할 수 있는 부분은 1/4~1/3을 넘기 힘들 것이라는 점입니다. 전혀 다른 관점을 가지고 있는 사람들이 그 수치를 일종의 상한선으로 제시했습니다. 실질변동의 90%를 화폐적 충격이 설명한다고 생각한 적이 있는데, 1930년대에 대해서 말할 때는 여전히 유력한 설명이라고 봅니다. 그러나 전후 시대의 실질변동성 중 약 4분의 1이상을 설명하는데 화폐적 충격을 끌어들이는 것은 전혀 불가능합니다. 적어도 아직까지는 그 방법을 찾아낸 사람이 아무도 없습니다.

| 오늘날 일치된 의견들 중 한 가지는, 분명 장기에 있어서는 화폐적 힘이 인플레이션을 초래한다는 것입니다. 여전히 남아 있는 의문은, 우리가 인플레이션의 원인이 무엇인지 알고 있는데, 어째서 정부는 고집스럽게 통화공급을 너무 급격히 증가시키는 겁니까? 통화팽창의 배후에는 어떤 힘들이 작용하고 있는 걸까요?

글쎄요, 공정하게 말하면, 1970년대 이후 선진 자본주의 국가들은 인플레이션에 관한 한 굉장한 기록이라고 제가 부르고 싶은 것을 달성하고 있습니다. 중앙은행들은 모두 전적으로, 또는 거의 전적으로 가격안정성으로 초점을 옮겼습니다. 일을 아주 잘 해냈지요. 저는 3%에서 0%로 줄이고 싶다는 생각을 합니다만, 대세는 13%에서 3%로 줄이는 것입니다. 누구나 이에 동의할 겁니다. 그래서 인플레이션이 여전히 고질적인 문제인 일부 라틴 아메리카 국가들에서 몇몇 이상치가 나타나긴 하지만, 선진국들의 기록은 정말 대단했습니다. 라틴 아메리카에서도 칠레의 경우는 인플레이션에 대해 강력히 조치해서, 10년 동안 탄탄한 기록을 냈습니다. 통화증가를 억제함으로써 인플레이션에 대처하는 방향으로 돌아서는 나라들이 속속 늘어나고 있습니다. 그러나 아직도 이러한 사실을 알지 못하고, 고의적인 채무불이행을 위해 급작스런 인플레이션을 유발하려는 유혹이 항상 있게 마련입니다.

| 민주당 정부는 더 높은 수치의 고용목표를 공약함으로써, 공화당 정부보다 장기적으로 더 많은 인플레이션을 유발하는 경향이 있을 것이라 생각하십니까?

통화완화와 긴축은 미국에서 19세기 이래로 줄곧 하나의 논란거리였습니다. 공화당이 대체로 긴축통화 정당이었다고 보아도 무방할 겁니다.

| 알베르토 알레시나(Alesina, 1989)의 합리적 정파모형(rational partisan model)에 따르면, 그보다는 일반적으로 상황이 더 나아야 할 텐데요.

저는 닉슨과 포드가 통화정책에는 아주 서툴렀다고 생각합니다. [웃음]

| 앨런 블라인더(Blinder, 1986, 1988b, 1992b)는 1970년대 동안 아메리칸 케인즈주의가 프리드먼-펠프스 명제를 흡수했고, OPEC의 공급충격 효과를 감안하고 나서, 수정된 케인즈주의 모형은 1970년대의 거시경제 현상을 써 잘 설명할 수 있었다고 주장했습니다. 그가 틀렸다고 생각하십니까?

OPEC의 충격이 준 직접효과는, 제가 생각하기에는 사소한 것이었습니다. 그가 어느 모형을 말하는 것이고, 어떤 특성을 자랑하는 것인지 좀 더 분명히 하고 싶군요. 저는 앨런이 말하는 '수정된 케인즈주의 모형'이 무엇인지 모르겠습니다.

| 기대를 고려한 필립스 곡선이 1970년대 중반에 주류 거시경제학의 일부가 되었고, 그때쯤이면 케인즈주의가 프리드먼의 통화주의적 주장들을 흡수해 '좀 더 세련된' 형태가 되었다는 것이 그의 생각입니다. 그러나 합리적 기대모형들은 여전히 논쟁거리였습니다.

그 두 가지가 어떻게 나누어지는지 모르겠군요. 다시 말하지만, 앨런이 어떤 특정 연구물을 말하는 것이지, 아니면 단지 그가 아는 게 너무 많다는 의미인지 잘 모르겠습니다. [웃음]

새고전학파 거시경제학

| 새고전학파 거시경제학을 발전시키는데 있어서 교수님과 교수님 동료분들이 하신 연구가 통화주의와 별도의 다른 학파를 만들어냈다고 생각하십니까?

저와 제 동료들이라는 집합명사가 맘에 들지 않습니다. [웃음] 사전트와 배로, 그리고 프레스컷이 각자 자신의 연구에 대해 책임을 지듯이, 저도 제 연구에 대해 책임을 집니다. 연구가 한참 진행 중에 있을 때, 그것은 논문마다 제각기 다르고, 사안에 따라 다른 그런 종류의 일입니다. "나는 하나의 학파이고, 우리 학파가 하고자 하는 일은 이것이다"라고 말하지는 않잖아요. 그런 꼬리표들은 사후에나 붙이는 겁니다. 별반 역할이 없지요. 가장 잘 알려진 제 논문인 '기대와 화폐의 중립성' [1972a]은 래핑과 제가 필립스 곡선에 대한 우리의 공동연구에 관해 토론하도록 초청된 자리로 펠프스가 마련한 컨퍼런스에서 나왔습니다. 펠프스는 우리에게 어떤 종류의 일반균형 설정이 필요하다는 확신을 주었습니다. 래핑과 저는 마침 노동공급 의사결정에 관심을 쏟고 있었습니다. 펠프스는 그 노동공급자들은 어떤 경제상황에 맞추어져 있는 것이므로, 노동공급 의사결정이 어떤 모습을 띠고 있는지가 아니라, 일반균형 전체가 어떤 모습을 띠는지 잘 생각해야 한다고 계속 주장했습니다. 그것이 제 동기를 유발했습니다. 그것을 통화주의적이라고 생각하지 않았지만, 어떤 새로운 학파라고 생각하지도 않았습니다.

| 새고전학파적 접근법이 거시경제학 사상에 있어서 하나의 혁명을 가져왔다고 생각하십니까?

사전트는 그 어떤 과학적 발전도 연속적인 진화과정 아니면 비연속적 혁명이라고 자의적으로 해석할 수 있다고 쓴 적이 있습니다. 제 경우에는 '혁명'이라는 용어에 전혀 낭만적 느낌이 없습니다. 그것은 제게 거짓과 절도 그리고 살인을 연상케 하므로, 혁명가로 알려지고 싶지 않습니다.

| 새고전학파적 분석의 정책적 함의 중 하나는 예상된 통화팽창 정책이 발표된 뒤에는, 단기적으로도 인플레이션과 실업 사이에 상충관계가 전혀 존재하지 않을 것이라는 점입니다. 1980년대 초 영 · 미 양국 경제의 인플레이션 완화 경험에 비추어 볼 때, 현재 이 정책 비실효성 명제를 어떻게 생각하십니까?

그 어떤 특정 사건에 있어서도, 무엇이 예상되었고 그렇지 않았는지 안다는 것은 거의 불가능해서, 1980년대에는 결정적으로 검증된 게 아무 것도 없습니다. 사전트의 책 《합리적 기대와 인플레이션》(*Rational Expectations and Inflation*, 1993)에 실린 인플레이션 완화에 관한 두 편의 에세이는 이 문제에 대한 최고의 분석과, '예상된' 정책변경이 무엇을 의미하는지에 대한 진지한 논의를 제시하고 있습니다.

| 1980년대 초에 교수님의 화폐적 충격 판 새고전학파 모형은 사라졌습니다. 돌이켜 볼 때, 그 연구를 어떻게 생각하시며, 새고전학파 혁명이 그 첫 번째 국면이 남긴 것은 무엇이라고 생각하십니까?

제 노벨상 수상 강연[1996]에서 이 문제를 다루었습니다. 제 모형은 예상된 인플레이션과 그렇지

않은 인플레이션의 구분을 강조하고 있고, 저는 정보-처리 모형을 통해 그러한 구분을 하게 되었습니다. 그러나 다른 사람들은 계약에 대해 사고하는 방법으로, 저와 동일한 구분을 하게 되었죠. 그러한 구분을 하게 하는 방법들은 많이 있습니다. 그 당시에는 제가 보는 방식이 다른 사람들이 보는 방식보다 훨씬 더 낫다고 생각했나 봅니다. [웃음] 이제 그들은 모두 저와 아주 비슷해진 것 같습니다. 예상된 통화와 그렇지 않은 통화를 이렇게 구별하는 것과 그 효과의 차이가 전후 거시경제학의 핵심적 사고라고 생각합니다. 저는 그것이 더 나은 이론적 모형에서 구체화되는 모습을 보고 싶습니다. 그것이 잊히거나, 사라지지 않기를 바랍니다.

| 새고전학파 균형모형들에 대해서 문헌상에 제기된 가장 심한 비판은 무엇이라고 생각하십니까?

제가 보기에, 가장 흥미로운 논쟁은 모형의 종류들에 관한 것이 아니라, 특정 모형들에 관한 것입니다. 예를 들면, 메흐라와 프레스캇(Mehra and Prescott, 1985)의 '주식의 초과수익률'에 관한 논문은, 우리가 알고 있는 신고적파 모형이 자기자본순이익률과 채권수익률의 격차를 설명할 수 없다는 점을 부각시켰습니다. 이제 그들은 분명 이 사실을, 신고전파 경제학이 하나의 사고체계로서 실패한 것이 아니라, 명백히 특정 신고전파 모형이 실패한 것으로 보았습니다. 저는 이것이 논의를 진전시키는데 있어서, 훨씬 더 생산적인 방식이라고 생각합니다. 세계가 균형상태 있는지의 여부에 대한 일반적인 논의는, 특히 비경제학자들에 의해 그것이 논의된다는 것은, 거의 말도 안 됩니다. 이 창문을 통해 내다보면서, 지금 뉴올리언스가 균형상태에 있는지 물을 수는 없습니다. 그것이 무슨 의미가 있겠습니까? [웃음] 균형은 우리가 사물을 보는 방식의 한 특성에 불과한 것이지, 현실의 특성은 아닙니다.

| 새고전학파 거시경제학에 대한 비판가들 다수가 시제적 노동대체효과의 강력함을 뒷받침하는 이용 가능한 증거가 부족하다고 주장해 왔습니다. 이러한 비판을 어떻게 생각하시는지요?

결코 동의할 수 없습니다. '이용 가능한 증거'가 무슨 뜻인지 모르겠습니다. 실물경기변동 모형에서 가정하는 시제적 노동대체의 정도는 우리가 실제로 관찰하는 고용변동의 크기, 다시 말해 '이용 가능한 증거' 중 어떤 것과 일치하는 현상을 유발하게끔 선택된 것입니다. 개인들에 관한 조사자료를 사용해 온 경제학자들은 개인 차원에서는 고용변동을 설명하는데 성공하지 못했습니다. 즉 그들이 하는 일로부터 선호에 관한 것을 전혀 알아낼 수 없었던 거죠. 이는 실망스러운 일이지만, 의도가 아무리 좋다고 해도, 그 실패를 마치 어떤 것을 추정하는 시도가 성공한 것처럼 재해석함으로써 정당화해서는 안 됩니다.

| 1972년 『저널 오브 이코노믹 시어리』(*Journal of Economic Theory*)에 실린 논문 〈기대와 화폐의 중립성 ("Expectation and the Neutrality of Money")을 교수님의 가장 영향력 있는 논문이라고 생각하시는지요?

그럴 겁니다. 아니면 정책평가에 관한 논문[1976]이겠지요.

| '루커스 비판'이 어느 정도나 중요했다고 생각하십니까?

아주 중요했다고 생각합니다만, 지금은 시들해지고 있죠. 예전에는 마치 흡혈귀에게 십자가를 보이는 것처럼, 그것을 치켜들고 '루커스 비판이야'라고 말만 하면 사람들을 물리칠 수 있었습니다. 사람들은 그것이 지겨워졌고, 이제 그것으로 충분하다고 봅니다. 연구를 효율적으로 비판하려면, 그 안에 들어가서 세부적인 것들을 비판해야 합니다. 그러나 기본적으로 어떤 경제이론들 속에 어떤 경제구조를 넣지 않고서는, 경제학적인 결론을 얻을 수 없다고 생각합니다.

| 1978년에 토머스 사전트와 함께 쓰신 논문 〈케인즈주의 거시경제학 이후〉("After Keynesian Macroeconomics")는 케인즈주의 거시경제학의 사망을 선고한 것 같았습니다. 이제 그것이 새케인즈주의 경제학이라는 형태로 다시 살아나는 것을 보면, 시기적으로 성급하지 않았었나 하는 느낌이 혹시 드십니까?

글쎄요, '케인즈주의'라는 꼬리표는 많은 사람들이 경의를 표하는 깃발이어서, 그냥 창고에 처박혀 있지는 않을 겁니다. 물론 사전트와 저는 당시 우리가 완벽하게 밝혔던 일단의 특정 모형들에 대해 이야기했던 것이고요.

| 1960년대 스타일의 케인즈주의 모형을 말씀하시는 겁니까?

와튼 모형, 미시간 모형, MPS 모형 등, 당시 존재했고 어떤 의미에서는 케인즈주의적이었던 모형들을 말합니다. 만일 사람들이 케인즈주의라고 부르고 싶어 하는, 서로 전혀 다른 부류의 모형들이 나온다면, 물론 우리의 비판을 적용할 수 없습니다. 1988년에 한 연구를 비판하는 논문을 1978년에 쓸 수는 없지요. [웃음]

| 그 [1978년] 논문에는 강렬한 수사학적 문구들이 많이 들어 있습니다. 쓰실 때, 이 점을 의식하셨나요?

그렇습니다. 우리는 보스턴 연방준비은행이 후원하는 컨퍼런스에 초대되었습니다. 어떤 의미에서 그것은 마치 적진에 있는 것과 같아서, 그러한 분위기에 동화되지 않겠다는 말을 하려고 애썼죠.

실물경기변동이론

| 1980년의 논문 〈경기변동이론의 방법과 문제점들〉("Methods and Problems in Business Cycle Theory")을 보면, 어떤 면에서는 다음 10년 뒤의 연구를 예고하시는 것 같았습니다. 쉬들란과 프레스컷이 막 취하고 있었던, 그런 종류의 접근방법론을 요구하시는 것처럼요. 그들이 당시 하고 있었던 것을 알고 계셨나요?

네. 그러나 제가 그들의 저서가 나올 것을 예고한 것은 아니었습니다.

| 그러나 그 논문에서 말씀하셨던 것들은 그들이 사용했던 종류의 방법론을 요구하셨던 것으로 보입니다만.

글쎄요, 프레스컷과 저는 여러 해 동안 매우 가깝게 지냈고, 우리가 나누지 못할 얘기는 없습니다. 그러나 제가 그 논문을 쓰던 당시, 유일한 교란이 생산성 충격인 거시경제학 모형에서 어느 정도 만족할 만한 성과를 얻을 수 있다는 생각을 갖고 있었는지를 물으신 거라면, 답은 아닙니다. 쉬들란과 프레스컷이 그것이 가능하다는 것을 보여줬을 때, 저도 다른 사람들처럼 놀랐습니다. [웃음]

| 교수님과 프리드먼, 토빈, 그리고 다른 선도적 거시경제학자들은 1980년대까지는 변동의 중심이 되는, 장기적으로 평탄한 추세를 떠올리는 경향이 있었다고 보아도 될까요?

네.

| 기본적으로 견해 차이는 무엇이 그러한 변동을 야기하고, 그것에 대해 무엇을 할 수 있느냐에 관한 것이었습니다. 그 때 쉬들란과 프레스컷(Kydland and Prescott, 1982)이 나타나서 그러한 사고방식을 바꿔 버렸습니다.

글쎄요, 그들은 경기변동을 추세로부터의 이탈로 설명하기도 합니다. 차이라면, 프리드먼과 토빈, 그리고 저는 추세를 낳는 요인들이 전적으로 공급 측에서 나오고, 추세 주위의 변동들은 화폐적 충격에 의해 유발된다고 생각한다는 것입니다. 물론 우리가 장기와 단기 문제를 다룰 때에는, 아주 다른 종류의 이론적 모형들을 생각하겠죠. 쉬들란과 프레스컷은 우리가 장기에 속한다고 생각하는 요인들을 가져가서, 그것들이 단기적 변동들을 얼마나 잘 유발하는지 확인하고자 했습니다. 놀라운 것은 그것이 아주 잘 들어맞았다는 겁니다. 저는 아직도 주로 프리드먼과 토빈의 편입니다만, 이 연구를 토대로 우리의 생각도 많이 변했다는 것은 의심의 여지가 없습니다.

| 『옥스퍼드 이코노믹 페이퍼』(*Oxford Economic Papers*)에 실린 논문에서, 케빈 후버(Hoover, 1995b)는 "캘리브레이션 방법(calibration methodology)에는 현재까지 계량경제학 방법이 부과하는 것과 같은 엄격한 원리가 없다. (...) 그리고 무엇보다도, 그것은 서로 경합할 뿐만 아니라 모순되기까지 한 모형들을 비교하고 그것들에 대한 판단을 내릴 기준 자체가 불분명하다."라고 주장한 바 있습니다. 이것이 어떤 문제가 됩니까?

그렇습니다. 그러나 그것은 네이만-피어슨(Neyman–Pearson) 통계에 의해 해결되는 문제는 아닙니다. 거기에 있는 모든 형식주의는 거기에 포함된 모형들을 검증하기 위한 것입니다. 거기에 포함되지 않는 모형들을 비교하는 것이 언제나 철학적 쟁점이었습니다. 그것은 쉬들란과 프레스컷

이 도입한 것이 아니죠. 그들은 네이만-피어슨 통계법의 무익함에 대해 일부 답하고 있다고 생각합니다. 그 방법은 우리가 답하고 싶은 질문들에 대해 답을 주지 않습니다. 아마 그것의 용도는 농업 실험의 결과치나 그 비슷한 것을 연구하는 것이지, 경제학을 다루는 것은 아닐 겁니다.

| 실물경기변동 접근법의 큰 기여는 경기변동의 의미 및 중요성, 특성에 대한 기본적인 질문을 던진 것이라는 견해에 동의하십니까?

저는 그것이 그 어떤 영향력 있는 거시경제학에도 다 해당된다고 생각합니다. 그 말이 실물경기변동이론 고유의 기여를 집어낸 것 같지는 않군요.

| 새고전학파 경제학의 최근 발전 양상에 대해 언급하면서, 그레고리 맨큐(Mankiw, 1989)는 실물경기변동이론이 '과학적 논쟁을 자극하고 촉진하는데 중요한 역할을 했지만', 예견하길, '그것은 관찰된 변동들의 한 가지 설명으로서는 결국 폐기될 것이다' 라고 주장했습니다. 거시경제학의 장래 발전을 어떻게 내다보십니까?

맨큐의 말에 동의합니다만, 자신의 관찰에 숨어있는 의미를 그는 이해하지 못한 것 같군요. 우리는 지금 명목 경직성, 불완전한 신용시장, 그리고 자신을 케인즈주의라고 생각하는 사람들이 강조한 그 밖의 여러 특징들을 갖고 있는, 쉬들란과 프레스컷 스타일의 모형들을 보고 있습니다. 차이점은 명시적인 균형틀 내에서는, 그러한 특징들의 정량적 함의를 단지 교과서식 도표로 보여주는 것이 아니라, 완전히 이해하는데 비로소 첫발을 내딛을 수 있다는 것입니다.

새케인즈주의 경제학

| 우리가 1993년 그레고리 맨큐를 인터뷰했을 때(Snowdon and Vane, 1995 참조), 그는 '루커스와 그의 추종자들의 이론적 도전은 충족되었고', 케인즈주의 경제학은 이제 '미시경제학 모형들을 기초로 올바르게 세워졌다' 고 주장했습니다. 교수님께서는 맨큐와 같은 새케인즈주의자들이 케인즈주의 모형들을 위한 견고한 미시경제학적 기초를 만들어냈다고 생각하십니까?

스스로를 '새케인즈주의' 이라고 부르는 사람들이 만든 흥미로운 이론 모형들이 몇 가지 있습니다. 이러한 도전을 누가 먼저 시작했는지 모르지만, 아마 파틴킨이었을 겁니다. 제가 학생이었을 때, 케인즈주의 모형을 위한 미시적 기초라는 이 생각은 이미 모든 사람들의 연구 프로그램에 올라있었고, 저는 파틴킨을 그러한 사고의 선구자라고 생각했습니다.

1960년대의 케인즈주의 모형은, 이것이 사전트와 저 같은 사람들을 열광시켰던 점인데, 그 모형들을 시뮬레이트하여 다양한 정책변경의 효과들을 정량화할 수 있다는 의미에서 실용적이었습니다. 매년 예산균형을 맞추거나, 통화공급을 늘리거나, 재정정책을 변경하면 어떤 일이 일어날지 알아낼 수 있을 겁니다. 그게 바로 흥미진진한 점이었습니다. 중요한 정책적 질문들을 전달했던 수량 모형들은 실용적이었습니다. 이제 그런 의미에서 보면, 새케인즈주의 모형들은 정량적이지 않고, 자료에 맞지도 않습니다. 그 안에는 현실적 동학이 전혀 없는 거죠. 그것들은 그 어떤 정책적 결론을 전달하는 데에도 사용되고 있지 않습니다. '새케인즈주의 경제학' 의 주요 정책 결론이 무엇입니까? 다음번 맨큐를 인터뷰할 때 한번 물어 보세요. [웃음] 그 모형들이 흥미로운 정책결론을 입증하는지, 무언가 시도나 하는지 묻지도 않겠습니다. 매년 4%씩 통화공급을 늘려야 한다고 프리드먼이 말했다는 것은 누구나 알고 있습니다. 구케인즈주의들은 예산적자에 대해 어떤 조치를 취해야 하는지, 그들 생각에 그 효과는 어떨 것인지에 대해 비슷한 사고를 하고 있었습니다. 새케인즈주의 경제학은 우리로 하여금 맨 처음 거시경제학에 관심을 갖게 해준 질문들로부터 멀어지고 있는 것 같습니다.

| 최근 미국에 비해 실업이 훨씬 더 큰 골칫거리가 된 유럽에서, 새케인즈주의 연구 중 어떤 것들은 이력효과를 통해 이 현상들을 설명하려고 시도한 바 있습니다. 이 연구는 프리드먼(Friedman, 1968a)이 총수요 교란은 자연율에 영향을 줄 수 없다고 주장했을 때, 그가 틀렸다는 의미를 담고 있습니다. 그러한 의미에서 일부 새케인즈주의 경제학자들은 총수요관리가 여전히 역할을 한다고 주장하면서, 실업문제를 환기시키려 하고 있습니다.

프리드먼이 1968년 논문을 썼을 때, 미국의 평균실업률은 4.8% 정도였고, 경제체계는 항상 그 수준 근처로 돌아가는 것 같았습니다. 그 뒤 내내 자연율이 이곳저곳으로 왔다 갔다 했지요. 그것은 마치 지금보다 그 시절에 훨씬 더 했던 자연의 불변성 같은 것이었습니다. 모든 사람들은 이에 동의해야 할 것입니다. 그것은 이론이 아니라, 과거사에 대한 관찰이죠. 이제 유럽에서는 상승조짐이 훨씬 더 뚜렷해졌습니다. 실업은 대단히 중요한 문제입니다. 그러나 저는 그것을 문제라고 말하는 사람 그 누구도 케인즈주의라 부르고 싶지 않습니다. 룽크비스트와 사전트(Ljungqvist and Sargent, 1998)는 유럽의 복지국가와 실업률을 관련지으려 하면서, 이에 대한 매우 흥미 있는 연구를 했습니다. 그들이 얻은 결과가 옳은지 아닌지는 모르겠습니다.

| 그것은 영국에서 패트릭 민퍼드 외(Minford et al., 1985)의 연구주제이기도 했습니다만.

그렇지만 방어하기 힘든 주제입니다. 왜냐하면 복지국가가 대부분의 유럽 나라들에서 현재의 형태로 자리 잡은 기간은 30년 남짓 되기 때문입니다.

| 아마도 최선의 방법은 혜택의 수준보다는 동기유발 구조 내의 변화를 밝히는 것이겠지요.

그렇습니다. 그것이 우리가 해야 할 일입니다. 룽크비스트와 사전트는 그 문제 또한 다루려 하고 있습니다.

일반적이고 방법론적인 문제들

| 교수님께서는 학생들로 하여금 학부생 수준에서 폭넓게 사고하도록 하는 것이 현명하다고 생각하십니까?

모르겠습니다. 저는 거시경제 입문을 가르치며, 제 학생들이 구체적이고, 따라서 매우 간단한 모형을 보고, 그들의 예측을 미국의 자료와 비교해 보기를 바랍니다. 저는 그들이 그것에 대해 단순히 전해 듣는 것보다, 자력으로 알기를 원합니다. 이제 그렇게 하면 그들의 훈련의 폭은 확실히 좁아지겠죠. 그러나 그들에게 경제학적 추론이 사실을 설명하기 위해 사용되는 방식에 대해서는 전혀 알려주지 않은 채 경제학파 목록을 보여주고 각 학파가 주장하는 바를 전달하는 대안 역시 썩 매력적인 방법은 아닙니다. 아마 더 좋은 방법이 있겠지요.

| 초보적인 입문 교과서를 써야겠다고 생각해보신 적이 있습니까?

그에 대해서는 많이 생각해 보았습니다만, 힘들 것 같습니다. 한번은 제 강의노트를 들고 앉아서, 제가 여러 해 동안 사용했던 노트가 교과서와 얼마나 거리가 있는지 확인해 봤는데, 거리가 있어도 한참 있더군요. [웃음] 그래서 그것을 해본 적이 없습니다.

| 과학철학과 형식방법론 분야에 관심이 있으신지요?

그렇습니다. 그 분야의 책을 많이 읽지는 않았지만, 그것에 대해 생각하는 것을 좋아합니다.

| 교수님께서는 프리드먼에게서 많은 영향을 받았다고 인정하시지만, 그의 접근 방법론은 거시경제학에 대한 교수님의 접근법과 완전히 다릅니다. 어째서 그의 접근 방법론에 매력을 느끼셨는지요?

저는 수학과 일반균형이론을 좋아합니다. 프리드먼은 그렇지 않았습니다. 그가 좋은 기회를 날려버렸다고 생각합니다. [웃음]

| 프리드먼의 접근 방법론은 케인즈와 마셜의 것에 더 가까워 보입니다만.

저는 그 의미를 제대로 알진 못하지만, 그는 자신을 마셜주의자라고 표현합니다. 그게 뭐든지 간에, 제가 생각하는 저의 모습은 아닙니다.

| 어떤 이론의 생산성을 판단하는 적정 기준은 그 예측으로 얻어진 경험적 확증의 정도라는데 동의하십니까?

비슷합니다. 네.

| 방법론적 입장에서는 프리드먼주의자이시겠죠?

분명히 그렇습니다. 그 말의 문제점은 경험적 확증이라고 해서 모두 다 같은 것은 아니라는 거죠.

어떤 이론이 설명해야 하는 몇 가지 중요한 것들이 있는데, 만약 그것들을 제대로 설명하지 못한다면 우리는 그 이론이 다른 차원에서는 얼마나 잘 하는지 신경 쓰지 않습니다.

| 거시경제 모형들이 신고전파 선택이론의 미시적 기초를 갖는 것이 중요하다고 생각하시는지요?

아닙니다. 그건 당신이 원하는 모형의 용도가 어떤 것이냐에 달려있지요. 예를 들어, 단기 예측의 경우, 와튼 모델은 이론적 기초라는 점에서 볼 때 사소한 것에 잘 적용되고, 심스(Sims), 리터먼(Litterman), 그리고 다른 모형들은 경제학을 전혀 포함하지 않는 순수 통계적 외삽법에 대해서 꽤 성공적이었습니다. 그러나 정책적으로 어떤 변화가 있을 때 사람들의 행위가 어떻게 변할지 알고 싶다면, 사람들이 선택하는 방식을 모형화 할 필요가 있습니다. 만약 제가 클라크 가(Clark Street)에서 북쪽으로 운전하는 것을 보신다면, 몇 분 뒤 제가 여전히 그 길에서 북쪽으로 가고 있을 것이라 추측함으로써, (완벽하진 않지만) 꽤 높은 예측 성공률을 얻으실 겁니다. 그러나 클라크 가가 폐쇄되었을 때, 제가 어떻게 반응할 지 예측하고 싶으시다면, 제가가 어디를 가고 있는지, 그리고 저의 대체노선이 어떤 것인지 어느 정도 아셔야 합니다. 그런데 그것들은 원래 제가 결정할 문제거든요.

| 경제학자들이 왜 거시경제학 논점보다 미시경제학의 논점에 대해서 더 많은 의견의 일치를 보고 있다고 생각하십니까?

말씀하신 미시경제학에서의 합의가 무엇이죠? 단순히 미시경제학자들이 슬러츠키 방정식에 동의한다거나, 아니면 다른 순수 수학적 명제에 대해 동의하는 것을 말씀하시는 건가요? 거시경제학자들도 모두 같은 방식으로 도함수를 구합니다. 응용과 정책의 문제에 있어서는, 미시경제학자들은 거시경제학자들 만큼이나 격렬하게 의견을 다투지요. 독점금지 소송에서는, 피고나 원고 모두 감정인을 찾는 게 전혀 어렵지 않습니다.

저는 오늘날 거시경제학의 논점들에 대해서 엄청나게 많은 합의가 존재한다고 생각합니다. 그러나 우리가 모르는 것이 워낙 많아서, 어쩔 수 없이 싸움거리도 많죠.

| 거시경제학에서 이제 막 이루어지는 합의의 징후가 혹시 있나요? 그리고 만약 그렇다면, 그것은 어떤 형태를 띨까요?

어떤 문제에 있어서(지금까지 그랬듯이, 가령 인플레이션을 야기하는 화폐적 요인에 있어서) 거시경제학적 합의가 이루어지면, 그 문제는 전문가적 논쟁의 대상에서 제외되고, 우리는 또 다른 문제에 대해 논쟁합니다. 전문 경제학자들은 주로 학자들이지, 정책 관료가 아닙니다. 우리가 해야 할 일은, 연구를 새로운 영역, 따라서 필연적으로 논쟁적인 영역으로 밀고 나가서, 새로운 지식을 만들어 내는 것입니다. 특정 문제에 있어서는 합의를 볼 수 있지만, 연구분야 전체에 있어서의 합의는 정체, 비현실성, 그리고 죽음과 같습니다.

| 인플레이션을 야기하는 화폐적 요인 외에, 어떤 영역에서 지금 거시경제학의 합의가 이루어졌다고 생각하십니까? 예를 들어, 지금 미세조정에 반대하는 경제학자들이 다수 있다고 생각하시나요?

네. 미세조정은 확실히 그 높은 콧대가 꺾였습니다. 폴 크루그먼(Paul Krugman)은 경제적 문제에 대해 글을 쓰고 있는 비경제학자들을 공격하는데 매우 효과적인 글을 많이 써 오고 있죠. 그는 매우 효과적으로 전체 경제학자들을 대변하고 있으며, 사회과학에서 가장 중요한 질문들을 제기하고 있습니다. 경제학자들이 합의할 수 있는 영역은 많은데, 이는 우리가 숫자를 본다는 사실에 일부 기인합니다. 누군가 세계는 아사 직전에 있다고 말하더라도, 우리는 숫자를 보고 세계적으로 1인당 국민소득이 증가하고 있다는 것을 압니다. 아마 많은 문제들에 있어서, 경제학자들은 의견의 일치를 보고 있을 겁니다. 갈수록 우리는 기술, 공급측면, 장기적인 문제들에 관심을 집중하고 있습니다. 불황 예방이 아니라 그것들이 이제 우리의 큰 관심사가 되었습니다.

경제성장

| 경제성장에 대한 최근의 저서에서, 배로와 살라이마르틴(Barro and Sala-i-Martin, 1995)은 "경제성장은 진정 중요한 거시경제학의 부분이다"라는 견해를 피력했습니다. 교수님의 이료 얀손(Yrjo Jahnsson) 강연[1987]에서, 거시경제학자들은 안정화에 너무 많은 시간을 소비했고, 성장을 소홀히 했는데, 성장은 거시경제학이 주목해야할 훨씬 더 중요한 문제라는, 비슷한 말씀을 하신 것 같습니다.

그렇습니다. 그것은 의견의 일치를 보고 있습니다. 시카고에서 대학원 첫 해의 거시경제학 수업에서 우리가 사용하는 데이비드 로머의 새 교과서는 성장으로 시작합니다. 로머는 자기 자신을 새 케인즈주의라 부를 것인데, 그럴 만한 자격이 충분히 있습니다. 그러나 그의 책을 보면, 강조점이 장기 성장 문제로 이동한 것을 알 수 있습니다. 제가 생각하기에는, 아주 타당합니다.

| 그러니까 고전학파, 그리고 장기라는 거대 논점으로 돌아간 거군요?

네, 그렇게 볼 수 있습니다. [웃음]

| 새로운 내생적 성장 경제학에 자극을 주었던 것이 무엇이라고 생각하십니까? '수렴국가 클럽'을 논외로 하면, 부국과 빈국 사이에서 사람들이 경험적으로 관찰하고 있었던 수렴의 부족이었나요?

아니요. 새성장이론의 새로운 점은, 우리가 해야 할 일이 부국과 빈국을 모두 동일한 조건에서 설명할 수 있는 단일한 신고전파 모형을 구하는 것이라는 생각입니다. 이것은 선진국을 설명하기 위한 한 이론이 있고, 제3세계에는 어떤 다른 모형이 필요하다는, 우리가 1960년대에 가졌던 관점과 대비됩니다. 1960년대의 모든 가정은, 아마도 러시아의 모델에 기초한, 어떤 명시적 정책이 가난한 나라들이 발전을 촉진하기 위해 필요하다는 것이었습니다. 우리는 경제성장이 시장의 힘을 통해 일어나는 어떤 것이라고 생각하지 않았습니다.

| 내생적 성장에 대해 지금까지 이루어진 연구의 중요한 정책적 함의는 무엇이라고 생각하십니까? 어떤 경제학자들은 그 연구를, 가령 솔로의 모형에서보다 정부가 해야 할 보다 적극적인 역할이 있다고 주장하는 것으로 해석했습니다.

네. 솔로의 모형이 갖는 함의는 경제의 장기 성장률은 기술변화에 의해 좌우되고, 우리가 그것에 대해서 할 수 있는 일은 아무 것도 없다는 것이었습니다. 어떤 내생적 성장모형들은 장기 성장률이 내생적으로 결정되고, 일례로 조세구조의 변경이 바로 그 경제성장률에 영향을 줄 수 있다는 특성을 갖고 있습니다. 우리는 이제 이 새 모형들을 이용해 조세정책의 변화가 성장에 미치는 효과를 분석할 수 있습니다. 이것은 전에는 불가능했던 일입니다. 그러나 이 효과들은 제가 생각하기엔 매우 작습니다. 심지어 성장률이 정책에 의해 바뀔 수 있는 모형을 갖고 있는 경우에도, 그 효과는 매우 미미한 것 같습니다.

| 동남아시아의 '호랑이' 경제들이 그렇게 성공했던 이유는 무엇이라고 생각하십니까? 호랑이 경제들이 8 내지 9%의 성장률로 서구세계를 따라 잡고 있었던 반면, 아프리카에서는, 경제성장에 관한한, 1980년대가 완전히 잃어버린 10년이나 다름없었습니다.

글쎄요, 아시다시피, 아프리카의 정치는 끔찍했지요.

| 아프리카 국가들은 성공적인 발전을 위해 필수적으로 요구되는 제도적 기틀이 일반적으로 부족하다고 생각하시나요?

아니요. 사회주의의 영향이 너무 많았죠. 대만, 한국, 그리고 일본 같은 나라들의 공통적 특징은 그 나라들이 뭔가 보수적이고 친시장적이고 친기업적인 경제정책들을 갖고 있었다는 것입니다. 제 말은 일본과 한국은 (이것은 제가 찬성하지 않는 부분입니다만) 적어도 무역정책이 매우 중상주의적이어서 그 정책들을 정확히 자유무역이라 부르고 싶지 않다는 뜻입니다. 그러나 그것이 사회주의와 수입대체보다는 아주 훨씬 더 낫습니다.

| 어떤 발전경제학자들이 주장하는 바는, 동남아시아 호랑이 경제들은 외부 지향적이었던 반면, 내부에서는 정부의 개입이 아주 많았다는 겁니다. 사실 그들은 그것을 정부 개입의 성공사례로 봅니다.

맞습니다. 그것이 바로 일본과 한국에 있는 모든 사람들이 그것을 보는 방식입니다. [웃음]

| 교수님은 그렇게 보시지 않습니까?

시카고의 한국 학생조차 한국의 성장률이 정부주도로 이루어졌다고 생각합니다. 저는 그러한 의견에 동의하지 않습니다. 그에 대한 증거를 전혀 발견하지 못했습니다. 그러나 반박하기는 힘듭니다. 경제성장을 촉진하는 것이라고 생각되는 일들을 정부가 지극히 활동적으로 해 왔다는 것은 의심의 여지가 없습니다.

경제정책

| '실업 정책' 에 관한 1978년 《아메리칸 이코노믹 리뷰》 논문에서, 만일 비자발적 실업이라는 개념을 포기한다면, 거시경제학 분석은 더 많이 발전했을 것이라고 주장하셨습니다. 많은 경제학자들, 예를 들면 케빈 후버(Hoover, 1988, 1995c)같은 사람은 이에 대해 교수님을 비판했고, 교수님께서 실업을 단지 자발적인 것으로 간주할 수 있는지 물었습니다.

어떤 종류의 실업에도 자발적인 요소와 비자발적인 요소가 다 존재합니다. 누군가 일자리를 찾고 있다고 생각해 봅시다. 하루가 다 가도록 일자리를 찾지 못했다면, 그것에 대해 불만스럽죠. 그러나 그는 어떤 의미에서는 일자리를 찾지 않기로 결정했던 겁니다. 누구나 다 지금보다 더 나은 선택권을 갖기를 원합니다. 그러나 일자리가 널려 있을 때는, 자발적인 실업요소도 분명히 있는 겁니다. 우리가 실업상태에 있을 때, 그 이유는 우리가 더 잘 할 수 있다고 생각하기 때문입니다.

| 총실업이 유럽에서 훨씬 더 큰 문제이므로, 그 말씀은 유럽 사람들을 더 곤혹스럽게 할 것이라고 생각됩니다. 미국에서 실업이 그 정도로 문제가 되지는 않는 것 같습니다.

그럴 겁니다.

| 독일, 프랑스, 그리고 이탈리아를 포함하는 많은 유럽 경제들이 현재 10%가 넘는 실업률을 경험하고 있습니다.

글쎄요, 제가 있는 대학교의 1 마일 내 부근에 들어오시면, 절반이 실업자라는 사실을 알게 되실 겁니다. 그러니 실업은 여기에서도 문제죠.

| 잉글랜드 은행은 독일의 분데스방크만큼 독립적이지 않습니다. 그것이 영국의 인플레이션 성과가 독일보다 덜 성공적인 이유일 수 있다고 생각하십니까?

모르겠습니다. 그럴 수 있겠죠. 나라마다 통화정책의 차이를 가져오는 정치적 요인에 대해 제가 많이 알고 있지 않거든요.

| 새고전학파의 이론적 발전은, 케인즈주의와 통화주의만큼이나 경제정책의 지침이 되었던 것 같지는 않습니다. 경제정책을 결정하는데 있어서, 그것의 영향력이 케인즈주의와 통화주의에 미치지 못하는 원인이 무엇일까요?

왜 그런 말씀을 하시죠? 우리는 인플레이션에 대한 중앙은행가들의 관심이 증대되고 있고, 누구나 다 미세조정을 예전만큼 강조하지 않는다는 사실을 말해왔습니다. 그것이 지난 20년간 미국과 유럽에서의 중요한 추세이고, 제 생각에는 매우 긍정적인 현상입니다.

| 이러한 추세는 합리적 기대와 균형이론화가 없었다 해도, 여하튼 프리드먼 영향의 결과로 생기지 않았을까요?

아마 그랬겠죠.

| 워싱턴 정가의 경제자문역을 권유받으신 적이 있습니까? 교수님께서 그런 역할을 하셔야한다고 생각하시나요?

아닙니다.

| 예전에 "자문을 하는 전문가 역할은 우리 교수들의 능력을 넘어서는 일이다"라는 말씀(Lucas, 1981c)을 하신 적이 있는데요. 그게 교수님께서 그러한 역할을 좀 더 진지하게 생각하지 않으셨던 이유겠죠?

아뇨. 전혀 아닙니다. 저는 경제학자란 팔방미인이어야 한다고 생각합니다. [웃음]

| 케인즈가 그랬죠.

알고 있습니다. 제 개인적으로는 그러한 역할에 별로 재능도 없고, 별로 좋아하지도 않는다고 생각합니다. 그러나 저는 존 테일러(John Taylor)나 래리 서머스(Larry Summers)같은 사람들이 그러해서 반갑습니다. 예를 들면, 클린턴 정부의 건강보험개혁이 완전히 실패했던 이유는 경제학자들이 거기에 충분히 관여하지 않았기 때문이라고 생각합니다. 저는 경제학을 좋아하고, 경제학이 거의 국정 전반의 문제와 아주 밀접한 관련이 있다고 생각합니다. 훌륭한 경제학자들이 많이 끼어 있을수록, 저는 즐겁습니다. 그러나 개인적으로는 그러한 일에 끌리지 않는군요.

| 유럽통화동맹(European Monetary Union)을 어떻게 생각하십니까?

다시 말씀드리지만, 정치에 대해서는 충분히 알지 못합니다. 그게 핵심인데 말이죠.

| 경제학적으로는 납득이 되십니까?

그것은 재고이론으로 볼 수 있는 문제겠죠. 복수통화를 다루는데 드는 비용은, 만약 당신이 유럽에서 사업을 하고 있다면, 지불이 수많은 종류의 다른 통화로 이루어지니까 당신이나 당신이 보조로 고용한 사람들이 여러 통화의 재고를 많이 보유해야 한다는 겁니다. 화폐를 보유하는데 드는 보관비는, 당신이 이자낳는 자산을 보유했다면 거기서 얻을 수 있었던 희생된 이자입니다. 만약 당신이 공통화폐를 가지고 있다면, 저금이 될 수 있도록 현금재고분을 일원화할 수 있습니다. 별로 크지 않은 저금이지만, 득이 됩니다. 그러나 분명한 것은 복수통화가 막대한 번영과 맞지 않는다는 것은 아닙니다. 일원화할 수 있다면, 그만큼 더 좋겠지만, 거기에서 오는 순수 경제적 이득

은 매우 미미합니다. 타인을 믿은 나머지 당신의 통화정책을 운영하도록 맡기는 일이 없다면, 당신은 아마 통화동맹에 반대하고 싶을 겁니다. 저라면 아무 때나 제 통화정책을 독일인들에게 기꺼이 넘기겠습니다. [웃음]

신상 정보

| 우리가 밀턴 프리드먼을 인터뷰했을 때 [Snowdon and Vane, 1997b], 그는 자신의 많은 견해에 대해 세 가지 반응을 경험했다고 말했습니다. 그것을 그대로 옮기면 다음과 같습니다. "첫 번째 반응은 온통 말도 안 되는 이야기라는 것이고, 두 번째 것은 뭔가 일리가 있다는 것이고, 세 번째 반응은 이론 속에 자리 잡아서, 아무도 더 이상 그것에 대해 이야기하지 않습니다." 이 상황을 교수님께서 학계의 인정을 위해 싸우신 새롭고 논쟁적인 사고들과 비교해보시면 어떻습니까?

조금 비슷한 면이 있지요. 그러나 아시다시피, 밀턴은 케인즈와 비슷합니다. 그는 자신의 생각을 가지고 사람들에게, 유권자에게 바로 갑니다. 그가 말하는 반응들은 자신이 옹호하고 있는 정책의 변화에 대해 비경제학자들, 정치가들, 그리고 광범위한 사람들이 보인 반응입니다. 제 경력은 별로 그런 형태를 띠지 않았습니다. 제가 미친 영향은 훨씬 더 경제학자들 내부에 국한된 것이었고, 실제로도 경제학자들의 기술적 부분에 관한 것이었습니다. 제가 더 넓은 세상에 영향을 미쳤다고 하더라도, 그 영향이라는 것이 다른 많은 사람들의 영향 속에 들어가 있는 것이니까, 실제로 확인할 길도 없습니다. 제가 미친 영향을 톰 사전트의 영향과 어떻게 구분하시겠습니까? 전문 경제학자들 말고는 저에 대해서 들어본 사람이 아무도 없을 것입니다. 미국 의회에 있는 그 누구도 "나는 루커스의 정책에 찬성한다"라고 말하지는 않을 겁니다. 그에 대한 대답은 "루커스가 누군데?"일 것입니다. [웃음]

| 노벨상 수상으로 화제를 돌리겠습니다. 1993년 제임스 토빈을 인터뷰하면서, 노벨상을 탄 소감이 어떠냐고 물었을 때, 그의 반응은 자신은 요청한 적이 없다는 투의 다소 방어적인 것이었습니다. 물론 스웨덴 아카데미가 상을 주었죠. 밀턴 프리드먼에게 서신으로 비슷한 질문을 했는데, 그는 정말 보람을 느꼈다고 인정했습니다. 디트로이트의 한 주차장에 있었을 때, 자신의 얼굴에 마이크를 들이댄 어느 기자로부터 처음 수상 사실을 알게 되었다고도 했습니다. 교수님께서는 노벨상을 수상하신 데에 어떤 의미를 두고 계신지 궁금했습니다.

아, 제겐 정말 엄청난 일이었습니다. 달리 무슨 말을 할 수 있을지 모르겠군요. 토빈이 무슨 생각을 했을지 짐작은 안 가지만, 그 일이 있었을 때 그는 분명히 기뻐했고, 분명 상을 받을 만 했거든요. 기자들은 "노벨상을 받으려고, 어떤 일을 하셨습니까?"라는 질문을 하게 마련인데, 저도 잠시 후에는 짜증이 납니다. 그들은 스웨덴 아카데미가 인터넷에 뭐라고 올렸는지 봐야겠죠. 그에 대

해 방어하고 싶은 마음은 없습니다. 토빈이 의미한 게 그런 거라면, 저도 똑같은 일을 겪었고, 그와 마찬가지로 짜증이 났습니다.

| 최근 연구하고 계시는 주제나 분야는 어떤 것입니까?

사실 통화정책에 대해 다시 생각하고 있는 중입니다. 특히 모든 중앙은행들이 이제 그들이 조작하는 직접적 변수인 이자율에 대해 이야기하고 싶어 합니다. 저는 이해가 가지 않지만, 그들의 인플레이션 통제 기록은 아주 좋습니다. 이자율 목표제를 통화목표제와 반대되는 의미로 이야기하는 것은 제가 보기에 틀린 사고방식이지만, 만약 그렇다면 어째서 그것이 그렇게 잘 먹히는 겁니까?

| 마지막으로, 혹시 이 인터뷰에서 받고 싶으셨던 질문이 있나요?

잘 모르겠습니다. [웃음] 저는 질문하신 것들이 재미있었습니다. 여러분들이 경제학자여서, 경제학에 대해 전혀 모르는 기자가 인터뷰하는 것보다 훨씬 더 재미있었습니다. [웃음]

6

실물경기변동학파

만일 이 이론들이 옳다면 그것은 케인즈주의 혁명을 발단으로 전개된 거시경제학 전체가 역사의 쓰레기통으로 버려짐을 의미한다.

(Summers, 1986)

6.1 서론: 제1호 새고전파 거시경제학의 사멸

위의 글은 실물경기변동이론에 관한 로렌스 서머스의 글이다. 이 글의 극적인 표현은 결코 과장이 아니다. 그 이유는 1980년대 초에 처음으로 시작된 실물경기변동학파의 경기변동이론이 전개됨에 따라 발생한 놀라운 이론적 함의 때문이다. 우리가 이미 앞의 두 장에서 보았듯이 통화주의와 새고전학파 경제학을 통해 사람들은 적극적인 재량적 안정화 정책이 과연 바람직하고 효과적인가에 대해 의문을 갖게 되었다. 그런 정책은 거시적 불안정성의 주원인이 총수요 충격이라는 믿음에 근거해 있었다. 그러나 목표(완전)고용률을 달성하기 위해 팽창적인 총수요정책을 지속적으로 사용할 것을 주장하는 대신, 프리드먼과 루카스는 공급측 정책을 사용하여 고용 목표를 달성해야 한다고 주장했다(Friedman, 1968a; Lucas, 1978a, 1990a). 1960년대와 1970년에 걸쳐 프리드먼과 루카스는 경기변동을 설명하면서 통화적 충격이야말로 경기변동을 이끌어가는 일차적 충격 메커니즘이라고 강조했다. 실물경기변동이론은 공급측 분석에서 이보다 훨씬 더 앞으로 나아갔다. 쉬들란과 프레스컷이 1980년대 초에 발전시킨 모형(Kydland and Prescott, 1982)은 경기변동을 순전히 공급측면에서 설명한 이론을 펼쳤다. 이 논문은 신고전학파 거시경제학의 "제2호" 버전이 시작됨을 알린 논문이었다. 쉬들란과 프레스컷의 연구는 총수요 충격에 초점을 맞춘 이전의 모든 주요 경기변동이론들, 특히 통화적 충격을 강조하는 이론들에 심각한 도전장을 던졌다.

이전의 사고를 특히 흔들어 놓았던 것은 경기변동의 각 단계(정상, 후퇴, 저점, 회복)가 균형 상태라는 실물경기변동 이론가들의 대담한 추측이었다. 하틀리 외(Hartley et. al., 1998)가 지적하듯이, "일반적인 상식에 따르면 경기호황은 좋은 것이고 경기침체는 나쁜 것"이다. 이 '일반적인 상식'은 신고전파 종합 시기에 형성된 것이다. 이에 따르면 '완전고용'은 균형 상태를 뜻하지만, 경기침체는 후생을 감소시키는 불균형의 시기로서 시장이 제대로 작동하지 않고 있고 경제에 안정화 정책이 필요하다는 것을 의미한다. 실물경기변동 이론가들은 이 시장실패 견해를 버린다. 개별 경제주체들이 경기후퇴를 원하는 것은 아니지만, 경기후퇴는 경제주체들이 직면하는 제약조건들이 필연적으로 변화함에 따른 반응들의 총체적 결과로 나타나는 것이다. 경제주체들은 제약조건 하에서 최적으로 반응하며, 거시적으로 변동하는 시장 결과는 효율적이다. 경제학자들은 거시적 불안정성을 설명하기 위해서 불균형 분석이나 조정 실패, 가격 경직성, 금융·통화적 충격, 그리고 근본적 불확실성 같은 개념에 기댈 필요가 없다. 오히려 경제학자들은 기본적인 신고전파 성장모형 내에서 기술진보율의 임의성을 도입하기만 하면 경기변동을 이해할 수 있다(신고전파 성장모형은 제11장 참조). 이런 이론적 배경에서 경기변동은 경제에 존재하는 모든 경제주체들의 극대화 결정의 거시적 결과로 나타난다.

6.2 통화적 균형경기변동이론에서 실물적 균형경기변동이론으로의 이행

제5장에서 보았듯이 1972~82년의 기간 동안 지배적이었던 새고전학파 경기변동이론은 루커스가 최초로 전개한 통화적 놀람(surprise)모형(MEBCT)이었다(Lucas, 1975, 1977). 1980년대 초부터 거시적 불안정성에 관한 주도적인 새고전학파 설명은 통화적 충격보다는 실물적 충격에 더 초점을 맞추었고, 롱과 플로서(Long and Plosser, 1983)의 논문이 발간된 후에는 실물(균형)경기변동이론(REBCT)으로 알려지게 되었다. 이 접근법에 대한 가장 널리 알려진 주장자나 이론가로는 미네소타 대학교의 에드워드 프레스컷(Edward Prescott), 카네기 멜런 대학교의 핀 쉬들란(Finn Kydland), 로체스터 대학교의 찰스 플로서(Charles Plosser), 존 롱(John Long), 앨런 스톡먼(Alan Stockman), 보스턴 대학교의 로버트 킹(Robert King), 노스웨스턴 대학교의 세르조 레벨로(Sergio Rebelo), 하버드 대학교의 로버트 배로(Robert Barro)가 있다. 스노던 외(Snowdon, et. al., 1994)에 수록된 배로 및 플로서와의 인터뷰를 보라.

1980년대에 MEBCT가 가진 잘 알려진 약점에 대응하여 몇몇 새고전학파 이론가들은 경기변동에 대한 엄밀한 균형적 설명을 제공하고자 했다. 이 설명은 이전의 새고전학파 모형의 이론적 결함에서 자유로우면서도 실증적으로 견고한 것이어야 했다. 그 결과가 바로 REBCT의 발전이다. REBCT는 이전 모형들의 충격(*impulse*) 메커니즘(즉, 예상되지 않은 통화적 충격)을 생산기술에서의 임의적 변화라는 형태로 공급측 충격으로 대체했다. 그러나 이전의 새고전학파 모형들이 가졌던 확산(*propagation*) 메커니즘은 그대로 유지되거나 발전되었다. 전혀 가능성이 없어 보이는 이런 탈출구가 균형이론가들이 취할 탈출구임을 처음으로 알아차렸던 사람들 중 하나는 아이러니하게도 토빈(Tobin, 1980b)이었다. 루커스의 통화적 요인(monetary misperception) 이야기를 비판하면서 토빈은 "완전정보 모형의 실물적 균형은 부존자원과 생산기술 및 선호의 변동에 따라 같이 변동할 수 있으며", 그 변동이 유의미하게 지속적인 임의적 과정인 경우 최종적으로 관찰되는 상태는 "경기변동처럼 보일 수 있다"고 말했다. 다른 한편으로 1980년 경에 쉬들란과 프레스컷은 바로 이러한 모형을 발전시키고 있었고, 토빈의 위와 같은 논평이 나온 2년 후에 《이코노메트리카》(*Econometrica*)는 쉬들란과 프레스컷의 비통화적 균형모형의 원형을 담은 논문을 발간하였다.

실물경기변동이론을 상세하게 다루기 전에, 제1호 새고전학파 접근법의 주도적 개발자였던 두 사람이 내놓은 균형적 이론의 두 번째 단계에 대해 경제학계가 어떤 반응을 보였는지를 살펴보는 것도 재미있을 것이다. 루커스의 견해에 따르면 쉬들란과 프레스컷은 거시경제학 모형을 '새로운 영역' 으로 이끌었다(Lucas, 1987). 그러나 REBCT에 대한 루커스의 첫 반응은 그렇지 않았다. 통화적 변수들에 대비되는 실물적 변수들에 전적으로 초점을 맞추는 것은 '실수' 이며 통화적 변수와 실물적 변수를 혼합한 '혼합형' 모형이 더 결실있는 방향이라는 것이다. 그러나 루커스는 실물경기변동 이론가들이 사용하는 방법론을 열렬히 인정했다. 이 이론가들은 루커스 자신이 이전에 추천했던 방법론, 즉 경기변동을 가장 잘 이해하는 방식은 "엄격한 의미 그대로의 모형, 즉 현실 경제의 시계열 움직임을 가장 근사적으로 모방하도록 시간에 걸쳐 움직이도록 구성된, 경제변수들 간의 관계가 완벽히 재구성된 인공적 경제를 구성"(Lucas, 1977)하는 것이라는 방법론을 따랐기 때문이다. 그런 인공적 경제체계는 "현실 경제에서 행하기에는 너무 비용이 높은 정책들을 훨씬 더 낮은 비용으로 실험해 볼 수 있는"(Lucas, 1980a) 연구실 역할을 할 수 있다. 이것이 바로 1980년대에 실물경기변동 이론가들이 수립해 놓은 연구기획이었고, 루커스의 논문(Lucas, 1980a)은 균형이론의 현대 시기에 대한 준거점이 되었다. 윌리엄슨(Williamson, 1996)이 지적하듯이, "루커스에는 실물경기변동 프로그램에 놀라울 정도로 가까운 미래의 연구 방법론에 대한 투사가 존재한다."

1996년에 이르면서 루커스는 "통화적 충격은 그렇게까지 중요하지 않다. 이 생각은 내가 그동안 과정을 통해 도달한 견해이다. 이것이 내 생각에 있어 일종의 후퇴라는 점은 명백하다"고 인정하기에 이른다(Gordon, 2000a, 555쪽 참조). 그러는 와중에도 루커스는 경기변동이 적어도 1945년 이후의 경험 선상에서 볼 때 상대적으로 '소소한' 문제라는 견해를 몇 번씩이나 폈다(Lucas, 1987, 2003). 그의 견해에 따르면, 우리가 정말로 생활기준을 높이는 데 관심이 있다면 경기변동 위험의 잔차량을 제거하기 위해 점차 더 복잡해져 가는 안정화 정책을 고안해 내는 것보다 경제성장 과정을 이해하는 것이 훨씬 더 중요하다(Lucas, 1988, 1993, 202, 2003, 제11장 참조).

1980년대 후반에 이르자 로버트 배로(Barro, 1989a, 1989c)도 1970년대에 새고전학파 경제학자들이 화폐의 비중립성 설명에 부여한 중요성은 "잘못된" 것이라고 선언한다. "새고전학파 접근법은 경기변동에서 화폐가 갖는 중요한 역할을 그리 잘 설명하지 못하기" 때문이라는 것이다. 1980년 중반에 벌서 배로는 실물경기변동 이론가들의 공헌이 "특별히 장래가 촉망되고," 경기변동 연구에서 "실질적인 진보"를 이루었다고 생각하기에 이르렀다(Barro, 1984). 더 나아가 배로 자신의 연구도 새고전학파 거시경제학의 제1호 버전과 제2호 버전 사이를 잇는 교량 역할을 했다(Barro, 1981). 어쨌든 이전 모형들이 실증적으로 확실한 결과를 보여주지 못했다고 해서 1970년대의 새고전학파 이론가들이 이룬 업적의 타당성이 없어지는 것은 아니다. 배로에 따르면, 이 업적을 통해 "이론과 실증작업에 모두에서 더 뛰어난 분석 방법"이 가능해졌기 때문이다(Barro, 1984).

배로(Barro, 1989a)가 밝힌 새고전학파의 세 가지 주요 공헌은, (i) 거시경제분석에 균형모형 방식을 적용한 것, (ii) 합리적 기대가설을 채용하고 그 적용범위를 넓힌 것, (iii) 정책 수립과 평가에서 게임이론을 적용한 것이다. 처음 두 공헌은 루커스 비판(Lucas, 1976)에 더 잘 견딜 수 있는 분석틀을 제공할뿐더러 거시모형을 선택이론적인 미시적 기초 위에 수립한다는 목표를 만족한다. 동학적 게임과 관련된 세 번째 영역은 정책에 있어 준칙과 재량을 명백히 구분하면서 또 정책 분석에 있어 공약이행, 신뢰성, 평판의 역할이 중요함을 밝혔다. 정책의 시간적 비일관성과 관련하여 얻은 통찰은 현재 통화정책의 수행 이외에도 많은 종류의 영역에 적용되고 있다. 배로는 지금도 실물경기변동이론을 열렬히 지지하고 있지만 루커스와 마찬가지로 1980년대 말에는 연구의 주요 방향을 경제성장과 관련된 쟁점으로 선회하기 시작했다(Barro, 1991, 1997; Barro and Sala-i-Martin, 1995).

REBCT의 발전과 전개 과정에 대한 상세한 서베이로는 월쉬(Walsh, 1986), 러쉬(Rush, 1987), 김균(Kim, 1988), 플로서(Plosser, 1989), 뮐리뇌와 디킨슨(Mullineux and Dickinson, 1992), 맥캘럼(MaCallum, 1992), 댄사인과 도널드슨(Danthine and Donaldson, 1993), 스태들러(Stadler, 1994), 윌리엄슨(Williamson, 1996), 라이언과 뮐리뇌(Ryan and Mullineux, 1997), 스노우던과 베인(Snowdon and Vane, 1997a), 하틀리 외(Hartley et al., 1998), 아놀드(Arnold, 2002), 키호와 프레스컷(Kehoe and Prescott, 2002)를 보라.

6.3 역사적 시각에서 본 실물경기변동이론

현대의 주창자들이 전개하는 실물경기변동이론은 기술진보율에 커다란 임의적 변동이 있다는 가정에 입각해 있다. 생산함수에 대한 이런 공급측 충격은 총산출과 고용에 변동을 일으킨다. 왜냐하면 합리적 개인들이 변화된 상대가격구조에 반응하여 그들의 노동공급과 소비결정을 바꾸기 때문이다. 이런 이론 전개는 주로 이전의 통화적 오인모형의 사멸과 "인공 경제"를 구축하라는 루커스의 주문에 대한 반응이기도 했지만, 거시경제 방정식의 공급측면에 대한 일반적인 관심이 부활했음을 반영하기도 한다.

경기변동이 화폐적인 힘보다는 실물적인 힘에 의해 촉발된다는 생각은 물론 완전히 새로운 아이디어는 아니다. 쉬들란과 프레스컷의 획기적 논문(Kydland and Prescott, 1982)에 영감을 받아 발전한 실물경기변동 모형들은 케인즈의 《일반이론》이 발간되기 이전에는 저명한 많은 학자들이 추구했던 분석에 속한다(두 세계대전 사이에 전개되었던 경기변동이론에 대한 훌륭한 연구로는

Haberler, 1963 참조). 호트리(Ralph Hawtrey) 같은 경제학자들이 경기변동에 대해 극단적으로 화폐적인 해석을 견지했지만, 특히 로버트슨(Dennis Robertson), 슘페터(Joseph Schumpeter), 빅셀(Knut Wicksell) 같은 학자들의 연구는 경기변동의 추동력으로 실물적인 힘을 강조했다(Deutscher, 1990; Goodhart and Presley, 1991; Caporale, 1993). 굿하트와 프레슬리에 의하면, 로버트슨의 연구는 현대의 실물경기변동이론 만큼 화폐적 힘을 무시하지는 않지만, 기술변화에 대한 로버트슨의 강조와 최근 균형이론가들의 연구 사이에는 상당한 유사점이 있다. 기술변화는 자본주의 발전에서 나타나는 단기적 불안정성과 장기적 동학에 대한 슘페터의 분석에서도 중요한 역할을 한다. 신기술의 도입이 단기적인 불균형 효과를 가져올 뿐 아니라 생산성의 장기적 성장에도 영향을 끼친다고 생각한 슘페터는 현대의 실물경기변동 이론가들처럼 경기순환과 성장이 불가분적인 관계에 있다고 여겼다(Schumpeter, 1939). 코포랄레(Coporale, 1993)는 빅셀이 실물경기변동이론의 선구자였다고 주장한다. 코포랄레에 의하면 빅셀은 "경기변동의 원인을 상품가격의 변동과는 무관한 실물적 원인으로 돌렸다." 빅셀에게 경기변동의 주원인은 자연이자율을 대부이자율 이상으로 올리는 공급측 충격이다. 전형적으로 금융체계는 새로운 자연이자율에 맞게 대부이자율을 즉각적으로 조정하지 못하므로, 이 충격은 대부이자율의 하락과 동등하다. 대부시장 불균형은 확산 기제로 작동한다. 투사사금을 조달하려는 기업가들의 대부수요에 금융체계가 대응하면서 내생적으로 통화가 창출되는 것이다. 투자 호황은 생산의 시간구조를 왜곡시키고 인플레이션 압박을 가져온다. 결국 화폐이자율이 자연이자율에 맞게 조정되면 경기 호황은 끝난다. 빅셀의 이 이론은 빅셀 이후의 스웨덴 학파와 오스트리아 학파의 경기변동 이론에 커다란 영향을 끼쳤다. 그런데 코포랄레는 빅셀의 경기변동이론이 자본의 한계생산물에 대한 실물적 충격으로 이야기를 시작함을 강조한다. 따라서 경기변동을 실물적 충격과 내생적 통화창출로 설명하는 빅셀의 이론은 예를 들어 킹과 플로서(King and Plosser, 1984)가 제시하는 REBCT의 현대판 버전과 놀랄 정도로 유사하다. 이래 6.12절을 보라.

케인즈의 《일반이론》이 출간된 후에는 승수과정과 가속도원리의 상호작용을 강조하는 경기변동 모형들이 연구되었다(Samuelson, 1939; Hicks, 1950; Trigg, 2002). 이 모형들은 경기변동이 실질 총수요에 의해, 주로 불안정한 투자지출에 의해, 구동된다고 생각했고 화폐적 요소들의 역할을 격하시켰으며 공급측 현상이야말로 경기변동의 전환점을 발생시키는 제약조건이라고 주장했다는 점에서 '실물적' 이었다(Laidler, 1992a). 그 장점이 무엇이었던 간에 승수-가속도 모형은 1960년 초에 이르러서는 더 이상 활발한 연구 대상이 아니었다. 이것은 대부분 케인즈주의 혁명의 영향을 반영한다. 왜냐하면 케인즈주의 혁명은 거시경제학적 분석의 초점을 경기순환 현상에서 벗어나 거시경제적 성과를 개선할 수 있는 방법과 정책을 발전시키는 데로 돌렸기 때문이다. 경기변동은 이제 더 이상 중요한 문제가 아니라는 믿음이 몇몇 경제학자들 사이에 굳건하게 자리잡고 있었으며, 1969년에는 "경기순환이 이제 고물이 되었나?"라는 질문이 제기되기도 했다(Bronfenbrenner, 1969). 이와 비슷한 '경기순환의 종말' 에 대한 추측이 '신경제(New Economy)' 에 대한 논의의 형태로 1990년대 말에 나타났다(Weber, 1997). 이미 논의했듯이 1970년대와 1980년대에 경기변동 현상은(1945년 이후의 불안정성 기준에 비추어볼 때) 마치 복수라도 하듯이 거칠게 되돌아왔고, 케인즈주의적 모형들에 대한 불만은 통화주의와 새고전학파의 반혁명을 가져왔다.

1980년대 균형이론가들에 의해 촉발된 경기변동 연구에서 가장 최근에 나타난 발전은 불안정성의 주원인으로 총수요 변동을 거론하는 이전의 모든 모형들에 대한 도전이었다. 따라서 실물경기변동이론은 신고전파종합 시기의 '구' 케인즈주의 거시경제학과 경쟁관계에 있을 뿐만 아니라 모든 통화주의적 모형과 MBECT 새고전학파 모형에 대한 심각한 도전이기도 하다.

위의 영향 이외에도 두 가지 다른 중요한 발전이 화폐적 경기변동이론에서 실물적 경기변동이론으로 옮겨가는 데 자극제 역할을 했다. 첫째, 1970년대에 있었던 두 번의 석유수출국기구(OPEC) 석유가격 상승과 관련된 공급측 충격을 통해 거시경제학자들은 거시경제적 불안정성을 설명하는 데 공급측 요소들이 중요함을 더 인지하게 되었다(Blinder, 1979). 또한 실업이 증가하면서도 인플레이션이 가속되는 현상을 제대로 설명하지 못하는 수요지향적 케인즈주의 모형들의 실패가 명백해졌다. 이런 사건들을 통해 모든 거시경제학자들은 공급측 요소들이 정합적인 미시적 기초를 갖는 거시경제학 이론을 수립하는 데 점점 더 많은 연구노력을 경주할 수밖에 없었다(제7장 참조). 둘째, 넬슨과 플로서의 획기적 연구(Nelson and Plosser, 1982)는 총산출의 시계열적 변동을 설명하는 데 실물적 충격이 화폐적 충격보다 훨씬 더 중요하다고 주장한다. 넬슨과 플로서는 실증자료에 비추어 볼 때 산출량이 '임의보행(random walk)' 으로 가장 잘 묘사될 수 있는 경로를 따른다고 주장한다.

넬슨과 플로서의 공헌을 좀 더 상세하게 다루기 전에 밝혀둘 사항이 하나 있다. 모형의 공급측 요소들에 대해 좀 더 나은 미시적 기초를 수립하고자 했던 케인즈주의 경제학자와 새고전학파 경제학자들 모두의 소망은 1970년대와 1980년대에 특히 미국에서 로널드 레이건 정부 하에서 나타났던 '공급우선 학파(supply-side school)' 와 혼동되어서는 안 된다는 것이다. 1980년대 중반에 글을 쓰면서 펠드스타인은 '전통적 공급우선주의 경제학' 과 '신 공급우선주의 경제학' 을 구별한다(Feldstein, 1986). 전통적 공급우선주의자들은 주류 신고전파 거시경제학 분석에 기초하고 있으며 시장의 효율성, 경제성장을 위한 유인제도의 중요성, 정부실패의 가능성을 강조한다. 대부분의 경제학자들 사이에 합의된 내용은 바로 이러한 형태의 공급측 경제학에 속한다. 그 예로는 케인즈주의자들, 통화주의자들, 새고전학파 경제학자들이 있다(Friedman, 1968a; Tobin, 1987; Lucas, 1990a). 이와 대조적으로 아서 래퍼(Arthur Laffer), 주드 와니스키(Jude Wanniski), 그리고 레이건 대통령 자신과 같은 신 공급우선주의자들은 조세 감면과 규제철폐가 경제성장률에 끼치는 영향에 대해 "휘황찬란한 주장"을 한다. 공급우선주의자들은 레이건 정부의 조세 감면이 가져온 유인 효과가 바로 1982년 이후 미국 경제가 회복하는 원동력이 되었다고 주장하지만, 토빈(Tobin, 1987)은 레이건 정부의 정책은 "반케인즈주의자 의사들이 운좋게 처방한 케인즈주의적 의약, 공급측면 만병통치약으로 가장된 수요 측면 강장제"에 해당한다고 주장한다. '레이거노믹스' 에 대한 논의와 1980

년대 '신 공급우선주의자' 들의 영향에 대해서는 새뮤얼슨(Samuelson, 1984), 블랑샤르(Blanchard, 1986), 펠드스타인(Feldstein, 1986), 레바치츠(Levacic, 1988), 모딜리아니(Modigliani, 1988b), 로버츠(Roberts, 1989), 민퍼드(Minford, 1991)을 보라.

6.4 순환과 임의보행

1970년대에 경기변동 연구에 대한 관심이 부활하면서 경제학자들은 시계열 경제자료가 보여주는 통계적 성질들을 좀 더 상세하게 분석했다. 이런 작업이 가진 주요 문제 중의 하나는 경기순환으로부터 성장추세를 분리해내는 일이다. 전통적인 접근법은 솔로의 신고전학파 모형이 묘사하는 기본 추세성장률을 반영하는 성장경로를 따라 경제가 성장한다고 가정하는 것이다(Solow, 1956). 이 접근법은 국민총생산의 장기추세 요소가 매끈한 성장로 위에 있으며 추세선 주위의 단기 변동은 우선적으로 수요측 충격에 의해 결정된다고 가정한다. 이 전통적인 사고는 1980년대 초까지 케인즈주의자, 통화주의자, 새고전학파 경제학자들 모두가 받아들였던 것이었다. 이 세 학파의 수요충격 모형들은 산출이 추세선으로부터 이탈하는 현상이 한시적이라고 해석했다. 경기변동이 한시적 사건이라면 경기후퇴는 국내총생산에 상기적인 역효과를 가져오지 않을 것이다. 케인즈주의자들은 그런 이탈이 규모가 크고 오랜 기간에 걸치기 때문에 시정을 위한 행위가 필요하다고 느꼈다. 그 반면 통화주의자, 특히 새고전학파 경제학자들은 능동적인 안정화 정책이 필요하다는 생각을 반박하면서 시장의 균형 능력과 규준에 기초한 통화정책에 더 큰 믿음을 가졌다.

1982년 넬슨과 플로서는 이 전통적 사고에 도전장을 내미는 중요한 논문을 발표했다. 거시경제적 시계열 자료에 대한 연구를 통해 그들은 "순수히 한시적인 변동의 원천으로 화폐적 교란에 초점을 맞추는 거시경제학적 모형들은 산출량 변동의 많은 부분을 결코 설명하지 못할 것이며, 거시경제 변동에 대한 그 어떤 모형이라도 실물 요소에 의한 확률적 변동을 모형이 본질적 요소로 받아들여야 할 것"이라고 결론지었다. 실물 요소가 거시적 변동의 배후에 있다면 결코 경기변동을 한시적인 사건으로 보아서는 안 된다. 경기후퇴는 국내총생산에 항구적인 영향을 충분히 끼칠 수 있다. 많은 논의가 있었던 1973년 이후의 '생산성 둔화' 는 바로 그런 예의 하나이다(Fischer et al., 1988). 아벨과 버냉키(Abel and Bernanke, 2001)는 미국의 국내총생산이 1980년대와 1990년대 전반을 통해서 1947~73년의 추세에 맞는 수준보다 아래에 머물러 있다는 점에 주목한다. 전간기의 영국 경제에 대한 분석을 통해 솔로무(Solomou, 1996)는 제1차 세계대전의 충격과 종전 직후의 시기 동안 발생했던 충격들이 균형산출량의 성장경로에 항구적인 영향을 끼쳤다는 점을 알아냈다.

넬슨과 플로서가 그들의 중요한 결론에 도달할 수 있었던 이유는 미국의 자료에 대한 연구에서 국민총생산이 임의보행을 따른다는 가설을 기각할 수 없었기 때문이다. 이 결론이 전통적인 접근법과 어떻게 다른가? 가역적인 순환적 변동이 실질 국민총생산의 단기 변동의 대부분을 설명할 수 있다는 생각은 다음의 식 (6.1)로 표현될 수 있다.

$$Y_t = g_t + bY_{t-1} + z_t \tag{6.1}$$

여기서 t는 시간, g와 b는 항수, z은 평균이 영인 임의적 충격을 나타낸다. 식 (6.1)에서 g_t는 결정적 추세를 나타내는 국민총생산의 기본 평균성장률이다. 이제 z_t에 충격이 가해져서 t기의 산출이 추세선 위로 상승한다고 가정하자. 이 충격이 한 기에 한정된다고 가정하자. Y_t가 Y_{t-1}에 의존하기 때문에 이 충격은 시간이 흐름에 따라 앞의 기간으로 전달되면서 계열상관(serial correlation)을 발생시킨다. 그러나 전통적인 접근법에서는 $0 < b < 1$이므로 산출에 대한 충격의 영향은 결국에서 소진되어 버리고 산출은 추세성장률로 되돌아 갈 것이다. 이 경우 산출은 '추세복귀적(trend-reverting)' 혹은 '추세정체적(trend-stationary)' 이라고 불린다(Blanchard and Fischer, 1989).

추세정체적인 경우에 소득 성장로에 대한 충격의 영향이 〈그림 6.1〉에 도시되어 있다. 여기서 t_1기에 팽창적 통화 충격이 발생한다고 가정한다. 종국에 Y는 추세선으로 복귀하며, 따라서 이 경우는 예상되지 않은 화폐적 충격으로 산출이 자연수준으로부터 이탈하지만 그 이탈이 한시적이라는 자연율 가설과 일치한다.

위와 대조적으로 넬슨과 플로서는 관찰되는 국민총생산 변화는 대부분 항구적이라고 주장한다. 산출이 충격 이후에 충격 이전의 추세선으로 복귀하는 경향이 없다는 것이다. 이 경우 국민총생산은 임의보행이라 알려진 확률적 과정을 통해 변화한다. 다음 식 (6.2)는 국민총생산이 표적항을 가진 임의보행(random walk with drift)을 하는 경우를 보여준다.

그림 6.1 • '추세복귀적' 인 경우의 산출 성장로

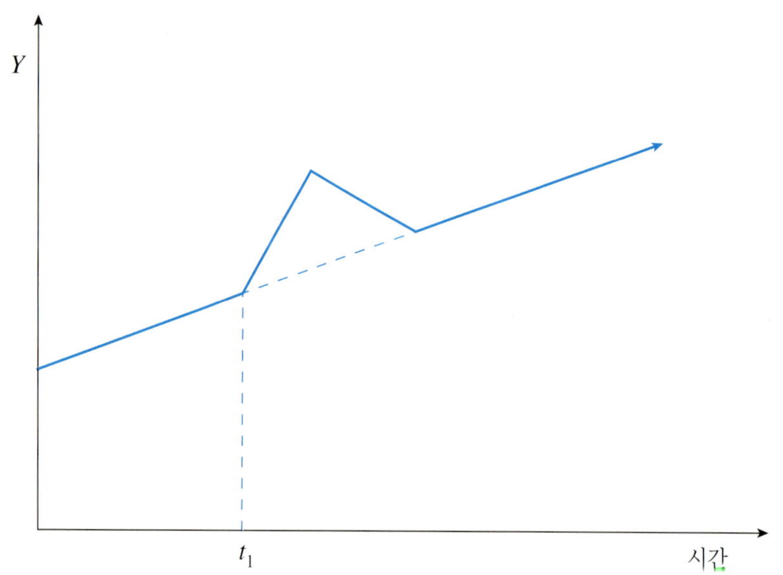

$$Y_t = g_t + Y_{t-1} + z_t \tag{6.2}$$

식 (6.2)에서 g_t는 산출의 '표적항(drift)' 을 나타낸다. Y_t가 Y_{t-1}에 의존하므로 z_t에 대한 충격은 산출을 항구적으로 증가시킬 것이다. 〈그림 6.2〉에서 t_1기에 충격이 발생해 산출 수준이 증가했다고 가정하자. 다음 기의 산출이 t_1기의 산출에 의해 결정되므로 산출의 증가는 미래의 매 기에 항구적으로 지속한다. 표적항을 가진 임의보행의 경우 산출은 '단위근(unit root)' 을 가진다고 말해진다. 즉, 식 (6.2)에서 1기 시차 산출항의 계수는 1이다($b = 1$). 단위근의 존재는 바로 생산함수에 대한 충격의 발현이라고 가정된다.

넬슨과 플로서의 이런 발견은 경기변동이론에 근본적인 변화를 가져올 함축을 갖는다. 기술변화에 따른 생산성 성장에 대한 충격이 빈번하고 임의적이라면, 임의보행을 따르는 산출 성장로는 경기변동의 모습을 닮은 움직임을 보일 것이다. 그러나 이 경우 관찰된 국민총생산 변동은 자연(추세)산출률의 변동이지 매끈한 결정적 추세로부터의 이탈이 아니다. 매끈한 추세선 주위를 돌며 변동하는 산출처럼 보이는 것은 실은 연속된 항구적 충격으로 유발된 자연산출률의 변동이다. 각각의 항구적 생산성 충격은 새로운 성장로를 결정한다. 경제학자들은 솔로의 획기적 연구를 따르면서, 전통적으로 경제성장 분석을 경기변동 분석과 분리했다. 그러나 넬슨과 플로서는 추세를 결정하는 경제적 힘이 경기변동을 유발하는 경제적 힘과 다르지 않다고 주장한다. 새고전학파의 세계에서는 중립성 명제 때문에 화폐적 충격으로부터 국민총생산의 항구적 변화가 발생할 수 없고, 불안정성을 유발하는 주요 힘들은 실물 충격일 수밖에 없다. 넬슨과 플로서는 자신들의 발견이 화

그림 6.2 • 충격이 항구적 영향을 끼치는 경우의 산출 성장로

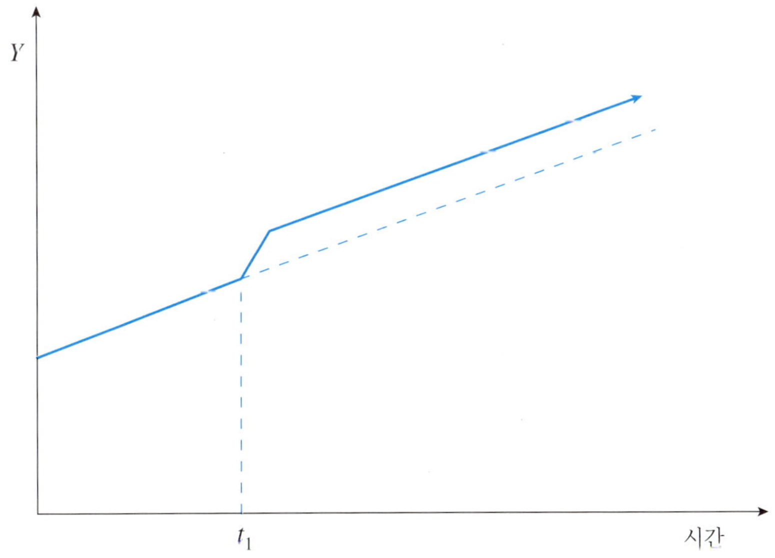

폐적 경기변동이론의 중요성이 갖는 한계를 보여주는 것이며, 실물적 교란이 산출량 변동에 훨씬 더 중요한 요소일 가능성이 높다고 주장한다. 만일 경제성장 과정과 경기변동 사이에 주요한 상호작용이 존재한다면 성장이론을 경기변동 분석으로부터 분리하는 전통적인 작업은 정당화되지 않는다. 추세와 변동의 구분을 없앰으로써 실물경기변동 이론가들은 성장이론과 경기변동이론을 통합하기 시작했다(King et al., 1988a, 1988b; Plosser, 1989).

6.5 공급측 충격

경기순환적 불안정성의 원천은 총수요에 대한 충격, 총공급에 대한 충격, 혹은 이 둘의 결합일 수 있다. 수요 측면에서 볼 때 충격은 케인즈와 초기의 케인즈주의자들이 강조했듯이 *IS*곡선 구성요소의 불안정성에서 발생할 수도 있고, 통화주의자들이 강조했듯이 *LM*곡선이 묘사하고 있는 통화 측면의 불안정성에서 발생할 수도 있다. 공급측면에서 볼 때 생산성에 의미있는 변화를 일으킬 수 있는 충격으로 여러 가지를 생각해 볼 수 있다.

1. 물리적 환경이 악화되어 농산물 생산에 악영향을 끼치는 경우. 이런 충격으로는 지진, 가뭄, 홍수 등의 자연재해가 포함된다.
2. 에너지 가격이 크게 변화하는 경우. 예로는 1973년과 1976년의 석유가격이 급상승한 경우와 1986년 크게 가격이 하락한 경우가 있다. 해밀턴(Hamilton, 1983, 1996)은 1945년 이후 미국의 경기후퇴가 대부분의 경우 에너지 가격이 크게 상승한 후에 발생했다고 주장한다.
3. 경제의 현재 상황과 구조를 뒤흔드는 전쟁, 정치적 격변, 노동자 소요의 경우. 이전의 유고슬라비아와 소련에서 발생했던, 그리고 최근에는 이라크에서 발생하고 있는 혼돈, 그리고 1970년대와 1984년 영국에서 발생했던 파업과 노동자 소요가 그 예이다.
4. 수입 쿼터제 같은 정부 규제. 정부 규제는 인센티브에 악영향을 끼치고 기업가의 능력을 지대추구 행위 쪽으로 돌려놓는다.
5. 자본과 노동 투입물의 질적 변화, 새로운 경영수법, 신상품 개발, 신생산기술 도입 등으로 유발된 생산성 충격의 경우.

특정 시간과 특정 장소에서 위에 열거된 충격들의 일부 혹은 모두가 중요한 역할을 할 것이다. 그러나 넓게 '생산기술충격'이라 부를 수 있는 다섯 번째 범주의 충격이야말로 정상적인 상황에서 장기에 있어 선진 산업화 경제의 공급측면을 움직이는 추동력이다. 보통 자연 재해가 발생하지 않고 정치적으로 안정적인 경제라도 거시적 변화가 발생한다는 점을 잊어서는 안 된다.

REBCT의 주요 면모를 살피기 전에 거시적 경제활동 변동(즉, 경기변동)의 특징과 '정형화된 사실들'을 먼저 보도록 하자.

6.6 경기변동: 그 주요 특징과 정형화된 사실들

지금까지 우리는 거시경제 분석의 주목적이 단기와 장기에 걸친 산출, 고용, 물가의 거시적 움직임을 일관되고 견실하게 설명하는 데 있음을 밝혔다. 그리고 케인즈의 《일반이론》이 발간된 후 이런 움직임을 설명하려고 노력한 주요 연구프로그램이나 학파에 대해서도 살펴보았다(Snowdon and Vane, 1997a). 특정 이론을 평가하려면 그 이론이 거시경제 불안정성의 특징과 '정형화된 사실들'을 어떻게 설명하는가를 반드시 살펴야 한다(Greenwald and Stiglitz, 1988).

'정형화된 사실들'은 경제 시계열의 통계적 특성에서 확인된 규칙성들이다. 경기변동 현상과 관련하여 주요한 '정형화된 사실들'을 확인하는 작업은 그 자체로 의미있는 연구분야이다(Zarnowitz, 1992a, 1992b). 미국에서는 1920년에 설립된 NBER(National Bureau of Economic Research)이 경기변동 현상에 대한 연구에서 선구적 역할을 했다. 이정표적인 연구는 1946년 발간된 아서 번즈(Arthur Burns)와 웨즐리 미첼(Wesley Mitchell)의 《경기순환 측정》(*Measuring Business Cycles*)이다. 이 책에서 번즈와 미첼은 경기순환에 대한 고전적 정의를 내렸다.

> 경기순환은 기업 활동이 주를 이루는 국가의 거시적 경제활동에서 발견되는 변동의 형태이다. 경기변동의 한 순환은 경제팽창이 다수의 경제활동에서 거의 동시에 발생한 후 전반적인 경기후퇴, 경기수축, 경기부활로 이어지는데, 경기부활은 다음 순환의 경기팽창기와 중첩된다. 이런 변화의 연속은 재발되지만 주기적은 아니다. 그 지속기간에 있어 경기순환은 1년 이상에서 10년 혹은 12년까지 된다.

경기순환 과정에서 예상 가능한 방식으로 경제변수들이 동일 방향으로 움직인다는 사실을 번즈와 미첼이 확인하고 이후 그런 움직임에 대한 연구가 계속되었기에, 루커스(Lucas, 1977)는 "시계열(경제변수들)이 공행(共行)적으로 움직인다는 정성적 면에 있어 경기순환은 모두 비슷하다"고 주장한다. 이것은 경제이론가들에게는 매력적인 특징이다. 왜냐하면 "특정 국가나 기간에 국한된 정치적 · 제도적 특성이 아니라 시장경제를 규율하는 일반적 법칙에 근거하여 경기변동에 대한 통합된 설명을 할 가능성이 있다는 것을 뜻하기"(Lucas 1977, 10쪽) 때문이다. 많은 경제학자들이 이 정도까지 주장하지는 않을 것이다. 그러나 경기변동 현상을 이론적으로 설명하기 위해서는 분명히 여러 경제 거시적 추세선에서 벗어나는 정도가 실질 국내총생산이 추세선에서 벗어나는 정도와 동일한 방향으로 움직인다는 확인된 통계적 특성에 연구의 기초가 자리잡고 있어야 한다. 많은 중요한 경제변수가 예상 가능한 방향으로 공행하는 현상은 경기변동의 중요한 면모다. 경기순환은 주기적이 아니다(즉, 그 기간의 길이가 서로 다르며 예상 가능한 간격을 두고 발생하지 않는다). 그러나 경기순환은 재발적이다(즉, 산업화 경제에서 반복하여 발생한다). 특정 이론이 경기순환의 주요 정형화된 사실들을 얼마나 잘 설명할 수 있는가는 그 이론을 평가하는 주요 기준이 될 것이다. 아벨과 버냉키(Abel and Bernanke, 2001, 284쪽)가 주장하듯이, "경기변동이론이 성공적이기 위해서는 산출과 고용 같은 단지 소수의 변수들뿐만 아니라 넓은 범위의 주요 경제변수들이 순환적으로 움직이는 현상을 설명해야만 한다."

경기순환은 지난 150년 동안 산업화 경제의 주요한 모습 중 하나였다. 전형적인 경기순환에 대한 교과서적인 설명은 저점에서 시작하여 팽창기를 거쳐 정점에 이르고 다음에 전환점을 지나 거시적 경제활동이 수축되는 후퇴기를 이르는 경기순환의 단계를 강조한다. 이 전형적인 순환 패턴에서 거시경제이론이라면 반드시 설명해야할 주요한 경기변동의 '정형화된 사실들'은 무엇인가? 다음은 지금까지 발표된 연구결과를 간략히 요약한 것이다(Lucas, 1981a; Blanchard and Fischer, 1989; Zarnowitz, 1992a; Danthine and Donaldson, 1993; Simkins, 1994; Els, 1995; Abel and Bernanke, 2001; Ryan, 2002 참조).

거시경제학에서 경제활동의 집계적 변동의 원인에 대하여 수많은 논란이 있었다. 그러나 아벨과 버냉키(Abel and Bernanke, 2001)에 따르면 경기변동에 대한 기본적인 실증적 사실에 대해서는 상당히 많은 동의가 이루어져 있다. 정확히 동일한 두 경기순환이 없기는 하지만 경기순환은 많은 점에서 공통점을 갖고 있다. 아벨과 버냉키가 요약한 주요한 '정형화된 사실들'은 국내총생산의 변화에 비교한 움직임의 방향과 발생시기에 따라 분류된다. 변화 방향과 관련하여, 국내총생산과 동일한 방향으로 움직이는(양의 상관성을 보이는) 변수들은 경기순행적(procyclical)이고, 국내총생산과 반대 방향으로 움직이는(음의 상관성을 보이는) 변수들은 경기역행적(countercyclical)이며, 명확한 패턴이 없는(영의 상관성을 보이는) 변수들은 경기무관적(acyclical)이다. 발생시기와 관련하여, 국내총생산보다 먼저 변화하는 변수들은 선행(leading)변수, 국내총생산이 변화한 이후에 변화하는 변수들은 후행(lagging)변수, 국내총생산과 동시에 변화하는 변수들은 동행(coincident)변수이다.

〈표 6.1〉은 아벨과 버냉키(Abel and Bernanke, 2001)가 밝힌 주요 정형화된 사실들을 요약하고 있다. 이것을 보면 산출의 변화는 경제의 모든 부문에 걸쳐 상관성이 높은 경향이 있으며, 산업생산과 소비 및 투자는 경기순행적이면서 동시적이다. 정부구매도 경기순행적인 경향을 보인다. 소비내구재 지출은 높은 정도의 경기순행성을 보이지만, 경기순환 과정에서 소비보다 투자가 훨씬 더 높은 변동성을 보인다. 고용은 경기순행적이며 실업은 경기역행적이다. 실질임금과 평균노동생산성은 경기순행적이지만, 실질임금의 경우 그 정도는 그리 높지 않다. 통화공급과 주식가격은 경기순행적이면서 선행적이다. 인플레이션(따라서 물가)과 명목이자율은 경기순행적이면서 후행적이지만, 실질이자율은 경기와 무관하다. 앞으로 보겠지만 정형화된 사실들에 대한 이런 '동의'는 서로 경쟁하는 이론들에 대한 평가에 중요한 영향을 끼친다. 그러나 무엇이 '사실' 인가를 결정하는 일이 완전히 논란에서 벗어나 있지 않음은 분명하다(Ryan and Mullineux, 1997; Ryan, 2002).

▶ 표 6.1 경기순환의 '정형화된 사실들'

변수	방향	발생시기
생산		
산업생산*	경기순행적	동행
지출		
소비	경기순행적	동행
기업고정자본투자	경기순행적	동행
거주투자	경기순행적	선행
재고투자**	경기순행적	선행
정부구매	경기순행적	미정
노동시장변수		
고용	경기순행적	동행
실업	경기역행적	명확한 패턴이 없음
평균노동생산성	경기순행적	선행
실질임금	경기순행적	미정
통화공급과 인플레이션		
통화공급	경기순행적	선행
인플레이션	경기순행적	후행
금융변수		
주식가격	경기순행적	선행
명목이자율	경기순행적	후행
실질이자율	경기무관적	미정

주: * 내구재 산업은 비내구재 및 서비스 산업보다 변동성이 더 높다.
** 투자지출은 소비지출보다 변동성이 더 높다.
자료: Abel and Bernanke(2001, 288쪽)

6.7 실물경기변동이론

현대 새고전학파 연구 프로그램의 시작점은 "성장과 경기변동은 서로 분리된 자료와 서로 다른 분석도구를 사용하여 연구해야 할 서로 다른 현상이 아니다"라는 입장이다(Cooley, 1995). REBCT 연구 프로그램은 쉬들란과 프레스컷(Kydland and Prescott, 1982)에 의해 시작되었다. 실제로 그들은 현실 경제의 주요 면모들의 움직임을 그대로 모사할 수 있는 인공적인 모형 경제를 수립해야 한다는 루커스(Lucas, 1980a)의 도전을 받아들였다. 인공 경제는 반복적으로 생산성 충격을 받고 마찰없는 완전경쟁적인 환경 속에서 최적화 행위를 하는 경제주체들로 구성되어 있다. 새고전학파 거시경제학의 두 번째 단계는 이미 그 강조점을 경기순환에 대한 화폐적 설명으로부터 멀리했다. 이보다 후에 전개된 실물경기변동 균형모형들은 다른 새고전학파 구성요소들을 유지하고 세련화했다.

프리쉬(Frisch, 1933)와 루커스(Lucas, 1975, 1977)를 따라 실물경기변동 이론가들은 충격(*impulse*) 메커니즘과 전파(*propagation*) 메커니즘을 구별한다. 충격 메커니즘은 어떤 변수를 그 균제상태 값에서 벗어나도록 하는 초기 충격이다. 전파 메커니즘은 초기 충격의 효과를 시간에 걸쳐 전달하고 균제상태 값으로부터의 이탈이 지속되도록 하는 힘들을 말한다. 이 좀 더 새로운 새고전학파 균형이론은 다음과 같은 일반적인 특징을 갖고 있다(Stadler, 1994).

1. REBCT는 대표적 경제주체 분석틀을 사용한다. 여기서 경제주체, 즉 가계와 기업은 당면한 자원 제약 하에서 각각 효용과 이윤을 극대화하려고 한다.
2. 경제주체는 합리적으로 기대를 형성하며 정보 비대칭성에 종속되지 않는다. 기대가격이 실제가격과 같을 때도 경제주체는 특정한 생산성 충격이 일시적인지 아니면 항구적인지를 결정하는 데 있어 신호적출 문제에 직면한다.
3. 기격이 유연하므로 시장은 연속적으로 청산된다. 따라서 균형이 항상 성립한다. 마찰이나 거래비용은 존재하지 않는다.
4. 총산출과 총고용의 변동은 현재 사용가능한 생산기술상태의 커다란 임의적 변화에 의해 촉발된다. 생산기술에 대한 외생적 충격은 이 모형들에서 충격 메커니즘으로 작용한다.
5. 다양한 종류의 확산 메커니즘을 통해 초기 충격의 영향이 시간을 따라 전달된다. 여기에는 소비 평활화(smoothing)의 효과, 투자실현 시차('time to build'), 시제적 노동대체가 있다.
6. 고용수준의 변동은 사람들이 일하고자 선택하는 시간 수의 자발적 변화를 반영한다. 일과 여가는 시간에 걸친 대체율이 매우 높다.
7. 통화정책은 실물변수에 아무런 영향을 주지 않는다는 의미에서 비실효적이다. 즉 화폐는 중립적이다.
8. 경기변동과 추세의 분석에서 단기와 장기는 구분하지 않는다.

위에서 볼 수 있듯이 MEBCT와 주요하게 다른 점은 다음과 같다. (i) 주도적인 충격 요소로서 생산기술충격이 통화적 충격을 대체. (ii) 루커스에 영감을 얻은 초기의 통화적 오인 모형에서 주도적 역할을 했던 일반적 물가와 관련한 불완전 정보에 대한 강조를 폐기. (iii) 성장이론과 경기변동이론을 통합하여 거시경제분석에서 단기와 장기의 이분법을 폐기. 계량경제학 연구에 의하면 경기변동에 있어 화폐가 원인적 역할을 한다는 증거가 없다. 일반적으로 이 연구결과는 경제학자들이 연구방향을 실물변수들이 결정적 역할을 하는 모형들로 돌리는 데 강력한 근거를 제공하는 것으로 해석되었다. 이미 보았듯이 이 연구결과의 타당성은 대부분의 거시경제적 시계열 자료들이 결정적인 추세선 주위를 맴도는 변동이나 이탈이라기보다는 임의보행적이라는 넬슨과 플로서

(Nelson and Plosser, 1982)의 연구결과에 의해 더욱 강화되었다. 또 실물경기변동 이론가들은 그들의 이론이 거시적 변동의 특징을 보여주는 '정형화된 사실들'을 더 잘 설명한다고 주장한다. 실제로 그들은 무엇이 정형화된 사실들인가와 관련한 기존의 생각들 대부분에 도전장을 내민다(아래 6.14절 참조).

6.8 실물경기변동이론의 구조

전형적인 실물경기변동 모형에서는 경제에서 한 종류의 상품이 생산되고 이 상품은 소비와 투자 모두를 위해 사용되며 이 상품의 총산출량은 다음과 같은 규모에 대한 수확불변 신고전파 생산함수에 따라 생산된다.

$$Y_t = A_t F(K_t, L_t) \tag{6.3}$$

여기서 K_t는 자본스톡, L_t는 노동투입량, A_t는 확률적 생산성 이동 요소(생산기술, 즉 총생산요소생산성(TFP)에 대한 충격)이다. 생산성 모수 A_t의 시간상 변화는 임의적이며 다음 식 (6.4)의 형태를 띤다.

$$A_{t+1} = \rho A_t + \varepsilon_{t+1}, \ \text{여기서} \ \ 0 < \rho < 1 \tag{6.4}$$

여기서 ρ는 상당한 크기이지만 1보다 작고, ε은 생산기술에 대한 임의적 교란이다. 식 (6.4)가 의미하는 바는, 임의로 주어진 기간의 생산기술 수준은 그 전기의 생산기술 수준과 임의적 교란의 합에 따라 결정된다는 것이다(Kydland and Prescott, 1996). 실물경기변동이론에서 전형적인 경제는 동일한 개인들로 구성되어 있다고 가정된다. 이 가정을 통해 집단행동을 대표적 경제주체의 행위로 설명할 수 있다(Plosser, 1989; Hartley, 1997). 대표적 경제주체의 효용함수는 식 (6.5) 같은 일반적 형태를 취한다.

$$U_t = f(C_t, Le_t), \ \text{여기서} \ f'(C_t) > 0, \ f'(Le_t) > 0 \tag{6.5}$$

여기서 C_t는 소비의 단위수이고 Le_t는 대표적 경제주체의 여가시간수다. 대표적 경제주체(로빈슨 크루소)의 목적함수는 무한대 시간지평에 걸친 현재와 미래 효용의 기대할인합을 극대화하는 것으로 가정된다. 이 극대화 문제는 식 (6.6)으로 주어진다.

$$U_t = \max E_t \left\{ \sum_{j=0}^{\infty} \beta^{t+j} u\left[C_{t+j}, 1 - L_{t-j}\right] | \Omega_t \right\}, \quad 1 > \beta > 0 \tag{6.6}$$

여기서 C_t는 대표적 경제주체의 소비수준, L_t는 일 시간수, $1 - L_t$는 소비된 여가시간수, $E_t\{\cdot\}$은 수학적 기대 연산자, Ω_t는 기대의 근거가 되는 정보집합, β는 대표적 경제주체의 할인요소다. 식 (6.6)은 소비와 여가를 대체하려는 대표적 경제주체의 의지를 수식화한다. 따라서 대표적 경제주체의 선택문제는 다음 식 (6.7)과 (6.8)이 보여주는 자원 제약 아래서 무한대의 생애기간 효용을 어떻게 극대화하는가이다.

$$C_t + I_t, \leq A_t F(K_t, L_t) \tag{6.7}$$

$$L_t + Le_t \leq 1 \tag{6.8}$$

식 (6.7)은 소비C_t와 투자(I_t)의 합이 산출(Y_t)을 초과할 수 없음을 뜻하고, 식 (6.8)은 사용할 수 있는 총시간수의 최대값을 1로 제한한다. 자본스톡의 시간상 변화는 식 (6.9)에서처럼 당기 투자(=저축)와 감가상각률(δ)에 의존한다.

$$K_{t+1} = (1-\delta)K_t + I_t \tag{6.9}$$

여기서 생산성 이동요소 A_t에 교란이 일어나면(즉, 생산기술충격이 발생하면), 효용극대화 대표적 경제주체는 동학적으로 반응한다. 이를 통해 다수의 기간에 걸친 산출과 일 시간수, 소비, 투자에 변동이 일어나게 된다.

화폐나 금융기관이 없는 세계에서 '경기변동'이 어떻게 발생할 수 있는가를 보이기 위해 무인도에서 사는 로빈슨 크루소라는 극단적인 경우를 살펴보자. 외생적인 충격(식 6.3에서 A_t의 변화)이 발생하여 크루소의 생산성을 상승시켰다고 가정하자. 예를 들어 크루소가 지난 몇 년 동안 경험했던 것에 비교하여 기후가 매우 좋아졌다고 생각할 수 있을 것이다. 좋아진 날씨 덕에 이제 크루소는 동일한 시간 수의 일로 훨씬 더 많이 생산할 수 있다. 크루소는 현재 뿐만 아니라 미래의 소비에도 관심이 있으므로(식 6.6 참조), 현재의 여가를 줄이고 금기에 더 많이 일을 하려고 할 것이다. 다시 말하면 크루소는 시제적 노동대체(intertemporal labour substitution)를 행할 것이다.

크루소는 특히 충격(평균보다 더 좋은 날씨)이 일시적이라고 생각하면 금기에 더 많이 저축하고 더 많이 일하려는 유인을 더 강하게 가질 것이다. 증가된 산출 중 일부가 저축되고 투자되기 때문에, 식 (6.9)에 따라 다음 기와 미래의 모든 기간에 자본스톡이 증가할 것이다. 이것은 일시적인 충격이더라도 그것이 산출에 끼치는 영향이 미래로 전달된다는 것을 의미한다. 더구나 경제적 충격에 대한 대표적 경제주체의 반응은 최적이므로 크루소의 경제는 동학적 파레토 효율을 달성한다. 다음 해에 날씨가 평균 날씨로 돌아가면 크루소는 자신의 정상적인 노동 패턴으로 되돌아갈 것이고 이에 따라 산출도 감소할 것이다. 그러나 물론 산출 수준은 충격이 있기 전보다 더 높다. 크루소는 이전 기에 이루어졌던 자본축적 덕으로 더 많은 자본스톡을 가질 것이기 때문이다. 플로서(Plosser, 1989)가 주장하듯이 충격의 결과로 우리가 관찰하게 되는 것은 대표적 경제주체가 선택한 것이다. 따라서 사회적 계획자는 간섭적 정책을 통해 다른 결과를 이끌어 내려고 해서는 안 된다. 이 가설적인 예를 통해서 우리는 크루소 섬에서 산출의 변동(즉 경기변동)이 전적으로 공급측 충격과 그 충격에 대한 크루소의 최적 반응을 통해 발생함을 보았다. 여기서 통화나 금융 변수는 아무런 역할도 하지 않았다.

크루소 이야기에서 대표적 경제주체는 잠재적으로 잃어버릴 현재 산출로 표현된 여가의 가격이 더 좋은 날씨로 인해 증가하자 시제적 노동대체를 한다. 실물경기변동 이론가에 따르면 실질임금의 작은 변화는 시제적 노동대체를 통해 노동공급에 커다란 반응을 가져오고 이것은 강력한 충격전파 메커니즘으로 작동한다. 루커스와 래핑(Lucas and Rapping, 1969)이 처음 제시한 이 가설에 따르면, 가계는 실질임금이 일시적으로 높으면 더 많이 일하려 하고 실질임금이 일시적으로 낮으면 더 적게 일하려 하는 방식으로 시간에 따라 노동공급을 변화시킨다. 어떻게 이런 일이 발생하는가?

총노동공급은 개별 가계의 노동공급 결정에 의존한다. 따라서 개별 가계가 공급하고자 선택하는 노동량에 영향을 끼치는 여러 요소들을 고려할 필요가 있다. 금기 고용의 혜택은 전적으로는 아니지만 주로 획득한 소득에 있다. 이 소득은 개별 노동자들이 상품과 서비스를 소비할 수 있게 한다. 소득을 획득하기 위해서 노동자는 여가에 더 적은 시간을 할애해야 한다. 여기서 여가는 소득을 발생시키지 않는 모든 활동을 포함하는 용어이다. 대표적 경제주체의 효용함수에 따르면 소비와 여가는 모두 효용을 발생시킨다. 그러나 노동자는 노동공급을 결정할 때 현재 뿐만 아니라 미래의 소비와 여가도 고려한다. 현재 기에 얼마만큼의 노동을 공급할 것인가를 결정하면서 미래를 고려할 때 노동자는 현재 기의 실질임금이 정상 수준에서 얼마나 높은지 혹은 낮은지를 고려해야 한다. 더 높은 실질임금이 가져오는 대체효과로 노동공급량은 증가한다. 그러나 더 높은 실질임금은 또한 노동자들로 하여금 더 부유하다는 느낌을 갖도록 하고 이를 통해 노동공급은 감소 경향을 보일 것이다. 이것이 더 높은 실질임금의 부의 효과 혹은 소득효과이다. 소득효과는 대체효과와 반대의 방향으로 작동한다. 현재 기의 실질임금 상승이 노동공급량에 끼치는 영향은 이 두 효과 중 어느 것이 더 강한가에 달려 있다. 실물경기변동 이론가들은 실질임금의 일시적 변화와 항구적 변화를 구별한다. 이 구별을 통해 기술적 충격 때문에 발행한 경제 환경의 변화에 합리적 극대화 개별주체가 시간에 따라 어떻게 반응하는가를 분석하고자 한다. 시제적 노동대체 가설이 시사하는 바는 두 가지이다. 첫째, 기술충격이 일시적이고 따라서 정상보다 더 높은 현재 기의 실질임금도 일시적인 현상일 경우, 노동자들은 '궂은 날을 위해 미리 준비' 하면서 현재의 여가를 줄이고 더 많은 일을 택한다. 실질임금이 낮아질 미래에는 더 적은 노동이 공급될 것이다. 이리하여 현재 기에 더 많은 노동을 공급하고자 하는 결정은 곧 현재에 더 적은 여가를 소비하고 미래에 더 많은 여가를 소비하고자 하는 결정이기도 하다. 따라서 실물경기변동이론은 실질임금이 일시적으로 변동하면 노동공급이 크게 변동할 것으로 예측한다. 항구적인 기술충격은 미래의 실질임금을 상승시키므로 부의 효과를 가져오고 이 효과 때문에 현재 기의 노동공급은 낮아진다.

둘째, 일부 이론가들에 의하면 유연가격모형에서 실질이자율은 노동공급에 중요한 영향을 끼친다(Barro, 1981, 1993). 실질이자율이 증가하면 현재 기의 노동을 통해 획득한 소득은 미래의 같은 금액의 소득보다 가치가 증가하므로 가계는 현재 기에 더 많은 노동을 공급할 것이다. 이 효과는 노동공급곡선을 오른쪽으로 이동시킨다.

따라서 실물경기변동이론에서 노동공급함수의 일반적 형태는 다음 식 (6.10)으로 표현할 수 있다. 여기서 r은 실질이자율이다.

$$S_L = S_L(W/P, r) \tag{6.10}$$

여기에 합당한 시제적 상대가격(IRP)는 다음 식 (6.11)로 주어진다.

$$IRP = (1+r)(W/P)_1/(W/P)_2 \tag{6.11}$$

식 (6.11)에 의하면 실질이자율이 상승하거나 현재 실질임금 $(W/P)_1$이 미래 실질임금 $(W/P)_2$에 비해 일시적으로 더 높아지도록 하는 충격이 경제에 발생하면 노동공급이 증가하고 그에 따라 고용도 증가한다.

6.9 기술충격

소비자 선호나 정부지출 같은 실질 수요충격이 충격 메커니즘으로 작동하는 실물경기변동이론 모형도 있지만, 전형적으로 실물경기변동이론 모형들은 외생적인 기술충격을 중요시한다. 요소생산성의 확률적 변동은 기술변화율이 임의적으로 크게 변동하기 때문에 발생한다. 통상적인 솔로 신고전파 성장모형에 따르면, 장기에 걸친 노동자 일인당 산출량의 성장은 시간에 걸쳐 고르게 발생한다고 가정된 기술진보에 좌우된다. 실물경기변동 이론가들은 이 견해를 거부하며 그 대신 기술변화의 확률적 성격을 강조하고 이것을 총산출 변화의 주원인으로 생각한다.

실물경기변동이론에서 총산출과 고용이 어떻게 변화하는가를 보기 위해서 〈그림 6.3〉을 보자. 〈그림 6.3〉의 (a)분면은 긍정적인 기술충격의 영향을 보여준다. 긍정적인 기술충격은 생산함수를 Y에서 Y^*로 이동시킨다. 생산함수의 이동이 노동의 한계생산물과 노동수요에 끼치는 영향은 (b)분면에 그려져 있다. 생산성 충격은 노동수요를 증가시키고 그 결과 산출과 고용이 증가한다. 고용이 얼마만큼 증가할 것인가는 현재 실질임금에 대한 노동공급 탄력성에 좌우된다. 경기변동의 '정형화된 사실들' 에 따르면 실질임금의 경기순행적인 변화가 작더라도 고용의 경기순행적 변화는 크다. 따라서 실물경기변동이론이 이 사실과 배치되지 않을 결정적인 조건은 노동공급곡선이 실질임금에 대하여 매우 높은 탄력성을 가져야 한다. 이 조건은 (b)분면에서 S_{L2}로 표현된다. 이 경우 기술충격이 있으면 산출은 Y_0에서 Y_1로 증가하고 실질임금은 $(W/P)_a$에서 $(W/P)_c$로 증가하며, 고용은 L_0에서 L_2로 증가한다. 만일 노동공급곡선이 S_{L1}처럼 상대적으로 비탄력적인 경우 기술충격이 있으면 실질임금은 많이 변하지만 고용은 적게 변한다. 그러나 이것은 정형화된 사실과 맞지 않는다.

실물경기변동이론이 집계량 변동 중에 고용이 상당한 크기로 변화하는 사실을 설명할 수 있기 위해서는 여가의 시제적 대체가 상당히 커야 한다. 이 모형들에서는 가격과 임금이 완전히 유연하다고 가정되므로 노동시장은 항상 균형 상태에 있다. 여기서 노동자는 자신의 선호와 사용가능한 기회에 따라 고용과 실업 중 하나를 선택한다. 많은 경제학자들에게, 특히 케인즈주의적 성향을 가진 경제학자들에게, 노동시장 현상에 대한 이런 설명은 설득력이 없다(Mankiw, 1989; Tobin, 1996).

그림 6.3 • 기술충격에 따른 산출과 고용의 변동

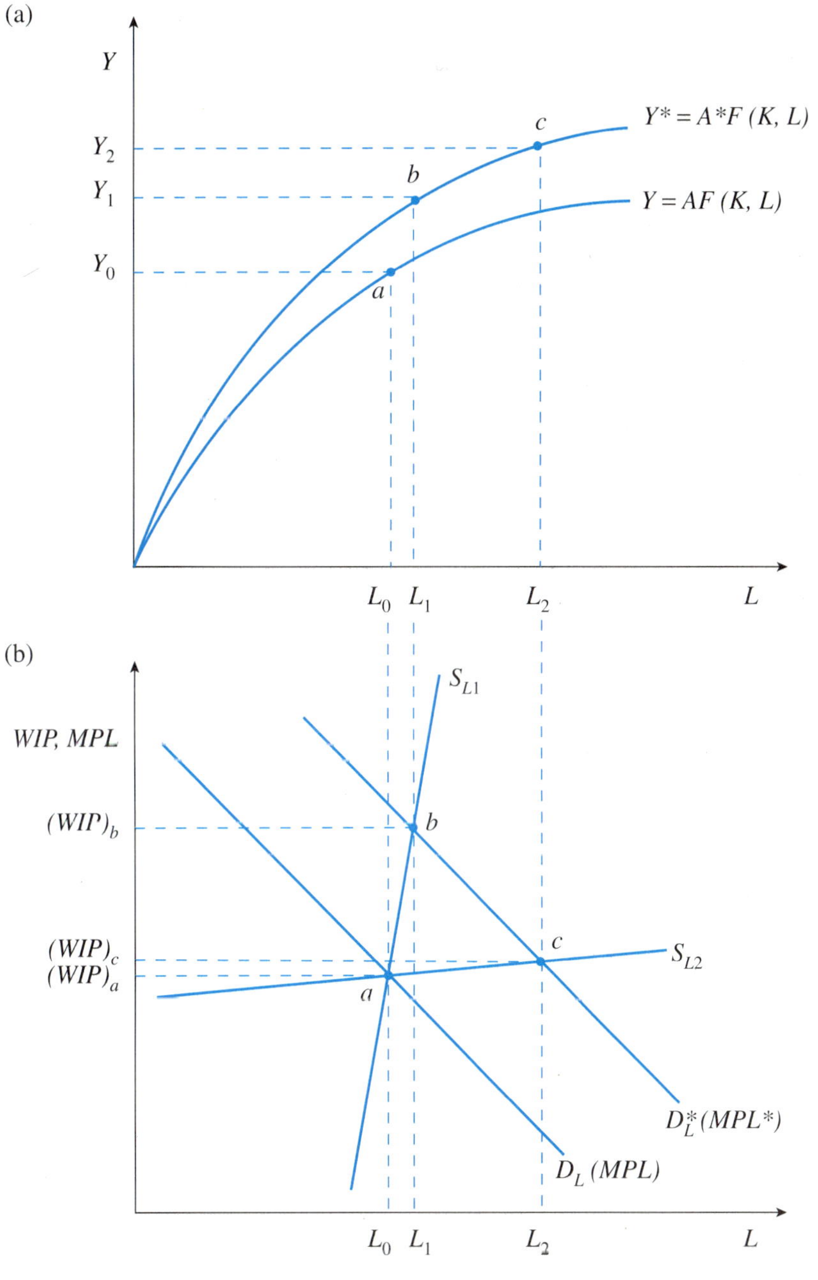

6.10 실물경기변동 총수요–총공급 모형

기술충격의 영향을 보이기 위해 위에서 보여준 모형은 불완전하다. 왜냐하면 기술충격이 실질이자율에 끼치는 영향이 고려되지 않았기 때문이다. 이 절에서는 좀 더 완전한 '실물 총수요-총공급' 모형을 사용하여, 시제적 노동대체 가설에서 주장하는 대로 실질이자율의 변화가 노동공급에 끼치는 영향을 포함한 기술충격의 영향을 설명하겠다. 그러나 이 예에서 우리는 기술충격이 부(wealth)의 효과를 통해 실질총수요에 끼치는 영향은 고려하지 않을 것이다.

합리적 기대와 완전한 가격 유연성 및 통화공급에 대한 완전 정보가 있는 경제에서는 화폐의 중립성이 보장된다. 명목변수들이 실질변수들에 영향을 끼치지 않으므로 산출과 고용은 생산함수와 생산요소 공급의 기초를 이루는 실물적 힘들에 의해 전적으로 결정된다. 〈그림 6.4〉는 이런 경제를 그리는 IS–LM 모형을 보여준다. *IS* 곡선은 실질총수요(*RAD*)가 실질이자율의 역함수임을 보여준다. *LM*/*P* 곡선은 가격이 완전히 유연한 한 항상 완전고용 산출 수준에서 *IS*곡선과 교차하도록 이동한다. 실질총공급 곡선의 위치를 결정하는 것은 생산함수의 위치와 노동자들의 노동공급 의지이다(그림 6.3 참조). 기술 개선이 발생하면 생산함수가 이동하고 *RAS* 곡선은 오른쪽으로 움직일 것이다. 그리고 *RAS* 곡선 상의 모든 점은 균형(완전)고용 상태를 표현한다. 다시 말하면 *RAS* 곡선은 노동시장균형 곡선이다. 물가는 자동적으로 조정되어 *LM*/*P* 곡선은 항상 완전고용 산출수준에서 *RAD* 곡선과 교차한다. 따라서 *RAD* 곡선과 *RAS* 곡선만을 고려하면 된다. 그러나 〈그림 6.4〉에서는 실질이자율이 노동공급에 끼치는 영향이 고려되지 않았

그림 6.4 • 유연 가격 *IS–LM* 모형

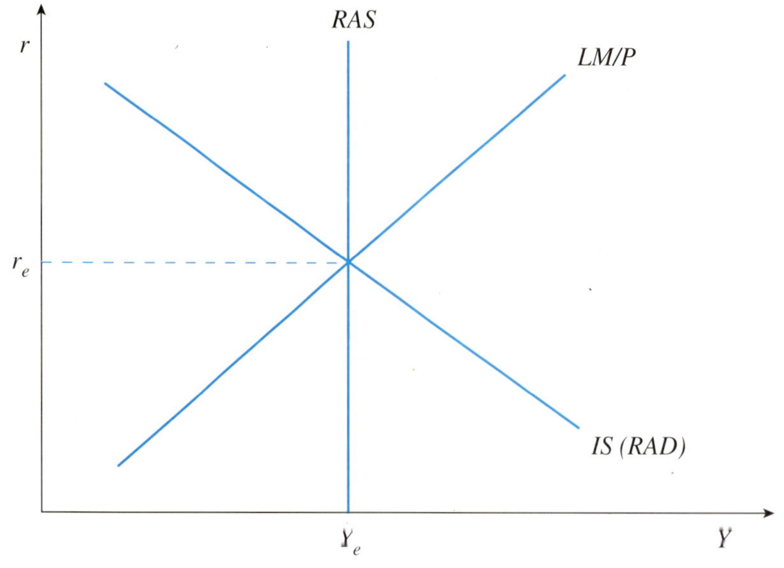

그림 6.5 • 실물경기변동 총수요-총공급 모형

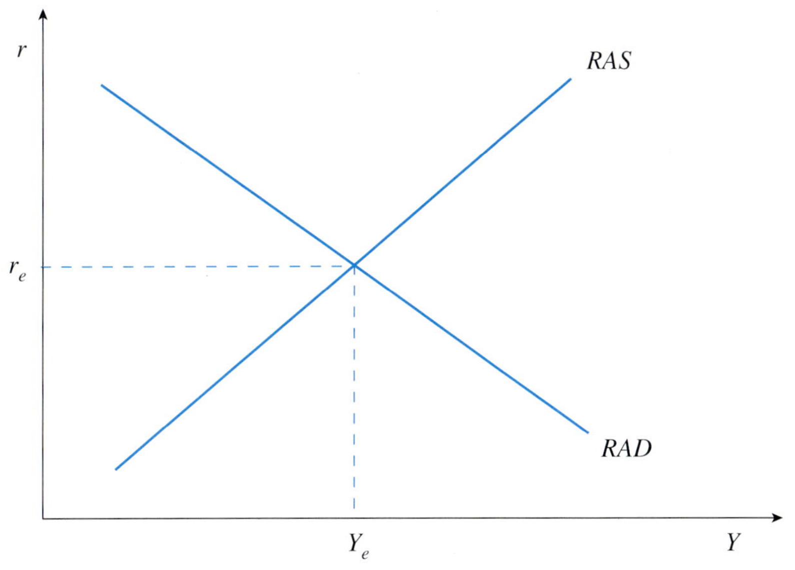

다. 〈그림 6.5〉는 실질이자율이 노동공급에 끼치는 영향을 고려하는 실물경기변동 총수요-총공급 모형을 보여준다.

여기서 *RAS* 곡선은 양의 기울기를 갖는다. 왜냐하면 실질이자율이 증가하면 현재 기의 실질임금이 미래의 기대 실질임금에 상대적으로 상승하고 이에 따라 노동공급이 증가하고(노동공급곡선이 오른쪽으로 이동하고) 산출도 증가하기 때문이다. 식 (6.11)에 따르면 실질이자율이 증가하면 현재 기의 노동공급이 증가한다. 여기서 다음과 같은 점을 주의할 필요가 있다.

1. 이 모형은 전적으로 실물적이다. 왜냐하면 화폐량과 총물가수준은 총산출이나 고용에 아무런 영향도 끼치지 않기 때문이다.
2. 통화주의, 초기 새고전학파, 새케인즈학파 모형에서 중요한 역할을 하는 장기 총공급 곡선과 단기 총공급 곡선은 더 이상 구별되지 않는다.
3. RAS모형은 '완전고용'과 모순되지 않는 일련의 균형상태들을 표현한다.
4. 가격 유연성 가정 덕택에 실질이자율 변화를 통해 상품시장의 균형, 즉 *RAD* = *RAS*가 이루어진다.
5. 산출의 변동을 설명하는 데 있어 실물경기변동 이론가들은 생산기술충격에 따른 *RAS* 곡선의 이동을 강조한다(Kydland and Prescott, 1982; Plosser, 1989).
6. 집계량 변동을 설명하는 데 있어 일정 기간 동안에 총수요 충격도 중요할 수 있다고 주장하는 균형 이론가들도 있다. 예를 들어, 배로는 정부지출이 일시적으로 증가할 때 산출이

증가함을 보여주었다(Barro, 1993, 12장). 그리고 그는 "정부 구매의 변화는 평화 기간 동안은 아니지만 전쟁 기간 동안에는 경기변동에 있어 주요 역할을 수행한다"고 결론내린다(그림 6.7 참조).

〈그림 6.6〉은 긍정적인 생산기술충격이 실질산출량(Y), 실질이자율(r), 실질임금(W/P)에 끼치는 영향을 보여준다. 〈그림 6.6〉에서 우리는 *RAS* 곡선과 *RAD* 곡선에 각각 *Cd*와 *Ys*라는 새로운 이름을 붙였다. 초기 균형상태는 〈그림 6.6〉의 모든 분면에서 점 *a*로 표현된다. 긍정적인 생산기술충격은 (d)분면에서 *Ys*곡선을 Ys_1에서 Ys_2로 이동하고, (b)분면에서 생산함수를 $AF(K,L)$에서 $A^*F(K,L)$로 이동한다. 긍정적인 생산기술충격은 노동의 한계생산성을 증가시키고 그에 따라 (a)분면에서 노동수요곡선(D_L)을 오른쪽으로, 즉 D_{L1}에서 D_{L2}로 이동한다. 그러나 노동공급곡선도 (a)분면에서 S_{L1}에서 S_{L2}로 이동한다. 노동공급이 이렇게 감소하는 것은 실질이자율이 r_1에서 r_2로 하락함에 따른 합리적 시제적 반응의 결과이다. 이 모든 효과를 고려한 새로운 균형은 〈그림

그림 6.6 • 기술충격의 영향

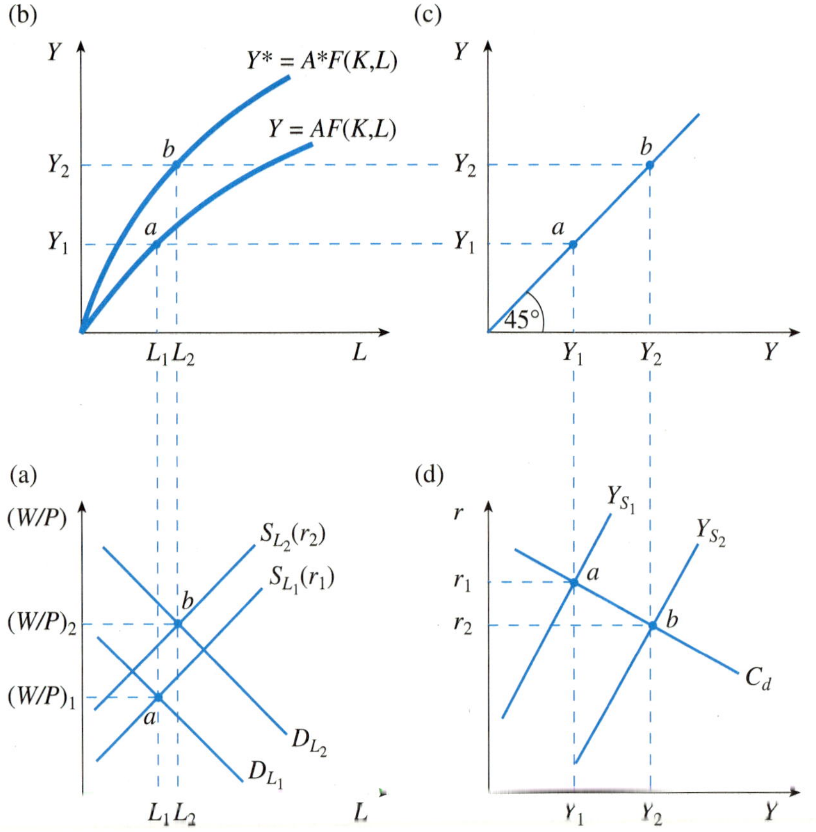

6.6〉의 모든 분면에서 점 b로 주어진다. 따라서 긍정적 기술충격은 실질산출을 Y_1에서 Y_2로 증가시키고, 실질이자율을 r_1에서 r_2로 감소시키며, 노동생산성을 증가시켜 실질임금을 $(W/P)_1$에서 $(W/P)_2$로 증가시킨다. 즉 실질임금과 노동생산성은 정형화된 사실들이 시사하는 바 대로 경기순행적이다.

〈그림 6.7〉은 정부 구매의 증가가 가져올 수 있는 영향을 보여준다. 앞의 경우처럼 초기 균형 상태는 〈그림 6.7〉의 모든 분면에서 a점으로 표현된다. 정부 구매가 증가하면 실질총수요 곡선이 Cd_1에서 Cd_2로 이동한다. 이 경우 실질산출량은 Y_1에서 Y_2로 증가하고, 실질이자율은 r_1에서 r_2로 증가하며, 노동공급곡선은 (a)분면에서 S_{L1}에서 S_{L2}로 이동하고 이에 따라 실질임금은 노동공급의 증가에 대한 반응으로 $(W/P)_1$에서 $(W/P)_2$로 감소한다. 이 모든 효과를 고려한 새로운 균형은 〈그림 6.7〉의 모든 분면에서 점 b로 주어진다. 구고전학파 모형에서 총수요는 〈그림 6.4〉에서처럼 완전 비탄력적이어서, 정부 구매가 증가하더라도 실질산출에는 아무런 영향도 없다. 반면 REBCT에서 정부 구매의 증가는 실질산출의 증가를 가져온다. 왜냐하면 정부 구매의 증가로 인해 실질이

그림 6.7 • 정부지출 충격의 영향

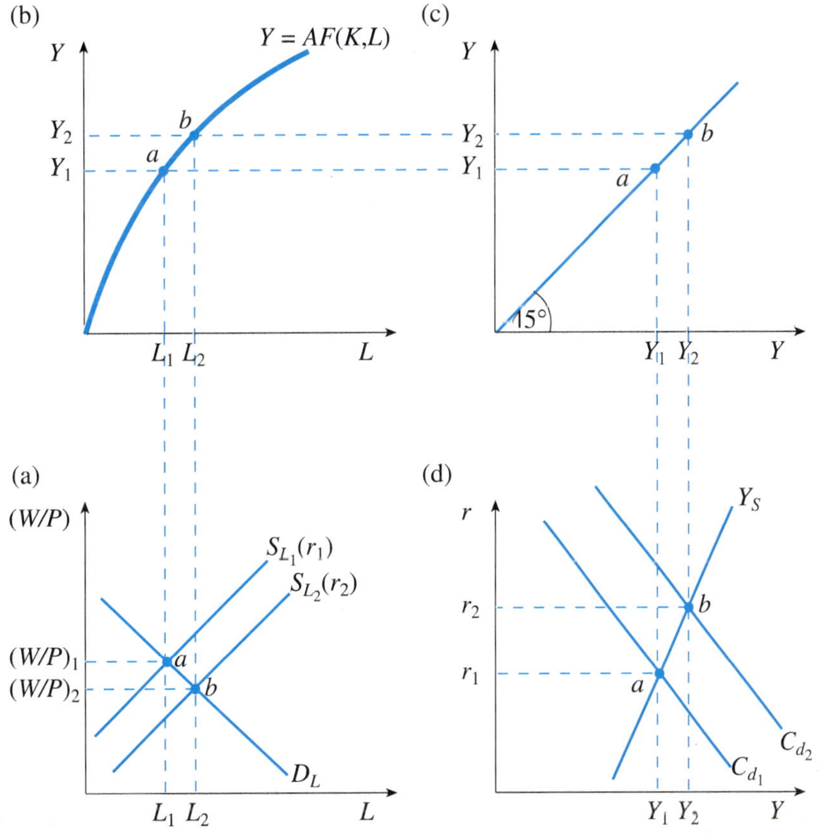

자율이 상승하고 이를 통해 노동공급이 증가하여 고용과 실질산출이 증가하기 때문이다.

마지막으로 $Cd - Ys$ 모형을 이용하여 일시적 기술충격과 항구적 기술충격의 영향을 분석할 수 있다. 이 경우 $Cd - Ys$ 그림을 그대로 옮겨 놓지만 Cd곡선에 부(wealth)의 효과를 가미하도록 하자.

〈그림 6.8〉은 거시경제 분석에 대한 현대의 새고전학파 균형 접근법에 있어 중추적 역할을 하는 기본적인 시장청산 도형을 보여준다. 배로(Barro, 1993)를 따라 시장청산 조건은 식 (6.12)로 주어진다.

$$Cd(r, \ldots) = Ys(r, \ldots) \tag{6.12}$$

식 (6.12)에서 …으로 표시된 변수들에는 생산함수나 정부지출 등에 대한 충격에서 나타나는 여러 부(wealth)의 효과 및 대체효과가 포함된다. 실질이자율 변화에 대한 Cd와 Ys의 반응은 총수요곡선과 총공급곡선 위에서의 움직임으로 표현된다. Cd곡선과 Ys곡선이 이동하는 경우는 생산함수에 대한 충격이나 정부지출의 증가와 같이 Cd와 Ys에 영향을 끼치는 다른 변수들이 변화하는 경우이다.

이 모형에서 기술충격이 총산출에 끼치는 영향을 보기 위해서 〈그림 6.8〉을 보자. 초기 상태는 점 a이다. 여기서 〈그림 6.3〉에서 고려한 종류의 긍정적 기술충격이 발생한다고 가정하자. 이 충격은 Ys곡선을 Ys_1에서 Ys^*로 오른쪽으로 이동한다. 기술충격이 일시적인 것으로 판명되면 부의 효과가 소비수요에 끼치는 영향은 매우 작을 것이며, 그에 따른 Cd곡선의 오른쪽 이동은 Ys곡선의 이동보다 작을 것이다. 이 결과는 점 a에서 점 b로의 이동으로 표현된다. 산출은 Y_1에서 Y_2

그림 6.8 • 실물경기변동모형에서 일시적 기술충격과 항구적 기술충격의 영향

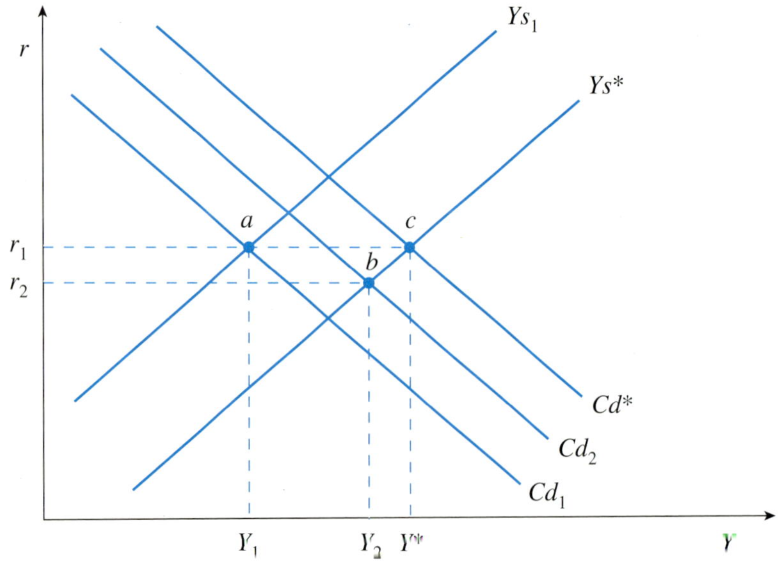

로 상승하고 실질이자율은 r_1에서 r_2로 하락한다. 만일 기술충격이 항구적이라고 생각되면 이 충격이 소비에 끼치는 부의 효과는 매우 강력할 것이다. 이 경우 Cd곡선과 Ys곡선의 오른쪽 이동은 비슷한 크기일 것이기 때문에 산출은 Y_1에서 Y^*로 증가하지만 실질이자율은 r_1에 머물러 있을 것이다. 균형은 a점에서 c점으로 이동한다. 배로에 의하면 이 모형은 경기변동의 정형화된 사실들을 상당히 잘 설명한다. 이 문제에 대한 상세한 논의로는 배로(Barro, 1993, pp. 232~41)를 보라.

6.11 모형의 캘리브레이션

쉬들란과 프레스컷(Kydland and Prescott, 1982)은 외생적 기술충격에 기반한 일반균형 실물경기변동 모형이 1950~79년 기간에 걸친 미국의 경기변동의 통계적 성질들을 그대로 보여주는 시계열 자료를 발생시킬 수 있음을 최초로 보였다. 그러나 실물경기변동 이론가들은 통상적인 계량경제학적 검증을 받을 수 있는 모형들을 제공하려 하지 않고 오히려 좀 더 일반적인 경기변동이론의 수치 예를 보여주는 데 초점을 맞추는 경향을 보였다. 모형이 정량적으로 어떤 함의를 갖는지를 살피기 위해 실물경기변동 이론가들은 '캘리브레이션(calibration)', 즉 '컴퓨터 실험' 으로 알려진 방법을 발전시켰다. 쿨리(Cooley, 1997)는 캘리브레이션을 "인공적 경제의 모수들의 값을 찾기 위한 전략"으로 정의한다. 이 전략에는 "이론과 측정의 공생적 관계"가 존재한다. 캘리브레이션 전략은 다음과 같은 단계로 구성되어 있다(Kydland and Prescott, 1982, 1991, 1996; Plosser, 1989; Backhouse, 1997b; Abel and Bernanke, 2001).

1. 특정한 이슈, 예를 들어 "기술충격으로 인한 경기변동의 정량적 성질은 무엇인가?" 같은 중요한 정책적 이슈에 관련한 질문을 만든다.
2. '잘 검증된' 이론을 사용한다. 여기서 '이론' 은 모형 경제를 만들기 위한 특정한 지침들의 집합이다.
3. 모형 경제를 구성하고 함수형태를 선택한다. 쉬들란과 프레스컷(Kydland and Prescott, 1982)은 그들 모형의 중추로 기본적인 확률적 신고전파 성장모형을 사용한다.
4. 생산과 소비 결정을 대표하기 위해 사용될 함수의 특정한 대수적 형태를 결정한다. 예를 들어 플로서(Plosser, 1989)는 특정한 코브-더글러스 생산함수를 사용한다.
5. 기존의 미시적 연구로 얻은 자료와 '정형화된 사실들' 에 대한 지식을 이용하여 모형 경제를 캘리브레이션한다. 정보가 없는 경우는 모형이 현실 경제의 해당 변수 움직임을 그대로 모방할 수 있도록 모수값을 선택한다.
6. 캘리브레이션 작업의 그 다음 단계는 컴퓨터를 사용하여 일련의 임의적인 기술충격에 모형이 어떻게 반응하는가를 시뮬레이션하는 것이다.
7. 이렇게 하여 기술충격이 주요 거시경제 변수들에 끼치는 영향을 밝혀낸다. 이 결과는 현실

경제에서 주요한 거시경제 시계열과 비교된다.

8. 실험을 통해 모형 경제의 균형성장로를 현실 경제의 움직임과 비교한다. 이런 시뮬레이션을 사용하여 처음에 위의 (1)항에서 확인된 중요한 이슈들에 관련한 문제들에 답을 제공한다.

쉬들란과 프레스컷은 자신들의 획기적인 1982년 논문에서 신고전학파 성장모형을 사용하면서 캘리브레이션/시뮬레이션 과정을 통해서 그들의 모형경제에 기술충격이 가해졌을 때 모형이 경기변동을 설명할 수 있는지를 살핀다. 프레스컷(Prescott, 1986)은 "기술변화율의 불확실성이 성장모형에 통합되었을 때 모형이 경기변동 현상을 보인다는 점의 발견은 극적이면서 예상치 못했던 것이었다"고 회상한다. 쉬들란, 프레스컷, 플로서가 수행한 시뮬레이션은 그들의 모형이 몇몇 중요한 시계열 자료들에 관련해 현실 경제를 모방할 수 있다는 점에서 매우 중요한 결과를 가져왔다. 그들의 시뮬레이션은 경쟁적인 경제가 기술충격에 반복적으로 노출되면 현실에서 관찰할 수 있는 것과 같은 경기변동을 보인다는 점을 시사해 준다.

부정적인 측면에서 볼 때 캘리브레이션이 가진 문제들 중의 하나는 캘리브레이션이 현재 실물경기변동이론과 다른(예를 들어, 케인즈주의적인) 경기변동모형의 타당성에 대해 판단할 방법을 제공하지 못한다는 것이다. 후버(Hoover, 1995b)가 지적하듯이, "지금까지의 캘리브레이션 방법론은 계량경제학적 방법이 제시하는 것만큼 엄격한 규율을 결여하고 있다. ... 특히 서로 경쟁하면서 서로 상반되는 모형들이 어떤 기준에 의해 비교되고 판단될 수 있을지가 분명하지 않다." 그럼에도 불구하고 캘리브레이션이 실증적 거시경제학 연구 방법론에 중요한 새로운 공헌을 했음은 분명하다. 처음에 캘리브레이션 방법론은 경기변동 연구에 초점을 맞췄지만 최근에는 공공재정, 경제성장, 산업, 기업 및 설비 동학, 경제정책 선택과 관련한 문제들을 탐구하는 데 사용되고 있다(Cooley, 1997). 캘리브레이션 방법론에 대한 더 상세한 논의와 비판에 대해서는, 쉬들란과 프레스컷(Kydland and Prescott, 1991, 1996), 서머스(Summers, 1991a), 콰(Quah, 1995), 후버(Hoover, 1995b), 위킨스(Wickens, 1995), 핸슨과 헤크먼(Hansen and Heckman, 1996), 심스(Sims, 1996), 쿨리(Cooley, 1997), 하틀리 외(Hartley et al., 1998)를 보라.

6.12 실물경기변동이론과 화폐의 중립성

실물경기변동 이론가들은 경기변동의 정형화된 사실들에 관한 최근의 연구가 '화폐적' 경기변동이론보다는 '실물' 경기변동이론의 일반적인 예측을 더 많이 뒷받침한다고 주장한다. 그러나 앞에서 지적했듯이 화폐와 산출 사이의 상관관계는 일반적으로 인정된 정형화된 사실이다. 실물경기변동이론은 어떻게 이렇게 명백한 화폐의 인과적 영향을 다루는가?

화폐중립성은 실물경기변동 모형들의 중요한 성질이다. 이 모형에서 화폐의 중립성은 장기만이 아니라 단기에도 적용된다. 1970년 후반에 다른 주요 경제학파의 대표자들, 예를 들어 토빈, 프리드먼, 루커스 등은 모두 화폐공급 성장률이 경제에 실물적 영향을 끼치며 산출량 변동을 설명하는 데 중요한 역할을 한다고 동의했다. 물론 화폐와 산출 사이의 관계가 갖는 성질과 강도에 대해서, 그리고 통화정책과 재정정책의 상대적 강점에 대해서는 상당히 다른 견해들이 존재한다. 그러나 모든 학파의 경제학자들은 화폐적 현상이 경기변동 연구에 결정적으로 중요하다는 점을 당연한 것으로 받아들였다. 화폐와 산출이 양의 상관관계를 보이고 화폐가 산출에 선행한다는 것은 모두가 인정하는 경기변동의 정형화된 사실이다. 많은 경제학자들이 이 사실을 화폐에서 산출로 인과관계가 흐른다는 주장의 강력한 증거로 받아들였다(Sims, 1972). 프리드먼과 슈워츠(Friedman and Schwartz, 1963, 1982)의 연구는 화폐적 불안정성이 실물적 불안정성의 배후에 있다는 통화주의적 주장에 힘을 더해 주었다. 그러나 화폐와 총산출 사이에 잘 수립되어 있는 양의 상관관계는 경제활동이 화폐공급에 반응한다기 보다는 화폐공급이 경제활동에 반응한다는 것을 시사할 수도 있다. 이 같은 상황에서 화폐는 내생적이며 실제로 관찰되는 화폐-산출의 상관관계는 역인과관계의 증거이다. 즉 미래의 산출 증가에 대한 기대로 인해 현재 기에 화폐공급이 증가한다는 것이다. 실물경기변동이론에 의하면 화폐수요는 경기활황기에 증가하며 이에 화폐공급이 수용적으로 반응한다. 이런 반응은 특히 통화당국이 이자율 목표 정책을 사용할 경우 더욱 잘 나타난다(Barro, 1993, 제 18장 참조). 화폐의 인과적 역할을 축소하려는 충동은 벡터자기회귀 분석에서 얻어지는 증거에 의해서도 힘을 받았다. 그 분석에 의하면 이자율이 예측대상 체계의 변수들 중의 하나로 포함되면 화폐는 더 이상 강력한 예측력을 갖지 않는다. 심스(Sims, 1980, 1983), 리터먼과 와이스(Litterman and Weiss, 1985)의 연구는 실물경기변동 접근법의 주장자들이 경기변동 모형에서 비화폐적 접근법을 더 선호하는 자신들의 입장을 뒷받침한다고 주장하는 증거가 된다(Eichenbaum and Singleton, 1986).

초기의 실물경기변동 모형들은 화폐적 측면 없이 구성되었다. 원래 쉬들란과 프레스컷(Kyndland and Prescott, 1982)은 실물변수만을 포함하지만 후에 명목변수들을 고려하도록 확장될 수 있는 모형을 구축하려 했다. 그러나 실물 모형을 만든 후 쉬들란과 프레스컷은 화폐부문을 첨가하는 것이 필요없다는 결론을 내렸다. 왜냐하면 경기변동이 거의 전적으로 실물 변수들에 의해 설명될 수 있었기 때문이다(Prescott, 1986). 롱과 플로서(Long and Plosser, 1983) 모형에는 화폐부문이 없지만, 킹과 플로서(King and Plosser, 1984)는 역사적으로 관찰되는 화폐와 산출 사이의 관계를 산출에 대한 화폐의 내생적 반응으로 설명하고 있다. 블랙(Black, 1987)과 파마(Fama, 1980)의 연구에 기초하여 킹과 플로서는 인과관계가 화폐에서 산출로 흐른다는 정통파 통화주의적 해석을 거부했다. 그들의 모형에서 "화폐 서비스는 그 규모가 실물적인 경제발전과 함께 움직이는 생산된 중간재"이다. 킹과 플로서는 금융산업이란 시장거래를 원활히 하게 하는 회계 서비스의 흐름을 제공하는 산업이라고 생각했다. 금융부문을 생산과 소비의 일반균형모형에 접목하면서 킹과 플로서는 실물 생산, 신용, 거래 서비스 사이에 양의 상관관계가 존재하고 이런 동행(co-movement)의 시간 경로가 실질 산출의 변동 원인에 좌우된다는 것을 보였다. 그들의 모형은 내부화폐(은행예금)가

산출과 같은 방향으로 움직인다는 것을 의미한다. 더 나아가 금융 서비스가 최종재보다 더 신속히 생산될 수 있다는 사실은 금융 서비스의 확대가 산출과 매우 높은 상관관계를 가지며 경기변동의 선행지표가 된다는 것을 의미한다. 위에서 언급한 화폐와 산출 간의 상관관계는 프리드먼과 슈워츠(Friedman and Schwartz, 1963)가 제시한 증거와 일치한다. 그러나 이 일치는 완전히 다른 관점에서 이루어진다. 통화주의 모형에서 통화량의 외생적 변화는 산출의 변동을 야기하는 데 중요한 역할을 한다. 반면 킹과 플로서는 산출의 계획된 변화에 예금이 내생적으로 반응한다는 것을 강조한다. 실제로 금융부문의 산출은 다른 부문의 산출과 같은 방향으로 변화한다. 그러나 1980년대 말에 이르면서 화폐와 산출 간의 상관관계를 설명하는 데 REBCT가 커다란 진보를 이루었음에도 불구하고, "경제성장과 경기변동의 균형이론에서 화폐의 역할은 잘 이해되고 있지 않으며 따라서 아직도 결론이 내려지지 않은 문제"라는 것이 플로서(Plosser, 1989)의 견해였다.

화폐가 내생적이라는 REBCT의 주장은 역설적으로 포스트케인지언 학파의 주요 명제이기도 하다(Kaldor, 1970a; Davidson, 1994). 예를 들어 화폐와 산출 간의 인과관계라는 바로 이 문제에 대하여 조운 로빈슨(Joan Robinson, 1971)은 다음처럼 말한다. "[이 상관관계는] 수량방정식을 오른쪽 방향으로 읽으면 화폐수량설적으로 [설명될 수 있다]. 그에 따르면 경제활동의 증가에는 통화공급의 증가가 앞서 발생하는 경향이 있다." 불경스러운 연합을 통해 포스트케인지언 학파와 실물경기변동 이론가들은 수량방정식($MV = PT$)이 인과적으로 오른쪽에서 왼쪽으로 읽혀야 한다는 로빈슨의 견해에 동의하는 듯이 보인다. 정통파 케인즈 학파도 화폐와 산출 간의 인과관계에 의문을 표하면서 시간상 순서의 문제를 제기한다. 토빈(Tobin, 1970)은 통화공급이 소득변화에 대한 내생적 반응임을 보여주는 초케인즈주의적(ultar-Keynesian) 모형을 만들 수 있음을 보였다. 이 모형에서는 실물적 경제활동의 변화가 발생하기 전에 통화공급의 증가가 발생한다. 왜냐하면 기업들이 계획된 활동확장에 자금을 조달하기 위해 은행부문으로부터 기금을 차입하기 때문이다. 토빈은 이 시간 순서로부터 통화공급이 실질 경제활동의 변화를 야기하는 원인이라고 추론하는 것은 "앞선 것이 원인(先卽因, *post hoc ergo propter hoc*)"이라는 잘못된 논리에 빠지는 것임을 보였다. 이 논의를 사용하여 토빈은 화폐적 변수의 능력과 관련한 통화주의자들의 과장된 주장이라고 생각한 것들을 비판하였다. 그럼에도 불구하고 토빈의 결론은 화폐가 경기변동에 중요하지 않다는 것은 아니었다(Cagan, 1993 참조).

쉬들란과 프레스컷(Kydland and Prescott, 1990)은 시간상 순서와 인과관계에 관한 이런 논란의 기초를 통째로 거부한다. 그것은 명목적 집계량과 관련하여 '널리 인정되고 있는' 경기변동의 정형화된 사실들 중 하나를 부인함으로써 이루어진다. 그들에 의하면, "기초통화량이나 M1이 경기변동을 이끈다는 화폐신화를 아직도 믿고 있는 경제학자들이 있지만, 그것을 뒷받침할 증거는 존재하지 않는다." 물론 이런 주장은 화폐의 역할에 관한 통상적인 견해에 심각한 도전이 된다. 케인즈주의자와 통화주의자는 모두 이런 '신성모독'을 거부했다. 이들은 실물경기변동 분석의 결과로, 1960년대와 1970년대 토빈과 프리드먼 사이에 발생했던 격렬한 논쟁 속에서는 선고 상상할 수 없었던 연합관계를 맺게 되었던 것이다(초기의 프리드먼과 슈워츠 연구에 대한 지지 논의로는 Schwartz, 1992 참조).

6.13 기술충격의 측정: 솔로 잔차

기술충격이 경기변동의 주원인이라면 기술진보율을 확인하고 측정하는 일은 매우 중요하다. 실물경기변동 모형들의 구조를 볼 때 주요 모수는 기술충격의 분산이다. 프레스컷(Prescott, 1986)은 이 분산을 측정하는 솔로의 방법이 무리없는 접근법이라고 주장한다. 솔로(Solow, 1957)의 방법은 기술변화를 총산출변화에서 가중치가 부가된 노동투입과 자본투입의 합을 뺀 것으로 정의하는 것이다. 요컨대 솔로 잔차(Solow residual)는 자본투입과 노동투입의 측정가능량의 변화로 설명될 수 없는 총산출의 변화이다. 솔로 잔차의 도출은 다음처럼 보일 수 있다. 식 (6.13)의 총생산함수는 산출(Y)이 자본(K), 노동(L), 그리고 현재 사용가능한 기술상태(A, 총요소생산성 지표)에 따라 결정됨을 보여준다.

$$Y = AF(K, L) \tag{6.13}$$

산출은 A, K 혹은 L이 변화면 그에 따라 변동한다. 성장회계와 관련하여 실증분석에 자주 사용되는 특정한 총생산함수 형태는 코브-더글러스 생산함수이다. 이 생산함수는 다음과 같이 표현된다.

$$Y = AK^{\delta}L^{1-\delta}, \quad \text{여기서 } 0 < \delta < 1 \tag{6.14}$$

식 (6.14)에서 자본스톡의 지수 δ는 자본에 대한 산출의 탄력성을 표현하며, 노동투입의 지수($1 - \delta$)는 노동에 대한 산출의 탄력성을 표현한다. 또한 가중치 δ와($1 - \delta$)는 자본과 노동의 소득몫을 나타낸다(간단한 도출로는 Dornbusch et al., 2004, pp. 54~8 참조). 이 가중치들을 합하면 1이 되므로 위의 생산함수는 규모에 관한 수확일정 기술상태를 표현한다. 따라서 자본과 노동 모두가 동일한 비율로 증가하면 산출도 이와 동일한 비율로 증가할 것이다. 식 (6.14)를 재배열하면 우리가 측정해야 하는 생산성 지표를 다음 식 (6.15)로 표현할 수 있다.

$$\text{솔로 잔차} = A = \frac{Y}{K^{\delta}L^{1-\delta}} \tag{6.15}$$

A를 측정할 직접적인 방법이 없으므로 A는 잔차로 추정될 수밖에 없다. 산출과 노동투입 및 자본투입에 관련한 자료는 존재한다. δ 따라서 $1 - \delta$에 대한 추정치는 역사적 자료에서 얻을 수 있다. 투입물의 성장률은 A의 성장률 더하기 K^{δ}의 성장률 더하기 $L^{1-\delta}$의 성장률이므로, 식 (6.15)는 아래 식 (6.16)으로 다시 쓸 수 있다. 식 (6.16)은 경제성장의 원천에 관한 수많은 실증연구에서 사용된 기본적인 성장회계식이다(Denison, 1985; Maddison, 1987).

$$\frac{\Delta Y}{Y}=\frac{\Delta A}{A}+\delta\frac{\Delta K}{K}+(1-\delta)\frac{\Delta L}{L} \tag{6.16}$$

식 (6.16)은 단지 변화율로 표현된 코브-더글러스 생산함수에 지나지 않는다. 이 식은 산출성장률($\Delta Y/Y$)이 총요소생산성 변화율($\Delta A/A$), 가중치가 부가된 자본의 변화율($\delta\Delta K/K$), 가중치가 부가된 노동의 변화율$(1-\delta)(\Delta L/L)$에 좌우됨을 보인다. 식 (6.15)를 변화율로 표현하거나 식 (6.16)을 재배열하면, 총요소생산성 증가(기술변화)를 잔차로 추정할 수 있는 식을 얻을 수 있다. 이 식은 다음 식 (6.17)이다.

$$\frac{\Delta A}{A}=\frac{\Delta Y}{Y}-\left[\delta\frac{\Delta K}{K}+(1-\delta)\frac{\Delta L}{L}\right] \tag{6.17}$$

식 (6.17)에서 솔로 잔차는 $\Delta A/A$와 같다. 실물경기변동 이론가들은 솔로 잔차의 추정치를 기술진보의 척도로 사용한다. 프레스컷(Prescott, 1986)의 분석이 시사하는 바에 따르면, "기술진보의 비례적 변화과정은 표적항을 가진 임의보행에 시계열적으로 무상관적인 측정오차를 더한 것"이다. 플로서(Plosser, 1989)도 "생산성 수준이 임의보행적이라는 주장은 인정될 만한 것"이라고 주장한다. 〈그림 6.9〉는 1955~85년 기간 동안 미국의 연간 기술성장률과 산출성장률을 플로서가 추정한 것을 보여준다. 이런 연구결과들은 집계량의 변동이 주로 기술적 교란에 의해 촉발된다는

그림 6.9 • 1955~85년 기간 동안 미국의 연간 기술성장률과 산출성장률

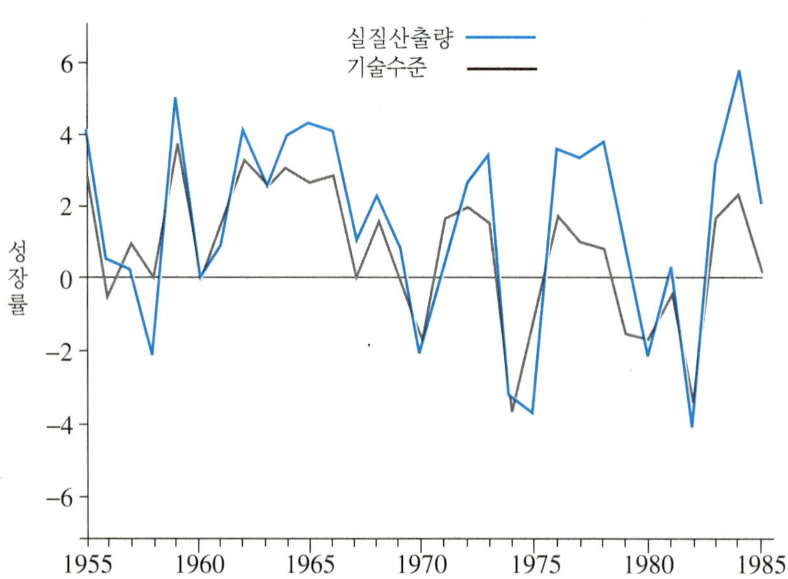

자료: Plosser(1989)

실물경기변동이론의 주장을 뒷받침한다. 후에 나온 연구에서 쉬들란과 프레스컷(Kydland and Prescott, 1991)은 제2차 세계대전 이후 미국의 산출 분산의 70%는 솔로 잔차의 변동에 의해 설명될 수 있음을 확인했다. 이 분야의 연구에 대한 비판은 6.16절에서 살펴볼 것이다. 특히 케인즈주의자들은 실제로 관찰할 수 있는 생산성의 경기순행적 움직임에 대해 다른 설명을 제시한다.

6.14 실물경기변동이론과 정형화된 사실들

1980년대에 실물경기변동이론 연구는 급속히 증가하였다. 그와 함께 여러 다른 거시경제 모형들이 어떻게 '정형화된 사실들'을 설명할 수 있는가에 대해 수많은 논쟁과 논의가 이루어졌다. 댄사인과 도널드슨(Danthine and Donaldson, 1993)이 지적하듯이 실물경기변동 프로그램은 "이론가들로 하여금 경기변동 현상에 대한 우리의 지식이 얼마나 불완전한가를 인지하게" 하였고, 이 이론이 이룬 가장 큰 공헌은 "경기변동에 관해 우리가 갖고 있던 지식을 재고하게끔 한 것이다." 이 분야에서 이루어진 연구는 정형화된 사실들로 받아들여지는 것들에 대한 통상적인 견해에 의문을 제기했다. 동의가 이루어진 정형화된 사실들을 어느 경기변동이론이 가장 잘 설명하는가에 대해서도 논쟁이 있었다. 이 논쟁에 대한 상세한 논의로 그린월드와 스티글리츠(Greenwald and Stiglitz, 1988), 쉬들란과 프레스컷(Kydland and Prescott, 1990), 후버(Hoover, 1991), 블랙번과 라븐(Blackburn and Ravn, 1992), 스미스(Smith, 1992), 자르노비츠(Zarnowitz, 1992b), 댄사인과 도널드슨(Danthine and Donaldson, 1993), 저드와 트레한(Judd and Trehan, 1995), 라이언과 뮐리뇌(Ryan and Mullineux, 1997), 라이언(Ryan, 2002)을 보라. 여기서는 실질임금과 가격의 경기순환적 변화와 관련한 논쟁을 간단히 살펴보기로 하겠다.

정통파 케인즈주의 경제학과 통화주의 이론에서는 총수요 교란이 경기변동을 주도하는데, 실질임금은 경기역행적이라고 생각된다. 케인즈의 《일반이론》(Keynes, 1936, 17쪽)에서 고용의 증가는 실질임금의 감소를 수반한다. 신고전파종합 시대의 케인즈주의 모형도 경제가 총노동수요곡선을 따라 작동하므로 실질임금이 경기역행적으로 변동할 것이라고 가정한다.

제2장의 〈그림 2.6〉 (b)분면으로 돌아가자. 여기서 주어진 화폐임금 W_0에 대해 실질임금은 총수요가 감소하고 경제가 경기후퇴기에 들어섬에 따라 경기역행적으로 변화해야만 한다. 총수요의 감소는 AD곡선이 AD_0에서 AD_1로 이동하는 것으로 표현된다. 만일 가격은 유연하지만 명목임금은 경직적이면, 경제는 (b)분면에서 e_0에서 e_1으로 움직인다. 물가가 P_1으로 하락하지만 명목임금이 W_0에 머물러 있으면, 실질임금은 〈그림 2.6〉의 (a)분면에서 W_0/P_1으로 상승한다. 이 실질임금 수준에서 노동공급(L_d)은 노동수요(L_s)를 초과하여 비자발적 실업 cd가 발생한다. 화폐임금이 고정되어 있으면, 물가 하락은 경기역행적 실질임금 변화를 가져오는 것이다.

프리드먼의 통화주의와 연계된 이론은 물론 초기의 일부 새고전학파 모형과 새케인즈학파 모형들에서도 실질임금이 경기역행적으로 변한한다(Fischer, 1977; Phelps and Taylor, 1977).

고든(Gordon, 1993)의 견해에 따르면, 1970년대의 커다란 석유가격 파동을 제외하고는 실질임금이 체계적으로 변동하는 경우는 없다. 만일 있다면 "경기호황시 임금보다 가격이 약간 더 상승하는 경향일 뿐이며, 이것은 실질임금이 경기역행적으로 변화한다는 것을 뜻한다." 그러나 쉬들란과 프레스컷(Kydland and Prescott, 1990)은 실질임금이 "무리없을 정도로 강력하게" 경기순행적으로 변화함을 발견했다. 이 결과는 생산함수의 이동과 모순을 일으키지 않는다. 현재 성립되어 있는 합의에 따르면 실질임금은 약하지만 경기순행적이라는 것이다. 이것은 경기변동에 대한 전통적인 화폐적 설명과 실물경기변동이론 모두에게 문제를 제기한다(Fischer, 1988; Brandolini, 1995; Abraham and Haltiwanger, 1995; Snowdon and Vane, 1995). 만일 실질임금이 약하지만 경기순행적이라면, 생산함수에 대한 충격은 노동공급곡선이 매우 탄력적인 경우에만 고용에 상당한 영향을 끼칠 수 있다(그림 6.3의 (b)분면 참조). 그러나 실물경기변동이 현실에서 경기변동의 특징인 고용의 커다란 변동을 그대로 보여주려면 상당한 크기의 시제적 대체가 있어야 하는데, 실증분석은 이런 조건을 뒷받침하지 않는다(Mankiw et al., 1985; Altonji, 1986; Nickell, 1990).

경기변동 과정 동안 실질임금이 어떻게 변화하는가는 던롭(Dunlop, 1938)과 타시스(Tarshis, 1939)가 이 문제에 대해 케인즈(Keynes, 1939a)와 논쟁을 벌인 이래 항상 논란거리였다. 반면 가격(및 인플레이션)이 경기순행적이라는 가정은 여러 학파의 경제학자들이 인정하는 바였다. 가격의 경기순행적 변화는 케인즈주의 학파, 통화주의 학파, 새고전학파 모형의 화폐적 오인 해석(Lucas, 1977) 모두의 기본적 특징이다. 맨큐(Mankiw, 1989)는 1970년대의 OPEC 석유가격 급등 같은 뚜렷한 공급측 충격이 없는 상태에서 인플레이션율의 경기순행적 변화야말로 '증거가 잘 확보된 사실'이라고 주장한다. 루커스(Lucas, 1977, 1981a)도 가격과 인플레이션의 경기순행적 특성을 기본적인 전형화된 사실들의 하나로 꼽는다. 이런 견해와 아주 대조적으로 쉬들란과 프레스컷(Kydland and Prescott, 1990)은 1954~89년의 기간 동안 미국에서 "물가는 뚜렷한 경기역행적 형태를 보였다"고 주장했다. 이를 통해 그들은 "제2차 세계대전 후의 경기변동을 설명하는 데 경기순행적 가격이 중추적인 역할을 하는 이론은 실패할 수밖에 없다"는 논쟁적인 결론을 도출한다. 이 결론은 쿨리와 오하니안(Cooley and Ohanian, 1991)의 연구와 블랙번과 라븐(Blackburn and Ravn, 1992)의 영국 자료 연구에 의해 뒷받침된다. 이들은 물가의 경기순행적 변화에 대한 통상적인 생각이 "허구"라고 말한다. 그들의 생각에는 물가가 경기순행적이라는 전통적인 가정은 실증자료와 뚜렷이 배치된다. 그들은 이 연구결과가 경기변동에 대한 화폐적 설명에 "심각한 도전"을 제기한다고 생각한다. 배커스와 키호(Backus and Kehoe, 1992), 스미스(Smith, 1992), 래븐과 솔라(Ravn and Sola, 1995)가 제시한 실증자료는 실물경기변동 견해를 뒷받침하고 있다(통상적인 견해에 대한 옹호로는 차드하와 프라사드(Chadha and Prasad, 1993) 참조).

경기역행적 변수인 물가에 관한 실증자료가 어떻게 실물경기변동 모형을 뒷받침하는가를 보기 위해 다음 〈그림 6.10〉을 보라. 여기서 우리는 통상적인 총수요 총공급 분석틀을 사용한다. 물

그림 6.10 • 공급 충격과 물가

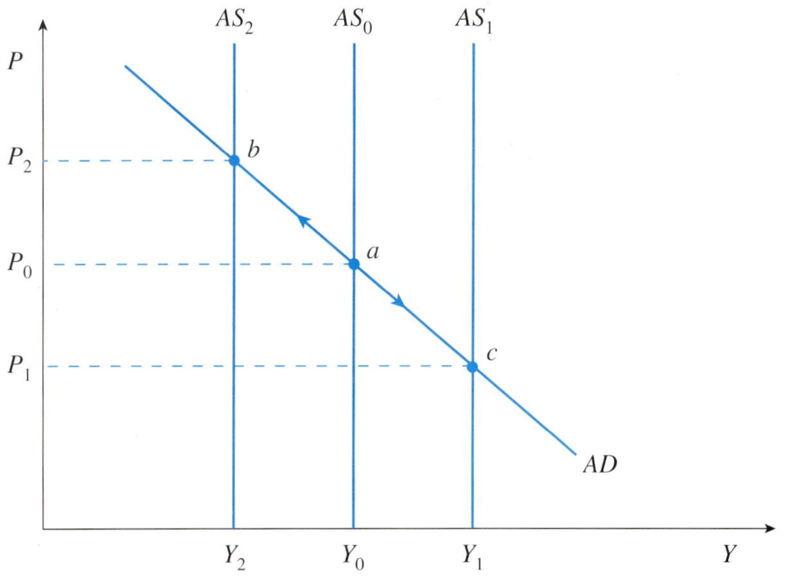

가는 수직축으로 표현된다. 가격과 임금이 완전히 유연하므로, 총수요곡선(AS)은 물가에 대해 완전히 비탄력적이다(물론 기술진보가 이루어지거나 실질이자율이 상승하면 총수요곡선은 우측으로 이동하며, 그 결과 노동공급과 고용이 증가한다. 얀센 외(Jansen et al., 1994) 참조). 경제의 초기 상태는 AD와 AS_0의 교차점으로 표현된다. 경제에 부정적인 공급 충격이 발생하여 AS곡선이 AS_0에서 AS_2로 이동하면, 통화공급량이 주어져 있을 때 균형산출량은 Y_0에서 Y_2로 감소한다. 총수요와 총공급은 물가가 P_0에서 P_2로 상승함으로써 균형상태에 이른다. 긍정적인 공급 충격은 AS곡선을 AS_0에서 AS_1로 이동하고, 그 결과 주어진 통화공급량에 대해 물가가 하락한다. 균형상태 a,b,c를 보면, 실물적 교란으로 인해 총공급 곡선이 주어진 총수요곡선 위를 따라 이동하면 물가가 경기역행적으로 변화할 것임을 알 수 있을 것이다. 〈그림 2.6〉의 (b)분면으로 돌아가서 보면, 총수요곡선의 이동으로 야기된 경기변동은 분명히 경기순행적 물가 변화를 가져온다. 케인즈주의자들은 1970년대 뚜렷이 관찰할 수 있었던 석유가격 충격에 따른 물가의 경기역행적 변화가 통상적인 총수요-총공급 모형에 아무런 문제가 되지 않으며, 그런 효과가 1975년 즈음에 이미 케인스주의적 모형에 통합되었다고 주장한다(Gordon, 1975; Phelps, 1978; Blinder, 1988b). 케인즈주의자들이 반대하는 것은 경기변동이 거의 전적으로 공급충격에 의해 발생한다는 주장이다. 물가가 어떤 때는 경기순행적이고 어떤 때는 경기역행적이라는 합의된 견해는 절충주의적 경제학자의 입장에서 보면 어떤 기간에는 수요측 충격이, 어떤 때는 공급측 충격이 중요하다는 것을 시사한다. 저드와 트레한(Judd and Trehan, 1995)도 현실에서 관찰되는 물가와 산출 사이의 상관관계는 여러 가지 충격에 대한 반응으로 나타나는 것으로서 복잡한 동학적 반응의 결과이며, 이런 사실에 의해 위의 논쟁이 더 복잡해짐을 보여준다. 그들에 의하면, "수요측 충격이나 공급측 충격을 역의 관계나 정의 관계와 연계시키는 설득력 있는 패턴을 찾는 일은 그리 어려운 일이 아니다."

6.15 실물경기변동이론의 정책적 함의

1980년 이전에는 비록 거시경제학자들 사이에 지적인 논쟁이 있긴 했지만 세 가지 중요한 문제에 대해서 일반적으로 인정된 합의가 있었다. 첫째, 경제학자들은 총산출의 변동을 기본적인 추세 성장률로부터의 일시적 이탈로 보았다. 이 추세 성장률을 결정하는 중요한 요소 중 하나는 외생적으로 결정된 매끈한 기술진보율이라 생각되었다. 둘째, 경기변동의 형태로 나타나는 집계량의 불안정성은 경제적 후생을 감소시키므로 사회적으로 바람직하지 못하다고 생각되었다. 따라서 불안정성은 적절한 정책에 의해 축소되어야 한다. 셋째, 경기변동을 설명하는 데 있어 화폐적 요소는 매우 중요하다. 정통파 케인즈주의자, 통화주의자, 새고전학파 경제학자 모두 이 통상적인 견해를 떠받치고 있는 세 개의 기둥을 인정했다. 물론 이들이 집계량의 불안정성을 어떻게 감소시킬 수 있는가에 대해 동일한 의견을 가진 것은 아니었다. 화폐와 실질산출량을 연결시키는 전달 메커니즘에 대해서도 같은 견해를 갖지 않았다. 케인즈주의 모형과 통화주의 모형에서 화폐의 비중립성은 적응적 기대에 의해서, 또 명목적 수요 충격에 대해 임금과 가격이 느리게 조절된다는 주장으로 설명되었다. 1970년대의 새고전학파 시장청산 모형들에서 화폐의 비중립성은 경제주체들이 불완전 정보를 가진 결과로 설명되었다. 경제를 어떻게 안정화할 것인가에 대한 정책적 논의에서 통화주의자들과 새고전학파 경제학자들은 고정($k\%$) 화폐성장률 준칙을 선호했고, 케인즈주의자들은 재량적 정책을 지지했다(Modigliani, 1986; Tobin, 1996). 정책분석에 대한 초기 새고전학파 연구들이 끼친 주된 영향은 정책 적극주의에 반대하여 좀 더 공고한 이론을 제시하는 것이었다(Kydland and Prescott, 1977). 정치적 경기변동 연구도 정치가들이 안정화정책을 사용하는 속내가 경기변동을 약화시키기 위해서인지 아니면 그들 자신의 이해를 극대화하기 위한 것인지, 과연 정치가들을 신뢰할 수 있는지에 대해 의문을 제기했다(Nordhaus, 1975; 제10장 참조).

그러나 1980년대에 모든 것이 바뀌었다. 넬슨과 플로서(Nelson and Plosser, 1982), 쉬들란과 프레스컷(Kydland and Prescott, 1982)의 연구를 통해 경제학자들은 "과연 경기변동이 있는가?"라는 질문을 하기 시작했다. 실물경기변동 이론가들은 '경기변동'이라는 용어의 사용이 잘못된 것이라고 생각했다(Prescott, 1986). 왜냐하면 이 용어는 경제성장을 결정하는 힘들로부터 독립적인 현상이 있음을 시사하기 때문이다. 실물경기변동 이론가들은 경제성장과 경기변동에 대해 통합적으로 접근함으로써, 비교적 짧은 기간 동안 산출과 고용이 크게 변동하는 현상이 "표준적인 신고전학파 이론이 예측하는 것"임을 보였다. 실제로 "만일 산출과 고용의 커다란 변동이 없는 경제가 있다면 그것은 수수께끼일 것이다"(Prescott, 1986). 불안정성은 경제 환경의 변화에 대해 합리적인 경제주체가 최적으로 반응한 결과이므로, 실제로 관찰되는 경기변동은 어떤 이상적인 산출 성장로에서 벗어나 후생을 감소시키는 현상으로 생각되어선 안 된다. 완전경쟁적 경기변동이론에서 균형은 파레토 최적이다(Long and Plosser, 1983; Ploseer, 1989). 따라서 정부가 나서서 이런 변동을 약화시켜야 한다는 생각은 실물경기변동 이론가들이 아주 질색할 생각이다. 오히려 그런 정부의 정책이 후생을 감소시키리라는 것은 거의 확실하다. 프레스컷(Prescott, 1986)이 주장하듯이, "이 연구의 정책적 함의는 안정화를 위한 값비싼 시도들이 오히려 역효과를 가져올 것이라는 것이다. 경기변동은 기술진보율의 불확실성에 대한 최적의 반응이다." 경기변동은 임의적인 기술변화를 반영하는 국내총생산의 변화를 그대로 보여줄 뿐이다. 이 명제는 경기변동에 대한 통상적인 생각을 완전히 뒤집는다. 경기변동이 주로 기술변화로 인한 생산함수 충격에 대해 발생하는 파레토 효율적인 반응이라면, 이제 화폐적 요소는 그런 불안정성에 대한 설명과 무관해진다. 통화정책이 실물 효과를 가질 수도 없다. 화폐는 중립적이다. 노동자들은 자신이 얼마나 일할까를 결정할 수 있으므로, 실제로 관찰되는 실업은 언제나 자발적이다. 실제로 관찰되는 국민총생산의 변화는 연속적으로 이동하는 균형일 따름이다. 실물경기변동이론에서는 정부에서 공표하는 '완전고용' 같은 목표는 아무런 의미도 없다. 왜냐하면 경제가 이미 '완전고용'을 달성하고 있기 때문이다! 물론 실물경기변동이론에 따르면, 만일 정부가 과세정책과 정부지출정책을 통해 경제에 여러 가지 왜곡을 가져온다면 경제에 커다란 해를 끼칠 수 있다. 그러나 이미 주지했듯이 실물경기변동이론에서 정부지출이 일시적으로 증가하면 산출과 고용이 증가한다. 그 이유는 (실질) 총수요가 높아짐에 따라 실질이자율이 상승하고 그 결과 노동공급이 증가하기 때문이다.

만일 기술변화가 경제성장과 경기변동을 결정하는 가장 중요한 요소라면, 기술진보율을 결정하는 요소들을 더 잘 이해해야만 할 것이다. 그런 요소들에는 제도적 구조와 배치가 포함된다(이 책의 제11장 참조). 실물경기변동 이론가에게 케인즈주의자와 통화주의자가 안정화 정책 문제에 가한 강조는 높은 대가를 치룬 실수였다. 동학적인 세계에서 불안정성은 불가피할 뿐만 아니라 바람직한 것이기도 하다.

마지막으로, 차테르제(Chatterjee, 1999)가 지적했듯이, REBCT의 등장은 실제로는 제2차 세계대전 후 기간 동안의 경기역행적 정책들이 이룬 성공과 맞물려 있다. 이런 정책들은 총수요 교란으로 인한 국내총생산의 가변성을 이전 시기와 비교하여 성공적으로 감소시켰고, 그 결과 생산기술 교란의 영향이 현대에 와서 경기변동을 야기하는 중요한 원천으로 등장하게 된 것이다.

6.16 실물경기변동이론 비판

이 절에서는 실물경기변동이론에 대한 중요한 비판의 일부를 살펴볼 것이다. 이와 관련해서는, 서머스(Summers, 1986), 후버(Hoover, 1988), 쉐프린(Sheffrin, 1989), 맨큐(Mankiw, 1989), 맥캘럼(MaCallum, 1989), 펠프스(Phelps, 1990), 아이헨바움(Eichenbaum, 1991), 스태들러

(Stadler, 1994), 하틀리 외(Hartley et al., 1997, 1998)를 참조하라.

노동공급에 대한 통상적인 신고전학파 분석은 실질임금 인상이 갖는 두 가지 서로 반대되는 효과를 강조한다. 실질임금이 상승하면 대체효과를 통해 노동공급이 증가한다. 그러나 그와 동시에, 높은 실질임금은 노동자들이 더 많은 여가를 소비하도록 하는 소득효과를 가져온다. 실물경기변동이론에서 기술충격으로 인한 고용의 커다란 변화를 설득력있게 설명하려면 대체효과가 소득효과에 비해 훨씬 더 강력해야 한다. 그러나 이미 주지했듯이 노동공급에 대한 시제적 대체탄력성과 관련하여 현재 얻을 수 있는 미시적 증거에 따르면 일시적으로 임금 변화가 일어날 때 그에 대한 반응은 약하게 나타난다. 노동공급의 임금탄력성이 낮다면, 노동수요곡선을 이동시키는 기술충격이 발생할 때(그림 6.3 참조), 실질임금은 커다란 변동성을, 고용은 낮은 변동성을 보일 것이다. 그러나 경기변동 기간 동안 관찰되는 고용의 변동은 시제적 대체로 설명되기에는 규모가 너무 크다. 여기에 덧붙여 맨큐(Mankiw, 1989)는 실질이자율이 노동공급 결정에 있어 의미있는 결정요소가 아니라고 주장한다. 예를 들어, 어떻게 경제주체들이 미래의 이자율과 실질임금을 정확하게 예측하여 시제적 대체 결정을 할 수 있단 말인가?

실물경기변동이론에 대한 두 번째 주요 비판은 이 모형들이 거의 관찰될 수 없는 기술충격에 기반한다는 것이다. 많은 경제학자들이 경기변동 현상을 발생시키기에 필요한 기술충격이 과연 충분히 크거나 충분히 자주 발생하는지에 대해 의문을 제기한다. 이 모형들에 따르면 산출에서 커다란 변동이 발생하려면 기술에 대한 경제 전반의 교란이 상당히 커야 한다. 뮐바우어(Muellbauer, 1997)는 REBCT를 따랐을 때 요구되는 생산기술 변동성이 세 가지 이유에서 "상당히 비현실적"이라고 주장한다. 첫째, 생산기술 확산은 속도가 느린 경향이 있다. 둘째, 확산과정이 총합되어 경제 전반에 나타나는 결과는 매끄러운 경향이 있다. 셋째, 경기후퇴를 발생시키는 데 필요한 기술 후퇴를 설득력있게 설명할 미시적 기초가 없다. 이 문제와 관련하여 서머스(Summers, 1986)는 솔로 잔차의 변동을 기술에 대한 유의미한 충격의 증거로 사용하는 데 반대한다. 솔로 잔차의 커다란 변동은 노동 축장(labour hoarding)의 형태로 나타나는 '생산함수곡선 바깥에서의 행동' 의 결과로 설명될 수 있다. 실물경기변동 이론가들이 경기순행적 노동생산성을 생산함수가 이동한 증거로 삼는 반면, 전통적인 케인즈주의적 설명에 따르면 이 정형화된 사실은 노동투입이 거의 고정되어 있다는 사실에서 비롯된다. 경기후퇴기에 생산성이 하락하는 이유는 기업들이 단기 조정 비용 때문에 실제로 필요한 것보다 더 많은 노동자들을 고용하기 때문이다. 단기조정 비용이 상당히 존재하는 경우 기업에게는 경기변동 기간에 걸쳐 노동투입을 매끄럽게 하는 것이 이득이 된다. 그 결과 경기변동의 후퇴기에 노동의 축장이 발생한다. 이것은 경기후퇴기에 전형적으로 산출의 비례적 감소가 노동투입의 비례적 감소보다 더 큰 사실을 설명해 준다. 경제가 경기회복기로 들어서면 기업들은 노동을 좀 더 집약적으로 사용하고 그 결과 산출은 노동투입보다 더 큰 비율로 증가한다.

일반적으로 많은 경제학자들이 솔로 잔차의 경기순행적 변화를 경기후퇴기에 자본과 노동이 과소가동된다는 사실로 설명한다. 이것을 아벨과 버냉키(Abel and Bernanke, 2001)에 따라 시

(6.13)과 식 (6.14)로 주어진 생산함수를 다음 식 (6.18)로 바꿔 설명할 수 있다.

$$Y = AF(\mu_K K, \mu_L L) = A(\mu_K K)^{\delta}(\mu_L L)^{1-\delta} \tag{6.18}$$

여기서 μ_K는 자본투입의 과소가동률, μ_L은 노동투입의 과소가동률이다. 식 (6.18)을 식 (6.15)의 Y에 대입하면 솔로 잔차에 대한 새로운 공식으로 (6.19)를 얻을 수 있다. 이 공식은 자본과 노동이 과소가동될 가능성을 고려하고 있다.

$$\text{솔로 잔차} = A(\mu_K K)^{\delta}(\mu_L L)^{1-\delta}/K^{\delta}L^{1-\delta} = A\mu_K{}^{\delta}\mu_L{}^{1-\delta} \tag{6.19}$$

식 (6.19)는 기술이 일정하더라도 솔로 잔차가 변동할 수 있음을 보여준다. 실증자료에 의하면 자본과 노동의 가동률은 경기순행적이다. 그렇다면 이런 영향을 보여주는 경기순행적 솔로 잔차가 관찰될 것이다(Fay and Medoff, 1985; Rotemberg and Summers, 1990; Bernanke and Parkinson, 1991; Burnside et al., 1995; Braun and Evans, 1998; Millard et al., 1997 참조).

세 번째 비판은 경기후퇴기가 기술적 후퇴의 기간이라는 생각과 관련되어 있다. 맨큐(Mankiw, 1989, 85쪽)가 지적하듯이, "경기후퇴는 중요한 사건이다. 경기후퇴에 정책입안자들이나 언론매체들은 많은 관심을 보인다. 그러나 사용가능한 기술의 후퇴에 대한 논의는 전혀 없다. 만일 사회에서 중요한 부정적 기술충격이 발생한다면 우리가 그것을 놓칠 리 없다." 이런 비판에 대하여 핸슨과 프레스컷(Hansen and Prescott, 1993)은 기술충격에 대한 해석을 확장했다. "생산함수, 좀 더 일반적으로 말해서, 이윤의 중심인 기업들의 생산가능집합의 [어떤] 변화라도" 교란의 잠재적인 원천으로 간주될 수 있다는 것이다. 미국의 1990~91년 경기후퇴에 대한 분석에서 그들은 사법제도 같은 제도의 변화가 기업들이 어떤 특정 기술을 채택하는 유인을 변동시킬 수 있다고 주장한다. 예를 들어 수많은 정부규제가 부정적인 기술충격으로 작동할 수 있다는 것이다. 그러나 뮐바우어(Muellbauer, 1997)가 지적하듯이 1990년대 초 영국이 경험한 심각한 경기후퇴는 1988~9년의 '무시무시한' 이자율 상승, 그에 따른 자산가격의 폭락, 그리고 1990년 10월 이후 과대평가된 환율로 영국이 유럽환율메커니즘(Exchange Rate Mechanism)에 가입한 사실로 쉽게 설명된다. 이런 요소들은 REBCT에서는 아무런 역할도 하지 않는 것들이다.

네 번째 중요한 비판은 실업이라는 주제와 관련한다. 실물경기변동 모형에서 실업은 전혀 존재하지 않거나 자발적이다. 비판자들에게 이 주장은 설득력이 전혀 없다. 비판자들은 대공황의 경험을 보라고 말한다. 대공황은 "그런 대규모의 변동을 단지 시제적 대체와 생산성 충격으로 설명하는 것이 얼마나 설득력이 떨어지는지" 보여준다(Summers, 1986). 칼린과 소스키스(Carlin and Soskice, 1990)는 1980년대 전반에 걸쳐 유럽에 존재했던 실업의 대부분은 비자발적이었으며 이것은 새고전학파 분석틀에서 설명될 수 없는 중요한 정형화된 사실이라고 주장한다. 토빈(Tobin, 1980b)도 모든 실업을 자발적인 것으로 다루려는 새고전학파 경제학자들의 일반적인 접근법에 의문을 제기한다. 비판가들은 노동시장에서 관찰되는 여러 플로의 패턴이 균형이론과 일치하지 않는다고 지적한다. 실업이 경제주체의 자발적 선택의 결과라고 설명될 수 있다면, 현실에서 뚜렷이 관찰되는 구인배율(vacancy rate)과 자발적 사퇴의 경기순행적 변화는 관찰불가능할 것이다. 경기후퇴가 어떻게 자발적 사퇴율이 증가하는 기간일 수가 있는가! 블라인더의 견해에서 볼 때 1980년대의 고실업률이 제시하는 도전을 제대로 상대한 정책입안자나 경제학자들은 아무도 없다. 명백히 실물경기변동 이론가들에게로 향한 논평에서, 블라인더(Blinder, 1988b)은 "경기후퇴가 파레토 최적이라는 이론들, 즉 네로 황제식 고전학파 경제학(Nero-Classical Economics)이라 불릴 수 있을 주장 주위에 머무는 한, 우리는 실업을 경감하는 데 그리 중요한 공헌을 하지 못할 것"이라고 말한다. 릴리언(Lilien, 1982)이 제시한 부문간 이동 모형은 기술충격으로 인해 여러 부문들 사이에 자원을 재배분해야 할 필요가 발생하는 모형에 실업을 도입한다. 그럼에도 불구하고 비판가들은 실물경기변동이론에서 실업이 경시되고 있다는 사실을 이 이론의 중요한 약점이라고 생각한다(Hoover, 1988).

실물경기변동이론에 대한 다섯 번째 반대는 화폐의 중립성, 그리고 실물적 결과를 가져오는 데 통화정책이 무관하다는 주장과 관련한다. 이런 모형들이 1980년대 초에 등장했다는 사실은 아이러니컬하다. 이 시기는 미국과 영국에서 폴커(Volker)와 대처(Thatcher)의 정책으로 통화적 디스인플레이션이 발생했고 그에 이어 양국에서 모두 심각한 경기후퇴가 발생했던 시기이기 때문이다. 영국의 1990~92년 경기 하락도 또 다른 통화적 디스인플레이션의 직접적 결과인 듯이 보인다. 이런 비판에 대하여 실물경기변동 이론가들은 1980년대 초에 발생한 경기후퇴는 1979년의 두 번째 석유파동 때문이라고 주장한다. 그러나 대다수의 경제학자들은 화폐가 단기에도 중립적이라는 데에 동의하지 않는다(Romer and Romer, 1989, 1994a, 1994b; Blanchard, 1990a; Ball, 1994; 제7장 참조).

여섯 번째 비판은 실질 국민총생산이 표적항이 있는 임의보행만큼 지속적이라는 견해를 기각하기가 어렵다는 넬슨과 플로서의 연구결과와 관련한다. 이 연구결과가 바로 경기변동이 공급측 충격에 기인한다는 생각을 뒷받침한다. 넬슨과 플로서(Nelson and Plosser, 1982)는 총산출이 추세복귀적이 아닌 듯하다고 주장했다. 만일 경기변동이 추세복귀적이라면 산출이 자연율에서 일시적으로 벗어난다고 해도 10년 후의 산출수준에 대한 예측자의 예측을 바꾸지는 않을 것이다. 캠벨과 맨큐(Campbell and Mankiw, 1987, 1989), 스톡과 워트슨(Stock and Watson, 1988), 덜로프(Durlauf, 1989)는 넬슨과 플로서의 연구결과를 재확인했다. 그 결과 충격의 영속성은 이제 '정형화된 사실'로 간주된다(Durlauf, 1989, 71쪽). 그러나 캠벨, 맨큐, 덜로프는 국민총생산 시계열에서 단위근 근사치가 발견되었다고 그것이 실질 충격의 뚜렷한 증거라고 인정하지 않는다. 또 수요 교란에 기초한 경기변동의 설명이 폐기되어야 한다고 인정하지도 않는다. 만일 기술혁신이 경기변동에 영향을 받거나 이력현상(hysteresis)이 중요한 역할을 한다면 총수요도 항구적인 영향을 끼칠 수 있다(제7장 참조). 덜로프는 조정실패가 있는 경우 총수요 충격이 발생하면 실물적 경제활동이 상당한 규모로 지속될 수 있음을 보였다. 이것은 총수요 정책이 산출에 장기적인 영향을 미칠 수 있음을 뜻한다.

스태들러(Stadler, 1990)도 내생적 기술변화가 도입되면 실물경기변동이론과 화폐적 경기변동이론이 모두 근본적으로 바뀐다는 것을 보였다. REBCT는 기술변화와 기술혁신 활동을 설명할 깊이 있는 미시이론적 기초를 결여하고 있다. 그러나 기술진보가 수요측 조건, 기술개발 지출, '실천을 통한 학습' 효과(Arrow, 1962) 같은 경제적 요소에 의존할 가능성이 높다는 것은 경제의 공급측 변화가 수요측 변화에 독립적이 아님을 뜻한다. 따라서 명목적 총수요가 예상치 못하게 증가하면 공급측 에서 기술변화가 발생하고 이것이 산출을 항구적으로 증가시킨다. 이런 모형에서 자연실업률은 공급측 요소뿐만 아니라 총수요의 과거 상태에도 영향 받는다. 순수하게 화폐적인 경기변동 모형이라도 기술이 내생적이면 산출이 임의보행을 따른다는 넬슨과 플로서의 결과를 설명할 수 있다.

일곱 번째 비판은 실물경기변동이론에서 대표적 경제주체 개념이 폭넓게 사용되는 것과 관련한다. 실물경기변동 이론가들은 거시경제적 분석에서 반드시 발생하는 총계 문제를 회피한다. 즉 대표적 경제주체의 선택은 수백만 명의 이질적인 개별 결정자들의 선택을 총합한 것과 같다고 가정된다. 따라서 이 모형들은 비대칭 정보, 교환, 조정에 연관된 문제들을 회피한다. 많은 경제학자들에게 거시경제학 이론에서 가장 중요한 문제는 조정과 이질성에 연관된 이슈들이다. 만일 조정 문제와 그에 따른 교환 실패의 가능성이 경기변동의 근저에 있다면, 경제에 수많은 로빈슨 크루소들만 살고 있다는 가정을 통해 그 문제를 회피하는 것은 많은 경제학자들이 볼 때 수락할 수 없는 연구전략이다(Summers, 1986; Kirman, 1992; Leijonhufvud, 1992, 1998a; Snowdon, 2004a).

마지막 중요한 비판은 견고한 실증적 검증이 결여되어 있다는 사실과 관련한다(Fair, 1992; Laidler, 1992a; Hartley et al., 1998). 정형화된 사실과 관련한 한 케인즈주의적 경기변동 이론가들과 실물경기변동 이론가들 모두 폭넓은 시계열 공행 패턴을 설명할 수 있다(Greenwald and Stiglitz, 1988). 실물경기변동이론의 실증적 타당성을 평가하면서 아이헨바움(Eichenbaum, 1991)은 실물경기변동 주장자들이 내세우는 증거들이 "믿기에는 너무 빈약하다"고 주장한다.

6.17 대공황에 관한 실물경기변동이론의 견해

앞서 언급했듯이, REBCT는 대공황에 대한 설명에서 타당성이 없는 것으로 비판받는다. 그러나 최근에 신고전파 성장이론을 사용하여 경제적 불황을 탐구하기 시작한 경제학자들이 나타났다.

콜과 오하니안(Cole and Ohanian, 1999)이 이런 관점에서 대공황을 연구한 최초의 경제학자들이다. 그들은 1929~33년 기간의 국내총생산 하락을 설명하려 할 뿐 아니라 1934~39년 기간의 경기회복도 설명하고자 한다. 이들은 대공황을 촉발하는 데 실물적 충격과 화폐적 총수요 충격이 모두 일익을 담당했다는 점을 부인하지 않는다. 그러나 통상적인 모형들은 금본위제도 제약이 폐기된 후 확장적 통화정책이 실시되었고, 은행실패와 디플레이션이 제거되었으며, 총요소 생산성이 상당한 크기로 상승했다는 사실에 비추어볼 때 1933년 이후 경제가 그런 충격들로부터 신속하게 회복하는 게 당연하다고 예측한다. 이런 변화를 고려할 때 산출은 1936년에 이르러서는 추세선으로 복귀했어야 했다. 그러나 미국의 산출은 1930년대 전반에 걸쳐 추세선에서 30% 정도 아래쪽에 위치해 있었다. 콜과 오하니안은 이런 약한 회복과정이 주로 뉴딜 정책, 특히 1933년의 국가산업회복법(National Industry Recovery Act, NIRA)과 관련한 정책들의 부정적 결과에 기인한다고 주장한다. NIRA는 미국 경제의 500개가 넘는 부문에서 반트러스트법들의 시행을 유보함으로써 카르텔화를 부추겼고 가격경쟁을 감소시켰다. 기업들은 기존 노동자들에게 지급되는 임금을 크게 증가시켰다. 콜과 오하니안은 NIRA의 영향으로 경기회복기 동안 고용과 산출의 증가세가 감소했고 그 결과 대공황이 길어졌다고 주장한다. 프레스컷(Prescott, 1999)도 미국 경제에 대해 이와 비슷한 시각을 제공한다. 그에 의하면, 대공황은 "경제적 제도가 변하여 16세 이상 노동자 일인당 일하는 정상적인 균제상태 시장 시간수가 감소한 결과"라고 주장한다. 따라서 프레스컷에게 경기침체에 대한 케인즈주의적 설명은 본말이 전도된 것이다. 투자의 하락이 고용의 하락을 가져온 것이 아니다. 오히려 산업정책과 노동시장정책의 변화가 고용을 감소시키고 이것이 투자를 하락시켰던 것이다(Chari et al., 2002 참조). 크리스티아노 외(Christiano et al., 2004)는 기술충격보다는 유동성선호가 미국 대공황 시대에 경제를 위축시키는 데 중요한 역할을 했다고 주장한다(이 주장은 미국 연방준비제도가 좀 더 수용적인 통화정책을 시행했더라면 대공황의 가혹함이 크게 감해졌을 것이라는 프리드먼과 슈워츠의 주장을 뒷받침한다). 그러면서도 그들은 1930년대 미국의 고용회복이 루스벨트 대통령의 '뉴딜' 정책 때문에 역풍을 맞았다는 콜과 오하니안의 견해에 동의한다.

앞의 논문에 뒤이은 논문에서 콜과 오하니안(Cole and Ohanian, 2002b)은 미국과 영국에서 산출과 소비가 10년 넘게 추세선에서 25%나 아래쪽에 위치해 있으면서 대공황이 그토록 오래 지속되었던 이유에 초점을 맞춘다. 두 국가가 경험한 그런 긴 기간은 "디플레이션이나 다른 금융충격에 의해 설득력 있게 설명되지" 못했다. 이것들 대신 콜과 오하니안은 미국에서는 1933년의 NIRA와 1935년의 국가노사관계법(National Labour Relations Act, NLRA)이 기업의 독점력을 증가시킴으로써 시장의 효율적 작동을 왜곡하여 부정적 영향을 끼쳤다는 데 초점을 맞춘다. 영국의 경우 그들의 분석은 실업수당의 후한 증가가 대공황 기간을 연장했다는 벤저민과 코친(Benjamin and Kochin, 1979)의 이전 연구가 제시한 방향을 따르고 있다.

경기불황을 설명하려는 이런 새로운 접근을 대다수의 경제학자들은 인정하지 않는다. 대부분의 경제학자들은 대공황에 대한 설명에서 여전히 총수요 충격과 화폐 및 금융적 요소들을 강조한다(제2장 참조). 그럼에도 불구하고 프레스컷의 엘리 강연(Prescott, 2002)은 미국과 영국 및 독일의 전간기(戰間期) 경험, 프랑스의 최근 경기불황, 일본의 전후 경험에 대하여 "번영과 불황"의 공급측 설명을 사용한다. 각각의 경우에 산출을 추세선 밑으로 떨어뜨린 가장 중요한 요소는 그 기원상 수요측에 있다기보다는 공급측에 있다(Kehoe and Prescott, 2002). 번영의 지속을 위해 결정적인 것은 총요소생산성을 고양하는 데 초점을 맞추는 정책이다. 이런 시각 속에서 프레스컷은 다음과 같은 공급우선 정책을 추천한다.

1. 희소한 투자기금을 배분하기 위한 효율적인 금융부문을 수립한다.
2. 국내와 국외 모두에서 경쟁을 고양한다.
3. EU 같은 교역그룹을 설립하는 등 국제적 통합을 촉진한다.

6.18 평가

1978년 이료 얀손(Yrjo Jahnsson) 강연에서 토빈은 "이전에도 현재에도, 경제활동의 변동이 단순히 근저에 있는 기술과 선호의 변동을 반영한다고 가정하는 경기변동이론은 없다"고 말했다(Tobin, 1980a, 37쪽). 이런 상황은 1980년대에 극적으로 바뀌었다. 균형이론의 화폐적 오인 버전이 많은 사람들에게 거부됨에 따라 실물경기변동이론이 꽃을 피웠다. 넬슨과 플로서가 시작한 연구는 총산출에 대한 충격이 장기간에 걸쳐 영향을 끼친다는 견해를 굳건히 뒷받침하는 것이었다. 산출은 결정론적인 추세로 복귀하지 않는 듯이 보인다. 이 연구결과는 경기변동 연구에 커다란 영향을 끼쳤다. 실제로 관찰되는 총산출의 교란의 많은 부분이 공급측 영향에 의해 야기된다는 것이다. 균형모형이 집계량의 불안정성과 모순되지 않음을 보임으로써 실물경기변동 이론가들은 통상적인 견해에 의문을 제기했고 모든 학파의 경제학자들로 하여금 경기변동 현상에 대한 우리의 지식이 얼마나 일천한가를 깨닫게 했다. 따라서 실물경기변동 접근법은 경기변동의 의미, 중요성, 특성과 관련하여 심오한 질문들을 제기하는 유용한 기능을 수행했다. 이 장에서 우리는 REBCT가 현대에 와서 루커스가 촉발한 연구프로그램, 즉 거시경제학의 일반균형 시제적 성격을 탐구하는 것을 목적으로 하는 연구프로그램의 연장선 위에 있음을 보았다(Wickens, 1995). 이렇게 함으로써 REBCT는 경제성장이론과 경기변동이론을 통합했고 경기변동연구의 방향을 돌이킬 수 없을 정도로 바꿔버렸다. 새로운 통찰이 얻어졌고 혁신적인 모형기법도 개발되었다.

30년도 더 전에 해리 존슨(Johnson, 1971)은 1970년 미국경제학회(American Economic Association, AEA) 모임의 강연에서 케인즈 혁명의 신속한 전파에 대한 이유를 설명하려 했다. 이것은 인플레이션이 가속도가 붙어 증가하는 상황에서 케인즈주의적 정통이 퇴각하면서 발생한 지적 진공상태를 1960년대 후반과 1970년대 초에 채우기 시작한 통화주의 반혁명을 좀 더 잘 이해하기 위해서였다. 이 매우 지각력있는 논문에서 존슨은 이런 발전의 성공을 설명하는 데 중요한 케인즈 혁명과 통화주의 반혁명의 공통 특성에 주의를 환기시켰다. 존슨에 따르면, 전문 경제학자들 사이에 새로운 사고가 신속히 받아들여지고 전파되는 현상을 설명할 수 있는 두 가지 요소가 있다. 첫째 요소는 "새로운 이론이 개발되는 객관적 사회 상황"과 관련한다. 둘째 중요한 요소는 "새로운 이론의 학문 내부적 특성"을 포괄한다. 우리는 이 요소들이 MEBCT와 REBCT라는 두 이론을 포괄하는 새고전학파 사고의 신속한 전파를 이해하는 데 도움을 준다고 주장하고자 한다(Snowdon and vane, 1996).

추세복귀적 경기변동 같은 이미 잘 수립되어 있는 정통적 견해가 "현실의 가장 뚜렷한 사실들"과 분명히 모순을 일으키면, 그것은 "새롭고 혁명적인 이론의 신속한 전파를 위한 가장 우호적인 상황"이 된다. 그러나 존슨은 또 다음과 같은 다섯 개의 학문 내부적 특성들을 찾아낸다. 존슨은 이 특성들이 결정적이라 생각한다. 왜냐하면 젊은 세대의 경제학자들에게 더 설득력이 있는 것은 새로운 이론의 이런 특성들이기 때문이다.

1. "이론적으로 설득력 있는 근거 위에서 당대 정통파의 중심 입장을 정확히 비판함"
2. "그럼에도 불구하고 현존하는 이론에서 타당한 모든 것을 흡수하는 뚜렷이 새로운 이론을 개발함"
3. 새로운 이론이 "젊은 세대의 동료 학자들과 학생들의 지적 관심에 도전장을 내밀기에 적당한 난이도"를 가짐
4. 현존하는 것보다 "더 설득력있는 새로운 방법론"을 제시함
5. 계량경제학자들이 "결정적으로 예측하는 데 적절한 새롭고 중요한 실증적 관계를 제시함"

그렇다면 이 다섯 개의 학문 내부적 특성은 새고전학파 거시경제학, 특히 REBCT의 성공을 설명하는 데 어느 정도로 중요한 역할을 수행했는가?

첫 번째 특성, 즉 기존 정통파의 중심 명제에 대한 비판은 REBCT에게서 즉각적으로 확인된다. 1980년 이전에 수립되어 있던 합의에 따르면 경기변동은 사회적으로 바람직하지 못한 것이었다. 실물경기변동 이론의 주요 정책 함의는 이와 날카롭게 대조된다. 총산출에 변동이 존재한다는 사실이 시장이 청산되지 못함을 뜻하지 않으므로 정부는 그런 변동을 감소시키려는 어떤 시도도 하지 말아야 한다. 그런 정책은 바라는 목표를 달성하지 못할뿐더러 불안정성을 감소시키는 것은 곧 후생을 감소시키는 것이기 때문이다.

존슨의 두 번째 내적 특성, 즉 기존 정통이론의 타당한 부분을 가능한 한 많이 흡수하는 새로운 이론의 능력은 REBCT에도 적용될 수 있다. 이 이론은 1970년대 루커스가 제시한 방법론의 대부분을 흡수하는 한편, 신고전파 성장이론을 집계량 변동의 정량적 분석을 위한 틀로 사용했다.

존슨의 세 번째 특성, 즉 새로운 이론이 젊은 세대의 경제학자들에게 설득력을 가지면서 지적으로 도전할 만한 해야한다는 특성도 REBCT에 쉽게 적용될 수 있다. 새고전학파 혁명이 "구세대 경제학자들의 도구상자"(Blinder, 1988b)에는 들어있지 않은 분석기법을 도입하면서 새롭고 좀 더 추상적인 방향으로 거시경제학 이론을 이끌었다는 데에는 의심의 여지가 없다. 수학적으로 더 잘 훈련되어 있었기에 젊은 세대의 경제학자들은 캘리브레이션 같은 새로운 기법을 흡수할 수 있었고 그 덕분에 "구세대" 경제학자들에 상대적으로 "매우 경쟁적인 우위"를 차지할 수 있었다.

네 번째 특성, 즉 새로운 방법론을 보자. REBCT 프로그램은 수학적인 일반균형 접근법과 연계된 방법론적 틀을 두 손을 들고 환영했다. '루커스 비판' 에 대한 반응을 통해 실물경기변동 이론가들은 일반균형 거시경제 모형에 대해 설득력 있는 미시경제적 기초를 수립하려는 노력 속에

서 제일 원리들을 강조한다. 실물경기변동이론의 방법론은 원칙상 이데올로기적으로 중립이어서 수많은 다양성을 가진 모형들을 다발적으로 발생시킬 수 있었다.

다섯 번째 특성, 즉 예측과 관련한 "새롭고 중요한 실증적 관계"는 REBCT에 적용하는 데 약간의 어려움이 있다. 실물경기변동 이론가들은 통상적인 계량경제학 검증을 할 수 있는 모형들을 제공하기 보다는 '캘리브레이션 방법'을 개발했다. 즉, 특정한 모형에 임의적 충격을 가하고 그 충격이 중요한 거시경제적 변수들에 대한 끼치는 결과를 시뮬레이션한 후 이 결과를 경제의 실제 변화와 비교한다. 불행하게도 캘리브레이션은 실물경기변동 모형과 다른(예를 들어 케인즈주의적) 경기변동 모형이 얼마나 잘 작동하는지 구별할 수 있는 방법이 되지 못한다.

위의 논의를 통해 볼 때, 존슨이 제시한 다섯 개의 중요한 "내적" 특성은 케인즈혁명과 통화주의 반혁명의 성공을 설명하기 위한 것이었지만, 이 중 처음 네 개의 특성은 REBCT가 1980년대 초 이후로 거시경제학의 전개에 그토록 중요한 영향을 끼친 이유도 이해할 수 있도록 해 준다. 커쉬너와 리(Kirshner and Rhee, 1996)는 과학적 연구의 확산에 관한 통계적 분석을 통해 REBCT가 거시경제학에서 하나의 '유행'인지 아니면 '혁명'인지 평가한다. 그들은 REBCT 분야의 발간물과 연구자들에 관한 자료를 볼 때 REBCT가 '소규모 혁명'의 특징을 보인다고 결론짓는다.

REBCT의 뚜렷한 특징은 화폐적 영향이 경기변동의 주요 원인으로서 그리 큰 역할을 하지 못한다는 점을 강조하는 것이다. 오히려 기술에 대한 임의적 충격이 교란을 일으키는 데 가장 중요한 역할을 하며, 소비를 시간에 걸쳐 매끄럽게 하고자 하는 경제주체들의 선호와 투자과정에서의 시차(time to build) 제약이 그 충격의 중요한 확산 메커니즘으로 작동하고 결국 충격이 항구적인 영향을 미치게 된다. 초기의 REBCT 모형들이 초점을 좁게 맞춘 반면, 좀 더 최근의 연구는 모형에 화폐적 변수와 금융적 변수들을 도입하기 시작했고 더 나아가 정부와 개방경제의 영향도 포함하기도 한다(Mendoza, 1991; Backus et al., 1992; Hess and Shin, 1997). 더 나아가 REBCT에 시장 불완전성을 더한다면 경기변동에 관한 새고전학파 접근법과 새케인즈학파 접근법을 잇는 교량이 만들어질 것이다(Wickens, 1995). 실물경기변동 접근법은 또한 거시모형이 굳건한 미시경제학 기초 위에 서야 한다고 주장하는 경제학자들의 입지를 강화시켰다. 이것은 또 다시 공급측면에 대한 우리의 이해를 개선하려는 연구의 일반적 경향을 강화시켰다. 거시경제학이 수요와 공급, 그리고 그 둘의 상호작용에 관한 것이라는 점에 이전에는 의문을 제기한 사람이 있을지 몰라도 현재에 그럴 사람은 없다. 블라인더(Blinder, 1987b)가 주지하듯이 "1970년대와 1980년대의 사건들은 케인즈주의 경제학자와 새고전학파 경제학자 모두에게 마셜의 그 유명한 가위가 대규모 경제에도 적용된다는 점을 증명했다".

실물경기변동 연구프로그램이 이룬 업적을 인정하면서도 비판자들은 이 접근법에 심각한 결함이 있다고 믿는다. 아직도 많은 경제학자들이 통화정책에서 발생하는 단기의 총수요 교란이 중요한 실물적 영향을 끼친다고 믿고 있다. 왜냐하면 현실 경제는 명목가격과 명목임금이 경직적이기 때문이다(제7장 참조). 이 중요한 비판은 시장이 항상, 심지어는 경기후퇴기에도, 청산된다는 새고전학파의 가정에 의문을 제기한다. 만일 시장이 신속하게 청산되지 않고 경제에 총수요 교란과 총공급 교란이 모두 발생한다면, 실제로 우리가 관찰하는 경기변동은 수요측 충격의 결과로 산출이 확률적 추세선 주위를 맴도는 현상일 것이다. 블랑샤르와 콰(Blanchard and Quah, 1989)는 그런 견해를 가장 잘 표현한다. 그들은 "국민총생산과 실업의 변동이 두 가지 형태의 교란, 즉 산출에 항구적 영향을 끼치는 교란과 그렇지 못한 교란에 기인한다고 해석한다. 첫 번째 교란은 공급측 교란이며 두 번째 교란은 수요측 교란이다." 수요측 교란이 중요하다는 점이 인정된다 하더라도 이런 경제에서 안정화 정책의 역할은 분명히 극도로 복잡할 것이다. 예를 들어, 수요측 충격과 공급측 충격이 독립적이지 않고 상호 연관되어 있다면 정부는 이 두 가지 충격을 구분해야 하지만, 어떻게 구분할 수 있을까?(Friedman, 1992)

거시적 불안정성의 원인에 대해 개방적이어야 함을 뒷받침하는 연구결과가 카포랄레(Caporale, 1993)에 의해 제시되었다. 영국, 프랑스, 핀란드, 이탈리아, 노르웨이, 스웨덴, 서독의 경기변동에 관한 연구에서 카포랄레는 수요측 충격이나 공급측 충격 어느 한 쪽이 경기변동을 전적으로 설명하지 못한다는 점을 발견했다. 테민(Temin, 1998)의 최근 실증연구도 여러 원인들이 미국의 경기변동을 발생시켰다는 것을 알아냈다. 테민은 20세기 동안 미국의 경기변동을 4가지로, 즉 국내 실물적, 국내 화폐적, 국외 실물적, 국외 화폐적 원인으로 구분했다. 테민의 자료에 따르면 국내적 원인이 국외적 충격을 훨씬 상회했고(16.5 대 7.5), 실물 교란이 화폐적 교란보다 더 많았다(13.5 대 10.5). 국내 실물적 교란의 종류는 다양하며 온갖 종류의 실물 수요교란을 포함한다. 테민은 "4가지의 충격이 모두 미국의 경기변동 원인으로 작용했다"고 결론 내린다. 그의 연구의 주결론은 "경제 불안정의 원인은 동질적이지 않다"는 것이다. 20세기의 대규모 경기후퇴에 관한 연구에서 다우(Dow, 1988)는 세 가지 중요한 연구결과를 얻었다. 첫째, 주요한 경기후퇴와 성장 둔화는 주로 총수요 충격에 기인한다. 둘째, 이 수요 충격들을 확인할 수 있다. 예를 들어 영국의 1979~82년 경기후퇴는 주로 대처 수상 정부 하에서 새로운 통화정책과 재정정책의 틀에 반응하여 파운드화가 평가절상 되고 그에 따라 수출이 감소한 결과이다. 셋째, 경기후퇴는 현재 경제학자들이 갖고 있는 지식으로는 예측될 수 없다.

위의 논의에서 균형잡힌 결론을 도출할 수 있다. 그것은 경기변동의 원인을 분석할 때 절충주의적 접근이 갖는 장점을 취해야 한다는 것이다. 경기변동이 사라졌다거나 정부가 이제 여러 충격의 영향을 상쇄하여 모든 경제에 완충장치를 마련해 줄 능력과 지식을 가지고 있다고 볼만한 그 어떠한 증거도 없다. 정부가 결코 경기변동을 제거할 수는 없지만 또 다른 대공황이나 대인플레이션을 방지할 지식과 능력을 갖춰야 할 것이다.

REBCT가 20세기 거시경제학에 남긴 공헌에 관한 최근의 평가에서, 레이욘후푸드는 다음처럼 말했다(Snowdon, 2004a).

나는 프레스컷의 연구의 유산이 기술적으로 능숙한 경제학자들이 사용할 수 있는 분석적 기

> 법이라는 면에서 가치가 있다고 생각한다. 물론 이런 분석기법이 항상 적절하지는 않으며 언제나 적용할 수 있는 것도 아니다. 특히 동학적 확률 일반균형 모형(dynamic stochastic general eguilibrium model)은 역사를 통해 발생했던 커다란 경제적 파국에 일괄적으로 의미있게 적용될 수 없다. 따라서 우리는 그것으로부터 어떤 계몽을 바랄 수 없다.

이런 중요한 결점을 고려하더라도, 의심의 여지없이 REBCT 연구프로그램은 "매우 영향력 있었고", 이 분야에서 이루어지고 있는 현재의 연구는 1980년대 초에 쉬들란과 프레스컷이 만들었던 초기의 대표적 경제주체-경쟁적 유일균형 모형과는 '큰 차이'가 있다(Williamson, 1996). 하틀리 외(Hartley et al., 1998)는 새롭고 논쟁적인 사고들이 오류가 있는 경우에도 상당한 결과를 가져오는 경우가 종종 있다고 말한다. 그러나 그들은 "실물경기변동 모형들은 포퍼적인 방법론에 입각한 대담한 추측이며 증거에 비추어 볼 때 반박되고 만다"고 결론내린다. 하지만 안정화 정책이 아무런 역할도 하지 못한다는 실물경기변동 이론의 견해를 거부하는 경제학자들에게는 왜 시장이 청산되지 않는가를 일관적인 방식으로 설명해야 하는 이론적 난제가 남아 있다.

1970년대 말에 시작해서 그 이후 계속하여 수많은 경제학자들이 많은 시장에서 가격과 임금의 조정 속도가 느린 이유를 설명해야 한다는 도전을 받아들였다. "경직성의 합리성"이라는 주제는 새케인즈학파 경제학자들 연구의 주요 면모다. 이제 다음 장에서 그들의 연구를 살펴보기로 하자.

Interveiw

에드워드 프레스컷 (Edward C. Prescott, 1940~)

에드워드 프레스컷은 뉴욕 주의 글렌스 폴스(Glens Falls)에서 1940년에 태어났으며, 1962년에 스워스모어 컬리지(Swarthmore College)에서 수학 학사학위를, 1963년에 케이스 공과대학교(Case Institute of Technology)에서 오퍼레이션 리서치 석사학위를, 1967년에 카네기멜런 대학교에서 박사학위를 받았다. 펜실베이니아 대학교 경제학 조교수(1966~71년), 카네기멜런 대학교 조교수(1971~2년), 부교수(1972~5년), 정교수(1975~80년), 미네소타 대학교 리전트 석좌교수(1980~2003)를 역임했다. 2003년 이후에는 아리조나 국립 대학교에서 경제학 교수로 재직하고 있다.

프레스컷 교수는 여러 상황에서 합리적 기대가 갖는 함축들에 관한 연구로 매우 커다란 영향을 끼쳤으며 최근에는 확률적 일반균형 동학이론의 발전에도 기여하고 있다. 그는 경기변동에 대한 실물경기변동적 접근법의 대표자로 널리 인정되고 있다. 2004년에는 핀 쉬들란(Finn Kydland)과 함께, "경제정책의 시간일관성과 경기변동의 주요 원인 등, 동학적 거시경제학에 대한 기여"로 노벨경제학상을 수상했다. 그의 저서들 중 가장 널리 알려진 것으로는, 낸시 스토키(Nancy Stokey) 및 로버트 루커스와 공저한 《경제동학에서 재귀적 방법》(*Recursive Methods in Economic Dynamics*, Harvard University Press, 1989), 스티븐 파렌테(Stephen Parente)와 공저한 《부를 막는 장벽》(*Barriers* to *Riches*, MIT Press, 2000)이 있다. 널리 읽히는 그의 논문에는 다음과 같은 것들이 있다. 〈불확실성 하에서의 투자〉("Investment Under Uncertainty," *Econometrica*, 1971, 루커스와 공저), 〈재량보다는 준칙: 최적계획의 비일관성〉("Rules Rather Than Discretion: The Inconsistency of Optimal Plans," *Journal of Political Economy*, 1977, 쉬들란과 공저), 〈투자실현 시차와 총량 변동〉("Time to Build and Aggregate Fluctuations," *Econometrica*, 1982, 쉬들란과 공저), 〈경기변동 측정에 앞선 이론〉("Theory Ahead of Business Cycle Measurement," *Federal Reserve Banks of Minneapolis Quarterly Review*, 1986), 〈경기변동: 실물적 사실과 화폐적 신화〉("Business Cycles: Real Facts and a Monetary Myth," *Federal Reserve Bank of Minneapolis Quarterly Review*, 1990, 쉬들란과 공저), 〈컴퓨터를 사용한 실험: 계량경제학적 도구〉("The Computational Experiment: An Econometric Tool," *Journal of Economic Perspectives*, 1996, 쉬들란과 공저), 〈번영과 침체〉("Prosperity and Depression," *American Economic Review*, 2002).

인터뷰는 1998년 1월 3일, 미국경제학회 연례학술대회에 참석하고 있던 프레스컷 교수가 머물고 있던 시카고의 호텔에서 이루어졌다.

배경지식

| 언제 어디서 처음으로 경제학을 공부하셨나요?

처음 경제학을 공부한 것은 제가 1963년 카네기멜런(Carnegie-Mellon) 대학교의 대학원생이었을 때입니다. 당시에는 카네기 공과대학(Carnegie Institute of Technology)이었지요. 학부 때에는 물리학을 전공했습니다. 그 당시는 러시아의 인공위성 스푸트닉(*Sputnik*)의 시대였고 물리학은 당시 가장 각광을 받던 분야였습니다. 물리학에서 두 개의 지루한 실험실 과목이 있었는데 그게 별로 맘에 들지 않아서 수학과로 전과했습니다.

| 경제학의 어떤 면에 매료되었나요?

물리학에서 수학으로 전공을 바꾼 후 처음에 저는 응용수학을 하려고 생각하고 있었습니다. 그래서 오퍼레이션 리서치로 학위를 받았지요. 그런 다음 학제적 프로그램에 참여했는데 참여자들 중 가장 똑똑하고 흥미로웠던 사람들이 경제학자였습니다. 제가 카네기멜런에 입학했을 때는 로버트 루커스가 조교수로 막 부임했을 때입니다. 하지만 제 스승은 마이클 로벨(Mike Lovell)이었습니다. 정말 멋진 사람이었지요.

| 루커스와 로벨 외에 교수님에게 특별히 영향을 주었거나 그로부터 영감을 얻은 다른 교수들이 있습니까?

물론이지요. 모리 드 그로트(Morie de Groot)는 위대한 베이지언(Bayesian) 통계학자였습니다.

| 교수님 자신의 연구와 관련해서는 어느 경제학자가 가장 커다란 영향을 끼쳤나요?

로버트 루커스라고 말씀드려야 하겠지요. 제 학생이었던 핀 쉬들란도 포함됩니다. 쉬들란과는 제 논문 중 가장 중요한 두 개의 논문을 같이 썼습니다(Kydland and Prescott, 1977, 1982).

| 지난 20여 년 동안 교수님은 쉬들란과 매우 많은 논문들을 공저했습니다. 그를 처음 만난 때는 언제인지요?

카네기멜런 대학교를 졸업하고 제가 처음으로 얻은 직장은 펜실베이니아 대학교였습니다. 카네기멜런 대학교로 다시 돌아왔을 때 쉬들란은 본격적으로 연구를 할 채비가 되어있던 대학원 상급반 학생이었지요. 당시 카네기멜런 대학교의 경제학과 대학원 과정은 약 7명의 교수와 7명의 학생으로 구성된 아주 작은 규모였습니다. 규모가 작았기 때문에 학생들이 교수들과 밀접하게 연구를 할 수 있었지요. 루커스와 저에게는 몇 명의 공동지도학생이 있었습니다. 루커스와는 달리 저는 학생들이 무서워하지 않았거든요. [웃음]

거시경제학의 발전

| 교수님의 경제학에 커다란 영향을 끼친 사람이 루커스라고 이미 말씀하셨는데, 교수님은 케인즈 이후 거시경제학에 가장 커다란 영향을 끼친 경제학자가 루커스 외에 또 누가 있다고 생각하시는지요?

만일 성장이론이 거시경제학의 일부라고 한다면 로버트 솔로(Robert Solow)를 들어야만 할 것입니다. 피터 다이어먼드(Peter Diamond), 토머스 사전트(Tom Sargent), 닐 월리스(Neil Wallace)도 매우 큰 영향을 끼친 사람들입니다.

| 밀튼 프리드먼은 어떻습니까?

제가 알기로 루커스는 통화주의 시대 때 프리드먼이 경제학 연구에 믿기 어려울 정도로 지대한 영향을 끼쳤다고 생각합니다. 프리드먼의 연구가 경제의 통화적 측면에 관심을 가진 사람들에게 영향을 끼쳤음은 분명합니다. 예를 들어 닐 월리스는 프리드먼의 지도학생이었지요. 하지만 저는 화폐의 이론적 기초를 수립하려는 닐 월리스의 연구 쪽에 더 편향되어 있습니다. 프리드먼이 안나 슈워츠와 공저한 통화이론에서의 연구(Friedman and Schwartz, 1963)는 주로 실증적인 연구입니다. 자연실업률 이론에서는 회계의 단위가 중요하지 않지요. 바로 이 자연실업률에 관한 프리드먼의 논의야말로 중요한 이론이지요. 하지만 프리드먼은 동학적 균형이론 패러다임이나 확률적 동학의 틀로 경제이론을 확장하는 것을 인정한 적이 없습니다.

| 교수님이 학생이었을 때는 "거시경제학에 관한 한 케인즈 이론이 경제학계에서 유일한 이론인 듯

보였던"(Barro, 1994) 때입니다. 케인즈주의 모형이 타당하다고 생각한 적은 없었나요? 그 당시 케인즈주의자였던 적은 없었나요?

학위논문에서 저는 케인즈주의적인 경기변동 모형을 사용했습니다. 패러미터들의 값을 모르는 상태에서, 경제를 더 잘 안정하기 위해서는 최적 통계적 결정이론을 적용할 수 있을 것이라고 생각했지요. 그런 후 펜실베이니아 대학에 갔지요. 래리 클라인이 거기에 있었습니다. 클라인은 정말로 훌륭한 학자였습니다. 클라인은 당시 조교수였던 제게 많은 도움을 주었고 저는 정말로 고마웠습니다. 저는 또 워튼 경제예측(Wharton Economic Forecasting) 그룹과도 관계를 갖고 있었습니다. 하지만 루커스와 함께 〈불확실성 하에서의 투자〉("nvestment Under Uncertainty," *Econometrica*, 1971)를 쓰고 1972년 《저널 오브 폴리티컬 이코노미》(*Journal of Political Economy*)에 발간된 그의 〈기대와 화폐중립성〉("Expectations and the Neutrality of Money")을 읽은 후, 저는 제 자신이 케인즈주의자가 아니라고 마음을 먹었습니다. [큰 미소를 지음] 실제로 그 이후 10년 동안 저는 거시경제학을 가르치지 않았습니다. 1981년 봄 미네소타 대학교로 옮겼을 때서야 비로소 저는 이 분야를 가르칠 정도로 충분히 이 분야를 이해한다고 생각했습니다.

경기변동

| 경기변동 연구는 그 자체로 일련의 부침 과정을 거쳐 왔습니다. 경기변동 연구는 1920년대와 1940년대 사이에 흥했다가 1950년대와 1960년대에는 쇠퇴했습니다. 그러다가 1970년대에 와서 다시 관심의 대상이 되었지요. 1970년대에 경기변동 연구에 대한 관심이 다시 살아나는 데 영향을 끼친 중요한 요소는 무엇인가요?

두 가지 요소가 경기변동에 대한 관심을 환기시키는 데 중요한 역할을 했습니다. 첫째, 루커스가 경기변동의 문제를 멋지게 정의했다는 것입니다. 왜 시상경세에서는 장기추세선 주위를 따라 산출과 고용이 반복적으로 변동하는가? 둘째, 경제이론이 확률적 동학의 경제환경을 연구하는 데로 확장되었다는 것입니다. 이런 이론적 도구들은 경제이론이 경기변동에 대해 갖는 함의를 도출하는 데 필요합니다. 실제로 경기변동에 대한 관심은 항상 존재해 왔습니다. 하지만 경제학자들은 필요한 이론적 도구 없이 아무 일도 할 수 없었던 것이지요. 이렇게 말하니까 저는 경제학이 이론적 도구에 의존하는 학문이라고, 즉 필요한 도구 없이는 어찌할 도리가 없다고 믿는 사람들 축에 끼게 될 겁니다.

| 1980년대 초 핀 쉬들란과의 공동연구가 알려진 후에 경기변동의 정형화된 사실들이 무엇인가에 대해 많은 학자들이 다시 연구를 했습니다. 교수님은 좋은 이론이라면 반드시 설명해야 할 경기변동의 가장 중요한 정형화된 사실들이 무엇이라고 생각하시는지요?

경기의 순환적 변동은 바로 동학적 경제이론이 예측하는 것입니다. 1970년대에는 모든 사람들이

통화야말로 경제에의 충격이라고 생각하고 충격의 전달경로를 찾으려고 했습니다. 쉬들란과 저는 1982년에 《이코노메트리카》(*Econometrica*)에 게재된 공동 논문("Time to Build and Aggregate Fluctuations")에서 충격의 전달경로를 찾기 위해 모형 속에 많은 요소들을 집어넣었습니다. 우리가 발견한 것은 경제이론에 따르면 생산기술 충격이 현실에서 관찰되는 경기순환적 변동을 발생시킨다는 것이었습니다. 장기 추세선으로부터 이탈하는 변동의 규모와 지속기간이 실제 자료와 맞았습니다. 투자가 산출보다 3배 가량 더 변동적이고 소비 변동이 산출 변동의 반 정도라는 사실도 자료와 일치합니다. 산출의 경기순환적 변동의 대부분을 설명하는 것이 노동투입량의 변동이라는 사실도 일치합니다. 이것은 놀라운 성공입니다. 우리가 사용한 이론, 즉 신고학파 성장이론은 경기변동을 설명하기 위해 개발되지 않았습니다. 그 이론은 성장을 설명하기 위해 개발되었었지요.

| 미국의 실제 경기변동 경험을 거의 똑같이 닮은 경기변동 모습을 보이는 모형경제를 만들 수 있었다는 데 본인들도 놀랐나요?

예, 그랬지요. 그 당시 단계에서 우리는 아직도 실증자료에 맞는 모형을 찾고 있었습니다. 이것은 주어진 문제에 답하기 위해 이론을 사용하는 것과는 다릅니다. 아직 생산기술 충격의 규모를 적절히 축소하지 않았기 때문에 노동공급의 시제적 탄력성이 너무 높았습니다. 이와 다른 맥락에서 저는 저의 또 다른 학생인 라지 메흐라(Raj Mehra)와 함께 논문을 썼습니다(Mehra and Prescott, 1985). 여기서 우리는 기본적 이론을 사용하여 실물자본과 주식의 평균수익률 차이를 설명하려고 했습니다. 기존의 이론이 제대로 작동할 것이라 생각했던 거지요. 재무분야 경제학자들이 그렇게 말했거든요. [웃음] 실제로 우리가 발견한 것은 커다란 평균수익률 차이 중 아주 작은 부분만을 기존 이론이 설명할 수 있다는 것이었습니다.

| 시제적 노동대체 효과가 강력하다는 증거가 없다는 비판에 대해서는 어떻게 생각하시나요?

그 점에 관해서는 노동의 불가분성에 관한 핸슨(Gary Hansen, 1985)과 로저슨(Richard Rogerson, 1988)의 중요한 이론적 발전이 결정적입니다. 한계량으로 그들이 사용하는 것은 노동자들이 일하는 시간의 수가 아니라 일하는 노동자들의 수입니다. 그러면 시제적으로 노동을 대체하려는 정도는 개인 노동자들에게는 작지만 대표적 가계에게는 매우 크게 나타납니다. 미시적 자료를 사용하는 노동경제학자들은 노동시간수와 시간당 보수 사이의 연관관계가 전일제 노동자에게 매우 약하다는 사실을 알고 있었습니다. 그들은 이런 관찰에 기초하여 노동공급 탄력성이 작다는 결론을 내렸던 것이지요. 그러나 이 초기의 연구들은 현실의 두 가지 중요한 측면을 고려하지 못했습니다. 첫째는 노동공급 변동의 대부분은 일하는 노동자들의 수이지 노동시간의 길이가 아니라는 것입니다. 이 초기 연구들에서 고려되지 못한 현실의 중요한 두 번째 측면은 임금이 노동자의 경력과 함께 증가한다는 것입니다. 즉 개인 노동자가 받는 보수의 일부는 이런 경력에 대한 것이지요. 현실의 이

측면이 고려되면 노동공급 추정치는 매우 크게 됩니다. 시제적 노동대체 탄력성이 크다는 사실을 뒷받침하는 증거는 이제 매우 많이 축적되었습니다. 거시적 노동경제학자와 미시적 노동경제학자들이 동일한 견해를 갖게 되었습니다.

| 프리드먼(Snowdon and Vane, 1997b 참조)이나 맨큐(Mankiw, 1989) 혹은 서머스(Summers, 1986) 같은 저명한 경제학자들이 총량 변동을 설명하는 이론으로서 실물경기변동이론을 강도 높게 비판해 왔습니다. 실물경기변동이론을 비판하는 문헌이 제기한 비판들 중에서 가장 심각한 비판은 무엇이라 생각하시는지요?

일반적으로 모형은 비판의 대상이 아닙니다. 이론이라면 혹시 모르지만. 좋은 예로 재정학에서 많이 사용되었던 솔로 성장모형을 들 수 있습니다. 모형의 예측 중 일부가 실증자료와 부합하는 것으로 확인됨에 따라 사람들은 그 구조에 대해, 그리고 서로 다른 조세정책의 결과에 대해 재정학자들이 이야기하는 것에 좀 더 확신을 갖게 되었습니다. 루커스(Lucas, 1987)는 [실물경기변동 모형에서 요구하는] 생산기술 충격이 너무 큰 것처럼 보인다면서 이 점이 가장 거슬리는 점이라고 말합니다. 총요소생산성이 5년 간격으로 얼마나 변동하는가를 보고 이 변화가 서로 독립적이라 가정하면, 분기별 변화는 클 수밖에 없습니다. 미국과 인도의 총요소생산성 차이는 적어도 400%는 됩니다. 이것은 예를 들어 2년 기간 동안 생산기술 충격으로 인해 생산성 증가가 평균보다 1~2% 높거나 낮은 경우에 비해 훨씬 큰 수치입니다. 그런데 이 정도의 수치라면 경기후퇴나 호황이 발생하기에 충분합니다. 다른 요소들도 중요합니다. 조세율은 노동공급에 큰 영향을 주고, 선호에 대한 충격도 제외할 수는 없습니다. 사회전체의 태도가 어떤 영향을 끼칠지에 대해서는 잘 모르겠습니다. 그것을 아는 사람은 없습니다. 예를 들어 여성의 노동참여율이 상승할지 안할지 아는 사람은 없을 것입니다.

| 교수님은 1986년 발표한 미네아폴리스 연방은행 연구논문인 〈경기변동 측정에 앞선 이론〉("Theory Ahead of Business Cycle Measurement")에서, "평균기술진보율의 결정요인들"에 초점을 맞춰야한다고 결론지었습니다. 평균기술진보율을 결정하는 주요 요소들은 어떤 것이라 생각하시는지요?

총요소생산성의 결정요인이야말로 경제학에서 가장 중요한 문제입니다. 미국의 총요소생산성이 인도의 총요소생산성의 4배가 되는 이유를 알기만 한다면, 인도는 당장 필요한 적절한 행동을 취해서 미국만큼 부국이 될 수 있을 겁니다. [웃음] 물론 세계 전체에서 일반적으로 생산성이 상승하는 것은 폴 로머(Paul Romer)가 이야기하는 규모에 관한 수확체증과 지식스톡의 증가와 관련될 수밖에 없습니다. 그러나 특히 여러 국가 사이의, 혹은 여러 시기 사이의 상대적 생산성 수준을 보면 알 수 있듯이, 총요소생산성에는 이것보다 더 많은 측면이 있습니다. 예를 들어 필리핀과 한국은 1960년에 비슷했지만 지금은 완전 딴판이지요.

| 제도는 얼마나 중요합니까?

아주 중요합니다. 법체계, 특히 상거래법과 재산권체계는 매우 중요합니다. 사회는 특정 요소공급자들 그룹을 보호합니다. 그들의 현재 상태를 보장하는 것이지요. 예를 들어 인도에서 교육 수준이 높은 은행직원들이 손으로 일일이 숫자를 장부에 써 넣는 이유를 아시는지요? 지난 몇 년 동안 저는 이 문제들에 관해 많은 문헌을 섭렵했습니다. 하지만 해답을 얻는 때보다는 질문이 생기는 때가 더 많습니다. [웃음]

| 기술변화라는 문제를 생각할 때 교수님은 슘페터의 팬이신지요?

원래의 슘페터라면 팬이지만, 최근의 신슘페터주의의 팬은 아닙니다. [웃음] 신슘페터주의자들은 독점이 필요하다고 주장합니다. 하지만 빈국들이 필요로 하는 것은 더 많은 경쟁이지 더 많은 독점이 아닙니다.

| 쉬들란과 공저하신 1991년 《이코노믹 시어리》(*Economic Theory*)에 게재된 논문에서 교수님은 전후 미국의 경기변동의 2/3 이상이 생산기술 충격에 기인한다고 추정했습니다. 후에 많은 경제학자들이 모형경제에 몇몇 수정을 가했는데요. 조장옥과 쿨리(Cho and Cooley, 1995)가 그 예이지요. 생산기술 충격이 총량 변동에 끼치는 영향은 그런 수정에 대해 얼마나 견고한가요?

2/3이라는 숫자에 대한 비판은 두 군데에서 시작되었습니다. 첫째는 시제적 노동대체 탄력성 추정치의 크기이고, 둘째는 생산기술 충격이 우리가 추정한 만큼 큰가라는 의문입니다. 총량 변동을 설명하는 데 수많은 다른 요소들을 도입할 수 있고, 이 요소들이 반드시 상반되는 것은 아닙니다. 어떤 요소들은 다른 요소들이 변하는 반대 방향으로 변하여 후자의 영향을 상쇄하기도 하고, 어떤 요소들은 같은 방향으로 변하여 서로의 효과를 증대하기도 합니다. 생산성 충격이 그렇게 크게 보이나요? 아이헨바움(Eichenbaum, 1991)은 그 충격의 크기를 줄이고 줄여서 총요소생산성 충격의 표준편차로 0.005라는 수치를 제시했습니다. 제가 제시한 수치는 0.007입니다. 저는 아이헨바움에게 이언 플레밍(Ian Fleming)의 비밀요원 005가 이미 죽었다고 말해 주었습니다. 비밀요원 007은 아직 살아있지요. [웃음]

| 명목 경직성, 불완전 신용시장 등과 같은 케인즈주의적 요소들을 실물경기변동이론 모형에 도입하는 최근의 발전은 어떻게 생각하시는지요?

저는 이론을 정량화하는 방법론을 좋아합니다. 경직적 가격과 독점적 경쟁을 도입하는 것은 통화 쪽 측면에 맞는 메커니즘을 찾으려는 시도입니다. 희망한 만큼 결과가 좋았다고는 생각하지 않지만 시도는 좋은 것으로 보입니다.

| 1970년대에 루커스, 사전트, 월리스 등이 발전시킨 예상되지 않은 통화충격 새고전파 모형은 영향력이 컸습니다. 그 특정 접근법에 대한 신념이 바뀌기 시작한 것은 언제쯤부터입니까?

1982년 논문에서 쉬들란과 저는 아주 조심스러웠습니다. 우리는 전후 기간에 만일 생산기술 충격이 유일하게 발생한 충격이었다면 경제의 실제 변동 중 70% 정도가 발생했을 것이라고만 말했습니다. 프리드먼과 슈워츠(Friedman and Schwartz, 1963)의 실증자료 중 일부, 특히 1890년대와 초기 1900년대부터의 자료를 보면 수차에 걸쳐 금융위기가 발생했고 그에 따라 실질생산이 크게 감소했습니다. 제가 통화적 설명으로부터 벗어난 것은 최근입니다. 그렇게 된 주요한 이유 중 하나는 그토록 수많은 똑똑한 사람들이 설명력 좋은 통화적 전달경로를 찾으려고 했음에도 불구하고 성공한 사람이 없다는 사실입니다. 통화충격을 통해서는 경제에 발생한 지속적인 변화를 설명하기가 어렵습니다.

| 쉬들란과 공저한 1977년 《저널 오브 폴리티컬 이코노미》 논문에서는 예상되지 않은 통화적 충격을 가할 수 있다면 경제의 실물에 영향을 끼친다고 하셨는데 그 주장을 지금은 어떻게 생각하시나요?

쉬들란과 제가 주장하려고 했던 바는 좀 더 현실적인 상황에서는 적정 통화정책이 비일관적이라는 것이었습니다. 실은 저널의 편집장이 이 간단한 예를 사용하라고 압력을 가했지요. 발표된 후 그 논문이 야기한 관심을 볼 때 그의 요구가 옳았다고 생각되네요. [웃음]

| 1970년대에 발전된 예상되지 않은 통화충격 모형과 1980년대 발전된 실물경기변동이론을 이어주는 근본적인 끈이 있다면 그것이 무엇이라고 생각하는지요?

방법론입니다. 루커스는 문제를 정의하는 데는 물론이고 방법론에서도 달인입니다. 쉬들란과 제가 1982년 논문을 위한 연구를 시작했을 때 그 결과가 이토록 중요한 논문이 되리라고는 생각하지 못했습니다. 사후적으로 보니 그것이 중요한 논문이 되었더라고요. 그 논문을 쓰면서 우리도 많은 것을 배웠고 루커스에게도 방법론에 관한 그의 생각에 영향을 끼쳤습니다. 그 논문을 통해 경제학계는 거시경제학 이론을 좀 더 정량화하는 쪽으로, 즉 실제로 변수들이 얼마나 큰가를 이야기하는 쪽으로 다가갔습니다. 현실에는 무수히 많은 요소들이 존재합니다. 그 중 많은 것들은 추상해 버려야 하지요. 그렇지 않으면 이론이 너무 복잡해지지요. 여기서 어떤 요소들이 별로 중요하지 않고 어떤 요소들이 중요한가를 알아야만 합니다.

| 경기변동의 정형화된 사실들을 이야기해 보지요. 실증자료에 따르면 물가와 인플레이션이 경기순행적인가요 아니면 경기역행적인가요?

쉬들란과 제가 발견한 바에 따르면 미국에서 2차 세계대전 이후 물가는 경기역행적이었지만 두 세계대전 사이 기간에는 경기순행적이었습니다(Kydland and Prescott, 1990). 인플레이션을 구

하려면 물가의 도함수를 구해야 하는데 여기서는 상황이 더 복잡해집니다. 저는 인플레이션에 일관성을 지닌 규칙적 패턴이 없음을 알고 나서는 통화적 사실들의 중요성에 의문을 갖게 되었습니다. 하지만 연구가 더 진행되면 제 생각이 바뀔 수도 있습니다.

| 통화공급의 변화와 경기변동의 관계에 관한 교수님의 현재 생각은 어떤 것인지요?

그냥 느낌을 말해도 되나요? [웃음] 통화정책과 재정정책은 긴밀히 연결되어 있다고 생각합니다. 예산이 제약된 하나의 정부가 있을 뿐이기 때문이죠. 이론에서는 적어도 예산이 제약된 재정당국과 그와는 독립적인 통화당국이 있는 것으로 설정할 수 있습니다. 현실에서 중앙은행이 높은 정도의 독립성을 가진 나라들이 있기는 합니다. 최근에 아주 간단한 폐쇄경제 모형들을 실험했는데 여기서는 불행하게도 아주 빠르게 모든 것이 복잡해집니다. [웃음] 이 모형들 중 어떤 것에서는 정부정책이 변화하면 실물 효과가 발생합니다. 정부 '승수'가 표준적인 실물경기변동 모형에서 얻어지는 승수와 매우 다릅니다. 국가부채 관리, 통화공급, 정부지출과 관련하여 통화정책과 재정정책 사이에 복잡한 상호작용이 일어납니다. 따라서 제 생각에는 아직도 연구해야 할 모형들이 수없이 많이 있으며, 좀 더 나은 연구도구를 갖게 되면 더 많은 것을 배울 수 있을 것입니다.

| 실업 문제가 최우선 과제라고 하는 것이 케인즈주의자들이 보여주는 주요한 측면 중 하나입니다. 균형경기변동이론은 실업을 부차적인 문제로 다룹니다. 실업에 관해서는 어떻게 생각하시는지요?

실업에 대해서는 아주 쉽습니다. 왜냐하면 현실 경제로 나가서 측정하면 되기 때문이지요. 사람들이 얼마나 많은 시간을 일하고 얼마나 많은 사람들이 일하는가를 알 수 있습니다. 실업이 갖는 문제는 그것이 잘 정의된 개념이 아니라는 것입니다. 프랑스나 스페인 같은 유럽 국가들의 경험을 볼 때, 실업은 이 국가들이 설립한 제도와 관련이 있는 것으로 생각됩니다. 실업, 특히 청년실업은 사회적 문제입니다. 현재 륭크비스트와 사전트(Ljungqvist and Sargent, 1998)가 이 문제에 관해 연구를 하고 있으며, 제가 좀 더 연구를 하고자 하는 주제도 이것입니다.

| 교수님의 연구는 성장과 경기변동을 통합한 접근법입니다. 이점을 고려하면 총량 변동을 이야기할 때 '경기변동'이라는 용어를 버려야 하지 않을까요?

경기변동은 주로 얼마나 많은 시간 동안 사람들이 일하느냐에 따른 변동입니다. 이 표현이 적절한가요? 당신이 결정하세요. [웃음] 당신의 질문이 함축하는 바에 동감하지만 현재로서는 그보다 더 좋은 용어를 생각할 수 없네요.

방법론

| 교수님은 선도적인 실물경기변동 이론가로 알려져 있습니다. 이런 평가에 만족하시는지요?

저는 실물경기변동이론을 방법론으로 보는 경향이 있습니다. 동학적 응용 일반균형 모형은 커다란 진전이었습니다. 요즘 행해지는 응용분석은 이전에 비해 훨씬 나아졌습니다. 그런 응용분석과 제가 관계가 있는 한에서, 그리고 그런 응용분석의 출발점을 제가 제공했다는 한에서 그런 평가에 만족합니다.

| 교수님은 자신의 연구가 거시경제학에서 혁명을 일으켰다고 생각하시는지요?

아닙니다. 저는 그저 경제학의 논리에 따랐을 뿐입니다. 실질적인 극적 변화는 없었습니다. 단지 동학적 경제학으로 확장되는 상황이 있었을 뿐입니다. 상황이 어떤지 알고 그에 맞춰 새롭게 대처하는 데에는 시간이 걸립니다. 사람들은 항상 혁명을 찾으려 하지요. 언젠가는 어떤 혁명이 일어날 수도 있습니다. 그러나 저는 앉아서 기다리고 있지는 않을 겁니다. [웃음]

| 캘리브레이션이 실물경기변동 모형의 발전에 어떤 역할을 했나요?

저는 모형을 무엇인가를 측정하기 위해 사용하는 것이라 생각합니다. 문제가 주어지면 우리의 모형경제가 어떤 특정 차원에서 현실과 부합되기를 원하는 게 사람들의 전형적인 태도입니다. 온도계를 얼음에 얹어 놓거나 끓는 물속에 집어넣을 때 우리는 온도계가 온도를 정확히 측정하길 원합니다. 과거에 경제학자들은 모든 것을 설명할 수 있는 모형을 찾으려고 했고 이 때문에 진보가 더뎠습니다. 최근에는 실증자료를 마치 복음처럼 받아들이지 않습니다. 우선 그 실증자료가 어떻게 수집되었는가를 보는 것이지요. 이렇기 때문에 사람들은 경제에 대한 정부자료에 대해 많은 것들을 알아야만 합니다.

| 루커스의 논문(Lucas, 1980a) 〈경기변동이론에서 방법과 문제〉("Methods and Problems in Business Cycle Theory")는 교수님이 캘리브레이션 접근법을 발전시키는 데 얼마나 중요했나요?

지금 정확히 기억하지는 못합니다. 제가 루커스의 안목을 좀 더 분명하게 이해한 것은 더 후의 일입니다. 그 당시에는 특정한 문제에 답하는 모형을 구축하기 위한 지침으로 경제이론을 이해하는 대신, 모형 그 자체를 찾아내야만 한다고 생각하고 있었지요. 옳거나 그른 모형은 절대로 없습니다. 문제는 모형이 그 모형을 사용하는 목적에 잘 부합하는가입니다.

| 케빈 후버(Hoover, 1995b)는 "현재까지의 캘리브레이션 방법론은 계량경제학적 방법에서 제시하는 것만큼 엄격한 기준을 결여하고 있다"고 주장합니다. 만일 케인즈주의 모형과 실물경기변동 모형 둘 다 잘 작동한다면 교수님을 어쩌실 겁니까? 둘 중 어느 것을 선택하실 것인가요?

케인즈주의적 이론틀을 지침으로 삼아 모형을 구축한다고 가정해 봅시다. 그리고 이 모형들이 잘 작동한다고 가정해 봅시다. 그러면 정의상 이것은 성공입니다. 궁극적으로 케인즈주의적 모형에 대해 신고전학파적인 기초를 제공할 수 있을 것이라는 견해가 있었습니다. 하지만 케인즈주의 프로그램에서는 이론이 모형을 구축하는 데 기준을 제공하지 않습니다. 방정식을 선택하는 문제의 많은 부분이 실증적인 문제로 귀결되었습니다. 이론은 어떤 계수들이 영(零)이 되도록 이런 방정식을 제한하는 데 사용되었지요. 아시다시피 케인즈주의자들은 방정식에 대해 이야기합니다. 응용 일반균형 접근법에서는 방정식에 대해 이야기하지 않습니다. 우리는 항상 생산함수, 효용함수 혹은 사람들이 대체할 수 있는 능력과 대체하려는 의지에 대해 이야기합니다. 우리는 경제의 운동법칙을 찾아내는 데 케인즈주의자나 통화주의자처럼 물리학자를 따르지 않습니다. 케인즈주의 접근법은 실제로 실행되고 검증받았습니다. 루커스와 사전트(Lucas and Sargent, 1978)를 인용하면, 1970년대에 케인즈주의적 거시경제 모형은 "대규모의 계량경제학적 실패"를 경험했습니다.

| 컴퓨터 실험이 계량경제학적 도구로 인정되어야 하는가의 문제는 어느 정도로 의미론적인 문제인가요?

그것은 전적으로 의미론적입니다. 라그나르 프리쉬(Ragnar Frisch)는 신고전학파 경제학을 정량적으로 만들길 원했습니다. 정량적 이론경제학과 정량적 응용경제학, 그리고 이 둘의 통합을 이야기했지요. 현재 이야기되는 협의의 계량경제학 정의는 이론적 측면에만 초점을 맞추고 있습니다.

| 로런스 서머스(Lawrence Summers, 1991a)는 〈실증 거시경제학에서의 과학에 대한 환상〉("The Scientific Illusion in Empirical Macroeconomics")이라는 논문에서 주장하기를, 형식적인 계량경제학 연구가 경제학 지식의 성장에 끼친 영향은 미미한 반면 프리드먼과 슈워츠(Friedman and Schwartz, 1963) 같은 사람들이 한 비형식적이고 실용적인 접근법이 끼친 영향은 지대하다고 했습니다. 교수님은 서머스의 견해에 동의하시는지요?

어떤 면에서는 동의하지만 어떤 면에서는 동의하지 않습니다. 안전한 입장을 취해야지요. [웃음] 서로 다른 두 가지 사항 중에서 진리일 가능성이 더 높은 것이 지식이라고, 그래서 시간이 흐름에 따라 관찰이 늘고 그에 따라 우리가 진리에 가까워질 것이라고 생각할 수 있습니다. 그러나 현실은 그런 방식으로 작동하지 않습니다.

경제성장과 경제발전

| 1980년대 중반 이후 많은 경제학자들이 경제성장이라는 주제에 관심을 쏟았습니다. 그 덕분에 부

국과 빈국 사이에 수렴현상이 존재하지 않는다는 사실을 좀 더 잘 설명할 수 있게 되었다고 생각하시는지요?

폴 로머(Romer, 1986)와 로버트 루커스(Lucas, 1998)가 촉발한 새성장이론과 새경제발전 문헌은 매우 흥미진진합니다. 이제 우리는 인류의 생활수준이 문명의 태초부터 산업혁명까지 거의 일정했지만 그 이후 무엇인가 일이 발생했다는 것을 압니다. 동양의 국가들(예를 들어 중국, 인도, 일본 등)을 서양의 국가들과 비교하면, 이들 국가들은 일인당 총국내소득으로 볼 때 1800년에는 거의 동일했습니다. 그러나 1950년에 이르면 서양이 동양보다 10배 가량 더 잘 살며, 현재는 약 4배 정도입니다. 따라서 수렴 현상이 존재합니다. 차이가 발생한 때는 근대적 경제성장이 시작할 때였습니다. 예를 들어 중국에서 농민들은 서기 2세기 때에도 1950년 때의 부만큼을 누렸습니다. 지금은 그것보다 훨씬 더 많은 부를 누리고 있습니다. 일본에서는 근대적 경제성장이 중국보다 더 일찍 시작했지만, 2차 세계대전 이후 시기까지는 그리 눈에 띤 성장은 없었습니다. 영국이나 미국에 비교한 1870년의 일본의 위치는 1937년의 위치와 거의 같습니다. 현재는 아프리카의 일인당 소득 증가도 부국에서의 증가율과 비슷합니다. 제가 보기에 이들 국가들은 앞으로 훨씬 더 높은 증가율로 증가할 것이고 선진국들을 금방 따라잡을 것입니다. 또 인도, 파키스탄, 인도네시아, 필리핀 같은 나라들을 보더라도 현재 선진 산업국들보다 더 빨리 성장하고 있습니다. 따라서 저는 지난 50년 동안 그랬듯이 앞으로 50년 동안에도 국가들의 수렴이 많이 진행될 것이라 믿습니다. 이런 결론은 모두 실증자료를 어떻게 보느냐에 달려 있습니다.

| 내생적 성장이론은 경제성장을 촉진시키는 데 정부의 역할이 무엇인가에 관한 논쟁을 불러일으켰습니다. 교수님은 정부의 역할이 무엇이라 생각하시는지요?

제가 관심을 갖는 것은 인도 같은 빈국의 문제입니다. 이런 나라에서는 무엇인가 일이 일어나도록 해야지 현재 상태를 유지해서는 안 됩니다. 예를 들어 인도에는 이상한 사업허가 절차가 있습니다. 어떤 일이 한번 일어나면 그에 뒤따르는 일들이 매우 빨리 일어나고 빠른 발전이 있을 수 있습니다.

| 발전경제학에 관한 관심이 부활한 것을 어떻게 설명하시겠습니까?

발전경제학은 이전의 분석도구가 허락하는 한에서 그 패러다임을 끝까지 발전시켰습니다. 이제 새로운 세대가 나타나서 그 패러다임을 조금 더 진전시키려 하고 있습니다. 새로운 실증자료가 수집되고 흥미진진한 이론이 발전된 것이 부활의 열쇠입니다. 크라비스(Kravis), 그리고 최근에는 서머스와 헤스턴(Summers and Heston, 1991) 같은 학자들이 새로운 실증자료를 제공함으로써 경제학계에 큰 도움을 주었지요.

일반적 사항들

| 중급 학부생들에게 거시경제학을 가르쳐달라고 부탁받으시면 어떻게 가르치실 것인가요?

기본적으로 저는 솔로 성장모형에 중심을 둡니다. 여기서 생산요소들은 각자의 한계생산에 따라 보수를 받지요. 그리고 두 가지 결정, 즉 소비-저축 결정과 노동-여가 결정을 고려합니다. 화폐와 관련된 주제를 다룰 때는 사람들이 자산을 보유하고 있는 기본적인 간단한 시제적 모형을 사용합니다. 월리스와 그의 학생들이 개발한 자료들은 사용하기에 매우 훌륭합니다. 학부생들에게 거시경제학을 가르칠 때 힘든 점은 교과서들이 그리 좋은 것이 없다는 사실이지요. 거시경제학에도 새뮤얼슨 같은 사람이 있어야 합니다. 새뮤얼슨은 예술가입니다. 학부생들을 전문 경제학계의 지식수준까지 끌어올리는 능력이 있습니다. 현재는 전문 지식과 학부생들 사이에 커다란 간극이 존재합니다.

| 교수님의 연구는 대부분 경제학에서 최첨단 지식의 전선을 넓히는 것이었습니다. 아주 기초적인 경제원론 교과서나 중급 거시경제학 교과서를 쓰겠다고 생각하신 적은 없나요?

교과서를 쓰는 데는 특별한 능력이 필요합니다. 제가 만일 그런 능력을 갖고 있다면 교과서 저술을 심각하게 생각해 볼 겁니다. 하지만 전 그런 능력이 없습니다. [웃음]

| 미국 정부의 경제자문가로 요청을 받으신 적이 있나요?

전혀 없습니다. [웃음] 저는 자주 흥분하는 경향이 있습니다. 경제자문가가 되기 위해서는 침착하고 그에 맞는 스타일이 있어야 합니다. 경제자문가는 훌륭한 경제학자는 물론 훌륭한 연기자도 되어야 합니다. 따라서 저는 경제자문가가 되겠다고 생각해 본 적이 없습니다. 제게 그런 능력이 있었다면 요청을 받았겠지요.

| 교수님은 거시경제학의 미래를 낙관적으로 보시나요?

그렇습니다. 커다란 발전이 있었고 앞으로도 계속 그럴 것이라 생각합니다.

| 현재 어떤 주제나 분야에서 연구를 하고 있나요?

저는 항상 여러 주제들에 대해 연구합니다. 그 중 하나는 성공하리라는 희망 때문이지요. [웃음] 최근에 두 편의 논문을 완성했습니다(Parente and Prescott, 1997; Prescott, 1998). 한 편은 경제발전에 관한 것인데 부의 축적에 장애가 되는 요소들을 다룹니다. 특정 독점권들이 총요소생산성에 커다란 차이를 가져오는 모형경제를 게임이론을 사용해서 구축합니다. 다른 논문은 재무경제학에 관한 것입니다. 합병과 관련된 기업들의 가치가 크게 증가하는 이유가 무엇인지를 다룹니다. 제가 앞서 지적했던, 통화정책과 재정정책 사이의 관계 및 상호작용이라는 주제도 좀 더 상세하게 다루고 싶습니다.

7

새케인즈학파

지금은 케인즈를 그가 틀림없이 속하게 될 명예의 전당에 안치시키고, 그와 그의 초기 및 후기 제자들의 기여들 중 가장 적절한 것들을 거시경제학의 다른 흐름들과 통합시키고자 노력할 시점이다.

(Lindbeck, 1998)

7.1 케인즈주의 경제학의 몰락과 성장

케인즈에 대해 가장 명확하게 비판했던 인물들 중의 하나인 데니스 로버트슨(Dennis Robertson)은 한 때 "최상의 견해란 사로잡힌 토끼와 같아서, 만일 당신이 같은 장소, 혹은 거의 같은 장소에서 있으면 토끼는 돌고 돌아 틀림없이 당신이 서 있는 자리로 올 것"이라고 말한 적이 있다. 이러한 로버트슨의 관찰을 예시해주는 훌륭한 사례는 고전학파와 케인즈학파의 사고가 모두 '새로운' 모습으로 부활하는 데서 찾아볼 수 있다. 이 책의 제5~6장에서 우리는 분석기법상 인상적이며 독창적인 기여, 특히 로버트 루커스(Robert Lucas)와 에드워드 프레스컷(Edward Prescott)에 의해 촉발된 기여에 힘입어 고전학파의 사고가 어떻게 새로운 형태로 제시되었는가를 설명했다. 이 장에서는 케인즈 경제학이 어떻게 20세기 말에 '부활'하게 되었는지에 대해 살펴볼 것이다.

앞에서 우리는 신고전파 종합과 결합된 정통 케인즈학파의 모형이 1970년대에 어떠한 비판을 받았는지 살펴보았다. 이제 케인즈학파 주류 학자들에게는 새고전학파의 비판이 이전에 좀 더 오랫동안 부딪쳤던 통화주의자들의 비판보다도 훨씬 더 강력하면서도 잠재적으로 훨씬 더 위협적인 도전임이 분명해졌다. 비록 정통 통화주의가 자신을 표준적인 케인즈학파 모형의 한 대안으로 표현했지만 그것이 이론적인 면에서 근본적인 도전은 아니었다(Laidler, 1986). 거시적 불안정성에 관한 루커스의 새고전학파 화폐이론이 프리드먼의 통화주의에 그 뿌리를 두고 있는 반면에, 새고전학파의 실물경기변동학파는 케인즈학파, 통화주의, 루커스의 화폐적 경기변동이론에 대한 하나의 도전이었다. 케인즈학파의 임금 및 가격 조정 방정식은 안정된 필립스 곡선(Phillips curve)이라는 생각에 기초하고 있었으므로 1970년대 대(大)인플레이션의 시기에 상당히 낮은 설명력을 보여주었는데, 이것은 케인즈주의 학자들에게 인플레이션 예상과 공급측 충격의 영향을 모두 고려하도록 자신들의 모형을 수정해야 하는 과제를 안겨주었다. 케인즈주의 학자들은 이 과제에 충실히 매달렸으며, 그래서 필립스 곡선은 적절하게 변형되었고 결국 "고무적인" 역할을 수행하게 되었다(Blinder, 1986; Snowdon, 2001a). 모두 '케인즈주의자' 였던 고든(Gordon, 1972, 1975), 펠프스(Phelps, 1968, 1972, 1978), 블라인더(Blinder, 1979)의 중요한 연구는 이후에 케인즈학파 모형이 기존의 틀에 통화주의의 영향을 흡수할 수 있는 방식으로 개조되고 진화하는 데 필요한 기반을 닦는 데 특히 유용했다(Mayer, 1997; Delong, 2000). 게다가 이렇게 사고의 종합으로 나아가는 움직임은 경제학자들이 경제학 체계를 바라보는 방식에 그 어떠한 근본적인 변화도 요구하지 않았다. 예를 들어 고든(Godron, 1997)은 인플레이션에 관한 자신의 '확고한 케인즈학파' 모형이 1970년대 중반에 도입된 것으로, 기대를 고려한 필립스 곡선 틀 안에서 관성, 수요충격, 공급충격에 기초하고 있으며, '대인플레이션' 시기의 산출, 실업, 인플레이션의 관계를 아주 잘 설명하고 있다고 주장했다. 고든의 '삼각형' 모형은 필립스 곡선 틀에 공급충격을 도입함으로써 1970년대에 관찰된 인플레이션과 실업률의 양(+)의 상관관계를 설명할 수 있음을 입증했다. 그러는 사이에도 수요측 충격과 공급측 충격 중에서 '대인플레이션' 의 원인으로 어느 것이 더 중요한가에 관한 논쟁이 계속 이어졌다(Bernanke et al., 1997; Barsky and Kilian, 2001).

이와 같은 케인즈학파 경제학 내부의 긍정적인 발전에도 불구하고, 1978년 무렵에는 루커스와 사전트(Sargent)는 '케인즈학파 거시경제학 이후' 의 경로에 대해 심사숙고하고 있었다. 그들이 보기에 케인즈학파 모형은 수선될 수 있는 대상이 아니었다. 문제는 훨씬 더 근본적인 것이었으며, 특히 (i) 시장 비청산(non-market clearing)의 가정이 미시적 기초로 부적절하다는 점과 (ii) 케인즈학파 모형과 통화주의 모형이 모두 극대화 행위와 논리적으로 충돌하는 기대형성 가설, 즉 합리적 기대가 아닌 적응적 기대라는 가설을 끌어들였다는 점은 중요한 사안이었다. 루커스(Lucas, 1980b)는 〈케인즈학파 경제학의 죽음: 쟁점과 아이디어〉("The Death of Keynesian Economics: Issues and Ideas")라는 제목의 글에서 다음과 같이 주장하기까지 했다. "사람들은 케인즈학파로 불릴 경우 심지어 화를 내기도 한다. 학술 토론회에서 사람들은 이제 더 이상 케인즈학파의 이론화 작업에 대해 진지하게 고려하지 않으며 청중들도 옆 사람과 소곤대거나 서로 낄낄거리며 웃는다"(Mankiw, 1992). 이와 비슷한 맥락에서, 블라인더(Blinder, 1988b)는 다음과 같이 확언했다. "1980년 무렵에 미국의 거시경제학계에서 40세 이하의 학자 중 케인즈학파로 공인된 사람을 찾아내기란 어려웠다. 이것은 10년도 채 안 되는 시기에 발생한 깜짝 놀랄만한 지적 전환, 즉 틀림없는 지적 혁명이었다." 이 시기에 미국의 매우 저명한 '구' 케인즈학파 경제학자는 이미 "케인즈는 어떻게 죽었는가?"(Tobin, 1977)라는 의문을 제기한 바 있었다. 폴 새뮤얼슨에게 케인즈가 죽었는가라는 질문이 제기되자, 그는 "그렇다. 케인즈는 죽었다. 아인슈타인도 죽었고, 뉴턴도 죽었다"(Samuelson, 1988)라고 대답했다.

7.2 케인즈의 부활

이제 케인즈학파 경제학에 대한 루커스의 사망선고는 너무도 성급했던 것으로 보인다. 왜냐하면 로버트 배로(Robert Barro)가 '악동'이라고 부르는 사람들이 돌아왔기 때문이다(Barro, 1989a). 1980년대 중반에 호윗(Howitt, 1986)은 '케인즈의 회생'에 대해 언급했으며, 블라인더는 '루커스 이후의 케인즈'(Blinder, 1986)와 '케인즈주의 경제학의 흥망'(Blinder, 1988b)에 대해 이야기했다. 1990년대 초에 블라인더는 '케인즈의 복귀가 도래했다'(Blinder, 1992b)고 밝혔으며, 맨큐(Mankiw, 1992)는 케인즈 경제학이 '환생'했다고 공언했고, 썰월(Thirlwall, 1993)은 '케인즈의 부활'에 대해 열광적으로 논의했다. 1980년대 후반 케인즈학파의 약속된 땅은 아직 보이지 않았지만, 블라인더(Blinder, 1988a)는 "우리는 마침내 메마른 사막에서 벗어나 요단강을 굽어볼 수 있을 것이다"[1]라고 확신했다.

이후 토빈(Tobin, 1987)은 자신이 1977년에 케인즈 경제학의 '죽음'에 대해 던진 질문(Tobin, 1977)에 대답하면서, 〈케인즈주의 경제학의 미래〉("The Future of Keynesian Economics")라는 글에서 다음과 같이 확실한 답변을 제시했다.

> 케인즈주의 경제학에 미래가 있다고 보는 한 가지 이유는 그에 대항하는 경기변동이론들이 (...) 그리고 감히 예측하건대 새고전학파 경제학이 제시한 두 종류의 경기변동이론 중 그 어떤 것도 지금부터 몇 년 뒤에 있을 경기변동에 대한 진지하고도 믿을만한 설명으로 간주될 수 없기 때문이다. 새 종합(new synthesis)에서 어떠한 경기변동이론이 출현하든지 간에, 그것들은 모두 중요한 케인즈적 요소를 갖게 될 것이다. (...) 그렇다. 케인즈 경제학은 미래가 있다. 왜냐하면 그것은 다른 거시경제적 접근들이 해명하지 못하는 과거와 현재에 관한 일군의 관찰 자료와 경험을 설명하고 이해하는 데 본질적이기 때문이다.

토빈(Tobin, 1996)은 실물경기변동이론이 갖고 있는 '로빈슨 크루소(Robinson Crusoe) 거시경제학'의 '우아한 환상'에 대해 특히 비판적이었는데, 그 이유는 이것이 거시경제학의 조정문제를 무시하기 때문이었다. 애컬로프(Akerlof), 스티글리츠(Stiglitz), 토빈, 레이욘후부드(Leijonhufvud)와 같은 경제학자들에 따르면, 거시경제학의 본질적 임무는 보이지 않는 손이 어떠한 상황에서 수많은 다양한 행위자들의 경제행위를 효과적으로 조정하는지, 또 어떠한 상황에서는 그렇게 하지 못하는지에 대해 설명하는 것이다. 레이온후푸드(Leijonhufvud, 1992)는 이 문제를 다음과 같이 간략하게 요약했다.

> 조정문제란 간단히 말해서 이러한 것이다. 시장이 '자동적으로' 경제행위들을 조정할 것인가? 그것도 항상? 결코 아닌가? 때로는 아주 잘하지만, 때로는 꽤나 못하는가? 만일 후자

1. 이집트를 탈출한 이스라엘인들이 요단강을 건너 약속의 땅 가나안으로 갔다는 성경의 내용을 비유하는 문장.

> 라면, 어떤 조건에서, 그리고 어떠한 제도적 구조가 존재할 때 잘하거나 못하는가? 나는 이러한 질문이 거시경제학의 핵심이자 기본이라고 생각한다.

분명히 1980~90년대 내내 유럽에서 고실업이 지속되자 "케인즈학파의 이론과 정책에 대한 신뢰도"는 더욱 높아졌지만, 균형 경기변동 이론의 설명력에 대해서는 의문이 제기되었다(Tobin, 1989; Arestis and Sawyer, 1998).

제5~6장에서 우리는 고전학파 거시경제학자들이 신고전파 미시경제학과 케인즈학파 거시경제학 사이에서 후자를 폐기하는 방식으로 양자의 갈등을 해결했던 방법에 대해 살펴보았다. 신고전파 종합에 약간의 근본적인 진실이 담겨 있으며, 적절하게 수정된다면 케인즈주의 경제학이 다시 한 번 거시경제학을 지배할 수 있다고 생각하는 경제학자들은 이 문제에 대해 다르게 접근했다. 정통 케인즈 학파의 분석상의 핵심 메시지는 다음과 같은 주요 명제로 구성되어 있었다(Greenwald and Stiglitz, 1987, 1993a; Tobin, 1996; Lindbeck, 1998).

1. 규제되지 않는 시장경제는 시장에 관한 '세의 법칙'과 달리 산출물과 노동의 과잉공급이 '지속되는' 상황을 경험하게 될 것이다. 즉, 케인즈의 용어를 빌자면, 시장경제는 '불완전고용 균형(unemployment equilibrium)'을 드러낼 것이다.
2. 거시경제적 불안정성(경기변동)은 주로 총수요 교란에 의해 야기된다.
3. 비록 격심한 침체기에는 통화정책이 비효율적일 수 있다고 해도, 대부분의 경우 "화폐가 중요하다"(Blanchard, 1990a; Krugman, 1998).
4. 안정화 정책 형태의 정부 개입은 거시경제적 안정성과 경제적 후생을 개선할 수 있는 잠재력을 갖고 있다.

'새' 케인즈학파 경제학자들이 이러한 '구' 케인즈학파 명제에 동의한다고 해도, 우리는 새케인즈학파 모형이 1960년대의 먼 사촌들과 많은 측면에서 상당히 다르다는 점을 알게 될 것이다. 새케인즈학파 학자들은 불안정성에 관한 새고전학파의 설명에 동의하지 않으면서도, 새고전학파의 두 가지 방법론적 전제조건을 공유하고 있다. 첫째, 거시경제 이론은 견고한 미시경제적 토대를 필요로 한다. 둘째, 거시경제학 모형은 일반균형 틀에서 가장 잘 구성된다. 그러나 그린월드와 스티글리츠(Greenwald and Stiglitz, 1993a)가 지적했듯이, 실물경기변동학파는 완전정보, 완전경쟁, 0의 거래비용, 완전한 시장집합(a complete set of markets)의 존재로 구성된 세계를 묘사하는 미시적 토대를 채택했다. 이러한 가정하에서는 비대칭정보, 이질적인 행위자, 불완전하면서도 불충분한 시장과 관련된 문제들은 제외된다. 새케인즈학파 접근의 본질은 현실세계의 온갖 불완전성이 지닌 중요성을 인정하는 것이다(Stiglitz, 2000, 2002). 새케인즈학파 학자들은 현대 미시경제 이론의 발견을 이용해서 케인즈주의 경제학의 미시적 토대를 재건함으로써, '구' 케인즈학파 모형의 공급 측면에 내재된 이론적 결함을 교정하려는 연구 프로그램을 확보했다(Snowdon and Vane, 1995 참조). 전형적인 시장경제는 수많은 불완전성으로 가득 찬 상태이므로, 총공급은 총수요의 변화에 반드시 반응한다.

새케인즈파 문헌에 관한 구체적이면서도 비판적인 논의를 위해서는 맥캘럼(MaCallum, 1986), 그린월드와 스티글리츠(Greenwald and Stiglitz, 1987, 1993a), 로템베리(Rotemberg, 1987), 피셔(Fischer, 1988), 배로(Barro, 1989a), 블랑샤르(Blanchard, 1990a), 고든(Gordon, 1990), 펠프스(Phelps, 1990), 컬랜더 외(Colander et al., 1992), 하그리브스히프(Hargreaves-Heap, 1992, 2002), 스티글리츠(Stiglitz, 1992), 킹(King, 1993), 로머(D. Romer, 1993), 토빈(Tobin, 1993), 데이비드슨(Davidson, 1994), 딕슨(Dixon, 1997), 스노던과 베인(Snowdon and Vane, 1997a), 린드벡(Lindbeck, 1998)을 참조하라. 대부분의 중요한 논문들은 맨큐와 로머가 편집한 두 권짜리 책(Mankiw and Romer, 1991)에서 찾아볼 수 있는데, 이들은 편집자 서문에서 초기 문헌에 관한 훌륭한 여행을 제공한다.

7.3 새케인즈학파 경제학

비록 '새케인즈학파'라는 용어는 1982년에 출간된 파킨과 베이드의 거시경제학 교과서(Pakin and Bade, 1982b)에서 처음 사용되었을지라도, 이러한 사고유형은 새고전학파 혁명의 첫 번째 국면인 1970년대에 시작되었음이 분명하다. 그 때 이후로 급증한 새케인즈학파 문헌들은 주로 "극대화 행위와 합리적 기대에 기초해서 임금 또는 가격, 아니면 그 두 가지 모두의 경직성에 관한 엄밀하면서도 확실한 모형을 찾는 것"(Gordon, 1990)에 관심을 보였다. 새케인즈학파 경제학은 1970년대에 루커스에 의해 폭로되었던, 케인즈학파 경제학 내부의 이론적 위기에 대처하면서 발전했다. 케인즈학파 이론가들에게 맡겨진 주요 임무는 구케인즈학파 모형에 존재하는 이론적 결함과 비일관성을 교정하는 것이었다. 그래서 새케인즈학파 이론가들은 임금과 가격의 경직성을 합리적으로 설명할 수 있는 일관된 총공급이론을 구성하고자 했다.

고전학파 경제학의 구 모형과 새 모형은 모두 연속적인 시장청산을 가정했는데, 이러한 세계에서는 경제가 유효수요의 부족으로 제약받는 경우가 발생할 수 없다. 많은 경제학자들에게 케인즈학파 경제학의 증표는 연속적인 시장청산의 부재이다. 케인즈학파 경제학의 구 모형(신고전파 종합)과 새 모형에서 모두 가격이 시장을 청산하기에 충분할 정도로 빠르게 변할 수 없다는 것은 수요측 충격과 공급측 충격이 경제의 산출과 고용에 상당한 실질적 효과를 가져다줄 것임을 함축한다. 케인즈학파 세계에서는 산출과 고용이 균형수준에서 크게 벗어난 채 지속될 수 있고, 당연히 경제적 후생에 악영향을 끼치는 것으로 해석된다. 고든(Gordon, 1993)이 지적하듯이, "케인즈학파 경제학의 호소력은 경기후퇴기와 경기침체기의 노동자와 기업의 명백한 불행에서 비롯된다. 노동자와 기업은 마치 자신들이 생산규모와 노동시간의 단축을 자발적으로 선택한 것처럼 행동하지는 않는다." 새케인즈학파는 시장청산의 실패에 기초한 경기변동 이론이 새고전학파나 실물경기변동 학파보다 현실적이라고 주장한다. 케인즈학파 경제학의 구 모형과 새 모형 사이의 본질적인 차이는 신고전파 종합과 결합된 모형이 명목수준의 경직성(nominal rigidities)을 가정하는 경향이 있는 반면, 새케인즈학파는 임금과 가격의 경직성 현상을 설명하기 위한 설득력 있는 미시적 기초를 제공하고자 노력하는 데 그 매력이 있다는 점이다.

독자들은 새케인즈학파 경제학자들이 너무도 이질적인 집단이어서, '학파'라는 명칭이 적합해서라기보다는 편해서 사용되는 것임을 명심해야 한다. 그럼에도 불구하고 새케인즈학파 경제학에 의미 있는 기여를 제공한 경제학자들로는 다음을 들 수 있다(이들 중 일부는 '새케인즈학파'라는 명칭을 거부할지도 모르겠다). 하버드 대학교의 그레고리 맨큐(Gregory Mankiw)와 로렌스 서머스(Lawrence Summers), MIT의 올리비에 블랑샤르(Olivier Blanchard), 예전에는 MIT에 있었지만 지금은 시티그룹에 있는 스탠리 피셔(Stanley Fischer), 콜럼비아 대학교의 브루스 그린월드(Bruce Greenwald), 에드먼드 펠프스(Edmund Phelps) 및 조지프 스티글리츠(Joseph Stiglitz), 프린스턴 대학교의 벤 버냉키(Ben Bernanke), 존스홉킨스 대학교의 로렌스 볼(Laurence Ball), 버클리 대학교의 조지 애컬로프(George Akerlof), 자네트 옐렌(Janet Yellen) 및 데이비드 로머(David Romer), 스탠퍼드 대학교의 로버트 홀(Robert Hall)과 존 테일러(John Taylor), 런던대학 버크벡 칼리지의 데니스 스노워(Dennis Snower), 스톡홀름 대학교의 아사르 린드벡(Assar Lindbeck). 미국의 새케인즈학파가 동-서 해안가에 모여 있다는 이유로, 로버트 홀은 이들을 '바닷물'(Saltwater) 경제학자들이라는 일반적인 명칭으로 분류했다. 이상하게도 새고전학파 경제학자들은 '민물'(Freshwater) 교육기관들인 시카고 대학교, 로체스터 대학교, 미네소타 대학교, 카네기멜런 대학교와 결합되는 경향이 있다(Blanchard, 1990b; Snowdon and Vane, 1999b; Snowdon, 2002b).

여기서 주목해야 할 사항은 새케인즈학파로 불리는 학자들 중에 거시경제 분석의 '유럽파'로 분류되는 사람도 있다는 점이다. 이 유럽파는 생산물시장 뿐만 아니라 노동시장에서도 불완전경쟁을 강조하는데, 이는 유럽 경제의 특징인 높은 노동조합 조직률을 반영한 것이다(Hargreaves-Heap, 1992). 임금결정 교섭이론(a bargaining approach to wage determination)이 케인즈학파 거시경제학의 미시적 기초로서 적절한가 하는 문제는 소수의 노동자들만이 노동조합에 가입하는 미국에서 훨씬 더 많은 논란이 제기되는 주제이다. 불완전경쟁 거시모형을 이용해서 실업문제를 설명한 사례는 LSE의 리처드 레이어드(Richard Layard), 스티븐 니켈(Nickell) 및 리처드 잭먼(Richard Jackman), 런던대학 유니버시티 칼리지의 웬디 칼린(Wendy Carlin), 듀크 대학교의 데이비드 소스키스(David Soskice) 등의 연구에 가장 잘 나타나 있다. 이 경제학자들이 유럽파 새케인즈주의를 가장 포괄적으로 소개하고 있는 사람들이다(Layard et al., 1991, 1994; Carlin and Soskice, 1990). 물론 새케인즈주의의 미국파와 유럽파 사이에는 상당한 공통점이 존재하는데, 실질임금 경직성에 관한 한 특히 그렇다(이하의 제7.7.3절 참조). 장-파스칼 베나시(Jean-Pascal Bénassy), 장 드레즈(Jean Drèze), 장-미셸 그랑몽(Jean-Michel Grandmont), 에드몽 말랭보(Edmond

Malinvaud)와 같은 경제학자들은 일반균형 모형 속에 시장 비청산과 가격형성 경제주체를 도입하여 그 모형이 케인즈학파의 특징을 갖도록 발전시키기도 했다. 이 문헌들을 살펴보면서, 베나시(Bénassy, 1993)는 이러한 일반균형 접근법 속에 "그에 가장 부합되는 새케인즈학파의 통찰력을 결합하는 것은 분명 가치 있는 일일 것"이라고 주장했다.

1980년대 초에 주류 경제학 내부에는 다음과 같은 3가지 경기변동 이론이 존재했다. (i) 신축적인 가격과 화폐적 오인(monetary misperception)의 균형경기변동 이론(이 이론은 루커스에 의해 개발되고 주창되었다. 이 책의 제5장 참조). (ii) 임금과 가격의 일부 경직적인 요소들을 강조하는 경직적 가격기대 모형(예를 들면, Fischer, 1977; Phelps and Taylor, 1977; Taylor, 1980). (iii) 실물경기변동 모형(이 모형은 1980년대에 새고전학파 균형이론가들 사이에서 점차 중심적 지위를 차지하게 되었다. 이 책의 제6장 참조). (주류 경제학 이외에 오스트리아 학파, 포스트 케인지언 학파, 마르크스주의와 같은 비주류 이론이 있었는데, 이에 대해서는 이 책의 제8~9장과 스노던과 베인(Snowdon and Vane, 2002b) 참조.) 1980년대 중반 '바닷물-민물'의 논쟁은 본질적으로 경직적 가격 모형과 실물경기변동 모형 사이에서 벌어진 것이었으며, 새고전학파 화폐모형은 사망선고를 받은 상태였다. 그러나 새케인즈학파 이론가들의 주요 관심사는 어떻게 최적화 행위에서 명목수준 경식성이 출현하는가를 설명하는 것이었다. 볼 외(Ball et al., 1988)는 1970년대에 케인즈학파 경제학이 쇠퇴한 이유를 주로 이러한 이론적 문제를 해결하지 못한 것으로 설명한다.

이하에서 우리는 매우 다양한 새케인즈학파 문헌들의 주요 요소들을 살펴볼 것이다. 먼저 흔히 새케인즈학파 이론으로 이해되는 것의 기본 특징들을 확인할 것이다.

7.4 새케인즈학파 경제학의 핵심 명제와 특징

새케인즈학파 경제학은 주로 케인즈학파 경제학이 직면했던 이론적 위기에 대한 대응으로 출현했으며, 이 위기는 1970년대부터 시작된 것이었다. 새케인즈학파 경제학에 대한 간결한 연구에서, 맨큐와 로머(Mankiw and Romer, 1991)는 이론이 다음과 같은 두 가지 질문에 대해 제시하는 답변을 참조해서 새케인즈파 경제학을 정의했다.

질문 1 고전학파적 이분법을 부정하는가? 즉, 화폐는 비중립적인가?
질문 2 경기변동을 이해하는 데 경제의 실물시장(real market) 불완전성이 중요하다고 가정하는가?

주류 학파 중에서는 새케인즈학파 경제학자들만이 이 두 가지 질문에 대해 그렇다고 답한다. 비중립성은 경직적인 가격에서 비롯된 것이며, 시장의 불완전성이 이러한 가격결정 방식을 설명해준다. 그러므로 맨큐와 로머에 따르면, 새케인즈학파 경제학을 거시경제학의 다른 연구프로그램과 구별하는 요소는 바로 '명목변수의 불완전성과 실질변수의 불완전성 사이의 상호작용'이다.

이에 반해, 초창기 실물경기변동 모형은 위의 두 가지 질문에 대해 모두 그렇지 않다고 대답했다.

좀 더 전통적인 케인즈학파 모형과 통화주의 모형은 명목수준의 경직성에 관한 설명을 중요하게 여기지 않는다. 그에 반해, 1970년대 케인즈학파 불균형 모형(예를 들면, Barro and Grossman, 1976)은 발라스 체계에 임금과 물가의 경직성을 부여했다. 케인즈학파와 통화주의는 경험적 증거를 이론적 순수성보다 훨씬 더 중요한 것으로 취급하는 경향을 보인다. 예를 들면, 레이들러(Laidler, 1992b)는 통화주의 관점에서 말하면서, "좀 더 우월하고 좀 더 명료한 미시적 토대라 해도 거시정책실험의 결과에 대해 좀 더 정확한 경험적 예측을 보증해주지는 못한다"고 강력하게 주장했다. 그러나 맨큐와 로머(Mankiw and Romer, 1991)가 강조하듯이, 새케인즈학파는 과거 60년대에 있었던 통화주의 대 케인즈학파 논쟁의 주역이 아니다. 그 이유는 두 가지이다. 첫째, 새케인즈학파는 구케인즈학파에 비해 통화정책의 안정화 역할을 훨씬 더 중요시했지만, 재정정책의 역할에 대해서는 일치된 견해를 갖고 있지 않다(Mankiw, 2002; 이 책의 제3~4장 참조). 맨큐와 로머가 새케인즈학파 경제학의 많은 부분이 '새통화주의경제학(new monetarist economics)' 이라는 이름으로도 쉽게 불릴 수 있다고 주장했던 이유가 바로 여기에 있다(Delong, 2000). 둘째, 새케인즈학파는 적극적인(재량적인) 안정화 정책의 바람직한 모습과 실행가능성에 대해 일치된 견해를 갖고 있지 않다. 대부분의 새케인즈학파 경제학자들은 불확실성, 시차, 정책의 정치적 왜곡가능성에서 비롯된 문제들에 관한 프리드먼의 비판의 요지를 수용하지만, 엄격한 통화증가율 준칙(monetary growth rate rule)에 관한 통화주의 주장의 '핵심(hard core)' 까지 받아들이지는 않는다. 프리드먼의 자연실업률 가설에 대한 이들의 견해 또한 극단적인 회의주의에서부터 '시간에 따라 변하는(time-varying) NAIRU'[2] 라는 말로 수정해서 수용하는 것에 이르기까지 다양하다(Gordon, 1997, 1998; Galbraith, 1997; Stiglitz, 1997; Phelps and Zoega, 1998; Mankiw, 2001; Akerlof, 2002; Ball and Mankiw, 2002; Mankiw and Reis, 2002).

1980년대 새케인즈학파의 발전은 분명히 비실증적인 색깔을 갖고 있었다. 케인즈학파 모형을 강화하기 위해 노력했던 신진 경제학자들은 그 방법을 주로 이론적인 공격에 시달리고 있던 '케인즈 요새(Fort Keynes)' 의 미시적 기초를 개발하고 향상시키는 데서 찾았다(Blinder, 1992a). 맨큐와 로머(Mankiw and Romer, 1991)는 이런 특징을 인지하고는 케인즈학파 경제학의 재구성이 "미시경제학에서 나타난 한 혁명의 일부였다"고 언급했다. 케인즈학파 사령관들은 '케인즈 요새' 를 방어하는 과정에서 경험 전선보다는 오히려 이론 전선에 희소한 연구자원을 배분했다. 이것은 펠프스-프리드먼의 기대를 고려한 필립스 곡선과 공급측 충격의 영향을 모두 결합해서 수정된 케인즈학파 모형이 경험 전선에서 자신을 방어하기에는 상당한 반발이 있을 것이라고 판단되었기 때문이다. 일단 이론적 방어가 강화되자, 새케인즈학파 모형을 검증하기 위해 자원이 점차 경험 전선으로 배분될 수 있었다.

2. 'Non Accelerating Inflation Rate of Unemployment(비가속 인플레이션 실업률)' 아래 제7.9절을 보라.

새고전학파와 새케인즈학파 모형의 중요한 차이는 가격결정 행위와 관련해서 나타난다. 새고전학파 모형이 가격수용자를 암묵적으로 전제하고 있는데 반해, 새케인즈학파 모형은 완전경쟁 기업보다는 오히려 가격을 설정하는 독점적 경쟁 기업을 가정한다(Dixon, 1997). 독점적 경쟁이론은 케인즈의 《일반이론》(*The General Theory*)이 출간되기 전에 로빈슨(Robinson, 1933)과 체임벌린(Chamberlin, 1933)이 서로 독자적으로 발전시킨 것이었다. 그러나 주류 케인즈학파 이론이 불완전경쟁을 시장 비청산 모형에 결합하는 작업에 진지하게 착수한 것은 오직 최근에 나타난 현상일 뿐이다. 이 점에 관한 한, 포스트 케인지언 학파가 가장 두드러진 위치를 차지한다(제8장 참조; Dixon and Rankin, 1994).

대부분의 새케인즈학파 모형은 기대가 합리적으로 형성된다고 가정한다. 이것은 1970년대 새고전학파 혁명이 거시경제학자 전반에 중대한 영향을 끼친 바로 그 가정이다. 그러나 정통 통화주의 학파에 속하는 일부 경제학자들(Laidler, 1992b)을 포함해서 일부 걸출한 케인즈주의자들(Blinder, 1987b; Phelps, 1992)은 합리적 기대가설의 이론적 토대에 대해 여전히 비판적이며 그 경험적 근거에 대해서도 의문을 제기한다. 그러므로 합리적 기대를 새케인즈학파 모형에 결합하는 것이 일반적이지만 반드시 그럴 필요는 없다.

새케인즈학파 경제학자들은 공통적으로 케인즈학파 모형의 공급 측면을 개선하는 데에 관심을 보이면서도, 재정정책과 통화정책에서 준칙보다 재량이 중요한가에 관한 논쟁과 같은 정책쟁점에 대해서는 매우 다양한 관점을 보여준다. 새케인즈학파는 수요측 충격과 공급측 충격을 모두 불안정성의 잠재적인 원천으로 취급한다(Blanchard and Quah, 1989). 그러나 특히 시장경제가 이러한 충격을 흡수해서 균형(완전고용)을 유지시키는 능력을 갖고 있는가를 평가할 때 새케인즈학파는 실물경기변동 이론가들과 길을 달리한다. 모두가 그러한 것은 아니지만 많은 새케인즈학파 경제학자들이 또 비자발적 실업이 가능하며 실제로 나타날 수도 있다는 케인즈의 견해를 수용한다.

새케인즈학파 경제학자들은 불완전경쟁, 불안전 시장, 이질적인 노동과 비대칭적인 정보로 정의되는 이론의 멋진 신세계(a brave new theoretical world)에 머문다.[3] 이 세계에서 행위자들은 흔히 공정성(fairness)에 관심을 보인다. 그 결과 새케인즈학파 학자들의 눈에 비춰진 '현실' 거시세계는 조정실패의 가능성과 거시경제적 외부성으로 특징지워진다. 새케인즈학파 경제학의 발전이 안고 있는 한 가지 문제는 연구프로그램이 너무도 '많은 논문들로 구성되어(article-laden)' (Colander, 1988) 있어서 통일된 새케인즈학파 모형이 존재하지 않으며, 오히려 임금과 가격의 경직성 그리고 이것의 거시경제적 결과에 대한 설명이 매우 많다는 점이다. 새케인즈학파를 구성하는 여러 요소들은 시장의 불완전성의 다양한 측면과 그 원인, 그리고 이것의 거시경제적 효과를 강조하고 있다. 그러나 수많은 설명들은 서로 배타적이지 않으며 종종 상호보완적이다. 간단히 말해서, 레슬리(Leslie, 1993)가 아주 잘 언급했듯이, "새케인즈학파는 매끄러운 신고전파 패러다임에

3. 올더스 헉슬리(Aldous Huxley)의 1932년 소설 《멋진 신세계》(*Brave New World*)를 빗대어 한 표현.

모래를 양동이로 쏟아 붓는다."

여기서 살펴보게 될 문헌들은 너무도 범위가 넓기 때문에, 경직성에 관한 설명을 **명목수준**의 경직성(norminal rigidities)에 초점을 맞춘 것과 **실질수준**의 경직성(real rigidities)에 초점을 맞춘 것으로 구분하는 편이 편리하다. 명목수준의 경직성은 명목가격 수준이 명목적인 수요교란을 정확히 따라가도록 조정되지 않는 경우에 발생한다. 실질수준의 경직성은 실질임금이 조정되지 않거나, 한 임금 수준이 다른 임금수준에 비해 고정되어 있거나, 또는 한 가격 수준이 다른 가격 수준에 비해 고정되어 있는 경우에 발생한다(Godron, 1990). 이하에서는 먼저 명목경직성의 영향을 살펴볼 것이다.

7.5 명목수준의 경직성

정통 케인즈학파와 새케인즈학파는 모두 교란요인에 대해 가격이 느리게 조정된다고 가정한다. 그러나 자의적으로 명목임금과 명목가격의 고정을 가정하는 케인즈주의 교차선(Keynesian cross) 모형이나 IS-LM 모형과 달리, 새케인즈학파는 임금과 가격의 느린 조정에 대한 미시적 기초를 제공하고자 노력한다. 새고전학파의 선택이론적 틀에 부응해서 새케인즈학파는 노동자와 기업이 각각 효용과 이윤의 극대화를 합리적으로 추구한다고 가정한다.

앞에서 보았듯이, 새고전학파는 신축적인 가격협상 모형을 채택하고 이것을 노동시장을 포함하는 모든 시장의 거래행위를 분석하는 데 적용한다. 이와 달리 새케인즈학파는 시장을 본질적으로 가격이 고정된 경우(fix-price)와 가격이 신축적인 경우(flex-price)로 구분했던 힉스(Hicks, 1974)의 관점을 이용하는 것이 중요하다고 주장한다. 전자의 경우는 주로 노동시장과 상당 부분의 재화시장에서 나타나며, 후자의 경우는 주로 금융시장에서 나타난다. 고정가격의 경우, 가격설정 행위가 일반적 현상이며, 가격과 임금의 관성(inertia)이 현실로 존재한다. 케인즈학파 모형은 명목임금과 명목가격이 총수요교란에서 비롯된 새로운 시장청산 수준으로 신속하게 조정될 수 없다는 점에 의지해서 화폐 비중립성(실질효과)을 산출한다. 케인즈학파는 시장경제가 완전고용 균형에서 벗어나는 경향이 있음을 설명하기 위해 전통적으로 노동시장과 명목임금의 경직성에 주목한다. 그러나 명심해야 할 점은, 명목총수요가 주어졌을 경우 실질산출량의 변동을 야기하는 데 필요한 것은 가격의 경직성이지 임금의 경직성이 아니라는 점이다. 이윤이 충분히 신축적이라면, 명목가격은 명목총수요의 변화를 정확히 따라가면서 조정되어 실질산출량에 영향을 미치지 않을 수 있다(Gordon, 1990).

그럼에도 불구하고 새고전학파 비판에 대한 새케인즈학파 반응의 첫 번째 물결은 명목임금 경직성에 집중되었다.

7.5.1 명목임금 경직성

전통적인 케인즈학파 모형에서는 화폐임금(비용)의 조정실패 때문에 가격수준이 균형을 회복시키지 못한다(그림 2.6 참조). 루커스, 사전트, 월리스, 배로에 의해 1970년대에 발전된 새고전학파 모형에서, 예상된 화폐교란은 명목임금과 명목가격을 새로운 균형값으로 즉시 이동시키고, 그에 따라 산출량과 고용에는 변화가 없다. 이런 세계에서 체계적인 통화정책은 효과가 없다. 처음에는 많은 사람들이 이러한 새고전학파의 정책 비실효성 명제가 바로 거시경제 모형에 합리적 기대가설을 통합할 때 직접적으로 도출되는 의미라고 믿었다. 그러나 피셔(Fisher, 1977), 펠프스와 테일러(Phelps and Taylor, 1977)는 연속적으로 청산되는 시장이라는 가정이 제외되면, 합리적 기대를 통합한 모형에서도 명목변수의 교란이 실질효과를 산출할 수 있음을 보여주었다(Buiter, 1980). 이후 합리적 기대가설이 케인즈학파 경제학의 종말을 의미하지는 않는다는 점이 누구에게나 분명해졌다. 새고전학파 모형의 핵심은 연속적인 시장청산, 즉 임금과 물가의 완전하면서도 즉각적인 신축성이라는 가정이라는 점도 밝혀졌다. 그러나 펠프스(Phelps, 1985)가 상기시켜 주듯이, 과학의 진보는 종종 이론적으로 흥미진진한 모형에 대한 거부를 통해서 이루어지므로 "새고전학파 거시경제학은 설령 완전히 틀린 것이라 해도 케인즈학파에게 이론구조를 튼튼히 하거나 재구성하도록 요구하기 때문에 여전히 중요하다."

초창기 케인즈주의자들은 명목임금의 경직성에 집중하여 이론구조를 구축하고자 시도했다. 피셔(Fischer, 1977)와 테일러(Taylor, 1980)에 의해 발전된 모형들은 장기임금계약 형태로 명목변수의 관성(inertia)을 도입했다. 선진 경제에서 임금은 현물시장(spot market)에서 결정되는 것이 아니라, 합의된 일정기간 동안에 대해 명시적인(혹은 암묵적인) 계약 형태로 설정되는 경향이 있다. 이러한 장기계약의 존재로 말미암아 통화정책의 효력을 회복시키기에 충분할 정도로 명목임금이 경직적이 될 수 있다. 그러나 명심해야할 사항은 피셔나 펠프스나 테일러 그 어느 누구도 가격과 임금의 결정에 관한 사신들의 가정에 대해 엄격한 미시적 토대를 확보하고 있는 것처럼 보이지 않는다는 점이다. 그 대신 이들은 임금과 물가가 너무도 빈번하게 조정될 경우에 수반되는 불편함을 고려할 때 장기 임금계약에 대한 '현시선호(revealed preference)'가 존재하는 것이 당연하다고 생각한다(명목임금의 비신축성을 설명하려는 혁신적인 또 하나의 시도로 Laing, 1993을 참조).

피셔 분석의 주요 특징은 아래와 같은데, 여기에는 이미 제5장에서 살펴본 루커스-사전트-월리스의 정책 비실효성 모형과 비슷한 모형의 구성이 포함되어 있다. 산출량 공급 방정식은 표준적인 합리적 기대 모형인 루커스 '놀람' 공급함수(7.1)이며, 여기서 $\dot{P}_t$와 $\dot{P}_t^e$는 각각 실제 인플레이션율과 예상 인플레이션율을 의미한다.

$$Y_t = Y_{N_t} + \alpha(\dot{P}_t - \dot{P}_t^e), \quad \alpha > 0 \tag{7.1}$$

피셔는 인플레이션 기대가 $\dot{P}_t^e = E(\dot{P}_t \mid \Omega_{t-1})$로 합리적으로 형성된다고 가정한다. 따라서 식 (7.1)은 식 (7.2)로 바꿔 쓸 수 있다.

$$Y_t = Y_{N_t} + \alpha[\dot{P}_t - E(\dot{P}_t \mid \Omega_{t-1})] \quad (7.2)$$

피셔의 모형은 성장을 고려하지 않으며, 그래서 임금 협상자들은 명목임금을 예상 인플레이션율에 맞추어 인상함으로써 실질임금을 고정시키고자 노력한다고 가정된다. 이를 표현한 것이 식 (7.3)이다.

$$\dot{W}_t = E(\dot{P}_t \mid \Omega_{t-1}) \quad (7.3)$$

식 (7.3)을 식 (7.2)에 대입하면, 식 (7.4)가 도출되는데, 이 식은 총공급이 실질임금의 감소함수임을 보여준다(이는 실질임금이 경기역행적(countercyclical)임을 의미한다는 사실을 명심하라).

$$Y_t = Y_{N_t} + \alpha[\dot{P}_t - \dot{W}_t], \text{ 그리고 } \alpha > 0 \quad (7.4)$$

다기간 계약의 경우, 명목임금의 상승률은 $\dot{W}_t = \dot{W}_t^*$로 고정된다. 피셔(Fischer, 1977)는 '경험적으로 합리적인' 가정을 제시하는데, 이에 따르면 경제주체는 "통화당국이 경제상황의 변화에 대처하는 시간보다도 긴 기간"에 적용되는 계약을 명목기준으로 협상한다. 통화당국은 중첩되는(overlapping) 노동계약이 재협상되는 경우보다 더 빈번하게 화폐공급을 변화시킬 수 있으므로(따라서 인플레이션율도 변화시킬 수 있으므로), 통화정책은 장기에는 중립적이라 하더라도 단기에는 실질효과를 보일 수 있다.

피셔의 논증은 〈그림 7.1〉을 통해 이해될 수 있다. 처음에 경제가 A점에 있었다고 하자. 이번 기에 예상치 못한 명목수요충격(이를 테면, 유통속도의 하락)이 발생해서 총수요곡선이 AD_0에서

그림 7.1 • 명목임금 계약, 합리적 기대와 통화정책

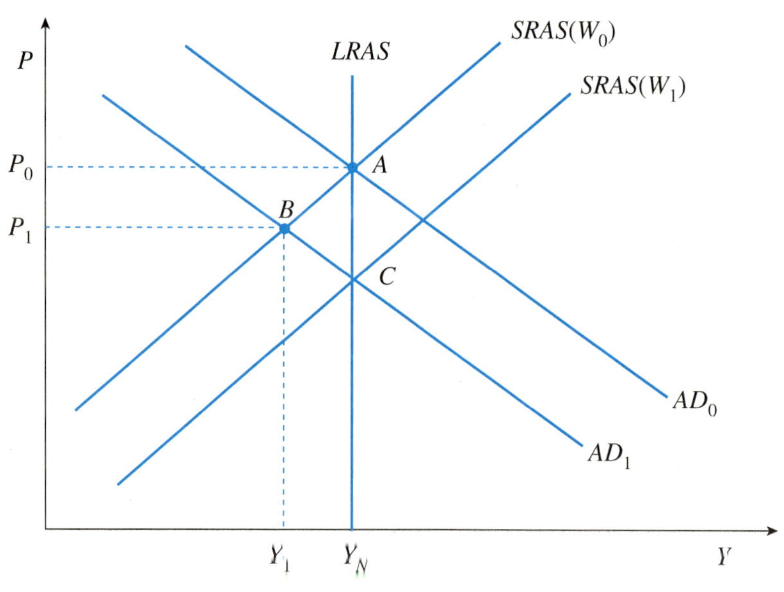

AD_1으로 이동했다고 가정하자. 만일 가격은 신축적이지만 명목임금은 전기에 체결된 협상의 결과가 이번 기까지 영향을 미치기 때문에 일시적으로 경직적이라면(그래서 W_0에서 변하지 않는다면), 경제가 B점으로 이동하면서 실질산출량은 Y_N에서 Y_1으로 하락할 것이다. 임금과 가격이 모두 신축적이라면, 단기 총공급곡선이 곧 바로 $SRAS(W_0)$에서 $SRAS(W_1)$로 이동함으로써 산출량이 자연실업률 수준인 C점이 될 것이다. 그러나 장기 명목임금계약의 존재가 이러한 움직임을 차단하며 통화당국에 화폐공급을 확대할 수 있는 기회를 제공한다. 그 결과, 비록 예상된 것일지라도, AD 곡선이 우측으로 이동하면서 A점에서 다시 균형을 회복한다. 만일 노동자들과 달리 당국에게는 모든 시점에서 외생적인 충격에 반응할 수 있는 자유가 부여된다면, 아무리 행위자들이 합리적으로 예상한다고 해도 경제를 안정화시키기 위한 수요관리의 가능성이 존재한다. 그 결과 민간부문이 명목임금을 재협상할 수 있는 속도보다 빠르게 통화당국이 명목수요 충격에 반응한다면, 재량적인 개입의 가능성이 존재한다. 고정된 명목임금이 통화당국에게 실질임금률에 관한 통제권, 따라서 고용과 산출량에 관한 통제권을 제공하는 것이다. 피셔 모형에서 화폐의 비중립성은 예상치 못한 화폐충격에서 비롯된 사안이 아니다. 예상된 통화정책도 실질효과를 지닌다. 왜냐하면 통화정책이 계약이 체결된 후에야 비로소 이용할 수 있는 정보에 기초해 있기 때문이다.

임금계약은 모든 주요한 산업시장경제의 중요한 특징이다. 그러나 계약기간과 재계약 시점이라는 두 가지 측면에서 나라마다 상당한 차이가 있다. 일본에서는 명목임금 계약이 전형적으로 1년 동안 지속되다가 동시에 소멸된다. 일본의 동시적인 재협상 체계, 즉 '춘투(春闘, *shunto*)' 체계는 미국의 경우보다 거시경제가 안정된 상황에 부합한다. 미국에서는 비동시적으로 중첩된, 즉 시차적 임금계약(staggered)이 체결되며, 많은 경우 그 시효는 3년이다(Gordon, 1982b; Hall and Taylor, 1997). 영국에서도 계약이 중첩되기는 하지만 미국의 경우보다 그 기간이 대부분 짧으며, 통상적으로 그 시효는 1년이다. 계약체결에 시차가 있을 경우, 명목임금은 기존의 계약을 새로운 정보에 맞춰 조정하기 위해 동시적으로 재협상하는 경우에 비해 좀 더 관성(inertia)적인 움직임을 보여줄 것이다. 테일러(Taylor, 1980)가 입증하듯이, 노동자들이 다른 사람과 비교한 자신의 상대적 명목임금에 관심을 보인다면, 실물변수에 대한 통화정책의 영향은 시차가 있는 계약체결 때문에 계약기간을 넘어서까지 지속될 수 있다. 테일러(Taylor, 1992b)는 수요-공급 조건에 대한 임금의 반응정도가 미국, 캐나다, 그리고 주요 유럽 국가들에서보다 일본에서 크게 나타난다는 점을 보여주었는데, 이것은 1970년대와 1980년대 초 일본의 좀 더 안정된 거시경제적 성과를 설명해준다.

위와 같은 논의에서 하나의 질문이 곧바로 제기된다. 장기 임금협정이 거시경제적 불안성성을 증대시킨다면, 이것이 생겨난 이유는 무엇일까? 펠프스(Phelps, 1985, 1990)에 따르면, 기업과 노동자는 모두 장기 임금계약에 참여함으로써 다음과 같은 사적 이익을 얻는다.

1. 임금협상은 노동자와 기업 모두에게 시간이라는 비용이 든다. 이와 관련된 연구는 상대적 임금구조를 협상조직의 내부와 외부, 두 측면에서 비교하면서 진행되어야 한다. 여기에 덧

붙여, 생산성, 인플레이션, 수요, 이윤, 가격과 같은 주요 변수들의 미래 움직임에 관한 예측이 요구된다. 계약기간이 길수록 이러한 거래비용의 발생 빈도는 작아지는데, 어느 경우에나 경영진은 지급협상과 관련된 복잡한 쟁점을 처리하기 위해 사전에 설정된 계획표(pre-set schedule)를 항시 선호하는 경향을 보일 것이다.

2. 이러한 협상이 결렬될 가능성이 상존하는데, 그것은 노동자들이 자신들의 교섭력을 강화하기 위해 파업행위에 의지할 필요가 있다고 느끼기 때문이다. 이러한 파국은 기업과 노동자 모두에게 많은 비용을 야기한다.
3. 기업이 임금률을 부정적인 수요 충격 이후에 새롭게 나타날 '궁극적인' 균형에 맞추어 '급락' 시키는 것이 최적의 전략은 아닐 것이다. 왜냐하면 다른 기업들이 똑같이 행동하지 않는다면 그 기업의 임금수준이 상대적으로 하락하게 될 것이며, 이는 결국 기업에게 비용을 유발하는 이직률을 상승시킬 가능성이 높기 때문이다.

그러므로 경기침체기에 임금률의 반응정도는 새고전학파의 '정밀훈련 과정(precision drill process)'을 따르지 않는다. 오히려 새로운 정보가 이용됨에 따라 '거칠고 혼란스러운 후퇴(rugged, disorderly retreat)'가 관찰된다(Phelps, 1985, 564쪽).

이러한 논의에서 제기되는 또 다른 질문이 있는데, 그것은 물가연동의 부재와 관련된다. 왜 노동계약은 인플레이션율에 연동되지 않는가? 기업 입장에서 볼 때 완전한 생활비 협정(cost of living agreements, COLAs)은 너무도 위험하다(Gordon, 2003). 기업의 위험은 모든 충격이 명목수요 충격인 것은 아니라는 데에서 비롯한다. 만일 기업이 임금률을 인플레이션율에 연동시키는데 합의한다면, 1970년대와 같은 공급충격이 발생할 경우 물가수준이 높아질 것이며, 이것이 다시 기업의 임금비용을 상승시킴으로써 에너지 충격에서 비롯된 실질임금의 하락현상은 나타나지 않게 될 것이다.

마지막으로, 우리는 또한 임금계약의 시차(staggering)가 거시경제적 문제를 유발한다고 해도 거기에는 어떠한 미시경제적 목적이 담겨 있음에 주목해야 한다. 기업이 현재의 경제상황에 관한 지식을 불완전하게 갖고 있는 세계에서, 기업은 다른 기업들의 가격과 임금 집합을 관찰함으로써 중요한 정보를 얻을 수 있다. 홀과 테일러(Hall and Taylor, 1997)에 따르면, 시차를 둔 임금결정(staggered wage setting)은 기업과 노동자 모두에게 임금과 가격의 변화구조에 관한 유용한 정보를 제공한다. 시차 없는 탈집중화된(decentralised) 체계에서는 '엄청난 가변성' 이 체계 내부에 도입될 것이다. 볼과 체케티(Ball and Cecchetti, 1988)가 보여주듯이, 불완전 정보 때문에 오히려 시차를 둔 가격과 임금의 결정이 사회적으로 최적이 될 수 있다. 시차를 둔 가격 및 임금 결정은 기업으로 하여금 완전정보 수준에 근접한 가격을 설정할 수 있게 해 주고, 그를 통해 관성적인 가격수준(price level inertia) 때문에 발생하는 비용을 능가하는 효율성 이익을 획득할 수 있게 해 준다는 것이다. 그러므로 시차를 둔 가격수정은 합리적 경제행위에서 비롯된 것일 수 있다. 이와 반대로 동시적인 임금결정 체계는 어느 정도 정부의 적극적인 참여를 요구하는 것처럼 보인다.

7.5.2 명목가격 경직성

명목임금 계약에 기초한 케인즈학파 모형들은 얼마 지나지 않아서 상당한 비판에 직면했다(Barro, 1977b). 비판자들은 이러한 계약의 존재가 견고한 미시경제적 원리로부터 설명되지 않는다고 지적했다. 좀 더 심각한 문제는 명목임금 계약 모형에서 실질임금의 경기역행적 경로와 관련된 것이었다. 피셔의 모형에서 통화팽창은 실질임금의 하락을 통해 고용을 증대시킨다. 그러나 앞에서 보았듯이, 이러한 함의는 경기변동의 정형화된 사실에 비추어 볼 때 설득력이 떨어지는데, 실질임금이 약한 경기순응성을 보여주기 때문이다(Mankiw, 1990). 사실 이 점은 바로 맨큐(Mankiw, 1991)로 하여금 명목임금의 경직성 모형이 거의 타당성이 없다고 인정하도록 만든 요인이었다. 기업이 가격수용적이고 신고전파 생산기술이 사용되며 명목임금이 경직적이라면, 총수요감소는 실질임금의 상승으로 이어진다. 즉, 실질임금은 경기역행적인 방향으로 움직인다. 맨큐가 강조하듯이, 만일 이것이 사실이라면 경기후퇴는 '꽤 인기있는' 현상이 될 것이다. 많은 사람들이 해고된 상황에서 고용을 유지하는 사람들은 좀 더 높은 실질임금을 향유할 것이다. 만일 《일반이론》과 필자의 교수들이 필자에게 가르쳐 준 내로, 높은 실질임금이 낮은 고용률을 동반한다면, 대부분의 가계는 경기하락을 환영할 것이다. "처음에 내가 재화시장의 불완전성, 궁극적으로는 메뉴비용에 직면한 독점적 경쟁기업에 관한 생각에 흥미를 갖게 된 이유는 바로 실질임금의 수수께끼에 관한 생각 때문이었다" (Mankiw, 1991, 129~130쪽).

이와 같은 비판의 결과, 총수요 변동에 의해 경기변동이 발생할 수 있다는 케인즈학파의 견해에 동조하는 일부 경제학자들은 관성적인 명목임금에 관한 연구를 지속하기보다는 재화시장에서 관찰되는 명목수준의 경직성으로 관심을 전환시켰다(Andersen, 1994). 사실상 '새케인즈학파(new Keynesian)'라는 용어는 1980년대 중반에 출현했는데, 이는 명목가격 경직성이라는 현상에 견고한 미시경제적 토대를 제공하고자 노력했던 새로운 이론들을 묘사하기 위함이었다(Rotemberg, 1987). 이러한 관점에서 보기에, '새케인즈학파 모형의 배후에 놓인 근본적으로 새로운 시고는 불완전경쟁에 관한 것이었다' (Ibid). 이것이 바로 새케인즈학파를 케인즈, 정통 케인즈학파, 통화주의, 그리고 새고전학파와 구별되도록 만드는 중요한 혁신이었다.

만일 가격변화 과정에 비용이 수반되지 않는다면, 그리고 가격조정 실패가 기업의 수익성을 실질적으로 변화시킨다면, 높은 수준의 명목가격 신축성이 관찰되는 상황이 틀림없이 예상될 것이다. 완전경쟁 조건에서 활동하는 기업은 가격수용자이며, 여기서 가격은 수요-공급 조건의 변화에 맞춰 시장이 청산되는 수준으로 자동적으로 변한다. 각 기업은 현행 시장가격에서 가능한 한 많은 생산물을 판매할 수 있으므로, 시장청산 수준 이상의 가격을 부과하려는 완전경쟁기업이 있다면 이들은 0의 판매량을 경험하게 될 것이다. 지배적인 시장가격에서 수요곡선이 완전 탄력적이라면, 독자적으로 가격을 하락시켜 이윤을 늘리고자 하는 유인 또한 존재하지 않는다. 그러므로 이렇게 완전한 가격 신축성의 세계에서 개별기업의 가격결정에 대해 말하는 것은 의미가 없다.

반면 기업이 불완전경쟁시장에서 활동할 때 기업의 이윤은 가격변화에 따라 달라진다. 왜냐하면 기업이 가격을 그리 많이 인상하지 않는다면 판매량이 0으로 떨어지지는 않기 때문이다. 이러한 기업이 가격을 떨어뜨리면 판매량은 늘어나겠지만, 판매단위당 수입은 줄어든다. 이러한 상황에서는, 가격이 최적수준에서 이탈할 경우 언제나 이윤의 '2차' 감소가 나타날 뿐이다. 그러므로 가격조정 비용이 존재할 경우 그것이 아무리 작은 규모라 해도 거시적으로는 상당한 크기의 명목물가 경직성을 유발할 수 있다. 이런 결과는 애컬로프와 옐렌(Akerlof and Yellen, 1985a), 맨큐(Mankiw, 1985), 파틴킨(Patinkin, 1986)의 연구 성과로, 로템버그(Rotemberg, 1987)는 이를 'PAYM 통찰력'으로 명명한 바 있다.

PAYM 통찰력은 단순하지만 강력한 설득력을 갖고 있다. 명목수준의 경직성에서 유발된 개별 기업의 사적 비용은 이러한 경직성의 거시경제적 결과보다 훨씬 작다. PAYM 통찰력의 핵심 요소는 '메뉴비용'으로 알려진 요인, 즉 가격조정을 방해하거나 가로막는 요인의 존재이다. 이 메뉴비용에는 공급자(고객)와 맺은 구매(판매) 계약을 감시하거나 재협상하는 데 이용되는 관리시간의 비용만이 아니라, 새로운 가격표를 제작하는 것과 같은 물리적인 가격조정 비용까지 포함된다. 어떻게 조그만 메뉴비용이 거대한 거시경제적 변동을 야기할 수 있는가에 대해 알아보기 위해, 맨큐 그리고 애컬로프와 옐렌의 논증을 살펴보자.

불완전경쟁시장에서 한 기업이 생산하는 상품에 대한 수요는 (i) 그 상품의 상대가격과 (ii) 총수요에 의존할 것이다. 총수요의 하락 때문에 불완전경쟁 기업이 직면하는 수요곡선이 좌측으로 이동한다고 가정해보자. 수요곡선의 좌측 이동은 기업의 이윤을 상당히 감소시킬 수 있다. 그러나 이 새로운 수요곡선에 직면했을 때, 기업은 가격을 변화시켜 약간의 이득을 얻을 수도 있다. 기업은 수요곡선이 이동하지 않는 상황을 원하겠지만, 새로운 상황이 주어졌다면 새로운 수요곡선에서 어떤 지점을 선택할 수밖에 없다. 이러한 수요하락은 〈그림 7.2〉에서 수요곡선이 D_0에서 D_1으로 이동하는 것으로 나타난다. 수요가 하락하기 전에, 이윤을 극대화시키는 가격과 산출량은 각각 P_0과 Q_0이다. 왜냐하면 한계수입(MR_0)이 X점에서 한계비용(MC_0)과 일치하기 때문이다. 편의상 우리는 한계비용이 그림에 나타난 범위 안에서 산출량에 따라 변하지 않는다고 가정한다. 수요하락 이후, 기업은 상당한 이윤감소를 경험한다. 수요하락 이전에 이윤은 〈그림 7.2〉에서 SP_0YX으로 나타난다. 만일 기업이 수요가 하락한 직후에 가격을 떨어뜨리지 않는다면, 이윤이 SP_0JT로 줄어들 것이다. 이 기업은 '가격설정자'이므로, 당연히 새로운 수요곡선 D_1의 W점으로 대변되는 새로운 이윤극대화 점에 맞추어 가격을 떨어뜨릴 것인가 말 것인가를 결정해야 한다. 새로운 이윤 극대화 산출량 수준은 $MR_1 = MC_0$인 곳에서 결정된다. 산출량이 Q_1이라면, 기업의 이윤은 SP_0WV가 될 것이다. 가격 변화에 그 어떠한 조정비용도 수반되지 않는다면, 이윤극대화를 추구하는 기업은 가격을 P_0에서 P_1으로 떨어뜨릴 것이다. 그러나 만일 어떤 기업이 z이라는 결코 작지 않은 '메뉴비용'에 직면한다면, 그 기업은 P_0라는 가격수준을 그대로 유지할 수도 있다. 즉, 기업은 〈그림 7.2〉

그림 7.2 • 독점적 경쟁 상황에서의 가격조정

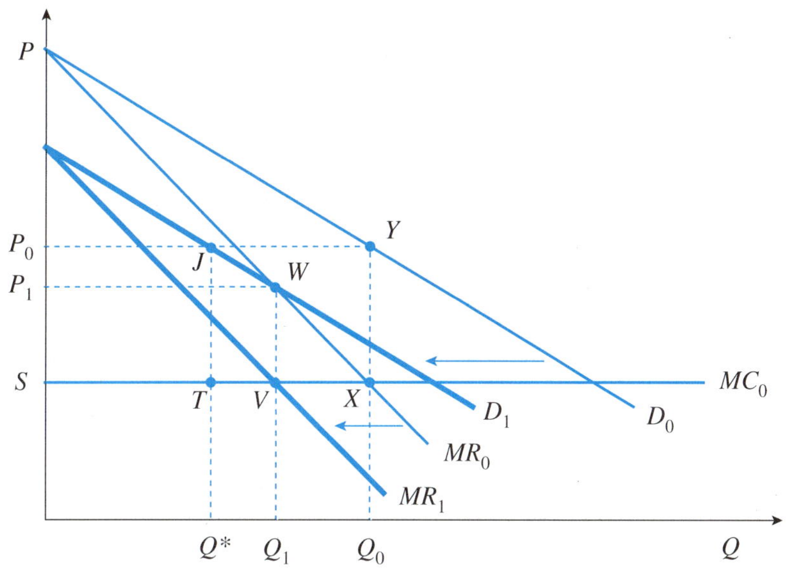

그림 7.3 • 메뉴비용 대 가격조정

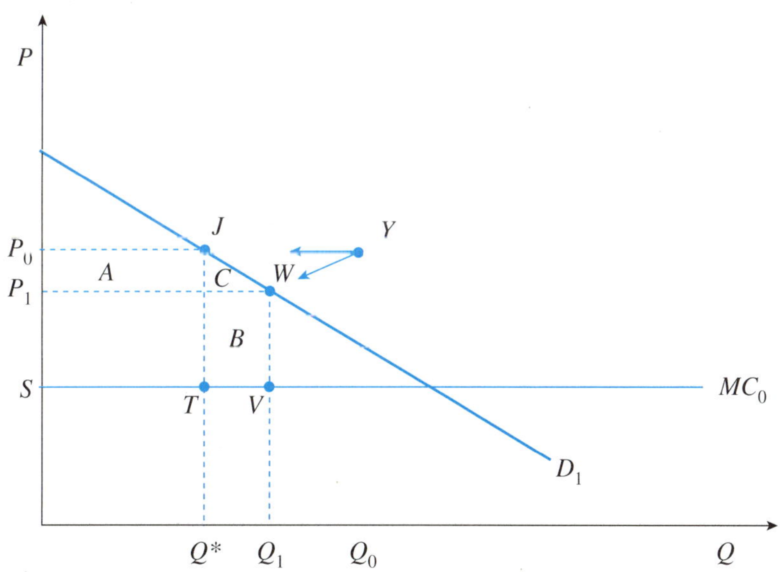

의 Y점에서 J점으로 이동할 것이다.

〈그림 7.3〉은 기업의 결정 결과를 보여준다. 가격을 P_0에서 P_1으로 떨어뜨릴 경우, 기업의 이윤은 $(B - A)$만큼 증대될 것이다. 만일 $z > B - A$이라면, 이윤극대화를 추구하는 기업이 가격을 떨어

그림 7.4 • 근사적 합리성

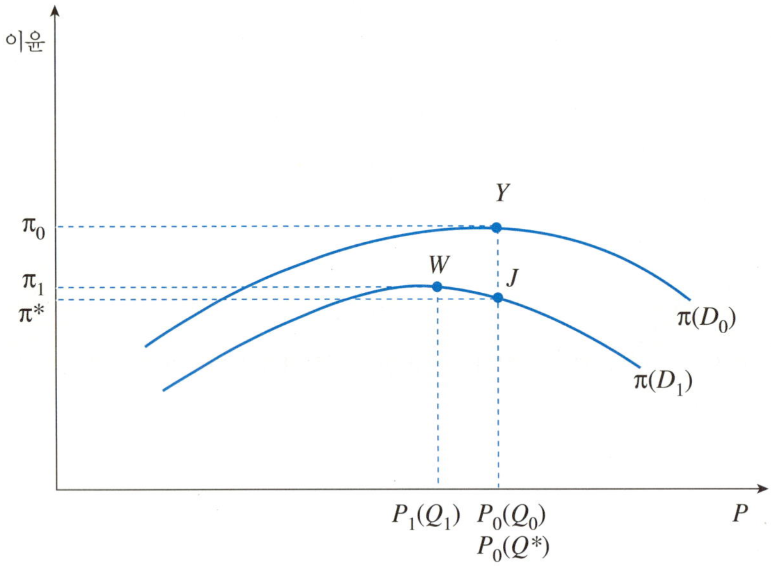

뜨릴 이유가 없다. 산출량이 Q_1이 아니라 Q^*인 경우 사회적 손실은 $(B+C)$가 되는데, 이것은 다시 총잉여의 손실로 표현된다. 만일 수요하락 이후에 $(B+C)>z>(B-A)$라면, 기업은 가격을 하락시킬 경우 사회적으로 최적수준에 도달할 수 있다고 해도 그렇게 행동하지 않을 것이다. *MC*곡선이 평평해질수록, 기존 가격을 그대로 유지하려는 기업의 결정을 정당화하는 데 필요한 메뉴비용은 점점 더 작아진다. 따라서 산출량이 줄어들 때 한계비용이 감소하는 정도가 클수록 가격하락 유인이 점점 더 커진다는 것을 독자들이 스스로 확인해 보기 바란다(Gordon, 1990; D. Romer, 2001).

애컬로프와 옐렌(Akerlof and Yellen, 1985a, 1985b)의 모형에서, 기업의 관성적인 임금-가격 결정행위는 "근사적으로 합리적(near rational)일 수 있다." 가격결정에서 준최적으로(sub-optimally) 행위하는 기업이 손실을 경험할 수도 있지만, 그 손실은 부차적인(작은) 것이기 쉽다. 〈그림 7.4〉는 근사적 합리성(near rationality) 개념을 예시해준다. 앞에서 살펴본 대로, 수요가 하락한 후 이윤극대화 가격은 P_1이다. 가격을 P_0에서 P_1으로 떨어뜨리지 못했을 경우 이윤이 감소되는 부분 $(\pi_1-\pi^*)$은, 설령 메뉴비용을 고려하지 않는다 하더라도 작은(부차적인) 규모이다(즉, 그림 7.3에서 $B-A$는 작은 규모이다). 애컬로프와 옐렌(Akerlof and Yellen, 1985a)은 또 생산물 시장의 불완전경쟁이 노동시장의 효율성 임금(efficiency wages)과 결합될 때 총수요 교란이 주기적인 경기변동으로 이어질 것임을 논증하기도 했다(Akerlof, 2002).

비록 기업 입장에서 가격을 P_0에 그대로 유지하는 것이 최적의 선택이라 할지라도, 그러한 결정을 모든 기업들이 똑같이 따라한다면 그것은 상당한 거시경제적 효과를 초래할 수 있다. 불당사르와 기요타키(Blanchard and Kiyotaki, 1987)는 PAYM 통찰력에 대해 해석하면서, 가격 경직성이 총수요 외부성을 유발하기 때문에 명목가격 경직성의 거시경제적 효과와 사적 비용 사이에 차이가 있음을 입증했다. 모든 기업들이 가격을 하락시킨다면 사회는 한결 좋아지겠지만, 그렇게 하도록 부추기는 사적 유인은 존재하지 않는다. 앞에서와 마찬가지로, 총수요가 감소된 결과 기업의 수요곡선이 좌측으로 이동했다고 가정해보자. 만일 기업이 메뉴비용에 직면하지 않는다면, 이윤극대화 행위는 모든 기업에게 가격을 하락시키라고 명령할 것이다. 즉, 각각의 기업들은 〈그림 7.2〉와 〈그림 7.3〉의 *Y*점에서 *W*점으로 이동한다. 모든 기업들이 가격을 하락시키기 때문에, 각 기업은 투입비용이 떨어졌음을 알게 된다. 그러므로 각 기업은 자신의 한계비용곡선이 아래로 이동하기 시작했음을 알게 된다. 이에 따라 기업들은 가격을 더욱 더 하락시킨다. 〈그림 7.3〉에서 MC_0가 아래로 이동함에 따라 산출량은 늘어난다. 모든 기업이 추가적인 가격하락에 동참했기 때문에, 투입가격은 다시금 하락하며, 그 결과 *MC*가 또 다시 떨어진다. 이러한 가격 디플레이션 과정이 실질화폐잔고를 확대시켜 이자율을 떨어뜨릴 것이므로, 총수요가 늘어난다. 이에 따라 각 기업의 수요곡선은 우측으로 이동하며, 그래서 산출량이 Q_0로 복귀한다.

만일 메뉴비용 그리고/또는 근사적으로 합리적인 행위의 존재가 명목가격 경직성을 유발한다면, 명목 총수요에 대한 충격은 산출량과 후생수준의 거대한 변동을 야기할 것이다. 이러한 변동은 비효율적인 것이므로, 이는 곧 안정화 정책이 요구됨을 암시한다. 화폐임금이 (계약 때문에) 경직적이라면 한계비용곡선은 분명 변하지 않을 것이며, 이에 따라 메뉴비용이 가격경직성을 야기하는 효과는 더욱 강화될 것이다.

앞에서 우리는 장기 임금계약으로부터 기업과 노동자가 모두 몇 가지 사적 이점을 갖게 된다는 점에 주목한 바 있다. 이러한 이점들의 많은 것들이 생산물 가격과 관련된 기업간 장기 협정에도 똑같이 적용된다. 사전에 정해진 가격은 불확실성을 감소시킬 뿐만 아니라 희소한 자원의 경제적 이용에도 기여한다. 고든(Gordon, 1981)의 주장에 따르면, 시장경제에서 발견되는 생산물들은 그 유형과 품질에 있어 '매력적인 이질성(persuasive heterogeneity)'을 갖고 있기 때문에, 모든 가격이 경매를 통해 결정될 경우 '엄청난 거래비용'이 조래될 것이다. 경매시상이 효율석인 경우는 금융자산의 경우처럼 구매자와 판매자가 직접 대면할 필요가 없을 때, 혹은 농산물의 경우처럼 생산물이 동질적인 때이다. 경매시장의 본질적인 특징은 구매자와 판매자가 동시에 존재해야 한다는 것이다. 시간과 공간은 희소한 자원이므로, 대부분의 재화가 이와 같은 방식으로 팔린다고 보기에는 무리가 있다. 이와 반대로 많은 재화들은 소비자가 자신의 편의에 따라 거래하기에 적합하다고 선택한 공간에서 판매될 수 있을 것이다. '가격표(price tags)'의 사용, 즉 재화를 고정된 가격으로 판매하는 것은 이질성 문제에 대한 합리적인 반응이다. 전형적으로, 가격이 사전에 정해질 때 이용되는 절차는 '가산 가격설정(mark-up pricing)' 접근이다(Okun, 1981).

이상의 논의에서 분명히 드러나듯이, 불완전경쟁 이론은 새케인즈학파 경제학의 핵심 내용에 속한다. 그러므로 실질수준의 경직성에 대한 고려로 넘어가기 전에, 경제학의 역사에서 커다란 수수께끼에 속하는 한 가지 사안에 대해 주목할 필요가 있다. 왜 케인즈는 1930년대 초 케임브리지에서 자신이 목도했던 불완전경쟁으로의 혁명적인 변화에 대해 그토록 적은 관심을 보였던 것일까? 유명한 1931년 승수 논문의 저자이자 케인즈의 동료였던 리처드 칸(Richard Kahn)은 불완전경쟁 이론에 관한 조운 로빈슨(Joan Robinson)의 명저가 1933년에 출간되기 이전에 이미 이 주제에 대해 충분히 이야기하고 있었다. 《일반이론》이 집필되고 있던 시기에 케인즈, 칸, 로빈슨이 케임브리지 대학의 학풍을 똑같이 공유하고 있었음을 감안한다면, 이미 칸(Kahn, 1929)이 단기분석에는 타당하지 않다고 주장했던 고전학파와 신고전학파의 완전경쟁적 생산물 시장에 대한 가정을 케인즈가 수용했다는 사실은 주목할 만한 사안이다(Marris, 1991). 딕슨(Dixon, 1997)이 주목하듯이, "칸과 케인즈, 또는 케인즈와 로빈슨이 함께 작업할 수 있었다면, 《일반이론》은 상당히 달라졌을지도 모른다." 정통 케인즈학파 모형과 대비되고 미하우 칼레츠키(Michał Kalečki)에게서 아이디어를 얻은 포스트케인지언 학파는 그들의 모형에서 가격고정 기업의 중요성을 항상 강조했다(Arestis, 1997).

7.6 돈부시의 오버슈팅 모형

이미 보았듯이 피셔(Fischer, 1977) 및 펠프스와 테일러(Phelps and Taylor, 1977)가 제안한 경직가격 합리적 기대 모형은 폐쇄경제의 맥락에서 통화정책의 역할을 분석한다. 새케인즈학파 분석에서 실질수준의 경직성이 얼마나 중요한가를 살펴보기 전에, 돈부시(Dornbusch, 1976)의 소국개방경제에 관한 경직 가격 합리적 기대 모형을 간단히 살펴보기로 하자. 로고프(Rogoff, 2002)는 돈부시의 환율 '오버슈팅(overshooting)' 모형을 "2차 세계대전 이후 국제경제학 분야에서 출간된 가장 영향력 있는 논문 중의 하나," "현대 국제 거시경제학을 탄생하게 한" 논문으로 평가했다.

돈부시 모형의 주요 예측에 대해 논의하기 전에, 국제 거시경제학 측면에 관한 이전의 논의 맥락에서 이 모형이 차지하는 위치를 확인해보는 것이 좋을 것이다. 제3장의 3.5.4절에서 우리는 신축적인 환율체계 아래서 작동되는 개방경제의 고정가격 IS-LM-BP 먼델-플레밍(Mundell-Fleming) 모형을 다루었다. 이 모형에서는 통화팽창이 소득을 증대시키는데, 통화팽창이 총수요와 소득에 끼치는 효과가 환율의 평가절하에 의해 강화된다. 더 나아가 완전한 자본이동이라는 극단적인 경우에는 통화정책이 '매우 강력한' 효과를 발휘한다. 이와 달리 제4장의 4.4.3절은 환율결정에 대한 통화주의적 접근을 살펴보았다. 여기서는 실질소득이 자연율 수준에서 외생적으로 주어지고, 통화가 팽창하면 환율의 평가절하와 국내 물가수준의 상승이 동시에 이루어진다. 이제부터는 통화팽창이(단기 오버슈팅에 힘입어) 환율의 평가절하를 야기하지만 실질 산출량은 조금도 변하지 않는, 돈부시의 경직 가격 합리적 기대 모형의 핵심 내용에 대해 간단히 살펴보자.

돈부시는 자신의 모형에서 많은 가정을 하는데, 그 중에 가장 중요한 것들은 다음과 같다.

1. 재화시장은 자산시장과 환율에 비해 느리게 조정된다. 즉, 재화가격은 경직적이다.
2. 환율의 움직임은 합리적 기대에 부합한다.
3. 완전한 자본이동 때문에, 소국 개방경제의 국내 이자율은 외생적으로 주어진 국제 이자율에 국내 통화의 예상 평가절하율을 합한 값과 동일해야 한다. 즉, 예상되는 환율 변화는 국내자산과 외국자산 사이의 이자율 차이에 의해 보상되어야 한다.
4. 실질화폐잔고에 대한 수요는 국내 화폐시장의 균형수준에서 결정되는 국내 이자율과 고정된 실질소득에 따라 결정된다.

이러한 가정 하에서 통화팽창은 환율에 어떠한 영향을 미치는가? 가격이 고정되고 실질소득수준이 주어진 단기에는, 실질 화폐공급의 증가가 국내 화폐시장의 균형을 유지시켜주는 국내 이자율을 하락시킨다. 국내 이자율의 하락이 의미하는 바는, 외국 이자율이(소국이라는 가정 때문에) 외생적으로 고정된 상황에서 국내통화의 평가절상이 기대될 수밖에 없다는 것이다. 단기균형이 국내통화의 평가절상이 기대되는 상황을 요구하는 반면, 장기균형은 환율의 평가절하를 요구한다. 다시 말하면, 장기균형 조건에 따르면 국내 통화가 초기 수준에 비해 평가절하 되어야 하므로, 환율이 너무 많이 평가절하 된다(즉, 단기에 오버슈팅이 발생한다). 따라서 장기 균형수준으로 복귀하기 위해서는 환율이 평가절상 되는 상황이 예상될 수도 있다. 이러한 단기 환율의 오버슈팅은 합리적 기대와 완전히 부합한다. 왜냐하면 환율이 미래에 예상되는 경로를 따르기 때문이다.

이러한 분석에는 주목할 만한 요점이 많이 있다. 첫째, 돈부시 모형에서 환율 오버슈팅의 원인은 단기 재화가격이 상대적으로 경직적이라는 데 있다. 즉, 이 모형의 중요한 가정은 자산시장과 환율시장이 재화시장보다 빠르게 조정된다고 본다는 것이다. 둘째, 환율이 장기 균형수준으로 복귀하는 정도는 물가수준이 화폐스톡의 증가에 맞춰 조정되는 속도에 의존한다는 점이다. 마지막으로, 장기에는 통화팽창이 모든 재화가격을 똑같은 비율로 상승시키고 환율도 평가절상시킨다는 점이다.

7.7 실질수준의 경직성

볼 외(Ball et al., 1998)는 메뉴비용에 대해 한 가지 중요한 비판을 제기한다. 명목수준의 마찰을 포함하는 모형이 이론 내부에서 대규모 명목수준의 경직성을 야기할 수 있지만, 이는 "수용하기 어려운 파라미터값(parameter values)의 경우에 국한된다"는 비판이 바로 그것이다. 그러나 볼과 로머(Ball and Romer, 1990)는 실질수준의 경직성과 명목변수 조정 상의 조그만 마찰이 결합되는 경우에도 상당한 명목수준의 경직성이 초래될 수 있음을 입증했다. 그리고 실제로도 맨큐와 로머(Mankiw and Romer, 1991)는 명목수준의 불완전성과 실질수준의 불완전성 사이의 상호작용을 '새케인즈학파 경제학의 두드러진 특징'으로 정의했다.

만일 경제의 모든 명목가격이 완전히 그리고 즉각 신축적으로 변화할 수 있다면, 순수한 명목수준의 충격은 경제의 실질균형을 조금도 변화시키지 못할 것이다. 볼과 로머(Ball and Romer, 1990)가 강조하듯이, "실질수준의 경직성은 명목수준의 경직성을 함축하지 않는다. 즉, 명목수준의 경직성을 유발하는 독자적인 원인이 없다면, 가격은 실질수준의 경직성의 정도와 무관하게 명목수준의 충격에 맞춰 완전하게 조정된다." 그러나 실질가격과 실질임금의 경직성은 조그만 명목수준의 마찰에서 비롯된 화폐의 비중립성을 더욱 증폭시킬 것이다. 이 말의 중요성은 화폐공급량의 감소가 미치는 영향을 고려하면 이해될 수 있다. 먼저 메뉴비용의 존재 때문에 기업이 명목변수의 교란에 대해 가격 하락으로 대응하지 못한다고 가정해보자. 가격수준이 불변이면 실질산출량이 하락할 것이다. 독점적으로 경쟁적인 각 기업들은 자신의 상품에 대한 수요곡선이 좌측으로 이동했음을 발견하게 될 것이다. 모든 기업이 산출량을 줄일 것이므로, 노동에 대한 유효수요가 하락한다(Abel and Bernanke, 2001). 만일 노동공급이 상대적으로 비탄력적이라면, 산출량의 하락에서 비롯된 노동수요의 이동은 실질임금을 크게 하락시킬 것이다. 즉, 실질임금이 하락할 정도로 명목임금률이 하락한다(Ball et al., 1988; Gordon, 1990; D. Romer, 1993). 이러한 실질임금의 하락은 한계비용의 하락을 의미하는데, 후자의 하락현상은 노동투입이 감소함에 따라 노동의 한계생산물이 가파르게 상승할 경우 더욱 강화될 것이다. 〈그림 7.2〉에서 자명하게 보이듯이, 기업의 수요곡선이 좌측으로 이동함에 따라, 기존 가격수준에서의 수요 탄력성이 하락하지 않는 한 우상향하는(upward-sloping) 한계비용곡선은 가격하락 유인을 더욱 확대할 것이며, 따라서 "명목조정을 가로막을 수 있는 장벽을 모두 제거"할 것이다. 산출량이 하락함에 따라 기존 가격수준에서의 수요 탄력성이 하락하는 정도가 클수록, 기업이 직면한 한계수입곡선은 더 크게 좌측으로 이동할 것이며, 기업의 가격하락 유인이 점점 더 작아질 것이다.

데이비드 로머(D. Romer, 1993)는 이러한 쟁점의 본질을 다음과 같이 요약한다. "그러므로 만일 고전학파적 이분법이 타당하지 않다면, 수요 변화로 산출량이 감소하더라도 한계비용이 크게 하락하지 않거나 한계수입이 크게 하락하는 상황이 마땅히 나타나야 하며, 아니면 이 두 가지 사항의 어떠한 조합이 나타나야 한다." 수요의 탄력성이 경기변화에 반응하는 정도가 클수록, 그리고 한계비용이 경기변화에 반응하는 정도가 작을수록, 실질가격의 경직성은 크게 나타난다. 그러므로 실질수준의 경직성이 클수록 명목수준의 충격은 실질수준의 결과에 큰 영향을 미친다.

지금까지 살펴본 내용은 이윤 극대화를 추구하는 독점적 경쟁 기업이 직면하는, 우리에게 친숙한 가산 가격결정 방정식을 고려해보면 아주 쉽게 이해될 수 있다(Pindyck and Rubinfeld, 1998, 340쪽). 이윤 극대화는 기업에게 한계수입(MR)과 한계비용(MC)이 일치하는 데서 산출량 수준을 결정하도록 요구한다. 한계수입은 식 (7.5)와 같은 형태로 표현될 수 있다.

$$MR = P + P(1/\eta) \tag{7.5}$$

여기서 P는 가격이며 η는 수요의 가격탄력성이다. 그러므로 이윤 극대화는 다음을 요구한다.

$$P + P(1/\eta) = MC \tag{7.6}$$

식 (7.6)을 정리하면, 식 (7.7)을 얻는다.

$$\frac{P-MC}{P}=-1/\eta \tag{7.7}$$

이 방정식은 가격을 한계비용에 대해 가산하는 형태로 표현하기 위해 다시 정리될 수 있다. 식 (7.8)이 가산가격 형태의 방정식임을 보여준다.

$$P=MC\frac{1}{1+1/\eta} \tag{7.8}$$

한계비용은 명목임금(W)을 노동의 한계생산물(MPL)로 나눈 값이므로, 마침내 우리는 식 (7.9)를 얻게 된다.

$$P=\frac{W}{MPL}\left(\frac{1}{1+1/\eta}\right) \tag{7.9}$$

괄호 안은 가산액(mark-up)을 표현하는데, 그 크기는 수요의 탄력성에 반비례해서 달라진다(η가 음수임을 명심하라). 식 (7.9)는 MC가 하락할 때 이를 보충하기에 충분할 정도로 가산액이 상승한다면, P가 하락하지 않을 것임을 보여준다(Stiglitz, 1984). 만일 수요의 탄력성이 하락하지 않는다면, 식 (7.9)는 또 메뉴비용이 존재할 경우 가격변화 유인이 작을 것임을 의미하기도 한다. 다만 여기에는 노동투입이 감소할 때 MPL이 급격하게 상승하지 않는다는 조건이 붙는다(Hall, 1991). 로템버그와 우드퍼드(Rotemberg and Woodford, 1991)의 주장에 따르면, 호황기에는 한계비용에 붙는 가산액의 요구 수준이 하락하는데, 이는 과점적 담합을 유지하기가 점점 더 어려워지기 때문이다. 즉, 경제활동이 왕성해지는 시기에는 기업간 경쟁이 더욱 강화된다. 반면 경기침체기에는 암묵적인 담합이 증가하며, 이것이 경기역행적인 가산액으로 이어진다. 경기역행적 가산액은 실질수준의 경직성으로 작동하여, 비교적 조그만 메뉴비용이 명목수준의 경직성에 미치는 영향을 확대한다(D. Romer, 2001).

7.7.1 실질가격 경직성의 다른 원인들

앞서 우리는 산출량 변화에 대해 한계비용이 완만하게 반응하고 수요 탄력성이 경기순행적(따라서 가격 가산액이 경기역행적)이기 때문에 실질가격이 경직적이 됨에 주목하였다. 새케인즈학파의 문헌들은 또 실질가격 경직성의 몇 가지 다른 잠재적 원인들을 찾아내었다.

거래활성시장 외부성 현실세계에서는 구매자와 판매자가 탐색비용(search costs)을 유발하지 않고는 함께 할 수 없다. 소비자는 시장에서 자신이 원하는 것을 탐색하는 데 마땅히 시간을 소비해야 하며, 기업은 소비자를 끌어들이기 위해 광고해야 한다. 노동자와 고용주 또한 시장을 탐색하는 데 마땅히 시간과 자원을 소비해야 한다. 경제활동이 왕성한 시기의 거래활성시장(thick market)의 경우, 거래활동 수준이 낮은 비활성시장(thin market)에서보다 탐색비용이 더 낮을 것이다(Diamond, 1982). 또 사람들은 많은 거래가 이루어지는 거래활성 시장일수록 더 기꺼이 참여하려 할 것이다. 이를 통해 전략적 보완성(strategic complementarity)이 이루어지는데, 다시 말하면 한 기업의 최적 활동수준이 다른 기업들의 활동에 의존하게 된다. 만일 이러한 거래활성 시장 외부성이 경기후퇴기에 한계비용곡선을 위쪽으로 이동시키고 호황기에는 아래쪽으로 이동시킨다면, 이는 실질가격 경직성에 기여할 것이다.

고객시장　경매시장(auction)과 고객시장(customer market)의 구분은 오컨(Okun, 1975; 1981)에 의해 개발된 것이다. 고객시장의 중요한 특징은 구매 빈도수에 비해 탐색 빈도수가 낮다는 점이다(McDonald, 1992). 대부분의 생산물은 장보기 과정(shopping process)을 통해 판매되고, 시장탐색비용이 작지 않다면 구매자는 항상 시장의 최저가에 관해 불완전한(제한된) 정보를 갖고 있다. 장보기 과정과 관련된 탐색비용 때문에, 판매자는 유사한 생산물을 생산하는 기업이 시장에 상당히 많이 있다고 해도 약간의 독점력을 갖게 된다. 또 상당수의 고객들은 반복적인 구매를 하기 때문에, 좀 더 좋은 거래를 위해 시장을 탐색하려는 고객들의 의지를 약화시키는 것이 기업의 입장에서 볼 때 이익이 된다. 그러므로 기업들은 자사 제품의 가격을 빈번하게 변화시키는 것을 피하게 된다. 이러한 변화가 고객들의 눈길을 다른 제품으로 돌리도록 만드는 유인으로 기능할 것이기 때문이다. 가격 상승은 고객들에게 곧바로 알려지는 반면, 가격 하락은 이 새로운 정보가 다른 기업의 구매자들에게 전달되기까지 시간이 걸릴 것이므로 초기에는 아주 작은 반응을 가져올 것이다. 가격의 상승과 하락에 대한 고객의 반응도에 이렇게 차이가 있고 기업은 단골 고객을 사로잡고자 희망하기 때문에, 상품들의 상대가격은 경직적이 되는 경향이 있다(고객시장에 관한 뛰어난 설명에 대해서는 Phelps, 1985 참조).

가격 경직성과 투입산출표　고든(Gordon, 1981, 1990)은 통상 수많은 기업들이 수많은 다른 기업들로부터(이 다른 기업들 중 상당수는 외국기업일 수도 있다) 수많은 부품들로 구성된 수많은 자본재들을 구매하는 세계에서 의사결정의 복잡성에 주목했다. "일단 공급자-생산자 관계의 탈집중화와 다양성이 인정된다면, 그 어떠한 기업도 혼자서는 거시적 경기변동을 제거하는 행위를 수행할 수 없다"(Gordon, 1981, 525쪽).

기업은 복잡한 투입-산출 관계를 통해 수많은 다른 기업들과 연결되기 때문에, 공급자-생산자 관계망에서 함께 연결된 다른 모든 행위자들을 확인하기란 불가능하다. 이러한 복잡성 때문에 총수요 충격 이후에 한계수입과 한계비용이 함께 움직일 것인지는 확실하지 않다. 개별 기업의 경우에도, 총수요 하락 이후에 한계비용이 생산물 수요의 하락에 맞춰 움직일 것인지 확실하지 않다. 그 기업에 공급하는 공급자들의 상당수가 서로 다른 총수요 조건에 직면해 있는 다른 나라의 기업들일 수도 있다. 이러한 상황에서 특정 기업이 가격을 낮추게 되면 경기변동은 제거하는 데 도움이 되기보다 그 기업의 파산으로 이어질 가능성이 높다. 왜냐하면 전형적인 기업은 비용 충격만이 아니라 수요 충격으로부터도 자유롭지 않고 이 두 충격은 모두 국지적 차원과 경제 전체 차원을 포함하기 때문이다. 고든(Gordon, 1990)이 주장하듯이, 이런 세계에서는 어떠한 기업도 명목 국민총생산 물가연동제(indexation)라는 위험을 감수하려 하지 않을 것이다. 물가연동제는 한계비용곡선과 한계수입곡선의 위치에 영향을 미칠 수 있는 다양한 충격요인에 반응하는 행위의 자유와 신축성을 제약할 것이기 때문이다. 물가연동제는 한계비용과 총수요에 상당한 정도의 독립성이 존재할 경우 바람직한 것이 아니므로, 고든의 투입-산출 이론은 실질가격 경직성에 대한 설명을 제공하고 있을 뿐만 아니라 명목수준의 경직성에 관한 이론으로 전환될 수도 있다. 점진적인 가격조정의 근본적인 이유는 정보가 필연적으로 불완전한 불확실성의 세계에서 활동하는 기업에게 가장 안전한 행위의 경로를 보여주는 것이 바로 점진적 가격 조정이기 때문이다.

가격을 설정하는 기업이 언제나 합리적으로 가격을 결정하기 위해서는 분명히 엄청난 정보가 요구된다. 기업은 수요곡선과 공급곡선의 위치와 형태를 알아야 할 뿐만 아니라 투입산출표에서 모든 다른 기업의 가격결정 행위를 예측하기까지 해야 한다. 개별 기업의 수요-공급곡선은 총수요에 영향을 받기 때문에, 개별 기업은 총수요에 영향을 미치는 모든 적절한 거시변수들의 값에 대해서도 예측해야 한다. 간단히 말해서, 독점적 경쟁 하에 있는 기업 내부의 의사결정자는 완전정보를 갖춘 일류급 일반균형이론가가 되어야 한다. 이러한 복잡한 조건 하에서 기업이 단순한 가산 가격결정 규칙을 따르려는 경향은 최적에 가까운 것일 수 있다. 다른 기업들도 똑같이 행동한다면 개별 기업이 그런 규칙을 따르려는 유인은 더욱 강화된다. 왜냐하면 그렇게 할 때 개별 기업은 자신의 상품의 상대가격을 유지할 것이고, 상대가격 유지는 손실을 최소화하는 경향이 있기 때문이다(Naish, 1993). 기업이 복잡한 투입-산출의 세계에서 따를 수 있는 또 다른 단순한 규칙은 다른 기업들이 가격을 올리거나 내릴 때까지 변화를 시도하지 않은 채 기다리는 것이다. 이때 가격설정의 시차(*staggering*)가 발생하는데, 이것이 의미하는 바는 가격수준이 총수요충격에 적응하는 데 비교적 긴 시간이 소요된다는 것이다.

자본시장 불완전성 외부금융을 이용하려는 기업에게 중요한 장애요인은 대출자와 대부자 사이의 비대칭정보 문제이다. 즉, 대출자가 대부자에 비해 상환능력과 투자계획의 질적 특성에 관한 정보를 훨씬 더 많이 갖고 있다. 여기서 발생하는 한 가지 결과는 외부금융이 내부금융에 비해 기업에게 좀 더 많은 비용을 유발할 것이라는 것이다. 기업이 좀 더 큰 이윤을 벌어들이는 호황기에는 다양한 기획에 조달될 수 있는 내부기금이 확대된다. 반면 경기침체기에는 외부금융에 대한 의존도가 높아짐으로써 자금조달 비용이 늘어난다. 만일 자본비용이 경기역행적이라면, 이것은 또한 경기침체기에 기업의 비용을 상승시키는 움직임으로 이어질 것이다(Bernanke and Gertler, 1989; D. Romer, 1993).

가격에 따른 품질 판단 스티글리츠(Stiglitz, 1987)는 기업이 수요 하락에 직면했을 때 가격을 하락시키는 데 주저할 수도 있는 또 다른 이유를 강조한다. 고객들이 구매하기를 원하는 생산물의 특징에 대해 불완전한 정보를 갖고 있는 시장에서는, 가격이 질적 특징을 보여주는 신호로 이해될 수도 있다. 가격을 내릴 경우 기업은 고객(또는 잠재 고객)이 이러한 행위를 품질의 하락을 가리키는 신호로 해석할 수도 있는 위험에 직면하게 된다.

지금까지 생산물 시장에서 실질수준의 경직성을 유발할 수 있는 몇 가지 잠재적인 원인들을 살펴보았으므로, 이제부터는 노동시장에서 나타나는 실질수준의 경직성을 보도록 하자. 만약 수요가 교란된 상황에서 실질임금이 경직적이라면, 기업이 이러한 교란에 대한 대응으로 가격을 변화시키려는 유인은 상당히 많이 감소한다.

7.7.2 실질임금 경직성

지금까지 경제학자들은 일반적으로 명목임금 경직성의 원인을 이론적으로 설득력있게 설명하는 데보다 이러한 관성적인 움직임의 결과를 설명하는 데 훨씬 더 좋은 성과를 보였다. 총수요의 변동이 실질효과를 야기하고 경기변동에 관한 시장 비청산 설명에 기여할 수 있는 이유는 바로 명목수준의 경직성 때문이다. 그러나 케인즈학파 경제학자들은 1970년대 이후 주요 산업국가의 노동시장, 특히 1980년대 유럽 노동시장의 중요한 특징이었던 지속적으로 높은 실업의 문제를 설명하는 데에도 관심이 있다(표 1.4 참조). 새고전학파의 화폐적 경기변동 모형과 실물적 경기변동 모형에서는 모든 행위자들이 가격수용자이다. 가격과 임금이 완전하면서도 즉각적으로 변동하기 때문에 노동시장은 항시 발라스적인 시장청산 실질임금 수준에서 청산된다. 반면 가격설정자가 지배적인 새케인즈학파 세계에서는 균형 실질임금이 시장청산 실질임금과 다르게 형성될 수 있다. 스티글리츠(Stiglitz, 1987)는 시장균형을 "어떤 행위자도 자신의 행동을 변화시키려는 유인이 없는 상태"로 정의한다. 새케인즈학파의 실질임금 경직성 모형에서 균형은 시장청산, 즉 수요와 공급의 일치로 특징지어질 수 없다. 실질임금 경직성을 포함하는 모형은 장기 균형에서 비자발적 실업을 유발할 수 있다. 이와 달리 새고전학파 모형에서는 누구나 자신의 노동공급함수에 입각해서 행동하므로 균형에서 실업은 자발적인 현상이다. 루커스(Lucas, 1978a)는 대부분의 실업이 비자발적이라는 견해를 폐기하기를 주장하는 반면, 솔로(Solow, 1980)는 "비자발적 실업처럼 보이는 것은 실제로 비자발적 실업"이라고 믿는다(Hahn, 1987; Blinder, 1988a).

실질임금 경직성에 관한 새케인즈학파의 설명은 크게 세 가지로 분류될 수 있는데, (i) 암묵적 계약이론, (ii) 효율성 임금 이론, (iii) 내부자-외부자 이론이 바로 그것이다. 새케인즈학파 이론가들은 주로 두 번째와 세 번째 설명과 결부되어 있으므로, 암묵적 계약이론에 대해서는 간단한 언급으로 그칠 것이다. 암묵적 계약이론에 대해 좀 더 자세하게 알고 싶은 독자들은 암묵적 계약에 관한 연구들을 폭넓게 설명했던 로젠(Rosen, 1985)과 팀브렐(Timbrell, 1989)을 참조해야 할 것이다. 또한 펠프스(Phelps, 1990, 1994)가 실질임금 경직성을 새케인즈학파의 이론과 구별되는 범주로 취급했다는 사실, 오히려 자신이 '구조주의 학파(Structuralist school)'로 명명했던 것에 속하는 범주로 취급했다는 사실에 대해서도 주목해야 할 것이다.

암묵적 계약 모형 최초의 암묵적 계약(implicit contract)모형, 즉 비조합적(non-union) 계약모형은 베일리(Bailey, 1974), 고든(Gordon, 1974), 아자리아디스(Azariadis, 1975)에 의해 제시되었다. 자연실업률 가설의 발전 이후(Friedman, 1968a; Phelps, 1968), 경제학자들은 노동시장의 행위를 극대화 행위의 결과로 모형화하는 일에 주력하였다. '새로운' 미시경제학 문헌(Phelps et al., 1970)의 주요 기여는 자연실업률이 양(+)의 수준인 이유를 설명하는 데 있었다. 그러나 노동시장에는 탐색이론이 주장하는 수준보다 훨씬 낮은 이직율이 존재했다. 게다가 임금과 한계생산성의 불일치가 빈번하게 발생했다. 암묵적 계약이론은 노동자와 기업의 관계를 장기간 유지시켜주는 '경제적 유대관계(economic glue)'의 형성 배경을 이해하고자 한다. 왜냐하면 이러한 관계가 발라스의 경매인보다도 오히려 더 노동시장을 지배하기 때문이다. 기업들은 작업장에서의 충성(loyalty)을 계속 유지하고자 노력하므로, 노동자들과 명문화되지 않은, 즉 암묵적인 협약을 체결할 필요가 있음을 알게 된다. 이러한 '보이지 않는 악수(invisible handshake)'는 모든 노동자들에게 다양한 작업조건 속에서도 노동관계의 조건들이 일정 수준 이상으로 유지될 것임을 보상해준다. 베일리, 고든, 아자리아디스의 모형은 위험중립적인 기업과 위험기피적인 노동자 사이에서 확립되는 최적 노동계약의 결과를 설명해준다. 이러한 상황에서 임금률은 노동 서비스에 대한 대가를 표현해줄 뿐만 아니라, 충격 상황에서 발생하는 소득변화의 위험에 대한 보험으로도 기능한다. 변함없는 실질임금은 개별 노동자들의 소비흐름을 부드럽게 해준다. 기업이 이러한 '보험'을 제공하는 이유는, 기업들이 자본시장과 보험시장에 좀 더 양호한 조건에서 접근할 수 있다는 점에서 경기변동을 헤쳐나가는 데 노동자들보다 유리한 위치에 있기 때문이다. 기업은 시간이 흐르더라도 안정된 임금을 제공할 것이므로, 노동자들은 시장의 힘에 따라 결정되는 경우의 매우 가변적인 임금률보다 평균적으로 낮은 실질임금을 자신의 이해관계에 부합하는 것으로 받아들인다.

이 접근법이 가진 주요 문제는 이런 접근법에 따르면 경제상황이 악화되었을 때 해고보다는 오히려 일자리 나누기가 예상된다는 것이다. 이 접근법은 또 기업이 신규 채용자에게 좀 더 낮은 임금을 지급하지 않는 이유를 설명하지 못한다. 실질임금 경직성을 암묵적 계약으로 설명하려는 시도의 이런 약점들과 그 외의 약점들을 교정하려고 노력하는 과정에서, 새케인즈학파 경제학자들은 임금의 관성적인 움직임에 관한 효율성 임금 모형과 내부자-외부자 모형을 발전시켰다(Manning, 1995).

효율성 임금 모형 비자발적 실업에 관한 설득력있는 설명이 되기 위해서는 실업자들이 완전고용을 발생시킬 수준으로 임금을 낮춰 부를 수 없는 이유를 설명해야 한다. 효율성 임금(efficiency wage) 이론가들은 기업이 실질임금을 하락시켜서는 이득을 얻지 못한다고 주장한다. 왜냐하면 적어도 일정 범위 내에서는 노동자의 생산성(노력, 효율성)이 임금과 무관하지 않으며 오히려 실질임금과 노동자의 노력이 상호연관되어 있기 때문이다. 효율성 임금 이론은, 고든(Gordon, 1990)이 '1980년대의 열풍(rage of the 80s)'으로 묘사했던 것으로, 옐렌(Yellen, 1984), 애컬로프와 옐렌(Akerlof and Yellen, 1986), 카츠(Katz, 1986, 1988), 헤일리(Haley, 1990), 와이스(Weiss, 1991) 등에 의해 설명되었다. 또한 애컬로프(Akerlof, 1979, 2002)와 스티글리츠(Stiglitz, 2002)도 참조하라.

솔로(Solow, 1979)는 효율성 임금 모형의 기본구조를 제시한다. 솔로 모형에서 임금 경직성은 고용주들에게 이득을 가져다준다. 임금삭감은 오히려 생산성을 떨어뜨려 비용을 상승시킨다. 임금은 노동을 증대시키는 방식(a labour-augmenting way)으로 단기생산함수에 포함되기 때문에, 비용최소화를 추구하는 기업은 실질임금 경직성을 선호할 것이다. 이는 다음과 같이 증명될 수 있다(Yellen, 1984; Katz, 1988). 완전경쟁적인 동질적 기업들로 구성된 경제를 가정해보자. 여기서 각 기업은 식 (7.10)으로 표현되는 생산함수를 갖고 있다.

$$Q = AF[e(w)L],\ e'(w) > 0 \tag{7.10}$$

여기서 Q는 기업의 산출량이고 A는 생산성 변동 요인을 나타내며, e는 노동자 일인당 노력, w는 실질임금, L은 노동투입량을 각각 의미한다. 노력은 실질임금의 증가함수이고 모든 노동자들은 동질적이라고 가정된다. 기업은 식 (7.11)로 표현되는 이윤(π)을 극대화하려고 한다.

$$\pi = AF[e(w)L] - wL \tag{7.11}$$

노력이 $e(w)$형태로 이윤함수에 포함되기 때문에 노동자들의 노력을 최대한으로 이끌어내는 수준 아래로 실질임금을 삭감할 경우 기업의 이윤이 하락할 것이다. 만일 기업이 자신이 제시하는 임금 수준에서 바라는 모든 노동자들을 고용할 수 있다면, 다음과 같은 두 가지 조건을 충족하는 효율성 임금(w^*)을 제공함으로써 이윤을 극대화시킬 수 있을 것이다. 그 첫 번째 조건은 임금에 대한 노력의 탄력성이 1이라는 것이다. 다른 말로 표현하면, 기업은 임금을 설정할 때 노동의 효율성 단위당 노동비용을 최소화시켜 주는 수준에서 설정해야 한다는 것이다. 〈그림 7.5〉가 이것을 예시해준다. (a) 그림에서 E로 표현된 노력곡선(effort curve)은 노동자의 노력과 실질임금의 관계를 보여준다. 실질임금이 높을수록 노동자의 노력은 증대된다. 처음에는 실질임금이 상승할 때 노동자들이 비례적 증대 이상으로 노력을 기울이게 되는(생산성이 증가하는) 수익체증 영역이 존재한다. 실질임금의 단위당 노력은 e/w로 측정된다. 이 비율은 직선 $0X$와 노력함수의 기울기가 같아지는 M점에서 극대화된다. 노력곡선의 기울기(e/w)는 효율성 단위당 노동비용(w/e)의 역수이므로, E의 기울기가 상승함에 따라 효율성 단위당 임금비용은 하락하며 그 역도 성립한다. (b) 그림은 w/e와 w의 관계를 보여준다. e/w가 효율성 임금 w^*에 상응하는 M점에서 극대화되므로, 효율성 단위당 임금비용도 실질임금이 w^*수준일 때 최소가 된다(Stiglitz, 1987, 5쪽).

이윤 극대화를 위한 두 번째 조건은 기업이 한계생산물과 효율성 임금이 같아지는 점까지 고용

그림 7.5 • 효율성 임금과 솔로 조건

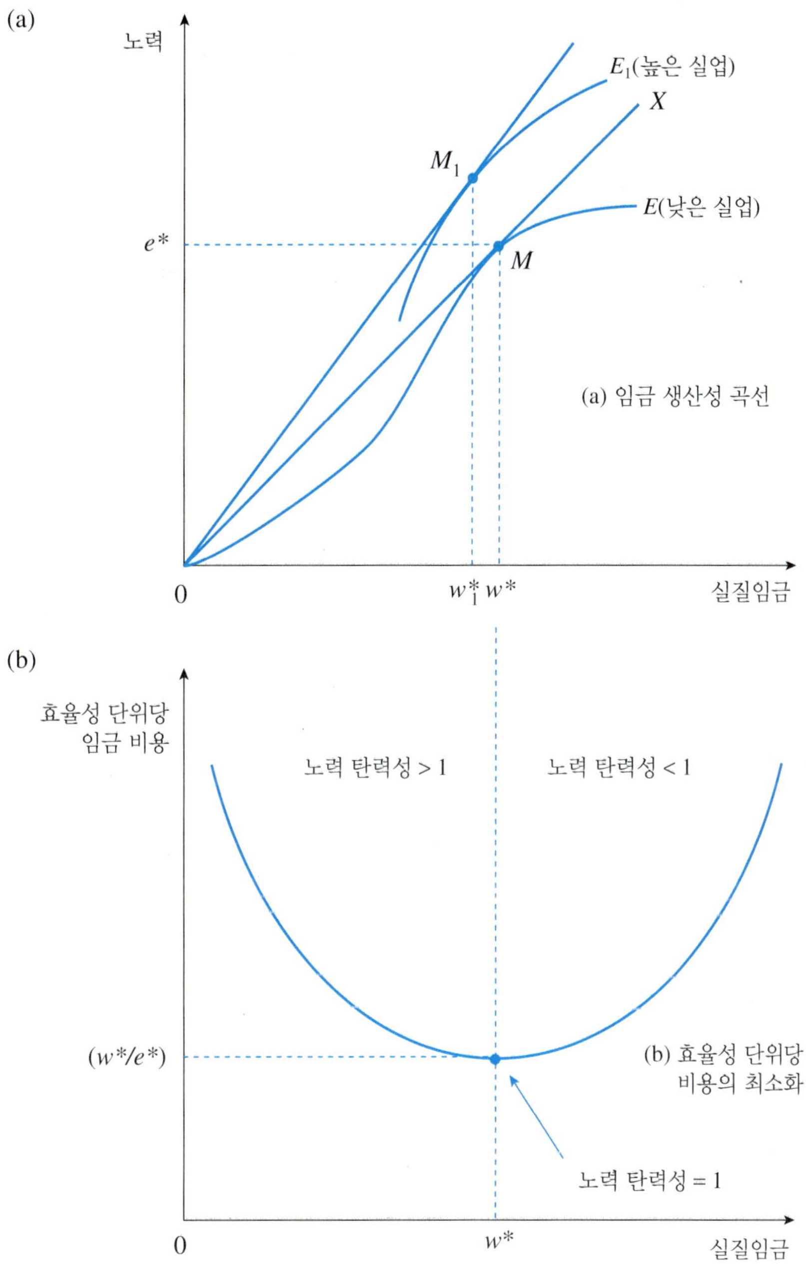

그림 7.6 • 효율성 임금 모형에서 비자발적 실업

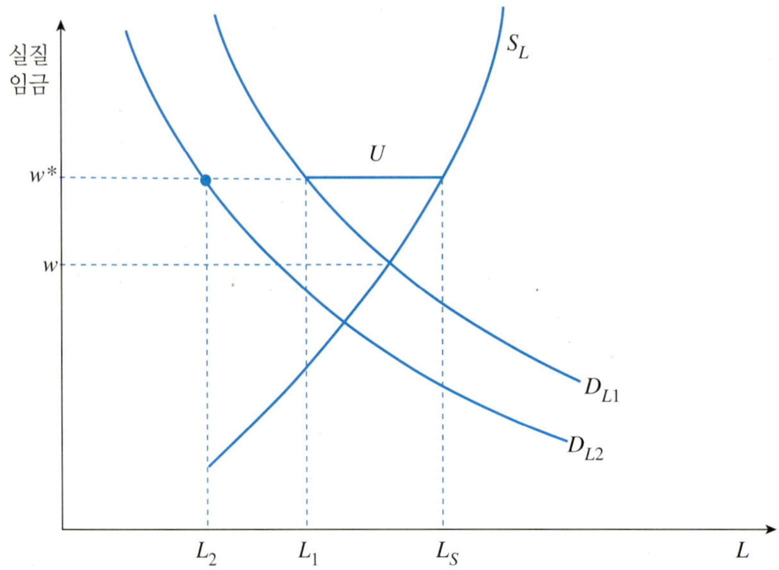

을 늘려야 한다는 것이다. 만일 w^*수준에서 노동의 총수요가 노동의 총공급보다 작다면, 시장균형은 비자발적 실업을 포함하게 될 것이다. 최적 임금률(w^*)은 고용수준이나 생산성 변동 매개변수(A)에 의존하지 않기 때문에, 노동 총수요를 변동시키는 충격이 고용수준은 변화시키겠지만 경직적인 실질(효율성) 임금은 조금도 변화시키지 못할 것이다. 이를 예시해주는 것이 〈그림 7.6〉이다. 여기서 D_{L1}은 주어진 노력수준(e^*)에 대응하는 노동의 한계생산물을 보여준다. 만일 효율성 임금이 시장청산임금(w)을 상회한다면, 시장균형은 U로 표현되는 비자발적 실업과 논리적으로 충돌하지 않는다. 만일 어떤 충격이 노동수요곡선을 D_{L2}로 이동시킨다면, 효율성 임금은 w^*수준을 그대로 유지할 것이므로 비자발적 실업이 확대될 것이다. 오로지 시장을 청산하는(발라스적) 임금이 효율성 임금을 상회하는 경우에만 비자발적 실업이 사라지게 될 것이다(Abel and Bernanke, 2001). $w > w^*$라면 기업은 시장청산임금을 지급하도록 강요받겠지만, 다음 절에서 논의되는 이유 때문에 w^*는 언제나 시장청산임금보다 높을 것이다. 만일 실업의 증가가 고용된 노동자들의 노력에 영향을 미친다면 노력 곡선은 상향 이동할 것이며, 이것이 임금을 e/w이 극대화되는 수준으로 하락시킬 것이다. 이러한 가능성은 〈그림 7.5〉에서 노력 곡선이 E에서 E_1으로 이동하는 것으로 나타난다. 이제 e/w비율은 M_1점에서 극대화되는데, 여기서는 w^*_1이 새로운 효율성 임금이 된다.

지금까지 우리는 노력이 실질임금률과 양의 상관관계를 갖고 있다고 가정했다. 이제부터는 새케인즈학파 이론가들이 이러한 관계를 설명하기 위해 제시했던 이유들을 살펴보아야 한다. 일정한 범위 내에서 노동 생산성과 실질임금이 양의 상관관계를 갖는다는 생각은 알프레드 마셜도 분명하게 인식하고 있었다. 그의 관찰에 따르면, "고임금 노동은 일반적으로 효율적이며, 그러므로 값비싼 노동이 아니다"(Marshall, 1920). 효율성 임금이라는 생각은 한참 후에 개발도상국 경제에 관한 문헌에서 다시금 모습을 드러냈다(Leibenstein, 1957; Bardhan, 1983). 경제개발의 맥락에서 고임금은 비교적 양호한 영양 상태를 통해 노동자들의 신체적 복지수준을 증대시키며 아울러 영양 결핍을 감소시키므로, 상대적으로 높은 실질임금은 노동효율성을 향상시킨다. 그러나 대부분의 노동자들이 적절한 영양 상태를 유지하는 선진국의 경우에는 이와 다른 이유가 요구된다.

현대의 효율성 임금 이론은 일반적으로 선택과 유인이라는 쟁점과 관련해서 제시되고 있으며, 다음과 같은 네 가지 범주로 구분될 수 있다. (i) 역선택 모형(예를 들어 Weiss, 1980), (ii) 노동이직 모형(예를 들어 Salop, 1979), (iii) 근무태만 모형(예를 들어 Shapiro and Stiglitz, 1984), (iv) 공정성 모형(예를 들어 Akerlof, 1980)이 바로 그것이다. 이제부터 우리는 이것들을 차례로 살펴볼 것이다. 독자들은 위의 (i)~(iv)항에 거론된 문헌들이 모두 애컬로프와 옐렌(Akerlof and Yellen, 1986)의 책에 수록되어 있음을 명심하라.

역선택 모형　역선택(adverse selection) 모형에서, 고임금을 제공하는 기업은 최상의 노동자들을 끌어들일 것이다. 노동시장은 이질적인 개인들로 구성되어 때문에, 기업들은 구직 희망자들의 생산성과 관련된 특성에 대해 불완전 정보를 갖는다. 노동시장은 비대칭 정보가 지배하는 시장의 대표적인 사례이다. 정보가 비대칭이면 거래 당사자들 중 한 쪽이 다른 쪽에 비해 좀 더 많은 정보를 갖는다. 노동시장의 경우, 노동자는 고용되기 전에 자신의 능력, 정직성, 헌신성에 관한 정보를 고용주들보다 많이 갖고 있다. 따라서 노동자들은 자신의 자질에 관한 정보, 이를 테면 학력, 과거 고용경력, 현재 고용되어 있다면 현재 받고 있는 임금과 같은 것들을 전달하는 신호를 잠재적인 고용주에게 보내고자 시도할 것이다(취업시장의 신호보내기에 대해서는 Spence, 1974 참조). 고용과 해고의 비용이 적지 않기 때문에, 기업은 고용한 후 생산성이 낮은 것으로 밝혀지는 노동자들을 해고해야만 하는 상황을 꺼린다. 또 기업은 신규채용자들을 훈련시키는 데 상당히 많은 자원을 투자한 후에야 비로소 이들이 그리 유능하지 않다는 사실을 알 수도 있다. 이러한 문제를 피할 수 있는 한 가지 방법은 기업이 노동시장에 고임금을 제안하는 형태로 신호를 보내는 것이다. 와이스(Weiss, 1980)의 모형에서, 기업이 제안한 임금은 취업응모자의 숫자와 자질에 모두 영향을 미친다. 만일 노동자의 능력이 자신의 유보임금(reservation wage)과 밀접한 상관성이 있다면, 고임금 제안은 생산성이 높은 구직자들을 유인할 것이며, 효율성 임금 수준보다 낮은 임금 수준에 노동을 제공하려는 구직자들은 모두 잠재적인 '부적격자(lemon)'로 간주된다. 기업은 또 현재의 임금수준에서 일하기를 원하는 노동자들이 초과공급 상태를 보일 때조차 임금을 감소시키기를 꺼린다. 왜냐하면 이것은 가장 생산적인 노동자들이 자발적으로 현 직장을 떠나도록 부추길 가능성이 아주 높기 때문이다. 그 결과, 과소고용 균형이 나타난다. 역선택 문제를 피하기 위해 기업은 감시장치(screening devices)를 도입하고자 시도하겠지만, 여기에는 고용된 후에 노동자들을 지속적으로 관찰하는 데서 발생하는 비용이 수반될 것이다.

노동이직 모형 기업이 시장청산 임금수준 이상의 효율성 임금을 제안하는 두 번째 이유는, 고비용을 발생시키는 노동이직(labour turnover)을 감소시키려는 것이다. 이 접근방법은 자연실업률과 탐색행위에 관한 설명을 발전시키는 과정에서 등장한 펠프스(Phelps, 1968)와 펠프스 외(Phelps et al, 1970)의 선구적인 연구로부터 영감을 받았다. 여기서 아이디어는 기업이 현행 임금률보다 높은 수준의 임금을 제공한다면 직장을 떠나려는 노동자들의 의지가 상당히 줄어들 것이라는 것이다. 이직률은 실질임금의 감소함수이므로, 기업은 값비싼 노동이직을 감소시키기 위해 효율성 임금을 제공하려는 유인을 갖는다. 샐럽(Salop, 1979)에 의해 발전된 모형에서, 노동시장 균형은 비자발적 실업을 동반한다. 왜냐하면 모든 기업은 노동자들이 떠나지 못하도록 임금을 상승시킬 필요가 있기 때문이다. 실업이 증대되는 상황에서는 노동이직을 막아줄 임금 프리미엄(wage premium)이 하락할 것이다.

근무태만 모형 대부분의 직장에서 고용계약은 불완전하다. 그 덕분에 노동자들은 자신의 노력수준을 재량적으로 선택할 수 있다. 계약이 노동자의 성과와 의무에 관한 모든 측면을 명시할 수 없기 때문에, '노력의 재량성(effort discretion)'이 존재하는 것이다(이와 유사한 설명을 살펴보려면 Leibenstein, 1979 참조). 개별 노동자의 생산성에 관한 정보를 수집하고 노동자들을 지속적으로 감시하는 것은 기업에게 너무도 많은 비용을 유발하므로, 시장청산 수준 이상의 효율성 임금을 제공하는 것이 노동자들의 근무태만(shirking)을 통제하는 유인으로 기능할 수 있다. 이러한 행위를 검색하고 감시하기가 특히 어려운 경우는 작업이 팀작업으로 이루어질 때이다.

노동자들이 자신들의 노력수준을 재량적으로 변화시킬 수 있는 가능성은 정보 비대칭성이 존재할 때 발생할 수 있는 문제 유형의 또 다른 사례이다. 노동자들은 자신들의 노력수준에 대해 고용주들보다 많이 알고 있다. 이러한 비대칭성이 '주인-대리인(principal-agen)' 문제를 야기한다. 경제 행위자들 사이에 어떠한 관계가 성립하여 한 사람의 후생수준이 다른 사람의 행위에 의존하는 경우, 즉 주인의 후생수준이 대리인의 행위(혹은 비행위(inaction))에 영향 받는 경우에는 언제나 대리인 관계가 나타난다. 노동시장의 경우 주인은 기업 소유자이며 경영자와 다른 노동자들은 대리인이다. 이러한 맥락에서 근무태만 문제를 감소시키는 한 방법이 효율성 임금을 지불하는 것이다.

해고 위협은 노동자들이 동일한 임금률의 새로운 직장을 재빨리 찾아낼 수 있는 노동시장에서는 효과적인 억제요인이 아니다. 그러나 만일 어떤 기업이 다른 곳에서 받을 수 있는 수준 이상의 임금을 지급한다면, 또는 실업이 존재한다면, 노동자들에게는 근무태만을 하지 않을 유인이 존재한다. 왜냐하면 이제는 해고되는 경우 실질비용이 발생하고, 따라서 모든 노동자들에게 근무태만은 이전보다 더 위험성이 높은 행위가 되기 때문이다. 샤피로와 스티글리츠(Shapiro and

Stiglitz, 1984) 모형에서, 효율성 임금의 지급은 근무태만을 억제하는 유인으로 기능하며, 균형수준에서 나타나는 비자발적 실업은 감시가 불완전할 때 기업이 안게 되는 문제의 결과이다. "불완전 감시와 완전고용이 공존하는 상황에서는 노동자들이 근무태만을 선택할 것이다." 현행 수준보다 높은 임금이 지급되는 경우 근무태만을 보이다 적발되는 노동자들은 실질적인 손실에 직면하게 된다. 그러나 샤피로와 스티글리츠(Shapiro and Stiglitz, 1984)가 지적하듯이, "만일 임금인상이 한 기업에게 이득이 된다면, 임금인상은 모든 기업들에게도 이득이 된다." 전반적인 실질임금 수준의 상승은 실업을 야기하므로, 비록 모든 기업이 동일한 효율성 임금을 지급한다고 해도 다시 노동자들에게는 근무태만을 억제할 유인이 존재한다. 왜냐하면 근무태만을 보이다 적발되면 이제는 장기실업의 가능성에 직면할 것이기 때문이다. '실업 예비군'이 비유인(disincentive) 장치로 기능하는 것이다. 그러므로 i번째 기업에 고용된 노동자의 노력(생산성) e_i은 그 기업이 지급하는 임금 w_i, 모든 다른 기업이 지급하는 임금 w_{-i}, 그리고 실업률 u의 함수이다. 이것을 표현한 것이 식 (7.12)이다.

$$e_i = e_i(w_i, w_{-i}, u) \tag{7.12}$$

모든 기업이 동일한 임금을 지급할 경우($w_i = w_{-i}$), 근무태만은 고용률에 정비례한다. 태만부재 제약조건(no-shirking constraint, *NSC*)은 각 고용수준에서 임금이 그 이하로 지불될 경우 근무태만을 유발할 최소수준의 임금을 의미한다. 이 조건은 〈그림 7.7〉에서 *NSC*곡선으로 표현되고 있다. 〈그림 7.7〉에서 시장청산 임금은 w이다. 그러나 이 그림에서 자명해지듯이, 태만부재는

그림 7.7 • 근무태만 모형

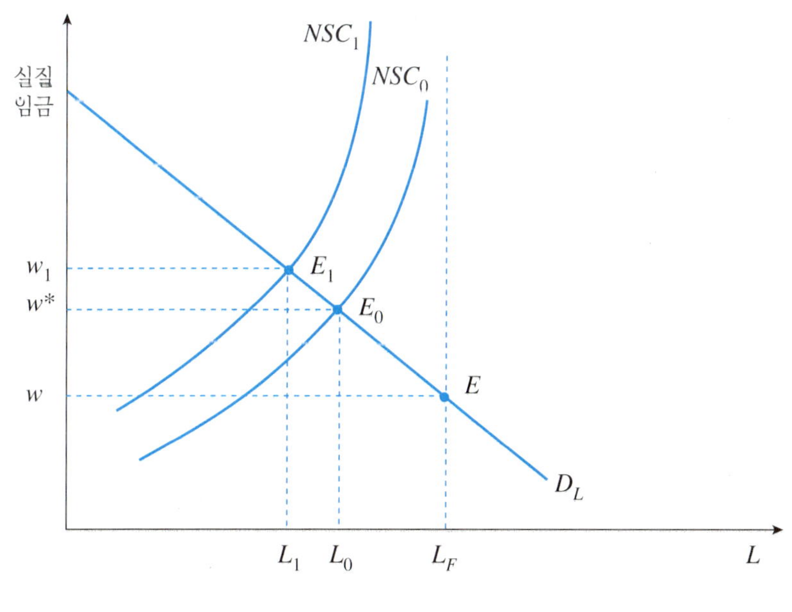

완전고용과 모순된다. 태만방지 유인으로서, 기업은 w보다 높은 효율성 임금을 제공해야 한다. 모든 기업이 w^*수준의 임금을 제공할 경우, 실업 위험 때문에 노동자들의 근무태만이 억제된다. 또 이 그림은 실업률이 높아질수록 w보다 높은 임금이 지급되어야 할 필요성이 감소되며, 효율성 임금(w^*)과 고용수준(L_0)이 $L_F - L_0$로 표현되는 비자발적 실업의 균형수준과 연결된다는 점을 보여준다. NSC는 언제나 노동공급곡선의 왼쪽 상방에 위치할 것이므로, 균형지점에서도 어느 정도의 비자발적 실업이 항시 존재할 것이다.

만일 기업이 감시 강도를 약화시키거나 정부가 실업보상지급을 확대한다면, 혹은 이 두 경우가 모두 발생한다면, *NSC*곡선이 왼쪽으로 이동할 것이다. 각 경우 모두, 각각의 고용수준에서 태만을 방지하는 데 필요한 임금은 더 높다. 위에 언급한 각각의 경우에 *NSC*가 이동한 모습이 〈그림 7.7〉에서 *NSC*가 NSC_0에서 NSC_1로 이동한 것으로 나타나 있다. 이러한 이동 이후 균형점은 E_1이 된다. 즉, 이 모형에 따르면 그런 변화의 결과 효율성 임금이 상승하고 균형 비자발적 실업률도 상승할 것으로 예상된다.

공정성 모형 최근에 일부 경제학자들은 '불공정 임금(unfair wages)'과 임금 감축이 작업장의 근로의욕(morale)에 끼치는 영향을 통해 노동자의 노력에 부정적인 효과를 미치고 있음을 발견했다. 사회학적 모형들은 임금의 상대성(wage relativities), 지위(status), 상대적 결핍(relative deprivation), 충성도(layality), 신뢰(trust), 형평성(equity) 등이 중요함을 강조한다. 애컬로프와 옐렌은 일련의 논문(Akerlof, 1982, 1984; Akerlof and Yellen, 1987, 1988, 1990)에서 솔로(Solow, 1979, 1980)의 '집에서 만든 사회학(piece of home-made sociology)'에 대한 답변으로 여러 모형을 발전시켰다. 이 모형들에서는 형평성과 공정성에 관한 감정이 기업으로 하여금 노동시장에서 너무 낮은 임금을 제안하는 것을 가로막는 요인으로 기능한다. 또 써로(Thurow, 1983), 블라인더(Blinder, 1988a), 솔로(Solow, 1990)는 이러한 사회경제적 탐구방식이 실업의 지속성을 설명하는 데 효과적일 수 있음을 시사한다. 최근에 조지 애컬로프(George Akerlof, 2002)는 노벨상 수상기념 강연에서 "인지적 편향(cognitive bias), 상호성(reciprocity), 공정성(fairness), 군중심리(herding), 사회적 지위"와 같은 행위를 설명하는 가정을 거시경제학 이론에 통합하여 거시경제학 이론을 강화해야 한다고 강력하게 주장했다. 애컬로프는 이렇게 함으로써 거시경제학이 "심리적-사회적 요인의 역할에 대한 《일반이론》의 강조를 억누르고 있는 신고전파 종합의 '임의성(*ad hockery*)'을 더 이상 경험하지 않게 될 것"이라고 주장했다. 애컬로프가 보기에 케인즈의 《일반이론》은 "현재보다 앞서 행동경제학에 가장 크게 기여한 연구"이다. 따라서 경제학자들이 "지나치게 합리적이지 않은 거시경제학"을 구성하는 작업에 착수하기 위해서는, 먼저 거시경제적 행위의 '야생지대(wild side)'를 재발견해야만 할 것이다(Leijonhufvud, 1993).

많은 경제학자들이 애컬로프의 견해에 공감하며, 노동시장을 상품시장이나 금융시장과 동일한 방법으로 다루는 모형들에 대해 비판적이다. 새고전학파 경제학자들이 이용하는 신축적 가격-

경매 모형은 현실에서 관찰되는 노동시장의 행위에 부합하지 않는 듯 보인다. 생산과정에 투입되는 노동투입물과 비인적 투입물 사이에는 다음과 같은 근본적인 차이가 있다.

1. 노동자들은 선호와 감정을 갖고 있지만, 기계와 원료는 그렇지 않다.
2. 노동자들은 동기부여를 필요로 하지만, 기계는 그렇지 않다.
3. 기계의 생산성은 구매 이전에 합리적으로 판단될 수 있으며, 그래서 질적 특성과 관련된 비대칭 정보 문제는 노동의 경우보다 훨씬 덜 중요하다.
4. 노동자들은 파업을 할 수 있고, 스트레스 등의 건강 문제 때문에 '고장날' 수 있다. 이에 반해 기계는 고장날 수 있지만 결코 임금인상이나 휴가 확대를 이유로 파업하지 않는다.
5. 기업의 인적자본 자산은 물적 자본 자산보다 유동성이 낮고 그에 수반되는 위험이 더 크다.
6. 정상적인 경우 노동자들은 훈련을 필요로 하지만, 기계는 그렇지 않다.
7. 인적 자본은 그 소유자와 분리될 수 없지만, 비인적 자본은 분리될 수 있다.
8. 노동자의 효용함수는 독립적이 아니라 상호의존적이다.

이러한 중요한 차이 때문에 노동자의 생산성은 재량적(discretionary)인 변수이다. 즉, 노동자의 노력 혹은 산출량은 노동조건의 변화와 무관하게 사전에 주어지지도 미래에 고정되어 있지도 않다(Leibenstein, 1979). 기계는 그 가격이 변동할 때 화를 내지 않으며, 고용이 취소되더라도 마음이 상하지 않는다. 이와 달리 노동자들은 자신의 가격에 대해 무차별하지 않으며, 자신의 의지에 반해서 실업자가 되는 것에 무감각하지도 않다. 이런 이유와 그 외 많은 다른 이유로 공정성 개념은 노동시장의 성과를 결정하는 데 중요한 요소처럼 보인다. 솔로(Solow, 1990)가 강조하듯이, "공정성 개념, 그리고 무엇이 공정하고 무엇이 공정하지 않은지에 대한 신념이 노동시장 행위에 중요한 역할을 담당한다고 생각하는 이유 중 가장 기초적인 이유는 우리가 항시 이것들에 대해 이야기한다는 사실이다." '공성'과 '불공정'이라는 말은 심지이 신고전파 경제학자들조차 대하익 하과회의에서 줄곧 사용하는 용어들이지 않은가?

효율성 임금에 대한 설명으로 사회학적 요소를 공식적으로 도입했던 최초의 모형은 애컬로프의 독창적인 논문(Akerlof, 1982)이었다. 이 논문에서는 공정성에 관한 쟁점이 논증의 중심을 차지하고 있었다. 애컬로프에 따르면, 노동자들의 마음으로부터 우러나오는 협조는 대체로 기업이 반드시 획득해야할 그 무엇이다. 왜냐하면 노동계약은 불완전하며 많은 경우 팀작업이 일반적이기 때문이다. 애컬로프의 선물(膳物)교환 모형(gift exchange model)의 핵심을 깔끔하게 요약하는 문구는 '공정한 일당에 대한 공정한 일일 노동(a fair day's work for a fair day's pay)'이다. 일상적인 관찰에 따르면, 사람들은 천성적으로 공정하게 대우받고 있다고 느끼고 싶은 심리적 욕구를 가지고 있으며, 공정하게 대우받고 있지 않다고 느낄 경우 그들의 근로의욕은 저하된다. 애컬로프의 모형에서 노동자들의 노력은 근로의욕의 양의 함수이며, 근로의욕에 영향을 미치는 주요 변수는 통상적이라고 간주되는 주어진 작업표준에 대해 이들이 받는 보수이다. 기업이 노동자들에게 현행 시장임금률 이상의 임금을 지급하면 노동자들은 집단적인 작업규범을 상승시키는 방식으로 응답할 것이다. 노동자들이 높은 임금에 대한 교환 대상으로 높은 생산성이라는 선물을 기업에 제공하는 것이다.

후속 연구에서 애컬로프와 옐렌(Akerlof and Yellen, 1990)은 '공정임금-효율성 가설(fair wage-effort hypothesis)'이라 부르는 가설을 발전시켰다. 이 가설은 형평성 이론에서 도출된다. 작업장 내에서는 작업팀 성원 간 대인접촉과 잠재적인 갈등관계가 불가피하게 존재한다. 그 결과, 공정성에 관한 쟁점은 항상 가까운 곳에 존재한다. 공정성에 관한 절대적 척도가 없기 때문에, 사람들은 자신이 속한 집단 내부에서 다른 사람들을 참조함으로써 자신의 처우를 측정한다. 공정성은 기업의 내부와 외부에서 비슷한 처지에 있는 노동자들과 자신을 비교함으로써 측정된다. 그러므로 개별 노동자의 효용함수는 식 (7.13)으로 요약될 수 있다.

$$U = U(w/\varpi, e, u) \tag{7.13}$$

이 노동자의 효용(U)은 '공정한' 임금으로 인정된 수준(ϖ)에 대비한 실질임금(w), 노동자의 노력(e), 그리고 실업률(u)에 따라 결정된다. 노동자가 이 함수를 극대화하길 원한다고 가정하면, 노동자들이 실행하는 노력수준은 주어진 실업률에 대하여 w와 ϖ의 관계에 따라 결정될 것이다. 공정하지 않게 대우받고 있다($w < \varpi$)고 느끼는 노동자라면, 이에 따라 자신의 노력을 조정할 것이다. "노동자들이 자신의 노력을 통제할 수 있는 능력과 불만 상황에서 노력을 조정하려는 의지가 바로 공정임금-효율성 가설의 배후에 놓여 있다" (Akerlof and Yellen, 1990, 262쪽). 샤피로-스티글리츠 모형에서 기업이 태만부재 제약에 직면하는 것과 마찬가지로, 공정성에 기반한 효율성 임금 모형에서 기업은 '공정임금 제약(fair wage constraint)'에 직면한다. 공정임금이 시장청산 임금을 상회하기 때문에, 이 분석틀은 비자발적 실업 균형을 발생시킨다.

실질임금의 경직성을 설명하는 이런 혁신적인 방법의 핵심은 노동자들이 부당한 대우를 받고 있다고 판단하면 기업의 인적자본이 갖는 근로의욕이 쉽게 저해될 수 있다는 것이다. 고용주로서의 평판을 중시하고 작업장에서 높은 근로의욕과 충성을 이끌어 내기를 원하는 기업은 공정하다고 간주되는 효율성 임금을 지급하는 경향을 보일 것이다.

미국의 기업가인 헨리 포드(Henry Ford)는 "고임금 노동은 일반적으로 효율적이며, 따라서 값비싼 노동이 아니다"라는 마샬의 통찰력을 공유했던 것으로 보인다. 1908년 가을에, 헨리 포드는 저 유명한 포드 T 모형(model T Ford)의 생산에 착수했다. 1908~14년의 기간에 그는 '미국판 제조업 체계'를 특징짓는 대량생산 기술의 도입에 착수했다(Rosenberg, 1994). 포드에 의해 도입된 조립 라인(assembly line) 생산방법은 그가 이전에 자동차를 하나씩 조립하는 데 필요했던 숙련된 장인보다 상대적으로 미숙련된 노동자들을 요구했다. 최초의 이동식 조립 라인(moving assembly line)은 1913년 4월에 가동되기 시작했는데, 포드에게는 불행하게도 이러한 대량생산 기술의 도입이 작업환경을 근본적으로 변화시킴으로써 대규모의 결근(absenteeism)과 이직에 따른 비용이 발생하였다. 1913년에 포드사의 연간 이직률은 370%였으며, 하루당 결근율은 10%였다. 이러한 문제에 대처하기 위해 포드는 1914년 1월에 적어도 6개월 이상 회사에 근무한 22세 이상의 남성 노동자들에 대해서는 하루 8시간 노동당 5달러를 지급하는 체계를 도입했다. 이전에는 동일한 노동자들이 하루 9시간 노동에 대해 2.34달러를 받았었다. 노동생산성이 일정한 상태에서 지급되는 임금이 오르면 단위 노동비용이 틀림없이 상승할 것이었고, 그래서 당시의 관찰자들에게는 포드의 정책이 기업의 이윤을 틀림없이 축소시킬 것으로 보였다. 그러나 포드의 새로운 임금정책의 결과는 결근율의 급격한 축소(75% 하락), 이직률 감소(87% 하락), 생산성의 엄청난 개선(30%), 포드 T 모형의 가격인하, 그리고 이윤증대였다. 포드는 효율성 임금 이론을 적용한 최초의 기업가 중 하나였음이 분명하다. 나중에 헨리 포드는 노동자들에게 일당 5달러를 지급하기로 결정한 것을 "우리가 시도했던 가장 훌륭한 비용감축 전략 중 하나"라고 설명했다(Meyer, 1981; Raff and Summers, 1987). 포드가 1914년 이전에 노동자를 충원하는 데 고통을 겪었다거나 새로운 임금정책이 고숙련 노동자들을 끌어들이기 위해 도입되었다고 볼만한 증거는 없다. 포드의 새로운 정책에 대한 가장 설득력 있는 근거는 그것이 노동자들의 노력, 이직률, 결근율, 그리고 노동자들의 근로의욕에 미칠 것으로 예상되는 긍정적인 영향이다. 래프와 서머스(Raff and Summers, 1987)가 내리는 결론에 따르면, 포드에 의한 "월등한 경쟁력을 지닌(supracompetitive)" 임금 도입은 "상당한 생산성 편익과 이윤"을 만들어 냈으며, 포드에 대한 이 사례연구는 여러 효율성 임금 이론의 타당성을 "강력하게 지지한다."

내부자-외부자 모형 왜 실업자들은 현직 피고용인들에게 지급되는 수준보다 낮은 임금을 받고 일하겠다고 제안하지 않는가? 만일 이들이 그렇게 한다면 임금이 하락하고 고용이 증대될 것이다. 다음과 같은 명문화되지 않은 11번째 계명이 존재하는 듯하다. "가격을 낮춰 불러서 동료의 일자리를 훔치는 방식으로 일자리를 도둑질해서는 안 된다." 내부자-외부자(insider-outsider) 이론도 비자발적 실업이 존재하는 상황에서도 임금 경직성이 지속되는 이유를 설명하고자 시도한다(이론에 대한 논평으로 Ball, 1990; Sanfey, 1995 참조).

실질임금 경직성에 대한 내부자-외부자 접근법은 1980년대에 린드벡과 스노워에 의한 일련의 연구(Lindbeck and Snower, 1985, 1986, 1988a, 1988)를 통해 발전되었다. 이 모형에서 내부자는 현직 피고용인이며 외부자는 실업자이다. 효율성 임금 모형에서는 임금을 시장청산 수준보다 높게 지급하기로 결정하는 것이 기업이지만, 내부자-외부자 접근에서는 분석의 초점이 임금과 고용의 결정에 적어도 부분적으로나마 영향을 미칠 수 있는 내부자의 권력으로 이동한다. 생산성에 대한 임금의 직접적인 효과는 가정되지 않는다.

내부자의 권력은 어디서 비롯된 것일까? 린드벡과 스노워에 따르면, 내부자의 권력은 이직비용의 결과로 발생한다(Vetter and Andersen, 1994). 여기에는 노동시장 탐색비용, 광고 및 감시 비용, 고용조건 협상비용, 강제 해고에 따른 지급 및 소송비용 따위와 같은, 고용과 해고에 따른 비용이 포함된다. 다른 중요한 비용은 생산과 관련된 것으로, 신규채용자의 훈련 필요성에서 발생한다. 이와 같이 잘 알려진 이직비용 외에도, 린드벡과 스노워(Lindbeck and Snower, 1988a)는 또 좀 더 새로운 형태의 비용을 강조한다. 내부자가 외부자 집단에서 진입하는 신규 노동자들과 협조하거나 그들을 괴롭힐 수 있는 능력과 유인이 바로 그것이다. 내부자들이 외부자 때문에 자신들의 지위가 위협받는다고 느끼면, 내부자들은 노동환경을 철저하게 불쾌한 것으로 만들 뿐만 아니라, 신규 노동자들과 협조하거나 이들을 훈련시키는 일을 거부할 수도 있다. 이는 노동의 비효용을 확대함으로써 외부자의 유보임금이 상승하도록 유도하며, 그래서 외부자 고용이 기업에게 덜 매력적이 된다. 협조와 괴롭힘 활동이 노동자들의 통제 안에 있는 한, 노동자들은 자신들의 행위를 통해 이직비용에 상당한 영향을 미칠 수 있다.

이직률이 높은 기업은 고용안전성이 없을 뿐만 아니라 발전의 기회도 거의 없기 때문에, 이런 기업에서 일하고 있는 노동자들에게는 고용주들과 좋은 평판을 쌓으려는 유인이 거의 없거나 전무하다. 낮은 동기는 생산성을 저해하며, 이것은 잦은 이직으로 인한 또 다른 비용이 된다.

기업의 현직 노동자들과 외부 실업자들을 교환하는 데에는 비용이 수반되기 때문에, 내부자들은 이직비용에서 발생하는 경제적 지대(economic rent)를 나눠 갖는 데 사용할 수 있는 유력한 수단(leverage)을 갖고 있다(기업에게는 노동자들의 값비싼 이직을 피하기 위해 비용을 지불할 유인이 있다). 린드벡과 스노워는 노동자들이 임금협상 기간에 이러한 지대의 일부를 추출할 수 있는 교섭력을 충분히 갖고 있다고 가정한다. 노동조합이 내부자 권력의 필요조건은 아닐지라도, 노동조합은 파업과 준법투쟁 형태의 비협조 행동으로 고용주를 위협할 수 있기 때문에 내부자 능력을 향상시킨다(노동조합 교섭 모형과 실업에 대해서는, Mcdonald and Solow, 1981; Nickell, 1990; Layard et al., 1991 참조).

내부자–외부자 이론은 원래 비자발적 실업에 대한 하나의 설명으로 제시된 것이었지만, 또 다른 중요한 내용들을 예측하기도 한다(Lindbeck and Snower, 1988b). 첫째, 내부자-외부자 이론은 노동수요를 변화시키는 커다란 거시경제적 충격이 임금, 고용, 그리고 실업에 지속적으로 영향을 미칠 수도 있음을 함축한다. 대규모 이직비용과 강력한 노동조합이 존재하는 국가에서 이러한 '효과 지속성'은 상당히 클 것이다. 둘째, 충격이 그리 크지 않을 경우, 높은 이직비용을 감당해야 하는 기업은 노동을 남겨두려는(hoard) 유인을 갖게 되며, 이것이 고용의 가변성을 감소시킨다. 셋째, 내부자-외부자 모형은 '이중 노동시장(double labor market)'이 갖고 있는 많은 특징들에 대해 그 근거를 제공할 수 있다. 넷째, 이 모형은 실업의 구성에 대해 여러 함의를 갖는다. 린드벡과 스노워(Lindbeck and Snower, 1988b)의 주장에 따르면, "실업률은 고용 안정성이 비교적 낮은 사람들에게서 비교적 높게 나타날 것이다." 이것은 청년층, 여성, 각종 소수자 집단에게서 전형적으로 나타나는 비교적 높은 실업률에 대한 하나의 설명을 제공한다.

내부자-외부자 이론과 효율성 임금 이론은 비자발적 실업에 대해 서로 다른 설명을 제시하지만, 이것들은 양립불가능하다기보다는 상호보완적인 모형이다. 왜냐하면 비자발적 실업의 규모는 "기업이 무엇을 지불할 의지가 있는가와 노동자가 무엇을 얻을 수 있는가에 따라 결정될 수도 있기" 때문이다(Lindbeck and Snower, 1985).

7.8 새케인즈학파의 경기변동 이론

새케인즈학파 경제학자들은 거시경제적 교란을 야기하는 충격의 원천이 공급측면이나 수요측면에서 발생할 수 있음을 인정한다. 그러나 새케인즈학파는 경제 내부에 이러한 충격을 확대시켜 실질산출량과 고용결과를 크게 변동시키는 마찰과 불완전성이 존재한다고 주장한다. 새케인즈학파와 관련해서 중요한 쟁점은 충격의 원천이 아니라 그 충격에 대한 경제의 대응 방식이다.

새케인즈학파 경제학 내부에는 거시적 경기변동이라는 쟁점과 관련해서 두 가지 연구 흐름이 존재한다. 지배적인 접근은 명목수준 경직성이 지닌 중요성을 강조한다. 두 번째 접근은 케인즈(Keynes, 1936)와 토빈(Tobin, 1975)을 계승해서, 임금과 가격 유연성이 잠재적으로 안고 있는 불안정화 효과를 탐구한다. 이것들을 차례로 살펴보기로 하자. 〈그림 7.8〉을 보자. 분면 (a)는 화폐공급의 하락으로 총수요가 AD_0에서 AD_1으로 이동함을 보여준다. 만일 메뉴비용과 실질수준의 경직성이 결합하여 가격수준을 P_0으로 고정시킨다면, 분면 (a)에서 총수요의 하락은 경제를 E_0점에서 E_1점으로 이동시킬 것이다. 산출량 하락은 노동에 대한 유효수요를 감소시킨다. 분면 (c)에서 유효노동수요곡선(D_{Le})은 다양한 산출량 수준을 생산하는 데 필요한 노동량을 나타낸다. 이 그림이 보여주듯이, Y_1의 산출량을 생산하기 위해서는 L_1의 노동량이 필요하다. 가격과 실질임금이 각각 P_0과 w_0에 고정되어 있으므로, 분면 (d)에서 기업들은 명목노동수요곡선 D_L에서 벗어나 NKL_1로 표시된 유효노동수요곡선을 따라 움직인다.[4] 경직적인 실질임금 w_0에서 기업들은 L_0의 노동자를 고용하려고 할 것이다. 그러나 노동자들을 추가로 고용함으로써 생산될 추가 산출량을 판매할 시장이 존재하지 않는다. 총수요 충격은 $L_0 - L_1$의 수준으로 비자발적 실업을 확대한다. 새케인즈학파의 단기 총공급곡선 $SRAS(P_0)$은 고정가격 수준에서 완전탄력적이다. 궁극적으로 가격과 임금에 대한 하방 압력은 분면 (a)에서 경제를 E_1에서 E_2로 이동시키겠지만, 이러한 과정에는 수용하기 힘들 정도로 오랜 기간이 소요될 수도 있다. 그러므로 새케인즈학파 경제학자들은 케인즈와 마찬가지로, 총수요 곡선을 밀어 올려 경제를 E_0으로 복귀시킬 정책을 주장한다. 새케인즈학파 모형에서 화폐충격은 단기에 비중립적인 효과를 보여준다. 그러나 장기에는 수직선의 장기 총공급곡선($LRAS$)이 보여주듯이 화폐는 여전히 중립적이다.

가격을 하락시키면 궁극적으로 모든 기업들이 이득을 얻을 것임에도 불구하고 기업들이 가격하락에 실패하는 것은 '조정실패(coordination failure)'의 한 예이다. 조정실패는 경제주체들이 도달하는 결과가 모든 경제주체들에게 다른 결과에 비해 열등할 때 발생한다. 그 이유는 훨씬 더

4. 명목수요(notional demand)는 주어진 가격과 소득 수준에서 수량제약이 없다면 관련된 경제주체가 기꺼이 구매하고자 하는 수량을 의미한다.

그림 7.8 • 새케인즈학파 모형에서 총수요 충격의 영향

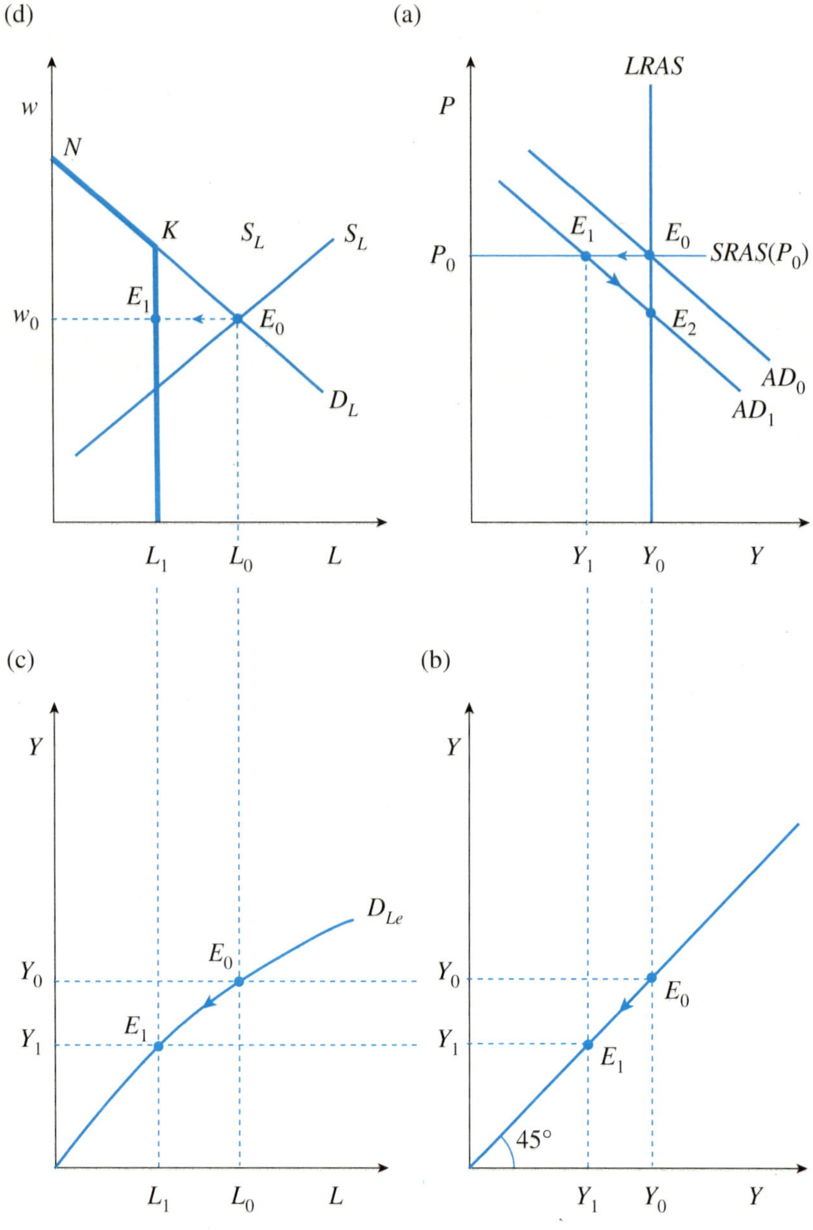

좋은(그래서 선호되는) 결과를 가져올 전략을 공동으로 선택할 사적 유인이 경제주체들에게 존재하지 않기 때문이다(Mankiw, 2003). 탈집중화된 체계에서 행위자들이 자신들의 행위를 성공적으로 조정할 수 없는 이유는, 다른 행위자들이 반응하지 않을 것이라 가정된 상황에서 어느 개별

기업도 독자적으로 가격을 하락시켜서 생산량을 증대하려고 하지 않을 것이기 때문이다. 그런데 한 기업의 최적 전략은 다른 기업들에 의해 채택된 전략에 의존한다. 즉, 전략적 보완성이 존재한다. 모든 기업들이 가격을 하락시켜 산출량을 증대시키면 모든 기업들이 이익을 볼 수 있을 것이다(Alvi, 1993). 수많은 케인즈학파 경제학자들에게 거시경제적 불안정성의 근본원인은 조정실패와 연계된 문제들과 관련된다(Ball and Romer, 1991; Leijonhufvud, 1992).

새케인즈학파 경기변동 이론의 두 번째 흐름은 임금과 가격의 경직성이 주요 문제가 아니라고 주장한다. 임금과 가격이 완전 신축적일지라도, 산출량과 고용이 여전히 매우 불안정할 것이기 때문이다. 사실 가격 경직성이 거시적 경기변동의 정도를 효과적으로 완화시킬 수 있다고 케인즈가 《일반이론》 19장에서 밝힌 바 있지만, 이 점은 흔히 간과된다(이 책의 제2장과 《일반이론》 269쪽 참조). 이에 대해 다시 주목하게 된 것은 토빈의 글(Tobin, 1975)이 발표된 이후였다(Sheffrin, 1989). 토빈 자신은 명목수준의 경직성이 지닌 중요성을 계속해서 강조하는 새케인즈학파 이론가들에 대해 매우 비판적이다(Tobin, 1993). 그린월드와 스티글리츠는 실질수준의 경직성은 중요한 역할을 담당하지만 명목가격과 명목임금의 관성적인 움직임은 아무런 역할도 하지 않는 새케인즈학파 경기변동 모형을 발전시키는 데 커다란 영향을 끼쳤다.

그린월드와 스티글리츠의 모형(Greenwald and Stiglitz, 1993a, 1993b)에서 기업은 위험기피자로 가정된다. 비대칭 정보에서 비롯한 금융시장 불완전성 때문에 많은 기업들은 주식발행을 통한 자기자본 조달방식(equity finance)에 대한 접근이 제약된다. 주식발행할당에 처한 기업(equity-rationed firms)은 자신이 직면한 위험으로부터 오직 부분적으로만 다각화 시도를 할 수 있다. 그 결과 신주발행보다 부채에 의존하는 정도가 높아지면서, 기업들이 파산에 취약해진다. 특히 대부분의 기업들이 직면하는 수요곡선이 좌측으로 이동하는 경기침체기에는 더욱 그렇다. 이러한 상황에 직면했을 때, 위험기피적이면서 주식발행할당에 처한 기업들은 산출량을 감소시키는 쪽을 선호하게 된다. 왜냐하면 가격신축성과 연계된 불확실성이 수량 조정에서 비롯하는 불확실성보다 훨씬 더 크기 때문이다. 스티글리츠(Stiglitz, 1999b)의 주장에 따르면, "가격-임금의 설정에 관한 문제는 표준적인 동학 포트폴리오 모형 안에서 이해되어야 하는데, 이 모형은 가격 및 수량과 연계된 조정비용은 물론 개개 의사결정과 연계된 위험, 즉 비가역성(non-reversibilities)도 고려한다."

그린월드와 스티글리츠는 기업의 생산량이 늘어남에 따라 파산 가능성이 높아지며 파산에는 비용이 수반되므로 기업의 생산결정에 이러한 요인이 고려될 것이라고 주장한다. 한계파산비용(marginal bankruptcy cost)은 파산에서 발생하는 예상 추가비용을 말한다. 경기침체기에는 한계파산위험(marginal bankruptcy risk)이 증대되며, 위험기피적인 기업은(임금이 주어졌을 때) 각각의 가격수준에 대해 생산하고자 하는 산출량을 감소시키는 방식으로 이 문제에 대처한다. 기업의 순가치(net worth) 상태나 기업이 직면한 위험에 대한 인식이 변할 경우, 이 변화는 모두 기업의 생산의사에 부정적인 영향을 미칠 것이며, 그 결과 위험에 기반한 총공급 곡선을 좌측으로 이동시킬 것이다. 결국 수요 변화에서 비롯한 경기침체는 총공급곡선의 좌측 이동을 유발할 것이다.

그림 7.9 • 위험에 기반한 총공급곡선

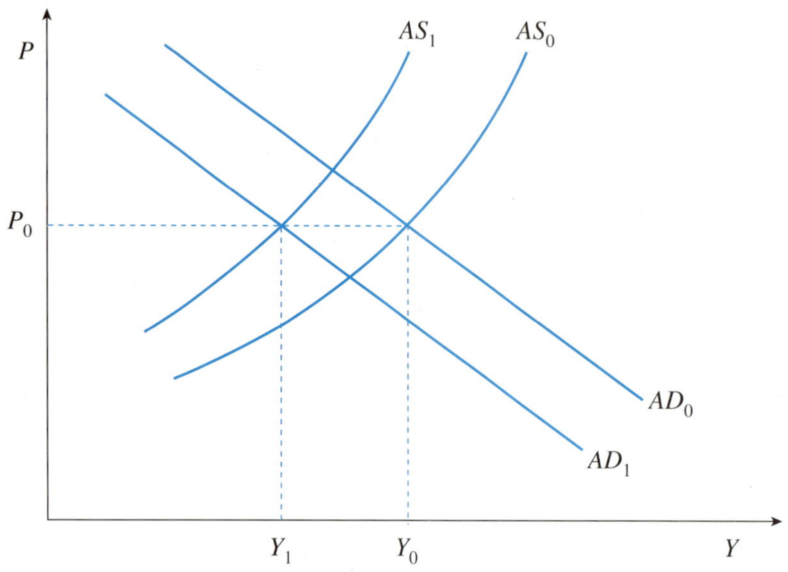

이 같은 사건들이 함께 발생하면, 비록 이 모형 안에 조정을 가로막는 마찰요인이 존재하지 않는다 하더라도 가격수준이 불변으로 유지될 것이다. 실상 가격신축성은 더 큰 불확실성을 발생시켜 상황을 악화시킬 가능성이 높다. 그린월드-스티글리츠 모형에서 총공급과 총수요는 상호의존적이며, 그래서 "'수요' 측 충격과 '공급' 측 충격을 이분하는 것은 최선의 경우라도 논의를 오도할 것이다"(Greenwald and Stiglitz, 1993b, 103쪽; Stiglitz, 1999b).

〈그림 7.9〉는 총공급곡선의 좌측 이동을 유발하는 총수요 충격의 영향을 보여준다. 산출량이 Y_0에서 Y_1으로 하락했지만, 물가수준은 여전히 P_0에 머물러 있다. 인지된 위험이 증대된 결과로 총공급곡선이 좌측으로 이동하면, 노동수요곡선 또한 좌측으로 이동할 것이다. 만일 실질임금이 효율성 임금에 대한 고려에 영향 받는다면, 실질임금에 별다른 변화를 일으키지 않으면서 비자발적 실업이 증대될 것이다.

이러한 영향에 덧붙여 새케인즈학파는 신용시장 불완전성이 가져올 결과에 대해서도 살펴본다. 신용시장의 불완전성은 위험기피적인 대부자들로 하여금 좀 더 안전한 투자 쪽으로 포트폴리오를 변화시키는 방식으로 경기침체에 대응하도록 유도한다. 이러한 행위는 자금중개기능(intermediation)의 실질비용을 상승시켜 경제충격을 더욱 확대할 수도 있다. 이에 따른 신용압박(credit squeeze)은 주식발행할당에 처한 수많은 대출자들에게 상당한 대출비용이나 대출받기 힘든 상황을 초래함으로써 경기침체(recession)를 불황(depression)으로 전환시킬 수 있으며, 그 결과는 파산이다. 높은 이자율이 채무불이행 가능성을 상승시킬 수 있기 때문에, 위험기피적인 금융기관들은 신용할당에 자주 의지하게 될 것이다. 통화충격의 전달경로에 관한 전통적인 접근방법이 이자율과 환융의 경로에 의존하는 데 반해, 새로운 패러다임은 불완전한 정보 상황에서 잠재적인 대출자들의 '신용도(creditworthiness)'를 평가할 수 있는 금융기관의 능력에 영향을 미치는 다양한 요인들을 강조한다. 새로운 패러다임에서 은행은 고객을 끊임없이 선별하고 감시하는 위험기피적인 기업으로 간주된다. 버냉키는 잘 알려진 논문(Bernanke, 1983)에서 대공황기의 혹독함이 대부분 화폐공급의 감소보다는 오히려 경제의 신용 기능의 붕괴에서 비롯된 것이라고 주장한다(신용할당에 관한 문헌연구로는 Jaffe and Stiglitz, 1990; Bernanke and Gertler, 1995를 참조; 또 Stiglitz and Greenwald, 2003은 자신들이 화폐경제학의 '새로운 패러다임'으로 명명한 이론을 주창한 책이다).

몇몇 새케인즈학파 학자들은 또 기술충격의 영향을 모형 내부에 포함시키기도 했다. 예를 들어, 아일랜드(Ireland, 2004)는 "현재의 새케인즈학파 모형 세대와 이전의 실물경기변동 모형 세대" 사이의 연결고리를 탐구한다. 거시적 불안정성을 유발하는 요인을 확인하기 위해, 아일랜드의 모형은 가계의 선호, 기업이 원하는 가산액(mark-ups), 중앙은행의 통화정책준칙 등에 대한 충격과 기술충격을 결합시킨다. 아일랜드는 화폐충격이 실질 총국내생산 불안정성의 주요 원인임을, 특히 1980년 이전에 그러했음을 밝혀낸다. 기술충격은 1980년 이후의 기간 동안 관찰된 산출량의 불안정성을 절반도 설명하지 못하는 '미미한 역할'을 할 뿐이다.

7.9 이력현상과 NAIRU

자연실업률은 1970년대 초 이후 OECD 국가들 사이에서 '종잡을 수 없는 궤적을 그려온 것으로' 나타난다. OECD 국가들은 일반적으로 1953~77년의 황금기에 비해 1980~90년대에 훨씬 높은 실업률을 보였다. 점증하는 실업률은 석유수출국기구(OPEC)가 1973년과 1979년에 각각 시행한 두 번의 원유가격 인상에 그 뿌리가 있는 것으로 나타났다(Phelps and Zoega, 1998). 유럽의 OECD 국가들의 경우, 1960년대 초에 평균 1.7%를 보였던 실업률이 1990년대 중반에는 11%로 높아졌다. 이렇게 높은 평균치의 이면에는 또 유럽 국가들 사이에 상당한 실업률 격차가 존재한다는 사실이 숨어 있다(Blanchard and Wolfers, 2000). 고든(Gordon, 1997, 1998)의 추정치는 비록 1980년대 경기침체기에 장기 실업률의 영향이 미국에서보다 유럽에서 훨씬 더 지속적으로 나타났을지라도, 미국의 자연실업률도 1960년대 초에서 1990년대 중반까지의 시기에 상당히 크게 변동했음을 보여준다. 〈그림 7.10〉은 1972~98년 사이에 미국과 유럽 OECD국가들의 표준화된 실업률을 보여준다. 1980년대 초까지는 유럽 OECD 국가들의 실업률이 미국의 실업률보다 낮지만, 그 이후에는 유럽의 실업률이 계속해서 높은 수준을 유지하는 데 반해 미국에서는 하락하고 있다.

1970~80년대 초에는 인플레이션 문제가 중요한 정책 관심사였지만, 1980년대 중반에 경제학자들은 실업 문제, 특히 추정된 NAIRU의 상승에 대해 다시 주목하기 시작했다(Bean et al., 1986; Fitoussi and Phelps, 1988; Summers, 1990; Layard et al., 1991, 1994; Bean, 1994; Cross, 1995; Nickell, 1997, 1998; Siebert, 1997; Katz and Krueger, 1999; Blanchard and Wolfers, 2000;

그림 7.10 • 북미 국가들(미국, 캐나다)과 유럽 OECD 국가들의 표준화된 실업률, 1972~98

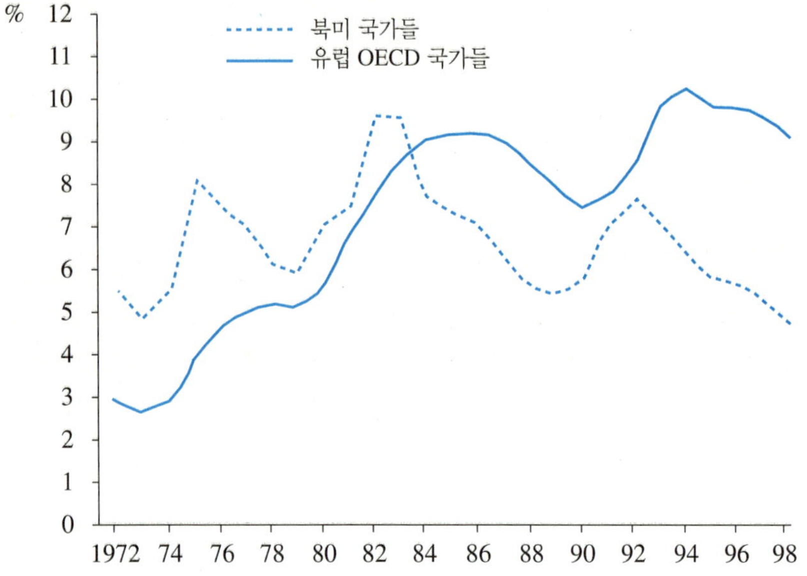

자료: 'Labour market performance and the OECD jobs strategy', OECD, June 1999, www.oecd.org

Fitoussi et al., 2000; Hall, 2003).

상당히 많은 결정요인들이 존재하는 상황에서 NAIRU의 추정치는 분명히 불확실성을 안고 있겠지만, 〈표 7.1〉에 나타난 최근 OECD 국가들의 추정치는 유럽지역과 G7 국가들에 비해 미국경제가 훨씬 좋은 성과를 보이고 있음을 가리킨다.

▶ **표 7.1 G7 국가들과 유럽지역의 NAIRU 추정치**

국가/지역	1980	1985	1990	1995	1999
캐나다	8.9	10.1	9.0	8.8	7.7
프랑스	5.8	6.5	9.3	10.3	9.5
독일	3.3	4.4	5.3	6.7	6.9
이탈리아	6.8	7.8	9.1	10.0	10.4
일본	1.9	2.7	2.2	2.9	4.0
영국	4.4	8.1	8.6	6.9	7.0
미국	6.1	5.6	5.4	5.3	5.2
유럽지역	5.5	7.1	8.8	9.2	8.8

자료: 'Revised OECD Measures of Structural Unemployment', OECD, December 2000

1960년대에 프리드먼과 펠프스는 기대를 고려한 필립스 곡선 모형을 서로 독립적으로 제시했다. 프리드먼의 모형에서 시장청산 실업률은 자연실업률(natural rate of inflation, NRU)이라 불리며 안정된 인플레이션율과 연결된다. 이미 제4장에서 주목했듯이, 많은 경제학자들(특히 케인즈학파에 호의적인 경제학자들)은 장기 실업에 대해 논의할 때 '자연율' 보다 오히려 비가속 인플레이션 실업률(non-accelerating inflation rate of unemployment, NAIRU) 개념 사용을 선호한다. NAIRU라는 용어는 처음에 모딜리아니와 파파데모스(Modigliani and Papademos, 1975)에 의해 "이것을 넘어서는 실업률이 지속되는 한 인플레이션율이 하락할 것으로 예상될 수 있는 비율"을 의미하는 '비인플레이션실업률(non-inflationary rate of unemployment, NIRU)'이라는 용어로 도입되었다. NAIRU는 제임스 토빈(Tobin, 1980c)에 의해 도입되었으며, 그 이후 자연실업률의 추정치를 설명하기 위해 사용되었다(Cross et al., 1993; Cross, 1995). 그러나 킹(King, 1999)에 따르면,

> 자연실업률과 NAIRU는 아주 다른 개념이다. 자연실업률은 노동시장과 생산물시장의 구조적 특성에 의해 결정되는 실질수준의 균형을 설명하는데, 프리드먼의 발라스적 일반균형체계에서 도출된다(필요하다면 불완전경쟁, 탐색행위, 효율성 임금과 같은 비발라스적인 노동시장의 특징에 의해 수정된 형태에서도 도출된다). 자연실업률은 인플레이션과 독립적으로 존재한다. 이에 반해 NAIRU는 노동시장과 생산물 시장의 구조적 특성의 영향을 받을 뿐만 아니라, 인플레이션 경로를 결정하는 과거의 경제적 충격에 대한 경제의 점진적 조정에도 영향 받는다. 이것은 인플레이션율에 대해 그 어떠한 변화의 압력도 유발하지 않는 실업률로 정의되기 때문에, 구조형(structural form)이 아닌 환원형(reduced form) 변수이다.

그러므로 NAIRU 개념은 다양한 경제적 충격에 대해 경제가 특정한 반응을 지속적으로 보일 수 있도록 해주는 체계 내의 관성을 고려한다.

자연실업률과 NAIRU 개념을 구별하는 또 다른 방법은 이것들의 미시적 기초와 관련된다. 프리드먼의 자연율은 시장청산 개념이다. 반면 NAIRU가 의미하는 바는 한편으로 노동자의 목표(target) 실질임금과 다른 한편으로 노동생산성과 기업의 가산율(mark-up) 정도에 의해 결정되는 실현 가능한(feasible) 실질임금이 서로 일치되도록 하는 실업률이다. NAIRU는 노동자와 기업 사이의 힘의 균형에 의해 결정되므로, NAIRU의 미시적 기초는 노동시장과 생산물 시장의 불완전경쟁 이론에 관련된다(Carlin and Soskice, 1990; Layard et al., 1991). 그러나 볼과 맨큐(Ball and Mankiw, 2002)는 자연실업률과 NAIRU의 이러한 차이를 인정하면서도, NAIRU가 "자연실업률과 거의 유사하다"고 주장한다. 그러므로 이하의 논의에서 우리는 두 개념이 서로 바뀌어 사용될 수도 있다고 가정할 것이다.

프리드먼의 자연율 가설에 따르면, 총수요의 변동은 자연실업률에 영향을 미칠 수 없으며 자연실업률은 실질 공급측 영향에 의해 결정된다. 전통적인 자연율 관점에서는 화폐 수요나 기타 수요 측면의 충격이 총수요를 변동시킴으로써 단기에는 실제 실업률에 영향을 미칠 수 있다. 그러나 인플레이션 기대가 조정되면, 실업률은 장기 균형수준(자연율)으로 복귀한다. 새고전학파 모

그림 7.11 • 실제 실업과 균형 실업의 관계에 관한 '자연율' 관점

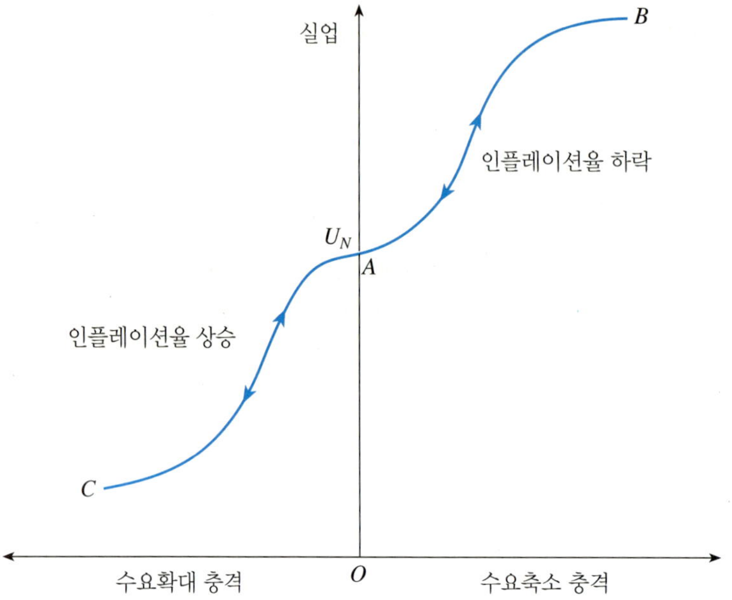

형에서는, 만약 총수요의 변화가 예상되지 않는다면, 완전신축적인 가격과 합리적 기대의 결합에 힘입어 실업은 자연율 수준으로 곧바로 복귀한다.

이러한 전통적인 관점을 예시하는 것이 〈그림 7.11〉이다. 여기서 A점은 자연실업률(U_N)을 나타낸다. 총수요의 확대는 실제 실업률을 떨어뜨리고 경제를 일시적으로 C점까지 이동시킬 것이고, 총수요의 하락은 실제 실업률을 일시적으로 B점까지 상승시킬 것이다. 그러나 장기에는 실업률이 A점인 자연실업률 수준으로 복귀한다.

특히 1980년대 유럽에서처럼 실업률이 급격한 상승한 사실은 이런 전통적인 자연실업률(혹은 NAIRU) 관점이 분명히 잘못된 것임을 보여준다. NAIRU는 분명히 상승한 듯 보이며, 〈표 7.1〉에 제시된 것과 같은 계량경제학자들의 추정치도 이 관점을 확인해준다. 이렇게 높은 수준의 실업률을 설명하기 위해 지금까지 몇 가지 설명들이 제시되었다. 그중 한 가지는 노동시장의 유연성을 감소시킨 특정 정책변화의 산물로 그 사실을 설명하는 것이다. 그런 특정 정책의 유력한 후보로 오늘날 거론되거나 과거에 거론되어왔던 것들로는 좀 더 강력한 노동조합, 실업보상지급의 상승과 복리후생 수혜기간의 연장, 최소임금법, 과도한 규제, 고용보장, 높은 세율 등이 있다(Minford, 1991; Nickell, 1997; Siebert, 1997; Ljungquist and Sargent, 1998; Fitoussi et al., 2000; Roed and Zhang, 2003). 그러나 이러한 요인들 중 일부가 1970년대 실업률의 상승을 설명해 줄 수 있을지는 몰라도, 많은 경제학자들은 이것들이 1980~90년대에 경험한 실업까지 완전하게 설명할 수 있다고는 믿지 않는다(예를 들어, 노동조합의 힘은 영국에서는 상당히 약화되었으며 미국경제에서는 경제

의 중요한 요소로 존재한 적이 없었다).

실제 실업률과 균형 실업률이 동시에 상승하자, 몇몇 새케인즈학파 경제학자들은 총수요가 자연율(또는 NAIRU)에 영향을 미칠 수 있음을 보여주는 두 번째 설명방식을 탐구하기 시작했다. 자연실업률이 균형 실업률의 역사에 의존한다는 생각을 구체화한 모형은 '이력(hysteresis)' 이론이라 불렸다. 균형에 도달하는 경로에 의해 자연율 균형(natural rate equilibrium)이 부분적으로 영향을 받을 것이라고 처음 제안한 사람은 펠프스였다. 펠프스는 이 경로의존성을 '이력현상'으로 불렀다. 이 용어는 물리학에서 차용된 것으로, 물리학에서는 자성의 원인이 발생한 후에 뒤늦게 자기적 유도가 나타나는 현상을 묘사하는 데 사용한다(Cross, 1995).

이력 모형에서는, 전기(前期)에 실제 실업률이 자연 실업률을 상회하는 경우 현재기의 자연실업률이 상승한다 (Hargreaves-Heap, 1980). 이는 다음과 같이 표현될 수 있다.

$$U_{Nt} = U_{Nt-1} + a(U_{t-1} - U_{Nt-1}) + b_t \tag{7.14}$$

식 (7.14)에서 U_{Nt}는 t기의 자연실업률을, U_{Nt-1}는 그 전기의 자연실업률을 각각 의미하며, U_{t-1}은 전기의 실제 실업률을, b_t는 자연실업률에 대한 다른 영향들, 이를 테면 실업보상지급 같은 것을 각각 의미한다. $b_t = 0$이라고 가정한다면, 식 (7.14)는 식 (7.15)으로 변환될 수 있다.

$$U_{Nt} - U_{Nt-1} = a(U_{t-1} - U_{Nt-1}) \tag{7.15}$$

식 (7.15)에서 $U_{t-1} > U_{Nt-1}$이라면 $U_{Nt} > U_{Nt-1}$임을 알 수 있다. 즉, 실제 실업률의 이동은 자석처럼 자연실업률을 동일한 방향으로 끌어당긴다. 그러므로 총수요가 단기에는 U_N에 영향을 미치지 못한다는 주장이 타당할 수도 있지만, 비정상적으로 과열되거나 침체된 경제행위가 지속되면 자연실업률이 이동하는 상황이 나타날 수도 있다.

〈그림 7.12〉는 이력현상의 영향을 보여준다. A점은 초기 균형 실업률을 나타낸다. 경제가 부정적인 총수요 충격을 받는 경우, 산출량이 하락하고 실업률은 B점으로 상승할 것이다. 경제가 경기침체에서 벗어날 때 실업률은 A점으로 복귀하지 않는다. 그 대신 이력효과 때문에 새로운 NAIRU는 C점이 된다. 이 상태에서 만일 경제가 긍정적인 수요 충격을 받는다면, 실업률은 D점으로 하락할 것이다. 경제가 다시 균형으로 복귀할 때, NAIRU는 이제 E점으로 떨어지게 된다. 여기서 또 다시 경기침체가 나타날 경우, 이 경제는 F점을 거쳐 G점에 이르는 경로를 거치게 될 것이다. 다시 말해서 NAIRU는 주로 총수요에 의해 결정되는 실제 실업률에 영향을 받는다.

이력현상에 관한 이론은 두 가지 주요 범주, 즉 지속이론과 내부자-외부자 이론으로 구분된다. 지속이론(duration theories)에 따르면, $U_t > U_N$일 때 실업자들이 자신의 인적자본(숙련)의 상실을 겪고 그 결과 고용가능성이 점차 줄어들기 때문에 구조적 실업 문제가 더욱 악화된다. 또한 높은 실업률은 임금협상에 대해 거의 영향력을 행사하지 못하는 장기 실업자들을 점차 확대시키는 경향이 있으며, 이것이 NAIRU를 상승시키기도 한다. 내부자-외부자 이론은 실업률이 높은 상황에서도 임금의 하향조정을 가로막을 수 있는 내부자의 힘을 강조한다. 그 결과 외부자는 실업률이 상승함에

그림 7.12 • 이력 관점에서 보는 '시간에 따라 변하는' *NAIRU*

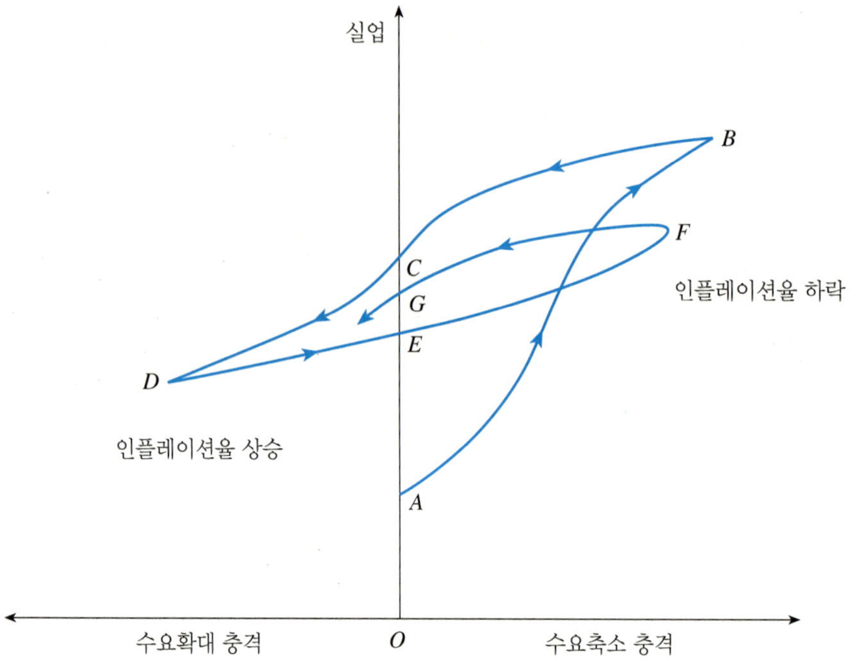

따라 취업을 위해 임금을 하향 조정할 수 없다(Blanchard and Summers, 1986, 1988). 이력현상이 중요하다면, 인플레이션 낮추기(disinflation)나 경기침체와 연결된 희생률(sacrifice rate)은 원래의 자연실업률 가설에서 제시된 수준보다 훨씬 클 것이다. 높은 실업률은 지속되는 경향을 보일 것이기 때문이다(Cross, 1988; Cross et al., 1993, Layard et al., 1991, Blanchard and Katz, 1997; Gordon, 2003).

시간에 따른 균형 실업률의 움직임을 설명하기 위한 또 다른 접근방식이 에드먼드 펠프스와 그의 동료들에 의해 개발되었다. 일련의 논문과 저작을 통해 펠프스는 자연실업률에 관한 내생적 이론을 구성하고자 시도했다. 이 이론에 따르면 "실업의 균형 경로는 자연실업률에 의해 좌우되는데, 자연실업률은 시간의 상수함수(constant function)나 강제함수(forcing function)가 아닌 체계의 종속변수이다. (...) 그러므로 변화하는 자연실업률에 관한 이론은 실업률의 이동과 장기 변화의 근본적 원인에 관한 신비를 푸는 열쇠이다"(Phelps, 1994; Fitoussi and Phelps, 1988; Phelps and Zoega, 1998; Phelps, 2000). 프리드먼의 자연실업률 모형에서는 균형 실업률이 공급 측면의 영향에 의해 변할 수 있는 반면, 펠프스의 동태적인 시제적 비화폐균형 모형(dynamic intertemporal non-monetary equilibrium model)에서는 실질공급 충격(에너지 공급 변화)도 중요한 역할을 하고는 있지만, 실질수요 충격이야 말로 "경제의 균형 경로를 쥐었다 놓았다하는 커다란 요인"이다. 펠프스(Phelps, 1990, 1994)는 자신의 실업 이론을 '현대적' 이면서도 '구조주의적' 인 것으로 분류했는데, 사실상 여기에는 자본시장에서 결정되는 실질이자율의 역할이라는 신고전학파의 요소, 실질이자율이 산출물의 공급에 미치는 영향을 고려하는 오스트리아 학파의 요소, 그리고 비대칭 정보와 효율성 임금을 고려하는 새케인즈학파적 요소가 모두 담겨 있었다. 펠프스는 기술, 선호, 사회적 가치와 제도와 같은 실질변수가 균형이자율 경로에 미치는 영향을 강조했다. 펠프스(Phelps, 1994)는 제2차 세계대전 이후 발생한 경제활동의 주요 변화에 대한 설명에는 반드시 다음과 같은 점이 요구된다는 자신의 생각에 1980년대에 비로소 이르렀다고 회상한다.

> 자연실업률이(화폐적인 거시적 충격뿐만 아니라) 비화폐적인 거시적 충격에 대해서도 변하지 않는다는 단순화된 모형을 버리고 균형 실업률을 다양한 비화폐적 요인에 의해 결정되는 내생변수로 만드는 모형을 택해야 한다. (...) 상대적으로 긴 기간 동안의 호황과 불황은 (...) 실업률이 변함없는 균형 경로에서 이탈하는 현상으로서가 아니라 주로 *실업률의 균형 경로 자체가 이동하는 현상*으로 설명되어야 한다.

피투시 외(Fitoussi et al., 2000)가 '대불황(great slump)' 이라고 부른 것, 즉 1980년대 균형 실업률의 상향 이동의 원인을 찾아보는 과정에서, OECD 차원에서 기업의 수익성과 노동자의 유인에 대해 영향을 미친 다음 5가지 실질변수 충격이 가장 유력한 요인임이 확인되었다.

1. 생산성 성장에 대한 기대의 감소와 그에 따른 자본 유효비용의 증가
2. 자본 유효비용도 함께 증가시키는 예상 실질이자율의 상승
3. 노동자들의 사적자산이 제공하는 서비스 증대(Phelps, 2000)
4. 1970년대 생산성 하락과 복지국가의 팽창에서 비롯한 세후 실질임금 대비 사회보장(social entitlements) 확대
5. 1973년과 1979년 두 번에 걸쳐 발생한 석유수출국기구의 원유가격 충격

펠프스 모형(Phelps, 1994)에서 NAIRU의 상승을 주도하는 추동력은 1970년대 중반부터 1980년대까지 OECD 국가들 사이에서 나타났던 실질이자율의 상승이다(Blanchard and Wolfers, 2000). 세계적인 실질이자율의 상승은 그 상당 부분이 1980년대 초 미국의 확대재정정책에서 비롯한 것이었는데, 이것은 자본축적 유인을 떨어뜨렸고 주어진 실질임금에 대해 노동수요를 하락시켰다. 또 이 시기에 미국 달러화의 평가절상, 즉 유럽 통화들의 실질가치의 평가절하를 유발했던 높은 실질이자율은 유럽의 가격가산액을 상승시켰으며(기업들은 평가절하에 비례해서 수출가격을 낮추지 않는다), 이것이 결과적으로 노동수요의 하락과 균형 실업률의 상승으로 이어졌다. 예를 들어, 펠프스와 조에가(Phelps and Zoega, 1998, 788쪽)는 1975~95년에 세계 실질이자율과 영국의 실업률 사이에 강한 상관관계가 존재함을 발견했다. 시제적 노동대체(intertemporal labour substitution) 가설을 통해 실

질이자율의 변화가 노동공급에 영향을 미치는 실물경기변동 모형과 달리, 펠프스 모형에서는 실질이자율의 변화가 노동수요에 영향을 미친다(이에 대한 비판을 살펴보려면 Madsen, 1998 참조).

유럽 실업률의 전반적인 상승을 실질수준의 충격이 가져온 효과로 설명하는 것은 설득력이 있다. 그렇지만 블랑샤르와 울퍼스(Blanchard and Wolfers, 2000)는 "이런 충격에는 국가별 차이를 설명하기에 충분할 정도의 이질성이 존재하지 않는다. (...) 부정적 충격은 잠재적으로 실업률의 일반적인 상승을 설명할 수 있다. 그러나 잠재적으로 국가별 결과의 차이를 설명할 수 있는 것은 국가별 제도의 차이다"라고 주장한다. 그러므로 유럽의 NAIRU의 변화에 대해 좀 더 설득력 있는 설명이라면 반드시 유럽 국가들 사이에 존재하는 제도적 다양성을 인정하면서 관찰가능한 실질수준 충격들 사이의 상호작용을 포함해야 한다(Nickell, 1977; Layard and Nickell, 1998).

7.10 새케인즈학파 경제학과 정형화된 사실들

새케인즈학파 모형은 경기변동과 관련된 정형화된 사실들 중 많은 것을 비교적 잘 설명해준다(Abel and Bernanke, 2001).

1. 새케인즈학파의 분석은 고용의 경기순행적인 특성뿐만 아니라 소비, 투자, 정부지출, 생산성의 경기순행적인 특성에도 부합한다(경기순행적인 생산성에 대해서는 제6장 참조).
2. 새케인즈학파 모형에서 관찰되는 화폐의 비중립성은 화폐가 경기순행적이면서 경기선행적(leading)이라는 정형화된 사실에 부합한다.
3. 좀 더 논쟁적인 사안은 인플레이션이 경기순행적면서 경기후행적(lagging)인 경향을 갖는다는 새케인즈학파의 예측이다(제6장 참조). 경기순행적인 인플레이션은 총수요 교란을 강조하는 새케인즈학파의 모형과 부합한다. 그러나 이 정형화된 사실은 최근에 비판받고 있다(Kydland and Prescott, 1990; 제6장 참조).
4. 새케인즈학파의 모형에서는 구케인즈학파의 모형에서와는 달리, 실질임금이 경기역행적이라는 결과가 도출되지 않는다. 경직적인 명목가격이 도입되면 새케인즈학파의 모형에서 실질임금은 경기순행적이거나 무변동적(acyclical)일 수 있다(Mankiw, 1990). 만일 효율성 임금이 실업률에 민감하게 반응한다면, 실질임금은 이 모형에서 약한 경기순행성을 보이게 될 것이다(Shapiro and Stiglitz, 1984).

그린월드와 스티글리츠(Greenwald and Stiglitz, 1988)는 거시경제학 이론들에 대한 문헌을 검토하면서, 어떠한 모형도 모든 자료를 성공적으로 설명해주지는 못하지만 새케인즈학파 모형은 전통적인 케인즈학파나 실물경기변동 이론에 비해 설명력이 높다고 결론짓는다. 비자발적 실업이 설명되어야 할 정형화된 사실이라고 생각하는 경제학자들에게는 불완전경쟁에 뿌리를 두고 있는 새케인즈학파 모형이 새고전학파나 실물경기변동이론에 비해 "훨씬 더 좋은" 이론이다(Carlin and Soskice, 1990).

7.11 정책적 함의

피셔(Fischer, 1977) 및 펠프스와 테일러(Phelps and Taylor, 1977)의 연구 결과를 볼 때, 정부의 수요관리 정책이 비실효적이라는 새고전학파의 결론은 합리적 기대 가정이 아니라 오히려 즉각적인 시장청산 가정에 의존한다는 점이 분명해진다. 경직적인 가격을 강조하는 새케인즈학파 모형에서는 화폐가 이제 더 이상 중립적이지 않고 정책 실효성이 적어도 원리상으로는 재차 입증되었다. 그린월드와 스티글리츠의 모형에서는 가격 신축성이 클수록 경기변동 문제가 더욱 확대되기 때문에, 새케인즈학파는 또 가격이 신축적인(그러나 즉각적으로 조정되는 것은 아닌) 상황에서조차 교정 차원의 수요관리 정책이 잠재적인 역할을 할 수 있음을 입증하기도 했다. 기업들이 상호 조정되지 않은 방식으로 가격과 임금을 설정하며 이러한 행위의 결과가 불확실한 세계에서는, 가격과 임금에 관한 한 상당한 정도의 관성적인 움직임이 나타난다는 사실이 놀라운 일은 아니다.

시장경제에서는 내생적인 요인들이 외생적인 충격의 교란 효과를 확대하는 경우가 빈번하게 발생할 수 있다. 새케인즈학파는 충격의 원인보다 경제가 충격에 반응하는 방식에 좀 더 많은 관심을 보이는 경향이 있다. 과거 4반세기 동안의 경험에 비추어볼 때 경제는 수요측면만이 아니라 공급측면으로부터도 교란될 수 있다. 사실상 벤저민 프리드먼(B. Friedman, 1992)이 밝히듯이, 교란의 핵심적인 요인과 그렇지 않은 요인을 명확히 구분하는 일은 실제적으로든 개념적으로든 종종 어려움에 직면하곤 한다. 새케인즈학파 모형에서 경기변동은 불규칙하고 예측불가능하기 때문에, 새케인즈학파는 거시경제를 '미세조정(fine-tune)'하려는 정부의 시도를 적극적으로 지지하지 않는다. 많은 새케인즈학파 학자들, 예를 들어 맨큐(Gregory Mankiw)는 구케인즈학파에 대한 통화주의자들의 비판뿐만 아니라 동태적 일관성에 관한 비판처럼 새고전학파 경제학자들이 제기하는 비판들(제5장 참조)의 일부도 받아들이고 있다. 정부가 거시적 경기변동에 대한 대응책으로 선택할 수 있는 재량적인 재정-금융 정책의 정도에 대해서는 새케인즈학파들 사이에 그 어떠한 통일된 견해도 존재하지 않는다(Solow and Taylor, 1998). 그러나 대부분의 새케인즈학파 학자들은 특히 심각한 경기침체의 경우, 시장실패 때문에 정부가 일정한 형태의 개입을 적극적으로 시도할 필요가 있음을 분명히 인정하고 있다. 예를 들어 테일러(Taylor, 2000a)의 주장에 따르면, 재정정책을 이용해야 하는 경우는 통상적으로 경제성장과 같은 장기목표를 달성하기 위해서이지만, "명목이자율이 0%라는 한계선에 임박한 예외적인 상황"에서는 확대재정 정책을 명시적으로 사용해야 한다고 주장한다.

경제가 미래에 직면할 수도 있는 여러 종류의 문제들에 관한 불확실성 때문에, 새케인즈학파는 프리드먼(Friedman, 1968a)과 1970년대의 루커스, 사전트, 월리스, 배로, 쉬들란, 프레스컷과 같은 새고전학파 균형이론가들에 의해 주창된, 고정된 준칙에 입각한 통화정책을 지지하지 않는다. 통화주의자들과 새고전학파 학자들이 미세조정 옹호론의 한계를 지적하는 데 성공했다면, 새케인즈학파 학자들은 린드벡(Lindbeck, 1992)이 '올이 성긴 조정(coarse tuning)'이라 언급했던 것, 즉 심각한 거시수준의 문제들을 상쇄시키거나 피하기 위해 고안된 정책을 주창하는 데 확실하게 성공했다.

여기서 시장경제가 어떠한 한계 내에서는 합리적으로 작동된다는 레이욘후푸드(Leijonhufvud, 1973, 1981)의 견해를 상기해보는 것도 흥미롭다. 레이욘후푸드의 주장에 따르면,

> '완전조정' 시간경로로부터 약간 벗어났을 경우보다는 크게 벗어났을 경우에, 체계가 다르게 작동할 가능성이 높다. 경로의 일정한 범위(간단히 '복도(corridor)'라 부르기로 하자) 안에서는 체계의 항상적인 메커니즘이 잘 작동되며 이탈을 상쇄하는 경향이 한층 더 강력하다.

그러나 레이욘후푸드의 주장에 따르면, '복도' 외부에서는 이러한 균형화 경향이 훨씬 더 약하며 그래서 시장체계가 유효수요 실패로부터 흔들릴 가능성이 점점 더 높아진다. 좀 더 최근에는 크루그먼(Krugman, 1998, 1999)이 경제학자들에게 '공황 경제학(Depression Economics)'의 위험성과 유동성 함정의 잠재적 가능성을 상기시켜주기도 했다(Buiter, 2003b).

이러한 관심에 부응해서 새케인즈학파의 분석은 특히 그 효과가 장기간 지속되는 거대한 충격이 나타나는 경우에 정책적 개입에 대한 이론적 지지를 제공한다. 왜냐하면 시장경제의 적응과정이 너무 느리게 진행되기 때문이다. 오늘날 경제학자들 사이에서는 적극적 행동 준칙(activist rule) 형태로 나타나는, 어떤 제한된 재량 정책 형태를 옹호하는 견해가 점점 더 늘어나고 있다. 사실상 1990년대에는 거시경제학이 굿프렌드와 킹(Goodfriend and King, 1997)이 '새신고전파 종합(New Neoclassical Synthesis)'이라고 불렀던 것을 향해 변모해가기 시작했다. 이 새로운 종합의 주요 구성요소는 다음과 같다.

1. 시제적 최적화를 고려하는 거시경제 모형의 필요성
2. 합리적 기대 가설의 광범위한 사용
3. 재화, 노동, 신용 시장에서 불완전경쟁의 중요성에 대한 인정
4. 거시경제 모형에 비용유발적인 가격조정을 통합

분명히 이 새로운 합의는 새케인즈학파의 흔적을 뚜렷하게 갖고 있다. 실제로 갈리(Gali, 2002)는 소규모 화폐적 경기변동 모형의 새로운 세대가 '새케인즈학파' 모형 아니면 '새신고전파 종합' 모형이라고 말하고 있다. 이 '새로운 패러다임'은 명목수준의 경직성이나 불완전 경쟁 같은 케인즈 학파의 요소를 실물경기변동의 동태적인 일반균형 틀에 결합시킨다.

굿프렌드와 킹에 따르면, '새신고전파 종합' 모형은 통화정책의 역할에 대해 네 가지 주요 결론을 제시한다. 첫째, 화폐정책이 실물변수에 미치는 영향은 점진적인 가격조정 때문에 장기간 지속된다. 둘째, 장기적으로 실물변수와 명목변수 사이에는 상충관계가 거의 존재하지 않는다. 셋째, 인플레이션은 경제성과를 왜곡하는 효과를 갖고 있으므로 상당한 후생비용을 초래한다. 넷째, 통화정책의 효과를 이해하기 위해서는 정책의 신뢰도를 고려하는 것이 중요하다. 이와 같은 내용은 물가안정목표제(inflation targeting)를 수용한 중앙은행을 가정할 경우, 통화정책이 준칙에 기초한 틀 안에서 가장 잘 작동된다는 것을 뜻한다(Muscatelli and Trecroci, 2000). 굿프렌드와 킹이 주목하듯이, 통화정책과 관련된 이러한 생각은 "수많은 국가의 중앙은행 관계자들의 공식 발언과도 부합한다"(예를 들면 Gordon Brown, 1977, 2001 참조; 아울러 잉글랜드 은행의 거시경제 모형의 '핵심 특성' 에 대해서는 Bank of England, 1999; Treasury, 1999 참조).

7.11.1 인플레이션의 비용

거시경제학에서 점점 더 많은 사람들의 동의를 얻어가고 있는 한 가지 주요한 사항은 낮으면서도 안정된 인플레이션율이 시장경제의 성장과 안정성 및 효율적인 기능을 유도한다는 생각이다(Fischer, 1993; Taylor, 1996, 1998a, 1998b). 그들은 인플레이션, 특히 예상치 못한 인플레이션이 실질적인 경제적 비용을 유발한다는 명제에 동의한다. 예상된 인플레이션의 비용에는 '구두창(shoe leather)' 비용, 메뉴비용, 비물가연동세제(non-indexed tax system)의 왜곡에서 비롯한 비용이 포함된다. 예상치 못한 인플레이션의 비용에는 소득분배의 왜곡, 효율성 손실을 야기하는 가격 메커니즘의 왜곡, 투자를 축소시켜 성장률을 떨어뜨리는 높아진 불확실성에 따른 손실이 포함된다. 또한 '희생률(sacrifice ratio)'로 측정되는 인플레이션 낮추기(disinflation)의 비용도 중요한데, 이력효과가 존재할 경우에 특히 그러하다(Ball, 1999; Cross, 2002). 또 레이욘후푸드는 무시 못 할 인플레이션이 나타나는 시기에 경제 영역, 특히 정부 부문에서 주인-대리인 문제는 해결될 수 없다고 주장한다. 그 이유는 다양한 상황에서 주인이 대리인을 통제할 수 있도록 고안된 유일한 방법이 명목상의 회계감사(auditing and bookkeeping) 기능이기 때문이다. 예를 들어, 레이욘후푸드는 "앞으로 12개월 후의 화폐의 구매력이 완전한 미지수"여서 다음 해 국가예산이 무의미해질 때 발생하는 문제를 강조한다. 이러한 상황에서는 정부가 전반적인 통제력을 상실하기 때문에 각 부처에게 자신의 예산을 지켜내지 못한 책임을 물을 수 없다. "이것은 단순히 민간부문이 통화당국이 하고자 하는 일을 예상할 수 없는 경우가 아니다. 통화당국 자체도 끊임없는 변동하고 강력하게 가해지는 정치적 압력 때문에 다음 달 화폐발행률이 어떻게 될 것인가를 알지 못한다"(Snowdon, 2004a; Hey-mann and Leijonhufvud, 1995). 정부가 인플레이션을 억제하는 쪽을 선택하면 또 다른 중요한 비용이 발생한다. 가격 메커니즘이 왜곡되고 상당한 규모의 효율성 손실이 추가적으로 야기된다는 것이다. 쉴러(Shiller, 1997)도 인플레이션이 일반 대중들 사이에서 매우 인기 없는 사안이지만, "사람들은 인플레이션 메커니즘과 그 결과에 대해 특정한 의견들을 갖고 있으며 이 의견들은 일반 대중과 경제학자들 사이에서 큰 차이를 보임"을 입증했다. 상당부분 이 차이는 "화폐착각이 경제주체들 사이에 폭넓게 퍼져있는 것 같다"는 다이아몬드 외(Diamond et al., 1997)의 연구 성과에 의존하고 있는 듯 보인다.

20% 이하의 인플레이션율이 경제성장률에 미치는 영향은 작을지 모르지만, 성장률의 조그만 변화는 비교적 짧은 시기에 걸쳐서도 생활수준에 상당히 큰 영향을 준다는 사실에 주목할 필요가 있다(이 책의 11장; Fischer, 1993; Barro, 1995; Ghost and Phillips, 1998; Feldstein, 1999; Temple, 2000; Kirshner, 2001). 램지와 램지(Ramsey and Ramsey, 1995)는 95개 국가의 사례를 통해 경기변동과 성장의 상관성, 즉 좀 더 안정된 경제가 통상적으로 빠르게 성장한다는 점을 보여주는 증거를 제시하기도 했다. 거시경제적 안정성과 경제성장 사이에 양의 상관관계가 존재한다면(Fischer, 1993), 낮으면서도 안정된 인플레이션율의 확보가 지속적인 성장을 유도할 것이다. 예를 들어 테일러는 일련의 논문을 통해, 1980년대 초 이후 미국의 성장, 즉 '대호황(Great Boom)'이 통화정책의 개선에 힘입어 경기변동성이 낮아진 데서 비롯한 것이라고 주장한다(Taylor, 1996, 1997a, 1997b, 1998a, 1998b, 1999).

최근에 로머와 로머(D. Romer and C. Romer, 1999) 및 이스털리와 피셔(Easterly and Fischer, 2001)는 인플레이션이 가장 가난한 사회집단의 복지에 해를 끼치고 있음을 보여주는 증거를 제시했다. 로머 부부는 높은 인플레이션율과 거시경제적 불안정성이 "상대적으로 더딘 평균소득의 성장이나 평등도의 하락과 밀접한 상관성이 있음"을 발견했다. 그래서 이들은 낮은 인플레이션율이라는 경제 환경이 장기 성장과 소득 평등에 유리한 효과를 야기함으로써(높으면서도 변동성이 큰 인플레이션율은 이 두 가지 사안에 부정적 영향을 끼친다) 시간이 흐를수록 빈곤층의 소득을 향상시킬 가능성이 높다고 결론짓는다. 비록 확대통화정책이 호황을 유도해서 빈곤을 감소시킬 수 있다고 해도, 이 효과는 일시적일 뿐이다. 이미 오래 전에 프리드먼(Friedman, 1968a)과 펠프스(Phelps, 1968)가 입증했듯이, 확대통화정책은 지속적인 호황을 창출할 수 없다. 그러므로 "낮은 인플레이션율과 거시경제적 안정성을 동시에 가져오는 일단의 전형적인 개혁들은 빈곤층을 위한 개선된 조건과 모두를 위한 좀 더 빠른 성장까지도 만들어 낼 것이다"(Romer and Romer, 1999).

7.11.2 통화제도와 물가안정목표제

인플레이션이 경제후생에 해를 끼치고 있다는 점에 대해 경제학자들 사이에 합의가 이루어진 후에는, 인플레이션을 통제하기 위한 최선의 방법을 결정하는 문제가 남는다. 오늘날 통화정책의 기본적인 장기목표는 인플레이션을 통제하고 합리적인 수준에서 가격을 안정시키는 것이라는 점에 대해 폭넓은 합의가 존재하는 상황이므로, 경제학자들의 분명한 임무는 이 목표에 도달하기 위해 채택되어야 할 통화체제(monetary regime)의 정확한 형태를 결정하는 것이다. 미시킨(Mishkin, 1999)은 명목기준지표(nominal anchor)을 "국내 화폐가치에 대한 제약조건," 또는 좀 더 일반적으로 "시간적 비일관성 문제를 완화시키는 데 도움이 되는 재량정책에 대한 제약조건"으로 정의한다.

이것은 재량적인 수요관리 정책을 사용하는 데 내재하는 인플레이션 편이(inflation bias) 문제를 해결할 수 있도록 도와준다(Kydland and Prescott, 1977). 실제로 우리는 지난 50년 동안에 시장경제에서 네 가지 유형의 통화체제가 작동되었음을 알고 있다. 그 첫 번째는 환율목표제(예: 1990~92년의 영국), 두 번째는 통화량목표제(예: 1976~87년의 영국), 세 번째는 명시적인 물가안정목표제(예: 1992~현재까지의 영국), 그리고 네 번째는 암묵적인 물가안정목표제이다(예: 최근의 미국)(Mishkin, 1999; Goodfriend, 2004). 이런 통화체제들은 각기 다른 장단점을 갖고 있지만, 최근에는 책임을 지면서 좀 더 투명해진 독립적인 중앙은행과 결합된 다양한 형태의 물가안정목표제를 선택하는 국가들이 점점 늘어나고 있다(Alesina and Summers, 1993; Fischer, 1995a, 1995b, 1996b; Green, 1996; Bernanke and Mishkin, 1993; Bernanke and Woodford, 1997; Bernanke et al., 1999; King, 1997a, 1997b; Snowdon, 1997; Svensson, 1997a, 1997b, 1999, 2000; Artis et al., 1998; Haldane, 1998; Vickers, 1998; Mishkin, 1999, 2000a, 2000b, 2002; Gartner, 2000; Muscatelli and Trecroci, 2000; Piga, 2000; Britton, 2002; Geraats, 2002; Bernanke and Woodford, 2004; Snowdon, 2002a, 2002b의 버냉키 인터뷰 참조).

스벤손(Svensson, 1997a, 1997b)과 미시킨(Mishkin, 2002)에 따르면, 물가안정목표제는 다음과 같은 여섯 가지 주요 요소로 구성된 통화체제로 이해될 수 있다.

1. 중기에 걸친 인플레이션 목표치 공언
2. 통화정책의 기본 목표인 가격 안정성, 즉 통상 2~3% 정도의 낮으면서도 안정된 인플레이션율에 대한 확고한 제도적 이행 약속. 정부는 사회를 대표해서 중앙은행에게 목표를 설정할 때 사용할 손실함수(loss function)를 부여
3. 많은 변수를 사용하여 정책변수를 설정하는 '정보 내포적 전략(information-inclusive strategy)'
4. 대중과 더 원활한 의사소통을 위해 통화정책의 집행에서 투명성과 개방성 제고. 인플레이션 목표치는 환율이나 통화량 목표치보다 훨씬 쉽게 이해됨
5. 인플레이션 목표치의 달성과 관련하여 중앙은행의 책임부담 증대. 그럼으로써 인플레이션 목표치는 통화정책 성과의 사후적 지표가 되고, 또 인플레이션 목표치와 관련된 인플레이션 기대치를 추정하여 정책 신뢰도에 대한 평가지표를 확보할 수 있음
6. 물가안정목표제를 명목기준지표으로 사용한다는 것은 곧 공언된 인플레이션 목표치와 인플레이션 예상치의 비교가 통화정책의 결정 근거가 된다는 것을 뜻하므로, 스벤손(Svensson, 1997b)은 "물가안정목표제는 인플레이션 예측 목표제를 함축하며," 따라서 "중앙은행의 인플레이션율 예측은 중앙은행의 중간 목표가 된다"고 지적했다.

물가안정목표제를 성공적으로 실행하기 위해서는 다른 중요한 선결조건이 요구된다. 전략으로

서의 물가안정목표제에 대한 신뢰도는 중앙은행이 인플레이션 목표치를 달성하는 데 필요한 수단에 대해 완전한 독립성을 지니는 건전한 금융체계가 확보된다면 크게 향상될 것이다(Berger et al., 2001; Piga, 2000). 이를 위해 잉글랜드 은행은 1997년 5월에 독립성을 부여받았다(Brown, 1997). 물가안정목표제를 실시하는 국가의 중앙은행이 국가재정의 지배에서 자유로워야 한다는 점 또한 중요하다. 대규모 재정적자가 지속되는 국가가 성공적인 물가안정목표제 전략을 신뢰할만한 수준으로 수립할 수 있다고 보기는 매우 어렵다. 이것은 특히 수많은 개도국과 이행기 국가에 해당되는 문제일 수 있다(Mishkin, 2000a). 물가안정목표제가 성공적이기 위해서는 또 이 전략을 선택한 국가가 통화정책의 독립성을 유지할 수 있도록 해주는 변동환율제가 채택되어야 한다. 잘 알려진 개방경제체제의 세 가지 정책 사이의 갈등(trilemma)은 한 국가가 자본시장 개방, 고정환율제, 국내목표를 위한 독립적인 통화정책을 동시에 유지할 수 없음을 보여준다. 정부는 이 중에 두 가지를 선택할 수 있지만, 세 가지를 동시에 선택할 수는 없다. 만일 정부가 물가안정목표제와 같은 국내 문제에 치중해 통화정책을 추구하길 원한다면, 자본 이동성이나 환율과 같은 목표는 포기해야 할 것이다(Obstfeld, 1998; Obstfeld and Taylor, 1998; Snowdon, 2004b).

제5장에서 살펴보았듯이 스벤손(Svensson, 1997a)은 물가안정목표제가 어떻게 해서 재량적인 통화정책에 내재하는 인플레이션 편이 문제를 제거하기 위한 전략으로 고안되어 출현했는지 보여준다. 프리드먼과 커트너(Friedman and Kuttner, 1996)는 물가안정목표제를 통화준칙의 한 형태로 해석한다. 반면에 버냉키와 미시킨(Bernanke and Mishkin, 1997)은 이것을 하나의 '제한적 재량권' 형태에 중앙은행을 복속시키는 통화체제로 해석하기를 더 좋아한다. 버냉키와 미시킨은 물가안정목표제를 엄격한 정책준칙이라기보다는 통화정책의 한 가지 틀로 이해하는 것이다. 실제로 물가안정목표제를 채택한 국가들은 모두 인플레이션 목표치에 어느 정도의 유연성을 부여해 왔다. 2003년 6월 은퇴한 에디 조지(Eddie George)의 뒤를 이어 잉글랜드 은행의 총재로 임명된 머빈 킹(Mervyn King)은 이런 유연한 접근방식을 지지한다. 킹은 "통화정책 문제의 핵심은 통화정책 결정자가 바뀔 때 특정한 특화정책을 계속해서 고수하는 것이 불가능할 뿐만 아니라 바람직하지도 않다는 사실에서 기인하는 미래의 사회적 의사결정에 관한 불확실성"이라고 정의한다(King, 2004). 이러한 문제들로 인해, 설령 하나의 준칙을 고수하는 것이 가능하다 해도 그 어떤 형태의 고정된 준칙도 바람직하지 않다. 킹(King, 2004)의 주장에 따르면 그 이유는 다음과 같다.

> 어떤 재량권의 사용은 학습용일 경우에는 바람직하다. 고정된 통화정책 준칙에 반대하는 가장 설득력 있는 논의는 어떠한 준칙도 오랜 기간 동안 최적을 유지하기 힘들다는 점이다. (...) 그래서 우리는 우리의 의사결정 구조에 어떠한 준칙을 깊숙이 심어놓기를 원하지 않는다. (...) 대신에 우리는 매 기간마다 '제한된 재량권'을 행사하면서 정책을 집행하는 기관에 의사결정권한을 위임한다.

1987년 8월에 미국 연방준비제도이사회(Board of Governers of the Federal Reserve)의 의장이

된 앨런 그린스펀(Alan Greenspan)도 불확실성 때문에 인플레이션 목표치를 유연하게 설정할 필요가 있다는 점을 강조한다.[5] 전후 기간 동안 연방준비은행이 겪은 경험으로 볼 때, "불확실성은 단지 통화정책의 지형에서 전반적으로 나타나는 현상이 아니라 그 지형 자체를 규정하는 특성이다"(Greenspan, 2004). 더구나

> 끊임없이 변하는 경제의 주요 구조적 특징에 대해 우리가 필연적으로 불완전한 지식을 갖고 있고 또 특별한 결과의 비용이나 편익이 종종 대칭적임을 감안할 때, 중앙은행은 경제가 미래에 나아갈 가능성이 가장 큰 경로뿐만 아니라 이 경로를 중심으로 한 여타 가능한 결과들의 분포까지 고려해야 한다. 즉, 의사결정자는 선택 가능한 정책 대안들이 가져올 여러 가능한 결과들의 확률, 비용, 그리고 편익에 대해 판단을 내려야 한다.

분명히 말해서, 이자율의 설정은 "과학만큼이나 예술"이기도 하다(Cecchetti, 2000). 유연한 운용의 필요성은 중앙은행 책임자에게 식 (7.16)으로 주어지는 종래의 손실함수(L_t) 형태를 고려함으로써 부분적으로나마 설명될 수 있다.

$$L_t = \frac{1}{2}[(\dot{P}_t - \dot{P}*)^2 + \phi(Y_t - Y*)^2], \quad \phi > 0 \tag{7.16}$$

이 2차방정식 사회적 손실함수에서, $\dot{P}_t$는 t기의 인플레이션율이고, $\dot{P}^*$는 인플레이션 목표치이며, Y_t는 t기의 총산출량이고 Y^*는 자연실업률 산출량 혹은 목표 산출량을 나타낸다. 파라미터 ϕ는 산출량 격차(output gap)를 안정화하기 위해 부여되는 상대적 가중치이다. 엄밀한 물가안정목표제에서는 $\phi = 0$이지만, 유연한 물가안정목표제에서는 $\phi > 0$이다. 스벤손(Svensson, 1997a)이 강조하듯이, "명시적인 인플레이션 목표치를 갖고 있는 중앙은행이더라도 이 목표를 어떤 비용을 지불해서라도 달성하길 원하는 듯이 행동하지는 않는다." 만약 $\phi = 0$이 되게 책정한다면, 그것은 머빈 킹이 '인플레이션 광신도(inflation nutter)'라 묘사했던 사람들이 취하는 정책적 입장이 될 것이다(King, 1997b). 요컨대 물가안정목표제를 도입했던 모든 국가들이 목표치에 유연성이라는 요소를 투입했던 것이다(Allsopp and Vines, 2000).

인플레이션 목표치는 어느 정도여야 하는가? 현재 세계에서 가장 강력한 통화정책입안자인 앨런 그린스펀은, 물가가 안정적인 상황이란 사람들이 의사결정에 인플레이션을 고려하지 않는 상황이라고 정의한 것으로 유명하다. 좀 더 구체으로 말하자면, 버냉키 외(Bernanke et al., 1999)는 인플레이션 목표치가 1~3% 범위의 양(+)의 값이어야 한다고 결론짓는다. 이 결론은 서머스(Summers, 1991b, 1996), 애컬로프 외(Akerlof et al., 1996), 그리고 피셔(Fischer, 1996b)에 의

5. 그린스펀은 1987년 6월 1일부터 2006년 1월 31일까지 연방준비제도이사회 의장직을 5회의 임기에 걸쳐 수행했다. 그린스펀의 뒤를 이은 현재 의장은 벤 버냉키(Ben Bernanke)이다. 미국에는 연방준비은행(Federal Reserve Bank)이 12개가 있고, 이 12개의 은행들을 총괄하는 중앙기관이 연방준비제도이사회이다.

해 지지된다. 대공황과 최근 10년 동안 일본에서 훨씬 더 완화된 형태로 반복되었던 경기침체에서 얻을 수 있는 주요 교훈 중의 하나는 정책입안자가 경제를 디플레이션 상태에 빠지지 않도록 보장해주는 것이 매우 중요하다는 것이다(Buiter, 2003b; Eggertsson and Woodford, 2003; Svensson, 2003a). 명목이자율은 0%라는 하한선을 갖고 있으므로, 전반적인 가격 디플레이션은 매우 큰 폐해를 가져올 실질이자율의 상승을 가져온다. 체케티(Cecchetti, 1998)의 주장에 따르면 물가안정목표제 전략이 던져주는 메시지는 분명하다. "상당한 디플레이션을 가져올 수도 있는 인플레이션 목표치를 조심하라." 그러므로 펠드스타인(Feldstein, 1999)의 권고를 좇아 인플레이션 목표치를 0%로 설정하는 것은 현명하지 못한 처사인 듯 보인다. 애컬로프 외(Akerlof et al., 1996)도 양(+)의 인플레이션 목표치를 설정하여 상대가격이 변화할 수 있게 하기를 주장한다. 명목임금이 하방 경직적이라면, 고용촉진을 위해 실질임금을 하락시킬 수 있는 대안은 인플레이션을 통해 전반적인 물가수준을 고정된 명목임금에 비해 상승시키는 것이다. 신축적이고 양의 값을 갖는 인플레이션 목표치가 설정되어 있으면 중앙은행은 이런 방법을 사용할 수 있다.

영국의 경우 1992년 9월에 유럽환율메커니즘(Exchange Rate Mechanism, ERM)을 탈퇴한 후[6] 인플레이션을 통제하기 위해 새로운 명목기준지표를 확보하는 것이 지상과제가 되었다. 1945년 이후 영국의 통화당국이 채택했던 통화체제는 5가지로 구분될 수 있다. 그것은 1948~71년의 조정가능한 고정(fixed but adjustable peg)환율체제, 1971~76년의 명목기준지표 없는 변동환율체제, 1976~87년의 통화량목표제, 1987~92년의 환율목표제(이 체제 하에서 영국은 "독일 마르크화를 그림자처럼 따르기"를 목표로 하고 ERM에 가입했다), 마지막으로 1992년 이후 최근까지의 물가안정목표제이다(Balls and O' Donnell, 2002). 물가안정목표제에 대한 신뢰도는 1997년 5월에 잉글랜드 은행이 운용상의 독립성을 확보하면서 상당히 개선되었다. 이 결정은 '신노동당(New Labour)' 정부에 의해 이루어진 것으로, 향후 이데올로기나 단기 선거전략 차원의 고려사항이 안정화 정책에 영향을 미칠 수도 있다는 의심을 제거함으로써 행정부의 반인플레이션 정책의 신뢰도를 향상시키기 위해 고안된 것이었다(제10장 참조).

현행 영국 통화정책의 기본구조에는 다음과 같은 주요 특징이 있다.

1. 대칭적인 인플레이션 목표치. 정책의 목표치가 재무장관에 의해 설정된다.
2. 9명의 '전문가들' 로 구성된 통화정책위원회(Monetary Policy Committee, MPC)의 통화정책 월례회의. 현재까지 포함해서 역대 MPC 위원에는 수많은 저명한 경제학자들이 포함되어 있는데, 머빈 킹(Mervyn King), 찰스 빈(Charles Bean), 스티븐 니켈(Nickell), 찰스 굿하트(Charles Goodhart), 윌렘 뷰터(Willem Buiter), 앨런 버드(Allan Budd), 존 비커스(John

6. 영국은 철저한 준비 없이 파운드화를 유럽통화에 연계시켰다가, 파운드화 가치가 대폭락한 1992년 9월 16일의 '검은 수요일' 사건을 겪으면서 굴욕적으로 ERM을 탈퇴했다. 이 책의 제4장 밀턴 프리드먼과의 인터뷰 각주 3을 참조하라.

Vickers), 수스힐 와드하미(Sushil Wadhami), 드앤 줄리어스(DeAnne Julius), 크리스토퍼 올솝(Christopher Allsopp), 케이트 바커(Kate Barker), 그리고 에디 조지(Eddie George) 등이 여기에 해당된다.

3. **중앙은행의 정책수단 독립성.** MPC는 MPC 의사록의 출간이라는 중심 목표와 함께 이자율 설정의 책임을 진다.
4. **인플레이션과 총국내생산에 대한 잉글랜드 은행의 예측치를 보고하는 분기별 《인플레이션 리포트》(*Inflation Report*)의 출간.** 잉글랜드 은행의 인플레이션 예측치는 '부채꼴 도표(fan chart)' 형식으로 제시되는 확률분포 형태로 출간된다(그림 7.13 참조). 잉글랜드 은행의 현재 목적은 2%의 인플레이션 목표를 달성하는 것인데, 이때 인플레이션은 소비자 물가지수(CPI)의 12개월 상승치로 측정된다. 이 목표치는 2003년 12월 10일에 공표되었다. 이전에는 인플레이션 목표치가 RPIX(주택담보대출 이자지급을 제외한 소매가격지수, Retail Prices Index) 인플레이션에 기초한 2.5%였다.
5. **공개서한제도.** 인플레이션이 어떠한 방향으로든 1% 이상 목표수준에서 벗어나면, 잉글랜드 은행 총재는 MPC를 대신해서 재무장관에게 인플레이션이 목표에서 벗어난 이유를 설명하는 공개서한을 보내야 한다. 이것은 커다란 공급충격이 발생했을 때 산출량과 고용에 발생할 부정적 효과를 완화하기 위하여 취해지는 수용적 접근법이다(Budd, 1998; Bean, 1998; Treasury, 1999; Eijffinger, 2002b).

1992년 이후 영국 경제의 인플레이션 추이는 매우 인상적이다. 특히 인플레이션율이 높고 또

그림 7.13 • 2004년 2월 잉글랜드 은행의 인플레이션 리포트 부채꼴 도표: 명목이자율이 4%로 불변일 때 소비자물가지수 인플레이션 예상치

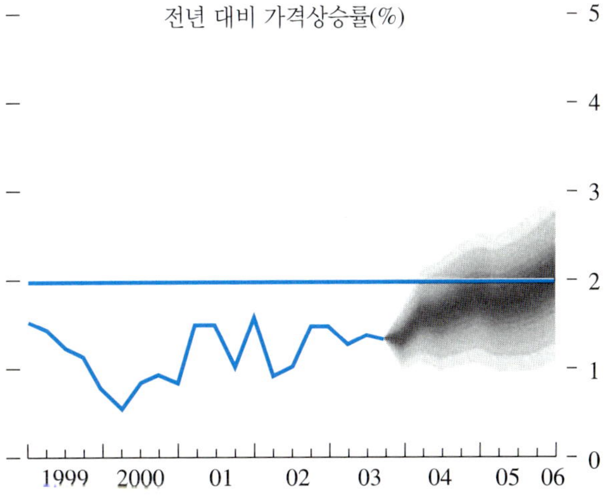

그림 7.14 • 영국의 인플레이션과 그 예상수준: 1991년 10월~2003년 10월

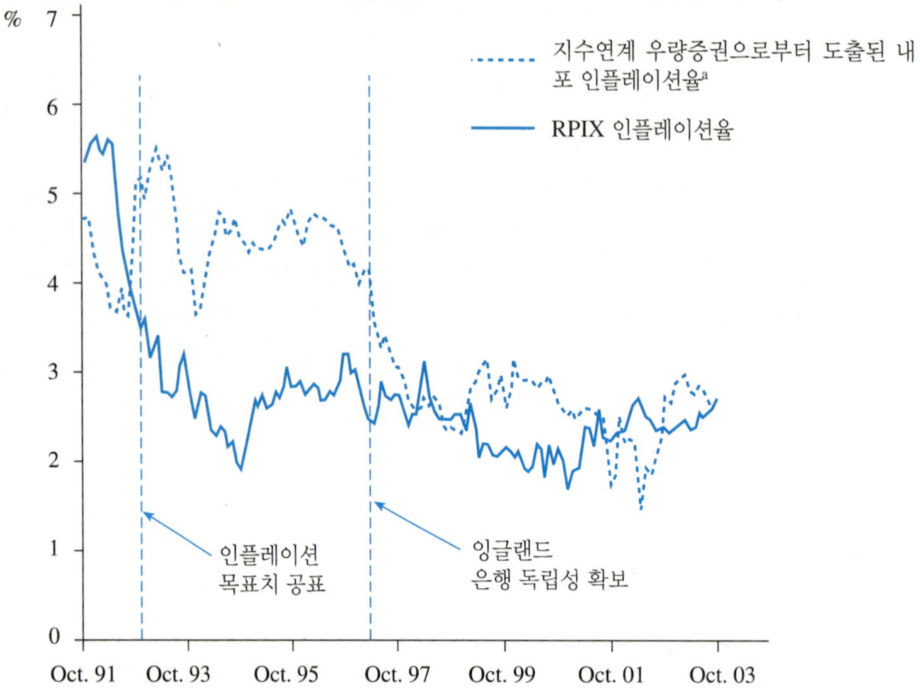

주: [a]지수연계 우량증권(Index-linked gilts, IG)에서 도출된, 향후 5~10년까지의 평균 내포 예상치(implied average expectations)

자료: 잉글랜드 은행, www.bankofengland.co.uk

심하게 변동했던 1970년대 및 1980년대와 같은 이전 시기와 비교할 때 더욱 그렇다. 〈그림 7.14〉가 명확히 보이듯이, 1992년 이후 영국의 인플레이션은 특히 이전 시기와 비교할 때 급격하게 개선되었다(King, 2004).

현 시점에서 이 통화정책이 장기적으로 인플레이션율을 낮추고 경제적 안정성을 높여줄 수 있는가에 대해 답변하는 일은 아직 너무 성급한 일이다. 특히 1990년대에 목격했던 상황보다도 훨씬 더 요동치는 세계에서는 더욱 그렇다. 그렇지만 최근 몇 년 동안의 경험을 돌아볼 때 적어도 '현재까지는 무난하다' (so far so good)는 낙관주의가 어느 정도 설득력을 갖는다(Treasury, 1999; Balls and O' Donnell, 2002). 그러나 볼과 쉐리던(Ball and Sheridan, 2003)은 물가안정목표제가 인플레이션, 산출량 증가, 이자율로 평가되는 경제적 성과를 개선했다고 볼만한 증거가 없다고 주장한다. 이들은 물가안정목표제를 선택하지 않았던 국가들도 이를 선택했던 국가들만큼이나 동일 기간에 인플레이션의 하락을 경험했음을 보여주는 증거를 제시한다. 그러면서 인플레이션 현상이 완화된 것은 물가안정목표제가 아닌 다른 요인들 때문일 수도 있다고 주장한다. 예를 들어 로고프(Rogoff, 2003)는 1980년대 초반 이후 전세계적으로 인플레이션율이 하락했다는 사실에 주목하면서, 경제

및 제도상의 개선과 함께 세계화, 민영화, 탈규제의 상호작용이 인플레이션을 낮추는 데 기여한 주요 요인이었음을 확인한다.

7.11.3 통화정책에 대한 새케인즈학파 접근법

많은 영향을 끼친 두 개의 논문에서 클라리다 외(Clarida et al., 1999, 2000)는 통화정책의 운용에 대해 경제학자들이 터득한 몇 가지 중요한 교훈이라 생각되는 사항들을 명시했다. 이 분야에서 경제학자들의 연구는 최적정책에 관한 몇 가지 유용한 일반원칙을 정립하는 쪽으로 방향이 잡혀있다. 이들은 자신들의 접근법을 새케인즈학파로 정의한다. 왜냐하면 이들의 모형에서는 명목가격의 경직성에 힘입어 통화정책이 단기에 실질변수에 대한 비중립적 효과를 야기하기 때문에, 산출량과 인플레이션 사이에 단기적으로 양(+)의 상관관계(필립스 곡선)가 나타나고, 사전적(ex ante) 실질이자율이 산출량과 음(–)의 상관관계(IS함수)를 보여주기 때문이다.

1960~96년의 미국 통화정책에 대한 분석에서 클라리다 외(Clarida et al., 2000)는 "1979년 이전과 이후에 통화정책의 운용방식에서 상당한 차이"가 있으며 통화정책이 1979년 이후에는 그 이전 시기에 비해 비교적 잘 관리되고 있음을 보여준다. 두 시기에서 나타나는 주요 차이점은 연방준비은행이 예상 인플레이션에 대해 보여주는 반응의 정도와 속도이다. 마틴(William M. Martin), 밀러(G. William Miller), 번스(Arthur Burns)가 연방준비제도이사회의 의장이던 시절에는 연방준비은행이 "매우 수용적"이었지만, 볼커(Paul Volcker), 그린스펀(Alan Greenspan)이 의장이던 시절에는 훨씬 더 "적극적으로 인플레이션을 통제하려는 쪽"이었다(Romer and Romer, 2002, 2004).

클라리다 외(Clarida et al., 2000)는 기본 정책반응함수(baseline policy reaction function)를 식 (7.17)의 형태로 정의하고 이를 통해 자신들의 연구결과를 설명한다.

$$r_t^* = r* + \beta[E(\dot{P}_{t,k} \mid \Omega_t) - \dot{P}*] + \gamma E[y_{t,q} \mid \Omega_t] \tag{7.17}$$

여기서 r_t^*는 연방준비금(Federal Funds, FF) 명목이자율의 목표치를 나타내며, $\dot{P}_{t,k}$는 t기와 $t+k$기 사이의 인플레이션율을 가리킨다. 또한 $\dot{P}^*$는 인플레이션 목표치이고, $y_{t,q}$는 t기와 $t+q$기 사이의 실제 국내총생산과 목표 국내총생산 사이의 차이(즉, 산출량 격차)의 평균값을 의미하며, E는 기대를 의미하는 기호이고, Ω_t는 이자율이 설정된 시점에 정책입안자가 이용할 수 있는 정보집합이며, r^*는 $\dot{P}$와 y가 모두 목표수준에 있을 때 연방준비금의 '바람직한' 명목이자율을 의미한다. 중앙은행이 식 (7.16)과 같은 2차방정식 손실함수에 구속되어 있다면, 새케인즈학파 모형에는 식 (7.17)과 같은 정책반응함수(준칙) 형태가 적절하다. 식 (7.17)형태로 주어진 정책준칙은 미래지향적(forward-looking)이라는 점에서, 익히 알려진 '테일러 준칙(Taylor rule)' (Taylor, 1993, 1998a)과 구별된다. 테일러가 제안한 준칙에서는 연방준비은행이 과거의 산출량과 인플레이션에 반응한다. 반면 식 (7.17)에서는 연방준비은행이 미래의 인플레이션 값과 산출량 격차에 대한 예상에 따라 연방준비금의 명목이자율을 설정한다. 테일러 준칙은 식 (7.17)에서 인플레이션과 산출량 격차의 과거치들이 미래의 인플레이션을 예측하기에 충분한 정보를 제공하는 '특수 사례'에 해당한다. 1992년에 개최된 카네기-로체스터 컨퍼런스(Carnegie-Rochester Conference)에서 처음 제기된 테일러의 정책 공식(Taylor, 1993)은 식 (7.18)의 형태로 표현된다.

$$r = \dot{P} + g(y) + h(\dot{P} - \dot{P}^*) + r^* \tag{7.18}$$

여기서 y는 실질 국내총생산이 잠재 국내총생산에서 벗어난 양을 퍼센트로 측정한 것이고, r은 퍼센트 포인트로 나타나는 단기 명목이자율,[7] $\dot{P}^*$는 목표 인플레이션율, r^*는 "중앙은행의 반응함수 속에 내재된(implicit) 실질이자율"이다. 파라미터 g, h, $\dot{P}^*$, r^*는 모두 양수이다. 이 준칙에서 산출량이나 인플레이션 혹은 이 두 변수가 모두 목표수준을 상회하면 단기 명목이자율이 상승할 것이며, 둘 중 하나라도 목표수준을 하회한다면 단기 명목이자율이 하락할 것이다. 테일러 준칙에 대한 비판은 스벤손(Svensson, 2003b)을 참조하라.

식 (7.17)에서 정책입안자는 경제의 미래 경로에 관한 정보들을 폭넓게 고려할 수 있다. 표준적인 거시경제 모형에서 총수요는 실질이자율에 대해 역으로 반응한다. 즉, 높은 이자율은 경제활동을 위축시키며 낮은 이자율은 경제활동을 촉진한다. 식 (7.17)로부터 우리는 목표(사전적) 실질이자율 rr_t^*에 대해 '내포된 준칙'을 도출할 수 있다. 아래의 식 (7.19)가 바로 그것이다.

$$rr_t^* = rr^* + (\beta - 1)[E(\dot{P}_{t,k} \mid \Omega_t) - \dot{P}^*] + \gamma E[y_{t,q} \mid \Omega_t] \tag{7.19}$$

여기서 $rr_t^* \equiv r_t - [E(\dot{P}_{t,k} \mid \Omega_t) - \dot{P}^*]$이고, $rr^* \equiv r^* - \dot{P}^*$는 장기균형 실질이자율이다. 식 (7.19)에 따르면, 목표 실질이자율은 미래의 산출량과 인플레이션에 대한 연방준비은행의 예상에 따라 달라질 것이다. 그러나 클라리다 외(Clarida et al., 2000)가 지적하듯이, 산출량과 인플레이션의 예상변화에 대한 rr_t^*의 반응 방향은 계수 β와 γ의 크기에 의존할 것이다. $\beta > 1$이고 $\gamma > 0$이면, 이자율 준칙은 안정성을 강화하는 방향으로 작용한다. $\beta \le 1$이고 $\gamma \le 0$이면, 이자율 준칙은 "경제의 불안정성을 강화할 가능성이 크고, 기껏해야 충격을 흡수하는 정도다." $\beta < 1$이라면, 기대 인플레이션율이 상승하는 경우 실질이자율이 하락하고 그 결과 총수요가 자극을 받아서 인플레이션이 악화될 것이다. 1970년대 중반에 미국의 실질이자율은 인플레이션율이 10%를 상회하는 상황에서조차 음수였다.

이러한 기본적인 분석틀에 입각해서, 클라리다 외(Clarida et al., 2000)는 1960~96년 사이의 통화정책을 살펴보는 과정에서 다음과 같은 사실을 발견했다.

---

7. 퍼센트(percentage, 혹은 퍼센트 비율, proportionate percentage)와 퍼센트 포인트(percentage point): 예를 들어 이자율이 5% 수준에서 6% 수준으로 상승했다고 했을 때, 퍼센트 포인트 변화로 표현하면 이자율은 1% 포인트(= 6% − 5%)가 증가한 것이고, 퍼센트 비율 변화로 표현하면 원래 5% 수준 대비 20%$\left(= \frac{6\% - 5\%}{5\%} \times 100\right)$가 증가한 것이다.

볼커(Volcker)가 연방준비제도이사회 의장이던 시기 이전에 연방준비은행은 상당히 수용적이었다. 예상 인플레이션율이 상승함에 따라 평균적으로 단기 실질이자율은 하락했다. 명목이자율이 상승했지만, 예상 인플레이션율의 상승 정도보다 낮게 상승했던 것이다. 반면 볼커-그린스펀 의장 시대에 연방준비은행은 인플레이션을 통제하는 적극적 개입 입장을 취했다. 즉 연방준비은행은 예상 인플레이션율이 상승할 경우 단기 이자율을 명목수준에서든 실질수준에서든 체계적으로 상승시켰다.

1970년대에 인플레이션이 가속화되었음에도 불구하고 연방준비금 명목이자율은 인플레이션율을 따라 같은 방향으로 변화했다. 그러나 이 기간의 대부분 동안 사후적(ex post) 실질이자율은 0이거나 음(-)의 수준이었다. 1979년 이후 통화정책 운용에서 가시적인 변화가 나타났다. 이 기간은 볼커가 긴축통화정책을 통해 인플레이션 낮추기 정책을 펼친 기간이었다. 덕분에 1980년대에는 대부분 실질이자율이 양(+)의 수준이었다. 통화정책이 시차를 두고 경제활동에 영향을 미친다는 사실을 고려할 때, 새로운 통화정책은 인플레이션 압력의 형성에 대한 사전 대비책을 포함하고 있었다. 연방준비은행 정책이 이와 같이 두드러지게 변화하자 인플레이션율은 성공적으로 하락했지만, 미국은 인플레이션 낮추기의 결과로 대공황 이후 최악의 경기침체를 경험했다. 1979년 2/4분기에 5.7%이던 실업률이 1982년 4/4분기에는 10.7%로 상승했다(Gordon, 2003).

연방준비은행의 이러한 정책변화를 분석하면서 클라리다 외(Clarida et al., 2000)는 볼커-그린스펀 의장 기간 전반에 걸쳐 실제의 연방준비금 이자율과 그 이자율에 대한 사전 목표 예상치(estimated target forward value)를 비교했다. 이들에 따르면 추정된 준칙은 1979년 이후 표본 시기(sample period)에 연방준비금 이자율의 폭넓은 움직임을 파악하는 데 "역할을 훌륭히 수행한다."

의심할 바 없이, 지난 20년 동안 경험했던 낮은 인플레이션율은 연방준비은행과 전 세계 다른 중앙은행들이 수행해온 더욱 강화된 반인플레이션 통화정책에서 비롯한 현상인 것처럼 보인다. 들롱(Delong, 1997)은 볼커 의장 이전에 수행되었던 통화체제가 열등한 이유는 자연실업률을 1970년대에 실제로 나타났던 수준보다 더 낮게 잡았던 연방준비은행의 믿음일 수도 있다고 주장한다. 클라리다 외(Clarida et al., 2000)는 또 다른 가능성을 제시한다. 당시에는 "연방준비은행이나 경제학자들 모두 인플레이션 동학을 제대로 이해하지 못했다. 사실상 1970년대 중후반이 되어서야 비로소 중급 교과서에서 인플레이션과 산출량 사이에 장기 상충관계가 존재하지 않는다는 점이 강조되기 시작했다. 이 시기에는 인플레이션을 유발하는 데 있어 기대가 중요한 역할을 하고 정책형성에 신뢰가 중요하다는 생각이 제대로 자리 잡지 못한 상태였다"(Taylor, 1997a; Mayer, 1999; Romer and Romer, 2004). 한 국가 경제의 역사적 성과를 이해하기 위해서는 탐구대상 시기에 경제정책을 운용했던 정책입안자의 지식을 이해하는 것이 절대적으로 필요한 듯 보인다. 정책입안자의 지식은 상당부분 경제학자들의 연구 결과에서 파생된 것이므로, 경제적 성과를 평가할 경우에는 항상 역사의 각 시점마다 지배적이었던 경제학자들의 지식상태를 고려해야 한다(Romer and Romer, 2002). 경제학자들에게는 과거의 정책 오류를 분석하고 비판하는 일이 매우 중요한 임무이다. 그러나, 언제나 그렇듯이, 일이 벌어진 후에 현명해지기는 쉽다는 점을 명심해야 한다.

위에서 언급한 새케인즈학파적 통화정책 스타일은 새케인즈학파 경제학자들 사이에서 합의가 이루어진 사항이지만, 이에 대해 의심을 품는 사람도 있다. 예를 들어 스티글리츠(Stiglitz, 1993, 1069~70쪽)는 더 유연한 정책형성 방식을 선호하며 다음과 같이 주장한다.

> 경제 환경이 변화하면 경제정책에도 변화가 요구되며, 그래서 어떤 정책이 적절할 것인가에 대해 사전에 판단하는 것은 불가능하다. (...) 현실적으로 노동자들의 실업률이 10%나 15%, 또는 20%가 되는 상황에서 수수방관할 수 있는 정부는 없다. (...) 새케인즈학파 경제학자들도 급변하는 경제 환경에서 적절한 정책규준을 고안하는 것이 거의 불가능하다고 믿는다.

7.11.4 기타 정책적 함의

실질임금 경직성에 대해 다양한 설명을 발전시켰던 새케인즈학파 학자들은 장기적으로 지속되는 높은 실업률을 떨어뜨리는 데 목적이 있는 다수의 정책들을 제안한다(Manning, 1995; Nickell, 1997, 1998). 린드벡과 스노워(Lindbeck and Snower, 1988b)의 저작에 따르면, 내부자 권력을 축소해서 외부자를 고용주에게 더 매력적인 존재로 만들어주기 위해서는 제도개혁이 필요하다. 이론적으로는 다음과 같은 권력축소 정책을 생각해 볼 수 있다.

1. 노동의 채용과 해고(이직)에 따른 비용을 감소시키기 위한 고용안정 관련법 완화
2. 파업발생 가능성을 감소시키기 위한 노사관계 개혁

외부자들의 '노동참여 동기부여(enfranchise)'에 도움이 되는 정책으로는 다음과 같은 것이 있다.

1. 외부자들의 인적 자본과 한계생산물을 개선하기 위한 외부자 재훈련
2. 노동이동성을 높이기 위한 정책: 예를 들면, 더욱 잘 기능하는 주택시장
3. 임금신축성을 높이기 위한 이윤공동배분(profit-sharing) 제도
4. 구직행위를 조장하기 위한 실업보상지급제도 개혁

와이츠먼(Weitzman, 1985)은 이윤공동배분 제도를 강력하게 주장한다. 이윤공동배분 제도는 탈집중화적이고 자동적이며 시장친화적인 유인을 제공함으로써 임금신축성을 향상시키며 그에 따라 거시경제적 충격을 완화시켜준다는 것이다. 와이츠먼은 유연한 임금체계에 힘입어 과거에 경기침체를 극복하고 비교적 높은 산출량과 고용수준을 보였던 일본, 한국, 대만의 경험을 언급한다(이에 대한 비판으로는 Layard et al., 1991 참고).

수많은 새케인즈학파 경제학자들은 실업보상지급제도가 실업에 부정적인 영향을 끼친다는 점을 인정한다. 제공된 일자리를 수용해야 한다는 의무사항을 부과하지도 않은 채 실업자들에게 무한히 실업보상지급을 제공하는 체계는 외부자들의 노동참여 동기를 약화시키고(disenfranchise), 근무태만을 줄이기 위해 효율성 임금을 인상시킬 가능성이 높다(Shapiro and Stiglitz, 1984). 근무태만 모형에서 실업보상지급이 확대되면 비자발적 실업률의 균형수준은 높아진다. 레이야드 외(Layard et al., 1991)도 실업보상지급제도를 개혁할 것을 주장한다(이 주제에 관한 문헌연구로 Atkinson and Micklewright, 1991 참조).

새케인즈학파 경제학자들 중에는(특히 유럽의 학자들은) 소득정책의 한 특정 형태를 사용하면 조정과정이 없는 임금교섭체제의 부정적 영향을 완화시킬 수 있다고 주장한다. 예를 들어 레이야드 외(Layard, et al., 1991)는 "실업률이 장기 NAIRU 수준보다 높은 상황에서 이력현상이 나타나면, 일시적인 소득정책은 실업률이 NAIRU 수준으로 빠르게 복귀하도록 도와주는 훌륭한 방법"이라고 주장한다(Galbraith, 1997). 그러나 이런 정책들에 대해서는 찬반양론이 분분한 상태이며, 대부분의 새케인즈학파 학자들(예: 맨큐)은 소득정책이 유용한 역할을 담당할 수 있다고 보지 않는다.

7.12 LM 곡선 없는 케인즈주의 경제학

7.11절에서 살펴본 안정화정책에 대한 현대적 접근은 이제 경제학도들을 가르치는 수업내용에(심지어 원론 수준에서도) 반영되고 있다(D. Romer, 2000; Taylor, 2000b, 2001). 다음에 소개되는 간단한 모형은 현재 미국의 연방준비은행과 잉글랜드 은행에서 실제로 사용되는 거시경제 모형과 부합한다(Bank of England, 1999; Taylor, 1999; Clarida et al., 2000). 테일러(Taylor, 2000b)에 따라 모형은 다음의 세 가지 기본관계로 구성된다.

첫 번째는 실질이자율과 국내총생산 사이에 성립하는 음의 상관관계로 다음과 같이 표현된다.

$$y = -ar + \mu \qquad (7.20)$$

여기서 y는 잠재 국내총생산에 상대적인 실질 국내총생산을 지칭하고, r은 실질이자율이며, μ는 이를 테면 수출과 정부지출 따위의 외생적 변화가 끼치는 영향 등을 포착하는 변이항(shift term)이다. 실질이자율이 상승하면 소비지출과 투자지출이 감소한다. 게다가 변동환율제라면 자국환의 가치가 상승하여 순수출까지 감소한다. 이에 따라 경제의 총수요가 위축된다. 이러한 관계는 전통적인 IS-LM 분석의 *IS* 곡선과 "유사하다."

모형의 두 번째 주요 요소는 인플레이션과 실질이자율 사이에 존재하는 다음과 같은 형태의 양의 상관관계이다.

$$r = b\dot{P} + v \qquad (7.21)$$

여기서 $\dot{P}$는 인플레이션율이며 μ는 변이항이다. 이 관계는 선진 중앙은행들의 현재 관행을 거의 그대로 반영하는데, 인플레이션율이 높아질 때 통화당국이 실질이자율을 상승시키기에 충분할 정도로 단기 명목이자율을 높이도록 행동할 것임을 시사한다. 테일러(Taylor, 2000b)와 로머(D. Romer, 2000)가 모두 지적하듯이, 중앙은행은 이제 더 이상 통화량을 목표로 삼지 않고 간단한 실질이자율 준칙을 따른다.

현대 통화정책 모형의 근저에 있는 세 번째 주요 요인은 인플레이션과 국내총생산 사이에 존재하는 다음과 같은 형태의 '필립스 곡선' 유형의 상관관계이다.

$$\dot{P} = \dot{P}_{t-1} + cy_{t-1} + w \tag{7.22}$$

여기서 w는 변이항이다. 식 (7.22)가 시사하듯이, 인플레이션율은 실제 국내총생산이 잠재 국내총생산보다 클 경우($y > y^*$) 시차를 두고 상승하며, 그 역도 성립한다. 인플레이션율이 잠재 국내총생산과 실제 국내총생산의 격차에 시차를 두고 반응하는 이유는 시장 독점력을 갖춘 기업들이 시차를 두고 가격을 결정하는 행위(staggered price-setting)가 명목수준의 경직성을 야기하기 때문이다. 바로 이 측면이 모형에 담겨 있는 새케인즈학파적 색채를 나타내긴 하지만, 위의 상관관계는 인플레이션에 대한 기대가 실제 인플레이션에 영향을 준다는 점을 감안한 것이기도 하다.

이러한 세 가지 간단한 상관관계로부터, 우리는 안정화정책에 대한 현대적 접근을 그림으로 설명하는 방법을 구성해 낼 수 있다. 식 (7.20)과 (7.21)을 통합하면, 다음 방정식이 도출된다.

$$y = -ab\dot{P} + \mu - av \tag{7.23}$$

식 (7.23)은 인플레이션과 실질 국내총생산 사이의 음의 관계를 보여주는데, 테일러와 로머는 모두 이 관계를 총수요(*AD*) 곡선으로 명명했다. 〈그림 7.15〉는 총수요 곡선의 도출을 보여준다.

논의를 단순화하기 위해 중앙은행이 오로지 인플레이션 목표에만 의존해서 실질이자율을 선택한다고 가정하면, 통화정책의 실질이자율 준칙이 〈그림 7.15〉의 (a)에서처럼 수평선으로 표현될 수 있다. 통화정책(*MP*) 곡선은 인플레이션율의 변화에 대한 중앙은행의 반응에 따라 이동방향과 폭이 결정된다. 식 (7.20)은 〈그림 7.15〉에서 *IS* 곡선으로 표현된다. 〈그림 7.15〉의 (b)에서 식 (7.23)은 인플레이션–산출량 공간에서 우하향하는 *AD* 곡선으로 표현되어 있다. 여기서 직관적으로 이해되는 사항은, 인플레이션율이 상승할 때 중앙은행이 실질이자율을 높이고 그에 따라 경제의 총지출이 줄어들고 국내총생산이 감소한다는 것이다. 이와 비슷하게, 인플레이션이 하락할 때 중앙은행은 실질이자율을 떨어뜨리고 그에 따라 경제의 총지출이 늘어나고 국내총생산이 증가한다. 우리는 이러한 반응을 중앙은행의 통화정책 준칙으로 생각할 수 있을 것이다(Taylor, 2000b).

AD 곡선은 총지출의 다양한 구성부분에 외생적인 충격이 있을 때 이동한다. 예를 들어, *AD* 곡선은 정부지출 확대, 세율 인하, 순수출 증가, 지출증대로 이어지는 소비자와 사업계의 신뢰도 향상 등에 반응해서 우측으로 이동할 것이다. *AD* 곡선은 통화정책의 변화에 반응해서도 이동한다. 예를 들어, 만일 통화당국이 현행 통화준칙 아래서 인플레이션이 너무 높다고 판단한다면 순

그림 7.15 • 총수요곡선의 도출

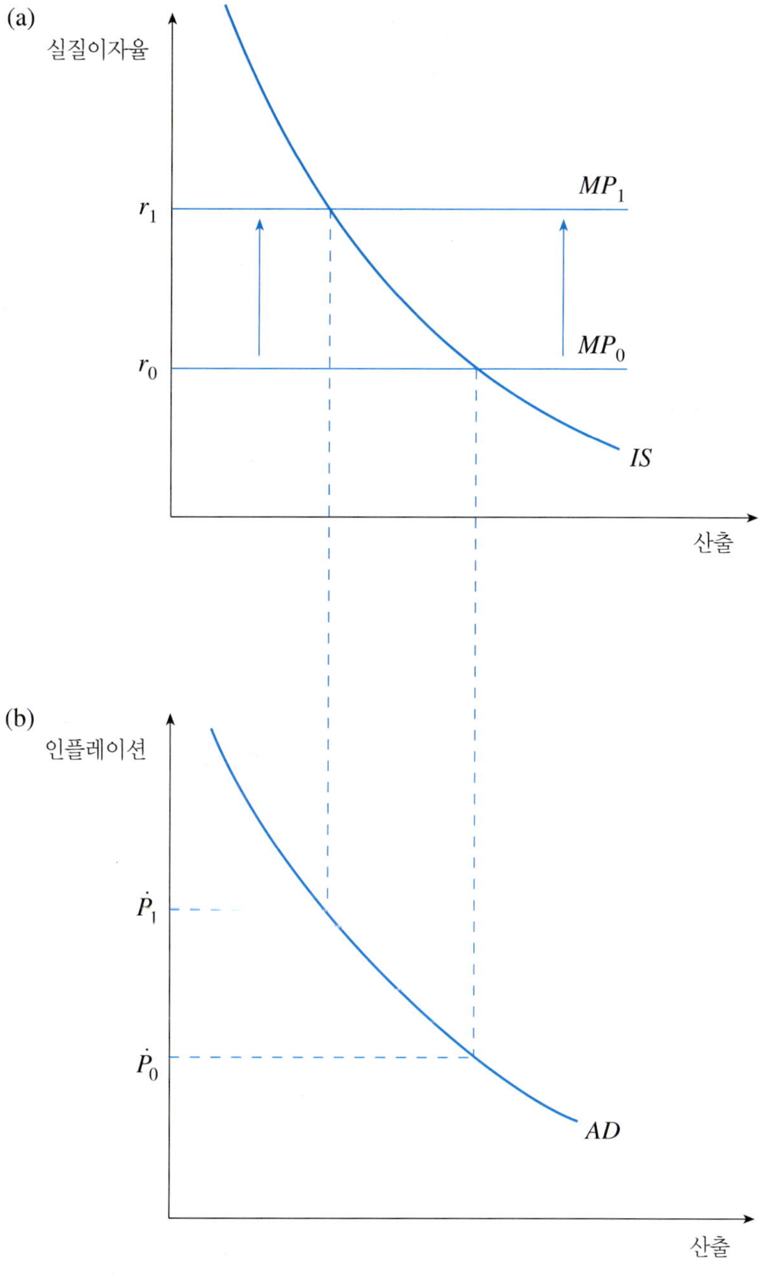

칙을 변화시켜 실질이자율을 높일 것이므로, 이에 따라 *AD* 곡선이 좌측으로 이동할 것이다 (Taylor, 2001).

식 (7.22)로 주어진 필립스 곡선 또는 인플레이션 조정(inflation adjustment) 관계식은 〈그림 7.16〉에서 IA_0라는 수평선으로 표현된다. 테일러(Taylor, 2000b)와 로머(D. Romer, 2000)에 따르면, 이것은 모형의 총공급 요소로 생각될 수 있다. 다만 여기에는 두 가지 가정이 놓여 있다. 첫째는 총수요 증가가 오로지 총산출량에만 직접적으로 영향을 미친다는 것이다. 둘째는 실제 국내총생산이 잠재 국내총생산(혹은, '자연' 국내총생산)과 일치하면($y = y^*$) 인플레이션율이 안정적이지만, $y > y^*$이면 인플레이션율이 상승하고, $y < y^*$이면 인플레이션율이 하락할 것이라는 것이다. 이 두 가지 가정은 모두 경험적 증거와 부합하며, 새케인즈학파의 임금이론과 단기 가격경직성 이론에 의해 뒷받침된다(Gordon, 1990). 경제가 잠재산출량 수준에 있을 때, *IA* 직선은 상품가격의 상승 같은 공급측면의 충격이나 인플레이션 예상의 변화에 반응해서 상향 이동한다. 〈그림 7.16〉은 완전한 AD–IA 모형을 예시해준다.

이 모형에서 장기균형을 위해서는 *AD* 곡선이 자연산출량(y^*)에서 *IA* 곡선과 교차해야 한다. 초기에 경제가 E_{LR0}이라는 장기균형점에 있다가 *AD* 곡선이 외생적인 수요충격 때문에 AD_0에서 AD_1으로 이동했다고 가정하자. 이러한 이동의 초기 충격은 인플레이션율을 $\dot{P}_0$에서 그대로 유지하면서 국내총생산을 y^*에서 y_1으로 증가시키는 것이다. $y_1 > y^*$이므로, 시간이 흐르면 인플레이션

그림 7.16 • *AD-IA* 모형에서 장기균형의 조정

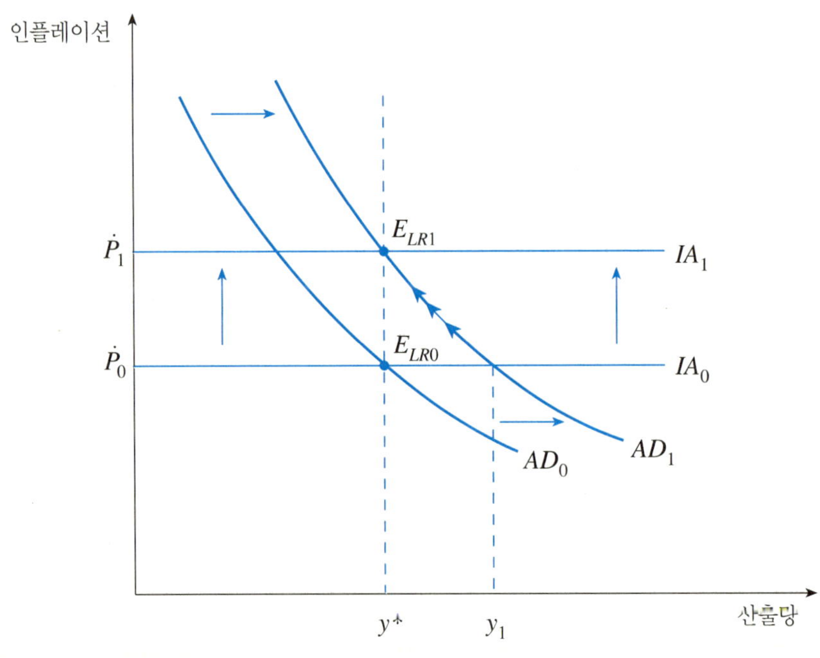

율이 높아지고 이에 따라 *IA* 곡선이 위로 이동할 것이다. 중앙은행은 실질이자율을 높이는 방식으로 인플레이션율의 상승에 대응하게 되는데, 이런 대응은 *IS–MP* 공간 〈그림 7.15〉에서 *MP* 곡선의 상향 이동으로 나타난다. *IA* 곡선은 *AD* 곡선과 *IA* 곡선이 잠재산출량 수준인 y^*에서 교차할 때까지, 즉 AD_1과 IA_1이 교차할 때까지 계속해서 위로 이동할 것이다. 경제는 이제 E_{LR1}으로 표현되는 새로운 장기균형점에 자리하게 되지만, 인플레이션율은 이전보다 높은 수준인 $\dot{P}_1$에서 안정적으로 유지될 것이다. 지금까지 중앙은행은 수요충격에 대해 실질이자율을 r_0에서 r_1으로 높이는 방식으로 대응했다. 만일 중앙은행이 새롭게 안정된 인플레이션 수준이 너무 높다고(즉, 인플레이션 목표보다 높다고) 판단하면, 중앙은행은 통화정책 준칙을 변화시킬 것이고 이에 따라 *AD* 곡선이 좌측으로 이동한다. 이것이 경기후퇴($y < y^*$)로 이어지면서 인플레이션율이 떨어진다. *IA* 곡선이 아래쪽으로 이동할 경우, 중앙은행은 수요를 자극하기 위해 실질이자율을 떨어뜨릴 것이며 이에 따라 경제는 y^*로 복귀하고 인플레이션율은 이전보다 낮은 수준에서 안정적으로 유지된다.

지금까지 살펴본 단순 모형은 최근의 통화정책 작동방식을 꽤 정확히 보여준다. 테일러(Taylor, 2000b)의 관점에 따르면, 이 이론은 "실제 자료와 부합하며, 정책결정과 그 영향을 현실적인 방식으로 설명해준다." 이 접근방법이 궁극적으로 클라리다 외(Clarida et al., 2000)와 갈리(Gali, 2002)가 수상하듯이 '새케인즈학파'로 이름을 남길 것인지, 아니면 굿프렌드와 킹(Goodfriend and King, 1997)이 주장하듯이 '새신고전파 종합'으로 이름을 남길 것인지에 대해서는 앞으로 살펴볼 필요가 있을 것이다. 로머(David Romer, 2000)는 이를 간단히 'LM 곡선 없는 케인즈학파 거시경제학(Keynesian macroeconomics without the LM curve)'이라 부른다.

7.13 새케인즈학파 경제학에 대한 비판

새케인즈학파의 연구프로그램은 정통 케인즈학파 모형이 임금과 가격 경직성에 관한 일관된 미시적 토대를 갖고 있지 않다는 관점에서 출발한다. 그 결과 새케인즈학파 학자들의 연구는 최근까지 이론개발에 심하게 편중되어 있었다. 많은 경제학자들이 새케인즈학파 경제학에서 실증작업이 거의 이루어지지 않았음을 비판한다. 페어(Fair, 1992)는 새케인즈학파의 연구가 거시경제학을 그 계량경제학적 토대로부터 멀리 옮겨놓았다고 주장하면서, 새케인즈학파 학자들에게 "다양한 생각들을 결합하여 검증 가능한 구조적 거시계량경제 모형을 만들 가능성을 제대로 대접해줄 것"을 권고한다. 레이들러(Laidler, 1992a)도 경험적 증거를 거시경제학 연구의 우선순위로 복귀시켜야 한다고 역설한다.

이에 대한 답변으로 새케인즈학파 학자들은 다음 같은 연구들을 거론할 수 있을 것이다. 블라인더(Blinder, 1991, 1994)는 기업의 가격결정 행위에 대하여 정통적인 방법은 아니지만 흥미진진하면서도 혁신적인 연구를 수행했고, 드라고와 헤이우드(Drago and Heywood, 1992) 및 카펠리와 초빈(Capelli and Chauvin, 1991) 같은 학자는 효율성 임금가설의 검증과 관련된 실증작업을 수행했다. 또 볼 외(Ball et al., 1988)의 영향력 있는 연구는 국가별 비교 자료를 이용해서 메뉴비용 모형을 검증했다. '가격은 왜 경직적인가?' 라는 중요한 질문에 답하려 시도하는 과정에서 블라인더는 인터뷰를 통해 수집된 자료를 이용해서, 케인즈학파 경제학자들이 정형화된 사실로 취급하고 있는 가격경직성에 대한 다양한 설명방식들을 평가한다(가격 경직성에 관한 실증자료에 대해서는 Carlton, 1986 참조). 〈표 7.2〉는 블라인더의 연구결과를 편집한 것이다. 이 결과를 보면, 조정실패, 원가가산 가격설정(cost-plus pricing), 가격의 변화보다도 생산물이 지닌 다른 특성들을 변화시키는 것에 대한 선호, 그리고 암묵적 계약을 강조하는 케인즈주의적 설명이 어느 정도 실증자료에 의해 뒷받침되고 있음을 알 수 있다.

한 인터뷰(Snowdon, 2001a)에서, 블라인더는 가격경직성에 관한 자신의 연구 결과를 다음과 같이 요약했다.

> 검토해 본 12가지 이론들 중에서, 최상의 결과를 낸 이론들은 상당수가 케인즈주의적 색

▶ 표 7.2 가격경직성에 대한 추론 근거

가격경직성 이론	이론을 수용하는 기업 비율 (%)
조정실패—각 기업은 다른 기업이 먼저 가격을 변화시키길 기다림	60.6
비용에 기반하여 시차를 두고 가격을 결정	55.5
가격 이외에 생산물이 갖는 다른 속성들을 변화시키는 것에 대한 선호	54.8
암묵적 계약—고객에 대한 공정성을 위해서는 안정된 가격이 필요함	50.4
명시적인 명목 계약	35.7
가격조정비용—메뉴비용	30.0
경기순응적 탄력성—수요곡선이 왼쪽으로 이동하면서 더 비탄력적이 됨	29.7
가격결정점들이 갖는 심리적 의미	24.0
가격변화보다 재고변화를 선호	20.9
불변의 한계비용과 불변의 가산액	19.7
관료주의적 시간 지체	13.6
가격으로 품질 판단—고객이 가격하락을 품질하락으로 해석할 것이라는 두려움	10.0

자료: Blinder(1994)에서 편집

> 깔을 지니고 있습니다. 응답자들이 좋아하고 동의하는 순서대로 12가지 이론을 나열하면 첫 번째 자리는 조정실패 이론이 차지합니다. 물론 이 이론은 매우 케인즈주의적인 사고입니다. 두 번째는 단순한 가산 가격결정 모형과 관련되는데, 이 모형은 완전히 영국적 케인즈주의에 속하는 사고라고 말할 수 있을 겁니다. 가격경직성의 이유로 제시된 것들에는 조금도 케인즈주의적이지 않은 것도 있습니다. 이를테면 경기침체기의 비가격경쟁(non-price competition)이 그렇지요. 오컨(Okun, 1981)의 암묵적 계약 아이디어도 아주 케인즈주의적입니다. (...) 가격이 왜 경직적인가에 대해 기업들이 제시한 가장 중요한 5가지 이유를 살펴보면, 그 중 4가지는 케인즈주의적 특성을 뚜렷하게 보이고 있습니다. (...) 제 생각에는 이 조사 결과를 기꺼이 믿는 범위 내에서(물론 그것을 믿지 않는 사람들도 있지요), 이 연구는 케인즈주의적 사고를 지지하는 주먹을 몇 방 날리고 있습니다.

이와 유사한 연구로 1980년대 영국에서 수집된 자료를 이용한 바스카 외(Bhaskar et al., 1993)의 연구가 있다. 이 연구가 확인한 바에 따르면, 대부분의 기업은 호황기에도 가격을 인상하지 않고 침체기에도 가격을 인하하지 않는 경향이 있으며, 오히려 노동시간 변화, 교대근무, 재고, 또는 고객 할당을 통한 수량조정 대응책들이 "훨씬 더 중요하다."

새케인즈학파 학자들의 연구가 안고 있는 두 번째 중요한 문제는 각자로는 논리 정연하지만 많은 경우 서로 관련이 없는 이론들을 양산했다는 점이다(Gordon, 1990). 이 이유 때문에 여러 아이디어들을 결집하여 검증 가능한 새케인즈학파 모형을 만드는 것이 그만큼 더 어려워진다. 블랑샤르(Blanchard, 1992)가 "흥미로운 결과도 별로 없이, 우리는 괴물들을 너무 많이 만들어 냈다"고 반성하는 데서 알 수 있듯이, 새케인즈학파 학자들도 이 문제를 인정하고 있다. 미시적 기초에 대한 "준(準)종교적" 집착으로 "당혹스러울 정도로 많은" 이론들을 세우는 데 몰두한 것이 오히려 병이 되었다. 임금과 가격의 관성적인 움직임에 대한 이유는 너무도 많기 때문에, 경직성의 어느 요소가 가장 중요한가에 대해 합의된 견해는 아직까지 없다(효율성 임금 이론에 관한 비판으로 Katz, 1986과 Weiss, 1991 참조).

세 번째 비판도 메뉴비용에 관한 연구와 관련된다. 비판자들은 작은 규모의 가격 조정 비용이 커다란 규모의 산출량과 고용의 감소를 설명할 수 있다는 점에 의문을 제기한다(Barro, 1989a). 캐플린과 스펄버(Caplin and Spulber, 1987)도 개별 기업에게는 메뉴비용이 중요할 수 있겠지만 전체로 보면 이러한 영향이 사라질 수 있음을 보여줌으로써, 메뉴비용 이론의 결론에 의문을 제기한다. 이러한 비판에 대해 새케인즈학파 학자들은 실질수준의 경직성을 통합하는 최근의 연구 덕분에 명목수준의 경직성이 산출량과 고용에 영향을 미칠 전망이 커졌다고 주장한다(Ball and Romer, 1990; D. Romer, 2001). 조그만 가격변화 비용에 기반한 모형의 또 다른 약점은 이것이 복수의 균형을 산출한다는 점이다. 로템버그(Rotemberg, 1987)는 "모형에서 많은 것들이 발생할 수 있다면 그 모형을 거부하기가 더욱 힘들어지며," "복수의 균형이 존재할 경우 특정의 경제정책에 대해 경제가 어떻게 반응할 것인가를 알 수 없다"고 말한다. 골로소프와 루커스(Golosov and Lucas, 2003)도 캘리브레이션(calibration) 과정에서 자신들의 메뉴비용 모형이 "대규모의 인플레이션 낮추기 정책조차 신뢰도를 갖고 수행된다면 작은 실질효과를 갖게 된다"는 사실과 부합한다는 점을 강조한다.

새케인즈학파 경제학에 대한 네 번째 비판은 이 경제학이 미시적 토대로부터 경직성을 도출하는 작업을 강조한다는 사실과 관련된다. 토빈(Tobin, 1993)은 케인즈학파 거시경제학이 명목수준의 경직성과 가격 경직성을 "주장, 혹은 요구"하는 것이 아니라고 주장한다. 토빈의 관점에서 볼 때 임금과 가격의 신축성은 십중팔구 경기침체를 더욱 악화시킨다. 따라서 그는 명목임금의 경직성이 총수요 충격에 직면한 경제를 안정화하는 요인으로 기능할 것이라는 케인즈(Keynes, 1936)의 직관을 지지한다. 토빈은 또 새케인즈학파 학자들에게, 명목임금의 경직성을 임금 상대성에 관한 노동자들의 관심에 기초해서 설명하는 케인즈의 방식은 "이론적으로 흠 잡을 데가 없고" "경험적으로도 현실적인" 설명방식이라는 점을 상기시킨다. 명목임금의 삭감은 각 노동자 집단에게 실질임금의 상대적 감소로 비춰질 것이다. 탈집중화된 지식체계에서는 누구도 다른 노동자 집단이 어떠한 임금 삭감을 수용하고 있는지에 대해 확실하게 알지 못하기 때문이다. 따라서 합리적인 노동자들은 여기에 반발할 것이다. 서머스(Summers, 1988)는 이 잊혀버렸던 쟁점을 되살려서, 상대적 임금의 영향이 상당히 중요한 조정문제를 야기한다고 주장했다. 그린월드와 스티글리츠(Greenwald and Stiglitz, 1993b)도 가격 신축성의 불안정화 효과를 강조하는 새케인즈학파의 한 흐름을 발전시켰다.

다섯 번째 비판은 많은 새케인즈학파 학자들이 합리적 기대가설을 수용하고 있다는 점과 관련된다. 펠프스(Phelps, 1992)는 합리적 기대가설을 "만족스럽지 못한" 것으로 취급하며, 블라인더(Blinder, 1992a)는 이 가설을 뒷받침하는 경험적 근거가 "최상의 경우에는 약하고, 최악의 경우에는 해롭다"고 역설했다. 누군가가 더 좋은 생각을 가지고 나타날 때까지는, 이러한 일련의 비판이 거시경제학에서 합리적 기대가설을 폐기하는 결과로 이어질 가능성은 거의 없는 듯 보인다. 그러나 기대형성과 관련해서 레이욘후푸드는 '학습(Learning)'에 대한 최근의 연구(Evans and Honkapohja, 2001; Snowdon, 2004a)에 많은 관심을 보이고 있다.

새케인즈학파 경제학에 대해 확인되는 여섯 번째 문제는 '새로운' 학파가 '낡은' IS-LM 모형을 총수요 결정요인을 이해하는 최상의 방법으로 계속해서 수용하고 있다는 점과 관련된다. 킹(King, 1993)은 "포드(Ford)사의 핀토(Pinto)[8] 가 1990년대에 날렵하고 신뢰할만한 차종이 되지 못하듯이, IS–LM 모형도 1990년대의 거시경제학에서 살아남을 만한 분석도구가 될 가능성이 전혀 없다"고 주장한다. 킹이 확인하는 근본 문제는 기대와 관련된다. 경제학자들이 IS–LM 모형을 분석도구로 사용하기 위해서는 본질적으로 기대를 무시해야 하지만 "오늘날 우리는 이런 단순화가 총수요의 주요 결정요인을 제거한다는 점을 알고 있다"(King, 1993)는 것이다. 킹은 신상품이 새롭게 포장되었다 할지라도 애초의 상품만큼이나 불량하기 때문에, 거시경제학자들과 정책입안

8. 1970년대 후반 포드사가 중저가 제품으로 출시한 차종으로, 충돌하면 연료탱크가 폭발하는 치명적 결함 때문에 시장에서 외면되었다.

자들에게 새케인즈학파의 광고를 무시하도록 권유한다(제7.12절 참조).

마지막으로, 폴 데이비드슨(Paul Davidson, 1994)은 새케인즈학파의 분석에 대해 매우 비판적이다. 그는 "새케인즈주의에는 케인즈주의의 알맹이(beef)가 존재하지 않는다"고 주장한다. 데이비드슨의 포스트케인지언(Post Keynesian) 관점에 따르면, 새케인즈학파는 케인즈 화폐이론의 결정적으로 중요한 측면에 대해 전혀 주의를 기울이지 않는다(제8장 참조). 그러나 맨큐(Mankiw, 1992)는 새케인즈학파 분석과 《일반이론》 사이의 일관성을 중요한 문제로 여기지 않는다. 맨큐는 《일반이론》이 "모호한 책"이라고 말한다.

7.14 새케인즈학파 경제학에 대한 평가

새케인즈학파 경제학자들은 가격경직성 모형을 위한 정합적인 미시적 토대를 발전시키는 데 얼마나 성공했을까? 배로(Barro, 1989a)가 새케인즈학파 경제학에 대해 내린 결론의 핵심은, 비록 새케인즈학파의 아이디어들 중 몇 개가 실물경기변동 모형의 요소로서 유용함이 밝혀질 수 있을지 모르지만, 새케인즈주의 경제학(NUKE)[9]의 여러 모형들은 "케인즈주의적 접근방법을 복권시키는 데 성공하지 못했다"는 것이다. 이와 뚜렷이 구분되는 입장에 서서 맨큐와 로머(Mankiw and Romer, 1991, 15쪽)는 "명목수준의 경직성에 관한 케인즈주의적 가정이 이론적 근거를 확보할 수 없다는 새고전학파의 주장은 논박되었다"고 결론지었다.

케인즈주의 경제학이 지난 30여 년 동안 보여준 복원력은 주목할 만한 것이다. 특히 그 핵심원리에 반대하여 1968~82년의 기간 동안 발생했던 이론적 반혁명을 고려할 때 더욱 그렇다. 이 복원력의 뿌리는 이론적 혁신이 있거나 경험적 발견이 있을 때마다 케인즈주의적 분석이 그것에 적응하는 능력으로 설명될 수 있다(Shaw, 1988; Lindbeck, 1998; Gali, 2002). 케인즈주의 경제학은 자연실업률 가설과 기대를 고려한 필립스 곡선을 흡수할 수 있음이 드러났을 뿐만 아니라, 합리적 기대 가설을 수용하고 실물경기변동학파의 통찰력과 방법론을 발전의 토대로 삼을 수 있었다(Ireland, 2004). 이러한 근본적 차원에서의 변신은 새케인즈학파 이론가들이 케인즈주의 경제학의 토대를 미시경제 이론과 거시경제 이론의 현대적 발전에 발맞추어 재정립하고 세련시키는 가운데 계속되고 있다. 노동시장, 생산물시장, 그리고 자본시장에 존재하는 여러 불완전성을 강조함으로써, 새케인즈학파 경제학은 지지자들에게 "흥미진진하고" "역동적인 연구 프로그램"으로 비춰지게 되었다(Stiglitz, 1992). 비판론자들의 눈에는 새케인즈학파 경제학이 "묵은 술을 새 병에" 다시 담은 것에 다를 바 없었지만.

린드벡(Lindbeck, 1998)은 새케인즈학파 경제학을 평가하면서 현재의 "복잡하고 세련된 거

---

9. 맨큐는 새케인즈학파 경제학을 NUKE라는 머리글자단어로 표현한다. NU = New, KE = Keynesian Economics. Nuke가 원자폭탄(nuclear weapon)을 의미함에도 유의하라.

시경제이론구조"가 다양한 줄기의 경제분석에서 이루어진 수많은 기여를 통해 생겨난 것이라고 주장한다. 이러한 과정이 지속되고 실물경기변동 분석이 새케인즈학파와 부대끼면서 양자가 더 통합될수록, 새케인즈학파, 새고전학파, 그리고 실물경기변동학파와 같이 거시경제 이론에 붙는 "전통적인 꼬리표들"은 "아마 점점 더 쓸데없는" 것이 될 것이다.

노벨상 수상 기념 강연인 〈행동 거시경제학과 거시경제적 행동〉(Behavioural Macroeconomics and Macroeconomic Behaviour)에서, 애컬로프(Akerlof, 2002)는 새고전학파 모형에 대해 의미심장한 비판을 제기하면서 광의의 케인즈주의 경제학을 적극 옹호한다. 애컬로프는 경제주체의 행위에 대한 새고전학파의 가정이 너무나 "원시적"이고 그 결과 몇 가지 중요한 거시경제 현상들이 애초부터 부정되고 있다고 주장한다. "비자발적 실업의 존재"를 부정하거나, 비록 예견된 통화정책일지라도 산출량이나 고용과 실질변수에 분명히 영향을 미친다는 점을 부정하는 것, 그리고 실업률과 산출량이 각각의 자연율 수준을 상회할 경우 새고전학파 모형이 예측하는 것처럼 디플레이션이 가속화되지는 않는다는 사실을 간과하는 것이 모두 여기에 해당된다. 애컬로프도 신고전파 종합 시대의 정통 케인즈주의 모형이 그에 맞는 미시적 토대를 필요로 했다는 점에 있어서 루커스의 견해에 동의한다. 그러나 새고전학파가 채택한 정통 신고전파적 미시적 토대는, 비대칭정보와 불완전경쟁의 영향을 모형화하고 "심리학적이고 사회학적인 관찰에 근거한" 가정들을 택하면서 경제학자들이 이룬 커다란 진보를 무시했고 현재도 대부분 무시하고 있다. 애컬로프는 향후 거시경제학의 진보가 케인즈의 정신에 입각해서 '행동 거시경제학'을 세울 수 있는가에 달려있다고 믿는다(Stiglitz, 2000, 2002). 과연 '케인즈주의 경제학'이 애컬로프가 권고한 방향으로 나아갈 것인지는 두고 볼 일이다.

Intervew

그레고리 맨큐 (N. Gregory Mankiw)

그레고리 맨큐(Gregory Mankiw)는 1958년에 뉴저지 주의 트렌턴(Trenton)에서 태어나, 1980년에 프린스턴(Princeton) 대학을 졸업하고 1984년에는 MIT에서 경제학 박사학위를 취득했다. 1985년 이후 그는 하버드 대학교에서 경제학 교수로 재직하면서 학생들을 가르치고 있다.

그레고리 맨큐는 가격조정, 소비지출의 결정요인, 경제성장에 관한 이론과 실증 등에 관한 연구로 유명하다. 그는 새케인즈학파 거시경제학을 선도하는 인물 중의 하나로 널리 인정받고 있다. 그의 유명한 저작으로는, 《새케인즈학파 경제학, 제1권—불완전경쟁과 가격경직성》(*New Keynesian Economics, Vol 1, Imperfect Competition and Sticky Prices*, MIT Press, 1991; David Romer와 공동편집), 《새케인즈학파 경제학, 제2권—조정실패와 실질수준의 경직성》(*New Keynesian Economics, Vol 2, Coordination Failures and Real Rigidities*, MIT Press, 1991, David Romer와 공동편집), 《통화정책》(*Monetary Policy*, University of Chicago Press, 1994), 그리고 《거시경제학》(*Macoreconomics*, 5th edn, Worth Publishers, 2003) 등이 있다.

맨큐의 유명한 논문으로는 〈거시경제학에서 시제적 대체〉("Intertemporal Substitution in Macoreconomics", *Quarterly Journal of Economics*, 1985), 〈메뉴비용은 적지만 경기변동 폭은 크다: 독점의 거시경제학 모형〉("Small Menu Costs and Large Business Cycle: A Macroeconomic Model of Monopoly", *Quarterly Journal of Economics*, 1985), 〈새케인즈학파 경제학과 산출량-인플레이션의 상충관계〉("The New Keynesian Economics and the Output-Inflation Trade-off",

Brookings Papers on Economic Activity, 1988), 〈실물경기변동: 새케인즈학파적 관점〉(“Real Business Cycle: A New Keynesian Perspective”, *Journal of Economic Perspectives*, 1989; Lawrence Ball, David Romer와 공저), 〈경제성장에 관한 실증연구〉(“A Contribution to the Empirics of Economic Growth”, *Quarterly Journal of Economics*, 1992), 〈국가의 성장〉(“The Growth of Nations”, *Brookings Papers on Economic Activity*, 1995; David Romer, David Weil과 공저), 〈인플레이션과 실업의 자명하고도 불가해한 상충관계〉(“The Inexorable and Mysterious Trade-off Between Inflation and Unemployment”, *Economic Journal*, 2001) 등이 있다.

우리는 1993년 2월 18일에 그의 하버드 대학 연구실에서 맨큐 교수와 인터뷰했으며, 그후 1998년 2~3월에 서신을 주고받았다.

일반적인 쟁점

| 거시경제학에서는 미시경제학에 비해 많은 논쟁이 나타나고 있는데, 이 이유가 무엇이라 생각하시는지요?

어려운 질문이네요. 분석대상에 어떻게 접근하는가와 관련해서 미시경제학자들 사이에 더 많은 합의가 존재한다는 점은 틀림없는 사실입니다. 즉, 대부분의 미시경제학자들은 기본적인 행위동기로 효용극대화와 이윤극대화에서 출발해서 후속 작업을 진행합니다. 어떤 측면에서 거시경제학은 더 어려운데, 그 이유는 경제 전체를 다루기 때문이지요. 그래서 거시경제학의 영역에서는 사안을 다루기 쉽게 만들고 문제를 현실에서 실제로 그런 것보다 간단하게 만들어주는 단순화 가정이 더 많이 요구됩니다. 제가 생각하기로는, 어떤 단순화 가정이 가장 자연스럽거나 가장 유용한가에 관해 견해의 차이가 있는 거지요.

| 교수님은 거시경제학에서 신고전학파 선택이론적 토대를 확보하는 일이 얼마나 중요하다고 생각하시는지요?

거시적 현상이 수많은 미시적 현상의 총합이라는 점은 틀림없는 사실일 것입니다. 이 의미에서 거시경제학은 불가피하게 미시경제학에 근거를 두고 있지요. 그렇지만 저는 모든 거시경제학이 반드시 미시경제학적 토대에서 출발해야 한다고 확신하지는 않습니다. 하나의 비유를 들어보지요. 모든 생명체는 소립자로 구성되어 있으므로, 모든 생물학은 어떤 의미에서 소립자 물리학의 총합입니다. 그렇지만 그렇다고 생물학의 자연스러운 출발점이 소립자 물리학에서 시작하는 것이고 그 다음에 합계하는 것을 의미하지는 않습니다. IS–LM 모형처럼 거시경제를 연구하는 데 매우 유용한 모형들이 많이 있습니다. 비록 그 모형들이 개인 단위에서 시작해서 형성된 것은 아니지만 말이지요.

| 지난 4반세기 동안 거시경제학의 발전에 가장 큰 영향을 끼친 책이나 논문은 무엇이라고 생각하시는지요?

가장 큰 영향은 의문의 여지없이 루커스에게서 나온 것이지요. 그는 1960년대에 존재했던 케인즈주의적 합의를 해체시켰습니다. 참신하면서도 흥미진진한 아이디어를 제안해서 실제로 거시경제학을 갈가리 찢어 놓았어요. 오늘날 거시경제학자들 사이에 존재하는 견해 차이는 대체로 루커스와 그의 후계자들에 대한 비판에서 비롯했습니다. 여러분도 알다시피 저는 루커스의 해결책에 동의하지는 않지만 그가 지적했던 문제를 매우 진지하게 받아들입니다. 저를 포함하여 새케인즈학파 경제학자들이 행한 많은 연구는 구케인즈주의적 아이디어에 대해 루커스가 지적했던 문제들에 대한 응답입니다.

| 그 답변은 다음 질문에 대해서도 이미 어느 정도 해당하네요. 교수님은 본인의 연구를 위한 영감을 어디에서 얻었는지요?

여러 영향들이 결합되어 있습니다. 부분적으로는 이전 세대 거시경제학자들에게서 얻었어요. 저는 제 연구의 많은 부분들이 토빈, 모딜리아니, 프리드먼의 연구에 기초해 있다고 생각합니다. 이들이 추구했던 관점 속에는 많은 진리가 있습니다. 저는 루커스가 지적했던 문제들도 매우 진지하게 수용합니다. 새케인즈학파의 많은 연구는 1960년대 프리드먼-토빈의 세계관을 재정립하려는 노력입니다. 오늘날 신고전파 종합이라 불리는 것도 그 속에 상당한 진리를 담고 있어요. 물론 다른 한편으로 신고전파 종합은 많은 문제를 안고 있으며, 루커스가 그 문제들을 매우 설득력 있게 지적해 낸 것이지요. 현재의 경제학자들이 해야 할 일은 신고전파 종합이 갖고 있는 진리의 요소를 유지하면서 그곳에 아직도 남아있는 문제들을 해결하고 루커스의 관심사에 답하는 것입니다.

케인즈와 《일반이론》

| 1950년대 말에 등장한 신고전파 종합의 한 가지 해석에 따르면 《일반이론》은 더 일반적인 고전학파 모형의 특수한 사례입니다. 교수님도 이런 해석에 동의하시는지요?

저는 고전학파 모형과 케인즈학파 모형이 가격조정에 대해 서로 다르게 가정한다고 말하고 싶습니다. 고전학파 모형은 가격의 완전 신축성을 가정합니다. 따라서 저는 신고전파 모형은 그런 가정을 하는 것이 합당한 기간에 해당하는 경제를 묘사하는 모형이라고 생각합니다. 아마도 그 기간은 수개월 단위가 아니라 수년 단위로 측정되는 기간일 것입니다. 케인즈학파 모형은 임금과 가격이 상대적으로 비신축적이거나 더디게 변하는 기간을 대상으로 하지요. 두 모형은 더 일반적인 모형, 즉 연구하고자 하는 기간에 따라 가격의 신축성과 변화 속도가 다양해지는 모형의 특수한 사례입니다. 정책의 효과를 연구하면서 한 분기에 걸친 효과를 대상으로 하는가 아니면 10년에 걸친 효과를 대

상으로 하는가에 따라, 경제학자들은 가격 신축성의 정도에 대해 다른 가정을 하려고 할 것입니다.

| 《일반이론》에 대해 이토록 많은 해석들이 대립하여 존재하는 이유가 무엇이라 생각하시나요?

대립하는 해석들이 무수히 많은 이유는 케인즈가 다양한 아이디어들을 많이 갖고 있기 때문이지요. 그 아이디어들이 필연적으로 한 데 묶일 필요는 전혀 없습니다. 따라서 어떤 사람들은 그 아이디어들의 일부 집합을 움켜쥔 채 이것이 실질적으로 케인즈가 말하고 있는 내용의 핵심이라고 말하며, 다른 사람들은 또 다른 아이디어 집합을 움켜쥐고 있는 것이지요. 문제는 우리가 경기변동이라고 부르는 시장의 불완전성에 대해 바라볼 때 《일반이론》에서 찾아지는 일반적인 아이디어들 중 어떤 것들이 중요한가 하는 것입니다. 《일반이론》에는 너무도 많은 것들이 존재하기에 그것을 한 번에 이해하기가 힘듭니다. 어떤 아이디어는 매우 중요하지만 어떤 아이디어는 특별히 중요하지 않기도 하지요. 견해 차이는 케인즈의 세계관의 서로 다른 부분을 선택해서 그것을 강조하는 데서 나옵니다.

| 교수님은 케인즈가 1969년까지 살았더라면 첫 번째 노벨 경제학상을 받았을 것이라고 생각하는지요?

아, 확실히 그랬을 겁니다. 저는 세기적으로 매우, 매우 중요한 경제학자가 소수 있다고 생각하는데, 케인즈의 이름이 어느 추천자의 명단에도 모두 들어가 있었으리라는 점을 전혀 의심치 않습니다.

새고전학파 거시경제학자들

| 교수님은 새고전파 거시경제학을 통화주의와 구분되는 학파로 여기는지요?

그렇다고 생각합니다. 통화주의는 화폐공급의 변화가 총수요와 총소득의 변화를 야기하는 주요 요인이라고 말하는 학파인 반면, 새고전주의(new classicism)는 총수요의 변화가 예상치 못한 가격충격을 통해 경제에 중요한 영향을 끼칠지도 모를 이유를 탐구하는 특별한 이론이라는 것이 제가 받은 인상입니다. 제가 생각하기에, 루커스에 의해 제안된 이 가격충격 관점은 통화주의보다 한 걸음 더 나아간 단계입니다. 좀 더 최근에, 새고전학파 경제학자들이 실물경기변동이론으로 관심을 돌렸는데, 이 이론은 통화주의와 정반대의 것지요.

| 교수님은 전반적으로 볼 때 새고전학파의 기여가 거시경제학의 발전에 긍정적인 영향을 미쳤다고 생각하시나요?

논쟁은 건전한 활동입니다. 새케인즈학파는 주로 새고전학파에 대한 응답으로서 논쟁하면서 출현했지요. 이러한 의미에서 새케인즈학파와 관련된 논쟁은 좀 더 큰 진리로 귀결되는 논쟁이었으며 유익한 것이었습니다. 특정한 이론적 공헌들 중 많은 것들, 특히 실물경기변동 이론은 아마 시간이 지나면 살아남지 못할 것입니다. 정책의 시간적 비일관성에 관한 연구는 살아남게 될 기여이며, 아마도 지난 20여 년 동안 나타난 정책분석에 관한 가장 중요한 기여 중 하나일 것입니다.

| 합리적 기대 가설은 얼마나 중요합니까?

합리적 기대 가설은 오늘날 활동 중인 모든 거시경제학자들의 작업가설이 되었다는 의미에서 중요합니다. 경제학자들은 흔히 사람들이 의사결정을 할 때 합리적이라고 가정합니다. 사람들이 효용을 극대화하고자 한다, 이윤을 합리적으로 극대화하고자 한다, 등등이지요. 사람들이 다른 모든 경우에는 합리적이면서 오로지 기대를 형성할 때만 비합리적으로 행동한다고 가정하는 것은 경제학자들에게는 아주 특이하게 들릴 가정입니다. 저는 합리적 기대 가설이 사람들이 처음 생각했던 것과 같은 그 모든 포괄적인 함축들을 갖는다는 의미에서 중요하다고는 생각하지 않습니다. 처음에 사람들은 합리적 기대 가설이 정책의 비실효성에 관한 모든 종류의 속성들을 갖고 있다고 생각했었지요.

| 그런 함축은 시장청산 가정과 더 많이 관련되어 있지 않나요?

정확히 그렇습니다. 후에 사람들이 깨닫게 되었듯이, 실질적으로 중요한 가정은 시장청산 가정과 같은 다른 가정이며, 합리적 기대 자체는 한때 생각된 것만큼 포괄적인 함의를 갖고 있지는 않습니다.

| 교수님은 1980년대 초 미국과 영국에서 시행되었던 인플레이션 낮추기 정책의 결과가 인플레이션 낮추기 정책이 고통을 수반하지 않는다는 새고전학파의 입장을 부정하는 결정적인 증거라는 주장에 의문을 제기한 바 있는데요. 그 이유가 인플레이션 낮추기 정책이 예상되지 않았기 때문인가요?

두 개의 새고전학파 관점이 존재합니다. 첫 번째는 루카스의 가격충격이론이지요. 두 번째는 실물경기변동이론이고요. 두 번째 관점에서 통화량은 예상되든 예상되지 않든 문제되지 않습니다. 제가 보기에 이 관점은 실제 실증자료와 완전히 어긋납니다. 래리 볼(Larry Ball)은 대부분의 국가에서 주요 인플레이션 낮추기가 이루어졌을 때마다 낮은 산출량과 높은 실업률이 동시에 나타나고 있음을 체계적으로 보여주었지요(Ball, 1994). 그래서 저는 실증자료에 비추어 볼 때 이 문제에 관한 결론은 명확하다고 생각합니다. 실증자료는 초기 새고전학파 이론에 좀 더 부합합니다. 볼커(Volcker)가 인플레이션 낮추기 정책을 추진할 것이라고 말한 미국에서조차도 인플레이션 낮추기가 대체로 예상되지 않았다는 여러분의 지적은 옳습니다. 제 생각에 사람들은 그가 실제로 했던 것만큼 그렇게 빨리 인플레이션 낮추기 정책을 추진할 것이라고는 믿지 않았어요. 경기침체가 본격적으로 진행되고 나서야 인플레이션에 대한 대부분의 예측치가 내려갔지요. 저는 정부정책에 대한 신뢰도가 인플레이션 낮추기 정책의 비용을 결정하는 하나의 요인이라는 관점에 동의합니다.

케인즈주의와 새케인즈학파

| 교수님은 본인이 케인즈주의자라고 생각하나요?

그렇게 생각은 하지만 저는 그 용어를 사용하는 것에 언제나 신경이 쓰입니다. 왜냐하면 《일반이론》을 읽는 사람들 사이에서 중요하다고 여기는 부분이 서로 다를 수 있듯이, '케인즈주의적' 이라는 용어도 사람에 따라 그 의미가 달라질 수 있기 때문이지요. 사람들은 '케인즈주의적' 이라는 말을 매우 다양한 의미로 사용합니다. 그래서 저는 이 용어가 말의 뜻을 명확하게 해주기보다는 오히려 혼동을 가져온다는 이유로 이것을 실제로 사용하지 않으려고 노력하고 있습니다. 저는 경기변동이 어떠한 종류의 대규모의 시장 불완전성을 반영한다고 믿는다는 의미에서 제 자신을 케인즈주의자라고 생각하고 있습니다. 이러한 의미에서 볼 때 밀턴 프리드먼도 케인즈주의자이지요. 제가 갖고 있는 관점은 존 메이나드 케인즈에게만큼이나 밀턴 프리드먼에게도 신세지고 있습니다. 어떤 사람들은 케인즈주의라는 말이 정부가 경기변동의 모든 면모를 통제하는 경제의 미세조정에 대한 신념을 의미한다고 생각합니다. 또 어떤 사람들은 케인즈주의란 재정적자가 나쁜 것이 아니라는 신념이라는 식으로 생각하지요. 저는 이 중 어느 편에도 속하지 않습니다. 제가 생각하기에, 광의의 맥락에서 《일반이론》의 주제는 경기변동이 시장 불완전성을 보여주는 신호이기 때문에 우리가 정말로 염려해야 할 사안이라는 것이지요. 이런 의미에서 저는 케인즈주의자입니다. 하지만 앞서 언급했듯이 밀턴 프리드먼도 그렇습니다.

| 필립스곡선의 붕괴가 정통파 케인즈주의에 치명적이었나요?

그 사태는 좋은 총공급이론이 없다는 점을 새삼 부각시켰어요. 정통 케인즈학파가 갖고 있던 것은 꽤 우수한 총수요이론이었습니다. IS–LM 모형은 총수요 결정방식을 생각하기 위한 일반 구조로서 꽤 괜찮았지요. 문제는 P–Y 공간에서 우하향하는 총수요곡선을 이론적으로 잘 구했다 하더라도 여전히 총공급곡선을 잘 설명할 필요가 있다는 점입니다. 필립스곡선은 난데없이 등장했습니다. 사실 그것은 자료의 실제 모습을 경험적으로 기술한 것에 불과해요. 왜 곡선이 그렇게 보여야만 하는지, 정책에 따라 곡선이 어떻게 변할 것인지, 무엇이 곡선을 불안정하게 만들지에 관해 훌륭한 특정이론은 없어요. 이렇게 경제학자들은 필립스곡선에 관해 훌륭한 이론을 결코 가진 적이 없었고, 곡선의 붕괴가 이 점을 매우 명확히 해 주었던 것이지요. 또 루커스가 던진 좀 더 일반적인 비판을 위한 여지를 제공했던 것이고요. 공급 측면에 관한 결함이 항상 약점이었지만, 필립스 곡선이 붕괴하고 나서야 비로소 그 점에 주목하게 되었던 것입니다

| 교수님은 어떤 것이 새케인즈학파 거시경제학의 중심 명제들이라고 요약하시겠습니까?

새케인즈학파 거시경제학의 중심명제는 정책지향이라기보다는 주로 이론적인 것들입니다. 새케인즈학파는 신고전파 종합에 의해 요약된 세계관, 즉 경제가 단기에 균형수준에서 이탈할 수 있으며 통화정책과 재정정책이 실물 경제활동에 중요한 영향을 미친다는 관점을 수용합니다. 새케인즈학파에 따르면, 신고전파 종합은 루커스와 같은 사람들이 주장하는 것만큼 결함이 있지 않습니다. 새케인즈학파의 주요 목적은 루커스에 의해 제기된 이론적 문제들을 해결하고, 좀 더 좋은 미시적 토대에 의해 지지되는 모형이 필요하다는 루커스의 주장을 받아들이는 것이었습니다.

| 그렇다면 교수님은 포스트케인즈주의자(Post Keynesians)들이 제시하는 소득정책을 뒷받침하는 여러 주장에 찬성하지 않으시나요?

결코 찬성하지 않습니다. 정부가 임금과 물가를 설정하는 업무를 담당할 경우, 정부는 그런 업무를 잘 하지 못합니다. 임금과 물가의 설정은 자유시장에 맡겨야 합니다.

| 그럼 교수님은 갈브레이스주의자(Galbraithian)가 아니네요?

절대로 아닙니다. [웃음]

| 새케인즈학파 거시경제학에서 불완전경쟁 이론은 얼마나 중요한가요?

새케인즈학파 경제학의 많은 부분은 기업이 현실에서 실제로 그렇게 하듯이 시간의 흐름에 따라 가격을 설정하고 조정하는 이유를 설명하고자 합니다. 완전경쟁 상황에서는 기업은 가격 움직임에 대해 어떠한 선택권도 없습니다. 경쟁기업은 가격수용자인 것이지요. 만일 가격설정 기업에 대해 조금이라도 언급하고 싶다면, 그렇게 할 수 있는 능력이 조금이라도 있는 기업에 대해 언급해야 할 것이다. 약간의 시장지배력을 갖고 있는 기업이 바로 그것이지요. 그런 기업들은 불완전하게 경쟁적입니다. 이렇게 저는 불완전경쟁이 가격설정에 관한 사고의 핵심이라고, 따라서 새케인즈학파 경제학의 핵심이라고 생각합니다.

| 그런데 여기엔 이상한 점이 있네요. 1930년대를 떠올리면, 케임브리지에는 케인즈와 조운 로빈슨(Joan Robinson)이 있었지요. 조운 로빈슨은 불완전경쟁이론을 발전시켰으며, 케인즈는 그의 《일반이론》을 발전시켰습니다. 이 두 가지 아이디어가 결합하는 데 그토록 오랜 시간이 걸린 이유는 무엇일까요?

저는 케인즈가 오늘날 우리가 그러는 만큼 미시적 토대에 근거해서 자신의 모형을 세우는 문제에 대해 고민했다고 생각하지 않습니다. 조운 로빈슨이 세우려고 하던 미시경제학은 이후에 케인즈의 거시경제학이 다루는 문제에 답하는 데 매우 유용하다고 판명되었습니다. 케인즈는 로버트 루

커스를 미처 읽지 못했으므로, 총공급의 미시경제학을 세우는 문제에 대해 고민하지 않았던 것이지요. [웃음]

| 어떤 의미에서는 이 문제에 관해서 포스트케인지언들이 교수님에 앞서 있지 않았나요? 폴 데이비드슨(Paul Davidson) 같은 경제학자들은 오랫동안 불완전경쟁을 자신들의 미시적 토대로 간주했습니다. 그렇다면 새케인즈학파는 포스트케인지언이 앞서 해놓은 것을 단순히 따라잡고 있을 뿐이지 않나요?

이 두 학파는 불완전경쟁이라는 광범위한 주제를 다루고 있지만, 구체적인 내용에서는 서로 비슷하지 않습니다. 제가 받은 인상으로는, 새케인즈학파 경제학이 포스트케인지언보다는 신고전파 종합의 방향을 훨씬 더 많이 따르고 있습니다.

| 교수님은 분명히 앨런 블라인더(Alan Blinder)의 최근 문헌연구를 잘 알고 있을텐데, 여기서 새케인즈학파 관점이 지지를 받고 있는지요? [Blinder, 1991 참조]

블라인더는 다양한 새케인즈학파 관점들에 대해 판단을 내리는 한 가지 방법을 제공하고 있습니다. 임금과 가격의 경직성에 관해 새로운 이론들이 많이 있지요. 블라인더는 그 이론들 중 어느 것이 옳고 어느 것이 틀린지를 상당히 새로운 방법을 사용해서 구분하려고 합니다. 즉, 기업에게 그들이 어떻게 임금과 가격을 설정하는지 질문하는 방식을 사용하는 것이지요. 이는 탁월한 작업이지만, 우리가 궁극적으로 어떤 것을 알게 될지는 아직 불분명합니다. 블라인더는 지금도 계속 논문들을 발표하고 있고 아직까지 최종 결과가 나오지 않고 있습니다. 그의 목표는 우리가 어떤 이론을 좋아하고 어떤 이론을 좋아하지 말아야 할지를 결정하는 한 가지 방법을 제공하는 것입니다. 이것은 매우 흥미로운 연구주제이지요.

| 새케인즈주의자들은 실질수준의 경직성과 명목수준의 경직성 사이의 구분이라는 중요한 구분을 한 것 같습니다. 어째서 그러한 구분이 중요한가요?

그 이유는 실질수준의 경직성, 즉 상대가격의 경직성이 화폐 비중립성의 이유가 아니라는 것입니다. 예를 들어, 노동조합은 균형에서 벗어난 수준에서 실질임금을 고정시킬 수 있지요. 그런데 경직적인 실질임금은 화폐가 중립적이지 않다고 믿을만한 아무런 근거도 제공하지 못할 것입니다. 경직적인 실질임금은 화폐가 작동하게끔 도와줄 그 어떠한 명목적인 지렛대도 만들어내지 못하기 때문이지요. 실질임금이 경직적이면 실업이 유발되겠지만, 그렇다고 화폐 비중립성이 유발되지는 않습니다. 거시 이론가들에게 중요한 과제인 화폐 비중립성을 확보하기 위해서는, 경직적인 가격과 같은 명목수준의 경직성이 필요합니다. 이렇게 말은 했지만, 세상에 다양한 실질수준의 경직성이 존재하는 듯이 보이는 것도 사실이에요. 노동조합이 임금을 균형수준 이상에서 설정하는

것이 한 예가 되겠지요. 문제는 명목수준의 경직성과 실질수준의 경직성이 상호작용하느냐의 여부입니다. 이와 관련된 연구는 주로 래리 볼(Larry Ball)과 데이비드 로머(David Romer)에게서 비롯한 것인데, 이 연구의 큰 주제 중 하나는 실질수준의 경직성과 명목수준의 경직성이 서로 상대방을 강화시키는 듯 보인다는 것입니다. 실질수준의 경직성이 존재하면 명목수준의 경직성은 실질수준의 경직성이 존재하지 않는 경우보다 훨씬 더 중요해집니다.

| 메뉴비용 연구에 대한 비판자들은 이 비용이 경기변동을 설명하는 논리를 지탱하기에는 너무 작은 못(peg)이라고 주장합니다. 작은 규모의 메뉴비용이 어떻게 거시경제에 그토록 큰 실질효과를 야기할 수 있는지요? [Barro, 1989a 참조]

메뉴비용이 아주 작다는 점은 분명한 사실입니다. 기업은 가격을 변화시킬 때 큰 비용을 부담하지 않습니다. 그리고 경기침체가 상당한 비용을 유발하는 사건이라는 점 또한 분명한 사실입니다. 문제는 이 상대적으로 적은 메뉴비용이 상대적으로 비용이 큰 경기변동을 이해하는 데 중요한 부분일 수 있는가 하는 것이지요. 메뉴비용에 관한 연구는 기업의 가격조정이 외부효과를 유발한다는 점을 보여줍니다. 기업이 가격 경직성을 유지하기로 결정하면, 이것은 그렇게 결정하는 기업에게는 비용이 들지 않지만 경제 전체에 상당한 비용을 유발할 수 있습니다.

| 효율성 임금 이론과 내부자-외부자 이론은 새케인즈학파와 얼마나 부합하는지요?

이 두 이론은 실질수준의 경직성에 대해, 이를테면 실질임금이 노동시장에서 균형수준으로 복귀하지 않는 이유에 대해 특별한 설명을 제공합니다. 앞서 언급했듯이, 실질수준의 경직성과 명목수준의 경직성은 상호보완적일 수 있습니다. 즉, 경직적인 실질임금에 대한 내부자-외부자 이론과 효율성 임금 이론의 설명은 어떤 의미에서 경직적인 가격에 대한 메뉴비용 이론을 보완해주는 것이지요.

| 이력현상(hysteresis)은 새케인즈학파 거시경제학에 핵심적인 개념인가요?

저는 그 개념을 핵심적이라고는 생각하지 않습니다. 경기침체가 경제에 장기간 지속되는 효과를 미칠 수 있으며 경기침체의 초기원인이 사라진 후에도 흔적이 오랫동안 남아 있을 수 있다는 것은 흥미로운 생각입니다. 예를 들어, 1980년대에 유럽에서는 높은 실업률이 표준적인 모형들로 예측할 수 있는 수준보다 훨씬 더 오래 지속되었지요. 그러나 이 개념이 잘못된 것으로 판명된다 하더라도 새케인즈학파 이론이 쓰러지지는 않을 것입니다. 이력현상 개념은 흥미롭지만 상대적으로 독립적인 문제였습니다.

| 교수님은 NAIRU 개념과 프리드먼의 자연실업률 개념을 동일한 것으로 이해하시나요, 아니면

서로 다른 것으로 이해하시나요?

저는 언제나 이것들이 기본적으로 동일한 것이라고 생각해 왔습니다. 대부분의 새케인즈학파 모형은 어떤 종류의 자연실업률 개념을 포함합니다. 이러한 의미에서 밀턴 프리드먼은 논쟁의 승자입니다. 이력현상에 기대어 작업하는 소규모 집단을 제외하면, 대부분의 새케인즈학파는 자연실업률 가설을 신뢰합니다. 자연실업률 가설은 경제학에 꽤 견고하게 진지를 구축하고 있는 것이지요.

| 완전고용 개념은 어떠한가요? 15~20년 전에는 완전고용 개념이 중심적인 자리를 차지하지 않는 거시경제학을 생각하기가 어려웠습니다. 비자발적 실업과 같은 쟁점에 대해 어떻게 해야 할까요? 루커스는 이 개념을 포기해야 한다고 주장하는데, 이에 대한 교수님의 견해는 어떤지요? [Lucas, 1978 참조]

저는 비자발적 실업이 존재한다고 생각합니다. 새케인즈학파 문헌의 일부는 왜 비자발적 실업이 존재하는지, 왜 실질임금이 노동시장을 균형으로 회복시키지 못하는지에 대해 설명할 수 있는 노동시장 모형을 제시하고 있습니다. 예를 들어, 효율성 임금 이론과 내부자-외부자 이론은 많은 진실을 담고 있습니다.

| 새케인즈학파는 완전고용을 자연실업률 수준으로 생각하는지요?

저는 완전고용이라는 용어를 좋아하지 않습니다. 이 말이 어떤 의미에서는 자연실업률이 바람직하다는 점을 시사하기 때문이지요. 저는 어떤 자연실업률, 즉 경제가 장기에 걸쳐 수렴해가고 그래서 장기적으로는 통화정책으로도 영향을 미칠 수 없는 장기실업률이 존재한다고 생각합니다. 그렇다고 해서 그 실업률이 어떠한 정책개입에도 요지부동이라는 의미는 아닙니다. 노동시장에 영향을 미쳐 자연실업률을 높이거나 낮추는 정책들이 존재합니다. 최저임금제도, 실업보험법, 노동자 훈련정책 등이 여기에 해당되지요. 자연실업률을 변화시키기 위해 정부가 할 수 있는 일은 많이 있습니다. 저는 자연실업률에 해당하는 고용을 완전고용이라고 부르고 싶지는 않아요. 좋은 노동시장 정책이라면 그 수준 이상으로 고용을 증대시킬 수 있을 것이기 때문입니다.

| 교수님은 노동시장을 분석할 때 공정성을 고려하는 것이 얼마나 중요하다고 생각하는지요? 여기서 우리는 공정성 개념을 강조했던 조지 애컬로프, 자네트 옐렌, 로버트 솔로의 연구를 생각하고 있는데요, 이들의 연구는 새케인즈학파 경제학이 아마도 심리학과 사회학 문헌을 좀 더 가까이 하기 시작해야 한다는 점을 시사하고 있는 것이 아닌지요? [Akerlof and Yellen, 1990; Solow, 1990 참조]

그들이 쓴 일부 논문들은 아주 흥미롭습니다. 그렇지만 저는 신고전파 가정이 포기되어야 할 필요가 있음을 설득력 있게 제시하는 증거가 많이 있다고는 생각하지 않습니다. 아직까지 저 자신

은 그런 시도를 한 적이 없지만, 실제로 그런 시도를 하는 다른 사람들의 연구를 읽어보는 일은 제게 분명히 행복한 일입니다. [웃음]

| 최근에 교수님이 새케인즈학파 경제학의 논문들을 편집해서 출간한 책에서, 교수님은 "새케인즈학파 거시경제학은 새통화주의 경제학이라는 이름으로도 쉽게 불릴 수 있을 것"이라고 말합니다. 이 말은 정확히 무슨 의미인가요? [Mankiw and Romer, 1991 참조]

실물경기변동 학파가 던지는 도전적인 과제는 화폐가 중립적인가, 만일 아니라면 왜 아닌가라는 질문입니다. 프리드먼과 토빈이 논쟁하던 20년 전에는, 이들 사이에 합의를 본 사항이 있었지요. 이들은 연방준비은행이 경제에서 하나의 중요한 행위자이므로 그것이 무엇을 하느냐는 실질적으로 문제가 된다는 명제에 동의했습니다. 이에 반해 실물경기변동학파는 통화정책의 실질효과가 없는 모형들을 구성하여 그 명제에 도전장을 내밀었습니다. 새케인즈학파 모형들이 하려고 해 온 것은 왜 화폐가 중립적이지 아닌지, 어떠한 미시경제적 불완전성이 거시수준에서 화폐 비중립성을 설명하는 데 반드시 필요한지를 확증하는 것입니다. 이러한 의미에서 새케인즈학파 모형들은 전통적인 케인즈주의 관점과 통화주의 관점을 모두 지지하고자 노력하고 있습니다.

| 교수님은 프리드먼, 브러너(Brunner), 멜처(Meltzer)의 관점이 균형경기변동 이론가들보다 케인즈학파에 좀 더 가깝다는 스탠리 피셔(Stanley Fischer)의 견해에 동의하시나요? [Fischer, 1988 참조]

당연히 동의합니다. 실물경기변동 모형의 핵심은 연방준비은행의 역할이 없다는 점입니다. 반면에 브러너, 멜처, 프리드먼은 연방준비은행이 매우 중요하다는 토빈의 견해에 동의할 것이라는 게 제 생각입니다. 이들 중 어느 누구도 화폐가 실물경기변동이론가들이 보여준 의미에서 중립적이라고 주장하지는 않을 겁니다.

| 제임스 토빈은 좋은 경제학 논문이란 놀라움을 담고 있는 것이라고 말한 바 있습니다. 새케인즈학파는 어떠한 놀라움을 보여주었는지요? [Tobin, 1988 참조]

사람들이 한때 생각했던 것보다 메뉴비용 모형으로 훨씬 더 많은 것을 보여줄 수 있다는 점은 큰 놀라움들 중 하나입니다. 많은 사람들이 이 모형을 가격경직성에 관한 바보 같은 사고방식이라고 이해했었지요. 메뉴비용에 관한 새로운 연구들이 시도하고 있는 일은 이에 대해 '아니오'라고 대답하는 것, 경제학이 메뉴비용 모형을 진지하게 검토해야 함을 주장하는 것입니다. 저는 실질수준의 경직성과 명목수준의 경직성 사이의 보완관계도 하나의 놀라움이라고 생각합니다. 앞에서도 언급했듯이, 지금까지 새케인즈학파 연구가 보여준 실망스러운 모습 중의 하나는 제가 원하는 수준만큼 실증적이지 못했다는 점입니다. 이 문제는 바로 현 시점에서 일부 영역에서 시정되고 있어요. 궁극적으로 이것이 새케인즈학파 연구가 나아가야 할 방향입니다. 좀 더 실증적인 연구가 필요한 것이지요.

| 피터 호윗(Peter Howitt)은 케인즈학파의 회복(recovery)에 대해 언급했으며, 앨런 블라인더는 케인즈학파의 복권(restoration)에 대해 언급했습니다. 교수님은 환생(reincarnation)이라는 용어를 선호하는 듯 보이는데요. 이렇게 서로 다른 용어를 사용하는 데에 어떠한 중요한 이유가 있나요? [Howitt, 1990; Blinder, 1992b; Mankiw, 1992 참조]

저는 또 다른 신체로 다시 태어났다는 의미에서 환생이라는 용어를 선택했습니다. 새케인즈학파 경제학과 구케인즈학파 경제학 사이에는 많은 유사성이 존재하는 한편 그만큼 많은 차이점도 존재하는데, 저는 이 사실을 강조하고 싶습니다. 어떤 의미에서, 케인즈의 정신은 되살아났지만 과거의 케인즈의 모습은 아닙니다. 사실 케인즈가 새케인즈학파를 결코 케인즈주의적인 것으로 알아보지 못할지도 모릅니다. 일반적으로 사람들은 환생한 후 자신의 모습을 알아보지 못하잖아요. 이것이 바로 제가 환생이라는 용어를 사용한 이유에요. [웃음]

| 교수님은 케인즈와 관련해서 교수님의 연구가 그 정신에는 충실하지만 내용에서는 비판적이라고 말하실 건가요?

그런 평가가 공정한 것이라고 생각되네요. 제 연구는 미시적 토대를 좀 더 진지하게 수용한다는 의미에서 케인즈를 넘어서려는 시도입니다. 앨런 블라인더는 〈루커스 이후의 케인즈〉("Keynes after Lucas")라는 논문을 썼는데, 저는 이 제목이 새케인즈학파에 대한 꽤 괜찮은 묘사라고 생각합니다. 새케인즈학파는 케인즈의 생각 일부를 진지하게 받아들이면서, 루커스의 비판 일부도 진지하게 받아들이고 있습니다. [Blinder, 1996 참조]

| 케인즈가 새케인즈주의자가 되었을 것이라고 생각하시는지요?

그건 잘 모르겠습니다. 저는 케인즈가 매우 예측하기 힘든 인물이라고 생각합니다. 제 추측에 케인즈는 새케인즈학파 속에서 마음에 드는 내용을 찾는 한편, 마음에 들지 않는 내용도 찾아낼 것입니다.

실물경기변동이론

| 교수님은 최근에 실물경기변동이론이 과학적 논쟁을 자극하고 부추기는 데 중요한 기능을 담당했다고 주장한 바 있습니다. 그렇지만 교수님은 이 접근법이 궁극적으로는 폐기될 것이라고 예언했지요. 교수님이 실물경기변동이론에 대해 반대하는 주된 이유는 무엇인가요? 실물경기변동이론의 약

점은 무엇인가요? 이론적인 것인가요, 경험적인 것인가요, 아니면 둘 다인가요?

제가 반대하는 이유는 주로 경험적인 것입니다. 이론적으로 실물경기변동이론은 매우 훌륭한 모형이며, 그 이론이 지닌 호소력의 상당부분도 여기에 있습니다. 군더더기 없이 아주 긴밀히 짜인 모형이지요. 그러나 현실세계를 바라보면 저는 밀턴 프리드먼과 제임스 토빈이 보았던 것과 같은 것을 보게 됩니다. 그것은 바로 미국의 매우 강력한 연방준비제도이사회나 영국의 잉글랜드 은행 같은 것들이지요. 세계적으로 인플레이션 낮추기가 진행되던 시기가 저산출과 고실업의 시기였음을 입증하는 증거가 많이 있습니다. 이러한 결과를 실물경기변동 모형에서는 전혀 찾아볼 수 없습니다. 저는 경기변동의 중요한 추동력으로 이 모형이 강조하는 것, 즉 기술적 충격이 그리 중요하다고 생각하지 않습니다.

| 실질임금의 경기순행적 움직임은 실물경기변동이론의 강력한 특징이 아닌가요? 새케인즈학파는 경기변동에 따른 실질임금의 움직임을 어떻게 설명하는지요?

실물경기변동이론은 정말로 경기순행적인 임금을 예측합니다. 이 문제와 관련해서 모형들을 상세하게 살펴보지는 못했지만, 제가 이해한 바로는 실물경기변동이론은 실질임금이 매우 경기순행적일 것으로 예측합니다. 그런데 실질임금이 경기순행적이라는 것은 사실이지만 제가 실증사료를 통해 얻은 결론은 그것이 아주 약하게 경기순행적이라는 것입니다. 실물경기변동이론은 매우 경기순행적인 실질임금을 예측하는 반면 실증자료는 실질임금이 매우 약하게 경기순행적이라고 보여주고 있는 것이지요. 따라서 이 모형을 실증자료와 화합시키기는 매우 어렵습니다. 저는 실질임금 실증자료는 그리 어렵지 않게 설명될 수 있다고 생각합니다. 임금과 가격이 시간에 걸쳐 서서히 변화하는 세계를 생각해 보시지요. 그러면 이 세계에서 실질임금의 경기순행적 변화는 임금과 가격 중 어느 것이 더 서서히 변화하는가의 문제가 되어 버립니다. 실질임금이 대략적으로 볼 때 경기변동적이 아니거나 아주 약하게 경기순행적이라는 사실은 제가 보기에는 단순히 임금과 가격이 동일한 정도로 경직적임을 시사하고 있습니다. 이런 해석은 가격이 평균적으로 일년에 한번 변동한다는 앨런 블라인더의 증거와도 부합합니다. 그리고 우리가 모두 알다시피 임금은 대부분의 경우 일년에 한번 변화합니다. 따라서 저는 제 설명이 실증자료의 많은 부분과 부합한다고 생각합니다.

| 노동생산성이 경기순행적인 현상은 어떻게 설명하시나요? 그게 노동 쌓아놓기(labour hoarding)에 의한 것이라고 생각하는 케인즈주의자들이 있는데요.

노동생산성의 경기순행적 변화는 기술충격을 믿지 않는 사람들에게는 수수께끼죠. 노동생산성이 경기순행적인 이유에 대한 전통적인 설명이 노동 쌓아놓기입니다. 경기침체기에 기업은 실제로는 필요하지도 않은 노동자들을 계속 유지합니다. 그렇게 해서 다음에 경기활황이 올 때 그 노동자들을 사용할 수 있으려고 하는 것이지요. 이 때문에 노동생산성이 경기순행적인 모습을 보이는

경향이 있다는 것이고요. 이 이론은 제게 아주 그럴 듯하게 들립니다. 제 경우 할 일이 많을 때는 제 비서에게 더 열심히 일하도록 시킵니다. 그에 따라 비서의 생산성은 경기순행적이지요. 제 자신도 할 일이 많을 때는 일을 더 열심히 합니다. [웃음] 저는 노동 쌓아놓기와 경기순행적 노력이 중요함을 보여주는 인과적 실증자료가 매우 많이 있다고 생각합니다.

거시정책

| 케인즈주의 경제학의 중심적인 아이디어 중 하나는 총수요가 증가하면 경기가 좋아진다는 것입니다. 교수님은 정부가 실제로 경기를 진작해야 할 조건들이 어떤 것이라고 생각하시는지요?

여기에는 두 개의 문제가 있습니다. 첫째, 정부가 언제 행동해야 하는가? 둘째, 어떻게 행동해야 하는가? 즉, 통화정책을 사용해야 하는가 아니면 재정정책을 사용해야 하는가? 첫째 문제와 관련해서는, 총수요가 완전고용을 유지하기에 너무 낮을 때 총수요를 진작시켜야 합니다. 즉, 실업률이 너무 높거나 실업률이 더 높아질 것이라 믿을만한 이유가 있을 때이지요. 많은 새케인즈학파 이론들이 제시하는 정책적 함의들은 실제로는 1960년대의 신고전파 종합에서 제시한 정책적 함의에서 그 기원을 찾을 수 있습니다. 정책에 대한 제한에 대해 그 당시 논의되었던 내용들 중 일부는 오늘날 아직도 유효합니다. 가격변화가 서서히 이루어진다는 등 새케인즈학파가 내세우는 주장을 모두 받아들인다 하더라도, 정부가 충격에 반응하여 적절한 시기에 얼마나 잘 대응할 수 있는가라는 문제가 남습니다. 이에 관한 논쟁에서는 저는 주로 밀턴 프리드먼과 편을 같이 합니다. 정부는 충격을 적절한 방식으로 인식하는 데 별로 재주가 없고, 충격에 반응할 때도 너무 늦게 대처하거나 역효과를 내는 방식으로 대처하는 경우가 빈번합니다. 따라서 저는 경기변동을 시장실패의 신호로 보는 한편, 경기변동이 또한 정부가 교정하는 데 그 능력이 매우 한정되어 있는 종류의 시장실패이기도 하다고 생각합니다. 분명히 대공황과 비슷한 양상으로 매우 심각하면서도 지속적인 경기침체가 진행되고 있는 경우에는 정부가 무언가를 할 수 있는 여지가 있습니다. 그러나 전후 경제에서 관찰되는 상대적으로 미약한 정도의 경기변동에 대해서는, 정부가 실제로 해왔던 것 이상으로 더 잘 할 수 있는가는 그리 분명하지 않습니다.

| 정치가들이 기술관료들의 조언을 따라서 정확한 행동을 취할 수 있다는 케인즈의 생각이 정치적으로 순진한 생각이라고 여기시는지요? 여기서 우리가 생각하고 있는 것은 공공선택이론과 정치적 경기변동이론입니다. 정치가들이 일단 재정정책과 통화정책을 사용할 권한을 가지면 그것들을 올바른 방식으로 사용하리라고 신뢰할 수 있을까요?

그것은 심각한 문제라고 생각하지만 그 문제를 해결하는 방식은 여러 개가 있습니다. 예를 들어 중앙은행이 상대적으로 더 독립적인 나라들에서 평균적으로 인플레이션율이 더 낮다는 사실을

보여주는 연구가 많이 있습니다. 중앙은행이 상대적으로 덜 독립적이면 더 많은 정치적 압력이 있고 인플레이션을 너무 높이는 정책을 수행할 가능성이 더 커집니다. 이런 정치적 문제를 회피할 방법들의 존재합니다. 중앙은행의 독립성 같은 것이지요. 중앙은행은 어느 정도 기술관료들이 운용하고 있거든요. 바로 이 이유 때문에 재정정책과 비교하여 독립적인 중앙은행이 경제를 미시조정하는 데에도 더 잘 할 수 있을 겁니다. 재정정책은 언제나 정치가들이 밀어붙이니까요. 물론 이 이야기는 우리가 실제로 경제를 미세조정한다는 전제조건에서 하는 이야기입니다.

| 교수님은 시간적 비일관성에 관한 연구가 정부의 정책이 어떤 종류의 통화정책준칙에 헌신해야 한다는 주장을 설득력 있게 뒷받침한다고 말했습니다. 교수님은 재정정책준칙도 옹호하시나요?

재정정책준칙은 아주 잘 운용되어야 합니다. 균형예산 경정안이 너무 엄격히 실행된다면 그것은 파국을 불러올 것입니다. 경기침체기나 전시 같은 특정한 경우에는 적자예산을 운용하는 것이 적절한 조치입니다. 따라서 재정정책준칙이라면 어떤 것이라도 적자예산이 적절한 정책반응인 특별한 상황을 고려해야만 합니다. 재정정책준칙은 그 자체로는 그리 나쁜 아이디어가 아닙니다. 하지만 운용이 잘 되어야 합니다. 그런데 저는 그렇게 잘 운용이 된 재정정책준칙을 본 적이 없습니다.

| 정책준칙을 고안하는 데 있어 발생하는 문제들 중의 하나는, 경제가 예상치 못한 충격을 받으면 정부는 그 준칙을 거두어들이고 재량적인 행동을 취해야 한다는 것이 아닌가요? 정말로 구속력을 가진 정책준칙을 생각하기는 힘듭니다.

그 문제는 두 개의 부분으로 나뉩니다. 첫째, 준칙이 구속력을 갖도록 만드는 방법은 무엇인가? 둘째, 정말로 준칙이 구속력을 갖기를 원하는가? 준칙이 구속력을 갖도록 만드는 한 가지 방법은 평판에 근거한 것입니다. 많은 규칙들은 단지 오랜 전통이 그것들을 규칙으로 확립시켰기 때문에, 그리고 사람들이 전통을 깨뜨리기를 원하지 않기 때문에 규칙으로 존재합니다. 준칙을 부과하는 또 다른 방법은 좀 더 법적인 것으로, 준칙을 헌법 안에 명기하는 방식이지요. 제가 생각하기에, 이 문제와 관련하여 제기되는 훨씬 더 어려운 문제는 사람들이 규칙을 구속력이 있는 것으로 만들기를 원하는가 하는 점입니다. 여기서 문제는 예상치 못한 사건에 대해서조차 잘 작동할 준칙을 작성할 수 있는가 하는 것이에요. 만일 규칙에 얽매이는 데 너무 많은 비용이 수반된다면, 사람들은 그런 준칙을 더 이상 준수하지 않을 것입니다. 사람들이 원하는 것은 정상적인 종류의 충격에 잘 대처하는 규칙을 작성하는 것이지요. 다시 말해서, 사람들은 앞으로 어떠한 충격이 나타날지에 대해서는 알지 못하지만, 어떠한 종류의 충격이 가능한지에 대해서는 알고 있습니다. 과거를 보면 오일쇼크, 화폐수요 충격 등이 발생했었지요. 이렇게 과거에 경험한 충격에 기초해서, 경제가 앞으로 경험하리라 예상되는 종류의 충격에 대처하기에 좋은 규칙을 작성하는 것입니다. 그러면 조금도 예상할 수 없는 사건이 발생하지 않는 한, 사람들은 준칙을 충실히 지킵니다.

| 한 때 레이욘후푸드는 경제가 '복도(corridor)'를 따라 여행하는 것으로 생각될 수 있다고 주장했습니다. 경제가 '복도'에 머물러 있는 한 내버려두어도 되지만, 만일 복도에서 벗어나 심각한 침체국면에 진입하면 개입이 필요하다는 것이지요. 이것이 바로 교수님이 말하고자 하는 바이기도 한가요? [Leijonhufvud, 1981 참조]

그렇지 않습니다. 경기침체는 어느 정도 정확하게 예측 가능한 것이니까요. 사람들은 언제 경기침체가 나타날지는 알지 못한다 해도 언젠가 그것이 나타날 것임은 알고 있습니다. 경기침체는 정부가 특정한 정책준칙으로 대처하기를 원하는 여러 정황들(contingencies) 중의 하나입니다. 저는 경기침체 자체가 정부로 하여금 규칙을 깨뜨리기를 원하도록 만드는 예외적인 사건이라고 생각하지 않습니다. 경기침체는 미리 대응방안을 모색할 수 있는 사안입니다. 제가 지금 말하고 있는 사건은 언제 나타날지 예상할 수 없을 뿐만 아니라 사람들이 일어날지도 모른다고 생각해 본 적도 없는 사건입니다. 예를 들어, 1973년 이전에 사람들은 석유수출국기구의 공급충격에 대해 상상해 본 적도 없습니다. 석유수출국기구라는 생각 자체가 사람들의 마음속에 떠오른 적이 없었지요. 이런 경우가 바로 사람들이 규칙에 대해 다시 생각해 보기를 원할 수도 있는 유형의 상황입니다. 이제 우리는 석유수출국기구가 무엇을 할 수 있는지에 대해 알고 있으므로, 이를 고려한 준칙을 작성할 수 있습니다.

| 새케인즈학파 거시경제학에서 재정정책의 역할은 무엇인가요?

대체로 새케인즈학파 경제학은 총공급 이론과 가격이 느리게 조정되는 이유에 관심이 있었습니다. 무엇이 총수요를 결정하는 요인인지, 특히 통화정책이나 재정정책의 수단이 매우 유용한지에 관한 문제에 대해서는 상대적으로 중립적이었지요. 방금 전에 언급했듯이, 저는 개인적으로 경제를 미세조정하는 데 재정정책이 유용한지에 대해 회의적입니다. 적어도 미국에서는 의회가 매우 느리게 행동하기 때문이지요. 우리가 이 인터뷰를 하고 있는 순간(1993년 2월 18일)에도, 의회에서는 재정유인에 관한 논쟁이 진행 중에 있습니다. 이미 지난 약 1년 동안 경기회복이 나타나고 있는데도 말입니다. 이러한 재정유인이 실제로 경제에 영향을 미칠 무렵이면, 제가 추측하건대 경제는 다시 자연실업률에 근접한 상태에 놓여 있게 될 것입니다. 이것은 재정정책에서 어떻게 매우 긴 시차가 발생할 수 있는지를 보여주는 완벽한 사례입니다. 총수요를 안정시키는 데에는 통화정책이 훨씬 더 유용한 도구입니다.

| 재정적자가 문제가 되나요?

저는 재정적자가 상당히 큰 문제라고 생각합니다. 이것이 문제가 되는 방식은 단기 거시경제적 이유라기보다는 장기적인 이유, 즉 케인즈학파 모형이 아니라 성장 모형으로 설명되는 이유를 통해서입니다. 실증자료에 대한 저의 이해에 따르면, 대규모의 재정적자는 국민저축을 축소시킵니다. 그리고 성장이론과 국가별 성장경험에서 도출된 교훈에 따르면, 낮은 저축률은 저성장으로 이어집니다. 이것이 바로 오늘날 미국이 안고 있는 커다란 문제이기도 합니다.

| 만일 교수님이 향후 3~4년 동안의 거시경제 정책과 관련해서 클린턴 대통령에게 정책조언을 한다면, 교수님이 필요하다고 느끼는 정책은 어떠한 종류의 것인가요?

클린턴 대통령의 연설(1993년 2월 17일)에 대해 이야기한다면, 저는 그가 제안하는 재정유인이 필요하다고 생각하지 않습니다. 경기회복은 이미 진행되고 있습니다. 시작부터가 심각한 경기침체가 아니었으므로, 저는 완만한 경기회복에 대해 크게 놀라지 않아요. 재정유인의 경우 사람들이 일자리를 구하는 데는 시간이 걸립니다. 제게는 클린턴 대통령이 재정적자에 대해 염려하는 것이 좋아 보입니다. 미국에서 낮은 국민저축율은 장기적으로 중요한 거시적 문제이기 때문이지요. 그러나 저는 그가 정부지출 축소보다 조세증가를 더 강조하는 것에 대해서는 실망하고 있습니다. 이것은 거시경제학에 관한 관점이라기보다는 정부규모에 관한 관점입니다. 저는 또 그가 미국의 낮은 민간저축률에 대해서는 주목하지 않는 것에 대해서도 실망하고 있습니다. 저라면 현재의 저축 비유인을 제거하기 위한 조세개혁을 권유할 것입니다. 이렇게 저는 그에게 혼합된 평가를 내립니다.

현재와 미래 거시경제학의 진보

| 1980년대에는 교수님을 포함해서 많은 연구자들이 케인즈주의 경제학의 핵심 요소에 좀 더 엄밀한 미시경제학적 토대를 제공하는 데로 방향을 잡고 있었습니다. 지난 10년을 되돌아 볼 때, 교수님은 이러한 연구가 케인즈주의 경제학에 좀 더 실질적인 미시적 토대를 제공하는 데 얼마나 성공적이었다고 생각하는지요?

이제 케인즈주의 경제학, 즉 임금과 가격의 경직성에 관한 경제학이 미시경제학적 모형에 제대로 기초해 있다고 말할 수 있다는 의미에서, 지금까지 진행되어온 연구는 이론적인 차원에서 성공적입니다. 경제학자들이 사용할 수 있는 미시경제학 모형에는 현재 몇 가지가 있습니다. 루카스와 그의 후계자들에 던진 이론적 도전은 충족되었습니다. 그러나 이러한 연구 흐름이 실증 측면에서도 성공적일 것인가에 대해서는 다소 불명확합니다. 이 연구가 실제의 경기변동을 이해하는 데 도움을 주는 새로운 통찰력을 어느 정도 생산했는가? 실제 자료와 정책을 바라보는 새로운 방식을 제공하는가? 이 점에 대해서는 배심원들이 아직도 심사숙고 중입니다. 실증연구가 약간 있지만, 아마도 그 숫자는 제가 양손의 손가락으로 꼽을 수 있는 정도일 것입니다. 저는 이 분야가 성장하기를 바라지만, 지금까지 연구들은 제가 원하는 만큼 실증적인 방향을 갖추지 못했습니다.

| 교수님은 현재 너무 많은 이론이 있다는 관점에 일말의 진실이 담겨 있다고 생각하시는지요?

예, 저는 그 관점에 상당부분 동의합니다. 전문영역에서 멋진 이론을 만들어 내는 일은 아주 커다란 이점을 가져다줍니다. 그러나 저는 이 문제를 어떻게 해결할 수 있을지 알지 못합니다. 분명히 저는 제가 믿는 것을 믿는 한편으로, 바로 너무 많은 이론이 존재한다는 이유를 들어 다른 사람들 역시 내가 믿는 것을 믿어야 한다고 말할 수는 없습니다. [웃음] 만일 거시경제학자들 사이에 합의가 이루어진다면, 그래서 이들이 구체적인 내용 연구에 더 많은 시간을 할애하고 새로운 경기변동이론을 만들어내는 데에는 더 적게 연구시간을 할애한다면 좋을 것입니다. 우리가 합의에 도달할 때까지는, 명령으로 이를 강요할 수는 없지요.

| 교수님은 거시경제학에서 합의가 나타날만한 조짐이 있다고 생각하시나요?

좋은 질문입니다. 제 마음은 제가 참석하는 컨퍼런스에 따라 크게 바뀝니다. [웃음] 분명 전문가들 사이에는 서로에 대해 동의하고 있는 집단이 있습니다. 올리비에 블랑샤르, 래리 볼, 데이비드 로머, 조지 애컬로프, 앨런 블라인더 등과 같은 새케인즈학파 학자들 사이에는 상당히 많은 합의점이 존재합니다. 우리가 하나의 집단으로서 실물경기변동 학파의 일부와 합의에 도달할 수 있는가에 대해서는 답하기가 어렵습니다. 저는 과거에 실물경기변동 모형에 가깝던 사람들 중 일부가 오늘날에는 화폐적 효과를 자신들의 모형 속에 삽입하고자 노력하고 있다는 사실이 기쁩니다. 이것은 연구활동의 어느 지점에선가 새케인즈학파 모형과 실물경기변동 모형이 만나서 두 접근방법의 강점을 결합한 거대한 종합(grand synthesis)으로 묶여질 수 있을 것이라는 희망을 던져줍니다. 이런 상황은 아직 나타나지 않았어요. 단지 희망에 불과할 뿐이지요.

서신을 통한 추가 질문과 답변: 1998년 2월 3월

| 1993년 2월에 교수님과 이야기할 때, 교수님은 "연구활동의 어느 지점에선가 새케인즈학파 모형과 실물경기변동 모형이 만나서 두 접근방법의 강점을 결합한 거대한 종합(grand synthesis)으로 묶여질 수 있을 것"이라고 다소 희망적인 말을 했었습니다. 지난 5년 동안 거시경제학 연구는 교수님이 희망했던 대로 합의에 가까운 쪽으로 발전했나요?

어느 정도 그렇습니다. 새케인즈학파와 실물경기변동 연구의 통찰력을 통합하고자 시도하는 사람들이 점점 더 늘어나고 있습니다. 로버트 킹(Bob King), 훌리오 로템버그(Julio Rotemberg), 마이클 우드퍼드(Mike Woodford) 등이 그들입니다. 당연히 여기에는 어려운 기술적 쟁점들이 상당히 많이 제기됩니다. 동태적 가격 경직성 모형이 일부 특정 사례를 제외하고는 해를 구하기 어렵다는 점은 이미 오래 전부터 알려져 있었습니다. 그러나 일부 진전이 있었습니다.

| 교수님의 새 저서 《경제학 원론》[Mankiw, 1997]은 상당히 많은 관심과 논평을 불러일으키고 있

습니다. 예를 들어, 마크 스쿠센(Mark Skousen)은 《월스트리트 저널》(*Wall Street Journal*)에 게재된 서평[1997년 10월]에서 교수님이 전하는 전반적인 메시지가 "이제는 고전학파 경제학이 《일반이론》이며 케인즈주의 경제학은 그 '특수' 사례"라고 해석합니다. 스쿠센은 또 "사실상 책의 전체 내용이 고전학파 경제학에 집중되어 있으며 케인즈주의 경제학은 마지막 부분에 추가사항으로 처리되어 있다"고 쓰고 있습니다. 이런 평이 교수님 책의 균형과 현재 교수님의 입장을 정확히 반영하는 견해인가요?

제 책에 대한 반응을 보고 저는 매우 기뻤습니다. 《월스트리트 저널》의 독자기고란에 게재된 스쿠센의 글과 같은 서평들 중 일부는 제 책의 내용을 과장하고 있습니다. 이와 관련하여 제가 쓴 편지가 《월스트리트 저널》에 실렸었죠. 저는 책에서 케인즈학파와 고전학파의 사상 사이에서 균형을 맞추고자 노력했습니다. 케인즈학파 분석은 총수요-총공급 모형을 설명하고 적용하는 3개의 장에서 충분히 다루어지고 있다. 이것은 아마도 전통적인 교과서에 비추어보면 그 양이 적을지 모르지만, 케인즈주의 경제학을 단순한 '추가사항' 으로 다루고 있다는 것은 전혀 사실이 아닙니다. 저는 장기 성장, 화폐수량설 등을 포함한 고전학파 아이디어들에서 시작했습니다. 하지만 책을 끝까지 읽으면 학생들은 케인즈학파 이론의 중요성과 역할을 충분히 익히게 될 것입니다.

| 교수님은 우리와의 이전 인터뷰에서 "자연실업률 가설은 경제학에 꽤 견고하게 진지를 구축하고" 있으며 "대부분의 새케인즈학파는 자연실업률 가설을 신뢰한다"고 말했습니다. 최근 미국경제는 인플레이션과 실업률이 모두 놀라울 정도로 낮습니다. 교수님은 이 현상을 어떻게 설명하시는지요?

미국에서 자연실업률이 하락했다는 사실은 점점 더 분명해지고 있는 듯이 보입니다. 어떻게 보면 이것은 그렇게 놀랄만한 사실이 아닙니다. 원리상 자연실업률이 일정한 수준에서 유지되어야만 한다고 생각할만한 근거가 없기 때문이지요. 노동시장에서 발생하는 여러 변화가 자연실업률을 변경시킬 수 있습니다. 그러나 저는 아직까지 최근의 자연실업률 하락에 대한 훌륭한 설명을 보지 못했어요. 그래서 마음이 좀 편하지 않습니다. 자연실업률에 입각한 설명틀을 통채로 거부하는 방식으로 반발하는 사람들이 있을지도 모르겠습니다. 그러나 저는 그렇게까지 하고 싶지는 않습니다. 부분적으로 저는 자연실업률 모형을 여전히 신뢰합니다. 아직까지 그것보다 더 좋은 대안을 발견하지 못했으니까요.

| 최근 교수님의 연구 관심사는 경기변동에 관한 단기 쟁점보다 경제성장 쪽으로 좀 더 초점이 맞춰져 있습니다. 폴 로머와 같은 내생적 성장이론가들과는 달리 교수님은 '국가의 성장' 에 관한 교수님의 논문(Mankiw, 1995)에서 수정된 솔로 모형을 적극적으로 옹호했습니다. 교수님은 이제 막 시작된 이 연구영역에서 어떤 진보가 일어났다고 평가하시나요?

경제성장에 관한 연구는 경제학계에 매우 긍정적인 발전이었습니다. 궁극적으로 장기 성장은 적

어도 인류의 복지에 관한 한 경기변동만큼이나 중요합니다. 따라서 이 문제가 다시 진지한 연구 대상이 되고 있는 것은 정말 좋은 일이지요. 저의 새 책 《경제학 원론》에서는, 나의 중급 거시 교과서에서와 마찬가지로, 장기성장의 주제가 책의 상당히 앞부분에 소개되고 있습니다. 이것은 상당부분 폴 로머와 같은 학자들에 의해 시작된 연구 흐름을 반영한 것이지요.

어떠한 진보가 이루어졌는가에 대해 저는 다소 양면적인 평가를 내립니다. 오늘날 성장에 관한 이론 모형은 많이 있으며, 실증 연구는 우리가 갖고 있는 자료보다도 더 많이 있습니다. 그렇지만 우리가 과거에는 대답할 수 없었지만 현재에는 자신 있게 대답할 수 있는 중요한 질문들은 그리 많지 않습니다. 과거에 애덤 스미스는 "평화, 낮은 조세, 정의를 위한 견딜만한 행정을 제외하면, 한 국가를 가장 낮은 야만단계에서 가장 높은 풍요의 단계로 끌어올리는 데 필수적인 요인은 거의 없다"고 말했습니다. 이 말은 아직도 최상의 정책권고안처럼 보입니다. 이러한 의미에서 지난 200년 동안 그리 많은 진보가 이루어지지 않은 것이지요. 다른 측면에서 보면, 어쩌면 우리는 애덤 스미스의 직관이 타당한 이유를 더 잘 이해하고 있습니다. 이것이 진보이지요.

| 기술진보에 관한 교수님의 견해와 폴 로머의 견해 사이에 중요한 차이는 무엇입니까?

저는 기술진보에 관해 폴 로머와 다른 견해를 갖고 있지 않습니다. 기술진보는 주로 아이디어의 창조에서 비롯된 것입니다. 아이디어는 완전한 정도는 아니지만 매우 높은 정도로 공공재이지요. 우리 두 사람은 대부분의 국가들이 1세기 전보다 더 부유해진 이유가 바로 여기에 있다는 점에 동의할 겁니다.

로머와 저 사이에 견해 차이가 있어 보이는 지점은 이 오래된 통찰력이 국가별 차이를 이해하는 데에도 중요한가의 여부입니다. 저는 생활수준의 국제적 차이가 상당부분 인적-물적 자본량의 차이로 설명될 수 있다고 주장합니다. 제가 이해한 폴 로머의 견해에 따르면, 그는 이러한 가능성에 회의적이지요. 그는 국가별 지식의 차이가 중요하다고 주장합니다. 요약컨대 그는 나라에 따라 사용 가능한 청사진이 서로 다르다고 주장하는 것이지요. 이 두 이론을 검증하는 과정에서 제기되는 문제가 하나 있습니다. 물적 자본과 인적자본(교육기간)은 측정되고 평가될 수 있습니다. 이것이 바로 제가 데이비드 로머 및 데이비드 웨일과 공동으로 쓴 1992년 논문(*Quarterly Journal of Economics*에 게재)에서 보여주고자 했던 것이지요. 이에 반해 폴 로머가 강조하는 '아이디어'는 측정하기가 더 어렵습니다. 저는 '자본 관점(capital view)'과 '아이디어 관점(idea view)'에 모두 일말의 진실이 담겨 있으며, 무역정책, 재산권 등의 다른 요인들도 중요하다고 확신합니다. 이 여러 요인들의 상대적 중요성은 궁극적으로 명쾌한 결론을 내리기가 매우 힘든 실증분석의 문제입니다.

8

포스트케인지언 학파

폴 데이비드슨[1]

개인적이건 정치적이건 경제적이건 미래에 영향을 미치는 인간의 의사결정은 엄밀한 수학적 기대치에 의존할 수 없다. 그런 계산의 근거가 존재하지 않기 때문이다. (...) 세상의 바퀴가 굴러가도록 하는 것은 행동하고자 하는 우리의 타고난 충동의 산물이다. 우리의 합리적 자아는 우리가 할 수 있는 한 서로 다른 대안들 사이에서 최선의 것을 선택하고 우리가 할 수 있는 한 계산을 하지만, 종종 행위에 대한 동기로서 변덕이나 감정 또는 요행수에 의지하곤 한다.

(Keynes, 1936, 162~3쪽)

8.1 서론

오직 신고전파 종합에 대한 거부라는 이유만으로 결합한 일군의 이질적인 경제학자 집단이 종종 자신들의 거시경제학 모형화 방법에 대해 동일한 명칭, 즉 '포스트케인지언 경제학(Post Keynesian economics)'이라는 명칭을 부여하곤 한다. 불행하게도 이 이질적인 모형들의 상당수는 정통 고전학파 이론의 단순한 변종에 불과하며, 케인스의 《일반이론》(Keynes, 1936)의 토대가 되는 이론적 혁명에 기초하고 있지 않다. 따라서 아직도 고전학파 경제학의 변종으로 남아 있는 이토록 많은 수의 다양한 경제학자들, 예를 들면 미하우 칼레츠키(Michał Kalečki), 피에로 스라파(Piero Sraffa) 및 그의 신리카도학파(neo-Ricardian) 후계자들을 포스트케인지언 경제학자로 분류하는 것은, 한편으로 케인즈와 케인즈의 분석모델을 사용하는 포스트케인지언들과 다른 한편으로 실질적으로 고전학파 분석이론의 21세기 판을 제시하는 주류 거시경제학자들 사이의 차이를 간과하는 것에 불과하다.[2] 포스트케인지언 경제학에 대한 일관되고 엄밀한 정의는 다음 절에서 제시될 것이다.

---

1. Paul Davidson, 테네시 대학교 녹스빌 캠퍼스(University of Tennessee, Knoxville, Tennessee, USA)의 정치경제학 담당 명예교수(Holly Chair of Excellence in Political Economy, Emeritus). 《저널 오브 포스트케인지언 이코노믹스》(*Journal of Post Keynesian Economics*) 편집자.
2. 여기서 언급되는 경제학자들과 학파들에 관해서는 이 책의 제1장을 참조하라.

로렌스 클라인(Klein, 1947)이 케인즈의 분석을 경제이론 상의 한 '혁명'으로 묘사했던 반면, 현재 많은 경제학자들은 주류 케인즈학파 거시경제학이 "막다른 골목"이 되어 버렸다고 주장한다. 힉스, 새뮤얼슨, 모딜리아니, 토빈과 같은 경제학자들이 발전시킨 '수력학적 케인즈학파 모형(hydraulic Keynesian model)'은 케인즈의 경제학이 "정통의 요새 안으로 퇴각"한 것이다(Gerrard, 1988; Coddington, 1976). 설상가상으로 정통 케인즈학파의 이론적 분석과 정책 처방의 실패는 통화주의와 새고전학파의 '반혁명'을 불러일으켰다. 게다가 '새' 케인즈학파 연구프로그램은 신고전파 종합에 대한 새고전학파의 비판에 대한 응답으로 출현한 것일 뿐, '케인즈적 핵심(Keynesian beef)'을 지니지 않는다(Davidson, 1984). 포스트케인지언의 관점에서 판단한다면, 위와 같은 발전의 양상에 비추어 볼 때 고전학파적 사고방식으로부터 근본적이고 성공적으로 단절했다는 의미에서의 '케인즈 혁명(Keynesian revolution)'은 결코 땅에서 이륙하지 못했다.

홀트(Holt, 1977)에 따르면, 포스트케인지언으로 자처하는 많은 경제학자들은 전통적으로 두 개의 큰 집단, 즉 '유럽' 집단과 '미국' 집단으로 분류된다. '유럽' 집단은 영국 케임브리지 집단이라고도 불리는데, 이 집단은 제프리 하코트(Geoffrey Harcourt), 리처드 칸(Richard Kahn), 니콜라스 칼도(Nicholas Kaldor), 미하우 칼레츠키(Michał Kalečki), 조운 로빈슨(Joan Robinson), 피에로 스라파(Piero Sraffa) 등과 같은 경제학자들과 연계된 연구방향을 특징으로 한다. 1950대와 1960년대 전반에 걸쳐 케인즈의 케임브리지 대학교 옛 동료들 중 일부, 특히 조운 로빈슨은 당시 주류였던 '잡종'(bastard) 케인즈주의의 주도적 사상가들이 케인즈의 핵심적인 통찰들을 잘못 해석했다고 일관되게 그리고 반복해서 강조했다. 홀트가 확인하는 두 번째 집단은 빅토리아 칙(Victoria Chick), 앨프레드 아이크너(Alfred Eichner), 얀 크레겔(Jan Kregel), 하이먼 민스키(Hyman Minsky), 배즐 무어(Basil Moore), 조지 섀클(George Shackle), 시드니 와인트로브(Sidney Weintraub), 폴 데이비드슨(Paul Davidson) 등과 같은 경제학자들의 연구방향을 특징으로 한다. 비록 홀트는 두 번째 집단을 '미국' 집단이라고 불렀지만, 광범위하게 규정된 이 두 집단 중 어디에 누가 속하는가를 판가름하는 기준은 국적보다 분석의 스타일과 강조점이다. 예를 들어 섀클은 영국인이며, 칙은 비록 미국에서 태어났지만 연구 활동기간의 대부분을 영국에서 지냈다.

폭넓게 일반화하여 이야기하면, 홀트의 '유럽' 집단은 모든 고전학파 경제학자들과 마찬가지로 통화와 금융 측면의 함의를 무시하거나 적어도 가벼이 보면서 실물경제의 작동과 기능을 강조한다. 홀트의 '미국' 집단의 경우, 전체가 그러한 것은 아니지만 그 일부는 전형적으로 불확실성의 효과, 그리고 화폐와 금융이 경제에 미치는 영향에 관심을 집중한다(Hamouda and Harcourt, 19 88; Chick, 1995; Davidson, 1991, 1996, 2002; Arestis and Sawyer, 1998).

아이크너와 크레겔(Eichner and Kregel, 1975)은 포스트케인지언 경제학이 주류 거시경제 분석을 대체할 일관적인 사유체계를 보여준다고 주장했다. 그렇지만 이 주장을 둘러싸고 논쟁이 지속되고 있다. 코딩턴(Coddington, 1976)과 파틴킨(Patinkin, 1990b)은 케인즈의 《일반이론》에 관한 다양한 해석들을 훌륭하게 개관하고 있다. 또 아레스티스(Arestis, 1996), 월디의 영(Walter and Young, 1997), 스노던과 베인(Snowdon and Vane, 1997a)도 참조하라. 사실 이처럼 어떤 일관된 관점이 존재하지 않는 데는 어느 정도 이유가 있다. 왜냐하면 홀트의 유럽 집단에 속하는 사람들 중 포스트케인지언임을 자처하는 상당수와 미국 집단의 적어도 한 사람은 케인즈의 금융-화폐 분석틀이 아니라 고전학파 모형의 변종을 이용하고 있기 때문이다. 따라서 이 장의 나머지 부분에서 나는 포스트케인지언이라는 명칭을 내걸고자 하는 이 모든 이단적인 경제학자 집단에 의해 창조된 연구체계 전체를 살펴보지는 않을 것이다. 그보다는 오히려 케인즈의 유효수요원리를 채택하고 《일반이론》(Keynes, 1936)에서 유동성 선호가 차지하는 중요성을 인정하는 분석 모형만이 '포스트케인지언 학파' 라는 명칭을 사용할 만한 자격이 있다고 주장할 것이다. 이 주장의 주된 골자는 또 케인즈의 진정한 이론적 유산이 모든 주류 케인즈주의, 즉 '구' 케인즈주의와 '새' 케인즈주의 어느 것에서도 발견될 수 없다는 것을 뜻한다.

8.2 유효수요원리의 중요성

포스트케인지언 경제학은 케인즈(Keynes, 1936, 2장)의 '유효수요원리' 가 기업가 경제에 적용할 수 있는 모든 거시경제 이론의 토대라고 생각한다. 케인즈는 무엇보다도 화폐이론가였다. 그의 주요 경제학 저서 대부분의 제목은 '화폐(money)' , '통화(currency)' 그리고 '화폐적' (monetary) 등의 단어를 포함한다. 포스트케인지언 학파의 이론은 화폐를 사용하는 기업가 경제를 분석하기 위한 케인즈의 혁명적 접근법에서 나왔다.

케인즈는 《일반이론》의 주요 독자를 자신의 '동료 경제학자들(Keynes, 1936, v쪽)' 로 상정하면서 다음과 같이 주장했다.

> 고전학파 이론의 공준(postulate)은 일반적 사례가 아니라 오직 특수 사례에만 적용될 수 있다. (...) 더구나 고전학파 이론에 의해 가정된 특수 사례의 특징은 우리가 실제로 살고 있는 경제사회의 특징이 아니다. 따라서 이 이론의 가르침을 경험적 사실들(facts of experience)에 적용하고자 시도한다면 오류와 재앙으로 귀결될 것이다. (Keynes, 1936, 3쪽)

한 논문에서 데이비드슨(Davidson, 1984)은 합리적 기대(새고전학파) 이론, 통화주의(구고전학파 이론) 이론, 구케인즈학파(신고전파 종합) 이론, 새케인즈학파 이론, 그 어느 것이든 주류 거시경제이론의 변종들은 모두 세 가지 기본적인 고전학파 공리에 입각해서 구성되어 있다고 주장했다. 케인즈도 이에 대해 다음과 같이 분명하게 언급하고 있다.

> 고전학파 이론은 경제가 완전고용 상태에 있는 경우에만 적용가능하다. [그러므로] 이 이론을 비자발적 실업과 관련된 문제들에 적용하는 것은 잘못이다. (...) 고전학파 이론가들은 비유클리드(non-Euclidean) 세계에 있는 유클리드(Euclidean) 기하학자들과 비슷하

> 다. 이들은 겉보기에 평행한 두 직선이 경험세계에서 종종 교차함을 발견하고는 그 두 직선이 실제로 직선 상태를 유지하지 못했다고 비판한다. 이런 비판은 실제로 발생하고 있는 두 직선의 불운한 교차에 대해 그들이 취할 수 있는 유일한 대책이다. 그러나 진실은 평행공리를 던져버리고 비유클리드 기하학을 발전시키는 것 말고는 달리 대책이 없다는 것이다. 이와 비슷한 것이 오늘날 경제학에서도 요구된다. (Keynes, 1936; 16쪽)

케인즈의 유효수요원리는 기본적으로 세 가지 제한적인 고전학파 공준들을 전복시켰다. 이 공준들로부터 자유로워지자 케인즈(Keynes, 1936, 26쪽)는 현실 세계의 특징을 지닌 경제를 모형화하는 데 왜 세의 법칙이 '타당한 법칙'이 아닌지를 논리적으로 입증할 수 있었다. '경험적 사실들(facts of experience)'을 정확히 반영하고 또 여기에 적용할 수 있는 이론이 확보될 때까지는 제대로 된 정책을 시행할 가능성이 거의 없다. 이 메시지는 오늘날에도 여전히 타당하다.

공리(axiom)를 던져버리는 일은 독실한 신자가 '보편적인 진리'라고 믿고 있는 것을 거부하는 일과 같다. 그러므로 경제이론에서 케인즈 혁명은 진정한 반란이다. 왜냐하면 이것은 주류 이론의 기본 공리를 거부하고 우리가 살고 있는 현실 세계와 좀 더 밀접하게 관련된 비(非)세의 법칙(non-Say's law)을 위한 논리적 근거를 개발하는 것을 목적으로 하기 때문이다. 케인즈의 기하학 비유에 비추어 보면, 포스트케인지언 이론은 비유클리드 경제학으로 불릴 수 있을 것이다.

케인즈의 혁명적인 논리적 분석이 거부하는 제한적인 고전학파 공리들은 (i) 조대체(gross substitution) 공리, (ii) 화폐중립성 공리, (iii) 에르고드적(ergodic)[3] 경제세계 공리이다. 이 공리들을 전복시켜야만 모형화될 수 있다고 케인즈가 믿었던 현실 세계의 특징은 다음과 같다.

1. 화폐는 장기와 단기에 모두 중요하다. 즉, 화폐와 유동성 선호는 중립적이지 않으며 실물부문의 의사결정에 영향을 미친다.

3. '에르고드적'/'에르고드성'은 ergodic/ergodicity의 번역으로서(한국물리학회 물리학 용어집 참조), 열역학, 통계역학 및 수학에서 사용하는 개념이다. 에르고딕 정리(ergodic theorem)는 어떤 한 체계의 동학 변수의 시간평균과 공간평균이 점근적으로 동일하다는 명제이다. 시간평균은 한 주어진 기간 동안 체계의 동학 변수가 각 시점에서 실현되어 나타난 값의 평균이고, 공간평균은 주어진 한 시점에서 한 체계를 상상 속에서 다수로 복제한 후 이 각 체계에서 문제의 변수가 실현되어 나타날 값의 평균이다. 경제학에서 시간평균은 한 변수의 시계열(time series) 자료에 따른 평균에 상응하고, 공간평균은 한 변수의 횡단면(cross section) 자료에 따른 평균에 상응한다. 에르고딕 정리에 따르면, 주어진 기간이 무한대로 되었을 때의 시간평균과 복제된 체계의 개수가 무한대로 되었을 때의 공간평균이 동일하다. 이 정리는 다음과 같은 함축을 갖는다. 즉 에르고드적 체계에서는 과거의 자료에서 얻은 시간평균이나 공간평균에 근거하여 현재의 공간평균에 대한 믿을만한 추정치를 구할 수 있고, 또 이들 중 하나에 근거하여 미래에 발생할 시간평균이나 공간평균에 대하여 믿을만한 추정치를 얻을 수 있다. 또 현재의 데이터에서 얻은 공간평균에 기초하여 미래의 공간평균이나 시간평균에 대한 믿을만한 추정치를 구할 수 있다. 그러나 만일 주어진 체계가 비에르고드적(nonergodic)이면 이러한 추정들은 가능하지 않다. 예측을 목적으로 하는 계량경제학은 경제가 에르고드적이라는 믿음에 기초해 있다고 할 수 있다. 그러나 케인즈의 불확실성 개념에 따르면, 이러한 예측은 불가능하다. 따라서 케인즈가 이해하고 있는 경제의 모습은 비에르고드적이다. 아래 제8.8절, 그리고 폴 데이비드슨의 책 《포스트케인지언 거시경제학 이론》(*Post Keynesian Macroeconomic Theory*, Aldershot, Edward Elgar, 1994), 89~93쪽을 보라.

2. 경제체계는 돌이킬 수 없는 과거로부터 불확실한 미래로 달력시간(calendar time)을 통해 움직인다. 그러므로 생산, 투자, 소비 행위를 포함하는 중요한 의사결정은 흔히 불확실한 상황에서 이루어진다.
3. 화폐를 기준으로 하여 체결되는 선물계약(forward contracts)은 시간을 요하는 생산 및 교환 과정을 효율적으로 조직하기 위해 사람들이 고안한 제도이다. 화폐임금 계약은 이러한 계약 중에서 가장 널리 퍼져있는 것이다. 현대 생산경제는 화폐임금 계약에 기초한 체계, 즉 케인즈가 기업가 체계(entrepreneur system)라 불렀던 것에 기반을 둔다.
4. 시장지향적인 화폐생산경제가 자유방임 상태에 있을 때 흔히 관찰되는 상황은 완전고용이 아니라 실업이다.

8.3 분류

엄밀한 분류는 모든 과학적 탐구의 필수조건이다. 그러나 너무도 많은 경우에, 경제학에서 통상 사용되는 용어들은 다중적인 함의를 지닌다. 이에 따라 경제학자들 사이에서 행해지는 많은 논쟁들이 종종 의미상의 혼동에 기인한다. 참여자들이 동일한 한 단어를 서로 다른 의미루 사용하거나, 더 심한 경우에는 동일한 참여자가 한 단어를 논의의 맥락에 따라 서로 다른 의미로 사용한다. 경제학 논의에서 '화폐(money)'라는 단어가 사용되는 방식보다 더 분명하게 이런 상황을 보여주는 사례는 없다. 이런 의미상의 혼동을 피하기 위해서는, 흔히 사용되지만 잘못 사용되고 있는 단어들의 정의(dictionary)를 처음부터 분명하게 제시할 필요가 있다. 예를 들어, 케인즈가 《일반이론》에서 여러 개념들을 정의하는 제6장과 부록을 신중하게 읽고 이해한 경제학자가 얼마나 될 것인가? 마찬가지로, 얼마나 많은 경제학자들이 프리드먼의 1957년 저작 《소비함수 이론》(*Theory of the Consumption Function*)의 1장과 2장을 완벽히 읽었겠는가? 그리고 케인즈에게는 저축이 내구재니 비내구재를 구매하지 않기로 하는 가계의 결정과 관련되어 있음에 반해, 프리드먼에게는 저축이 의복 같은 새로운 내구재의 구매를 포함하는 의미로 정의된다는(위의 책, 11쪽) 사실에 대해 얼마나 많은 사람들이 알고 있는가? 해로드(Harrod, 1951, 463~4쪽)는 케인즈 혁명의 정수를 그의 특징인 명료한 어조를 통해 다음과 같이 표현한다.

> 생물학에서와 마찬가지로 경제학에서도 분류는 그 과학적 구조에 있어서 핵심적이다. (...) 고선학파 체계의 진짜 결함은 가장 주목을 받아야 할 부분으로부터 주목을 빗나가게 했다는 데 있다. 케인즈는 무엇이 가장 중요한 것인가를 찾아내는 그의 강력한 직관을 통해서, 낡은 분류체계가 부적절하다는 확신을 가질 수 있었다. 그가 자신만의 새로운 분류체계를 구성할 수 있었던 것은 바로 그의 매우 뛰어난 논리적 능력 덕분이었다.

8.4 세의 법칙에 대한 케인즈의 분류체계 상의 공격

경제가 실업의 수렁에 빠질 수도 있는 이유를 설명하는 데 정통 경제학의 어휘가 충분하지 않다고 확신하게 되자 케인즈는 확대된 분류체계를 개발하고 새로운 정의를 도입했다. 그리고 이를 통해 세의 법칙이 "총수요와 총공급에 관한 타당한 법칙이 아니고, (...) [그래서] 경제이론에는 진정으로 중요한 부분이 아직도 써지지 않은 채 남아 있으며, 이것이 없다면 총고용 규모에 관한 모든 논의는 쓸모없어진다"(Keynes, 1936, 26쪽)는 점을 입증하고자 노력했다.

케인즈의 《일반이론》은 총수요–총공급함수 분석을 통해 유효수요점(point of effective demand)에 도달하는 방식으로 전개된다(Keynes, 1936, 25~6쪽). 총공급함수(aggregate supply function, *Z*)는 기업가의 예상 판매수익과 그가 각각의 예상 판매수익 수준에 대해서 고용하고자 하는 고용수준(*N*)을 대응시킨다. 이 총공급함수는 기업가의 예상 판매량이 늘어날수록 노동자들이 점점 더 많이 고용될 것이라고 시사한다. 총수요함수는 각각의 고용수준에 대해 구매자가 원하는 지출흐름을 대응시킨다(Davidson, 1994).

세의 법칙은 산업의 생산물에 대한 모든 지출(총수요)이 총이윤을 포함하는 전체 생산물의 총비용(총공급)과 동일하다고 적시한다. *D*를 총수요, *Z*를 총공급이라 하면, 총수요함수와 총공급함수는 다음과 같이 표현될 수 있다.

$$D = f_d(N) \tag{8.1}$$

과

$$Z = f_z(N) \tag{8.2}$$

그러면 세의 법칙은 "모든 *N* 값에 대해, 즉 산출량과 고용의 모든 크기에 대해"(Keynes, 1939, 25~6쪽) 다음과 같이 표현된다.

$$f_d(N) = f_z(N) \tag{8.3}$$

다시 말하면, 세의 법칙이 적용되는 경제에서는 모든 생산비용이 항상 판매수입으로 보상된다. 유효수요의 부족은 전혀 존재하지 않는다. 총수요곡선과 총공급곡선이 일치한다. 세의 법칙 경제에서는 완전고용을 방해하는 요인이 존재하지 않는다.

총수요와 총공급이 일치할 필요조건들은, 화폐가 중립적이고, 모든 것이 다른 모든 것에 대해 좋은 대체재이며(조대체), 미래가 확률적으로 신뢰할 만하게 예측될 수 있다(에르고드성 공리)는 것이다.

우리가 살고 있는 현실 세계에 대해 과연 세의 법칙이 적용가능한가라는 문제에 도전하기 위해 케인즈는 총수요함수와 총공급함수, 즉 $f_d(N)$과 $f_z(N)$이 일치하지 않는 모형을 개발해야 했다. 케인즈는 마셜 경제학에서 개발된 기업의 정상적인 단기 플로 공급함수를 총공급함수를 위한 미시적 기초로 수용했다. 그렇기 때문에 케인즈는 오직 총수요 개념을 통해서만 자신의 접근법을 차별화할 수 있었다. 케인즈는 총수요를 다음과 같이 두 범주로 구분했다.

$$D = D_1 + D_2 \tag{8.4}$$

여기서

$$D_1 = f_1(N) \tag{8.5}$$

과

$$D_2 = \overline{D}_2 > 0 \tag{8.6}$$

여기서 D_1은 "총소득 수준, 그러므로 고용수준 N에 의존하는"(Keynes, 1936, 28쪽) 모든 지출을 가리킨다. 따라서 D_2는 소득과 관련되지 않는 모든 다른 지출을 가리킨다. 비록 D_2가 총소득에 관련된다 해도(즉, $D_2 = f_2(N)$이라 해도), 모든 N값에 대해 $f_1(N) + f_2(N) = f_z(N)$이 성립하지 않는 한 세의 법칙은 적용될 수 없다.

수요 지출이 두 범주로 나뉠 수 있다는 점을 명시적으로 인식하는 덕분에 케인즈의 분석은 정통파 이론보다 더 일반적인 이론이 될 수밖에 없다. 왜냐하면 정통파 이론은 오직 한 가지의 수요 지출만을 인식하기 때문이다. 고전학파 이론은 모든 N 값에 대해 다음 두 조건이 항상 성립하는 '특수 경우' (Keynes, 1936, 8쪽)이다.

$$D_2 = 0 \tag{8.7}$$

과

$$D_1 = f_1(N) = f_z(N) = Z \tag{8.8}$$

케인즈는 한계소비성향이 항상 1보다 작게 나타나는 '상세한 경험적 사실들' 과 연관된 '근본적인 심리법칙' 이 있음을 선언했다. 이 선언에 따라 케인즈는 현실 세계에서는 설령 $D_2 = 0$가 성립한다 해도 $f_1(N)$이 $f_z(N)$와 결코 일치하지 않을 것임을 선포했다. 세의 법칙은 '경험적 사실들' 에 적용될 수 없다는 것이다.

8.5 상대가격의 변화가 D_2로 하여금 간극을 메우도록 할 수 있는가?

고전학파 이론에 대해 케인즈가 가한 공격의 첫째 수위(水位)는 수요를 서로 다른 결정요인을 지닌 두 가지 범주로 확장한 것이다. 케인즈의 주장에 따르면, 세의 법칙을 정당화하기 위해서는 모든 지출이 소득과 연결되는 동시에 지출과 소득의 크기가 항상 동일하다고 가정하는 고전학파의 수요 관계가 필요하다. 그러나 이렇게 가정된 고전학파의 수요 관계는 '경험적 사실들' 에 부합하지 않는다.

다음 공격 수위로 케인즈가 해야 했던 것은 상대가격의 변화가 조대체 효과를 통해 세의 법칙을 되살릴 수 없음을 입증하는 것이었다. 고전학파 이론에서는 한 회계기간 동안 벌어들인 모든 소득이 해당 기간에 생산된 소비재 및 서비스에 대한 소비지출과, 미래의 소비를 위한 재화의 생산에 사용될 현재의 투자재에 대한 투자지출 사이에서 시간 선호(*time preference*)에 따라 배분된다. 달리 말해서, 이번 기에 벌어들인 모든 소득은 항상 이번 기의 산업 생산물의 구매에 지출된다. 그러나 케인즈의 분석에서 시간 선호는 이번 기의 소득 중에서 얼마나 많은 부분이 이번 기에 생산된 소비재의 구매에 지출되고, 얼마나 많은 부분이 소비재의 구매에 지출되지 않고 유동자산을 구매하는 방식으로 저축되는지를 결정해 준다. 따라서 케인즈의 체계에서는 유동성 선호(*liquidity preference*)라는 두 번째 의사결정 단계가 있다. 이 의사결정 단계에서는 소득을 가진 사람이 저축의 구매력을 미래 시점으로 이전시키기 위해 그의 저축된 소득을 어떤 유동자산의 형태로 보유할지를 결정한다. 모든 유동자산은 생산될 수도 없고 산업 생산물을 대체할 수도 없다는 본질적인 특성을 갖고 있으므로(Keynes, 1936, 제17장), 유동자산에 대한 수요 자체는 산업 생산물에 대한 수요를 유발하지 않는다.

케인즈는 유동성 선호 이론을 발전시켜, 비자발적 실업을 설명하기 위해서는 '이자와 화폐의 본질적 특성(Keynes, 1936, 제17장)'을 명확히 규명할 필요가 있음을 보였다. 이자와 화폐의 본질적인 특성에 대한 케인즈의 주장은 구고전학파, 새고전학파, 구케인즈학파, 새케인즈학파의 이론들, 즉 케인즈의 시대뿐만 아니라 21세기의 주류 경제학에서 나타난 모든 주류 거시경제학 이론들과 그의 이론을 구분 짓게 만드는 근거다.

이자와 화폐의 본질적인 특성은 다음과 같다.

1. 화폐를 포함하는 모든 유동자산의 생산탄력성(elasticity of productivity)은 0이거나 무시해도 좋을 만큼 작다.

2. (화폐를 포함하는) 유동자산과 재생산가능한(reproducible) 재화 사이의 대체탄력성(elasticity of substitution)은 0이거나 무시해도 좋을 만큼 작다.

화폐의 생산탄력성이 0이라는 것은, 화폐(유동성) 수요가 증가할 때(민간부문에서) 재생산될 수 없는 이 재화에 대한 수요 변화를 충족시키기 위해 기업가가 노동을 고용하여 더 많은 화폐를 생산할 수 없음을 뜻한다. 즉, 생산탄력성이 0이라는 것은 화폐가 마치 나무에서 자라나는 것 같은 재화가 아님을 의미한다. 반면 고전학파 이론에서 화폐는 재생산가능한 상품이거나, 아니면 화폐의 존재가 생산가능한(producible) 재화와 서비스에 대한 수요에 결코 어떤 식으로든 영향을 미칠 수 없다. 즉, 화폐는(가정에 의해) 중립적이다. 많은 신고전파 교과서 속의 모형에서 땅콩이 화폐상품, 즉 가치척도(numéraire)로 사용된다. 땅콩은 나무에서 자라는 것이 아닐지는 모르지만, 관목의 뿌리에서 자라는 재화다. 땅콩의 공급은 민간 기업가들에 의해 추가로 노동자가 고용되면 쉽게 증가할 수 있다.

대체탄력성이 0이라는 것은, 생산가능한 소비재를 구매하는 데 지출되지 않은 소득 부분이 생산불가능한 재화에 대한 수요 안에서(프랭크 한(Frank Hahn)의 용어를 따르면) '머무를 자리(resting places)'를 반드시 발견할 것임을 뜻한다. 한은 케인즈의 주장이 제기된 지 약 40년이 지난 후, "저축이 재생가능한 자산이 아닌 다른 것에서 머무를 자리"(Hahn, 1977, 31쪽)를 발견할 때마다 세의 법칙이 적용되지 않고 비자발적 실업이 발생할 수 있다는 케인즈의 주장을 재발견한 것이다. 새로운 '저축'의 저장소로서 이용될 재생불가능한 재화가 존재한다는 사실은, 재화의 생산과정에 참가해서 벌어들인 모든 소득이 단기나 장기에 노동에 의해 생산가능한 생산물의 구매에 반드시 지출될 필요가 없다는 것을 시사한다.

그러나 만일 조대체 공리(gross substitution axiom)가 적용될 수 있다면, 새로운 저축은 언제나 생산불가능한 재화의 가격을 상승시킬 것이다. 왜냐하면 생산불가능한 재화는 정의상 공급곡선이 완전 비탄력적인 재화이기 때문이다. 조대체 공리에 따르면 이와 같은 생산불가능한 재화의 상대가격 상승은 저축자로 하여금 자신의 자산보유 구성에서 생산불가능한 재화를 재생산가능한 재화로 대체하도록 유도한다. 그러므로 저축은 궁극적으로 생산불가능한 재화에서 머무를 자리를 발견할 수 없다. 생산불가능한 재화의 가격이 높아질수록 이 재화들에 대한 수요가 생산가능한 재화에 대한 수요 쪽으로 옮겨갈 것이다(Davidson, 1972, 1977, 1980). 그러므로 조대체 공리를 수용할 경우, 모든 가격이 완전히 유연하다면 비자발적 실업의 논리적 가능성은 부정된다. 시제적(intertemporal) 맥락에서 조대체 공리를 폐기하는 것은 진정으로 이단적이다. 이것은 '합리적' 또는 '최적' 저축이 무엇을 의미하는지, 사람들이 왜 저축하는지, 또는 무엇을 저축하는지에 관한 관점을 총체적으로 변화시킨다. 예를 들어 조대체 공리가 폐기되면 생애주기가설(life cycle hypothesis)도 부정될 것이다. 실제로 단치거 외(Danziger et al., 1982~3)는 노인들의 소비에 관한 사실자료가 현재 주류 거시경제이론에서 많이 애용되는 생애주기 모형과 중첩세대(overlapping generation) 모형의 배후에 놓인 소비계획의 시제적 조대체 개념과 양립가능하지 않다는 점을 보여주었다. 그러나 보편적인 조대체 공리가 없어지면, 소득효과(이를테면, 케인즈의 승수 효과)가 고전학파의 모든 가설적인 대체효과를 압도하고 무력화시킬 수 있다. 비유클리드 기하학에서 평행인 것처럼 보이는 두 선이 종종 교차하는 것과 마찬가지로, 케인즈-포스트케인지언의 비유클리드 경제세계에서는 '저축'에 대한 수요가 증가할 때 비록 생산불가능한 재화의 상대가격은 상승하지만 그 수요가 생산가능한 재화에 대한 수요로 옮겨가지 않는다.

8.6 투자지출, 유동성, 화폐의 비중립성 공리

케인즈의 이론에 따르면, 화폐를 이용하는 기업가 경제체계에서는 어떤 경제주체가 생산가능한 재화를 현재 시점에서 구입하려고 계획할 때 이 수요를 실행하기 위해 현재 혹은 이전 시기에 벌어들인 소득을 갖고 있을 필요가 없다. 이것은 재생산가능한 고정 자본재와 운영 자본재에 대한 수요와 흔히 연결되는 D_2에 대한 지출이 실제 소득이나 물려받은 자산에 의해 제약받지 않는다는 것을 뜻한다. 화폐를 창조하는 은행제도 하에서 D_2는 오직 미래에 발생하리라 예상되는(실물이 아닌) 현금흐름에 의해서만 제약 받는다(Keynes, 1936, 17장). 오직 누군가가 재화를 구매하기 위해 채무를 지는(즉, 자금을 빌리는) 경우에만 화폐가 창조되는 세계를 생각해 보자. 여기서는 새롭게 생산된 자본재의 구매가 미래에 발생시킬 현금흐름에서 운영경비를 제외한 액수를 할인한 현재가치가 현재 그 자산을 구매하는 데 필요한 화폐지출(즉, 그 재화의 공급가격)과 같거나 이를 상회할 것으로 예상되는 한, 언제나 실질 투자지출이 이루어질 것이다.

그러므로 총수요의 D_2 구성부분이 실제 소득에 의해 제약당하지 않기 위해서는, 경제주체들은 화폐를 창조할 수 있는 은행체계로부터 대출을 통해 투자자금을 조달할 능력을 갖추고 있어야 한다. 이처럼 생산가능한 재화에 대한 수요의 증가를 뒷받침하는 데 필요한 자금이 명목화폐량의 증가를 통해 조달되며 이것이 다시 고용수준의 증가로 이어지는 포스트케인지언의 자금조달 메커니즘은 화폐가 중립적일 수 없음을 의미한다. 한(Hahn, 1982, 44쪽)은 화폐중립성 공리를 다음과 같이 묘사한다.

> 자신의 행위와 계획을 결정하는 경제주체의 목표는 어떠한 명목적인 크기에도 의존하지 않는다. 경제주체는 오직 재화, (...) 여가, 노력과 같은 '실질' 변수에 대해서만 관심을 가질 뿐이다. 이것이 바로 화폐착각 부재의 공리이다. 이 공리를 부정하기는 어떤 의미에서든 불가능하다.

화폐중립성 공리를 거부하기 위해, 경제주체들이 화폐착각 속에 있다고 가정할 필요는 없다. 중립성 공리의 부정은 단지 "화폐가 중립적이지 않다"(Keynes, 1973b, 411쪽)는 점을 의미할 뿐이다. 화폐는 단기와 장기에 모두 균형 고용수준과 균형 실질산출량에 영향을 미친다는 점에서 중요하다. 이와 관련해서 케인즈는 다음과 같이 주장한다.

> 내가 추구하는 이론은 화폐가 독자적인 역할을 담당하고 경제주체들의 행위 동기와 의사결정에 영향을 미치는 경제, 간단히 말해서 화폐가 경제적 상황을 작동시키는 요소들 중의 하나인 경제를 다루는 이론이다. 따라서 그런 이론은 관련된 최초의 상태부터 최후의 상태 사이에서 발생한 화폐의 움직임을 알지 못하고는 장기나 단기 모두에 있어 어떤 일이 벌어질 지 예측할 수 없는 경제를 다루는 이론이다. 이것이 바로 우리가 화폐경제를 언급할 때 의미하는 바이다.

화폐가 실물적 현상(real phenomenon)이라는 것, 화폐가 중요하다는 것이 인정되는 순간, 화폐중립성은 당연히 폐기되어야 한다. 케인즈(Keynes, 1936, 142쪽)는 어빙 피셔(Irving Fischer)의 '실질 이자율(real rate of interest)' 개념이 논리적으로 혼동된 개념이라고 확신했다. 화폐경제에서 시간은 불확실한(즉, 통계적으로 예측불가능한) 미래를 향해 흘러가므로, 전향적(前向的,

forward-looking) 실질이자율 같은 것은 존재하지 않는다. 기업가 경제에서 기업의 유일한 목표는 운영자본을 현금화하는 과정인 생산과정이 종결되었을 때 최종적으로 가지게 되는 돈이 생산을 시작하기 전의 그것보다 더 많게끔 하는 것이다(Keynes, 1979, 82쪽). 더구나 화폐는 단기나 장기에 모두 실물부문에 영향을 미친다. 그러므로 화폐는 실물적 현상이다. 이것은 고전학파 이론과 현대의 주류 이론이 우리에게 가르치는 내용에 정면으로 반하는 것이다. 정통파 거시경제이론에서 이자율은 생산기술과의 관련 속에서 결정되는 실물적인 요인인 반면, 화폐는(프리드먼과 토빈의 경우 최소한 장기에 있어서는) 실질 산출량 흐름에 영향을 미치지 못한다. 이렇게 화폐와 이자율이 각각 실물적 현상과 화폐적 현상에 대해 갖는 중요성 혹은 유의성은 정통파 이론과 케인즈의 이론 사이에서 완전히 반대이다. 이것은 신고전파 이론에서 보편적인 진리로 간주되는 화폐중립성 공리를 케인즈가 거부한 결과이다. 애로와 한(Arrow and Hahn, 1971, 356~7쪽)은 다음과 같은 서술을 통해 화폐가 중요하다는 점을 암묵적으로 인정했다.

> 계약이 무엇을 기준으로 체결되는가가 중요하다. 특히 화폐가 계약을 체결하는 데 기준으로 사용되는 재화라면, 화폐로 측정된 재화 가격이 특별히 중요하다. 만일 우리가 과거나 미래가 없는 경제를 고려한다면 상황은 그렇지 않다. (...) *만일 깊이 있는 화폐이론이 나온다면,* 그 이론에서 계약이 화폐기준으로 체결된다는 사실은 상당한 중요성을 차지할 것이다. (강조는 인용자의 것)

게다가 애로와 한(Arrow and Hahn, 1971, 361쪽)은 과거에서 미래로 달력시간을 따라 흘러가는 경제에서 계약이 화폐기준으로 체결되고 그 결과 화폐가 실질적인 의사결정에 영향을 미친다면, 완전고용균형의 존재를 증명하는 고전학파의 모든 정리가 위태로워진다는 것을 밝혔다. 우리가 살고 있는 세계의 특징인 화폐계약의 존재는 장기에서건 단기에서건 그 어떠한 합리적 기대 균형이나 일반균형 시장청산가격 벡터의 존재도 보장되지 않음을 함축한다.

8.7 어떤 유형의 경제체계가 화폐계약을 사용할 정도로 '비합리적' 인가?

신고전파 이론의 근본적인 공리 중 하나는 화폐중립성이다. 그러므로 신고전파 세계에서 경제 행위자들은 오로지 '실물적인' 가치평가에만 기초해서 의사결정을 내린다고 가정된다. 이들은 '화폐착각' 을 전혀 겪지 않는다. 그러므로 '합리적인' 고전학파 세계에서 모든 계약은 실물 기준으로 체결되어야 하며, 항상 실물 기준으로 효력을 발휘할 수 있다.

한편, 우리가 살고 있는 경제는 실물계약이 아니라 화폐계약을 이용하여 이기적인 개인들 사이에서 이루어지는 생산협정과 교환협정을 마무리한다. 화폐계약이 보편적으로 사용된다는 사실은 신고전파 이론에 항상 하나의 딜레마를 안겨준다. 논리적으로 일관된 주류 고전학파 이론가라면 현대 경제가 화폐계약을 보편적으로 이용하는 것을 비합리적인 것으로 보아야 한다. 왜냐하면 이러한 협정은 명목기준으로 지불조건을 고정하는 것이므로, 경제적 의사결정자들이 이기심에 입각해서 실질소득의 최적화를 추구하는 것을 방해할 수도 있기 때문이다. 그러므로 주류 경제학자들은 사회적 관습이나 보이지 않는 유대관계(invisible handshakes) 같은 비경제적 이유를 이용해서 화폐계약의 존재를 설명하려는 경향이 있다. 사회적 관습이나 보이지 않는 유대관계는 가격 신호기능을 제한하는, 그래서 자원의 최적이용을 위한 조정이 장기에서나 이루어지도록 제한하는 사회제도적 제약조건들이다. 반면 포스트케인지언의 입장에서 볼 때, 계약을 명목적인 크기를 기준으로 체결하는 것은 경제행위가 달력시간 상의 장기적인 시간에 걸쳐서 행해질 때 경제주체들이 미래의 결과에 대한 진정한 불확실성에 현명하게 대처할 수 있는 한 가지 방법이다.

화폐계약의 사용을 바라보는 관점이 이처럼 근본적으로 다른 이유를 이해하기 위해서는, 화폐를 이용하는 기업가 경제(entrepreneurial economy)와 협동적 경제(cooperative economy)(즉, 물물교환 경제)를 구분해야 한다. 협동적 경제와 기업가 경제의 구분은 케인즈가 《일반이론》의 초기 원고에서 고안한 것이다(Keynes, 1979, 76~83쪽 참조). 협동적 경제에서는 각각의 생산요소 소유자가 생산과정에서 실질적으로 기여하는 바가 물질적 총생산량 중 사전에 결정된 몫에 의해 보상되도록 생산이 조직된다. 협동적 경제체계의 예로는 수도원, 수녀원, 교도소, 더 나아가 이스라엘의 키부츠(kibbutz)를 들 수 있다. 협동적 경제에서는 중앙당국이나 사전에 정해진 일군의 규칙이 실물 재화를 각각의 생산요소에 분배하는 방식으로 생산과 분배를 관리한다. 수도사, 수녀, 죄수, 또는 키부츠 노동자들에게는 비자발적 실업이 전혀 존재하지 않는다. 세의 법칙이 지배한다. 이것이 고전학파 분석의 세계이다.

이와 달리 기업가 경제는 두 가지 독특한 특성을 갖고 있는 체계이다. 첫째, 생산이 "화폐의 지급을 통해 생산요소를 고용하고 다시 생산물을 팔아서 화폐를 회수하고자 노력하는 기업가 계급"에 의해 조직된다(Keynes, 1979, 77쪽). 둘째, 생산과정에서 생산요소에게 지급된 화폐가 모두 산업 생산물을 상대로 소비될 것임을 자동적으로 보장해주는 메커니즘이 존재하지 않는다. 그러므로 기업가는 생산에 따르는 화폐비용을 모두 회수할 수 있다고 확신할 수 없다. 케인즈가 지적했다시피, "[기업가 경제와 협동적 경제에 대한] 이 정의들을 통해 볼 때, 오늘날 우리가 살고 있는 경제가 바로 기업가 경제라는 점은 명백하다"(Keynes, 1979, 78쪽). 정의상, 기업가 경제에서는 세의 법칙이 적용될 수 없다.

기업가 경제에서 시장 지향적인 기업 경영자들은 화폐적 선물계약에 기초해서 생산과정을 조직한다. 즉 그들은 미래의 특정 시점에서 구체적인 재화 혹은 서비스를 양도받는 대가로 화폐를 제공하는 계약을 체결함으로써, 생산과정을 위한 생산요소를 고용하고 원료를 구입한다. 이 생산 경영자들은 현물계약 혹은 선물계약을 통해 산출물을 판매하고 화폐를 수령함으로써 생산과정에서 발생한 화폐지출을 회수할 수 있기를 기대한다. 경제에 '하한선(bottom line)'이 있다는 말은 기업가들의 행위 동기가 본질적으로 생산비용으로 지출된 화폐량 이상의 화폐를 생산물의 판매를 통해서 얻는 데 있다는 것을 의미한다.

기업가 경제체계에서(위에서 케인즈가 정의한 방식에 따른) 소득(income)의 획득은 이러한 화폐계약의 존재와 직접적으로 연결된다. 화폐계약은 기업가로 하여금 생산 활동에서 생산요소의 연속적 투입과 기업의 화폐유출을 모두 '통제' 할 수 있도록 해주는 것이다. 이런 계약에 따른 화폐지급은 그 수령인에게 산업의 생산물에 대한 청구권을 제공한다. 여기서 독자들은 일부 경제학 논의에서 '소득' 이라는 용어가 현재의 산출량뿐만 아니라 경제가 현재 기에 이용할 수 있는 서비스의 양으로 측정되는 사회후생(welfare) 측면과도 연관되어 사용됨을 명심해야 할 것이다. 이전 시기부터 존재하고 있는 내구재로부터 제공되는 서비스는 현재 기에 경제가 이용할 수 있는 서비스의 일부를 구성할 것이다. 그러므로 생산된 모든 재화가 항상 비내구재인 경우를 제외하고는, 사회후생의 측면에서 소득이라는 말을 사용하는 것과 현재 기의 산출량의 가치를 지칭하기 위해서 그 용어를 사용하는 것은 양립할 수 없다. '소득' 이라는 용어가 이번 기 생산물의 생산에 대한 기여와 관련되기 때문에, 총소득(aggregate income)은 계약을 통해 서비스 및 이번 기 생산물을 판매함으로써 얻게 되는 화폐수령액과 같다(이윤은 생산요소 고용계약에 의해 직접 결정되는 것이 아니므로 중간적인 위치를 차지한다. 이윤은 계약을 통해 결정되는 생산물 판매대금과 역시 계약을 통해 결정되는 생산요소 고용비용 사이의 차이에서 비롯하는 잔여물이다). 현물로 지급되는 소득은 두 가지 독립적인 계약거래가 결합된 것으로, 즉 고용주가 생산요소 소유자에게 계약을 통해 화폐소득을 지급하는 것과 그와 동시에 생산요소 소유자가 고용주로부터 계약을 통해 재화를 구입하는 것이 결합된 것으로 간주되어야 한다.

케인즈는 우리가 살고 있는 경제를 고용과 판매를 위한 화폐계약의 사용이라는 측면에서 정의했다. 그렇지만 이러한 정의 자체만으로는 화폐계약이라는 인간제도의 존재와 보편적인 사용이 설명되지 않는다. 화폐계약이 광범위하게 사용된다는 사실을 설명하기 위해서는 기업가의 의사결정 메커니즘을 탐구해야 하며 위험(risk)과 불확실성(uncertainty)의 차이를 인식해야 한다. 이 차이야말로 케인즈의 비자발적 실업에 대한 분석의 본질적인 부분이다.

8.8 정보, 의사결정, 불확실성

불확실성에 관한 주류적 관점은 기대(expectations)와 관련하여 다음과 같은 가정을 한다. 기대는 (i) 시장 신호가 고정불변의 객관적 확률에 관한 정보를 제공하는 가운데, 과거 자료에 대한 통계적 분석을 기초로 하여 형성되든가, 아니면 (ii) 기대효용이론의 공리들에 기초하여, 이 고정불변의 객관적 확률에 대한 주관적 지각을 통해 형성된다는 것이다. 불확실성에 관한 주류적 관점에서 확률적 위험과 불확실성은 동의어이다.

포스트케인지언은 불확실성에 대한 다른 관점을 발전시켰다(Davidson, 1978, 1982–3). 확률분포는 불확실성 아래서 나타나는 현실 세계의 행위를 이해하기 위한 준거가 될 수 없다는 것이다. 이 분석에 따르면 오늘 이루어지는 선택이 내일 가져올 결과와 관련하여 '진정한' 불확실성이 존재하는 중요한 상황이 수없이 많이 존재한다. 이와 같은 진정한 불확실성의 경우, 오늘의 의사결정자는 현재 자원의 일부를 지출하여 미래 전망에 관해 신뢰할만한 통계적이고 직관적인 실마리를 얻을 수 있으리라고 믿지 않는다. 확률과정(stochastic processes) 이론의 방식으로 말하면, 이와 같이 불확실한 미래는 시장 정보에서 획득된 과거나 현재의 확률 분포에 기초하여 미래 결과를 예측하는 것을 신뢰할 수 없도록 만드는 비에르고드적 확률 체계(non-ergodic stochastic system)의 결과이다.

불확실성에 대한 포스트케인지언의 이와 같은 관점에 따르면, 의사결정자는 불확실한 환경에서 미래에 관한 "실마리를 갖지 못했으므로" 서로 다른 대안들 사이에 선택하기를 회피하거나, 아니면 자신의 '동물적 본성(animal spirits)'에 따라 "해상지뢰는 아무 것도 아니야, 전속력으로 돌진하라"[4] 는 자세로 적극적인 행동을 취하게 된다. 불확실성에 대한 이와 같은 관점은 유동성 수요와 투자 결정에 관한 장기 의사결정, 장기 과소고용 균형의 존재, 화폐의 장기 비중립성, 그리고 케인즈가 명목계약, 특히 화폐임금계약에 대해 부여한 독특하면서도 중요한 역할을 설명할 수 있는 좀 더 일반적인 이론을 제공한다.

8.9 의사결정 환경의 분류

시간은 모든 것이 한꺼번에 발생할 수 없도록 해주는 장치이다. 현실 세계에서 이루어지는 모든 선택에서, 특정 행위로부터 예상되는 결과는 선택이 행해진 시점으로부터 달력시간 상의 일정한 기간 동안 필연적으로 분리되어 있다. 상품 생산은 상당한 시간을 필요로 하고, 자본재와 내구 소비재의 소비는 훨씬 더 긴 시간을 필요로 한다. 시간의 경과라는 이런 근본적인 사실 때문에, 모든 경제적 의사결정은 다음과 같은 상호 배타적인 환경 중의 하나 아래에서 발생하는 것으로 생각될 수 있다.

1. 객관적 확률 환경

의사결정자는 과거가 미래에 대해 통계적으로 신뢰할만한 지침을 제공한다고 믿는다. 합리적 기대가설이 여기에 해당된다. 이 가설에서 현재 의사결정이 야기할 미래의 결과에 대한 지식을 획득한다는 것은 주관적 확률과 객관적 확률이 일치한다는 것을 뜻한다.

2. 주관적 확률 환경

개인의 마음 속에서, 선택의 순간에 의사결정자가 갖는 미래 전망에 관한 주관적 확률이 미래

4. "Damn the torpedoes, full speed ahead." 이 말은 미국 남북전쟁 당시 수군제독이었던 패러거트(D. G. Farragut)가 했던 말이다(torpedo는 당시 사용되던 해상지뢰를 지칭한다).

결과를 결정한다(새비지(Savage, 1954)는 주관적 확률을 개인적 확률(personal probabilities)로 부른다). 이 주관적 확률이 객관적 확률분포와 일치할 필요는 없다. 설사 적절하게 정의된 객관적 분포가 존재한다고 해도 마찬가지이다.

3. 진정한 불확실성 환경

객관적인 상대적 빈도가 과거에 존재했음이 증명될 수 있는가, 그리고(혹은) 주관적 확률이 현 시점에 존재하는가의 여부와 상관없이, 경제주체는 선택 시점과 보수실현 시점 사이의 시간 동안 예상치 못한 변화가 발생할 것이라고 믿는다. 의사결정자는 미래의 전망에 관한 그 어떠한 정보도 현 시점에는 존재하지 않으며, 그래서 미래가 계산될 수 없다고 믿는다. 이것이 바로 케인즈가 의미하는 불확실성, 즉 미래의 결과에 대한 무지(ignorance)이다(Keynes, 1937, 113쪽). 케인즈는 다음과 같이 말한다. 불확실성이라는 말은 "단지 확실하게 알려진 것과 오직 확률적으로만 알려진 것을 구별하기 위한 것이 아니다. 이러한 의미에서 룰렛(roulette) 게임은 불확실성의 경우에 속하지 않는다. (...) 내가 이 용어를 사용할 때 그 의미는 (...) 어떠한 계산 가능한 확률이건 그런 확률을 구성할 과학적 근거가 전혀 존재하지 않는다는 것이다. 우리는 그저 알지 못할 뿐이다(We simply do not know)." 더 나아가 케인즈(Keynes, 1937, 122쪽)는 "미래가 계산 가능하다는 가정이 행동의 원칙에 대한 해석들을 잘못된 방향으로 이끈다"고 덧붙인다. 선택과 결과 사이의 시차가 커질수록, 사람들은 자신들이 진정한 불확실성 환경 속에서 의사결정을 해야 할 것이라고 점점 더 생각하게 될 것이다.

객관적 확률 환경과 진정한 불확실성 케인즈(Keynes, 1936, 148~50쪽, 161쪽)는 미래의 결과들 중에는 아무런 확률값도 부여할 수 없는 것이 있다고 주장한다. 물론 사안을 단순한 계산의 문제로 생각하여, 일정한 기간에 걸쳐 수집된 자료에 대해 공식을 기계적으로 적용해서 산술평균과 표준편차 등을 구할 수 있다. 문제는 이러한 방식으로 계산된 값에 어떠한 의미를 부여할 수 있는가이다. 만일 경제학자들이 거시경제 세계의 전체 모습에 대해 현재 알고 있지 못하고 과거에도 알지 못했으며 그래서 앞으로도 결코 알 수 없을 것이라면, 객관적 확률구조가 잠시라도 존재한 적이 없으며 확률분포 함수가 정의될 수 없다는 주장이 논리적으로 타당할 수 있다. 그러므로 수학적인 확률과정 이론을 거시경제 현상에 적용하는 것은 원리상 부당한 것이 아닐지라도 매우 의심스러운 것일 수 있다. 이와 비슷한 판단에 도달한 힉스(Hicks, 1979, 129쪽)는 다음과 같이 쓰고 있다.

> 이상의 고려사항에 비추어 감히 말하건대, 경제학에서 '통계적' 혹은 '확률적' 방법의 유용성은 오늘날 통상적으로 생각하는 수준보다 훨씬 낮다. 그러므로 우리는 모든 경우에 이 방법을 이용하려 해서는 안 된다. 이 방법을 적용하기 전에 우리는 항시 이 방법이 다루고자 하는 문제에 적절한 것인지 자문해 보아야 한다. 아주 많은 경우, 이 방법은 문제에 적절하지 않다.

합리적 기대가설과 연관되는 객관적 확률 환경은 명백히 위와는 매우 다른 사고를 기반으로 한다. 거시경제적 기대의 형성이라는 맥락에서 합리적 기대는 과거 자료로부터 계산된 시간 평균이 미래에 실현될 사건들의 시간 평균과 같아짐을 의미한다. 미래에 대한 지식을 얻는 일은 과거 그리고(또는) 현재의 자료로부터 얻어진 평균치들을 미래에 발생할 사건에 대해 투사하는 것이다. 미래는 단지 과거가 통계적으로 반영된 것일 뿐이고, 경제행위는 어떤 의미에서 무시간적(timeless)이다. 과거가 미래에 대해 신뢰할만한 통계적 정보(가격신호)를 제공한다고 믿는 사람들에게는, 앞으로 다가올 사건에 대한 무지는 존재할 수 없다. 그리고 이러한 지식은 과거 시장 정보를 살펴보기 위해 자원(예를 들어, 시간)을 소비할 의향이 있기만 하다면 누구나 얻어낼 수 있다.

합리적 기대가설이 주장하는 바대로 기대가 일관적인 오류 없이 형성되기 위해서는, 어떠한 시점에서든 주관적 확률분포 함수와 객관적 확률분포 함수가 동일해야 할 뿐 아니라 이 함수가 또 에르고드적 확률과정이라고 불리는 것으로부터 도출되어야 한다. 정의상 에르고드적 확률과정이란 과거의 관측치로 계산된 평균이 미래에 나타날 결과의 시간 평균과 달라지는 상황이 일관적으로 나타날 수 없음을 의미할 뿐이다. 객관적 확률분포가 존재하는 에르고드적인 상황에서, 확률은 불확실성이 아니라 지식이다. 비정체성(non-stationarity)은 비에르고드성(non-ergodicity)을 위한 필요조건이 아니라 충분조건이다. 일부 경제학자들은 경제가 역사적 시간을 통해 움직이는 비정체적인 과정이며, 앞으로 경제가 취하게 될 경로는 사람들의 사회적 행위에 의해 항구적으로 변화될 수 있다고 주장한다. 사실상 틴베르헨(Tinbergen)의 계량경제학 방법론에 대한 케인즈의 유명한 비판은 경제적 시계열 자료가 비정체적이라는 것이었다. "경제 환경은 시간에 걸쳐 동질적(homogeneous)이지 않다(그 이유는 아마도 비통계적 요인이 작동하기 때문일 것이다)"(Keynes, 1939b, 308쪽).

적어도 일부 경제과정은, 미래의 사건이 실현되고 그것이 다시 역사적 사실이 되는 과정에서 산출될 시간 평균과 과거의 분포함수에 기초하여 형성된 예상 사이에 일관된 차이가 존재하는 상황일 수 있다. 상황이 이렇다면, 지각 있는 경제적 행위자라면 사건들의 상대적 빈도에 대한 이용가능한 시장 정보를 무시할 것이다. 왜냐하면 미래는 과거에 대한 정보로 부터 통계적으로 계산될 수 없으며, 그래서 진정으로 불확실하기 때문이다. 혹은 힉스(Hicks, 1977, vii쪽)가 간결하게 표현했듯이, "연구자들은 자신의 모형에서 사람들이 앞으로 어떠한 일이 일어날지 알지 못하며 앞으로 일어날 일에 대해 자신들이 알지 못한다는 점을 알고 있다고 가정해야 한다." 진정한 불확실성이라는 조건에서는, 사람들은 종종 자신들이 그 어떠한 실마리도 갖고 있지 않다는 점을 깨닫는다.

경제학자들이 '구조적 단절(structural breaks)'이나 '체제변화(changes in regime)'에 대해 언급할 때마다, 이들은 경제가 적어도 이 단계에서는 객관적 확률이 존재한다는 가정 하에서 작동되지 않는다는 것을 암묵적으로 인정하고 있다. 예를 들어, 로버트 솔로는 역사적-사회적 상황과 경제적 사건 사이에 상호관계가 존재한다고 주장한다. 경제학이 마땅히 지켜야 하는 원칙에 대해 언급하면서, 솔로(Solow, 1985, 328쪽)는 다음과 같이 적고 있다. "불행하게도 경제학은 사회과학이다. [그러므로] 경제학적 분석의 최종 산물은 (...) 사회적 상황과 역사적 맥락에 따라 달라진다. (...) 그러나 다행인지 불행인지 모르겠지만 경제학은 그와는 다른 경로를 밟아왔다."

진정한 불확실성이 가능하다는 사실은 객관적 확률과 합리적 기대가설이 판에 박힌 행위가 되풀이되는 일부 영역에서는 합리적인 근사치를 제공해 줄 수 있지만 일반적인 선택이론으로 간주될 수 없음을 시사한다. 더구나 경제 전체가 객관적인 확률 환경으로 둘러싸여 있다면, 화폐의 역할은 존재하지 않을 것이다. 다시 말하면, 화폐는 중립적이 될 것이다. 애로-드브뢰(Arrow-Debreu) 유형의 체계에서는 현물시장과 선물시장이 하나도 빠짐없이 존재한다는 가정을 통해 미래에 관한 완전한 지식이 제공된다. 여기서는 모든 지불이 최초의 순간에 시장청산가격 하에서 이루어지고, 본질적으로 재화가 재화와 거래되므로 화폐가 요구되지 않는다.

주관적 확률 환경과 진정한 불확실성 주관적 확률 환경에서 확률 개념은 새비지(Savage, 1954, 30쪽)의 경우처럼 확신의 정도나 폰 노이만과 모르겐슈테른(von Neumann and Morgenstern, 1953)의 경우처럼 상대적 빈도로 해석될 수 있다. 둘 중 어느 경우이든지 그 배후에 놓인 가정은 객관적 확률 환경에 비해 덜 제한적이다. 예를 들어, 새비지(Savage)의 틀은 확률과정 이론에 의존하지 않는다. 그러나 의사결정자가 이러한 주관적 계산의 근거에 관한 실마리를 갖고 있지 않거나 오늘의 계산을 미래의 손이을 계산하는 데 적용할 수 없음을 인식할 때, 진정한 케인즈적 불확실성은 여전히 존재한다.

미래의 결과에 대한 지식이 존재하지 않는 이런 환경은 좀 더 일반적인 선택이론을 위한 기초를 제공한다. 이 선택이론은 기대효용 이론가들의 언어로 설명될 수 있다. 기대효용이론에서 "전망은 결과들과 그 결과들 각각에 부여된 확률들의 목록으로 정의된다. 이 확률들의 총합은 1이다. 결과들은 상호배타적인 가능한 사건들로 이해되어야 한다. 그러므로 전망은 한 특정한 행위가 낳을 수 있는 모든 가능한 결과들의 목록을 포함한다. (...) [그리고] 개인의 선호는 생각할 수 있는 모든 전망의 집합에 대해 정의된다"(Sugden, 1987, 2쪽). 이 정의들을 사용하여 진정한 불확실성 환경을 설명할 수 있다. 진정한 불확실성 환경, 즉 비에르고드적인 환경은 미래에 대한 전망을 총망라하는 집합을 개인이 적시하거나 정렬할 수 없을 때 언제나 발생한다. 그 이유는 (i) 의사결정자가 미래에 발생할 결과들의 완전한 목록을 인시할 수 없거나, (ii) "확률을 정의하기에는 증거가 불충분하여" 가능한 결과들이 "정렬될 수조차 없기에"(Hicks, 1979, 113, 115쪽) 의사결정자가 모든 결과들에 확률을 부여하지 못하기 때문이다.

위와 관련되기는 하지만 조금은 다른 조건들의 집합도 진정한 불확실성으로 귀결될 수 있는데, 그 조건들은 새비지의 관찰(Savage, 1954, 11~13쪽)에서 도출된다. 개인적 확률을 기대효용이론에 통합하는 새비지의 작업은 "시간을 공식적으로 언급하지 않는다. 특히, 여기서 정식화되는 사건(event)의 개념은 무시간적이다." 새비지는 기대효용이론의 서열 공리(ordering axiom)를 더 발전시킨다. 이 공리는 "생각할 수 있는 모든 전망들의 집합에 대해 개인들이 선호서열을 갖고 있어야 하며"(Sugden, 1987, 2쪽) 이 서열이 무시간적이어야 한다고 명시적으로 요구한다. 보상이 즉시 이루어지면 의사결정자는 완전한 전망 집합을 인지할 수 있다. 그러나 그렇다 해도, 의사결정자가 내일의 전망이 어떤 알려지지 않은 방식으로 달라질 수도 있다고 두려워하는 한, 그는 내일의 보상을 완전히 서열화할 수 없을 것이다. 따라서 새비지의 서열공리가 위반되고, 케인즈의 불확실성 개념이 지배하게 된다.

흥미로운 사실은, 새비지 스스로 자신의 분석구조가 일반이론이 아니며 그래서 진정한 불확실성을 다루고 있지 않다는 점을 인정했다는 것이다. (반면 그의 많은 후계자들은 이를 인정하지 않는다.) 새비지(Savage, 1954, 15쪽)는 "개인은 세상의 각 상태에서 자신에게 허용된 행위가 야기할 결과들을 알지 못할 수도 있다. 그는 (...) 무지할 수도 있다"는 점을 인정했다. 그러나 그런 다음 새비지는 이러한 무지가 단순히 '가능한 상태들에 대한 불완전한 분석'을 표현하는 것에 불과하다고 말한다. 세상의 이러한 무시간적 상태들에 대한 기술(記述)을 확장하여 모든 가능한 경우를 포함할 수 있다고 가정하는 '당연한 해결책'을 수용한다면, 미래에 관한 무지는 그냥 정의에 의해 해소되어 버릴 수 있다. 새비지가 인정하듯, '모든 가능한 상태들'의 명시와 관련한 이 가정은 "논리적 극단으로 몰고 갈 경우 (...) 완전히 터무니없는 것이다. (...) 왜냐하면 그런 의사결정을 행할 때 요구되는 작업은 인간적 가능성과는 조금도 닮지 않았기 때문이다"(Savage, 1954, 16쪽).

이와 같은 점을 인정하기에 필연적으로 새비지는 자신의 선택이론을 기대효용 공리가 적용되는 '조그만 세계(small world)(Savage, 1954, 82~6쪽)'의 상태들에서만 타당한 이론으로 제한한다. 그래서 그는 다음과 같이 서술한다. "이 이론은 적절하게 제한된 영역에서[만] 사용될 수 있다. (...) 또한 종종 사람들의 행위는 이론에서 이야기하는 바와 다르다. (...) 내가 [기대효용 공리를] 사용하는 가장 큰 이유는 (...) 규범적이다. 즉, 나의 의사결정이 일관적이 되도록 통제하기 위한 것이다"(Savage, 1954, 20쪽). 비에르고드적 불확실성의 가능성을 인정하지 않는 화폐이론은 화폐에 비중립적 역할을 부여할 수 없다. 따라서 그런 이론은 어떤 것이라도 포스트케인지언 화폐이론과 논리적으로 충돌한다. 새비지의 조그만 세계에 대비되는 케인즈의 '거대한 세계(large world)'에서는 의사결정자가 기대효용이론의 공리를 충족하지 못하고 그 대신 어느 때는 '아무런 실마리도 없다'는 듯이 행동을 하다가 또 다른 때는 '해상지뢰는 아무 것도 아니야'라는 듯한 행동을 할 수도 있다. 물론 이것은 행위자들이 시간에 걸쳐 동일한 자극에 노출되었을 때도 임의적이면서 비일관적인 선택을 하는 것을 의미한다.

8.10 케인즈적 불확실성, 화폐, 명시적 화폐계약

현실 세계에서 개인은 과거의 경험이 미래에 대해 유용한 지침을 제공하는가에 대해 판단해야 한다. 우리는 경제 과정이 균질적이고 일관적이며, 따라서 경제적 사건들이 에르고드적인 확률과정에 의해, 또는 적어도 명시적으로 정의되었을 뿐만 아니라 완전하게 서열화된 전망에 의해, 결정된다고 가정해야 하는가? 행위자는 선택과 그것의 결과 사이의 기간 동안 벌어질 지도 모를 비극에 대한 모든 두려움을 완전히 떨쳐버릴 수 있는가? 행위자는 자신이 미래에 대해 무지하다고 믿는가? 자신이 객관적 확률 환경, 주관적 확률 환경 혹은 진정한 불확실성 환경 중 어디에 놓여 있는지에 대해 개인들이 어떻게 판단하는가를 사전적으로 규정하는 규칙은 결코 존재할 수 없다. 그러나 자신이 처한 환경에 대한 그들의 지각은 분명 그들의 행위에 영향을 미칠 것이다.

케인즈는 불확실성과 확률의 차이를 매우 강조했다. 특히 부의 축적과 유동성의 소유를 포함하는 의사결정 과정과의 관련 속에서 그렇다. 《일반이론》의 핵심에는 실질지출 선택을 좌우하는 유동성 선호와 동물적 본성이 있다. 화폐는 모든 자산들을 '주관하는(ruling the roost)' 고유의 역할을 수행하며(Keynes, 1936, 223쪽), 단기와 장기에 모두 비중립적이다(Keynes, 1973a, 408~11쪽). 케인즈는 1937년에 자신의 일반이론이 어떤 점에서 "이전의 이론과 매우 분명하게 다른가"를 다시 한 번 명확히 했다(Keynes, 1973b, 112, 114쪽). 여기서 알 수 있듯이 불확실성과 확률의 차이에 관한 케인즈의 주장들은 "어떠한 계산 가능한 확률이건 그런 확률을 구성할 과학적 근거는 전혀 존재하지 않고, 우리가 그저 알지 못할 뿐(We simply do not know)"일 때 불확실성의 조건과 '확률 대수(probability calculus)'를 명확히 구분하는 것에 기반하고 있다.

유동성과 동물적 본성은 장기 과소고용균형에 대한 케인즈의 분석을 이끄는 추동력이다. 신축적 가격의 세계에서도 마찬가지이다. 객관적인 확률이나 주관적인 확률은 모두 케인즈의 과소고용균형 분석에서 화폐 비중립성과 통화정책의 역할을 이해하는 데 충분하지 않다. 그러므로 대부분의 21세기 경제에도 실업이 만연해 있다는 사실은 놀랄만한 일이 아니다. 왜냐하면 아직도 대부분의 경제학자들이 수립하는 정책지침들은 경제주체들이 '마치' 자신들의 행위가 초래할 미래의 결과에 대해 분명하게 적시되고 완전하게 서열화된 지식을 갖고 있는 것처럼 선택을 하는 매우 제한된 영역에만 적용될 수 있기 때문이다.

데이비드슨(Davidson, 1978, 1982)은(실질기준이 아닌) 명목기준으로 체결된 선물계약을 법적으로 강제할 수 있는 사회제도가 존재하기 때문에 장기에서조차 화폐가 중립적이지 않은 환경이 만들어진다는 점을 보였다. 행위자들은 이러한 법적 장치에 힘입어, 오랜 시간이 요구되는 생산 및 투사 행위에 실물자원을 투입하기로 한 현재의 의사결정이 가져올 예측 불가능한 결과로부터 상당부분 보호받을 수 있다. 계약당사자 쌍방은 고정된 화폐계약에 대한 법적 강제에 힘입어, 상대방이 계약의무를 다하지 않을 경우 피해 당사자가 공정한 보상을 요구할 자격을 갖고 그에 따라 금전적인 손실을 겪지 않을 것이라는 지각 있는 예상을 할 수 있게 된다. 토빈(Tobin, 1985, 108~9쪽)에 따르면, 화폐의 존재는 "신고전파 일반균형이론 (...) [그리고] 화폐중립성 주장에 항시 골칫거리였다. (...) 이 중립성 명제를 현실 세계의 실제 통화정책에 적용하는 것은 '잘못 위치된 구체성의 오류(fallcy of misplaced concreteness)'를 보여주는 대표적인 사례이다."[5] 그러고 나

5. '잘못 위치된 구체성의 오류'는 영국의 철학자 앨프레드 화이트헤드(Alfred whitehead, 1861~1947)가 논의한 오류로서, 어떤 상황에 대한 추상적인 신념이나 의견을 마치 물리적이고 구체적인 실재로 오인하는 오류를 말한다.

서 토빈은 화폐중립성 가정에 대한 케인즈의 비판을 "확률론적 의미에서조차 예측이 불가능한, 미래의 본질적인 예측불가능성"에 대한 케인즈의 강조와 연결한다(Tobin, 1985, 112~3쪽).

화폐에 관한 사회제도와 고정된 화폐계약에 관한 법은 기업과 가계로 하여금 시간경과에 따른 현금흐름에 대해(반드시 실질적 결과에 대해서는 아니지만) 지각 있는 예상을 할 수 있도록 해주며, 이를 통해 그렇지 않았다면 알려지지 않았을 미래에 대해 대처할 수 있도록 해준다. 명목기준으로 고정된 계약의무는 계약당사자들이 불확실성에도 불구하고 미래의 결과를 적어도 현금흐름을 기준으로 결정할 수 있게 보장해준다. 장기에 걸쳐 고정된 고용계약과 구매계약을 체결함으로써 기업가들은 명목채무를 자신들의 유동성 상태에 의해 지지될 수 있는 수준으로 제한한다(유동성 상태는 종종 은행의 신용제공 약속에 의해서 강화된다). 불확실성 하에서는, 비록 기업가들이 행동하고자 하는 동물적 욕구를 느끼더라도, 자신의 유동성 상태가 계약상의(거래적 수요에서 발생하는) 현금지출을 충족할 수 있는 수준을 넘어섬을 확신한 다음에야 비로소 실물자원의 투자와 관련한 중요한 의사결정을 한다. 고정된 선물 화폐계약은 기업가(그리고 가계)로 하여금 시간을 필요로 하는 생산 및 교환 과정에서 자원에 대한 이용과 그에 대한 지불을 가장 효율적인 방식으로 행할 수 있는 일련의 방식을 찾을 수 있도록 해준다.

기업가 경제에서 화폐는 '계약을 청산하는 수단'으로 정의된다. 따라서 포스트케인지언 화폐이론에서 계약법(civil law of contracts)은 모든 준법 사회에서 화폐가 의미하는 바를 결정해 준다. 케인즈는 《화폐론》(*Treatise on Money*)의 첫째 쪽(Keynes, 1930a, Vol. Ⅰ, 3쪽)에서 화폐가 계약과의 관련 속에서 탄생한 것임을 우리에게 상기시킨다. 화폐는, 또는 데이비드슨(Davidson, 1982, 34쪽)이 주장하듯 유동자산은 어느 것이나, 그 소유자에게 유동성을 제공한다(유동자산은 잘 조직되고 질서가 잡힌 현물시장에서 화폐를 받고 되팔 수 있는 자산이다). 유동성은 개인의 명목적 계약의무가 만기에 도달했을 때 이를 이행할 수 있는 능력으로 정의된다. 채무가 화폐를 기준으로 정의되는 불확실한 세계에서 화폐보유는 가치있는 선택이다(Keynes, 1936, 236~7쪽). 더 나아가, '실질청구권(real bills)'을 창조하여 생산 활동의 증대에 필요한 자금을 조달할 유동성을 제공하는 은행체계의 능력은(화폐가 비중립적인) 화폐생산경제의 작동범위를 확대시키는 데 반드시 필요한 요인이다. 경영자들이 총체적으로 자신들의 생산 활동의 흐름을 확대하길 원할 때(그리고 대중의 유동성 선호가 불변일 때), 긴축 통화정책으로 인해 일부 기업가들이 사리 있는 금전적 비용으로 은행화폐를 충분히 추가로 확보할 수 없다고 해 보자. 그러면 이 기업가들은 추가적으로 생산된 생산물들을 팔아 더 많은 이윤을 얻기 전에는(생산을 확대하기로 한 결정에서 비롯하는) 추가적으로 고용되는 노동자와 생산원료에 대해 지불을 할 수 없을 것이다. 즉, 은행화폐가 추가로 창조되지 않으면 기업가들은 추가적인 고용계약과 원료 공급계약에 서명하지 않으려 할 것이고 장기적인 고용증가는 저해될 것이다. 이런 상황은 기업가들이 미래의 유효수요가 확대된 생산활동을 유지하기에 충분하다고 느낄 때조차도 마찬가지이다. 화폐의 부족은 추가적인 이윤이 기대되는 상황에서도 실질산출량의 증대를 제한할 수 있다

유동자산은 또 케인즈가 예비적 동기와 투기적 동기에 대해 논의할 때 이야기한 바와 같이, 불확실성의 위험이 상당히 커서 자원에 대한 화폐 청구권이 실현되지 않을 경우에 대비한 안전한 피난처를 제공하기도 한다. 케인즈(Keynes, 1936)의 주장에 따르면, 유동성이라는 속성은 "민간부문에서 노동을 통해 쉽게 생산될 수 없고 또 유동성 확보라는 목적 하에서는 여타의 노동 생산물과도 쉽게 대체될 수 없다는 본질적 특성을 가진" 내구재에만 해당한다.

불확실한 미래에 대한 행위자의 두려움이(장기에서조차) '기다림'에 대한 총수요를 증가시킬 때, 행위자는 자신이 획득한 소득 청구권으로 현재의 산업 생산물을 구매하는 대신 추가적인 유동성을 수요할 것이다. 이에 따라 민간부문에서 노동에 대한 유효수요는 감소한다. 모든 소득을 시장에서 거래되는 다양한 산업생산물에 대한 지출로 써버리기보다 이와 같은 방식으로 지출을 연기하는 것이 사리 있는 이유는 그것이 예측할 수 없는(즉, 비에르고드적인) 환경에서 이루어지기 때문이다.

유동성에 대한 이와 같은 논의는 미래를 위한 선택권의 확보라는 측면에서 화폐수요를 강조하는 그랑몽과 라로크(Grandmont and Laroque, 1976) 같은 일반균형 이론가들의 관점과 비슷하게 보일 수도 있다. 그러나 이들의 모형, 그리고 이와 유사한 다른 모형들에서 화폐가 선택권으로서의 가치(option value)를 지니는 이유는 오지 모형의 곳곳에 내재한 비현실적인 가정 때문이다. 예를 들어, 그랑몽과 라로크(Grandmont and Laroque, 1976)는 다음과 같이 가정한다. (i) 모든 생산가능한 재화는 저장될 수 없으며, (ii) 금융체계가 존재하지 않으며(이것은 대출시장도, 증권의 재판매를 위한 현물시장도 존재하지 않는다는 것을 뜻한다), (iii) 법정지폐(fiat money)가 유일한 내구재이며 따라서 미래에까지 유지될 수 있는 유일한 가치저장소이다. (현실세계에서 당연히 그렇듯이) 그 자신 생산될 수 있으면서 또 다른 재화를 생산하는 데 사용되는 내구재가 존재하고, 또 이러한 생산가능한 내구재들을 보유했을 때 발생할 수 있는 결과들에 대해서 우리가 완전한 서열을 매길 수 있다고 가정해 보자. 그렇다면 물론 신축적인 현물가격과 선물가격은 개인의 다(多)기간 소비계획을 반영할 것이며, '최적화'를 추구하는 행위자라면 그 누구도 법정지폐를 가치저장수단으로 보유하지 않을 것이다. 세의 법칙이 적용될 것이며, 명목화폐량은 중립성을 보이게 될 것이다. 그래서 그랑몽과 라로크는 가장 비현실적인(inane) 상황에서만, 여러 기간에 걸쳐 선택권을 보유하기 위한 목적에서 발생하는 화폐수요를 통해 '일시적인(temporary)' 케인즈적 균형에 도달할 수 있다. 이와 달리 케인즈에서는 장기적인 가치저장수단으로서의 화폐에 대한 수요가 생산적인 내구재의 존재와 공존할 수 있다.

유동성에 대한 또 다른 접근방법으로 크렙스(Kreps)의 것이 있다. 그의 '기다림'(Kreps, 1988, 142쪽) 분석에서는 각 행위자들이 좀 더 먼 미래에 '어떤 상태가 이루어질 것인가에 대한 정보'를 그 이전의 가까운 미래에 갖는다고 가정된다. 따라서 정보를 얻기 위한 기다림은 단기적인 현상일 뿐이며, (아무리 기다려도 정보를 얻을 수 없는 경우가 아니라면) 장기적인 기다림은 크렙스의 분석에서 최적이 아니다. 기다림을 선택하는 것은 보통 충분한 정보가 확보될 때까지

'융통성(flexibility)을 선호하는 것' 과 관련된다. 그의 분석틀은 행위자들이 필요한 정보를 얻지 못해서 진정한 불확실성 상황에 놓이게 되면 영원히 기다릴 것임을 시사한다(물론 크렙스가 이러한 함의를 도출하지는 않았다).

한편 케인즈(Keynes, 1936, 210쪽)의 주장에 따르면, 생산물을 구입하지 않겠다는 결정, 즉 저축 결정이 "반드시 일주일 후 혹은 일 년 후에 저녁을 먹겠다거나 구두를 구입하겠다는 결정, 즉 어떤 특정일에 특정 재화를 소비하겠다는 결정을 의미하지 않는다. (...) 저축 결정은 현재의 소비수요를 미래의 소비수요로 대체하는 것이 아니다. 저축 결정은 소비수요의 순감소이다." 즉, 크렙스의 기다림에 대한 선택이나 그랑몽과 라로크의 선택권의 보유를 위한 화폐수요 모두 시제적 대체가 존재하지 않을 수도 있다는 케인즈의 주장을 설명하지 못한다. 장기에 사람들은 여전히 유동성을 원할 수 있으며, 그래서 장기실업균형이 존재할 수 있다.

이러한 주장은 경험적으로 확인할 수 있는 사실들과 일치한다. 단치거 외(Danziger et al., 1982~3, 210쪽)가 장년층의 소비와 소득에 관한 미시적 자료를 분석한 결과에 따르면, "중년층은 은퇴 시점에 이르렀을 때, 소비를 위한 자금을 조달하기 위해 기존의 저축을 인출하지 않는다. (...) 그들은 모든 소득 수준에서 비중년층보다 재화와 서비스를 좀 더 적게 소비한다(즉 상당히 많이 저축한다). 게다가 중년층 중에서도 가장 나이 많은 집단이 주어진 소득수준 하에서 가장 많이 저축한다." 이 사실은 나이가 들어가면서 삶이 점점 더 진정으로 불확실해짐에 따라 사람들은 자신들이 벌어들인 자원 청구권을 지출하기로 결정하지 않은 채 좀 더 '기다린다' 는 것을 시사한다. 이러한 행동은 생애주기가설에 따르면 비합리적이며, 선택권의 보유를 위해 '기다림' 을 택한다는 그랑몽-라로크의 이론에 부합하지도, 크렙스의 '기다림' 과 양립하지도 않는다. 이러한 행동이 합리적인 경우는 오직, 미래에 어떠한 상황이 이루어질 것인가에 대한 정보가 장기에조차 존재하지 않을 수 있음을 기꺼이 인정하고, 이러한 경제적 의사결정이 케인즈적 의미에서의 불확실성 상황 아래서 이루어진다는 것을 인정하는 경우일 뿐이다.

기다림과 선택권의 가치에 대한 확률론적 분석은 단지 지출을 일정 시간 연기할 필요성만 인정할 뿐이다. 오직 케인즈적인 불확실성만이 유동성에 대한 장기수요와 장기 과소고용균형의 가능성에 관한 근거를 제공한다.

8.11 결론

포스트케인지언 이론의 핵심적인 구성요소는 (i) 화폐의 비중립성, (ii) 경제생활의 일부 중요한 의사결정에 있어서 비에르고드적 불확실성의 존재, (iii) 조대체 공리의 편재성에 대한 부정이다. 선택에 대한 보상이 행해질 미래가 예측되지 않으며 아마도 앞으로도 예측될 수 없는 상황에서, 인간이 의사결정 문제에 대처하는 한 가지 방법은 문명사회에서 발전되는 계약법과 법적 계약 이행수단인 화폐를 이용하는 것이다. 노예제가 폐지되면서 실물적 보상을 명시하는 노동계약은 불법이 되었다. 이에 따라 신고전파 경제학에서 '실물기준 계약(real contracting)' 이 아무리 유율적인 것으로 입증된다고 하더라도, 문명사회는 그런 '실물기준 계약'을 허용하지 않는다.

화폐가 결코 중립적이지 않으며 유동성이 중요하다고 강조하는 케인즈의 혁명적 분석은 미래에 대한 완전한 예측불가능성이 중요한 경제적 결과를 낳을 수 있는 경제에 대한 일반이론이다. 이와 달리 신고전파 경제학의 최적화는 불확실성, 따라서 미래의 결과에 대한 기대와 관련하여 케인즈의 분석에서는 요구되지 않는 매우 제한적인 근본적 가정들을 필요로 한다. 그러므로 분석자들은 연구하고자 하는 경제적 문제에 어느 체계가 좀 더 적절한지 선택해야 한다.

수많은 습관적 의사결정에서 경제적 상황이 시간의 변화에도 불구하고 균질성과 일관성을 가질 것이라고 가정하는 것(즉, 에르고드성을 가정하는 것)은 습관이라는 개념의 정의상 당면 과제를 해결하는 데 유용한 단순화일 수 있다. 투자와 유동성에 관한 의사결정에서는 달력시간 상으로 긴 시간이 흐르는 동안 미리 예측할 수 없는 거대한 변화가 나타나는 상황을 배제할 수 없다. 이런 종류의 의사결정 문제의 경우 케인즈적 불확실성 모형이 훨씬 더 타당하다. 이와 달리, 규칙성을 발견할 수 있고 이 규칙성이 미래에도 그대로 적용될 것이라 기대되며 따라서 화폐의 중립성이 핵심적인 특징이 되는 세계를 가정할 수 있다(Lucas, 1981b, 561쪽). 이런 가정은 화폐가 정말로 중요하며 현실 경제의 생산 결정에 영향을 미치는 화폐적 생산경제에 대한 거시정책을 개발하는 데 잘못된 유비를 제공한다.

경제학자들은 자신의 학문분야에 대해 자신이 타당하게 뒷받침할 수 있는 것 이상을 주장하지 않도록 조심해야 한다. '어떤 상황'에서는 세계가 확률적이라는 믿음(Lucas and Sargent, 1981, xi–xii쪽), 혹은 미래에 대한 전망에 완전한 서열을 부과할 수 있다는 믿음은, 자유방임시장에서 개인들이 일관된 오류를 범하지 않을 것이며 그러므로 미래에 대한 판단에 있어서 정부보다 더 낫다는 주장으로 이끄는 경향이 있다. 이처럼 특수한 가정에 기초해서 일반적인 법칙을 수립하는 경우, 실제로는 경제주체들이 과거에 비추어 미래에 대한 어떤 판단도 내리지 못하고 있는 상황에서 정부 관료들에게 치명적인 정책적 조언들을 제시하는 것으로 귀결될 수 있다.

그러나 만일 경제학자들이 이와 같은(비에르고드적인) 진정한 불확실성의 경제적 조건이 언제 성립될 가능성이 높은가를 인식하고 규명할 수 있다면, 정부는 시장의 경제적 성과를 개선하는 데 일익을 담당할 수 있을 것이다. 만약 아무런 제한이 없다면 경제적 과정은 역사적 시간을 관통하면서 무한히 다양한 사건들의 가능성을 만들어 낼 것이다. 이를 통제하기 위해 경제학자들은 경제적 과정에 법적 제약조건을 부과할 수 있는 제도적 기반을 고안하도록 노력해야 한다. 예를 들어, 정부는 발생할 수도 있을 치명적인 결과를 예방하거나 적어도 상쇄하기 위한 금융안전망을 마련할 수 있으며, 또 화폐적 유인을 통해 개인들로 하여금 민주적 절차를 거쳐 사회적 이해관계에 부합되도록 결정된 문명화된 행위를 취하게 할 수 있다(Davidson and Davidson, 1988). 민간제도가 전혀 존재하지 않거나 불확실성의 바람으로부터 보호되어야 할 경우, 정부는 불확실성을 감소시키려고 시도할 경제제도들을 발전시켜야 한다. 불확실성의 감소는 민간부문에서의 행위가 가져올 가능한 결과들을 완전고용과 적절한 수준의 가격안정성과 양립할 수 있는 범위 안에 국한시킬 때 가능할 것이다.

9

오스트리아 학파

로저 개리슨[1]

케인즈 씨의 집계변수는 변화의 가장 근본적인 메커니즘을 은폐한다. (Hayek, 1931)

9.1 멩거의 관점

오스트리아 학파는 이것이 제시하는 미시경제학, 특히 한계주의 혁명에서 보여준 역할로 잘 알려져 있다. 1870년대 초 칼 멩거(Carl Menger)는 프랑스 경제학자인 레옹 발라스(Léon Walras), 영국 경제학자인 윌리엄 스탠리 제번스(William Stanley Jevons)와 함께 한 재화의 시장가격 결정을 이해하는 데 있어 재화의 한계단위(marginal unit)를 핵심적인 요소로 지목함으로써 가치이론의 방향을 전환했다. 한계성(marginality)이 분석의 중심에 놓면서 미시경제학은 영원히 그 모습이 변했다. 그러나 이보다 덜 알려진 사실은, 자본을 이용하는 시장경제에 대해 멩거가 가졌던 비전의 맥락 속에서 하나의 설득력 있는 거시경제학이 한계혁명으로부터 상당히 자연스럽게 구성된다는 것이다

현대거시경제학은 요소시장(투입물)과 생산물시장(산출물)을 구분한다. 중간투입물(intermediate inputs)과 중간산출물(intermediate outputs)은 기의 역할을 하지 못한다. 이와 달리 오스트리아 학파 경제학의 특징은 생산과정, 즉 어떤 활동의 산출물이 그 뒤에 행해지는 활동의 투입물이 되는 활동의 연속에 초점을 맞춘다는 것이다. 소비가능한 산출물의 최종 생산량이 이러한 연속의 끝을 구성한다. 멩거(Menger, 1981[1871])는 '재화의 차수(order of goods)' 라는 관점에서 이론을 구성했다. 1차 혹은 가장 낮은 차수의 재화는 소비재로 구성된다. 2차, 3차, 혹은 더 높은 차수의 재화는 가장 낮은 차수의 재화로부터 시간상으로 점점 더 멀어지는 생산재들로 구성된다. 오이겐 폰

1. 앨라배마(Alabama, USA) 주 소재 오번 대학교(Auburn University) 경제학과 교수. 《시간과 화폐: 자본구조의 거시경제학》(*Time and Money: The Macroeconomics of Capital Structure*, London: Routledge, 2001)의 저자. 그는 이 글을 준비할 때 많은 도움을 준 레인 보이트(Lane Boyte)와 스벤 토메센(Sven Thommesen)에게 감사의 뜻을 표한다.

뵘바베르크(Eugen von Böhm-Bawerk, 1959[1889])는 이와 비슷한 '성숙단계(maturity class)' 란 개념을 사용해서 경제의 생산과정에 존재하는 이러한 시간적 요소를 파악하려고 시도했다. 그는 경제성장률이 상승하기 위해서는 초기의 성숙단계에 속하는 활동이 후기의 성숙단계에 속하는(그러나 전기 성숙단계 활동과 동시에 발생하는) 행위에 비해 더 증가해야 한다고 강조했다.

뵘-바베르크는 아마도 거시경제에 관한 명제가 견고한 미시경제적 토대를 갖고 있어야 한다고 주장했던 첫 번째 경제학자였을 것이다. 1895년 논문에서 그는 "선진국 경제의 대우주(macrocosm)를 제대로 이해하기를 원한다면 소우주(microcosm)에 대한 연구를 피할 수 없다" 고 썼다(Hennings, 1997, 74쪽). 루드비히 폰 미제스(Ludwig von Mises, 1953 [1912])는 일반적으로 한계효용 분석을 이용해서 화폐가치를 설명했다고 알려져 있다. 그런 미제스는 탈집중화된(decentralised) 시간소비적 생산과정의 맥락에서 신용창조의 중요성을 인식했던 최초의 인물이기도 하다. 멩거에게서 비롯된 자본이론과 미제스가 창안한 화폐-신용 이론은 프리드리히 하이에크(Friedrich Hayek, 1967 [1935])에 의해 오스트리아 학파의 경기변동이론으로 발전되었다. 라이오널 로빈스(Lionnel Robbins, 1971 [1934])와 머레이 로스바드(Murray Rothbard, 1963)는 이 이론을 두 세계대전 사이 기간의 호황과 불황의 경험에 적용하였다. 결국 이와 같은 오스트리아 학파의 통찰력은 자본에 기반을 둔 하나의 완전한 거시경제학으로 성장했다(Horwitz, 2000; Garrison, 2001; Littlechild, 1990).

9.2 자본의 시제적 구조

하이에크는 자본을 이용하는 경제에 관한 오스트리아 학파의 관점을 크게 단순화시켜, 경제의 생산행위를 연속적으로 투입되는 투입물들과 한 시점에서 생산되는 산출물로 모형화했다. 이러한 연속과정의 각 요소는 '생산단계(stage of production)' 로 명명된다. 연속과정이 포함하는 생산단계의 수는 오로지 설명상의 편리함에 따라 결정된다. 이런 단순한 설계는 처음에는 막대그래프를 통해 표현되었다. 여기서 개별 막대들은 시간적 순서에 맞추어 배열되고, 각각의 막대들의(균등한) 폭은 생산시간의 경과를 의미한다. 최종 막대의 길이는 소비가능한 산출물의 가치를 나타내며, 선행하는 막대들의 점차 줄어드는 길이는 각각의 생산단계에 있는 재화의 가치를 나타낸다. 〈그림 9.1〉은 왼쪽에서 오른쪽으로 배열된 10개의 생산단계를 보여준다(원래의 하이에크식 설명에서는 가장 높은 곳에서 가장 낮은 곳으로 5단계가 배열되어 있다). 단계의 총 개수는 경제의 생산과정에 관한 실제적이고 경험적으로 확증 가능한 내용을 양적으로 표현하기 위한 것이 아니다. 그것은 많은 경우 한 단계의 (중간)산출물이 다음 단계의 투입물로 이용된다는 사람들의 일반적인 이해를 표현하기 위한 것이다. 수직 통합(vertical integration)은 표준적 경우가 아니다. 물론 완전한 수직적 통합은 말할 것도 없다. 하이에크의 '생산단계' 는 분명히 '기업' 이나 '산업' 과 동등하지 않다. 수직적으로 통합된 활동 중 어떤 것들은 단일한 기업 내부에서 나타날 수도 있다. 예를 들어, 원유회사가 원유의 탐사, 시추, 정제, 배급 및 판매를 모두 수행할 수 있다. 또 다른 예를

그림 9.1 • 시제적 생산구조

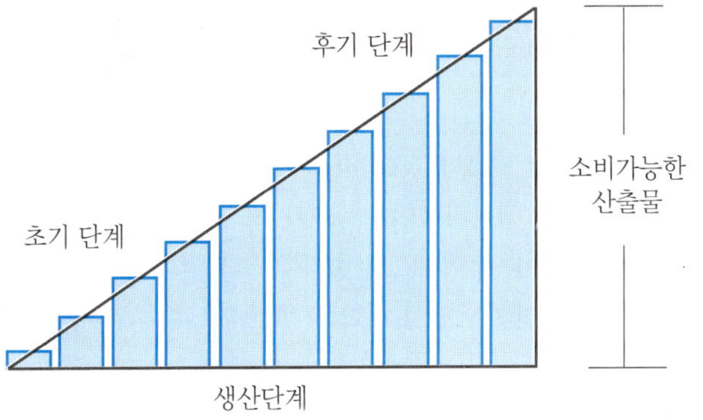

들자면, 제지회사가 도면용 종이와 연하장용 종이를 공급하는 것처럼 다른 단계의 일들을 동시에 할 수도 있다. 물론 엄밀하게 일방향으로만 흐르는 시간적 연속에서 벗어난 방식도 존재한다. 즉, 철강이 석탄생산에 이용되는 반면, 석탄이 철강 생산에 이용될 수도 있다(이것은 아마도 멩거의 《국민경제학 원리》(*Principles*) 영역본 서문에서 프랑크 나이트(Frank Knight)가 제시했던 명확한 반증사례일 것이다). 그러나 모든 단순한 모형이 그러하듯이, 이와 같은 오스트리아 학파의 자본구조 모형이 유명한 이유는 그것이 많은 측면을 간과한다는 잘못 때문이 아니라 그 설계에 담겨있는 본질적인 진실 때문이다.

수단은 목적을 달성하기 위해 이용되고, 수단은 그에 상응하는 목적에 대해 시간적으로 선행한다. 생산은 시간을 따라 진행된다. 그러나 가치평가는 역순으로 진행된다. 즉, 목적의 예상 가치는 그 목적을 달성할 수 있는 수단들에 귀속된다. 이것이 멩거의 법칙(Menger's Law)이다. 생산요소에 대한 수요, 따라서 중간 생산단계의 산출물에 대한 수요는 파생수요(derived demand)이다. 멩거가 소비재를 1차재(*goods of the first order*)로 명명하는 데에서 가치평가의 방향이 암묵적으로 나타난다. 2차재, 3차재, 그리고 더 높은 차수의 재화의 시장가치는 궁극적으로 1차재의 예상 가치로부터 도출된다. 그러나 파생수요 이론이 완전히 작동하더라도, 각 재화의 가치가 결정되는 데에는 재화의 차수가 높을수록 그에 상응하는 시간상의 거리가 멀어지므로 그에 따라 체계적인 시간할인이 이루어져야 한다.

오스트리아 학파의 관점은 기업가에게 중심 역할을 부여한다. 어떤 특정 생산단계에서 활동하는 기업가라면 적어도 자신의 산출물에 대한 수요를 반드시 예측해야 하며, 대출비용을 적절히 고려해서 자신의 활동의 수익성을 평가해야 한다. 좀 더 장기적인 계획을 위해서는 궁극적으로 소비가능한 산출물에 대한 수요를 포함해서 몇 단계 높은 단계의 산출물의 수요 강도에 대한 측정이 필요할 수 있다. 투기적 활동(speculative activities)의 일부는 신용조건의 변화에 부합하게 한 생산단계에서 다른 생산단계로 자원을 이동하는 일이다. 또 기존에 존재하던 생산의 단계들 중 가장 높은 차수의 것보다 더 높은 차수의 단계를 새로이 창조해내는 일일 수도 있다. 뵘바베르크의 용어로 '우회도(roundaboutness)'가 점차 증가하고 생산과정에서 시간 요소가 점점 더 중요해진다는 사실은 자본주의 경제의 개발도상국과 선진국 모두가 갖는 특징이다.

오스트리아 학파가 생산의 시간구조에 대해 쏟는 관심은, 어떻게 탈집중화 된 경제가 생산행위를 소비자 선호와 조정하는지를 이해하고 또 조정 메커니즘에 어떤 문제가 발생할 지를 이해하는 데 시간 요소가 중요한 변수라는 것을 시사한다. 생산과정이 여러 단계로 구성되어 있다는 생각은 한계주의적 사고방식으로 하여금 완벽한 역할을 수행하도록 한다. 오스트리아 학파의 거시경제학은 미시 친화적이다. 자원배분의 유형은 체계적으로 조정되어 생산 활동의 시간적 구성(time profile)을 변화시킬 수 있다. 초기 단계 생산 활동이 한계적으로 증가하고 그에 따라 후기단계 생산 활동이 한계적으로 감소하면 경제 전반의 성장률에 중요한 영향이 발생한다. 중요한 사실은 상호 관련된 유형의 한계적 변화가 호황과 불황을 야기한다는 점이다. 오스트리아 학파에 따르면, 우리는 당연히 시제적(intertemporal) 자원배분 유형에 주목해야 한다. 비록 이러한 한계적 변화들이 (모든 단계에서의) 투자지출이나 (소비자와 투자기관 모두의) 총지출과 같은 몇몇 통상적인 거시경제 집계변수들 속에서는 서로 상쇄되어 버릴지라도 말이다.

시제적 균형과 관련된 자원배분 유형은 상이한 생산단계를 구분하는 가치차이(value differentials)의 측면에서 어떤 균일성을 보여준다. 한 단계 산출물과 그 다음 단계 산출물의 가치차이는 무엇보다도 시제적 교환의 일반적인 조건을 반영한다. 그 조건을 요약한 것이 시장이자율이다. 이자율이 주어졌을 때 생산단계별 가치차이가 이 이자율을 초과한다면 이것은 이윤기회가 존재함을 의미하며, 이 기회는 자원을 좀 더 앞선 생산단계로 재배분하는 방식을 통해서만 실현될 수 있다. 궁극적으로 이런 이윤기회가 모두 경쟁에 의해 완전히 사라져 버리면, 다양한 생산단계에서 이용되는 요소들의 상대가격들이 균형이자율과 같아진다. 시제적 자본구조를 간단한 그림으로 표현하면 시제적 균형을 구성하는 단계들의 연속을 담고 있는 삼각형 형태로 나타난다. 〈그림 9.1〉의 하이에크적 삼각형은 자본이론의 수많은 복잡성들로부터 벗어나 있으면서도 생산과정에 존재하는 전반적인 시간요소의 역할을 그대로 유지한다.

이런 극단적인 단순화 수준은 몇 가지 추가적 논의를 요구한다. 첫째, 삼각형의 빗변은 아직 완성되지 않은 소비가능한 재화의 가치를 추적하는데, 0의 가치에서 출발하여 소비재의 완전한 시장가치까지 선형으로 상승하고 있음에 주목하자. 그러나 우리는 이자율이 퍼센트 비율로 표현되며 어떠한 초기 투입물 가치에서 시작해서 복리로 고려됨을 알고 있다. 분명히(그리고 하이에크의 삼각형과는 반대로) 이러한 퍼센트 비율의 가치차이는, 누적가치를 추적하는 곡선이 어떠한 초기 값에서 최종값으로 지수적으로 증가하는 형태를 가져야 함을 의미한다. 여기서 빗변의 선형성은 그 설계가 더 단순하면서도 모형의 목적에 적합하다는 이유에서 더 선호된다. 이것은 하이에크의 애초의 정식화와도 부합한다. 그러나 우리는 삼각형이 복리효과가 중요한 역할을 하는 쟁점들을 다루는 데에는 적합하지 않다는 사실을 알고 있어야 한다. 복리 이자율 효과가 고려되면,

이자율과 평균 우회도의 정확한 관계에 대해 모호함이 발생한다. 이를 포함하여 자본집약도와 관련된 여러 모호함이 케임브리지 자본논쟁(Harcourt, 1972)의 중심에 놓여있었다.[2] 이 논쟁은 몇십 년 전에 많은 이목을 끌었고 오랫동안 지속되었지만 궁극적으로 불모의 논쟁으로 밝혀졌다. 그러나 경기변동이나 이와 관련된 거시경제적 쟁점을 설명하는 데 있어서 삼각형은 그 단순함에도 불구하고 더도 덜도 없이 훌륭한 역할을 수행한다.

둘째, 삼각형의 밑변은 우리에게 단위시간간격의 연속을 떠올리게끔 하지만 선뜻 달력상의 시간으로 번역되지는 않는다. 초기 생산단계는 생산과정 중의 재화(goods in process), 즉 시간이 흐르면서 목재로 성장하는 소나무 묘목이나 숙성과정을 거쳐야 하는 포도주 같은 재화로 구성되지만, 현실에서 초기 생산단계는 오직 부분적으로만 그렇게 구성된다. 생산단계의 초기성은 내구성 자본재나 더 나아가 인적자본에도 내포되어 있다. 이 생산요소들은 이후의 오랜 기간에 걸쳐 수익을 내기 때문에 초기 생산단계로 범주화된다. 이런 자본의 이질성을 고려할 때, 어떤 평균 생산기간과 같은 단일한 척도를 고안하거나 또 어떤 다른 방식으로 거시경제에 적용될 생산시간을 수량화하려는 시도는 경계할 필요가 있다. 그럼에도 불구하고 우리는 많은 경우에 초기단계 활동과 후기단계 활동들을 손쉽게 구별할 수 있다. 소매점의 재고관리는 후기단계 활동이다. 반면, 제품개발은 초기단계 활동이다. 경제의 자본구조에서 시간차원을 연장하는 방식은 다음과 같은 형태를 취할 수 있다. 즉, 자원을 상대적으로 후기의 단계에서 상대적으로 초기의 단계로 이동하거나, 내구성이 향상된 자본재를 새로이 개발하거나, 또는 단순히 생산된 제품의 혼합을 좀 더 많은 시간을 소비하는(그러나 더 많은 수익을 내는) 생산과정을 포함하는 쪽으로 변화하는 것이 그것이다.

셋째, 하이에크 삼각형의 수직축은 소비가능한 재화의 가치를 표현하는데, 이것은 소비가 생산과정이 끝난 시점에서 (순간적으로) 이루어짐을 뜻한다. 그렇다고 내구성 소비재의 존재가 부정되고 있는 것은 아니다. 그러나 소비시간을 포함하도록 거시경제의 시제적 측면을 확장하는 것은 분석에 많은 내용을 추가하지도 않으면서 문제를 복잡하게 만들기만 할 것이다. 삼각형이 초점을 맞추는 것은 생산과 특별히 관련된 내용들, 그리고 재화가 일단 소비자의 손에 넘어가고 나면 대부분의 관련성을 잃어버리는 시장과정의 다양한 측면이다. '소비단계'라는 개념이 의미가 없지는 않겠지만 억지로 고안된 개념이 될 것이다.

통상적인 경제학 이론에서뿐만 아니라 오스트리아 학파 이론에서도, 현실 경제에 대한 응용과정에서는 투자재와 내구성 소비재가 명확히 구분된다. 거주 공간인 주택은 소유자의 실제 이용

2. 1950~60년대에 자본(capital)의 개념과 집계적 자본(aggregate capital)을 사용하는 집계적 생산함수의 논리적 일관성에 관해 논쟁이 있었다. 논쟁의 한편에는 신고전학파의 집계적 자본개념을 옹호하고 집계적 생산함수에 논리적 문제점이 없다고 주장하는 경제학자들이 있었는데, 그 중심은 미국 매사추세츠 주 케임브리지의 하버드 대학교와 MIT에 있던 새뮤얼슨과 솔로 등이었다. 다른 한편에는 영국의 케임브리지 대학에 있던 피에로 스라파(Piero Sraffa), 조운 로빈슨, 루이지 파지네티(Luigi Pasinetti), 피에란젤로 가레냐니(Pierangelo Garegnani) 등을 중심으로 그런 집계적 자본개념을 비판하는 경제학자들이 있었다. 따라서 이 논쟁은 보통 '케임브리지 대 케임브리지 자본논쟁', 혹은 간단히 '케임브리지 자본논쟁'이라고 불린다.

여부와 무관하게 보편적으로 투자로 분류되며, 그 서비스의 임대가치는 실제값이든 암묵적인 값이든 소비로 분류된다. 그러나 자가용 승용차는 내구성과 암묵적인 임대가치가 상당한 수준임에도 불구하고 소비재로 분류된다. 나중에 팔리게 될 소비가능한 재화가 초기 생산단계에 투입되는 상황도 생각해 볼 수 있다. 예를 들면, 비상업용으로 새롭게 구입한 트럭이 작업용 트럭으로 사용되는 경우이다. 그러나 일반적으로 소비자에게 넘겨진 재화는 소비자의 손에 머물게 된다. 이런 문제들을 포함하여 관련된 여러 문제들에 주목하는 것이 오스트리아 학파 이론을 특정 경우에 응용할 때 필요할지 모르지만, 오스트리아 이론 자체는 다단계 생산과정을 거쳐 하나의 소비가능한 산출물이 생산된다는 비전에 기초하고 있다.

〈그림 9.1〉에 대한 가장 간단한 해석은 이것이 성장 없는 경제를 보여준다는 것이다. 총투자는 저축에 의해 자금이 조달되는데, 자본의 감가상각을 상쇄하기에만 충분할 뿐이다. 소비자의 취향과 기술수준이 주어지면, 거시경제는 시제적 균형을 이루어내며 변하지 않는 일정한 수준에서 소비재를 생산한다. 그러나 더 전형적인 상황은 저축과 총투자가 모두 자본의 감가상각을 상회하면서 경제가 모든 부문에서 성장해나가는 것이다. 만일 우리가 현 시점에서 불변의 이자율을 가정할 수 있다면, 경제성장은 삼각형이 그 일반적인 형태를 똑같이 유지하면서 그 크기가 증대되는 것으로 표현될 수 있다.

그러나 하이에크 삼각형을 이용할 때 얻는 소득은 무엇보다도 삼각형의 형태를 변화시킬 때 나타난다. 좀 더 통상적인 거시경제학은 생산구조가 불변이라거나, 생산구조가 경제적 분석에 아무런 의미가 없다고 암묵적으로 가정한다. 오스트리아 학파의 이론에서 저축행위의 변화는 경제의 자본구조 내 자원배분에 영향을 미친다. 그리고 그 결과 발생하는 삼각형의 형태 변화는 소비가능한 산출물의 시간적 구성에 영향을 미친다. 분석의 초점은 자연스럽게 시제적 조정과 시제적 조정실패의 가능한 원인에 맞춰진다.

9.3 저축과 경제성장

우리는 통상적으로 경제가 어떤 특정한 성장률을 경험하고 있다고 생각하는 경향이 있다. 성장률은 저축과 자본의 감가상각 사이의 관계에 따라 양의 값이 될 수도, 음의 값이 될 수도, 0이 될 수도 있다. 정체상태(stationary), 즉 성장이 없는 경제에서 저축은 자본의 감가상각을 상쇄하기에만 충분할 뿐이다. 〈그림 9.2〉의 처음 두 기간에서는 그림이 보여주는 것처럼 소비가능한 산출물이 시간이 흐르더라도 일정하게 유지된다.

저축이 자본의 감가상각을 상회하면 경제는 성장한다. 〈그림 9.2〉의 마지막 세 기간 동안에는 그림이 보여주는 것처럼 소비가능한 산출물의 규모가 시간이 흐르면서 확대된다. 각 생산단계의 산출량도 증가한다. 경제는 매 기간마다 성장하며, 심지어 생산단계의 수마저도 지속적으로 늘린다. 장기 성장의 시기에 하이에크의 삼각형은 그 크기가 증가하지만 형태는 변화하지 않는다(혹은 형태의 변화를 필연적으로 동반하지는 않는다).

그림 9.2 • 소비가능한 산출물의 가능한 시제적 유형

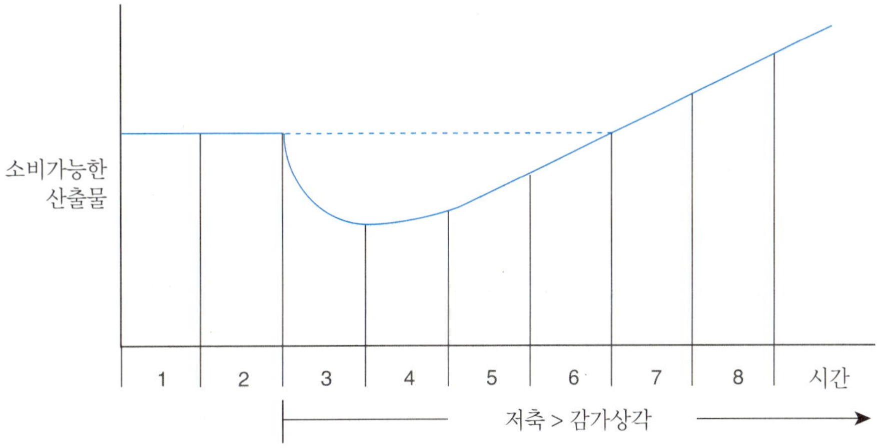

이제 우리가 던져볼 수 있는 하나의 흥미로운 질문은 성장이 없는 경제에서 양의 성장률을 보이는 경제로 이행하는 문제, 또는 같은 문제이지만, 어떤 초기 성장률에서 좀 더 높은 성장률로 이행하는 문제에 대한 것이다(이 질문에 대한 답변은 오스트리아 학파의 경기변동 분석에 대한 출발점을 제공한다). 소비가능한 산출물은 이행기에 어떠한 시간적 구성을 보일 것인가? 생산기술상태나 자원의 일반적인 이용가능성에 조금도 변화가 없다고 가정하자. 그러나 미래 소비를 더 좋아하는 방향으로 사람들의 시제간 선호가 변한다고 가정하자. 만일 성장이 없는 경제와 성장하는 경제 사이에서 선택하는 단순한 상황에 직면한다면 사람들은 분명히 후자를 선호할 것이다. 그러나 선택은 결코 그렇게 단순하지 않다. 여기에는 공상과학 작가인 로버트 하인라인(Robert Heinlein, 1966)이 소개한 기억에 남을 약어가 적용된다. TANSTAAFL: "There ain' t no such thing as a free lunch"(공짜 점심 같은 것은 없다). 이 약어를 상황에 맞게 변형하면 TANSTAFG('There ain' t no such thing as free growth.")가 될 것이다. 공짜 성장은 없다.

여기에 관련된 상충관계는 가까운 미래에 소비가능한 산출물과 먼 미래에 소비가능한 산출물 사이에서 발생하는 상충관계이다. 사람들은 먼 미래에 더 많은 소비를 향유하기 위해 현재의 소비나 가까운 미래의 소비를 일부 포기할 용의가 있는가? 궁극적으로, 현재의 소비와 가까운 미래의 소비를 포기해야만 경제의 생산역량을 확대하고 미래 소비를 늘릴 수 있는 자원이 풀려나온다(free up). 〈그림 9.2〉에서 가상의 선호 변화는 두 번째 기간이 끝나는 시점에서 나타난다. 이러한 변화에 비추어 볼 때, 세 번째 기간의 소비재 생산은 축소되어야 한다. 이렇게 해서 풀려나온 자원은 생산의 비교적 초기단계에 이용될 수 있다. 그렇게 변화되면, 자본구조는 궁극적으로 소비가능 재화를 증가된 비율로 산출하기 시작할 것이다. 〈그림 9.2〉의 경우, 여섯 번째 기간의 끝에는 초기 산출량 수준과 같아지고 그 이후 기간에서는 그 수준을 상회한다.

그림 9.3 • 자본의 시제적 재구조화

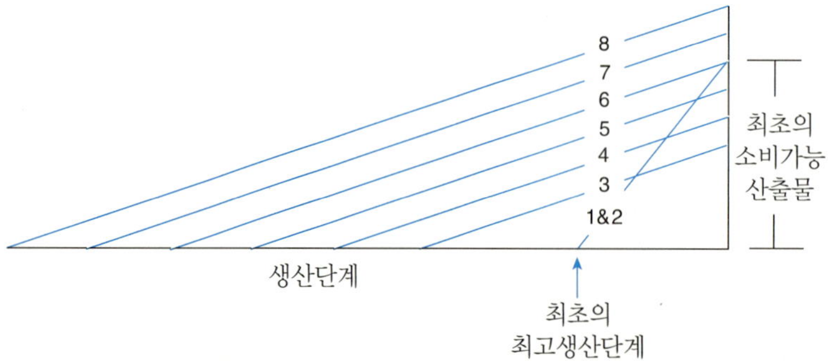

오스트리아 학파는 시장경제가 시제적 생산활동을 시제적 소비선호에 부합하도록 조정할 수 있다고 판단한다. 〈그림 9.2〉에 나타난 소비가능 산출물의 시간적 구성은 자본의 재구조화를 요구하는데, 이것은 하이에크 삼각형의 변화로 설명될 수 있다. 〈그림 9.3〉은 이 때 요구되는 변화의 일반적인 특성을 보여준다. 선호가 변화하기 이전의 성장 없는 첫 번째 기간과 두 번째 기간은 상대적으로 짧은 시제적 자본구조를 갖는 삼각형으로 묘사된다. 두 번째 기간의 끝에 선호가 변화하면, 소비가 줄어들면서 세 번째 기간의 끝에 이르러 최소수준에 도달하게 된다. 풀려나온 자원은 경제의 미래 소비가능 산출물의 생산역량을 증진시키기 위해 초기 생산단계에 투입될 수 있으며 더 나아가 훨씬 더 이른 생산단계를 만들어내는 데에도 투입될 수 있다. 가까운 미래에 소비가능한 산출물의 생산규모가 줄어들고 생산단계의 수가 늘어나는 현상은 변형된 삼각형 중에서 가장 작은 세 번째 삼각형(삼각형 3)으로 묘사된다.

생산과정에 있는 재화가 재구조화된 생산단계를 연속적으로 이동해 감에 따라 소비가능 재화의 산출량은 증대되기 시작하며, 이제 저축이 자본의 감가상각을 상회하므로 생산의 각 단계에서 팽창이 계속 일어난다. 경제는 양의 장기성장률을 경험하게 되는데, 이 현상은 〈그림 9.3〉의 삼각형 4에서 삼각형 8까지가 보여준다. 여기서 삼각형 6은 성장이 없던 초기 단계의 삼각형과 동일한 규모의 소비가능 재화를 생산한다. 이러한 자본의 재구조화가 실제로 시장 메커니즘에 의해 야기되는가에 대해서 논의가 이루어져야 할 것이다. 일단은 〈그림 9.3〉이 보여주는 시제적 자본 재구조화와 〈그림 9.2〉가 보여주는 소비가능 산출물의 시간 유형 사이의 상관관계에 초점을 맞추자.

간단한 일회성 선호 변화를 통해 성장 없는 경제에서 양의 장기성장률을 경험하는 경제로 이행하는 현상에 대해 주목하는 이유는 그것이 분석상으로 그리고 방법론상으로 편의를 제공하기 때문이다. 더 복잡한 선호변화에 대해서도 쉽게 생각해볼 수 있다. 시제적 선호의 실제 변화는 점진적일 수 있으며, 선호되는 소비가능 재화의 시간적 구성은 분명 〈그림 9.2〉의 시제적 유형과 같이 단순하게 묘사될 수 없다. 여기서 우리는 탈집중화된 경제와 그 경제의 시제적 차원이 교육적인 목적에서 구성되는 단순화된 모형으로 설명될 수 있는 수준보다 훨씬 더 복잡하다고 말할 수 있을 뿐이다.

〈그림 9.2〉의 수요 특성은 성장 없는 경제에서 양의 성장률을 보이는 경제로 이행하는 동안

소비가능 산출물의 양이 줄어든다는 점이다. 포기된 소비는 하인라인 원칙(Heinleinian principle), 즉 공짜의 경제성장 같은 것은 존재하지 않는다는 원칙의 표현이다. 초기 성장률이 양인 경우, 소비가능 산출물이 실제로 감소할 필요는 없다. 이 상황에서는 하인라인 원칙이 좀 더 미묘한 방식으로 표현된다. 소비가능 산출물이 가령 초기에 2%의 증가율을 보일 경우, 저축의지가 증가하면 산출물은 지속적으로 그렇지만 변화하는 비율로, 예를 들어 아마도 초기의 2%에서 1%로 감소했다 다시 3%로 증가할 수 있다. 성장률이 1%에 불과한 이행기에는 사람들이 저축을 늘리기로 결정하지 않았다면 향유할 수도 있었을 소비가능 산출물을 포기하고 있는 것이다.

오스트리아 학파는 저축이 견인하는 성장에 수반되는 기회비용을 명시적으로 인식했고, 이것은 정책결정에 대한 그들의 일반적인 거부감으로 이어진다. 간단히 말해서, 오스트리아 학파는 성장 옹호론자가 아니다. 수많은 입문서와 중급 수준의 교과서는 정책 목표의 짤막한 목록과 함께 거시경제학의 관련 주제를 소개한다. 언제나 이 목록의 윗자리에는 빠른 경제성장이 자리하고 있다. 그러나 정책입안자들이 성취해야 할 목표에 높은 성장률을 포함시켜야 하는 근거가 있는가? 오스트리아 학파에 따르면, 필요한 것은 소비가능 산출물의 성장률을 사람들의 저축의지에 부합하도록 만들어 줄 수 있는 제도적 기반이다. 생산계획은 소비선호에 부합해야 한다. 그러나 소비선호에 대한 이러한 부합은 논리적으로는 낮은 성장률이나 영의 성장률, 또는 심지어 특별한 경우에는 음의 성장률에서도 가능하다. 성장률 자체는 사람들이 좀 더 먼 미래에 증대된 소비를 향유하기 위해서 가까운 미래의 소비를 포기하려는 의지를 간단히 보여주는 것에 불과하다. 미시경제학자들이 '채소의 다양성' 을 자신들의 정책 목표로 채택해서는 안 되듯이, 거시경제학자들 또한 '급속한 성장' 을 정책목표 중의 하나로 채택해서는 안 된다.

그럼에도 불구하고 핵심적인 거시경제적 쟁점들이 이 문제와 관련되어 있다. 거시경제학에서 적절한 성장률을 달성하는 것은 미시경제학에서 적절한 채소량을 확보하는 것과 비슷하다. 다음 두 개의 절에서 논의되겠지만, 이 두 가지 목표는 각 경우에 해당하는 공급곡선과 수요곡선이 기초조건, 즉 각각의 시장활동을 지배하는 선호와 제약조건을 정확히 반영한다면 달성될 수 있다.

9.4 저축과 투자의 관계

앞 절에서 논의된 상충관계를 사람들로 하여금 실제로 행할 수 있게 하는 시장 메커니즘이 존재하는가? 이것은 거시경제적 논쟁의 핵심에 놓여 있을 뿐만 아니라 학파에 따라 답변이 달라지는 중요한 문제이다. 이 문제는 거시경제적 관심사를 강조하기 위해 다음과 같은 방식으로 제기될 수 있다. 저축과 투자가 거시경제에 대한 역효과(예를 들면, 유휴자원의 확대)를 초래하지 않으면서 서로 조화를 이룰 수 있도록 해주는 시장 메커니즘이 존재하는가? 이에 대한 서로 다른 답변들은 시장 경제의 지속가능성과 정책입안자의 적절한 역할에 대해 뚜렷한 함의를 갖고 있다.

9.4.1 통화주의를 통한 우회로

일부 거시경제학자들은 위의 중요한 문제에 대해 긍정적인 답변을 제시할 것이다. 시장이 소비재의 생산과 (저축을 통해 자금이 조달되는) 투자재의 생산으로 자원을 배분하는 것은 시장이 과일의 생산과 채소의 생산으로 자원을 배분하는 것과 같다는 것이다. 즉, 주어진 총산출량 하에서 자원배분의 문제는 배와 토마토 같이 좁게 정의된 재화들 사이에서든 아니면 소비와 투자 같이 넓게 정의된 하위 집계변수들 사이에서든 간에 주로 미시경제학의 영역에 속한다는 것이다.

이러한 관점에서 볼 때 거시경제학은 전반적인 총산출량 자체에 초점을 맞추어야 한다. 왜냐하면 총산출량은 일반적인 물가수준이나 통화량 같은 또 다른 거시경제 변수들과 연결되기 때문이다. 이 거시경제 변수들은 각각 Q, P, M이라는 기호로 표시되어 다음과 같이 우리에게 친숙한 교환방정식을 구성한다.

$$MV = PQ \tag{9.1}$$

물론 이 방정식은 1950년대 케인즈주의에 대한 통화주의 반혁명의 중심이었다(이 책의 제4장 참조). 유통속도 V는 방정식 자체에 의해 정의된다. 1980년대 초 이전에 유통속도는 다양한 국가와 기간에 대해서 그 크기가 거의 변함없음이 경험적으로 입증되었고, 따라서 통화공급과 특정한 물가지수 사이에 강력한 상관관계를 확립시켰다. 흔히 화폐수량설(quantity theory of money)이라는 이름으로 알려진 이론은 물가수준에 대한 화폐량 이론(quantity-of-money theory of the price level)으로 불리는 것이 좀 더 정확하다.

통화주의자들은 통화공급량이 변화하면 장기적으로 일반물가수준도 통화공급량과 동일한 비율로 변화한다고 주장한다. 동일한 비율로 변화하지 않는다면 그것은 추세적인 실질 산출량이 변화하거나 화폐유통속도가 변화했기 때문이다. 실질 산출량이 단기적으로 변화한다는 것은 인정되었다. 즉, 단기적으로는 늘어난 화폐량 M에 부응해서 물가 P가 조정되는 동안 총산출량 Q가 늘어났다가 다시 본래의 수준으로 줄어들 수 있다. 그러나 통화주의자들은 조정과정 동안 소비와 투자 같은 주요 하위 집계변수들의 움직임에 대해서는 거의 주목하지 않으며, 총투자를 구성하는 하위 집계변수들(즉, 각각의 생산단계들)에 대해서는 조금도 관심을 보이지 않는다. 장기성장을 설명하든 단기에 화폐를 통해 유도된 실질 산출량의 변화를 설명하든, 초점은 총산출량 Q에 있다. 총산출량 안에서 일어나는 변화에 관한 문제는 좀 더 큰 문제들을 다루는 거시경제학의 쟁점으로 적절하지 않다고 평가된다. 그런데 그런 변화야말로 하이에크의 삼각형을 통해 오스트리아학파가 추적할 수도 있을 변화이다.

9.4.2 케인즈주의 경제학에서 나타나는 저축과 투자의 빙퉁그러진 관계

통화주의 반혁명이 맞서려던 대상은 물론 케인즈주의 경제학이었다. 그러나 저축과 투자의 관계에 관한 논쟁에 있어서는, 통화주의는 '반격' 이라기보다는 '쟁점의 은폐' 라고 불리는 것이 더욱 타당하다. 《일반이론》에서 케인즈(Keynes, 1936, 21쪽)는 자신의 선학들과 동학들이 "현재 소비를 억제하려는 결정과 미래 소비를 제공하려는 결정을 묶어주는 연결고리가 존재한다고 가정하는 오류를 범하고 있다"고 그들의 잘못을 명시적으로 지적했다. 케인즈에 따르면, 이 두 가지 의사결정을 조정할 수 있는 간단하면서도 효과적인 방법은 없다. 오히려 저축을 궁극적으로 투자와 일치시키는 메커니즘은 간접적이며 빙퉁그러져(perverse) 있다. 사실상 저축-투자의 빙퉁그러진 관계는 케인즈의 거시경제관에서 핵심적인 위치를 차지한다(Leijonhufvud, 1968).

교환방정식은 케인즈 혁명의 기반이 되는 쟁점을 드러내는 방식으로 다시 써질 수 있다. 총산출량 Q는 소비재 산출량과 투자재 산출량의 합계로 구성된다. 즉, $Q = Q_C + Q_I$. 여기서 Q_I는 투자재의 '최종' 산출량을 나타내므로 이중계산을 피하고 있다. 그러면 교환방정식은 다음과 같이 다시 써질 수 있다.

$$MV = P(Q_C + Q_I) \tag{9.2}$$

이 새로운 표현은 케인즈에 의해서 가장 핵심적인 것으로 파악된 문제, 즉 Q_I의 변동성과 이것이 다른 모든 거시경제 변수들의 크기에 미치는 영향을 통화주의자들이 전혀 다루지 않았음을 강조해 보여준다. 반면에 케인즈의 $Q_C + Q_I$를 통화주의의 Q로 대체한다면 이 빙퉁그러진 관계의 핵심이 은폐될 뿐이다. 투자재 산출량이 정확히 어떻게 소비자들이 선호하는 현재소비와 미래소비 사이의 상충관계와 조화를 이루는가의 문제에 대해 통화주의자들은 답을 제공한 적이 없다. 아니 이에 대해 질문을 던져본 적도 없다.

제9.11절에서 다소 길게 설명하겠지만, 케인즈주의 경제학에서는 총투자의 변화가 처음에 소득에 영향을 미치며, 이것이 소비지출에 영향을 끼친다. 즉 Q_C와 Q_I는 동일한 방향으로 움직인다. Q_I의 움직임은 예측될 수 없지만 Q_C는 Q_I의 움직임에 조응해서 동일한 방향으로 움직이면서 우리에게 친숙한 케인즈적 승수를 통해 규모가 확대된다(제2장 참조). 이와 비슷하게, 그리 자주 발생하지는 않지만 현재 소비가 자율적으로 변화한다면 기대이윤이 영향을 받을 것이고, 그에 따라 투자지출이 현재 소비와 동일한 방향으로 변화할 것이다. 여기서 파생수요의 원리가 작동한다. 두 개의 주요 하위 집계변수, 즉 저축과 투자가(비록 그 변화비율은 다를지라도) 같은 방향으로 변동하므로, 케인즈 이론은 오스트리아 학파에 의해 강조되는 유형의 상충관계가 존재할 수 있는 가능성을 원천적으로 배제한다. 게다가 내구성 자본과 이른바 투자가속도(investment accelerator)가 존재하므로 일반적인 구속력을 가진 공급 측면 제약들이 존재하지 않는다. 간단히 말해서, 케인즈주의적인 관점에서는 투자가 현재 소비를 희생하는 대가로 확대될 여지가 없다. 이와 비슷하게 시장참여자들이 좀 더 큰 미래 소비를 향유할 수 있기 위해 현재 소비를 포기(즉, 저축)하려는 행위는 저축과 투자를 연결시키는 시장 메커니즘에 의해 좌절될 것이다. 증대된 저축은 투자를 자극하기보다는 오히려 총지출에 부정적인 영향을 미칠 것이며, 그래서 총소득에도 부정적인 영향을 미친다는 것이다. 이러한 빙퉁그러진 음의 소득효과는 케인즈가 절약의 역설(paradox of thrift)이라고 정의했던 것으로, 이에 대해서는 제9.9절에서 자세히 논의될 것이다.

9.4.3 오스트리아 학파에서의 집계세분작업

교환방정식의 맥락에서 케인즈주의와 통화주의에 대한 오스트리아 학파의 관점은 시사하는 바가 많다. 케인즈주의는 다루어야 할 잠재적인 문제, 즉 자원을 소비와 투자 사이에 적절하게 나누는 문제를 염두에 둔 집계 수준을 채택하지만, 이 문제에 대한 빙퉁그러지지 않은 시장 해결책을 허용하지 않는다. 통화주의와 대부분의 새고전학파는 집계수준을 높임으로써 핵심 쟁점을 흐리게 만든다. 그들은 문제 자체와 그에 대한 해답을 미시경제학의 영역으로 좌천시킨다. 통화주의와 케인즈주의보다 먼저 등장한 오스트리아 학파는 이 두 학파보다 낮은 수준의 집계량을 통해 연구하는 경향을 보였고, 이를 통해 문제가 정확히 무엇이고 시장을 통한 가능한 해결책이 무엇인지를 모두 확인할 수 있었다.

교환방정식을 학파별 특징을 비교하기 위한 공통의 척도로 사용하자. 오스트리아 학파의 경우, 케인즈 학파의 총투자라는 집계변수는 생산단계들을 문제에 도입하기 위해 반드시 세분되어야(disaggregated) 한다. Q_C는 소비가능 산출물, 또는 멩거의 용어를 빌자면 1차 재화이다. 9개의 선행 단계를 거쳐 진행되는 투자는 각각 Q_2에서 Q_{10}까지 나누어진다. 그렇다면 교환방정식은 다음과 같이 표현될 수 있다.

$$MV = P(Q_C + Q_2 + Q_3 + Q_4 + Q_5 + Q_6 + Q_7 + Q_8 + Q_9 + Q_{10}) \tag{9.3}$$

Q_I가 통상적인 거시경제 이론에서 '최종' 산출물로 정의되는 것처럼, 식 (9.3)에서 두 번째 차수 재화와 그 이후의 재화(Q_2에서 Q_{10}까지)는 교환방정식의 일관성을 유지하기 위해 그와 비슷하게 정의된다. 그래서 이중계산이 배제되며, 식 (9.2)와 (9.3)에서 산출량 총합은 총산출량과 같고, 그와 항등적으로 동일한 총소득과도 같다. 그러나 오스트리아 학파의 집계세분에서, 분석의 초점은 다양한 Q값들의 총합뿐만 아니라 그것들 사이의 상대적인 운동에도 놓여진다.

케인즈주의 모형에서, 저축이 증가하고 이에 상응하여 소비지출(Q_C)이 감소할 때 Q_I의 가 증가될 수 있을 가능성은 거의 없이 보인다. 만일 기업이 현재 재고를 팔아치워야 하는 문제를 안고 있다면, 추가 자원을 생산능력을 확대하는 방향으로 배분해서 재고를 더욱 확대하려는 행위가 나타날 가능성이 없는 것이다. 파생수요이론이 시사하는 바에 따르면 생산능력에 대한 수요는 산출물에 대한 수요를 반영한다. 오스트리아 학파의 모형에서 파생수요이론은 시간할인율에 대한 고려에 의해 추동된다. 여러 생산단계들에 대한 고려는 모형에서 변수들의 자유도를 증가시켜서, 소비지출 감소의 결과를 반드시 그와 반대방향의 총투자량 변화로가 아니라 투자지출 유형의 변화로 고려할 수 있게 해준다. 어떻게 시장이 작동할 수 있는가에 관한 이야기는 파생수요이론으로 설명할 수 있지만, 오스트리아 학파가 이야기하는 바와 같이, 후자가 전자를 지배하지는 않는다. 오스트리아 학파의 분석은 거시경제학뿐만 아니라 미시경제학에도 기반하고 있으며, 앞에서 보았듯이 그 주된 행위자는 기업가이다.

9.4.4 파생수요와 시간할인

저축의 증가는 기업가 집단에 두 종류의 시장 신호를 보낸다. 시제적 선호의 변화가 경제의 다단계 생산과정에서 그에 상응하는 변화를 성공적으로 유도해내기 위해서는, 이 두 가지 신호가 반드시 작동해야 한다. 이자율 변화와 함께 산출물 가격의 변화는 상이한 생산단계에 서로 다른 영향을 미친다. 저축이 증가하는 국면에서 빙퉁그러지지 않은(non-perverse) 자원배분은 특히 파생수요 원칙과 시간할인 원칙이라는 두 가지 원칙에 크게 영향을 받는다. 여기서 우리는 시장경제의 저축-투자 관계에서 인지된 빙퉁그러짐이 위에서 두 번째로 언급된 원칙, 즉 시간할인 원칙을 암묵적으로 부정하는 데에서 비롯된 것임에 주목할 필요가 있다. 만일 파생수요의 원칙만 작동한다면 시장이 저축증가에 부응할 수 없다는 것은 너무나도 진부한 사실이다.

늘어난 저축은 소비재에 대한 현재수요가 줄어들었음을 의미한다(물론 저축과 소비가 모두 증대되는 성장 경제에 대해서는 상대적인 증가율의 변화로 생각해 볼 필요가 있을 것이다. 즉, 저축이 더욱 급격하게 증가한다는 것은 소비재에 대한 수요가 덜 급격하게 증가한다는 것을 의미한다). 다시 한 번 멩거의 용어를 이용하자면, 1차재 수요의 감소는 2차재 수요에 직접적인 영향을 미친다. 커피원두 수요는 커피 수요와 함께 움직인다. 멩거의 법칙이 지배한다. 좀 더 일반적으로 말해서, 소비가능 산출물과 시간적으로 보다 밀접한 관계에 있는 투입물에 대한 수요는 소비가능 산출물에 대한 수요와 함께 움직인다. 즉, 2차재 수요는 파생수요이다. 다른 모든 조건이 엄격하게 불변으로 유지된다는 조건 하에서는 이자율 변화가 동반될 수 없기에, 파생수요가 이야기의 전부일 것이다.

저축증가가 좀 더 나은 신용조건을 야기한다는 사실은 이 이야기의 나머지 부분을 위한 기초를 제공한다. 좀 더 낮은 이자율은 기업으로 하여금 재고비용을 낮출 수 있도록 해준다. 그러나 이러한 공급조건의 변화가 얼마나 중요한가? 1차재와 2차재 수요의 상대적 변화를 측정하는 데 시간할인 효과는 미약하다. 커피와 커피원두의 예를 들어보자. 커피 원두의 재고는 오직 짧은 기간 동안만 유지되기 때문에, 재고처리 비용의 감소로 나타나는 시간할인 효과는 파생수요 효과에 비해 미약하다. 커피원두 수요는 커피 수요와 거의 비슷하게 하락한다. 시간할인 효과의 강도는 고차재의 경우 더 크며, 그 차수가 높아질수록 점점 더 커진다. 예를 들어, 내구성을 가진 지본장비의 형태로 존재하는 10차재를 고려해보자. 제품개발에 이용되는 설비와 실험장비가 좋은 사례이다. 좀 더 유리한 신용조건은 이러한 설비를 새로이 만들어 내거나 확대하는 방향으로 생산을 변화시킬 것이다. 초기 생산단계에서, 시간할인 효과는 파생수요 효과를 상쇄하는 것 이상일 수 있다.

시간할인에 대한 고려는 자원을 초기 생산단계 쪽으로 이동시킨다. 게다가 초기 생산단계의 수익성을 측정하는 과정에서, 파생수요 효과 자체가 상쇄되기보다는 오히려 증가할 수 있다. 여기서 기업가적 요소가 특별한 방식으로 작동한다. 실제로 관련이 있는 파생수요는 1차재에 대한 현재수요에 기초하기보다는 오히려 어떠한 미래 시점에서 예상되는 수요, 즉 저축의 축적이라는 바로 그 요인에 의해서 강화될 수요에 기초한다. 저축이 증가하더라도 그것을 소비가능 재화에 대한 수요가 영구적으로 감소할 것이라는 조짐으로 받아들일 필요가 없다. 오히려 저축자들은 무엇인가를 위해 저축하고 있는 것이다. 이들이 늘어난 구매력으로 무엇을 구매할 것인가를 가장 잘 예상하는 기업가는 지출의 시제적 변화로부터 지속적으로 이윤을 얻어낼 수 있다.

파생수요와 시간할인 사이의 상호작용은 저축증대에서 비롯한 자원배분 유형의 변화를 설명해준다. 혹자는 이러한 설명이 기업가의 능력을 과대평가하는 것이라고 판단할 지도 모른다. 그러나 이와 같은 기업가의 능력은 저축이 증대되기 이전에 시제적 자본구조를 일정하게 유지하는 과정에서도 이미 작동하고 있었다. 즉, 시제적 선호가 변하지 않을 때조차 경제 전반의 시장 조건은 취향, 기술, 가용자원 등의 다른 모든 측면에서 지속적으로 변하고 있다. 기업가들은 이러한 변화에 적응하면서 초기단계 생산 활동에서 후기단계 생산 활동으로 나아가는 시간적 진행을 유지해야만 한다. 저축이 증가하더라도 이때 필요한 것은 단지 기업가들이 위와 동일한 기술을 사용하는 것일 뿐이다. 다만 신용조건이 한계적으로 변화했다는 점만이 다를 뿐이다. 따라서 어떤 경제가 저축선호의 변화에 적응할 수 없다면, 그 경제는 그러한 변화가 없는 상태에서도 만족할만한 수준의 경제적 조정상태를 유지할 수 없다고 하는 편이 더 옳을 것이다.

〈그림 9.4〉는 9개의 생산단계로 세분된 투자부문을 이용해서 교환방정식을 재현해내고 있다. 화살표는 저축증대에서 비롯된 산출량 변화의 방향과 그 상대적 크기를 가리킨다. 1차재 산출량(Q_C)의 감소는 2차재에서 5차재까지의 산출량(Q_2, Q_3, Q_4, Q_5)의 감소로 반영되는데, 감소 규모는 차수가 높아질수록 시간할인 효과에 의해 작아진다. 이 그림의 경우, 6차재부터는 시간할인 효과가 파생수요 효과를 상회한다. 그리고 차수가 높아질수록 시간할인 효과가 점점 더 지배적인 요인이 되면서 산출량 수준(Q_6, Q_7, Q_8, Q_9, Q_{10})이 점점 더 증가한다.

저축의 증가는 자원을 풀어주며, 이렇게 풀려난 자원들은 좀 더 유리한 신용조건에 의해 지배되는 유형을 통해 다른 생산단계로 배분된다. 〈그림 9.4〉의 Q_2에서 Q_{10}까지를 한데 묶으면, 우리

그림 9.4 • 시간할인과 파생수요

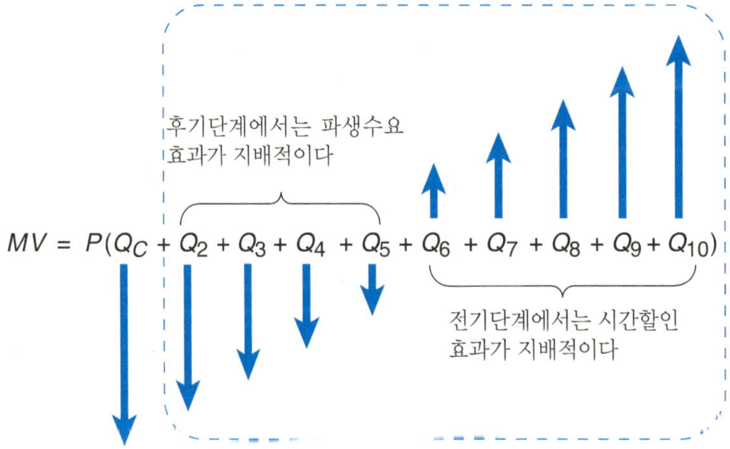

는 소비가능 산출물(Q_C)에 대한 현재수요가 줄어들수록 투자가 전반적으로 상승한다는 점을 알 수 있다. 케인즈의 절약의 역설과 반대로, 소비와 투자는 반대 방향으로 움직일 수 있다. 시제적 투자유형에 주목하면 이 역설을 해결할 수 있으며, 투자가 어떻게 저축행위의 변화에 부응하여 변화하는지도 알 수 있다. "케인즈 씨의 집계변수는 매우 근본적인 변화 메커니즘을 은폐하고 있다"는 하이에크의 초기 판단(Hayek, 1931)의 배후에는 케인즈의 이론에서 투자양식에 대한 문제가 전반적으로 소홀히 다루어지고 있다는 인식이 놓여 있다. 여기서 중요한 사실은 위와 같은 논의의 근본적인 메커니즘이 대부자금에 대한 수요-공급에 의해 작동된다는 것이다. 왜냐하면 케인즈 이전 시기를 지배하던 대부자금이론이야 말로 케인즈가 명시적으로 거부했던 것이기 때문이다.

9.5 대부자금 시장

대부자금이론(loanable funds theory)은 명예로운 역사를 갖고 있다. 오랜 기간 동안, 그리고 여러 학파들에 걸쳐, '대부(loans)' 개념을 통해 추상적 이론을 전개하는 일은 단지 수요와 공급의 메커니즘이 자원의 시제적 배분을 지배함을 인정하는 표현들 중의 하나이었을 뿐이다. 기업가라는 자원배분자로 하여금 자원을 통제할 수 있도록 해주는 특별한 금융수단보다 자원 자체에 초점을 맞출 때 대부자금이론의 거시경제적 함의가 훨씬 더 잘 드러난다.

사람들은 매우 다양한 형태의 산출물을 생산한다. 이들은 자신들의 소득으로 소비지출에 참가한다. 그럼으로써 자신이 집단적으로 생산한 산출물의 전체는 아니더라도 그 상당부분에 대한 소유권을 주장하는 것이다. 이들의 소득 중 지출되지 않은 부분, 즉 저축은 현재 소비되지 않은 산출물과 강력하면서도 체계적인 상관관계를 갖고 있다. 소비되지 않은 자원은 경제의 생산능력을 점차적으로 증대시키는 데 이용될 수 있다. 시장경제에는 소비되지 않은 자원에 대한 통제권을 기업가 집단에게 넘겨주는 금융수단이 다양한 형태로, 즉 은행 예금, 외상계정, 채권, 증권 등의 형태로 존재한다.

그렇다면 '대부자금(loanable funds)'이라는 용어는 간단히 말해서 투자 집단이 소비되지 않은 자원을 통제하는 모든 방식을 지칭한다. 통제권의 취득에는 기업가 집단의 미배당 소득의 경우처럼 통제권을 그대로 유지하는 경우도 포함된다. 이 경우 기업은 생산능력을 확대하기 위해, 사내에 유지된 수익에 대해 금융부문을 통해 획득할 수도 있었을 일정한 시장 수익률을 포기하는 것이다. 그러나 거시경제적 문제에 초점을 맞추기 위해 소비자 대부는 대부자금에서 제외된다. 한 개인에 의해 획득되고 그 개인에 의해 소비에 지출된, 혹은 저축과 소비자 대부시장을 통해 다른 개인에 의해 소비에 지출된 소득은 대부자금이론의 초점 밖에 있다.

실물투자에 자금을 조달할 수 있는 방법의 다양성을 포착하기 위해 대부자금을 폭넓게 정의할 경우, 그에 상응하는 시장을 균형으로 이끄는 이자율 역시 넓은 의미로 이해되어야 한다. 완벽하게 상세한 금융이론이라면 수많은 이자율을 허용해야 할 것이며, 이것들 간의 차이는 위험, 유동성, 만기의 차이로 설명될 수 있을 것이다. 그러나 산출량, 소비, 저축, 투자, 그리고 심지어 시제적 자원배분 패턴까지 포함하여 자본에 기초한 거시경제학의 변수들 사이에 존재하는 근본적 관계를 파악하기 위해서는, 약식 이자율(summary rate)이 적당하다. 이후의 절에서 언급되겠지만, 다양한 이자율 간 차이를 설명해주는 고려사항들 중 일부는 약식 이자율의 변화가 발생시키는 효과를 강화시킬 수도 있지만, 다른 고려사항은 이 효과를 완화할 수도 있다. 그러나 어떠한 경우에서든, 자본에 기초한 거시경제학을 다른 학파의 거시경제학과 구별하는 근본적인 차이가 주로 금융부문 내 다양한 수익률의 상대적 움직임에 따라 결정되는 것은 아니다.

〈그림 9.5〉는 대부자금 시장에 대한 간단한 분석을 보여준다. 대부자금의 공급은 대부분 현재 소득에서 나온 저축이다. 실물량으로 표현하면 이것은 현재 산출물 중 소비되지 않은 부분이다. 대부자금 수요는 기업가 집단이 이 저축을 사용하여 소비되지 않은 자원에 대한 통제권을 취득하고자 하는 의지의 정도를 반영한다. 이와 같이 저축과 투자라는 두 거시경제적 변수의 크기는 정의상 동일한 것이 아니며, 오히려 폭넓게 정의된 이자율의 움직임을 통해 균형으로 유도된다.

이와 같은 방식으로 대부자금에 대한 수요와 공급을 이해하는 것은 단지 시장경제에서 이자율이 시제적 조정을 보장해주는 근본적인 메커니즘임을 시사하는 것에 불과하다. 간단히 말해서, 이자율은 자원을 시간에 걸쳐 배분한다. 여기서 이러한 마셜적 메카니즘이 빌링스게이트(Billingsgate)[3] 에서 생선에 대한 수요와 공급이 조정되는 것만큼 분명하면서도 빠르게 움직인다고 주장할 필요는 없다. 대부자금 시장의 시제적 차원에 내포된 시간과 불확실성이라는 요소 때문에 이자율 신호는 서로 다른 해석의 가능성을 안고 있다.

만일 일부 소득이 소비에 지출되지도 대부자금으로 제공되지도 않는다면 어떻게 되겠는가? 즉 만일 사람들이 예상치 않게, 또 경제 전반에 걸쳐, 현금보유고를 늘리기를 선호한다면 어떻게 되겠는가? 현금보유고에 대한 수요 증대는 소비되지 않은 소득이라는 의미에서의 저축을 구성하지, 대부자금 공급의 증대라는 의미에서의 저축을 구성하지는 않을 것이다. 케인즈주의 혁명의 한 가지 중요한 결과는 시제적 선호의 중요성을 무시하는 수준에 이를 정도로 유동성 선호의 중요성을 강조했다는 데 있다. 이자율은 화폐수요의 변화에 따라 결정되는 것으로 생각되었다. 심지어 통화주의자들의 반혁명에서조차 이자율은 화폐수요에 영향을 미치는 파라미터로서 교환방정식의 왼편에 놓여 있지, 총산출 내부에서 작동하는 주요 자원배분 메커니즘으로서 오른쪽에 놓여 있지 않다(바로 이렇게 이자율을 왼편에 놓았다는 이유 때문에, 일부 학자들은 밀턴 프리드먼의 화폐수량설을 케인즈주의적 전통에 대한 하나의 공헌으로 간주했다. 이에 대해서는 Garrison, 1992 참조).

〈그림 9.5〉에서처럼 대부자금 시장을 보는 것은 이자율이 비록 통화주의자들의 교환방정식에

3. 빌링스케이트는 런던의 어시장 이름. 마셜이 《경제학원론》에서 '일시적 균형(temporary equilibrium)' 혹은 '시장 균형(market equilibrium)' 개념을 설명하기 위해 든 예이다. 마셜은 공급과 수요 사이의 균형을 '일시적 (혹은 시장) 균형', '단기 균형(short-period equilibium)', '장기 균형(long-peirod equilibrium)', 그리고 '추세적 변화(secular movement)'로 구분한다.

그림 9.5 • 대부자금 시장

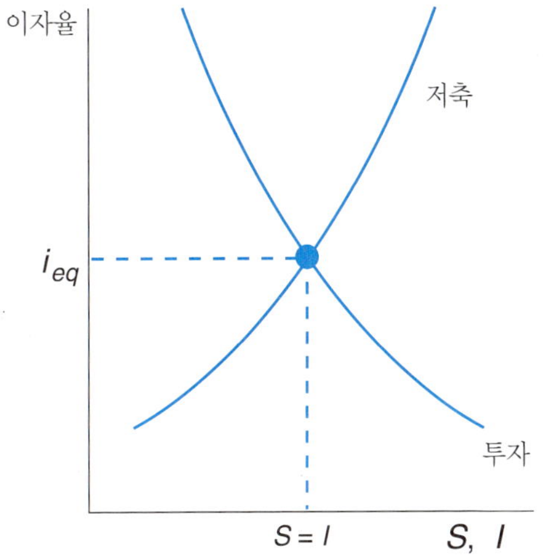

서는 시야에서 가려져 있을지라도 본질적으로 오른쪽에 놓인 주요 변수라는 오스트리아 학파의 판단을 반영한다. 시장경제에서 이자율의 주요 역할은 저축행위에 부응해서 투자가능한 자원을 배분하는 것이다. 물론 이자율이 때로는 교환방정식의 왼쪽 편에서 일정한 역할, 즉 화폐수요의 미미한 결정요인으로서나 축장(hoarding) 행위의 단기적인 결과로서 역할을 한다는 사실이 부정되지는 않는다. 그러나 오스트리아 학파가 생각하기에 위와 같은 통화주의와 케인즈주의의 관심사는 부차적인 중요성을 가질 뿐이다. 화폐수요의 외생적인 변화가 거시경제적 혼란의 원인으로 나타나는 경우는 거의 없다(여기서 오스트리아 학파는 통화주의와 동일한 견해를 보여준다). 그리고 유동성 선호에서 일시적으로 급격한 변화가 나타났다면, 이것은 경제 전반에 조정 실패를 야기하는 원인이라기보다는 그 결과일 가능성이 높다(이와 관련해서는, 심지어 케인즈조차 경기변동의 맥락 속에서는 유동성 확보를 위한 경쟁이 부차적인 현상임을 인정했다). 유동성 물신현상(fetish of liquidity)에 대한 케인즈의 관심은 장기적인 실업을 설명하는 맥락에서 제기되었던 것인데, 이 현상은 오스트리아 학파의 관점에서 보면 전혀 근거가 없는 것이다.

〈그림 9.5〉(대부자금 시장)와 〈그림 9.5〉(하이에크의 삼각형)은 동일한 이야기를, 그렇지만 두 가지 서로 다른 십계 수준에서 전해준다. 〈그림 9.5〉는 경제 내에서 얼마나 많은 자원이 투자목적으로 이용될 수 있는가를 보여준다. 〈그림 9.5〉은 단지 이 자원이 연속되는 생산단계를 거치면서 어떻게 배분되는가를 보여줄 뿐이다. 이자율 변화, 예를 들어 저축증대에서 비롯한 이자율 감소가 야기하는 결과는 이 두 그림에 의해서 체계적으로 묘사될 수 있다. 이자율은 투자가능한 자원의 규모와 이 자원의 일반적인 투자유형을 모두 지배한다. 대부자금 공급곡선이 오른쪽으로 이동하면 시장은 그 수요곡선을 따라 움직이게 될 것이며, 이자율 또한 투자가능한 자원의 가용

규모가 증대되었다는 사실을 반영해서 하락할 것이다. 이와 동시에, 감소된 이자율은 초기단계의 투자행위에 경쟁우위를 제공하게 될 것이다. 장기계획을 확대하는 데 이용될 수 있는 자원은 부분적으로는 소비되지 않은 자원이 전반적으로 증대된 데서, 또 부분적으로는 후기단계 생산 활동에서 자원이 이전되는 데서 나온다. 여기서 후기단계에서 투자수요가 감소한 것은 현재의 산출물과 가까운 미래의 산출물에 대한 좀 더 낮은 수요를 반영한다.

두 가지 집계수준에서 저축이 증가함에 따른 효과는 〈그림 9.4〉에서 명시적으로, 〈그림 9.5〉에서 암묵적으로 나타난다. 이 그림들은 자원배분 유형의 변화를 각 생산단계에서 생산되는 산출물들의 체계적인 방향변화(그림 9.4)와 규모변화(그림 9.5)로 설명한다. 소비되지 않은 자원의 증가는 1차재 산출량의 감소와 이에 상응하는 2차재에서 10차재까지의 산출량의 증가로 설명된다. 그리고 이 모든 사항은 대부자금 공급의 우측 이동을 함축한다. 즉, 상대적으로 많은 소비되지 않은 자원이 상대적으로 낮은 이자율에 기초해서 배분된다.

지금까지 논의에서 전반적인 자원제약에 대해서는 명시적으로 인정된 바가 없다. 그러나 자원의 희소성은 〈그림 9.3〉과 〈그림 9.4〉에서 암묵적으로 전제되어 있다. 이 그림들은 한 주어진 시기에 산출물의 규모가 어떤 것은 증가하는 한편 또 어떤 것은 감소하는 식으로 서로 다르게 움직인다는 개념을 보여준다. 초기단계의 생산 활동은 현재소비와 후기단계의 생산 활동을 희생한 대가로 증대된다. 전반적인 자원제약은 하이에크 삼각형의 수직축으로 묘사된 현재소비와 대부자금을 나타내는 그림에서 수평축으로 묘사된 투자 사이의 관계를 하나의 평면에서 나타내는 생산가능곡선(production possibility frontiers)을 통해 명시적으로 표현될 수 있다. 완전고용 경제는 생산가능곡선에서 생산 활동이 이루어지는 경제로 표현될 수 있다.

9.6 완전고용과 생산가능곡선

전반적인 자원제약이 존재한다는 생각은 완전고용 개념과 항상 같이 따라 다닌다. 완전고용 경제는 공급측면의 제약조건이 효력을 발휘하고 있는 경제이다. 노동과 다른 생산요소의 완전고용은 완전고용 산출량과 완전고용 소득을 제공한다. 이는 모든 거시경제학 학파에서 대부분 수용되고 있는 사항이다. 그렇다면 거시경제적으로 관련성이 있는 실업은 무엇을 의미하는가? 그리고 우리는 관례적으로 정의되는 마찰적(frictional) 실업, 구조적(structural) 실업, 경기적(cyclical) 실업이라는 범주를 어떻게 정의할 수 있는가? 이것들이 바로 오스트리아 학파를 다른 학파와 구별하는 쟁점이다.

케인즈의 경우 실업은 특정한 '현행 임금(going wage)' 을 기준으로 하여 측정된다. '현행 임금' 은 경제가 그 어떠한 거시경제적 질병으로부터도 고통 받고 있지 않은 시기에 나타나는 임금이다. 케인즈의 사고방식을 따르면, '현행 임금' 이 관찰되는 시기 이후에 경제의 거시경제적 건강 상태는 '현행 임금' 에서 발생하는 노동공급량과 해당 시기에 관찰되는 노동수요량을 비교하는 방식으로 정의된다. 만일 이 두 가지 수량(수요량과 공급량)이 동일하다면, 노동은(다른 모든 자원과 함께) 완전 고용된다. 만일 시장조건이 덜 우호적인 상태에 있기 때문에 실제의 노동수요량이 이전에 확립된 '현행 임금' 수준에서의 노동공급량을 밑돈다면, 이 차이가 바로 경기적 실업의 척도로 이용된다.

케인즈의 이런 판단의 중심에는 '현행 임금'이 이 임금수준 결정의 기초가 되었던 시장 조건이 사라진 후에도 계속 유지될 것이라는 생각이 놓여 있다. 케인즈(Keynes, 1936, 15쪽)는 바로 이러한 맥락에서 '비자발적 실업(involuntary unemployment)'이라는 용어를 사용다. 여기서 비자발성은 노동자들이 자본주의의 제도들, 즉 전반적인 임금수준에 대해 균일한 조정을 허용하지 않는 제도들의 희생물로 전락된다는 생각에서 비롯된 것이다. 이 맥락에서 비자발적 실업은 경기적 실업을 지칭하는 용어로 사용된다. 여기서 우리는 장기에 걸쳐 존재하는 다양한 형태의 비자발적 실업이 시장경제 체제의 본질에 내재해 있다는 케인즈의 신념, 그러나 현대 케인즈주의자들은 공유하지 않는 신념을 인정할 필요가 있다.

케인즈와 현대 케인즈주의는 모두 비자발적 실업이 존재하지 않는 때, 즉 경제가 침체기에 있지 않을 때조차 약간의 실업의 존재할 수 있다고 본다. 건강한 경제에서 실업은 이직 중에 있는 경제활동인구만이 아니라 아직까지 취업제의를 수용하지 않은 신규 경제활동인구까지 포함하다. 현대 교과서들은 흔히 마찰적 실업과 구조적 실업을 구분한다. 마찰적 실업은 시장경제에서 구직자와 일자리가 매우 신속하게 조정되지 않는 상태를 의미할 뿐이고, 구조적 실업은 구직자와 일자리 사이에 상당한 불일치가 존재하는 상태, 이를테면 재훈련비용이나 전직비용이 높은 상태를 의미한다.

비록 마찰적 실업과 구조적 실업 사이에 실질적인 차이가 존재한다고 해도, 이렇게 실업을 구분하는 궁극적인 목적은 이 두 가지 실업의 구성요소들과 실업의 다른 구성요소를 명확히 구별하는 데 있다. 이 후자의 구성요소는 그 자체로 경제가 공급측면의 제약조건들로부터 어느 정도로 자유로운기를 보여주는 요소이다. 마찰적 실업과 구조적 실업은 대략 경제활동인구의 5~6%에 해당될 것이다. 그러므로 시장경제에서 실업률이 가령 8%로 측정되었다면, 경제가 침체기에 있으며 측정된 실업 중 경기적 요소, 즉 경기침체 조건에서 비롯한 실업이 2~3%라는 점을 시사할 것이다.

이렇게 잘 알려진 실업 구분(마찰적 실업, 구조적 실업, 경기적 실업)을 여기서 다시 언급하는 이유는 실업에 대한 좀 더 통상적인 이해와 오스트리아 학파의 이해 사이의 중요한 차이점을 보이기 위해서이다. 자본에 기초한 거시경제학은 시제적 생산구조를 특징으로 한다. 그리고 제9.10절에서 보게 되겠지만, 경기변동은 생산구소의 왜곡을 가져온다. 즉, 경기변동이 발생하면 노동과 다른 자원들이 여러 생산단계에 적절히 배분되지 않는다. 그러므로 경기적 실업, 또는 적어도 경기적 실업의 본질적인 부분은 구조적 실업의 특별한 경우에 속한다. 그렇다면 오스트리아 학파가 통상적인 경제학적 구분에서 벗어나는 출발점은 구조적 실업과 경기적 실업이 상호배타적인 범주가 아니라는 판단에 있는 셈이다.

고용수준, 그리고 일반적으로 말해 자원제약에 관한 오스트리아 학파가 이해하는 바의 두 번째 특징은 통화주의의 자연실업률 개념(제4장 참조)을 고려하면 명확해진다. 통화주의자들은 앞서 논의된 것처럼 서로 다른 실업범주들을 강조하기보다는 오히려 건강한 경제에서조차 '자연적으로' 존재할 수 있는 실업률과 이러한 자연율을 넘어서는 실업률을 구분한다(밀턴 프리드먼이 '자연실업률' 이라는 용어를 만들어낸 이유는 이 개념이 스웨덴 경제학자인 크누트 빅셀(Knut Wicksell)에 의해 비슷한 방식으로 정의된 '자연이자율' 과 친화성을 지닌다는 점을 강조하기 위함이었다. 후자에 대해서는 Leijonhufvud, 1981 참조). 여기서 통화주의와 케인즈주의의 차이는 실질적인 차이라기보다는 용어법상의 차이에 불과하다. 자연실업률은 5~6% 범위 안에 있다. 따라서 자연실업률을 경험하고 있는 경제는 완전고용을 달성했다 할 수 있다(Dixon, 1995).

이러한 이해와 부응해서, 자연실업률을 경험하고 있는 경제는 생산가능곡선에 놓여 있다고 할 수 있다. 그렇다면 경제는 이 곡선의 안팎 두 가지 방향 중 어느 곳으로든 벗어날 수 있다. 즉, 경기침체에 빠진 경제는 곡선 내부의 한 점으로 표현될 것이며, 실업률이 일시적으로 자연실업률 아래로 떨어질 정도로 과열된 경제는 곡선 외부의 한 점으로 표현될 것이다. 이것은 단지 곡선 자체가 어떤 단기 최대 산출량 수준이 아니라 지속가능한 산출량 수준에 의해 정의된다는 점을 말해주고 있을 뿐이다.

〈그림 9.6〉은 소비가능 산출물과 투자의 지속가능한 조합으로 구성되는 전체 민간부문의 생산가능곡선을 보여준다. 이 경제는 완전고용, 즉 실업률이 5~6%에 불과한 상태를 경험하고 있다. 수직축은 하이에크 삼각형의 수직선에 의해 표현되는 최종 산출물량에 해당하는 소비가능 재화를 표시하고 있다. 수평축은 총투자에 관한 정보를 담고 있다. 그러므로 자본의 감가상각이 총투자와 동일한 규모로 발생한다면 경제는 더 이상 성장하지 않는 상태를 경험하게 될 것이다. 통

그림 9.6 • 생산가능곡선

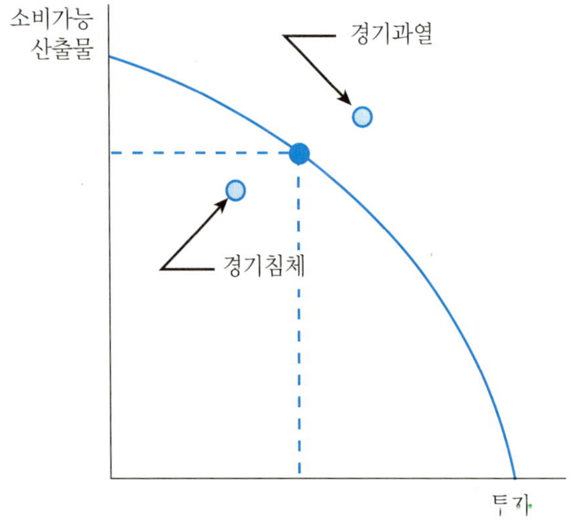

상적으로 감가상각은 총투자보다 적은 규모일 것이다. 따라서 경제는 양의 성장률을 경험하고, 생산가능곡선은 시간이 흐름에 따라 계속해서 밖으로 확대될 것이다. 총투자가 감가상각보다 적은 예외적인 상황에서는 당연히 경제가 침체 상태에 있게 될 것이고 곡선은 시간의 흐름에 따라 안으로 이동할 것이다.

자본에 기초한 거시경제학의 중요한 특징 중 하나는, 경제가 시제적 선호의 변화에 부응하여 생산가능곡선을 따라 어느 한 방향으로 움직이는 것을 허용한다는 것이다. 시계방향으로 움직이는 것은 투자 확대를 위해 현재소비를 희생하는 상황을 표현한다. 소비가능 산출물의 초기 감소는 궁극적으로 상쇄될 것이며, 생산가능곡선 자체가 점점 더 빠르게 외부로 확장됨에 따라 소비가능 산출물의 생산은 초기 감소를 상쇄하는 수준을 넘어 설 것이다. 소비가능 산출물의 시간 경로는 〈그림 9.2〉에서처럼 나타날 것이다. 반면 소비가능 산출물의 초기 증가는 성장률 하락이라는 비용을 동반할 것이며, 심지어 음의 성장률을 유발할 수도 있을 것이다.

중요한 사실은 이와 같이 가능한 시계방향의 움직임과 그 반대방향의 움직임이 케인즈주의의 이론화 과정에서는 애초부터 배제되며(제9.9절, 9.10절 참조), 통화주의의 이론화 과정에서는 교환방정식의 특징인 집계화 수준 때문에 무시된다는 것이다. 오스트리아 학파의 이론화 과정에서 주요 초점은 이러한 움직임을 허용하는 시장 메커니즘과 이 메커니즘을 교란하는 정책 행위에 맞춰진다. 거시경제적 건강함은 단순히 실업률이 5~6% 수준에 머무는 것만을 지칭하지 않고, 그에 덧붙여 시제적 선호에 부합되는 성장률을 포함한다.

생산가능곡선, 대부자금 시장, 하이에크 삼각형은 자본에 기초한 거시경제학의 주요 상관관계와 관련해서 서로 구별되면서도 상호 관련된 세 가지 관점을 제공한다. 이 세 가지 구성요소들은 함께 모여 자본에 기초한 거시경제학의 틀을 만들어낸다. 다음 절에서는 이 요소들이 오스트리아 학파의 저축과 성장에 관한 명제와 이 학파의 경기변동 이론에 대해 견고한 토대를 제공한다는 점을 보여줄 것이다.

9.7 자본에 기초한 거시경제학의 틀

〈그림 9.7〉에서는 지금까지 논의된 3가지 구성요소가 결합해서 완전고용 거시경제의 시제적 균형을 묘사하고 있다. 완전고용은 경제가 생산가능곡선 상에 놓여 있다는 사실로 설명된다. 이 곡선 상의 특정 위치는 대부자금 시장에 의해 결정되는데, 이 시장에서 이자율은 시장 참가자의 저축 선호를 반영한다. 이에 상응하는 소비선호는 하이에크 삼각형의 최종 생산단계의 산출량에 의해 반영된다. 자원은 투자자금의 비용에 기초해서 생산단계들 사이에 배분된다. 그 결과 삼각형 빗변의 기울기로 표현되는 실물부문의 수익률은 대부자금 시장의 시장청산 이자율로 표현되는 금융부문의 수익률에 상응하여 변화한다. 〈그림 9.7〉과 이하의 그림은 모두 개리슨(Garrison, 2001)에서 가져온 것이다.

그림 9.7 • 자본에 기초한 거시경제학의 틀

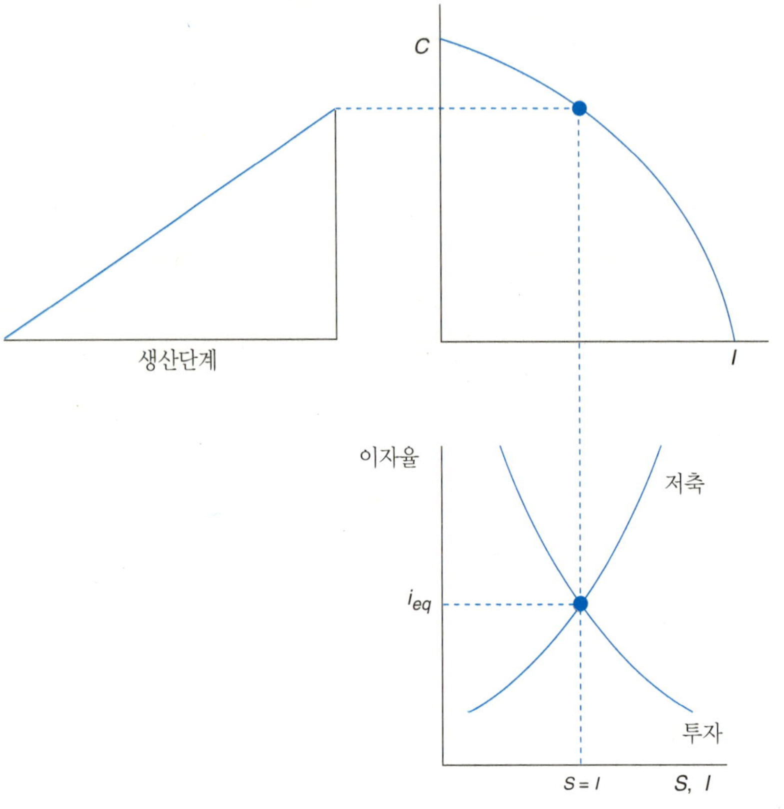

방금 설명한 바와 같이 경제가 거시경제적 균형에 있을 경우(실물부문과 금융부문 모두의) 수익률은 간단히 '자연이자율' 로 설명될 수 있다. 저축선호의 변화와 같은 파라미터의 변화는 이 자연율을 변화시킬 수 있다. 예를 들어, 저축선호가 증대되면 시장청산 이자율이 떨어지고 삼각형 빗변의 기울기도 하락한다. 자본에 기초한 거시경제학의 틀은 (i) 시장이 파라미터의 변화에 부응해서 어떻게 새로운 자연율을 확립하는지, 그리고 (ii) 금융부문의 이자율을 자연율에 조응하지 않는 수준(전형적으로 자연율 아래의 수준)으로 유지하기 위한 정책에 대해 경제가 어떻게 반응하는지를 보여준다. 이러한 분석틀을 재정적자와 조세개혁 같은 다른 거시경제적 쟁점에도 적용할 수 있다는 점이 개리슨(Garrison, 2001)에 의해 입증되었으며, 오스트리아 학파 경기변동 이론을 확장하는 문제는 코크란(Cochran, 2001)에 의해 제시된 바 있다.

가장 단순하게 해석해서 〈그림 9.7〉은 균제상태, 즉 성장 없는 경제를 보여준다. 여기서 순투자는 0이다. 대부자금 시장에서 나타나는 양의 저축율과 투자율은 자본의 감가상각을 상쇄하는 데 그칠 뿐이다. 자본재가 마모되어 대체됨에 따라 하이에크 삼각형은 시간의 흐르더라도 규모와 형태가 모두 유지된다. 이것은 〈그림 9.2〉의 처음 두 시기에 상응하는 상황이다. 만일 통상적인 경우처럼 투자가 자본의 감가상각을 상회한다면, 경제는 모든 차원에서 성장을 경험한다. 생산가능곡선은 외부로 확대되고, 대부자금의 수요-공급 곡선은 모두 오른쪽으로 이동하며, 하이에크의 삼각형은 그 크기가 커진다(그러나 그 모양은 적어도 반드시는 변화하지 않는다). 그런 상황은 〈그림 9.2〉의 마지막 몇 단계에 대응되는 상황이다. 여기서 명심해야 할 사항은, 하이에크 삼각형의 형태가 변하지 않는 가운데 진행되는 성장이 대부자금의 수요-공급 곡선이 동일한 크기만큼 오른쪽으로 이동하는, 따라서 이자율이 변하지 않는 상황을 전제한다는 점이다. 더 통상적인 상황은 경제성장으로 소득과 부가 증대하면 하이에크 삼각형의 수평축으로 표현되는 시간지평이 확대되고, 그에 따라 저축성향이 증가하는 상황이다. 저축성향의 증가가 고려되면 이자율의 하락이 뒤따르고, 이는 다시 하이에크 삼각형의 형태와 규모를 모두 변화시킬 것이다.

9.8 저축이 유도하는 자본 재구조화

성장 없는 경제와 자연이자율(i_{eq})이 나타나는 상황에서 사람들이 좀 더 절약하기로 했다고 가정해보자. 늘어난 저축은 〈그림 9.8〉에서 대부자금 공급곡선의 우측 이동으로(S에서 S'로) 묘사된다. 그 결과 이자율의 하락 압력이 나타나면서 대부자금 시장은 균형으로 복귀한다. 이에 따라 자연 이자율은 i_{eq}에서 i'_{eq}로 하락한다. 대출비용의 감소는 기업가 집단으로 하여금 투자행위를 확대하도록 유도한다. 한편 저축 증대는 당연히 소비 감소를 의미한다. 그러나 줄어든 소비가 늘어난 투자에 의해 상쇄되면서, 경제는 생산가능곡선에 여전히 머물게 된다. 투자가 증대됨에 따라 이 곡선 상에서 시계방향으로 움직이는 것은 시제적 선호의 가정된 변화에 부합한다.

이에 상응하는 변화가 하이에크 삼각형에 곧바로 나타난다. 소비가능 산출물에 대한 현재수요의 감소는 대출비용의 감소로 이어진다(전자는 투자를 위축시키고 후자는 투자를 유인한다). 이러한 시장조건 변화의 효과에 대해서는 이미 제9.4.4절에서 '파생수요'와 '시간할인'에 비추어 논의된 바 있다. 파생수요 효과는 후기 생산단계를 지배하는 반면, 시간할인 효과는 초기 생산단계를 지배한다. 후기 생산단계에서는 현재 산출물 및 가까운 미래의 산출물에 대한 낮은 수요를 반영하여 투입물 가격이 하락하고, 초기 생산단계에서는 낮은 대출비용을 반영하여 투입물 가격이 상승한다. 상대가격의 변화는 자원을 후기 생산단계에서 초기 생산단계로 이동시킨다. 게다가, 이전에 존재하던 생산단계보다 시간적으로 최종소비로부터 더 멀리 위치한 생산단계들은 낮아진 투자비용을 고려할 때 매력적인 수익을 얻는다. 저축 선호나 또 다른 주어진 변수에서 더 이상의 변화가 나타나지 않는다면, 새로운 시제적 균형 상태에서는 금융부문의 낮은 이자율에 대응하여(모든 생산단계로 구성되는) 실물부문에서 수익률이 낮아질 것이다. 이에 따른 자원재배분의 일반적인 유형은 하이에크 삼각형 빗변의 기울기가 좀 더 완만해지는 모습으로 표현된다.

저축에 의해 유도되는 이런 자원재배분의 본질을 좀 더 구체적으로 살펴보는 데 있어 좀 더

그림 9.8 • 저축이 유도하는 경제성장

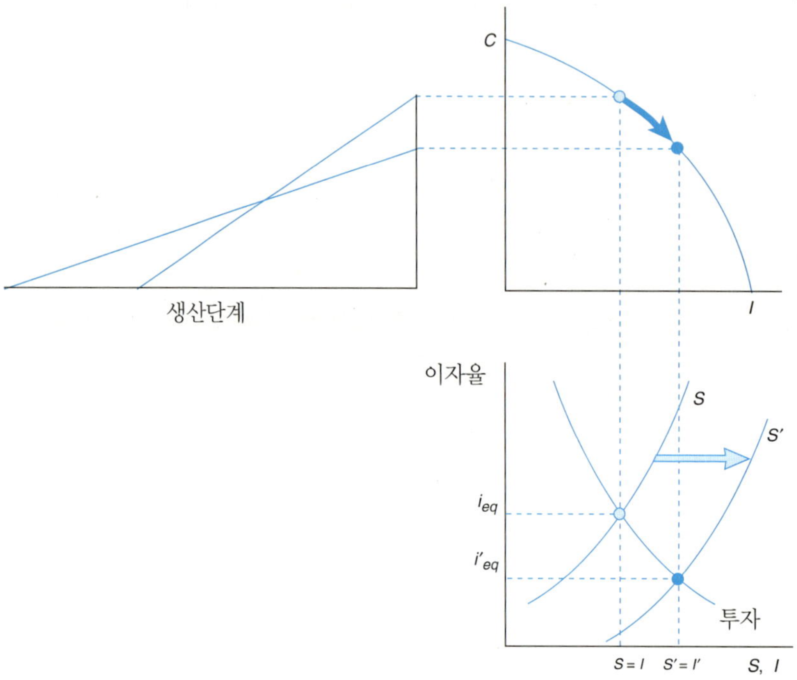

적절한 구분은 노동과 자본 사이의 구분이 아니라, (상대적으로) 특화되지 않은(non-specific) 자본 및 노동과 (상대적으로) 특화된(specific) 자본 및 노동 사이의 구분이다. 특화되지 않은 자본은 이를테면 소매점이나 연구시설을 건설하는 데 모두 이용될 수 있는 건축자재 같은 것이다. 이런 특화되지 않은 자본은 상대적으로 작은 가격 차이에도 반응하여 비교적 후기에 속한 단계로부터 초기단계로 이전될 것이다. 특화된 자본은 이를테면 광산설비나 오락공원시설 같은 것이다. 특화된 자본은 (첫 번째 경우) 자본이득을 향유하거나 (두 번째 경우) 자본손실을 겪게 될 것이다. 이와 비슷하게 특화되지 않은 노동은 임금률의 조그만 차이에도 반응하여 초기단계로 이전될 것이며, 특정 생산단계에 긴밀하게 연결되어 있는 노동자들은 임금률의 향상이나 하락을 경험하게 될 것이다. 상대가격과 상대적 임금의 변화에 따른 생산단계별 자원배분에 초점을 맞추는 것은 임금률에 기초한 이론화에 대해 경고를 보내는 것임을 명심하라.

일단 자본의 재구조화가 완결되어 최초로 저축에 의해 유도된 투자가 모든 생산단계로 그 효과를 전파하면, 소비가능 산출물의 수량은 증가하고 궁극적으로는 초기의 성장 없는 경제에서의 수준을 상회하게 될 것이다. 자본 재구조화를 야기했던 저축을 영구적인 소비의 감소가 아니라 미래 소비수요의 증가로 이해한다면, 이 같은 자원재배분은 그 재배분을 야기한 선호 변화에 부합한다. 더 나아가, 먼저 경제가 생산가능곡선 상에서 시계방향으로 움직이고 그 다음 곧신 사제가 바깥 방향으로 옮겨가는 움직임은 〈그림 9.2〉에서 묘사된 패턴에 완전히 부합하는 소비의 시간 유형을 추적하고 있다. 사람들의 저축행위는 가까운 미래의 소비를 억제함으로써, 경제를 성장 없는 경제에서 지속적인 성장을 경험하는 경제로 변모시킬 것이다.

저축이 증가할 때 시장이 어떻게 반응하는가에 대한 이런 설명은 다음과 같은 두 가지 단서조항을 고려하면 더 명확해진다. 첫째, 경제가 초기에 성장 없는 상태로 있다는 가정은 단지 핵심적인 내용을 보다 간명하게 전달하고자 하는 목적에서 설정된 것이다. 이 가정을 통해 저축 증대에서 비롯한 변화를 다른 원인에서 비롯한 변화들, 예를 들어 지속적인 성장과 연결된 변화들로부터 떼어낼 수 있다. 투입물 수요는 어떤 생산단계에서는 감소하고 어떤 생산단계에서는 증가한다. 그에 따라 어떤 단계에서는 사용하는 자원이 감소하고 어떤 단계에서는 사용하는 자원이 증가한다. 그러나 이와 같은 분석을 이미 장기적인 성장을 경험하고 있는 경제에 적용할 경우, 그 효과는 절대적인 크기의 감소나 증가가 아니라 상대적으로 느린 증가나 상대적으로 빠른 증가로 표현된다. 시장은 저축이 증가하기 전에 행하던 일을 똑같이 행할 뿐이다. 다만 한계적으로 좀 더 유리해진 신용조건에 맞춰 소비수요가 이전보다 완화되었다는 조건 하에서 시장이 그런 일을 행한다는 점만이 다를 뿐이다. 앞서 시사했던 바와 같이, 시장이 저축 증가에 맞춰 자신을 스스로 조정할 수 있다는 것은 성장이 지속되는 시기에 시장이 원활히 작동할 수 있는 있다는 것과 거의 같은 이야기이다.

둘째(위의 첫 번째 단서조항과 연관되어), 〈그림 9.8〉에서 보여주듯이 대부자금 공급곡선이 한 번에 상당한 폭으로 이동하는 상황은 실제 저축행위가 그토록 급격하게 변화한다고 주장하기 위함이 아니다. 성장 없는 경제라는 가정을 채택한 것처럼, 급격한 변화를 가정하는 것은 오직 교육적인 목적에 기여할 뿐이다. 수요와 공급의 기본을 가르칠 때, 교수는 뒷줄에 앉은 학생들이 볼 수 있게끔 하기 위해 칠판에 상당한 폭만큼 이동한 곡선을 그린다. 이것이 저축 선호가 실제로 급격하게 변하는 경향을 보인다거나 저축률이 어떤 의미에서 불안정하다는 것을 의미하지 않는다. 여기에 담긴 메시지는 오히려 정반대이다. 자본구조의 복잡성과 자본구조를 저축 선호와 보조를 맞춰 변화시키는 시장 메커니즘의 본질에 비추어 볼 때, 저축 선호가 작은 크기로 점진적으로 변화하더라도 그런 변화는 생산단계들 사이에 적절하게 이루어지는 자원의 배분에 의해 수용되어야 한다는 것이다. 미시경제학에서처럼 오스트리아 학파의 거시경제학은 파라미터의 변화에 대한 한계적 조정에 관한 것이다.

자본구조에 존재하는 명시적인 시간 요소 때문에, 생산단계 사이에 이루어지는 잘못된 자원배분은 그 효과가 누적될 수 있다. 이런 잘못된 자원배분을 피하기 위해서는 이자율이 시제적 선호를 제대로 반영해야 한다. 잘못된 이자율의 결과, 즉 잘못된 자원배분의 누적과 그에 뒤따르는 위기는 제9.10절에서 다루어질 것이다. 다음 절에서는 자본에 기초한 거시경제학의 맥락에서 저축의 증가에 관한 케인즈의 견해를 평가하기로 하자.

9.9 케인즈의 '절약의 역설' 재론

증대된 저축과 이에 따른 시장 조정에 관한 오스트리아 학파의 관점을 이와 관련된 케인즈의 관점과 비교해보면 더 많은 것을 배울 수 있다. 두 관점 사이에는 두 가지 중요한 차이가 존재한다. 첫째, 케인즈는 저축 선호가 변화할 가능성이 거의 없다고 판단해서 저축 선호의 변화에 관한 좀 더 자세한 분석을 미리 제외하였다. 둘째, 케인즈의 사고에 따르면, 실제로 그러한 선호의 변화가 발생하여 저축이 증가한다면 경제에 빙퉁그러진 결과가 초래될 것이다.

케인즈의 이론에서 저축은 잔여물(a residual)이다. 즉, 저축은 소득 중에서 소비지출이 이루어진 후에 남아 있는 것이고, 소비지출 자체는 오직(또는 지배적으로) 소득에 따라 결정된다. 케인즈의 분석틀에서 이자율은 저축행위에 조금도 영향을 미치지 못한다(영향을 미친다 해도 무시해도 좋을만한 수준에 불과하다). 그러므로 저축 선호의 변화에 관한 상세한 분석은 대체로 필요없다. 이자율에 관한 케인즈의 분석은 화폐(즉, 현금잔고)에 대한 수요와 공급에 기초하여 진행되지, 대부자금에 대한 수요와 공급에 기초해서 진행되지 않는다. 케인즈가 대부자금(좀 더 정확히 말해서, 투자자금)에 대해 설명하는 경우에도, 그의 초점은 대부자금 시장의 다른 측면에 있다. 그의 관점에서, 투자자금 수요는 투자결정에 내재하는 불확실성 때문에 급격하게 변화되기 쉽다. 케인즈주의 경기변동이론과 오스트리아 학파 경기변동이론 사이의 비교나 투자수요의 붕괴를 특징으로 하는 케인즈주의 이론에 대해서는 제9.11절에서 다룰 것이다.

저축행위가 변하지 않는다는 케인즈의 판단 다음에는 이것이 사실이라는 어느 정도의 확신이 뒤따랐다. 그는 저축 증가가 경제를 침체로 몰아갈 것이라고 주장했다. 이것이 바로 케인즈의 유명한 '절약의 역설(paradox of thrift)'이다. 만일 사람들이 주어진 소득에서 더 많은 부분을 저축하고자 시도하면, 저축은 과거와 비해 더 커지지 않고 단지 소득이 줄어들면서 그 소득에서 이전과 동일한 규모의 저축이 이루어질 뿐이다. 즉 S/Y의 분자를 높이는 방식으로 저축률을 높이기 위해 노력하는 과정에서, 시장 과정은 이 분수의 분모를 감소시킴으로써 저축률을 상승시키는 방향으로 작동한다. 이렇게 오스트리아 학파의 예상과 너무도 다른 결과를 가져오는 시장 과정의 성격은 무엇인가? 간단히 말하자면, 파생수요와 시간할인에 관한 오스트리아 학파의 이야기가 케인즈주의 경제학으로 번역되면 단지 파생수요에 관한 이야기가 되어버린다.

케인즈의 관점에서 파악된 시장조정 과정은 〈그림 9.8〉에 묘사된 것과는 다른 과정을 통해서 명시적으로 표현될 수 있다. 〈그림 9.9〉에서는 완전고용이라는 초기조건이 똑같이 가정된다. 그러나 케인즈의 사고에서는 대부자금 시장이 상대적으로 비탄력적인 저축곡선과 투자곡선으로 묘사된다. 사람들이 Y_0이라는 초기 소득수준에서 저축하는 정도를 표현하는 초기 저축곡선을 $S(Y_0)$으로 표기해보자. 오스트리아 학파의 이야기에서처럼, 저축 증가는 대부자금 공급곡선의 우측이동, 즉 $S(Y_0)$에서 $S'(Y_0)$으로의 이동으로 표현된다. 이 경우 전과 같이 이자율의 하락압력이 존재한다. 그러나 케인즈의 이야기에서 시장과정은 지배적인 소득효과에 의해서 좌절된다. 지배적인 소득효과가 없었더라면 시장과정은 저축과 투자 사이의 균형을 회복시켰을지도 모른다. 더 많은

그림 9.9 • 저축에서 비롯된 경기후퇴

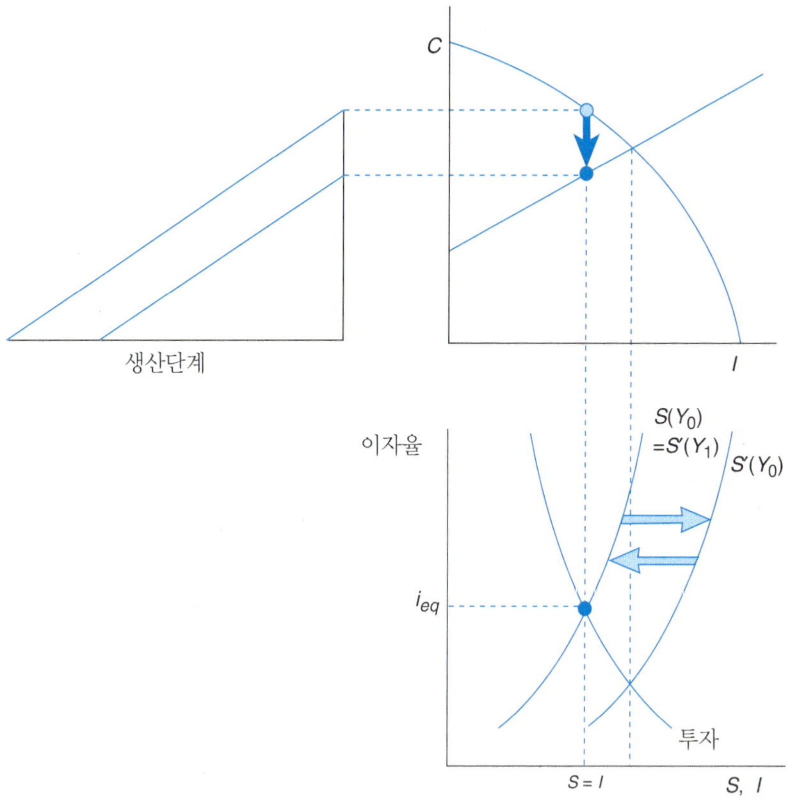

저축은 더 적은 소비지출을 의미한다. 그리고 소비지출의 감소는 소비재를 판매하는 사람들의 소득이 감소함을 의미한다. 이는 또한 소비가능 산출물을 생산하는 데 이용되는 투입물에 대한 수요, 즉 일반적인 의미에서 요소시장의 수요도 감소함을 의미한다.

지출과 소득이 연쇄적으로 하락함에 따라 경제는 나선형적으로 위축된다. 소득이 감소함에 따라 저축도 감소한다. 이 과정이 완결되면 저축곡선은 좌측으로, 즉 $S'(Y_0)$에서 $S'(Y_1)$으로 이동하는데, 여기서 $Y_1 < Y_0$이다. 음의 소득효과는 양의 저축증대 효과를 완전히 상쇄한다. 저축과 투자 모두 선호 변화 이전과 같아진다. 그러나 소비지출은 줄어들었지만 투자지출은 변함이 없으므로(물론 증가는 전혀 없었다), 경제는 생산가능곡선 내부에 놓이게 된다(그림 9.9에서 생산가능곡선과 교차하는 우상향 직선은 절약 때문에 침체된 경제의 소비수준이 완전고용 수준을 유지한 채 시제적 조정이 이루어졌다고 가정했을 경우에 비해 더 낮다는 점을 시사한다. 이러한 우상향하는 '수요제약'의 계수에 대해서는 제9.11절에서 논의할 것이다).

하이에크의 삼각형은 크기는 달라지지만 그 형태는 변함이 없다. 주목해야 할 사항은, 설사 케인즈가 이자율 변화를 통해 자본구조 내부에서 자원이 배분될 수 있음을 인정하더라도 저축에 의해 유도된 자원재배분은 발생하지 않을 것이라는 점이다. 왜냐하면 (유동성 선호가 변화하지 않는다는 가정 하에서) 이자율이 변하지 않기 때문이다(유동성 선호의 변화는 가능하지만 실제로 발생할 경우 결과를 더 빙퉁그러지게 만들 뿐이다).

저축 증가의 결과만을 보기 위해 투자지출은 전혀 변하지 않는다고 가정된다. 그러나 당연한 말이겠지만, 경기침체적인 상황이 기업가 집단의 이윤 기대치를 하락시키면서 투자지출은 실제로 하락할 것이며, 이는 다시 저축 증가에서 비롯한 문제를 더욱 악화시킬 것이다.

케인즈는 저축 증가의 역설적인(그리고 빙퉁그러진) 효과를 시장과정의 불가피한 결과로 이해했다. 그의 말을 빌자면, "이와 같이 소비를 감소시켜 저축을 늘리려는 시도는 모두 소득에 영향을 끼쳐 좌절될 수밖에 없을 것이다"(Keynes, 1936, 84쪽). 간단히 말해서, 경제는 생산가능곡선을 따라 움직일 수 없으며 경제를 이러한 방향으로 몰아가는 저축자는 경기침체를 야기한다는 것이다. 케인즈의 '절약의 역설'은 저축 선호가 변하는 상황에서 시장경제가 시제적 균형에 도달하고 이를 유지할 수 있는 능력을 갖고 있음을 요약적으로 부정하는 명제이다. 자본구조 내에서 자원이 배분되는 상태의 상대적 변화는 케인즈의 이야기에 속하지 않는다. 다시 말해서, 이러한 모든 구조적 변화에 대한 전반적인 무시야말로 하이에크(Hayek, 1931)가 "케인즈 씨의 집계변수는 가장 기본적인 변화 메커니즘을 은폐한다"고 말할 때 그가 전하고자 했던 의미였다.

9.10 오스트리아 학파의 경기변동이론

앞의 두 절은 오스트리아 학파와 케인즈 학파 사이의 견해 차이를 분명하게 보여준다. 오스트리아 학파는 저축 증가가 어떻게 경제를 생산가능곡선을 따라 움직이도록 하면서 경제성장률을 높여줄 수 있는지를 보여준다. 케인즈 학파는 저축 증가가 어떻게 경제를 생산가능곡선으로부터 필연적으로 멀어지게 함으로써 경기침체로 몰아가는지를 보여준다. 간단히 말해서, 한 관점에서는 시장이 효율적으로 작동하지만, 다른 관점에서는 그렇지 않다.

오스트리아 학파에게 시장이 효율적으로 작동한다는 생각은 공리(axiomatic)가 아니다. 이들은 시장이 항상 근저에 놓인 경제적 실재에 의해서만 유도된다고, 즉 작동하고 있는 제도나 추구되는 거시경제 정책과 무관하게 유도된다고 주장하지 않는다. 실상 오스트리아 학파의 경기변동이론은 생산가능곡선 상에 있던 경제가 특정한 정책들에 의해 곡선을 벗어나서 처음에는 한 방향으로, 다음에는 다른 방향으로 움직이는 현상에 관한 이론이다.

케인즈가 보기에 저축 증가는 경기침체를 유발한다. 그러나 이 명제가 그의 절약의 역설을 경기침체에 관한 과잉저축 이론으로 전환하지는 않았다. 이미 언급했듯이, 케인즈는 저축 선호가 변화하지 않을 것이라고 믿었다. 그가 보기에 경기침체에서 비롯한 변화는 거의 항상 대부자금 시장의 수요측면에서 나타난 자생적인 변화였다.

케인즈와 하이에크는 경기침체를 설명하려는 상대방의 노력에 대해 비판적이었지만, 상대방의 저작에 대한 평가는 사안을 명확히 하기보다는 열띤 논쟁을 불러일으키는 데에만 공헌했고 서로 대비되는 관점을 직접 비교하는 데에는 실패했다. 케인즈의 견해는 지난 75년 동안 수없이 해석, 재해석, 재구성되었다. 그럼에도 불구하고(이 절과 다음 절에서) 경기변동의 본질과 원인에 관한 오스트리아 학파와(원래의) 케인즈주의의 견해를 비교해 보는 것은 의미있는 작업이다(Garrison, 1989, 1991, 2002).

오스트리아 학파에 따르면, 시장은 시장에서 결정된 (자연)이자율에 기초하여 시제적 선호에 부합하도록 자원을 배분할 수 있다. 그렇다면 여기서 시장 외부의 요인에 의해 실질적으로 영향을 받은 이자율은 시제적 자원배분을 잘못된 방향으로 이끌게 될 것이라는 결론이 거의 필연적으로 도출된다. 이 두 번째 명제가 바로 오스트리아 학파 경기변동이론의 핵심이다. 경제가 생산가능곡선으로부터 이탈하여 순환적으로 움직이는 현상은 시장경제의 자기교정적(self-correcting) 특성으로부터 발생한다. 잘못된 자원배분은 재배분으로 이어진다. 시장이 정책에서 비롯한 모든 잘못된 자원배분을 애초부터 배제할 정도로 효율적이라고 간주되고 있지는 않다는 점에 주목하라. 하이에크(Hayek, 1945)가 가르쳐주었듯이, 중요하게도 이자율을 위시한 시장 신호들이 제공하는 정보에 기초하지 않는 한, 자원을 '실물 요인(소비자 선호, 기술적 가능성, 자원 이용가능성)'에 부합하도록 배분할 수 없다. 이 실물 요인들이 어떤 것이며 그것들이 어떻게 변했는지에 관한 실마리를 기업가 집단에게 제공하는 것이 바로 이자율의 움직임과 이에 상응하는 투입물 가격과 산출물 가격의 움직임이다.

오스트리아 학파의 경기변동 이론은 시장 외부 요인이 호황을 유발하고 호황이 시장의 자기교정 능력 때문에 불황으로 전환되는 과정에 특별히 주목하는 호황과 불황에 대한 이론이다. 우리는 이미 저축 증가가 이자율을 하락시키며 그 어떠한 자기교정도 요구하지 않는 진정한 호황을 야기한다는 점을 알고 있다. 경제는 그저 좀 더 빠른 속도로 성장할 뿐이다. 이와 달리, 진정한 호황의 내부시장 조건을 모방했지만 필요한 저축이 동반되지 않는 왜곡된 이자율은 인위적인 호황을 야기한다. 이런 호황의 인위성은 저축이 불충분한 상황에서 미래지향적인 생산행위가 과도하게 나타나는 현상에 대해 시장이 반응할 때 궁극적으로 확인된다.

앞에서 저축과 성장에 관한 문제를 그림을 통해 살펴볼 때와 마찬가지로, 호황과 불황에 대한 분석은 시제적 균형을 유지하는 성장 없는 경제라는 가정에서 시작된다. 초기(시장에서 결정된) 이자율(그림 9.10의 i_{eq})은 또한 자연이자율로 정의될 수 있다. 인위적인 호황은 신용시장을 통해 새로운 화폐가 주입되었다는 사실에서 비롯한다. 중앙은행은 이자율 목표를 인위적인 개입이 없었을 때 유지될 이자율 수준보다 낮은 수준으로 설정한다. 물론 중앙은행의 조작 목표이자율은 아래 그림에서처럼 폭넓게 정의되는 시장이자율보다 훨씬 좁게 정의된다. 중앙은행은 대부자금의 공급에 신규 여신을 추가함으로써 이자율 목표에 도달한다. 연방준비은행의 공개시장위원회(Open Market Committee)는 연방준비금 금리(Federal Funds rate)를 선정된 이자율 목표 수준으로 떨어뜨리기에 충분한 정도의 규모로 증권을 구입한다. 이런 행위를 통해 시장의 여러 이자

그림 9.10 • 정책에 의해 유도되는 호황과 불황

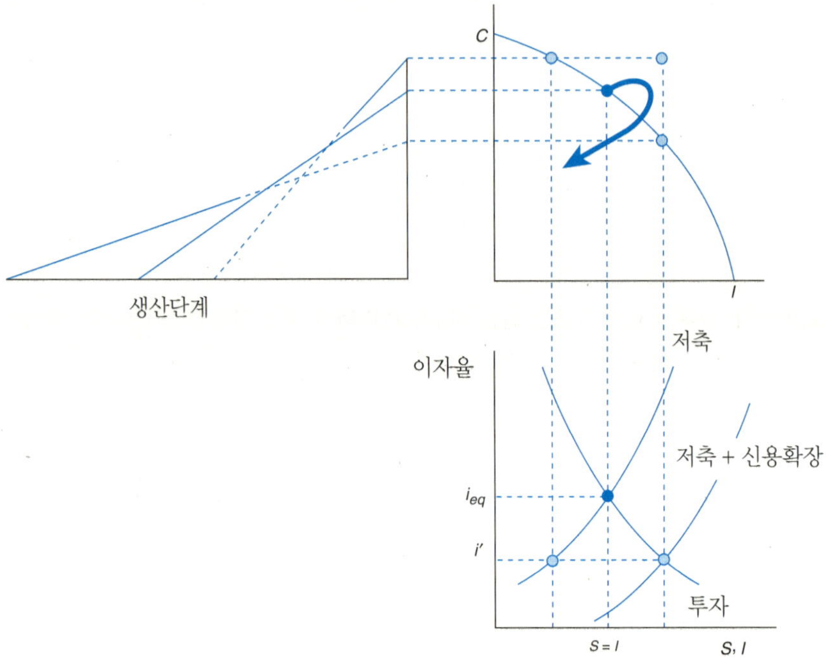

율들은 일반적으로 서로 비슷하게 하락하게 된다. 물론 다른 이자율에 비해 좀 더 많이 하락하는 이자율도 있을 것이다. 일반적으로 장기이자율은 단기이자율만큼 하락하지 않는다는 사실이 신용팽창의 전반적인 효과를 완화할 수도 있다. 그러나 그 효과를 완전히 제거할 수는 없다. 더구나 이러한 신용팽창의 전반적인 효과는 연방준비은행이 이를 위해 구체적으로 어떤 정책수단을 사용했는가와는 무관하다. 지금은 일차대출이자율(primary credit rate)[4] 로 불리는 할인율의 하락이나 필요지불준비금의 감소에서 비롯된 신용팽창에 대해서도 이와 비슷한 설명을 할 수 있다. 제도에 따라 다른 모습으로 운용되는 통화정책의 수단들은 거시경제적 차원에서 볼 때 모두 동등하다. 즉, 그것들은 모두 화폐를 대출해주어 이자율에 초기 효과를 미치는 수단들이다.

비교를 위해, 〈그림 9.10〉에서 묘사된 신용증가가 〈그림 9.8〉에 묘사된 저축 공급곡선의 실제 이동에 조응한다고 가정해보자. 그렇다면 신용팽창은 〈그림 9.8〉의 저축이 유도하는 팽창에서처럼, 새로운 균형 이자율과 그에 상응하는 저축과 투자의 일치를 가져오지 않는다. 오히려 자연 이

4. 시중은행이 중앙은행(연방준비은행)의 할인창구에서 기금을 빌릴 때 지불하는 이자율이 할인율(discount rate)이다. 할인창구는 세 개의 서로 분리된 프로그램으로 운영된다. 재무상태가 건전한 은행들은 일차대출이자율(primary credit rate)이라 불리는 할인율에 따라 기금을 빌릴 수 있으며, 재무상태가 그리 건전하지 못한 은행들은 이차대출이자율(secondary credit rate)이라 불리는 할인율을 적용받는다. 계절별로 지불준비금수요가 발생하는 소규모 은행들에게는 계절대출이자율(seasonal credit rate)이 적용된다. 일차대출이자율은 종종 간단히 일차이자율(primary rate)이라고도 불린다.

자율보다 낮은 수준에서 이중의 불균형을 야기한다. 대출자는 좀 더 많이 빌리는 반면, 저축자는 좀 더 적게 저축한다. 여기서 명심해야 할 점은 이러한 낮은 이자율이 이자율 상한선이 부과되어 야기된다면 상황이 달라졌을 것이라는 점이다. 법적 상한선이 부과되면 대출은 저축에 의해 제약될 것이다. 상한선에서 대부자금의 수요와 공급 사이의 수평적 간극은 좌절된 신용수요를 표현할 것이다. 곧바로 신용부족이 명확해질 것이며, 이는 신용 상한선이 강제되는 한 지속될 것이다.

신용팽창은 신용팽창이 없었으면 존재했을 신용부족을 은폐한다. 이제 (저축의) 공급과 (신용에 대한) 수요 사이의 수평적 간극은 좌절된 수요가 아니라 중앙은행의 새로운 신용투입에 의해 충족되는 수요이다. 이 수요는 진정한 저축에 대응되지 않는 대출, 따라서 진정한 저축에 대응하지 않는 투자를 표현한다. 물론 최종적으로는 실물투자가 소비되지 않은 실질산출물을 초과할 수 없다. 신용팽창이 신용부족을 은폐한다고 말하는 것은 그것이 저축과 투자의 불일치 문제를 제거한다고 말하는 것이 아니다. 그것은 오직 문제를 은폐할 뿐이며, 그것도 일시적으로만 은폐할 뿐이다. 요컨대, 대부자금의 공급에 새롭게 창조된 화폐가 추가될 경우 저축과 투자의 불일치가 나타난다. 이러한 화폐 추가의 직접적인 효과는 (i) 신용부족의 해소, (ii) 저축과 투자의 불일치에 내재해 있는 문제가 은폐되어 곪고 있는 경제호황, (iii) 이 문제의 궁극적인, 그러나 불가피한 해결책인 불황이다(그러나 이와 같은 단순한 요약은 우리의 논의를 다소간 앞지르는 것이다).

대부자금 시장에서 발생하는 이중의 불일치는 그에 대응하여 생산가능곡선 상에 두 개의 극한점을 갖는다. 저축감소는 소비증가를 의미한다. 그러나 왜곡된 이자율 때문에 소비자와 투자자는 밀고당기기 게임(tug-of-war)을 하게 된다. 저축에 대한 수익률이 낮은 상황에서 소비자들이 자신이 원하는 바를 달성한다면, 경제는 생산가능곡선을 따라 시계반대 방향으로 움직여서 소비자들이 원하는 극한지점에 이를 것이다. 이와 비슷하게, 만일 자금조달 비용이 인위적으로 낮게 형성된 상황에서 투자자가 자신이 원하는 바를 달성한다면, 경제는 생산가능곡선을 따라 시계방향으로 움직여 결국 투자자들이 원하는 극한지점에 이를 것이다. 물론 이러한 밀고당기기 게임에서 어느 참가자도 일방적으로 승리할 수는 없다. 그러나 소비자의 선택과 투자자의 결정은 서로 독립적인(그리고 서로 충돌하는) 실질 효과를 갖는다. 그림으로 설명한다면, 참여자들은 서로 상대방을 직각 방향으로 끌어당기게 된다. 소비자는 좀 더 많은 소비를 위해 위쪽으로 끌어당기며, 투자자는 좀 더 많은 투자를 위해 오른쪽으로 끌어당긴다. 이러한 움직임이 결합하면 경제는 두 개의 극한 지점에 의해서 규정되는 생산가능곡선 너머의 '가상의(virtual)' 불균형 지점 쪽으로 이동한다.

생산가능곡선은 지속가능한 산출량 수준으로 정의된다. 따라서 경제가 이 곡선 너머로 이동할 수는 있지만 오직 일시적으로만 그러하다. 사람들은 여기에 무한히 지속될 수는 없는 규모의 노동력으로 참가한다. 더 많은 사람들이 예외적으로 유리한 노동시장 조건에 힘입어 일자리를 얻을 수 있다. 일부 노동자들은 초과근무를 할 수도 있다. 다른 노동자들은 퇴직시점이 연기되거나 휴가가 없어질 수도 있다. 생산활동을 중단시키는 유지-보수 행위가 미뤄질 수도 있다. 이것이 바로 일시적으로 생산가능곡선 너머에서 생산이 이루어질 수 있는 호황의 다양한 측면들이다. 그렇지만 점점 더 구속력 있게 다가오는 실질자원 제약조건 때문에 경제는 가상적인 불균형 지점에 실제로 도달하지는 못할 것이다(그래서 이 지점은 '가상의' 점이다). 경제의 움직임이 보여주는 궤적의 일반적인 특성, 즉 시계방향으로의 회전은 경제의 생산구조에서 그에 상응하여 발생하는 변화를 고려할 때 명확해진다.

대부자금 시장에서 저축과 투자의 불일치, 그리고 생산가능곡선 너머로 경제를 끌고가는 밀고 당기기 게임은 경제의 생산구조에서 삼각형들의 충돌로 표현된다. 저축이 유발하는 자본 재구조화의 경우, 파생수요 효과와 시간할인 효과는 자원이 초기 생산단계 쪽으로 재배분되도록 함께 작용한다(이런 재배분은 하이에크 삼각형의 형태 변화로 묘사된다). 신용팽창의 경우 두 효과는 서로 반대방향으로 작용한다. 초기 단계에서 가장 강하게 나타나는 시간할인 효과는 자원을 장기 계획 쪽으로 유인한다. 낮은 이자율은 내구성 자본재와 제품 개발, 그리고 궁극적인 보상이 먼 미래에서야 가능한 여타 행위들을 유도한다. 장기 계획 쪽으로 과도하게 자원이 배분되는 현상은 오스트리아 학파의 연구에서 '잘못된 투자(mal-investment)'로 불린다. 후기 단계에서 가장 강하게 나타나는 파생수요 효과는 늘어난 소비재 수요를 충족하기 위해 정반대 방향으로 자원을 배분한다. 하이에크 삼각형은 중앙보다는 양 극단으로 이끌린다. 스쿠센(Skousen, 1990)은 바로 이러한 내적 갈등을 초기단계의 '총공급 벡터(aggregate supply vector)'와 후기단계의 '총수요 벡터(aggregate demand vector)'로 정의했다.

호황기에 여러 생산단계에 대해 이루어지는 자원배분은 절대적 측면과 상대적 측면 모두에서 변화한다. 위에서 설명되었듯이, 경제의 생산과정은 일반적으로 무한정 지속될 수 없는 산출량 수준에서 진행된다. 그리고 전반적인 산출량 수준이 점차 확대됨과 동시에 산출 유형은 가장 초기의 생산단계와 가장 후기의 생산단계들의 양방향으로 편중된다. 중간 단계는 상대적인 하락을 겪으며 그 일부는 절대적인 하락까지 겪는다. 호황기의 이러한 특징이 하이에크(Hayek, 1967[1935])와 미제스(Mises, 1953[1912], 1912)에 의해 파악되었다. 그러나 자본에 기초한 거시경제학의 초기 개발자들에 의해 제공된 이와 같은 설명들 속에는 용어와 내용에서 모두 근본적인 이론적 차이가 다소 존재한다(Garrison, 2004).

리처드 스트리글(Richard Strigl, 2000[1934])은 하이에크의 삼각형을 이용하여 서술하지 않았지만 호황과 불황에 대해 여기서 제시된 내용에 부합하는 설명을 보여주었다. 그의 설명에서 생산행위는 세 가지 광의의 범주로 구분되는데, 현재 소비가능한 재화의 생산(후기단계), 자본 유지(중간단계), 새로운 투자(초기단계)가 바로 그것이다. 정책에서 비롯한 호황조건은 자본 유지를 희생하는 대신 현재 생산과 새로운 투자를 좀 더 유리하게 만드는 경향을 보인다. 이 경우 '햇빛이 비칠 때 건초를 준비하는' 듯한 경제적 분위기가 조성되고, 경제는 번영과 급속한 성장을 경험하는 듯이 보인다. 그러나 현존하는 자본을 유지-보수하는 활동이 부족한 상황, 즉 중간단계에 자원이 적게 배분되는 상황은 정책에서 비롯된 호황을 진정으로 지속가능한, 저축에서 비롯된 경제성장과 구별되도록 해준다.

머지않아, 그러나 새로운 투자(초기단계의 활동들)가 완전한 결실을 맺기 전에, 현존하던 자본에 대한 유지-보수 활동의 부족(중간단계 산출물의 감소)은 소비가능재 산출물에 부정적인 영향을 미칠 수밖에 없다. 이것이 바로 잘못된 시제적 조정의 본질이다. 오스트리아 학파의 문헌에서, 소비가능재 산출물의 상대적인, 혹은 심지어 절대적인 감소는 '강제저축(forced saving)'으로 불린다. 즉 초기 생산단계에 대한 투자 유형은 경제 내에서 자발적으로 행해졌을 저축수준보다 더 높은 저축수준을 반영한다. 생산가능곡선 너머의 잠재적인 불균형 지점으로 몰고 가는 힘은 진정한 저축의 부재에 의해 약해진다. 〈그림 9.10〉에서 나타나는 바와 같이, 아래쪽 방향으로 회전하는 경제의 조정경로는 바로 이 강제 저축을 반영한다.

강제저축은 인위적인 호황의 특징인 자기 역행(self-reversing) 과정의 한 측면에 불과하며, 더구나 그것은 반드시 가장 처음으로 관찰되는 측면도 아니다. 자원제약조건의 구속력이 점점 더 강해지면 새로운 투자에 필요한 투입물의 가격뿐만 아니라 소비가능 재화의 가격까지 상승한다. 지나치게 확대된 사업이 추가 자금조달의 필요성을 제기함에 따라 이자율이 상승한다. 대출상의 어려움은 비틀거리는 호황국면의 한 특징이다(이 경우는 〈그림 9.10〉에서 묘사되지 않았다).

이제 새로이 시작된 사업들과 초기단계 생산 활동들 중 많은 것들이 수익성이 없는 것으로 인식된다. 그 중 일부는 그나마 손실을 최소화하기 위해서 끝까지 활동을 다하는 반면, 나머지는 청산된다. 경기변동의 청산국면의 시작은 〈그림 9.10〉에서 생산가능곡선으로 되돌아가는 경제의 조정경로로 묘사된다.

호황이 불황으로 전환될 때, 많은 경우 실업은 초기 생산단계에서 기업청산과 연결된다. 너무 많은 자본과 노동이 새로운 투자에 투입되었던 것이다. 기업청산은 이러한 생산요소들을 해당 생산과정에서 분리시킨다. 이렇게 분리된 생산요소들은 대부분 생산구조의 또 다른 부분에서 다시 흡수될 수 있다(물론 이 흡수가 즉각적으로 이루어지는 것은 아니다). 오스트리아 학파에게 구조적 실업의 이와 같은 특수한 경우는 경기적 실업과 구별되지 않는다. 오히려 그 반대이다. 즉, 경기후퇴의 시작을 특징짓는 경기적 실업은 독특한 구조적 특성을 지닌다.

가장 유리한 조건에서라면, 불황은 신용팽창에서 비롯된 구조적 조정오류(maladjustments)가 통상적인 시장력에 의해 교정되는 회복으로 이어질 수 있다. 구조적으로 고용되지 않은 자원은 그것이 절실하게 요구되는 곳에 재흡수되며, 경제는 생산가능곡선 상의 한 점으로 복귀한다. 그러나 시제적 불균형이 갖는 경제 전반에 걸친 특성 때문에, 실업의 부정적인 소득효과가 처음에는 경제를 생산가능곡선으로 복귀시키기보다 오히려 좀 더 심각한 불황으로 내몰 수도 있다. 이와 같은 경기후퇴의 부차적인 측면들이나 복합적인 측면들은, 기업청산을 가로막고 호황을 재점화하기 위한 거시경제 정책에 의해 시장의 전반적인 작동이 저해된다면, 훨씬 더 심각해질 수도 있다.

다음 절에서는 자본에 기초한 분석틀을 이용해서 경제전반적인 경기후퇴에 대한 케인즈의 견해를 묘사하는 방식으로 오스트리아 학파의 이론을 조망해볼 것이다. 케인즈에게는 잘못 조정된(discoordinated) 자본구조에서 비롯하는 문제를 악화시킬 수 있는 부정적인 소득효과가 가장 큰 문제이며, 이 문제의 기원은 투자행위에 내재된 불확실성이라는 구름 속에 숨겨져 있다.

9.11 오스트리아 학파의 분석틀에서 바라본 케인즈주의적 경기후퇴

케인즈주의에서는 그 분석틀을 특징짓는 집계 수준 때문에 호황과 불황을 시제적 조정실패(discoordination)의 한 가지 사례로 이해하는 관점이 애초부터 배제된다. 하이에크 삼각형의 형태 변화로 묘사될 수 있는 경제의 구조변화는 분석 대상이 아니다. 삼각형은 오직 그 크기만 변할 수 있다. 삼각형은 경제성장과 함께 커지다가 (그러나 절약의 역설에 비추어 볼 때, 저축에서 비롯된 성장의 경우는 그렇지 않다), 경제가 완전고용에서 가끔씩 멀어지면 그에 따라 줄어든다.

이자율은 생산단계별 자원배분에서 어떠한 역할도 하지 못하며, 오직 전반적인 투자수준을 결정하는 데서 자그마한 역할을 할 뿐이다. 따라서 투자는 단순한 집계변수로 취급된다. 투자기금에 대한 수요는 불안정하며 이자에 대해 매우 비탄력적이다. 게다가 투자가 자기자본조달(self-financing)로 이어지는 한, 그래서 증대된 투자가 증대된 소득으로 이어지고 이것이 다시 증대된 저축으로 이어지는 한, 두 개의 곡선(저축곡선과 투자곡선)이 함께 움직이므로 투자의 이자율 탄력성의 특정한 값은 의미가 없어진다.

소득순환 방정식(균형조건으로서 소득과 지출이 같아져야 함을 나타내는 식)과 단순한 소비함수를 이용하면, 투자와 소비 사이에 양의 기울기를 지닌 선형관계를 도출할 수 있다. 다음과 같이 전체 민간경제가 소득과 지출 사이에 균형을 이루고 있는 경우를 생각해보자.

$$Y = C + I \tag{9.4}$$

소비행위는 다음과 같은 통상적인 선형 소비방정식으로 정의된다.

$$C = c_0 + mpc\ Y \tag{9.5}$$

여기서 c_0은 독립적인 소비지출이며, mpc는 한계소비성향이다. 소득변수를 제거하기 위해서 위의 두 방정식을 통합하면, 소득순환흐름이 균형상태에 있는 경제의 소비와 투자 간 관계를 다음과 같이 얻게 된다.

$$C = c_0/mps + (mpc/mps)\ I \tag{9.6}$$

물론 여기서 mps는 한계저축성향을 지칭하며, $mps = 1 - mpc$로 정의된다. 이렇게 우상향하는 선형관계는 케인즈(Keynes, 1937, 220~21쪽)에 의해 명확히 인식되었으며, 케인즈의 수요제약으로 불릴 수 있다. 이 식은 투자승수와 한계소비성향에 대한 이해를 바탕으로 직관적으로 해석될 수 있다. 이 직선의 기울기는 단순히 한계소비성향(mpc)에다 승수($1/mps$)를 곱한 것에 불과하다. 가령 mpc가 0.80이라면, mps는 0.20이고 승수는 5가 된다. 그렇다면 투자지출이 100원 증가할 경우, 소득은 500원 증가하고 소비지출 또한 400원 늘어날 것이다. 이와 동일한 결과가 수요제약의 기울기($mpc/mps = 0.80/0.20 = 4$)로부터 곧바로 도출된다. 즉, 100원의 투자증대는 소비를 400원 증가시킨다.

그림 9.11 • 투자에서 비롯된 경기후퇴

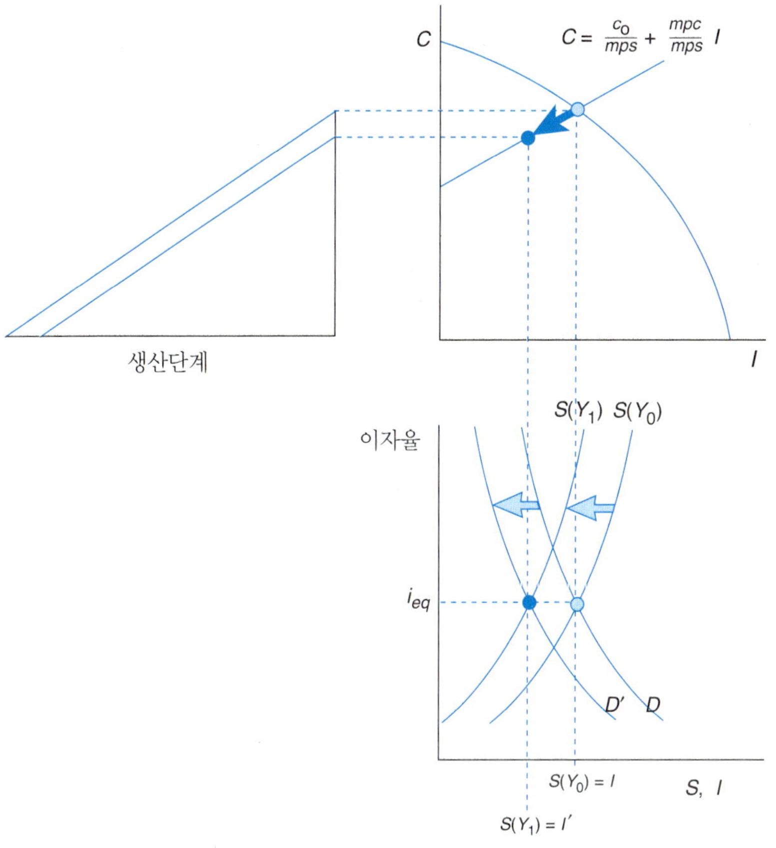

〈그림 9.11〉은 생산가능곡선과 두 축을 공유하는 케인스의 수요제약을 보여준다. 그러나 케인즈의 설명에서 음의 기울기를 갖는 공급제약은 매우 제한된 역할을 할 뿐이다. 우리가 승수이론의 타당성을 검토하는 동안은, 생산가능곡선은 지출 규모의 실질적 변화와 명목적 변화 사이에 경계선을 설정하는 데 이용될 뿐이다(실질적 변화는 경제를 생산가능곡선 아래로, 명목적 변화는 생산가능곡선 너머로 이동시킨다). 중요한 사실은 경제가 수요제약 때문에 이 곡선을 따라 이동하지 못한다는 점이다.

수요제약 자체는 소비함수만큼이나 안정적인데, 이는 전자가 후자와 동일한 파라미터를 공유한다는 데서 명확히 드러난다. 그러므로 수요제약과 생산가능곡선이 교차하는 점은 완전고용이 유일하게 가능한 점이다(앞서 절약의 역설을 보여주었던 〈그림 9.9〉에서, 수요제약 곡선은 저축의 증가, 따라서 소비함수의 세로축 절편 파라미터인 c_0의 하락을 반영해서 아래쪽으로 이동했다. 그러나 케인즈가 저축의 증가가 갖는 함의에 그다지 주목하지 않았던 것은 바로 이 파라미터가 변화하지 않을 것이라는, 즉 〈그림 9.9〉와 같은 현상이 실제로 일어나지 않을 것이라는 그의 믿음 때문이었다). 마지막으로 언급하고 넘어가야 할 것이 있다. 케인즈의 관계식에 대한 좀 더 포괄적인 해석, 즉 이자율과 관련된 것으로서 화폐(유동성)수요를 도입하는 것은 현재 우리의 초점에 비추어 봤을 때 그다지 중요하지 않은 변화만을 야기할 뿐이라는 것이다.

케인즈(Keynes, 1936, 315쪽)에 따르면, 시장경제의 거시 전체적 후퇴 경향은 투자수요의 갑작스러운 붕괴로 촉발된다. 투자재 시장은 수요측면에서 구조적 약점이 있다. 투자가 항시 불확실성 속에 싸여있는 미래에 대한 예상에 기초해서 이루어지기 때문이다. 여기서 기업가 자신감(business confidence)의 상실, 낙관적 전망의 쇠퇴, 더 나아가 '동물적 본성(animal spirits)' (Keynes, 1936, 161~2쪽)의 둔화라는 개념이 중요한 역할을 한다. 〈그림 9.11〉에서 투자기금에 대한 수요가 급감한다고 하자. 즉, 투자기금 수요곡선이 왼쪽으로, 즉 D에서 D'으로 이동한다. 줄어든 투자는 소득에 영향을 미치며, 따라서 소비지출에도 영향을 미친다. 소득과 소비지출의 연쇄적 하락은 경제를 생산가능곡선 아래로 끌어내린다. 소득 감소는 곧 저축 감소를 의미하는데, 이는 대부자금 공급곡선을 $S(Y_0)$에서 $S(Y_1)$으로 이동시키는 것으로 나타난다. 만일 공급곡선이 수요곡선이 이동한 만큼 움직인다면, 이자율은 불변이다.

케인즈가 《일반이론》에서 유일하게 제시했던 그림(Keynes, 1936, 180쪽)은 바로 이 점을 보여주기 위해 구성된 것이었다. 유동성 선호를 고려하지 않으면서 케인즈는 대부자금 공급곡선이 투자수요의 이동에 맞추어 변할 것이라고 말한다. 설사 이자율에 민감한 화폐수요가 이자율 하락을 용인한다고 해도, 투자수요가 이자율에 대해 비탄력적이라면 이러한 이자율 하락은 투자수요곡선의 좌측이동으로부터 발생하는 결과에 거의 영향을 미치지 못한다는 것이다. 케인즈주의와 오스트리아 학파를 비교하는 현재의 논의에 있어 더 중요한 사실은, 경제가 생산가능곡선으로부터 멀어지는 것과 대부자금 공급곡선이 좌측으로 이동하는 것은 케인즈가 언급한 요약적 판단에 대한 두 가지 다른 시각일 뿐이라는 것이다. 케인즈가 보기에, 파라미터가 변화하는 상황, 즉 현재의 경우 투자행위와 관련된 불확실성에 대한 기피 정도가 증가하는 상황에서 시장경제는 투자를 줄이는 대가로 소비를 증가시킬 수 없다. 즉 경제는 생산가능곡선을 따라 이동할 수 없다.

경제 전반에서의 수요 감소는 하이에크 삼각형의 축소로 묘사된다. 이자율이 변하지 않기 때문에 시간할인 효과는 존재할 수 없다. 따라서 파생수요 효과는 시간할인 효과의 영향을 받지 않으므로, 삼각형의 크기는 축소시키지만 그 형태를 변화시키지는 못한다. 그러나 케인즈에 따라 이자율의 변화를 허용한다고 해도, 경제 전반적인 수요 감소는 잘못된 방향으로 나아가 경제위기를 심화시킬 수도 있다. 유동성 확보 경쟁이 이자율을 상승시키면 (그림 9.11에는 나타나지 않았지만), 투자가 더 위축되면서 소득이 더 하락할 것이며, 이는 다시 소비와 저축을 더 축소시킬 것이다.

만약 오스트리아 학파가 시장경제 메커니즘 자체에 의해 상황이 계속 악화되는 경기침체(self-aggravating downward spiral)를 그 가능성조차 부인하려 한다면, 그 주장의 기반은 견고하지 못할 것이다. 시장이 최고의 기량을 보이는 것은 소규모의 혹은 점진적인 파라미터 변화에 직면해서 한계적인 조정을 하는 데이다. 기업가 집단의 급격한 자신감 상실은 경제를 누적적인 경기침체로 몰아갈 수 있다. 악셀 레이욘후푸드(Leijonhufvud, 1981)는 균형 수준에 상대적인 가격과 수량의 움직임을 '복도(corridor)'라는 용어로 설명한다. 가격이나 수량이 균형으로부터 이탈하더라도 복도 내에 존재하는 한에서 경제는 여전히 자기 교정적(self-correcting)이다. 가격이나 수량이 좀 더 급격히 이탈하여 복도 밖에 놓이게 되면, 경제는 자기 악화적(self-aggravating)이 될 수 있다.

반면, 이와 같은 경제 전반에 걸친 자신감의 상실이 실제로 시장 경제에 내재적이고 또 이러한 자신감 상실이 기업가 집단을 지배하는 심리적 요인으로부터 발생한다는 사고에 대해서는 오스트리아 학파가 좀 더 확실한 근거를 가지고 의문을 제기한다. 기업가 집단의 자신감 상실은 경제 전반적인 시제적 조정실패로부터 비롯하는 것일 수 있고, 또 이 조정실패는 과거의 신용팽창과 그에 따른 이자율 수준의 잘못된 결정에서 기인하는 것일 수 있다. 만일 이것이 사실이라면, 케인즈의 경기후퇴 이론은 호황과 불황에 대한 오스트리아 학파 이론의 일부분인 2차적인 수축과정을 보다 정교화한 것에 지나지 않는다.

9.12 오스트리아 학파의 이론에서 인플레이션과 디플레이션

오스트리아 학파의 경기변동 이론은 신용창출에서 비롯된 지속불가능한 호황에 관한 설명이다. 하이에크가 케인즈의 이론을 평가하면서 언급했던 '근본적 메커니즘'은 시장의 힘, 즉 시간할인과 파생수요이다. 이 힘은 생산계획을 시제적 선호에 조응하여 조정하지만, 신용팽창 때문에 이자율이 잘못 설정될 경우 그 기능에 문제가 발생할 수 있다. 인위적인 호황은 원상태로 되돌아가려는 움직임의 씨앗을 품고 있다. 따라서 인위적 호황은 근본적으로 지속불가능하다.

독자들은 오스트리아 학파의 이론이 신용창출에서 비롯된 호황 시기에 나타날 수도 있는 물가와 임금의 전반적인 상승에 대해서는 그게 주목하지 않는다는 점을 눈치 챘을 것이다. 가격과 임금의 인플레이션, 혹은 인플레이션율에 대한 오인(misperception)의 가능성, 그 어느 것도 이 이론에서 결코 본질적인 부분이 아니다. 오히려 초점은 신용비용이 인위적으로 낮아진 시기에 결과하는 자원의 비합리적 배분으로 집약된다. 오스트리아 학파에 따르면, 심지어 전반적으로 물가가 안정된 시기에도 시제적 조정실패가 경제 전반에 걸쳐 나타날 수 있다. 사실, 여러 생산단계들의 시장조건을 통해 마침내 호황이 지속 불가능함이 드러날 때까지 생산자와 소비자 사이의 갈등이 은폐될 가능성이 큰 시기가 바로 물가가 안정되어 있는 시기이다. 호황기 동안 곪아가고 있는 문제는 발견되지 않을 가능성이 크다. 이러한 가능성은 거시경제학자들과 금융시장이 불변의 물가를 거시경제적 건강성의 증표로 받아들이는 경우 더 높아진다.

저축에서 비롯한 성장〈그림 9.8〉과 신용에서 비롯한 호황〈그림 9.10〉의 특징을 보여주기 위해 우리는 성장 없는 경제에서 시작한다는 단순화 가정을 이용했다. 물론 이론을 현실에 적용하려면 현재 경제성장이 진행되고 있는 경우, 어쩌면 상당히 높은 실질성장률로 성장하고 있는 경우를 허용해야 한다. 급속히 성장하는 경제에서 신용팽창은 정책입안자들에 의해 단순히 성장을 '가능케 하는' 요인이거나 어쩌면 성장을 '조장하는' 요인이라고 여겨질지도 모른다. 오스트리아 학파는 이와 다른 견해를 보여준다. 즉 신용팽창은 실질저축에 의해 유지될 수 있는 수준보다 약간 높은 성장률을 조장한다는 것이다. 신용팽창에서 비롯된 물가상승 압력이 실질성장에서 비롯된 물가하락 압력을 모두 상쇄할 수도 있다. 교환방정식을 사용하여 말한다면, M의 증가가 Q의 증가와 거의 동일하여 P가 거의 변하지 않는다는 것이다. 통화주의자라면 이러한 물가수준의 안정성을 통화주의 준칙이 성공적이고 권장할만하게 적용된 증거로 이해하겠지만, 오스트리아 학파라면 실질적인 경제성장 시기의 변함없는 물가수준을 경고 신호로 이해할 것이다. 통화주의 준칙은 신용에서 비롯된 시제적 조정실패를 배제하지 않는다.

여기서 통화주의와 오스트리아 학파의 관점 비교하면 두 이론의 적용가능성이라는 쟁점을 이해하는 데 도움이 될 것이다. 필립스 곡선 분석에 의존하는 통화주의자들과 경기변동에 대한 화폐적 오인이론을 제시한 새고전학파 학자들에게, 불황으로 이어질 호황의 특징은 인플레이션이어야 한다. (필립스 곡선 분석 이론에서처럼) 고용주와 피고용인이 인플레이션을 서로 다르게 인식한다는 생각이나 (새고전학파 이론에서처럼) 일반적인 인플레이션 오인이 발생한다는 생각은, 서로 다르게 인식하거나 오인할 어떤 인플레이션이 실제로 존재한다는 엄격한 전제조건을 안고 있다(제4~5장 참조). 그렇다면 이 이론들은 양차 대전 사이의 호황과 불황이나 좀 더 최근의 현상인 1990년대의 경기팽창에 적용될 수 없다. 이와 같은 중요한 경기변동 사례에서 인플레이션율은 전자의 경우처럼 0이거나 후자의 경우처럼 매우 완만하다. 인플레이션에 의존하는 이론은 오직 1960년대 후반 이후 시작되어 1980년대 후반까지 이어진 비교적 덜 급격한 경기변동에 대해서만 적용될 수 있을 뿐이다. 반면 오스트리아 학파의 이론이 1929년과 2001년의 경기후퇴를 설명할 수 있다는 점은 이 이론의 신뢰도를 더욱 높여주고 있는 듯 보인다.

오스트리아 학파의 연구는 인플레이션에 대해 많은 논의를 한다. 그러나 경기변동 이론과 관련해서, 화폐량과 전반적인 물가 사이의 강력한 장기적 관계는 신용에서 비롯된 호황의 지속가능성에 관한 부차적인 질문에 대한 답변을 제공할 뿐이다. 일단 인위적 호황이 진행되면, 추가적인 신용팽창으로 불황을 회피할 수 있는가? 이에 대해 오스트리아 학파는 시장교정이 늦춰질 가능성이 부분적으로 존재하지만, 이는 오직 시제적 조정실패라는 근본문제를 악화시키는, 그래서 궁극적인 경기후퇴의 심각성을 더욱 심화시키는 방식으로만 가능하다고 답변한다. 장기적으로 신용은 저축의 지속가능한 대체물이 아니다. 게다가 지속적인 신용팽창을 통해 호황을 연장하려는 시도는 자산가격거품(asset bubble)을 초래할 수 있다(1920년대 후반의 주식시장 과열과 1990년대 후반의 '이상 과열'을 생각해보라). 신용이 점점 더 대규모로 유입되면, 궁극적으로, 화폐의 유용성을 상실시키는 가속적인 인플레이션(하이퍼인플레이션)이 유발될 수도 있다.

디플레이션은 인플레이션과 마찬가지로 오스트리아 학파의 연구에서 부차적인 쟁점이다. 성장에서 비롯된 디플레이션, 즉 실질산출량이 증가함에 따라 전반적으로 물가지수가 하락하는 것은 무제가 아니라고 여겨진다. 가격 하락은 수요 조건과 공급 조건이 가격 하락의 상황에 맞는다면 언제나 발생한다는 것이다. 여기서는 개별 시장을 지배하는 미시경제학적 힘이 완전히 작동한다.

그러나 심각한 통화긴축에서 비롯된 디플레이션은 완전히 다른 문제이다. 강력한 물가 하락 압력은 시장 메커니즘에 과도한 부담을 준다. 줄어든 통화공급량에 맞춰 모든 가격과 임금이 즉각적으로 조정 되지 않는 한, 산출량은 하락할 것이다(물론 이런 즉각적인 조정의 가능성은 거의 없다). 통화긴축이 경기후퇴의 근본 원인일 수 있는데, 1936~37년 미국의 경험이 여기에 해당하는 사례인 듯이 보인다. 당시 연방준비은행은 상업은행들이 보유한 초과지불준비금(excess reserves)의 중요성을 이해하지 못하고 지불준비율을 급격하게 상승시켰는데, 그 결과 은행들이 초과지불준비금의 규모를 재조정하게 되었고 그에 따라 통화공급량이 급감하였다. 그러나 1920년대 호황기의 마지막 무렵에 통화공급량을 떨어뜨린 요인은 무엇인가? 통화주의자들은 그 통화량의 감소가 중앙은행의 본래적인 무능력이나 주식시장의 투기열풍을 종식시키려는 중앙은행의(오인에 기초한?) 시도에서 결과했다고 설명한다. 여기서 주식시장 투기 열풍 그 자체는 설명되지 않는다.

오스트리아 학파의 경기변동 이론의 맥락에서 통화공급량의 급감은 경기후퇴의 근본 원인이라기보다는 경기후퇴를 좀 더 복잡하게 만드는 요인이다. 경제가 신용팽창에서 비롯된 경기호황의 끝자락에 놓여 있던 1929년에, 연방준비은행은 무엇을 해야 할 지 확신하지 못했던 데다 내부갈등이라는 방해요인까지 겹쳐서 통화공급량의 급감을 보고만 있었다. 1929~33년에 이르는 기간 동안 발생했던 음(−)의 통화증가율은 전례 없는 강도의 경기침체를 설명해주는 요인이다. 그러나 기업가 집단의 자신감 상실에 주목했던 케인즈가 그랬던 것처럼, 통화공급량의 급감에 주목했던 통화주의자들은 경기후퇴 이전에 발생했고 또 경기후퇴를 필연적으로 야기했던 경제적 조정실패로부터 세간의 관심을 멀리 떨어지게 하였다.

9.13 정책과 개혁

케인즈주의 이론에 기초한 정책처방(정부지출계획, 조세감면, 적자재성, 통화팽창)이 정치적으로 매력이 있는 반면 오스트리아 학파의 경우 이에 비견할만한 정치적으로 매력적인 정책처방이 없다는 점은, 1930년대의 논쟁에서 케인즈 학파가 오스트리아 학파에 결정적으로 승리한 이유를 잘 설명한다. 그러나 이후 수십 년 동안 케인즈주의 정책 과잉이 누적되어 나타난 결과, 즉 재정적자를 해결하기 위한 통화증발(debt monetisation)과 두 자리 수 인플레이션 같은 결과는 마침내 통화주의로 하여금 좀 더 신뢰할 만한 대안을 찾아보게끔 했다. 이에 따라, 통화주의 준칙을 실제로 제도화하지는 않을지라도 통화주의를 지지하는 것 자체가 정치적 영향력을 가지게 되었다.

신용팽창은 1980년대에 그 규모가 감소지만, 통화증가율은 사전에 공표된 낮은 비율로 꾸준히 유지되지 않았다. 게다가 같은 시기에 시행된 금융 개혁은 화폐와 유동성이 높은 다른 금융자산 사이의 구분을 흐리게 함으로써 통화주의적 준칙을 실행하는 것을 아예 불가능하게 만들어버렸다. 그 결과 화폐의 정의 자체가 문제시되었으며, 한때는 안정적이었던 화폐수요도 이제는 불안정해졌다(화폐수요는 교환방정식의 '유통속도'에 의해서 측정되었다). 그러자 연방준비은행은 자동적으로 이자율 관리정책으로 선회해서, 선택된 목표수준을 달성하는 데 필요한 정도만큼 무조건 신용을 팽창시켰다. 적극적 개입을 지향하는 중앙은행이 신용시장을 지배하므로 이제 자연이자율은 엄밀한 의미에서 관측할 수 없는 것이 되었지만, 중앙은행이 정치적 고려사항에 민감하게 반응하는 만큼 중앙은행에 의해 관리되는 이자율 수준은 자연이자율 수준에 비해서 낮을 가능성이 크다.

중앙은행에 관한 오스트리아 학파의 정책 권고안은 치료를 위한 정책이 아니라 예방을 위한 정책들로 구성된다. 즉, 설사 현행 경제성장률이 (특정 가격지수로 측정된) 산출물 가격수준을 떨어뜨리고 있다고 해도, 신용팽창을 하지 말라는 것이다. 이러한 강제적인 원칙을 고수하기는 정치적으로 어려울 뿐만 아니라 기술적으로도 어렵다. 왜냐하면 중앙은행은 자연이자율이 어느 정도이며 그것이 어떻게 변할 수 있는가에 대해 알 수 없기 때문이다. 중앙은행이 (정치적인 이유에서든 기술적인 이유에서든) 신용을 통해 호황을 유도하는 행위를 피하기 어렵다는 사실은 정책처방보다 오히려 근본적인 개혁이 요구되고 있음을 시사한다. 하이에크는 경력의 말년에 《화폐의 민영화》(*Denationalisation of Money*, 1976)를 권고했다. 하이에크 이후 현대 오스트리아 학파의 연구, 예를 들어 로렌스 화이트(White, 1989)와 조지 셀진(Selgin, 1988)의 연구는, 철저하게 탈집중화된 금융체제에서는 시장이자율이 체계적인 편의(偏倚)없이 평균적으로 자연이자율에 대한 근사치가 되기 때문에 그런 금융체제가 경기변동에 대한 궁극적인 해결책이 될 수도 있음을 주장한다.

10 새정치거시경제학

좋은 경제학적 조언에는 정치경제적 상황에 대한 이해가 필요하다는 것을 대부분의 경제학자들이 인식하기 시작했다.

(Rodrik, 1996)

10.1 소개: 정치적인 왜곡과 거시경제적 성과

경제와 정치 시스템 사이의 관계는 언제나 경제학자들의 관심을 끌었다. 왜냐하면 분명 정치학은 경제정책에 대한 선택과 그에 따른 경제적 성과에 영향을 미칠 것이기 때문이다. 지난 20세기 후반 동안 정치학과 경제학 사이의 다양한 상호작용에 대한 연구는 빠르게 성장하는 주요 연구영역이 되었는데 이 분야는 '새정치거시경제학(new political macroeconomics)'으로 알려지게 되었다. 이 분야는 거시경제학, 사회선택이론, 게임이론의 상호작용으로 발전한 연구 분야이다. 이처럼 급격히 성장하고 있는 새정치거시경제학 분야는 다양한 핵심 공공정책 이슈들을 탐구하기 위하여 경제 분석의 현대적이고 기술적인 연구방법을 사용한다. 특히 거시경제학자들은 정치적, 경제적 요소들의 상호작용이 경기변동, 인플레이션, 실업, 안정화 정책의 실행과 완성에 끼치는 영향, 그리고 독재, 민주주의, 불평등과 경제성장, 불안정과 갈등, 지속적인 예산적자의 원인, 국제통합, 국가규모 간의 관계와 같은 문제에 미치는 영향에 대해 관심을 가져왔다. 이론적인 분석과 실증조사의 관점에서 볼 때 이 분야의 활동에 있어 주요한 공헌은 아세모글루(Daron Acemoglu), 알레시나(Alberto Alesina), 드레이즌(Alan Drazen), 프라이(Bruno Frey), 히브스(Douglass Hibbs), 노드하우스(William Nordhaus), 노스(Douglass North), 올슨(Mancur Olson), 로고프(Kenneth Rogoff), 슈나이더(Fredrich Schneider), 쉴라이퍼(Andrei Shleifer) 같은 경제학자들의 연구에 기인한다(Willett, 1988; Persson and Tabellini, 1990; Alesina and Roubini with Cohen, 1997; Drazen, 2000a, 2000b; Gartner, 2000; Olson, 2000; Hibbs, 2001; Besley and Case, 2003; Acemoglu and Robinson, 2005).

이 장에서 우리는 '새정치거시경제학'의 발달과 관련하여 이루어진 발전의 일부를 고찰할 것이다.

10.2 정책 선택에 있어 정치적인 영향력

케인즈(Keynes, 1926)는 자본주의가 "경제적인 목적에 도달함에 있어 아마도 현존하는 다른 어떤 대안보다 더 효율적일 수 있다"고 믿었다. 하지만 이것이 성립하기 위해서는 필연적으로 시장경제에 대한 정부개입의 확대가 수반되어야 한다. 고전학파 경제학자들은 거시적 경제활동에서 교란이 발생할 수 있음을 부인하지는 않지만, 일정한 기간 내에 가격 메커니즘의 자기 교정 능력이 발휘되어 시장경제가 완전고용을 회복할 수 있다고 강하게 믿고 있었다. 1920년대 중반에 이르자 이미 케인즈는 자본주의 시장경제에서 질서와 안정성이 늘상적이라고 생각하는 고전적 자유방임 철학에 대해 환멸을 표현하고 있었다. 케인즈에게 자본주의가 현명하게 운영되어야 하는 이유는 그것이 "현존하는 경제적 형태가 전체적으로 파괴되지 않도록 하는" 유일한 실행가능한 수단이었기 때문이었다. 이렇게 해서 대공황의 파국적인 경험으로부터 정통파 케인즈주의 견해가 나타났고, 이 견해는 시장경제가 근본적으로 불안정하다고 주장했다. 이런 불안정은 총생산과 고용에 있어서 후생을 축소하는 방향으로 경기변동을 일으킨다(제1~3장 참조). 그 결과, '구(old)' 케인즈주의자들은 이 불안정성을 재량적인 통화정책과 재정정책에 의해 바로잡아야 한다고 주장한다(Modigliani, 1997; Tobin, 1996). 이런 정통파 케인즈주의 견해에는 정부가 실제적으로 안정을 추구한다는 암묵적인 가정이 깔려 있다.

칼레츠키(Kalecki, 1943)는 이 다소 순진한 가정에 도전했던 첫 번째 경제학자들 가운데 한 사람이었다. 그는 노동자들의 협상력이 증가하면 자본가들에게 발생하는 이익이 위협을 받으므로, 자본가들의 이익을 대변하는 당파적인 정부가 그런 위협을 줄이기 위하여 의도적으로 정치적인 경기침체를 유발한다는 마르크스-케인즈주의적(Marxo-Keynesian) 모형을 제시하였다. 노동자들의 협상력 증가는 완전고용이 지속적으로 유지될 때 나오는 직접적인 결과다. 칼레츠키 모형에서는 자본가들의 이해가 지배적이기 때문에, 대표성을 가지지 못하는 정치적 메커니즘이 야기되어 정치적 경기변동이 발생한다(Feiwel, 1974). 애커만(Akerman, 1947)은 '선거 주기(electoral cycle)'도 경제정책에 영향을 줌으로써 총체적 불안정에 기여하는 바가 있다고 제시하는데, 이것은 후에 발생할 이론적 발전을 예견하는 것이었다. 물론 이 접근법은 전통적인 케인즈주의 모형에 반하는 것이다. 케인즈주의 모형은 정부가 소득의 흐름에 대해 외생적이며 정치인이 사회 전체의 이해에 따라 행동한다고 가정한다. 해로드(Harrod, 1951)에 따르면, 케인즈는 경제정책이 지적 귀족계급 출신의 계몽된 사람들에 의해 체계화되고 실행되어져야만 한다고 가정한 매우 엘리트적인 사람이었다. 이런 '하비 가의 전제들(presuppositions of Harvey Road)'은 케인즈가 경제정책들은 언제나 공공

이익의 틀에서 법제화 되어져야 한다고 생각했음을 의미한다.[1] 사회후생의 이상적인 보호자로서 행동하는 정부의 이런 자선적 독재자(benevolent dictator) 이미지는 경제학자들에 의해 점점 더 의문시되었다. 특히 공공선택을 연구하는 경제학자들은 선출된 정치가들이 언제나 순사회후생(net social welfare)을 극대화하는 것을 목표로 삼는 정책을 추구한다는 가정에 대해 이의를 제기했다(Buchanan et al., 1978). 케인즈주의 혁명 초기에 슘페터(Josef Schumpeter)도 자본주의적 민주주의 국가들은 더 많은 투표를 얻으려고 경쟁하는 정치가들로 깔려 있기 때문에 이 사실이 필연적으로 정책결정과 결과에 영향을 줄 수밖에 없음을 인식하고 있었다(Schumpeter, 1939, 1942). 예를 들어, 재정적자를 경기침체의 위험을 줄이는 방편으로 받아들일 수 있다는 생각에 힘을 실어주는 케인즈주의 경제학은 공공선택 학파의 관점에서는 근본적으로 산업 민주주의의 재정적 체질을 약화시키는 것으로 보인다. 뷰캐넌(Buchanan et al., 1978)은 정치인들이 더 높은 득표를 줄기차게 추구하는 민주주의 체제 하에서 이와 같은 철학이 필연적으로 케인즈주의적 정책의 적용에 비대칭성을 낳는다고 주장한다. 투표자들은 정부가 '시제적 예산제약(intertemporal budget constraint)' 에 직면한다는 사실을 이해하지 못하기 때문에, 부채로 조달된 재정지출 프로그램이 주는 미래의 세금 부담들을 과소평가한다. 즉, 투표자들은 '재정적 착각(fiscal illusion)' 을 경험한다(Alesina and Perotti, 1995a). 러너(Abba Lerner, 1994)의 기능적 금융(functional finance) 원칙에 따르면, 안정화 정책은 케인즈가 의도한 것처럼 경기변동 동안에 예산을 균형화 하지 못한다. 그 대신 안정화 정책은 경제운영에 있어서 비대칭적이 되는데, 이는 경제가 선거 목적으로 조작되어 적자 쪽으로 지속적인 편향이 생기기 때문이다. 적자 편향은 현행 정부가 부채를 조절하여 미래 정부의 정책에 영향을 주고자 시도하는 전략적 행동에서 발생할 수도 있다(Alesina, 1988).

이런 것들을 고려할 때, 거시경제학자들은 선출된 정치인들이 '정치적 이득을 위한 경제적인 조작' 을 할 가능성을 염두에 두어야 할 것으로 보인다(Wagner, 1997). 신고전파 정치경제학 연구에서는 정부를 더 이상 외생적으로 보지 않는다. 정부는 적어도 부분적으로 내생적이며, 정부 정책들은 사회의 다양한 이해관계를 반영한다(Colander, 1984). 이런 생각은 분명히 새로운 시각은 아니다. 이미 토크빌(Alexis de Tocqueville)은 유명한 《미국에서의 민주주의》(*De la démocratie en Amérique*, 1835)에서 다음 같이 논평하고 있다.

> 재선되겠다는 욕망이 대통령의 주요 목표라는 것에 대한 인식 없이 미국에서 일상적인 정치활동을 고려하는 것은 불가능하다. (…) 그리고 특히 [선거일이] 가까워지면서 대통령의 개인적 관심은 공공의 선에 대한 그의 관심을 대체한다.

1. Harvey Road는 영국 케임브리지에 있는 케인즈의 출생지.

그림 10.1 • 정책선택에 대한 여러 영향

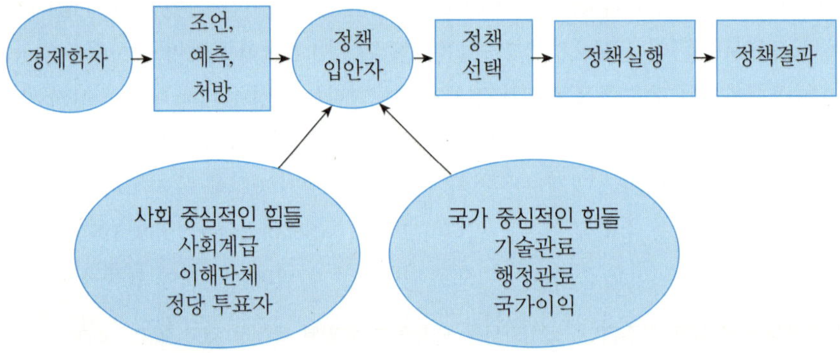

자료: Meier, 1995를 편집

케인즈는 정치가들을 극단적으로 낮게 평가했다. 그럼에도 불구하고 그의 시대에서 케인즈는 정치적 과정을 선거 득표를 위한 시장으로 보지는 않았다. 케인즈가 마음에 품었던 것은 정책결정 과정의 선형모형(linear model)이라 할 수 있다. 여기서 경제학자의 역할은 정책을 결정할 책임이 있는 역할 지향적인 정치가들에게 건전한 경제 분석에 기초하여 정책에 대한 조언과 예측 및 처방을 제공하는 것이다. 또 정치가들에 대해서는, 그들이 주요 경제 문제들에 대해 효율적인 해결책을 찾기 때문에, 경제 조언자들이 제공하는 편향적이지 않고 명확한 조언에 따라 사회후생을 최대화하기 위해 필요한 행동을 취할 것으로 가정되었다. 정책결정 과정에 대한 전통적 경제학자들의 견해는 다음의 〈그림 10.1〉에 나타나 있다.

정책결정 분석에 대한 전형적인 접근은 전통적으로 틴베르헨(Tinbergen, 1952)과 타일(Theil, 1956)의 방법을 채택했다. 예를 들어, 타일에 의한 전통적인 선구적 접근에서 정책 결정자는 '자선적 사회계획자(benevolent social planner)' 로서 모형화된다. 정책 결정자의 관심은 사회후생을 극대화하는 것이다. 그러므로 경제정책 방법론의 전통적인 일반적 접근방법에서는 정부를 경제에 대해 외생적인 변수로 다룬다. 정부의 유일한 관심은 가능한 가장 좋은 결과를 이루도록 경제를 조정하는 것이다. 경제정책 분석은 제약 하에서 극대화 문제를 푸는 기술적인 문제로 귀결된다.

새정치경제학의 관점에서 볼 때, 정책결정자들은 경제학자들의 조언을 바탕으로 공평하게 행동하기보다는 힘 있는 사회집단 및 정부 중심적인 세력에 의해 심하게 영향을 받는다. 그러므로 경제학자들이 제공하는 이론적인 통찰 및 정책적 조언은 이질적인 개인들로 구성된 국가에서 필연적으로 나타나는 이해관계의 갈등 사이에 성립될 균형을 반영하는 정치적 시스템을 거친 다음에 최종적으로 전달된다. 사회 중심적인 접근법에서 볼 때, 다양한 그룹들이 정책 결정자에게 직접 혹은 간접적으로 그들에게 이익이 되는 정책을 '공급' 하도록 압력을 행사한다. 신마르크스주의자(neo-Marxist)들이 전형적으로 계급투쟁과 자본가 계급의 힘에 초점을 맞추는 반면에, 새정치경제학 연구는 예를 들어 농부와 같은 이해집단의 영향력, 정치 정당과 투표자들을 중시한다. 정부 중심적 접근이 기술관료(technocrat)의 역할을 강조하는 것은 '자선적 독재자' 가정을 받아들이는 것과 마찬가지다. 반면에 새정치경제학에서는 관료와 정부이해가 정책결정자에게 미치는 영향에 초점을 맞춘다. 경제학자들이 채택하는 정책결정 과정에 대한 전통적 접근은 오래 전에 킬릭(Tony Killick, 1976)이 '발전 계획의 가능성(The Possibilities of Development Planning)'을 비판할 때 한 말에 잘 정리되어 있다.

> 경제학자들은 정치에 관해 합리적 행위자 모형을 채택해 왔다. 이에 따르면 정부는 공공적인 정신을 소유하고 사회에 대한 많은 지식을 갖고 있으며 자신의 역할에 충실한 정치인들로 구성되어 있다고 간주된다. 정치가들은 명확하고 통일된 목적을 갖고 있고, 국가의 이해를 위해 최적의 결과를 얻을 수 있는 정책을 선택하며, 단기적 이해를 넘어서는 견해를 갖고 있는 것으로 간주된다. 정부는 그리 차별화되지 않은 사회 속에서 안정적으로 존재하고, 중앙집권적 권력과 상대적으로 무소불위적인 권력을 행사하며, 주어진 정책결정에서 그들이 바라는 결과를 얻을 능력을 일반적으로 소유하고 있다.

현실에서 사회는 종종 파편화되고 이질적인데, 특히 종교적, 민족적, 언어적 그리고 지역적인 분화가 존재하는 가운데 극단적인 소득과 부의 불균등이 더해질 때 더욱 그렇다. 결과적으로 정부는 일반적인 이익보다는 특별한 이익을 대변하고 지속적으로 변화하는 선호의 균형에 반응하는 방식으로 분쟁을 관리하는 데 전념하게 될 것이다. 세상에 대한 이와 같은 인식하에서 '국가적 이익'과 '사회후생함수' 개념은 거의 기능적 의미를 갖지 않는다. "주요한 사회적 분열에 직면한 상태에서 의사결정은 최적에 대한 추구라기보다는 균형을 찾는 행위가 될 것이고, 성장률의 극대화보다는 사회적 고요함과 힘의 유지가 더 기본적인 관심사인 갈등 해결의 과정이다"(Killick, 1976).

정치-경제 관계를 모형화하면서 새정치거시경제학은 정부가 정치적, 경제적 세력 사이의 상호관계의 중심에 서 있다고 본다. 일단 정부에 대한 이런 내생적인 시각을 채택하게 되면, 경제정책 형성에 대한 규범적인 접근과 관련된 후생극대화 접근은 "더 이상 논리적으로 가능하지 않다"(Frey, 1978). 현직 정치가들은 경제정책의 선택과 이행에 책임이 있고, 그들의 행동은 분명 정치시스템을 만드는 다양한 제도적인 제약들에 의해 형성된다. 따라서 거시적 경제현상과 정책의 분석에 대한 정치경제학적 접근은 정치인들이 직면하고 그들의 정책선택에 영향을 주는 여러 동기들을 강조하고 있다.

10.3 정부의 역할

정부가 무엇을 하는가와 하지 않는가는 분명히 경제성장과 경제안정에 있어 중요한 영향을 끼칠 것이다. 국제무역, 경쟁, 규제, 노동시장, 교육, 기술, 보건, 재산권 같은 주요 제도의 보급과 함께 재정, 통화, 환율 정책은 모두 경제적 성과에 중요한 영향을 미친다. 19세기 동안에 국민총생산에 대한 정부지출의 비중으로 평가된 정부의 역할은 약 10% 정도였다. 1996년까지 정부지출/국민총생산 비율은 발전된 OECD 국가들에서 평균 45%까지 올랐다(Tanzi and Schuknecht, 2000). 20세기에 모든 국가에서 정부역할의 증대는 특히 다음 요소들의 영향을 반영한다.

1. 두 번의 세계 전쟁의 영향
2. 대공황과 이어지는 케인즈주의 혁명
3. 1945년 이후 소련의 국가주도형 발전모형이 끼친 초기 영향
4. 냉전과 연관된 군사 지출 증가와 미국과 소련 사이의 세계적인 이념 경쟁
5. 사회주의적/인도주의적인 생각의 영향과 소득재분배를 통한 공평에 대한 관심 증가
6. 복지국가 자본주의의 등장
7. 아담 스미스가 처음에 인지한 것 이상으로 광범위하게 퍼져있는 시장실패, 특히 외부성, 불완전 정보와 거시적 불안전성에 의해 야기된 다양한 왜곡에 대한 경제학자들의 인지 (Stiglitz, 2000, 2002)

20세기 초에 경제적 영역에서 정부의 역할은 미미했다. 그러나 과거 100년 동안 우리는 경제행위에 있어서 정부의 적절한 역할에 대한 경제학자들의 견해가 상당히 변화해 왔음을 목격했다. 20세기 초반 75년 동안 정부의 역할은 확장됐으나 후반 25년 동안은 이런 경향의 바람직함에 대한 경제학자들의 생각에 있어 눈에 띄는 변화가 있었다. 이러한 변화는 많은 부분에서 지난 과거 25년 동안 시장경제가 다른 어떤 알려진 대안보다도 인간의 생활수준의 향상을 가져온다는 명제로 경제학자들의 믿음이 명백히 수렴한 사실을 반영한 것이다.

경제에서 정부의 역할은 어떤 것이어야 하는가? 이 중요한 물음은 역사에 걸쳐 토론되어 왔고 모든 중요한 공공정책 이슈를 관통하고 있다. 정부의 경계에 대한 현재의 개념은 시장실패와 정부실패의 중요성을 인식하는 경제 분석의 발전과 역사적 사건들이 결합하여 결정되었다.

1950년대와 1960년대에는 정부가 시장실패를 치유할 수 있다는 믿음이 최고조에 달했지만, 1970년대와 1980년대에는 정부 역할의 증대에 대한 회의감이 커져갔고 경제학자들은 시장에 대한 믿음으로 회귀하였다. 경제학자들은 다양한 형태의 정부실패가 있음을 점차 더 많이 인식하게 되었다. 국가는 이전보다 많은 일을 하고 있었지만 전보다 일을 못하고 있었다. 정부가 자선적인 사회적 계획자로서 행동하기를 시도하고 시장실패를 치유하기 위해 개입하는 경우에도, 전략을 직접 수행하는 대리인(관료들)을 통해서만 해야 한다. 이러한 대리인들은 이기적이고 감독하기 어렵기 때문에 정부의 개입은 분명히 지대추구(rent seeking)나 부패를 위한 기회를 제공한다. 1970년대 이후 시장실패 대 정부실패에 대한 논쟁은 힘을 받기 시작했고 경제학 연구에서 중요한 위치를 차지하게 되었다. 바우어(Peter Bauer), 프리드먼(Milton Friedman), 뷰캐넌(James Buchanan), 하이

에크(Friedrich von Hayek), 루커스(Robert Lucas Jr.) 그리고 크루거(Anne Krueger) 같은 경제학자들의 비판에 영향을 받은 많은 경제학자들이 국가가 너무 많은 일을 하려고 한다는 사실을 받아들이기 시작하였다. 국가가 너무 많은 일을 하기 때문에, 많은 국가들에서 시장의 효율적인 기능, 경제성장, 경제의 안정성에 부정적인 영향이 가해졌다. 정부가 '자선적인 사회적 보호자' 로서 행동한다는 사고와 국가의 경제주체들이 '이기적이지 않은 관료들' 에 의해 채워져 있다는 의심스런 가정은 경험을 통해 심각하게 의심받게 되었다. 이는 자본주의가 완벽한 체제라거나, 시장이 항상 효율적으로 작동한다거나, 혹은 정부에게는 중요한 역할이 없다는 것을 의미하는 것은 아니다. 그러나 전 세계적으로 "정부는 계획을 덜 세우고, 덜 소유하고, 덜 규제해야 하며, 대신에 시장의 범위를 더욱 확대해야 한다"는 것을 의미한다(Yergin and Stanislaw, 1999). 시장과 효율적이고 책임있는 정부는 상호 보완적이다(World Bank, 1997; Snowdon, 2001b; Stiglitz, 2002).

10.4 정치가들과 안정화 정책

정치가들의 이러한 '다운스(Downs)적' 시각은 거시경제 모형에서 정부를 내생적으로 보아야 함을 의미한다(Downs, 1957). 프라이(Frey, 1978)에 따르면 전통적인 케인즈주의적 순환 흐름 모형은 이기적인 정부 행위를 고려하기 위해 수정되어야 한다. 이 수정으로부터 귀결된 정치-경제

그림 10.2 • 정치-경제 모형

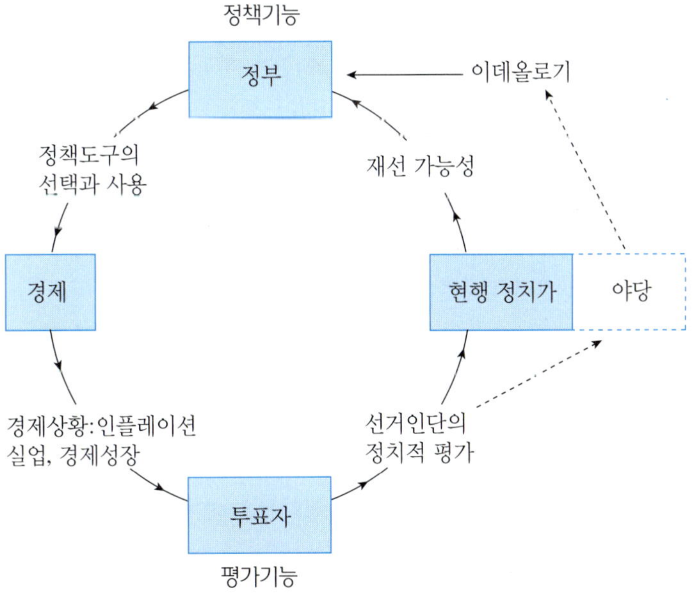

자료: Frey(1978)를 편집

시스템은 〈그림 10.2〉에 나타나 있다. 분명히 케인즈주의적 혁명 이후에 투표자들은 점점 더 정부가 국가 경제에 책임이 있다고 여기게 되었다. 그러나 누구에게 정책결정권을 줄 것인지를 선택하는 데 있어서 투표자들은 주인-대리인 문제에 직면하는데, 이것은 대리인(정부)이 불완전한 정보를 가진 투표자들로부터 숨길 수 있는 다른 선호를 가지고 있기 때문이다.

〈그림 10.2〉에서 명백히 볼 수 있듯이, 정치-경제 순환 흐름 모형에서 정치가들은 이데올로기적인 고려와 재선(再選) 둘 사이의 균형에 의해 움직이는 것으로 보인다. 투표자들은 정치가들이 높은 고용, 낮은 인플레이션 그리고 실질 처분가능소득의 빠른 성장과 같은 가능한 경제 목표를 달성하는 데 얼마나 성공적인지에 기초하여 정치가들을 평가한다. 선거 직전 기간의 경제 상태가 결정적으로 중요한데, 정치가들은 정권을 유지하기 위해서는 활성화된 경제가 더 좋다는 점을 명확히 인식하고 있다. 만약 경제 상황이 우호적이지 않다면, 투표자들은 상대 정당을 선출하는 것을 선택할 수도 있고 현직자는 자리를 잃을지도 모른다. 그 동안에 상대 정당은 투표자에게 매력적인 공약을 만든다(예를 들어, 아버지 조지 부시의 유명한 1988년 선거 전 공약을 상기해 보자. "내 입을 똑똑히 보세요. 새로운 세금은 없습니다"). 그러므로 경제상황이 선거결과에 영향을 줄 것이고, 선출되고자 하는 동기는 거시경제정책의 선택과 실행에 직접적인 영향을 미칠 것이다.

또 정치가들은 이념적인 고려에 의해 움직이지만, 이데올로기적인 프로그램들은 정당들이 우선적으로 정권을 새롭게 획득하거나 유지하지 않는 한 실행되어질 수 없다. 정부의 인기를 위한 핵심 거시경제 변수들, 즉 인플레이션, 실업과 처분가능소득의 성장과 같은 변수들의 중요성을 시험하기 위해 지난 25년 동안 상당한 양의 실증적 연구가 수행되었다. 이 연구는 이와 같은 거시경제 변수들이 통계적으로 중요하고 선거 결과에 중요한 영향을 미친다는 결론을 이끌어냈다(Kramer, 1971; Tufte, 1975, 1978; Mosley, 1978; Fair, 1988; Schneider and Frey, 1988). 현직 정치가들은 정책의 공급에 있어 독점적 상품 공급자들과 유사한 위치를 차지한다. 따라서 그들이 재선 가능성을 극대화하기 위한 유혹에 종종 빠져 재량적인 정책을 사용한다는 점은 놀라운 사실은 아니다.

지난 20여년 동안 경제학자들은 이런 고려사항들 중 많은 것을 통합하는 정치-경제 모형들을 많이 만들어냈다. 경제와 정치 사이의 상호의존성은 현재 거시적인 불안정성의 근본적인 이유들을 찾는 데 관심이 있는 경제학자들에게 잘 정립된 연구영역이 되었다. 이 연구는 수많은 흥미로운 질문들에 답하고자 시도하고 있다. 그런 질문들의 예로는 다음을 들 수 있다.

1. 경제적 요소는 투표자 선택에 영향을 주는 데 있어 얼마나 중요한가(Frey and Schneider, 1978a, 1978b)?
2. 기회주의적인 정치가들이 정치적인 이익을 위해 경제를 조작하는가(Nordhaus, 1975)?
3. 이데올로기적(이념정당적, partisan)인 고려들을 통해 정당들은 다른 정당과 차별화된 상품을 생산하는가(Hibbs, 1977)?
4. 합리적이고 근시안적이지 않은 투표자들과 경제주체들의 세계에서 정치적 경기변동이 존재할 수 있는가(Alesina and Roubini with Cohen, 1997)?

▶ 표 10.1 거시적 변동의 정치-경제 모형들

정치가들에 관한 가정들	투표자와 경제주체에 관한 가정들	
	비합리적 행동	합리적 행동
비이념적 기회주의적 정치가들	노드하우스 (Nordhaus, 1975)	로고프와 시버트 (Rogoff and Sibert, 1988)
이념적 이데올로기적 정치가들	히브스(Hibbs, 1977)	알레시나(Alesina, 1987)

자료: 알레시나(Alesina, 1988)

5. 이런 모형들에서 정책적 함의는 무엇인가(Alesina, 1989; Drazen, 2000a)?

이 장의 다음 부분에서 우리는 이런 질문들과 그 외 다른 질문들에 경제학자들이 어떻게 답하기를 시도하는지 볼 것이다.

10.5 '정치적 경기변동'에 대한 대안적인 접근들: 개요

정치적 경기변동에 관한 이론은 1970년대 중반부터 발전해왔다. 이에 관련된 문헌들에서 우리는 네 개의 주요 접근법을 구분할 수 있는데, 이 접근법들은 두 개의 분리된 단계를 거쳐 발전되었다. 이 네 개의 접근법의 근저에 있는 가정들은 〈표 10.1〉에 요약되어 있다(Alesina, 1988). 1970년대 중반부터 후반에 걸치는 첫 번째 단계에서 노드하우스(Nordhaus, 1975)는 정치적 경기변동에 관한 기회주의적 모형을 발달시켜 이 분야에 대한 흥미를 다시 불러일으켰다. 이를 뒤이어 히브스(Hibbs, 1977)는 집권(office)상의 고려보다는 이데올로기적인 고려를 강조하였다. 그러나 노드하우스와 히브스의 모형('구' 정치거시경제학)은 둘 다 1970년대 중반부터 후반까지 거시경제적 논의를 주도했던 소위 합리적 기대 혁명(제5장 참조) 동안 상당히 뒷전으로 물러나게 되었다. 상대적인 무관심의 기간 이후 1980년대 중반에 정치-경제 모형의 두 번째 단계가 나타났고, 그 이후 이 분야의 연구는 지속적으로 번성했다. 새고전학파 이론가들의 영향으로 새 모형들은 합리적 경제주체와 투표자라는 가정을 모형에 통합하였다. 로고프와 사이버트(Rogoff and Sibert, 1988)와 같은 경제학자들이 합리적 기회주의적 모형을 발전시켰고, 알레시나(Alesina, 1987)는 합리적 이념정당 이론을 만들어냈다('새' 정치거시경제학).

다음 장들에서 우리는 이들 네 개의 접근 방법과 프라이-슈나이더(Frey and Schneider, 1978a, 1978b)의 혼합 모형을 검토할 것이다. 이 모형들은 각각 나름대로 정치적 행위가 거시경제에 끼치는 영향력을 내생화하려고 시도한다.

10.6 노드하우스의 기회주의적 모형

정치적 경기변동에 관한 현대의 연구는 노드하우스(Nordhaus, 1975)의 획기적인 논문에 의해 촉발되었다. 노드하우스에 의해 대중화된 선거 모형에서 집권 정당은 "임기 동안에 다음 선거의 득표수를 극대화할 수 있는 경제정책들을 선택한다." 투표자들은 선거 전에 나타나는 정부의 거시경제적 성과에 의해 영향을 받는다. 따라서 정치가들은 선거 기간 즈음해서 정책 결과물들이 가장 잘 나타날 수 있도록 정책 수단들을 조절하고 싶어진다. 이와 같은 행위로 인해 나타나는 중요한 결과는 민주주의 국가에서 정책들이 미래 세대들에게 부담되는 방향으로 이루어진다는 것이다(Lindbeck, 1976; MacRae, 1977). 그러므로 선거와 선거 경쟁은 정부의 책임성을 늘리기 위하여 필요한 반면에, 또한 정책결정 과정에 잠재적으로 치명적인 왜곡을 유도하는 경향이 있다. 이 결과를 얻기 위해 노드하우스는 많은 중요한 가정들을 설정한다.

N1 정치 시스템은 다운스(Downs, 1957)의 중위 투표자 정리(median voter theorem)가 예측하는 것처럼 완벽하게 정책 수렴이 이루어져 있는 두 개의 정당으로 구성되어 있다.[2]

N2 두 정당은 이데올로기적 프로그램에 전념하기보다는 정치적 이익을 극대화하는 데 더 관심이 있다. 이들 기회주의적 비이념정당 정치인들에게 중요한 것은 선거 결과뿐이다.

N3 선거 시기는 외생적으로 고정되어 있다.

N4 개인 투표자들은 모두 동일하며, 그들의 선호함수에 총실업(U_t)과 인플레이션($\dot{P}_t$)을 포함하고 있고, 낮은 인플레이션과 낮은 실업률을 선호한다. 정책결정자들은 투표자들의 선호를 완전히 알고 있지만, 자신들은 인플레이션과 실업에 대해 특정한 선호를 갖고 있지 않다.

N5 투표자들은 현직 정치가가 재직 기간 동안 경제를 관리한 과거 성과에 기초해서 정치적 선택을 한다. 투표자들은 투표 행위에서 과거지향적(*retrospective*)일 뿐만 아니라 시간에 따라 쇠퇴하는 기억을 갖는다. 즉 투표자들은 미래를 예측하지 않으며 과거의 경제성과를 높은 할인율로 할인한다. 다시 말하면, 투표자들은 근시안적(*myoptic*)이다.

N6 거시경제 시스템은 기대를 고려한 필립스 곡선으로 나타낼 수 있는데, 여기서 인플레이션

---

2. 중위 투표자 정리는 1948년 덩컨 블랙(Duncan Black)의 논문 〈단체 의사결정의 논리적 근거〉("On the Rationale of Group Decision-making")에서 처음 제시되었고, 1957년 앤서니 다운스(Anthony Downs)의 책 《민주주의의 경제학적 이론》(*An Economic Theory of Democracy*)으로 널리 알려졌다. 이 정리에 따르면, 다수의 정책에 대한 투표자들의 선호가 있을 때 양당 체제 하에서 각 정당은 중위(median)에 속하는 투표자가 선호하는 정책을 당의 정책으로 선정할 때 최대의 득표를 할 수 있다. 따라서 양당 체제 하에서 득표수의 극대화를 목표로 하는 각 정당의 정책은 중위 투표자가 선호하는 정책으로 수렴된다.

그림 10.3 • 노드하우스 정치적 경기변동 모형

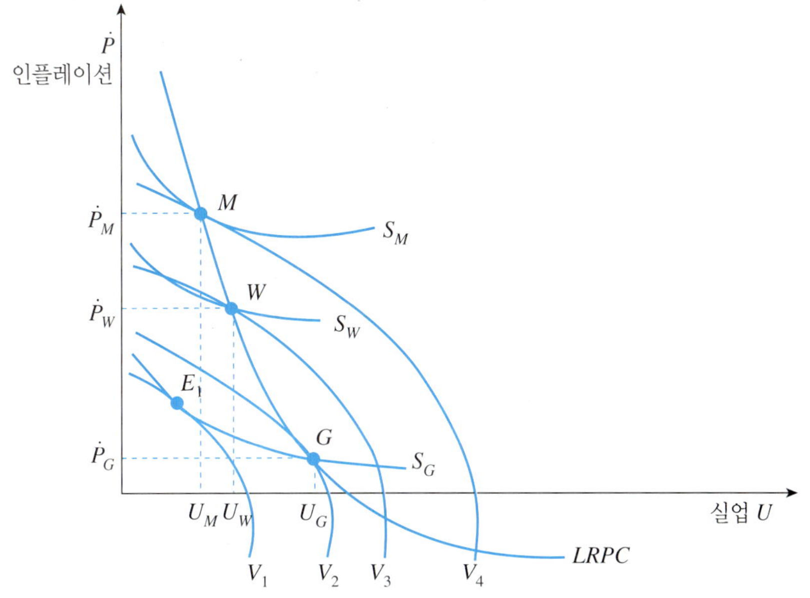

과 실업 사이의 장기적 역관계는 단기적 역관계보다 기울기가 더 가파르다. 투표자들은 거시경제적 이론들을 알지 못한다.

N7 인플레이션 기대($\dot{P}_t^e$)는 적응적으로 형성된다. 즉 경제주체는 과거지향적이다.

N8 정책 입안자들은 재정정책과 금융정책을 통해 총수요를 조절하여 실업수준을 조절할 수 있다.

노드하우스는 정책 결정이 개인의 선호를 반영하는 관찰된 총투표함수(aggregate voting function, V_t)에 기초한다고 가정한다(N4). 이것을 식 (10.1)로 나타낼 수 있다.

$$V_t = g(U_t, \dot{P}_t),\ \ g'(U_t) < 0,\ \ g'(\dot{P}_t) < 0 \tag{10.1}$$

식 (10.1)에서 득표수는 $\dot{P}$와 U에 대해 감소하는 함수이다. 〈그림 10.3〉은 총투표함수(V_1, V_2 등등)의 등고선(등투표선, iso-vote lines)을 보여주고 있다. 총투표함수는 주어진 정책 결과에 대해 현직 정치가가 얻은 투표의 백분위를 나타낸다. 인플레이션과 실업이 '나쁜 재화'이기 때문에, $V_1 > V_2 > V_3 > V_4$이다. 투표자들은 V_2위의 어떤 점보다도 V_1상의 모든 점을 선호하지만, 같은 등고선 위의 점들에 대해서는 무차별하다. 선거에서 승리하기 원하는 정부는 선거기간 동안에 가장 높은 선거 등고선에 이를 수 있도록 경제를 조절하려고 할 것이다.

노드하우스가 사용하는 거시경제 이론틀은 (10.2)~(10.5)의 식들로 요약되는, 기대를 고려한 필립스 곡선 이론틀이다.

기대를 고려한 필립스 곡선:

$$\dot{P}_t = f(U_t) + \lambda \dot{P}_t^e \tag{10.2}$$

적응적 기대 가설:

$$\dot{P}_t^e - \dot{P}_{t-1}^e = \alpha[\dot{P}_{t-1} - \dot{P}_{t-1}^e],\ \ \alpha > 0 \tag{10.3}$$

균형 조건:

$$\dot{P}_t = \dot{P}_t^e \tag{10.4}$$

장기 필립스 곡선 역관계:

$$\dot{P}_t = \frac{f(U)}{(1-\lambda)} \tag{10.5}$$

노드하우스는 1 > λ >0이라고 가정했는데, 이는 장기 필립스 곡선이 단기필립스 곡선보다 기울기가 더 가파르다는 것을 나타낸다. <그림 10.3>에서 단기 곡선은 S_G, S_W와 S_M에 의해 나타나고, 각 곡선의 위치는 인플레이션의 기대율에 의존한다. 장기 필립스 곡선은 *LRPC*로 표현된다. 만약 λ계수가 1이라면 필립스 곡선은 자연실업률에서 수직이 될 것이다(Friedman, 1968a). 그러나 노드하우스(1975, p.176)가 지적하듯이, "수직의 장기 필립스 곡선은(이 모형의 본질적인 결론에 대하여) 원칙적으로 아무런 차이도 가져 오지 않는다".

10.6.1 최적 인플레이션과 실업

가정 N4가 주어진 상태에서, 정책입안자의 사회후생함수(*W*)는 총투표함수의 할인가치가 될 것이다. 정치적 제약조건이 없다면, 사회계획자는 식 (10.2)~(10.5)에 의해 주어진 거시경제 제약조건 하에서 식 (10.6)에 따른 후생함수를 극대화하려고 할 것이다.

$$W = \int_0^{\infty} g(U_t, \dot{P}_t)_{\mathrm{e}}^{-\mathrm{rt}}\, dt \tag{10.6}$$

정책입안자가 어떤 할인율(*r*)을 선택하느냐에 따라 여러 가지 결과가 가능하다. 미래 세대에 대해 현재 세대와 같은 가중치가 주어지는 경우($r = 0$), 그 결과는 〈그림 10.3〉에서 *G*로 나타난다. 이 점에서는 *LRPC*가 총투표함수(V_2)와 접하는데, 이것은 지속가능한 최상의 인플레인션과 실업의 조합을 나타낸다. 노드하우스는 이 결과를 정책 해결의 '황금률(golden rule)'이라고 불렀는데, 여기서는 인플레이션 = $\dot{P}_G$ 이고 실업 = U_G이다. 정책입안자가 오직 현재 세대만을 고려하는 경우(즉 무한대의 할인율이 적용되는 경우), '순수하게 근시안적인' 정책 결과가 나타나는데 이는 〈그림 10.3>의 점 M에 의해 나타난다. 여기서 S_M은 V_4에 접한다. 다시 말하면 미래 세대의 후생을 무시하는 '근시안적인' 정책들은 황금률 정책에 비해 더 높은 인플레이션($\dot{P}_M$)과 낮은 실업(U_M)로 나타난다 (Nordhaus, 1975). 정책입안자들이 두 세대를 모두 고려하는 경우 ($\infty > r > 0$), 노드하우스가 '일반적 최적후생(general welfare optimum, W)'이라고 부르는 결과에 이른다. 이 경우에는 $U = U_W$ 이고 $\dot{P} = \dot{P}_W$ 이다.

10.6.2 노드하우스 모형의 장기적 함의

현직 정치가의 관심사가 재선 전망인 경우에, 노드하우스 모형은 "민주적인 시스템에서 선택될 정책은 최적 상태보다 실업은 더 낮고 인플레이션은 더 높은 장기적 상충관계를 가져올 것"이라고 예측한다. 이 결과는 다음의 행동으로부터 나온다. 선거 전에 경제가 〈그림 10.3〉에서 점 G에 위치해 있다고 가정하자. 현 정부는 경제 확대를 추구하여 단기적 상충관계 S_G를 점 E_1으로 옮김으로써 재선 가능성을 높일 수 있다. 이것은 정부가 달성할 수 있는 최상의 상태이다. 왜냐하면 S_G가 E_1에서 V_1에 접하기 때문이다. E_1이 $LRPC$의 왼쪽에 놓여있기 때문에 식 (10.3)에 따라 더 높은 인플레이션에 맞춰 기대가 조정되므로, S_G가 오른쪽 위로 이동할 것이다. 반대로 단기적인 선거 결과가 $LRPC$의 오른쪽에 위치한다면, 현 집권당은 경제를 $LRPC$ 위의 위치로 되돌아가게 하는 정책을 선택함으로써 당의 인기를 개선할 수 있다. 선거가 여러 번 있는 경우 노드하우스 모형의 장기적인 동학은 〈그림 10.4〉로 나타낼 수 있는데, 여기서 E_0E_0는 선거 결과의 궤적이다. 장

그림 10.4 • 노드하우스 모형에서 장기 해

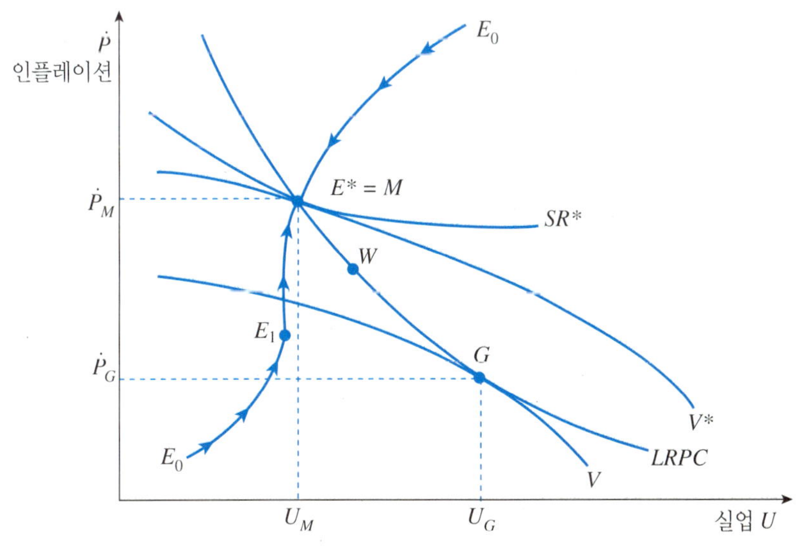

기균형은 E_0E_0가 $LRPC$를 교차하여 $E^* = M$인 점에서 이루어진다. M이 $LRPC$와 S_M 위에 동시에 있기 때문에, "현재의 당은 단기 상충관계 곡선을 따라 움직이면서 그들의 결과를 개선할 수 없다." 왜냐하면 S_M은 등투표 등고선 V_4에도 접하기 때문이다(Nordhaus, 1975). 단기 필립스 곡선이 더 평평할수록, 균제상태 균형 인플레이션율은 더 높아질 것이다.

많은 선거제도 하에서 기회주의적 행위 모형의 흥미로운 결과는 모형의 장기결과가 근시안적인 위치 M이 된다는 것이다. 그러므로 민주주의적 체제는 최적보다 더 높은 인플레이션과 더 낮은 실업의 균제상태 균형을 나타낼 것이다. 즉 인플레이션 편이가 나타난다($\lambda = 1$이고 필립스 곡선이 수직인 경우 인플레이션 편이만 나타난다).

10.6.3 단기 결과: '정치적 경기변동'

경제의 단기적 변동에 대한 분석에서 노드하우스는 투표자들이 '쇠퇴하는 기억'(가정 N5)을 가질 가능성을 도입한다. 투표자들은 먼 과거의 사건보다 최근의 사건에 더 가중치를 둔다. 이런 경우에 식 (10.1)은 식 (10.7)에 의해 대체되어지는데 여기서 T는 선거 기간이고 z는 투표자들의 기억 쇠퇴율이다.

$$V_T = \int_0^T g(U_t, \dot{P}_t)_{\mathrm{e}}{}^{zt} dt \tag{10.7}$$

수정된 투표함수 (10.7)에 따르면, 투표자들이 현재 인플레이션과 실업에 정부가 책임이 있다고 생각함에도 불구하고 투표자들의 쇠퇴하는 기억력 때문에 현직 의원들은 체계적으로 투표자 전체를 우롱할 기회를 갖는다. 전형적인 단기 정치적 경기변동은 다음과 같이 진행된다. 앞에서처럼 경제가 애초에 선거 바로 직전에 〈그림 10.3〉의 점 G에 위치해 있었다고 가정하자. 총수요를 확장하여 정부는 실업을 낮추고 E_1을 달성하게 되는데 이 점에서는 G에서 가능한 것보다 더 많은 투표수를 얻을 수 있다(즉, $V_1 > V_2$). 이런 행동의 비용은 후에 인플레이션의 가속으로 나타난다(종국적으로 S_G는 기대가 조정됨에 따라 오른쪽으로 이동한다). 그러나 이 비용은 선거에서 이미 이기고 난 후에야 나타나는 경향이 있다. 인플레이션이 선거 직전에 가속된다고 해도, 적응적 기대 하에서 경제주체들과 투표자들이 인플레이션이 상승한 것을 인식하는 데에는 시간이 걸린다. 인플레이션이 더 높아졌으므로 이제 정부는 인플레이션을 줄여야만 한다. 그러므로 정부는 선거에서 승리한 직후 총수요를 수축할 것이다. 이를 통해 실업을 늘어나고 인플레이션 기대가 낮아져서 단기 필립스 곡선이 S_G로 되돌아갈 것이다. 유권자들이 쇠퇴하는 기억을 갖고 있으므로 이 전략은 다음 선거에서도 반복될 수 있다. 최근의 사건은 '먼 옛날의 병'보다 '더 마음 아픈' 것이다. 따라서 정부는 고의로 경제를 불안정하게 만드는 기회주의적인 행동으로부터 이익을 얻을 수 있지만, 이 행동은 정치적으로 야기된 경기변동을 발생시킨다. 이 결과는 분명히 정부의 주요 목적이 경제를 안정화시키는 것이라는 기본적인 케인즈주의적 사고와 상반된다.

노드하우스 모형은 선거 기간 동안 발생할 실업과 인플레이션의 변동패턴에 관해 명확한 예측을 한다. 선거 기간의 전반기 동안에는 실업이 증가하고 국내총생산이 하락하며 인플레이션이 (종국적으로) 떨어진다. 선거 기간 후반기의 특징은 실업의 하락과 국내총생산 증가이다. 선거 직후 기간에는 인플레이션이 증가하고 경기후퇴가 시작된다. 노드하우스는 이 가설을 9개 국가에 1947~72년의 기간에 걸쳐 검증하고, "경제적 행동에 관한 일상적 증거와 공식적인 증거, 그리고 분석대상 국가의 역사적 자료에서 볼 때, 정치적 경기변동이 몇몇 자본주의 경제의 작동에서 중요한 요소임이 분명하다"는 결론을 내렸다(Nordhaus, 1975). 후에 노드하우스(Nordhaus, 1989)는 정치가 경기변동에 끼치는 영향에서 단 하나의 원인이 있다는 식으로 설명할 수는 없다고 주장했다. 그러나 이데올로기적인 고려가 기회주의적 행동에 비해 부차적이라는 것이 그의 지속적인 견해이다.

아마도 기회주의적 행동의 최고의 예는 미국의 닉슨 대통령 재임 1기의 말기에 관찰된 것일 것이다. 고의적으로 야기된 1970~71의 경기침체는 1972년 선거 기간의 팽창적인 정책들에 의해 빠르게 반전되었다. 터프트(Tufte, 1978)에 따르면, 닉슨은 1972년 대통령 선거 바로 전 기간에 모든 사회 보장 수혜자들이 한 통의 편지를 받게끔 했다. 각각의 편지에는 20% 인상된 사회보장 수당 수표가 포함되어 있었다. 닉슨은 1960년 케네디에게 패배한 이유가 경제를 다시 부흥시키지 못한 아이젠하워 대통령의 실패 때문이라고 생각했던 것임에 틀림없다. 그러므로 로고프(Rogoff, 1988)가 닉슨을 '정치적 경기변동의 영원한 영웅' 이라고 부른 것은 결코 놀라운 일이 아니다.

이러한 현상은 잠재적으로 심각한 성격을 갖는다. 이를 고려하여 노드하우스는 투표자들에게 좀 더 많은 정보를 제공하고 통화정책을 독립적인 중앙은행에 위임하는 것을 포함하는 많은 수의 가능한 치료책을 제안했다(제10.13절 참조).

10.7 히브스의 이념정당 모형

노드하우스 모형에서는 모든 정부들이 동일한 기회주의적 방법으로 행동하고 모든 투표자들이 인플레이션과 실업에 대해 동일한 선호체계를 가지고 있다는 점에서 정책적 수렴이 있다. 이와는 다른 대안은 투표자들과 정치인들을 이데올로기적 혹은 이념정당적으로 보는 것이다. 정치인에게 선거의 승리는 그들의 이념정당 프로그램을 행동으로 옮기는 수단이며, 이질적인 투표자들은 명백하게 인플레이션과 실업에 대하여 서로 다른 선호를 가진다. 좌파와 우파 정부가 인플레이션과 실업의 역관계에 대하여 서로 다른 선호체계를 가지고 있다는 명제를 검증하기 위하여, 히브스(Hibbs, 1977)는 1945~69년 기간 동안에 12개 선진국들의 경제정책과 성과를 조사하였다. 특히 히브스는 그가 발견한 증거에 따르면 좌파 정부는 우파 정부보다 낮은 U와 높은 $\dot{P}$을 선호한다고 주장한다. 우리는 이런 선호상의 차이를 손실함수(loss function)의 차이로 나타낼 수 있다. 식 (10.8)과 식 (10.9)는 손실(비용) 함수를 두 정당에 대하여 실업과 인플레이션의 함수로 나타낸다. 여기서 우파 정당 = C_R이고 좌파 정당 = C_L이다(Alesina, 1987).

그림 10.5 • 히브스의 이념정당 모형

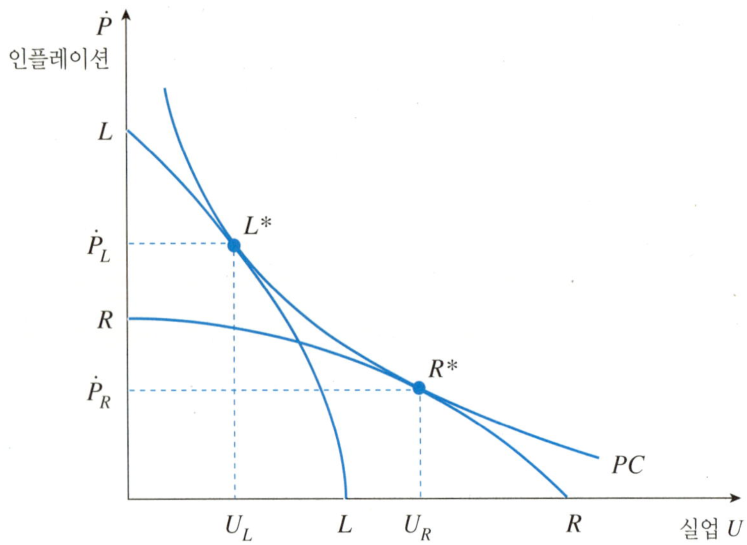

$$C_R = \frac{(U_t - U_R^*)^2}{2} + \phi_R \frac{(\dot{P}_t - \dot{P}_R^*)^2}{2} \tag{10.8}$$

$$C_L = \frac{(U_t - U_L^*)^2}{2} + \phi_L \frac{(\dot{P}_t - \dot{P}_L^*)^2}{2} \tag{10.9}$$

여기서 U_R^*와 $\dot{P}_R^*$는 우파 정당의 목표 실업률과 목표 인플레이션율을 나타내며, ϕ_R은 실업률 편차 $(U_R - U_R^*)$와 비교한 인플레이션율 편차 $(\dot{P}_t - \dot{P}_R^*)$의 상대적 가중치를 나타낸다. 이념 정당간의 차이는 다음과 같이 요약될 수 있다.

$$U_L^* \leq U_R^*$$

$$\dot{P}_L^* \geq \dot{P}_R^*$$

$$\phi_L \leq \phi_R$$

이념 정당 효과는 다음의 〈그림 10.5〉에서 추가적으로 보여진다. *RR*과 *LL*은 우파와 좌파 정치가들 각각의 선호를 나타낸다. 달성 가능한 안정적인 필립스곡선 역관계를 가정했을 때, 좌파 정부는 점 L^*로 표시되는 $\dot{P}_L$ 과 U_L의 조합을 선택할 것이며, 우파정부는 점 R^*로 표시되는 $\dot{P}_R$ 과 U_R의 조합을 선택할 것이다.

히브스에 따르면 "실업률/인플레이션 비율 차이는 국민소득의 분배에 중요한 계층 연계적 영향을 미친다." 정책입안자의 현시선호는 대체로 서로 다른 정당을 지지하는 사회집단의 이익을

▶ 표 10.2 거시경제에 대한 이념정당의 영향력, 미국, 1948~2001

거시적 성과	공화당 대통령	민주당 대통령	이념정당 차이
평균 실업률(%)	6.35	4.84	1.51
평균 인플레이션율(%)	3.95	3.97	–0.02
평균 국내총생산 성장률(%)	2.86	4.08	–1.22

자료: 바텔과 브래디(Bartels and Brady, 2003)에서 편집

반영한다. 거시정책이 분배에 영향을 끼치기 때문에, 히브스는 노드하우스의 정책수렴 가정(N1)에 동의하지 않는다. 히브스에 따르면 실증적 증거는 "상대적으로 낮은 실업률과 높은 인플레이션의 거시경제 상황이 상당 부분에서 상대적 및 절대적 빈곤층의 복지 개선과 관련이 있다"는 이념정당 관점을 지지한다. 실업률이 낮은 노동시장은 소득균등화 효과를 발생시키는 경향이 있기 때문에, 사람들은 좌파 정부가 L^*로 나타나는 필립스곡선의 역관계를 선호한다고 기대한다. 우파 정당은 인플레이션이 그들의 지지층인 중산층 투표자들에게 더 큰 손해가 되는 것으로 보아 R^*와 같은 점을 선택한다.

히브스에 따르면 실증적 증거는 거시정책 결정의 이념적 관점을 지지한다. 다양한 직업군의 서로 다른 이해관계는 좌파 및 우파 정당의 정책선호에 반영된다. 1945~69년 동안의 서유럽과 북미 12개국에 대한 조사에서 히브스는 노동/사회당이 집권했던 기간이 길수록 평균 인플레이션이 더 높고 평균 실업률이 더 낮다는 주장을 지지하는 강력한 증거를 발견하였다. 또 그는 정태적 집계 자료에 덧붙여 미국과 영국의 시계열 자료를 사용하여, 공화당과 보수당 정부가 실업을 증가시키는 경향을 보여 왔던 반면 민주당과 노동당 행정부는 일반적으로 실업을 줄여왔다는 주장을 지지하였다. 또한 히브스(Hibbs, 1987)는 이념정당이 소득분배에 대해 유의한 효과를 가짐을 보여주었다. 바텔스와 브래디(Bartels and Brady, 2003)는 "이념정당이 다르면 경제성과의 특성도 다르다는, 히브스가 규명한 결과는 여전히 유효하며 향후 20년간 지속될 것이다"라고 단정하였고, 이념정당의 영향이 "미국경제의 작동에서 깊은 영향력"을 행사해 왔다고 결론 내렸다. 이러한 영향력을 〈표 10.2〉에 요약정리 하였다.

결론적으로 말해 서로 다른 이념적 정부들의 정책선택과 성과에 있어 체계적인 차이가 존재한다는 히브스의 모형을 지지하는 증거가 있다. 히브스는 이 결과가 계급에 기초한 정치적 유권자들이 우파와 좌파 정부에 대해 갖는 주관적 선호와 부합한다고 주장한다.

10.8 기회주의적 모형과 이념정당 모형의 쇠퇴와 부흥

1970년대는 낮은 인플레이션, 낮은 실업률, 평균 이상의 성장률을 이루었던 황금시대가 끝나면서, 자본주의적 민주주의에 있어서 어려운 시기였다. 또한 1970년대의 스태그플레이션 위기는 2

차 세계대전 이후 25년 동안 거시이론과 정책결정을 지배했던 케인즈주의적 합의의 종식을 가져왔다. 통화주의자들의 반혁명이 시작했을 때, 루커스(Robert Lucas)는 거시경제학에서 이루어졌던 합리적 기대 혁명에 중요한 시발점을 제공했다. 1970년 중반까지 계속되었던 적응적 기대 모형은 경제주체들이 체계적 오류를 범할 수 있다는 점을 내포하고 있기 때문에 새고전학파 경제학자들로부터 거센 비판을 받아왔다. 합리적 기대를 따르는 시장청산 모형에서 경제주체들은 미래지향적이라고 가정되었고, 이 가정을 따르면 정책입안자들은 현실의 경제활동을 관리하는 데 더 큰 어려움을 겪는다. 정책 결정자들이 이용할 수 있는 단기적 필립스곡선이 더 이상 존재하지 않는다. 예를 들어 선거 이전에 실행되는 통화팽창 같은 정책은 합리적 경제주체에 의해 기대될 것이기 때문에 효과를 보기 힘들 것이다.

또한 합리적 기대 가설은 투표자들이 미래지향적이며, 균형에서는 반복적으로 속아 넘어가지 않을 것이라는 점을 의미한다. 알레시나(Alesina, 1988)에 따르면, 합리적 기대 비판이 가진 매우 파괴적인 효과 때문에 노드하우스(Nordhaus, 1975), 린드벡(Lindbeck, 1976), 맥레이(MacRae, 1977)의 기여 이후에 정치적 경기변동에 대한 이론은 실질적으로 진척이 없었다. 노드하우스 모형은 근시안적인 투표자를 가정함과 동시에 단기적으로 적용되는 필립스곡선의 상충관계를 기반으로 한다. 그러나 일단 합리적 기대 가설이 도입되면, 투표자들은 정치가들이 선거 이익을 위해 경제를 조작할만한 인센티브를 갖는다는 사실을 인식한다고 생각될 수 있다. 4년마다 주기적으로 치러지는 미국 대통령 선거에서, 합리적인 투표자와 경제주체들이 이기적인 정치가들의 거시경제 조작에 반복적으로 속아 넘어간다는 것은 받아들이기 어려운 일이다. 게다가 현직 정부가 선호하는 통화정책을 도모하기 위하여 특정한 방법으로 중앙은행에 압력을 가할 수 있지 않는 한, 독립적인 중앙은행에 의해 통화정책이 행해지는 상황은 노드하우스 모형의 예상과 부합하기 어렵다(Havrilesky, 1993; Woolley, 1994). 하지만 이 주제와 관련하여 블라인더(Blinder)는 그가 미국 연방준비은행의 부총재로 재임했던 1994~96년 동안에 정치적 압력은 문제가 되지 않았다고 했다. 그의 경험에 따르면, 닉슨과 번스(Richard Nixon-Arthur Burns) 시대 동안은 예외이긴 하지만, 통화정책에 대한 정치적 영향력은 "무시할 만하고 0에 가까웠다"(Snowdon, 2001a).

또한 히브스 모형에는 중대한 이론적 결함들이 있는데, 그의 이론은 특히 필립스곡선 상충관계가 안정적일 것을 암묵적으로 가정하고 있었다. 히브스는 1977년 논문에서 기대가 고려된 필립스곡선에 대해 언급하지 않는다. 이것은 이때가 프리드먼-펠프스(Friedman-Phelps) 이론이 나온 지 이미 10년이 지났고 케인즈주의자들 사이에서조차도 잘 정립된 이론이었음을 고려할 때 특기할 만할 일이다(Gordon, 1975, 1976; Blinder, 1988b, 1992a; Laidler, 1992a). 합리성 가정도 히브스 모형에 대해 부정적인 함의를 갖는다. 새고전학파 모형에서 팽창적이거나 긴축적인 수요관리정책이 산출량과 고용에 미치는 효과는 일시적일 뿐이기 때문에, 거시경제 결과에 미치는 이념정당의 영향을 식별하는 일은 더 어려운 일이다(Alesina, 1989). 앨트(Alt, 1985)는 이념정당의 효과가 영구적이지 않으며 정부의 변화 후에 일시적으로 발생하는 것이라고 결론지었다.

정치적 경기변동 초기 문헌의 이론적 결함과 더불어 노드하우스 모형은 강력한 실증적 지지를 이끌어내는 데에도 실패했다. 그의 모형에 대한 계량경제적 연구의 결과는 가부의 결론을 내리지 못했다(Mullineux et al., 1993). 맥캘럼(McCallum, 1978)은 미국을 대상으로 한 연구에서 노드하우스 모형의 예측을 기각했고, 팰덤(Paldam, 1979)은 OECD 국가를 대상으로 한 연구에서 정치적 경기변동의 아주 약한 증거만을 찾을 수 있었다. 이후의 연구들에서 히브스(Hibbs, 1987), 알레시나(Alesina, 1988, 1989), 알레시나와 루비니(Alesina and Roubini, 1992), 알레시나, 루비니 및 코헨(Alesina and Roubini with Cohen, 1997), 드레이즌(Drazen, 2000a, 2000b)에 의해 수행된 연구들에서도 미국과 여타 OECD 국가들의 실업률, 국민총생산 성장률에서 정치적 경기변동의 증거를 거의 찾지 못하였다. 이는 선거 시점이 내생적인 경우에도 적용되었다(Alesina et al., 1993). 노드하우스 모형에 대한 좀 더 호의적인 결과는 소(Soh, 1986), 노드하우스(Nordhaus, 1989), 헤인스와 스톤(Haynes and Stone, 1990) 그리고 터프트(Tufte, 1978)에 의해 보고되었는데, 이들은 미국에서 선거 전에 재정 및 통화 정책의 조절이 있었다는 어떤 증거를 찾았다. 또한 드레이즌(Drazen, 2000a)은 인플레이션, 실업률, 성장률 등과 같은 정책결과에 초점을 맞추는 실증예측과, 세금, 정부지출, 이자율 등의 정책수단에 초점을 맞추는 실증예측을 구별하고, "거시정책의 기회주의적인 조작에 대한 증거는 거시경제 결과에 대한 증거보다 강력하다"는 결론을 내렸다. 정책결과와 관련하여 기회주의적인 정치적 경기변동 이론을 뒷받침하는 증거는, 선거 이전 기간 동안 발생하는 실질 국내총생산과 실업률의 변동에서보다 선거 이후 기간 동안 발생하는 인플레이션의 반응에서 더 많이 찾을 수 있다. 드레이즌 역시 정책도구의 기회주의적 조작을 지지하는 근거가 통화정책보다 재정정책에서 더 강력하게 나타난다고 결론지었다.

이념정당 이론이 일반적으로 갖는 중요한 문제점은 이스털리와 피셔(Easterly and Fischer, 2001)가 증거를 제시한 주장, 즉 낮은 인플레이션이 부유층보다 빈곤층에게 더 이익이 된다는 것이다. 부유층들은 인플레이션에 대비하여 그들의 자산을 다양한 금융상품으로 보유하는 경향이 있는 반면 빈곤층은 상대적으로 그들의 자산을 현금으로 보유하는 경향이 있기 때문에, 세금처럼 작용을 하는 인플레이션은 빈곤층에게 불균형적으로 타격이 가해진다. 게다가 빈곤층은 인플레이션에 대한 보호 장치인 물가연동이 적용되지 않는 최소임금과 국가결정의 소득지급에 더 많이 의존한다(Snowdon, 2004b). 이스털리와 피셔는 38개국에서 30,000명 이상의 응답자를 대상으로 한 국제적 설문조사에 근거한 증거를 제시했는데, 이 증거에 따르면 빈곤층은 부유층보다 인플레이션을 기피하는 성향이 강하다. 이는 부유층이 빈곤층보다 인플레이션을 기피하는 성향이 더 강하다는 히브스 모형의 핵심 가정에 반하는 것이다.

1980년대 중반에 이르자 정치경제학은 새로운 쇠퇴기에 도달했다. 경기변동 문헌에 대한 서베이 논문에서 자르노비츠(Zarnowitz, 1985)는 선거 주기 개념에 한 개의 각주를 할애했는데, 여기서 그는 이 모형들이 실증적 증거를 결여하고 있을뿐더러 "강하고 의심쩍은" 가정들에 근거하고 있다고 혹평했다. 고든(Gordon, 1986)이 편집한 개관서인 《미국의 경기변동》(*The American*

Business Cycle)에서도 이와 비슷한 무관심을 볼 수 있다.

상대적으로 무관심의 대상이었던 시기가 지난 후, 정치학과 거시경제학의 관계에 대한 연구는 1980년대 중반 이후 중요한 부흥을 경험하였다(Willet, 1988). 경제학자들은 합리적 기대이론의 비판에 대한 답변으로 새로운 세대의 합리적 정치경제 모형들을 만들어 냈다. 1970년대의 첫 번째 시기와 마찬가지로, 두 번째 시기의 정치경제 모형들은 정치와 거시경제 사이의 상호작용에 대한 기회주의적 모형과 이념정당 모형으로 구성되었다. 다음 두 절에서는 합리적 정치적 경기변동 모형과 합리적 이념정당 이론의 주요 특징에 대해 설명하겠다.

10.9 합리적 정치적 경기변동

투표자와 정책입안자 사이에 정보의 비대칭성이 존재한다면 합리적 기대 하에서도 노드하우스(Nordhaus, 1975)의 모형이 정치적 경기변동을 설명하는 데 유용하다는 사실이 최근에 연구를 통해 밝혀졌다. 다시 말해서 정치인들이 정치적 경기변동을 유발하는 데에 투표자들이 근시안적일 필요가 없다. 최적정책은 사회목표에 대해 합의가 이루어져 있고 경제주체, 투표자, 정치가들 사이에 정보의 대칭성이 존재하는 정치적 경쟁이 있는 경우에만 이루어질 수 있다. 이러한 조건들이 충족되기 힘들기 때문에 정치가들은 최적이 아닌 정책을 시행할 기회를 갖는다. 만약 어떤 불완전 정보의 요소가 존재하여 미래지향적인 투표자가 정치적, 경제적인 상황에 대한 충분한 정보를 갖지 못하면, 재임 중인 정치가는 투표자의 지지를 얻기 위하여 '일시적인 경제호황의 환상'(Alesina, 1989)을 만들어낼 기회를 갖게 된다.

쿠키어만과 멜처(Cukierman and Meltzer, 1986), 로고프와 사이버트(Rogoff and Sibert, 1988), 로고프(Rogoff, 1990), 페르손과 타벨리니(Persson and Tabellini, 1990)가 제안한 합리적 기회주의적 모형(rational opportunistic models)에서, 선거에 따른 경기변동은 정부지출, 조세, 통화량과 같은 정책변수에서 나타나며, 이러한 순환은 일시적인 정보비대칭 때문에 발생한다. 비록 합리적인 투표자들은 자신들에게 가장 높은 효용을 가져다 줄 것이라 생각되는 정치가를 선택하려고 하지만, 서로 다른 정책입안자들의 능력에 대한 정보가 충분하지 않다. 투표자들은 관찰된 결과에 비추어 정치가들의 능력에 대한 정보를 입수한다. 그러한 까닭에 재임 중인 정치가들은 선거 전에 투표자에게 자신들이 유능하다고 확신시키기 위한 '신호 과정(signalling process)'의 활동을 하게 된다. 이러한 신호는 영국 재무장관의 연례 예산 연설에서 항상 관찰되는데, 특히 선거 직전에는 더욱 그렇다.

로고프와 사이버트는 예산과정에서 낭비를 줄이는 능력을 정치가의 유능함으로 정의한다. 즉, 유능한 정부는 한정된 조세수입에서 더 많은 공공재와 이전지출을 창출해낼 수 있는 정부라는 것이다. 현직 정치가들은 투표자로부터 인기를 끌 요양으로 일시적으로 재정지출을 증가시키거나 꼭 필요한 조세증가를 시행하지 않을 잠재력을 가지고 있다. 예산과정은 매우 복잡하기 때문에, 선거 전의 경기부양에 필요한 재원을 조달하기 위해서 선거 후에 조세증가가 필요함을 합리적 투표자들조차 예견하지 못한다. 그 이유는 불완전 정보다. 노드하우스 모형에서처럼 인플레이션과 실업률이 규칙적으로 순환하는 대신, 합리적 정치적 경기변동 이론은 정치가들이 선거 전후 시기에 다양한 정책 수단을 동원하여 경제를 조작할 것이라고 예측한다. 집권 정치가들이 자신의 유능함을 드러내기 위해 선거 전 조세를 삭감하거나 재정지출을 늘리려는 유혹에 굴복하면, 경제는 분명히 최적상태에서 이탈할 것이다. 따라서 합리적 기회주의 모형에서도 기회주의적 행동은 여전히 존재한다. 그러나 합리적 기회주의 모형은 본래의 노드하우스 모형과 비교하여 다른 실증적 예측을 제시한다. 특히 합리적 기대 때문에, 통화정책이나 재정정책의 조작으로부터 발생하는 경기변동은 그 빈도가 낮을 것이고 지속기간도 짧을 것이라 예측된다.

마지막으로 개발도상국 정부도 선진국의 정부와 비슷하게 행동한다는 사실을 주목해야 한다. 슈크네흐트(Schuknecht, 1996)는 35개 개발도상국을 대상으로 한 연구에서, 더 개방된 경제에서 이기적인 정치행동의 기회가 적게 나타나긴 하지만 선거로 인한 재정정책의 변동이 존재함을 뒷받침하는 '무시하지 못할 증거'를 발견하였다.

10.10 합리적 이념정당 이론

앞에서 언급했듯이 히브스(Hibbs, 1977)는 그의 거시경제정책의 선택에 대한 이념정당 이론에서, 좌파 정당과 우파 정당은 서로 다른 실업과 인플레이션의 조합을 체계적으로 선택한다고 주장하였다. 합리적 기대 혁명 이후 학자들은 정책입안자들이 총수요관리 정책을 이용하여 실물경제 활동에 영향을 미칠 수 있을까에 의문을 표했다. 알레시나는 일련의 논문에서, (1) 투표자들이 선거결과를 확실하게 예측할 수 없고, (2) 비조건부(uncontingent) 근로계약이 이산적 기간 단위로 체결되며 선거결과가 발표된 후에도 재교섭 대상이 아니라면, 이념정당 이론이 합리적 기대 하에서도 정치적 경기변동을 설명하는 데 여전히 유용하다는 것을 밝혀냈다(Alesina, 1987, 1988, 1989). 알레시나의 모형에서 경제주체들은 선거결과에 따른 위험에 대비하기 위한 상태조건부(state-contingent) 명목임금 계약을 맺을 수 없다. 합리적 이념정당이론의 핵심은 많은 산업민주주의 국가의 정치체계가 분극화되어 있다는 점이다. 다운스(Downs, 1957)가 주장한 정치가들의 행동에 대한 전통적 관점에 따르면, 분극화된 정당체계에서 득표극대화를 추구하는 두 정당은 모두 중위 투표자가 선호하는 정책을 선택하게 되고 그 결과 정책에 수렴이 발생한다(Minford and Peel, 1982). 알레시나는 이런 다운스의 주장에 동의하지 않는다. 이념정당 이론에 따르면 정치가들은 이념적이며, 집권 시 서로 다른 정책을 추구한다. "이기적인 정치가들로 구성된 다당제에서 정책이 수렴될 것이라는 가정은 있을 수 없다"(Alesina, 1989). 미국의 경우 미국 역사를 통틀어 볼 때 분극화의 정도가 변해왔지만 공화당과 민주당 사이에 정책수렴이 나타나지 않았음을 많은 실증분석이 밝혀냈다(Alesina and Rosenthal, 1995). 이것은 대통령 후보가 후보 경선에서 이기기 위해 그의 정당에 있는 중위 투표자에게 호소해야 한다는 사실을 부분적으로 반영한다. "예비선거에서 채택된 강령이 대통령 선거를 위한 강령의 선택에 제약이 되기 때문에, 이기적인 정치가들조차도 분극화된 정책을 선택해야만 할지도 모른다(Alesina, 1989)." 알레시나와 위트만(Alesina and Wittman, 1977)과 히브스(Hibbs, 1977)와 같은 학자들은 지지자들에게 유리한 소득재분배 정책을 실시함으로써 자신의 지지계층을 만족시키려는 정치가들의 이념적 선호를 강조한다. 따라서 합리적 이념정당 이론은 소득재분배에 대한 정당의 영향력으로 인해 어떻게 정당들이 서로 다른 거시경제 전략을 수행하는지를 보여준다. 투표자들은 정당들 사이의 이념적 차이를 잘 알고 있다고 가정된다. 이러한 구조 하에서 합리적 투표자들이 선거결과를 확실하게 예측할 수 없기 때문에 거시정책은 단기적으로 총체적 혼란을 야기한다. 공화당 혹은 보수당이 집권하게 되면 선거 직후에 경제주체들은 곧 디플레이션의 충격, 즉 기대보다 낮은 인플레이션에 직면하게 된다. 민주당 혹은 사회주의 정권이 집권하면 반대의 상황이 발생한다. 기대하던 것보다 더 큰 '인플레이션 충격'이 발생한다. 알레시나의 모형에서 총체적 불안정을 야기하는 것은 두 정당사이의 이념적 차이와 선거결과에 대한 불확실성의 조합이다. 만약 공통된 거시정책이 두 정당 사이에 합의될 수 있다면 총체적 경기변동은 완화될 것이다.

알레시나가 채택한 '절충적' 거시경제학 분석틀은, 명목임금 계약이 이루어지고 이 계약이 상당한 기간 동안 지속되는 잘 알려진 피셔(Fisher, 1977)의 합리적 기대 모형을 기반으로 한다(7장 참조). 루커스(Lucas, 1972a) 및 사전트와 월리스(Sargent and Wallace, 1975)가 지지한 '정책 중립성' 결론 또는 '정책 비실효성 정리'는 경제주체의 합리적 기대와 함께 임금과 가격의 완전한(즉, 즉각적인) 신축성에 의존한다(제5장 참조). 피셔(Fisher,1977)는 즉각적인 시장청산이 새고전학파의 결론을 도출하는 데 결정적인 가정이라는 것을 증명했다. 명목임금 계약에 따라 가격경직성이 모형에 도입되면, 시장청산의 실패로 인해 통화정책이 총생산과 고용에 실질적인 영향을 미치게 되고 정책의 실효성이 부활된다. 이러한 상황에서 이념적인 정치가들이 통화정책을 사용하는 경우 합리적 이념정당 경기변동이 발생한다.

이런 경기변동이 어떻게 발생하는가? 다음의 식 (10.10)~(10.13)을 고려해보자.

$$y_t = \beta[\dot{P}_t - \dot{W}_t] + y_{N_t}, \ \ \beta > 0 \tag{10.10}$$

식 (10.10)은 자본축적이 없는 상태에서, 생산증가율(y_t)이 자연생산증가율(y_{N_t})에 의존하고, 실질임금의 변화의 경로를 나타내는 인플레이션율($\dot{P}_t$)과 명목임금증가율($\dot{W}_t$)의 차이와 양(+)의 관계를 가짐을 나타낸다(오컨의 법칙에 의해 실업과 생산량이 음의 관계를 갖는다고 가정되며, 자연율에서의 생산증가율은 자연실업률에 대응된다). 알레시나는 생산량 수준보다는 생산증가율을 사용하였는데, 그 이유는 생산증가율이 실증분석에서 이념정당이 경제에 미치는 영향을 보기위해 사용되는 변수이기 때문이다. 만약 한 기간(예를 들어 2년) 동안 지속되는, 물가와 연동되지 않은 명목임금계약이 자연생산증가율에 부합하는 수준의 실질임금을 유지하려는 목표 속에 설정된다고 가정하면,

명목임금증가율이 현재의 기대인플레이션율($\dot{P}_t^e$)과 같아야 한다는 식 (10.11)을 유도할 수 있다.

$$\dot{W}_t = \dot{P}_t^e \tag{10.11}$$

노드하우스와 히브스의 모형과 달리 경제주체들은 합리적으로 기대를 형성한다. 식 (10.12)는 합리적 기대가설을 나타낸다.

$$\dot{P}_t^e = E[\dot{P}_t \mid I_{t-1}] \tag{10.12}$$

여기서 E는 수학적 기댓값 기호를 의미하며, I_{t-1}은 $t-1$기까지 축적된 모든 정보를 의미한다. 식 (10.10)과 식 (10.11)을 결합하면, 만약 인플레이션 충격, 즉 예측하지 못한 통화정책이 시행될 경우 생산증가율이 자연생산증가율로부터 벗어난다는 것을 의미하는 식 (10.13)을 얻을 수 있다.

$$y_t = \beta[\dot{P}_t - \dot{P}_t^e] + y_{N_t} \tag{10.13}$$

합리적 이념정당 모형에서는 현직 정치가들이 통화정책을 통하여 인플레이션율을 조정할 수 있다고 가정된다. 인플레이션의 기피정도에 있어서 정당들은 서로 다른 선호를 지니고 있다. 즉 우파정당은 좌파정당보다 더 인플레이션을 기피한다고 가정된다. 따라서 정권교체를 야기하는 선거는 생산이 자연율에서의 성장경로에서 벗어나도록 하여 인플레이션 충격을 유발할 것이다. 경제주체들은 합리적 기대를 하지만 미래의 선거 결과에 대해서는 확실한 예측을 하지 못한다. 경제주체들이 선거결과를 모르는 상태에서 명목임금 계약을 체결하기 때문에, 선거 후에 발생할 인플레이션율은 선거 전의 임금협상자에 의해 형성된 합리적 기대 인플레이션율과 다를 수 있다. 다음의 예들을 생각해보자. 현 정권이 좌파 정권, 즉 미국의 민주당 혹은 영국의 노동당이라고 하자. 히브스(Hibbs, 1977)에 따르면 좌익 정부는 낮은 실업을 중시하는 정책을 선호함이 알려져 있다고 가정할 수 있다. 만약 현 정권이 선거에서 승리한다고 임금협상자들이 생각한다면 그들은 높은 기대인플레이션을 포함하는 명목임금계약을 체결할 것이다. 심지어 우익 정당이 선거에서 우세한 것처럼 보일지라도, 위험회피적인 임금협상자들은 아마도 우익 정당이 확실히 선거에서 이길 것이라고 아는 경우보다는 높은 기대 인플레이션을 포함하는 계약을 체결할 것이다. 만약 현 좌익 정부에서 인플레이션 회피적인 보수당으로 정권교체가 이루어진다면, 보수당 정부는 인플레이션을 줄이기 위하여 긴축 통화정책을 시행할 것이며, 결국 임금계약 당시 예상하지 못했던 충격이 발생하게 된다. 그 결과 알레시나의 합리적 이념정당 이론에 따르면 공화당 혹은 보수당의 선거승리 다음에는 인플레이션이 감소함에 따라 생산증가율의 침체와 실업률의 증가가 발생한다. 우익 정당에서 좌익 정당으로 정권교체가 이루어지는 반대 상황의 예도 있을 수 있다(Maloney et al., 2003). 선거가 끝난 후 좌익 정당은 경제를 팽창시키고 실업을 감소시킨다. 종국적으로 인플레이션 기대가 새로운 상태로 조정되면, 생산증가율은 자연율로 회귀하겠지만 경제는 높은 인플레이션을 수반하는 균형에 갇힐 것이다. 알레시나의 모형에 따르면 좌익 정당의 당선은 노드하우스의 모형이 예측하는 것과는 다른 경기변동 패턴을 야기한다. 두 모형 모두 임기 후반부에 기대 인플레이션이 실질 인플레이션율로 조정된다고 가정하며, 식 (10.13)으로부터 우익 정권이나 좌익 정권에서 모두 임기 동안에 생산증가율이 자연율로 회귀할 것이라는 점을 알 수 있다. 임기 후반부에는 선거로 인한 충격이 없기 때문에 실질변수는 자연율 수준으로 회귀한다. 하지만 알레시나의 모형에서 좌익 정부는 높은 인플레이션을 수반한 균형에 있기 때문에, 다음 선거가 오기 전에 인플레이션을 잡도록 강압을 받을 수도 있다. 카터 대통령은 1979~80년에 그러한 상황에 처해 있었다.

경기변동의 합리적 이념정당 이론의 예측을 다음과 같이 요약할 수 있다.

A1 보수당(영국)이나 공화당(미국) 정부로의 정권교체는 경기침체와 실업의 증가를 가져온다. 인플레이션 기대가 감소하게 되면 생산증가율은 자연율상태로 회귀한다. 인플레이션은 다음 선거가 다가옴에 따라 낮게 유지된다.

A2 노동당(영국)이나 민주당(미국) 정부로의 정권교체는 경제를 빠르게 팽창시킴에 따라 인플레이션의 가속을 가져온다. 초기에 실업은 감소할 것이다. 인플레이션 기대가 조정되면 생산증가율은 자연율상태로 회귀하지만 인플레이션은 여전히 높은 상태를 유지한다. 좌익 정부가 다음 선거에서 선거기간 동안 인플레이션을 잡으려는 시도를 한다면, 경기침체를 유발시킬 것이다.

A3 각 정당의 이념적 신념이 강할수록 선거 후의 정권교체에 따른 생산량과 고용의 동요는 더 클 것이다.

A4 히브스(Hibbs)의 모형과 달리 합리적 이념정당 모형은 정권교체에 따른 실업과 성장의 차이가 단지 일시적인 현상이라고 설명한다.

10.10.1 합리적 이념정당 경기변동의 실증적 증거

최근에 합리적 이념정당 이론을 검증하기 위해 상당히 많은 실증적 연구가 수행되었다(Alesina and Sachs, 1988; Alesina, 1989; Alesina and Roubini, 1992; Alesina and Rosenthal, 1995). 위의 연구들은 예측되던 바와 같이 생산과 고용에 대한 일시적 이념정당의 효과와 인플레이션에 대한 장기 이념정당 효과를 지지하는 증거를 발견했다. 미국의 경우 대다수의 정권에서 체계적인 차이점이 임기의 후반부가 아닌 전반부에서 나타남을 발견하였다. 이러한 증거는 〈표 10.3〉에 나타나 있다. 알레시나의 합리적 이념정당 이론과 노드하우스의 정치적 경기변동 모형이 공화당과 보수당 정부의 경우 비슷한 예측을 하고 있지만, 〈표 10.3〉에서는 평균적으로 기회주의적 행동의 증거를 찾아보기 힘들다. 알레시나 모형의 예측과 동일하게 "레이건의 두 번째 집권기간을 제외한 2차 세계대전 이후의 모든 공화당 정부에서 임기 초기에 경기침체가 발생했다. 민주당 정부의 임기 초기에는 경기침체가 발생하지 않았다"(Alesina, 1995). 레이건 대통령과 대처 수상의 당선 직후 미국과 영국의 심각한 경기침체는 위에서 언급한 A1과 A3 예측과 잘 부합된다. A2 예측은 1981~83년 동안 프랑스가 경험했던 바와 잘 맞아 떨어진다. 프랑스의 미테랑 대통령의 좌파 정

▶ **표 10.3 임기동안의 실질 국내총생산 성장률**

	임기년도			
	1년차	**2년차**	**3년차**	**4년차**
민주당 정부				
트루먼	0.0	8.5	10.3	3.9
케네디/존슨	2.6	5.3	4.1	5.3
존슨	5.8	5.8	2.9	4.1
카터	4.7	5.3	2.5	–0.2[a]
평균	3.3	6.2	5.0	3.3
전후반부 평균	4.8		4.1	
공화당 정부				
아이젠하우어 I	4.0	–1.3	5.6	2.1
아이젠하우어 II	1.7	–0.8	5.8	2.2
닉슨	2.4	–0.3	2.8	5.0
닉슨/포드	5.2	–0.5	–1.3[a]	4.9
레이건 I	1.9	–2.5	3.6	6.8
레이건 II	3.4	2.7	3.4	4.5
부시	2.5	0.9	–0.7	–
평균	3.0	–0.3	2.7	4.3
전후반부 평균	1.4		3.5	

주: [a]석유파동(oil shocks)
자료: 대통령경제보고서(Economic Report of the President, 1992)(Alesina, 1995)

부는 당시 많은 다른 주요 국가들의 경기가 침체되어 있었음에도 불구하고 임기 초기에 팽창정책을 펼쳤다. 미테랑 대통령과 카터 대통령 모두, 특히 카터 정부의 경우 2차 OPEC 오일쇼크가 사태를 복삽하게 만들었다는 사실을 고려하더라도, 임기 말에 인플레이션을 낮추기 위해 노력했다.

알레시나는 초기의 노드하우스와 히브스 모형보다 합리적 기대에 입각한 최근의 다양한 경기변동의 정치경제학 모형이 실증적인 연구에서 성공적이었다고 결론지었다. 특히 '기회주의적 효과'는 '영향의 규모면에서 작은' 것으로 나타난 반면, '이념정당 효과'는 '꽤 강력한 것'으로 나타났으며 특정 정책수단에만(특히 통화정책변수에) 영향을 미치는 것으로 보였다(Alesina, 1995). 레이건 대통령과 대처 수상의 임기에 미거시정책에 따른 소득분배결과가 '특히 이념적'이었다는 사실 또한 충분히 입증되었다. 불평등은 두 정부에서 모두 증가하였다(Alesina, 1989).

10.10.2 합리적 이념정당 이론에 대한 비판

합리적 이념정당 이론에는 많은 중대한 결점들이 있다. 첫째, 만약 경기변동이 선거 전의 임금계약 체결에 기인한 것이라면, 선거결과가 발표될 때까지 임금계약을 연기시키는 것이 쉽게 알 수 있는 해결방안이 될 수 있다. 물론 이 해결방안은 선거시점을 내생적으로 고정시키는 것만큼이나 실제로 적용하기 힘들다. 그러나 미국 내에서 임금계약은 서로 시차를 두고 중첩되어 이루어진다(staggered and overlapping). 이것은 적어도 상당 부분의 임금계약이 필연적으로 선거가 끝난 후 이루어진다는 것을 의미한다. 두 번째 중요한 비판은 명목임금 경직성을 가정한 다른 모형들처럼 알레시나 모형은 경기변동의 정형화된 사실과 부합되지 않게 경기역행적 실질임금의 변화를 함축한다는 것이다. 셋째, 순수이론학자들은 명목임금 계약 절차를 설명하는 모형에서 기업 미시경제학적 기반이 결여되어 있다고 비판한다. 알레시나(Alesina, 1995)는 이를 합리적 이념정당 이론의 아킬레스건으로 비유했다. 네 번째 비판은 최근의 균형경기변동 이론의 출현으로부터 시발되었다. 실물경기변동 학자들은 통화팽창이 인플레이션을 결정한다는 점에는 동의하지만, 통화정책이 생산과 고용에 실질적인 영향을 주지 못한다고 한다고 주장한다. 실물경기변동 이론에서 경기변동은 주로 공급충격에 의해 결정되며, 그러한 충격은 각 경제의 체질과 관련이 있다. 정치가들의 선거 전 행동과 선거 후의 통화충격은 실물경제의 변동에 거의 영향을 끼치지 않는다. 통화정책은 경기변동을 완화시킬 수 없다는 것이다(제6장 참조). 다섯 번째 비판은 이력현상(hysteresis)과 관련 있다. 만약 총수요의 지속적인 효과로 인해 합리적 이념정당 이론의 자연율 가설이 맞지 않는다면 정치적 경기변동은 거꾸로 뒤집힐 것이다(Gartner, 1996). 여섯 번째 비판은 실증적 증거와 관련된 것이다. 광범위한 조사에서 카르미냐니(Carmignani, 2003)는 통화정책이 정치적 경기변동을 야기하는 근원이 아니라고 결론지었다(Drazen, 2000a, 2000b). 마지막으로 몇몇 학자들은 이념정당 모형과 기회주의적 모형은 서로 양립할 수 있는 이론이며 더 완성된 모형으로 두 모형을 통합시켜야 한다고 주장한다(Frey and Schneider, 1978a, 1978b; Schultz, 1995). 다음 장에서는 이 마지막 비판을 더 자세히 살펴볼 것이다.

10.11 기회주의적 행동과 이념정당 행동: 통합

앞서 언급했듯이 정치적 경기변동에 대한 기회주의적 이론은 정치가들이 단지 집권이라는 동기에 의해 행동한다고 가정한다. 그들의 거시정책은 선거에서 이기기 위하여 고안된다. 이념정당 이론은 이념적 고려를 강조하고, 모든 정당들이 동일한 정책을 따를 것이라는 기회주의적 모형의 가정에 동의하지 않는다. 즉 이념정당 이론은 정책수렴을 받아들이지 않는다. 대안적인 가설은 정치집단이 재집권 가능성이 낮다는 것을 인지할 경우 기회주의적으로 행동한다는 프라이와 슈나이더(Frey and Schneider, 1978a, 1978b)의 제안을 따른다. 정부는 독립적인 여론조사를 이용하여 그들의 지지도를 평가할 수 있다. 정당의 지지도가 높고 다음 선거의 승리를 확신할 때는 정당의 이념적 정책을 펼칠 수 있다. 프라이와 슈나이더(Frey and Schneider, 1978b)는 "야당에 대한 집권 여당의 우세는 경제 상황과 선거 주기에 따라 결정된다"고 제안한다. 선거 주기로 인해 나타나는 특징은 선거 사이의 기간에 현 정부의 지지도가 하락하는 경향을 들 수 있다(Alesina and Rosenthal, 1995). 집권 정치가들은 그들의 이념적 정책을 이행하기 위해 재선되길 원하지만, 각 선거마다 변하는 유인구조에 직면할 지도 모른다. 정부가 다음 선거의 승리에 대한 확신이 없을 때 기회주의적 정책을 사용하려는 유인이 가장 강하게 나타나기 때문에, 기회주의적 행동은 현 정부의 정치적 불안감에 대한 증가함수로 볼 수 있다. 이러한 접근에 따르면, 기회주의적 행동을 뒷받침하는 체계적인 증거가 없다는 사실이 설명될 수 있다. 정치적 안정이 중요한 요소인 경우에는, 기회주의적 정책 조작이 모든 선거에서는 아니지만 일부에서는 발생한다(Schultz, 1995).

재집권 가능성의 극대화를 목적으로 하여 정책을 조작하려 한다면, 현직 정부는 그러한 정책의 한계수익과 한계비용을 고려할 필요가 있다. 기회주의적 행동의 한계수익은 추가적인 투표의 형태로 나타나는데, 정부의 지지도가 '부족 상태(deficit)'일 때 극대화된다. 그러나 정책 조작은 평판의 하락이라는 형태로 추가적인 비용을 발생시키며, 이는 장기적인 정당 지지도에 손해가 될 수 있다(Schultz, 1995 참조). 슐츠는 "선거 전의 경기호황을 조작함으로써 정부는 이미 무책임하고 기회주의적이라는 비판을 받게 된다"고 주장한다. 하지만 "정부가 현재 선거에서 안전하지 않다고 느낀다면, 장기적으로 바라보는 사치를 누릴 여유가 없어서 미래를 크게 할인한다." 이러한 관찰로부터 슐츠는 다음의 가설을 세웠다. "선거에 앞서 정부가 경제를 조작하려는 정도는 당시 여론조사에서 나타난 정부지지도와 음의 상관관계가 있다." 정책조작이 지닌 잠재비용을 고려할 때, 정부는 다음 선거가 임박한 시기에 정부가 지지도 '부족 상태'에 있을 때만 반응할 것이다. 슐츠는 이 가설을 영국정부의 이전지출 조작을 대상으로 검정했는데, 이전지출은 처분가능소득에 유의하고 즉각적인 영향을 미치는 것으로 나타났다. 슐츠는 1974년 10월 선거만을 제외한 다른 선거들에서 실질이전지출 성장률과 현 정권의 지지도 사이에 분명한 음의 상관관계가 있음을 발견하였다. 이러한 결과는 시사하는 바가 있다. 정부의 기회주의적 행동의 유인이 각 선거마다 다르기 때문에, 이로 인해 발생하는 정치적 경기변동 효과의 강도 역시 각 선거마다 다르게 나타날 것이다(Schultz, 1995). 물론 이 분야는 더 많은 연구가 필요하다. 〈표 10.4〉는 경기변동과 관련된 대표적 다섯 가지 정치경제학 모형의 주요 특징을 정리하였다.

드레이즌(Drazen, 2000b)은 지난 25년간 경제학자들이 수행해 온 정치적 경기변동 연구의 결과를 정리한 조사에서 다음의 분명한 메시지를 가지고 말을 맺는다.

> 기회주의적 모형과 이념정당 모형에서 모두 통화충격은 정치적 경기변동을 설명하기에는 설득력이 부족하다. 특히 기회주의적 경기변동의 원동력으로는 재정정책에 집중하여 연구가 이루어져야 한다. 정치적 통화량 변동은 재정충격의 조정효과에 더 가깝다. 즉 재정정책은 선거결과에 적극적으로 영향을 미치는 반면 통화정책은 소극적이다.

▶ 표 10.4 정치경제학 모형의 비교

정치경제학 모형	주요 가정	예측
비합리적 기회주의적 경기변동 이론 (Nordhaus, 1975)	기대가 고려된 필립스곡선. 정치가들은 단지 재임에만 관심을 갖는다. 경제주체들은 근시안적이고 합리적 기대를 하지 않는다.	좌우익 정부 모두 동일하게 행동한다. 선거 전에 생산량은 증가하고 실업률은 감소할 것이다. 인플레이션은 선거가 임박함에 따라 증가할 것이지만, 선거 후에 정점에 오르며 투표자들은 이를 인지한다.
강한 이념정당 이론 (Hibbs, 1977)	개선가능한 필립스곡선의 상충관계. 정책입안자와 투표자는 이념적이며 합리적 기대를 하지 않는다. 중도좌파 정당은 상대적으로 인플레이션보다 실업에 강한 회피성향을 갖는다. 중도우파 정당은 상대적으로 실업보다 인플레이션에 강한 회피성향을 갖는다.	이념적 신념이 다른 정부들은 인플레이션과 실업에 대해 서로 다른 거시경제 목표를 추구할 것이다. 우파 정부는 좌파 정부보다 더 높은 실업과 낮은 인플레이션을 추구한다.
합리적 기회주의 이론 (Rogoff and Sibert, 1988)	단기 필립스곡선 상충관계. 경제주체들은 합리적 기대를 하지만, 불완전 정보를 갖는다. 투표자는 국정을 가장 잘 수행할 것으로 기대되는 정당을 뽑는다. 정치가들은 단지 재임에만 관심을 갖는다.	모든 정부는 동일하게 행동한다. 선거 전에 통화팽창과 재정확대 조작을 시행한다.
합리적 이념정당 이론 (Alesina, 1987)	단기 필립스곡선 상충관계. 경제주체들은 합리적 기대를 하지만, 선거결과는 불확실하다. 중도좌파 정당은 상대적으로 인플레이션보다 실업에 강한 회피성향을 갖는다. 중도우파 정당은 상대적으로 실업보다 인플레이션에 강한 회피성향을 갖는다.	중도좌파 정부는 중도우파 정부와 비교하여 더 높은 인플레이션을 발생시킨다. 중도좌파(중도우파) 정부의 임기 초에 생산은 자연율 수준보다 높다(낮다). 실질변수에 대한 통화정책의 정당이념 효과는 일시적이다.
약한 이념정당 이론. 기회주의-이념정당 통합이론 (Frey and Schneider, 1978a)	정치가들은 이념정당적 행동과 기회주의적 행동을 번갈아 가며 한다. 실제적인 정치가들의 행동은 여론조사에 나타난 '지지도 초과율'에 의존한다.	만약 현 정부의 지지도가 선거에 앞서 어떤 결정적 수준보다 낮은 '부족 상태'에 있다면, 정부는 이념정당적 행동에서 기회주의적 행동으로 이동할 것이다. 지지도가 '초과 상태'에 있는 정부는 이념적으로 행동한다.

자료: 에드워즈(Edwards, 1994)에서 편집

10.12 정치, 시간비일관성, 신뢰성 그리고 평판

합리적 기대 이론이 거시경제 모형에 도입됨에 따라 경제정책에 대한 이론적 연구에서 게임이론적 접근방법이 지배적인 방법이 되었다. 정책입안자는 민간부문의 경제주체들(투표자)과 복잡한 동태적 게임에 참여한 것으로 볼 수 있다. 이러한 연구는 정책의 시간비일관성의 문제를 제기한 쉬들란과 프레스컷(Kydland and Prescott, 1977)의 소논문에 의해 활기를 띄기 시작했다(제5장 참조). 쉬들란과 프레스컷에 따르면 규칙(사전 약속)으로부터 자유로워서 자유재량적 정책을 사용할 수 있는 정부는 정부가 인플레이션 억제정책을 고수할 것이라는 것을 합리적 경제주체들에게 설득시킬 수 없을 것이다. 합리적인 경제주체들은 만약 자신들이 인플레이션기대를 낮춘다면 정부가 정책발표를 없었던 일로 하고 기대하지 못했던 인플레이션을 발생시켜 고용을 일시적으로 증가시킬 것임을 알고 있다. 그러나 합리적 경제주체들이 정책입안자의 이러한 유인을 알고 있기 때문에, 시간일관적인 정책은 인플레이션 편이를 초래한다. 만약 정부가 자유재량을 갖는다면, 낮은 인플레이션 발표는 시간비일관적이고 신뢰될 수 없다. 따라서 신뢰할 수 있는 정책발표는 시간일관성이 수반되어야 한다. 시간비일관성 문제의 해결방안으로는 계약으로 보증된 제도, 정책결정의 위임, 그리고 제도적 법적 제약 등을 들 수 있다(Drazen, 2000a).

앞에서 보았듯이 정기적인 민주선거라는 제약 하에 있는 산업민주주의에서 정치가들은 최적의 정책으로부터 이탈할 유인을 가지며 기대하지 못한 인플레이션을 발생시킨다. 노드하우스 모형에서는 정치가들이 표를 얻기 위해 선거 전에 경기확장정책을 시행할 유인이 나타난다. 노드하우스 모형에서 이것이 가능한 이유는, 경제주체들이 합리적으로 기대를 형성하지 않고 투표자들이 근시안적이라고 가정되기 때문에 정책입안자가 절대로 신뢰성을 잃지 않기 때문이다. 반면 합리적 기대와 미래지향적인 투표자를 가정한 모형에서는 정책입안자들이 그들의 신뢰성과 평판을 확립해야 할 압력을 받는다(Blackburn and Christensen, 1989). 이러한 문맥에서 경제학자들이 평판이라 일컫는 것은 "정책입안자들이 취할 것이라고 기대되는 행동"을 의미한다(Drazen, 2000a). 게임이론에서 경기자의 평판은 그들이 과거의 사건들에 대해 반응하고 행동해 온 지금까지의 방법들에 의해 결정된다. 합리적 경제주체들은 사후적(*ex post*)으로도 이행되어야만 최적인 정책을 사전적(*ex ante*)으로 발표하는 정치인만을 믿는다. 그러나 합리적 경제주체들은 선거 전의 공약과는 달리 정치가들의 실제 동기에 대해서는 불완전 정보를 지니고 있다. 따라서 민간부문의 경제주체들은 정치가들이 보내는 다양한 신호들을 주의 깊게 분석할 필요가 있다. 이러한 시나리오에서 투표자가 인플레이션에 관대한 성향의 '물렁물렁한(wet)' 정치가들로부터 인플레이션 회피 성향이 강한 '딱딱한(hard-nosed)' 정치가들을 구별하는 것은 어려운 일이다. 왜냐하면 전자의 정치가들은 자신들을 인플레이션에 대해 엄격한 정치가로 위장할 유인을 항상 갖고 있기 때문이다(Backus and Driffill, 1985).

알레시나(Alesina, 1987)는 양당 체제에서 정책 수렴이 일어난다는 중위 투표자 정리의 예측이 시간비일관적임을 보여주었다. 중위 투표자에게는 수렴된 정책이 자신의 이해관계에 더 부합된다는 가정 하에서, 선거 전에 양당은 모두 수렴된 정책을 발표하는 것이 이익이 된다는 것을 알고 있다. 정치 이념적 문제는 우선 재집권을 위해 뒤로 묻어두게 된다. 그러나 당선된 정권이 공약을 지키도록 하는 장치가 없기 때문에 이러한 수렴정책은 시간비일관적일 수밖에 없다. 선거가 끝난 후 당선된 정치가들은 그들의 이념적 입장에 가장 잘 부합하는 계획을 다시 최적화하여 추구하고, 따라서 그들의 이념적인 영향이 우세해 질 것이다. 시간 일관적인 균형에서 정책수렴은 나타날 수 없으며, 양당은 "그들이 가장 선호하는 정책"을 따른다(Alesina and Tabellini, 1988). 이러한 과정은 정책결정에서 필연적으로 너무 많은 변동성을 야기하며, 이는 다시 정치적 경기변동의 원인이 된다.

투표자들은 오직 정당의 이념과 일치하는 선거 전의 정책발표와 공약만을 진지하게 받아들여야 한다는 것을 위의 분석에서 알 수 있다. 일단 당선되고 나면 정치가들은 정당의 이념적 전략을 추구하려는 경향이 있다. 이는 좌파 정당 스스로가 "인플레이션에 엄격하다"고 공표하는 것이 특별한 문제가 될 수 있음을 입증하는 것일 수도 있다. 좌파 정치가들은 실업을 줄이는 데 우선순위를 부여한다는 히브스(Hibbs, 1977)와 알레시나(Alesina, 1987) 모형의 기본적 가정을 고려할 때, 투표자들은 인플레이션 억제를 주장한 좌파 정치가들의 정책발표를 의심을 갖고 바라볼 것이다. 인플레이션에 관대한 정당들에게는 반대로 인플레이션에 '엄격한' 정당으로 위장할 유인이 존재한다. 합리적 투표자들은 이러한 신호를 사기꾼의 감추어진 행동으로 해석할 가능성이 높다(Blackburn, 1992). 이것이 뜻하는 바는 실업에 관심이 있는 정부에 의해 발표된 인플레이션 정책은 신뢰할 만하지 못하다는 것이다. 게다가 만약 기대 인플레이션이 낮다면 정부는 실업률을 낮추기 위해 갑작스런 인플레이션을 일으킬 수 있다(Alesina, 1989).

이러한 문제들은 1997년 선거 기간의 영국의 경우와 매우 부합한다. 토니 블레어가 이끄는 '신' 노동당은 인플레이션에 대해 "강력하게 대응"하는 동시에 더 낮은 실업을 겨냥할 것이라고 선언하였다. 알레시나의 모형에 의해 살펴보면 인플레이션에 대한 발표는 명백하게 동태적으로 비일관적이다. 그러나 1997년 선거에 승리하고 신노동당은 물가안정을 위한 스스로의 웅변에 신뢰성을 주기 위해 즉시 영국 중앙은행에게 운영의 독립성을 부과하였다(Snowdon, 1997).

10.13 정치-경제 모형의 정책적 함의: 중앙은행의 독립성?

중앙은행의 운영의 독립성을 자리 잡게 한 '신통화정책 구조'를 1997년 5월 6일 영국 경제에 도입하면서 재무장관 고든 브라운(Gordon Brown)은 공식적 발표를 통해 정부전략에 대한 이론적 근거를 아래와 같이 제공하였다(Brown, 1997, 강조가 추가됨).

단기적인 정치적 고려가 아닌 장기적인 경제적 필요성이 통화정책 결정을 이끈다면 우리가 할 일은 완전히 신뢰할 수 있는 통화정책의 구조를 세우는 일밖에 없다. *우리는 단기적인 정당 정치적 고려가 이자율 설정에 영향을 미치고 있다는 의구심을 제거해야 한다.*

중앙은행에 더 많은 독립성을 부여한 브라운 재무장관의 결정은 그의 경제 참모인 에드 볼스(Ed Balls)가 쓴 1992년의 페이비언 협회(Fabian Society) 논문인 〈유로 통화주의〉("Euro Monetarism")에 기원을 두고 있다. 하버드 대학교의 래리 서머스(Larry Summers)의 학생 중 한 명이었던 볼스는 알레시나와 서머스(Alesina and Summers, 1993)에 의해 주장된 중앙은행의 독립성에 대한 실증적인 연구를 잘 알고 있었다. 1997년 3월의 미국 방문에서 브라운 재무장관과 그의 경제 참모들은 그린스펀(Alan Greenspan)과 서머스를 만났다. 그리고 집권시 즉각적인 중앙은행의 독립성을 위해 나아가야 할 전략이 탄생되었다.

재정정책과 통화정책의 수행에서 준칙과 재량의 상대적 우열에 대한 일반적인 논쟁은 제5장과 제7장에서 논의된 연구에 의해 새로운 자극을 받게 되었다. 통화정책과 재정정책 수단이 최적으로 사용되지 못한다는 명제는 정치적 경기변동에 관한 다양한 연구의 중심에 있다. 따라서 이러한 연구의 대부분이 지적하는 바에 따르면, 정책 입안자들로 하여금 경기를 불안정하게 만드는 정책을 사용하게끔 하는 유인을 제어하는 정책체제를 만드는 것이 바람직하다. 시간비일관성, 신뢰 및 평판의 문제를 강조한 쉬들란과 프레스컷(Kydland and Prescott, 1977)과 배로와 고든(Barro and Gordon, 1983a)의 새고전학파적 연구는 프리드먼(Friedman, 1968a)의 연구에서 논의된 화폐정책의 준칙에 추가적으로 중요성을 부여하였다. 또한 정치-경제적 문헌들도 강한 이념주의적 또는 기회주의적 행동이 어떻게 거시적 변수들에 대해 최적화 되지 않은 결과를 가져올 수 있는지를 보여준다. 그러나 정책준칙을 신뢰할 수 있도록 만들기 위하여 어느 정도의 강제적 방법이 요구된다. 이러한 이유로 최근에 많은 경제학자들은 독립적 중앙은행을 설립하는 제도적 개혁을 지지하는 논의를 하고 있다(Goodhart, 1994a, 1994b). 이러한 논의의 배후에는 (적어도 원칙적으로는) 이런 제도가 어느 정도는 기회주의적 또는 이념주의적인 영향으로부터 벗어난 통화정책을 이끌어 낼 수 있다는 가정이 있다. 더 나아가 만약 독립적인 중앙은행이 재정적자를 화폐주조로 메울 의무가 없다면 재정정책도 더 강력한 예산제약에 직면할 수 있다(Alesina and Perotti, 1995a). 중앙은행의 더 큰 독립성은 마스트리히트 조약(Maastricht Treaty)에 포함된 목표 중 하나이기도 한데, 이 조약은 미래에 유럽통화연합이 이루어지리라는 기대 속에서 개별 국가의 은행에 관한 법체제에 근본적인 변화를 가져오고자 했다(Walsh, 1995a, 1995b).[3]

중앙은행의 독립성에 대한 문제는 일반적으로 통화정책을 수행하는 경우 발생하는 '인플레이

3. 공식명칭은 '유럽연합조약(Treaty of European Union)'으로 1992년 2월 7일 네덜란드의 마스트리히트에서 유럽공동체 소속 국가들에 의해 서명되었고 1993년 11월 1일부터 발효되었다. 유럽위원회, 유럽재판소, 유럽의회의 3기구가 각각 유럽연합의 행정부, 사법부, 입법부의 역할을 한다. 1998년 유럽중앙은행의 출범과 1999년 1월 1일의 유로화(Euro)를 도입도 이 조약에 근거하고 있다.

션 편이(inflation bias)'라는 면에서 형성된다. 이러한 인플레이션 편이는 1970년대와 1980년대에 선진국들이 겪은 상대적인 높은 인플레이션율에서 나타난다. 대부분의 경제학자들이 지속적인 인플레이션의 근원적인 원인으로서 화폐 증가를 강조해왔기 때문에(Lucas, 1996), 국가 간 인플레이션율의 장기적인 차이는 각 국가들의 통화 팽창률의 변화로부터 발생한다는 주장이 뒤따른다. 그리고 이러한 '정형화된 사실들'에 대한 어떠한 그럴듯한 설명도 반드시 중앙은행의 행동에 대한 이해를 수반해야 한다(Walsh, 1993). 특히, 우리는 왜 통화정책이 바람직한 인플레이션율보다 높은 인플레이션율을 야기하는 형태로 시행되는지에 대한 이유를 확인할 필요가 있다. 통화 당국이 인플레이션을 야기하는 이유는 몇 가지가 있다. 여기에는 재선 가능성을 높이기 위해 실업률을 낮추려는 정치적 압력, 히브스와 알레시나에 의해 강조된 이념정당 효과, 동태적 비일관성의 영향력, 적자를 메우기 위한 자금조달 동기를 포함한다. 마지막에 언급한 자금조달을 위한 동기는 재정 시스템이 비효율적이거나 저개발된 경제에서 특히 중요하다(Cukierman, 1994).

산업 민주주의 하에서 중앙은행 독립성에 대한 이론적인 근거는 장기 필립스 곡선이 자연실업률 수준에서 수직이라고 일반적으로 받아들이는 것과 관련이 있다. 이것은 통화정책이 단기에는 중립적이지 않더라도 장기적으로는 실업률이나 생산량 같은 실질변수에는 거의 영향을 미치지 않는다는 것을 의미한다. 달성 가능한 장기적 상충관계가 없다면 선견지명이 있는 통화 당국은 가격 안정이라는 지속적인 목표에 부합하는 수직의 필립스 곡선 상의 한 위치를 선택해야 한다(Goodhart, 1994b; Cukierman, 1994).

중앙은행의 독립성에 대한 실증적인 증거는 선진 산업국가에서 중앙은행의 독립성과 인플레이션 사이에 명확한 음의 상관관계가 나타나는 국가 횡단면 자료에서 찾을 수 있다(Grilli et al., 1991; Cukierman, 1992; Alesina and Summers, 1993; Eijffinger and Keulen, 1995; Eijffinger, 2002a). 그러나 이 음의 상관관계가 인과관계를 증명하는 것은 아니며 발전단계에 있는 국가들을 포함하는 더 큰 표본에서는 성립하지 않는다는 점이 반드시 인식되어야 한다(Jenkins, 1996). 강건하지 못한 금융시장과 지속불가능한 재정적자를 지닌 가난한 국가는 독립적인 중앙은행 설립으로는 인플레이션 문제를 해결할 가능성이 거의 없다(Mas, 1995). 그러나 이론적 · 실증적 연구에 따르면 최소한 선진 산업민주주의에 관한 한 통화제도는 높은 수준의 중앙은행 자치권을 보장하도록 구성되어져야 한다.

장기에 걸쳐 낮은 인플레이션을 유지한 독립적인 독일 연방은행의 성공은 다른 국가들로 하여금 그들의 사례를 따르도록 고무했다. 그럼에도 불구하고 중앙은행의 독립성에 대한 측정, 형태, 중요성과 관련하여 중요한 문제들이 존재함은 명백하다. 첫째, 독립성 자체에 대한 질문이 그 중 하나이다. 1997년 5월 이전에 미국 연방준비은행(Federal Reserve)이 영국 중앙은행(Bank of England)보다 더 독립적이었음에도 불구하고, 이들의 사례를 볼 때 법적 독립성이 '통화관련 정치'의 영향을 완벽하게 배제하지 않는다(혹은 배제할 수 없다)는 것은 명백하다(Mayer, 1990; Havrilesky, 1993; Woolley, 1994). 예를 들면 샤펠 외(Chappell et al., 1993)는 연방준비은행 위원회의 위원에 대한 대통령의 임명을 통하여 어떻게 정략적인 고려가 통화정책 수립에 영향력을 미칠 수 있는가를 보여준다. 이러한 '정치적' 임명과 여러 다른 형태의 대통령의 신호(은근한 권고) 때문에 연방준비은행의 화폐정책 결정이 정치적 압력으로부터 완벽하게 독립적일 수 없다. 그럼에도 불구하고 최근 많은 국가에 대해 중앙은행의 독립성 정도를 측정하는 괄목할 만한 연구들이 이루어졌다(Cukierman, 1992; Eijffinger and Keulen, 1995; Healey, 1996). 쿠키어만에 따르면 4개의 지수로 중앙은행의 독립성의 정도를 나타낼 수 있다. 즉 (i) 법적 지수, (ii) 설문에 기초한 지수, (iii) 중앙은행 총재의 교체주기, 그리고 (iv) 은행의 정치적 취약성이 그것이다. 그러나 이러한 연구와 그 결론들은 상당한 비판을 받고 있다(Jenkins, 1996).

중앙은행 독립성의 형태를 논의함에 있어 피셔(Fischer, 1995a, 1995b)는 '목표 독립성(goal independence)'과 '수단 독립성(instrument independence)'을 구분하였다. 전자는 중앙은행이 자신의 정책목적, 즉 정치적 독립성을 설정하는 것이고, 후자는 통화정책의 다양한 수단에 대한 독립성, 즉 경제적 독립성을 나타낸다. 이러한 구분을 사용하면, 1997년 5월 영국은 중앙은행에게 수단(경제적) 독립성은 부여했지만 목적(정치적) 독립성은 부여하지 않은 것이 된다. 목표 독립성과 수단 독립성 사이의 차이는 중앙은행 독립성과 관련하여 이론적으로 발전된 두 개의 주요 모형 사이의 차이를 설명할 수 있다. 첫 번째 모형은 로고프(Rogoff, 1985)의 '보수적인 중앙은행가'(conservative central banker) 개념에 기초하고 있다. 이 모형에서는 중앙은행가로 인플레이션 기피성향이 있는 보수적인 사람이 임명된다. 이 사람은 낮은 인플레이션을 사전에 약속하는 것이 어려운 상황에서 확실하게 물가를 낮게 유지할 사람이다. 로고프(Rogoff, 1985)의 인플레이션 기피성향의 보수적인 중앙은행가는 목표와 수단 독립성을 모두 가지고 있다. 이 모형의 결과는 평균 인플레이션율은 낮지만 생산량의 변동성은 높게 나타난다는 것이다. 월쉬(Walsh, 1995b)가 제시한 두 번째 모형은 주인-대리인 모형을 이용하고 중앙은행의 책임을 강조한다. 월쉬의 계약적 접근법에서 중앙은행은 수단 독립성은 가지고 있으나 목표 독립성은 가지고 있지 않고, 중앙은행에 대한 상벌은 인플레이션 통제에 대한 성과에 기초해 있다. 그러나 월쉬(Walsh, 1995b)에 따르면,

> 중앙은행이 실제로 정책을 수행하는 데 독립성을 갖고 있으며 인플레이션에 기초하여 계약을 하는 경우, 이 계약은 실업과 인플레이션의 상충관계에서 중앙은행이 사회적 가치를 일반인들과 공유할 때에만 최적 정책결과를 달성할 수 있다. 중앙은행이 사회의 선호를 공유하지 않는다면 최적 계약은 더 이상 단순히 인플레이션의 함수가 아니다. 이 경우 중앙은행이 적절한 안정화 정책을 수행하면서도 낮은 인플레이션을 유지하는 것을 확실하게 하기 위해서 중앙은행에 더 복잡한 인센티브가 주어져야 한다.

1990년 개혁 후 설립된 뉴질랜드 연방준비은행은 주인-대리인 모형과 유사하지만 유럽경제통화연합(EMU) 이전의 독일 연방은행은 로고프 모형의 보수적인 중앙은행가와 유사하다. 피셔(Fischer, 1995b)의 관점에서 볼 때, 이런 연구에서 나타난 중요한 결론은 "중앙은행이 수단 독립

성은 가져야 하지만 목표 독립성은 가지면 안 된다"라는 것이다.

최근 많은 국가들이 통화정책제도의 개혁에 착수하고 있다. 이러한 국가에는 서유럽, 라틴 아메리카의 국가들뿐만 아니라 과거 공산주의 경제권에 속했던 동유럽의 국가들까지 포함된다. 이들 국가 대부분은 다양하게 변형된 주인-대리인 접근을 따르고 있다. 즉, 중앙은행은 명백히 정의된 목표를 달성하는 계약을 맺고 그런 바람직한 목표를 달성하기 위한 도구들을 제공받지만, 주어진 경로로부터 벗어날 경우 책임을 져야한다(Bernanke and Mishkin, 1992; Walsh, 1995a). 뉴질랜드 모형에서 중앙은행가는 최종적으로 재무장관에 보고하고 설명할 책임이 있다. 이것은 최종적으로 일반 민간에 설명할 책임이 있는 독일의 연방은행과 비교된다. 캐나다와 영국에서는 인플레이션 목표제(Inflation targeting)에 초점을 맞춘다. 인플레이션 목표를 달성하는 데 실패하는 경우 중앙은행의 명성이 훼손당한다. 영국의 경우 1992년 이래로 인플레이션 목표제를 채택하였으며, 1997년 5월 이후 이 방법에 영국 중앙은행이 운영상의 독립성을 행사하는 것이 겸비되었다(제7장 참조).

중앙은행의 독립성에 대한 주요 이론적 반대 중의 하나는 그것이 통화당국과 재정당국 간에 갈등을 증가시킬 가능성이 있다는 것이다(Doyle and Weale, 1994). 노드하우스(Nordhaus, 1994)는 통화정책과 재정정책이 서로 독자적으로 수행되는 국가들에서 정책수립자들이 직면하고 있는 문제들에 대하여 광범위하게 논의한다. 이러한 갈등이 일어나는 국가들에서는 대규모의 재정적자와 높은 실질이자율이 자주 나타난다. 노드하우스에 의하면 이 때문에 장기 성장률이 너무 낮아진다. '연방준비은행' 과 '재무성' 을 움직이는 주된 동기를 고려할 때 통화긴축과 재정지출 확대가 결합된 정책은 전혀 놀랍지 않다. 독립적인 중앙은행은 엄격한 통화정책과 낮고 안정된 인플레이션율을 강조하는 반면, 재정당국은 정부지출의 증가와 세금인하가 '정치의 핵심(고기, 감자 그리고 그레이비, meat, potatoes and gravy)' 이라는 것을 알고 있다(Nordhaus, 1994). 이러한 시나리오에서 경제는 '높은 재정적자 균형' 에 빠질 가능성이 높다. 자기중심적인 정치인들은 선거 지지층을 잃을 것을 두려워하여 재정적자를 줄이지 않는 경향이 있다. 비협조적 재정-통화 게임으로 야기되는 이러한 조정문제들은 재정당국과 통화당국이 인플레이션에 대해 서로 다른 선호를 갖고 있다는 사실에서 필연적으로 발생한다. 결국 이러한 문제들은 근본적인 의문을 야기한다. 선거를 통해 선택되지 않은 일군의 개인들에게 한 나라의 시민들에 심각한 영향을 줄 수 있는 중요한 정책 도구를 사용할 수 있는 선택권을 줘야하는가? 요컨대 독립된 중앙은행의 존재가 민주주의를 위협하는가(Stiglitz, 1999a)? 명백한 것은 민주주의적 책임소재 확인이 없는 독립성은 받아들일 수 없다는 것이다(Eijffinger, 2002b).

중앙은행의 독립성의 문제를 다루는 연구는 이제 많이 축적되었다. 이 학문적 연구들은 민주주의 산업 국가들이 재정정책과 통화정책의 운영에 재량을 허용함으로써 인플레이션 편이를 만들어낸 다양한 이유들을 지적했다. 로고프(Rogoff, 1985)와 대조적으로 알레시나와 서머스(Alesina and Summers, 1993)는 선진 산업국가들에서 인플레이션은 중앙은행의 독립성과 음의 관계에 있지만 이 때문에 장기적으로 실질성장과 실업률에 심각한 역효과가 발생하지는 않는다는 경험적 증거를 지적한다. 중앙은행의 독립은 '공짜 점심'을 제공하는 듯 보인다. 하지만 이 문제는 산출량에 변동을 가져오는 요소들을 고려할 때 더 복잡해진다. 알레시나와 가티(Alesina and Gatti, 1995)는 총량적 불안정성에 기여하는 변동성을 두 개의 형태로 구별지었다. 첫 번째는 총공급 혹은 총수요에 대한 다양한 외생적 충격으로부터 야기되는 경제적 변동성이다. 두 번째 유형은 정치적인 것 또는 정책에 의해 유도된 것이고 바로 이것이 이 장의 주제이다. 로고프의 보수적인 중앙은행가는 '경제적 충격'에 대해 그다지 크게 반응하지 않는다. 하지만 알레시나와 가티(Alesina and Gatti, 1995)는 독립된 중앙은행은 정책에 의해 유도된 산출량 변동성을 줄일 것이라고 주장한다. "그러므로 산출량 변동성에 대해 중앙은행 독립성이 미치는 전체적 효과는 불확실하다." 정책에 의해 유도된 변동성이 외생적 충격으로부터 발생한 변동성을 초과하는 경우에는 중앙은행이 더 독립적이라면 인플레이션과 생산의 변동성이 감소될 수 있는데, 이러한 결과는 알레시나와 서머스(Alesina and Summers, 1993)의 자료와 일치한다. 비판자들의 눈으로 볼 때, 중앙은행의 독립성은 만병통치약이 아니고 알레시나-서머스의 상관관계는 인과관계를 증명해주지 않는다(Posen, 1995). 추가적으로, 중앙은행 독립성이 야기할 수 있는 수많은 국내적, 국외적 정책 조정의 문제점들은 잠재적 이익보다 클 수 있다. 강한 '경제적' 충격이 발생하는 경우에 보수적이고 독립적인 중앙은행은 선출된 정부보다 더 잘 대처하지 못할 수도 있다.

10.14 정부부채와 재정적자의 정치경제학

1970년대 중반 동안 몇몇 OECD 국가들에서 정부부채가 대규모로 누적되었다. 상대적으로 동질적인 경제들과 비교할 때 평화 시기에 이렇게 정부부채/국민총생산 비율이 상승한 것은 전례가 없었고, '조세 평활화(tax smoothing)' 이론으로 대표되는 최적 재정정책에 대한 신고전파의 접근과는 일치되기 어렵다. 그리스, 이탈리아 그리고 아일랜드 같은 나라들에서 누적된 부채비율이 1990년에 95%를 넘었던 반면, 독일, 프랑스, 그리고 영국 같은 나라들에서는 1990년에 부채비율이 50% 이하였다(Alesina and Perotti, 1995b).

알레시나와 페로티(Alesina and Perotti, 1995b)는 국가 간 경험의 차이와 이러한 부채비율의 상승이 나타난 시기를 설명하는 데 있어 정치적-제도적 요소들에 대한 이해가 '결정적'이라고 주장하였다. 이러한 폭넓은 차이를 설명하면서 그들은 두 가지 가장 중요한 요소가 있다고 결론지었다.

1. 예산집행 과정을 둘러싼 다양한 규정과 규제
2. 정부의 구조, 즉 선거제도가 연립 혹은 단일 정당 정부를 야기하는 경향이 있는가?

큰 경제적 충격에 직면하는 경우 약한 연립 정부들은 필요한 재정적 조정을 늦추는 경향이 있다. 단일의 '사회 계획자'일 경우는 경제적 충격에 재빨리 반응을 할 것이지만, 이념적이고 기회주의적인 정치의 실제 세계에서는 필수적인 재정적 조정을 늦추는 '소모전(a war of attrition)'이 전개될 것이다(Alesina and Drazen, 1991). 페르손과 타벨리니(Persson and Tabellini, 2004)는 선거제도, 정부의 형태, 그리고 재정적 결과 사이의 관계를 조사했다. 그들의 발견한 주요 결론은, (i) 다수결 선거는 비례대표제 선거보다 작은 정부와 작은 복지 프로그램들로 귀결되며, (ii) 대통령제 민주주의는 의회 민주주의보다 작은 정부로 귀결된다는 것이다.

알레시나와 페로티(Alesina and Perotti, 1996b, 1997a)의 연구는 재정적 조정의 '구성'은 조정의 지속력과 거시적 산출량으로 측정된 성공을 위해 중요하다고 지적하고 있다. 조정에는 두 가지 유형이 있다. 제1유형 재정적 조정은 지출 삭감, 이전 지출과 공공부분 임금과 고용의 감소에 의존한다. 제2유형 조정은 주로 광범위한 세금 인상과 공공투자의 삭감에 의존한다. 알레시나와 페로티(Alesina and Perotti, 1997a)에 의하면, 제1유형 조정들은 "더욱 지속적인 예산의 건전성을 가져오고 더욱 팽창적인 반면에, 제2유형 조정은 예산의 추가적 악화에 의해 곧 원상태로 되돌려지고 경제활동을 수축하는 결과를 가져온다." 그러므로 어떤 재정적 조정도 "사회보장, 복지 프로그램 그리고 과대규모의 정부 관료 문제를 피한다면 그 조정은 실패할 수밖에 없다." (Alesina, 2000). 또 제1유형 조정들은 세금의 왜곡적 증가에 의존하는 정책보다 '경쟁력(단위노동비용)'에 더 큰 이로운 효과를 가져올 가능성이 높다(Alesina and Perotti, 1997b).

10.15 정치적 불안정성과 경제적 불안정성: 이들은 서로 연관되어 있는가?

정치-경제적 영역에서 이루어지는 연구 중에는 더 나아가 정치적 안정성과 경제적 안정성 사이의 관계를 다루는 연구가 있다(Carmignani, 2003). 만약 국가가 정치적으로 불안정하다면 경제활동에 어려움이 있을 것이라 믿을 설득력 있는 이유들이 있다. 빈번한 폭동, 정치적 동기로 발생하는 폭력, 혁명 등은 필연적으로 경제활동에 부정적인 영향을 준다. 케인즈가 항상 강조하던 대로, 불확실성은 투자와 생산적 기업가정신을 침체시킨다.

알레시나의 이념정당 이론은 이념정당 효과가 클수록 불안정성이 증가한다고 예측한다. 왜냐하면 폭넓게 분산된 정책들은 불확실성을 발생시키고 기대를 불안정하게 만들기 때문이다. 재선출되기 어렵다고 느끼는 정부에게 평판에 대한 고려는 그리 중요하지 않을 것이다. 이러한 상황에서 현직 정치가는 "현직에서 물러날 가능성이 높은 미래에는 관심이 없기 때문에 특히 단기효과적인 정책을 수행할 인센티브를 갖는다"(Alesina, 1989).

정치적 불안정성으로부터 야기되어 경제를 불안정하게 만드는 영향으로 또 다른 것이 있다. 약한 연정은 장기적인 안정에는 필수적이지만 수행하기 힘든 경제정책을 수행하지 못한다. 알레시나(Alesina, 1989)는 1973~86년 동안 정치적 불안정성 지수와 오컨(Okun)의 불행지수(misery index, 인플레이션 + 실업) 사이에 양의 상관관계가 있다는 것을 발견했다. 그의 20개 표본 국가 중 예외는 영국인데, 영국은 높은 정치적 안정성에도 불구하고 이 기간 동안 상대적으로 나쁜 경제적 성과를 보여 주었다. 알레시나와 드레이즌(Alesina and Drazen, 1991)은 왜 필수적인 안정화 정책들이 빈번하게 지연되는지에 대한 분석에서, 서로 다른 이념을 가진 두 개의 정당이 재정 개혁의 부담을 상대 정당 지지자들에게 떠넘기면서 소모전을 벌이는 상황을 고찰한다. 그 결과 개혁과정에서 결과가 지체되고 정부가 복지부동하게 되고, 정부부채는 누적되어 위기가 발생하며, 결국 정당 중 하나가 더 많은 재정적 부담을 강제적으로 떠안게 된다. 드레이즌(Drazen, 2000a)이 언급하듯 "사회적으로 이득이 되는 경제 개혁을 하지 못하거나 오랜 지연 끝에 겨우 이루는 것은 현실 세계의 경험과 교과서의 단순한 경제적 정책입안 모형과의 괴리를 보여주는 대표적인 예이다."

시뇨리지(인플레이션 세금)가 정치적 불안정의 정도와 양의 연관성을 가지고 있다는 것을 보여주는 상당한 국가횡단면 증거들이 존재한다. 1971~82년 기간 동안에 79개의 선진국과 개발도상국을 대상으로 연구한 결과, 쿠키어만 외(Cukierman et al., 1992)는 "상대적으로 불안정성이 더 높은 국가들은 안정되고 동질적인 사회보다 정부 재정을 조달하기 위해서 시뇨리지에 상대적으로 더 의존하고 있다"는 그들의 가설을 뒷받침하는 결과를 발견하였다. 이러한 결과들은 에드워즈(Edwards, 1994)의 연구에 의해서도 뒷받침되는데, 그에 의하면 인플레이션을 발생시키는 재원 조달법을 이용하려는 유인이 정치체제의 변동성과 밀접한 관계가 있다. 극단적으로는 초인플레이션이 발생할 수도 있다(Capie, 1991; Siklos, 1995; Fischer et al., 2002).

10.16 경제성장의 정치경제

정치적 불안정이 가져오는 가장 중요한 역효과 중의 하나는 경제성장에 부정적인 영향을 미친다는 것이다. 제11장에서는 정치와 제도를 포함하여 성장을 결정하는 보다 근본적인 요인들에 초점을 두는 성장에 관한 몇 가지 새로운 연구들에 대해 논의한다. 드레이즌(Drazen, 2000a)은 경제성장의 정치경제 연구는 소득 재분배의 정치경제 연구의 자연스러운 연장이라고 주장한다. 이 장에서 우리는 불평등, 경제성장, 독재정권과 민주주의 간의 관계에 대한 최근의 몇 가지 연구를 되짚어볼 것이다(Alesina and Perotti, 1994; Alesina and Rodrik, 1994; Persson and Tabelini, 1994; Alesina and Perotti, 1996c; Benabou, 1996; Deininger and Squire, 1996; Aghion et al., 1999; Barro, 2000; Forbes, 2000; Lundberg and Squire, 2003).

불평등과 경제성장 간의 관계를 검토하는 데 있어 무엇보다도 먼저 '구' 견해와 '새' 견해를 구별해야한다. 구 견해는 1960년대에서 1970년대에 발전경제학의 사고를 지배했던 것으로, 아서 루이스(Lewis, 1954)와 리처드 넬슨(Nelson, 1956) 같은 경제학자의 연구로 요약된다. 구 견해의 지배적인 생각은 '자본 근본주의(capital fundamentalism)', 즉 자본 축적이 경제성장의 핵심이라는 생각이다. 자본 근본주의는 발전경제학 문헌과 세계은행 같은 경제개발기구 내에서 해로드-도마(Harrod-Domar) 성장모형이 폭넓게 수용되고 사용되었다는 사실과 특별히 관련된다(Easterly, 1999, 2001a, 제11장 참조). 충분한 해외자본의 유입이 없는 상태에서 높은 자본축적률을 달성하기 위해 국가는 높은 국내 저축률을 통해 필요한 자원을 만들어 내야 한다. 높은 저축률이 이루어지기 위해서는 소득 불평등이 필요하다고 가정되는데, 그 이유는 부유한 사람들이 가난한 사람보다 높은 저축성향을 가지고 있다고 간주되기 때문이다(Kaldor, 1955). 이 관점은 해리 조한슨(Johanson, 1958)의 다음 문장으로 요약된다.

> 급속한 성장과 소득의 공평한 분배 사이에는 갈등이 있는 것 같다. 경제발전을 이루고자 하는 가난한 국가는 아마도 소득분배에 대해 너무 걱정하지 말라고 하는 것이 좋은 충고일 것이다.

왜 불평등이 급속한 성장을 선도할 수 있는지에 대한 다른 이유는 투자 불가분성(investment indivisibilities)의 사고와 연결되어 있다. 즉 새로운 산업을 시작하는 데에는 종종 매우 큰 매몰비용이 필요하다는 것이다. 그러나 미숙한 금융시장을 갖고 있는 저개발 국가에서 이러한 비용을 부담하기 위해서는 부의 집중이 요구된다. 마지막으로, 적절한 유인이 없다면 아마도 투자율이 지속적 성장을 만들어 내는 데 늘 불충분할 것이라는 주장도 제기된다.

성장과 형평 간에 상충관계가 있다는 생각은 2차 세계대전 이후 초기의 경제발전 사고를 지배했다. 게다가 '쿠즈네츠 가설(Kuznets hypothesis)'에 따르면, 국가들이 발전할수록 소득불균등은 초기에 증가하다가 결국에는 감소한다(Kuznets, 1955). 그러므로 불평등과 일인당 국내총생산의 관계는 시계열 자료와 횡단면 자료 모두에서 역 U자 관계를 보여준다. 배로(Barro, 2000)의 실증결과는 쿠즈네츠 곡선이 '명확한 실증적 규칙성'을 가짐을 확인한다.

20세기 후반동안 경제발전이 세계적으로 확산되면서 명백해진 사실이 있다. 즉, 경제성장이 급속히 이루어지더라도 높은 수준의 소득 불평등이 나타나지 않은 성공적인 개발 사례, 예를 들어 아시아의 호랑이들이 있다는 것이다. 또한 라틴아메리카에서처럼 높은 불평등도를 갖는 많은 국가가 낮은 성장을 기록한 사례도 있다. 그러므로 지난 십여 년 동안 이 주제에 대해 사고의 변화가 있었다. 몇몇 경제학자들은 이미 뮈르달(Myrdal, 1973)이 제기했던 생각, 즉 소득불평등이 성장에 잠재적으로 역효과를 미칠 수 있음을 강조하기 시작했다. 아기온 외(Aghion et al., 1999)는 불평등이 자본축적을 위해 필요하고 재분배는 성장에 해를 끼친다는 구시대적 견해는 "경험적 증거에 일치하지 않는다"는 결론을 내렸다.

불평등과 그에 뒤이어 발생하는 성장의 성과 사이에 존재하는 음의 관계에 대해 다양한 메커니즘들이 가능한 원인으로서 제안되었다(Alesina and Perotti, 1994). 신용시장 채널(credit market channel)은 가난한 사람들이 인적자본 형성에 투자하기 위한 금융을 조달하는 것이 제한적으로만 가능함을 강조한다. 이러한 환경에서는 대부분의 사람들이 교육에 자금을 조달하기 위해 자신의 자원에만 의존해야 하기 때문에, 불평등의 감소가 인적자원 형성율과 경제성장률을 높일 수 있다. 두 번째 '재정 채널(fiscal channel)'은 높은 불평등을 감소시키려는 정치적 압력 하에서 도입된 조세의 왜곡과 반유인 효과를 강조한다. 소득 재분배는 잠재적 투자자들에 조세부담을 증가시키고 그 결과 투자와 경제성장을 감소시킨다(Alesina and Rodrik, 1994; Persson and Tabellini, 1994). 세 번째 채널은 소득 불평등이 크면 많은 경제주체들이 지대추구, 부패, 범죄행위 등에 자원을 사용한다는 것이다. 이러한 행위들은 재산권과 투자동기를 위협한다. 글레이저 외(Glaeser et al., 2003)가 제안한 모형에서는, 불평등이 만연할 때 부유하고 힘있는 엘리트들이 법률적, 정치적, 규제적 제도들을 전복시켜 재산권을 위협함으로써 경제적 성과에 악영향이 가해진다. 이 문제에 대한 대답은 '존 왕의 재분배'를 '로빈 후드의 분배'로 바꾸는 것이 아니다. 즉, 부패한 낡은 소수독재 정치를 관료식의 사회주의자 소수독재 정치로 바꾸는 것이 아니다. 오히려 해결책은 제도적 개혁이다. 올슨(Olson, 2000)에 따르면 어떤 사회를 번영시키는 데에는 두 가지 핵심적 사항이 충족되어야 한다. 첫째, 자본주의는 무엇보다도 먼저 법적 체계이기 때문에 사유재산에 대하여 안전하고 잘 정의된 개인의 권리가 보장되어야 하고 계약이 공평하게 강제되어야 한다. 둘째, "어떠한 종류의 약탈도 없어야 한다." 실증 자료에 따르면, "제2차 세계대전 후의 세계에서 전술한 두 조건을 완전히 만족하는 사회는 없다." 그러나 분명히 몇몇 경제는 다른 경제에 비해 점점 더 이상에 가까워지고 있고 이것은 일반적으로 그들의 장기 경제성과에 반영된다(Olson, 1996). 기이마브렘퐁(Gyimah-Brempong, 2002)은 아프리카의 부패와 경제성장 및 소득 불평등에 대해 실증 분석을 했다. 그에 의하면, 부패는 소득 불평등과 양의 관계에 있고 부유한 사람들보다 가난한 사람에게 더 피해를 준다. 경제적 성공의 정치적 근원을 이해하는 일은 사회 과학자에게 중요한 연구 영역이다. 〈표 10.5〉에 나타나듯이 사하라 사막 이남 아프리카의 '통치의 주관적 지표(subjective indicators of governance)'를 보면 침울해질 수밖에 없다. 또한 파인질버 외(Fajnzylber et al., 2002)는 폭력범죄가 소득 불평등과 양의 관계에 있고, 그들의 실증결과가 빈곤의 일반적 수준을 통제한 뒤에도 매우 잘 성립함을 보여 주었다. 게다가 알레시나와 페로티(Alesina and Perotti, 1996c)는 불평등이 사회적, 정치적 불안을 촉진하고 폭력과 혁명의 위협이 성장을 강화하는 활동을 줄인다는 것을 보였다. 이러한 결론들은 실증적으로 '매우 견고하다'(Alesina et al., 1996).

앨버트 허쉬먼(Hirschman, 1973)은 소득 불평등이 성장에 끼치는 효과를 그가 '터널 효과(tunnel effect)'라고 명명한 개념을 통해 분석했는데, 이 터널 효과는 다음의 기본적 명제로 구성된다.

1. 경제발전과 성장의 초기 단계에서는 불평등의 심화에 대해 사람들이 매우 관용적이다.
2. 만약 저소득 계층이 성장과정에서 이익을 얻지 못하면 이러한 관용은 시간이 지나면서 감퇴한다.
3. 개발도상국에서 소득불평등이 지속적이고 시간에 따라 증가하는 경우 장기적으로 '개발재앙(development disasters)'이 발생할 가능성이 높은데, 그 이유는 불평등으로 인한 내부적 긴장이 정치적 불안정을 야기하기 때문이다.

▶ 표 10.5 통치지표의 예: 20개 사하라 이남 아프리카 국가[a]

국가/독립년도[b]	시민의 소리와 책임성[c] −2.5~2.5	법치주의[c] −2.5~2.5	정부의 효율성[c] −2.5~2.5	부패지수[c] −2.5~2.5
앙골라 1975	−1.26	−1.49	−1.31	−1.14
부키노 파소 1960	−0.26	−0.79	−0.02	−0.93
카메룬 1960	−0.82	−0.40	2.0	−1.11
코트디부아르 1960	−1.19	−0.54	−0.81	−0.71
에티오피아 1941	−0.85	−0.24	−1.01	−0.40
가나 1957	0.02	−0.08	−0.06	−0.28
케냐 1963	−0.68	−1.21	−0.76	−1.11
마다가스카르 1960	0.28	−0.68	−0.35	−0.93
말라위 1964	−0.14	−0.36	−0.77	0.10
말리 1960	0.32	−0.66	−1.44	−0.41
모잠비크 1975	−0.22	−0.32	−0.49	0.10
니제르 1960	0.11	−1.17	−1.16	−1.09
나이지리아 1960	−0.44	−1.13	−1.00	−1.05
세네갈 1960	0.12	−0.13	0.16	−0.39
남아프리카공화국 1934	1.17	−0.05	0.25	0.35
수단 1956	−1.53	−1.04	−1.34	−1.24
탄자니아 1961	−0.07	−0.16	−0.43	−0.92
우간다 1962	−0.79	−0.65	−0.32	−0.92
자이르 1960	−1.70	−2.09	−1.38	−1.24
짐바브웨 1965	−0.09	−0.94	−1.03	−1.08

주:

[a]UNDP, *Human Development Report*, 2002

[b]*Chambers Political Systems of the World*, Edinburgh: Chambers

[c]UNDP(2002). 기록범위 −2.5~2.5 안에서, 높을수록 더 좋은 것임. 각각의 범주에 대한 최고기록은 다음과 같음

시민의 소리와 책임성: 스위스 1.73

법치주의: 스위스 1.91

정부의 효율성: 싱가포르 2.16

부패지수: 핀란드 2.25

영국은 각각의 범주에 대하여 1.46, 1.61, 1.77, 1.86을 기록했음

허쉬먼은 개인들이 각자의 후생을 상대적으로, 즉 자신의 소득과 다른 사람들의 소득을 비교하여 평가한다고 주장한다. 비록 가난한 사람들이 실질소득으로 환산하여 어느 정도 적당한 이득을 얻을지라도 다른 계층들이 깜짝 놀랄 정도의 진전이 있다는 사실을 안다면 그들은 상대적 박탈감을 느낀다. 허쉬먼은 같은 방향으로 향하는 교통이 혼잡한 2차선 터널에 갇힌 운전자들의 비유를 든다. 만약 두 차선 모두 교통이 원활하지 않다면 처음에 운전자들은 곧 체증이 해소될 것을 바라며 참을성을 보일 것이다. 만약 한 쪽 차선의 차들이 움직이기 시작하면 아직 움직이지 않던 차선에 있던 운전자들도 처음에는 희망을 갖는다. 곧 그들도 다시 길을 가게 될 것이라고 기대하는 것이

다. 그래서 최초에 '터널 효과'는 강력하며 움직이지 않는 차선의 운전자들은 참을성 있게 그들이 움직일 차례를 기다린다. 하지만 한 쪽 차선에서만 계속 차가 빠지고 그것도 점차 빠르게 빠지는 반면 다른 차선은 여전히 막혀있다면, 정체된 차선의 운전자들은 곧 바로 자신들이 처해 있는 불공평함에 격노할 것이고 위험한 운전행위 같은 반칙을 할 자세를 갖출 것이며, 심지어 교통이 원활한 차선의 운전자들을 향해 심각한 폭력(도로 위의 분노)을 휘두를지도 모른다. 다시 말해, '터널 효과'가 지속되는 한 불평등이 증가하더라도 모든 사람들은 상황이 개선되었다고 생각한다. 그러나 일단 '터널 효과'가 사라지면, 혁명이 발생할 수도 있고 정치적 변화에 대한 요구가 있게 된다. 이런 정치적 변화는 폭력적인 파괴를 수반할 수도 수반하지 않을 수도 있다. 실제로 '터널 효과'는 몇몇 개발도상국들의 경험을 정확히 묘사하고 있는 듯이 보인다.

네 번째 경로는 '힘껏 밀어주기(Big Push)' 이론으로, 머피 외(Murphy et al., 1989b)가 다시 힘을 불어넣어 발전시켰다. 이 이론에 의하면, 성공적인 산업화가 이루어지기 위해서는 수확체증적 기술이 수익성을 가져야 하고 이를 위해서는 거대한 국내수요 시장이 필요하다. 그런데 높은 소득 불균형은 국내수요를 억제하여, 경제발전에서 '힘껏 밀어주기'를 원활히 하는 데 도움이 될 경제적 환경이 발전되는 것을 막는다.

소득 불평등이 경제성장에 영향을 주는 다양한 메커니즘은 〈그림 10.6〉에 나타나 있다. 알레

그림 10.6 • 불평등이 성장에 끼치는 악영향의 경로

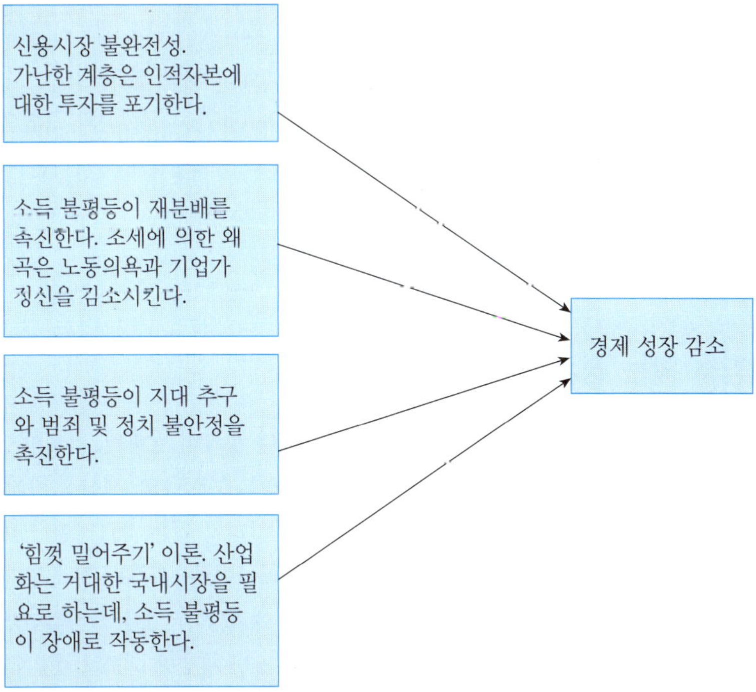

시나와 페로티(Alesina and Perotti, 1996c)가 인정하듯이, 이들 경로 중 몇몇은 반대 방향으로 작용한다. 재정 경로를 통하여 세금이 투자 유인에 끼치는 왜곡 효과는 성장을 감소시키지만, 동시에 사회적 긴장을 감소시켜서 정치적 불안정 위협을 감소시킬 수도 있다. "따라서 재분배정책이 성장에 대해 끼치는 순효과는 사회적 긴장의 감소에 따른 편익과 왜곡적 조세의 비용을 비교해야 한다."

불평등이 성장에 미치는 영향에 대한 구 견해와 새 견해를 연결시키는 방법이 있는가? 한 인터뷰에서 아세모글루(Acemoglu)는 아래의 가능성을 제시한다(Snowdon, 2004c).

> '소득 불평등이 성장에 좋다'는 구 견해와 '소득 불평등이 성장에 나쁘다'는 새 견해를 연결하는 한 가지 방법은 다음과 같습니다. 개발 초기단계에서 동일한 계층에 자원과 정치적 힘을 모두 주어서 더 높은 투자가 유발되는 모형을 고려합시다. 그러나 부와 권력을 모두 갖고 있는 이 사람들은 역동적인 세계에서 변화하는 경제적 기회를 이용할 수 있는 사람들이 더 이상 아니라는 가정도 하겠습니다. 이제 정치적 힘을 가진 견고한 기존 계층들은 변화를 거부하는 비생산적인 소수독재 정치세력이 됩니다. 그들은 자신들의 경제적 정치적 힘을 이용하여 더욱 역동적인 새로운 계층이 진입하는 것을 막습니다. 이를 통해 불평등과 성장 간의 관계가 바뀌어집니다. 불평등이 심한 나라들은 정체되기 시작하는 나라들입니다. 물론 이는 억지로 맞춘 추측입니다. [웃음] 하지만 이는 캐리비안 제도 국가들의 경제사와 일치하는 이야기입니다.

제도적 실패로 인해 국가가 종종 가장 생산적인 기술을 채택하지 못한다는 사실이 경제학자들의 연구에서 점점 명확해지고 있다. 강력한 이익집단들이 경제적 지대를 보호하기 위해 새로운 기술을 받아들이기를 거부한다는 '경제적 실패자 가설(economic losers' hypothesis)'을 주장하는 경제학자들이 있다(Parente and Prescott, 2000). 반대로, 아세모글루(Daron Acemoglu)와 로빈슨(James Robinson)은 일련의 논문들을 통해, 경제발전을 방해하는 제도적 장애물들이 나타나는 이유에 대한 대안적이고 더 설득력 있는 설명으로 '정치적 실패자 가설(political losers' hypothesis)'을 제시한다(Acemoglu and Robinson, 2000a).

10.17 경제성장을 막는 정치적 장애물

경제학자들은 경제성장에 필요한 많은 필수사항들을 잘 알고 있다. 더 정확히 말하면, 경제학자들은 적어도 해서는 안 될 일을 알고 있다. 그럼에도 불구하고 많은 정부들은 유인, 생산성 증가, 기업가적 행위 등을 방해하거나 파괴시킬 것이라고 모든 사람들에게 알려져 있는 파멸적인 정책과 제도들을 계속 유지한다. 이러한 정부의 또 다른 특징은 과도한 부패다(Aidt, 2003). 정책과 제도가 국가의 경제적 성과의 '제1차' 결정요소인 것처럼 보이는데도, 왜 정부는 그들의 실수로부터 배워서 더 나은 정책으로 바꾸지 않는 것일까? 무엇 때문에 비효율적인 제도와 나쁜 것으로 증명된 정책들이 지속적이고 반복적으로 채택되는가(Robinson, 1998)? 이 문제는 최근의 정치경제에서 질문되는 가장 중요한 문제들 중 하나이다. 자이르(Zaire)의 모부투(Mobutu)[4] 와 같은 역기능적인 정치적 지도자가 단순히 미치거나 비합리적이고 이념적으로 분별력이 없다는 가정을 할 필요가 없는, 합리적 선택 이론을 통한 설명은 없는가?

아세모글루(Acemoglu, 2003b) 및 아세모글루와 로빈슨(Acemoglu and Robinson, 2000a, 2000b, 2000c, 2001, 2003)은 경제적 후진성의 기원과 지속에 대해 정치적 시각을 제공했다. 그들 주장의 주요 골자는 다음과 같다.

1. 경제적 효율성과 경제성장을 높이는 신기술의 도입은 정치적 권력의 분배에도 영향을 끼친다.
2. 신기술이 도입되면 자신들의 정치력이 침식될 것이라고 느끼는 계층은 그러한 변화가 비록 사회 전체에 이익이 될지라도 그 변화를 고의로 막는다.
3. 비록 신기술이 미래 산출물을 증가시키고 그에 따라 정치적으로 강력한 계층의 수익을 증가시킬지라도, 현 엘리트층은 신기술이 경쟁 계층의 힘을 증가시켜 결국에는 자신들의 미래를 위협할 것을 두려워한다.
4. 따라서, 기술진보를 허용함으로써 얻을 수 있는 잠재적 지대와 엘리트의 정치력 독점에 대한 위협 사이에는 상충관계가 존재한다.
5. 이런 심각한 실행의 문제들로 인해 엘리트층은 경제성장을 촉진시키는 기술적, 제도적, 정책적 변화를 지지하지 않으며 그 결과 그들 스스로도 그러한 변화에서 오는 이익을 누리지 못한다.
6. 외부적인 위협은 엘리트가 변화를 수용하도록 충격을 줄 수 있다. 예를 들면 일본에서 1868년의 메이지유신 이후 19세기 후반에 채택된 '방어적 근대화(defensive modernization)'라는 프로그램이 그렇다.

이러한 틀을 이용하여 아세모글루와 로빈슨은 미국, 영국, 독일, 오스트리아-헝가리(합스부르크제국), 러시아에서 발생한 정치적 변화와 산업화의 역사를 살핀다. 그들은 정치엘리트들이 경쟁적인 환경에 노출되는 경우 변화를 수용하거나 그렇지 않으면 권력을 포기해야만 한다고 주장한다. 엘리트층은 자신의 위치가 매우 견고한 경우 더 쉽게 변화를 수용한다. 그러나 자신의 위치에 자신이 없는 경우 엘리트층은 변화를 사전에 방지할 것이다. 러시아와 오스트리아-헝가리 제국에서, 견제 없는 권력을 누리던 절대군주는 산업화가 자신의 정치적인 힘을 없앨지도 모른다는 두

4. 모부투(Mobutu Sese Seko)는 자이르(현재의 콩고민주공화국)를 1965~97년까지 32년 동안 통치한 대통령으로 국가를 자신의 부를 위해 사용한 부패정치(kleptocracy)의 대명사.

려움에 산업화의 기세에 저항했다. 반대로 미국에서는 정치적인 경쟁이 헌법에 의해 보장되었고 지대추구의 가능성이 권력분리에 의해 제한되었기에, 변화가 장려되고 조장되었다. 엘리트층을 형성한 지주계급 귀족들이 '충분히 견고' 했던 영국에서는 산업혁명이 일어난 후 정치에서 점진적인 변화가 일어났다. 유사한 경우가 19세기 후반에 독일의 경험에서 나타나고 있다.

경제발전이 실패한 최악의 사례들 중 많은 경우는 '부패정치가(kleptocrats)'들이 사적인 이해관계를 기반으로 통치한 경우이다. 이들은 정치적인 영향력을 사용하여 보통 그들 자신(혹은 가족과 가까운 지지자들)의 소비와 부귀를 위해 시민들의 재산을 통제하고 대규모로 국민들의 부를 빼앗는다. 가장 잘 알려진 부패정부로는 트루히요(Trujillo, 도미니카 공화국, 1930~61), 뒤발리에 집안(Duvalier, 아이티, 1957~86), 모부투(Mobutu, 자이르, 1965~97), 아민(Amin, 우간다, 1971~79), 소모사 집안(Somoza, 니카라과, 1936~79), 마르코스(Marcos, 필리핀, 1965~86) 등이 있다. 아세모글루 외(Acemoglu et al., 2003b)가 지적하듯이, 부패정권이 보여주는 가장 풀리지 않는 특징 중 하나가 긴 생명력이다. 왜 억압받는 대다수가 부패정권을 전복시키지 못하는가? 그들은 이 긴 생명력이 부패정치가들로 하여금 '분할과 통치 전략(divide and rule strategy)'을 사용할 수 있게 허용하는 '약하게 제도화된 정치체제' 의 결과라고 주장한다. 부패정치가는 집단행동(collective action)의 문제를 강화하여 중추적인 역할을 하는 이익집단을 매수하고 반대세력이 연합하지 못하게 함으로써 살아남는다(Bates, 1981, 2001). 또 만약 부패정치가가 석유, 다이아몬드, 구리 등의 천연자원 지대와 외국의 원조에 쉽게 접근할 수 있는 경우 분할과 통치 전략의 실현가능성은 높아진다(Easterly, 2003; Sala-i-Martin and Subramanian, 2003). 부패정권은 중추적 계층이 뇌물매수에 더 유혹을 받는 저소득 국가에서 주로 나타난다.

민족적 다양성이 특징인 나라에서 부패정치가는 이 민족적 다양성을 분할과 통치를 위한 초석으로 이용한다. 즉, 특정 민족 집단에게 뇌물을 제공하여 그들의 저항을 매수한다. 마우로(Mauro, 1995)는 정치적 불안정을 민족과 언어의 분할정도 및 이것이 제도의 질에 끼치는 영향과 연계한다. 또한 이스털리과 레빈(Easterly and Levine, 1997)은 사하라 이남의 많은 아프리카 국가들이 경험하는 빈약한 경제적 성과의 많은 부분이 민족적 다양성과 연관된 정치적인 불안정에서 온다고 주장한다.

10.18 국가의 규모

1990년대 후반 이래로 여러 경제학자들이 현대적 경제분석 방법을 이용하여 국가 규모의 결정요인들을 찾으려 한다(Alesina and Spolare, 1997, 2003; Bolton and Roland, 1997; Alesina et al., 2000, 2005). 그동안 역사가와 다른 사회학자들이 오랫동안 이 주제를 연구해왔던 반면, 경제학자들은 "주변에 머물러 있었다." 경제학자들에게 특히 흥미로운 것은 알레시나 외(Alesina et al., 2005)가 관찰한 바대로 제2차 세계대전 이후 국가의 숫자가 급속하게 증가해 왔다는 사실이다.

1948년에 74개, 1950년에 89개, 2001년에 192개의 국가가 있었다. 그들은 또한 세계가 "현재 상대적으로 규모가 작은 많은 국가로 구성되어 있다"는 사실에 주목한다. "1995년에 5백만 이하의 인구가 있는 국가가 87개, 250만 이하 인구가 있는 국가가 58개, 5만 이하의 인구가 있는 국가가 35개였다." 또 국가 수의 급증에 따라 수많은 통화가 생겼다(Alesina and Barro, 2002; Alesina et al., 2002). 같은 기간에 두 번째의 세계화 시대가 출현했고 세계의 국내총생산에서 국제 무역이 차지하는 비중이 "급격히 증가했다"(Snowdon, 2002a, 2003c). 이러한 사실들에 연관관계가 있는가? 알레시나 외(Alesina et al., 2005)는 다음과 같은 중요한 사실들을 지적한다.

1. 정치적인 국경은 인간에 의해 만들어졌으며 외생적인 지리적 특성이 아니다.
2. 경제학자들은 총인구로 측정된 국가의 균형 크기가 "규모에 따른 편익과 인구의 선호의 이질성에서 발생하는 비용 간의 상충관계에서 나타난다"고 생각해야만 한다.
3. 규모에 따른 주요한 편익은 다음과 같다. ① 국방, 치안, 공공 의료 등과 같은 공공재의 생산과 관련한 규모의 경제. ② 외국의 위협에 대해 더 높은 보안. ③ 지역 간 외부성의 내부화. ④ 특정 충격을 입기 쉬운 지역에 대한 더 나은 소득 보험. ⑤ 전체 인구에서 더 높은 소득 형평을 이루기 위한 지역 간 소득이전. ⑥ 아담 스미스가 언급한 대로, 내부 시장이 클수록 더 큰 특화가 이루어질 잠재력이 증가.
4. 자유무역의 세계에서, 인구로 측정된 국가의 규모는 더 이상 시장 규모의 결정요인이 아니다.
5. 그러므로 "국가 규모에 따른 편익은 국제적 경제통합이 증가할수록 감소한다."
6. 국제적 경제통합의 편익은 국가의 규모가 작을수록 커진다.
7. 경제적인 통합과 정치적인 분할 사이에는 양의 상관관계가 있다.
8. 규모에 따른 비용에는 행정비용과 혼잡비용이 포함되지만, 더욱 중요한 것은 국가 규모가 커질수록 당연히 증가하는 개인들의 선호의 이질성에 관련된 문제들이다.
9. 경제학자들은 선호의 이질성에 대한 대리변수로서 민족과 언어의 분할정도를 이용하여, 민족적 다양성은 경제성과, 통치의 질, 정치적 · 경제적 자유도와 역의 상관관계가 있음을 알아냈다(Alesina et al., 2003).
10. 국제적 경제통합이 증가함에 따라, 국가규모에 따른 편익과 선호의 이질성으로 측정된 비용 사이의 상충관계는 소규모의 국가들에게 더 좋은 방향으로 변동한다.

이러한 연구는 유럽연합(EU)의 미래에 대해 중요한 함의를 갖는다. 유럽연합의 확장은 명백히 선호의 이질성을 증가시키고, 경제통합은 국가 규모에 따른 편익을 낮추어 작은 규모의 나라들에게 독립의 비용을 줄여준다. 알레시나 외(Alesina et al., 2005)가 언급하듯이, "유럽은 독립적인 지역들로 구성된 유럽연방에서 서로 느슨하게 묶여있는 지역들의 집합체가 될 것이라고, 혹은 되어야만 한다고, 많은 사람들이 주장한다."

국가 규모의 결정요인들에 대한 경제학자들의 연구는 아직 초기단계에 있다. 그러나 국제적 통합, 민주주의, 국가 규모와 국제 분쟁 사이의 관계를 포함하여 많은 흥미로운 주제들은 여전히 남아 있다.

10.19 결론

1980년대 후반 이후 최근의 경제학적 분석 도구를 이용한 정치경제학이 부활하고 있다. 이런 '새 정치경제학'의 모든 연구들을 관통하는 공통의 주제는 정치적 과정을 주류 경제학에 통합해야 할 필요성이다. 1970년대 중반부터 후반에 이르는 시기에 노드하우스의 획기적인 연구(Nordhaus, 1975)는 슘페터나 칼레츠키의 연구까지 거슬러 올라갈 수 있는 정치적 경기변동의 인식에 대해 관심을 일깨웠다. 그러나 합리적 기대 혁명이 일어난 후 정치경제학 모형에 대한 관심은 그 기세를 잃었다. 비합리적인 기회주의적 모형과 이념정당적 모형은 이론적으로 결함이 있었고 실증적으로 결론이 불확실했다. 이로 인해 이런 모형들에 근거한 연구들은 일시적으로 중단되었다. 실증 분석의 선두에서 앨트와 크리스털(Alt and Chrystal, 1983)은 "정치적 경기변동에 관한 문헌을 읽는 사람이라면 누구나 그 문헌이 이론적 주장을 뒷받침할 실증 증거를 결여하고 있다는 사실에 놀라지 않을 수 없다"고 천명했다. 정치경제적 접근에 대한 관심이 줄어드는 동안, 새고전학파 이론가들은 합리적 기대를 가정한 시장 청산 모형이 주는 정책적 함의를 따라가는 데 바빴다. 이 모형은 정책 비실효성과 합리성을 강조했고, 이런 강조는 처음에는 정치적 동기에 근거한 정책 조작과 상반되는 것으로 해석되었다. 그럼에도 불구하고 비대칭적 정보와 불완전 정보, 비조건부 명목임금계약, 선거결과에 대한 불확실성 같은 특징들을 통합한 새로운 합리적 정치경제학 모형들이 성공적으로 개발되었다. 정책을 만드는 과정은 관대한 독재자가 사회후생을 극대화하기 위해 경제학자들의 충고를 받아들이는 과정이 아니라, 오히려 이해관계가 일치하지 않는 수많은 경쟁적 이익집단들이 벌이는 복잡한 게임이다.

산업 민주주의에서 정치적 영향력이 거시적 불안정성을 일으키는 중요한 요소라는 주장은 여전히 커다란 논쟁거리로 남아있지만, 정기적인 선거 주기에 직면하는 정치가가 단기적 시야에 근거한 정견을 펼친다는 견해에 도전할 사람은 거의 없다. 재선출되거나 재집권하고자 하는 욕구 때문에 정치가들은 거시적 불안정을 일으키는 경제정책의 조합을 추구하거나 약속하게 될 수 있다. 이런 견해가 받아들여지면 그 후에 우리에게 필요한 것은, 장기적인 목표와 맞물린 지속가능한 경제정책을 더 자주 집행하는 데 도움을 줄 환경을 만드는 제도적 틀이다. 산업 민주주의에서 직면하는 딜레마는 어떻게 민주 정부의 기본 원리를 위협하지 않으면서 제도적 개혁을 통해 정치가들의 과도한 단기적 재량 정책을 제어하는가에 있다. 이러한 딜레마를 해결하려 노력하는 한, 분명 경기순환과 선거 주기의 관계는 거시경제학자들에게 풍부한 연구 분야로 계속 남아 있을 것이다.

모형에 정치적 차원을 더함으로써 경제학자들은 거시적 불안정성에 대한 이해를 강화했을 뿐만 아니라 성장의 기적과 재앙을 결정하는 요소들을 좀 더 깊게 조사해 왔다. 이를 통해 그들은 '부적당한' 제도와 정책이 어떻게 경제성장을 제약하는가를 밝혔다. 최근의 연구는 정치학과 경제학의 상호작용을 검토함으로써 경제성장과 발전에 관한 정치경제학에 새로운 시각을 제공하고 있고, 또 국제적 경제통합이 국가규모에 끼치는 영향에 대해서도 탐구하고 있다. 이런 분야에서 더 많은 연구가 필요함은 분명하다(제11장 참조).

경제적 힘을 정치학자들이 무시할 수 없는 것과 마찬가지로, 이번 장에서 논의된 연구가 보내는 메시지는 경제정책의 실증적 모형에 관심이 있는 경제학자들은 "정치적 영역을 무시할 수도 없고 무시해서도 안 된다"는 것이다(Alesina, 1998).

Interview

알레시나
(Alberto Alesina, 1957~)

알베르토 알레시나(Alberto Alesina)는 1957년 이탈리아 브로니(Broni)에서 태어났고, 1981년 밀라노의 보코니(Bocconi) 대학에서 학위를 받았으며, 1986년 하버드 대학교에서 박사학위를 받았다. 그는 카네기멜런(Carnegie-Mellon) 대학교에서 경제학 조교수(1986~88년), 하버드 대학에서 경제학 및 정부학 조교수(1988~90년) 및 정치경제학 부교수(1990~93년)를 역임하였다. 1993년 이후 하버드 대학교의 경제학 및 정부학 정교수로 재직하고 있다.

알레시나 교수는 정치학과 거시경제학의 다양한 상호작용에 대한 이론적 분석 및 실증적 탐구에서 이룬 공헌, 정치적 경기변동, 재정적자의 원인과 함의, 그리고 정치적 안정성과 경제성장의 관계에 대한 영향력 있는 연구로 널리 알려져 있다. 가장 잘 알려진 그의 책으로는 로젠탈(H. Rosenthal)과 공저한 《이념정당정치, 분열된 정부, 경제》(*Partisan Politics, Divided Government and the Economy*, Cambridge University Press, 1995), 루비니(N. Roubini)와 공저한 《정치적 경기변동과 거시경제》(*Political Cycles and the Macroeconomy*, MIT Press, 1997), 스폴라레(E. Spolare)와 공저한 《국가의 규모》(*The Size of Nations*, MIT Press, 2002)가 있다. 가장 널리 읽히는 그의 논문은 〈반복게임으로서 양당 제도에서의 거시경제정책〉("Macroeconomic Policy in a Two-Party System as a Repeated Game," *Quarterly Journal of Economics*, 1987), 루비니와 공저한 〈OECD경제에서 정치적 경기변동〉("Political Cycles in OECD Economies," *Review of*

Economic Studies, 1992), 서머스(L. Summers)와 공저한 〈중앙은행 독립과 거시경제적 성과: 몇 가지 비교검증〉("Central Bank Independence and Macroeconomic Performance: Some Comparative Evidence," *Journal of Money, Credit, and Banking*, 1993), 로드릭(D. Rodrik)과 공저한 〈재분배 정책과 경제성장〉("Distributive Politics and Economic Growth," *Quarterly Journal of Economics*, 1994), 그리고 〈미국에서 예산흑자의 정치경제학〉("The Political Economy of the Budget Surplus in the US," *Journal of Economic Perspectives*, 2000)이 있다.

우리는 1997년 3월과 4월에 걸쳐 알레시나 교수와 서신을 교환하였다.

배경

| 교수님은 어떻게 경제학에 관심을 가지게 되었으며, 어디에서 학부생 및 대학원생으로 공부하셨습니까?

저는 고등학교 때 사회-정치적 문제들에 관심이 매우 많았습니다. 제게 경제학은 가장 엄밀한 사회과학으로 생각되었습니다. 저는 이탈리아 밀라노의 보코니(Bocconi) 대학교에서 학부생으로 수학하였으며(1976~81년), 하버드대학교에서 석사와 박사학위를 받았습니다(1982~86년).

| 어떤 논문 및 책이 당신의 연구 관심에 영향을 미쳤나요?

저는 특정 논문이나 책보다는 '사실'에 훨씬 영향을 많이 받아왔으며 정책수립 과정에 항상 관심을 가져왔습니다. 제게 항상 깊은 인상을 주는 기본적 사실은, 실제 정책 수립이 사회 계획자와 대표적 소비자를 가정하는 모형의 예상과 매우 다르다는 것입니다. 저는 정치에서는 재분배 갈등에 관한 담론이 주를 이루는데 대부분의 거시경제 모형에서는 재분배 문제가 존재하지 않는다는 사실에 항상 수녹했습니다.

| 경제학과 정치학 사이의 연관에 대한 교수님의 관심을 불러일으킨, 이탈리아의 경제 및 정치체제의 측면이 있는지요?

그렇습니다. 이탈리아에서 모든 정부가 심각한 재정적 문제를 해결하지 못하는 무능함을 보였다는 사실은 제게 중요한 영향을 미쳤습니다. 보다 일반적으로 말해서, 이탈리아를 보면서 저는 정치적 분열과 경제적 성과 사이에 어떤 관계가 있는 것일까 생각했던 것이지요.

| 교수님은 본인이 거시경제학의 어떤 특정 학파에 속한다고 생각하는지요?

아닙니다.

케인즈와 케인즈주의

| 케인즈는 경제정책이 공공의 이익을 위해 실행되어야 하며 또 그렇게 될 것이라고 가정했는데, 이렇게 가정했다는 점에서 그는 순진한 것인가요?

만약 우리가 케인즈의 관점을 그렇게 특징지을 수 있다면, 그렇다고 말하겠습니다. 그렇지만 저는 당신의 질문이 케인즈의 관점을 지나치게 단순화시켰다고 생각합니다.

| 해로드는 1951년 발표한 케인즈 전기(Harrod, 1951)에서, 케인즈는 중요한 결정들이 '지식인'에 의해 이루어지며 그의 이런 견해에 '간섭적인 민주주의(interfering democracy)'가 가하는 정치적 제약은 거의 고려하지 않았다고 주장했는데요.

만약 《일반이론》 외에, 예를 들어 《어떻게 전비를 조달할 것인가》(*How To Pay For The War*) 같은 소책자를 읽는다면, 사람들은 케인즈가 정책 입안의 미묘한 점들을 파악하고 있었다는 점을 알 수 있을 것이라 생각합니다. 저는 케인즈가 그의 과학적 주저에서 정치적 왜곡이 정책입안에 끼치는 영향을 고려하지 않았다는 점에 동의합니다. 한 사람의 경제학자로부터 모든 것을 기대할 수는 없습니다. 케인즈는 실제로 꽤 많은 일을 하였죠.

| 교수님은 재량적 재정 정책을 강조하는 케인즈주의적 경제학이 근본적으로 서구 산업 민주주의의 재정적 체질을 약화시켰다고 생각합니까?

그렇지 않습니다. 제 생각에 이 점은 지나치게 강조되어 왔습니다. 예를 들어 이탈리아가 매우 큰 부채를 누적한 데에는 여러 이유가 있습니다. 케인즈주의 정책의 채택은 그 이유들에 속하지 않습니다.

| 이탈리아의 재정적 문제들은 정치체제에서 발생하였습니까?

그렇습니다. 이탈리아의 분열된 정치체제, 지나치게 강력한 노조, 재정적 규율에 헌신하는 강력한 정당의 부재, 그리고 지나치게 확대된 견고한 관료주의에서 발생합니다.

| 왜 일부 국가들은 다른 국가들보다 예산 적자를 겪기 쉬운가요? 왜 적자를 감소시키는 일이 그토록 힘든 일인지요?

페로티와 함께 쓴 논문(Roberto Perotti, 1995a)에서 우리는 경제적인 논의만으로 국가 간의 커다란 차이점들을 설명하기가 어렵다고 결론 내렸습니다. 정치-제도적 요소들은 작게는 예산적자를, 크게는 재정정책을 이해하는 데 결정적입니다. OECD 국가들의 경제는 상대적으로 유사하지만, 선거법, 정당 구조, 예산법, 중앙은행, 중앙집중화 정도, 정치적 안정성, 그리고 사회적 양극화와 같은 제도들은 상당히 다릅니다. OECD 국가들의 재정구조조정을 검토한 논문(Alesina and Perotti, 1995b)에서 우리는 정부가 연립정부인 경우 거의 항상 구조조정 시도에서 성공적

이지 못한데, 그 이유는 연립정부를 구성하는 정당 사이의 갈등으로 정부가 강력한 재정적 입장을 유지할 수 없기 때문이라는 것을 발견했습니다. 우리는 또 성공적인 재정구조조정이 상대적으로 높은 성장 기간 동안에 가장 잘 시작되며, 세금을 인상하기 보다는 이전지출과 공무원 임금 및 고용을 감소시킨다는 점을 발견하였습니다. 정치인과 그들의 경제고문들은 이제 정부예산의 지출 측면에 대한 거의 모든 것들이 손댈 수 없는 절대적인 것이라고 더 이상 생각하지 말아야 합니다.

| 교수님은 거시경제 현상을 이해하는 데 케인즈가 이룬 가장 중요한 공헌이 무엇이라고 생각하는지요?

완전한 가격 유연성이 부재하기 때문에 총수요 정책이 중요하다는 생각입니다.

정치적 경기변동

| 칼레츠키(Kalecki, 1943)보다 앞서 정치적 경기변동의 가능성을 예상한 다른 경제학자가 있습니까?

제가 알기로는 없습니다.

| 1979~82년의 심각했던 영국의 경기침체가 어느 정도 정치적으로 유발되었다고 보는지요? 예를 들어 당시 수상이었던 대처는 높은 실업률을 사용하여 영국 자본주의의 건강을 회복시키려 했고 이것은 칼레츠키의 모형에 부합하는 사건 전개였다고 주장하는 사람들이 있을 수 있습니다.

대처 시대의 경기침체는 디플레이션이 필요했기에 발생한 결과였습니다. 저는 실업이 "자본주의 건강의 회복을 위해서" 필요하다고는 생각하지 않습니다. 실업은 부분적으로는 경기변동 현상이고 부분적으로는 공급측 경직성의 결과입니다. 이 후자의 영향이 유럽 경제에서 특히 강합니다.

| 거시경제 변수가 투표행위에 얼마나 중요한가요?

미국에서 국민총생산 성장률은 매우 중요하지만, 인플레이션과 실업은 다소 덜 중요합니다. 다른 국가들에서는 그 증거가 덜 분명한데, 이는 부분적으로 선거체제의 차이 때문입니다. 일반적으로 경제 상태는 선거에 매우 중요하지만, 이 영향이 어떻게 나타나는지는 국가마다 매우 다양할 수 있습니다.

| 노드하우스(Nordhaus, 1975)의 모형은 직관적으로 매우 호소력이 있습니다. 이 모형의 주된 강점과 약점은 무엇이라고 생각하는지요?

이 모형의 주된 강점은 쉽게 검증될 수 있고 단순하다는 것입니다. 주된 약점은 매우 단순한 행동을 가정하고 있으며, 또 그 실증적 증거가 매우 빈약하다는 것입니다.

| 어떻게 투표자(주인)는 자신의 대리인(정치인)이 경제적 비효율성을 발생시키는 기회주의적 행동을 하지 못하도록 할 수 있을까요?

투표를 통해 그들을 현재의 자리에서 퇴출시킬 수 있다는 위협이 주된 방법입니다.

비합리적 이념정당 이론

| 교수님은 히브스(Hibbs, 1977)가 정치경제적 모형의 발전에서 이룬 중요한 공헌이 무엇이라고 생각합니까?

히브스는 이데올로기적-이념정당적 차이를 도입함으로써 중요한 역할을 하였고, 연구자들의 관심을 모든 정치인이 동일한 동기를 가진다는 가정으로부터 멀리 떨어지게 했습니다.

| 인플레이션이 저소득 집단보다 고소득 집단에게 더 해롭다는 증거는 얼마나 강력한가요?

이에 대한 증거는 그리 강하지 않습니다. 인플레이션이 얼마나 해로운가는 인플레이션 수준 및 물가연동제 같은 다양한 제도적 장치들에 달려있습니다.

| 제2차 세계대전 이후 기간 전체를 통틀어 우파 정부보다 좌파 정부가 낮은 실업률에 호의적이었으며 이를 성취했다는 이념정당적 관점을 지지하는 경험적 증거가 있습니까? 그리고 좌파 행정부가 우파 행정부보다 높은 인플레이션에 연계되어 왔는지요?

어느 정도까지는 그렇습니다. 그러나 좌파 정부가 실업을 성공적으로 감소시킨 것은 일시적일 뿐이었습니다. 1970년대 초 환율 체제가 변화하고 오일 충격이 있는 등 구조적 변화가 있었다는 사실을 감안하면, 좌파 정부가 우파보다 높은 인플레이션에 연계된다는 것은 맞습니다.

합리적 기대와 경기변동 모형들

| 교수님은 1970년대 후반과 1980년대 중반 사이에 경기변동에 대한 정치경제적 설명에 관심이 감소한 원인이 루커스 및 합리적 기대 혁명과 연계된 이론적 발전 때문이라고 봅니까, 아니면 검증에서의 실패가 보다 중요한 요소입니까?

제가 생각하기로 '합리적 기대 혁명'이 그러한 모형에 대한 관심을 감소시키는 데 기여한, 훨씬

중요한 요소입니다. 뿐만 아니라, 검증에서의 '실패'가 경제학자들이 1990년대에 이 문제를 보다 깊이 연구하는 데 장애가 되지는 않았습니다.

| 민주적 선거 시장에 대한 비판 중 하나는, 투표자들이 대부분의 경우 정보를 가지고 있지 않다는 것입니다. 개별 투표자들에게 있어 더 많은 정보로부터 얻는 혜택보다는 비용이 큽니다. 불완전한 정보의 세계에서 정치인들이 선거에 앞서 기회주의적인 재정 정책을 취할 것이라는 것은 불가피하지 않은가요?

일정 정도는 그렇습니다. 그러나 저는 몇 가지 이유에서 이 점을 지나치게 강조하지 않으려고 합니다. 첫째, 이것이 예산 적자에 대한 주된 설명이라면, 이는 모든 민주주의에 일정 정도 적용되어야 합니다. 따라서 OECD 민주주의 국가들에서 재정 정책의 커다란 차이점들을 발견할 수 없어야 할 것입니다. 둘째, 선거가 있는 해의 대규모 예산 적자처럼 효율적 정책에서 벗어나는 정책은 개별 투표자는 아니라고 하더라도 분명히 언론은 쉽게 간파할 수 있습니다. 셋째, 제가 알기로는 더 큰 적자가 현 정권의 재당선에 유리하다는 점을 뒷받침하는 어떤 결정적 증거도 없습니다. 제가 생각하기에 선거가 있는 해에 시행되는 재정적 호의는 그리 크지 않으며, 따라서 이를 간파하기는 어렵습니다. 이것이 실제로 항상 일어나는 일이지요. 그럼에도 불구하고 정치적 이익은 꽤 상당할 수 있습니다. 이 점과 함께 저는 불완전 정보가 중요한 요소인 정치학 모형을 그리 좋아하지 않는다는 점을 덧붙이고 싶습니다. 저는 개인적으로 이해관계의 충돌이 비대칭적 정보보다 훨씬 중요하다고 생각합니다.

| 1988년에 부시 당시 대통령 후보자는 미국 투표자에게 "제 입을 똑똑히 보세요. 새로운 세금은 없습니다."라고 말했습니다. 영국에서는 매년 재무장관이 연례 예산 발표에서 행정부가 재정적 문제를 얼마나 잘 관리하는지를 강조합니다. 교수님은 이러한 사례들이 로고프와 사이버트(Rogoff-Sibert, 1988)의 합리적 기회주의적 모형이 예상하는 정치적 행동의 전형적인 예라고 생각하는지요?

앞에서 한 답변에서 말씀드린 제한 내에서, 저는 로고프와 사이버트의 견해에 일리는 있다고 생각합니다. 또 그들의 모형은 노드하우스의 원래 모형보다 실증적 증거와 훨씬 더 일치합니다. 이 주제에 대한 저의 실증 연구는 그들의 모형을 꽤 뒷받침합니다. 이 연구는 알레시나와 루비니 및 코언(Alesina and Roubini, with Cohen, 1997)의 〈정치적 경기변동과 거시경제〉("Political Cycles and the Macroeconomy," MIT Press)에 포함되어 있습니다.

| 정치경제적 모형에서 '재정적 착각(fiscal illusion)'은 무슨 역할을 하는지요?

저는 이 개념이 지나치게 많이 사용되고 있다고 생각합니다. 과도한 재정적자가 재정적 착각 때

문이라고 설명하는 것은 전혀 설득력이 없습니다. 왜냐하면 이 설명은 투표자가 세금과 지출의 비용과 편익에 대한 계산에서 저지르는 실수에 체계적인 편이가 있다는 것을 뜻하기 때문이죠. 재정적 착각은 또 OECD 경제에서 적자 시기의 문제나 국가 간의 예산 적자 차이를 설명할 수 없습니다. 저는 합리적 행동 및 기대에 기초한 모형을 선호합니다.

합리적 이념정당 이론들

| 중위 투표자 정리(median voter theorem)에 반하는 증거는 얼마나 강력한가요?

경우에 따라 다릅니다. 저는 대규모 선거에 대해서는 그 정리를 사용하지 않을 것입니다. 사실상 그 정리의 핵심적 함의는 모든 정당은 정권을 잡고 있을 때 동일한 정책을 사용한다는 것이죠. 이는 영국이나 미국과 같은 국가에서 존재하는 지배적인 양당 체제의 사례와도 분명히 일치하지 않습니다. 다수 정당 체제에서는 중위 투표자 정리가 훨씬 덜 타당하다는 것이 입증되었습니다. 따라서 저는 거시경제 및 거시정치 연구에서 이 정리를 사용하지 않을 것입니다. 반면 만약 다섯 명으로 구성된 위원회에서 한 이슈에 대해 투표하는 행동을 연구한다면, 중위 투표자 정리는 좋은 출발점이 됩니다.

| 영국에서 토니 블레어(Tony Blair)의 '신노동당'은 많은 경제적 문제에 대해 보수당이 채택했던 입장과 가까운 쪽으로 이동하고 있습니다. 예를 들어 1997년 1월 20일 재무장관 고든 브라운(Gordon Brown)은 투표자에게 '신노동당'은 집권하더라도 세금을 증가하지 않을 것이라고 약속했습니다. 1997년 1월 21일 블레어는 보수당이 1980년대에 입법한 노사관계 법안을 뒤집지 않겠다고 약속했습니다. 이는 정당 간 대립이 과거보다 중요하지 않게 되었음을 의미하는지요?

영국의 경우 지켜봐야 할 것입니다. 그러나 정당 간의 수렴이 증대하는 문제에 대해 《정치적 경기변동과 거시경제》(*Political Cycles and the Macroeconomy*, 1997)에서 우리 저자들은 "정당들이 거시경제 관리에 있어 점점 더 유사해진다는 생각은 다소 과장되었다"는 결론을 내렸습니다. 우리의 관점은, 1970년대 및 1980년대 초의 거시경제적 문제들 때문에 "정치적 스펙트럼의 양극단의 진영 모두의 정치인들이 거시경제 관리에 대해 보다 신중해졌으나, 그들이 이데올로기적 차이점들을 완전히 제거한 것은 아니다"라는 것입니다. 뿐만 아니라, 우리는 "향후 10년 동안의 좌파와 우파 정부 모두 재정 축소의 문제에 직면할 것"이며 "이 목표를 어떻게 달성할 것인가와 관련하여 이념 간 대립이 터져 나올 것"이라고 지적하고 있습니다.

| 교수님의 합리적 이념정당 모형(Alesina, 1987, 1989)에서 교수님은 피셔(Fisher, 1977)가 제시한 '화폐적 충격' 합리적 기대 모형의 변종에 기초하여 교수님의 이론적 구조에 절충적 접근을

취한 듯합니다. 루커스 및 새고전학파 이론가들은 현재 제2차 세계대전 이후의 거시경제적 변동에 대한 설명으로 실물 충격에 더 큰 중요성을 부여하고 있는 것으로 보입니다. 이는 화폐적 충격에 기초한 모형의 토대를 훼손하지 않는지요?

저는 거시경제적 변동이 공급 충격이나 수요 충격중 하나에 의해 발생한다는 관점을 좋아하지 않습니다. 첫째, 경제는 두 종류의 충격을 모두 겪을 수 있습니다. 둘째, 실물경기변동 모형은 분명히 실증적으로 성공하지 못했습니다. 합리적 이념정당 이론이라 해서 실물 충격이 존재하지 않는 것은 아닙니다. 실제로 실증 검증에서는 공급 충격을 고려한 조정을 해야만 할 때가 있을 수 있습니다.

| 합리적 이념정당 이론의 핵심적인 예측은 무엇이며 실증 연구들은 이를 뒷받침하는지요?

이 모형의 기본적 생각은, 임금 조정이 느릴 때, 정부의 변화와 관련이 있는 인플레이션의 변화가 실물 경제활동을 자연 수준에서 일시적으로 벗어나게 한다는 점입니다. 우파 정부의 초기에는 경제 성장이 그 자연 수준 이하이며 실업은 자연 수준 이상입니다. 좌파 정부에 대해서는 그 반대가 예상됩니다. 기대와 가격 및 임금이 조정된 후에는 산출과 실업이 그 자연 수준으로 되돌아오고, 경제 활동의 수준도 정권을 잡은 당과는 독립적일 것입니다. 그러나 좌파 정부의 임기 전체 기간 동안 인플레이션율은 높게 유지될 것입니다. 합리적 이념정당 이론의 이러한 함의는, 특히 양당 체제를 가진 국가들 또는 좌파에서 우파로 혹은 그 반대 방향으로 분명한 정권 변화가 일어나는 국가들의 경험적 증거에 일치합니다. 거대한 연립 정부가 형성되어 있고 정권 와해가 빈번한 국가들에서 합리적 이념정당 이론은 적용이 잘 안되며 사실상 실패하는 경향이 있습니다.

| 영국에서 보수당은 1979~1992년 사이에 네 번의 선거에서 모두 정권을 잡았습니다. 클린턴(Clinton) 대통령도 재선되었죠. 합리적 이념정당 이론이 예측하기에 특정 당이 반복적으로 재선될 때 나타나는 영향은 무엇인지요?

엄격하게 말해서 그것은 재선이 얼마나 예상되지 못했느냐에 달려있습니다. 만약 투표자들이 보수당이 잇신 네 번의 선거에서 승리하리라 확신했다면, 보수당 집권시 실제로 일어난 그 많은 경제적 사건들이 발생하지 않았을 겁니다. 인플레이션은 낮게 유지되었을 것이고, 다른 조건이 일정한 상태에서 성장은 안정적이었어야 했습니다. 클린턴 대통령은 아마도 재선에 대해 덜 확신했을 것입니다. 이 경우 모형의 예측에 따르면 미국의 성장은 다소 증가할 것입니다.

| 경기확장 국면의 정점에서 좌파 정당이 집권한다면, 당신의 모형에 따르면 어떤 일이 발생할 것 같은지요?

모형에 따르면, 좌파 정당은 인플레이션 증가도 마다하면서 가능한 한 경기후퇴를 피하려고 할 것입니다. 1997년 영국의 경우에는, 결과에 영향을 미칠 수 있는 다른 문제들, 예를 들어 유럽통화동

맹(European Monetary Union)을 고려해야 합니다. 이런 종류의 문제는 분명 모형에서 고려되지 못했습니다.

| 교수님의 모형이 거시경제 정책의 수행과 정치적 제도의 설계에 대해 갖는 주된 정책적 함의는 무엇인지요?

모형의 뼈대만 보면 그것은 '규범적' 이라기보다는 '실증적' 모형입니다. 따라서 직접적인 정책적 함의는 없습니다. 그러나 이 모형은 규범적인 방향으로 사용될 수 있습니다. 이 점을 설명하기 위해서 몇 가지 예를 들어보겠습니다. 첫째, 이 모형이 제시하는 바에 따르면, 독립적인 중앙은행은 이념정당이 통화정책에 영향을 끼치지 못하게 함으로써 통화적 변동성과 실물적 변동성의 정도를 모두 줄일 수 있습니다. 이 점은 가티(Roberta Gatti)와 함께 쓴 논문(Alesina and Gatti, 1995)에서 수학적으로 도출되었습니다. 둘째, 정치 제도에 관해서 이 모형은 상충관계가 있음을 지적합니다. 연립 정부를 발생시키는 비례선거제에서는 '타협' 과 정책의 적절한 조정이 이루어집니다. 이것은 이념적 변동성과 양극화를 감소시키지만, 정책입안에서 교착상태를 유발할 수 있습니다. 특히 재정적 문제에 대해서 그렇습니다. 양당 체제를 발생시키는 다수결제는 이와 반대의 특징을 가집니다. 즉, 정책적 양극화를 더 심화시키지만 정책적 교착상태는 발생시키지 않습니다. 저는 유럽의 맥락에서 과도한 '연립을 통한 통치' 가 특히 심각한 문제라고 생각하지만, 극단적 유형의 양당 체제는 최적일 가능성이 낮습니다.

| 외생적 선거 시기와 내생적 선거 시기 가운데 어느 것이 더 불안정을 만들어 내나요?

내생적인 선거가 선거의 빈도를 높인다는 데는 의심의 여지가 없습니다. 이것이 불안정을 더 만들어낼지 혹은 덜 만들어낼지는 분명하지 않습니다. 이탈리아가 완벽한 예지요. 전후 기간에 이탈리아는 매우 불안정하였는데, 그 이유가 정권이 수없이 바뀌고 조기 선거가 이루어졌기 때문이라고 할 수도 있습니다. 반면에 적어도 1990년대 초까지 별로 변한 것이 없으며, 이는 같은 정당과 사람들이 항상 집권해 왔기 때문이라고 할 수도 있습니다.

| 합리적 이념정당 이론의 가장 큰 약점은 무엇인가요?

저는 이 특정한 질문에 답할 적당한 사람은 아니라고 생각하지만, 다른 논문(Alesina, 1995)에서 합리적 이념정당 이론의 아킬레스건은 임금형성 메커니즘이 개인의 최적 행위로부터 도출되는 것이 아니라 외생적으로 가정되는 점이라고 지적하였습니다.

| 교수님은 합리적 투표자가 정당의 미래 수행성과에 대한 예상뿐만 아니라 과거 수행성과에 대한 정보에도 기초하여 투표 행위를 결정한다는 점에 동의하는지요?

과거 정보는 미래에 대한 기대를 형성하는 데 사용되어야 합니다. 미래지향적인 투표자도 기대를 형성하는 데 과거를 돌이켜 보아야 하죠. "투표자는 과거 지향적인가 혹은 미래지향적인가?" 라는 질문은 매우 잘못된 방향으로 인도할 수 있습니다. 뿐만 아니라 이 점에 대한 연구는 종종 그 자체가 혼란되어 있는 동시에 또 혼란을 일으키기도 합니다. 더 유용한 다른 질문은 투표자가 과거 정보를 '효율적으로' 사용하여 미래에 대한 기대를 형성하는가 입니다. 다시 말해서 투표자가 자신의 과거 정보를 '합리적으로' 사용하는가의 문제입니다. 이는 금융에서 제기되는 문제들과 유사한, 어렵지만 제대로 된 질문이죠.

| 기회주의적 행동과 이념적 행동은 현직 행정부가 자신들이 재선될 것이라고 믿는 정도에 얼마나 의존하는지요? 자신들이 재선될 것이라는 행정부의 신뢰가 높을수록 행정부는 이념적으로 행동할 가능성이 높은가요?

그럴 가능성이 있습니다. 어쩌면 그럴 가능성이 아주 높다고 할 수 있습니다. 제가 알기로 그렇게 주장하는 '합리적' 모형은 없습니다. 그렇게 주장하는 모형으로는 지난 1978년 프라이와 슈나이더(Frey and Schneider, 1978)가 발표한 '비합리적' 모형이 있습니다.

일반적인 거시경제적 문제들

| 동태적 시간비일관성, 신뢰, 평판과 관련된 연구들은 정치경제 모형의 발전에 얼마나 영향력이 있었습니까?

제 경우에 이들 연구는 매우 영향력이 컸습니다. 저는 이들 연구가 1990년대에 일어난 정치경제적 모형의 새로운 물결에 중요한 추동력이 되었다고 생각합니다. 물론 현재는 후자의 연구도 자생력을 갖고 있다고 말하는 것이 공평할 것입니다.

| 왜 정부는 인플레이션을 유발하는지요?

중요한 이유 중 하나는 실업을 감소시키기 위해서죠. 두 번째 이유는 예산 적자의 자금을 조달하려는 것과 연관됩니다. 또한 인플레이션이 체제 내에서 견고하게 확립되었을 때 그것을 감소시키는 데 비용이 많이 듭니다. 이 같은 이유들은 국가와 시대에 따라 다르게 적용될 것입니다.

| 정치적 불안정과 경제적 불안정 사이에는 어떤 관계가 있나요? 영국에서는 제2차 세계대전 이후 기간에 어떻게 정치적으로는 안정적이면서도 경제적으로는 상대적으로 낮은 성과를 이루었을까요? 이는 이탈리아의 경험과 어떻게 비교되는지요?

영국은 '안정적' 이었지만 매우 양극화되어 있습니다. 보수당 정부와 노동당 정부는 매우 다른 프

로그램을 갖고 있지요. 반면 이탈리아는 정반대의 문제를 가지고 있습니다. 즉 빈번한 정부 교체가 있지만 결국 동일한 사람들이 정권에 남아있죠. 그 결과 이탈리아에는 재정적 규율이 결여되어 있습니다. 그러나 정치적 안정성과 양극화 같은 개념을 현실에서 측정하기는 어렵습니다.

| 중앙은행은 수단의 독립성뿐만 아니라 목표의 독립성도 지녀야 합니까? 칼 월쉬(Walsh, 1995a)가 제안한 계약적 접근법에 대한 교수님의 입장은 어떤지요?

입법부는, 단정적으로 0~3% 사이의 낮은 인플레이션으로 정의되는 가격 안정성을 통화정책의 유일한 목표로 설정해야 합니다. 중앙은행은 이 목표를 달성하기 위해 무엇이든 해야 할 것입니다. 이것을 수단 독립성으로 부르든지 또는 목표 독립성으로 부르든지 모르겠습니다. 월쉬의 논문(Walsh, 1995a)는 훌륭한 논문이지만 저는 그가 좀 더 정치적 방향에서 더 많은 연구를 하기를 바랍니다. 예를 들어 월쉬의 계약적 접근은 현실 세계에 존재하는 것은 관대한 사회 계획수립자가 아니라 이념적이고 기회주의적인 정치인들이라는 사실을 어떻게 다루는지요?

| 당신은 통화정책 준칙 및 재정정책 준칙에 찬성합니까?

앞의 질문에 대한 저의 답변은 통화정책 준칙에 대한 입장을 포함합니다. 개인적으로 저는 국가 차원의 정부가 균형예산을 준수해야 한다는 준칙에는 반대하지만 국가 이하 차원의 정부에 대해서는 그 준칙이 적용되어야 한다고 생각합니다.

| 온건한 인플레이션율에서 그것보다 더 낮은 인플레이션율로 감소시키는 것, 예를 들어 10%에서 5%로 감소시키는 것은 고용과 경제성장을 개선시키는 형태로 상당한 실물 경제적 혜택을 가져오는지요?

만약 완전한 확실성과 함께 모든 것이 조정되어 인플레이션이 예를 들어 10%에서 안정적으로 영원히 유지된다면, 그것은 커다란 문제가 되지 않을 것입니다. 그러나 더 높은 인플레이션은 변동성은 더 높고 예측성은 더 낮은 인플레이션을 발생시킬 것입니다. 그리고 그 대가는 큽니다. 따라서 모든 것을 따져보았을 때 저는 인플레이션을 감소시키는 것이 혜택을 준다고 믿습니다.

| 유럽통화동맹에 대한 교수님의 입장은 무엇입니까? 이탈리아와 영국 같은 국가들에게 통화동맹의 비용은 그 편익보다 크지 않은지요?

통화동맹의 편익은 지나치게 과장되었습니다. 이러한 협정에 대한 찬반이 분명하게 있습니다. 이탈리아는 마스트리히트 조약의 목표로부터 혜택을 받아왔으며, 그렇지 않았다면 "나라를 정비하는 일이" 훨씬 힘들었을 것입니다. 그러나 이것이 통화동맹에 참여할 충분한 이유가 되지는 않습니다. 이 문제에 대해 완전히 답변하려면 완전한 하나의 논문이 필요하지만, 유럽통화동맹에 찬성하는 경제학적 주장은 꽤 약하다는 것이 저의 느낌입니다.

| 교수님의 관점에서 정치와 거시경제의 상호작용에 대한 최근의 연구에서 얻을 수 있는 가장 중요한 교훈과 정책적 함의는 무엇인가요?

우선 절차, 즉 정책이 어떻게 결정되는가입니다. 이는 결과에 매우 중요합니다. 둘째, '최적의 제도 설립' 에 대해 생각할 때, 이해관계의 대립을 간과해서는 안 된다는 것입니다. 셋째, '사회 계획자' 에 기초한 모형은 실증적 증거를 완전히 설명할 수 없으며, 정책적 제안으로 사용될 경우 상황을 잘못된 방향으로 이끌거나 전혀 쓸모없을 수 있습니다.

| 어떤 종류의 정치체제가 거시경제적 안정에 가장 도움이 되는지요?

OECD 국가의 경우, 저는 다수결주의를 강조한 선거체제를 선택하고 싶습니다. 대통령-입법부의 상호견제와 균형이라는 미국식 체제는 꽤 잘 작동해 왔습니다. 서로 다른 선거제도는 적절한 조정과 교착 사이의 상충관계에서 서로 다른 점을 선택한다는 것을 의미합니다. 영국 체제는 아마도 "적절한 조정도 없지만 교착도 없는" 하나의 극단적인 형태입니다. 현재 이탈리아 체제는 그와는 반대의 극단에 있죠. 아마도 미국 체제가 행복한 그 중간 지점인 듯 싶습니다.

| 현재 어떤 연구에 참여하고 있으며, 거시경제학자들이 미래에 집중해야 할 중요한 연구 분야는 무엇이라고 생각하나요?

저는 현재 주로 다음의 세 가지 영역에서 연구하고 있습니다. 첫째 영역은 대규모 재정 조정의 정치경제학 문제입니다. 이 문제에 대해 저는 이미 페로티와 함께 여러 편의 논문을 발표했습니다. 저는 또 국가의 수와 형태를 결정하는 것은 무엇인가, 즉 분리와 합병 그리고 이것들이 지리 및 무역 등과 같은 요소들과 어떤 관계를 갖는가에 관한 경제적 이론에 관심이 있습니다. 예를 들면 엔리코 스폴라레와 함께 쓴 제 논문을 보십시오(Alesina and Spolare, 1997). 셋째, 저는 미국의 도시 및 지방에서 사회적 · 민족적 분열이 재정정책의 선택에 미치는 영향에 대해 연구 중입니다. 개인적으로 저에게는 통화정책에 관련된 문제들보다는 재정정책에 관련된 문제들이 더 큰 호기심을 자아냅니다. 우리가 통화정책보다는 재정정책에 대해 더 잘 알지 못하기 때문이죠. 저는 사회보장개혁, 그리고 더 일반적으로 복지국가 개혁의 정치경제학이 향후 10년 동안에 OECD 국가의 정책 의제에서 최우선이 될 것이라고 생각합니다. 경제학자들의 연구는 중요한 사건들에 부응해야 할 필요가 있습니다.

11

경제성장 연구의 부흥

전성기 때의 이집트나 중국, 영광스런 시기의 그리스, 위대했던 시기의 로마-역사상 그 어떤 번영의 시기도 현대의 경제성장을 따라오지는 못한다.

(McCloskey, 1994)

경제성장과 관련된 정책적 문제들 중 가장 근본적인 것은 경제의 모든 개인들의 후생을 증가시키기 위해 전지전능하고 관대한 사회계획자가 실행할 수 있는 정책들이 존재하는가이다.

(P. Romer, 1989)

11.1 서론

2002년 현재 191개 UN 가입국과 타이완을 포함하여 192개 독립국이 존재한다(Alesina and Spolare, 2003). 이들 국가 중에서 일부 국가들은 역사적으로 볼 때 매우 부유하고 상당수는 상대적으로 빈곤하다. 지리적 영역, 총인구 혹은 국내총생산으로 측정되는 국가규모는 매우 다양하다. 지리적 영역이나 총인구 기준으로 본다면 스위스 같은 작고 부유한 국가와 시에라리온 같은 작고 빈곤한 국가뿐만 아니라 인도 같은 크고 빈곤한 국가, 미국 같은 크고 부유한 국가가 있다. 또한 이러한 조합 사이에 다양한 다른 조합들도 존재한다. 이 국가들의 경제성장 실적은 지난 20세기의 40여 년 동안 고도성장을 이룩한 아시아의 호랑이들(한국, 홍콩, 싱가포르, 타이완)부터 지난 20여 년 동안 마이너스 성장을 보여 준 사하라 사막 이남의 국가들까지 다양한 양상을 보였다. 지속적 경제성장은 생활수준을 결정하는 가장 중요한 요인이기 때문에 경제성장의 원인을 이해하고자 하는 것은 경제학자들의 가장 중요한 연구과제이다. 루커스(Lucas, 1988)는 인도, 이집트, 아시아 호랑이들, 일본 및 미국의 서로 다른 경제성장 실적과 이러한 격차가 생활수준에 미치는 효과를 관찰하고, "이러한 문제가 사람들의 후생에 가져올 결과는 한마디로 말해 압도적이다. 이 문제들을 생각하기 시작하면 다른 문제들에 대해서는 생각하기 어렵다"라고 얘기했다.

본 장에서는 20세기 동안, 경제학자, 경제사학자 그리고 다른 사회 과학자들의 연구 관심을 불러일으킨 생활수준의 결정요인과 현대경제성장과 관련된 이론적, 실증적 그리고 정치경제적 주제들을 정리해본다.

11.2 대규모의 소득격차

인류 역사에서 산업혁명만큼 인류의 생활여건에 큰 영향을 미친 것은 없다. 국내총생산과 1인당 국내총생산의 지속적인 증가는 산업혁명에 의해 시작된 대변화에서 기인한다. 경제사학자들은 산업혁명의 기원, 시점, 그리고 정량적 측면에 대하여 지속적으로 논쟁하여 왔다. 그러나 세계경제는 쿠즈네츠(Kuznets, 1966)가 '현대경제성장(modern economic growth)' 이라고 부른 새로운 시대를 경험하기 시작하면서 아주 특징적인 체제 변화를 겪었고, 이것이 지난 250여 년의 기간에 산업혁명이 가져온 가장 중요한 결과라는 데에는 의심의 여지가 없다. 현대경제성장과 자본주의가 동의어임에 주목하자. 보몰(Baumol, 2002)은 다음과 같이 말했다.

> 역사가와 일반인 모두에게 자명한 사실이 있다. 그것은 자본주의가 반복적인 산업혁명을 통해 이전 인류 역사에서는 볼 수 없었던 넘치는 물질적인 부를 생산하며 예외적인 성장을 기록했다는 점에서 유일하다는 사실이다.

보몰의 지적은 마르크스(Karl Marx)와 엥겔스(Friedrich Engels)에 의해 이미 150년 이전인 1847년 《공산당 선언》(*Communist Manifesto*)에서 인정되었는데, 그들은 "부르주아 계급이 과거 어떤 세대보다도 더 거대한 생산력을 창출"했음을 확인했다.

인류 역사의 대부분과는 대조적으로 현대는 전 세계적으로 인구의 폭발적 증가, 기대수명의 증가, 급속한 도시화, 다양한 고용형태 그리고 1인당 소득의 꾸준한 증가라는 특징을 가진다(Easterlin, 1996). 그러나 산업혁명과 경제성장이 전 세계 국가들에게 균등하게 확산된 것은 아니기 때문에, 인류 역사에서 현대는 전례 없는 세계 소득불평등의 경향을 보여주고 있다. 19세기 초반 이후의 세계경제를 포메란츠(Pomeranz, 2000)는 '대격차(Great Divergence)', 그리고 프리쳇(Pritchett, 1997)은 '격차, 흥륭의 시대(Divergence, Big Time)' 라고 부르고 있다. 1인당 실질소득으로 측정된 세계 생활수준의 격차는 비록 구매력이나 가계 생산의 차이를 감안하여 추정치를 조정하더라도 그 규모가 거대하다.

1인당 소득의 '대격차' 는 현대의 현상이다. 19세기 이전 세계 대부분의 국가와 국민들에게 경제성장은 '우발적이고 비일관적' 이었다. 경제성장이 제3세계 국가로 파급된 것은 20세기 후반에 이르러서이다. 〈표 11.1〉에서 보듯이, 1인당 국내총생산으로 측정한 세계국가들의 생활수준은 기원후 천년 동안에는 그리 향상되지 않았다. 그러나 1750년 이후 영국을 시작으로 지속된 현대경제성장의 현상이 '인류 역사의 중요한 특징' 이 되었고, 1950년에 이르러서는 전 세계 인구의 1/3이 이 현상에 포함되었다.

▶ 표 11.1 일인당 국내총생산 성장율과 수준: 세계 그리고 주요 지역, 서기 0~1998년

지역	0[a]	1000[a]	1820[a]	1998[a]	0~1000[b]	1000~1820[b]	1820~1998[b]
서유럽	450	400	1,232	17,921	−0.01	0.14	1.51
서유럽 파생국가	400	400	1,201	26,146	0.00	0.13	1.75
일본	400	425	609	20,413	0.01	0.06	1.93
평균(그룹 A)	433	405	1,130	21,470	−0.01	0.13	1.67
라틴아메리카	400	400	665	5,795	0.00	0.06	1.22
동유럽과 구소련	400	400	667	4,354	0.00	0.06	1.06
아시아	450	450	575	2,936	0.00	0.03	0.92
아프리카	425	416	418	1,368	−0.00	0.00	0.67
평균(그룹 B)	444	440	573	3,102	−0.00	0.03	0.95
세계	444	435	667	5,709	−0.00	0.05	1.21

주: [a]1990년 국제달러화로 측정된 값
[b]연평균 복리 성장률
자료: 매디슨(Maddison, 2001), 표 1.2

현대의 생활수준 격차는 지난 200년 동안 나타난 경제성장 격차의 산물이고 이는 〈표 11.2〉에 나타나 있다. 생활수준을 반영하는 지표로는 국제가격으로 표시된 1인당 국민소득(달러화로 표현된 구매력 평가가격(purchasing power parity, PPP)), 수명, 인간개발지수(Human Development Index) 등의 세 가지가 많이 사용된다. 인간개발지수는 동일한 가중치를 가진 세 개의 기본요소를 종합하여 표현하는 복합적 척도다. 그 기본요소의 첫째는 소득이 세계평균 이상으로 증가할 때 한계효용이 급격히 하락함을 반영하도록 조정된 실질 1인당 소득(미국달러화 표시 PPP = *Ypc*)이고, 둘째는 출생 시 기대수명으로 정의된 수명(*L*), 그리고 셋째는 성년이 비문맹률(literacy rate; 가중치 2/3)과 초등, 중등, 고등교육 등록률(가중치 1/3)로 정의된 교육달성률(*E*)이다. 따라서 어느 국가(*j*)의 인간개발지수는 이들의 단순가중합인 $Ypcj + Lj + Ej$가 된다. 이 인간개발지수는 지수상의 중요한 문제점들이 존재하고 많은 비판을 받고 있지만, 널리 사용되는 1인당 소득과 같은 '상품'에 근거한 기존의 측정치를 대체하는 것이 아닌 보완하는 추가적인 개발지표로 유용하다는 것이 증명되었다. OECD 국가들과 개발도상국들 간에 전례 없는 소득격차의 확대가 존재해 왔지만, 크래프츠(Crafts, 1999, 2000)는 만약 우리가 인간개발지수에서 더욱 장기적인 추세를 검토한다면 인류후생의 증대가 좀 더 낙관적인 상황이라고 주장하였다. 예를 들어, 2002년 극빈 국가들의 인간개발지수를 보면 1870년 1인당 국민소득으로 측정된 당시 선진국(지금의 G7)의 값보다 훨씬 더 큰 값을 보여 준다. 크래프츠는 발전을 좀 더 넓은 관점에서 보면 "1인당 실질 국민소득으로 측정된 1870년 이후의 생활수준의 증가는 상당히 과소평가되었다"고 결론지었다(Crafts, 2001; Becket et al., 2003; Crafts, 2003).

▶ 표 11.2 생활수준 3대 지표: 40개국

국가	일인당 국민총소득(GNI) (PPP$), 2002[a]	기대수명 2000[b]	HDI, 2000[b]	총인구 (백만), 2000[c]
미국	35,060	77.0	0.939	282
캐나다	28,070	78.8	0.940	31
오스트리아	29,960	78.9	0.939	19
홍콩	26,810	79.5	0.888	4.4[d]
독일	26,220	77.7	0.925	82
프랑스	26,180	78.6	0.928	59
일본	26,070	81.0	0.933	127
영국(UK)	25,870	77.7	0.928	60
이탈리아	25,320	78.5	0.913	58
싱가포르	23,090	77.6	0.885	2.3[d]
한국	16,480	74.9	0.882	47
체코	14,500	74.9	0.849	10
헝가리	12,810	71.3	0.835	10
사우디아라비아	11,480	71.6	0.759	21
폴란드	10,130	73.3	0.833	39
아르헨티나	9,930	73.4	0.844	37
남미	9,870	52.1	0.695	43
칠레	9,180	75.3	0.831	15
멕시코	8,540	72.6	0.796	98
말레이시아	8,280	72.5	0.782	23
러시아연방	7,820	66.1	0.781	146
보츠와나	7,770	40.3	0.572	2
브라질	7,250	67.7	0.757	170
태국	6,680	70.2	0.762	61
이란	6,340	68.9	0.721	64
터키	6,210	69.8	0.742	65
우크라이나	4,650	68.1	0.748	50
중국	4,390	70.5	0.726	1,261
이집트	3,710	67.3	0.642	64
인도네시아	2,990	66.2	0.684	210
인디아	2,570	63.3	0.577	1,016
베트남	2,240	68.2	0.688	79
짐바브웨	2,120	49.2	0.551	12
파키스탄	1,940	60.0	0.799	138
방글라데시	1,720	59.4	0.478	130
케냐	990	50.8	0.513	30
나이지리아	780	51.7	0.462	127
에티오피아	720	43.9	0.327	64

계속

탄자니아	550	51.1	0.440	34
시에라리온	490	38.9	0.275	5
세계[e]	7,570(A)	66.9(A)	0.722(A)	4795.7(T)

주:

[a]일인당 GNI, PPP$, *World Development Indicators, 2003*, World Bank

[b]인간개발지수와 기대수명, *Human Development Report 2002*, United Nations

[c]총인구, *World Development Report 2002*, World Bank

[d]*Human development Report 2002*에 게재된 홍콩과 싱가포르 자료

[e]A = 평균, T = 합계

〈표 11.2〉는 개별 국가들의 총인구 자료를 나타낸다. 표에 포함된 40개국의 총인구는 2000년 세계인구 6,054백만 명 중 4,795.7백만 명(79%)이다. 여기서 유의해야 할 점들이 있다. 첫째, 1인당 소득, 수명과 인간개발지수의 상관관계가 매우 크다. 둘째, 보츠와나와 남아프리카의 경우 1인당 국민소득 순위에 비해 기대수명과 인간개발지수가 상대적으로 낮다. 셋째, 미국과 시에라리온의 1인당 국민총소득의 비율은 입이 벌어질 정도인 72대 1의 비율이다(세계은행에 의하면 2002년에 가장 높은 1인당 국민소득을 보여준 국가는 룩셈부르크로 51,160 PPP$이었다).

11.3 경제사 예찬

일반적으로 역사에 대한 지식, 특히 경제사에 대한 지식은 사회나 경제가 어떻게 변화해 가는가를 이해하는 데 중요하다. 현대의 경제사학자들은 주로 경제의 장기적 발전에 관심이 많기 때문에 경제성장의 근본적 요인들, 기술진보의 요인, 제도의 변화와 효과, 그리고 현실의 경제문제의 근본원인 등을 이해하려고 노력한다. 최근 내생적 경제성장이론의 기본이 되고 있는 기술진보의 결정에 관하여 라이트(Wright, 1997)는 경제학자들이 기술을 좀 더 진지하게 고려하기를 원한다면 경제학이 '더욱 경제사적인 훈련'이 되어있어야 한다고 주장하였다(Mokyr, 2002, 2005). 윌리엄 보몰(Baumol) 또한 1986년의 영향력 있는 논문에서 장기적 성장에 관심이 있는 경제학자들은 경제사학자들의 '빛나는 통찰력'과 '설득력 있는 분석'에 좀 더 많은 관심을 기울여야 한다고 충고하였다.

1960년대 이전에도 수많은 수량적 자료가 경제사학자들에 의해서 제시되었지만 그들의 분석에는 대부분 그것을 뒷받침하는 이론이 없었다. 경제사에 대한 전통적인 접근은 주로 서술적이었다. 이러한 상황은 주류경제학의 형식화와 분석적 열정이 경제사 분야에 영향을 주면서 1960년대에 급격히 변화하였다. 1960년대 초반부터 노벨상 수상자인 로버트 포겔(Robert Fogel)과 더글러스 노스(Douglass North) 같은 학자들은 경제사에 대한 '새로운' 수량적 접근, 또는 경제학 이론과 수량적 접근을 경제사에 적용하는 것으로 정의되는 '계량경제사(cliometrics)' 분야를 개척하였다(Goldin, 1995).

지난 40여 년 동안의 '계량경제사 혁명(cliometric revolution)'은 경제사학자들이 경제이론

이나 방법론에 대한 지식 습득을 통하여 많은 것을 얻을 수 있다는 점을 보여주었다. '새로운' 접근은 학자들이 역사적 탐구와 수량적 분석을 연계하기 위해서 어떠한 가설이 검증되어야 하는가에 대해 정확하고 명확해야 할 필요성을 강조하였다. 그러나 경제학자들 또한 역사, 특히 경제사에 대한 지식 습득을 통해 많은 것을 얻을 수 있다(Snowdon, 2002c). 사실 이 장에서 주로 강조되는 주요 부분 중의 하나는 어떻게 최근 경제학자들이 "망각하는 자들만이 현대 경제학에서 경제사를 무시할 수 있고, 계몽되지 않은 이들만이 경제사를 무시하려고 할 것"이라는 골딘(Goldin, 1995)의 충고를 따르는가이다. 골딘의 이러한 충고는 특히 장기적 경제성장과 관련이 있다. 과거는 경제학의 다양한 가설을 검증할 거대한 실험실을 제공할 뿐만 아니라 현재의 정책입안자들, 적어도 개발도상국과 이행국가들의 정책입안자들에게 유용한 정보를 제공할 수 있는 많은 교훈을 담고 있다. 과거는 현재를 형성하기 때문에 미래에도 반드시 영향을 끼친다. 골딘이 주장하듯이 "현재를 가능하게 했던 과거의 잔재는 항상 우리와 함께, 즉 현재의 규범, 조직, 제도, 심지어 현재의 사람들과 함께 있다." 역사는 정확히 같은 형태로 반복되지는 않지만, 길을 안내하여 우리의 지식을 넓혀주고 성과를 결정하는 데 무엇이 중요한가를 부각시킨다. 그리고 "우리로 하여금 신호들을 구분하고 파악할 수 있게 한다(Horrel, 2003)". 최근에 몇몇의 저명한 거시경제학자들이 수량적 경제사 분야에 참여함으로써 성장이론에 중요한 공헌을 하였음을 고려할 필요가 있다(Lucas, 2000b, 2002; Hansen and Prescott, 2002; Parente and Prescott, 2005; 제11.21절 참조).

11.4 장기로의 회귀

아브라모비츠(Abramovitz, 1986), 보몰(Baumol, 1986), 로머(Romer, 1986)와 루커스(Lucas, 1988)의 열정적이고 중요한 업적을 통해서 장기 경제성장에 대한 연구 분야는 매우 활동적인 분야가 되었다. 점점 더 많은 경제학자들이 단지 단기적 관점에만 의존하는 거시경제 분석 및 정책은 바이너(Viner)의 말대로 '사상누각(a structure built on shifting sands)'이 될 것이라는 점을 인정하고 있다. 연구 중심의 방향이 오래 전부터 이렇게 재설정되었어야 한다고 많은 경제학자들이 생각한다. 찾기 어려운 경제성장의 요소들을 찾으려는 연구는 1980년대 중반에 이미 시작되었지만, 연구문헌들이 쏟아져 나온 것은 1990년대에 들어와서이다. 거시경제학에 대한 두 가지 중요한 개관 논문이 이러한 사실을 입증하고 있다. 피셔(Fisher, 1988)의 개관 논문에서 '성장 이론'에 대한 문장은 단 4개에 불과했고 로머(Romer, 1986)의 논문에 대해서 간단한 언급만이 있을 뿐이다. 맨큐(Makiw, 1990)의 개관 논문에서는 경제성장에 대해 어떠한 언급도 없다. 그러나 1989년까지 배로(Barro)와 로머는 하버드 대학교와 NBER(National Bureau of Economic Research)에서 경제성장에 대하여 중요한 공동연구를 하고 있었고, 그 결과를 반영하여 1996년에 《경제성장저널》(*Journal of Economic Growth*)이 발간되기 시작했다. 1990년 이후에는 새로운 서적들과 개관 논문들이 지속적으로 발간되기 시작했으며, 이는 경제학자들이 경제성장에 대한 연구를 우선적이고 매우 긴박한 것으로 느끼고 있었음을 의미한다(Grossman and Helpman, 1991;

Fagerberg, 1994; P. Romer, 1994a; Mankiw, 1995; Crafts and Toniolo, 1996; Aghion and Howitt, 1988; Gylfason, 1999; Temple, 1999; Solow, 2000, 2001; Easterly, 2001a; Easterly and Levine, 2001; Jones, 2001a; Lucas, 2002; Barro and Sala-i-Martin, 2003; Rodrik, 2003; Aghion and Durlauf, 2005; Snowdon and Vane, 1997a; Snowdon 2003a).

저성장이 경제후생에 미치는 매우 부정적인 효과와 그 결과 경제학자들이 성장에 부여하는 중요성을 고려할 때, 20세기에 이 분야에 대한 연구노력이 부침을 겪었다는 사실은 어쩌면 놀라운 일이다. 경제성장의 지속성은 이에 대해 낙관적 견해를 가진 애덤 스미스(Adam Smith), 그리고 이와 반대로 비관적 견해를 가진 맬서스(Thomas Malthus)와 리카도(David Ricardo) 같은 고전학파 경제학자들의 주된 관심사였다(Rostow, 1990). 그러나 1870~1929년 기간 동안 경제학자들의 연구는 '한계혁명' 에 큰 영향을 받았으며, 이에 따라 현저하게 미시 지향적이었고 주어진 자원의 효율적 배분과 관련된 주제들에 관심이 있었다. 그 후 1929~53년의 25여 년 동안에는 대공황과 연관된 논제나 이에 대한 케인즈의 반응 등이 새로운 거시경제학의 분야로 전개되었다. 1939~56년까지 성장이론은 해로드(Harrod, 1939, 1948)와 도마(Domar, 1946, 1947, 1948)의 신케인즈주의적(neo-Keynesians) 연구에 의해 주도되었고,[1] 1956~70년 기간에는 노벨상 수상자인 솔로(Solow, 1956, 1957)의 독창적인 공헌에 의해 주도되었다. 솔로는 스완(Swan, 1956)과 함께 신고전파 성장모형 분야를 개척하였다. 그러나 1957년에 도마는 "경제이론에서 성장은 잘못된 위치를 차지하고 있다. 항상 주변에만 있었지 한가운데로 초대된 적이 없다. 그것은 당연한 것, 혹은 부차적인 것으로 간주되었다"고 논평하였다.

확실히 이 분야에서 이론적 연구가 내놓는 성과는 점차로 줄어들었고 1970~85년 동안에 '사실상 소멸' 되었다. 그 주된 이유는 실증적 연관성이 부족하다는 점이 널리 인정되었고, 1970년대의 거시적 불안정성으로 인해 경제학자들의 연구관심이 경기변동 분야로 바뀌었으며, 합리적 기대이론 혁명이 학계 내에 커다란 영향을 끼쳤다는 것이다(Barro and Sala-i-Martin, 2003, 제5장 잔조). 3개의 주요 지널의 논문들을 조사한 결과에서 러밴드와 웰스(Laband and Wells, 1998)는 다음과 같은 사실을 발견하였다.

> 20세기 전반에는 경제성장과 발전에 대한 학술적 논문이 증가하였다. 이러한 학술적 관심과 결과물은 1950년대에 정점에 달했고, 그 후 1960년대, 1970년대 그리고 1980년대에 급격히 하락하였다. 이러한 경향은 1990년대 초반에 급격히 반전되어 경제성장에 대한 논문이 급속도로 증가하였다.

---

1. 여기서 신케인즈주의(Neo-Keynesian)는 케인즈의 《일반이론》이 발간된 후 칼도(Nicholas Kaldor)와 로빈슨(Joan Robinson) 같은 케임브리지 대학교의 경제학자들을 중심으로 케인즈의 단기이론을 장기(성장)이론으로 발전시키려 노력했던 이론적 움직임을 말한다. 해로드(Roy Harrod)는 옥스퍼드 대학교에 있었다. 혹자는 이런 움직임을 포스트 케인지언(Post Keynesian)에 포함하기도 한다(제8장 참조).

이처럼 증가하는 연구논문들이 얼마나 경제성장에 대한 경제학자들의 지식을 발전시켜줄 것인가는 좀 더 지켜보아야 한다(Nelson, 1997; Abramovitz, 1999; Kenny and Williams, 2001).

지난 50년 동안 이론적 초점에 변화가 있었는데, 그것은 경제성장에 대한 분석틀로서 신케인즈주의 성장모형이 신고전파 모형으로 대체된 것이다. 그러나 신고전파 이론가들은 다시 1980년대 중반 이후 내생적 경제성장이론에 의해 도전받았다(Snowdon and Vane 1997a; Solow, 2001). 그러나 지난 20여 년 동안 경제성장 분석에 관한 관심이 두드러지게 부활한 것을 어떻게 설명할 수 있을까? 우리는 1980년대 중반 이후 이러한 관심이 부활한 것은 다음의 12개 요소의 자극 때문이며 이 중 처음 3개의 요소가 중요한 역할을 했다고 본다.

1. 폴 로머(Romer, 1986, 1987b, 1989, 1990, 1994a)와 로버트 루커스(Lucas, 1988, 1990b, 1993, 2002)의 연구에 의한 새로운 이론적 통찰. 이들이 제시한 새로운 분석도구는 매우 중요한 역할을 했다.

2. 많은 국가들에 대한 다양하고 새로운 자료가 이용가능하게 되었다(Summers and Heston, 1991; Maddison, 2001). 현재 경제학자들은 많은 국가들에 대하여 1960년대까지의 자료를 갖고 있다. 최근의 실증적 연구들 또한 국가 간 성장 유형에 집중하고 있다(Durlauf and Quah, 1999).

3. 많은 개발도상국가들, 특히 사하라 사막 이남의 국가들이 부유한 OECD 국가들의 1인당 소득을 '따라잡거나(catching up)' 그것에 수렴하고 있지 않다는 사실이 점점 더 많이 인식되었다(Abramovitz, 1986; Baumol, 1986; P. Romer, 1986, 1989; Lucas, 1988).

4. 1980년대에 소련과 동구권 국가들이 예상하지 못하게 갑작스럽게 몰락한 사실로 인해, 사회적 · 정치적 · 경제적 구조와 경제성장을 지속할 수 있는 능력 사이의 관계에 관심이 집중되었다(Fukuyama, 1992; Snowdon, 2003b).

5. 1980년대에 미국이 OECD 국가들, 특히 일본과 독일에 비해 상대적으로 경제적 지위가 점차 하락하고 있다는 의식이 확산되었다(Thurow, 1992).

6. 1960년대 후반과 1970년대 초반에 시작된 생산성 하락의 원인에 대한 염려가 있었으나 그 원인을 1980년대 초까지 파악하지 못했다(Fisher et al., 1988; Baumol et al., 1989). 1988년에 피셔(Fisher)는 이런 생산성 하락 현상을 "지난 20여 년 동안에 가장 중요한 거시경제적 전개"로 묘사했다. 보다 최근인 1990년대 말 미국에서는 정보통신산업에 의한 '신경제'의 출현으로 인한 생산성 촉진에 대해 관심이 집중되었다(Gordon, 2000b; Jorgenson, 2001; Jorgenson and Stiroh, 2000).

7. 경제성장의 측정과 관련하여 문제가 있다는 자각과, 전통적으로 사용된 추정 방법이 실제의 성장률을 '상당히 과소추정'하는 경향이 있다는 인식이 확대되었다(Fogel, 1999; Nordhaus, 2001). 보스킨 위원회(Boskin Commission)의 조사결과에 따르면, 미국의 국

내총생산 증가는 1970~96년 기간 동안에 연평균 약 0.9%가 과소평가 되었다(Boskin, 1996). 뿐만 아니라, 정보기술과 함께 '지식' 경제(혹은 '무게 없는 경제')가 발전하고 경제가 잠재적으로 비시장적 생산으로 전환됨에 따라 국민소득회계 기술을 다듬을 필요성이 한층 더 증가하였다(Stafford, 1999).

8. 한편으로 '동아시아 호랑이' 국가들의 놀라운 성장 실적, 그리고 다른 한편으로 많은 개발도상국, 특히 사하라 사막 이남의 국가, 라틴아메리카 국가, 남아시아 국가들의 '성장 실패' 및 실망스러운 성과에 대한 인식이 증가하였다(World Bank, 1993; Bhagwati, 1993; Bloom and Sachs, 1998; A. Taylor, 1998; Collier and Gunning, 1999a; 1999b).

9. 솔로 신고전파 성장모형이 변동과 성장을 연구하는 기준으로 사용되었던 경제변동의 연구에서, 1980년대에 실물경기변동 접근법(real business cycle approach)의 영향력이 증대되었다(Kydland and Prescott, 1982). 실물경기변동 이론에서는 성장과정이 큰 임의적 요소를 갖는데 이것이 산출량의 단기변동을 일으키는 요소라고 주장된다. 거시적 불안정은 단순히 '확률적 성장과정의 표출'이다(Ryan and Mullineux, 1997). 주류 거시경제학자들이 경기변동과 경제성장을 주로 상호독립적인 현상으로 간주하는 반면에, 실물경기변동 이론가들은 거시적 변동을 공급(생산성) 충격에 대한 경제의 최적 반응으로 본다(제6장 참조).

10. 학문적 분야의 특정 부문에 대한 관심이 증가하는 것을 설명하는 데 있어 간과되기 쉬운 요소는 '내적인 과학적 특성'에 의해 나타나는 영향이다. 왜냐하면 학문분야에서 유인 구조(incentive structure)는 특히 미국에서 출판과 긴밀히 연관되어 있기 때문에, 탐구할 주제로 가득차고 논문이 가득한 새로운 아이디어나 연구프로그램은 확산되기가 매우 쉽다. 새로운 자료를 이용하여 구축된 새로운 이론을 제시하는 논문은 전통적 이론에 도전하는데, 이것이 학문분야의 강력한 원동력이라는 것은 언제나 변함없는 사실이다(Snowdon and Vane, 1996).

11. 지난 10년 동안에 우리가 '성장에 대한 새정치거시경제학'이라고 부르는 분야에 논문들이 증가해 왔다. 맨서 올슨(Olson, 1993, 2000) 이외에 대런 아세모글루(Daron Acemoglu)와 그의 공저자들의 창조적인 공헌은 성장을 저해하는 '정치적 장애물'에 대해 관심을 불러일으키는 데 매우 중요하였다(Acemoglu and Robinson, 2000a, 2000b, 2000c, 2001, 2003; Snowdon, 2004c).

12. 루커스(Lucas, 1987, 2003)와 프레스깃(Prescott, 1996) 같은 경제학자들이 경제성장에 새로운 관심을 보인 것은 경기변동이 "사회적으로 큰 손실이 아니며", 경제학자들은 "경기변동을 완화하는 것이 아니라 경제 전반적인 생산성의 증가율을 향상시키는" 데에 더 관심을 가져야 한다는 그들의 믿음에서 온 것이다(Prescott, 1996). 사실 단기에 경제를 안정시키려는 시도들은 장기적인 성장 전망에 부정적인 영향을 미칠 수 있다(Cooley and Ohanian, 1997; Blackburn, 1999).

11.5 왜 경제성장이 이토록 중요한가?

18세기 중반 이후 인류 역사는 현대경제성장의 현상에 의해 주도되었으며, 18세기 및 19세기 경제성장은 극히 소수의 국가에만 한정되었다(Bairoch, 1993; Easterlin, 1996; Maddison, 2001). '현대' 경제성장은 영국을 기원으로 하여 점점 더 서유럽 쪽으로 확산되었고, 초기에는 유럽 이민자들이 정착한 해외로 확산되었다(Landes, 1969, 1998). 산업혁명 이후 선진국에서 급격히 향상된 생활수준은 현재 다른 국가들에게도 확산되고 있으나, 이러한 확산은 굉장히 불균등하고 어떤 경우에는 매우 미미하다. 이러한 장기간의 불균등 성장은 세계국가들 중 극빈국과 가장 부유한 국가 사이의 1인당 소득의 격차로 나타났는데, 이 격차는 도저히 이해하기 어려울 정도로 크다(표 11.1과 표 11.2 참조). 인류의 후생을 증대하기 위한 기초로서 경제성장의 중요성은 아무리 강조해도 지나치지 않으며, 이는 수많은 실증분석에 의해서도 뒷받침된다(예를 들어 Dollar and Kraay, 2002a, 2002b). 국가 간 1인당 소득 성장률의 차이는 작은 차이라도 만약 이것이 장기간 지속된다면 이들 국가 사이의 상대적 생활수준에 심각한 격차를 가져온다. 이러한 사실은 탈식민지화과정이 잘 이루어지고 있던 1960년 이후, 동아시아의 '기적적인' 경제성장이 생활수준에 미친 영향을 대부분의 사하라 사막 이남 아프리카 경제의 생활수준과 비교해 보면 가장 잘 알 수 있다.

연간 1% 비율로 지수적 성장을 하는 어떤 변수가 2배가 되기 위해서는 약 70년이 걸린다는 논의는 기억할 만하다. 소위 70년 규칙(rule of seventy)' 에 의하면, 만약 어떤 변수가 연평균 g%가 증가한다면 이 변수의 가치가 2배가 되기 위해서는 약 $70/g$ 년 정도가 걸린다. 좀 더 명확하게 하면 다음과 같이 증명될 수 있다(Jones, 2001a). 만약 y_t가 t시점의 1인당 국민소득이고 y_0가 초기 1인당 소득이라면 y_t는 식 (11.1)과 같이 주어진다.

$$y_t = y_0 e^{gt} \tag{11.1}$$

식 (11.1)은 만약 y_0가 연속적이고 지수적으로 g 비율로 증가한다면 t 시점에는 y_t가 된다는 것을 의미한다. 1인당 소득이 2배가 되는 시점(즉 $y_t = 2y_0$)을 t^*라고 하자. 그러면 t^*는 아래 식 (11.2)와 (11.3)의 해가 될 것이다.

$$2y_0 = y_0 e^{gt*} \tag{11.2}$$

$$t^* = \log 2/g \tag{11.3}$$

$\log 2 \approx 0.7$이므로 1%의 성장률에 대하여 $t^* \approx 0.7/0.01 \approx 70$ 년이다. 이러한 관계는 일반화 할 수 있는데, 예를 들어 어떤 국가가 $g = 5\%$로 1인당 소득이 증가하면 $70/g = 14$년에 생활수준이 2배가 될 것이다. 데이비드 로머(Romer, 1996)는 이러한 점을 간결하게 다음과 같이 표현하였다. "장기성장의 후생효과는 거시경제학이 전통적으로 강조해온 어떠한 단기 경기변동 효과도 압도한다." 배로와 살라이마르틴(Barro and Sala-i-Martin, 2003) 또한 "경제성장은 (…) 거시경제학의

▶ **표 11.3 서로 다른 성장률의 누적적 효과**

연도수	A g = 1%	B g = 2%	C g = 3%	D g = 4%	E g = 5%
0	$1,000	$1,000	$1,000	$1,000	$1,000
10	1,100	1,220	1,340	1,480	1,630
20	1,220	1,490	1,800	2,190	2,650
30	1,350	1,810	2,430	3,240	4,320
40	1,490	2,210	3,260	4,800	7,040
50	1,640	2,690	4,380	7,110	11,470

가장 중요한 부분"이라고 주장한다. 이 견해는 또 "장기성장은 단기 경기변동만큼 중요하다(어쩌면 더 중요하다)"라고 쓴 맨큐(Mankiw, 1995)에 의해 지지된다.

〈표 11.3〉은 A~E로 표시된 5개 가상 국가들의 절대적 생활수준에 대한 지속적 성장의 복리(compounding) 효과를 나타낸다. 각 국가는 1인당 소득 $1,000로 시작한다.

이 자료는 50년간 A~E 국가 사이의 성장률(g%) 격차가 어떻게 상대적 생활수준이 실질적인 격차를 야기하는가를 보여준다.

〈표 11.3〉의 가상자료를 〈그림 11.1〉이 다시 보여주고 있다. 이것은 비교적 짧은 기간인 50년 동안에 생활수준의 차이가 어떻게 나타날 수 있는지를 분명히 보여준다. 이어서 갈로와 마운트퍼드(Galor and Mountford, 2003)는 〈그림 11.2〉에서 매디슨(Maddison, 2001)의 자료를 사용하여 세계의 서로 다른 지역에서 발생한 실제 성장 경험을 재현하였다.

그림 11.1 • 서로 다른 성장률이 일인당 자본소득에 끼치는 효과

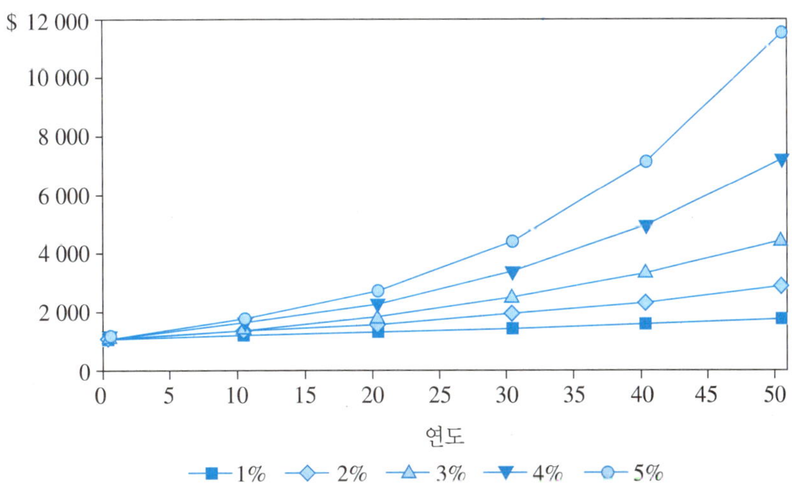

그림 11.2 • 대격차

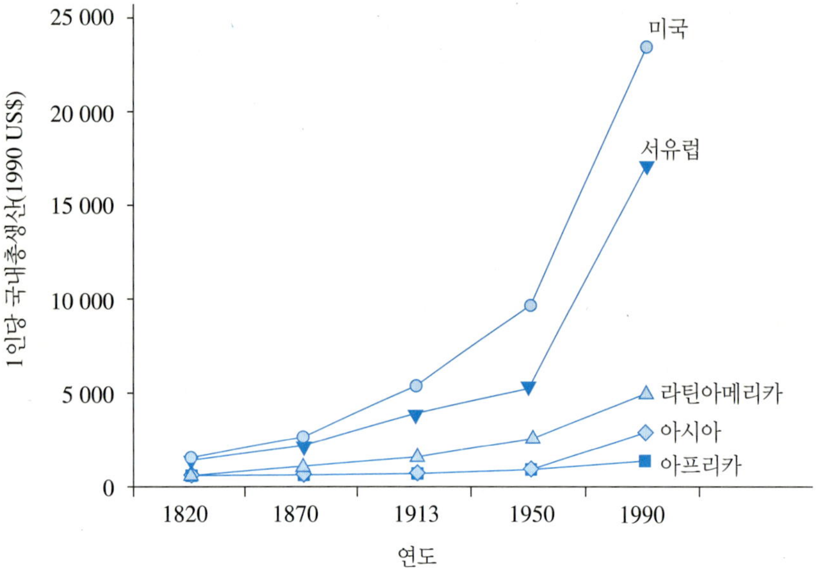

자료: Galor and Mountford(2003)

〈그림 11.1〉과 〈그림 11.2〉는 경제성장이 장기적으로 1인당 소득을 증가시킬 뿐만 아니라, 세계 국가들과 지역 간에 경제성장률의 격차가 있다면 그 결과 생활수준에 어마어마한 차이를 가져오는 가장 강력한 메커니즘이라는 사실을 보여준다. 매우 짧은 기간 동안에는 완만한 경제성장이 가져오는 이득은 별로 느껴지지 않는다. 그러나 수세대에 걸쳐 본다면 그 이득은 명백하다. 로젠버그와 버드젤(Rosenberg and Birdzell, 1986)은 다음과 같이 주장하였다.

> 18세기 후반과 19세기에 인구증가를 고려한 경제적 이득은 1년, 심지어는 10년에 걸쳐서도 거의 인식할 수 없을 정도였다. 따라서 경제적 이득은 빈곤 계층이 아닌 부유 계층에게만 돌아간다고 널리 생각되었다. 20세기에 걸쳐 서구 국가들의 기하학적 성장이 지속되어서야 그 폭이 명확해졌다. 서구의 노동계급이 부유해지고 전체 인구에서 차지하는 비율이 커진 것은 명백하다. 그러나 이것이 빈곤이 사라졌음을 뜻하지는 않는다. 서구가 성취했던 것은 빈곤의 완전한 철폐가 아니라 빈곤율을 전체 인구의 90%에서 30%, 20% 혹은 그 이하로 낮춘 것이다(빈곤율의 크기는 나라마다 다르고 또 빈곤에 대한 정의에 따라 다르다).

장기 경제성장의 중요성을 강조하는 이러한 견해들은 최근의 정책보고에서도 두드러지게 나타난다. 예를 들어 경제자문위원회(Council of Economc Advisers, CEA)의 《대통령경제보고서》(*Economic Report of the President*, 2004, p.27) 서론의 마지막 부분에서 다음과 같은 내용을 볼 수 있다.

> 미국의 국부(國父)들이 독립선언서에 서명할 때, 위대한 경제학자 아담 스미스는 다음과 같이 썼다. "한 국가를 매우 미개한 상태에서 최고 단계의 부유한 상태로 변화시키기 위해서는 평화, 세금부담 완화, 그리고 적절한 정의 실현 이외에 필요한 것은 거의 없다. 나머지는 모두 사물들의 자연적 과정에 의해 달성된다." 이 《보고서》에서 제시된 경제 분석은 경제성장을 촉진하고 지속시키는 환경을 창출하는 정부의 역할을 논의함에 있어 아담 스미스와 그의 후계자들의 사상에 기초하고 있다.

지속적인 성장의 중요성은 또 1997년 5월에 영국에서 행해진 화폐정책의 변경을 정당화하기 위해 강조되었다. 선거 승리를 눈앞에 두고 있던 기간에 '신노동당(New Labour)' 정부는 중앙은행이 단기 이자율을 결정함에 있어서 운영상 독립성을 갖게 될 새로운 제도 하에서 운영될 것이라고 발표하였다. 이 새로운 제도에 대한 경제적 정당화는 1997년 5월 6일에 재무장관 고든 브라운(Gordon Brown)에 의해 제시되었다. 이 당시 중앙은행 총재에 대한 공개서한에서 그는 "물가안정은 성장과 고용의 높고 안정적인 수준을 위한 전제조건이고, 후자는 다시 지속적인 물가안정을 위한 조건이 될 것이다. 이를 위하여 중앙은행의 통화정책 목표는 정부의 인플레이션 목표로 정의된 물가안정성을 달성하는 것이고, 이러한 목표에 해가 되지 않는 한에서 성장과 고용 목표를 포함한 정부정책을 지지하는 것이다"라고 진술하였다(Brown, 1997; Brown, 2001).

생활수준을 높이는 데 있어 경제성장이 갖는 위력은 아마도 20세기의 역사에서 가장 잘 설명되어질 것이다. 두 번의 참혹한 세계대전, 그 전쟁 사이의 기간 중에 발생한 대공황과 국제간 통합의 붕괴, 그리고 사회주의적 실험의 흥망에도 불구하고 세계 인구의 대부분은 1인당 소득(PPP$)에서 그들의 부모나 조부모보다 더 나아졌다. 기대수명을 고려하면 후생에 괄목할 만한 개선이 있었다(Crafts, 2003).

11.6 역사적 관점에서 보는 현대 경제성장

1930년대의 '대공황(Great Depression)' 및 1970년대 '대인플레이션(Great Inflation)'과 함께 20세기 거시경제학의 역사를 주도한 세 번째 현상은 세계 국가들 사이에서 경제성장이 확산된 것이다. 실제로 루카스(Robert Lucas, 제5장 인터뷰 참조)는 "경제성장, 그리고 특히 제 3세계라고 부르는 국가들에 대한 경제성장의 확산은 20세기의 주목할 만한 거시경제적 사건"이라고 믿는다. 매디슨(Maddison, 2001)의 자료에서 알 수 있듯이 현대 이전의 시기에 세계인구 대부분의 생활수준은 매우 느린 속도로 향상되었다. 〈우리 손자들의 경제적 가능성〉("Economic Possibilities of Our Grandchildren")이라는 논문에서 케인즈는 〈우리의 역사 초기부터 지금까지〉(…) 지구의 문명지역에 살고 있는 평균적 인류의 생활수준에는 급격한 변화가 없었다. 이렇게 진보가 느리거나 진보 자체가 전혀 없는 것은 두 가지 이유 때문이다. 놀랍게도, 중요한 기술진보가 없었고 또 자본축적이 이루어지지 않았다는 것이 그것이다."

생산능력의 증가는 인구증가에 의해 흡수되어 버리거나 아니면 1인당 소득을 증가시킨다. 따라서 처음부터 외연적(extensive) 성장과 내연적(intensive) 성장을 구분해야만 한다. 레이놀스(Reynolds, 1985)의 정의에 따르면, 외연적 성장은 국내총생산의 증가가 1인당 소득을 증가시키지 못하고 인구증가에 의해 완전히 흡수되어버리는 경우다. 지속적 정체상태는 현대 이전의 세계경제가 가진 특징이 아니었다. 수천 년 동안 비록 '매우 느린 속도' 라고 할지라도 세계인구가 증가했다는 사실은 외연적 성장의 증거이다. 대부분의 사람들에게 생존수준의 생활이 표준이라고 가정한다면, 인구성장은 총산출량이 증가하는 경우에만 가능하다(Kremer, 1993). 따라서 외연적 성장은 인류 역사를 통하여 '상당히 보편적' 이었다(Lal, 1999).

대조적으로, 내연적 성장은 국내총생산 증가가 인구증가를 능가하여 1인당 실질소득으로 측정된 생활수준이 향상되는 것이다. 레이놀스가 지적하는 것처럼, 보통 내연적 성장 시기에 앞서 종종 몇 세기동안 지속되기도 하는 장기간의 외연적 성장이 있으며, 어느 경제에 있어 '전환점' 은 외연적 성장에서 내연적 성장으로 전환하는 시기이다. "전환점은 실제로 기준연도를 중심으로 한 10년 혹은 20여 년의 기간이고, 그 기간 동안에 1인당 소득은 주목할 만하게 지속적으로 증가한다(Reynolds, 1994)". 과거 농경사회 경제에서는 지속적인 내연적 성장 가능성에 많은 한계가 있었다. 토지의 취득 및 생산성은 외연적 성장의 정도를 결정하지만, 적절한 농경지가 고갈되면 수확체감이 시작된다. 이러한 과정이 맬서스의 인구동학과 결합할 때, 대부분의 인구가 생존수준의 생활을 영위하는 상태가 필연적으로 장기간 지속될 것이라는 많은 고전 경제학자들의 예측은 놀라운 일이 아니다.

내연적 성장을 논의할 때 한 걸음 더 나아간 구분을 하는 것도 도움이 될 것이다. 에릭 존스(Jones, 1988)는 성장을 두 형태의 내연적 성장, 즉 '스미스적 성장' 과 '프로메테우스적(Promethian) 성장' 으로 구분한다. 스미스적 내연성장은 분업, 전문화 및 무역에서 얻을 수 있는 생산성의 증가에 의존하는 것이다. 이런 성장은 자원배분으로부터 오는 이득이 한계에 이르면 필연적으로 수확체감의 문제에 직면하게 된다. 대조적으로 프로메테우스적 내연성장은 기술진보와 혁신에 의해 이루어지는 지속가능한 성장이다. 이런 프로메테우스적 성장이 나타난 곳은 18세기 후반 영국이었는데, 산업혁명 기간 중에 그 이전에 주로 유기적 비료에 근거하던 농업사회는 광물 에너지원에 근거하는 산업사회로 대체되었다. 물론 많은 경제학자들과 경제사학자들이 해답을 얻으려 했던 매우 중요한 질문은 "프로메테우스적 성장이 왜 어느 특정 지역, 즉 영국에서, 그리고 역사의 어떤 특정 시점에서 발생했는가" 이다(Landes, 1969, 1990, 1998; Crafts, 1983, 1985; E. Jones, 1988; Wrigley, 1988; Mokyr, 1990, 1993, 2005; Diamond, 1997; Jay, 2000; Pomeranz, 2000; Jones, 2001b).

이스털린(Easterlin, 1996)의 견해에 의하면 프로메테우스적 내연성장 현상은 뚜렷이 구별되는 '체제변동(regime change)' 을 대표한다. 이스털린은 세계경제 역사를 세 가지 시대로 구분하는데, 각각의 시대는 직업의 주요 형태, 주민 거주지의 주요 형태, 그리고 인구 및 1인당 국내총생산의 증가율에 있어서 뚜렷이 구별되는 특징을 갖는다. 이스털린의 시대는 먼저 약 B.C. 8000년경에 끝나는 선사시대, 두 번째로 신석기 농업혁명에 의하여 시작되었고 18세기 중엽까지 지속된 정착민에 의한 농업이 이루어지던 시대, 그리고 세 번째로 경제활동의 구조나 특성에 있어서 괄목할만한 변화를 야기했던 현대경제성장의 시대로 이루어져 있다. 현대경제성장 체제에서 초기에는 1인당 소득과 인구증가 간의 양(+)의 맬서스의 관계가 이루어졌는데 이는 인구폭발로 이어졌다. 그러나 결국 현대경제성장 체제는 "1인당 소득과 기술 면에서 지속적 균제 성장에 의해 특징지워지고", 인구변화 추세가 변화하기 시작하면서 "산출량 수준과 인구 증가율간의 음(−)의 관계"로 나타난다(Galor and Weil, 2000). 최근에 몇몇의 경제학자들은, 경제성장에 관한 이야기는 현대의 지속적인 성장 경험을 설명하는 것과 더불어 장기간에 걸친 맬서스 류의 정체 상황도 설명할 수 있어야 한다고 주장한다(Galor and Weil, 1999, 2000; Galor and Moav, 2002; Hansen and Prescott, 2002; Parente and Prescott, 2005; 제11.21절 참조).

11.7 성장의 정형화된 사실들

경제성장에 대한 설득력 있는 이론이라면 역사적 경험에서 오는 성장의 정형적인 사실들과 명백하게 일치해야 한다. 어떠한 성장이론이라도 부합해야 할 주요 실증적 관찰들을 처음으로 찾아낸 학자는 칼도(Kaldor, 1961)이다. 다음에는 칼도이 여섯 개 정형화된 사실들 혹은 일반적인 경향들(K1~K6), 그리고 그에 덧붙여 폴 로머(Romer, 1989)와 존스(Jones, 2001a)가 주목한 또 다른 '사실들(R7~R11과 J12~J14)'을 나열한다.

K1 노동자 일인당 산출량은 지속적으로 상승하며, 장기적으로 생산성 증가율은 하락 추세를 보이지 않는다.

K2 자본–노동 비율이 지속적으로 증가한다.

K3 자본에 대한 수익률이 안정적이다.

K4 자본–산출 비율이 안정적이다.

K5 국내총생산에서 노동몫과 자본몫이 안정적이다.

K6 국가 간 생산성 증가율에 상당한 격차가 있다.

R7 많은 수의 국가들 횡단면 자료를 볼 때, 평균 성장률과 1인당 국민소득 수준 사이에는 상관관계가 없다.

R8 경제성장은 국제무역 규모와 양(+)의 관계에 있다.

R9 경제성장률은 인구증가율과 음(−)의 관계에 있다.

R10 성장회계 연구에서는 항상 '잔차'가 발견된다. 즉 요소투입물의 축적만으로는 성장을 설명할 수 없다.

R11 고소득 국가들에는 숙련된 노동자와 비숙련 노동자들이 모두 흘러들어간다.

J12 국가 간 1인당 국민소득에 커다란 차이가 있다.

J13 전 세계 혹은 개별 국가들의 성장률은 시간에 따라 상당한 격차를 보인다.

J14 세계의 소득분배에서 어느 국가든 상대적 위치가 변할 수 있다.

물론 이 모든 정형화된 사실들이 서로 독립적인 것은 아니다. 로머(Romer, 1989)가 지적하듯이, K2는 K1과 K4에서 온 것이고, K4와 K5는 K3을 함축한다. 로머는 K5의 타당성에 의문을 제시한다(Jones, 2004). J13에 대하여 경제학자들은 최근에서야 맬서스적 침체에서 '현대경제성장'으로 경제성장률이 전개되어온 과정을 설명할 수 있는 포괄적인 이론을 제시하려고 시도하기 시작했다(Galor and Weil, 1999, 2000; Hansen and Prescott, 2002).

11.8 근사적 성장요인 대 근본적 성장요인

템플은 그의 개관 논문(Temple, 1999)에서, 1960년 이후 중요한 역사적 교훈 중의 하나는 어떤 국가들은 '기적을 만드는 데' 성공적이지만 다른 국가들은 '성장 실패작'이 된 것이라고 강조한다. 기적을 이룬 국가들을 분석할 때, 경제학자들은 "다른 국가들의 성장률에 영향을 미치는 경제정책들을 평가하는 데 이러한 사실들을 이용할" 필요가 있다(Lucas, 1993). 그러나 이러한 판단은 현재 경제학자들이 얻을 수 있는 '막대한' 자료를 연구자들이 이해할 수 있도록 도와주는 이론적 구조 없이는 가능하지 않다. 루커스가 주장하듯이 동아시아의 경험에서 가치 있는 교훈들을 얻기 위해서는 "간단히 말해, 이론이 필요하다." 템플(Temple, 1999)이 경제학자들에게 어쩌면 가장 중요한 문제일 것을 다음과 같이 상기시킬 때 그는 루커스가 말하는 바와 똑같은 것을 뜻하고 있다. "왜 어떤 국가들은 부유하고 어떤 국가들은 가난한가? 경제학자들이 대답해야할 이보다 더 근본적인 질문을 생각하기가 어렵다."

경제성장 이론의 발전을 분석하는 데 근사적(proximate)인 성장요인과 근본적(fundamental)인 성장요인들을 구분하면 도움이 될 것이다. 근사적 요인들은 자본이나 노동 같은 생산요소들의 축적과, 규모의 경제나 기술진보와 같이 이들 요소들의 생산성에 영향을 미치는 변수들과 연관이 있다. 데니슨(Denison, 1967, 1974, 1985), 조겐슨(Jorgensen, 1996, 2001) 그리고 매디슨(Maddison, 1972, 1987, 1995)과 같은 성장회계 연구는 다양한 성장의 근사적 요소들을 분류해냈고, 신케인즈주의, 신고전파, 그리고 내생적 성장이론들은 이러한 근사적 변수들을 모형화하는 데 집중하는 경향이 있다. 그러나 우리가 일단 성장의 이러한 근사적 결정요인들을 고려하면 더 깊은 질문이 남는다. "왜 어떤 국가들은 다른 국가들에 비해 더 많은 인적자본과 물적 자본을 축적하는가?" 즉 성장의 근본적인 요인들을 분석할 필요가 있다(Rodrik, 2003).

근본적인(혹은 심층적인) 성장요인들은 생산요소를 축적하고 지식의 생산에 투자할 수 있는 한 국가의 능력과 수용력에 중요한 영향을 미치는 변수들과 연관이 있다. 예를 들어 템플(Temple, 1999)은 성장에 영향을 끼치는 '광범위'한 요소들, 즉 인구증가, 금융부문의 영향, 일반적인 거시경제적 환경, 무역체제, 정부규모, 소득분배 그리고 정치 · 사회적 환경 등을 고려하였다. 이 목록에 갤럽 외(Gallup et al., 1998)는 지금까지 무시되어 온 지리적 환경의 영향을 추가하였다. 근사적인 성장요인에서 근본적인 성장요인으로 연구의 초점이 이동하면서, 관심의 초점도 경제의 제도적 구조, '사회적 능력'(Abramovitz, 1986), '사회적 토대'(Hall and Jones, 1999) 혹은 '보조적 변수'(Baumol et al., 1994)로 옮겨갔다. 이제 '좋은' 통치체제, '좋은' 제도, 그리고 '좋은' 유인구조가 성공적인 성장과 발전을 위한 중요한 전제조건이 된다는 생각은 널리 받아들여지고 있다(World Bank, 1997, 2002).

로스토(Rostow, 1990)는 경제성장 분석의 역사에 관한 개관 논문에서 "18세기부터 현재까지 성장이론들은 한 가지 보편적 공식, 즉 보편적 생산함수의 이러저러한 형태에 기초를 두었다"는 중심 명제를 제시하였다. 아델만(Adelman, 1958)이 정식화시켰듯이, 이 식은 다음과 같이 식(11.4)로 표현할 수 있다:

$$Y_t = f(K_t, N_t, L_t, A_t, S_t) \tag{11.4}$$

여기서 k_t, N_t와 L_t는 각각 자본스톡, 자연자원(지리적 환경), 그리고 노동자원에서 오는 서비스를 의미하고, A_t는 경제에 존재하는 응용지식 스톡, 그리고 S_t는 아델만이 '사회문화적 환경'이라고 부르고 더 최근에는 아브라모비츠(Abramovitz, 1986)가 경제를 작동하게 만드는 '사회적 수용능력(social capability)'이라고 부른 것을 나타낸다. 이보다 더 정밀한 모형들은 인적자본과 물적자본을 구분한다. 사실 많은 저자들은 인적자본을 경제성장의 주요 요소로 고려한다(Lucas, 1988; Galor and Moav, 2003). 예를 들어 헤크먼(Heckman, 2003)은 현재 중국에서 물적 자본에 비해 교육에 평균 이하로 투자가 이루어지고 있는데 이것은 중국의 발전을 저해할 수 있는 정책의 '심각한 왜곡'이라고 주장하였다. 골딘(Goldin, 2001)도 20세기 미국 경제발전의 대부분을 인적자본의 축적의 덕으로 돌린다.

로스토(Rostow, 1990)에 의하면 "기본식 같은 그 무엇이 흄(Hume)의 경제 에세이들, 아담 스미스의 《국부론》, 최근의 신고전파 성장모형, 그리고 이 모형들이 나타났던 시기의 사이사이에 나타났던 기의 모든 정식화에 내재되어 있다." 이 보편적 식은 근사적 성장요인들과 근본적 성장요인들을 모두 포함하고 있으며, 아브라모비츠는 이미 50여 년 전에 이러한 요소들에 관심을 가졌다(Nelson, 1997). 확실히 S_t는 경제의 성장 잠재력이나 성과에 영향을 미치는 경제적 · 비경제적 요소들을 포함하는데, 여기에는 기업가들의 능력을 배분하는 제도, 유인구조, 법률 및 규칙이 포함된다(Baumol, 1990). 그러므로 성장의 '심층적(deeper)'인 결정요인들에 대한 연구를 통해 최근 경제학자들 중에는 제도나 유인구조의 중요성(North, 1990; Olson, 2000), 무역과 개방도(Krueger, 1997; Dolar and Kraay, 2003), 그리고 지금까지 소홀히 다루어져 온 지리적 환경의 효과(Bloom and Sachs, 1998)를 강조하는 사람들이 생겼다. 애덤 스미스는 이미 200년 전에 이런 세 가지 '심층적' 결정요인들을 모두 강조했었다!

경제성장의 '심층적' 결정요인들은 제11.17~11.20절에서 더욱 자세히 살펴볼 것이다. 그러기에 앞서 먼저 제11.9~11.16절에서 20세기 후반부터 지금까지 영향력 있었던 성장이론의 세 가지 조류를 정리한다. 세 개의 접근법은 모두 성장의 근사적 결정요인들을 강조하는데, 그것들은 다음과 같다.

1. 신케인즈주의 해로드-도마(Harrod–Domar) 모형
2. 솔로-스원(Solow–Swan) 신고전파 모형
3. 로머-루커스(Romer–Lucas)에 영감을 받은 내생적 성장모형들

각 모형에서 발전된 아이디어들은 동시다발적으로 발견이 이루어진 흥미로운 사례들이다. 첫 번째 관심의 파도는 로이 해로드(Harrod, 1939, 1948)와 에브시 도마(Domar, 1946, 1947)의 신케인즈주의적 연구에 집중되었다. 두 번째 관심의 파도는 1950년대 중반에 로버트 솔로(Solow, 1956)와 트레버 스원(Swan, 1956)에 의한 신고전파 성장모형의 발전에 의해 촉발되었는데, 이 파도는 좀 더 지속적이고 상당한 영향을 끼쳤다. 이 모형은 1970~86년에 이르기까지 상대적으로 무시되었지만 최근에 다시 불이 붙었다(Mankiw et al., 1992; Mankiw, 1995; Klenov and Rodriguez-Clare, 1997a, 1997b). 세 번째이자 가장 최근에 일어난 관심의 파도는 폴 로머(Romer, 1986)와 로버트 루커스(Lucas, 1988)의 연구에 의하여 시작되었고 내생적 경제성장 이론의 발전으로 이어졌다. 이 이론은 신고전파의 모형의 이론적 · 실증적인 결함을 인식하고 그에 대한 반응으로 나온 것이다(P. Romer, 1994a; Crafts, 1996; Blaug, 2002).

11.9 해로드-도마 모형

1936년 케인즈의 《일반이론》이 발간되면서 몇몇 경제학자들은 케인즈의 정태적 단기이론을 동학화하여 자본주의 시장경제의 장기적 동학을 연구하려고 시도하였다. 해로드(Harrod, 1939, 1948)와 도마(Domar, 1946, 1947)는 서로 독자적으로 경제 성장률을 자본스톡과 연계시키는 이론을 개발하였다. 케인즈가 투자가 총수요에 주는 영향을 강조한 반면에, 해로드와 도마는 투자지출이 또 어떻게 경제의 생산능력에 영향을 미치는가(공급측 효과)를 강조하였다. 해로드의 이론은 케인즈의 단기적 거시경제학에 기초하여 동학적 상태에서의 균형을 위한 전제조건을 확인한다는 점에서 도마의 이론보다 더 야심차지만, 여기서는 이 두 훌륭한 경제학자들의 공헌의 미묘한 차이를 무시하고 '해로드–도마' 모형으로만 부르기로 한다.

해로드–도마 모형의 가장 큰 장점은 단순성에 있다. 모형에서 노동력 증가율(n)은 외생적이고, 생산기술은 고정된 요소비율(일정한 자본-노동 비율, K/L)과 고정된 자본–산출 비율(K/Y)로 주어져 있다고 가정된다. 가계와 기업으로 구성된 2부문 경제를 가정하면, 단순한 국민소득 항등식을 식 (11.5)로 쓸 수 있다.

$$Y_t = C_t + S_t \tag{11.5}$$

여기서 Y_t = 국내총생산, C_t = 소비, S_t = 저축이다.

이 단순경제에서 균형을 위해서는 식 (11.6)이 필요하다.

$$I_t = S_t \tag{11.6}$$

식 (11.6)을 식 (11.5)에 대입하면 식 (11.7)이 된다.

$$Y_t = C_t + I_t \tag{11.7}$$

해로드–도마 모형에서 실질 국내총생산의 성장은 국내총생산에서 투자지출(I)이 차지하는 비율에 비례한다고 가정되고, 경제가 성장하기 위해서는 자본스톡의 순증가가 요구된다. 시간변화에 따른 자본스톡의 변화는 식 (11.8)에 따른다.

$$K_{t+1} = (1-\delta)K_t + I_t \tag{11.8}$$

여기서 δ는 자본스톡의 감가상각률이다. 전체 자본스톡(K)과 국내총생산(Y)과의 관계는 자본-산출 비율($K/Y = v$)로 알려져 있는데, 시간이 흘러도 일정하다고 가정한다. $v = K/Y$로 정의했으므로 $\Delta v = \Delta K/\Delta Y$이기도 하다. 여기서 $\Delta K/\Delta Y$는 추가적 자본-산출 비율(incremental capital–output ratio, ICOR)이다. 만약 총신투자가 총저축에 의해 결정된다면 해로드–도마 모형의 본질은 다음과 같이 표현될 수 있다. 총저축이 국내총생산(Y)의 특정 비율(s)이라고 하면 식 (11.9)로 표현 할 수 있다.

$$S_t = sY_t \tag{11.9}$$

$K = vY$이고 $I_t = S_t$이기 때문에 식 (11.8)을 식 (11.10)으로 쓸 수 있다.

$$vY_{t+1} = (1-\delta)vY_t + sY_t \tag{11.10}$$

(11.10)의 양변을 v로 나누고 식에서 Y_t를 빼고 정리하면,

$$Y_{t+1} - Y_t = [s/v - \delta]Y_t \tag{11.11}$$

이를 다시 Y_t로 나누면 식 (11.12)이 된다.

$$[Y_{t+1} - Y_t]/Y_t = (s/v) - \delta \tag{11.12}$$

여기서 $[Y_{t+1} - Y_t]/Y_t$는 국내총생산 증가율이다. $G = [Y_{t+1} - Y_t]/Y_t$로 놓으면 해로드–도마 성장식을 (11.13)으로 쓸 수 있다:

$$G = s/v - \delta \tag{11.13}$$

이는 간단하게 말해서, 국내총생산 증가율(G)이 자본–산출 비율(v)에 의해 나누어진 저축률(s)에 의해 결정됨을 의미한다. 저축률이 높을수록 그리고 자본–산출 비율과 감가상각률이 낮을수록,

경제는 더 빨리 성장한다. 다음의 논의에서 감가상각률을 무시하면 해로드–도마(Harrod–Doma) 모형은 식 (11.14)로 나타난다:

$$G = s/v \tag{11.14}$$

따라서 식 (11.14)로부터 해로드–도마 모형은 "성장을 높이는 데 자본축적이 우선적으로 중요하다는 사실을 지지한다"는 것이 명백해진다(Shaw, 1992).

해로드–도마 모형은 바그와티(Bhagwati)가 회상하듯이 20세기의 삼사분기동안 발전경제학 문헌에 엄청나게 큰 영향을 끼쳤고 경제계획 운영체계의 중요한 요소가 되었다. "이 인기 있는 모형이 함축하는 바는 극적이고 고무적이었다. 경제발전과 관련하여 가장 중심적인 문제는 단순히 투자에 더 많은 자원을 할애하는 것이었다"(Baghwati, 1984). 예를 들면 어느 개발도상국가가 1인당 소득이 매년 2%로 증가하기를, 즉 생활수준이 매 35년 마다 2배씩 증가하기를 원하고, 인구증가율이 2%로 증가한다고 가정한다면, 경제계획자들은 목표 국내총생산 증가율(G^*)을 4%로 잡아야 한다. $v = 4$라면 G^*는 단지 0.16의 저축률, 즉 국내총생산의 16%에 해당하는 희망 저축률(s^*)에 의해 달성될 수 있다. 만약 실제 저축률(s)이 희망 저축률보다 작다면($s^* > s$), '저축률 격차(savings gap)' 가 존재하고 계획자들은 이 격차를 좁힐 정책을 고안해 내야 한다.

해로드–도마(Harrod–Doma) 모형에서 성장률은 저축률과 양(+)의 관계에 있기 때문에, 1950년대 발전경제학자들은 개발도상국들이 '자생적 성장(self-sustained growth)' 으로 '도약' 할 수 있도록 하기 위하여 어떻게 민간 저축을 증가시킬 것인가에 대하여 그들의 연구노력을 집중하였다(Lewis, 1954, 1955; Rostow, 1960; Easterly, 1999). 1950년대 당시의 경제발전 견해를 돌이켜보면, 정부의 재정정책도 매우 중요한 역할을 했다. 이것은 재정흑자가 이론적으로 국내 민간저축을 대체할 수 있다고 생각되었기 때문이다. 만약 국내 금융재원이 원하는 목표성장률을 달성하기에 불충분하다면 대외원조가 이 '저축격차' 를 메울 수 있다고 생각되었다(Riddell, 1987). 필요원조(aid requirements, Ar)는 간단히 $s^* - s = Ar$로 계산되었다(Chenery and Strout, 1966). 그러나 해로드–도마 접근방법의 가장 큰 취약점은 자본–산출 비율이 일정하다는 가정이다. v의 역수 ($1/v$)는 투자의 생산성(ϕ)이므로 식 (11.14)는 다음과 같이 쓸 수 있다:

$$G = s\phi \tag{11.15}$$

불행히도 바그와티(Bhagwati, 1993)가 지적한 대로, 투자의 생산성은 주어지는 것이 아니라 정책운영체계의 효율성과 투자결정이 이루어지는 유인구조를 반영한다. 1980년대 이전 인도의 성장 실적이 낮은 것은 "실망스런 저축 실적이라기보다는 실망스런 생산성 실적" 때문이다(Bhagwati, 1993). 따라서 성장-투자 관계는 성장에 영향을 미치는 다양한 요소들 때문에 "느슨하고 불안정하다"(Easterly, 2001a). 더욱이 경제학자들은 곧 '필요원조' 또는 '금융 격차(financing gap)' 모형에서 두 번째 중요한 문제점을 발견했다. 이 모형에서는 원조가 일대일 방식으로 투자에 유입된다고 가정하였다. 그러나 저축 격차를 해소하기 위해 유입된 해외원조가 반드시 총저축을 증가시키는 것은 아니라는 사실이 곧바로 명확해졌다. 원조가 반드시 투자로 일대일로 유입되는 것은 아니다. 사실 많은 경우에 해외원조의 유입은 국내저축의 감소와 함께 투자의 생산성 하락으로 이어졌다(Griffin, 1970; White, 1992). 분(Boone, 1996)의 연구는 해외원조의 유입이 대부분의 원조 수혜국들의 성장률을 증가시키지 않았음을 확인해주고 있다. 또 다른 문제는 많은 개발도상국들에서 공공부문에서 발생하는 '연성예산제약(soft budget constraints)' 때문에 바그와티가 말한 '농땡이(goofing off)' 분위기가 팽배해 있었다는 점이다. 따라서 공공부문 기업들이 정부저축을 늘리기 위한 이윤을 창출하는 데 실패했다는 사실은 조금도 놀랍지 않다. 간단히 말해서 1950년 이후 오랜 기간 동안 경제발전에 대한 사고를 지배해 온 '자본 근본주의(capital fundamentalism)'와 '원조에 의한 투자 맹신(aid-financed investment fetish)'은 경제학자들을 '성장을 위한 불분명한 추구'에서 잘못된 경로로 이끌었다(King and Levine, 1994; Easterly, 2001a, 2003; Easterly et al., 2003; Snowdon, 2003a). 사실, 전 세계은행 경제학자인 윌리엄 이스털리(Easterly, 1999)는 해로드-도마 모형은 전혀 죽은 것이 아니며 비록 학문 분야에서는 오래 전에 사라졌지만 주요 국제금융기관에서 근무하고 있는 많은 경제학자들에게는 괄목할만한 영향을 미치고 있다고 주장하였다. 이스털리는 세계은행, 국제통화기금, 미주개발은행, 유럽부흥개발은행, 국제노동기구[2] 등에서 근무하는 경제학자들이 특정 국가들이 그들의 성장목표를 달성하기 위하여 필요로 하는 투자 및 필요원조를 계산하기 위하여 여전히 해로드–도마–체너리(Chenery)–스트라우트(Strout) 방법론을 사용하고 있음을 보여 주었다. 그러나 이스털리가 설득력 있게 보여주었듯이 원조가 일대일 방식으로 투자로 이전한다는 증거와 단기에 성장과 투자 간의 관계가 일정하다는 증거는 "확실하게 부정"되었다.

해로드-도마 모형의 또 다른 약점은 자본과 노동 간에 대체가 전혀 없다는, 즉 고정된 요소비율의 생산함수를 가정했다는 점이다. 이것은 장기성장에 관심이 있는 모형에는 '결정적'이지만 적절하지 못한 가정이다. 해로드–도마 모형의 이 가정 때문에 또 그 유명한 불안정성 명제, 즉 "장기에 걸쳐서도 경제체제의 균형 성장은 기껏해야 칼날 위에서의 균형"(Solow, 1956)이라는 명제가 도출된다. 해로드의 모형에서 노동의 완전고용과 함께 '균제성장(steady growth)'을 이루는 것은 요원한 일이다. 경제가 노동과 자본을 완전 고용하면서 균형에 머무르는 경우는 매우 특별한 경우일 뿐이다. 솔로(Solow, 1988)가 노벨상 수상 강의에서 지적했듯이, 해로드–도마 모형에서 균제성장을 이룩하는 것은 '기적적인 행운'이다. 문제는 생산함수로 표현되는 생산기술상태가 유연하지 않다는 가정에서 나온다. 해로드–도마 모형에서 자본-산출 비율(K/Y)과 자본-노동비율(K/L)은 일정하다고 가정된다. 성장모형에서 이것은 균형을 유지하기 위해서는 K와 Y가 항상 같은 비율로 증가해야 함을 의미한다. 그러나 모형이 또 일정한 자본-노동 비율(K/L)을 가정하고 있기 때문에,

2. 세계은행(World Bank, International Bank for Reconstruction and Development, IBRD), 국제통화기금(International Monetary Fund, IMF), 미주개발은행(Inter–American Development Bank, IDB), 유럽부흥개발은행(European Bank for Reconstruction and Development, EBRD), 국제노동기구(International Labor Organization, ILO).

K와 L도 같은 비율로 증가해야 한다. 그러므로 노동력(L)이 인구증가율(n)로 일정하게 증가한다면, 이 모형에서 균형이 유지될 수 있는 유일한 방법은 $n = G = s/v$가 성립하는 경우라고 결론내릴 수 있다. $n = G$가 성립하는 것은 순전히 우연적인 경우이다. 만약 $n > G$이라면, 그 결과는 지속적으로 증가하는 실업일 것이다. 만일 $G > n$이라면, 자본스톡이 점차 더 남아돌게 되고 따라서 산출량의 증가율은 $G = n$으로 하락하게 된다. 따라서 K와 L이 같은 비율로 증가하지 않는 한, 경제는 언제나 '칼날'의 균형성장 경로에서 미끄러 떨어질 것이다. 그러나 이러한 특성이 실제의 성장경험과 잘 부합하지 않는다는 증거는 압도적으로 많다(해로드-도마 모형에 대한 더 자세한 논의는 Hahn and Matthews, 1964; H. Jones, 1975 참조).

11.10 솔로 신고전파 경제성장 모형

솔로(Solow, 1956, 1957)와 스원(Swan, 1956)의 획기적인 논문이 발표된 후 신고전파 접근방법은 경제성장 분석에 있어서 최소한 학계 내에서는 주도적인 접근법이 되었다. 1956~ 70년 사이에 경제학자들은 '솔로 신고전파 경제성장 모형'으로 더 잘 알려진 '구성장이론(old growth theory)'을 세련되게 발전시켰다(Solow, 2000, 2002). 신고전파 생산함수 틀에 근거하여, 솔로 모형은 정부부문이 없는 폐쇄경제 하에서 저축과 인구증가 및 기술진보가 성장에 끼치는 영향을 강조하였다. 최근의 내생적 성장이론의 발전에도 불구하고 솔로 모형은 어떤 경제성장 논의에서도 아직 필요불가결한 출발점으로 남아있다. 맨큐(Mankiw, 1995, 2003)가 지적하듯이, 실제로 거시경제를 분석하는 사람들은 장기성장에 관한 질문에 대답을 해야 할 때마다 보통 간단한 신고전파 성장모형에서 출발한다(Abel and Bernanke, 2001; Jones, 2001a; Barro and Sala-i-Martin, 2003).

솔로 모형의 주요 가정들은 다음과 같다. (i) 단순화를 위하여, 경제는 투자와 소비로 동시에 사용될 수 있는 한 종류의 재화를 생산하는 1개 부문으로 구성되어 있다고 가정된다. (ii) 경제는 국제거래로부터 폐쇄되어 있고 정부부문은 무시된다. (iii) 저축되는 산출량은 모두 투자된다. 즉 솔로 모형에서 별개의 투자 함수가 없다는 것은 케인즈주의 경제학의 어려움이 제거된다는 것을 의미하는데, 이는 저축과 투자가 항상 일치하기 때문이다. (iv) 모형은 장기에 대해 관심을 갖고 있기 때문에, 케인즈주의 경제학에서 나타나는 안정화의 문제가 발생하지 않는다. 즉 완전 가격 신축성과 화폐중립성 가정이 적용되며, 경제는 항상 잠재(자연) 수준의 산출량을 생산하고 있다. (v) 솔로는 자본–산출 비율(K/Y)과 자본–노동 비율(K/L)이 고정되어 있다는 해로드–도마 모형의 가정을 폐기한다. (vi) 기술진보율, 인구증가율, 그리고 자본의 감가상각률은 모두 외생적으로 결정된다.

이 가정들을 통해서 우리는 솔로 모형에서 세 개의 주요 관계들, 즉 생산함수, 소비함수, 자본축적과정을 도출할 수 있다.

생산함수

솔로 성장모형은 신고전파 총생산함수 식 (11.16)을 중심으로 하며, 근사적 성장요인들에 초점을 맞춘다.

$$Y = A_t F(K, L) \tag{11.16}$$

여기서 Y는 실질 산출량, K는 자본, L은 노동투입을 의미한다. A_t는 생산기술상태(technology)의 크기, 즉 생산에 투입된 생산요소가 산출량으로 전환되는 방식의 크기인데, 외생적으로 주어져 있고 단지 시간에만 의존한다. A_t는 가끔 '총요소생산성(total factor productivity)'으로도 불린다. 생산기술상태가 외생적이라는 가정이 솔로 모형에서 뜻하는 바가 무엇인지를 확실하게 이해해야만 한다. 신고전파 성장이론에서 생산기술상태는 공공재라고 가정된다. 이 가정을 세계 경제에 적용하면, 이것은 모든 국가들이 동일한 지식 스톡을 함께 소유하고 있으며 그것을 자유롭게 이용할 수 있다는 것을 뜻한다. 즉, 모든 국가들은 동일한 생산함수를 사용할 수 있다는 것이다. 생산기술상태를 공공재로 취급하는 신고전파의 가정을 옹호하기 위해 맨큐(Mankiw, 1995)는 다음과 같이 주장한다.

> 생산함수는 문자 그대로 특정 생산과정에 대한 묘사가 아니라 요소 투입량으로부터 산출량으로의 함수로 해석되어야 한다. 서로 다른 국가가 동일한 생산함수를 가지고 있다는 것은, 만약 그들이 동일한 생산요소를 가지고 있으면 동일한 산출량을 생산한다는 것을 말하는 것에 불과하다. 서로 다른 양의 요소를 가지고 있는 국가들은 상품과 서비스를 생산하기 위해 정확히 동일한 생산과정에 의존할 필요가 없다. 어떤 국가가 자본스톡을 2배로 증가한다고 할 때, 이것이 이전의 2배에 해당하는 삽들을 각각의 노동자에게 준다는 것을 뜻하지 않는다. 대신 불도저가 삽을 대신한다는 것을 뜻한다. 경제성장을 모형화하기 위한 목적으로 볼 때, 이러한 변화는 경제가 완전히 새로운 생산함수를 사용한다기보다는 동일한 생산함수 상에서 이동하는 것을 뜻한다고 보아야 한다.

나중에 보겠지만(11.15절), 많은 경제학자들은 이러한 접근법에 동의하지 않고 국가들 사이에 매우 심각한 기술격차가 존재한다고 주장한다(Fagerberg, 1994; P. Romer, 1995). 그러나 솔로 모형을 다루기 위해서 우리는 계속 생산기술상태를 공공재로 취급할 것이다.

단순화하기 위하여 우선 기술진보가 없는 상황을 가정하고 시작하자. 생산기술상태가 주어져 있다고 가정함으로써 1인당 산출량과 1인당 자본의 관계에 집중할 수 있다. 따라서 식 (11.16)을 다음과 같이 쓸 수 있다:

$$Y = F(K, L) \tag{11.17}$$

식 (11.17)에서 주어진 총생산함수는 '잘 행동한다(well behaved)'고 가정된다. 즉, 이 생산함수는 다음 세 가지 가정을 만족시킨다(Inada, 1963; D. Romer, 2001; Barro and Sala-i-Martin, 2003; Mankiw, 2003). 첫째, $K > 0$과 $L > 0$의 모든 값에 대하여, 함수 $F(\cdot)$는 자본과 노동에 대하여 양(+)의 한계생산물 값을 갖지만 이 한계생산물은 체감한다. 즉 $\partial F/\partial K > 0$, $\partial^2 F/\partial K^2 < 0$,

$\partial F/\partial L > 0$ 과 $\partial^2 F/\partial L^2 < 0$이다. 둘째, 생산함수는 규모에 관한 수확불변(constant returns to scale)을 보여서 $F(\lambda K, \lambda L) = \lambda Y$이다. 즉, 투입요소를 λ배로 증가시키면 산출량도 λ배 만큼 증가한다. $\lambda = 1/L$로 가정하면 $Y/L = F(K/L)$이다. 이 가정에 따라 식 (11.17)을 식 (11.18)처럼 집약적(intensive)으로 쓸 수 있다. 여기서 $y = Y/L$ = 1인당 산출량이고 $k = K/L$ = 1인당 자본이다.

$$y = f(k),\ \text{모든 } k\text{에 대하여 } f'(k) > 0\text{이고 } f''(k) < 0 \tag{11.18}$$

식 (11.18)이 말하는 바는, 1인당 산출이 자본-노동 비율의 양(+)의 함수이고 수확체감을 보인다는 것이다. 규모에 관한 수확불변이라는 핵심적인 가정은 경제규모가 충분히 크기 때문에 추가적인 분업이나 전문화에서 오는 어떤 스미스적인 이득(Smithian gains)도 다 고갈이 되고, 따라서 노동력의 크기로 보는 경제규모는 1인당 산출량에 영향을 미치지 못한다는 것을 의미한다. 셋째, 자본-노동 비율이 무한에 접근할수록($k \to \infty$) 자본의 한계생산(marginal product of capital)은 0에 접근하며($MPK \to 0$), 자본-노동 비율이 0에 접근할수록($k \to 0$) 자본의 한계생산은 무한대로 나아간다($MPK \to \infty$).

〈그림 11.3〉은 위에서의 조건들을 만족시키는 신고전파 총생산함수를 집약적 형태로 표현한 것이다. 그림에서 볼 수 있듯이, 어떤 국가가 주어진 생산기술상태에 대하여 자본–노동비율을 증가시킨다면, 즉 1인당 더 많은 장비를 갖춘다면, 그 국가는 더 많은 1인당 산출량을 생산할 것이다. 그러나 수확체감 때문에 1인당 자본 축적, 즉 자본심화(capital deepening)에서 오는 1인당 산출 효과는 지속적으로 감소할 것이다. 따라서 k의 일정한 증가분이 y에 대해 끼치는 영향은 자본

그림 11.3 • 신고전파 총생산함수

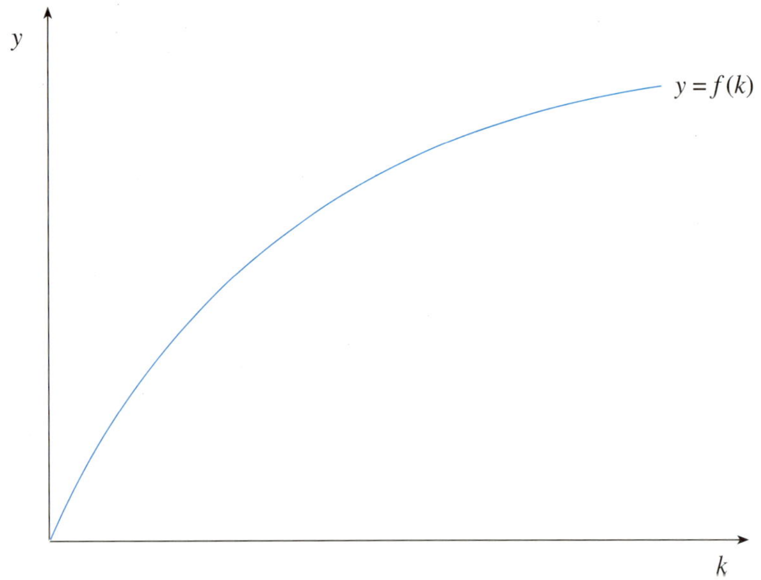

이 상대적으로 풍부한 경제보다는 상대적으로 희소한 경제에서 더 크게 나타난다. 즉 자본축적이 노동의 생산성에 미치는 영향은 선진국보다는 개발도상국에서 더 크게 나타난다.

생산함수의 기울기는 자본의 한계생산물을 나타내는데, $MPK = f(k+1) - f(k)$로 표현할 수 있다. 솔로 모형에서 MPK는 선진국에 비해 개발도상국에서 더 높게 나타날 것이다. 따라서 자본이동에 제한이 없는 개방경제 모형을 생각해 보면, 다른 조건이 동일할 때 자본은 좀 더 큰 잠재적 수익에 이끌려 부유한 국가에서 덜 부유한 국가로 이동할 유인을 갖게 되고, 이는 곧 자본축적 과정을 촉진시킬 것이라고 예상할 수 있다.

소비함수

1인당 산출량이 1인당 자본과 양(+)의 관계에 있기 때문에, 자본–노동 비율이 시간에 따라 어떻게 변하는가를 이해할 필요가 있다. 자본축적 과정을 이해하기 위해서 우리는 먼저 저축을 결정하는 요소가 무엇인지를 명시해야 한다. 폐쇄경제에서 총산출량 =총소득이고, 총소득은 소비(C)와 투자(I)의 두 가지 요소로 구성된다. 또 투자 =저축(S)이다. 따라서 소득에 대해 다음과 같은 식 (11.19)가 성립된다.

$$Y = C + I \tag{11.19}$$

또는 동치관계인

$$Y = C + S$$

이제 저축은 $S = sY$로 표현할 수 있다. 이 식은 간단한 형태의 저축함수이고, 여기서 s는 총소득에 대한 저축 비율이며 $1 > s > 0$이라는 특성을 가진다. 따라서 식 (11.19)는 식 (11.20)으로 다시 쓸 수 있다.

$$Y = C + sY \tag{11.20}$$

폐쇄경제라는 가정이 주어졌으므로, 국내 민간저축(sY)과 국내투자(I)가 일치해야 한다.

자본축적 과정

어느 한 시점에서 한 국가의 자본스톡(K_t)은 공장, 기계, 그리고 기반시설로 구성되어 있다. 매해 자본스톡의 일정부분이 마모되는데, 이런 감가상각과정을 모수 δ로 나타낸다. 이렇게 자본스톡이 감소하는 경향을 막아주는 것은 매년 자본스톡에 더해지는 투자량(I_t)이라고 볼 수 있다. 그러므로 위와 같이 투자와 감가상각이라는 두 가지 동력을 고려했을 때, 자본스톡의 변화과정에 대한 식을 다음과 같이 쓸 수 있다.

$$K_{t+1} = I_t + (1-\delta)K_t = sY_t + K_t - \delta K_t \tag{11.21}$$

식 (11.21)을 1인당 양으로 다시 쓰면 식 (11.21)이 된다.

$$K_{t+1}/L = sY_t/L + K_t/L - \delta K_t/L \tag{11.22}$$

식 (11.22)의 양 변에서 K_t/L을 빼면 식 (11.23)이 된다:

$$K_{t+1}/L - K_t/L = sY_t/L - \delta K_t/L \tag{11.23}$$

신고전파 성장이론에서 자본축적은 식 (11.24)에 따라 변화하는데 이것이 솔로 모형의 기본 미분식이다.

$$\dot{k} = sf(k) - \delta k \tag{11.24}$$

$\dot{k} = K_{t+1}/L - K_t/L$ 은 1인당 자본의 변화이고, $sf(k) = sy = sY_t/L$ 은 1인당 저축(투자)이다. $\delta k = \delta K_t/L$은 자본–노동 비율을 일정하게 유지하기 위해 필요한 1인당 '필수투자(investment requirements)' 를 나타낸다. 솔로 모형에서 균제상태(steady state) 조건은 식 (11.25)와 같이 주어진다.

$$sf(k^*) - \delta k^* = 0 \tag{11.25}$$

그러므로 균제상태에서 $sf(k^*) = \delta k^*$이다. 즉, 균제상태는 1인당 투자가 1인당 자본을 일정하게 유지하면서 1인당 감가상각을 보전하기에 정확히 충분한 상태이다.

노동력의 증가를 고려하여 모형을 확장하는 것은 비교적 간단하다. 솔로 모형에서는 노동참여율(participation rate)이 일정하기 때문에 노동력은 외생적으로 결정되는 인구 증가율과 동일한 비율로 증가한다고 가정된다. $k = K/L$이므로 노동공급이 증가함에 따라 인구증가율은 k를 감소시킬 것이다. 그러므로 인구증가는 k에 대해 감가상각과 같은 영향을 미친다. 인구증가의 영향을 반영하기 위해서 식 (11.24)를 수정할 필요가 있다. 이제 기본 미분식은 아래와 같이 된다.

$$\dot{k} = sf(k) - (n + \delta)k \tag{11.26}$$

여기서 $(n + \delta)k$는 1인당 자본스톡(k)을 일정하게 유지하기 위해 필요한 '필수투자' 혹은 '평형유지(break-even)투자' 로 생각할 수 있다. k가 하락하는 것을 막기 위해서 감가상각분을 보전할 수 있는 투자가 요구된다. 이것이 식 (11.26)에서 δk 항이 의미하는 바이다. 노동량이 n의 비율로 증가하기 때문에 또 다른 투자가 필요한데, 식 (11.26)의 nk항이 이것을 의미한다. 따라서 k가 일정하게 유지되기 위해서는 자본스톡이 $(n + \delta)$율로 증가해야 한다. 노동자 1인당 투자가 평형유지 투자를 위해 필요한 양보다 많다면 k는 증가할 것이고, 이 경우 경제는 '자본심화(capital deepening)' 를 경험하게 된다. 솔로 모형의 구조를 고려할 때, 경제는 결국 균제상태로 접근하게 되는데, 이는 1인당 실제투자인 $sf(k)$가 1인당 평형유지 수준의 1인당 투자인 $(n + \delta)k$와 일치하는 상태이다. 균제상태에서 1인당 자본의 변화는 $\dot{k} = 0$이 된다. 물론 균제상태에서도 기존의 1인당 자본량은 노동자들이 추가적으로 고용되더라도 그대로 적용되므로, 경제에서 '자본확대(capital widening)' 현상이 계속적으로 발생한다. 균제상태에서의 값을 표현하기 위하여 *를 사용하면 균제상태는 식 (11.27)로 정의할 수 있다.

$$sf(k^*) = (n+\delta)k^* \tag{11.27}$$

〈그림 11.4〉는 식 (11.18)부터 식 (11.27)에 이르는 식들로 설명된 솔로 모형의 본질적 특징을 나타낸다. 〈그림 11.4〉의 상단에 있는 $f(k)$는 잘 행동하는 집약적 생산함수를 나타낸다. $sf(k)$는 서로 다른 수준의 자본-노동 비율(k)에 대한 1인당 저축을 나타낸다. 선형관계인 $(n+\delta)k$는 평형유지 투자가 k에 비례함을 보여 준다. 자본–노동 비율 k_1에서는 1인당 저축(투자)(b)이 필수투자(c)보다 많다. 따라서 경제는 자본심화를 경험하고 k는 상승한다. k_1에서 1인당 소비는 $d-b$이고 1인당 산출량은 y_1이다. k_2에서는 $(n+\delta)k > sf(k)$이기 때문에 자본–노동 비율은 하락하고 자본은 '얕아진다(shallower)' (Jones, 1975). 균제상태 균형성장 경로는 k^* 에서 나타나는데, 이때 1인당 투자는 평형유지 투자와 일치하고 1인당 산출량은 y^*이며 1인당 소비는 $e-a$이다. 〈그림 11.4〉의 하단은 $\dot{k}$(자본-노동비율의 변화)과 k의 관계를 상태도(phase diagram)로 보여 준다. $\dot{k} > 0$일 때 k는 증가하고 $\dot{k} < 0$일 때 k는 하락한다.

〈그림 11.4〉의 위 부분의 a에서 보여주듯이 균제균형에서 1인당 산출량(y^*)과 1인당 자본(k^*)은 일정하다. 그러나 균제상태에서는 집약적 성장은 없더라도 인구(따라서 노동투입 = L)가 매년 n의 비율로 증가하고 있기 때문에 이연저 성장이 일어난다. 즉 $y^* = Y/L$과 $k^* = K/L$이 일정하게 유지되기 위해서는 Y와 K는 인구와 같은 비율로 증가해야만 한다.

〈그림 11.4〉에서 보듯이 다른 조건들이 일정하다는 가정 하에서, 인구증가율 혹은 감가상각률

그림 11.4 • 솔로 성장모형

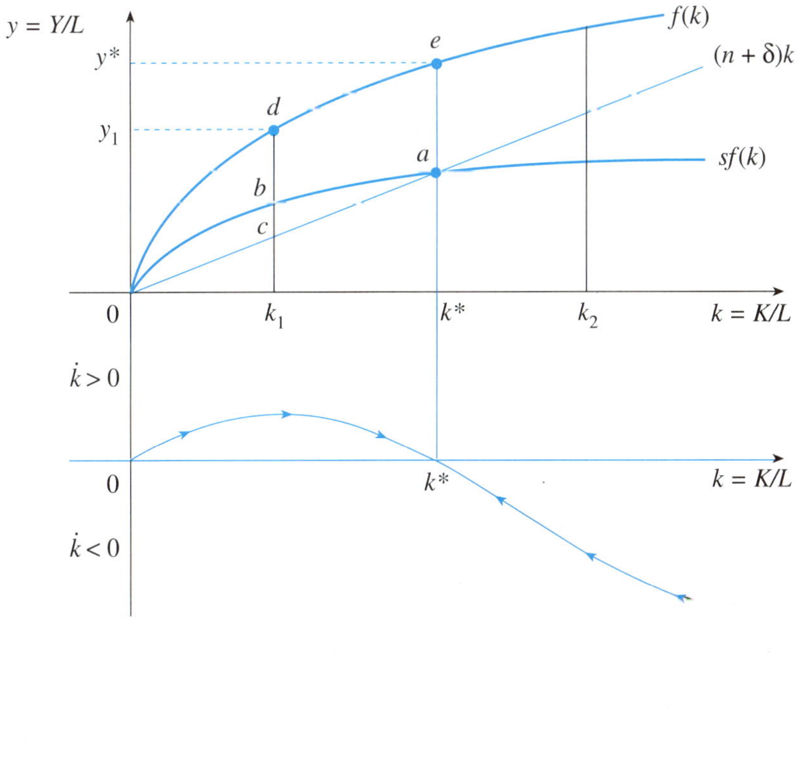

이 하락하면, 즉 $(n + \delta)k$ 함수가 하향 이동하면, 균제상태 1인당 산출량은 증가한다. 마찬가지로, 다른 조건이 일정하다 저축률이 증가하면, 즉 $sf(k)$ 함수가 상향 이동하면, 균제상태 1인당 산출량이 증가함을 알 수 있다. 특히 중요한 것은 저축률의 증가가 장기 성장률을 항구적으로 증가시킬 수 없다는 예측이다. 저축률이 증가하면 새로운 균제상태로 가는 이행 동학(transitional dynamics) 기간에는 성장률이 일시적으로 증가하며, 또 1인당 산출량 수준도 항구적으로 증가한다. 물론 변환기 동학 기간은 현실에서 오랜 기간일 수 있고, 수준효과(level effect)도 중요하며 과소평가되어서는 안 된다(Solow, 2000; Temple, 2003).

지금까지 우리는 기술진보가 없다고 가정했다. 최소한 산업혁명이 현재의 선진국에서 일어난 시기 이후 1인당 산출량이 지속적으로 증가하는 경향이 있다는 사실을 고려할 때, 1인당 산출량이 균제상태에서 일정하다고 예측하는 모델은 확실히 만족스럽지 못하다. 신고전파 성장모형에서 도출되는 결론 중 놀라운 것은, 기술진보가 없는 상태에서 자본축적을 통해 1인당 산출량을 증가시키는 경제의 능력이 수확체감, 사람들의 저축 의지, 인구증가율, 자본의 감가상각율에 의하여 제약을 받는다는 결론이다. 장기적으로 1인당 산출량이 증가하는 것을 보여주기 위하여 솔로 모형은 지속적 기술진보의 영향을 통합해야 한다.

생산함수 식 (11.16)의 코브-더글러스(Cobb–Douglas) 형태는 식 (11.28)로 쓸 수 있다.

$$Y = A_t K^{\alpha} L^{1-\alpha} \tag{11.28}$$

여기서 α와 $1 - \alpha$는 국민소득에서 자본과 노동이 점유하는 비율을 나타내는 가중치이다. 규모에 관한 수확불변을 가정하면, 1인당 산출량(Y/L)은 산출량 규모에 의해 영향을 받지 않고, 주어진 기술수준 A_{t0}에서 1인당 산출량은 자본–노동 비율(K/L)과 양(+)의 관계를 갖는다. 따라서 생산함수식 (11.28)을 식 (11.29)처럼 1인당 산출로 표현할 수 있다.

$$Y/L = A(t_0)(K/L) = A(t_0)K^{\alpha}L^{1-\alpha}/L = A(t_0)(K/L)^{\alpha} \tag{11.29}$$

$y = Y/L$ 그리고 $k = K/L$이라고 하면, 마침내 식 (11.30)과 같이 '집약 형태' 의 총생산함수에 다다른다.

$$y = A(t_0)k^{\alpha} \tag{11.30}$$

주어진 생산기술상태에 대하여, 식 (11.30)은 1인당 자본량의 증가(자본심화)는 1인당 산출량을 증가시킨다는 것을 보여주고 있다. 외생적 기술진보의 영향은 〈그림 11.5〉에서 두 시기 사이에 $(t_0 \Rightarrow t_1)$ 생산함수가 $A(t_0)k^{\alpha}$ 에서 $A(t_1)k^{\alpha}$ 으로 이동하는 것으로 나타난다. 이 경우 주어진 ka의 자본–노동비율 수준에서 1인당 산출량은 ya에서 yb로 증가한다. 신고전파 모형에서 1인당 산출량의 균제성장을 '설명' 하는 메커니즘은 외생적으로 결정된 지식 증가에 따라 생산함수가 계속 상향 이동하는 것뿐이다.

따라서 비록 솔로의 원래 의도는 아닐지라도 그의 신고전파 성장이론 덕택에 기술진보는 경제

그림 11.5 • 기술진보

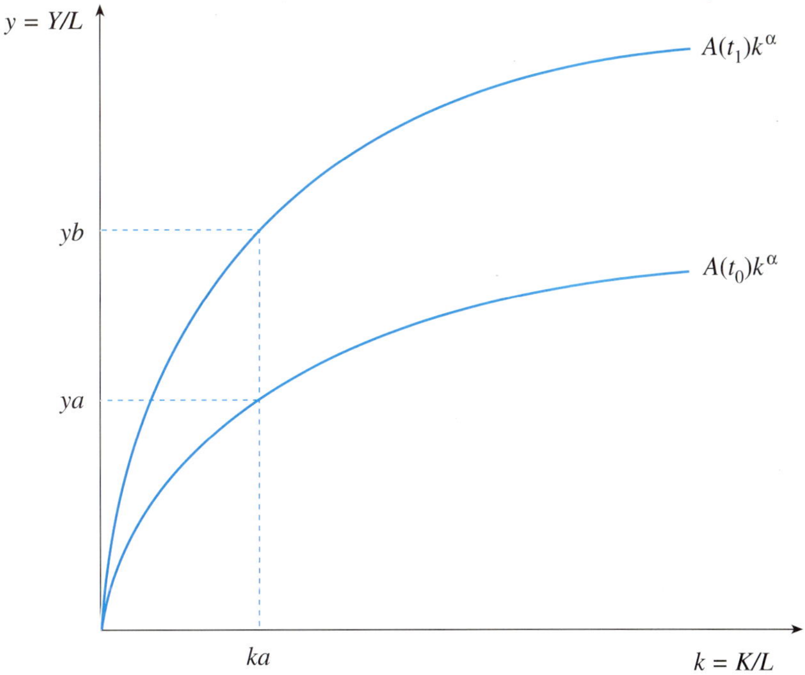

성장의 분석에 있어서 중요한 설명요소로 두드러지게 되었다. 그러나 어느 정도는 역설적으로, 솔로의 이론에서 기술진보는 외생적으로 주어져 있다. 다시 말하면 모형에서 기술진보는 설명되지 않는다. 솔로는 모형을 간단히 하기 위하여, 또 기술진보를 "이해하는 척"하지 않았기 때문에, 그의 모형에서 기술진보를 외생적으로 다루었다고 인정했다(이 장의 인터뷰 참고). 아브라모비츠(Abramovitz, 1956)가 말하듯이, 솔로 잔차(Solow residual)는 "우리의 무지에 대한 측정치"임이 밝혀졌다(Abramovitz, 1999). 배로와 살라이마르틴(Barro and Sala-i-Martin, X. 1995)은 이런 상황이 "명백히 불만족스런 상황"이라는 결론을 내린다. 또, 데이비드 로머(Romer, 1996)는 솔로 모형이 "모형에서 성장의 주요 원동력이라고 밝혀진 변수의 움직임을 그냥 주어진 것으로 받아들인다"라고 논평한다. 더욱이 비록 솔로 모형에서 장기 지속적인 성장을 달성하는 데 자본축적의 역할이 없다 할지라도, 기술진보가 새로운 자본시설에 체화(embodied)된다면 생산성 증가가 자본축적과 독립적인 것이 아닐 수도 있다. 비체화(disembodied)된 기술진보는 기존 생산요소의 생산성을 증대시킬 수 있다. 이런 비체화 기술진보와는 달리 체화된 기술진보는 기존 자본설비에는 이득을 주지 않는다. 여기서 주목해야 할 것은, 들롱과 서머스(DeLong and Summers, 1991, 1992)가 1960~85년 기간 동안 60개국 이상의 표본을 이용해서 얻은 결과에서 보듯이, 설비투자와 경제성장 간에 강한 연관이 있다는 것이다.

신기하게도 경제학자들은 오랫동안 자본주의 경제에서 경제동력의 주요 원천으로 기술진보가 갖는 결정적 중요성을 인식하고 있었지만(특히 마르크스와 슘페터), 기술진보와 혁신에 대한 경제학자들의 분석은 최근까지지도 상대적으로 홀대받아온 연구 분야였다(Freeman, 1994; Baumol, 2002).

이런 논쟁점은 잠시 옆으로 치워놓자. 여기서는 우선 솔로 모형이 성장과정에 대하여 다음과 같은 몇 개의 중요한 예측을 제시하고 있다는 사실을 인식하는 것이 중요하다(Mankiw, 1995, 2003; Solow, 2002).

1. 장기에 경제는 균제상태 균형으로 접근하는데, 여기서 y^*와 k^*는 초기 조건과는 독립적으로 결정된다.
2. 총산출량의 균제상태 균형성장률은 인구증가율(n)과 기술진보율(A)에만 의존한다.
3. 균제상태 균형성장로에서 1인당 총산출량 성장률은 기술진보율(A)에만 의존한다. 〈그림 11.5〉에서 볼 수 있듯이, 기술진보가 없다면 1인당 산출량의 증가는 종국에 가서 멈춰 버릴 것이다.
4. 자본스톡의 균제상태 증가율은 소득 증가율과 같으므로, K/Y는 일정하다.
5. 주어진 감가상각율(δ)에 대하여, 균제상태에서 1인당 산출량 수준은 저축율(s)과 인구증가율(n)에 의존한다. 저축률이 높아지면 y^*는 증가하고, 인구증가율이 높아지면 y^*는 감소한다.
6. 저축률(투자율)의 상승이 1인당 산출량의 성장에 끼치는 영향은 일시적이다. 경제가 새로운 균제상태로 접근함에 따라 일정 기간 동안 경제성장률이 더 높아진다. 그러나 저축률의 상승은 장기 지속가능한 성장률에 영향을 끼치지는 못한다. 단지 1인당 산출량 수준을 증가시킬 뿐이다. 솔로에게 있어서 이 발견은 '커다란 충격' 이었다.
7. 솔로 모형은 특수한 '수렴 특성' 을 가지고 있다. 특히 "여러 국가들에서 선호와 기술에 대한 구조적 모수들이 유사하다면 가난한 국가들은 부유한 국가들보다 더 빨리 성장하는 경향이 있다"(Barro, 1991).

솔로 모형에서 저축률의 증가가 장기 경제성장률에 영향을 미치지 못한다는 결과는 "조그만 아이러니 이상"을 의미한다(Cesaratto, 1999). 햄버그(Hamberg, 1971)가 지적하였듯이 신케인즈주의적인 해로드–도마 모형은 장기성장률을 증가시키는 데 저축의 증가가 중요함을 강조하고 있고, 케인즈(Keynes, 1936)의 《일반이론》에서는 저축률의 증가가 총수요에 미치는 부정적 영향으로 인해 산출량의 하락으로 이어진다('절약의 역설' 효과). 대조적으로 절약의 미덕을 강조하는 고전학파–신고전파 경제학의 오랜 전통은 이제 솔로 모형과 약간 거리를 갖게 되었다. 왜냐하면 솔로 모형에서 1인당 산출량의 증가를 주도하는 것은 절약이 아니라 기술진보이기 때문이다(Cesaratto, 1999).

11.11 경제성장의 원천에 대한 설명

경제학자들에게는 성장의 원인을 이해할 이론 틀만이 필요한 것이 아니다. 이에 덧붙여 실제 경제의 성장에서 자본, 노동 및 생산기술의 상대적 중요성을 계산할 간단한 방법도 필요하다. 현재 학계에서 기본적으로 쓰는 방법론은 솔로의 획기적인 논문(Solow, 1957)에 따라 '성장회계(growth accounting)' 라 불린다(Abel and Bernanke, 2001). 어떤 경제학자들은 성장회계의 전체 방법론과 이론적 근거에 대하여 매우 회의적이다(Nelson, 1973). 근사적 성장원인에 관해서는 앞의 식 (11.28)을 참조할 수 있다. 즉, 국내총생산(Y)의 증가는 자본축적, 노동공급 성장 및 기술진보의 가중 효과로부터 온다. 경제학자들은 시간의 경과에 따라 경제에 발생하는 자본과 노동량의 변화는 측정할 수 있지만, 기술변화(총요소생산성, total factor productivity, TFP)는 직접적으로 관찰할 수 없다. 그러나 자본요소 투입량과 노동요소 투입량 변화가 성장에 기여한 부분을 제외한 '잔차(residual)' 로서 총요소생산성의 변화를 측정하는 것은 가능하다. 솔로(Solow, 1957)의 방법은 총산출량 변화분에서 자본요소 투입량과 노동요소 투입량의 가중 기여도 부분을 뺀 것으로 총요소생산성의 변화를 정의하는 것이다. 간단히 말하면, 솔로 잔차(Solow residual)는 총산출량 변화분에서 측정가능한 자본투입량과 노동투입량의 변화분이 설명하지 못하는 부분을 측정한다. 솔로 잔차는 다음과 같이 도출될 수 있다. 식 (11.28)에서 총생산함수는 산출량(Y)이 자본(K), 노동(L) 그리고 현재 이용 가능한 생산기술(A)에 의존함을 보여 준다. A는 총요소생산성의 지표로 사용된다. 산출량은 K, L 혹은 A가 변화함에 따라 변화한다. 식 (11.28)에서 지수 α는 자본에 대한 산출량의 탄력성을 측정하고 지수 $1-\alpha$는 노동에 대한 산출량의 탄력성을 측정한다. 가중치 α와 $1-\alpha$는 국민소득 통계를 이용하여 추정할 수 있는데, 각각 국민소득에서 자본과 노동이 점유하는 비율을 의미한다. 이 가중치들의 합은 1이므로, 식 (11.28)은 규모에 대한 수확불변의 생산함수이다. 따라서 두 생산요소 K와 L이 같은 비율로 증가하면 산출량도 동일한 비율로 증가할 것이다. 산출물의 증가율은 A의 증가율, K^{α}의 증가율 그리고 $L^{1-\alpha}$의 증가율의 합이므로, 식 (11.28)은 다음 식 (11.31)로 쓸 수 있다. 식 (11.31)은 경제성장의 원인에 대한 수많은 실증연구에 사용되는 기본 성장회계 식이다(Maddison, 1972, 1987; Denison, 1985; Young, 1995; Crafts, 2000; Jorgenson, 2001).

$$\Delta Y/Y = \Delta A/A + \alpha\Delta K/K + (1-\alpha)\Delta L/L \tag{11.31}$$

식 (11.31)은 변화율로 표시된 코브-더글러스 생산함수(Cobb–Douglas production function)에 지나지 않는다. 이 식은 총생산의 증가율($\Delta Y/Y$)이 총요소생산성 변화($\Delta A/A$)의 기여도, 자본의 가중 기여도($\alpha\Delta K/K$) 그리고 노동의 가중 기여도($(1-\alpha)\Delta L/L$)에 의존함을 보여 준다. 식 (11.28)을 다시 쓰면 우리가 측정해야 할 생산성지표(TFP)를 식 (11.32)로 나타낼 수 있다.

$$TFP = A = Y / K^{\alpha} L^{1-\alpha} \tag{11.32}$$

이미 지적한대로 총요소생산성은 측정할 수 있는 직접적인 방법이 없기 때문에 잔차로 측정해야만 한다. 식 (11.32)를 각 변수들의 변화율에 대한 식으로 쓰면, 총요소생산성의 증가율(기술변화)을 잔차항으로 측정할 수 있는 식을 얻을 수 있다. 이는 식 (11.33)으로 나타난다.

$$\Delta A/A = \Delta Y/Y - [\alpha \Delta K/K + (1-\alpha)\Delta L/L] \tag{11.33}$$

산출량과 자본량 및 노동량은 관련 통계자료에서 얻을 수 있다. α와 (1 − α)의 추정치는 과거의 국민소득자료에서 얻을 수 있다. 예를 들어, 1909~49년 기간 동안 미국경제를 연구한 솔로의 원래 논문에서 총산출량 증가율($\Delta Y/Y$)은 연평균 2.9%로, 여기서 0.32%p는 자본($\alpha\Delta Y/Y$), 1.09%p는 노동($(1-\alpha)\Delta L/L$)에 의한 것이고 나머지 1.49%p가 '솔로 잔차'($\Delta A/A$)를 구성한다. 다르게 표현하면, 이 기간 동안에 미국이 경험한 경제성장의 거의 절반은 설명되지 않은 기술진보에 의한 것이었다. 이후 데니슨(Denison, 1985)의 논문에 의하면 1929~82년 기간 동안 $\Delta Y/Y = 2.92\%$이었고 그 중 1.02%p는 $\Delta A/A$에 기인한 것이었다. 더욱 최근에 동아시아 호랑이 경제들의 성장의 원인에 관하여 논쟁을 불러일으킨 영(Young, 1992, 1994, 1995)의 연구에서는 총요소생산성 증가율의 추정치가 대만 2.6%, 한국 1.7%, 홍콩 1.7% 그리고 싱가포르는 매우 작은 0.2%이었다. 이 국가들이 1960년대 초반 이후 전례 없는 국내총생산 성장률을 경험한 것은 사실이지만, 영의 연구가 제시하는 바는 이들의 경제기적이 자본축적이 빚어낸 기적이라는 것이다. 경제성장률에서 노동과 물적자본 및 인적자본의 증가율을 제외하면 따로 설명할 부분이 거의 없다. 특히 싱가포르의 경우는 더욱 그렇다(Krugman, 1994b; Hsieh, 1999; Bhagwati, 2000). 더 과거로 거슬러 올라가서 크래프츠(Crafts, 1994, 1995)는 1760~1913년 기간 동안 영국의 경제성장 원인을 추정하였다. 크래프츠의 추정치에 의하면 "20세기 기준으로 보았을 때 산출량과 총요소생산성의 증가율은 매우 완만하다"는 것을 알 수 있다(Crafts, 1995).

1973년 이후의 성장회계 자료에서 볼 수 있는 가장 명백한 특징은 잘 알려진 '생산성 저하' 수수께끼이다. 이 생산성 저하의 원인으로는 많은 것들이 알려져 왔는데, 여기에는 1970년대 석유가격 충격이 투자와 자본스톡에 끼친 부정적 효과, 혁신율의 하락, 부정적인 인구통계적 추세, 점차 더 규제적인 되어가는 경제 환경, 그리고 질적 변화를 측정하는 것 등의 측정 자체와 관련된 문제가 있다(Fischer et al., 1988).

최근 보스워스와 콜린스(Bosworth and Collins, 2003)는 성장회계에 관한 개관 논문을 통해 성장회계 기법이 유용하고 일관성 있는 결과들을 이끌어 낼 수 있다는 그들의 믿음을 재확인하였다. 성장을 설명하는 데 자본축적과 총요소생산성이 상대적으로 얼마나 더 중요한가에 대한 논쟁에서 그들은 "두 요소 모두 중요"하며, "이전의 연구들은 자본투입물에 대한 부적절한 측정 때문에 자본축적의 역할을 과소평가하였다"라고 결론내리고 있다.

11.12 수렴논쟁

1945년 이후 소위 제3세계라고 알려졌던 국가들은 경제발전을 이룩하려는 시도에 참여하여 1인당 국민소득 측면에서 부유한 국가들을 '따라잡기(catch up)' 시작한 것으로 보였다. 이러한 시도에서 개발도상국들은 다양한 경험을 했고, 이런 경험이 점차 많이 알려지면서 수렴이라는 경제성장의 주요 문제에 대한 연구가 부활되었다.

> 제3세계 국가들이 소위 '성숙한 산업국가들'의 집단에 참여하려는 노력은 20세기 후반을 특징짓는 주요한 사회적, 경제적, 정치적 현상의 하나로 볼 수 있다. 현대경제성장으로 전환하려는 이러한 시도는 원자(atom)를 다루려는 시도와 함께 이 시대의 가장 중요한 사건으로 손꼽을 수 있다. (Fei and Rains, 1997)

수렴문제에 대한 현대적 논의는 거셴크론(Gerschenkron, 1962)으로부터 시작되었다. 그는 빈국들이 '상대적 낙후(relative backwardness)'의 이득을 얻을 수 있다고 주장했는데, 그 이유는 발전된 국가들로부터 기술을 이전받을 수 있는 가능성이 빈곤한 국가들의 산업화 진행속도를 강하게 촉진시킬 수 있기 때문이다. 그러나 이 논쟁의 기원은 훨씬 이전인 1750년대로 거슬러 올라간다. 흄(David Hume)은 부유한 국가들의 경제성장은 '내생적 쇠약' 과정을 통해 그 속도가 둔화되는 자연스런 경향을 보여주기 때문에 성장과정은 결국 수렴현상을 나타낸다고 주장하였다(Elmslie and Criss, 1999). 오스월드와 터커(Oswald and Tucker; Elmslie and Criss, 1999)는 "과학 및 경제 활동에 대한 수확은 체증하거나 최소한 체감하지는 않기 때문에 가난한 국가들이 부유한 국가들에 자연적으로 수렴할 수는 없다"는 내생적 성장 견해를 제시하면서 흄을 반박했다. 엘름슬리(Elmslie)는 또 스미스(Smith, 1776)가 《국부론》에서 내생적 성장 견해를 갖고 있었다고 주장하였다. 스미스에 따르면, 사회에서 분업이 확대되면서 부유한 국가들은 덜 부유한 국가들에 대해 기술적 우위를 지속적으로 유지 또는 확대할 수 있다는 것이다(Elmslie and Criss, 1999). 이 주장은 과학의 항구적인 발전이 더 큰 발전과 경제적 진보를 위한 기초를 제공한다는 배비지(Babbage)의 1835년 논문의 중심 논제였다. 엘름슬리와 크리스는 배비시의 기계수출세한법에 대한 반론이 "내생적 성장에 대해 고전주의 시대에 나타난 가장 중요한 진술"이라고 주장한다. 왜냐하면 배비지가 주장하듯이 "과학이라는 햇볕이 자연의 장엄한 의복 외면의 주름을 통하여 침투하는 것처럼," 다른 국가들의 성장은 경제적 위협이 되지 않기 때문이다.

보다 근래에 와서, 수렴에 대한 문제는 1980년대 중반부터 많은 관심을 받기 시작하였다. 이 분야의 연구에 관심이 증가한 것은 많은 빈곤한 국가들이 부유한 국가들과의 1인당 소득격차를 좁히는 데 실패하고 있다는 인식이 증대한 데서 연유하였다(Islam, 2003). 세계의 국가 간 1인당 소득이 수렴하지 않는다는 수수께끼는 폴 로머(P. Romer, 1986)에 의해 처음으로 명확하게 표명되었다. 솔로 모형에서 수렴의 특성은 재생산할 수 있는 자본이 수익체감을 보인다는 중요한 가정에서 나온다. 규모에 대한 수확 불변이므로 노동과 자본의 비례적 증가는 산출량의 비례적 증가로 나타난다. 자본-노동 비율을 증가시키면 경제는 자본의 생산성 체감을 경험할 것이다. 따라서 낮은 자본-노동 비율을 가진 빈곤한 국가들에서는 자본의 한계생산물이 클 것이고, 그 결과 경제성장률은 주어진 투자율에 대하여 높아질 것이다. 대조적으로 부유한 국가들은 높은 자본-노동 비율, 낮은 자본의 한계 생산성, 따라서 낮은 경제성장률을 갖는다(그림 11.5의 총생산함수 $A(t_0)k^{\alpha}$을 참조). 수익체감의 강도는 생산과정에서 자본의 상대적 중요성에 의존한다. 따라서 자본분배율(α)의 크기는 생산함수의 굴곡도와 수익체감의 속도를 결정한다 (DeLong, 2001). 낮은 자본몫의 경우 ($\alpha = 1/3$), 노동의 평균 및 한계 생산성은 자본심화가 진행됨에 따라 급격히 감소한다. 〈그림 11.3〉에서 〈그림 11.5〉에 이르는 그림들에 있는 총생산함수를 보면 명확해지듯이, 솔로 모형에서 자본축적은 1인당 자본이 높았을 때에 비하여 1인당 자본이 낮은 경우 1인당 산출에 훨씬 더 큰 효과를 끼친다. 국제적으로 자본이동이 자유로운 무위험의 세계에서는 이러한 수렴경향이 더욱 강해질 것이다 (Lucas, 1990b). 신고전파모형은 균제상태에 도달한 경제들의 성장률도 장기에 수렴할 것이라고 예측한다. 그러나 로머가 지적하듯이 1인당 소득이 낮은 국가들이 높은 국가들보다 더 빨리 성장한다는 신고전파의 가설은 국가 간에서 찾아볼 수 있는 증거와는 부합하지 않는 것처럼 보인다.

1986년의 획기적인 논문에서 로머는 경제학자들이 선호하는 성장모형에 대하여 중요한 의문점을 제시하였다. 이 모형에서는 자본축적에 대한 수확이 체감하고, 시간에 흐름에 따라 성장률이 하락하며, 국가들 간의 1인당 소득과 성장률이 수렴한다. 성장률의 하락과 관련된 증거는 다른 국가들에 비하여 '선두' 에 있는 국가들의 역사적 성장기록을 보면 알 수 있다(여기서 선두는 생산성이 가장 높다는 의미로 정의된다). 매디슨(Maddison, 1982)은 1700년 이후 3개의 '선두' 국가들이 있었음을 확인하였는데, 이들은 네덜란드(1700~85), 영국(1785~1890), 그리고 미국(1890~1979)이다. 21세기가 시작되면서 미국은 여전히 선두 국가로 남아있다. 그러나 로머가 지적하듯이, 성장률은 18세기 네덜란드가 거의 0%이었던 것에서, 1890~1979년 기간 동안 미국의 경우 2.3%까지 증가했다. 산업화된 국가들의 역사자료 또한 음(–)보다는 양(+)의 성장추세를 보인다. 결국 로머는 신고전파 모형을 수정하기보다는 대체한다고 할 수 있는 내생적 경제성장 이론을 도입했는데, 이 모형에서는 균제상태의 소득수준이 존재하지 않고, 성장률이 시간에 따라 증가할 수 있으며, 국가들 간의 1인당 소득 격차가 무한히 지속될 수 있다.

수렴의 일반적인 특징은 빈곤국들이 평균보다 더 빠른 성장률을 보이고 부유한 국가들은 평균보다 낮은 성장률을 보이는 것으로 표현된다. 전 세계적으로 볼 때 "이러한 현상은 찾을 수 없다" (Sachs and Warner, 1995). 그러나 미국의 주(州)들, 일본의 현(縣)들, 유럽공동체 내의 국가들 사이와 또 OECD 국가들 사이에는 수렴이 존재한다는 강력한 증거가 있다(Baumol, 1986; DeLong, 1988; Dowrick, 1992; Barro and Sala-i-Martin, 2003). 이렇게 상반되는 증거 앞에서 보몰(Baumol)은 경제에 '수렴그룹(convergence group)' 이 있을지도 모른다고 제안한다. 즉, 적절한 인적자본의 기초와 경제성장에 유리한 제도를 갖춘 국가들만이 수렴하는 성장에 참여할 수 있다는 것이다. 좀 더 최근에 들롱과 다우릭(DeLong and Dowrick, 2002)은 "지금까지 존재했던 수렴현상이 지역과 시간에서 국한되어 있었음"을 보여 주었고, 그 결과 프리쳇(Pritchett ,1977)의 표현을 빌리면 '격차, 흥륭의 시기(Divergence, Big Time)' 가 존재해 왔다(Jones, 1997a, 1997b; Melchior, 2001).

배로(Barro, 1991)의 연구는 수렴에 관한 신고전파모형의 예측이 상당한 수정을 필요로 함을 보여 주었다. 만약 모든 국가들에서 저축율이 동일하고 인구 증가율도 동일하며, 기술에 대해 무제한적인 접근이 가능하다면, 상대적인 자본집약도가 국가들 사이의 1인당 산출량을 결정한다. 동일한 수준의 균제상태로 이동하는 동학적 이행 과정에서 낮은 자본집약도를 가진 빈곤한 국가들은 부유한 국가들보다 더 빨리 성장한다고 예측된다. 이러한 상황에서 무조건적(unconditional)인 혹은 절대적(absolute)인 수렴이 나타난다. 명백하게, 이러한 결과는 제한적 조건 하에서 OECD 국가들이나 미국처럼 유사한 특성들을 가진, 상대적으로 동질적인 국가들이나 지역들 간에서만 관찰된다. 현실적으로 많은 국가들은 저축성향, 정부정책 그리고 인구증가와 같은 주요 변수들에서 매우 다르고 서로 다른 균제상태로 이동하고 있다. 따라서 솔로 모형의 일반적인 수렴특성은 조건적(conditional)이다. "각 국가는 자기 자신의 균제상태로 수렴하는데 이 균제상태는 각 국가의 저축과 인구증가율에 의해 결정된다"(Mankiw, 1995). 이 조건부 수렴의 특성은 1인당 소득이 장기 균제상태의 수준보다 상대적으로 낮다면, 동학적 이행 기간 중에는 성장률이 높다는 것을 의미한다. 각 국가가 각자의 균제상태에 이르렀을 때 성장률은 기술진보율과 같은 수준일 것이다. 부유한 국가들이 빈곤한 국가들보다 높은 균제상태의 k^*값을 갖는다면 절대적인 의미에서의 수렴 가능성은 없을 것이다. 배로(Barro, 1997)가 지적하듯이 "정부정책이 해로운 영향을 끼치거나 저축률이 낮기 때문에 장기 균제상태에서의 자본집약도마저도 낮은 빈곤한 국가는 빠르게 성장하기 힘들다." 그러므로 조건부 수렴은 부유한 국가들이 빈곤한 국가들보다 더 빠르게 성장하여 1인당 소득에서 격차를 벌일 가능성을 열어 둔다. 국가마다 균제상태의 1인당 국민소득이 다르기 때문에, 각 국가는 초기 1인당 소득과 자신의 장기균제상태 1인당 소득 사이의 격차가 클수록 더 빨리 성장하는 경향이 있을 것이다.

이는 다음과 같은 예를 통해 볼 수 있다. 기술진보가 없다고 가정하면 식 (11.34)와 같은 형태의 집약적 생산함수를 얻는다.

$$y = k^{\alpha} \tag{11.34}$$

식 (11.34)를 성장률로 표현하면 식 (11.35)가 된다.

$$\dot{y}/y = \alpha\dot{k}/k \tag{11.35}$$

솔로의 기본 방정식 (11.26)의 양변을 k로 나누면 식 (11.36)이 된다.

$$\dot{k}/k = sf(k)/k - (n + \delta) \tag{11.36}$$

따라서 식 (11.35)를 식 (11.36)에 대입하면 1인당 산출량에 대한 표현인 식 (11.37)이 된다.

그림 11.6 • 이행기 동학

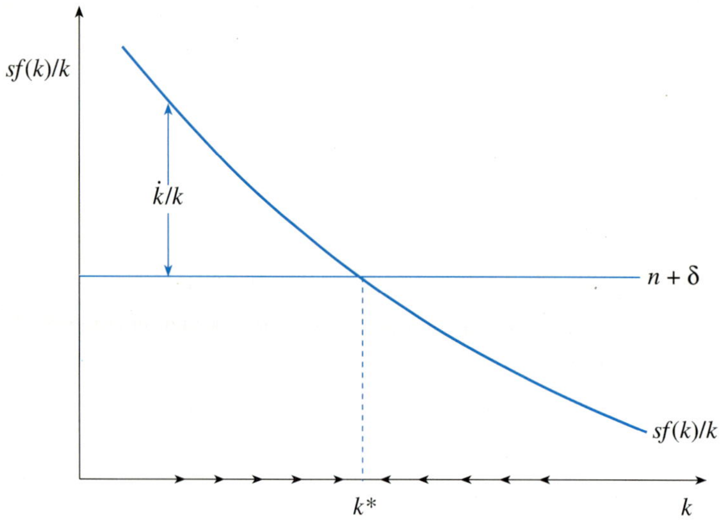

그림 11.7 • 조건부 수렴

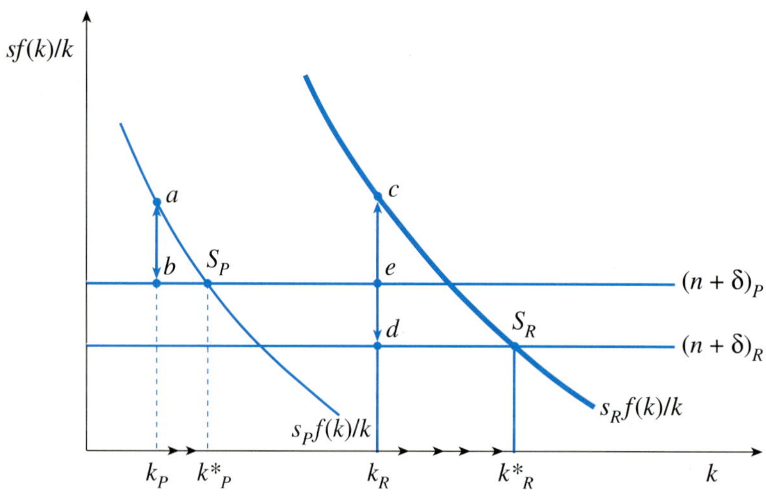

$$\dot{y}/y = \alpha[sf(k)/k - (n+\delta)] \quad (11.37)$$

〈그림 11.6〉에서 자본-노동 비율의 증가율($\dot{k}/k$)은 $sf(k)/k$함수와 유효 감가상각선 $n+\delta$ 사이의 수직 거리로 나타난다(Jones, 2001a; Barro and Sala-i-Martin, 2003). 저축곡선과 유효 감가상각선의 교차점에서 균제상태의 1인당 자본 k^*가 결정된다. 〈그림 11.7〉은 부유한 선진국과 빈곤한 개발

도상 국가를 비교한 것이다. 여기서는 현실에서와 비슷하게 개발도상 국가가 선진국보다 높은 인구증가율을 갖고 (즉, $(n + \delta)_P > (n + \delta)_R$), 선진국이 개발도상국보다 더 높은 저축률을 갖는다고 가정한다. 개발도상국의 균제상태는 균제상태 자본-노동비율 k_P^*을 가진 점 S_P이다. 마찬가지로 선진국의 균제상태는 점들 S_R과 k_R^*이다. 이들 국가의 현재 위치가 k_P와 k_R이라고 하자. 자본–노동 비율 증가율이 개발도상국(거리 $a - b$)보다 선진국(거리 $c - d$)이 더 크기 때문에, 선진국의 성장률은 확실히 개발도상국의 성장률보다 빠를 것이다. 또 〈그림 11.7〉에 의하면 비록 선진국이 개발도상국과 같은 인구증가율을 갖는다고 하더라도 저축곡선과 유효 감가상각선과의 거리가 개발도상국의 경우 더 크므로, 즉 $a - b < c - e$이므로, 선진국이 여전히 더 빠르게 성장한다.

최근에 루커스(Lucas, 2000b)는 모형을 사용하여, 산업혁명이 전 세계에 걸쳐 확산되면서 보여준 특징들을 분석했다. 여기서 그는 세계 소득의 동학적 변화를 수리적으로 시뮬레이션 했다(Snowdon, 2002a). 21세기의 전망을 논의하면서 루커스가 시뮬레이션 실행에서 얻은 결론은 "사회 간에 소득평등이 회복되는 일은 다가올 세기의 주요 경제적 사건이 될 것"이다. 21세기에는 '수렴, 흥륭의 시대(Convergence, Big Time)'를 볼 것이라는 것이다. 요약하자면, 조만간 "모든 국가들이 산업혁명에 참가함"에 따라 '수렴그룹'은 지속적으로 커질 것이다.

루커스 모형에서는 후발국가가 선두 국가보다 빠르게 성장하고 결국 선두 국가의 1인당 소득 수준으로 수렴할 것이지만, "선두 국가의 수준을 결코 능가하지는 못할 것이다". 후발 국가가 선두 국가와의 격차를 해소하므로 후발 국가의 성장률이 선두 국가 수준, 즉 2%로 수렴한다고 루커스는 가정한다. 산업화 이전 단계의 국가가 성장하기 시작할 가능성은 과거의 성장경험이 반영된 다른 국가들의 생산수준과 양(+)의 관계가 있다. 선두 국가에서 후발국가로 산업혁명이 확산되는 데는 여러 가지 가능한 원인들이 있다. 예를 들면 아래와 같다.

1. 인적자본의 외부성에 따른 파급효과를 통해 이루어지는 확산(Tamura, 1996). "한 지역에서 생산된 아이디어는 다른 모든 지역의 사람들에게 이득을 준다"는 생각
2. 성공적인 국가들의 제도나 정책을 채택함으로써 성장 저해요인을 제거하여 이루어지는 확산(Olson, 1996; Parente and Prescott, 1999, 2000)
3. 수확체감으로 인해 저소득국가로 자본이 이동함으로써 이루어지는 확산(Lucas, 1990b)

루커스의 시뮬레이션에서 산업혁명의 확산은 19세기에 상대적으로 느리게 나타났으나 20세기에 '극적으로' 가속화되었고 2000년에 이르러서는 "산업화가 안 된 정체된 경제에 사람들이 거의 남아 있지 않았기 때문에" 다시 속도가 느려졌다. 루커스의 시뮬레이션에 의하면 2000년까지 세계의 90%가 성장하고 있다. 확산율이 주어진 상태에서 세계소득 불평등은 처음에는 증가하고 1970년대쯤에 최고점에 이르렀다가 다음에는 하락하여 '결국 0에' 이르렀다. 루커스에 의하면 프리쳇(Pritchett, 1997)이 논의했던, 장기에 걸친 세계소득 불균등의 증가 시기는 지나갔다. 루커

스의 모형에서 전세계 생산의 성장률은 '1970년경에' 최고점에 도달하며 그 후 2100년을 바로 지난 어느 시점에서 2%로 하락한다고 예측된다. 이 예측은 "지난 2세기 동안에 1인당 소득의 움직임에 대하여 우리가 알고 있는 것과 부합"하는 것으로 보인다(Lucas, 2000). 그러나 크래프츠와 베너블스(Crafts and Venables, 2002)는 루카스의 낙관론과 의견을 같이 하지 않는다. 지역적 요소 및 대규모화(agglomeration) 요소들을 고려할 때 국가들의 환경이 동일하지 않고, 따라서 빈곤한 국가들의 수렴가능성은 루카스에 의해 제시된 것보다 훨씬 더 제한되어 있다는 결론을 내린다. 대신 몇몇 국가들로 구성된 그룹에서만 급격한 수렴을 관찰할 수 있다(세계 소득분배의 변동에 대한 더 자세하고 대조적인 견해에 대해서는 Barro and Sala-i-Martin, 2002a, 2002b; Bourguignon and Morrisson, 2002; Milanovic, 2002 참조).

솔로 모형이 조건부 수렴을 예측하고 성장률의 격차를 '이행기 동학(transitional dynamics)'으로 설명하는 반면, 그에 대안으로 제시된 '따라잡기 가설(Catch-up hypothesis)'은 기술혁신 최전방의 뒤에서 따라가는 경제권들과 기술적으로 발전한 선두 경제권들 사이에 기술격차가 있음을 강조한다(Gerschenkron, 1962; Abramovitz, 1986, 1989, 1990, 1993). '따라잡기'에 관한 문헌은 또 역사적 분석, 사회적 역량 그리고 제도적 요소들을 더 강조한다(Fagerberg, 1995).

솔로 모형에서는 성장률 격차에 이르는 주 과정이 자본축적과 연관이 있지만, 따라잡기 모형에서는 1인당 소득이 낮은 국가들이 더 앞선 국가들의 기술을 채택할 수 있는 잠재력이 곧 빈곤한 국가들이 부유한 국가들보다 더 빨리 성장할 수 있는 잠재력이다. 다르게 표현하면, 노동생산성을 증가시키는 세 개의 잠재적(근사적) 요인들이 있는데, 이는 아래와 같다.

1. 물적 자본과 인적자본을 통한 성장
2. 세계적 생산곡선의 이동을 가져오는 기술진보를 통한 성장
3. 세계적 생산곡선 쪽으로 이동하게 하는 기술적 따라잡기를 통한 성장

다르게 표현하면 빈곤 국가들은 '최고실적' 기술을 대표하는 생산기술의 최전선 쪽으로 이동함으로써 더 빨리 성장할 수 있는 추가적인 기회를 갖는다. 즉, 로머(P. Romer, 1992)가 지적하듯이, 빈곤 국가들은 '물적 격차(object gap)'보다 '아이디어 격차(idea gap)'를 축소시킬 필요가 있다. 쿠마르와 러셀(Kumar and Russell, 2002)은 "기술적 따라잡기를 했다는 상당한 증거"가 있음을 보였지만, 파렌테와 프레스컷(Parente and Prescott, 2000)은 많은 국가들에서 '최고실적' 기술을 채택하지 못한 것은 기술진보를 통해 나타나는 변화 때문에(적어도 단기에는) 피해를 볼 특정 집단을 보호하기 위하여 형성된 장애물 때문이라고 강조하였다. 신고전파 주장과 따라잡기 주장에 따르면, 경제성장률이 1인당 국내총생산 수준과 매우 밀접히 연관되어 있으며, 빈곤 국가들은 상대적으로 낙후되어 있기 때문에 오히려 경제성장 측면에서 이득을 본다. 또한 개방이 더 된 국가들이 폐쇄된 국가들보다 더 빨리 수렴한다는 증거들도 누적되고 있다(Sachs and Warner, 1995;

Krueger, 1997, 1998; Edwards, 1993, 1998; Parente and Prescott, 2000). 이런 현상은 현대에는 맞는 것처럼 보이지만, 볼드윈 외(Baldwin et al, 2001)의 연구에 따르면, 산업혁명 시기 중에는 국제무역이 부유한 국가와 빈곤국가들 사이에 격차를 만드는 데 일조했다. 그러나 그들은 또 "현대에서는 무역의 거래비용이 엄청나게 하락했기 때문에 이것이 '남반구 산업화(southern industrialization)' 에 대한 주요 실마리가 될 것"이라고 제시한다(Galor and Mountford, 2003).

마지막으로 주의할 점은, 1인당 국내총생산과 관련하여 '격차, 흥륭의 시기' 가 존재했지만 이는 기대수명의 면에서 지구상에서 벌어지고 있는 현상과는 '상당히 대조적' 이라는 것이다. 기대수명에서는 상당한 정도의 수렴이 존재한다. 베커 외(Becker et al., 2003)는 1965~95년 기간 동안 45개국의 선진국과 개발도상국에 대하여 수명증가에 의한 이득을 화폐로 추정한 값을 포함하는 '전체소득(full income)' 을 계산하였다. 삶의 질뿐만 아니라 삶의 양적인 측면에서도 경제적 후생을 측정함으로써 이들은 소득수렴 부재현상이 이제 역전되었음을 보여 주었다. "저소득 상태에서 출발한 국가들은 '전체소득' 의 측면에서 더 빠르게 성장한다. 연구 기간 동안 '전체소득' 의 증가율은 선진국들에서는 평균 140%, 개발도상국들에서는 192%였다(Crafts, 2003)".

11.13 솔로 모형을 넘어서

기술변화에 대한 이론이 없다는 것이 신고전파 성장 기본모형의 명확한 약점이지만 맨큐(Mankiw, 1995)는 이론에서 나온 많은 일반적인 예측이 '경험과 광범위하게 부합한다' 고 주장한다. 예를 들어, 국가 간 자료를 보면 인구증가와 1인당 국민소득 사이에는 강한 음(−)의 관계가 있고 1인당 소득과 저축(혹은 투자) 간에 강한 양(+)의 관계가 나타난다(Jones, 2001a). 신고전파 기본모형이 예측하듯이, 부유한 OECD 국가들의 성장률은 상대적으로 낮은 반면, 상대적으로 낮은 1인당 소득과 낮은 자본집약도에서 출발하는 국가들은 급속한 성장을 보여준다. 또한 OECD 국가들 사이, 그리고 미국, 유럽과 일본 내의 지역이나 주 사이와 같이 상대적으로 동질적인 경제들 사이에는 강한 수렴이 나타난다(Baumol, 1986; Barro and Sala-i-Martin, 1995). 더욱 범위가 크고 다양한 자료를 보면, 성장률과 초기(예를 들면 1960년) 1인당 소득수준 간에 기대되는 음(−)의 관계, 즉 절대적 수렴의 증거는 거의 없다(P. Romer, 1986, 1989; Delong, 1988). 그러나 "조건부 수렴이라는 핵심 아이디어는 자료에 의해 강력히 뒷받침된다"(Barro, 1991, 1997). 조건부 수렴은 국가 및 지역에 대해서 상당한 설명력을 갖는다. 영(Young, 1992, 1994, 1995)의 성장회계 연구에 의하면, 아시아 호랑이 경제들의 성장은 쉽게 설명될 수 있는데, 그것은 현저하게 높은 총요소생산성의 증가라기보다는 "주로 요소투입의 빠른 축적에 의한 것"이다. 크루그먼(Paul Krugman, 1994b)이 주장하듯이 이 연구의 의미는 이런 빠른 성장이 이미 일본에서 보인 것처럼 미래에 상당히 느려질 수 있다는 것이다. 솔로 모형은 또 1945년 이후 일본과 독일의 '기적', 그리고 프랑스와 이탈리아의 상대적으로 좋은 성장 실적에 대하여, 그것이 자본스톡의 '재건' 을 통해 높은 1인당 소득 균제상태로 옮겨간 동학적 이행의 결과였다는 설득력 있는 설명에 이용되었다. 이들 경제들이 2차 세계대전 이후 파괴된 자본스톡을 '재건' 했기 때문에 빠르게 성장했다는 설명은 설득력이 있어 보인다.

그러나 솔로 모형으로는 극복하고 설명하기 힘든 많은 중요한 결점과 어려운 문제들이 있다. 첫째, 솔로 모형에서는 예를 들어 세금유인을 통해 저축을 증가시키는 것 같은 경제정책을 통해 1인당 산출량 수준이 영구적으로 증가할 수 있지만 장기성장의 경로가 변화하지는 않는다. 성장률은 단지 새로운 균제상태로 옮겨가는 동학적 이행 기간 동안만 일시적으로 증가할 수 있다. 국가 간 성장의 차이 역시 동학적 이행기 동안 성장률이 장기의 지속가능한 성장률보다 높다는 것으로 설명할 수 있다. 솔로 모형에서 지속적인 성장은 기술진보가 있는 경우에만 가능한데, 이는 기술진보 없이는 1인당 소득의 증가율이 자본축적에 대한 수확체감의 영향에 의해 멈추기 때문이다. 많은 국가들에서 1인당 소득이 지난 100년 동안 증가해왔고 성장률이 하락하는 경향을 보이지 않았다는 사실을 고려할 때, 솔로 모형에서 지속적 성장을 설명하는 데 있어 기술진보의 역할은 결정적이다. 그러나 바로 여기에 신고전파 모형의 명백한 단점이 존재한다. "1인당 소득의 장기 성장률은 모형 외부에 있는 요소, 즉 기술진보율에 의해 전적으로 결정된다. 따라서 궁극적으로 우리에게 남아있는 것은 다른 모든 것은 설명하면서 장기성장은 설명하지 못하는 성장모형이다. 이것은 명백히 불만족스런 상황이다(Barro and Sala-i-Martin, 1995)". 더욱이 로머(Romer, 1989)가 강조하듯이, 장기 성장에 대한 정책적 제언에 있어서 신고전파 모형이 제시할 수 있는 것은 거의 없다.

두 번째 문제는 세계 각국의 1인당 소득 간 격차가 모형에 의해 설명되는 것보다 훨씬 큼을 보여주는 실증 증거와 관련이 있다. 국가 간 자본집약도의 차이는 실질소득에서 관찰되는 격차를 설명하기에는 너무 작다. 코브–더글러스 생산함수를 이용하면 국가 간 1인당 소득의 차이를 총요소생산성 증가와 요소투입축적의 변화의 차이로 분류하는 것이 가능하다. 특히, 총요소생산성이 모든 국가에 공통적이기 때문에 부유한 국가와 빈곤한 국가 사이에 존재하는 소득 격차의 어느 정도가 자본집약도의 차이에 의한 것인지를 계측할 수 있다. 식 (11.34)를 식 (11.26)에 대입하면 식 (11.38)이 된다.

$$\dot{k} = sk^{\alpha} - (n+\delta)k \tag{11.38}$$

균제상태조건을 위해 이 식을 0으로 놓고 그 결과를 생산함수에 대입하면 식 (11.39)가 된다.

$$y^{*} = [s/(n+\delta)]^{\alpha/(1-\alpha)} \tag{11.39}$$

식 (11.39)는 이제 균제상태 1인당 소득(y^{*})을 구할 수 있는 형태가 된다. 존스(Jones, 2001a)가 강조하듯이, 우리는 식 (11.39)에서 왜 어떤 국가들은 부유하고 다른 국가들은 빈곤한지를 알 수 있다. 생산기술이 외생적이고 자본 분배율(α)이 비슷하다고 가정하면, 저축율이 높고 인구증가율과 감가상각율이 낮은 상태를 유지하는 국가들이 부유할 것이다. 신고전파 성장모형에 의하면 고소득 국가들은 더 높은 1인당 자본 스톡을 축적하였기 때문에 더 높은 생활수준을 달성하였다. 그러나 이 모형은 저축과 인구증가가 1인당 산출에 대해 끼치는 효과의 방향은 정확하게 예측하지만 그 규모를 정확히 예측하지는 못한다. 맨큐 외(Mankiw et al, 1992)와 맨큐(Mankiw,1995)가 주장하듯이, 부국과 빈국 간의 1인당 산출량(생활수준)의 격차는 식 (11.39)를 이용하여 저축률 및 인구증가 적정 기대치에 의하여 예측하는 것보다 훨씬 크다(단 우리는 이러한 결과가 전체 국내 총생산에서 자본이 차지하는 몫을 $\alpha = \frac{1}{3}$로 설정한 것에 크게 의존한다는 점을 고려해야 한다).

솔로 모형의 세 번째 문제는 공통의 생산함수 즉, 외생적 기술 하에서 자본의 한계생산물이 부국보다 빈국에서 더 높다는 것이다. 모수 값이 주어진 솔로 모형에서 부국과 빈국 사이에 1인당 산출량이 10배 차이가 나는 것으로 관찰된다면, 산출량 격차가 전적으로 자본 집약도의 차이에 인한 것일 경우 자본의 한계생산성에는 100배의 격차가 존재한다. 그러나 간단히 말해, 그러한 자본의 수익률 격차는 부국과 빈국에서 전혀 관찰되지 않는다. 데이비드 로머(Romer, 1996)가 주장하듯이, 수익률의 그러한 차이는 "자본시장의 불완전성, 정부의 조세정책, 그리고 몰수에 대한 공포 등에 대한 생각들을 압도해버려 부국에서 빈국으로의 막대한 자본 이동을 볼 수 있게 할지도 모른다. 그러나 그러한 흐름은 보이지 않는다." 빈국들의 자본에 대한 수익률은 기대했던 것보다 크지 않았고, 기대했던 빈국으로의 막대한 자금 이동은 빈국들 전체를 볼 때 관찰할 수 없었다(Lucas, 1990a).

네 번째 문제는 모형이 예측하는 수치의 절반밖에 미치지 못하는 수렴속도이다. 경제의 초기 조건들은 모형이 예측하는 것보다 더 오랫동안 결과에 영향을 미친다(Mankiw, 1995).

결론적으로 솔로 모형 내에서 물적 자본의 축적만으로는 장기간에 걸친 1인당 산출량의 지속적인 증가나 지역에 따라 관찰되는 생활수준의 심한 격차를 설명할 수 없다. 〈그림 11.3〉에서 실제로 우리가 세계 각국에서 관찰하는 1인당 산출량(혹은 1인당 소득)에 대한 자료는 1인당 자본의 격차에 근거를 둔 솔로 모형이 예측하는 수준보다 훨씬 더 큰 격차를 보인다.

1986년 이후에 나타난 새로운 성장모형들은 세 가지 측면에서 솔로 모형에서 탈피하고 있다. 첫 번째 모형 그룹은 자본축적에 대한 수익 체감의 가정을 폐기함으로써 지속적 성장을 발생시킨다. 이를 위하여 폴 로머(Romer, 1986)는 자본축적에서 발생하는 양(+)의 외부성을 도입하였다. 이때 개별 기업들의 투자 활동의 부산물로 경제 전반에서 지식이 창조된다. 이것은 다시 말하면, '투자를 통한 학습(learning by investing)' 의 경우이다(Barro and Sala-i-Martin, 2003). 두 번째 그룹은 사적 이윤을 극대화하려는 기업가들의 의도적인 행위에 의한 결과물로 지식의 축적을 모형화한다. 즉, 기술진보를 내생화한다(Romer, 1990). 세 번째 모형 그룹은 자본의 역할이 식 (11.28)~(11.30)에서처럼 전통적인 코브–더글러스 생산함수에서 α항이 시사하는 것보다 훨씬 더 중요하다고 주장한다. 맨큐 외(Mankiw et al., 1992)는 '확장된' 솔로 모형에서 자본의 개념을 '인적자본' 을 포함하는 것으로 확대하였다. 처음 두 개의 모형 그룹이 내생적 성장이론(endogenous growth theory)의 핵심을 이룬다. 반면에 맨큐-로머-와일(Mankiw-Romer-Weil, MRW) 모형은 클레노와 로드리게스 클레어(Klenow and Rodriguez-Clare, 1997a, 1997b)의 표현대로 '신고전파의 부활' 을 형성한다. 내생적 성장이론의 중심 명제는, 광의의 자본축적(물적 자본 및 인적자본)은 수익체감을 보이지 않는다는 것이다. 성장 과정은 연구개발(R&D)을 통해 창출된 새로운 지식의 생산과 함께 광의의 자본 축적을 통해 달성된다.

11.14 내생적 성장: 자본축적에 대한 수확불변

1980년대 중반에 몇몇의 경제학자들은, 특히 폴 로머(Romer, 1986, 1987b)와 루커스(Lucas, 1988)는, 1인당 소득의 장기 성장이 모형에서 설명되지 않는 기술진보 보다는 '투자' 결정에 의존하는 대체 모형을 구성하려고 하였다. 그러나 크래프츠(Crafts, 1996)가 지적하였듯이 이들 새로운 모형에서 투자는 국민소득계정에서의 물적 자본보다도 더 광범위한 개념을 의미한다. 즉 연구개발 (R&D) 지출과 인적자본 형성도 포함한다. "내생적 균제성장의 관건은 광범위하게 정의된 자본축적에 대해 수확불변이 있어야 한다"는 것이다. 그러므로 간단한 내생적 성장이론을 구성하기 위해서는 자본의 장기적 수확체감의 경향이 세계 경제들에서 관찰되는 괄목할만하고 지속적인 1인당 국민소득의 성장을 설명할 수 있도록 수정되어야 한다. 새로운 내생적 성장이론의 초기 모형에서 자본축적은 전통적 신고전파 모형에서보다 성장과정에서 훨씬 더 큰 역할을 한다. 여러 면에서 볼 때 로머의 연구는 '경험을 통한 학습(learning by doing)' 에 대한 애로(Arrow, 1962)의 독창적인 공헌을 되살린 것이다. 애로는 어떻게 노동생산성이 경험에 따라 증가하는가를 보여 주었다. 경험은 작업환경을 변화시키는 누적 투자지출의 함수다. 즉, 개별 기업의 자본축적은 학습에 대하여 외부효과를 발생시킨다. 그러나 블라우흐(Blaug, 2002)가 주장하듯이 "이것이 산출량의 일회성 증가뿐만 아니라 여러 해에 걸친 총요소생산성의 일정한 증가율을 설명할 수 있다고 믿는다면, 그 믿음은 근거가 약하다."

애로의 통찰력을 기초로, 로머는 자본의 개념을 확장하여 물적 자본재의 축적뿐만 아니라 지식에 대한 투자도 포함하였다. 한 기업의 노동자들에 의해 얻어진 지식은 공공재적 특성을 갖고 기껏해야 부분적으로만 배제가 가능하기 때문에, 지식의 확산이 일어나서 한 기업의 지식에 대한 투자(R&D)는 다른 기업들의 생산 잠재성을 증가시킨다. 어느 개별 기업도 그들의 물적 자본과 인적자본에 대한 투자가 경제 전체의 지식스톡에 주는 긍정적인 효과를 완전하게 내부화하지 못한다.

폴 로머의 1986년 모형은 생산함수를 수정함으로써 설명할 수 있다. 식 (11.40)에서 생산함수는 기술(A)을 내생적 요소로 포함한다.

$$Y = F(K, L, A) \tag{11.40}$$

미시적 수준에서 개별기업(j)의 산출물은 식 (11.41)에 나타낸 것처럼 자기 자신의 자본(Kj), 노동(Lj)과 경제 전체의 지식상태(A)에 의존한다.

$$Yj = F(Kj, Lj, A) \tag{11.41}$$

이런 설정에서 지식(기술)의 증가는 자본성장에 의존한다고 가정된다. 왜냐하면 자본이 심화되면 기술이 확산되고, 이 기술 확산은 경제 전체의 자본 생산성을 증가하기 때문이다. 그러므로 총량 K의 증가는 A를 개선하고 그에 따라 개별 기업의 생산성을 증대한다. 로머(Romer, 1986)의 내생적 성장모형에서 총지식의 확대는 기업들 간에 이루어지는 학습의 외부성에서 발생한다. 사실상 경제의 자본스톡이 클수록 개별 기업은 '경험을 통한 학습' 과정을 통하여 더 생산적이 된다. 그래서 개별 기업의 생산함수가 규모에 대한 수확불변과 자본축적에 대한 수익체감을 보여 준다고 할지라도, 경제 전체의 총생산함수는 수확불변이 아니라 수확증가를 보일 것이다.

내생적 성장이론의 가장 단순한 모형 중의 하나가 아래 식 (11.42)에서 보여주는 AK^* 모형이다(Rebelo, 1991).

$$Y = K^{\alpha}H^{\beta} = AK^{*} \tag{11.42}$$

여기서 A는 상수이고, K^*는 넓은 의미의 자본 측정치($K^{\alpha}H^{\beta}$)를 나타내며, $\alpha + \beta = 1$이다. 크래프츠(Crafts, 1995)가 지적하듯이 "이러한 유형의 모형들은 투자를 모형의 중심에 놓고 성장을 투자에 의해 유도되는 과정으로 본다. 솔로 잔차의 역할이 없다." 그러므로 AK 모형과 해로드-도마 모형(Harrod–Domar model)은 밀접한 관계가 있다. 두 모형에서 수확체감은 존재하지 않는다. 따라서 자본이 심화되더라도 성장이 느려질 이유가 없다. 어떤 국가들이 다른 국가들보다 높은 평균 저축율, 낮은 감가상각률, 그리고 낮은 자본–산출 비율을 갖고 있다면, 앞의 국가들은 뒤의 국가들보다 영구적으로 빠르게 성장할 것이고. '격차, 흥륭의 시기(divergence, big time)'가 규칙이 될 것이다.

AK 류의 내생적 성장모형은 강력한 비판을 받는다. 비판은 주로 자본 투입에 대한 수확체감이 없다는 그들의 중심 가정에 근거한다. AK 모형은 투자 대 국내총생산 비율이 증가하면 성장률도 영구적으로 증가한다고 예측한다. 그러나 1945년 이후 OECD 15개국에 대한 시계열 분석에서 존스(Jones, 1995)는 AK 모형이 실증 자료와 일치하지 않는다고 주장한다. 투자 대 국내총생산 비율이 1950~89년 기간에 상당히 증가하였지만, 1인당 국내총생산 증가율은 안정적이었거나 하락했다. 이 연구결과는 맥그래턴(McGrattan, 1998)에 의해 비판받는다. 더 오랜 기간에 걸쳐 더 많은 국가들의 시계열 자료를 이용하여 맥그래턴은 AK 이론의 주요한 예측들이 자료에 의해 입증된다는 것을 밝혔다. 1870~1989년 기간에 대한 매디슨(Maddison, 1995)의 자료를 이용하여 그는 "1인당 국내총생산 성장률이 거의 변화가 없었던 미국을 제외하고, 더 높은 투자율은 더 높은 성장률에 대응"된다는 결과를 얻었다. 이 분석을 1960~85년 기간에 125개국의 횡단면 자료에 확장하면, "투자와 성장률 간에 확실한 양(+)의 상관관계"가 나타난다.

11.15 내생적 성장: 아이디어의 경제학

수렴이라는 주제가 중요한 문제 중의 하나로 제기하는 것은 국가들 간의 기술(지식)의 차이가 중요할 수 있다는 것이다. 솔로 모형은 1인당 소득과 성장의 격차를 설명할 때, 기술이 공공재이고 따라서 모든 국가들이 그 발전단계에 관계없이 동일한 기술을 사용할 수 있다고 가정한다. 점점 더 많은 경제학자들, 그리고 대부분의 경제사학자들과 발전경제학자들이 기술상의 상당한 격차야말로 빈국들이 직면하는 핵심적 문제라고 보고 있다. 이러한 접근은 국가 간 '아이디어의 격차(idea gaps)'를 좁힐 정책을 채택할 필요성을 강조하고 있다(Romer, 1993).

로머의 1986년 논문은 개별 기업들에 의한 자본축적의 의도하지 않은 부산물로서 기술진보를 설명하고 있다. 이런 초기 모형에 만족하지 못한 로머(Romer, 1990)는 더 나아가 새성장이론의 두 번째 조류를 개발하기에 이른다. 내생적 기술혁신 모형은 내생적 기술변화에 관한 신슘페터적(neo-Schumpeterian) 틀을 원용한다(Grossman and Helpman, 1991, 1994; Crafts, 1996; Aghion and Howitt, 1998). 이 틀은 세 개의 전제에 기초하고 있다. 첫째, 솔로 모형에서처럼 경제성장의 기본적인 원동력은 기술진보, 즉 생산과정에서 투입물을 어떻게 산출물로 전환시킬 것인가에 대한 지식의 발전이다. 둘째, 기술진보는 내생적으로, 주로 금융적 유인에 의하여 행동하는 경제주체들의 신중한 행위에 의하여 결정된다. 셋째, 아이디어 또는 지식을 정의하는 특징은 "일단 새로운 지식을 창출하는 데 비용이 지불되면, 그 지식은 추가적인 비용 부담 없이 지속적으로 사용될 수 있다"는 것이다(Romer, 1990). 그러므로 아이디어는 비경합적(non-rivalrous) 산출물로서, 이미 한 개별기업이나 개인이 사용하고 있더라도 다른 기업들이나 개인들도 이것을 사용하는 것을 어떤 방법으로도 막을 수 없다. 아이디어는 또한 '부분적으로 배제적'인데 여기서 배제성은 어느 재화의 소유자가 어떤 지불 없이 다른 경제주체가 이 재화를 사용하는 것을 막을 수 있게 하는 것으로 정의된다. 로머(Romer, 1990)가 지적한 것처럼 "배제성은 기술과 법률적 체계의 함수이다." 기술진보가 이기적인 경제주체의 의도적인 행위에서 온다는 로머의 두 번째 전제하에서 기술진보(새로운 아이디어들)는 개인들에게 최소한 '부분적으로 배제적'인 이득을 (예를 들어 특허권을 통해) 창출해 준다.

로머의 통찰력은 아이디어에 대한 경제학으로 연구를 급격히 발전시켰다(Jones, 2002, 2005). 위에서 논의된 세 개의 전제들은 경제성장이론에 있어 두 가지 중요한 의미를 갖는다. 첫째, 아이디어들은 비경합적이기 때문에 그들은 1인당의 개념에서 무한히 축적될 수 있다. 둘째, 불완전한 배제성(전유성) 때문에 지식창출은 아이디어를 만들어낸 경제주체들에 의해 완전히 소유될 수 없고 이익의 상당한 파급효과(외부성)를 포함한다. 아이디어 경제학의 '끝이 없는' 성장과 '불완전한 전유성(incomplete appropriability)'이라는 특성은 "산출은 모든 생산요소들에 대하여 규모에 관한 수확일정의 함수는 될 수 없다"는 것을 의미한다. 로머의 분석은 규모에 대한 수확체증과 불완전 경쟁을 근거로 한 미시적 기초를 의미한다(Romer, 1994a).

새로운 아이디어 같은 비경합성 재화는 어떤 때는 매우 큰 고정 생산비용을 포함하지만 새로운 지식이 창출되면 그 새로운 아이디어의 차후 사용에 드는 한계비용은 0이다. 새로운 설계는 생산하는 데는 비용이 소요되지만 일단 존재하면 사람들은 그 설계를 원하는 대로 자주, 그리고 원하는 어떤 맥락에서도 사용할 수 있다. 이러한 이유 때문에 특허와 저작권과 같은 법적 장치가 존재하게 되는데, 이는 최소한 어느 기간 동안 발명자에게 새로운 아이디어에 대하여 독점권을 부여함으로써 그들로 하여금 새로운 아이디어에 대하여 보상을 받도록 하기 위한 것이다(Kremer, 1998; Mazzoleni and Nelson, 1998). 이러한 문제의 중요성은 노스(North, 1990)에 의해 설명되어졌다. 노스는 개인들이 자신들의 '아이디어'에 대하여 특정 형태의 이득을 확보할 수 있고 기술진보의 속도를 촉진시킬 수 있게 되어서야 비로소 서구 유럽의 발전이 진정으로 시작되었다고 주장한다(Crafts, 1995). 영국의 산업혁명으로 시작한 현대 경제성장의 시기는

> 지적재산권을 보호하는 제도들이 충분이 잘 발달되어서 기업가들이 그들의 혁신이 창출하는 막대한 사회적 이득의 어느 정도를 사적 이득으로 취득할 수 있을 때 나타나고 (...) 역사를 통해 볼 때, 광범위한 발명과 성장은 오직 시장유인이 충분할 때에만 발생함을 알 수 있다. (Jones, 2001a)

미국의 경우 미국헌법의 입안자들은 "과학과 유용한 기술들의 발전을 촉진"하고자 하였다. 그리하여 저작권과 특허권에 관한 지적재산 항목들이 헌법의 첫 번째 조항에 나타났고, 1810년까지 미국은 "1인당 특허에 있어서 영국을 훨씬 앞섰다"(Khan and Sokoloff, 2001). 중국이 세계 최초로 산업혁명에 이르지 못한 것은 중국이 자유 시장을 성립시키지 못했고, 재산권을 제도화하지 못했으며, 경쟁 및 혁신에 부응하는 환경을 제공하는 데 실패했고, 외국 기술을 흡수하지 못한 데서 연유한다(Landes, 1998). 따라서 새롭게 탄생한 내생적 성장이론에 따르면, "정부는 장기성장률에 대한 영향을 통하여 좋거나 나쁜 결과를 야기할 수 있는 커다란 잠재력을 갖는다"(Barro, 1997). 경제성장은 무역체제, 기술이전, 사회기초구조와 금융시장에 영향을 주는 정책들에 의해 영향 받을 뿐만 아니라, 조세와 인센티브, 지적재산권 보호와 법률과 법원명령의 유지에 영향을 주는 정책들에 의해서도 영향을 받을 수 있다.

기술진보의 내생적 성장이론을 발전시킴으로써 로머는 솔로 신고전파 성장모형의 전통적 모형과 확장된 모형 모두에 도전하였다(제11.6절 참조). 신고전파 모형에서 기술은 외생적으로 주어져 있기에 전세계에 걸쳐 제한 없이 접근할 수 있다고 가정된다. 로머(Romer, 1995)는 기술이 순수 공공재가 아니라는 '압도적인 증거'를 가지고 이 가정을 부정한다. 국가 간 1인당 소득의 격차를 설명할 때 신고전파 모형은 물적-인적 자본의 차이인 '물질적 격차(object gap)'를 강조한다. 맨큐(Mankiw, 1993)는 생활수준 격차의 많은 부분이 인적-물적 자본의 격차에 의해 설명될 수 있다고 믿는 반면에, 로머(Romer, 1993)는 생활수준의 격차의 주요 원인으로서 기술격차에서 오는 생산성 격차인 '아이디어 격차(idea gap)'를 강조한다.

파렌테와 프레스컷(Parente and Prescott, 1994, 1999, 2000) 또한 국제적 소득격차의 원인으로 기술격차를 든다. 그들은 연구에서, 이러한 생산성 격차가 개발도상국이 접근하여 얻을 수 있는 '지식 스톡'의 근본적 격차에 의해 나타나는 것이 아니라는 증거를 발견하였다. 대신에 파렌테와 프레스컷은 많은 개발도상국에서 사회에 부과된 제약의 형태로 더 좋은 생산방법을 채택하

는 것을 방해하는 장애물들이 존재하고, 이러한 제약들 중 대부분이 "현재의 생산과정에서 기득권을 갖고 있는 이해 당사자들을 보호하는 데 있다"고 주장한다. 따라서 그들은 국제간 소득격차의 대부분이 "총요소생산성 격차에 의한 것"이라는 결론을 내린다. 파렌테와 프레스컷(Parente and Prescott, 2005)은 "생산에서 자원을 이용할 때 효율성을 크게 증가시키는 제도의 변화가 바로 성장의 기적을 발생시키는 것"이라고 결론 내린다.

로머의 견해는 이스털리와 레빈(Easterly and Levine, 2001)의 최근 연구에 의해 지지를 받는데, 이들은 생산요소 축적보다는 '잔차(총요소생산성)' 가 국가간 소득과 성장격차의 대부분을 설명함을 밝혔다. 그들의 자료는 생산요소 축적은 지속적이지만 성장은 그렇지 않다는 것을 보여 준다. 넬슨과 팩(Nelson and Pack, 1999)도 아시아의 기적과 현대성장이론을 논의하면서, 이들 경제가 새로운 기술을 성공적으로 동화시키기 이전에 가져야 할 기업가 정신, 기술혁신 및 학습의 중요성을 강조하였다. 그들의 견해에 의하면 인적 및 물적 자본의 축적은 이러한 과정의 필요조건이지만 충분조건은 아니다. 성공을 위한 핵심적 사항은 학습을 촉진하는 정책 환경의 성립이며, 경제학자는 새로운 아이디어와 기술의 동화과정에서 발생하는 학습의 과정을 좀 더 잘 이해하기 위해서 "그런 환경에서의 기업행위에 관한 좀 더 바람직한 이론"을 필요로 한다.

역사적 경험이 입증한대로, 아이디어의 창조와 확산은 의심할 여지없이 줄곧 현재 생활수준의 중요한 결정요소 중 하나였다(Rosenberg, 1994; Mokyr, 2005). 만약 로머가 옳아서 빈곤 국가들이 물질적 격차보다는 아이디어 격차로 어려움을 겪고 있다면, 세계빈곤의 많은 부분은 기술적 '따라잡기' 를 통하여 '상대적으로 낮은 비용으로' 제거될 수 있다. 이 분석이 명확하게 함축하는 바는, 자유로운 아이디어의 흐름에서 스스로를 고립시키고 새로운 기술들의 채택에 장벽을 세우고 있는 국가들은 상대적인 침체를 겪을 것이라는 것이다. 그 이유는 무역정책과 개방이 기술혁신과 성장에 영향을 미치기 때문이다. 외국인 직접투자는 새로운 기술혁신과 아이디어를 확산시키는 하나의 중요한 통로가 되고, 따라서 성장과정을 강화한다(Grossman and Helpman, 1990; Romer, 1994b; Sachs and Warner, 1995; Proudman and Redding, 1997; Edwards, 1998; Parente and Prescott, 2000). 그러므로 최소한 잠재적으로, 빈곤 국가는 국제무역에 대한 제약을 줄이고 외국인직접투자를 촉진시키며 인적자본에 투자함으로써 가장 큰 이득을 얻는다. 왜냐하면 그렇게 함으로써 그들은 세계의 축적된 지식에 접근할 수 있기 때문이다(World Bank, 1998/9). 신고전파 모형에서 무역장벽에 의한 비효율성을 제거하면 생산가능성에 대한 수준효과(level effect)가 발생하지만 지속적 성장효과는 없는 반면에, 내생적 성장모형에서는 증가하는 경제통합의 성장효과가 훨씬 더 큰 중요성을 가질 것이다.

로머의 연구가 제시하는 또 다른 함의는, 미국이 선두 국가의 지위를 유지하기 위해서는 민간과 공적 기관 모두에 높은 수준의 연구개발 활동을 지원하는 정부정책이 지속되어야 한다는 것이다. 연구개발 지출의 사회적 수익률과 사적 수익률 사이에 상당한 격차가 있다는 사실은 잘 자료화되어 있다. 이런 자료에 비추어 볼 때 정부는 연구개발 활동에 대한 과소투자를 막아야 하는 중요한 역할을 갖고 있다. 미국에서의 최적 연구개발 투자율에 관한 연구에서 존스와 윌리엄스(Jones and Williams, 1998)는 미국에서 연구개발의 사회적 수익률이 "보수적으로 계산하더라도" 30%로 나오는 반면에 사적 수익률은 7~14%대에 머문다고 결론지었다. 따라서 존스와 윌리엄스는 국내총생산의 비율로서 최적 연구개발 지출은 "실제 이루어지고 있는 지출보다 2~4배 이상"이라는 결론을 내린다(Jones and Williams, 2000).

지식, 아이디어 그리고 기술변화의 증가에 대한 공급측 견해에 대비하여 슈무클러(Schmookler, 1966)는 기술변화가 주로 수요에 의해 촉발된다고 주장하였다. 기술발전에 중요한 요소가 이전 기간에 일어난 기술혁신의 공급이라는 로머의 모형과 달리(Jones, 2005), 슈무클러는 현재의 기술적 문제를 해결하기 위해서는 기술변화와 기술혁신에 대한 자극이 필요하다고 생각한다. 즉, 기술변화는 수요에 의해 촉발되고 새로운 아이디어의 유용성에 좌우된다. 슈무클러의 연구에 대한 최근의 논의에서 켈리(Kelly, 2002)는 기술에 대한 공급 및 수요측 영향이 상호 보완적이라고 결론 내렸다.

최근의 내생적 성장이론의 중요한 단점은 배로(Barro ,1997)가 "국가별 지역별 자료에서 강력한 실증적 규칙성을 갖는다"고 주장한 예측, 즉 조건부 수렴(conditional convergence)을 설명하지 못한다는 것이다. 이 단점을 수정하기 위하여 배로와 살라이마르틴(Barro and Sala-i-Martin, 1997)은 내생적 성장 요소들과 솔로 모형이 내포하는 수렴 현상을 결합한 모형을 개발하였다. 그들의 모형은 다음의 요소들을 갖는다.

1. 장기적으로 세계경제의 성장률은 선진 국가들의 기술적 발견에 의해 주도된다.
2. 뒤따르는 국가들은 모방과정을 통하여 새로운 기술혁신을 공유한다.
3. 모방은 일반적으로 기술혁신보다 비용부담이 적기 때문에 "대부분의 국가들은 창조보다는 모방을 선호한다."
4. 모방이 상대적으로 적은 비용부담을 갖는다는 것은 뒤따르는 국가가 선진국가보다 더 빨리 성장하며 최소한 부분적으로는 선진국들 수준에 수렴한다는 것을 의미한다.
5. 복제하지 못한 기술혁신의 양이 감소함에 따라 모방비용은 증가하는 경향이 있고, 따라서 뒤따르는 국가들의 성장률이 감소하는 경향이 있다.
6. 그러므로 배로와 살라이마르틴 모형은 국가들 간의 기술 확산에 기초한 조건부 수렴을 일으키고, 이는 솔로 모형의 예측에 부합한다.
7. 장기적으로 "모든 경제들은 선진국들의 기술 발견 속도로 성장한다."

배로와 살라이마르틴의 혼합모형은 장기 성장이 '선진적 위치'의 경제에서 이루어지는 새로운 아이디어의 발견에 의해 야기된다는 이론적 기본 골격을 수립하는 동시에, 뒤따르는 국가들의 모방이 가져오는 영향을 통하여 신고전파적 성장모형의 수렴특성을 유지한다.

11.16 확장된 솔로 모형: 신고전파의 부활?

1인당 산출수준의 커다란 격차를 설명하기 위하여 자본-노동 비율의 국가 간 차이에 의존하는 신고전파 성장모형은 세계 소득격차를 만족스럽게 설명하지 못한다. 이 단점과 관련하여 맨큐-로머-와일(Mankiw, Romer and Weil, 1992)은 물적 자본 뿐만 아니라 인적자본의 축적을 모형에 포함하여 솔로 모형을 '확장' 하였다(MRW 모형). 이들 접근의 핵심은 전통적인 α값, 즉 자본소득 비중의 추정치가 아마도 자본의 전체적인 공헌을 나타내는 훌륭한 지표가 아니라는 것이다. 이 모형에 인적자본을 추가함으로서 생산함수는 식 (11.43)과 같이 된다.

$$Y = K^{\alpha} H^{\beta} (AL)^{1-\alpha-\beta}, \ \alpha + \beta < 1 \tag{11.43}$$

이제 4가지 생산요소가 산출물을 생산하기 위해 결합한다. 여기서 H는 인적자본 스톡, AL은 효율성 단위로 측정된 노동 투입요소로서 노동투입량과 이용 가능한 기술에 의해 결정되는 노동생산성을 포함한다(Mankiw, 2003). 생산함수는 규모에 관한 수확 일정의 성질을 갖고, $\alpha + \beta < 1$이므로 '포괄적 자본(broad capital)' 에 대해서는 수확체감 한다. 그러나 자본비중이 큰 값을 가지면 ($\alpha + \beta = 2/3$), 노동의 평균생산성은 축적이 이루어짐에 따라 더욱 더 천천히 감소한다. 이는 자본비중의 크기가 생산함수의 구부러진 정도(곡률)와 그에 따른 수확체감의 실현 속도를 결정하기 때문이다. 포괄적 의미의 자본에 대한 수확체감은 $\alpha = 1/3$인 전통적 솔로 모형에서보다 덜 심각하다. α가 작을 때 〈그림 11.3〉에서 생산함수의 구부러진 정도가 더 커지게 된다. 그러나 인적자본을 추가하여 생산함수가 확장됨으로써, 균제상태로의 이행은 더욱 느리게 되고, 생활수준의 국제간 차이의 80%가 인구증가율 및 인적자본과 물적 자본 축척의 차이에 의해 설명된다(Mankiw, Romer and Weil, 1992; Mankiw, 1995). MRW 모형에서 일시적인 투자율 증가 충격의 영향은 더 오래 지속될 것이다. 그러나 K와 H의 지수들의 합이 1보다 작기 때문에, 성장이론에서 이러한 '신고전파의 부활' 은 내생적 성장모형이 아니다. 1인당 소득은 결국 장기적으로 균제상태로 진입할 것이고, 외생적으로 주어진 기술변화율에 따라 성장한다.

몇몇 비판자들의 눈에, MRW 모형은 기술이 공공재라는 관점을 취함으로써 총요소생산성 및 기술 효율성의 국제적 차이라는 핵심 문제를 설명하는 데 실패한 것으로 보인다(Klenow and Rodriguez-Clare, 1997a; 1997b). 확장된 솔로 모형은 생활수준의 국제적 격차를 더욱 잘 설명하는 반면에, 경제성장의 지속성은 설명하지 못한다. 반면 내생적 성장이론은 외생적인 기술변화에 의존하지 않으면서, 지속적 성장이 어떻게 일어날 수 있는가를 보여주려고 시도한다(Bernanke and Gurkaynak, 2001).

11.17 근본적 성장요인에 대한 강조

경제학자들의 연구에 의하면 성공적인 경제는 지속적인 기술발전과 함께 인적 및 물적 자본의 축적률이 높은 경제다. 그러나 이 결론은 중요한 의문을 일으킨다. 즉, 어떤 국가들은 이러한 결과를 얻는 데 실패하는 반면에 왜 어떤 국가들은 성공적인가? 솔로 성장모형의 동학적 이행과정이 함축하는 바에 따르면, 저소득 국가들은 전부 높은 성장률을 누린다. 올슨(Olson, 1996)은 그런 함축과 달리 높은 성장률이 빈곤국가의 일부에서만 이루어진다는 사실을 강조한다. 자본과 기술이 정치적 경계를 넘나들 수 있는 상황에서, 1인당 산출의 상당한 격차가 지속된다는 사실은 성장과 발전에 대해 지속적인 장애가 존재함을 의미한다(Parente and Prescott, 2000). 부국에서 빈국으로의 자유로운 자본 흐름을 방해하는 명백한 요소 중의 하나는 빈곤 국가들에 대한 투자가 갖는 상대적으로 커다란 위험인데, 이것은 빈곤 국가들이 거시경제적 불안정, 무역장벽, 부적절한 하부조직, 낮은 교육, 인종적 다양성, 광범위한 부패, 정치적 불안정, 지리적 환경의 불리함, 그리고 빈번한 정책 변경에 의해 특징 지워지기 때문이다. 성장이라는 측면에서 왜 어떤 국가들은 다른 국가들보다 더 나은 성과를 이루는가를 이해하기 위해서는, 성장의 근사적(proximate) 요인 이상으로 더 넓은 의미의 근본적(fundamental) 요인을 철저히 살펴보아야 한다. 이는 좁은 의미의 경제분석 자체로는 경제성장의 주요 결정요인을 찾을 수 없음을 의미한다. 성장의 '기적(miracles)'과 '재앙(disasters)'을 설명하기 위해서는, 정책 선택이 정치적 왜곡을 포함한 제도적 구조 내에서 어떻게 이루어지는가 뿐만 아니라, 연구대상 국가들의 역사에 대한 이해도 필요하다.

대니 로드릭(Dani Rodrik, 2003)은 경제성장의 근사적 요인과 근본적 결정요인들 사이의 차이를 분명히 하는 데 유용한 체계를 제공한다. 로드릭에서 인용된 〈그림 11.8〉은 모든 경제의 규

그림 11.8 • 성장의 근사적 원천과 근본적 원천

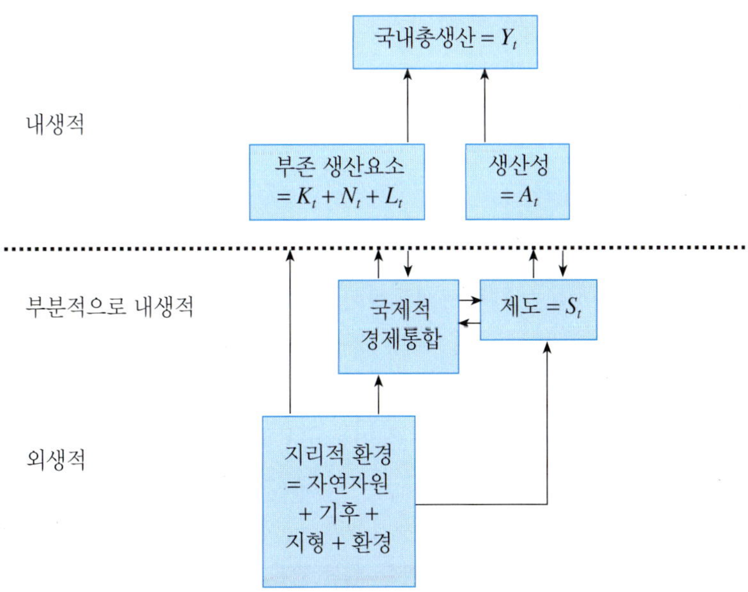

모와 성장을 결정하는 주요 요소들을 포함한다. 식 (11.4)를 다시 보면, 우리는 〈그림 11.8〉의 윗부분에서 성장의 근사적 결정요인의 영향을 볼 수 있다. 즉, 산출이 경제의 노동(L_t), 자본(K_t), 자연자원(N_t), 그리고 이들 요소들의 생산성(A_t)에 의해 직접적으로 영향을 받는다. 기술적 효율성 및 배분적 효율성의 영향은 생산성 변수에 의해 표현된다. 〈그림 11.8〉의 밑부분에서는 사회적 능력(S_t)을 포함하여 경제성장의 주요한 근본적 결정요인들을 볼 수 있다. 로드릭은 성장의 근본적 결정요인들을 3부문, 즉 지리적 환경, 통합 및 제도로 분류한다. 이들 범주는 현재 급격히 증가하고 있는 수많은 연구에서 다루어지는 세 가지 주요 연구 영역에 대응하는데, 이들 연구 영역은 경제성장에 대한 최근의 분석을 지배하고 있다. 많은 사회과학자들이 경제적 성과를 더 깊은 차원에서 결정하는 중요한 요소들의 목록들에 문화의 영향을 추가해야 한다고 강력하게 주장한다. 분명 경제사학자들은 경제학자들보다 경제적 성과의 결정요인으로 문화에 더 많은 중요성을 부여하여 왔다. 예를 들어, 데이비드 랜즈(David Landes)는 "문화 때문에 거의 모든 차이가 만들어진다"고 주장한다(Harrison and Huntington, 2000). 문화가 경제성장과 경제발전에 끼치는 영향에 대한 다른 흥미 있는 논의로 독자들은 다음 문헌들을 참고하라. 헌팅턴(Huntington, 1996), 테민(Temin, 1997), 랜즈(Landes, 1998), 랄(Lal, 1999), 다스굽타와 세라겔딘(Dasgupta and Serageldin, 2000), 배로와 맥클리어리(Barro and McCleary, 2003), 그리프(Grief, 2003).

로드릭이 지적한 것처럼 경제성장 분석에 있어서 핵심적인 문제는 "〈그림 11.8〉의 인과관계 중 어느 것이 가장 중요한 것인가?"이다. 그러나 로드릭은 통합과 제도는 "경제적 성과와 같이 진화하며," 지리적 환경은 그의 세 개의 분야 중에서 유일하게 외생적인 요소라고 주장한다. 〈그림 11.8〉에서 화살표의 양방향으로 나타낸 변수들 간의 인과적 상호작용은 복잡한 되먹임(feedback) 영향이 작용하고 있음을 의미한다. 그러므로 명확한 인과관계를 수립하기 위해 국제적 횡단면 회귀분석의 형태로 끊임없이 실증연구들이 이루어지고 있는데, 이들 실증연구의 결과는 '매우 세심한 주의'를 기울여 다루어져야 한다.

11.18 제도와 경제성장

빈곤 국가들은 선진국을 따라잡고 선진국 수준에 수렴할 무한한 잠재력을 가지고 있다. 그러나 이러한 이점은 부적절한 정치적, 법률적 그리고 규제적 체계를 가진 국가들에서는 경제성장에 긍정적인 결과를 발생시키지 못할 것이다. 제도가 국가의 부에 커다란 영향을 미친다는 견해는 물론 오래된 생각이며, 아담 스미스는 최초로 이를 설득력 있게 제시하였다. 1776년 아담 스미스의 《국부론》(*The Wealth of Nations*)이 출판된 이후, 경제학자들은 이웃이나 국가에 의한 탈취로부터 재산권을 보장하는 것이 개인들로 하여금 자본에 투자하고 축적하도록 하는 하나의 중요한 조건임을 의식하여 왔다. 이러한 전통에 따라 경제학자들은 경제성장의 근본적 결정요인 분석의 초점을 제도의 역할에 두는 경향이 있었다. 여기서는 재산권의 역할, 법률 체계의 실효성, 부패, 규제 체계,

그리고 통치조직의 질과 같은 요소들을 강조해 왔다(North, 1990; World Bank, 1997; Olson, 2000; Acemoglu et al., 2001, 2002a; Glaser ad Shleifer, 2002). 제도주의적 관점에서 성장의 근본적 결정요인에 대한 탐구를 통해 히브스(Hibbs, 2001)는 소위 '성장이론의 정치화(the politicisation of growth theory)' 를 제시한다. 히브스가 말하는 '정치화' 는 경제성장 연구자들이 점점 더 '정치, 정책, 그리고 제도적 체계' 에 중요성을 부여하는 현상이다. 특히 더글라스 노스(Douglas North)의 독창적 공헌에서 그러하다. 이러한 요소들은 궁극적으로 유인 구조, 생산적으로 저축하고 투자할 능력과 의지, 재산권 보장, 그리고 기술을 혁신하고 기업가적 행동에 참여할 유인을 결정한다. 정치–제도적 요인들 또한 많은 국가 간 회귀분석 연구에서 성장에 대한 유의미한 결정요인으로 나타난다 (Knack and Keefer, 1995, 1997a, 1997b; Sala-i-Martin, 1997; Dawson, 1998; Durlauf and Quah, 1999; Easterly and Levine, 2003; Rodrick, 2003; Rodrick et al., 2004).

기술적 후진성과 1인당 소득 격차의 존재가 따라잡기와 수렴의 잠재성을 발생시키지만, 아브라모비츠(Abramovitz, 1986)는 국가가 잠재력을 실현하기 위해서 가져야 할 '사회적 능력' 의 중요성을 강조하였다. 국가들은 사회적 능력 없이는 자신의 잠재력을 실현할 수 없다. 사회적 능력이란 생산적 경제활동을 수행하기 위한 체계를 제공하는 다양한 제도적 장치를 의미하며, 이것 없이는 시장경제가 효율적으로 작동하지 못한다. 템플과 존슨(Temple and Johnson, 1998)은 1960년대 아델만과 모리스(Adelman and Morris, 1967)에 의해 개발된 사회개발지수들이 '상당한 예측력' 을 갖는다고 말한다 (Temple, 1998). 템플과 존슨에 따르면, 초기 소득을 고려했을 때 이들 지수들은 "이후의 성장을 예측하는 데 매우 유용"하며, "만약 1960년대 관찰자들이 사회적 능력에 대한 이 지수들에 대해 보다 많은 강조를 했더라면, 아마도 동아시아 국가들의 빠른 성장과 사하라이남 국가들의 저성장을 예측하는 데 보다 성공적이었을 것이다."

효율적인 제도 개발

세계 도처에서 우리가 관찰할 수 있는 주요 소득 격차는 분명히 정치적 지도력뿐만 아니라 국가들의 제도와 경제정책의 질적 차이와도 많은 관련이 있다. 이는 1960년경 이후 동아시아 개발도상국의 몇몇 국가들에서 나타난 급속한 성장과, 같은 시기에 대부분의 사하라이남의 국가들이 보인 상대적 정체를 설명해준다. 많은 경제학자들의 믿음에 따르면, 몇몇 국가들은 급속히 발전하고 성장하지만 다른 국가들은 그렇지 못한 이유를 지역과 요소부존의 측면에서 찾을 수 없다. 일본, 대만 그리고 한국과 같이 부존지원이 빈약한 국가들이 '기적적' 성장을 경험한 반면, 자이레(Zaire, 1997년부터는 콩고 민주 공화국)와 같은 사하라이남 아프리카의 자연자원이 풍부한 국가들은 '재앙적' 성장을 경험하였다. 레이놀스(Reynolds, 1985)는 경제발전의 가장 중요한 하나의 설명변수는 정치조직과 정부의 행정역량이라고 결론지었다(Herbst, 2000). 아프리카 정책 개혁의 지도력 요소에 대한 분석에서 그레이와 맥퍼슨(Gray and McPherson, 2001)은 "많은(아마 대부분) 아프리카 국가들은 만약 동기가 부여되었다면 개혁을 이행할 충분한 능력이 있는 사람들에 의하여 통치되어 왔다. 그러나 그들의 동기는 그들을 다른 방향으로 인도하였다"라고 결론지었다. 또, 경제발전에 따라 요구되는 변화로 인해 정치적, 경제적으로 패배한 사람들이 사회의 발전을 저해하는 요인이 되기도 한다(Acemoglu and Robinson, 2000a; Parente and Prescott, 2000).

이러한 문제들의 중요성을 감안하여, 최근 경제성장에 관한 정치경제학 문헌은 다음과 같은 요소에 집중하여 왔다. (1) 경제적 자유, 민주주의, 경제성장 간의 관계(예를 들어 Barro, 1996, 1999; Clague et al., 1996; Minier, 1998; Benson Durham, 1999; Landman, 1999; Olson, 2000). (2) 재산권과 경제성장(예를 들어 North and Weingast, 1989; North, 1990; DeLong and Shleifer, 1993; Acemoglu and Johnson, 2003). (3) 인종적 이질성, 정치적 갈등, 경제성장 간의 관계(Easterly and Levine, 1997; Acemoglu and Robinson, 2000a, 2000b, 2000c, 2001, 2003; Collier, 2001; Easterly, 2001b). (4) 불평등과 정치적 불안정이 경제성장에 끼치는 영향(Alesina and Rodrik, 1994; Alesina et al., 1996; Lee and Roemer, 1998; Barro, 2000; Glaser et al., 2003; 제10장 참조). (5) 신뢰를 포함한, 다양하게 측정되는 사회적 역량/사회 하부조직/사회자본과 경제성장(Knack and Keefer, 1995, 1997a, 1997b; Abramovitz and David, 1996; Landau et al., 1996; Hall and Jones, 1997, 1999; Temple, 1998; Temple and Johnson, 1998; Paldam, 2000; Rose-Ackerman, 2001; Zak and Knack, 2001).

세계은행(World Bank, 2002)에 따르면, 제도적 발전의 질과 경제성장 및 효율성이 긴밀한 관계가 있음을 보여주는 시계열 증거들과 횡단면 증거들이 증가하고 있다. 또, '좋은' 제도와 유인구조가 성공적인 성장과 발전을 위한 중요한 전제조건이라는 아이디어는 이제 널리 받아들여지고 있다. 경제사는 본질적으로 오랜 기간 동안의 경제성과에 대한 것이기 때문에, 경제이론가들이 장기적인 경제 변화를 이해하기 위한 더 좋은 분석틀을 개발하는 능력을 향상시키는 데 도움을 주는 중요한 공헌을 한다(North and Thomas, 1973; North, 1981, 1989, 1990; Myles, 2000).

경제사가 우리에게 해주는 이야기에 따르면, 생활수준의 지속적인 성장을 달성한다는 측면에서 성공적이지 못한 경제는 곧 경제발전을 촉진시키는 일련의 실행가능한 경제적 규칙들을 만들어 내는 데 실패한 경제들이다. 노스(North, 1991)가 주장하는 것처럼, "경제사와 경제발전의 핵심 문제는 생산성 증가를 유도하는 경제적 환경을 만드는 정치적, 경제적 제도의 진화과정을 설명하는 것이다."

노스(North, 1991)는 제도를 "정치적, 경제적, 그리고 사회적인 상호작용에 구조를 부여하는, 인간에 의해 고안된 제약"으로 정의한다. 제약적인 제도들은 관습, 전통, 금기, 인습, 그리고 죄책감이나 수치심 같이 자기 자신에게 부여하는 행동규준처럼 비공식적일 수 있고, 법률, 계약법, 규칙, 규약, 재산권처럼 공식적일 수도 있다. 이상적인 세계에서 비공식적 제도와 공식적 제도는 상호 보완적일 것이다. 이러한 제도들은 사람들 간에 반복적으로 나타나는 상호관계가 일어날 수 있는 체제를 제공하고, 시장 거래를 보조하며, 경제주체들 간의 정보 전달을 도와주고, 또 생산적 행위에 참여하기 위하여 필요한 유인을 제공해준다. 역사는 "주로 제도적 발전과정의 이야기"이고,

효과적인 제도는 "협조적인 해결에는 이득을, 의무 불이행에는 비용을 발생시킨다"(North, 1991).

지속적 성장을 위한 제도의 중요성을 보여주는 좋은 예는 제2차 세계대전 이후 유럽국가의 재건이다. 들롱과 아이헨그린(DeLong and Eichengreen, 1993)이 주장하듯이, "마셜 플랜(Marshall Plan)은 경제정책이 수립되는 환경을 바꾸고," 꼭 필요한 보조적 제도와 함께 시장 중심적인 경제 체계의 복원에 기초하는 회복 전략을 지원함으로써, "서유럽의 성장을 커다랗게 촉진시켰다." 돌이켜 보면, 우리는 이제 1950~73년 기간이 서구유럽의 '혼합' 경제에서 경제성장의 '황금시대' 였음을 알고 있으며, 들롱과 아이헨그린은 마셜 플랜이 "역사적으로 가장 성공적인 구조조정 계획"이었다고 결론을 내린다. 아이헨그린(Eichengreen, 1996)은 또 유럽이 마샬 플랜 시행 이후 25년 동안 경제성장의 황금기를 누릴 수 있었던 이유를 제도에 기초한 설명으로 확장시켰다. 이 4반세기 동안 유럽 국가들은 그 이전이나 이후의 어떤 시기보다도 빠른 경제성장을 이룩했다(Maddison, 2001). 아이헨그린에 의하면 이 '황금시대(Golden Age)' 의 기초는 일련의 국내적 제도 및 국제적 제도였다. 국내적 제도로는 사회적 시장 경제를 들 수 있고, 국제적 제도로는 관세 및 무역에 관한 일반협정(GATT), 자유로운 유럽 내 무역, 브레턴우즈 체제에 따른 여러 기구들을 들 수 있다. 이들 제도는 "만일 없었다면 성장의 회복을 가로막았을 지도 모르는 헌신(commitment)과 협력의 문제를 해결하였다."

21세기에 전형적으로 부유한 OECD 국가에 살고 있는 사람들에게 이러한 시장에 기초한 제도는 당연하게 생각되는데, 이는 이 제도들이 오랜 기간에 걸쳐서 발전되어 왔기 때문이다. 그러나 과거 공산주의 경제에 있었던 국가들이 보여주는 '이행의 실험(trials of transition)' 은 필요한 제도적 하부조직 없이 시장경제를 효율적으로 작동하게 만드는 것이 얼마나 어려운지를 상기시킨다.

'자연적 실험' 으로부터의 증거

후쿠야마(Fukuyama, 1989, 1992), 올슨(Olson, 1996, 2000), 들롱(DeLong, 2001)이 강조하는 1인당 국민소득 격차의 매우 중요한 원천 중의 하나는 경제체제와 정책의 선택에 영향을 미치는 정치적 발전이다. '철의 장막(Iron Curtain)' 하에서 '발전' 을 시도해 온 국가들은 1950년에 유사한 국민소득을 갖고 사본주의의 경로를 따라온 국가들보다 지금은 훨씬 낮은 1인당 소득을 갖고 있다.

> 20세기 세계의 많은 국가들이 공산주의의 지배하에 있었다는 사실은 세계 국가들 간 격차의 주요한 원인 중 하나이다. (...) 어떻게 계산하느냐, 그리고 얼마나 행운이 따르느냐에 따라 다르지만, 20세기의 공산주의 지배 하에서는 한 국가의 잠재적인 물질적 번영의 40%에서 94%가 소실되었다. (DeLong, 2001)

가장 명확한 증거들은 서독과 동독, 남한과 북한, 그리고 대만/싱가포르/홍콩과 중국의 발전경험을 비교하는 것이다. 그러나 다른 이웃국가들 사이의 비교도 합리적인 것처럼 보이는데, 예를 들어 러시아와 핀란드, 헝가리와 오스트리아, 그리스와 불가리아, 슬로베니아와 이탈리아, 그리고 캄보디아와 타일랜드의 비교는 생활수준의 주목할 만한 차이를 보여준다.

위에서 언급된 예들 중에서 가장 극적인 '자연적 실험'은 20세기 후반의 한반도에서 일어났다. 1945년 8월 일본이 항복한 이후 한반도는 38도선을 중심으로 두 개의 점령지역으로 나누어졌다. 소련의 군대는 '북쪽'을, 미군은 '남쪽'을 점령하였다. 1948년 5월의 선거를 통하여 같은 해 여름에 미국의 점령지역은 대한민국(Republic of Korea)이 되었고, 같은 해 가을에 북쪽 지역은 공식적으로 북조선민주주의인민공화국(Democratic People's Republic of North Korea)이 되었다. 두 개의 '코리아'는 각각 전체 한반도에서 완전한 정치적 사법권을 주장하였고, 이러한 불화는 한국전쟁으로 이어졌다. 한국전쟁은 1950년 6월에서 1953년 7월의 정전협정까지 지속되었다. 그 이후 38도선은 중앙계획경제 전략을 채택한 '공산주의 북한'과 자본주의 혼합경제에 신뢰를 둔 '자본주의 남한'으로 두 개의 한국을 구분하는 선으로 남게 되었다. 〈표 11.4〉와 〈표 11.5〉에서 명확하게 나

▶ 표 11.4 두 개의 한국 이야기

지표	인구 ('000)	국내총생산 PPP$ (백만)	일인당 국내총생산 PPP$	인구 ('000)	국내총생산 PPP$ (백만)	일인당 국내총생산 PPP$
연도	북한	북한	북한	남한	남한	남한
1950	9,471	7,293	770	20,846	16,045	770
1955	8,839	9,361	1,059	21,552	22,708	1,054
1960	10,392	11,483	1,105	24,784	27,398	1,105
1965	11,869	15,370	1,295	28,705	37,166	1,295
1970	13,912	27,184	1,954	32,241	62,988	1,954
1975	15,801	44,891	2,841	35,281	111,548	3,162
1980	17,114	48,621	2,841	38,124	156,846	4,114
1985	18,481	52,505	2,841	40,806	231,386	5,670
1990	20,019	56,874	2,841	42,869	373,150	8,704
1995	21,553	32,758	1,520	45,081	534,517	11,873
1998	21,234	25,131	1,183	46,430	564,211	12,152

자료: 매디슨(Maddison, 2001)의 자료를 정리

▶ 표 11.5 일인당 국내총생산 성장률(%): 두 개의 한국

	1950~73	1973~98
남한	5.84	5.99
북한	5.84	−3.44

자료: 매디슨(Maddison, 2001)의 자료를 정리

타나듯이, 이러한 50년 전의 선택이 두 개의 한국에서 생활수준에 미친 영향은 더 이상 극적일 수가 없다. 아세모글루(Acemoglu, 2003b)가 언급하듯이 "분할 이전의 한국의 뚜렷한 특징은 민족적, 언어적, 경제적 동질성이었다. 그리고 남한과 북한은 동일한 문화를 갖고 있었고 본질적으로 동일한 민족이 거주하고 있었기에 두 지역 사이에는 단지 약간의 차이만이 있었다." 그러므로 한반도를 두 개의 국가로 분할하고 각각이 매우 다른 정책과 제도에 의해 특징지어진 자연적 실험은 "매우 유사한 경제적 환경에도 불구하고 정치지도자들이 매우 다른 정책들을 선택함에 따라 매우 다른 결과를 가져오는 명확한 예를 보여 준다."

매디슨(Maddison, 2001)의 자료가 보여 주듯이 1950년 북한의 1인당 국내총생산은(1990년 국제가격으로) 770달러이었다. 1998년까지 북한의 1인당 국내총생산은 1183달러까지 밖에 상승하지 못했다. 극히 대조적으로 1950년 남한의 1인당 국민소득은 770달러이었고 1998년에는 12,152달러까지 증가하였다. 이 사실은 상이한 1인당 국민소득 증가율이 두 국가의 상대적인 생활수준에 강한 영향을 미쳤음을 다시 한 번 보여 준다. 1950~73년 동안에 북한의 1인당 국민소득 증가율은 초기에는 연평균 5.84%로 인상적이었지만, 1973~98년 기간 동안에는 –3.44%로 붕괴되었다. 1950~73년 기간 동안에 남한의 성장률은 5.84%이었다. 그러나 1973~98년 기간에 남한의 1인당 소득 증가율은 5.99%로 증가하였다. 세계은행(World Bank, 2002) 자료에 따르면, 1999년 남한에 살고 있는 4천7백만 명의 평균수명은 73세이었지만 북한에 살고 있는 23.6백만 명의 평균수명은 60세이었고 최근에는 기아를 경험하고 있다(Noland et al., 2001).

이러한 '자연적 실험'은 국가적 경계가 공공정책과 제도의 경계로도 구현될 때 경제적 성과에서도 쉽게 관찰할 수 있는 차이가 나타남을 보여 준다(Fukuyama, 1992; Olson, 1996). 들롱(DeLong, 1992)의 견해에 의하면 "20세기 동안 공산주의는 세계경제가 격차를 갖게 된 중요한 요소가 되었다. 즉, 부유한 산업 국가들은 더욱 부유하게 되었지만 상대적으로 가난한 국가는 더욱 가난하게 되었다."

민주주의, 국가경영의 질, 경제성장

경제성장이 민주주의를 발전시키는가, 혹은 민주주의가 경제성장을 촉진시키는가? 민주주의, 독재 그리고 경제성장 간의 관계에 대한 최근의 연구는 위의 관계 모두를 지지하고 있다. 배로(Barro, 1996, 1997, 1999)는 경제적 번영이 민주주의를 발전시킨다는 립셋(Lipset, 1959)의 가설을 지지하는 결과를 보여 준다. 배로의 연구는 '강력한 실증적 규칙성'으로 이 가설을 확인하였다. 실증적 증거는 또 경제적 자유가 번영을 증진시킨다는 가설을 지지한다. 따라서 배로는 경제적 자유를 증진시키는 정책들이 립셋의 번영효과를 통하여 더욱 발전된 민주주의를 만든다는 결론을 내렸다. 경제적 자유가 없는 곳에 자유로운 민주주의, 즉 자유롭고 규칙적인 경쟁 선거가 있을 수 없다는 것은 확실히 논쟁의 여지가 없다(Friedman, 1962; Kornai, 2000; Snowdon, 2003b).

민주주의에 대한 바그와티의 에세이(Bhagwati, 1995)는, 그의 1966년 책인 《저개발국의 경제학》(*The Economics of Underdeveloped Countries*)에서 강조한 이전의 대중적 견해, 즉 개발도상국이 경제발전 혹은 민주주의 중 하나를 어떻게든 선택해야 하는 '잔인한 딜레마(cruel dilemma)' 에 직면할 수 있다는 점을 부정한다. 1960년대에 민주주의는 가끔 빈곤 국가들이 누릴 여유가 없는 사치스러운 것으로 묘사되었다. 그리고 가끔, 급속한 성장을 이루기 위해서는 강력한 결정이 필요하고 따라서 민주적 제한으로부터 자유로운 강한 정치적 지도력을 필요로 한다는 주장이 제기되기도 한다. 그러나 최근 견해들의 무게중심은 이러한 '잔인한 딜레마 가설(Crucial Dilemma Thesis)' 이 불가피하다는 것에서 멀어지고 있다.

경제번영이 확실히 민주주의의 씨를 뿌리는 반면, 거꾸로 안정적인 민주주의가 지속적 성장에 좋다는 생각도 점점 더 많은 지지를 받고 있다. 재산권이 거래비용을 줄이고 전문화(specialization)와 무역을 증대시키는 데 중요하다면, "여러 세대에 걸쳐 좋은 경제적 성과를 거둔 대부분의 국가들이 안정적인 민주적 정부를 갖고 있는 국가들"이라는 것은 결코 놀라운 사실이 아니다(Olson, 2000; Rodrik, 2000). 좋은 국가경영과 경제적 번영이 좋은 동료인 반면에, 하나같이 모두 도벽자이기도 한 독재자들은 매우 위험이 높은 형태의 투자다. 이스털리(Easterly, 2001a)가 지적하였듯이 "정부는 성장을 죽일 수 있다".

대부분의 인류역사에서 세계의 대부분 사람들은 맨슈어 올슨(Olson, 1993, 2000)이 '비상주(非常住) 도적(roving bandits)' 과 '상주(常住) 도적(stationary bandits)' 이라고 부른 것에 의해 지배되었다. 역사는 자애로운 독재자는 드물다는 증거를 명백하게 제시하고 있다. 군벌(warlord)로 대표되는 비상주 도적은 그들의 지역 안에 사는 사람들의 복지를 증대시키는 데는 별 관심이 없다. 서로 경쟁하는 비상주 도적들에 의해 지배되는 지역에서는 완전한 무정부상태가 나타나고 어떤 형태의 지속적 경제발전도 불가능하다. 안전한 재산권 보장이 없는 상태에서는 사람들이 생존을 위해 필요한 것 이상을 생산하려는 유인이 없는데, 이는 어떤 잉여도 강제적으로 탈취 당할 것이기 때문이다. 그러나 상주 도적은 안정적이고 생산적인 경제가 촉진되고 유지된다면 그들이 지배하는 지역에서 더 많은 조세 수입을 걷을 수 있다. 이러한 상황에서 독재자들은 법률과 질서라는 공공재를 제공할 유인을 갖는다. 그러나 재산권은 독재적 형태의 관리체제 하에서는 완전히 안전적이지 못한데, 이는 독재자의 자의적인 권력들이 시간적 비일관성(time-inconsistency)을 발생시키기 때문이다. 즉, 독재자는 항상 신뢰의 문제를 갖는다. 역사를 통해 보듯이, 절대 권력을 주장하는 군주들은 안정적인 제국을 수립하기가 어렵고, 계승에 대한 불확실성은 독재자들로 하여금 경제를 장기적인 관점을 갖고 운용하지 못하도록 한다. 예를 들어, 정복왕 윌리엄(William the Conqueror, 1066)과 '명예혁명(Glorious Revolution, 1688)' 사이 기간 동안 영국의 왕권은 끊임없이 계승의 위기에 처해 있었다. '장미 전쟁(Wars of the Roses)' 이 그 한 예이다. 오직 책임 소재가 확실한 대의 정부가 개인의 권리를 존중하는 안정적인 민주주의 하에서만 재산권의 지속적인 유지에 도움이 되는 환경이 만들어질 수 있을 것으로 예상된다(Fukuyuma, 1989, 1992).

아세모글루의 최근의 연구는 '경제발전에 대한 정치적 장애' 의 중요성을 강조한다. 이 연구는 위계적 사회에서 관찰되는 변화에 대한 태도에 초점을 맞춘다. 경제학자들은 경제성장이 빈곤의 제거와 생활수준의 지속적인 향상을 위한 필요조건이라고 인식하고 있다. 더욱이 기술변화와 혁신은 성장을 촉진시키는 데 주요한 요소들이다. 그러면 왜 정치적 엘리트들은 경제적 후진성을 제거할 제도나 정책들을 채택하는 것을 의도적으로 막으려고 하는가? 아세모글루와 로빈슨(Acemoglu and Robinson, 2000a, 2000b, 2000c, 2001, 2003, 2005)은 우월한 제도와 기술이 엘리트들의 정치력을 저하시킬 수 있으므로 저항을 받는다고 주장한다. 더욱이 '강력한 제도' 가 없다는 것은 독재적 지도자들로 하여금 "그들 체제에 반하는 세력을 분산시키는 정치적 전략을 채택"하도록 허락한다. "수탈적 지도자는 집단행동(collective action) 문제를 심화시키는 동시에 중요한 집단을 매수하여 그에 대한 반대세력을 제거한다"(Acemoglu et al., 2003b). 가끔 자연자원이나 대외원조에 의해 재원을 확보하는 수탈자들은 '분할과 통치(divide and rule)' 전략을 채택하여 실효적 권력을 유지하려 한다. 200개 이상의 종족이 있는 자이레의 경우, 모부투(Mobutu)[3]는 1965~97년에 자신의 정권이 무너질 때까지 그러한 전략을 채택하였다. 아세모글루의 연구는 아프리카의 인종적 다양성이 경제성장을 저해한다는 이스털리와 레빈(Easterly and Levine, 1997)의 결론을 보강해준다(다음 절 참조).

노스(North)와 올슨(Olson)이 옹호하였던 이 일반적 명제는 들롱과 쉴라이퍼(Delong and Shleifer, 1993)에 의해 확증되었다. 그들은 좀 더 민주적인 형태의 정부 하에 있던 중세 유럽의 도시들이 '군주들' 의 독재적 지배하에 있던 도시들보다 훨씬 더 생산적이었음을 보여 주었다. 독재자들에 대한 헌법적 제한이 없는 환경에서는 재산권이 보장되지 않기 때문에, 지속적인 경제발전과 전제정치가 양립불가능하다. 들롱과 쉴라이퍼는 도시인구 비중이 상업적 번영을 위한 좋은 대리변수가 된다고 가정하고, "산업혁명 이전의 큰 도시들의 규모와 수를 경제활동의 지표로, 그리고 도시 수의 변화와 도시인구의 변화를 경제성장의 지표로 사용하였다." 그들의 도시 자료는 1000~1500년 사이 유럽 경제의 중심이 점진적으로 북쪽으로 이동하였음을 보여준다. 1000년경에 서유럽은 도시발전의 의미에서 '낙후지역' 이었지만, 1800년경에는 세계에서 가장 번영하고 경제적으로 발전된 지역이 되었나. 런던이 13세기 초반에는 25번째로 큰 도시였으나, 1650년경에는 파리 다음으로 두 번째였고, 1800년경에는 첫 번째였다. 들롱과 쉴라이퍼는 사적 재산에 대하여 서로 다른 조세율을 보여주는 절대주의적 정부와 비절대주의적 정부들 사이의 차이를 근거로 하여, 재산권의 보장이 곧 더 낮은 조세의 형태로 간주될 수 있다고 주장하였다. 더글라스 노스도 영국에서 신뢰할 수 있고 지속적인 형태로 재산권을 보장하는 제도를 수립한 데는 먼저 의회가 국왕에 대해 우월성을 확립하는 것이 필요했다고 주장한다. 이는 재산권 보장을 증대하는 데 도움이 되는 경제제도의 점진적 확립을 용이하게 해준 1688년의 '명예혁명(Glorious Revolution)' 이후 달

3. 모부투(Mobutu Sese Seko)는 자이르(현재의 콩고민주공화국)를 1965~97년까지 32년 동안 통치한 대통령으로 국가를 자신의 부를 위해 사용한 부패정치(kleptocracy)의 대명사.

성되었다(North and Weingast, 1989; North, 1990). 북아메리카 및 남아메리카 대륙의 비교되는 경제적 행운은 서로 다른 제도 장치를 통한 정치적 운영 및 경제적 운영에 기인함을 보여준다(Sokoloff and Engerman, 2000; Acemoglu et al., 2001, 2002a; Khan and Sokoloff, 2001).

많은 국가에서 좋은 국가경영 방식을 개발하지 못한 것은 심각하고 가끔은 재앙적인 경제적, 정치적 결과를 낳는다. 민주주의의 성공 여부는 정기적인 선거와 자유 언론이 얼마나 정치인들에 대한 신뢰를 증가시키는 중요한 매체로 작용하는가에 달려있다. 주인-대리인(principal-agent) 모형에서 보면, 국민들이 정보가 부족하거나 정기적이고 확실한 경쟁적 선거를 통하여 책임 있는 정치인을 가질 기회가 없다면, 풍부한 자원에 쉽게 접근 할 수 있는 정치인들에 의한 지대 추구(rent seeking) 행위의 범위가 증가한다(Adsera et al., 2003).

요컨대, 윈스턴 처칠(Winston Churchill)이 하원에서 민주주의를 옹호하기 위해 행한 유명한 연설(1947년 11월 11일)은 그런 생각을 정확하게 표현하고 있는 것으로 생각된다.

> 아무도 민주주의가 완벽하거나 완전히 현명한 것이라고 하지 않는다. 사실 민주주의는 여러 시기에 걸쳐 시도되어진 모든 다른 정부 형태들을 제외하고 생각할 때 가장 최악의 정부 형태라고 말해지곤 한다.

지대 추구, 신뢰, 부패, 그리고 경제성장

1인당 산출량을 증가시키기 위해서는 개별 생산단위의 생산물이 유용되지 않도록 하는 사회적 제도가 발전되어야 한다. 부패한 관료계급과 같이 역행적 하부구조를 가진 국가에서는 자본축적, 기술 습득, 그리고 새로운 제품과 생산기술의 개발보다는 자원의 유용에 몰두하는 지대 추구(rent-seeking) 행위가 발생한다(Murphy et al., 1993; Mauro, 1995). 강력하지 못한 법률과 계약 이행 강제, 미흡한 재산권 보호, 가혹한 세금제도와 만연한 부정부패가 있는 경우에, 비생산적인 지대 추구 행위는 사회에 널리 퍼져서 기술혁신과 다른 생산증대 활동에 상당한 폐해를 끼치는 원인이 된다(Tanzi, 1998).

경제적 유인이 생산성과 부의 증대에 잠재적으로 커다란 공헌을 할 수 있는 유능한 인력에 영향을 미칠 수 있다는 증거들은 수없이 많다. 왜냐하면 개인이나 그룹들에게 더욱 발전된 기술을 채택하거나 새로운 아이디어를 만들어 내도록 하기 위해서는 적절한 수익률을 보장할 수 있는 제도적 장치가 필요하기 때문이다. 슘페터(Josef Schumpeter)의 기업가 이론을 흥미롭게 발전시킨 보몰(Baumol, 1990)은 기업가적 기술의 '배분' 을 통합하여 슘페터의 모형을 확장하면 정책적 통찰력을 산출하는 모형의 설명력이 매우 증대됨을 보여 주었다. 슘페터(Schumpeter, 1934)는 기술진보의 증진과 연관된 것들에 추가하여 다섯 가지 형태의 기업가적 행동을 제시하였다. 즉,

1 새로운 재화의 도입, 그리고/혹은 이미 존재하는 재화의 질적 향상

2. 새로운 생산 기법의 도입
3. 새로운 시장의 개척
4. 원재료의 새로운 공급처 '정복'
5. 새로운 산업조직

보몰(Baumol, 1990)은 슘페터의 목록에 꼭 보충해야 할 것이 있으며, 다음과 같은 내용이 필요하다고 주장하였다.

6. "이미 다른 지역에서 사용되고 있는 기술의 목적에 적합하지만 그 적합성이 아직 인식되고 있지 않거나 적어도 아직 이용되지 않고 있는 지역에 그 기술을 도입할 기회를 살리는, 혁신적인 기술이전 행위"
7. "지대 추구과정에서의 혁신"

마지막 범주는 매우 중요한데, 이는 보몰이 "비생산적 기업가 정신의 행위(acts of unproductive entrepreneurship)"라고 부른 것이 포함되기 때문이다. 보몰이 기업가를 "그들 자신의 부, 힘, 그리고 명성을 증가시키는 방법을 찾는 데 있어서 독창적이고 창조적인 사람"이라고 정의했음을 고려할 때, 어느 특정 시점과 장소에서 기업가적 재능의 배분을 결정하는 주요한 요인 중 하나는 "여러 기업가적 활동에 대한 상대적 보상을 결정하는 현행 게임의 법칙"이 될 것이다. 재능 있는 개인은 가장 큰 보상을 가진 활동으로 자연적으로 이끌리게 된다. 그러한 활동이 항상 최대의 사회적 이득을 가져다준다는 보장은 없다. 따라서 기업가들은 사회적 시각에서 보면 생산적일 수도 있지만, '비생산적' 이거나 심지어 '파괴적' 일 수도 있다. 어떤 경제에서 재능 있는 사람들은 전통적인 민간 사업자가 되는 반면에 다른 경제에서는 정부관료, 군인, 종교, 범죄자나 혹은 다른 지대추구 활동에 더 매력을 느끼기도 한다. '게임의 법칙' 은 변화할 수도 있고 또 실제로 변화하므로, 새로운 환경에 적합한 기업가적 재능의 재분배가 일어날 수 있다. 세상에서 관찰되는 기업가적 활동의 형태는 역사적 시간과 지역에 따라 명백히 변화할 것이다. 따라서 기업가 정신이 생산적, 비생산적, 혹은 파괴적 활동 사이에 어떻게 배분되는가는 모든 경제의 혁신성에, 따라서 경제성장에도, '강한 영향' 을 미치지 않을 수 없다. 예를 들어 랜즈(Landes, 1969)는 산업혁명이 프랑스가 아닌 영국에서 시작된 이유는 재능의 배분과 관련이 있다고 주장한다. 성장에 관심이 있는 국가라면 반드시 가장 능력이 있는 사람들이 경제의 생산적인 부문에 배분되도록 보장해야 한다. 머피 외(Murphy et al. 1991)는 1970년대 미국의 생산성 증가 둔화의 이유가 인적자본의 배분이 제대로 이루어지지 않았기 때문이라고 주장한다. 재능 있는 개인들이 기술자 같은 생산자보다는 점점 더 많이 변호사 같은 지대 추구자가 된다는 것이다. 그들은 "재능 있는 사람을 기업가로 배분하는 것은 성장에 유익하며 지대추구 행위로의 배분은 성장에 해롭다"는 결론을 내렸다. 보몰의 견해에 의하면, 오늘날 경제에서 비생산적 기업가정신의 지배적 형태는 지대추구이며, 지배적인 법률, 규제 그리고 금융적 유인 구조는 필연적으로 '재능의 배분' 에 주요한 영향을 미칠 것이다.

이러한 통찰에 따르면, 새로운 기업의 창출과 새로운 기술의 채택, 그리고 그에 따른 경제성장 촉진 등을 장려하기 위해 기업가들에게 제공되는 유인 구조가 국가 간에 차이가 있다는 사실에 중점을 두는 것이 성공적인 연구방향이다. 생산적인 기업가 정신을 가로막는 장벽이 현재 분명한 기득권을 가진 특정 집단에 의해 의도적으로 창출되었다면, 경제학자의 역할은 이러한 '비생산적' 행위를 최소화하는 제도를 설계하고 수립하는 방법에 대한 정책 조언을 제공하는 것이다. 기업가들이 새로운 사고를 채택하는 데 도움이 되는 환경이 창출되었을 때, 경제학자들이 소위 '조직' 자본(organisational capital) 혹은 '사업' 자본(business capital)이라고 일컫는 자본형태가 창출되는데, 이런 형태의 자본은 기업가와는 독립적으로 존재한다. 조직 자본이 부족한 국가들은 외국인 직접투자에 매력적이지 못한 상태로 남을 것이다.

경제주체들 간의 신뢰는 거래비용의 중요한 결정요인 중 하나이다. 이러한 견해는 오랜 역사를 갖는다(Fukuyama, 1995). 예를 들어, 존 스튜어트 밀(Mill, 1848)은 다음과 같은 특징을 지닌 유럽 국가들이 있다고 지적하였다.

> 대규모의 사업 수행을 저해하는 가장 중요한 요인은 거액의 금전의 수령과 지출을 믿고 맡기기에 적합한 사람들이 부족하다는 것이다. (...) 상호 신뢰가 인류에게 주는 이점은 인간 생활의 곳곳으로 스며든다. 경제적인 면은 그 중 가장 작은 부분이지만, 이 부분조차도 계산하기 힘들도록 크다.

최근의 논문에서 자크와 내크(Zak and Knack, 2001)는 이러한 견해를 받아들인다. 그들은 경제의 신용 정도가 경제성장률에 '유의하게' 영향을 미치고 "신용의 정도가 높은 사회는 그렇지 못한 사회보다 생산량이 더 많음"을 밝힌다. 거래자들 간의 신용 정도가 높은 경제에서는 신용 정도가 낮은 환경에서보다 투자율 및 성장률이 높게 나타나는 경향이 있다. 이러한 발견은 내크와 키퍼(Knack and Keefer, 1995, 1997a, 1997b)의 이전 실증연구 결과를 뒷받침한다. 이들의 연구에 의하면 29개국의 시장경제에서 신용과 경제성장 간에 양(+)의 관계가 나타난다. 자크와 내크는 다음과 같은 나라에서 신용의 정도가 낮다고 주장한다. (i) 사기꾼을 막거나 처벌하고 기회주의적 행위를 억제하는 법률, 계약 이행 강제 같은 공식적인 기제와 제도, 그리고 추방, 죄책감, 신망상실 같은 비공식적 기제와 제도가 없는 국가들, (ii) 인구의 이질성(인종적 다양성)이 큰 국가들, 그리고 (iii) 불평등이 상대적으로 만연한 국가들이다. 이스털리와 레빈(Easterly and Levine, 1997)의 연구에 따르면, 아프리카의 인종적 다양성이 경제성장을 저해하였는데, 이는 다양한 집단이 협동적 해결책에 이르는 것을 더욱 어렵게 하며 지속적인 분배 갈등으로 부족한 자원이 낭비되기 때문이다. 이들 중 가장 극단적인 형태가 보스니아(Bosnia), 르완다(Rwanda), 코소보(Kosovo), 아프가니스탄(Afganistan) 등에서 일어난 내전, '인종청소', 그리고 집단학살이다. 콜리어

(Collier, 2001)의 연구에 따르면, 인종적으로 다양한 사회는 "특히 독재국가에게는 적합하지 않고", 또 정치제도에서 "특정 인종의 지배력"이 없다는 가정 하에서 민주적 제도는 인종적 다양성이 경제에 끼치는 부정적 영향과 경쟁 집단들 간에 나타나는 소모전을 상당히 감소시킨다. 이스털리(Easterly, 2001b)도 소수를 보호하고 착취를 못하게 하고 계약을 거부하지 못하도록 보장하는 공식적 제도가 "어느 인종적 집단이 다른 집단에게 행할 수 있는 피해의 양을 줄일 수" 있다고 주장한다. 이스털리의 분석 틀에 의하면 다음 관계가 성립한다:

$$\text{인종적 갈등} = f(\text{인종적 다양성, 제도의 질})$$

이스털리의 연구 결과는 좋은 제도가 갖추어져 있는 한 인종적 다양성으로 인해 낮은 경제성장이나 더 악화된 경제정책이 결과하지 않는다는 것을 보여준다(Snowdon, 2003a). 좋은 제도는 "만일 그런 제도가 없었다면 인종적 다양성에서 발생할 수 있는 전쟁이나 대량학살의 위험성도 감소시킨다." 로드릭(Rodrick, 1999a, 1999b, 2000)은 또 사회가 심각하게 분할되어 있거나 갈등을 조정할 민주적 제도가 없는 사회가 어떻게 외부에서 오는 경제적 충격에 저항력이 약한가를 보여준다(Alesina and Rodrick, 1994). 잠재적 사회갈등(latent social conflict, LSC)이 클수록, 그리고 사회이 갈등관리제도(institutions of conflict management, ICM)가 약할수록, 외부 충격(S)이 경제성장에 끼치는 불리한 영향이 더욱 커진다. 로드릭의 가설은 다음 관계로 나타낼 수 있다:

$$\Delta\text{경제성장} = -S(LSC/ICM)$$

로드릭(Rodrik, 1999a)은 1970년대의 경제적 충격 이후 세계경제에서 나타났던 다양한 '성장침체'를 설명하기 위하여 이 모형을 사용하였다. 그의 실증분석에서 민주적이고 좋은 정부 제도를 가진 국가들은 갈등관리제도가 좋지 않은 국가들보다 더 나은 거시경제적 관리능력을 보여 주었고, 결과적으로 상대적으로 변동성이 작은 경제성장을 경험하였다.

11.19 무역과 경제성장

경제성장에 관한 또 다른 연구 중 중요한 조류는 경제성장의 근본적인 중요 요인 중 하나로 점점 증대하는 국제적 경제통합, 즉 '세계화(globalization)'를 지적하고 있다. 이 논의에 의하면 더 개방된 경제들은 더 폐쇄적인 경제들에 비해 더 빨리 성장한다고 믿을만한 강한 이론적 근거들이 있다. 최근의 문헌 정리에서 류어와 판 덴 베르흐(Lewer and Van den Berg, 2003)는 "경제성장에 대한 무역의 영향은 인류 후생에 매우 중요하다"고 결론을 내리고 있다. 더욱이 이러한 견해를 지지하는 사람들은 수많은 실증 연구들을 통해 그 견해를 뒷받침하면서, 전반적인 '세계화'는 경제성장에 긍정적인 영향을 미친다고 결론을 내린다(Sachs and Warner, 1995; Krueger, 1997; Edwards, 1998; Frankel and Romer, 1999; O' Rourke and Williamson, 1999; Baldwin, 2000;

Bhagwati and Srinivasan, 2002; Dollar and Kraay, 2003, 2004; Bordo et al., 2002b; Bhagwati, 2004; Winters, 2004; Snowdon, 2001c, 2003c).

경제학자들은 더 자유로운 무역이 한 국가의 생산을 영원히 증가시키는 '수준효과(level effect)'를 가져온다는 점에 동의한다. 그러나 자유무역이 경제성장률에 끼치는 가능한 영향('성장효과', growth effect)에 대해서는 훨씬 더 논쟁의 여지가 있다. 예를 들어 루커스(Lucas, 1988)는 무역장벽을 제거하면 산출량에 대해 일련의 증가효과가 있어 이것이 성장효과처럼 보이지만 실제로는 수준효과라고 주장한다. 솔로 모형의 표준적인 개방모형에서 무역자유화는 장기성장률에 대하여 일시적이지만 영속적이지는 않은 효과를 줄 수가 있다. 리베라-바티스와 로머(Rivera-Batiz and Romer, 1991)가 지적하듯이, 중요한 문제는 증가하는 경제통합이 장기적인 성장률을 증가시키는 경향이 있을 수 있다는 그들의 믿음을 정당화할 수 있는 '정밀한 모형'이 없다는 것이다. 로드리게스와 로드릭(Rodriguez and Rodrik, 2000)은 "낮은 관세나 비관세 무역장벽이라는 의미에서 개방무역정책이 경제성장과 밀접하게 연관되어 있음"을 보여줄 수 있는 증거가 충분하지 않다고 주장한다. 그에 대한 답변에서 바그와티와 스리니바산(Bhagwati and Srinivasan, 2001)은 개방무역체제가 비교우위에서 오는 수준효과 이득을 줄뿐만 아니라 성장에 대해서도 긍정적인 효과를 준다고 주장한다. 그러나 바그와티와 스리니바산은 "수많은", 그리고 "인식할 수 없을 정도로 많은" 국가 간 회귀분석에 의존하지 않는다. 그 대신 그들은 심도 있는 개별 국가 분석에 의지하여 개방의 성장 유인효과를 지지한다(Bhagwati, 1978; Krueger, 1978; Balassa, 1989; Edwards, 1998). 크루거(Krueger, 1997, 1998)는 비교우위의 원칙을 "분별없이 포기하고" 오랫동안 수입대체산업화(import substitution industrialization, ISI) 정책을 채택하고 유지한 국가들보다 상대적으로 더 대외 지향적인 전략을 실시하는 개발도상국들이 지속적으로 더 빠른 성장을 한다는 사실을 추호도 의심하지 않는다. 크루거에 의하면, 1945년 이후 대외 지향적 정책에 대해 취해졌던 초기의 반감은 공황 및 소련의 국가주도형 발전의 명백한 성공의 유산이었던 국가통제형 사고방식이 발휘하고 있던 강력한 영향력과 관련된다. 바그와티(Bhagwati, 1993)는 마할라노비스(P. C. Mahalanobis)를 포함해서 1950년대에 영향력을 발휘하던 많은 인도 경제학자들이 수출에 대한 '탄력성 비관주의(elasticity pessimism)' 사고를 가지고 있었기 때문에, 인도가 어떻게 '해로운' 수입대체산업화 전략을 채택하는 방향으로 나아갔는지를 상기시킨다. 인도에 비하여 동아시아 '기적' 국가들이 경험한 지난 40여 년 동안의 고속성장은 그들의 개방체제의 선택과 긍정적으로 연관된다. 삭스와 워너(Sachs and Warner, 1995), 벤데이비드(Ben-David, 1996), 에드워즈(Edwards, 1993, 1998), 벤데이비드와 로위(Ben-David and Loewy, 1998)는 자유무역과 국가 간 소득수렴 사이에 강한 연관관계가 있다는 주류 견해를 지지하고 있다. 로렌스와 와인스타인(Lawrence and Weinstein, 2001)은 더 자유로운 무역정책을 옹호하는 사람들을 지지한다. 그러나 그들은 이전 연구들이 제시한 '수출 숭배주의(export fetishism)'를 부정하고, 대신 국내총생산에 대한 수입 비중의 증가가 혁신과 학습에 끼치는 효과를 통해 발생시키는 성장촉진 효과를 강조하였다(Rodrik, 1995 참조). 확실한 것은 더 개방적인 경제가 세계시장에서 더욱 값싼 수입자본재에 더 용이하게 접근할 수 있다는 것이다(DeLong and Summers, 1993, 참조; Jones, 1994).

삭스와 워너(Sachs and Warner, 1995)에 의하여 확인된, 수렴에 영향을 주는 요소 중의 하나는 경제의 개방도이다.

> 각종 증거들을 가장 인색하게 보더라도, 세계경제에 개방되어 있고 통합되어 있는 한 모든 국가들 사이에 수렴이 이루어질 수 있다. 이것은 초기에 낮은 수준의 기술을 보유한 국가라도 마찬가지다. (...) 수렴그룹은 국제무역에 의하여 서로 연관되어 있는 국가들의 그룹이다. (...) 조건부 수렴의 의미에서 볼 때, 장기 소득수준의 격차가 확실하게 나타나는 것은 근본적인 선호나 기술의 격차 때문이 아니라 경제통합에 관한 정책 때문이다.

삭스와 워너는 '폐쇄' 무역체제가 다음 특성 중 최소한 하나를 갖는 것으로 본다. (i) 무역의 40% 이상에 적용되는 비관세 장벽, (ii) 40% 이상의 평균 관세, (iii) 1970년대와 1980년대에 공식 환율에 비해 평균적으로 20% 이상 평가 절하된 암시장 환률, (iv) 코르나이(Kornai, 1992)가 정의한 바에 따른 사회주의 경제체제, (v) 주요 수출에 대한 국가독점. 개방경제는 위의 어느 조건도 해당되지 않는 경우이다. 중국은 유일하게 실질적인 수수께끼이다. 그러나 삭스와 워너에 따르면, 국제무역에 대해서 중국경제는 본질적으로 비국가소유 기업, 특히 해안가에 있는 특별경제구역에 있는 기업들에 대해 자유화되었다. 그리고 1978~94년 기간 동안에 가장 빠르게 성장하던 지역들은 신장(Xinjiang)을 제외하고는 모두 해안가에 위치한 지역들이었다(Ying, 1999).

삭스와 워너는 그들의 연구를 통해 다음 4개의 중요한 결론에 이른다. 첫째, "개방국가들 사이에는 절대적 수렴 증거가 있고, 폐쇄경제에서는 절대적 수렴증거가 없다." 둘째, "폐쇄경제 국가들은 개방경제 국가보다 일반적으로 느리게 성장하는데, 이는 '좋은' 정책이 중요하다는 것을 보여준다." 셋째, "'무역정책'의 역할은 다른 경제성장 요인들을 통제하더라도 지속된다." 넷째, "좋지 않은 무역 정책은 다른 요인들을 통제하더라도 성장에 직접적으로 영향을 미치고 눌적자본의 축적률에도 영향을 미친다." 그러므로 삭스와 워너의 증거들은 무역 정책이 '주요한 개통수단임'을, 즉 무역정책이 전체 시장개혁 수단의 대리변수로 가능할 수 있음을 의미한다.

이론적인 수준에서 내생성장에 관한 연구들은 기술진보를 촉진시키는 데 있어 아이디어가 중요함을 강조하고 있다(Romer, P., 1990, 1993, 1994b). 이들 문헌에서 보면 한 국가가 외부 세계에 노출된 정도가 크면 클수록, 조직 방법과 관련된 새로운 아이디어를 포함하여 다른 국가들의 연구개발로부터 얻을 것이 더 많아진다. 폴 로머(Paul Romer)가 주장하였듯이 "무역의 중요한 역할은 저개발국들로 하여금 세계에 존재하는 아이디어에 접근하게 해 준다는 것이다." 이 견해는 로버트 솔로(Robert Solow)로부터 지지를 받는다. 솔로는 "무역이 장기 경제성장에 영향을 미치는 유일한 방법은 그 국가가 수출 지향적이냐 아니냐가 아니라, 다른 국가들과 접촉을 하느냐 안 하느냐에 달려있다"고 주장한다(이 장의 인터뷰 참조). 에드워즈(Edwards, 1998)는 총요소생산성(total factor productivity, TFP) 증가율과 개방도의 관계를 고려하기 위한 간단한 분석틀을 제시한다. 이 틀은 식 (11.44)와 식 (11.45)에 의해 요약된다.

$$Y_t = A_t f(K_t, L_t) \tag{11.44}$$

$$\dot{A}/A = \theta + \omega(W - A)/A \tag{11.45}$$

여기서 Y_t는 국내총생산, A_t는 지식스톡 혹은 총요소생산성, K_t는 물적 자본, 그리고 L_t는 효율적 단위에 의해 측정된 노동력이다. 성장은 A_t, K_t, L_t의 변화율에 의존한다. 에드워즈는 총요소생산성 증가에 두 가지 요인이 있음을 가정했다. 첫째는 혁신과 국내 인적자본(교육)에 의해 야기되는 국내적 요인이고, 두 번째는 "선진국의 고유한 기술진보를 흡수하는, 또는 모방하는 것"과 관련된 국제적 요인이다. 모방은 '따라잡기(catch-up)' 에 의존한다. 기술의 최첨단으로부터 가장 멀리 떨어진 국가들이 가장 큰 모방 잠재력을 갖고 있다. 식 (11.45)에서 $\dot{A}/A$ = 총요소생산성의 성장률, θ = 혁신의 국내 증가율, ω = 한 국가가 지식 격차를 좁힐 수 있는 속도이며, 이것은 무역정책에 의해 영향을 받는다. W는 증가율 g로 증가하는(단, $g \geq \theta$ 일 때) 세계 지식스톡이다. 세계의 기술 선도자, 즉 1980년 이래의 미국에 있어 $g = \theta$ 이고 $W = A$이다. 에드워즈의 주장에 따르면, 수많은 아이디어 기반 성장모형들이 예측하는 바와 같이, 개방된 경제일수록 "세계의 다른 나머지 지역으로부터 오는 아이디어들을 흡수하는 능력이 더 크고, 그래서 더 높은 ω을 갖는다." 그리고 "이 간단한 모형의 중요한 특성은 자유무역을 하는 국가들이 이행기의 생산성 성장에 있어 무역 왜곡을 유지하는 국가들을 능가한다는 것이다." 왜냐하면 국가 간의 무역은 아이디어의 확산을 위한 통로와 같은 역할을 하기 때문에, 무역장벽을 세우는 내부지향적(inward-looking) 무역 및 발전전략은 지식의 전달을 억제하기 때문이다.

코 외(Coe et al., 1997)는 남반부–북반부 간의 연구개발 파급효과의 정도를 조사하였다. 거의 모든 연구개발 활동이 선진국에서 실행되고 있다는 점을 감안한다면, 개발도상국은 특히 미국으로부터의 지식 파급효과에서 이익을 얻을 기회들이 분명히 있다. 코 외가 제시한 실증자료에 따르면, 개발도상국의 총요소생산성은 그들의 산업국가 무역 파트너들의 연구개발과 산업국가로부터 오는 기계 및 장비의 수입에 긍정적이고 유의미하게 연계된다.

벤데이비드와 로위(Ben-David and Lowey, 1998)가 개발한 모형에서, 대외 개방성은 국내기업에 좀 더 경쟁적인 압력을 발생시키고, 이는 다시 생산과정 및 기술과 관련된 해외 지식을 획득하게끔 해 준다. 그러므로 무역의 흐름은 아이디어의 이전과 경제의 성장을 촉진한다. 많은 빈곤 국가들이 보호무역주의 전략을 적용해왔다. 그 때문에 그들의 무역장벽들은 "지식 파급효과를 제한하는 완충장치"로 작용한다. 벤데이비드와 로위는 그런 장벽들이 오랫동안 유지되는 한, 국가 간의 수입격차가 계속해서 존재할 것이라고 주장한다.

놀랍게도 아담 스미스(Smith, 1776)는 자유무역이 아이디어와 지식의 흐름을 촉진할 것이라는 이론을 이미 예견했다.

> 이러한 힘의 균형을 수립하는 데는 모든 국가들 간의 광범위한 상업 활동과 함께 자연적으로, 아니 필연적으로, 발생하는 모든 종류의 개선과 지식이 상호소통되는 것보다 더 나은 것이 없어 보인다.

어윈(Irwin, 1996)의 견해에 따르면, 기술이전과 개방의 동태적 이익과 관련된 스미스의 이러한 통찰력은 "그가 저술하던 시기를 고려할 때 매우 뛰어난 것"이었다.

경제학자들의 다수 견해는 무역과 성장에 대한 바그와티 입장(the Bhagwati position)으로 쏠린다. 그러나 로드릭(Rodrik, 1995, 1999a)은 세계화와 수출을 경제발전에 이르는 쉬운 길이라고 지나치게 강조하는 이들에 대해 꾸준하게 비판한다. 그는 개발도상국에서의 정책 입안자들이 세계 통합이라는 위험한 강박관념에만 기초한 성장전략보다는 민주주의를 포함한 국내 제도 및 국내 투자자의 중요성을 인식하는 성장전략을 형성할 필요가 있음을 강조한다. 수입대체산업화 정책들을 지속적으로 비판하여 왔던 바그와티와 크루거와는 달리, 로드릭(rodrik, 1999a, 1999b)은 수입대체산업화 정책을 채택한 나라의 성장 경험들이 잘못 해석되어 왔다고 주장한다. 로드릭에 따르면, 수입대체산업화 정책은 1970년대 후반 이전 약 20년 동안 매우 잘 작동하였고, 그 이후 수입대체산업화 정책을 채택한 국가의 성장의 붕괴와 실망스러운 경제적 성과는 그 정책과는 거의 관련이 없다. 1970년대와 1980년대의 경제 충격을 성공적으로 견뎌낸 개발도상국들은 급속하면서도 단호하게 적절한 거시경제 조정을 이룩하였으며, 또 갈등을 관리하는 효과적인 제도를 가지고 있었다. 따라서 동아시아 경제가 라틴아메리카 및 사하라이남 아프리카와 비교하여 경제적 격동에 대처할 준비가 되어 있었다는 것은, 전자의 경제가 외부 지향적이었고 후자의 경제가 폐쇄적이었다는 데서 비롯하는 것이 아니다. 오히려 그 사실은 라틴아메리카와 사하라이남 아프리카의 국가들이 충격을 관리하고 흡수하는 데 "훨씬 더 제 역할을 하지 못했음"을 뜻한다. 로드릭은 개방의 잠재적 이익을 부인하지 않지만, 정책입안자들과 동료 경제학자들에게 다음과 같이 경고한다. 즉, 개방이 발전전략의 성공적 요소가 되기 위해서는 개방이 국내 전략의 대체물로 간주되어서는 안 된다는 것이다. 정책 입안자 가운데 "무조건 반사"적으로 세계화를 주장하는 사람들이 있다. 이들은 세계화가 그 자체로 개도국의 경제에 기적을 만들 수 있다고 잘못 생각하는 듯이 보인다. 그러므로 로드릭은 경제성장의 근본적인 요소로서 국내 투자와 인재, 그리고 물적 자본의 형성이 중요함을 강력히 옹호하는 사람으로 남아있다. 실증적으로 투자와 성장 사이의 관계는 "단기에서는 일정하지 않은 경향이 있지만, (…) 국가 간 연구를 보면 투자는 수십 년에 걸친 기간 동안 경제성장과 유의한 상관관계를 가지는 몇 안 되는 요인 중 하나임이 밝혀진다(Rodrik, 1995, 1999a; Vamvakidis, 2002)".

위의 논의로부터 도출되는 합리적인 결론은 다음과 같다. 즉, 경제적 성과의 향상을 위해 중요한 것은 수출 그 자체보다는 대외 개방이며, 동시에 개도국이 대외 개방의 잠재적 이익을 충분히 얻기 위해서는 양질의 성장을 위한 제도 설립을 포함한 보완적인 국내 전략을 필요로 한다

(Rodrik, 2000, 2003, 2005). 대외 개방은 목적 그 자체가 아니라 목적을 위한 수단이다. 흥미롭게도 알레시나와 스폴라레(Alesina and Spolare, 2003)의 연구가 보여주는 것처럼, 세계 경제가 점점 더 개방되어감에 따라, 한 국가의 국내 시장의 규모가 생산성의 수준과 성장에 미치는 긍정적인 영향은 그 중요성이 감소된다. 세계화가 확산됨에 따라, 규모의 이익은 감소한다. 물론 세계 국가의 수는 1945년의 74개국에서 2004년의 192개국으로 증가했다.

11.20 지리적 환경과 경제성장

최근 몇몇 학자들은 지리적 환경이 경제성과에 중대한 영향을 끼친다는 점을 환기시킨다. 이 분야의 연구에는 두 가지 조류가 있었다. 첫 번째는 폴 크루그먼(Paul Krugman), 앤소니 베너블스(Anthony Venables), 마이클 포터(Michael Porter) 같은 경제학자들의 연구에서 나타나는 것으로, 국가 또는 지역의 생산성 성과에서 수확체증, 집적(agglomeration), 규모, 클러스터, 위치의 역할을 강조한다(Krugman, 1991a, 1991b, 1997; Krugman and Venables, 1995; Martin, 1999; Crafts and Venables, 2002; Porter, 2003; Yang, 2003). 올윈 영(Alwyn Young), 군나르 뮈르달(Gunnar Myrdal), 니콜라스 칼도(Nicholas Kaldor)의 연구에 이론적 근거를 둔 '신경제지리학(new economic geography)' 모델은 성공이 성공을 낳는다는 누적적 인과관계 효과를 강조한다. 이러한 모형에서 세계화는 누적적 과정을 발생시켜 도시, 지역, 국가 간에 불평등한 공간적 발전을 야기할 수 있다. 크래프츠와 베너블스(Crafts and Venables, 2002)가 지적했듯이, 수확체증, 누적적 인과관계, 집적효과와 경로의존성(path dependency)이 지배하는 세계에서 국제적 통합이 수렴을 야기할 것이라는 예측은 훨씬 불확실하다.

두 번째 조류는 지리적 환경이 기후, 천연자원과 지형을 통해 갖는 직접적인 영향을 강조한다. 이러한 요소들은 분명히 거주민의 건강, 농업 생산성, 경제적 구조, 운송비용, 정보와 지식의 확산에 영향을 미친다. 따라서 지리적 환경이 1인당 소득의 수준과 성장을 결정하는 데 중요한 역할을 한다고 주장된다(Diamond, 1997; Bloom and Sachs, 1998; Gallup et al., 1998; Bloom et al., 2003; 이 연구에 대한 비판은 Acemoglu et al., 2001, 2002a 참조).

지리적 환경이 경제성과에 미치는 영향에 관한 관심이 되살아난 것은 1인당 소득과 위도가 밀접하게 연관되었다는 인식에서 기인한다. 싱가포르 등 소수의 예외를 제외하고 적도에 가까운 나라는 온대에 위치한 나라들보다 1인당 소득과 인간개발지수(Haman Development Index, HDI)가 더 낮다. 생활수준과 열대지방과의 근접도 사이에는 강한 음(−)의 상관관계가 존재한다. 이런 상관관계는 상당부분 "20세기의 최악의 경제 실패"인 "아프리카 대륙의 우울한 경제성과"에 기인한다(Artadi and Sala-i-Martin, 2003; Easterly and Levine, 1997; Collier and Gunning, 1999a, 1999b; Herbst, 2000). 20세기 후반기 동안, 특히 탈식민지화 이후, 사하라이남 아프리카 경제가 보여준 예외적으로 형편없는 경제적 성과를 무엇으로 설명할 수 있는가?

블룸과 삭스(Bloom and Sachs, 1998)는 사하라이남 아프리카가 빈곤한 사실에 대한 여러 설명에 다음의 여섯 가지 요소가 공통적으로 나타난다고 주장한다.

1. 식민지와 냉전의 유산과 관련된 불리한 외부 요소들
2. 주요 수출품 교역조건의 변동성
3. 권위주의를 조성하는 내부정치와 부패
4. 수입대체를 강조하는 통제적(*dirigiste*) 경제정책과 재정낭비
5. 급속한 인구성장을 포함한 인구통계학적 추세와 '인구학적 이행의 정체'
6. 인종의 다양성과 낮은 수준의 사회자본(신뢰)

하지만 이들 요인에 추가적으로, 블룸과 삭스는 경제학자들이 "거시경제 정책과 시장 자유화를 넘어서는 관점"을 가져야 하며, 사하라이남 아프리카 발전에 있어 '상당히 불리한 지리적 환경'의 제약 요인을 인식해야 한다고 주장한다. 전 세계 열대지역 중에서 높은 비중의 면적(93%)과 인구(2000년 당시 659백만 명)를 차지하는 사하라이남 아프리카는 기후, 토양, 지형, 질병생태 등으로 인해 낮은 농업 생산성, 세계 경제로부터의 고립, 열악한 건강상태와 에이스(AIDS)로 인한 높은 질병부담으로 고통 받고 있다. 세계은행 개발보고서(World Bank Development Report, 2002)에 따르면, 사하라이남 아프리카는 전 세계의 주요 지역 중 가장 낮은 1인당 소득인 480달러(1560 PPP달러)를 기록했다. 또한 1999년에 사하라이남 아프리카의 기대수명은 47년으로 가장 낮았으며, 사하라이남 아프리카의 5세 미만의 사망률은 신생아 1000명당 159명으로 전 세계에서 가장 높았다. 확실히, 국가의 건강상태와 부를 축적하는 능력은 양의 관계를 갖는다는 것이 실증적으로 뒷받침된다(Bloom et al., 2004). 지리적 요소가 경제성장과 발전에 미치는 영향은 아담 스미스(Smith, 1776)에서도 나타나고 있다. 그는 수상운송에 대한 접근 용이성이 무역의 성공을 높일 수 있다고 주장했다. 스미스(Smith, 1776)는 다음과 같이 지적하였다.

> 모든 산업이 자연적으로 세분화되고 개선되기 시작하는 것은 해변과 선박이 항해할 수 있는 강의 강둑을 따라 형성되는 지역에서이다. (...) 아프리카 내륙, 그리고 흑해와 카스피해 북쪽으로 멀리 떨어진 아시아 국가들은 (...) 모든 역사기간을 통해 현재의 모습대로 야만스럽고 미개한 국가들로 머물러 있었던 것 같다.

최근 래퍼포트와 삭스(Rappaport and Sachs, 2003)는 미국에서의 경제활동이 바다와 5대호 연안 지역에 굉장히 집중되고 있음을 보였다. 아담 스미스의 견해처럼 연안지역에 대한 접근성은 생산성과 삶의 질을 매우 향상시킨다.

블룸과 삭스의 주장이 새삼스러운 지리적 결정주의는 아니지만, 그들은 경제정책이 차지하는 중요한 역할을 인정한다. 그들은 "좋은 정책은 지역적 현실에 맞게 고안되어야 한다"고 주장한다.

그들은 만약 경제학자들이 그들의 연구를 이용해서 인구통계학, 전염병학, 농경학, 생태학, 지리학과 같은 다른 분야의 축적된 지식들과 '더욱 많은 상호교류' 를 한다면, 아프리카의 경제는 나아질 것이라고 결론짓는다. 따라서 세계의 중요한 구분이 존재하지만 이는 남반구와 북반구의 구분이 아니다. 오히려 그 구분은 열대지역 국가들과 온대성 위도에 위치한 국가들 사이에 있다(Sachs and Warner, 1997; Diamond, 1997; Hall and Jones, 1999; Landes, 1990, 1998,: Sachs, 2003).

마지막으로 이 단락에서 '천연자원의 저주(natural resource curse)' 에 관한 최근 연구를 살펴보자. 천연자원의 저주란 풍부한 천연자원을 보유한 몇몇 나라들에서 천연자원이 부족한 나라들보다 성장속도가 뒤떨어지는 현상을 일컫는 말이다. 미국, 캐나다와 노르웨이 같은 민주주의 국가들에서는 석유와 다른 천연자원이 잘 관리되고 있는 반면, 독재자에 지배되는 나라들에서는 '검은 황금(black gold = 석유)' 의 존재가 지대추구 행위, 정치 불안정, 극단적으로는 내란을 일으킨다 (Sachs and Warner, 2001; Eifert et al., 2003). 살라이마르틴과 수브라마니안(Sala-i-Martin and Subramanian, 2003)이 서술하듯이, 나이지리아는 막대한 석유 자원을 보유했음에도 불구하고 경제발전에 있어 실패했다. 연이은 부패 군사독재는 석유 수익을 손쉽게 유용했다. 반면 다이아몬드 자원을 보유한 보츠와나의 경우 나이지리아와는 완전히 다른 성과를 보여주었다. 보츠와나의 경제적 성공은 정부와 제도의 높은 발전수준에 기인한다(Acemoglu et al., 2003).

11.21 역사 속의 성장: 통합이론을 찾아서

경제성장을 위한 '이상적인 조건' 들을 고려하기 전에, '맬서스적 정체(Malthusian stagnation)' 상태에서 '현대 경제성장' 체제로의 '대탈출(Great Escape)' 을 이룩한 선진경제에 대한 통합적인 설명을 제공하는 데 노력하는 새롭고 흥미로운 문헌들에 대하여 간략하게 살펴보겠다. 이 분야에서 저명한 학자로는 대런 아세모글루(Daron Acemoglu), 그레고리 클라크(Gregory Clark), 리처드 이스털린(Richard Easterlin), 오데드 갈로(Oded Galor), 마틴 굿프렌드(Martin Goodfriend), 게리 핸슨(Gary Hansen), 사이먼 존슨(Simon Johnson), 찰스 존스(Charles Jones), 에릭 존스(Eric Jones), 마이클 크레머(Michael Kremer), 데이비드 랜즈(David Landes), 로버트 루커스(Robert Lucas), 앵거스 매디슨(Angus Maddison), 존 맥더머트(John MacDermott), 오머 모아브(Omer Moav), 조엘 모키르(Joel Mokyr), 더글라스 노스(Douglas North), 스티븐 파렌테(Stephen Parente), 케네스 포메란츠(Kenneth Pomeranz), 에드워드 프레스컷(Edward Prescott), 제임스 로빈슨(James Robinson), 데이비드 와일(David Weil) 등이 있다. 앞으로 설명하게 될 주요 의문점들은 아래와 같다.

1. 맬서스적 시대(Malthusian Era)라고 불리는 18세기 이전에, 왜 어떤 나라 혹은 세계의 어떤 지역에서도 국내총생산을 지속적으로 상승시키는 지속적이고 강력한 성장이 없었는가?

2. 무엇이 '산업혁명' 을 이끌어냈는가? 그리고 '혁명' 은 불가피한 것이었나?
3. 지난 250년간 세계 각국에서 생겨난 기본적인 생활수준에 있어서의 '대격차(Great Divergence)' 현상의 원인은 무엇인가?

경제학자들이 대답해야 하는 질문들 중 위의 질문들보다 더 크거나 어려운 문제들이 있다고는 상상조차 하기 힘들다! 현재 시점에서 이러한 질문에 대답을 제공하기 위해 노력하고 있는 학자들이 사실상 성장이론과 실증 분야의 최첨단에 서있다. 이러한 질문들에 근거가 있는 해답을 제공하기 위해 성장이론가들은 경제사학자들에 의해 행해진 선행연구와 경제사의 가치를 더욱 더 인식하기 시작했다. 게다가 늦은 감이 없지는 않지만 최근에서야 성장이론과 경제사 및 개발경제 사이에서의 점증적인 '시너지 효과' 가 나타나고 있다. 솔로와 로머가 선진국이 경험한 현대 경제성장에 대해 설득력 있는 설명을 제공하지만, 이들이 산업혁명 부상과 함께 나타난 성장의 주요 이행과정에 대한 설명을 하고 있지는 않다. 우리가 필요로 하는 것은 〈표 11.1〉에서 정리되어 있는 것과 같은 '현대적 성장양식' 뿐만 아니라 '맬서스적 시대' 의 중요한 특징들까지 설명할 수 있는 통합된 이론이다. 현시점에서는 세계의 생활수준 변화의 진화과정에 대한 몇몇의 설명 또는 '이야기(stories)' 정도가 있을 뿐이다.

자연선택과 진화 이야기

갈로와 모아브(Galor and Moav, 2001, 2002)는 '다윈적 동력(Darwinian force)' 과 '맬서스적 동력(Malthusian force)' 사이의 상호작용을 강조하고 있다. '맬서스적 정체' 기간 동안 인간들의 '생존을 위한 투쟁' 은 인적자본의 질에 있어서 진화적인 향상을 가져왔고, 이에 따른 결과로 기술발전 속도의 증가를 이룩하게 되었다. 이것은 결국 지속적인 경제성장으로의 '이륙(take-off)' 에 도움이 되는 조건들을 잉태시켰다. 갈로와 와일(Galor and Weil, 1999, 2000)은 이러한 이야기를 더욱 선개시켜, 경제체제가 '맬서스적 체제(Malthusian Regime)' 에서 '맬서스 이후적 체제(Post-Malthusian Regime)' 로, 그리고 최종적으로 '현대 성장체제(modern Growth Regime)' 로 이행한 내생적 과정의 발생에 대한 설명을 제공하고 있다. 위의 첫 번째 두 체제는 기술진보의 가속화로 구분될 수 있고, 나중의 두 체제는 효용극대화에 기반을 둔 출산(fertility)행동에 기인한 인구통계학적 이행과정에 의해 구분된다(Lee, 2003).

인구, 아이디어, 재산권 이야기

로머의 작업을 바탕으로 하여 마이클 크레머(Kremer, 1993)는 아이디어에 기인하는 기술발전 모형을 구축했다. 그 모형에 따르면 아이디어 수는 전체 인구의 크기에 의존한다. 따라서 맬서스적 기간 동안 경제적 생활수준의 향상은 미미했지만 기술발전은 인구증가를 가져왔고, 이는 결국 더 많은 아이디어의 발생을 가져와 결과적으로 기술진보를 더욱 촉진했다. 크레머의 모형은 역사적으로 적어도 20세기 후반의 인구통계학적 이행이 전개되기 이전의 인구증가율이 인구의 절대적 크기에 의존한다고 예측한다(Lee, 2003). 찰스 존스(Jones, 2001b)는 기술진보가 '맬서스적 수확체감' 과의 경쟁에서 이기기 위해서는 축적 가능한 생산요소에 대한 수확체증이 존재해야 함은 물론, 노스(North, 1990)에 의해 강조되듯이 '혁신촉진적 제도(innovation-promoting institution)' 개발 가능성의 여부가 중요한 조건이라고 덧붙이고 있다.

'맬서스에서 솔로까지' 이야기

핸슨과 프레스컷(Hansen and Prescott, 2002), 그리고 파렌테와 프레스컷(Parente and Prescott, 2005)은 낮은 지식 투입을 가진, 즉 초기의 '토지집약적' 이고 생산성이 낮은 '맬서스적 기술(Malthusian Technology)' 이 지배하는 경제모델을 구축한다. 하지만 결국은 이윤추구 동기에 의해 지식수준이 향상됨에 따라 경제는 더 생산적인 '솔로 기술(Solow Technology)' 이 지배하는 경제로 점차 전환된다. 이보다 전에 발간된 굿프렌드와 맥더머트의 연구(Goodfriend and McDermott, 1995)는 인구증가로 인해 전문화가 가능해졌고, 이에 따라 전문화에 대한 수익체증이 발생하여 생산체계가 가계생산에서 시장생산으로 이행했음을 강조한다.

제도 및 재산권에 관한 이야기

노스와 바인가스트의 연구(North and Weingast, 1989)는 산업혁명 이전에 영국에서 더 강화된 재산권의 제도화가 '혁신' 과 '기업가 정신' 에 끼친 긍정적인 효과를 강조한다. 1500년 이후의 '대서양 무역(Atlantic trader)' 식민경제의 발흥 과정을 추적하는 아세모글루 외(Acemoglu et al., 2002b)의 연구는 이러한 생각에 기반을 두고 있다. 이들이 밝힌 바에 따르면, 대서양 무역 식민경제의 성공 뒤에는 제도의 변화를 요구하고 이를 관철시켜 결과적으로 더 강화된 재산권 보호를 이끌어낸 상업 부르주아 계급의 영향력이 있었다. 그리고 이것이 때가 되어 결국 영국에서의 산업혁명에 기초를 마련해주었다는 것이다.

'아테나(Athena)의 선물' 이야기

모키르(Mokyr, 1990, 2002, 2005)는 기술진보의 역사에 관해 조사하였다. 또한 그는 산업혁명의 지적 근원을 새로운 지식의 발생 및 보급과 관련된 방법과 문화의 중요한 변화에서 찾고 있다. 모키르의 2005년도 연구에 따르면, "17세기 서유럽에서 발전된 과학적 방법(Scientific method)은 결국 관찰과 경험이 대중의 영역에 자리 잡았음"을 뜻하는 동시에 과학적 지식이 공공재가 되었다는 사실을 의미한다. 명성과 인지도가 보상으로 주어지는 '열린 과학(open science)'과 그것의 검증 시스템은, 모키르의 표현에 따르면 '산업 계몽(Industrial Enlightenment)' 의 일부분이 되었다. 이러한 새로운 계몽을 지배한 것은 경제적 진보가 가능하다는 생각이었다. 산업혁명의 특징을 나타내는 '거시적 혁신' 과 '미시적 혁신' 의 물결, 즉 '기계 장치들의 물결(the wave of gadgets)' 은 이러한 지적 근원이 없었다면 불가능했을 것이다. 모키르(Mokyr, 2005)가 지적하듯이 "지식은 기회를 창출하지만 그것이 행동자체를 보장하지는 않는다." 더 나아가 "계몽에 대한 강조는 경제학자가 문화 및 문화적 신념에 대해 어떻게 생각해야 하는지를 잘 보여주고 있다."

최근에 들어서 장기적 관점에서 세계 소득의 변천과정에 대해 통일된 설명을 제공하려는 노력들이 몇몇 나타나고 있다. 관심 있는 독자들은 존스(Jones, 1988), 이스털린(Easterlin, 1996), 랜즈(Landes, 1998), 루커스(Lucas, 2002), 매디슨(Maddison, 2001), 클라크(Clark, 2003)의 연구를 참조하라.

11.22 성장과 발전을 위한 이상적 조건: 오래된 진리의 재발견

경제성장에 대한 토론을 위와 같이 확장했을 때, "무엇이 삶의 질에 있어서 현저한 개선을 촉진하게 하는 이상적 조건들인가?"라는 질문에 답함으로써 결론을 내리는 것이 적절해 보인다. 물질적 진보를 위한 '이상적 조건들' 을 도출해 내기 위해서 랜즈(Landes, 1998)는 역사의 가르침은 다음과 같은 선결조건을 함축한다고 주장한다.

1. 창의, 경쟁, 겨루기를 촉진하는 환경
2. 직업 선택이 개인의 장점, 능력, 성과에 근거하여야 함
3. 금전적인 보상은 노력/기획과 연관되어야 함
4. 경제는 현존하는 기술적 지식에 완전히 노출되어야 함
5. 교육은 사람들 사이에서 널리 퍼져 있어야 함

이런 선결조건들은 다음을 내포한다.

6. 인종, 종교, 성별 같은 부적절한 기준에 근거한 차별의 부재
7. '마법과 미신' 을 넘어선 과학적 합리성에 대한 명백한 선호

다음과 같은 정치적-사회적 제도는 이런 목표를 달성하는 데 이바지한다.

8. 재산보호, 개인의 자유, 안전한 계약의 권리를 보호하기 위한 법률 제공
9. 지대추구행위의 축소
10. 공공적으로 알려진 법질서의 틀 안에서 더 안정적이고, 온건하며, 정직하고, 효율적이고, 또 민감하게 반응하는 (민주적인) 정부(Tanzi, 1999) 운영

1776년 아담 스미스의 《국부론》이 출판된 이래로, 지속가능한 성장을 위한 이런 선결조건의 중요성은 더 많이 알려졌음에도 불구하고 빈번히 무시되었다. 물질적 진보를 위한 랜즈(Landes)의 '이상적' 인 조건들을 충족하는 경제가 세계 어디에도 없다고 해도, 상대적으로 위의 기준들을 다른 경제보다 더 충족시키는 경제가 있음은 명백하다.

이와 유사한 맥락에서, 로드릭(Rodrik, 2005)은 역사, 지역 그리고 발전 단계에 상관없이 모든 나라에 적용되는 듯이 보이는 어떤 바람직한 '메타 원칙(meta principles)' 을 밝혀낸다. 이 원칙들에는 인센티브, 재산권의 보호, 계약 이행 강제와 법의 지배, 경쟁의 힘, 까다로운 예산제약, 거시경제적 안정과 금융 안정(낮은 인플레이션, 견실한 규제, 재정적 지속가능성), 인센티브에 대한 왜곡을 최소화하는 재분배 목표 등의 중요성이 포함된다.

'메타 원칙' 은 적절한 제도적 배열에 대해 어떠한 일련의 고정된 관념도 관여시키지 않는다는 의미에서 상당부분 "제도로부터 자유롭다." 다시 말하면, 가능한 혼합경제 모형들이 많이 있고, 실제로 전세계적으로 존재하는 시장중심적인 자본주의 경제는 "다양한 범위의 제도적 배열"을 보여주고 있다. 모든 자본주의 시스템은 공적인 제도와 사적인 제도의 혼합으로 구성된다. '새비교경제학(new comparative economics)' 이 인식하는 것처럼, 유럽, 일본, 동아시아와 미국의 자본주의 형태는 서로 다르다. 그러나 로드릭의 주장대로, 각 형태의 자본주의에는 '시장을 유지하는 제도' 가 견고하게 존재하며, 로드릭은 이런 제도를 네 가지 범주로 나눈다.

1. 시장을 창조하는 제도들(재산권과 계약의 집행)
2. 시장을 규제하는 제도들(규제 기관)
3. 시장을 안정화하는 제도들(통화, 재정, 금융 당국)
4. 시장을 합법화하는 제도들(민주주의와 사회적인 보호)

이런 틀 속에서, 로드릭은 "좋은 제도가 수행하는 기능과 이런 제도가 취하는 형태 간에는 아무런 상관관계도 없다"고 결론짓는다. '메타 원칙' 을 충족하는 '제도상의 다양성' 에는 여지가 많다(Snowdon, 2002d).

위의 논의에 기초했을 때, 많은 개발도상국과 이행 경제는 기나긴 여정을 거친 후에야 비로소 자신의 경제를 삶의 질을 지속적으로 개선할 수 있는 시스템으로 변환시킬 수 있으리라 기대할 수 있다. 지향하는 방향에 상당한 변화가 없이 북한과 같은 국가의 시민들에게 어떠한 희망이 존재할 것인가? 따라서 성장 이론과 실증분석에 따르면 빈곤 국가들은 따라잡기와 수렴을 할 수 있는 거대한 잠재력을 가지고 있지만, 그 이점들은 부적절한 정치적, 법적, 규범적인 틀을 갖고 있는 국가들에서는 성장에 긍정적인 결과들을 만들어 내는 데 실패할 것이다. 또, 일반적으로 경제성장이 사회에서 가장 가난한 계층에게 도움이 되고 있음이 연구를 통해 밝혀졌다. 그래서 가난한 사람들에 관심을 가진다고 주장하는 그 어느 누구라도 "훌륭한 법치, 재정적 규율, 그리고 국제무역 개방 등의 성장강화 정책"을 선호해야 한다(Dollar and Kraay, 2002b).

새천년이 도래하는 시점에서 자유민주주의는 세계 국가들 사이에서 증가추세에 있다(Barro, 1997; World Bank, 1997). 후쿠야마(Fukuyama, 1989, 1992)에 의해 논의되어진 이런 '세계 전반적인 자유주의 혁명(world-wide liberal revolution)' 이 '인류의 이데올로기적인 진화의 종점' 이 될지는 논란의 여지가 있다. 헌팅턴(Huntington, 1996)은 21세기가 문화적-종교적 분리에 기초한 '문명의 충돌(Clash of Civilisations)' 로 특징지어질 것이라는 논란의 여지가 있는 주장을 통해 다소 비관적인 시나리오를 제공한다. 그러나 만약 민주주의를 증가시키는 방향으로 추세가 계속된다면, 그리고 헌팅턴의 비관적인 예측이 잘못되었다고 판명된다면, 21세기에 평화에 대한 전망과 '부의 확산' 은 대단히 증가할 것이다. 연구에 따르면, 민주주의 국가들이 전쟁을 할 가능성은 일반적으로 여타 다른 체제 국가와 비등하지만, 독재체제와의 충돌에서 이길 가능성은 더 높고, 다른 민주주의적 체제와 전쟁을 할 가능성은 훨씬 적다. 독재와 비교했을 때, 민주정부는 자신의 유권자들에게 좀 더 책임감을 가지며 갈등의 관리와 해결에 있어 더 나은 제도적 수단을 갖고 있다(Lake, 1992; Dixon, 1994). 만약 21세기가 20세기보다 좀 더 민주적이고 평화롭다고 판명된다면, 세계의 모든 경제에서 성장과 빈곤 감소에 대한 전망은 더 긍정적일 것이다. 미니어(Minier, 1998)가 제안히듯이, 21세기를 위한 유용한 모토는 '사유, 평등, 형제애 그리고 번영(liberté, egalité, fraternité and prosperité)' 이다. 이런 세상에서 '수렴, 홍륭의 시기(Convergence, Big Time)' 는 불가능하지 않다.

Intervew

로버트 솔로 (Robert M. Solow)

Copyright: Donna Coveney

로버트 솔로(Robert Solow)는 1924년에 뉴욕 브루클린에서 태어나 하버드 대학교에서 1947, 1949년 그리고 1951년에 각각 학사, 석사 그리고 박사 학위를 받았다. 매사추세츠 공과대학(MIT) 통계학 조교수(1950~54)를 시작으로 MIT 경제학 조교수(1954~8), 경제학 교수(1958~73)를 거쳐 경제학 독립교수(Institute Professor)[4](1973~95)직을 역임하였다. 1995년 이후로는 MIT에서 경제학 명예 독립교수로 재직 중이다.

솔로 교수는 성장이론과 자본이론에서의 획기적인 연구, 그리고 신케인즈주의(neo-Keynesian) 경제학[5]을 발전시키고 옹호한 활동으로 잘 알려져 있다. 1987년에 그는 "경제성장이론에 대한 공헌"으로 노벨경제학상을 받았다. 그의 저서 중 가장 잘 알려진 책들로는 로버트 도프만(Robert Dorfman)과 폴 새뮤얼슨(Paul Samuelson)과 공동 저술한 《선형계획과 경제분석》(*Linear Programming and Economic Analysis*, McGraw-Hill, 1958), 《자본이론과 수익률》(*Capital Theory and the Rate of Return*, North-Holland, 1963), 존 테일러(John Taylor)와 공동

4. MIT에서 교수에게 부여되는 최고의 직. 일반적인 교육이나 행정에 대한 책임 없이 독립적으로 연구와 교육을 진행하도록 허가받고 소속 학과나 단과대학이 아니라 총장에게만 보고할 의무가 있는 교수직. 다른 대학교에서는 유사한 교수직으로는 Distinguished Professor, University Professor, Regents Professor 등의 명칭이 있다.

5. 이 책의 제3장에서 다루어진 정통파 케인스주의 경제학을 지칭함.

저술한 《인플레이션, 실업 그리고 화폐정책》(*Inflation, Unemployment and Monetary Policy*, MIT Press, 1998) 및 《성장이론: 해설》(*Growth Theory*: *An Exposition*) (2nd edn., Oxford University Press, 2000)이 있다. 가장 폭넓게 읽혀지는 그의 논문들로는 〈경제성장이론에서의 일고〉("A Contribution to the Theory of Economic Growth", *Quarterly Journal of Economics*, 1956), 〈기술변화와 총생산함수〉("Technical Change and the Aggregate Production Function", *Review of Economics and Statistics*, 1957), 〈반인플레이션 정책의 분석적 측면〉("Analytical Aspects of Anti-Inflation Policy", *American Economic Review*, 1960), 폴 새뮤얼슨(Paul Samuelson)과 공동 저술한 〈재정정책은 중요한가?〉("Does Fiscal Policy Matter?", *Journal of Public Economics*, 1973), 앨런 블라인더(Alan Blinder)와 공동 저술한 〈여러 실업 이론에 대하여〉("On Theories of Unemployment", *American Economic Review*, 1980)가 있다.

우리는 1998년 1월 4일 미국경제학회 연례학술대회에 참석 중인 솔로 교수를 시카고에 있는 그의 호텔 객실에서 인터뷰했다. 이어질 내용에서 우리는 경제성장에 관한 솔로 교수의 견해에 초점을 맞추어 인터뷰 내용을 정리하여 소개한다. 솔로 교수의 현대거시경제학의 발전에 관한 견해를 포함하는 전체 인터뷰 내용은 스노던과 베인(Snowdon and Vane, 1999b)에서 찾을 수 있다.

배경지식

| 언제 처음으로 경제학을 공부하기로 결심하셨나요?

글쎄요, 거기에 대해서는 할 이야기가 하나 있습니다. 저는 1940년 16살의 나이로 하버드 칼리지[6]의 신입생으로 입학했는데 그 때는 경제학을 공부하겠다는 의도는 전혀 없었습니다. 저는 심지어 경제학이 무엇인지도 알지 못했습니다. 그 당시 저는 생물학자가 되겠다고 생각했으나 이 분야에 재주가 없음을 깨닫고 일반 사회과학을 전공으로 하기로 했지요. 그래서 기초 경제학, 심리학, 사회학, 인류학 같은 과목을 공부했습니다. 제가 사회과학에 흥미를 느낀 이유는 그 시대의 주변상황 때문이었습니다. 돌이켜 보면 그때는 1940년이었는데, 대공황이 막 끝나고 전쟁이 시작되던 때였습니다. 2년이 지난 1942년에 저는 하버드 대학을 그만두고 군대에 지원했는데 당시 제게는 군대가 더 중요하게 느껴졌습니다. 1945년에 저는 다시 학교로 돌아왔고, 전에 남겨두고 떠났지만 그 이후 지금까지 제 아내로 살아오게 될 여자에게 말했습니다. "경제학을 전공했네, 재미있어?" 그녀가 "그래"라고 대답했을 때 저는 경제학을 연구해봐야겠다고 결정했습니다. 그 당시 저는 8월에 제대를 했고 학기는 9월에 시작했기 때문에, 어떤 공부를 해야 할지 스트레스를 받고 있었습니다. 저는

6. 1636년 하버드 대학교의 창립시 이름은 뉴 칼리지(New College)였고, 1639년 하버드 칼리지(Harvard College)로 개명되었다. 현재 하버드 칼리지는 하버드 대학교(Harvard University)의 학부(undergraduate) 과정을 시칭한다.

여전히 학부생이었습니다. 어찌되었든, 모든 일이 잘 되었습니다. 제가 경제학을 연구했던 이유는 그 당시 일어나고 있던 일, 즉 왜 1930년대와 1940년대에 사회가 잘 작동하지 않았는지에 대한 나의 일반적 관심과 더불어, 서둘러 무엇인가를 해야만 한다는 절박함과 연관이 있었습니다.

| 학생으로서, 교수님에게 경제학에서 영감을 준 선생님은 어떤 분인가요?

가장 중요한 사람은 바실리 레온티에프(Wassily Leontief)입니다. 그는 제가 군대에 지원하기 이전에 이미 저에게 한 과목을 가르쳤습니다. 그 당시에 하버드 컬리지는 개별지도(tutorial) 시스템이 있었고 경제학을 전공하는 모든 학생들은 각각 학과의 교수 중 한 명을 개별지도교수로 두고 있었습니다. 학생과 지도교수는 일주일에 한 번씩 만났는데 이런 제도는 분명히 옥스퍼드와 케임브리지 제도를 모방한 것이었습니다. 레온티에프는 제 지도교수였고, 진정 제 경제학은 그로부터 터득한 것입니다. 그는 의심할 여지없이 경제학에 대한 제 관심에 중요한 영감을 준 가장 중요한 사람입니다. 그 당시 저의 상상력을 끌어당긴 또 다른 유일한 선생님은 1940~41년 기초 경제학을 가르쳤던 딕 구드윈(Dick Goodwin)이었습니다. 저는 그와 뜻이 매우 잘 맞았고, 전쟁이 끝난 후 제가 돌아왔을 때 그와 함께 더 많이 경제학을 공부했습니다.

| 어떤 경제학자가 교수님의 연구 방향에 가장 큰 영향을 끼쳤나요?

박사학위 과정을 마친 후에는 폴 새뮤얼슨(Paul Samuelson)과 제임스 토빈(James Tobin)입니다. 이 두 사람은 모두 매우 친한 친구들인데, 경제학을 하는 방법에 있어 제가 존경했었고 지금도 여전히 존경하는 사람들입니다. 그들은 세계대전 이후 경제학의 새로운 방식을 추구한 대표주자들이었습니다. 그것이 새로운 방식인 것을 저는 당시에는 몰랐지만 지금은 잘 알고 있습니다. 경제학은 문화적 연구 분야에서 모형구축의 분야로 넘어갔고, 저는 그것이 좋았습니다. 제게 폴 새뮤얼슨과 제임스 토빈은 바로 그런 새로운 접근법을 실제로 보여 주었던 사람들입니다. 개인적 친분이 아닌 연구만으로 따진다면 로이드 메츨러(Lloyd Metzler)를 들 수 있습니다. 저는 새뮤얼슨(Samuelson, 1939)의 〈승수-가속도〉("multiplier-accelerator") 논문을 읽고 나서 메츨러의 논문들을 읽었습니다. 메츨러의 재고 주기에 관한 논문들(Metzler, 1941,1947)과 〈부, 저축, 수익률〉("Wealth, Saving and the Rate of Interest") 논문(Metzler, 1951)은 정말로 훌륭한 논문들입니다. 저는 로이드 메츨러를 잘 알지 못했는데, 그 당시 그는 이미 시카고로 가버렸고 이후 심각한 뇌종양을 앓았기 때문입니다. 뇌종양 이후 그는 더 이상 진정한 로이드 메츨러가 아니었습니다.

경제성장이론

| 최근 들어 경제성장이라는 문제 전반이 관심을 다시 불러일으키고 있습니다. 로버트 배로와 하비에르 살라이마르틴(Barro and Sala-i-Martin, 1995)과 같은 많은 뛰어난 경제학자들은 경제

성장이 거시경제학에서 정말로 중요한 부분이라고 여기고 있습니다. 이 분야는 노벨경제학상에서 경시되어 온 것 같이 보이는데, 교수님은 인류 복지에 있어 경제성장이 지니는 중요성을 생각할 때 노벨상에서의 이런 상대적인 경시가 미래에 바로잡아질 것으로 전망합니까?

글쎄요, 저는 그것을 상대적 경시라고 표현하지는 않겠습니다. 저는 경시처럼 보이는 것이 실제로는 그와 상당히 다른 것이라고 생각합니다. 경제학의 경우 노벨상 시상은 1969년에 비로소 시작되었고, 이미 오랫동안 시상해온 물리학이나 화학과는 달리 마땅히 상을 받을만한 수상 후보자 명단이 꽤 길었습니다. 따라서 처음에 그런 후보자들을 순서대로 골라 수상한 것은 지극히 자연스러운 일이었습니다. 예외가 있기는 합니다. 몇몇 사람들은 순서에서 벗어났어요. 예를 들어, 케네스 애로(Kenneth Arrow)는 물론 충분히 그럴 자격이 있지만 상을 일찍 받았고, 반면에 함께 수상한 존 힉스(John Hicks)는 당시로선 뒤늦은 감이 있었습니다. 제가 상을 받았던 1987년에는 저보다 늦게 태어난 사람들은 아무도 아직 상을 받지 못했었지요. 따라서 어떻게 보면 노벨경제학상은 여전히 연장자순으로 시상되어 오고 있습니다. 제 견해는 이렇습니다. 만약 성장이론, 성장에 대한 실증 연구, 그리고 그와 관련된 생각들의 인기가 지속된다면, 이 주제는 경제학계에서 가장 뛰어난 사람들을 끌어당길 것입니다. 그러면 물론 이 분야에서 더 많은 수상자가 배출되겠지요. 생각해보니, 여러분이 아서 루이스(Arthur Lewis)와 테드 슐츠(Ted Schultz)를 어떻게 평가하는지 잘 모르겠네요. 그들은 경제개발 문제에 관심을 가졌습니다. 물론 테드 슐츠는 매우 다른 방식으로 그랬지만요. 하지만 아서 루이스는 그 유명한 1954년의 논문 〈무제한 노동공급에 따른 경제발전〉("Economic Development with Unlimited Supplies of Labour")을 발표했습니다. 따라서 저는 경제성장 문제가 무시되어 왔다고는 말하지 않겠습니다. 저는 타이밍이 당연히 그럴 수밖에 없었다고 말하고 싶어요. 이제 수상 대상자가 동시대인, 즉 상당히 최근에 중요한 연구를 수행한 경제학자에 이르렀기 때문에, 깜짝 놀랄만한 수상 경우가 과거보다 약간 더 높은 비율로 많아질 것 같습니다. 1987년 이후로 성장이론에 대한 연구가 정말 폭발적으로 이루어졌고, 따라서 이 분야에서 더 많은 수상이 있을 것입니다.

| 교수님의 1956년과 1957년도 논문은 경제성장 분야의 연구방향에 확실히 커다란 영향을 주었습니다. 교수님을 그런 연구로 이끌고 그런 논문들을 생겨나게 한 주요한 힘이 무엇인지 저희에게 말해줄 수 있나요?

예, 저를 그 연구로 이끌었던 것이 무엇인지 뚜렷이 기억합니다. 제가 성장에 대해 관심을 가지게 된 주된 이유에는 세 가지가 있습니다. 첫째로, 1950년대 초에 모든 사람들이 경제개발에 관심을 가졌는데, 그 분명한 이유는 세계 인구의 대부분이 가난하게 살았기 때문입니다. 경제개발에 대한 저의 관심은 수동적인 것이었어요. 연구 방향에 있어서 저개발국가에서 무슨 일이 일어나고 있는지에 대해 적극적으로 관심을 가진 적이 없습니다. 그러나 개발 문제들에 관해 생각하기 시작했고 아서 루이스(Arthur Lewis)를 읽었습니다. 저는 제가 개발 문제들에 관해 작업하지 않을 것

을 알고 있었지요. 하지만 이를 통해 경제성장 전반에 대해 관심을 갖게 되었습니다. 그러다가 폴 새뮤얼슨과 저는 이후 《선형계획》(*Linear Programming*)에 관한 도프먼, 새뮤얼슨, 솔로의 저서(Dorfman, Samuelson and Solow, 1958)가 된 주제에 대하여 생각하기 시작했습니다. 그것이 두 번째 이유입니다. 그것을 연구하는 과정에서 우리는 폰노이만(Von Neumann)과 램지(Ramsey)의 모형에 관해 생각하게 되었습니다. 이렇게 저는 최적화와 선형계획을 목적으로 하고 시제적(時濟的) 최적화 문제를 다루기 위해 프로그래밍 이론을 사용한다는 구상에도 힘입어 성장에 관해 관심을 갖게 되었습니다. 세 번째 영향은 해로드(Harrod)와 도마(Domar)의 연구를 읽은 것이었습니다. 그들의 아이디어에 대한 제 반응은 다른 몇몇 경제학자들과는 조금 달랐다고 생각됩니다. 저는 해로드-도마 모형에 의심을 품었습니다. 그 이유는 기회가 있을 때 여러 차례 설명한 바 있습니다. 만약 세상이 그들 모형이 제시하는 방식대로 작동한다면, 자본주의 역사는 실제 그래왔던 것보다 훨씬 더 예측불허였을 것입니다. 만약 해로드-도마 모형이 장기에 적합한 훌륭한 거시 모형이라면, 제 생각으로는, 어떻게 경기변동이 일정한 범위 내에 포용되고, 어떻게 추세를 도출하여 그 추세 주위를 오르내리는 경기변동을 설명하며, 어떻게 몇몇 대공황을 제외하곤 그 변동들이 추세의 양쪽 3~4%에서 머무는지를 설명하는 것은 불가능합니다. 저는 해로드–도마 모형의 칼날(knife-edge) 특성을 갖지 않도록 성장을 모형화하는 방식이 분명히 있을 것이라고 생각했습니다. 이런 것들이 나를 1956년의 논문으로 이끌었던 요인들입니다.

| 교수님은 답변에서 아서 루이스를 언급했습니다. 그의 모형은 신고전학파 모형이라기보다는 고전학파 모형으로 여겨집니다. 교수님은 고전학파 경제학자들이 경제성장 문제에 있어서 어떤 중요하고 살아있는 식견을 제공했다고 생각합니까?

고전학파 경제학자들이라면 스미스, 리카도, 그리고 밀 등을 말하는 것입니까?

예. 그렇다면, 그 부분은 제가 어떤 지적인 도움도 받지 못한 영역입니다. 거기에는 여러 이유가 있습니다. 우선 저는 경제학의 역사에 대해선 잘 모릅니다. 스미스, 리카도, 그리고 밀의 견해에 대하여 대략적으로 알고는 있지만, 내 자신이 고전학파 경제학에 대하여 깊게 사고했다고 확신할 수는 없습니다. 고전학파의 견해에서 제가 놓친 것이 있는지 다시 살펴보았지만, 정체상태에 대한 밀의 생각과 일정정도 그의 선행자로서 리카도의 생각을 제외하고는 모호한 아이디어들 외에 별다른 것을 찾지 못했습니다. 그들은 분명 장기에 대해 관심을 가지고 있었지만 실제로는 별다른 소득이 없었죠. 정체상태와 수확체감의 관계는, 특히 밀의 경우에, 확실히 제가 1950년대 중반에 하던 작업과 어느 정도 관계가 있습니다. 이 관계에 대한 연구는 많은 성과를 가져다 주었지요. 반면, 확실하게 부정적 측면도 있습니다. 리카도는 산업혁명 초기에, 그리고 밀은 산업혁명이 어느 정도 진행된 시점에서 장기를 생각했지만, 그들은 경제성장이 기술진보에 의해 유지될 수 있다는 개념을 그리 심각하게 고려하지 않았던 것으로 보입니다.

| 교수님의 1956년 논문은 곧바로 게재가 허락되었나요?

예. 제가 그 논문작업을 하고 있었을 때는 정확히 말하면 1955년입니다. 저는 그것을 《쿼털리 저널 오브 이코노믹스》(*Quarterly Journal of Economics*)에 보냈고, 즉시로 게재 결정이 났지요. 제게 논문쓰기는 정말 어려운 일입니다. 그래서 제 경력을 통틀어 저는 정말로 중요하다고 생각되는 것이 생겼거나 기념논문집 같은 것에 기고해야할 때만 논문을 썼습니다. 후자의 경우는 지적으로 부끄럽지 않은 것이면 어떤 것이든 괜찮거든요. 하지만 제 자유의지로 쓰는 논문들은 보통 꽤 심각한 논문들입니다. 그렇지 않다면 노력할만한 가치가 없겠지요. 왜냐하면 전 노력할만한 가치가 없는 일은 하는 것을 정말 싫어하기 때문입니다.

| 앞에서 교수님은 개발경제학에 대한 관심이 증가함에 따라 개발경제학이 1950년대에 하나의 연구분야로 출발했다고 말씀하셨습니다. 왜 개발경제학이 이 시기에 성장이론으로부터 독립된 하나의 경제학 분야로 대두되었을까요?

그게 왜 그런 식으로 발생했느냐고요? 글쎄요, 한 가지 제안을 하겠지만 저의 독창적인 생각은 아닙니다. 제 생각에 그건 원래 MIT의 폴 크루그먼(Paul Krugman)으로부터 나온 생각입니다. 전반적으로 볼 때, 경제개발에 전문적으로 관심을 갖게 된 사람들은 모형을 만드는 유형의 사람들이 아닙니다. 그들은 자료 수집가들이었고 다듬지 않은 실증자료를 일반화하는 사람들이었지요. 사이먼 쿠즈네츠(Simon Kuznets)처럼 말이죠. 아니면 테드 슐츠(Ted Schultz)같이 정말로 저개발 농업경제에 심취했거나, 아니면 역사와 경제적 낙후 그 자체에 관심을 가졌던 사람들입니다. 그런 종류의 기질은 모형 설계와는 어울리지 않습니다. 그런데 성장이론은 특히 모형 설계를 요구하는 분야였습니다. 제가 앞에서 언급한 아서 루이스도 그의 1954년 논문을 그의 1955년 책 《경제성장이론》(*The Theory of Economic Growth*)의 작은 곁가지로 생각했습니다. 경제성장이론에 관심을 가진 사람들은 모형 설계에 관심이 있었습니다.

| 저희가 1993년에 제임스 토빈(James Tobin)과 대담을 나누었을 때, 그는 경제학에서 정말로 좋은 논문은 언제나 '예상치 않음(surprise)'을 포함한다고 강조했습니다. 교수님은 정상상태(steady state) 성장률이 저축률로부터 독립적이라는 것을 알아내고는 놀랐셨는지요?

물론이죠. 저는 곧바로 그 결과를 논문으로 옮겼고, 논문쓰기를 좋아하지 않음에도 불구하고 출판하기를 원했어요. 저는 그 결과가 정말 충격이라고 생각했습니다. 그 결과는 제가 전혀 예상한 것이 아니었어요. 하나 덧붙이자면, 제가 1957년에 기술변화에 관한 논문을 썼을 때도 저는 처음에는 제가 실제로 알아낸 것과는 다른 답을 예상했었습니다. 저는 성장의 주요한 원동력이 자본 축적일 것이라고 예상했었습니다. 왜냐하면 그것이 모든 사람들이 얘기하는 것이었고, 제가 학생이었던 기간 내내 들어왔던 내용이기 때문입니다. 이 두 결과는 모두 진정으로 예상치 않았던 것이었습니다.

| 그 1957년 논문은 성장회계에 관한 방대한 문헌에 영감을 주었습니다. 데니슨(Denison), 켄드릭(Kendrick), 조겐슨(Jorgenson), 매디슨(Maddison) 같은 경제학자들이 영감을 받았지요. 성장에 관한 연구가 40년 동안이나 진행되어 온 지금, 경제학은 경제성장의 원천에 대해서 무엇을 배웠나요?

우리가 배울 수 있었을 것이 아니라 다른 거시경제학 영역에서 배워온 것과 비교한다면, 저는 아주 많은 것을 배웠다고 생각합니다. 잔차(residual)로 계산된 기술변화가 예상했던 것보다 성장의 더 많은 부분을 설명하며 자본축적보다 생산성 증가를 더 잘 설명한다는 생각은 이제 자리가 잡혔습니다. 물론 그 생각이 자리를 잡지 못한 부분도 있습니다. 아시아의 네 마리 호랑이에 관한 올윈 영(Young, 1995), 김종일과 래리 라우(Kim and Lau, 1994), 수 콜린스와 배리 보스워스(Collins and Bosworth, 1996)의 연구 등이 예이지요. 그러나 그런 부분에 있어서도 그 생각은 여전히 매혹적이며 실제로 매우 많은 것을 배울 수 있게 해 줍니다. 물론 그게 모두 사실이라는 가정하에서이지만요. 아시아의 네 마리 호랑이 경제들은 입이 떡 벌어질 정도의 급격한 성장을 기록했으나, 그 성장 방식은 역사적으로 관찰된 자본주의 경제에서 이루어진 것과 같지 않습니다. 자본축적과 잔차를 근본적으로 구분하는 것이 매우 중요한 정보를 제공함이 입증되었습니다. 또 유형자본과 다른 인적자본의 중요성에 관해서도 많은 것을 배울 수 있었지만, 각 자본의 상대적 중요성은 아직 정립되지 않았습니다. 더할 나위 없이 견실해 보이는 실증연구도 기간, 모형, 또는 다른 요인에 따라, 특히 '인적자본'을 어떻게 측정하느냐에 따라서, 인적자본의 중요성에 대해 상치되는 결과를 보여주는 경우를 여전히 찾아볼 수 있습니다. 저는 비록 당시에 그 용어를 사용하지는 않았지만, 1957년 논문의 아주 초입 부분에서 소위 기술변화가 인적자본 같은 많은 것을 포함한다고 말했다는 사실을 후에 알고는 매우 기뻤습니다. 그러나 에드워드 데니슨(Edward Denison)과 함께 시작해서 지금까지 지속해온 성장회계에 관한 연구는 우리에게 성장의 본질에 대해서 많은 것을 가르쳐 주었습니다. 현재의 선진산업경제가 성장함에 있어 천연자원 개발에 의존한 부분이 약간에 지나지 않는다는 사실은 매우 흥미로운 점이며, 이 점 역시 성장회계 방법으로 알게 된 것입니다.

| 1970년에 《성장이론: 해설》의 제1판이 출간되었습니다. 이후 16년 동안 경제성장에 대한 경제학자들의 관심, 보다 정확히 말해서 성장이론은 상대적으로 하향세로 접어들었습니다. 왜 이런 일이 벌어졌다고 생각하십니까?

학계가 갖고 있는 아이디어가 바닥나서 그랬다고 생각합니다. 단순히 기존 아이디어를 보다 자세히 들여다보는 식으로는 어떤 주제로도 관심을 유지시킬 수 없는 것이지요. 에드워드 데니슨은 이 기간 동안에도 여전히 책들을 썼는데, 저는 그 모든 것을 읽고 감탄했습니다. 그러나 거기에는 새로운 아이디어가 없었죠. 폴 로머(Romer, 1986)와 로버트 루커스(Lucas, 1988)가 세운 업적의 가치는 (이 업적을 둘 사이에 어떻게 나눠야 하는지는 모르겠지만) 그들이 새로운 아이디어를 도입함으로 해서 이 분야에 대한 관심을 일신시켰다는 것입니다. 그런 것은 언제나 모든 경제학 분

야의 사람들을 매료시키기 마련이이죠. 화학작용의 경우가 이런 경우라는 생각이 드네요. 이와 같이 성장이론의 하향세는 지적 수확체감의 경우라 할 수 있습니다. 간단히 말해, 1970년대에 경제학자들이 새로운 아이디어가 떨어졌던 것이지요.

| 경제성장에 대한 새로운 관심 속에서 내생적 성장과 관련한 첫 논문이 발표되었는데 그것은 폴 로머(Paul Romer, 1986)의 <수익증가와 장기성장>("Increasing Returns and Long-Run Growth")였습니다. 교수님은 이 새로운 연구가 무엇에 영감을 받았다고 생각하시는지요? 로머와 같은 시기에 아브라모비츠(Abramovitz, 1986)와 보몰(Baumol, 1986)의 연구를 통해 나타난 수렴논쟁 문제일까요?

글쎄요, 그 질문은 여러분이 직접 루커스와 로머에게 해야겠군요.

| 좋습니다, 그 질문은 내일 폴 로머를 인터뷰할 때 질문하겠습니다.

그들의 논문에서 읽은 간접적인 근거에 기대어 말한다면, 수렴 문제는 로머보다는 루커스에게 더 큰 자극이었을 것입니다. 로머에게도 영향을 주었을지 모르죠. 하지만, 제가 쉽게 잊어버렸을 수도 있겠지만, 1986년 논문에서 그러한 바를 제시하는 어떤 내용도 읽은 기억이 없습니다. 저는 로머가 그 아이디어를 갖고 있었고, 그것이 흥미로움을 알아내고는 그에 따랐다고 생각하는 편입니다. 그러나 루커스는 국제 비교에 매료되었다는 신호를 더 많이 주었습니다.

| 수렴 문제에 대한 교수님의 견해는 어떻습니까? 교수님의 1956년도 모형은 조건부 수렴을 예측하고, 이 예측은 '수렴클럽'이라고 하는 일군의 국가들에게 합리적으로 잘 맞는 것 같습니다. 그러나 부유한 산업 국가들을 따라잡는 신호를 거의 보여주지 못하는 다른 가난한 국가들도 있습니다.

저는 그것에 대해 독자적인 생각은 전혀 갖고 있지 않습니다. 단지 문헌을 읽었을 뿐이고, 문헌이 너무 많기 때문에 전부 읽은 것은 아닙니다. 하지만 견해를 전개시키기에 충분한 만큼은 읽었고, 제 견해는 대충 이렇습니다. 우선 저는 마음 깊숙한 곳에서는 모든 국제적 횡단면 연구(cross-section research)가 의심스럽습니다. 그걸 읽으면, 어떤 때는 흥미롭기도 하고 어떤 때는 아니기도 합니다. 하지만 마음의 안쪽에는 항상 그것을 믿어야할지 말지에 대한 물음이 존재합니다. 제가 그것에 관해 의심하는 근본적인 이유는 역의 인과관계에 대한 해답이 없기 때문입니다. 그런 회귀분석에 더 많은 독립변수들이 들어갈수록, 저는 그 변수들이 장기 경제성장의 성공 또는 실패의 원인인 만큼이나 결과인 것처럼 보입니다. 제가 의심하는 두 번째 이유는 오래 전 세계은행에서 로스 레빈(Ross Levine)으로부터 들어 알게 된 것인데, 그 분석 결과의 대부분이 안정적이지 않다는 것입니다. 작은 변동만 가해도 그 연구결과들은 성립되지 않습니다. 제가 의심하는 세 번째 이유는 다음과 같은 질문을 제가 제 스스로에게 계속해서 제기하고 있기 때문입니다. 즉, 로

버트 배로(Robert Barro)와 그 동료들은 수많은 변수들을 사용하는데, 이 모든 변수들의 이름을 지니는 축들로 규정된 공간에 과연 표면이 존재한다고 믿을 수 있겠는가? 그러한 표면이 존재한다면 그 표면 위의 국가 혹은 점들은 원칙적으로 한 위치에서 다른 위치로 이동할 수 있을 텐데, 그렇다면 한 국가가 정부 형태를 변화하거나 몇 번의 암살을 통해 원래의 출발점으로 돌아갈 수 있다고 믿을 수 있겠는가? 작은 목소리로 그럴지도 모른다고 말할 수도 있겠지만, 저는 그런 표면이 존재한다는 데에는 아무 것도 걸지 않을 겁니다. 이렇게 저는 그런 연구 전체를 믿지 못하고 있는 것이지요. 이를 만약 대니 쿼(Quah, 1993)가 생각하듯이 순수한 시계열 문제라고 본다면, 즉 조건부 수렴의 문제 자체에만 집중하면, 정도의 차이는 있지만 실증자료들은 마치 성장과 개발 사이의 구분에 무언가가 진짜로 존재하는 것처럼 보여줄 것입니다(조건부 수렴은 이런 연구 중 유일하게 이치에 맞는 설명이기는 합니다). 한 그룹의 국가들이 있는데 이 국가들이 이러저러한 이유로 성장가도를 달리지 못하는 점에 대하여, 저는 어떤 형태의 것이건 어떤 제도적 기본구조와 사회학적 기본구조가 그 국가에 부재하기 때문에 그렇다고 생각하는 편입니다. 굳이 어느 한 쪽에 표를 던져야 한다면 저는 수렴 클럽을 지지할 것입니다.

| 성장이론에 흥미를 다시 불러일으키는 데 공헌한 또 다른 요소는 1960년대 후반에서 1970년대 초반에 시작된 소위 생산성 하락 현상입니다. 교수님은 생산성 하락이 있었다고 확신하십니까? 만약 그렇다면, 이를 야기한 요인은 무엇인지요?

예, 저는 생산성 하락이 분명히 있었다고 믿습니다. 물가지수에 관한 모든 논쟁은 제게 생산성 하락이 있었다는 관찰에 반하는 설득력 있는 주장을 제시하지 못하는 것으로 보입니다. 만약 1970년 이전의 물가지수에 대해 동일한 수정을 가한다면 적어도 인플레이션이 과장되지는 않았을 것이라고 가정할 이유는 전혀 없습니다. 그래서 저는 생산성 하락이 있었다고 생각하며, 미국에서 있었던 것과 같이 일본에서도 동일하게 발생했기에 이러한 생산성 하락에는 국제적인 경향이 있었다고 생각합니다. 또한 저는 그 누구라도 인정하듯이, 이러한 현상의 최소한 절반, 혹은 그 이상이 여전히 미스터리라고 생각합니다. 그러나 제가 미스터리에 대해 이야기할 때, 저는 '설명될 수 없는(inexplicable)' 이라는 단어가 갖는 두 가지 의미를 구별해야만 한다고 생각합니다. 제가 무언가가 설명될 수 없다거나 미스터리라고 이야기 할 때, 제가 뜻하는 바는 그 현상의 원인을 구체적으로 명확하게 집어낼 수 없다는 것일 수 있습니다. 그러나 설명될 수 없다는 것은 또 완전히 충격적인 것을 의미할 수도 있습니다. '어떻게 그런 일이 일어날 수 있을까?' 라는 것이지요. 생산성 하락이 설명될 수 없다고 할 때 저는 그 단어의 두 의미 중 첫 번째 의미에서만 그렇다고 생각합니다. 성장 경제학에는 이론적으로나 실증적으로 잔차의 성장률이 불변이라고, 즉 어떤 시점에서 다음 시점까지 시간이 흐르는 동안 잔차의 성장률이 변할 수 없다고 말하는 부분이 전혀 없습니다. 우리는 일반적인 역추론(backward extrapolation)에 의해서 지속적으로 매년 1%~2%의 생산성 성장이 있을 수 없다는 것을 알고 있습니다. 만일 그런 성장이 가능했다면 올리버 크롬웰

(Oliver Cromwell)[7]은 완전히 발가벗고 기어다니고 있었어야 할 겁니다. 이야기가 나와서 말이지만, 이는 중요한 분석상의 문제로 되돌아갑니다. 제가 1950년대에 행한 연구에서 기술변화를 외생변수로 취급했다고 말할 때, 그것이 당시에 제가 기술변화에 내재적인 경제요인이 없다고 정말로 믿었다는 것을 의미하지는 않습니다. 바로 그 논문들에서 저는 인구성장을 항상 외생적으로 다루었지만 맬서스(Malthus)에 관해 잘 알고 있었습니다. 경제발전과 인구통계학적 유형 사이에는 분명히 어떤 연관이 있습니다. 무언가가 외생적이라고 말함으로써 제가 의미했던 바는 제가 그것을 이해하는 척하지 않는다는 것입니다. 저는 그것에 관하여 가치 있는 무언가를 말할 것이 없고, 따라서 앞에서 말한 첫 번째 의미에서 설명될 수 없는 여러 이유 때문에 기술변화를 주어진 것으로 취급해도 된다고 생각합니다. 저는 기술변화의 결정요소들이 무엇인지 만족할 만큼 자세하게 알지 못합니다. 하지만 기술변화는 위의 두 번째 의미로 설명될 수 없지는 않습니다. 저는 1973년 이후 생산성 성장이 1973년 이전보다 느려진 것을 알고서도 충격을 받지 않았고, 설사 더 높았다고 하더라도 마찬가지로 충격을 받지 않았을 것입니다.

| 만약 우리가 장기적 관점을 취한다면, 즉 100년 전쯤으로 돌아가면, 아마도 더 큰 수수께끼는 세계대전 이후부터 1970년대 이르는 시기에 생산성 성과가 수세를 소과(the above trend)했다는 것이겠죠?

정확히 그렇습니다. 저도 분명히 그렇게 믿습니다. 그것은 제게 설득력 있는 가설입니다. 더 나아가 그것을 설명하기 위해 이치에 맞는 이야기도 하나 해드릴 수 있습니다. 하지만 제가 1의 자유도로 하나의 매개변수를 추정하고 있다는 것, 따라서 실제 여기서는 아무런 검증이 이뤄지지 않는다는 것을 명심하기 바랍니다. 제가 말하는 이야기는 다음과 같아요. 1930년부터 1947년 즈음까지, 어느 정도의 기술변화와 그밖의 생산적 지식의 향상이 일어나고 있었지만 실물경제로 통합될 수는 없었습니다. 그 이유는 첫째로는 대공황이있고 다음에 세계대전이었죠. 그래서 1950년 초기에 세계에는 실용화될 수 있는 기술향상의 목록이 20년 어치는 있었습니다. 1950년 이후 기술향상이 실용화되기 시작했습니다. 이 사실은 완벽하게 이치에 맞습니다. 하지만 그 가설을 검증할 수 있다고 믿진 않습니다. 그 가설과 비교할 것이 없기 때문이지요.

| 10% 미만의 완만한 인플레이션이 경제성장에 의미심장한 역효과를 줄 수 있다고 믿게끔 할 강력한 이론적 또는 실증적 이유들이 있을까요?

저는 이 주제에 관한 모든 문헌을 알지는 못합니다. 하지만 제가 아는 바로는, 최소한 경험적으로는, 급속한 인플레이션은 무조건 경제성장에 나쁘다는 것입니다. 그러나 상대적으로 둔화된

7. 1599~1658. 영국의 군인이자 정치가. 영국의 청교도 혁명기에 찰스 1세를 지지하는 왕당파를 물리치고 공화제를 수립함. 엄격한 청교도주의에 기반한 독재정치를 폄.

인플레이션은 설사 매년 평균 10%라 해도, 경제적 성과와는 아무런 가시적인 상관관계가 없습니다. 저는 이론적으로 이 견해가 성립하지 않는다고는 생각하지 않습니다. 저는 이론과 이 견해가 양립할 것이라고 쉽게 생각할 수 있습니다.

| 현대적인 내생성장이론이 나타난 지 10여 년이 되었습니다. 이 연구 프로그램에서 나타난 가장 중요한 진전이나 통찰이 있다면 무엇이라고 생각하시는지요? 우리가 유용하게 배울만한 것들이 있나요?

제가 기대했던 것보다는 적었습니다. 제 자신의 생각은 소위 *AK* 모형 같은 초기의 연구는 안정적인 이론이 아니었기 때문에 모두 아무런 유용한 결과도 이끌어 내지 못했다는 것입니다. 이 견해는 이제 폴 로머도 같이 갖고 있다고 생각됩니다. *AK* 모형은 간단히 말해서 "인적자본이나 물적자본 같이 축적 가능한 생산요소의 모둠에 정확히 수확불변이 존재한다고 가정하자"고 말하는 것과 같습니다. 성장이 그런 방식으로 일어날 가능성은 그리 크지 않습니다. 만약 *AK* 모형의 관점이 받아들여진다면, "이제 나는 자본에 대한 세금 감소가 성장률을 증가시키는 것을 보여줄 수 있습니다", 혹은 "이제 나는 여가를 덜 매력적으로 만들면 성장률이 높아짐을 보여줄 수 있습니다"라고 말하는 일은 세상에서 가장 간단한 일일 것입니다. 하지만 그런 생각은 아무런 성과도 이루지 못하고 실질적인 통찰도 보태주지 못했습니다. 왜냐하면 그것은 사실일 가능성이 거의 없는 선형(linearity) 특성에 전적으로 의존하기 때문입니다. 반면에 '무엇이 실제로 기술지식의 축적을 지배하는가', '어떻게 인적자본 축적을 모형화할 수 있는가' 같은 질문을 묻기 시작하면, 정말로 흥미 있는 주제에 맞닥뜨리게 됩니다. 이것이 제가 내생성장이론 연구에서 좋아하는 점입니다.

| 소위 '아시아 호랑이(Asian Tiger)' 라고 불리는 경제권의 현 위기는 큰 뉴스거리가 되고 있습니다. 과거 그들의 성공은 다른 어떤 요인들보다도 수출 성과로 설명되었습니다. 교수님의 시각에서 볼 때 대외무역과 경제성장 사이에는 어떤 관계가 있습니까? 동아시아의 성장 '기적' 은 수출주도형으로 이루어진 것인가요?

글쎄요, 저는 무역과 성장에 어떤 관계가 있는지 확신할 수 없습니다. 실증적으로 볼 때 어떤 관계가 있는 것처럼 보입니다. 제게는 이 분야에서 실증연구를 수행해온 많은 친구들이 있습니다. 그들의 결과가 서로 다르고 그들 중 일부는 빈손으로 끝나기도 합니다만, 어쨌든 무역 개방이 경제적 성과에는 득을 가져오는 것처럼 보입니다. 하지만 적어도 제가 읽어본 기존 연구 안에서는, 그 관계의 원천이 무엇인지가 그리 명확하지 않습니다. 성장 효과(growth effects)를 갖는 요인과 수준 효과(level effects)를 갖는 요인을 구분하는 일은 매우 중요합니다. 지수적(exponential) 성장을 준(準)로그(semi-log) 표면 위에 선형 추세로 표현했다고 생각해 봅시다. 그런 다음 이런 질문을 할 수 있습니다. "한 나라의 추세선을 그 기울기의 변화 없이, 즉 수준 효과로, 단순히 평행하게 이동시키는 힘들이 있을 것인가?" 경제 효율성을 증대시키는 것이면 어떤 것이든 그렇게 할 수 있음은 분명합니다. 따라서 경제의 효율성을 증대시키는 무역은 거의 확실하게 그렇게 할 수

있습니다. 만약 구하고자 하는 것이 그 성장률 추세선의 기울기, 즉 성장률을 변화시키는 무엇이라고 해 봅시다. 이제 무역에서 얻어지는 효율성 이득은 그 자체로는 일시적인 경우를 제외하고는 그렇게 할 수 없습니다. 매우 긴 기간 동안에는 그렇게 할 수 없습니다. 무역이 장기 성장률에 영향을 끼친다는 말을 이해시킬 유일한 방법은 그 나라가 수출주도형인지 여부와는 크게 상관없고, 도리어 그 국가가 다른 국가들와 연결되어 있는지 여부와 관계가 있습니다.

| 그렇다면 성장을 위한 중요한 요소는 경제개방의 정도입니까?

예. 일반적인 개방은 물론이고, 특히 세계 다른 곳으로부터 새로운 기술과 새로운 아이디어를 집어올 수 있는 의지와 능력이 중요합니다. 무역은 실제로 효율성과 산출수준에 긍정적 영향을 끼치고, 수입대체보다는 수출주도형으로 성장을 이룩한 국가들은 세계 경제에 통합되어 많은 것을 배웠습니다. 이에 대한 제 생각은 절대적으로 분명합니다. 배운 것의 일부는 이전을 통해서, 일부는 해외직접투자와 다국적 기업을 통해 이루어졌지요. 그러나 제 생각에, 무역의 결과로서 성장률에 진정한 장기적 변화가 발생한 경우가 있느냐 없느냐는 매우 불확실합니다. 어떤 국가가 무역을 통해 저개발의 정체된 경제로부터 탈피하여 성장 가도를 달리는 것은 쉽게 상상할 수 있습니다. 그런 생각은 정말 쉽습니다. 하지만 현재 OECD 경세와 동일한 비율로 성장하고 있는 나라가 무역이나 개방에 힘입어 수십 년에 걸쳐 성장률을 증가시킬 수 있을지, 그것은 제게 있어선 증명되지 않은 것처럼 보입니다.

| 《저널 오브 이코노믹 그로쓰》(*The Journal of Economic Growth*) 제1호[1976]에 로버트 배로(Robert Barro), 알베르토 알레시나(Alberto Alesina) 외 여러 사람들이 민주주의와 경제성장 간의 관계, 그리고 정정(政情) 불안정과 경제성장 간의 관계에 대해 재밌는 논문들을 발표했습니다. 예를 들어, 배로는 우리가 가난한 국가들을 도울 수 있는 최적의 길은 우리의 경제 시스템을 그들에게 수출하는 것이고, 만약 결과적으로 그들의 경제가 나아진다면 그들이 좀 더 민주적이 될 것이라고 제안합니다. 다시 말해, 경제적 자유가 경제성장 속진을 통하여 현재의 빈국에서 궁극적으로 더 민주적인 결과를 이끌어 내리라는 것이지요. 이러한 연구를 보시고 이들 문제에 어떠한 의견을 가지고 계신지요?

나이가 들어 이제는 조그마해진 제게는 너무 큰 문제들이네요. [웃음] 그러나 그런 종류의 연구에 대한 제 반응은 언제나 다음과 같았습니다. 만약 민주적으로 구성된 나라와 엄격한 소수 독재로 구성된 나라를 비교한다면, 민주적으로 구성된 경제는 더 큰 기업가정신 보고(寶庫)의 문을 두드릴 수 있는 반면, 비민주국가의 독재자는 외양적으로나마 갖고 있던 기업가정신을 얼마 안가서 포기하고 이내 포도주, 여자들, 가무 등을 좇을 겁니다. [웃음] 또 엄격한 독재주의 하에서 현대적 체계의 경제를 운영할 수 있는지 여부, 즉 이것들이 양립할 수 있는지 없는지의 문제가 있습니다. 중국에서 다음에 무엇이 벌어지는지가 이 딜레마의 큰 예시가 될 것입니다. 저는 이런 종류의 차이는 이해할 수 있습니다. 그러나 민주주의 국가들을 취합하여 이들의 민주주의의 정도를 0~1 사

이의 크기로 잴 수 있고, 그 측정치가 0.5~0.6으로 변한 국가가 성장률이나 심지어 산출물 수준에 대해 크거나 감지할 수 있는 차이를 보여줄 것이라는 생각은 훨씬 설득력이 떨어집니다.

| 녹색주의자들과 환경주의자들은 항상 경제성장의 비용이 결국 이익보다 커질 것이라며 모두에게 경고하고 있습니다. 교수님은 환경에 대한 성장의 결과를 조금이라도 걱정하시나요? 지구 전체적으로 OECD 국가들과 같은 수준의 1인당 산출이 중국, 남아시아, 아프리카, 라틴 아메리카에서도 유지될 수 있을까요?

예. 저는 무엇보다도 먼저 급속한 인구 성장이 생산성 향상 가능성과 환경을 잠식하기 시작할 것이 걱정됩니다. 제 아들 중 한 명이 전문적으로 이 분야에 관심을 갖고 있는데, 그는 중국이 석탄으로 만들어져 있다고, 즉 중국이 하나의 거대한 석탄저장고라고 말하길 좋아합니다. 만약 중국이 간단하게 지금 그 석탄을 태워버린다면, 우리가 측정하는 바대로의 국내총생산 성장률은 아무런 영향도 받지 않을 수 있는 반면, 국내총생산을 대략적인 후생 등가물로 평가했을 때 그 후생 등가물의 성장률은 분명히 큰 영향을 받을 것입니다. 예, 저는 당연히 이것들에 대해 우려를 갖고 있습니다. 이에 대한 걱정이 자원고갈에 대한 걱정보다 더 큽니다. 그 이유는 단순합니다. 현재 상황에서 자원고갈의 문제는 먼 미래의 일이기 때문이지요. 그건 그렇고, 경제 성장과 환경 사이의 연관성 문제는 아주 개략적으로 보았을 때 아마도 기술과 환경오염 간의 경주로 요약될 것이라고 생각합니다. 현재 우리는 이 문제의 가능한 결과를 많이 파악하지 못하고 있고, 아마도 앞으로도 많이 이해하지 못 할 것입니다. 이 문제에 관하여 어리석은 낙관론자가 되는 것은 우스운 일입니다만, 자원 제약을 극복할 기술적 능력이 한계에 도달했다고 믿는 것 또한 어리석은 일입니다.

| 요즘에는 어떠한 이슈에 대해서 연구하고 계시나요?

글쎄요, 그리 많지는 않아요. 저는 곧 74살이 되고 여러분도 알아차렸겠지만 여행을 많이 다니고 있습니다. 할 수만 있다면 그러고 싶습니다만, 지금 당장은 길고 적극적인 연구 계획을 가지고 있지 않습니다. 저는 여전히 거시경제학 분야에서 연구하고자 합니다. 제가 조금 더 연구하고 싶은 주요 주제는 거시경제학이 불완전 경쟁을 진지하게 취할 때 어떤 모습을 띨지에 관한 것입니다. 프랭크 한(Frank Hahn)과 저는 몇 년 전에 대체로 읽기 난해한 책(Hahn and Solow, 1995)을 써서 출판을 했었지요. 거기에서 저희는 불완전 경쟁을 중요하게 받아들이는 거시경제 모형을 어떻게 만들지 개요를 잡으려고 시도했습니다. 이 모형은 또 가능하면 수확체증도 진지하게 고려하려고 했는데, 그 이유는 규모에 대한 수확체증이 경쟁이 불완전한 기본적인 이유이기 때문이지요. 저희는 이 주제를 다룬 장에서는 꽤 잘했을 겁니다. 그러나 충분한 정도까지 모형을 완성하지는 못했습니다. 특히 이 모형이 미국, 영국, 혹은 독일의 경제를 대략적이나마 기술할 수 있으려면 모형의 주요 매개변수 값이 대략적으로 얼마가 될 지를 질문할 수 있을 정도로까지 모형을 발전시키지 못했습니다. 저는 이 모형으로 돌아가 그것을 더 발전시키고 싶습니다. 성장 이론에 관하여 두어 가지 아이디어가 더 있지만, 그것은 또 다른 이야기입니다.

Interview

폴 로머 (Palu M. Romer)

Copyright: Anne Knudsen

폴 로머(Paul Romer)는 1955년 콜로라도 덴버(Denver, Colorado)에서 태어났으며, 시카고 대학교에서 수학학사(1977)와 박사학위(1983)를 받았다. 주요 경력으로는 로체스터 대학교 조교수(1982~88), 시카고 대학교 교수(1988~90), 버클리 대학교 교수(1990~96) 경력이 있다. 1996년 이후부터 현재까지는 스탠퍼드 경영대학원에서 교수로 재직 중이다.

로머 교수는 경제성장 분야에 영향력 있는 공헌을 한 것으로 유명하다. 그의 연구를 통해 경제성장 연구가 부흥기를 맞았으며, 특히 경제성장 동력으로서 아이디어의 중요성을 강조하는 내생적 성장모형이 발전되었다. 그의 잘 알려진 주요 논문은 다음과 같다. 〈수확체증과 장기 성장〉("Increasing Returns and Long-Run Growth", *Journal of Political Economy*, 1986), 〈전문화에 따른 수확체증에 기반한 성장〉("Growth Based on Increasing Returns Due to Specialization", *American Economic Review*, 1987), 〈내생적 생산기술 변화〉("Endogenous Technological Change", *Journal of Political Economy*, 1990), 〈경제 개발에서 아이디어 격차와 물질적 격차〉("Idea Gaps and Object Gaps in Economic Development", *Journal of Monetary Economics*, 1993), 〈내생적 성장의 기원〉("The Origins of Endogenous Growth", *Journal of Economic Perspectives*, 1994), 〈왜 미국에서? 현대 경제성장의 이론과 역사 및 기원〉("Why, Indeed, in America? Theory, History, and the Origins of Modern Economic Growth", *American Economic Review, 1996*).

1998년 1월 5일 시카고에서 미국경제학회 연례학술대회에 참가 중인 로머 교수를 그의 호텔 객실에서 인터뷰하였다.

배경

| 언제, 어디서 처음으로 경제학을 공부하기 시작하셨나요?

저는 시카고대학에서 수학과 물리학을 전공했습니다. 그 당시 로스쿨에 진학할 계획이었기 때문에, 4학년 때 처음으로 경제학을 수강했습니다. 수업에서 좋은 평가를 받았고, 교수님께서 경제학 대학원 진학을 권유하셨습니다. 경제학은 세상이 어떻게 작동하는지를 이해하기 위해 간단한 수학 모형을 사용합니다. 그래서 경제학은 제게 물리학과 동일한 지적 흥미를 제공해 주었습니다. 그리고 물리학과는 달리 경제학은 제가 실제로 직장을 가질 수 있었던 학문적 연구 분야였습니다.

시카고 대학교의 경제학과는 매우 훌륭했기 때문에 어떤 면에서 볼 때 이 대학에서 계속 공부를 하는 것은 매력적이었습니다. 그러나 저는 이미 4년이나 그곳에 있었습니다. 물론 시카고 대학교의 경제학 교육을 거의 받지 않았지만, 학생으로서의 모든 경력을 한 곳에서 보낸다는 것은 좋은 생각이 아니라고 생각했습니다. 그래서 MIT에서 박사 과정을 시작하였습니다. 거기서 당시 캐나다의 퀸즈(Queens) 대학교에서 1년 동안 교환학생으로 방문 중이던 지금의 아내를 만났습니다. MIT에서 2년을 보낸 후 저희는 아내의 의학학위 과정 마지막 해를 마치기 위해 퀸즈 대학으로 돌아갔습니다. 그때가 바로 경제성장을 연구하기 시작한 시점이었습니다. 그해 말 아내가 시카고 대학교의 연구원직을 얻었기에 저는 시카고로 학교를 옮겨 박사학위를 마쳤습니다. 1982년 박사학위를 마치고 구직시장에 뛰어들었습니다. 학위논문을 다듬는 데 1년이 걸렸기 때문에 학위취득년도는 1983년입니다.

| 학생으로서 특별히 영향이나 영감을 받은 교수님이 있었습니까?

샘 펠츠먼(Sam Peltzman)은 제게 진로를 법학에서 경제학으로 바꾸도록 권유했던 교수님입니다. 만약 교수님이 중간고사가 끝난 후 나와 면담하기를 요청하지 않았고, 또 만약 제가 로스쿨에 갔다면, 저의 인생이 어떻게 되었을지 생각만 해도 오싹합니다. 저는 이 에피소드를 항상 마음 속에 간직하려고 노력하고 있습니다. 교수들은 학생들에게 상당한 영향을 미칠 수 있고, 학생들에 대한 약간의 관심이 그들의 삶에 큰 차이를 가져올 수 있지요.

펠츠먼 교수는 저를 법률계 인생으로부터 구출해준 것 이외에도, 아주 훌륭한 선생님이었습니다. 그는 수요곡선 또는 무차별 곡선 등 매우 간단한 도구를 가지고 세상이 어떻게 작동하는지에 대해 놀라운 직관을 유도해낼 수 있음을 보여준 첫 번째 사람이었습니다. 펠츠먼 교수와 마찬가지로 제가 수업을 들었던 다른 몇몇 훌륭한 선생님들에 대해서도 이야기를 해야겠군요. 현재는

디어드리 맥클로스키(Deirdre McCloskey)가 된 도널드 맥클로스키(Donald McCloskey)[8]는 경제학 수업에서의 두 번째 선생님이었습니다. 펠츠먼 교수와 같이 맥클로스키 교수도 경제학을 매우 진지하게 받아들였습니다. 이 두 분 선생님이 제게 경제학을 멋지게 소개해 주신 분들이지요. 또 한 가지 말씀드릴 게 있네요. 시카고에서는 대부분의 대학들이 경제학의 첫 번째 과정으로 제공하는 수준 낮고 지루한 '원론' 수업을 제공하지 않았습니다. 시카고에서는 바로 중급 미시경제학에서부터 시작했습니다. 그래서 저는 도전적이며 지적으로 일관된 공부재료와 1급 선생님들과 함께 시작하는 엄청난 이점을 누리게 되었죠. 저는 매우 운이 좋았습니다.

그 후 시카고에 다시 돌아와 대학원에 있을 때, 루커스와 호세 쉥크먼(Jose Scheinkman)은 제가 세상을 보는 방식과 제 연구 스타일에 큰 영향을 미쳤습니다. 이후 제가 내내 성취하기를 원하게 된 엄격함과 규율의 기준을 정해 준 사람들이 바로 그들입니다. '지적 방만(放漫)에 대한 비관용(zero tolerance for intellectual sloppiness)' 이지요. 그러나 아마도 대학원에서 가장 좋았던 때는 퀸즈에서 보냈던 해였을 것입니다. 왜냐하면 그곳에서는 교수들과 많은 교류를 했기 때문입니다. 일반적으로 대학원생이 교수들을 같은 동료로 해서 그토록 많은 시간을 그들과 앉아서 이야기하기가 매우 힘들지요. 그런데 퀸즈에서는 그런 경험을 많이 할 수 있었습니다. 그 때 제가 집중적으로 이야기했던 사람들 중 일부는, 예를 들어 러셀 데이비드슨(Russell Davidson)과 제임스 맥키넌(James McKinnon)은 출중한 경제학자들이며 저의 경력에 큰 영향을 미쳤습니다.

거시경제학의 발전

| 교수님이 생각하기에 거시경제학의 발전에 주요한 영향을 끼쳤다고 말할 수 있는 특정 논문이나 책이 있습니까?

제겐 너무 광범위한 질문이군요. 케인즈와 같은 통상적인 인물들을 열거할 수는 있습니다. 제 연구에 영향을 미친 연구들에 대해 말하는 쪽이 더욱 편할 것 같네요.

| 교수님의 연구관심에 영향을 끼친 것들에 대해 이야기해 주시지요.

로버트 루커스가 거시경제학에 가져온 스타일은 저를 포함해서 한 세대의 모든 사람들에게 큰 영향을 끼쳤습니다. 다음의 몇몇 논문들이 이러한 스타일의 좋은 예가 될 수 있습니다. 하나는 1972년 《저널 오브 이코노믹 씨어리》(*Journal of Economic Theory*)에 게재된 그의 논문 〈기대와 화폐중립성〉("Expectations and the Neutrality of Money")입니다. 다른 하나는 1978년 《이코노메트리카》(*Econometrica*)에 게재된 〈교환경제에서 자산 가격〉("Asset Prices in Exchange

8. 도널드 맥클로스키는 1990년대에 남성에서 여성으로 성전환을 했고, 이름을 디어드리 맥클로스키로 바꾸었음.

Economy") 논문입니다. 하지만 아마도 그가 에드워드 프레스컷(Edward Prescott)과 함께 써서 1971년 《이코노메트리카》에 게재한 논문인 〈불확실성 하에서 투자〉("Investment under Uncertainty")가 가장 좋은 예일 겁니다. 이 논문은 거시경제학자들이 하고 있던 것과 나머지 경제학자들이 일반균형이론에서 해오던 것을 구체적으로 연결해서 연구의 최전방에 내 놓았습니다. 이 논문에서 루커스와 프레스컷은 최적화 문제의 해법과 균형 사이의 관계를 이용했고, 이 관계는 이후 현대거시경제학에서 강력한 도구가 되었습니다. 이 1971년 논문은 성장이론을 연구하던 캐스(Cass, 1965)와 콥만스(Koopmans, 1965) 같은 사람들의 연구를 기반으로 했습니다. 동태적 균형의 특징에 대한 이 기본 접근법은 프랭크 램지(Ramsey, 1928)의 논문으로까지 그 기원을 거슬러 올라갈 수 있습니다. 그런데 여기서 멈추지 않고 루커스와 프레스컷은 이 접근법을 더 깊숙하게 거시경제학의 핵심으로까지 이끌었습니다. 만약 거시경제적 모형설정자들이 발전시키고 거시경제학 교과서 집필자들이 기술하는 것 같은 투자이론이 당신이 알고 있는 것 전부라면, 이 논문은 그것보다 훨씬 더 큰 평야에서 당신이 서 있는 위치를 불현듯 보여주는 한밤중의 한줄기 섬광 같은 것입니다.

| 로버트 루커스의 연구가 끼친 영향을 언급하셨는데요. 그의 연구, 특히 그 공로로 그가 노벨상을 받았던 1970년대 연구가 지속적으로 끼치고 있는 영향력이 무엇이라고 생각합니까?

저는 루커스의 연구가 경제학자들의 방법론에 더 커다란 영향력을 끼쳤다고 생각합니다. 그는 일반균형이론을 이용하여 거시경제학자들이 경제 전체의 행동을 계산하고 그것들의 특성을 규명할 수 있도록 연산화(operationalize) 했습니다. 펠츠먼과 맥클로스키가 중급 미시경제학을 진지하게 받아들였던 것처럼, 루커스도 일반균형이론을 진지하게 받아들였던 거지요. 돈벌이를 위해 일반균형이론을 하는 많은 사람들은 자신들이 하고 있는 것을 실제로는 믿지 않는 것처럼 보였습니다. 그들은 그것이 일종의 수학적 놀이라는 인상을 주었던 것이지요. 무역과 성장을 연구하는 경제학자들은 일반균형모형이 어떻게 사용될 수 있는지 보여주었지만, 동학(dynamic)과 불확실성을 분석에 도입할 준비가 되어있지 않았습니다. 일반균형이론을 진지하게 받아들이고 현실에 대해 실질적인 의미를 지니는 불확실성 동학모형을 완전히 제시한 사람들은 처음엔 재무학, 다음에는 거시경제학을 연구하는 경제학자들이었습니다. 이 방법론적 변화의 중요한 결과로 경제학자들은 기대(expectations)의 역할에 더 많이 집중하고 그것을 보다 깊이 있게 이해하게 되었습니다. 그러나 이것은 더 심오한 방법론적 혁신의 일부일 뿐입니다. 교과서만 보고는 여전히 깨닫지 못할 수 있지만, 커다란 공급곡선과 커다란 수요곡선을 이용하여 경제 전체를 생각할 수 없다는 것이 전문 학자들에게는 마침내 분명해졌습니다.

이러한 사고 상의 혁신이 갖는 아이러니 중 하나는 이 혁신을 이루는 데 가장 공로가 큰 두 사람인 루커스와 솔로가 결국 거시경제 정책에 관한 실질적 결론에서 서로 칼을 겨누는 대립관계에 서게 되었다는 점입니다. 솔로의 연구 역시 경제학계에 지대한 영향을 미쳤습니다. 경제학계를 루커스가 한 것과 동일한 방향으로 몰아갔지요. 성장에 대한 그의 연구도 간단한 일반균형 모형을 진지하게 받아들이라고 경제학자들을 설득한 것이지요. 많은 사람들이 거시정책에 있어 루커스와 솔로의 차이점을 인식하지만, 방법론적 차원에서 그들의 연구 사이에 있는 견고한 상보성을 제대로 평가하지는 못하고 있습니다. 만약 조운 로빈슨(Joan Robinson)이 논쟁에서 이겨서 전문가들의 토론에서 생산함수 개념을 추방시켰다면,[10] 루커스와 프레스컷은 〈불확실성 하에서의 투자〉 논문을 결코 쓸 수 없었을 것입니다.

| 1980년대에 총량 변동에 대한 실물경기변동 접근법이 새성장이론과 동시에 발전하였습니다. 실물경기변동 이론, 특히 경기변동과 성장을 통합시키려는 시도를 어떻게 보시는지요?

많은 경우 경제학의 진보는 매우 복잡한 체계를 이해하는 데 도움을 주는 새로운 분석적 도구를 만들어내는 것으로부터 이루어집니다. 형식적이고 수학적인 과학으로서의 경제학은 아직 그 역사가 짧습니다. 경제학은 아직 사춘기에 있다고 말할 수도 있을 겁니다. 아인슈타인이 물리학에서 일반상대성이론을 정립하고 있을 때, 경제학자들은 여전히 모호한 단어들과 투박한 도표를 사용하여 토론했었다는 사실을 떠올려 보세요.

실물경기변동이론이 어디에 잘 부합하는지 보기 위해서는 단지 그 이론의 내용과 결론뿐만 아니라 앞에서 언급했던 것처럼 방법론적 궤도에 어떻게 영향을 미쳤는지도 보아야 합니다. 일반균형 모형들, 즉 경제 전체에 대한 모형들의 위계를 생각해 봅시다. 가장 상부에는 파레토최적인 완전경쟁모형이 있으며, 극대화 문제를 풀어서 경제의 행동을 계산할 수 있습니다. 그 아래 단계에는 어떤 불완전성을 가진 다양한 모형들, 즉 외부효과, 세금, 명목화폐, 혹은 어떤 종류의 비볼록성(non-convexity) 등을 가진 모형들이 있습니다. 비록 이런 동학 모형들의 균형이 파레토 최적이 아닐지라도, 많은 경우 그 모형을 연구하는 데는 완전경쟁모형에 대한 것과 동일한 극대화 분석도구를 이용할 수 있습니다. 이것이 루커스가 1972년 논문 〈기대와 화폐중립성〉에서 이룬 업적입니다. 형식적으로는 동학모형에서의 외부효과와 비슷합니다. 이것은 또 제가 성장에 관해 쓴 첫 번째 논문에서 한 일이기도 합니다.

실물경기변동이론을 하는 사람들은 경제전체의 분석을 단순화하기 위한 시도에서 루커스나 제가 했던 것 보다 한 걸음 더 나아갔습니다. 그들은 "우리는 순수 완전경쟁과 순수 파레토최적을

10. 1950~60년대에 자본(capital)의 개념과 집계적 자본(aggregate capital)을 사용하는 집계적 생산함수의 논리적 일관성에 관해 논쟁이 있었다. 논쟁의 한편에는 신고전학파의 집계적 자본개념을 옹호하고 집계적 생산함수에 논리적 문제점이 없다고 주장하는 경제학자들이 있었는데, 그 중심은 미국 매사추세츠 주 케임브리지의 하버드 대학교와 MIT에 있던 새뮤얼슨과 솔로 등이었다. 다른 한편에는 영국의 케임브리지 대학에 있던 피에로 스라파(Piero Sraffa), 조운 로빈슨, 루이지 파지네티(Luigi Pasinetti), 피에란젤로 가레냐니(Pierangelo Garegnani) 등을 중심으로 그런 집계적 자본개념을 비판하는 경제학자들이 있었다. 따라서 이 논쟁은 '케임브리지 대 케임브리지 자본논쟁'이라고도 불린다.

가지고 무엇이든 할 수 있다. 이 방법으로 경기변동 모형도 만들 수 있다. 그렇게 함으로써 분석을 단순화할 수 있고 그것을 통해 많은 것을 알 수 있다"고 말합니다. 저의 개인적인 견해이자 이 분야에서 활동했던 밥 킹(Bob King)과 같은 많은 사람들의 견해는 실체적 차원에서 실물경기변동이론이 너무 많이 단순화되었다는 것입니다. 실물경기변동이론은 경기변동 이해를 위해 필요한 많은 요소들을 포함하고 있지 않습니다. 그렇다고 최초의 시도가 나쁜 것이었음을 의미하지는 않습니다. 단지 지금 우리가 다음 단계로 나아갈 준비가 되어있으며 미리 결정된 명목가격과 같은 것들을 다시 도입하여야 한다는 것을 의미합니다. 방법론적으로 이러한 연구는 우리의 분석도구를 정제하는 데 도움을 주기 때문에, 미리 결정된 가격을 모형에 도입했을 때 그것을 더 잘 이해할 수 있을 것입니다.

한 걸음 뒤로 물러나는 듯이 보이는 일을 통해 경제학의 진보가 일어나는 있은 종종 있습니다. 경제학자들은 일반 사람들이 모호하고 혼란스러운 방법으로 작업해 온 현실적인 문제들을 가정을 통해 고려에서 없애고, 현상들의 껍질을 까서 가장 본질적인 모습으로 만들고, 새로운 도구를 사용하여 그 본질을 더 잘 다루게 됩니다. 그렇게 하고난 후에 복잡한 요소를 다시 도입합니다. 이것이 솔로가 하고 있었던 것이고, 솔로가 총생산함수를 사용하여 경제의 생산구조를 모형으로 만들었을 때 로빈슨을 화나게 한 것입니다. 우리는 나중에 불가역투자(irreversible investment), 제한된 사후적 대체가능성(limited ex post substitution possibilities) 등 많은 복잡한 요소를 다시 모형에 도입했습니다. 실물경기변동 이론가들도 이와 같은 일을 한 것이지요. 그리고 단순화 단계 동안에 그들도 사람들을 화나게 했던 것이고요.

경제성장

| 루커스는 1988년 논문 〈경제발전 역학에 관하여〉("On the Mechanics of Economic Development")에서 성장에 대해서 일단 생각하기 시작하면 다른 것들은 생각하기 어렵다고 말했습니다. 배로와 살라이마르틴은 그들의 교과서 《경제성장》(*Economic Growth*, Barro and Sala-i-Martin, 1995)의 서론에서 경제성장이 거시경제학의 가장 중요한 문제라고 주장했습니다. 이러한 저명한 거시경제학자들의 견해에 비추어보았을 때, 그동안 경제학자들이 경기변동을 이해하기 위하여 너무 많은 시간을 허비한 것이라고 생각하지는 않습니까?

그 말은 대체로 맞는 말입니다. 그러나 우리는 두 세계대전 사이 기간에 세계가 거시경제적으로 대참사를 겪었다는 사실을 잊지 말아야 합니다. 이 경기침체는 30~40년 간의 경제성장을 상쇄하기에 충분한 것이었습니다. 이 기간을 경험한 경제학자들은 확실히 장기 경제성장 이외의 다른 어떤 것을 연구하는 데 거리낌이 없었습니다. 자연스럽게 그들은 그 재앙을 회피하는 데에 초점을 맞추게 되었던 것이지요.

따라서 안정에 초점을 맞추는 것보다 성장에 초점을 맞추는 것이 어떤 의미에서 절대적으로 더 중요하다고 단언할 수 있다고는 생각하지 않습니다. 제 생각으로는 현재 우리는 어떻게 1920년대의 영국이나 1930년대의 미국에서 발생했던 재앙을 피할 수 있는지를 알고 있다고 말하는 것이 옳습니다. 두 재앙 모두 통화정책 상의 큰 실수였으며, 지금은 그것들을 어떻게 피할 수 있는지 알고 있습니다. 또한 두 세계대전 사이 기간에 발생했던 파괴적인 초인플레이션(hyperinflation)을 어떻게 피할 수 있는지 알고 있습니다. 최근에는 덜 파괴적이지만 여전히 값비싼 1970년대의 인플레이션을 회피하기 위한 더 좋은 통화정책을 발전시키기도 했습니다. 일단 이런 문제들을 회피할 수 있는 방법을 배운 상황에서 이제 경제성장이 가장 중요한, 그리고 아직 더 다루어져야 할 주제로 전면에 나타나게 되는 것이지요.

1960~70년대에 거시경제학자들이 제2차 세계대전 이후의 시기를 특징짓는 상대적으로 작은 경기변동에 너무 많은 시간을 허비했던 반면 경제성장에는 너무 적은 시간을 투자했다는 것이 저의 분명한 생각입니다. 안정화정책을 계속 유지시켜 나갔어야 했지만, 다른 한편으로 그에 덧붙여 장기성장의 결정요인에 대해서도 연구가 이루어졌어야 했습니다. 이 두 주제 사이의 균형을 맞추는 일이 지금까지 제가 한 일의 전부입니다.

저는 학생들을 가르칠 때 이 균형을 올바르게 맞추기 위해 애를 씁니다. 저는 마라톤 훈련을 하는 사람에 비유하여 학생들에게 설명을 합니다. 안정보다 성장이 더 중요한지 물어보는 것은 주자가 피를 흘릴 때 훈련을 계속 하는 것이 지혈보다 더 중요한지를 묻는 것과 같습니다. 어떤 의미에서 훈련과 달리기 기술은 분명 경주에서 이기기 위해 필요한 것입니다. 그러나 만약 주자가 목숨이 위험할 정도로 피를 흘릴 때, 더 좋은 기술을 익히기 위해 훈련을 하는 것은 정말로 어리석은 짓입니다.

그러나 오늘날 경제학계의 지적 자원이 배분되어 있는 상태를 보면, 우리는 경기변동폭에 미세한 조정을 하는 것과 추세적인 성장률에 미세한 조정을 하는 것 중 하나를 선택하여 더 연구해야 하는 상황에 있습니다. 이 상충관계에 직면해서, 성장률 추세가 조금이라도 개선되면 그것이 우리 삶의 질에 더 큰 효과를 미칠 수 있다는 것은 매우 분명합니다. 그런데 이 분야는 아직 연구가 덜 된 분야입니다.

다시 돌아보면 경제학자들이 성장에 대한 질문을 회피하는 이유 중 하나는 분석도구가 충분히 발전되지 않았기 때문입니다. 무한기 극대화(infinite horizon maximization) 문제에서 해의 존재, 횡단조건(transversality condition), 칼날 행동(knife-edge behaviour), 폭발적 성장(explosive growth)에 관한 순전히 생산기술적 또는 수학적인 문제들로 인해, 경제학자들은 장기성장에 관한 중요한 질문을 다루지 못했습니다. 이제 분석도구가 더 좋아졌으므로, 이러한 문제들은 제쳐 두고 실질적인 문제들을 다루는 데로 더 나아갈 수 있습니다.

| 고전학파 경제학자들은 성장과 같은 장기문제를 중요하게 생각했습니다. 고전학파 경제학자들의

업적이나 성장에 관한 초기의 연구로 되돌아가 그것들을 연구하면서 교수님의 연구에 영감을 얻을 수 있었습니까?

예전에 애덤 스미스와 앨프레드 마셜을 읽으면서 그 문제를 생각하는 데 시간을 보낸 적이 있었습니다. 마셜의 연구를 기반으로 쓴 앨린 영(Allyn Young)의 1928년 논문도 읽었습니다. 제 생각에 램지(Ramsey, 1928)의 논문이 실린 호와 같은 호의 《이코노믹 저널》(*Economic Journal*)에 게재된 논문이지요.[11] 그래서 영과 스미스가 말하는 것과 제가 말하고자 하던 것의 관계를 정리하기 위해 2년의 시간을 보내던 시기가 있었습니다. 한동안 그것을 즐기면서 했었으나 지금은 하지 않습니다. 젊은 연구자들에게 이러한 방법을 연구전략으로서 자신 있게 추천할 수는 없지만, 흥미 있고 도움이 될 수는 있습니다.

성장에 대한 연구를 시작할 때 저는 이전의 문헌들을 거의 읽지 않았습니다. 대부분을 백지에서 시작한 후, 그 다음에 과거로 거슬러 올라가 다른 사람들이 했던 말의 의미를 이해하려고 했지요. 제 생각에는 많은 경우 그렇게 하는 것이 올바른 방법인 것 같습니다. 이전 학자들의 연구업적에 과도하게 열중한다면, 함정에 빠져서 사물을 새로운 시각에서 볼 수 있는 가능성을 놓쳐버릴 수 있습니다. 물론 경제학계에서 이전 학자들은 여전히 주위에 존재합니다. 경제학계에서 중요한 위치를 차지하고 있지요. 그리고 누군가가 나타나서 사물을 새로운 시각으로 보려고 하면 그리 반가워하지 않습니다.

| 1870년대 한계주의 혁명(marginalist revolution)에서 1950년대 중반에 이르기까지 내내 경제학자들은 주로 미시경제학의 발전에 관심을 가지다가 대공황 동안에 거시경제학을 탄생시켰습니다. 그 후 1950년대에 경제성장에 대한 화제가 다시 무대에 등장했습니다. 그런데 이상한 점 중 한 가지는 1956과 1957년 솔로의 공헌으로 성장이론에 큰 발전이 있었던 기간에 개발경제학이 독립된 관심분야로 나타난 것을 들 수 있습니다. 왜 이러한 분리현상이 나타나게 되었을까요?

지금 제가 하는 말이 마치 동일한 메시지를 반복하는 고장난 녹음기처럼 들리겠지만, 두 학문이 분리된 이유는 방법론에 있습니다. 경제성장을 연구하는 사람들은 수학을 사용하는데, 경제발전을 연구하는 사람들은 말로만 합니다. 서로를 이해할 수 없었기 때문에, 그들은 서로 점점 더 멀어져갔던 거지요. 그랬던 이유는 그들이 묻는 실질적 질문이 다르기 때문이라기보다는 그 문제를 다루기 위해 선택하는 분석도구 때문입니다.

| 개발경제학자들이 실제로 정책적 논점에 대하여 무언가를 말하고 싶고 그렇게 할 필요가 있었던 게 더 맞는 이유가 아닌가요?

11. 램지의 1928년 논문은 경제학에서 최초로 무한시간 극대화 문제를 제시하고 그에 대한 해를 제공하였다. 이 '동학적 극대화' 방법은 현재 동학적 거시경제학에서 표준적인 분석방식으로 사용된다.

그 말에 일리는 있습니다. 앞에서 실물경기변동이론가들에 대해 이야기했듯이, 때로는 새로운 형식적인 도구를 개발하기 위해 한발 뒤로 물러나 단순화 시켜야 합니다. 만약 정책조언을 해야 하는 상황에 처해 있다면 이러한 과정을 수행하기 어렵겠죠.

만약 과거로 거슬러 올라가서 스미스, 마셜, 영의 논문을 읽는다면, 경제학이 순수하게 언어적인 학문에서 순수하게 수리적인 학문으로 얼마나 놀라운 변환을 겪어왔는지를 보고 놀랄 것입니다. 앨린 영의 논문이 프랭크 램지의 논문과 같은 시대, 심지어 같은 학술지의 같은 호에 게재되었다는 것을 명심해야 합니다. 램지는 물리학자들이 이전에 수십년 동안 사용해 왔던 변분법(calculus of variations)과 같은 도구를 사용하였습니다. 반면, 그 당시 경제학자들은 여전히 기본적인 미적분을 사용하는 데 있어서도 어려움을 느끼고 있었습니다. 바이너(Jacob Viner)는 장기와 단기의 평균비용곡선간의 관계를 알아내기 위해 전문 그래프 도안가의 도움을 필요로 했습니다. 오늘날 경제학자들은 물리학자들이 사용하는 것만큼 형식적이고 정교한 수학을 사용합니다. 경제학자들은 상대적으로 단기간에 매우 가파른 변화를 겪어왔습니다. 수학을 사용하는 방법을 배운 것만큼 그에 따른 상충관계가 존재합니다. 한 축이 분석도구를 표현하고 다른 축이 결과를 표현하는 일종의 생산가능곡선(production possibility frontier)을 생각해 봅시다. 분석도구를 만드는 데 많은 노력을 들인다면 결과에 대한 산출물은 적을 수밖에 없습니다. 따라서 개발경제학을 하는 사람들은 솔로를 보고 이렇게 이야기할 것입니다. "당신이 만들어 내는 것은 개발경제학의 세계에서 정책 결정자들에게 도움이 되는 내용을 전혀 지니고 있지 않습니다. 우리가 현실 세계에서 효과적인 일을 하고 있는 동안에 당신은 수학적 공간에만 머물면서 시간을 허비하고 있군요." 그 말에 대해 분석도구 개발자들은 결과와 도구개발 간의 시제적 상충관계를 설명하면서 도구개발의 결과를 통해 미래에 더 좋은 정책조언을 할 수 있다고 대답할 것입니다. 대체적으로 학계 전반을 위해 옳은 입장은 학문 활동에서의 분업을 지지하는 것입니다. 이 분업 속에서 서로 다른 활동에 특화한 전문가들은 각자의 방식대로 연구에 공헌하며, 사람들은 억지로 전체를 한 가지 길로 가도록 강제하지 않습니다. 이상적으로는 성장이론과 경제개발이론 사이의 의사소통의 연결 끈을 놓지 말아야 합니다.

| 로버트 솔로의 공헌으로 화제를 바꿔보지요. 솔로 성장모형의 주요 강점과 약점이 무엇이라고 생각하십니까? 그레고리 맨큐(Mankiw, 1995)와 같은 경제학자들은 내생적 성장경로를 따르는 것보다 솔로 모형을 수정하는 것을 더 선호하는 것 같은데요.

솔로의 모형은 처음 소개되었을 때 경제학과 분석도구 개발의 진보에 여러 가지로 매우 중요한 공헌을 했습니다. 그 모형은 현실에 대해서 일반균형이론을 어떻게 받아들여 적용하고 말로 설명할 수 있는지를 보여주는 매우 중요한 연구였습니다. 앞에서 언급했듯이, 솔로는 가정을 단순화하고 간단한 형태의 함수를 이용하여 경제 전체의 균형을 생각하는 방식이 있고 이를 통해 중요한 결론을 얻을 수 있다고 사람들을 설득하는 데 도움을 주었습니다. 그 모형은 당시 동시에 진행되고 있던, 더 추상적인 애로(Arrow)와 드브뢰(Debreu)의 일반균형이론과는 매우 다른 형태였습니다. 생산함수의 개념을 사용하고 싶어 하는 사람들의 삶을 안전하게 하기 위해 솔로와 새뮤얼슨이 그 당시 영국 케임브리지 사람들과 격렬한 참호전에 참여했었다는 것을 기억해보십시오.

제 생각에 여러분의 질문은 실질적인 차원에서의 강점을 물어보는 것일 텐데요, 그런 차원에서 솔로 모형의 강점은 그의 실증적 논문과 이론적 논문 모두에서 명시적으로 생산기술을 분석에 도입했다는 점입니다. 그는 생산기술, 자본, 노동을 명시적으로 표현했습니다. 이 세 요소야말로 성장을 생각할 때 반드시 고려해야 할 요소들이지요. 바로 이것이 장점이었습니다. 단점은 분석도구 상의 제약으로 인해 생산기술을 공공재로밖에 설명할 수 없었다는 점입니다. 이것이 솔로 모형의 진짜 약점이지요. 내생적 성장이론이 어떤 것이냐를 한마디로 말하면, 생산기술을 공공재로가 아니라 민간부문에서 통제할 수 있는 대상으로 재분류했다는 점입니다. 생산기술은 적어도 그와 연관된 어느 정도의 전유성(appropriability) 또는 배제성(excludability)을 가집니다. 그래서 생산기술의 생산과 사용에 있어 인센티브가 중요한 것이지요. 하지만 내생적 성장모형에서도 솔로가 파악했던 비경합성 개념을 계속 유지하고 있습니다. 그가 말했듯이 생산기술은 0의 한계비용으로 끝없이 자꾸 사용될 수 있다는 점에서 자본이나 노동과는 매우 다른 성격을 지닌 재화입니다. 솔로의 이론은 매우 중요한 첫 단계였습니다. 자연스럽게 다음 단계는 생산기술의 공공재적 성격을 분해해서 더 풍부하게 만드는 일, 즉 그것을 부분적으로 배제가능한 비경합적 재화로 특징짓는 일이었습니다. 그러기 위해서는 완전경쟁으로부터 벗어나야 하며, 이것이 바로 최근 성장이론에서 해온 일이지요. 이 단계에 이르기 위해서는 1950년대 후반에서 1980년대 사이에 개발되었던 모든 분석도구들이 필요했습니다.

이른바 *AK* 내생성장 모형은 위와는 다른 종류의 경제성장 모형입니다. 그 모형을 제대로 된 맥락 속에서 보도록 하지요. 이 모형에서 생산기술은 다른 재화와 동일합니다. 생산기술을 다른 이름으로, 즉 인적자본 혹은 일반화된 자본이라고 불러도 아무런 문제가 없습니다. 그러나 생산기술은 물적 자본과 완전히 유사하게 다루어지지요. 제 생각에 이 접근방법은 솔로모형에 비교하여 상당히 퇴보된 것입니다. *AK* 모형은 생산기술이 매우 다른 성격의 투입요소라는 점을 간과하고 있기 때문에 솔로 모형보다 정교하지 못합니다. 앞에서 언급했듯이 저는 "모든 것을 완전경쟁 하에서 다루자"는 실물경기변동 방법론에 동의하지 않습니다. 이전에는 다른 대안이 없다고 반박할 수 있었을지 모르지만 이제 그런 말은 더 이상 사실이 아닙니다. 이제 우리에게는 완벽하게 작동하는, 독점경쟁 하에서의 동태적 일반균형 모형들이 있습니다. 만약 그 모형들이 현실의 중요한 특징을 파악해 낸다면 그것들을 사용하지 않을 이유가 없겠지요.

여전히 "생산기술을 순수 사유재로 취급하고 완전경쟁을 유지하자"고 주장하는 사람들이 있습니다. 다른 한편으로는 맨큐(Mankiw)처럼, 생산기술은 다른 재화와 다르지만 솔로가 했듯이 그것을 순수 공공재로 취급할 수 있다고 주장하는 사람들도 있습니다. 저는 이 두 주장이 모두 잘못된 것이라 생각합니다. 어떤 믿을 수 없을 정도로 중요한 정책적 이슈에서는 생산기술을 순수 사유재로 혹은 순수 공공재로 성격 짓는 일이 완전히 과녁을 빗나간 일이 되는 경우가 있습니다.

| 1986년 논문으로 대표되는 교수님의 초기 연구는 생산기술 변화의 결정요인보다는 수확체증에 더욱 관심이 있지 않았었나요?

그 논문에 숨어 있는 의미를 읽어내서 우선 방법론적 차원에서 무엇이 진행되고 있는지를 보아야 할 것입니다. 방법론과 형식에 관련한 이슈가 모든 것을 떠받치고 있었기 때문이지요. 1986년 논문은 성장을 생각할 때 생산기술을 고려해야 한다는 논리를 전개합니다. 생산기술을 생각하면 곧바로 수확체증, 즉 수학적으로 말해 비볼록성(non-convexity)이 생산기술에 내재한다는 사실에 직면합니다. 이런 것들이 모두 솔로 모형에 원래 있었음에 주목하기 바랍니다. $AF(K, L)$에서, 관련된 모든 투입요소인 A, K, L에 대해 수확체증이 존재합니다. 여기까지는 솔로와 제가 같은 길을 가고 있습니다. 생산기술은 핵심적인 요소이며 전통적인 투입요소들과는 근본적으로 다른 것으로 생각되어야 한다는 것이지요. 이를 고려하면 곧바로 수확체증 또는 비볼록성에 직면하게 됩니다. 그런 다음에는 방법론적인 관점에서 어떻게 이 현상을 모형으로 표현해야 할지를 결정하여야 합니다. 솔로는 생산기술을 공공재로 취급했습니다. 여기에는 두 가지 경우가 있을 수 있습니다. 하나는 생산기술이 하늘에서 떨어진 것이며 시간의 함수라는 것입니다. 다른 하나는 정부가 생산기술을 공적으로 생산한다는 것입니다. 제 생각에 솔로는 두 경우를 모두 염두에 두었던 것 같으며, 이는 중요한 문제가 아닙니다. 제가 원했던 것은 생산기술이 수확체증이면서 동시에 민간부문에서 공급되는 특성을 갖도록 하는 방법이었습니다. 저는 개인과 민간 기업이 새로운 생산기술의 생산에 의도적으로 투자를 한다는 사실을 포착하기를 원했습니다. 이런 점에서 그 논문은 많은 부분 생산기술 변화에 관한 것입니다. 사적인 공급을 허용하기 위해서 저는 마셜적인 외부적 수확체증(external increasing returns)의 개념을 사용하였습니다. 이를 통해, 가격순응 행위에 따른 균형을 설명하면서도 그 모형에 비볼록성이 존재할 수 있습니다. 이것이 첫 번째 시험적인 단계였습니다. 이 방법은 민간부문이 생산기술을 어느 정도 통제하며, 중요한 인센티브가 존재하고, 그 배경에는 수확체증이 있다는 사실을 포착하는 방법이었습니다. 1986~1990년 사이에 어떤 일이 일어났냐 하면, 그 기간 동안 저는 이와 관련된 수학적인 작업을 열심히 했는데, 결국 솔로의 공공재 가정이 옳지 않은 것처럼 생산기술을 외부적 수확체증으로 특징짓는 것 또한 옳지 않다는 결론을 내리게 되었습니다.

이론을 만들 때는 언제나 근사작업(approximations)을 하지요. 지름길을 택하는 것이지요. 그 과정에서 언제나 단순화로부터 얻는 이득과 현실에 대한 설명력 상실이라는 상충관계에 직면하게 됩니다. 공공재 근사작업은 첫 단계에서는 합리적이었지만, 계속 개선시켜나갈 필요가 있었습니다. 외부적 수확체증 근사가 그런 개선책이긴 했지만, 그 후에 제가 제시한 독점적 경쟁 버전(Romer, 1990)은 단순화와 현실 관련성 간의 상충관계 속에서 균형을 가진 것이었습니다.

| 솔로의 논문(Solow, 1957)이 발표된 후 성장회계(growth accounting)에 대한 수많은 논문이

발표되었습니다. 이러한 연구들에서 얻을 수 있는 중요한 결과는 무엇이라고 생각하시는지요?

그 분야에서는 실제 성장에서 잔차항은 상대적으로 작은 부분을, 그리고 요소축적은 상대적으로 많은 부분을 설명한다고 생각하는 것이 일반적인 추세였습니다. 이 분야의 연구는 생산기술이 성장의 대부분을 설명하기 때문에 아주 중요하다는 말로 시작되곤 했지요. 현재는 생산기술 자체가 성장의 대부분을 설명하지 못한다는 것이 중론입니다. 초기에는 생산기술 변화 자체가 성장의 70%를 설명한다고 주장하며 생산기술의 중요성을 과대평가하였습니다. 그러나 지금은 이 주장에 반대하며, 생산기술은 성장에 작은 부분을 이루고 있기 때문에 생산기술을 이해할 필요가 없다고 말하는 사람들도 있습니다. 이들은 생산기술을 무시해도 된다고 주장하지요. 하지만 반드시 그럴 필요는 없습니다. 그런 결론은 논리적인 추론의 결과가 아닙니다. 우리가 솔로의 연구를 통해 알고 있으며 시간의 시험을 통과한 사실이 있습니다. 그것은 성장에 직접적인 영향을 미치는 것이 자본투자이기는 하지만, 생산기술은 자본투자에 영향을 주어 성장에 간접적인 영향을 준다는 것이지요. 생산기술 변화가 없다면, 성장은 멈추게 될 것입니다.

| 저희는 어제 로버트 솔로를 인터뷰했었는데, 그는 모형에서 생산기술을 외생적으로 만든 이유가 단순히 생산기술 변화의 요인에 대한 이해가 부족했기 때문이라고 설명했습니다.

그것은 복잡한 세상을 다룰 때 사용 가능한, 일리 있는 임시 전략입니다.

| 과거 10년여 동안에 소위 수렴가설이라는 논쟁에 이목이 집중되고 있습니다. 1986년 교수님의 첫 번째 중요한 내생성장 논문이 게재되었던 당시, 아브라모비츠(Moses Abramovitz)와 보몰(William Baumol)도 따라잡기와 수렴 논쟁에 이목을 이끄는 논문을 발표했습니다. 이 논쟁은 계속해서 연구 흥미를 유발시키고 있습니다. 예를 들어 《저널 오브 이코노믹 퍼스펙티브스》(*Journal of Economic Perspectives*)의 최근호에는 랜트 프리쳇(Pritchett, 1997)의 〈격차, 흥륭의 시기〉("Divergence, Big Time")라는 제목의 논문이 실렸습니다. 우리가 이틀 전 프레스컷(Edward Prescott)과 이야기 했을 때, 그는 수렴이 결국 일어날 것이라는 상당한 확신을 갖고 있었습니다. 이 중요한 논쟁이 성장에 대한 교수님의 생각에 영향을 미쳤습니까? 그리고 이 분야에 대한 교수님의 견해는 어떤지요?

사실이 무엇인지 명백히 하는 것은 매우 중요합니다. 1950년부터 현재까지 데이터를 살펴봤을 때, 전체적인 수렴의 증거는 거의 없습니다. 솔직히 말해서, 항상 내놓고 말하지는 않지만 모든 사람이 이에 대해 동의합니다. 국가 간 수렴의 경향을 설명하는 사람들은 만약 나머지 모든 것이 같다면, 즉 모든 관련 변수들을 상수로 놓으면, 국가 간 수렴의 경향이 있다고 말합니다. 이것이 예를 들면 배로(Robert Barro)가 행한 연구의 핵심 결과 중 하나입니다. 그런데 실제로 이것은 보몰이 명확히 한 수렴국가 클럽(convergence club) 해석을 다듬은 것에 지나지 않습니다. 그런 변수들에

대해 동일한 값을 갖는 국가들은 수렴하는 경향이 있습니다. 그러나 그 배후를 보면 1인당 소득의 차이를 줄이는 전반적인 진행과정의 속도가 매우 완만하다는 것 또한 사실입니다. 프리쳇이 한 일은 이렇게 배후에서 일어나는 일들을 지적한 것이지요. 1950년 이전으로 거슬러 올라가보면, 몇몇 국가들은 빠르게 성장하고 나머지 국가들은 정체되어 소득이 상당히 격차를 늘려가는 기간이 있었음이 확실합니다. 당시에 전체 국가들의 소득 격차가 한동안 벌어졌지요. 좀 더 최근인 세계대전 후의 기간에는 전체적인 분산이 대체적으로 일정하게 유지되어 왔습니다.

그렇다면 왜 우리는 이 이슈에 대해 관심을 보이는 것일까요? 첫째, 인류 복지의 관점에서 또는 소득 분배의 관점에서 관심을 갖는 것일 수 있습니다. 이러한 관점에서 보면 상황에 대해 비관적인 이유가 몇 가지 있습니다. 지난 30~40년 동안에 많은 진전을 이룩하지 못했던 것이지요. 또 그 이슈가 서로 다른 성장이론들 중에서 어떤 이론이 옳고 어떤 이론이 그른지를 구별하도록 도와주기 때문에 그 이슈에 관심을 보이는 것일 수도 있습니다. 나머지 모든 것이 같을 때 소득수렴이 일어난다는 조건부 수렴과정은 지식과 모든 생산기술이 공공재인 순수 솔로 스타일 모형과 일맥상통한다고 주장하는 사람들이 많이 있습니다. 그래서 그들은 실증자료가 생산기술 공공재 모형(public-good model)과 일치한다고 주장하지요. 그런 주장은 옳습니다. 그러나 이 증거는 또 생산기술이 공공재가 아닌 모형과도 완벽하게 일치합니다. 이런 생산기술 격차 모형(technology gap model)에 의한 해석에서 국가 간의 생산기술 이동은 수렴과정을 이끄는 작용을 합니다. 여기에서 수렴은 1인당 자본축적 따라잡기(catching up)가 아닌 생산기술 따라잡기입니다. 그런데 맨큐를 비롯한 다른 이들이 해석하는 솔로모형에서 생산기술은 이미 세계 전체적으로 동일한 수준입니다. 여기서 생산기술은 단파 라디오 방송과 같은 공공재이기 때문에 생산기술 따라잡기의 여지가 더 이상 남아있지 않습니다. 사람들이 생산기술 이동의 중요성에 대한 직접적 증거를 눈앞에 두고도 이 모형을 정당화하려고 하는 것을 보면 저는 아직까지도 의문이 풀리지 않아요. 그러나 그들이 자신들의 입장을 뒷받침하기 위해 조건부 수렴의 증거를 사용하는 것이 사실입니다.

따라서 저는 수렴 논쟁이 서로 다른 모형들의 시시비비를 가리는 데 도움을 주었다고 생각하지 않습니다. 결과론적으로 제 생각에 수렴 논쟁이 만들어낸 많은 관심은 잘못된 방향으로 흘러갔습니다. 프레스컷의 주장은 격차가 지속적이지 않을 것이라는 것입니다. 저는 이 말이 맞을 것이라 생각합니다. 제 개인적인 생각에 국가들 간의 이러한 생산기술의 흐름은 우리가 보아온 대(大)수렴(big convergence) 에피소드에서 큰 동력입니다. 만약 여러분이 일본과 같은 국가를 보고 일본이 세계 선도국가들에 매우 빠른 속도로 수렴한 사실의 배후에 무엇이 있는가를 묻는다면, 답은 생산기술의 이전(technological transfer)이 그 과정에서 매우 결정적인 부분이었다는 것입니다. 미래를 염두에 두면 이러한 낙관에 대한 근거가 있습니다. 만약 우리가 올바른 제도를 개발도상국에서 잘 자리 잡게 한다면, 생산기술 흐름의 동일한 과정이 급격히 증가할 것이고 실제로 전 세계적인 소득 불평등이 줄어들 수 있을 것입니다. 적어도 지난 10년 동안을 보면, 소득 불평등의 정도를 국가에 따라 가중치를 주는 경우가 인구에 따라 가중치를 주는 경우보다 상황이 더 나빠 보입니다. 이것은 중국에 의한 따라잡기(catching up) 과정이 어떠냐에 따라 전체적인 그림에 큰 차이가 만들어질 것이기 때문입니다. 그리고 중국은 공공재 모형에 어떤 잘못된 점이 있는지 보여주는 좋은 예라고 할 수 있습니다. 중국은 개혁기 이전에 높은 저축률을 가지고 있었습니다. 중국이 가장 성공적으로 성과를 올려왔던 제조업 부분에서 현재 가장 달라진 점은 외국인 직접투자를 통해서 중국으로 생산기술이 흘러들어가는 것이라고 할 수 있습니다. 이것은 또 외국기업들로 하여금 중국에 생산기술을 유입하고 그곳에서 사용할 수 있도록 하게 할 인센티브를 바꾼 개혁이기도 합니다.

| 뮈르달(Mydaral, 1957)이나 칼도(Kaldor, 1970b) 같은 경제학자들의 연구들을 본 적이 있으신지요? 이들은 신고전학파 모형의 균형적 성질들을 거부하고 그 대신 누적적 인과관계의 힘을 강조하는 경향이 있습니다. 이들의 모형에서는 수렴이 없다고 해도 놀라운 일이 아닙니다.

앨린 영(Allyn Young)이 저의 관심을 끌었듯이 그들의 연구도 제게 흥미를 일으켰습니다. 저는 제가 생각하는 것과 그들이 생각하는 것에 얼마나 많은 공통점이 있는지 알고 싶었습니다. 그러나 솔직히 말해서, 순전히 말로 표현된 경제학에 돌아가 그것을 읽을 때 제가 원하는 것을 찾을 수 있는지는 말하기는 어렵습니다. 행간(行間)을 읽고서는 '아, 이들이 제대로 생각했네. 여기에 그들이 생각하고 있던 것을 보여주는 수학적 모형을 제시합니다' 라고 할 위험이 항상 도사리고 있는 거지요. 그러나 이런 일은 보통 그들의 연구를 관대하게 읽어주고 그들의 연구에서 애매하고 혼란스러운 것을 무시하는 덕에 일어납니다. 한 때 저도 그런 식으로 영의 논문을 해석하는 논문을 쓴 적이 있습니다. 아마도 이 분야에서도 다른 경제학자의 작업들에 대해 누군가가 그런 식의 작업을 할 수도 있을 것입니다. 머피, 쉴라이퍼, 비시니(Muphy, Shleifer and Vishny, 1989a)의 '힘껏 밀어주기(Big Push)' 논문이 다른 경제학자들에 대해 그런 작업을 한 예라고 할 수 있습니다. 따라서 제가 옳다고 생각하는 결론은, 그 사람들이 매우 똑똑하고 좋은 아이디어를 가지고 있었지만 그들이 사용한 분석도구는 매우 투박했다는 것입니다. 선구자들의 작업에 대한 숭배는 연구전략으로서는 비생산적인 것이라고 말하고 싶습니다. [웃음] 하지만 소비 행동의 차원에서 그것은 재미있는 일은 될 수 있을 것 같습니다.

| 선구자라는 주제에 대해 잠시만 더 이야기해보지요. 교수님의 연구가 생산기술 변화의 영향과 결정요인, 그리고 연구개발의 중요성에 관한 것임을 생각할 때, 슘페터(Joseph Schumpeter)의 연구가 교수님의 사고에 조금이라도 영향을 주었습니까?

아닙니다. 솔직히 말해서 슘페터는 제게 아무런 영향도 주지 않았습니다. 슘페터는 '창조적 파괴'(creative destruction)라는 멋진 말을 만들었지만, 제가 제 자신의 모형을 만들고 있었을 때 그의 연구를 읽어본 적이 없었습니다. 말씀드린 대로 저의 모형은 아무 것도 없는 백지 상태에서 만들어진 것입니다. 솔직히 제가 슘페터의 글을 읽으려고 했을 때 계속 읽어나가기가 힘들었습니다. 슘페터와 같은 사람이 무슨 이야기를 하고 있는지를 알기는 아주 어려운 일이지요. [웃음]

| 말만 많고 수학은 충분치 않다는 말이신가요?

네, 말은 많은 경우 모호하지요.

| 그런 문제는 케인즈의 《일반이론》과 관련한 혼란과 서로 모순되는 여러 해석들의 원천이기도 합니다.

예, 맞는 말씀입니다. 폴 크루그먼(Krugnan, 1994c)은 경제발전론에서의 '힘껏 밀어주기 아이디어(big push idea)' 에 관해 아주 좋은 논문을 쓴 적이 있지요. 이것을 지금 머피- 쉴라이퍼-비시니가 했듯이 수학적으로 나타내면 그 아이디어가 얼마나 명확하게 표현될 수 있는지 알 수 있고, 왜 누군가가 진작 그렇게 하지 않았는지 궁금해질 것입니다. 저는 이것이 현재의 경제학자들은 수학적 방식의 사고와 분석이 크게 발전한 덕을 보고 있음을 보여주는 경우라 생각합니다. 이제 수학적으로 사고하고 분석하는 일은 경제학자들에게 매우 쉬워 보입니다. 이제는 경제학자들이 그렇게 할 분석도구들을 갖고 때문이지요. 이런 기술을 이용할 수 있기 전에는 정말 힘든 일이었습니다.

| 지식의 성장과 생산기술 변화에 관련한 비경합성(non-rivalry)과 배제성(excludability)의 논의로 돌아가 보겠습니다. 한편으로 인센티브를 사용하여 생산기술 변화를 촉진하는 것과 다른 한편으로 새로운 아이디어와 발견을 사회의 다른 사람들에게도 이용가능하게 하는 것의 사이에서 어떻게 균형을 찾을 수 있을까요? 여기에는 특허권과 관련한 상충관계가 존재하지요.

물론입니다. 이 문제와 관련해 재미난 점은 결정된 것이 없다는 점입니다. 배제성과 경합성이 있는 전형적인 사유재의 경우 우리는 가장 좋은 제도가 무엇인지 알고 있습니다. 즉, 강력한 사유재산권과 익명의 시장이지요. 이게 필요한 모든 것이지요. 경제학자들이 아직도 다른 사람들과 의사소통을 해야 한다는 것은 매우 중요한 통찰입니다. 만약 사람들이 그것을 이해한다면, 도로, 공해 또는 농업용수에 대해 가격을 부과하는 데 그렇게 많은 저항이 있지 않을 것입니다. 경제학자가 아닌 사람들은 아직도 경합 재화(rival goods)를 배분하고 생산하는 데 가격 메카니즘이 얼마나 강력한지를 이해하지 못하고 있습니다.

그러나 비경합 재화(non-rival goods)의 경우, 우리는 올바른 제도가 무엇인지 모릅니다. 이 분야는 매우 흥미로운 분야입니다. 제도적 혁신의 여지가 많기 때문이지요. 한 가지 전략은 특허권을 허용하되 그것을 좁은 범위에서 한정적인 기간으로 시행하도록 하여 그때 발생하는 대략적인 상충관계를 살펴보는 것입니다. 부분적 배제성, 즉 완전한 배제성보다는 낮고 배제성이 전혀 없는 것보다는 높은 경우를 허용하는 것이지요. 흔히 이것이 일반적인 해법인 것처럼 말해집니다. 그러나 사실 이것은 일반적인 해법이 아닙니다. 비경합 재화의 유형에 따라 질문을 세분해야만 합니다. 2차함수 공식이나 순수 수학적 알고리즘과 같이, 전통적으로 아무런 재산권도 주어지지 않는 비경합 재화가 있습니다. 책과 같은 또 다른 형태의 비경합재도 존재합니다. 여러분은 이 인터뷰 책에 대해 저작권을 가질 터인데 이것은 매우 강한 형태의 보호방식입니다. 여러분은 여러분이 쓴 글과 제가 한 말들에 대해 저작권을 설정하여, 다른 누구도 그것을 재사용하지 못하게 할 수 있습니다. 여러분의 허락이 없이는 저조차도 재사용할 수 없는 것이지요. [웃음] 따라서 저작권은 매우 강한 형태의 지적재산권 보호입니다. 우리에게 필요한 것은 비경합 재화의 형태를 좀 더 주의 깊게 구분하고, 왜 서로 다른 종류의 재화에 대해서는 서로 다른 제도적 구조와 서로 다른 재산권 보호의 정도가 적절한지를 분석하는 일입니다.

특허권 또는 법적 재산권은 이야기의 일부일 뿐입니다. 연구개발 보조금 같은 다른 메커니즘들이 계속 만들어지지요. 대학 같은 제도들도 만들어지는데, 이런 제도들은 일반적으로 비영리적이고 정부의 보조를 받으면서 아이디어 생산을 촉진시키기 위해 디자인된 것들입니다. 비경합 재화와 관련된 제도의 분석은 사람들이 인식하는 것보다 더 섬세한 일입니다.

예를 들면, 저는 인적자본과 아이디어를 구별하는 것이 매우 중요하다고 주장해 왔습니다. 이것들은 서로 매우 다른 형태의 경제재(economic goods)들입니다. 인적자본은 자본이나 토지와 같습니다. 보통의 사유재이지요. 이 점에 대해 저는 게리 베커(Gary Becker)와 같은 생각이에요. 저는 인적자본 외부성에 대한 많은 주장들이 틀렸다고 생각합니다. 그럼에도 불구하고 저는 인적자본 생산을 위한 정부보조가 필요 없다는 주장에 대해서는 동의하지 않습니다. 왜 그럴까요? 그것은 인적자본이 아이디어를 생산하는 데 들어가는 결정적인 투입요소이기 때문입니다. 만약 아이디어 생산을 촉진하길 원한다면, 한 가지 방법은 아이디어에 대해 보조금을 주는 것입니다. 그러나 다른 방법은 아이디어 생산에 투입되는 요소에 보조금을 주는 것이지요. 전형적인 차선분석(second-best analysis)에 따르면, 이런 한 가지 왜곡을 상쇄하기 위해 과학자와 기술자에 대한 보조금 같은 추가적인 왜곡을 도입할 수도 있습니다. 이것은 새로운 아이디어로부터 얻는 사회적 이익이 개인적 이익보다 더 크다는 사실을 반영합니다. 우선 더 큰 과학자와 기술자 집단을 만듭니다. 그러면 새로운 아이디어 생산을 위해 과학자와 기술자의 서비스를 이용하고자 하는 모든 사람들이 더 낮은 비용으로 과학자와 생산기술자를 고용할 수 있습니다.

따라서 일반적으로 제도의 최적설계는 해결되지 않은 문제입니다. 지난 100년 동안 많은 실험이 있었습니다. 저는 향후 100년 동안 잘 작동할 경제는, 새로운 아이디어의 생산과 이의 광범위한 사용을 동시에 달성하기에 가장 적합한 제도를 갖춘 경제라고 주장해 왔습니다. 저는 새로운 아이디어를 촉진하기 위한 새로운 사회적 혹은 제도적 메커니즘이 자리를 잡을 것이라고 확신하는 바입니다.

| 경제발전에 대한 연구는 최근에 다른 흥미로운 부분으로 많이 확장되었습니다. 예를 들면 알레시나와 로드릭(Alesina and Rodrik, 1994)은 소득 불평등과 경제성장의 관계를 연구했고, 배로(Barro, 1996)과 알레시나 외(Alesina et al., 1996)는 민주주의, 사회적 안정성과 경제성장의 관계를 연구했습니다. 이러한 연구들에 대해 어떻게 생각하십니까? 배로가 제안하듯이 선진국이 가난

한 국가들에게 정치적 시스템을 전파하는 것보다 경제적 시스템을 전파하는 것이 더욱 도움을 줄 수 있다고 생각하십니까?

여기서 약간 보충하겠습니다. 형식적인 경제이론이 경제학자에게 요구하는 규율들 중 하나는 명백한 개념적 틀 안에서 시작해야 한다는 점입니다. 예를 들면, 마셜적 분석은 우리가 세상을 볼 때 공급과 수요를 생각하게 만듭니다. 일반균형이론은 세상을 선호와 사용가능한 물질적인 기회들로 분해해서 보도록 만들지요. 그런 분해는 매우 중요합니다. 저는 제 학생들이 문제에 접근할 때 항상 이 점에 대해 생각하게 만들려고 노력합니다. 모형에서 사람들이 원하는 것이 무엇인가, 사람들이 선택할 수 있는 생산가능성은 무엇인가에 대해서 말입니다.

지금까지 모든 성장이론은 모형의 물질적 기회 문제 측면에서 작동되었습니다. 물질적 기회를 원료와 같은 물질적 대상으로 표현하고, 그 후 이런 대상을 재배열하는 방법으로서 아이디어에 관해 생각하기 시작하는 것이지요. 민주주의와 정치에 대해서 생각하기 시작하면 모형의 다른 측면을 보기 시작해야 합니다. 사람들이 원하는 게 무엇인지, 무엇이 그들의 행동을 이끌어 내는지 등을 생각해야 합니다. 선호의 개념을 확장해서 사람들의 머리 속에 있는 모든 것을 선호라고 부르면, 그것은 사회학자와 심리학자들이 말하는 모든 것들, 즉 기호, 가치와 규범 등을 포함합니다. 경제성장과 민주주의 사이의 관계를 이야기 할 때는 반드시 이러한 주제들에 대해 탐구를 해야 합니다. 배로의 주장은 실증자료를 일반화한 것에 기초한 것이고 나름대로 가치가 있습니다. 그렇지만 거기에는 경제발전과 정치적 구조에 대한 이론적 이해가 결여되어 있습니다. 이것은 단지 경제학에서만의 문제는 아닙니다. 이것은 정치학에서도 큰 문제입니다. 정치학에서도 설명이 이루어지지 않는 기본적 이슈들이 많이 존재합니다. 우선 한 예를 들면, 왜 사람들은 귀찮지만 투표를 하는가라는 문제가 있습니다. 정치학자들이 가진 표준이론에 따르면, 사람들은 결과에 이해관계가 걸려있기 때문에 결과가 자신들이 원하는 방향으로 가도록, 즉 세금을 더 낮추고 이전소득을 더 늘리는 식으로 결과에 영향을 주기를 원하므로 투표를 한다는 것입니다. 이와 같이 주장한다면 이는 자기모순입니다. 왜냐하면 투표자 한 사람이 투표에 결정적일 수 있는 가능성은 너무 희박해서, 투표하는 개인적 비용이 투표를 함으로써 얻을 수 있는 이익보다 훨씬 더 크기 때문입니다.

따라서 저는 여기서 경계의 말만을 언급하고자 합니다. 소득수준과 민주주의 사이의 관계를 나타내는 실증적인 증거가 다소 존재는 하지만, 이 문제에 대한 연구에서 이론적 토대가 거의 없습니다. 관련된 이슈들에 관해 명백하게 생각하게 할 이론적인 토대를 가지기 전까지는 진척을 이룰 가능성이 거의 없습니다.

| 경제발전 연구에서 많은 주목을 받고 있는 또 다른 논쟁적인 부분은 국제무역과 성장 간의 관계입니다. 이 주제는 수출주도형 성장 사례의 주요 예시로 종종 꼽히는 '아시아의 호랑이' 경제에서 촉발된 현재의 위기를 고려할 때 매우 논쟁적입니다. 경제학자들은 무역이 국내총생산 수준에 미치는 영향에 대해서 쉽게 이야기할 수 있습니다. 그렇지만 과연 경제성장률에는 무역이 영향을 줄 수 있는지요?

여기에는 두 가지 메커니즘이 있습니다. 경제발전 관점에서 볼 때 고려해야 할 주요사항은 바로 따라잡기 과정입니다. 무역의 주요 역할은 개도국이 선진국들이 보유한 아이디어에 접근할 수 있도록 해준다는 것입니다. 저는 세상의 모든 사람들에게 매우 높은 생활수준을 제공하기 위해 우리가 알아야 하는 것들을 선진국들은 이미 다 알고 있다고 학생들에게 말하곤 하지요. 문제는 물적 자원의 부족이 아니에요. 사람이나 물질이 부족해서 인도와 중국 사람들이 가난한 것이 아니지요. 북미나 유럽 혹은 일본은 현대 경제에서 사람들이 하고 있는 모든 것들을 하기 위해 필요한 지식과 아이디어를 이미 모두 구비하고 있는 반면, 인도나 중국은 그런 지식과 아이디어에 접근하지 못하기 때문에 가난한 것입니다. 그들을 부유하게 만들 속임수 같은 방법은 이들 나라에 지식이 흘러들어가도록 하는 것입니다. 이 지식은 대부분 아주 기본적인 것들입니다. 예를 들면, 옷을 공장에서 상점의 선반으로 가져가서 셔츠가 필요한 누군가가 살 수 있도록 하는 분배시스템을 작동시키는 방법 같은 것이지요. 어떻게 음식물이 썩지 않고 적시적소에 배급될 수 있도록 할 수 있을까요? 제조과정에서의 품질관리 시스템을 어떻게 실행할 수 있을까요? 이런 것들은 모두 기본적인 지식이지만, 생활수준을 향상시키는 것들이지요. 적절한 형태의 무역을 허용한다면, 가난한 국가들은 그런 지식의 많은 부분을 활용할 수 있을 겁니다. 특히 다국적기업으로부터의 외국인 직접 투자는 이러한 아이디어에 빨리 접근하는 데 중요한 역할을 합니다.

또 두 번째 문제가 있습니다. OECD 국가 같은 부유한 나라의 경우, 시장이 클수록 새로운 아이디어를 개발할 유인이 더 큽니다. 그래서 규모가 아주 큰 시장에서 자유 무역은 혁신에 대해 더 큰 유인을 제공하며, 이에 따라 기술진보가 더 발생합니다. 이게 사실이 아니라고 생각한다면, 실리콘 밸리에서 제작된 상품이 단지 미국 내에서, 단지 캘리포니아 주 안에서, 단지 산타클라라 카운티 안에서만 판매된다고 하면, 실리콘 밸리에서 기술혁신이 얼마나 발생한 것인가 자문해보시길 바랍니다. 물론 어느 정도는 발생하겠지요. 그렇지만 현재 실제로 발생하는 것보다 훨씬 더 적을 것입니다.

이렇게 무역은 따라잡기에 중요합니다. 무역은 선진국에서 성장을 지속시키는 데도 중요합니다.

| 경제성장이 생활수준을 향상시키는 데 매우 중요하기 때문에, 어쩔 수 없이 정부는 경제성장률에 영향을 주기 위해 노력할 것입니다. 성장에 대해 정부는 어떤 역할을 해야 할까요? 특히 통화정책과 재정정책은 어떤 역할을 해야 할까요?

통화정책은 제가 전에 얘기했던 '출혈 멈추기 대 몸만들기' 논쟁과 약간 비슷합니다. 정부는 필요할 시 쉽게 사용할 수 있는 비상대책을 어느 정도 갖고 있어야 합니다. 그런 비상대책의 대부분은 해를 끼치지 않는 명령에 해당하지요. 정책입안자가 세계대전 사이 기간 동안 시행했던 방식으로 일을 그르치지만 않는다면, 그런 정책은 굉장히 도움이 됩니다. 하지만 지각 있는 통화정책이라도 경제성장이 일어날 기회를 만들어 낼 뿐입니다. 통화정책이 실제로 경제성장을 발생시키지는 않습니다. 재정정책의 경우, 정부는 지출을 감당할 능력이 있어야 하며, 유인을 심각하게 왜곡할 정도의 고율로 소득에 과세하지 말아야 합니다.

중요한 다른 정책들도 있습니다. 그들 중 일부는 법적 틀을 만드는 것과 관련이 있습니다. 미국에 사는 사람들에게 어떤 종류의 제도가 중요할까요? 벤처 캐피탈, 유동적인 자본시장 등, 인텔(Intel) 같은 회사가 설립되고 대기업으로 성장하도록 돕는 모든 것들을 생각해 보십시오. 여기서 정부는 매우 적극적으로 행동할 필요가 없었습니다. 단지 벤처캐피탈, 신규발행 주식시장 등을 허용하는 경제구조를 제대로 자리 잡게 해야 했을 뿐이지요. 이를 넘어서는, 인적 자본과 관련된 대책들이 있습니다. 여기에는 정부가 할 역할이 있습니다. 지난 한 세기 동안 미국에서 설립된 현대적인 대학제도는 훈련과 실제 문제 해결에 많은 초점을 맞춘 제도입니다. 대학은 정부로부터 보조금을 지급받고 있지요. 제가 앞에서 말했듯이, 인적자본에 대한 장려금 지급은 생산기술 변화에 대해 간접적으로 장려금을 지급하는 아주 중요한 방법입니다. 현대적 대학은 정부가 지원할 수 있는 종류의 제도의 한 예입니다.

한 가지 주의사항이 있습니다. 사람들이 정부에게 할당하려하는 직접적 역할 중 많은 부분이 실제로는 정당화되지 않는 역할이라는 것이지요. 많은 사람들이 내생적 성장이론을 그들이 선호하는 정부 개입을 무조건적으로 허용하는 도장으로 알고 있지만, 정부 개입의 형태 중 많은 것들은 잘못된 것들입니다. 예를 들면, 사회간접자본에 관한 토론 중 많은 부분은 완전히 틀린 것들입니다. 사회간접자본은 대부분 전통적인 물적 재화이기에 다른 물적 재화가 공급되는 방식과 동일하게 공급되어야 합니다. 즉, 시장유인과 강한 소유권과 함께 공급되어야 하지요. 그렇다면 사회간접자본의 공급을 사유화하는 방향이 정책이 나아가야 할 정확한 방향입니다. 사회간접자본의 공급에서 정부 개입은 대폭 줄여야 합니다. 이 부분이 제가 몇몇 극단적인 개입주의자들과 의견이 불일치하는 점입니다. 의견이 다른 또 한 가지로, 정부가 특정 연구 프로그램에 장려금을 직접 지급하여 특정한 아이디어를 생산해야 한다는 것이 있습니다. 이런 메커니즘과, 인적자본에 장려금을 지급해서 시장 메커니즘이 인적 자본이 움직이는 방향과 개발되는 아이디어의 종류를 결정하는 메커니즘을 비교하면, 인적자본에 기초한 접근이 훨씬 잘 작동합니다. 몇몇 기업을 선택해서 그들에게 자금을 지급하는 것은 분명히 문제가 있습니다. 관료들이 어떤 프로젝트를 지원할 지 결정해야 할 때, 그 모든 분산된 정보에 어떻게 접근할 수 있겠습니까? 어떻게 지대추구(rent seeking)와 지역구 우선 정치(pork barrel politics)가 배분 과정을 지배하지 않도록 할 수 있을까요?

| 무시 못할 인플레이션율을 피하기 위한 세노를 구상하기 위해 많은 연구들이 행해졌습니다. 그러나 인플레이션율과 경제성장 사이의 관계는 분명한 것과는 거리가 멉니다. 특히 낮은 인플레이션율에서는 더욱 그렇습니다. 이 문제에 관련한 실증자료들을 교수님은 어떻게 이해하고 있는지요?

인플레이션은 다소 위험하며 비선형 관계를 갖는 것처럼 생각됩니다. 그래서 인플레이션율이 높을수록 더욱 위험할 것입니다.

| 인플레이션율이 높으면 그 변동성도 더 크기 때문일까요?

적어도 부분적으로는 그렇습니다. 인플레이션으로 인한 피해는 인플레이션율의 수준이나 변동성의 증가보다 더 크게 증가합니다. 기본적으로 성장과 인플레이션 사이에는 상충관계가 없습니다. 따라서 성장 관점에서 매우 낮은 인플레이션율을 목표로 하지 않을 이유가 없지요. 가장 좋은 경우는 인플레이션이 매우 낮은 수준에 있는 경우입니다. 따라서 장기 성장 관점에서 어느 정도의 이익을 얻을 수 있다는 이유로 가령 10%의 인플레이션을 허용할 이유는 없습니다. 성장과 관련해서 할 수 있는 가장 좋은 일을 하려 한다면, 근본적으로 그것이 어떤 것이건 최소의 인플레이션에서 합의가 이루어지도록 목표해야 할 겁니다. 최소 인플레이션율은 현재로는 0%에서 2~3% 사이일 겁니다. 인플레이션율이 2%나 3% 대신 6%로 올라가더라도 그리 해가 되지 않을 수도 있지만, 조금이라도 해가 된다면 왜 그것을 수용하겠습니까?

| 1970년대에 발간된 책 《성장의 한계》(*Limits to Growth*)(Meadows et al., 1972)는 많은 관심을 일으켰습니다. 그때부터 환경운동의 영향이 점점 증가하였습니다. 교수님은 환경에 대한 경제성장의 영향이나 한정된 자원이 성장에 미칠 가능성에 대해 생각해보거나 걱정해 보았는지요? OECD 국가들이 현재 향유하고 있는 생활수준을 나머지 국가들도 환경 파괴 없이 동일하게 즐기기를 기대할 수 있을까요?

환경 문제는 현실적인 문제입니다. 환경 문제는 당연히 가격이 매겨졌어야 할 물리적 대상들에 대해 현재 우리의 제도적 구조가 가격을 매기지 않고 있는 사례입니다. 바다 속 물고기에 가격이 매겨지지 않았을 때, 시장유인은 어부들이 물고기를 남획하도록 합니다. 이 때 가격기구 또는 가격기구와 동일한 효과를 갖는 어떤 규제제도를 제정해야 합니다. 예를 들어, 사람들이 내뿜는 이산화탄소가 대기가 허용하는 용량보다 훨씬 큰 경우 사람들은 큰 문제에 직면할 것입니다. 이 문제를 처리하기 위해 우리가 세계 가격을 설정하거나 규제제도를 이행하는 데 많은 문제를 겪겠지만, 반드시 해야 할 일입니다.

그러나 이 모든 말은 장기적으로 성장에 한계가 있다고 말하는 것과는 매우 다릅니다. 한계에 대해 생각하려면, '100년 전보다 지금 우리의 생활수준이 더 높은지 또는 지금 우리의 소득이 더 많은지를 말하는 것이 무엇을 의미하는가?' 라고 물어봐야 합니다. 그것은 우리가 더 많은 물질, 더 많은 무게의 물질을 갖고 있음을 의미하지 않습니다. 이는 우리가 지구상의 사용가능한 유한한 자원을 좀 더 가치 있게 만드는 방법으로 재배열했음을 의미합니다. 예를 들면, 풍부한 실리콘을 더 가치가 있는 마이크로칩으로 재배열하는 것이지요. 그래서 질문은 '지구상에 존재하는 유한한 자원을 이용하여 사람들이 더 가치 있다고 생각할 방식으로 그것을 재배열할 수 있는 가능성은 얼마나 큰가' 입니다. 여기서 그런 가능성이 사실 무한하다는 것을 강력히 뒷받침할 사례를 제시할 수 있습니다. 상상할 수 있는 대로 먼 미래까지 지속적으로 성장할 수 없다고 생각할 절대적인 이유는 없습니다. 올바른 제도가 시행된다면, 성장 유형은 우리가 예상했던 바와 조금 다른 형태가 될 수도 있습니다. 만약 이산화탄소가 정말 큰 문제로 밝혀지고 우리가 이산화탄소 방출 가격을 올리는 제도를 시행한다면, 차 크기가 작아질 것입니다. 아니면 사람들이 차를 좀 덜 운행할 수도 있고, 가족을 만나기 위해 차를 운전하는 대신 화상 대화에 의지할 수도 있지요. 주요 에너지원으로 재활용 가능한 바이오매스(biomass)나 광전변환공학(光電變換工學, photovoltaics)에 대한 의존도가 더 커질 수도 있고요. 지금 당장 이를 시행할 생산기술은 존재합니다. 그 기술은 전기를 생산하는 방식으로 석유나 석탄을 태우는 것보다 더 비싸지만, 1인당 소득이 지금보다 100년 뒤에 5~10배 더 크다면, 에너지에 조금 더 값을 지불하는 일은 사소한 문제가 될 것입니다.

요점은 우리가 해결해야 할 오염 문제 그리고 그 외 다른 환경 문제가 존재한다는 것입니다. 하지만 이 문제들은 마이크로칩의 처리속도가 더욱 빨라지고, 하드디스크의 저장 밀도가 계속 높아지고, 새로운 의약품들이 등장하고, 새로운 통신기술이 나타나고, 심야배달과 할인 소매 같이 재화를 분배하는 새로운 방법이 나타나는 것에 장애가 되지 않을 것입니다. 이 같은 모든 과정들이 부유한 국가에서 계속될 것이며 가난한 국가로 퍼져나갈 것입니다. 그 과정에서 모두의 생활수준이 높아질 것입니다.

| 영국에 비교하여 독일과 일본의 전후 경제성장 결과를 살펴볼 때, 맨슈어 올슨(Mancur Olson)이 《국가의 부흥과 쇠락》(*The Rise and Decline of Nations*)에서 제시한 주장에 중요한 무엇인가가 있다고 생각하시는지요? 그 책에서 올슨은 영국처럼 오랜 기간 동안 안정적이었던 사회에서는 경제적 효율과 역동성을 저해하는 단체행동 조직이 발달한다고 주장했지요.

그의 추측은 재미있습니다. 그러나 그 추측을 평가하려면 우리가 이전에 생산가능성 대 선호라는 주제에 대해 행했던 논의로 돌아가야 합니다. 올슨이 하려고 했던 것은 사람들이 어떤 생각을 하는가에 대한 이론은 논의 안으로 끌어들이는 것이있습니다. 그렇게 해서 대학, 규제, 지대 추구 등에 관련된 정치적 결정에 영향을 끼치는 정치적 동학을 이해하고자 했던 것이지요. 이런 문제들은 경제발전의 관점에서나 영국 같은 선진국에서의 장기 경제성장 전망의 관점에서나 모두 중요한 문제들입니다. 이런 것들이 중요한 문제이기는 하지만, 이 문제들에 대해 생각할 때는 물리적 세계에 대한 명제와 사람들의 머릿속에서 진행되는 것에 대한 명제를 구별하는 일이 중요합니다. 논의 속에 정치를 끌어들일 때면 언제나 그 구분선을 넘게 됩니다. 그리고 그 때 이 분야에 관해서 우리가 아는 바가 거의 없음을 다시 한 번 상기하는 것이 매우 중요합니다. 올슨의 주장은 몇 가지 경험적 일반화에 근거하고 있습니다. 혁명이나 전쟁 같은 것을 통해 상황이 유연해지고 그에 따라 성장이 급격히 진행되는 역사적 사례들을 연구하는 것이지요. 올슨은 경제성장 둔화의 일반적 과정도 탐구했습니다. 그러나 역사는 그런 종류의 문제를 푸는 데 전적으로 신뢰할 만한 지침이 결코 아닙니다. 관찰된 사례가 그리 많지 않고 현재의 상황은 언제나 과거와 다르기 때문이지요. 저는 올슨 같은 사람들에게 이 분야에서 우리가 모르는 것이 많다는 사실에 정직하라고 언

제나 주의를 줍니다. 물론 경제학자들에게 이런 문제들을 연구해보라고 권장은 하지만요. 물리적 세계가 성장을 위한 엄청난 기회를 제공한다고 말한다고 해서 그것이 곧 우리가 제대로 조직을 해서 우리의 능력대로 신속하게 그 기회를 이용할 것임을 뜻하지는 않습니다.

| 교수님의 스탠퍼드 대학교 동료교수인 모제스 아브라모비츠(Abramovitz, 1986)는 따라잡기 과정에서 그가 '사회적 능력(social capability)'이라 부른 것이 중요하다고 강조했습니다. 국가들의 생산성 수준 차이에 의해 따라잡기 가능성이 만들어지는데, 후발국이 적절한 제도와 기술적 능력을 갖추고 있어야 한다는 것이 그럴 조건이라는 것이지요. 사회적 능력 같은 개념을 실증적으로 사용할 수 있도록 만들 수 있을까요?

사회적 능력은 사회자본(social capital) 같이 모호한 용어들 중의 하나입니다. 이런 용어들은 수학적 모형을 만들 때 반드시 거쳐야 할 그런 종류의 명료화 과정을 통해 많이 좋아질 용어들이지요. 사회적 능력은 이론적 틀의 물리적 기회 측면에 속하는 것일 수 있습니다. 예를 들어 인적자본을 생산기술을 보완하는 주요 투입물이라고 생각할 수 있지요. 물적 자본은 그 자체로 많은 것을 설명하지 못합니다. 토지나 노동은 단독으로 곡물을 생산해 낼 수 없지만 그 둘이 합해지면 그럴 수 있지요. 정확히 이런 식으로, 인적자본은 토지가 노동에 보완적인 것처럼 아이디어나 지식에 보완적인 투입물일 수 있습니다. 세상의 다른 곳에서 물적 자본을 끌어들인다고 해도 그것들과 같이 작동할 인적자본이 없다면 아무런 소용이 없습니다.

사회적 능력을 좀 더 넓은 뜻으로 해석할 수도 있습니다. 시장을 작동하게 하고, 위험 수용적 행위를 권장하며, 부패나 순전히 재량적인 협상에 반대되는 법치를 뒷받침하는 정치적 윤리, 사회적 윤리 혹은 일단의 규범이 국가에 존재하는가를 물어볼 수 있는 것이지요. 사회적 능력을 이 광의의 의미로 해석할 수 있고 여기에는 중요한 논제들이 존재합니다. 그러나 그런 논제를 다룰 때는 사람들의 머릿속에서 진행되고 있는 것에 대해 이론을 만들고 있음을 인지하고 있어야만 합니다.

| 미국을 위시한 선진 산업국에서 생산성 둔화가 존재하는지, 그 원인이 무엇인지, 그리고 그 결과가 무엇인지에 대해 많은 연구와 노력이 가해져 왔습니다. 이런 연구의 결과를 교수님은 개인적으로 어떻게 해석하시나요?

저는 학생들이나 대학 외부의 사람들과 이야기할 때 우리의 무지에 대해 솔직하려고 노력합니다. 경제학자들에게는 자신들이 알고 있는 것보다 더 많은 것을 주장하려는 유혹이 항상 존재하지요. 그러나 두 가지 의미에서 경제학자들은 생산성 둔화에 무슨 일이 일어났는지 알지 못합니다. 첫째, 경제학자들은 기본적인 사실이 어떠한지 확실하게 알고 있지 못합니다. 자료의 질은 우리가 권위를 갖고 이야기하고 시간에 걸쳐 생산성 증가율에 무슨 일이 일어났는지에 대한 질문에 답할 수 있을 정도가 안 됩니다. 둘째, 설사 생산성 둔화가 있었다 하더라도 그 이유를 확신할 수 없습니다. 케빈 머피와 크레이그 리델과 공저한 논문(Murphy et al., 1998)에서 저는 노동시장 자료를 살펴보았지요. 자료에 의하면 기술변화는 지난 30~40년 동안 꽤 빠르지만 꾸준한 속도로 진행되어 왔습니다. 속도가 둔화되거나 증가하지 않았어요. 이 결과를 보면, 성장이 크게 둔화되었음을 시사하는 산출물 자료에 대한 해석에 의문을 갖게 됩니다. 그러나 여기서 제시된 추론들은 모두 임시적이어야만 합니다. 우리는 우리가 무엇을 예상할 수 있는가에 대해 현실적이 되어야만 합니다. 객관적인 수치를 갖게 되면 그에 근거하여 생산성 둔화가 있었다고 결론내릴 것이지만 왜 그런 일이 발생했는지 이유는 결코 완전히 이해하지 못할 수도 있습니다. 저는 내생성장이론이 실제로 관찰되는 모든 사건들을 반드시 정확히 예측하거나 설명할 수 있을 것이라고 주장한 적이 한 번도 없습니다. 경제는 아주 복잡한 괴물이라서, 경제학자의 목표는 미래나 과거의 성장률을 10분의 1 퍼센트 단위 범위까지 추측하는 것이 되어서는 안 됩니다. 이론에 대한 진실된 검사기준은 '그 이론이 경제성장을 촉진할 제도를 구축하는 데 어떤 방향을 지시해 줄 수 있는가' 입니다. '그 이론이 지난 100여 년 동안 영국과 미국의 경제성장 성과에 차이가 나도록 한 것들이 무엇인가를 이해할 수 있게 해 주는가' 이지요. 이론이 그런 방향을 지시해 준다면 성공적인 이론입니다. 그런 이론은 사람들의 삶의 질을 개선할 정책을 디자인할 수 있도록 해 줄 것이고, 이것은 극도로 중요한 공헌이지요.

| 교수님은 경제성장에 관한 연구가 앞으로 어떤 방향으로 나아갈 것이라고, 또 어느 방향으로 나아가야만 할 것이라고 생각하시는지요?

저는 물질적 기회만을 생각하는 것을 넘어 사람들의 머릿속에서 진행되는 것에 대해 생각하는 과정을 수차례에 걸쳐 언급했습니다. 이런 일을 좀 더 체계적으로 한다면 개인과 사회가 경제성장과 관련하여 내리는 선택을 이해하기 시작할 수 있습니다. 저는 인도 같은 나라에서 어떤 정책이 경제성장을 촉진할 것인지는 이미 알려져 있다고 생각합니다. 우리가 더 알아야 할 것은 왜 인도에서의 개인적 의사결정과정과 집단적 의사결정과정이 그런 정책을 실행하는 데 장애가 되는가입니다. 이것이 바로 연구 계획 목록의 다음 항목입니다.

12

결론과 회고

어떤 아이디어건, 그것이 어디에서 기원했는지, 그것이 어떻게 이전 아이디어에서 발전했는지 알지 못하면서, 사람들이 어떻게 그 아이디어를 이해할 수 있는지 나로서는 결코 이해할 수 없다. (…) 다른 분야에서처럼 경제학에서도 훌륭한 이론은 경로 의존적이다. 즉 한 특정한 새 이론이 발생하는 데 기여한 기존의 아이디어 체계를 고려하지 않고 그 새 이론의 발생을 설명하는 것은 불가능하다. 기존의 아이디어 체계가 다른 것이었다면 우리는 이론 발전과정의 꼭대기에서 다른 이론을 발견했을 것이다. 다시 말하면, 경제학의 역사가 없다면 경제학 이론은 허공에서 그냥 떨어지는 것이고, 그것을 우리는 그냥 믿고 집어 들기만 하면 된다. 이론에 대해 판단을 내리고자 할 때는 그 이론이 최초에 어떻게 만들어졌는가를 질문해야 하고, 이 질문은 오직 아이디어의 역사에 의해서만 답해질 수 있다.

(Blaug, 1994)

12.1 서론

이 책에서 우리는 현대거시경제학의 기원, 발전, 그리고 현재 상태를 조명하려고 노력했다. 그러기 위해 우리가 취한 방식은 제3장에서 제9장에 걸쳐 7개의 주요 거시경제학 학파의 근저에 있는 중심 논제와 그 정책적 함의가 역사적 관점에서 보았을 때 어떻게 발전해 왔는가를 논하는 것이었다. 이에 덧붙여 제10장과 제11장에서는 '새 정치거시경제학'과 관련한 주요 발전과 '경제성장'에 관한 연구의 르네상스를 논의했다. 이런 논의를 통해 독자들은 현대거시경제학이 흥미진진하면서도 논쟁거리가 많은 분야임을 알았을 것이다. 이것을 강력하게 증명해 주는 것은 선도적인 경제학자들과 가진 인터뷰에서 그들이 내놓은 답들이 서로 매우 다르다는 사실이다. 이들은 거시경제학 이론과 정책 분야, 그리고 거시경제학 연구의 역사와 방법론에서 끊임없이 변화하는 모습으로 나타나 현재도 진행 중인 논쟁에 커다란 공헌을 한 경제학자들이다. 이 결론의 장은 개별 장에서 상세히 다루어졌던 20세기 거시경제학의 발전을 그 대강의 모습으로 간략히 회고해 보고자 마련되었다.

이 일을 하기 전에 두 명의 유명한 거시경제학자가 취한 접근방식을 비교해 보는 것도 재미있을 것이다. 한 명은 MIT의 경제학 교수인 올리비에 블랑샤르(Olivier Blanchard)이고, 다른 한 명은 컬럼비아 대학의 경제학 교수인 마이클 우드퍼드(Michael Woodford)다. 이들은 모두 20세기 동안에 단기 거시경제학(새 정치거시경제학과 성장이론은 제외)의 발전에 대한 개관 논문을 발간했다.

12.2 20세기 거시경제학의 전개: 진화인가 반복인가?

블랑샤르(Blanchard, 2000)는 그의 개관 논문에서 다음같이 말했다.

> 겉으로 보기에 20세기 거시경제학의 역사는 일련의 논쟁과 혁명과 반혁명의 역사다. 즉 1930년대와 1940년대의 케인즈주의 혁명, 1950년대와 1960년대 통화주의와 케인즈주의 사이의 논쟁, 1970년대의 합리적 기대가설 혁명, 그리고 1980년대 새 케인즈학파와 새고전파 사이의 논쟁이 그것이다.

그러나 블랑샤르는 거시경제학의 진보를 이런 식으로 보는 것은 "잘못된 이미지"고 "놀랍도록 꾸준하게 진행되는 지식의 축적이 옳은 이미지"라고 주장한다. 20세기를 거쳐 진행된 거시경제학의 발전을 개관하면서 블랑샤르는 3개의 시기를 구분한다. 즉

1. 1940년 이전, 탐구의 시기
2. 1940~80년, 확립의 시기
3. 1980년 이후, 새로운 탐구의 시기

1940년 이전에 현재 우리가 단기 거시경제학이라 부르는 연구는 화폐이론과 경기변동이론이라는 "거의 완전히 분리된" 두 개의 분야에 집중되어 있었다. 화폐이론의 경우 지배적이었던 이론은 화폐수량설이었고, 화폐의 단기 비중립성과 장기 중립성에 관련한 이슈들에 집중하였다. 경기변동이론은 "각자 자신만의 풍부한 동학적 성질을 가진 일단의 설명들"로 구성되어 있었다. 이 좋은 예는 하벌러(Haberler, 1937)가 《경제의 번영과 침체》(*Prosperity and Depression*)에서 개관한 케인즈주의 이전의 견해들이다. 블랑샤르에 따르면 케인즈의 《일반이론》의 방법론적 공헌은 이 두 분야의 연구에서 사용된 관련 요소들을 모두 연결시켜 두 분야를 통합시키는 데 "지대한 변화"를 이룩했다는 것이다. 재화시장, 노동시장, 화폐시장 사이의 상호작용을 분석함으로써 케인즈는 이전의 경제학자들에서는 볼 수 없었던 일관적인 분석틀을 제공했다.

1940~80년의 시기를 블랑샤르는 확립의 시기라 부른다. 오랫동안 지속된 이 확립의 시기의 기초는 케인즈의 통합 분석틀과 《일반이론》에 대한 힉스(Hicks, 1937)의 IS-LM 모형이었다. 이 틀은 다른 연구의 기초가 되고 또 확장되었다. 이 시기 동안 발생한 "지속적인 지식의 축적" 가운데는 다음과 같은 것들이 예가 된다.

1. 경제자료의 사용가능성 개선. 예를 들어 국민계정체계를 발전시킨 미드와 스톤(Meade and Stone, 1944)의 연구와 그에 기초한 연구
2. 계량경제학적 방법의 발전과 개선 (Hoover, 1995a, 2001a, 2001b)
3. 소비, 투자, 화폐수요 행위에 대한 좀 더 상세한 모형(소비에 대해서는 Modigliani and Brumberg, 1954; Friedman, 1957; 투자에 대해서는 Jorgenson, 1963; 화폐수요에 대해서는 Baumol, 1952; Tobin, 1958)
4. 실제 경제에 대한 거시계량모형 설정. 예를 들어 클라인과 골드버거(Klein and Goldberger, 1955)
5. 기대를 고려한 필립스 곡선 분석을 거시경제 모형에 통합시키고 그것이 안정화 정책에 갖는 함의를 논의. 예를 들어 프리드먼(Friedman, 1968a)
6. 기대형성에 관한 좀 더 조심스러운 모형. 예를 들어 케이건(Cagan, 1956)과 뮤스(Muth, 1961)
7. 합리적 기대가 정책 변화에 대해 갖는 함의 연구. 예를 들어 루커스(Lucas, 1976)

이 목록이 모든 것을 다 포함하지는 않는다. 단지 이 기간 동안 이루어졌던 수많은 중요한 발전과 획기적 발견들의 예로 든 것이다. 이들 발전의 일부는 노벨경제학상 수상으로 인정을 받았다(Blaug and Vane, 2003; Vane and Mulhearn, 2004). 그러나 블랑샤르가 주장하듯이, 1970년대 말에 이르러 "불완전성에 대한 너무 평범한 취급"은 거시경제학의 "위기"로 나타났고, 이 위기는 처음에는 두 개의 서로 다른 연구 형태로 귀결되었다. 1980년 이후의 새로운 탐구의 시기에 새케인즈파라 불리는 일단의 경제학자들(Gordon, 1990; Mankiw and Romer, 1991)은 재화시장, 노동시장, 신용시장에 존재하는 시장불완전성과 그것이 거시경제학에 갖는 함의에 연구역량을 집중했다. 다른 그룹은 실물경기변동이론가들로 불리는 집단으로(Kydland and Prescott, 1982; Long and Plosser, 1983; Prescott, 1986), 이들은 새고전파의 방법론과 가정들을 받아들이고, 처음에는 경제의 총량 변동을 설명하는 데 화폐적 충격이나 불완전성을 도입하지 않고 균형이론적 방식을 어디까지 끌고 갈 수 있는지를 연구하였다.

이와 대조적으로 우드퍼드(Woodford, 2000)는 그의 개관 논문에서 "20세기 동안 발생한 진보의 정도는 그리 뚜렷하지 않다"고 말하면서, 거시경제학이 "논란거리 투성이라는 것은 잘 알려진 사실"이라고 주장한다. 우드퍼드는 "거시경제학의 20세기 발전에 대한 논의는 혁명과 반혁명을 자주 언급하지 않을 수 없다"고 인정하면서(Klein, 1947; Clower, 1965; Brunner, 1970; Friedman, 1970c; Johnson, 1971; Begg, 1982; Barro, 1984; Tomlinson, 1984; Booth, 1985; Dimand, 1988; Blaug, 1991b), 거시경제학의 발전을 역사적 관점에서 추적한다. 우드퍼드는 거시경제학의 전개를 케인즈의 《일반이론》에서 시작한다. 거시경제학은 케인즈주의 혁명에서 시작하여, 신고전파 종합, 대인플레이션과 케인즈주의 경제학의 위기, 통화주의, 합리적 기대이론

과 새고전파 경제학, 실물경기변동이론, 그리고 마지막으로 새신고전파 종합(new neoclassical synthesis)에 이르렀다는 것이다. 우드퍼드의 역사적 관점에서 볼 때 거시경제학에 대한 경제학자의 사고의 진화는 결코 매끄럽지 않았다.

우리가 이 책에서 취했던 접근방식은 우드퍼드가 취했던 방식에 더 가깝다. 현대거시경제학의 탄생이 케인즈의 《일반이론》의 발간으로 거슬러 올라간다는 주장, 거시경제학이 "본질적으로 20세기의 발전"(Woodford, 2000)이라는 주장, 이 모두에 우리는 동의한다. 실제로 블랑샤르(Blanchard, 2000)는 '거시경제적(macroeconomic)'이라는 용어가 경제학 문헌에 처음 나타난 때는 1941년 발간된 드 울프(De Wolff)의 논문 제목에서였으며, '거시경제학(macroeconomics)'이라는 용어는 1946년에 발간된 클라인의 논문 제목에서 처음 나타났음에 주목한다. 막 발흥하던 케인즈주의 혁명의 기초에 있던 중심 신념은 경제 안정화가 필요하다는 것, 즉 정부가 재량적 재정정책과 통화정책을 사용하여 산출량과 고용을 완전고용수준에서 안정화시킬 수 있고 따라서 그렇게 해야 한다는 견해였다(Modigliani, 1977). 제라드(Gerrard, 1996)에 따르면, 이 이후 현대거시경제학의 전개 과정을 관통하는 하나의 통일된 주제는 "고전학파 대 케인즈학파의 영원한 논쟁"이다. 여기에는 수많은 학파들이 관여했고, 그 학파들은 서로 다른 입장을 대변했다. 그 학파들은 정통파 경제학(정통파 케인즈주의와 정통파 통화주의), 새경제학(새고전파, 실물경기변동이론 학파, 새케인즈파), 급진 경제학(오스트리아 학파와 포스트케인지언 학파) 등으로 분류할 수 있다.

정통파 케인즈주의 경제학의 흥망은 이 경제학이 문제해결에서 얼마나 효력이 있었는가와 밀접히 관련된다. 이 경제학은 심각한 현실 문제, 즉 중요하지 않은 예외로 쉽게 설명되기에는 너무 오랫동안 지속된 대규모 실업이라는 문제를 설득력 있게 설명하는 듯이 보였다. 이에 덧붙여 이 문제를 해결하기 위한 매력적인 정치적 실행 프로그램도 제공했다. 여기에는 심각한 개념적 문제들이 많이 있었다. 예를 들어 급진적인 요소들을 갖고 있었음에도 불구하고 그 설명에 있어 여러 비일관성과 모호함이 존재했다. 그러나 이 문제들은 신고전파 종합 과정 속에서 땅속으로 묻혀버렸다. IS-LM, AD-AS 분석틀 안에서 고전학파의 사고와 케인즈주의의 사고를 종합한 신고전파 종합은 1970년대 이전의 합의를 대표했으며, 교과서와 학계에서의 논의 모두에서 거시적 분석의 표준적인 접근법이었다.

정통파 케인즈주의 경제학이 붕괴된 것은 1970년대의 스태그플레이션이라는 새로운 현실적 문제를 제대로 다루지 못했다는 사실에 커다란 부분 기인한다. 케인즈주의 경제학이 갖고 있던 "교육적 힘"은 개념적으로 "맥이 사라져버렸고" "양분이 말라버렸다"(Leijonhufvud, 1968). 클라메르(Klamer, 1984)가 인정하듯이 케인즈주의 경제학에게 "70년대는 후퇴와 방어 그리고 절망의 10년이었다." 거시경제학에서 합의가 이루어졌던 기간 동안 경제학자들 간에 분열은 자연히 그 강도가 약해졌고 문헌상에서도 분열의 모습은 그리 강하게 나타나지 않았다. 그러나 케인즈주의와 경제적 실증주의가 갖고 있던 본질적인 결함과 현실에서의 실패는 1960년대 말과 1970년대 초에 뚜렷이 나타났고, 그 결과 그 때까지의 정통 경제학의 많은 부분이 붕괴되었지만 그것을 대체할 새로운 지배적 접근법은 아직 나타나지 않았다. 서로 대항하는 거시경제적 설명들 간의 경쟁은 합의의 기간 동안 물밑에 있었지만 계속되고 있었다. 이제 그 경쟁은 좀 더 눈에 띄게 나타나기 시작했다. 오스트리아 학파처럼 전통적인 형태로나 통화주의, 새고전파, 실물경기변동 접근법들처럼 새로운 형태로 '과거의 경제학'이 부활하였다. 이를 통해 정통파 케인즈주의 경제학이라는 '새로운 경제학'은 그 기반이 약화되었고, 이런 상황은 다시 새케인즈파의 발전을 독려했다. 케인즈의 《일반이론》을 급진적으로 해석하는 포스트케인지언 학파 또한 거시경제 체계의 작동방식에 대해 대안적인 시각을 지속적으로 제시하고 있다.

케인즈주의를 첫 번째로 반박한 것은 항상 잠재적 대항마로 있던 통화주의였다. 통화주의는 스태그플레이션이라는 경험적 이상 현상을 좀 더 일관적으로 설명할 수 있었다. 이미 우리가 논의했듯이, 정통파 통화주의에서는(또 새고전파 경제학에서도) 안정화 정책이 필요 없다. 정책당국은 적극적인 총수요 관리정책을 사용하여 산출과 고용을 안정시킬 수 없고, 따라서 안정시키려고 해서도 안 된다. 그러나 통화주의도 얼마동안 융성의 시기를 거친 후에는 나름대로의 문제들에 직면하게 되었다. 그 중에서도 중요한 문제는, 제4장 초반에서 논의했듯이, 미국과 다른 국가에서 1980년대에 장기적 화폐유통속도가 급격히 하락했던 사실이었다. 1980년대 초에 안정적인 화폐수요함수가 붕괴된 사실은 통화주의의 기반을 심각하게 훼손했다. 1970년대 초반에는 두 번째의 역혁명이 발생했다. 그 주체는 새고전파 경제학으로, 이 학파는 전통적인 케인즈주의적 총수요 관리정책이 경제를 안정시킬 수 있는가라는 문제에 대해 의구심을 더하게 만들었다. 비록 새고전파 거시경제학이 통화주의 접근법에서 발전된 것이기는 하지만, 실제로 새고전파 경제학은 정통 케인즈주의는 물론 정통 통화주의도 지속적으로 비판했다. 이미 보았듯이, 재량적 정책 적극주의에 반대하고 그 대신 준칙을 선호하는 새고전파의 입장은 정통파 통화주의자들이 제시한 것과는 다른 주장들, 즉 주로 정책 비실효성 명제, 루커스 비판, 시간 비일관성 논의에 근거하고 있다.

새고전파 거시경제학은 중요한 개념적 발전을 이루었는데, 합리적 기대 혁명의 내용을 풍요롭게 한 것과 총공급의 역할을 강조한 것이 그것이다. 그 결과 합리적 기대가설은 이후 거시경제학의 주류에 널리 통합되었다. 그러나 시간이 지남에 따라 새고전파 거시경제학의 개념적, 실증적, 정책적 결함에 대해 점점 많은 중요한 비판이 가해졌다. 새고전파 경제학의 실증분석은 최선의 경우라 할지라도 결과가 혼합적이고 결론이 분명하지 않았다. 초기의 주장과는 달리 예상되지 않은 정책과 예상된 정책 변화 모두 산출과 고용에 영향을 주는 것으로 밝혀졌다. 다수의 경제에서는 인플레이션 감소정책이 공표되었더라도 실질비용을 치루어야 했다. 새고전파 경제학은 분명히 거시경제학에 커다란 족적을 남겼다. 실물경기변동이론과 새케인즈파 경제학 모두 로버트 루커스 외 뛰어난 새고전파 경제학자들이 제기한 문제들에 대한 반응이었다.

1980년대에 실물경기변동모형과 새케인즈파 모형으로 거시경제학에 상당한 간극이 발생했다. 실물경기변동모형은 가격 유연성에 근거한 경쟁균형을 주장하였고, 새케인즈파 모형은 가격 경직성에 근거해서 화폐적 영향이 단기에서 실물변수들의 경로를 설명하는 데 중심적이라 생각했다. 실물경기변동 접근법은 안정화 정책이 필요하지 않다고 주장한다. 또 화폐적 요소는 그런 변동을 설명하는 데 관계가 없으므로 통화정책은 단기에서조차도 산출과 고용에 영향을 끼치기 위해 사용될 수 없다. 이런 상황에서 정부는 산출과 고용의 변동을 줄이려고 시도해서는 안 된다. 그런 변동은 생산함수에 발생한 충격에 대한 파레토 효율적인 반응이기 때문이다. 반면 새케인즈파는 자본주의 경제가 경제의 수요 측면과 공급 측면에서 모두 충격을 받을 수 있으며 바로 이 충격들 때문에 산출과 고용에 있어 비효율적인 변동이 발생하므로 안정화 정책이 필요하다고 주장한다. 또 정부가 거시경제적 성과를 이룰 수 있으므로 정부는 안정화 정책을 추구해야만 한다. 새케인즈파 안에서는 정책의 준칙성과 재량성에 관한 논란에 통일된 견해가 존재하지 않는다. 그렇지만 새케인즈파는 경제의 '세부조정'을 주장하지 않는다. 그 대신 산출과 고용이 자연율 수준에서 멀리 떨어질 경우 '대략적 조정'을 주장한다. 현재 새케인즈파의 입장을 가장 잘 대변하는 것은 적극주의자적 준칙의 형태를 가진 제약적인 재량성, 예를 들어 유연한 테일러 준칙에 대한 주장이다.

곁가지로 말하지만, 흥미로운 사실은 새케인즈 경제학이 새통화주의로 불릴 수도 있었다는 것이다(Mankiw and Romer, 1991). 새케인즈파 경제학은 통화주의와 새고전파 거시경제학의 기초를 종합하고 있기 때문이다. 예를 들어 새케인즈 학파는 통화주의와 새고전파의 역혁명에서 타당하다고 생각되는 요소들, 특히 자연율 가설과 합리적 기대 가설을 흡수했다. 그러나 새고전파 거시경제학의 도전에 대한 반응으로 새케인즈 학파는 임금과 가격의 경직성 때문에 왜 시장이 청산되지 못하느냐에 대해 엄격한 미시적 기초를 제공했다. 그렇게 함으로써 그들은 비자발적 실업을 균형현상으로 설명하고 경제를 안정시키기 위한 간섭주의적 정책을 정당화할 수 있었다.

또 오스트리아 학파 같은 비주류적 설명이 다시 살아나고 포스트케인지언 학파가 케인즈의 근본 사상을 구조한 것도 정통파 케인즈주의가 붕괴했기 때문이다.

제4~9장까지 우리는 케인즈주의 정통이 와해되면서 거시경제학에서 발생한 이견들의 본질과 정도를 살펴보았다. 수십년 동안 거시경제학자들은 주로 입장의 유사성 보다는 차이점을 강조해 왔다. 많은 경우 경제학자들은 학문적인 분야에서는 자신들의 학문적 결과를 다른 결과와 차별화하고 공적인 분야에서는 정책 조언에 대해 기꺼이 갈등을 노정하는 데 더 관심이 있었다. 요컨대 자신들이 유일한 정체성을 갖고 있음을 강조하려는 경향이 있었고, 바로 이것 때문에 입장의 다양성과 편가르기가 발생했다.

〈표 12.1〉은 제3~9장까지 살펴본 거시경제학 사조들이 갖는 중요한 특징들을 보여준다. 거시경제학의 주류적 발전은 위에서 아래로, 즉 정통파 케인즈주의에서 새케인즈 학파로 이어진다. 오스트리아 학파와 포스트케인지언 접근법은 가장 중요한 비주류적 접근법들이다. 이 표를 읽을 때 염두에 둬야 할 사항이 두 개 있다. 첫째, 열거된 각 학파 안에서도 서로 다른 의견과 강조점들이 있다는 것이다. 표는 단지 특정 이슈들에 대해 가장 공통적으로 제시되는 견해를 보여줄 뿐이다. 둘째, 표를 자세히 살펴보면 알 수 있듯이, 여러 이슈에 있어 서로 다른 학파들 사이에 상당히 중첩되는 부분이 있다는 것이다. 이 사실이 뜻하는 바는, 현실에 있어서는 많은 이슈에 있어 학파들 간의

▶ 표 12.1 거시경제학에서 합의점과 비합의점

거시경제학 학파	경제 불안정성의 주원인	기대	가격/임금 조정	시장 조정	균형 개념	주 분석기간	준칙 대 재량
정통파 케인즈주의	자율적 지출의 변동	적응적	명목임금 경직성을 강조	약함	주로 완전고용 이하에서 정지 상태	단기	재량
정통 통화주의	화폐적 교란	적응적	유연	강함	자연율에서 시장청산	단기와 장기	준칙
새고전파	화폐적 교란	합리적	완전히 유연	매우 강함	자연율에서 시장청산	장기 = 단기	준칙
실물경기 변동이론	공급충격 (주로 기술적)	합리적	완전히 유연	매우 강함	동적 자연율에서 시장청산	장기 = 단기	준칙
새케인즈파	공급충격, 수요충격(절충적)	합리적	가격 경직성을 강조	느림	비자발적 실업과 모순되지 않음	주로 단기	제약적 재량
오스트리아	화폐적 교란	순리적	유연	강함	경향적	단기와 장기	준칙
포스트 케인지언	자율적 지출의 변동	순리적	경직적	매우 약함	주로 완전고용 이하에서 정지 상태	단기	재량

구분선이 점점 더 모호해지고 있다는 것이다. 시간이 지난 후 뒤돌아보면, 학파들 간의 차이가 과장된 적이 많이 있었음을 알 수 있다. 예를 들어 통화정책의 전달경로에 관한 토빈과 프리드먼의 논쟁을 보자. 이 논쟁에 관한 논평에서 스탠리 피셔(Fischer, 1994)는 다음과 같이 말한다.

> 전달경로에 관해 프리드먼과 토빈이 말한 것을 읽어보라. 그러나 누가 어느 것을 썼는지 알 수 없을 것이다. 나는 이것을 다음의 유비로 설명하겠다. 어린애였을 때 나는 저 쪽 길에서 오고 있는 차들이 어떤 차들인지 구별할 수 있었다. 그 때, 예를 들어 시보레(Chevrolet) 자동차와 포드(Ford) 자동차 사이의 차이는 어마어마했다. 그러나 지금 중고차를 보면 나는 그것이 1950년대의 차라는 것을 알지만 그것이 시보레인지 포드인지는 전혀 알지 못한다. 왜냐하면 현실적으로 그 둘은 똑같이 보이기 때문이다. 이 의미에서 토빈과 프리드먼이 사용한 방법과 모형, 그리고 그들이 다루었던 문제들은 매우 비슷했다.

10년 전에 발간된 책 《현대거시경제학 입문》(*A Modern Guide to Macroeconomics*)(Snowdon, Vane and Wynarczyk, 1994)에서 우리는 이렇게 말했었다. "현재 이 순간에 거시경제학에는 정통파 케인즈주의 하에서 있었던 정도의 합의가 없다. 현재의 가시권에서는 새롭게 떠오르는 분명한 합의가 없는 듯하다. 그러나 앞으로, 어쩌면 서로 완연히 다른 학파들을 종합하는 일이 일어난다 하더라도 그것은 전혀 놀라운 일이 아닐 것이다." 마빈 굿프렌드와 로버트 킹(Goodfriend and King, 1997)에 의하면 최근의 지적인 흐름은 현대거시경제학을 '새 신고전파 종합(New Neoclassical Synthesis)'으로 이끌고 있다. 이 새 종합은 "케인즈적 요소와 고전파적 요소를 결합한다는 점에서 이전의 종합이 가졌던 정신을 계승한다." 이 점은 새 종합이 포함하는 주요 요소들, 즉 시제적 최적화, 합리적 기대, 상품시장, 노동시장, 신용시장에서 불완전 경쟁, 명목변수 경직성과 가격조정 비용 등의 요소들을 보면 알 수 있다. 굿프렌드와 킹은 그들의 분석을 다음과 같이 결론짓는다. 새 신고전파 종합은 통화정책의 역할에 대해 몇 개의 중요한 결론을 제시한다. 첫째, 통화정책은 단기에서 실물에 영향을 끼친다. 둘째, 인플레이션과 실물적 경제활동 사이에 장기적인 상충관계는 거의 없다. 셋째, 인플레이션은 비용을 발생시키며, 인플레이션을 제거하는 일은 중요한 일이다. 넷째, 정책 행위의 신뢰성은 통화정책 결과에 중요한 영향을 끼친다. 굿프렌드와 킹은 이런 결론들이 지향하는 바는 인플레이션 목표가 명목기준지표가 되는, 준칙에 기초한 통화정책의 틀이라고 주장한다.

12.3 주요 거시경제적 문제들에 대해 합의가 존재하는가?

우리의 논의는 현대거시경제학의 전개에서 존재했고 존재하는 주요한 추세들을 강조했으며, 따라서 불가피하게 논쟁과 불합의가 있었던 분야에 초점을 맞추었다. 그러나 다수의 주요한 거시경제학 문제에 있어 합의가 전혀 없다고 생각한다면 그것은 잘못된 일이다. 이 마지막 절에서 우리는 현재 비록 만장일치는 아니지만 그래도 대다수가 동의하고 있는 듯이 보이는 6개의 주요 분야를 요약하겠다.

1. 실질 국내총생산의 추세는 주로 공급측 요소들에 의해 결정된다. 장기에 실질 국내총생산의 성장은 요소 투입물의 공급 증가와 생산기술상태의 개선에 좌우된다(Solow, 1997). 정부는 경제성장에 영향을 끼치기 위해 여러 정책, 예를 들어 교육과 훈련, 자본형성, 연구발전의 촉진 같은 정책을 실행할 수 있다. 그러나 경제의 생산능력을 증가시키는 가장 좋은 방법이 무엇인지, 그리고 경제성장을 촉진시키기 위해 정부가 할 수 있고 해야만 하는 역할이 무엇인지에 대해서는 계속적으로 논란이 있다. 경제학자들도 이제는 경제성장을 결정하는 좀 더 근원적인 요소들에 관한 연구가 중요하다는 것과 맬더스의 시기와 현대의 경제성장 시기의 경제성장을 모두 설명할 성장이론이 필요하다는 것을 이전보다 훨씬 더 많이 느끼고 있다.
2. 실질 국내총생산은 상승하는 장기 추세선을 중심으로 등락하며, 실질 국내총생산의 단기 변동은 주로 총수요 충격에 의해 발생한다. 앞에서 보았듯이, 프레스컷 같은 실물경기변동 이론가들은 이런 일반적 견해를 비판한다. 그들의 주장에 따르면, 실질 국내총생산의 변동은 주로 지속적인 공급측 충격에 의해 발생하며, 매끄러운 비확률적 추세선을 산출량이 벗어나는 것이 아니라, 실질 국내총생산의 변동 그 자체가 자연산출량의 변동이다. 총수요의 변화가 실질 산출량에 영향을 끼칠 수 있는 이유는 명목변수의 경직성과 관련된다. 거시경제학자들은 또 정부가 경제의 불안정성의 원인인가 아닌가의 여부, 그리고 경제활동의 단기적 변동을 완화시키기 위해 정부가 어떤 정책을 실행할 수 있고 해야만 하는가에 대해서도 논란을 벌이고 있다. 경기변동의 주원인을 알아내기 위해서 총수요 충격의 여러 근원들이 강조된다. 거기에는 자율적 지출의 변동(예: 케인즈주의와 포스트케인즈주의), 화폐적 충격(예: 통화주의자, 새고전파, 오스트리아 학파), 거시정책에 대한 정치적 왜곡(예: 정치적 경기변동이론) 등이 포함된다. 흥미롭게도 대공황 시기의 경험과 비교해 볼 때 제2차 세계대전 이후 기간의 실질 국내총생산 변동은 상대적으로 그 폭이 작았다. 중요한 예외가 있다면 그것은 부정적인 두 번의 OPEC 석유가격(공급)충격에 이은 시기와 1980년대 미국과 유럽에서 발생한 디스인플레이션 시기다. 솔로(Solow, 1997)가 말하듯이, "추세선을 중심으로 한 변동은 상당히 좁은 복도를 따라 갇혔다".
3. 정책당국은 인플레이션과 실업 사이의 단기적 상충관계에 직면하지만, 장기에 그 상충관계는 사라진다. 블라인더(Blinder, 1997a)가 주장하듯이, 기대를 고려한 필립스 곡선은 "현실과 상당히 잘 맞으며" '오컨의 법칙(Okun' s Law)' 과 함께 "견고한 실증적 관계"를 대표한다. 단기에 정책당국이 확장적 총수요정책을 사용하여 자연율 이하로 실업을 감소시킬 수 있다는 점은 널리 인정되고 있다. 실업의 감소에는 단기적인 상충관계가 존재하는데, 바로 인플레이션이 증가하기 때문이다. 반대로 인플레이션을 감소시키는 수축적 총수요정책은 실업의 증가라는 상충관계에 직면한다. 그러나 장기에는 인플레이션과 실업 사이에 상충관계가 존재하지 않는다. 여기서 따라 나오는 명제는 장기에 정책당국이 자연실업률을 변화시키지 않고서도 인플레이션을 낮출 수 있다는 것, 그리고 자연실업률이 총수요 수준에 독립적이므

로 자연실업률을 낮추기 위해서는 노동시장의 구조와 작동을 개선하는 미시적(총공급 관리) 정책을 실행해야 한다는 것이다. 일부 뉴케인즈파 학자들은 이 일반적 견해에 한 중요한 유보사항을 첨가한다. 즉 실제의 실업률이 오랜 기간 동안 자연율을 상회하는 상황에서는 자연율(새케인즈 학파는 이것을 NAIRU라 부르기를 선호한다)이 이력효과(hysteresis effects)에 의해 증가하는 경향을 보인다는 것이다. 환언하면 일부 새케인즈파 학자들은 자연율(혹은 NAIRU)이 총수요 수준에 의해 영향받을 수 있다고 주장한다(Blanchard, 1997b).

4. 장기에 화폐공급의 성장률은 인플레이션율을 결정한다. 프리드먼은 지속적인 인플레이션이 화폐적 현상이며 통화정책의 주목적은 낮고 안정적인 인플레이션율을 추구하는 것이어야 한다고, 경제학자들과 정책입안자들 대부분을 설득시켰다. 실제로 현재 많은 국가에서는 장기 인플레이션 목표제가 시행되고 있다. 여기서 통화정책은 거시경제적 안정을 성취하기 위해 총수요의 성장을 안정적으로 유지하는 방향으로 실행된다.

5. 1950년대와 1960년대 초기에 지배적이었던 케인즈주의 견해와는 대조적으로, 이제는 정부가 재량적 총수요정책을 사용하여 산출과 고용을 완전고용 수준 혹은 자연율 수준에(혹은 그 가까이에) 유지하기 위해 경제를 '미세 조정' 하려고 해서는 안 된다는 견해가 널리 받아들여지고 있다. 적극적인 재량적 재정정책은 아무리 좋게 보아도 그 안정화 잠재력이 제한되어 있고, 재정정책의 안정화 역할은 자동적 안정장치 안에 이미 체화되어 있다는 견해는 이제 많은 경제학자들이 인정한다. 더 나아가 안정화 정책의 주요 도구로서 재정정책보다는 통화정책으로 초점이 눈에 띄게 옮겨졌다. 준칙 대 재량에 관한 현대의 논쟁은 유연한 테일러형 준칙의 주장자와 대략적 조정을 선호하는 사람들 간의 논쟁이다. 통화정책에 관해서 이제 k% 통화량 증가 준칙이라는 프리드먼의 강성 통화주의적 요구를 주장하는 사람은 거의 없다. 단기에 통화정책이 실물 효과를 발생시킨다는 것도 실증적으로 증명되었다. 따라서 "통화정책이 경기변동에 영향력이 없다는 고전적 케인즈주의와 원래의 실물경기변동 이론의 입장은 이제 땅에 묻혀 버렸다"(Eichenbaum, 1997).

6. 다시 말하지만, 안정화 문제는 1950년대와 1960년대에 통제이론(control-theory)적 문제로 여겨졌던 반면, 이제는 게임이론적 문제로 간주된다. 정책당국이 채택한 정책이 사람들의 기대와 행동에 영향을 끼친다는 생각은 이제 널리 받아들여지고 있다. 마찬가지로, 정책의 신뢰성과 신뢰받을만한 정책을 실행하기 위한 제도의 기획이 중요하다는 생각도 많은 사람들이 인정한다. 그 한 증거는 바로 중앙은행의 독립성 문제와 관련하여 세간의 관심이 증폭하고 있다는 사실이다. 더 나아가 정책이 신뢰받는 것인 경우 디스인플레이션이 단기에 발생시키는 산출과 고용의 비용이 그렇지 않은 경우보다 더 적다는 것도 많은 경제학자들이 인정하는 바이다. 테일러(Taylor, 1997b)가 자신의 실용적 거시경제학의 핵심부에 합리적 기대가설을 포함시키는 반면, 솔로(Solow, 1997)는 아직도 그에 대해 회의적이다.

요약하면, "정책입안자에게 좋은 소식이 있다. 그것은 사용가능한 거시경제학의 핵심이 실제로 존재한다는 것이다. 거시경제학 연구자에게도 좋은 소식이 있다. 그것은 아직도 해야 할 일이 산적해 있다는 것이다"(Blanchard, 1997b).

거시경제학의 미래 향방에 대해서는 두 개의 길이 눈에 선뜻 띤다. 첫째, 실물경기변동 모형은 주류 경제학에 더 많이 통합될 것이다(Danthine, 1997). 최근에 많은 실물경기변동 모형이 명목변수 경직성을 도입하여 화폐가 산출과 고용에 끼치는 단기적 영향을 허용하고 있다. 둘째, 새성장이론과 그 실증분석, 특히 좀 더 근원적인 성장결정요소들에 대해 최근에 시작된 연구에 대한 관심이 지속될 것이다(Temple, 1999; Rodrik, 2003). 경제성장분석의 부흥은 경제성장과정을 좀 더 잘 이해하게 해 줄 것이고, 그를 통해 장기적인 성장률과 생활수준을 크게 향상시킬 정책을 디자인하는 데 커다란 도움을 줄 통찰들이 제공될 것이다. 특히 경제사, 발전경제학, 새정치경제학, 현대성장이론 등에서 제시되는 여러 중요한 아이디어들을 통합하는 연구는 경제성장과정에 대해 중요한 새로운 통찰을 제공할 것이다(Galor and Weil, 2000; Acemoglu and Robinson, 2003).

데이비드 로머(Romer, 2003)는 많은 경우 후생을 감소시키는 비효율적 정책이 채택되는 이유는 개인과 정책입안자들이 경제의 작동에 대해 편향되거나 비합리적인 신념('오인(misconception)')을 갖고 있기 때문이라고 주장한다. 따라서 경제학자들은 중요한 정책 결정에 관여하는 개인들이 경제학자들의 주요 연구결과를 최소한도라도 알고 있게끔 해야 한다. 거꾸로, 경제학자들도 서로 다른 이해관계 속에 있는 개인과 단체들 사이에 전략적 상호작용이 존재하기 때문에 정책입안과정이 왜곡될 수 있음을 진지하게 받아들여야 한다.

이 책에서 우리는 거시경제학의 발전에 대해 폭넓게 살펴보았다. 여기서 우리가 보인 것은, 거시경제정책의 목표는 거의 변하지 않았지만 경제의 작동에 대한 정책입안자의 견해에는 커다란 변화가 있었고 그에 따라 거시경제정책의 실행에도 많은 변화가 있었다는 것이다. 이런 변화는 대개 경제학자들의 연구를 통해 경제에 대한 이해가 증진된 결과다. 인플레이션과 실업 사이의 필립스 곡선 상충관계에 대한 경제학자들의 견해가 어떻게 변화했는가가 좋은 예가 될 것이다. 여기서는 경제이론과 실증자료의 발전이 총수요 확장을 통해 저실업 목표를 달성할 수 있을 가능성과 지속성에 대한 정책입안자의 생각을 어떻게 변화시켰는가를 볼 수 있다(Romer and Romer, 2002, 2004). 또 다른 좋은 예는 잉글랜드 은행에 좀 더 큰 독립성을 부여하기로 한 1997년 5월의 결정이다. 이런 움직임의 직접적인 근원은 경제학자들의 연구 결과에 있다.

그러나 거시경제학적 분석에 많은 진전이 있었지만 현재의 지식은 언제나 불완전한 것으로 남아 있을 것이다. 앨런 그린스펀(Greenspan, 2004)은 다음처럼 말했다.

> 우리가 주요한 거시경제적 관계로 판단하는 것들을 아무리 광범위하게 파악하고 정량화시키더라도, 수많은 중요한 연관관계에 대한 우리의 현재 지식은 완전함과는 거리가 멀고 앞으로도 모든 가능성을 고려하더라도 그럴 것이다. 모형은 그것이 개념적으로나 실증적으로 아무리 상세하고 잘 구성되어 있더라도 우리가 매일매일 경험하는 복잡다단한 현실을 매우 간단하게 표현한 것에 불과하다.

거시경제학에서 다음에 발생할 중요한 발전이 무엇인지는 실제로 봐야만 알 수 있을 것이다. 그러나 거시경제학이 진화와 변혁(또는, 진화 혹은 변혁)의 과정을 통해 변화하고 진전해 갈 것이라는 점은 분명하다. 거시경제학의 미래 향방에 관련하여 우리가 확신할 수 있는 것이 한 가지가 있다면, 그것은 거시경제학이 과거에 그랬던 것처럼 앞으로도 우리를 계속 놀라게 할 것이라는 것이다. 루커스는 우리와의 인터뷰에서 다음같이 말했다.

> 어떤 문제에 대해 거시경제적 합의가 이루어지면(예를 들어 인플레이션의 화폐적 기원에 대해 합의가 이루어졌듯이), 그 문제는 학문적 토론의 무대를 떠나버리고 경제학자들은 다른 것에 관해 토론한다. 전문적 경제학자는 기본적으로 학자이지 정책관리자가 아니다. 경제학자들의 책임은 새로운 영역, 따라서 필연적으로 논쟁거리가 되는 영역으로 연구를 확장시켜 새로운 지식을 창출해내는 것이다. 한 특정 문제에 대해서는 합의가 도출될 수 있으나, 연구 분야 전체에 대한 합의는 곧 연구의 정체, 연구의 무관성, 그리고 연구의 사망과 같은 것이다.

참고 문헌

Titles marked with an asterisk are particularly recommended for student reading.

*Abel, A.B. and Bernanke, B.S. (2001), *Macroeconomics*, 4th edn, New York: Addison-Wesley.

Abraham, K.G. and Haltiwanger, J.C. (1995), 'Real Wages and the Business Cycle', *Journal of Economic Literature*, September.

Abramovitz, M. (1956), 'Resource and Output Trends in the US Since 1870', *American Economic Review*, May.

*Abramovitz, M. (1986), 'Catching Up, Forging Ahead, and Falling Behind', *Journal of Economic History*, June.

Abramovitz, M. (1989), *Thinking About Economic Growth*, Cambridge: Cambridge University Press.

Abramovitz, M. (1990), 'The Catch-Up Factor in Post-War Economic Growth', *Economic Inquiry*, January.

Abramovitz, M. (1993), 'The Search for the Sources of Growth: Areas of Ignorance, Old and New', *Journal of Economic History*, June.

Abramovitz, M. (1999), 'What Economists Don't Know About Growth', *Challenge*, January/February.

*Abramovitz, M. and David, P. (1996), 'Convergence and Deferred Catch-Up: Productivity Leadership and the Waning of American Exceptionalism', in R. Landau, T. Taylor and G. Wright (eds), *The Mosaic of Economic Growth*, Stanford: Stanford University Press.

*Acemoglu, D. (2003a), 'A Historical Approach to Assessing the Role of Institutions in Economic Development', *Finance and Development*, June.

Acemoglu, D. (2003b), 'Why Not a Political Coase Theorem?', *Journal of Comparative Economics*, December.

Acemoglu, D. and Johnson, S. (2003), 'Unbundling Institutions', NBER Working Paper, No. 9934, September.

Acemoglu, D. and Robinson, J.A. (2000a), 'Political Losers as a Barrier to Development', *American Economic Review*, May.

Acemoglu, D. and Robinson, J.A. (2000b), 'Why Did the West Extend the Franchise? Democracy, Inequality and Growth in Historical Perspective', *Quarterly Journal of Economics*, November.

Acemoglu, D. and Robinson, J.A. (2000c), 'Democratisation or Repression?', *European Economic Review*, May.

Acemoglu, D. and Robinson, J.A. (2001), 'A Theory of Political Transitions', *American Economic Review*, March.

Acemoglu, D. and Robinson, J.A. (2003), 'Economic Backwardness in Political Perspective', NBER Working Paper, No. 8831, March.

Acemoglu, D. and Robinson, J.A. (2005), *Economic Origins of Dictatorship and Democracy* (forthcoming).

*Acemoglu, D., Johnson, S. and Robinson, J.A. (2001), 'The Colonial Origins of Comparative Development: An Empirical Investigation', *American Economic Review*, September.

*Acemoglu, D., Johnson. S. and Robinson, J.A. (2002a), 'Reversal of Fortune: Geography and Institutions in the Making of the Modern World Income Distribution', *Quarterly Journal of Economics*, November.

Acemoglu, D., Johnson. S. and Robinson, J. A. (2002b), 'The Rise of Europe: Atlantic Trade, Institutional Change and Growth', NBER Working Paper, No. 9378, November.

Acemoglu, D., Johnson. S. and Robinson, J. A. (2003a), 'An African Success Story: Botswana?', in D. Rodrik (ed.), *In Search of Prosperity: Analytic Narratives on Economic Growth*, Princeton: Princeton University Press.

Acemoglu, D., Robinson, J.A. and Verdier, T. (2003b), 'Kleptocracy and Divide and Rule: A Model of Personal Rule', Working Paper, July, http://econ-www.mit.edu/faculty/index.htm

Ackley, G. (1966), *Macroeconomic Theory*, New York: Collier-Macmillan.

Adelman, I. (1958), *Theories of Economic Growth and Development*, Stanford: Stanford University Press.

Adelman, I. and Morris, C.T. (1967), *Society, Politics and Economic Development*, Baltimore: Johns Hopkins University Press.

Adsera, A., Boix, C. and Payne, M. (2003), 'Are You Being Served? Political Accountability and Quality of Government', *Journal of Law, Economics and Organisation*, October.

Aghion, P. and Durlauf, S. (eds) (2005), *Handbook of Economic Growth*, Amsterdam: Elsevier.

Aghion, P. and Howitt, P. (1998), *Endogenous Growth Theory*, Cambridge, MA: MIT Press.

Aghion, P., Caroli, E. and Garcia-Penalosa, C. (1999), 'Inequality and Economic Growth: The Perspective of the New Growth Theories', *Journal of Economic Literature*, December.

Aidt, T.S. (2003), 'Economic Analysis of Corruption: A Survey', *Economic Journal*, November.

Akerlof, G.A. (1979), 'The Case Against Conservative Macroeconomics', *Economics*, August.

Akerlof, G.A. (1982), 'Labour Contracts as Partial Gift Exchange', *Quarterly Journal of Economics*, November.

Akerlof, G.A. (1984), 'Gift Exchange and Efficiency Wage Theory: Four Views', *American Economic Review*, May.

*Akerlof, G.A. (2002), 'Behavioural Macroeconomics and Macroeconomic Behaviour', *American Economic Review*, June.

Akerlof, G.A. and Yellen, J.L. (1985a), 'A Near-Rational Model of the Business Cycle, with Wage and Price Inertia', *Quarterly Journal of Economics*, Supplement.

Akerlof, G.A. and Yellen, J.L. (1985b), 'Can Small Deviations from Rationality Make Significant Differences to Economic Equilibria?', *American Economic Review*, September.

Akerlof, G.A. and Yellen, J.L. (eds) (1986), *Efficiency Wage Models of the Labour Market*, Cambridge: Cambridge University Press.

Akerlof, G.A. and Yellen, J.L. (1987), 'Rational Models of Irrational Behavior', *American Economic Review*, May.

Akerlof, G.A. and Yellen, J.L. (1988), 'Fairness and Unemployment', *American Economic Review*, May.

*Akerlof, G.A. and Yellen, J.L. (1990), 'The Fair Wage–Effort Hypothesis and Unemployment', *Quarterly Journal of Economics*, May.

Akerlof, G.A., Dickens, W.T. and Perry, G.L. (1996), 'The Macroeconomics of Low Inflation', *Brookings Papers on Economic Activity*.

Akerman, J. (1947), 'Political Economic Cycles', *Kyklos*.

Akhtar, M.A. (1995), 'Monetary Policy Goals and Central Bank Independence', *Banca Nationale Del Lavoro Quarterly Review*, December.

Aldcroft, D.H. (1993), *The European Economy, 1914–1990*, 3rd edn, London: Routledge.

Alesina, A. (1987), 'Macroeconomic Policy in a Two-Party System as a Repeated Game', *Quarterly Journal of Economics*, August.

Alesina, A. (1988), 'Macroeconomics and Politics', *NBER Macroeconomics Annual*.

*Alesina, A. (1989), 'Politics and Business Cycles in Industrial Democracies', *Economic Policy*, April.

Alesina, A. (1994), 'Political Models of Macroeconomic Policy and Fiscal Reforms', in S. Haggard and S. Webb (eds), *Voting for Reform*, Oxford: Oxford University Press.

Alesina, A. (1995), 'Elections, Party Structure, and the Economy', in J.S. Banks and E.A. Hanushek (eds), *Modern Political Economy: Old Topics, New Directions*, Cambridge: Cambridge University Press.

*Alesina, A. (2000), 'The Political Economy of the Budget Surplus in the United States', *Journal of Economic Perspectives*, Summer.

Alesina, A. and Barro, R.J. (2002), 'Currency Unions', *Quarterly Journal of Economics*, May.

Alesina, A. and Drazen, A. (1991), 'Why are Stabilisations Delayed?', *American Economic Review*, December.

Alesina, A. and Gatti, R. (1995), 'Independent Central Banks: Low Inflation at No Cost?' *American Economic Review*, May.

*Alesina, A. and Perotti, R. (1994), 'The Political Economy of Growth: A Critical Survey of the Recent Literature', *World Bank Economic Review*, September.

*Alesina, A. and Perotti, R. (1995a), 'The Political Economy of Budget Deficits', *IMF Staff Papers*, March.

Alesina, A. and Perotti, R. (1995b), 'Fiscal Experiences and Adjustments in OECD Economies', *Economic Policy*, October.

Alesina, A. and Perotti, R. (1996a), 'Fiscal Discipline and the Budget Process', *American Economic Review*, May.

Alesina, A. and Perotti, R. (1996b), 'Reducing Budget Deficits', *Swedish Economic Policy Review*, Spring.

Alesina, A. and Perotti, R. (1996c), 'Income Distribution, Political Instability and Investment', *European Economic Review*, June.

Alesina, A. and Perotti, R. (1997a), 'Fiscal Adjustments in OECD Countries: Composition and Macroeconomic Effects', *IMF Staff Papers*.

Alesina, A. and Perotti, R. (1997b), 'The Welfare State and Competitiveness', *American Economic Review*, December.

Alesina, A. and Perotti, R. (1998), 'Economic Risk and Political Risk in Fiscal Unions', *Economic Journal*, July.

Alesina, A. and Rodrik, D. (1994), 'Distributive Politics and Economic Growth', *Quarterly Journal of Economics*, May.

Alesina, A. and Rosenthal, H. (1995), *Partisan Politics, Divided Government and the Economy*, Cambridge: Cambridge University Press.

Alesina, A. and Roubini, N. (1992), 'Political Cycles in OECD Economies', *Review of Economic Studies*, October.

*Alesina, A. and Roubini, N. with Cohen, G.D. (1997), *Political Cycles and the Macroeconomy: Theory and Evidence*, Cambridge, MA: MIT Press.

Alesina, A. and Sachs, J. (1988), 'Political Parties and the Business Cycle in the United States, 1914–1984', *Journal of Money, Credit, and Banking*, February.

Alesina, A. and Spolare, E. (1997), 'On the Number and Size of Nations', *Quarterly Journal of Economics*, November.

Alesina, A. and Spolare, E. (2003), *The Size of Nations*, Cambridge, MA: MIT Press.

*Alesina, A. and Summers, L.H. (1993), 'Central Bank Independence and

Macroeconomic Performance: Some Comparative Evidence', *Journal of Money, Credit, and Banking*, May.

Alesina, A. and Tabellini, G. (1988), 'Credibility and Politics', *European Economic Review*, March.

Alesina, A., Barro, R.J. and Tenyero, S. (2002), 'Optimal Currency Area', *NBER Macroeconomics Annual.*

Alesina, A., Cohen , G. D. and Roubini, N. (1993), 'Electoral Business Cycles in Industrial Democracies', *European Journal of Political Economy*, March.

Alesina, A., Spolare, E. and Wacziarg, R. (2000), 'Economic Integration and Political Disintegration', *American Economic Review*, December.

Alesina, A., Spolare, E. and Wacziarg, R. (2005), 'Trade, Growth and the Size of Nations', in P. Aghion and S. Durlauf (eds), *Handbook of Economic Growth*, Amsterdam: Elsevier.

*Alesina, A. et al. (1996), 'Political Instability and Growth', *Journal of Economic Growth*, June.

Alesina, A. et al. (2003), 'Fractionalisation', *Journal of Economic Growth*, June.

Allsopp, C. and Vines, D. (2000), 'The Assessment: Macroeconomic Policy', *Oxford Review of Economic Policy*, Winter.

Alogoskoufis, G.S., Lockwood, B. and Philippopoulos, A. (1992), 'Wage Inflation, Electoral Uncertainty and the Exchange Rate Regime: Theory and UK Evidence', *Economic Journal*, November.

Alston, R., Kearl, J.R. and Vaughan, M.B. (1992), 'Is There a Consensus Among Economists in the 1990s?' *American Economic Review*, May.

Alt, J.E. (1985), 'Political Parties, World Demand and Unemployment: Domestic and International Sources of Economic Activity', *American Political Science Review*.

Alt, J.E. and Alesina, A. (1996), 'Political Economy: An Overview', in R.E. Goodin and H.D. Klingerman (eds), *A New Handbook of Political Science*, Oxford: Oxford University Press.

Alt, J.E. and Chrystal, A. (1983), *Political Economics*, Brighton, UK: Wheatshcaf.

Altonji, J.G. (1986), 'Intertemporal Substitution in Labour Supply: Evidence from Micro Data', *Journal of Political Economy*, June.

Alvi, E. (1993), 'Near Rationality/Menu Costs, Strategic Complementarity and Real Rigidity: An Integration', *Journal of Macroeconomics*, Fall.

Andersen, T.M. (1994), *Price Rigidity*, Oxford: Clarendon Press.

Ando, A. and Modigliani, F. (1965), 'The Relative Stability of Monetary Velocity and the Investment Multiplier', *American Economic Review*, September.

Arestis, P. (1996), 'Post Keynesian Economics: Towards Coherence', *Cambridge Journal of Economics*, January.

Arestis, P. (1997), *Money, Pricing, Distribution and Investment*, London: Macmillan.

*Arestis, P. and Sawyer, M. (1998), 'Keynesian Economic Policies for the New Millennium', *Economic Journal*, January.

Arnold, L.G. (2002), *Business Cycle Theory*, Oxford: Oxford University Press.

Arrow, K.J. (1962), 'The Economic Implications of Learning By Doing', *Review of Economic Studies*, June.

Arrow, K.J. and Hahn, F.H. (1971), *General Equilibrium Analysis*, San Francisco: Holden-Day.

*Artadi, E. and Sala-i-Martin, X. (2003), 'The Economic Tragedy of the Twentieth Century: Growth in Africa', NBER Working Paper, No. 9865, July.

Artis, M., Mizen, P. and Kontolemis, Z. (1998), 'Inflation Targeting: What Can the ECB Learn From the Recent Experience of the Bank of England?', *Economic Journal*, November.

Atkinson, A.B. and Micklewright, J. (1991), 'Unemployment Compensation and Labour Market Transitions: A Critical Review', *Journal of Economic Literature*, December.

Attfield, C.L.F., Demery, D. and Duck, N.W. (1985), *Rational Expectations in Macroeconomics: An Introduction to Theory and Evidence*, Oxford: Basil Blackwell.

Azariadis, C. (1975), 'Implicit Contracts and Underemployment Equilibria', *Journal of Political Economy*, December.

*Backhouse, R.E. (1995), *Interpreting Macroeconomics: Explorations in the History of Macroeconomic Thought*, London: Routledge.

*Backhouse, R.E. (1997a), 'The Rhetoric and Methodology of Modern Macroeconomics', in B. Snowdon and H.R. Vane (eds), *Reflections on the Development of Modern Macroeconomics*, Cheltenham, UK and Lyme, USA: Edward Elgar.

Backhouse, R.E. (1997b), *Truth and Progress in Economic Knowledge*, Cheltenham, UK and Lyme, USA: Edward Elgar.

Backhouse, R.E. (2002), 'Say's Law', in B. Snowdon and H.R. Vane (eds), *An Encyclopedia of Macroeconomics*, Cheltenham, UK and Northampton, MA, USA: Edward Elgar.

Backhouse, R.E. (2004), 'What was Lost with IS-LM', in M. De Vroey and K.D. Hoover (eds), *The IS–LM Model: Its Rise, Fall and Strange Persistence*, Durham, NC: Duke University Press.

Backus, D. and Driffill, J. (1985), 'Inflation and Reputation', *American Economic Review*, June.

Backus, D.K. and Kehoe, P.J. (1992), 'International Evidence on the Historical Properties of Business Cycles', *American Economic Review*, September.

Backus, D.K., Kehoe, P.J. and Kydland, F.E. (1992), 'International Real Business Cycles', *Journal of Political Economy*, August.

Bailey, M.N. (1974), 'Wages and Unemployment under Uncertain Demand', *Review of Economic Studies*, January.

Bailey, M.N. (1978), 'Stabilisation Policy and Private Economic Behaviour', *Brookings Papers on Economic Activity*.

Bain, K. and Howells, P. (2003), *Monetary Economics: Policy and Its Theoretical Basis*, Basingstoke: Palgrave.

Bairoch, P. (1993), *Economics and World History: Myths and Paradoxes*, Hemel Hempstead: Harvester Wheatsheaf.

Balassa, B. (1989), 'Outward Orientation', in H. Chenery and T.N. Srinivasan (eds), *Handbook of Development Economics Vol. II*, Amsterdam: North-Holland.

*Baldwin, R.E. (2000), 'Trade and Growth: Still Disagreement About the Relationships', OECD Economics Department Working Paper, No. 264, www.oecd.org/eco/eco

Baldwin, R.E., Martin, P. and Ottaviano, G.P. (2001), 'Global Income Divergence, Trade, and Industrialisation: The Geography of Growth Take-offs', *Journal of Economic Growth*, March.

Ball, L. (1990), 'Insiders and Outsiders: A Review Essay', *Journal of Monetary Economics*, December.

Ball, L. (1991), 'The Genesis of Inflation and the Costs of Disinflation', *Journal of Money, Credit, and Banking*, August.

Ball, L. (1994), 'What Determines the Sacrifice Ratio?', in N.G. Mankiw (ed.), *Monetary Policy*, Chicago: University of Chicago Press.

Ball, L. (1995), 'Time-consistent Policy and Persistent Changes in Inflation', *Journal of Monetary Economics*, November.

*Ball, L. (1999), 'Aggregate Demand and Long-Run Unemployment', *Brookings Papers on Economic Activity*.

Ball, L. and Cecchetti, S.G. (1988), 'Imperfect Information and Staggered Price Setting', *American Economic Review*, December.

*Ball, L. and Mankiw, N.G. (2002), 'The NAIRU in Theory and Practice', *Journal of Economic Perspectives*, Fall.

Ball, L. and Romer, D. (1990), 'Real Rigidities and the Non-Neutrality of Money', *Review of Economic Studies*, April.

Ball, L. and Romer, D. (1991), 'Sticky Prices as Coordination Failure', *American Economic Review*, June.

Ball, L. and Sheridan, N. (2003), 'Does Inflation Targeting Matter?, NBER Working Paper, No. 9577, March.

Ball, L., Mankiw, N.G. and Romer, D. (1988), 'The New Keynesian Economics and the Output–Inflation Trade-off', *Brookings Papers on Economic Activity*.

Balls, E. and O'Donnell, G. (eds) (2002), *Reforming Britain's Economic and Financial Policy*, Basingstoke: Palgrave.

Bank of England (1999), *Economic Models at the Bank of England*, London: Bank of England.

Bank of England (2003), 'Expectations of Inflation in the UK', *Bank of England Quarterly Bulletin*, Autumn.

Bardhan, P. (1993), 'Economics of Development and the Development of Economics', *Journal of Economic Perspectives*, Spring.

Barens, I. and Caspari, V. (1999), 'Old Views and New Perspectives: On Rereading Hicks's "Mr. Keynes and the Classics"', *European Journal of the History of Economic Thought*, Summer.

Barro, R.J. (1974), 'Are Government Bonds Net Wealth?', *Journal of Political Economy*, November/December.

Barro, R.J. (1977a), 'Unanticipated Money Growth and Unemployment in the United States', *American Economic Review*, March.

Barro, R.J. (1977b), 'Long-Term Contracting, Sticky Prices and Monetary Policy', *Journal of Monetary Economics*, July.

Barro, R.J. (1978), 'Unanticipated Money, Output and the Price Level in the United States', *Journal of Political Economy*, August.

*Barro, R.J. (1979), 'Second Thoughts on Keynesian Economics', *American Economic Review*, May.

Barro, R.J. (1981), 'Output Effects of Government Purchases', *Journal of Political Economy*, December.

*Barro, R.J. (1984), 'What Survives of the Rational Expectations Revolution? Rational Expectations and Macroeconomics in 1984', *American Economic Review*, May.

*Barro, R.J. (1986), 'Recent Developments in the Theory of Rules Versus Discretion', *Economic Journal*, Supplement.

*Barro, R.J. (1989a), 'New Classicals and Keynesians, or the Good Guys and the Bad Guys', *Schweizerische Zeitschrift für Volkswirtschaft und Statistik*.

*Barro, R.J. (1989b), 'The Ricardian Approach to Budget Deficits', *Journal of Economic Perspectives*, Spring.

Barro, R.J. (ed.) (1989c), *Modern Business Cycle Theory*, Cambridge, MA: Harvard University Press.

Barro, R.J. (1991), 'Economic Growth in a Cross Section of Countries', *Quarterly Journal of Economics*, May.

Barro, R.J. (1993), *Macroeconomics*, 4th edn, New York: John Wiley.

Barro, R.J. (1994), 'Interview with Robert Barro', in B. Snowdon, H.R. Vane and P. Wynarczyk, *A Modern Guide to Macroeconomics: An Introduction to Competing Schools of Thought*, Aldershot, UK and Brookfield, USA: Edward Elgar.

*Barro, R.J. (1995), 'Inflation and Economic Growth', *Bank of England Quarterly Bulletin*, May.

Barro, R.J. (1996), 'Democracy and Growth', *Journal of Economic Growth*, March.

*Barro, R.J. (1997), *Determinants of Economic Growth*, Cambridge, MA: MIT Press.

Barro, R.J. (1999), 'Determinants of Democracy', *Journal of Political Economy*, December.

Barro, R.J. (2000), 'Inequality and Growth in a Panel of Countries', *Journal of Economic Growth*, March.

Barro, R.J. and Gordon, D.B. (1983a), 'Rules, Discretion and Reputation in a Model of Monetary Policy', *Journal of Monetary Economics*, July.

Barro, R.J. and Gordon, D.B. (1983b), 'A Positive Theory of Monetary Policy in a Natural Rate Model', *Journal of Political Economy*, July.

Barro, R.J. and Grossman, H. (1976), *Money, Employment and Inflation*, New York: Cambridge University Press.

Barro, R.J. and McCleary, R.M. (2003), 'Religion and Economic Growth', *American Sociological Review*, October.

Barro, R.J. and Rush, M. (1980), 'Unanticipated Money and Economic Activity', in S. Fischer (ed.), *Rational Expectations and Economic Policy*, Chicago: University of Chicago Press.

Barro, R.J. and Sala-i-Martin, X. (1995), *Economic Growth*, New York: McGraw-Hill.

Barro, R.J. and Sala-i-Martin, X. (1997), 'Technological Diffusion and Convergence', *Journal of Economic Growth*, March.

Barro, R.J. and Sala-i-Martin, X. (2003), *Economic Growth*, 2nd edn, Cambridge, MA: MIT Press.

Barsky, R.B. and Kilian, L. (2001), 'Do We Really Know that Oil Caused the Great Stagflation?', *NBER Macroeconomics Annual*.

Bartels, L.M. and Brady, H.E. (2003), 'Economic Behaviour in Political Context', *American Economic Review*, May.

Bates, R.H. (1981), *Markets and States in Tropical Africa*, Berkeley, CA: University of California Press.

Bates, R.H. (2001), *Prosperity and Violence: The Political Economy of Development*, New York: W.W. Norton.

Baumol, W.J. (1952), 'The Transactions Demand for Cash: An Inventory Theoretic Approach', *Quarterly Journal of Economics*, November.

Baumol, W.J. (1977), 'Say's (at least) Eight Laws, or What Say and James Mill May Really Have Meant', *Economica*, May.

*Baumol, W.J. (1986), 'Productivity Growth, Convergence and Welfare: What the Long-Run Data Show', *American Economic Review*, December.

*Baumol, W.J. (1990), 'Entrepreneurship: Productive, Unproductive and Destructive', *Journal of Political Economy*, October.

Baumol, W.J. (1999), 'Say's Law', *Journal of Economic Perspectives*, Winter.

Baumol, W.J. (2002), *The Free-market Innovation Machine: Analysing the Growth Miracle of Capitalism*, Princeton: Princeton University Press.

Baumol, W.J., Blackman, S.A.B. and Wolfe, E.N. (1989), *Productivity and American Leadership*, Cambridge, MA: MIT Press.

Baumol, W.J., Nelson, R.R. and Wolfe, E.N. (1994), *The Convergence of Productivity: Cross National Studies and Historical Evidence*, Oxford: Oxford University Press.

*Bean, C.R. (1994), 'European Unemployment: A Survey', *Journal of Economic Literature*, June.

*Bean, C. (1998), 'The New UK Monetary Arrangements: A View From the Literature', *Economic Journal*, November.

Bean, C.R., Layard, R. and Nickell, S.J. (eds) (1986), *The Rise in Unemployment*, Oxford: Basil Blackwell.

*Beaud, M. and Dostaler, G. (1997), *Economic Thought Since Keynes: A History and Dictionary of Major Economists*, London: Routledge.

Becker, G.S., Philipson, T.J. and Soares, R.R. (2003), 'The Quantity and Quality of Life and the Evolution of World Inequality', NBER Working Paper, No. 9765.

Begg, D.K.H. (1982), *The Rational Expectations Revolution in Macroeconomics: Theories and Evidence*, Oxford: Philip Allan.

Begg, D.K.H., Dornbusch, R. and Fischer, S. (2003), *Economics*, 7th edn, Maidenhead: McGraw-Hill.

Benabou, R. (1996), 'Inequality and Growth', *NBER Macroeconomics Annual*.

Bénassy, J.P. (1993), 'Nonclearing Markets: Microeconomic Concepts and Macroeconomic Applications', *Journal of Economic Literature*, June.

Ben-David, D. (1996), 'Trade and Convergence Among Countries', *Journal of International Economics*, May.

Ben-David, D. and Loewy, M.B. (1998), 'Free Trade, Growth and Convergence', *Journal of Economic Growth*, June.

Benjamin, D.K. and Kochin, L.A. (1979), 'Searching for an Explanation of Unemployment in Inter-war Britain', *Journal of Political Economy*, June.

Benson Durham, J. (1999), 'Economic Growth and Political Regimes', *Journal of Economic Growth*, March.

Berger, H., de Hahn, J. and Eijffinger, S.C.W. (2001), 'Central Bank Independence: An Update of Theory and Evidence', *Journal of Economic Surveys*, February.

Bernanke, B.S. (1983), 'Non-Monetary Effects of the Financial Crisis in the Propagation of the Great Depression', *American Economic Review*, June.

Bernanke, B.S. (1993), 'The World on a Cross of Gold: A Review of "Golden Fetters", the Gold Standard and the Great Depression', *Journal of Monetary Economics*, April.

Bernanke, B.S. (1995), 'The Macroeconomics of the Great Depression: A Comparative Approach', *Journal of Money, Credit, and Banking*, February.

*Bernanke, B.S. (2000), *Essays on the Great Depression*, Princeton: Princeton University Press.

Bernanke, B.S. and Carey, K. (1996), 'Nominal Wage Stickiness and Aggregate Supply in the Great Depression', *Quarterly Journal of Economics*, August.

Bernanke, B.S. and Gertler, M. (1989), 'Agency Costs, Net Worth and Business Fluctuations', *American Economic Review*, March.

Bernanke, B.S. and Gertler, M. (1995), 'Inside the Black Box: The Credit Channel of Monetary Policy Transmission', *Journal of Economic Perspectives*, Fall.

Bernanke, B.S. and Gurkaynak, R. (2001), 'Is Growth Endogenous? Taking Mankiw, Romer and Weil Seriously', *NBER Macroeconomics Annual*.

Bernanke, B.S. and James, H. (1991), 'The Gold Standard, Deflation and Financial Crisis in the Great Depression: An International Comparison', in R.G. Hubbard (ed.), *Financial Markets and Financial Crisis*, Chicago: University of Chicago Press.

Bernanke, B.S. and Mishkin, F.S. (1992), 'Central Bank Behaviour and the Strategy of Monetary Policy: Observations From Six Industrialised Countries', *NBER Macroeconomics Annual*.

*Bernanke, B.S. and Mishkin, F.S. (1997), 'Inflation Targeting: A New Framework for Monetary Policy', *Journal of Economic Perspectives*, Spring.

Bernanke, B.S. and Parkinson, M.L. (1991), 'Procyclical Labour Productivity and Competing Theories of the Business Cycle: Some Evidence from Interwar US Manufacturing Industries', *Journal of Political Economy*, June.

Bernanke, B.S. and Woodford, M. (1997), 'Inflation Forecasts and Monetary Policy', *Journal of Money, Credit, and Banking*, November.

*Bernanke, B.S. and Woodford, M. (eds) (2004), *Inflation Targeting*, Chicago: University of Chicago Press.

Bernanke, B.S., Gertler, M. and Watson, M. (1997), 'Systematic Monetary Policy and the Effects of Oil Price Shocks', *Brookings Papers on Economic Activity*.

*Bernanke, B.S., Laubach, T., Mishkin, F.S. and Posen, A.S. (1999), *Inflation Targeting: Lessons from the International Experience*, Princeton: Princeton University Press.

Besley, T. and Case, A. (2003), 'Political Institutions and Policy Choices: Evidence From the United States', *Journal of Economic Literature*, March.

Bhagwati, J. (1966), *The Economics of Underdeveloped Countries*, London: Weidenfeld and Nicolson.

Bhagwati, J. (1978), *Foreign Trade Regimes and Economic Development: Anatomy and Consequences of Exchange Control Regimes*, Cambridge, MA: Ballinger.

Bhagwati, J. (1984), 'Development Economics: What Have We Learned?', *Asian Development Review*.

Bhagwati, J. (1988), 'Poverty and Public Policy', *World Development*, May.

Bhagwati, J. (1993), *India in Transition: Freeing the Economy*, Oxford: Clarendon Press.

Bhagwati, J. (1995), 'Democracy and Development: New Thinking on an Old Question', *Journal of Democracy*, October.

Bhagwati, J. (2000), *The Wind of the Hundred Days: How Washington Mismanaged Globalisation*, Cambridge, MA: MIT Press.

*Bhagwati, J. (2004), *In Defence of Globalisation*, Oxford: Oxford University Press.

Bhagwati, J. and Srinivasan, T.N. (2001), 'Outward Orientation and Development: Are the Revisions Right?', in D. Lall and R. Snape (eds), *Essays in Honour of Anne A. Krueger*, Basingstoke: Palgrave.

*Bhagwati, J. and Srinivasan, T.N. (2002), 'Trade and Poverty in Poor Countries', *American Economic Review*, May.

Bhaskar, V., Machin, S. and Reid, G.C. (1993), 'Price and Quantity Adjustment Over the Business Cycle: Evidence From Survey Data', *Oxford Economic Papers*, April.

Black, F. (1987), *Business Cycles and Equilibrium*, Oxford: Basil Blackwell.

Blackburn, K. (1987), 'Macroeconomic Policy Evaluation and Optimal Control Theory: A Critical Review of Some Recent Developments', *Journal of Economic Surveys*.

*Blackburn, K. (1992), 'Credibility and Time-Consistency in Monetary Policy', in K. Dowd and M.K. Lewis (eds), *Current Issues in Financial and Monetary Economics*, Basingstoke: Macmillan.

Blackburn, K. (1999), 'Can Stabilisation Policy Reduce Long-Run Growth?', *Economic Journal*, January.

*Blackburn, K. and Christensen, M. (1989), 'Monetary Policy and Policy Credibility', *Journal of Economic Literature*, March.

Blackburn, K. and Ravn, M.O. (1992), 'Business Cycles in the UK: Facts and Fictions', *Economica*, November.

Blanchard, O.J. (1984), 'The Lucas Critique and the Volcker Deflation', *American Economic Review*, May.

Blanchard, O.J. (1986), 'Reagonomics', *Economic Policy*, October.

Blanchard, O.J. (1990a), 'Why Does Money Affect Output? A Survey', in B.M. Friedman and F.H. Hahn (eds), *Handbook of Monetary Economics*, New York: North-Holland.

Blanchard, O.J. (1990b), 'Comment on B.T. McCallum, New Classical Macroeconomics: A Sympathetic Account' in S. Honkapohja (ed.), *The State of Macroeconomics*, Oxford: Basil Blackwell.

Blanchard, O.J. (1992), 'For a Return to Pragmatism', in M. Belongia and M. Garfinkel (eds), *The Business Cycle: Theories and Evidence*, London: Kluwer Academic Publishers.

Blanchard, O.J. (1997a), *Macroeconomics*, New Jersey: Prentice-Hall.

*Blanchard, O.J. (1997b), 'Is There a Core of Usable Macroeconomics?', *American Economic Review*, May.

*Blanchard, O.J. (2000), 'What Do We Know About Macroeconomics that Fisher and Wicksell Did Not?', *Quarterly Journal of Economics*, November.

*Blanchard, O.J. (2003), *Macroeconomics*, 3rd edn, New Jersey: Prentice-Hall.

Blanchard, O.J. and Fischer, S. (1989), *Lectures on Macroeconomics*, Cambridge, MA: MIT Press.

Blanchard, O.J. and Katz, L.F. (1997), 'What We Know and Do Not Know About the Natural Rate of Unemployment', *Journal of Economic Perspectives*, Winter.

Blanchard, O.J. and Kiyotaki, N. (1987), 'Monopolistic Competition and the Effects of Aggregate Demand', *American Economic Review*, September.

Blanchard, O.J. and Quah, D. (1989), 'The Dynamic Effects of Aggregate Demand and Supply Disturbances', *American Economic Review*, September.

Blanchard, O.J. and Summers, L.H. (1986), 'Hysteresis and the European Unemployment Problem', *NBER Macroeconomics Annual*.

Blanchard, O.J. and Summers, L.H. (1988), 'Beyond the Natural Rate Hypothesis', *American Economic Review*, May.

Blanchard, O.J. and Wolfers, J. (2000), 'The Role of Shocks and Institutions in the Rise of European Unemployment: The Aggregate Evidence', *Economic Journal*, March.

Blaug, M. (1991a), *The Historiography of Economics*, Aldershot, UK and Brookfield, USA: Edward Elgar.

*Blaug, M. (1991b), 'Second Thoughts on the Keynesian Revolution', *History of Political Economy*, Summer.

Blaug, M. (1992), *The Methodology of Economics: Or, How Economists Explain*, 2nd edn, Cambridge: Cambridge University Press.

Blaug, M. (1994), 'Not Only an Economist – Autobiographical Reflections of a Historian of Economic Thought', *American Economist*, Fall.

Blaug, M. (1997), *Economic Theory in Retrospect*, 5th edn, Cambridge: Cambridge University Press.

*Blaug, M. (2002), 'Endogenous Growth Theory', in B. Snowdon and H.R. Vane (eds), *An Encyclopedia of Macroeconomics*, Cheltenham, UK and Northampton, MA, USA: Edward Elgar.

*Blaug, M. and Vane, H.R. (2003), *Who's Who in Economics*, 4th edn, Cheltenham, UK and Northampton, MA, USA: Edward Elgar.

Blaug, M. et al. (1995), *The Quantity Theory of Money: From Locke to Keynes and Friedman*, Aldershot, UK and Brookfield, USA: Edward Elgar.

Bleaney, M. (1985), *The Rise and Fall of Keynesian Economics*, London: Macmillan.

Bleaney, M. (1996), 'Central Bank Independence, Wage Bargaining Structure and Macroeconomic Performance in OECD Countries', *Oxford Economic Papers*, January.

Blinder, A.S. (1979), *Economic Policy and the Great Stagflation*, London: Academic Press.

Blinder, A.S. (1986), 'Keynes after Lucas', *Eastern Economic Journal*, July/September.

Blinder, A.S. (1987a), *Hard Heads, Soft Hearts: Tough-Minded Economics for a Just Society*, New York: Addison-Wesley.

*Blinder, A.S. (1987b), 'Keynes, Lucas and Scientific Progress', *American Economic Review*, May.

Blinder, A.S. (1988a), 'The Challenge of High Unemployment', *American Economic Review*, May.

*Blinder, A.S. (1988b), 'The Fall and Rise of Keynesian Economics', *Economic Record*, December.

Blinder, A.S. (1991), 'Why Are Prices Sticky? Preliminary Results From An Interview Study', *American Economic Review*, May.

Blinder, A.S. (1992a), 'Déjà Vu All Over Again', in M. Belongia and M. Garfinkel (eds), *The Business Cycle: Theories and Evidence*, London: Kluwer Academic Publishers.

Blinder, A.S. (1992b), 'A Keynesian Restoration is Here', *Challenge*, September/October.

Blinder, A.S. (1994), 'On Sticky Prices: Academic Theories Meet the Real World', in N.G. Mankiw (ed.), *Monetary Policy*, Chicago: University of Chicago Press.

*Blinder, A.S. (1997a), 'Is There a Core of Practical Macroeconomics That We Should All Believe?', *American Economic Review*, May.

*Blinder, A.S. (1997b), 'What Central Bankers Can Learn From Academics and Vice Versa', *Journal of Economic Perspectives*, Spring.

Blinder, A.S. (1998), *Central Banking in Theory and Practice*, Cambridge, MA: MIT Press.

Blinder, A.S. and Solow, R.M. (1973), 'Does Fiscal Policy Matter?', *Journal of Public Economics*, November.

*Bloom, D.E and Sachs, J. (1998), 'Geography, Demography and Economic Growth in Africa', *Brookings Papers on Economic Activity*.

Bloom, D.E., Canning, D. and Jamison, D.T. (2004), 'Health, Wealth and Welfare', *Finance and Development*, March.

Bloom, D.E., Canning, D. and Sevilla, J. (2003), 'Geography and Poverty Traps', *Journal of Economic Growth*, December.

Böhm-Bawerk, E. v. (1959 [1884;1889;1909]), *Capital and Interest*, 3 vols, South Holland, IL: Libertarian Press.

Bolton, P. and Roland, G. (1997), 'The Breakup of Nations: A Political Economy Analysis', *Quarterly Journal of Economics*, November.

Boone, P. (1996), 'Politics and the Effectiveness of Aid', *European Economic Review*, February.

Booth, A. (1985), 'The Keynesian Revolution and Economic Policy-making – A Reply', *Economic History Review*, February.

Bordo, M.D. and Schwartz, A.J. (2003), 'IS-LM and Monetarism', NBER Working Paper, No.9713, May.

Bordo, M.D., Choudhri, E.U. and Schwartz, A.J. (2002a), 'Was Expansionary Monetary Policy Feasible During the Great Contraction? An Exploration of the Gold Standard', *Explorations in Economic History*, January.

*Bordo, M.D., Goldin, C. and White, E.N. (1998), *The Defining Moment: the Great Depression and the American Economy in the Twentieth Century*, Chicago: University of Chicago Press.

*Bordo, M.D., Taylor, A. and Williamson, J.G. (eds) (2002b), *Globalisation in Historical Perspective*, Chicago: University of Chicago Press.

Boskin, M.J. (1996), *Towards a More Accurate Measure of the Cost of Living*, Final Report to the Committee on Finance of the US Senate.

*Bosworth, B.P. and Collins, S.M. (2003), 'The Empirics of Growth: An Update', *Brookings Papers on Economic Activity*.

*Bourguignon, F. and Morrisson, C. (2002), 'Inequality Among World Citizens: 1820–1992', *American Economic Review*, September.

Brandolini, A. (1995), 'In Search of a Stylised Fact: Do Real Wages Exhibit a Consistent Pattern of Cyclical Variability?', *Journal of Economic Surveys*, June.

Braun, R.A. and Evans, C.L. (1998), 'Seasonal Solow Residuals and Christmas: A Case for Labour Hoarding and Increasing Returns', *Journal of Money, Credit, and Banking*, August.

Brendon, P. (2000), *The Dark Valley: A Panorama of the 1930s*, London: Jonathan Cape.

Bridel, P. (1987), *Cambridge Monetary Thought*, New York: St Martin's Press.

Brimmer, A.F. (1983), 'Monetary Policy and Economic Activity: Benefits and Costs of Monetarism', *American Economic Review*, May.

*Britton, A. (2002), 'Macroeconomics and History', *National Institute Economic Review*, January.

Bronfenbrenner, M. (ed.) (1969), *Is the Business Cycle Obsolete?*, New York: Wiley.

Broughton, J.M. (2003), 'On the Origins of the Fleming–Mundell Model', *IMF Staff Papers*, April.

Brown, G. (1997), 'Letter from the Chancellor to the Governor: 6th May 1997', *Bank of England Quarterly Bulletin*, August.

Brown, G. (2001), 'The Conditions for High and Stable Growth and Employment', *Economic Journal*, May.

Bruno, M. and Sachs, J.D. (1985), *The Economics of Worldwide Stagflation*, Cambridge, MA: Harvard University Press.

Brunner, K. (1968), 'The Role of Money and Monetary Policy', *Federal Reserve Bank of St. Louis Review*, July.

Brunner, K. (1970), 'The Monetarist Revolution in Monetary Theory', *Weltwirtschaftliches Archiv*, March.

Buchanan, J.M. (1976), 'Barro on the Ricardian Equivalence Theorem', *Journal of Political Economy*, April.

Buchanan, J.M. and Wagner, R.E. (1978), 'Democracy and Keynesian Contributions: Political Biases and Economic Consequences', in J.M. Buchanan, J. Burton and R.E. Wagner, *The Consequences of Mr Keynes*, London: Institute of Economic Affairs.

*Buchanan, J.M., Burton, J. and Wagner, R.E. (1978), *The Consequences of Mr Keynes*, London: Institute of Economic Affairs.

*Budd, A. (1998), 'The Role and Operations of the Bank of England Monetary Policy Committee', *Economic Journal*, November.

Buiter, W.H. (1980), 'The Macroeconomics of Dr. Pangloss: A Critical Survey of the New Classical Macroeconomics', *Economic Journal*, March.

*Buiter, W.H. (2003a), 'James Tobin: An Appreciation of His Contribution to Economics', *Economic Journal*, November.

Buiter, W.H. (2003b), 'Deflation: Prevention and Cure', NBER Working Paper, No. 9623, April.

Burns, A. (1959), 'Progress Towards Economic Stability', *American Economic Review*, May.

Burns, A.F. and Mitchell, W.C. (1946), *Measuring Business Cycles*, New York: NBER.

Burnside, C., Eichenbaum, M. and Rebelo, S. (1995), 'Capital Utilization and Returns to Scale', *NBER Macroeconomics Annual*.

Burton, J. (1981), 'Positively Milton Friedman', in J.R. Shackleton and G. Locksley (eds), *Twelve Contemporary Economists*, London: Macmillan.

Cagan, P. (1956), 'The Monetary Dynamics of Hyperinflation', in M. Friedman (ed.), *Studies in the Quantity Theory of Money*, Chicago: University of Chicago Press.

Cagan, P. (1993), 'Does Endogeneity of the Money Supply Disprove Monetary Effects on Economic Activity?', *Journal of Macroeconomics*, Summer.

Cairncross, F. and Cairncross, A. (eds) (1992), *The Legacy of the Golden Age: The 1960s and their Economic Consequences*, London: Routledge.

Campbell, J.Y. and Mankiw, N.G. (1987), 'Are Output Fluctuations Transitory?', *Quarterly Journal of Economics*, November.

Campbell, J.Y. and Mankiw, N.G. (1989), 'International Evidence on the Persistence of Economic Fluctuations', *Journal of Monetary Economics*, March.

Capelli, P. and Chauvin, K. (1991), 'An Interplant Test of the Efficiency Wage Hypothesis', *Quarterly Journal of Economics*, August.

Capie, F.H. (ed.) (1991), *Major Inflations in History*, Aldershot, UK and Brookfield, USA: Edward Elgar.

Caplin, A.S. and Spulber, D.F. (1987), 'Menu Costs and the Neutrality of Money', *Quarterly Journal of Economics*, November.

Caporale, T. (1993), 'Knut Wicksell: Real Business Cycle Theorist', *Scottish Journal of Political Economy*, November.

Caporale, G.M. (1993), 'Productivity Shocks and Business Cycles', *Applied Economics*, August.

Carabelli, A.M. (1988), *On Keynes's Method*, New York: St Martin's Press.

Carlin, W. and Soskice, D. (1990), *Macroeconomics and the Wage Bargain*, Oxford: Oxford University Press.

Carmignani, F. (2003), 'Political Instability, Uncertainty and Economics', *Journal of Economic Surveys*, February.

Carlson, K.M. and Spencer, R.W. (1975), 'Crowding Out and Its Critics', *Federal Reserve Bank of St. Louis Monthly Review*, December.

Carlton, D.W. (1986), 'The Rigidity of Prices', *American Economic Review*, September.

Carter, M. and Maddock, R. (1984), *Rational Expectations: Macroeconomics for the 1980s?*, London: Macmillan.

Carvalho, F.J.C.D. (1995/6), 'The Independence of Central Banks: A Critical Assessment of the Arguments', *Journal of Post Keynesian Economics*, Winter.

Cass, D. (1965), 'Optimum Growth in an Aggregative Model of Capital Accumulation', *Review of Economic Studies*, July.

Cecchetti, S.G. (1998), 'Understanding the Great Depression: Lessons for Current Policy', in M. Wheeler (ed.), *The Economics of the Great Depression*, Kalamazoo, MI: W.E. Upjohn Institute for Employment Research.

Cecchetti, S.G. (2000), 'Making Monetary Policy: Objectives and Rules', *Oxford Review of Economic Policy*, Winter.

Cesaratto, S. (1999), 'Savings and Economic Growth in Neoclassical Theory', *Cambridge Journal of Economics*.

Chadha, B. and Prasad, E. (1993), 'Interpreting the Cyclical Behavior of Prices', *IMF Staff Papers*, June.

Chadha, B., Masson, P.R. and Meredith, G. (1992), 'Models of Inflation and the Costs of Disinflation', *IMF Staff Papers*, June.

Chamberlin, E.H. (1933), *The Theory of Monopolistic Competition*, Cambridge, MA: Harvard University Press.

Chappell, H.W. with Havrilesky, T.M. and McGregor, R.R. (1993), 'Partisan Monetary Policies: Presidential Influence through the Power of Appointment', *Quarterly Journal of Economics*, February.

*Chari, V. (1998), 'Nobel Laureate Robert E. Lucas Jr: Architect of Modern Macroeconomics', *Journal of Economic Perspectives*, Winter.

Chari, V.V., Kehoe, P.J. and McGrattan, E.R. (2002), 'Accounting for the Great Depression', *American Economic Review*, May.

Chatterjee, S. (1999), 'Real Business Cycles: A Legacy of Countercyclical Policies', *Federal Reserve Bank of Philadelphia Business Review*, January/February.

Chenery, H.B. and Strout, A.M. (1966), 'Foreign Assistance and Economic Development', *American Economic Review*, September.

Chick, V. (1983), *Macroeconomics After Keynes: A Reconsideration of the General Theory*, Oxford: Philip Allan.

*Chick, V. (1995), 'Is There a Case for Post Keynesian Economics?', *Scottish Journal of Political Economy*, February.

Cho, J.O. and Cooley, T.F. (1995), 'The Business Cycle with Nominal Contracts', *Economic Theory*, June.

Choudri, E.U. and Kochin, L.A. (1980), 'The Exchange Rate and the International Transmission of Business Cycle Disturbances', *Journal of Money, Credit, and Banking*, November.

Chow, G.C. (1975), *Analysis and Control of Dynamic Economic Systems*, New York: John Wiley.

Christiano, L.J., Motto, R. and Rostagno, M. (2004), 'The Great Depression and the Friedman–Schwartz Hypothesis', NBER Working Paper, No. 10255, January.

Chrystal, K.A. (ed.) (1990), *Monetarism: Vols I and II*, Aldershot, UK and Brookfield, USA: Edward Elgar.

Clague, C., Keefer, P., Knack, S. and Olson, M. (1996), 'Property and Contract Rights in Autocracies and Democracies', *Journal of Economic Growth*, June.

Clarida, R., Gali, J. and Gertler, M. (1999), 'The Science of Monetary Policy:

A New Keynesian Perspective', *Journal of Economic Literature*, December.

Clarida, R., Gali, J. and Gertler, M. (2000), 'Monetary Policy Rules and Macroeconomic Stability: Some Evidence and Some Theory', *Quarterly Journal of Economics*, February.

Clark, G. (2003), 'The Great Escape: The Industrial Revolution in Theory and History', University of California, Davis, Working Paper, September.

Clower, R.W. (1965), 'The Keynesian Counter-Revolution: A Theoretical Appraisal', in F.H. Hahn and F.P.R. Brechling (eds), *The Theory of Interest Rates*, London: Macmillan.

Clower, R.W. and Howitt, P. (1996), 'Taking Markets Seriously: Groundwork for a Post Walrasian Macroeconomics' in D. Colander (ed.), *Beyond Microfoundations: Post Walrasian Macroeconomics*, New York: Cambridge University Press.

Cochran, J.P. (2001), 'Capital-Based Macroeconomics: Recent Developments and Extensions of Austrian Business Cycle Theory', *Quarterly Journal of Austrian Economics*.

Coddington, A. (1976), 'Keynesian Economics: The Search for First Principles', *Journal of Economic Literature*, December.

*Coddington, A. (1983), *Keynesian Economics: The Search For First Principles*, London: Allen and Unwin

Coe, D.T., Helpman, E. and Hoffmaisler, A.W. (1997), 'North–South R and D Spillovers', *Economic Journal*, March.

Colander, D.C. (ed.) (1984), *Neoclassical Political Economy*, Cambridge, MA: Ballinger.

Colander, D.C. (1988), 'The Evolution of Keynesian Economics: From Keynesian to New Classical to New Keynesian', in O.F. Hamouda and J.N. Smithin (eds), *Keynes and Public Policy After Fifty Years, Vol 1: Economics and Policy*, Aldershot, UK and Brookfield, USA: Edward Elgar.

Colander, D.C. (ed.) (1996), *Beyond Microfoundations: Post Walrasian Macroeconomics*, New York: Cambridge University Press.

Colander, D.C. (2004), 'The Strange Persistence of the IS–LM Model', in M. De Vroey and K.D. Hoover (eds), *The IS–LM Model: Its Rise, Fall and Strange Persistence*, Durham, NC: Duke University Press.

*Colander, D.C. et al. (1992), 'Symposium on New Keynesian Macroeconomics: The Emergence of the Microfoundations of Macroeconomics', *Eastern Economic Journal*, Fall.

Cole, H. and Ohanian, L.E. (1999), 'The Great Depression in the United States From a Neoclassical Perspective', *Federal Reserve Bank of Minneapolis Quarterly Review*, Winter.

Cole, H. and Ohanian, L.E. (2002a), 'The Great UK Depression: A Puzzle and Possible Resolution', *Review of Economic Dynamics*, January.

Cole, H. and Ohanian, L.E. (2002b), 'The US and UK Great Depressions Through the Lens of Neoclassical Growth Theory', *American Economic Review*, May.

*Collier, P. (2001), 'Implications of Ethnic Diversity', *Economic Policy*, April.

*Collier, P. and Gunning, J. (1999a), 'Explaining African Economic Performance', *Journal of Economic Literature*, March.

*Collier, P. and Gunning, J. (1999b), 'Why has Africa Grown So Slowly?', *Journal of Economic Perspectives*, Summer.

Collins, S.M. and Bosworth, B.P. (1996), 'Economic Growth in East Asia: Accumulation Versus Assimilation', *Brookings Papers on Economic Activity*.

Cooley, T.F. (ed.) (1995), *Frontiers of Business Cycle Research*, Princeton: Princeton University Press.

Cooley, T.F. (1997), 'Calibrated Models', *Oxford Review of Economic Policy*, Autumn.

Cooley, T.F. and Ohanian, L.E. (1991), 'The Cyclical Behaviour of Prices', *Journal of Monetary Economics*, August.

Cooley, T.F. and Ohanian, L.E. (1997), 'Postwar British Economic Growth and the Legacy of Keynes', *Journal of Political Economy*, June.

Cooley, T.F. and Prescott, E.C. (1995), 'Economic Growth and Business Cycles', in T.F. Cooley (ed.) *Frontiers of Business Cycle Research*, Princeton: Princeton University Press.

Cornwall, J. (ed.) (1984), *After Stagflation*, Oxford: Basil Blackwell.

Corry, B.A. (1962), *Money, Saving and Investment in English Economics, 1800–1850*, London: Macmillan.

Crafts, N.F.R. (1983), 'British Economic Growth, 1700–1831: A Review of the Evidence', *Economic History Review*, May.

Crafts, N.F.R. (1985), *British Economic Growth During the Industrial Revolution*, Oxford: Clarendon Press.

Crafts, N.F.R. (1994), 'The Industrial Revolution', in R. Floud and D. McCloskey (eds), *The Economic History of Britain Since 1700: Volume 1*, 2nd edn, Cambridge: Cambridge University Press.

Crafts, N.F.R. (1995), 'Exogenous or Endogenous Growth? The Industrial Revolution Reconsidered', *Journal of Economic History*, December.

*Crafts, N.F.R. (1996), 'Post-Neoclassical Endogenous Growth Theory: What are the Policy Implications?', *Oxford Review of Economic Policy*, Summer.

*Crafts, N.F.R. (1999), 'Economic Growth in the Twentieth Century', *Oxford Review of Economic Policy*, December.

Crafts, N.F.R. (2000), 'Globalisation and Growth', IMF Working Paper, No. 00/44, March.

Crafts, N.F.R. (2001), 'Historical Perspectives on Development', in G. Meier and J.E. Stiglitz (eds), *Frontiers of Development Economics: The Future in Perspective*, Oxford: Oxford University Press.

Crafts, N.F.R. (2003), 'Is Economic Growth Good for Us?', *World Economics*, July–September.

*Crafts, N.F.R. and Toniolo, G. (eds) (1996), *Economic Growth in Postwar Europe*, Cambridge: Cambridge University Press.

Crafts, N.F.R. and Venables, T. (2002), 'Globalisation and Geography: An Historical Perspective', in M. Bordo, A. Taylor and J.G. Williamson (eds), *Globalisation in Historical Perspective*, Chicago: University of Chicago Press.

Cross, R. (1982a), *Economic Theory and Policy in the U.K.: An Outline and Assessment of the Controversies*, Oxford: Martin Robertson.

Cross, R. (1982b), 'The Duhem–Quine Thesis, Lakatos and the Appraisal of Theories in Macroeconomics', *Economic Journal*, June.

Cross, R. (ed.) (1988), *Unemployment, Hysteresis and the Natural Rate Hypothesis*, Oxford: Basil Blackwell.

*Cross, R. (ed.) (1995), *The Natural Rate of Unemployment: Reflections on 25 Years of the Hypothesis*, Cambridge: Cambridge University Press.

Cross, R. (2002), 'Hysteresis', in B. Snowdon and H.R. Vane (eds), *An Encyclopedia of Macroeconomics*, Cheltenham, UK and Northampton, MA, USA: Edward Elgar.

Cross, R. et al. (1993), 'The NAIRU', *Journal of Economic Studies*.

Crucini, M.J. and Kahn, J. (1996), 'Tariffs and Aggregate Economic Activity: Lessons from the Great Depression', *Journal of Monetary Economics*, December.

Cukierman, A. (1992), *Central Bank Strategy, Credibility and Independence*, Cambridge, MA: MIT Press.

Cukierman, A. (1994), 'Central Bank Independence and Monetary Control', *Economic Journal*, November.

Cukierman, A. and Meltzer, A.H. (1986), 'A Positive Theory of Discretionary Policy, the Cost of a Democratic Government, and the Benefits of a Constitution', *Economic Inquiry*, July.

Cukierman, A., Edwards, S. and Tabellini, G. (1992), 'Seigniorage and Political Instability', *American Economic Review*, June.

Culbertson, J.M. (1960), 'Friedman on the Lag in Effect of Monetary Policy', *Journal of Political Economy*, December.

Culbertson, J.M. (1961), 'The Lag in Effect on Monetary Policy: Reply', *Journal of Political Economy*, October.

Cunningham Wood, J. (1983), *John Maynard Keynes: Critical Assessments*, Vols 1–4, Beckenham: Croom Helm.

Dalziel, P.C. (1991), 'Theoretical Approaches to Monetary Disinflation', *Journal of Economic Surveys*.

Danthine, J. P. (1997), 'In Search of a Successor to IS–LM', *Oxford Review of Economic Policy*, Autumn.

Danthine, J.P. and Donaldson, J.B. (1993), 'Methodological and Empirical Issues in Real Business Cycle Theory', *European Economic Review*, January.

Danziger, S., Van der Gaag, J., Smolensky, E. and Taussig, M. (1982–3), 'The Life Cycle Hypothesis and the Consumption Behaviour of the Elderly', *Journal of Post Keynesian Economics*, Winter.

Dasgupta, P. and Serageldin, I. (eds) (2000), *Social Capital: A Multifaceted Perspective*, Washington, DC: World Bank.

Davidson, G. and Davidson, P. (1988), *Economics for a Civilised World*, London: Macmillan.

Davidson, P. (1972), *Money and the Real World*, London: Macmillan.

Davidson, P. (1977), 'Money and General Equilibrium', *Economie Appliquée*.

*Davidson, P. (1978), *Money and the Real World*, 2nd edn, London: Macmillan.

Davidson, P. (1980), 'Post Keynesian Economics: Solving the Crisis in Economic Theory', *Public Interest*, Special Issue; reprinted in D. Bell and I. Kristol (eds) (1981), *The Crisis in Economic Theory*, New York: Basic Books.

Davidson, P. (1982), *International Money and the Real World*, London: Macmillan.

Davidson, P. (1982–3), 'Rational Expectations: A Fallacious Foundation for Studying Crucial Decision-Making Processes', *Journal of Post Keynesian Economics*, Winter.

Davidson, P. (1984), 'Reviving Keynes's Revolution', *Journal of Post Keynesian Economics*, Fall.

*Davidson, P. (1991), 'Is Probability Theory Relevant for Uncertainty? A Post Keynesian Perspective', *Journal of Economic Perspectives*, Winter.

*Davidson, P. (1994), *Post Keynesian Macroeconomic Theory: A Foundation for Successful Economic Policies for the Twenty-First Century*, Aldershot, UK and Brookfield, USA: Edward Elgar.

Davidson, P. (1996), 'What Revolution?: The Legacy of Keynes', *Journal of Post Keynesian Economics*, Fall.

Davidson, P. (2002), 'Restating the Purpose of the Journal of Post Keynesian Economics After 25 Years', *Journal of Post Keynesian Economics*, Fall.

Davidson, P. and Weintraub, S. (1973), 'Money As Cause or Effect', *Economic Journal*, March.

Davis, M.D. (1983), *Game Theory: A Non Technical Introduction*, New York: Basic Books.

Dawson, J.W. (1998), 'Institutions, Investment, and Growth: New Cross-Country and Panel Data Evidence', *Economic Inquiry*, October.

Deane, P. (1983), 'The Scope and Method of Economic Science', *Economic Journal*, March.

Deininger, K. and Squire, L. (1996), 'A New Dataset Measuring Income Inequality', *World Bank Economic Review*, September.

*DeLong, J.B. (1988), 'Productivity Growth, Convergence and Welfare: Comment', *American Economic Review*, December.

DeLong, J.B. (1992), 'Growth in the World Economy, ca. 1870–1990', in H. Siebert (ed.), *Economic Growth in the World Economy*, Tübingen: Mohr/Siebeck.

*DeLong, J.B. (1996), 'Keynesianism, Pennsylvania Avenue Style: Some Economic Consequences of the Employment Act of 1946', *Journal of Economic Perspectives*, Summer.

*DeLong, J.B. (1997), 'America's Only Peacetime Inflation: The 1970s', in C. Romer and D. Romer (eds), *Reducing Inflation: Motivation and Strategy*, Chicago: University of Chicago Press.

DeLong, J.B. (1998), 'America's Fiscal Policy in the Shadow of the Great Depression', in M. Bordo, C. Goldin and E. White (eds), *The Defining Moment: The Great Depression and the American Economy in the Twentieth Century*, Chicago: University of Chicago Press.

DeLong, J.B. (1999a), 'Introduction to the Symposium on Business Cycles', *Journal of Economic Perspectives*, Spring.

DeLong, J.B. (1999b), 'Why we Should Fear Deflation', *Brookings Papers on Economic Activity*.

DeLong, J.B. (1999c), 'Financial Crises in the 1890s and 1990s: Must History Repeat Itself?', *Brookings Papers on Economic Activity*.

*DeLong, J.B. (2000), 'The Triumph of Monetarism?', *Journal of Economic Perspectives*, Winter.

DeLong, J.B. (2001), *Macroeconomics*, Burr Ridge: McGraw-Hill Higher Education.

DeLong, J.B. and Dowrick, S. (2002), 'Globalisation and Convergence', in M. Bordo, A. Taylor and J.G. Williamson (eds), *Globalisation in Historical Perspective*, Chicago: University of Chicago Press.

DeLong, J.B. and Eichengreen, B. (1993), 'The Marshall Plan: History's Most Successful Structural Adjustment Programme', in R. Dornbusch, W. Nolling and R. Layard (eds), *Post-War Reconstruction and Lessons for the East Today*, Cambridge, MA: MIT Press.

*DeLong, J.B. and Shleifer, A. (1993), 'Princes and Merchants: City Growth Before the Industrial Revolution', *Journal of Law and Economics*, October.

DeLong, J.B. and Summers, L.H. (1986), 'The Changing Cyclical Variability of Economic Activity in the United States', in R.J. Gordon (ed.), *The American Business Cycle*, Chicago: University of Chicago Press.

DeLong, J.B. and Summers, L.H. (1991), 'Equipment Investment and Economic Growth', *Quarterly Journal of Economics*, May.

DeLong, J.B. and Summers, L.H. (1992), 'Equipment Investment and Economic Growth: How Strong is the Nexus?', *Brookings Papers on Economic Activity*.

DeLong, J.B. and Summers, L.H. (1993), 'How Strongly Do Developing Countries Benefit from Equipment Investment?', *Journal of Monetary Economics*, December.

Denison, E.F. (1967), *Why Growth Rates Differ: Post-War Experience in Nine Western Countries*, Washington, DC: The Brookings Institution.

Denison, E.F. (1974), *Accounting for United States Growth, 1929–1969*, Washington, DC: The Brookings Institution.

Denison, E.F. (1985), *Trends in American Economic Growth*, Washington, DC: The Brookings Institution.

De Prano, M. and Mayer, T. (1965), 'Tests of the Relative Importance of Autonomous Expenditure and Money', *American Economic Review*, September.

Deutscher, P. (1990), *R.G. Hawtrey and the Development of Macroeconomics*, Basingstoke: Macmillan.

De Vanssay (2002), 'Marshall–Lerner Condition', in B. Snowdon and H.R. Vane (eds), *An Encyclopedia of Macroeconomics*, Cheltenham, UK and Northampton, MA, USA: Edward Elgar.

De Vroey, M. (2000), 'IS–LM à la Hicks Versus IS–LM à la Modigliani', *History of Political Economy*, Summer.

*De Vroey, M. (2001), 'Friedman and Lucas on the Phillips Curve: From a Disequilibrium to an Equilibrium Approach', *Eastern Economic Journal*, Spring.

De Wolff, P. (1941), 'Income Elasticity of Demand: A Microeconomic and a Macroeconomic Interpretation', *Economic Journal*, April.

*Diamond, J. (1997), *Guns, Germs and Steel*, New York: W.W. Norton.

Diamond, P.A. (1982), 'Aggregate Demand Management in Search Equilibrium', *Journal of Political Economy*, October.

Diamond, P., Shafir, E. and Tversky, A. (1997), 'Money Illusion', *Quarterly Journal of Economics*, May.

*Dimand, R.W. (1988), *The Origins of the Keynesian Revolution*, Aldershot, UK and Brookfield, USA: Edward Elgar.

*Dimand, R.W. (2002a), 'Ricardian Equivalence', in B. Snowdon and H.R. Vane (eds), *An Encyclopedia of Macroeconomics*, Cheltenham, UK and Northampton, MA, USA: Edward Elgar.

*Dimand, R.W. (2002b), 'Real Balance Effect', in B. Snowdon and H.R. Vane (eds), *An Encyclopedia of Macroeconomics*, Cheltenham, UK and Northampton, MA, USA: Edward Elgar.

*Dimand, R.W. (2002c), 'Balance of Payments: Keynesian Approach', in B. Snowdon and H.R. Vane (eds), *An Encyclopedia of Macroeconomics*, Cheltenham, UK and Northampton, MA, USA: Edward Elgar.

Dimand, R. (2004), 'James Tobin and the Transformation of the IS–LM Model', in M. De Vroey and K.D. Hoover (eds), *The IS–LM Model: Its Rise, Fall and Strange Persistence*, Durham, NC: Duke University Press.

Dixon, H. (1995), 'Of Coconuts, Decomposition and a Jackass: The Genealogy of the Natural Rate', in R. Cross (ed.), *The Natural Rate of Unemployment: Reflections on 25 Years of the Hypothesis*, Cambridge: Cambridge University Press.

*Dixon, H. (1997), 'The Role of Imperfect Competition in Keynesian Economics', in B. Snowdon and H.R. Vane (eds), *Reflections on the Development of Modern Macroeconomics*, Cheltenham, UK and Lyme, USA: Edward Elgar.

Dixon, H. and Rankin, N. (1994), 'Imperfect Competition and Macroeconomics: A Survey', *Oxford Economic Papers*, April.

Dixon, W. (1994), 'Democracy and the Peaceful Settlement of International Conflict', *American Political Science Review*, March.

*Dollar, D. and Kraay, A. (2002a), 'Spreading the Wealth', *Foreign Affairs*, February.

*Dollar, D. and Kraay, A. (2002b), 'Growth is Good for the Poor', *Journal of Economic Growth*, September.

Dollar, D. and Kraay, A. (2003), 'Institutions, Trade and Growth', *Journal of Monetary Economics*, January.

*Dollar, D. and Kraay, A. (2004), 'Trade, Growth, and Poverty', *Economic Journal*, February.

Domar, E.D. (1946), 'Capital Expansion, Rate of Growth and Employment', *Econometrica*, April.

Domar, E.D. (1947), 'Expansion and Employment', *American Economic Review*, March.

Domar, E.D. (1948), 'The Problem of Capital Accumulation', *American Economic Review*, December.

Domar, E.D. (1957), *Essays on the Theory of Economic Growth*, New York: Oxford University Press.

Dore, M. (1993), *The Macrodynamics of Business Cycles*, Oxford: Blackwell.

Dorfman, R. (1989), 'Thomas Robert Malthus and David Ricardo', *Journal of Economic Perspectives*, Summer.

Dorfman, R., Samuelson, P.A. and Solow, R.M. (1958), *Linear Programming and Economic Analysis*, New York: McGraw-Hill.

Dornbusch, R. (1976), 'Expectations and Exchange Rate Dynamics', *Journal of Political Economy*, December.

*Dornbusch, R., Fischer, S. and Startz, R. (2004), *Macroeconomics*, 9th edn, New York: McGraw-Hill.

Dow, C. (1998), *Major Recessions: Britain and the World 1920–95*, Oxford: Oxford University Press.

Downs, A. (1957), *An Economic Theory of Democracy*, New York: Harper and Row.

Dowrick, S. (1992), 'Technological Catch-Up and Diverging Incomes', *Economic Journal*, May.

Doyle, C. and Weale, M. (1994), 'Do We Really Want an Independent Central Bank?', *Oxford Review of Economic Policy*, Autumn.

Drago, R. and Heywood, J.S. (1992), 'Is Worker Behaviour Consistent with Efficiency Wages?', *Scottish Journal of Political Economy*, May.

Drazen, A. (2000a), *Political Economy in Macroeconomics*, Princeton: Princeton University Press.

*Drazen, A. (2000b), 'The Political Business Cycle After Twenty Five Years', *National Bureau of Economics Research Macroeconomics Annual*.

Driffill, J. (1988), 'Macroeconomic Policy Games with Incomplete Information: A Survey', *European Economic Review*, March.

Dunlop, J.G. (1938), 'The Movement of Real and Money Wages', *Economic Journal*, September.

Durlauf, S.N. (1989), 'Output Persistence, Economic Structure, and the Choice of Stabilisation Policy', *Brookings Papers on Economic Activity*.

Durlauf, S. and Quah, D. (1999), 'The New Empirics of Economic Growth', in J.B. Taylor and M. Woodford (eds), *Handbook of Macroeconomics, Vol. IA*, Amsterdam: Elsevier.

*Easterlin, R.A. (1996), *Growth Triumphant: The Twenty-First Century in Perspective*, Ann Arbor: University of Michigan Press.

Easterly, W. (1999), 'The Ghost of the Financing Gap: Testing the Growth Model Used in International Financial Institutions', *Journal of Development Economics*, December.

*Easterly, W. (2001a), *The Elusive Quest for Growth: Economists' Adventures and Misadventures in the Tropics*, Cambridge, MA: MIT Press.

Easterly, W. (2001b), 'Can Institutions Resolve Ethnic Conflict?', *Economic Development and Cultural Change*, July.

Easterly, W. (2003), 'Can Foreign Aid Buy Growth?', *Journal of Economic Perspectives*, Summer.

Easterly, W. and Fischer, S. (2001), 'Inflation and the Poor', *Journal of Money, Credit, and Banking*, May.

*Easterly, W. and Levine, R. (1997), 'Africa's Growth Tragedy: Policies and Ethnic Divisions', *Quarterly Journal of Economics*, November.

Easterly, W. and Levine, R. (2001), 'It's Not Factor Accumulation: Stylised Facts and Growth Models', www.worldbank.org.

Easterly, W. and Levine, R. (2003), 'Tropics, Germs and Crops: How Endowments Influence Economic Development', *Journal of Monetary Economics*, January.

Easterly, W., Devarajan, S. and Pack, H. (2003), 'Low Investment is Not the Constraint on African Development', *Economic Development and Cultural Change*, April.

Edwards, S. (1993), 'Openness, Trade Liberalisation and Growth in Developing Countries', *Journal of Economic Literature*, September.

Edwards, S. (1994), 'The Political Economy of Inflation and Stabilization in Developing Countries', *Economic Development and Cultural Change*, January.

*Edwards, S. (1998), 'Openness, Productivity and Growth: What Do We Really Know?', *Economic Journal*, March.

Eggertsson, G. B. and Woodford, M. (2003), 'The Zero Bound on Interest Rates and Optimal Monetary Policy', *Brookings Papers on Economic Activity*.

Eichenbaum, M. (1991), 'Real Business Cycle Theory: Wisdom or Whimsy?', *Journal of Economic Dynamics and Control*, October.

*Eichenbaum, M. (1997), 'Some Thoughts on Practical Stabilization Policy', *American Economic Review*, May.

Eichenbaum, M. and Singleton, K.J. (1986), 'Do Equilibrium Real Business Cycle Theories Explain Postwar US Business Cycles?', *NBER Macroeconomics Annual*.

*Eichengreen, B. (1992a), 'The Origins and Nature of the Great Slump Revisited', *Economic History Review*, May.

*Eichengreen, B. (1992b), *Golden Fetters: The Gold Standard and the Great Depression, 1919–1939*, New York: Oxford University Press.

Eichengreen, B. (1996), 'Institutions and Economic Growth: Europe After World War II', in N.F.R. Crafts and G. Toniolo (eds), *Economic Growth in Europe Since 1945*, Cambridge: Cambridge University Press.

Eichengreen, B. and Sachs, J.D. (1985), 'Exchange Rates and Economic Recovery in the 1930s', *Journal of Economic History*, December.

Eichengreen, B. and Temin, P. (2000), 'The Gold Standard and the Great Depression', *Contemporary European History*, July.

*Eichengreen, B. and Temin, P. (2002), 'Counterfactual Histories of the Great Depression', in T. Balderston (ed.), *The World Economy and National Economies Between the Wars*, London: Macmillan.

*Eichner, A.S. and Kregel, J.A. (1975), 'An Essay on Post Keynesian Theory: A New Paradigm in Economics', *Journal of Economic Literature*, December.

Eifert, B., Gelb, A. and Tallroth, N.B. (2003), 'Managing Oil Wealth', *Finance and Development*, March.

*Eijffinger, S.C.W. (2002a), 'Central Bank Independence', in B. Snowdon and H.R. Vane (eds), *An Encyclopedia of Macroeconomics*, Cheltenham, UK and Northampton, MA, USA: Edward Elgar.

*Eijffinger, S.C.W. (2002b), 'Central Bank Accountability and Transparency', in B. Snowdon and H.R. Vane (eds), *An Encyclopedia of Macroeconomics*, Cheltenham, UK and Northampton, MA, USA: Edward Elgar.

Eijffinger, S.C.W. and Keulen, M.V. (1995), 'Central Bank Independencies in Another Eleven Countries', *Banca Nazionale del Lavoro Quarterly Review*, March.

Eijffinger, S.C.W. and Schaling, E. (1993), 'Central Bank Independence in Twelve Industrial Countries', *Banca Nazionale del Lavaro Quarterly Review*, March.

Elmslie, B. and Criss, A.J. (1999), 'Theories of Convergence and Growth in the Classical Period: The Role of Science, Technology and Trade', *Economica*, February.

Els, van P.J.A. (1995), 'Real Business Cycle Models and Money: A Survey of Theories and Facts', *Weltwirtschaftliches Archiv*.

Eltis, W. (1995), 'John Locke, the Quantity Theory of Money and Establishment of a Sound Currency', in M. Blaug et al., *The Quantity Theory of Money: From Locke to Keynes and Friedman*, Aldershot, UK and Brookfield, USA: Edward Elgar.

Evans, G.W. and Honkapohja, S. (1999), 'Learning Dynamics', in J.B. Taylor and M. Woodford (eds), *Handbook of Macroeconomics*, Amsterdam: North-Holland.

Evans, G.W. and Honkapohja, S. (2001), *Learning and Expectations Macroeconomics*, Princeton: Princeton University Press.

Fackler, J.S. and Parker, R.E. (1994), 'Accounting for the Great Depression: A Historical Decomposition', *Journal of Macroeconomics*, Spring.

*Fagerberg, J. (1994), 'Technology and International Differences in Growth Rates', *Journal of Economic Literature*, September.

*Fagerberg, J. (1995), 'Convergence or Divergence? The Impact of Technology on Why Growth Rates Differ', *Journal of Evolutionary Economics*, Spring.

Fair, R. (1988), 'The Effect of Economic Events on Votes for President: 1984 Update', *Political Behaviour*.

Fair, R. (1992), 'The Cowles Commission Approach, Real Business Cycle Theories and New Keynesian Economics', in M. Belongia and M. Garfinkel (eds), *The Business Cycle: Theories and Evidence*, London: Kluwer Academic Publishers.

Fajnzylber, P., Lederman, D. and Loayza, N. (2002), 'Inequality and Violent Crime', *Journal of Law and Economics*, April.

Fama, E. (1980), 'Banking in the Theory of Finance', *Journal of Monetary Economics*, January.

Fay, J.A. and Medoff, J.L. (1985), 'Labour and Output Over the Business Cycle', *American Economic Review*, September.

Fei, J. and Ranis, G. (1997), *Growth and Development From an Evolutionary Perspective*, Oxford: Basil Blackwell.

Feiwel, G.R. (1974), 'Reflections on Kalecki's Theory of Political Business Cycle', *Kyklos*.

Feldstein, M. (1982), 'Government Deficits and Aggregate Demand', *Journal of Monetary Economics*, February.

Feldstein, M. (1986), 'Supply-Side Economics: Old Truths and New Claims', *American Economic Review*, May.

*Feldstein, M. (1992), 'The Council of Economic Advisers and Economic Advising in the United States', *Economic Journal*, September.

Feldstein, M. (ed.) (1999), *The Costs and Benefits of Price Stability*, Chicago: University of Chicago Press.

Fellner, W. (1976), 'Towards a Reconstruction of Macroeconomics – Problems of Theory and Policy', *American Enterprise Institute*.

Fellner, W. (1979), 'The Credibility Effect and Rational Expectations: Implications of the Gramlich Study', *Brookings Papers on Economic Activity*.

Fischer, S. (1977), 'Long-Term Contracts, Rational Expectations, and the Optimal Money Supply Rule', *Journal of Political Economy*, February.

Fischer, S. (1988), 'Recent Developments in Macroeconomics', *Economic Journal*, June.

Fischer, S. (1990), 'Rules Versus Discretion in Monetary Policy', in B.M. Friedman and F.H. Hahn (eds), *Handbook of Monetary Economics Vol. II*, Amsterdam: North-Holland.

Fischer, S. (1993), 'The Role of Macroeconomic Factors in Growth', *Journal of Monetary Economics*, December.

Fischer, S. (1994), 'Interview with Stanley Fischer', in B. Snowdon, H.R. Vane and P. Wynarczyk, *A Modern Guide to Macroeconomics: An Introduction to Competing Schools of Thought*, Aldershot, UK and Brookfield, USA: Edward Elgar.

*Fischer, S. (1995a), 'Central Bank Independence Revisited', *American Economic Review*, May.

Fischer, S. (1995b), 'The Unending Search for Monetary Salvation', *NBER Macroeconomics Annual*.

*Fischer, S. (1996a), 'Robert Lucas's Nobel Memorial Prize', *Scandinavian Journal of Economics*, March.

Fischer, S. (1996b), 'Why are Central Banks Pursuing Long-Run Price Stability?, in *Achieving Price Stability*, Federal Reserve Bank of Kansas.

*Fischer, S., Sahay, R. and Vegh, C. (2002), 'Modern Hyper- and High Inflations', *Journal of Economic Literature*, September.

Fischer, S. et al. (1988), 'Symposium on the Slowdown in Productivity Growth', *Journal of Economic Perspectives*, Fall.

Fisher, I. (1907), *The Rate of Interest*, New York: Macmillan.

Fisher, I. (1911), *The Purchasing Power of Money*, New York: Macmillan.

Fisher, I. (1933a), 'The Debt-Deflation Theory of Great Depressions', *Econometrica*, October.

Fisher, I. (1933b), *Booms and Depressions*, London: Allen and Unwin.

Fisher, I. (1973), 'I Discovered the Phillips Curve', *Journal of Political Economy*, March/April.

Fitoussi, J.P. and Phelps, E.S. (1988), *The Slump in Europe: Open Economy Theory Reconstructed*, Oxford: Blackwell.

Fitoussi, J.P., Jestaz, D., Phelps, E.S. and Zoega, G. (2000), 'Roots of the Recent Recoveries: Labour Reforms or Private Sector Forces', *Brookings Papers on Economic Activity*.

Fitzgibbons, A. (1988), *Keynes's Vision*, Oxford: Oxford University Press.

*Fleming, J.M. (1962), 'Domestic Financial Policies under Fixed and under Floating Exchange Rates', *IMF Staff Papers*, November.

Fletcher, G. (2002), 'Neoclassical Synthesis', in B. Snowdon and H.R. Vane (eds), *An Encyclopedia of Macroeconomics*, Cheltenham, UK and Northampton, MA, USA: Edward Elgar.

Fogel, R.W. (1999), 'Catching Up With the Economy', *American Economic Review*, March.

Forbes, K. (2000), 'A Reassessment of the Relationship Between Inequality and Growth', *American Economic Review*, September.

Forder, J. (1998), 'Central Bank Independencies – Conceptual Clarifications and Interim Assessment', *Oxford Economic Papers*, July.

Frankel, J.A. and Romer, D. (1999), 'Does Trade Cause Growth?', *American Economic Review*, June.

Freeman, C. (1994), 'The Economics of Technical Change', *Cambridge Journal of Economics*.

Frenkel, J.A. and Johnson, H.G. (eds) (1976), *The Monetary Approach to the Balance of Payments*, London: Allen and Unwin.

Frenkel, J.A. and Johnson, H.G. (eds) (1978), *The Economics of Exchange Rates*, Reading, MA: Addison-Wesley.

Frenkel, J.A. and Razin, A. (1987), 'The Mundell–Fleming Model a Quarter Century Later: A Unified Exposition', *IMF Staff Papers*, December.

Frey, B.S. (1978), *Modern Political Economy*, London: Martin Robertson.

Frey, B.S. and Schneider, F. (1978a), 'A Politico-Economic Model of the United Kingdom', *Economic Journal*, June.

Frey, B.S. and Schneider, F. (1978b), 'An Empirical Study of Politico-

Economic Interaction in the United States', *Review of Economics and Statistics*, May.

Frey, B.S. and Schneider, F. (1988), 'Politico-Economic Models of Macroeconomic Policy: A Review of the Empirical Evidence', in T.D. Willett (ed.), *Political Business Cycles*, Durham, NC: Duke University Press.

Friedman, B.M. (1988), 'Lessons of Monetary Policy from the 1980s', *Journal of Economic Perspectives*, Summer.

Friedman, B.M. (1992), 'How Does It Matter?', in M. Belongia and M. Garfinkel (eds), *The Business Cycle: Theories and Evidence*, London: Kluwer Academic Publishers.

Friedman, B.M. and Kuttner, K.N. (1996), 'A Price Target for U.S. Monetary Policy? Lessons from the Experience with Money Growth Targets', *Brookings Papers on Economic Activity*.

Friedman, M. (1948), 'A Monetary and Fiscal Framework for Economic Stability', *American Economic Review*, June.

*Friedman, M. (1953a), 'The Methodology of Positive Economics', in M. Friedman, *Essays in Positive Economics*, Chicago: University of Chicago Press.

*Friedman, M. (1953b), 'The Case for Flexible Exchange Rates', in M. Friedman, *Essays in Positive Economics*, Chicago: University of Chicago Press.

Friedman, M. (1956), 'The Quantity Theory of Money, A Restatement', in M. Friedman (ed.), *Studies in the Quantity Theory of Money*, Chicago: University of Chicago Press.

Friedman, M. (1957), *A Theory of the Consumption Function*, Princeton: Princeton University Press.

Friedman, M. (1958), 'The Supply of Money and Changes in Prices and Output', reprinted in *The Optimum Quantity of Money and Other Essays*, Chicago: Aldine, 1969.

Friedman, M. (1959), 'The Demand for Money – Some Theoretical and Empirical Results', *Journal of Political Economy*, June.

Friedman, M. (1960), *A Program for Monetary Stability*, New York: Fordham University Press.

Friedman, M. (1962), *Capitalism and Freedom*, Chicago: University of Chicago Press.

Friedman, M. (1966), 'Interest Rates and the Demand for Money', *Journal of Law and Economics*, October.

*Friedman, M. (1968a), 'The Role of Monetary Policy', *American Economic Review*, March.

Friedman, M. (1968b), 'Money: Quantity Theory', in D. Sills (ed.), *The International Encyclopedia of the Social Sciences*, New York: Macmillan Free Press.

Friedman, M. (1969), *The Optimum Quantity of Money and Other Essays*, Chicago: Aldine.

*Friedman, M. (1970a), 'A Theoretical Framework for Monetary Analysis', *Journal of Political Economy*, March/April.

Friedman, M. (1970b), 'Comment on Tobin', *Quarterly Journal of Economics*, May.

*Friedman, M. (1970c), *The Counter-Revolution in Monetary Theory*, IEA Occasional Paper No. 33, London: Institute of Economic Affairs.

Friedman, M. (1972), 'Comments on the Critics', *Journal of Political Economy*, September/October.

Friedman, M. (1974), *Monetary Correction*, IEA Occasional Paper No. 41, London: Institute of Economic Affairs.

*Friedman, M. (1975), *Unemployment Versus Inflation? An Evaluation of the Phillips Curve*, IEA Occasional Paper No. 44, London: Institute of Economic Affairs.

*Friedman, M. (1977), 'Nobel Lecture: Inflation and Unemployment', *Journal of Political Economy*, June.

Friedman, M. (1983), 'A Monetarist Reflects', *The Economist*, 4 June.

Friedman, M. (1984), 'Lessons from the 1979–82 Monetary Policy Experiment', *American Economic Review*, May.

Friedman, M. (1991), 'Old Wine in New Bottles', *Economic Journal*, January.

Friedman, M. (1992), *Money Mischief: Episodes in Monetary History*, New York: Harcourt Brace Jovanovich.

Friedman, M. (1993), 'The Plucking Model of Business Fluctuations Revisited', *Economic Inquiry*, April.

Friedman, M. and Meiselman, D. (1963), 'The Relative Stability of Monetary Velocity and the Investment Multiplier in the United States, 1897–1958', in *Commission on Money and Credit: Stabilization Policies*, Englewood Cliffs, NJ: Prentice-Hall.

Friedman, M. and Schwartz, A.J. (1963), *A Monetary History of the United States, 1867–1960*, Princeton: Princeton University Press.

Friedman, M. and Schwartz, A.J. (1982), *Monetary Trends in the United States and the United Kingdom: Their Relation to Income, Prices and Interest Rates*, Chicago: University of Chicago Press.

*Frisch, H. (1977), 'Inflation Theory 1963–1975: A Second Generation Survey', *Journal of Economic Literature*, Deember.

Frisch, R. (1933), 'Propagation Problems and Impulse Problems in Dynamic Economics', in *Essays in Honour of Gustav Cassel*, London: Allen and Unwin.

Frydman, R. and Phelps, E.S. (eds) (1983), *Individual Forecasting and Ag-*

gregate Outcomes: 'Rational Expectations' Examined, Cambridge: Cambridge University Press.

Fukuyama, F. (1989), 'The End of History', *The National Interest*, Summer.

Fukuyama, F. (1992), *The End of History and the Last Man*, New York: The Free Press.

Fukuyama, F. (1995), *Trust: The Social Virtues and the Creation of Prosperity*, New York: The Free Press.

Galbraith, J. (1997), 'Time to Ditch the NAIRU', *Journal of Economic Perspectives*, Winter.

Galbraith, J.K. (1967), *The New Industrial State*, Boston, MA: Houghton Mifflin.

Galbraith, J.K. (1977), *The Age of Uncertainty*, Boston, MA: Houghton Mifflin.

Gali, J. (2002), 'New Perspectives on Monetary Policy and the Business Cycle', NBER Working Paper, No. 8767, February.

Gallup, J., Sachs, J.D. and Mellinger, A. (1998), 'Geography and Economic Development', NBER Working Paper, No. 6849, December.

*Galor, O. and Moav, O. (2001), 'Evolution and Growth', *European Economic Review*, May.

Galor, O. and Moav, O. (2002), 'Natural Selection and the Origin of Economic Growth', *Quarterly Journal of Economics*, November.

Galor, O. and Moav, O. (2003), 'Das Human Capital: A Theory of the Demise of Class Structure', Brown University Working Paper, July.

Galor, O. and Mountford, A. (2003), 'Trade, Demographic Transition and the Great Divergence: Why are a Third of People Indian or Chinese?', Brown University Working Paper, January.

*Galor, O. and Weil, D.N. (1999), 'From Malthusian Stagnation to Modern Growth', *American Economic Review*, May.

Galor, O. and Weil, D.N. (2000), 'Population, Technology, and Growth: From Malthusian Stagnation to the Demographic Transition and Beyond', *American Economic Review*, September.

*Garrison, R.W. (1989), 'The Austrian Theory of the Business Cycle in the Light of Modern Macroeconomics', *Review of Austrian Economics*.

Garrison, R.W. (1991), 'New Classical and Old Austrian Economics: Equilibrium Business Cycle Theory in Perspective', *Review of Austrian Economics*.

Garrison, R.W. (1992), 'Is Milton Friedman a Keynesian?', in M. Skousen (ed.), *Dissent on Keynes: A Critical Appraisal of Keynesian Economics*, New York: Praeger.

*Garrison, R.W. (2001), *Time and Money: The Macroeconomics of Capital Structure*, London: Routledge.

*Garrison, R.W. (2002), 'Business Cycles: Austrian Approach', in B. Snowdon and H.R. Vane (eds), *An Encyclopedia of Macroeconomics*, Cheltenham, UK and Northampton, MA, USA: Edward Elgar.

*Garrison, R.W. (2004), 'Overconsumption and Forced Saving in the Mises–Hayek Theory of the Business Cycle', *History of Political Economy*, Summer.

Gartner, M. (1996), 'Political Business Cycles When Real Activity is Persistent', *Journal of Macroeconomics*, Fall.

Gartner, M. (2000), 'Political Macroeconomics: A Survey of Recent Developments', *Journal of Economic Surveys*, December.

Geraats, P.M. (2002), 'Central Bank Transparency', *Economic Journal*, November.

Gerrard, B. (1988), 'Keynesian Economics: The Road to Nowhere', in J. Hillard (ed.), *J. M. Keynes in Retrospect*, Aldershot, UK and Brookfield, USA: Edward Elgar.

*Gerrard, B. (1991), 'Keynes's General Theory: Interpreting the Interpretations', *Economic Journal*, March.

Gerrard, B. (1996), 'Review Article: Competing Schools of Thought in Macroeconomics – An Ever-Changing Consensus? *Journal of Economic Studies.*

Gerschenkron, A. (1962), 'Economic Backwardness in Historical Perspective', in B.F. Hoselitz (ed.), *The Progress of Underdeveloped Areas*, Chicago: University of Chicago Press.

Ghosh, A. and Phillips, S. (1998), 'Warning: Inflation May be Harmful to Your Growth', *IMF Staff Papers*, December.

Glaeser, E. and Shleifer, A. (2002), 'Legal Origins', *Quarterly Journal of Economics*, November.

Glaeser, E., Scheinkman, J. and Shleifer, A. (2003), 'The Injustice of Inequality', *Journal of Monetary Economics*, January.

Glahe, F.R. (1973), *Macroeconomics: Theory and Policy*, New York: Harcourt Brace Jovanovich.

Goldin, C. (1995), 'Cliometrics and the Nobel', *Journal of Economic Perspectives*, Spring.

*Goldin, C. (2001), 'The Human Capital Century and American Leadership: Virtues of the Past', *Journal of Economic History*, June.

Golosov, M. and Lucas, R.E. Jr (2003), 'Menu Costs and Phillips Curves', NBER Working Paper, No. 10187, December.

*Goodfriend, M. (2004), 'Inflation Targeting in the US?', in B.S. Bernanke and M. Woodford (eds), *Inflation Targeting*, Chicago: University of Chicago Press.

*Goodfriend, M. and King, R.G. (1997), 'The New Neoclassical Synthesis and the Role of Monetary Policy', *NBER Macroeconomics Annual.*

Goodfriend, M. and McDermott, J. (1995), 'Early Development', *American Economic Review*, March.

*Goodhart, C.A.E. (1994a), 'Game Theory for Central Bankers: A Report to the Governor of the Bank of England', *Journal of Economic Literature*, March.

*Goodhart, C.A.E. (1994b), 'What Should Central Bankers Do? What Should be Their Macroeconomic Objectives and Operations?', *Economic Journal*, November.

Goodhart, C. and Presley, J. (1991), 'Real Business Cycle Theory: A Restatement of Robertsonian Economics?', Economic Research Paper, Loughborough University.

Gordon, D.F. (1974), 'A Neoclassical Theory of Keynesian Unemployment', *Economic Inquiry*, December.

Gordon, R.J. (1972), 'Wage Price Controls and the Shifting Phillips Curve', *Brookings Papers on Economic Activity*.

Gordon, R.J. (ed.) (1974), *Milton Friedman's Monetary Framework: A Debate With His Critics*, Chicago: University of Chicago Press.

Gordon, R.J. (1975), 'Alternative Responses to External Supply Shocks', *Brookings Papers on Economic Activity*.

Gordon, R.J. (1976), 'Recent Developments in the Theory of Inflation and Unemployment', *Journal of Monetary Economics*, April.

Gordon, R.J. (1978), 'What Can Stabilisation Policy Achieve?', *American Economic Review*, May.

*Gordon, R.J. (1981), 'Output Fluctuations and Gradual Price Adjustment', *Journal of Economic Literature*, June.

Gordon, R.J. (1982a), 'Price Inertia and Policy Ineffectiveness in the United States, 1890–1980', *Journal of Political Economy*, December.

Gordon, R.J. (1982b), 'Why US Wage and Employment Behaviour Differs From That in Britain and Japan', *Economic Journal*, March.

Gordon, R.J. (ed.) (1986), *The American Business Cycle: Continuity and Change*, Chicago: University of Chicago Press.

Gordon, R.J. (1988), 'Hysteresis in History: Was There Ever a Phillips Curve?', *American Economic Review*, May.

Gordon, R.J. (1989), 'Fresh Water, Salt Water, and Other Macroeconomic Elixirs', *Economic Record*, June.

*Gordon, R.J. (1990), 'What Is New-Keynesian Economics?', *Journal of Economic Literature*, September.

Gordon, R.J. (1993), *Macroeconomics*, 6th edn, New York: HarperCollins.

*Gordon, R.J. (1997), 'The Time-Varying NAIRU and its Implications for Economic Policy', *Journal of Economic Perspectives*, Winter.

*Gordon, R.J. (1998), 'Foundations of the Goldilocks Economy: Supply Shocks and the Time-Varying NAIRU', *Brookings Papers on Economic Activity*.

Gordon, R.J. (2000a), *Macroeconomics*, 8th edn, New York: Addison-Wesley.

Gordon, R.J. (2000b), 'Does the New Economy Measure Up to the Great Inventions of the Past?', *Journal of Economic Perspectives*, Fall.

*Gordon, R.J. (2003), *Macroeconomics*, 9th edn, New York: Addison-Wesley.

Grandmont, J.M. and Laroque, G. (1976), 'On Temporary Keynesian Equilibrium', *Review of Economic Studies*, February.

Gray, C. and McPherson, M. (2001), 'The Leadership Factor in African Policy Reform and Growth', *Economic Development and Cultural Change*, July.

Green, J. (1996), 'Inflation Targeting: Theory and Policy Implications', *IMF Staff Papers*, December.

*Greenspan, A. (2004), 'Risk and Uncertainty in Monetary Policy', *American Economic Review*, May.

*Greenwald, B.C. and Stiglitz, J.E. (1987), 'Keynesian, New Keynesian and New Classical Economics', *Oxford Economic Papers*, March.

Greenwald, B.C. and Stiglitz, J.E. (1988), 'Examining Alternative Macroeconomic Theories', *Brookings Papers on Economic Activity*.

*Greenwald, B.C. and Stiglitz, J.E. (1993a), 'New and Old Keynesians', *Journal of Economic Perspectives*, Winter.

Greenwald, B.C. and Stiglitz, J.E. (1993b), 'Financial Market Imperfections and Business Cycles', *Quarterly Journal of Economics*, February.

Grief, A. (2003), *Comparative and Historical Institutional Analysis: A Game Theoretic Perspective*, Cambridge: Cambridge University Press.

Griffin, K. (1970), 'Foreign Capital, Domestic Savings and Economic Development', *Oxford Bulletin of Economics and Statistics*, May.

Grilli, V., Masciandaro, D. and Tabellini, G. (1991), 'Political and Monetary Institutions and Public Finance Policies in the Industrialised Countries', *Economic Policy*, October.

Grossman, G. and Helpman, E. (1990), 'Trade, Innovation and Growth', *American Economic Review*, May.

Grossman, G. and Helpman, E. (1991), *Innovation and Growth in the Global Economy*, Cambridge, MA: MIT Press.

*Grossman, G. and Helpman, E. (1994), 'Endogenous Innovation in the Theory of Growth', *Journal of Economic Perspectives*, Winter.

Gujarati, D. (1972), 'The Behaviour of Unemployment and Unfilled Vacancies: Great Britain, 1958–71', *Economic Journal*, March.

Gyimah-Brempong, K. (2002), 'Corruption, Economic Growth and Income Inequality in Africa', *Economics of Governance*, November.

Gylfason, T. (1999), *Principles of Economic Growth*, Oxford: Oxford University Press.

Haberler, G. (1937), *Prosperity and Depression*, Cambridge, MA: Harvard University Press.

Haberler, G. (1963), *Prosperity and Depression*, 4th edn, New York: Atheneum.

Hahn, F.H. (1977), 'Keynesian Economics and General Equilibrium Theory', in G.C. Harcourt (ed.), *The Microfoundations of Macroeconomics*, London: Macmillan.

Hahn, F. (1982), *Money and Inflation*, Oxford: Basil Blackwell.

Hahn, F.H. (1987), 'On Involuntary Unemployment', *Economic Journal*, Supplement.

Hahn, F.H. and Matthews, R.C.O. (1964), 'The Theory of Economic Growth: A Survey', *Economic Journal*, December.

Hahn, F.H. and Solow, R.M. (1995), *A Critical Essay on Modern Macroeconomic Theory*, Cambridge, MA: MIT Press.

Haldane, A. (1998), 'On Inflation Targeting in the United Kingdom', *Scottish Journal of Political Economy*, February.

Haley, J. (1990), 'Theoretical Foundations of Sticky Wages', *Journal of Economic Surveys*.

Hall, R.E. (1991), 'Labour Demand, Labour Supply and Employment Volatility', *NBER Macroeconomics Annual.*

*Hall, R.E. (1996), 'Robert Lucas, Recipient of the 1995 Nobel Memorial Prize in Economics', *Scandinavian Journal of Economics*, March.

Hall, R.E. (2003), 'Modern Theory of Unemployment Fluctuations: Empirics and Policy Applications', *American Economic Review*, May.

Hall, R.E. and Jones, C.I. (1997), 'Levels of Economic Activity Across Countries', *American Economic Review*, May.

Hall, R.E. and Jones, C.I. (1999), 'Why Do Some Countries Produce So Much More Output Per Worker Than Others?', *Quarterly Journal of Economics*, February.

Hall, R.E. and Taylor, J.B. (1997), *Macroeconomics*, 5th edn, New York: W.W. Norton.

*Hall, T.E. and Ferguson, J.D. (1998), *The Great Depression: An International Disaster of Perverse Economic Policies*, Ann Arbor: University of Michigan Press.

Hamberg, D. (1971), *Models of Economic Growth*, New York: Harper and Row.

Hamilton, J.D. (1983), 'Oil and the Macroeconomy Since World War II', *Journal of Political Economy*, April.

Hamilton, J.D. (1988), 'The Role of the Gold Standard in Propagating the Great Depression', *Contemporary Policy Issues*, April.

Hamilton, J.D. (1996), 'This is What Happened to the Oil Price–Macroeconomic Relationship', *Journal of Monetary Economics*, October.

*Hammond, J.D. (1996), *Theory and Measurement: Causality Issues in Milton Friedman's Monetary Economics*, Cambridge: Cambridge University Press.

Hamouda, O.F. and Harcourt, G.C. (1988), 'Post Keynesianism: From Criticism to Coherence', *Bulletin of Economic Research*, January.

Hansen, A.H. (1949), *Monetary Theory and Fiscal Policy*, New York: McGraw-Hill.

Hansen, A.H. (1953), *A Guide to Keynes*, New York: McGraw-Hill.

Hansen, B. (1970), 'Excess Demand, Unemployment, Vacancies and Wages', *Quarterly Journal of Economics*, February.

Hansen, G.D. (1985), 'Indivisible Labour and the Business Cycle', *Journal of Monetary Economics*, November.

Hansen, G.D. and Prescott, E.C. (1993), 'Did Technology Cause the 1990–1991 Recession?', *American Economic Review*, May.

Hansen, G.D. and Prescott, E.C. (2002), 'Malthus to Solow', *American Economic Review*, September.

Hansen, L.P. and Heckman, J.J. (1996), 'The Empirical Foundations of Calibration', *Journal of Economic Perspectives*, Winter.

Harcourt, G.C. (1972), *Some Cambridge Controversies in the Theory of Capital*, Cambridge: Cambridge University Press.

Hargreaves-Heap, S.P. (1980), 'Choosing the Wrong Natural Rate: Accelerating Inflation or Decelerating Employment and Growth?', *Economic Journal*, September.

Hargreaves-Heap, S.P. (1992), *The New Keynesian Macroeconomics: Time Belief and Social Interdependence*, Aldershot, UK and Brookfield, USA: Edward Elgar.

Hargreaves-Heap, S.P. (2002), 'New Keynesian Economics', in B. Snowdon and H.R. Vane (eds), *An Encyclopedia of Macroeconomics*, Cheltenham, UK and Northampton, MA, USA: Edward Elgar.

*Harrison, L.E. and Huntington, S.P. (eds) (2000), *Culture Matters: How Values Shape Human Progress*, New York: Basic Books.

Harrod, R. (1939), 'An Essay in Dynamic Theory', *Economic Journal*, March.

Harrod, R.F. (1948), *Towards a Dynamic Economics*, London: Macmillan.

Harrod, R. (1951), *The Life of John Maynard Keynes*, London: Macmillan.

Hartley, J.E. (1997), *The Representative Agent in Macroeconomics*, London: Routledge.

*Hartley, J.E., Hoover, K.D. and Salyer, K.D. (1997), 'The Limits of Business Cycle Research: Assessing the Real Business Cycle Model', *Oxford Review of Economic Policy*, Autumn.

Hartley, J.E., Hoover, K.D. and Salyer, K.D. (eds) (1998), *Real Business Cycles: A Reader*, London: Routledge.

Havrilesky, T.M. (1993), *The Pressures on Monetary Policy*, Norwell: Kluwer Academic Publishers.

Hayek, F.A. (1931), 'Reflections on the Pure Theory of Money of Mr. J.M. Keynes', *Economica*, August.

Hayek, F.A. (1933), *Monetary Theory and the Trade Cycle*, London: Jonathan Cape.

Hayek, F.A. (1945), 'The Use of Knowledge in Society', *American Economic Review*, September.

*Hayek, F.A. (1948), *Individualism and Economic Order*, London: Routledge and Kegan Paul.

Hayek, F.A. (1967[1935]), *Prices and Production*, 2nd edn, New York: Augustus M. Kelley.

Hayek, F.A. (1976), *Denationalisation of Money: An Analysis of the Theory and Practice of Concurrent Currencies*, London: Institute of Economic Affairs.

*Hayek, F.A. (1978), *A Tiger By the Tail: The Keynesian Legacy of Inflation*, 2nd edn, London: Institute of Economic Affairs.

Hayek, F.A. (1983), 'The Austrian Critique', *The Economist*, 11 June.

Haynes, S.E. and Stone, J.A. (1990), 'Political Models of the Business Cycle Should be Revived', *Economic Inquiry*, July.

Heckman, J.J. (2003), 'China's Investment in Human Capital', *Economic Development and Cultural Change*, July.

Healey, N. (1996), 'What Price Central Bank Independence?', *Review of Policy Issues*, Spring.

Heilbroner, R.L. (1989), *The Making of Economic Society*, 8th edn, Englewood Cliffs, NJ: Prentice-Hall.

Heinlein, R. (1966), *The Moon is a Harsh Mistress*, New York: Putnam.

Hennings, K.H. (1997), *The Austrian Theory of Value and Capital: Studies in the Life and Work of Eugen von Böhm-Bawerk*, Cheltenham, UK and Lyme, USA: Edward Elgar.

Henry, S.G.B. and Ormerod, P.A. (1978), 'Incomes Policy and Wage Inflation: Empirical Evidence for the U.K. 1961–1977', *National Institute Economic Review*, August.

Herbst, J. (2000), *States and Power in Africa: Comparative Lessons in Authority and Control*, Princeton: Princeton University Press.

Hess, G.D. and Shin, K. (1997), 'International and Intranational Business Cycles', *Oxford Review of Economic Policy*, Autumn.

Heymann, D. and Leijonhufvud, A. (1995), *High Inflation*, Oxford: Oxford University Press.

Hibbs, D.A. (1977), 'Political Parties and Macroeconomic Policy', *American Political Science Review*, December.

Hibbs, D.A. (1987), *The American Political Economy: Electoral Policy and Macroeconomics in Contemporary America*, Cambridge, MA: Harvard University Press.

*Hibbs, D.A. (2001), 'The Politicisation of Growth Theory', *Kyklos*.

Hicks, J.R. (1937), 'Mr. Keynes and the "Classics": A Suggested Interpretation', *Econometrica*, April.

Hicks, J.R. (1950), *A Contribution to the Theory of the Trade Cycle*, Oxford: Oxford University Press.

Hicks, J.R. (1974), *The Crisis in Keynesian Economics*, Oxford: Basil Blackwell.

Hicks, J.R. (1977), *Economic Perspectives*, Oxford: Oxford University Press.

Hicks, J.R. (1979), *Causality in Economics*, New York: Basic Books.

Hirschman, A. (1973), 'The Changing Tolerance for Income Inequality in the Course of Economic Development', *Quarterly Journal of Economics*, November.

Holt, R.P.F. (1997), 'Post Keynesian School of Economics', in T. Cate (ed.), *An Encyclopedia of Keynesian Economics*, Cheltenham, UK and Lyme, USA: Edward Elgar.

*Hoover, K.D. (1984), 'Two Types of Monetarism', *Journal of Economic Literature*, March.

*Hoover, K.D. (1988), *The New Classical Macroeconomics: A Sceptical Inquiry*, Oxford: Basil Blackwell.

Hoover, K.D. (1991), 'The Causal Direction Between Money and Prices', *Journal of Monetary Economics*, June.

Hoover, K.D. (ed.) (1992), *The New Classical Macroeconomics*, Aldershot, UK and Brookfield, USA: Edward Elgar.

Hoover, K.D. (ed.) (1995a), *Macroeconometrics: Developments, Tensions and Prospects*, Boston, MA: Kluwer Academic Publishers.

Hoover, K.D. (1995b), 'Facts and Artifacts: Calibration and the Empirical Assessment of Real-Business Cycle Models', *Oxford Economic Papers*, January.

Hoover, K.D. (1995c), 'Relative Wages, Rationality and Involuntary Unemployment in Keynes's Labour Market', *History of Political Economy*, Winter.

Hoover, K.D. (ed.) (1999), *The Legacy of Robert E. Lucas Jr.*, Cheltenham, UK and Northampton, MA, USA: Edward Elgar.

*Hoover, K.D. (2001a), *Causality in Macroeconomics*, Cambridge: Cambridge University Press.

*Hoover, K.D. (2001b), *The Methodology of Empirical Macroeconomics*, Cambridge: Cambridge University Press.

Hoover, K.D. and Perez, S.J. (1994), 'Post Hoc Ergo Propter Once More: An Evaluation of "Does Monetary Policy Matter?" in the Spirit of James Tobin', *Journal of Monetary Economics*, August.

Horrell, S. (2003), 'The Wonderful Usefulness of History', *Economic Journal*, February.

*Horwitz, S.G. (2000), *Microfoundations and Macroeconomics: An Austrian Perspective*, London: Routledge.

Howitt, P.W. (1986), 'The Keynesian Recovery', *Canadian Journal of Economics*, November.

Howitt, P.W. (1990), *The Keynesian Recovery*, Oxford: Philip Allan.

Hsieh, C. (1999), 'Productivity Growth and Factor Prices in East Asia', *American Economic Review*, May.

Hume, D. (1752), 'Of Money', reprinted in A.A. Walters (ed.), *Money and Banking*, Harmondsworth: Penguin.

Huntington, S.P. (1996), *The Clash of Civilisations and the Remaking of the World Order*, London: Simon Schuster.

Hutchison, M.M. and Walsh, C.E. (1998), 'The Output–Inflation Tradeoff and Central Bank Reform: Evidence from New Zealand', *Economic Journal*, May.

Hutchison, T.W. (1977), *Keynes v The Keynesians*, London: Institute of Economic Affairs.

Inada, K. (1963), 'On a Two-Sector Model of Economic Growth: Comments and Generalisations', *Review of Economic Studies*, June.

Ireland, P.N. (2004), 'Technology Shocks in the New Keynesian Model', NBER Working Paper, No. 10309, February.

Irwin, D. (1996), *Against the Tide: An Intellectual History of Free Trade*, Princeton: Princeton University Press.

*Islam, N. (2003), 'What Have We Learned From the Convergence Debate?', *Journal of Economic Surveys*, July.

Jackson, D., Turner, H.A. and Wilkinson, F. (1972), *Do Trade Unions Cause Inflation?*, Cambridge: Cambridge University Press.

Jaffe, D. and Stiglitz, J.E. (1990), 'Credit Rationing', in B.M. Friedman and F.H. Hahn (eds), *Handbook of Monetary Economics*, Vol. II, Amsterdam: North-Holland.

James, H. (2001), *The End of Globalisation: Lessons from the Great Depression*, Cambridge, MA: Harvard University Press.

Jansen, D.W., Delorme, C.D and Ekelund, R.E. (1994), *Intermediate Macroeconomics*, New York: West Publishing Co.

Jay, P. (2000), *Road to Riches or the Wealth of Man*, London: Weidenfeld and Nicolson.

Jenkins, M.A. (1996), 'Central Bank Independence and Inflation Performance: Panacea or Placebo?', *Banca Nazionale del Lavoro Quarterly Review*, June.

Johnson, E.S. (1978), 'Keynes as a Literary Craftsman', in E.S. Johnson and H.G. Johnson (eds), *The Shadow of Keynes*, Oxford: Basil Blackwell.

Johnson, H.G. (1958), 'Planning and the Market in Economic Development', *Pakistan Economic Journal*, June.

Johnson, H.G. (1964), *Money, Trade and Economic Growth*, London: Allen and Unwin; excerpt from Chapter 5 reprinted in R.W. Clower (ed.), *Monetary Theory*, Harmondsworth: Penguin (1969) – page reference in text refers to reprint.

Johnson, H.G. (1969), 'Inside Money, Outside Money, Income, Wealth and Welfare in Monetary Theory', *Journal of Money, Credit, and Banking*, February.

*Johnson, H.G. (1971), 'The Keynesian Revolution and the Monetarist Counter-Revolution', *American Economic Review*, May.

Johnson, H.G. (1972a), 'The Monetary Approach to Balance of Payments Theory', in H.G. Johnson (ed.), *Further Essays in Monetary Economics*, London: Macmillan.

Johnson, H.G. (1972b), 'Inflation: A Monetarist View', in H.G. Johnson (ed.), *Further Essays in Monetary Economics*, London: Macmillan.

Jones, C.I. (1994), 'Economic Growth and the Relative Price of Capital', *Journal of Monetary Economics*, December.

Jones, C.I. (1995), 'Time Series Tests of Endogenous Growth Models', *Quarterly Journal of Economics*, May.

*Jones, C.I. (1997a), 'On the Evolution of World Income Distribution', *Journal of Economic Perspectives*, Summer.

Jones, C.I. (1997b), 'Convergence Revisited', *Journal of Economic Growth*, July.

*Jones, C.I. (2001a), *Introduction to Economic Growth*, 2nd edn, New York: W.W. Norton.

Jones, C.I. (2001b), 'Was an Industrial Revolution Inevitable? Economic Growth Over the Very Long Run', *Advances in Macroeconomics*, August.

Jones, C.I. (2002), 'Sources of US Economic Growth in a World of Ideas', *American Economic Review*, March.

Jones, C.I. (2004), 'The Shape of Production Functions and the Direction of Technical Change', Department of Economics, University of California, Berkeley, Working Paper.

Jones, C.I. (2005), 'Growth and Ideas', in P. Aghion and S. Durlauf (eds), *Handbook of Economic Growth*, Amsterdam: Elsevier.

Jones, C.I. and Williams, J.C. (1998), 'Measuring the Social Return to R and D', *Quarterly Journal of Economics*, November.

Jones, C.I. and Williams, J.C. (2000), 'Too Much of a Good Thing? The Economics of Investment in R and D', *Journal of Economic Growth*, March.

*Jones, E.L. (1988), *Growth Recurring: Economic Change in World History*, Ann Arbor: University of Michigan Press.

Jones, H.G. (1975), *An Introduction to Modern Theories of Economic Growth*, Sunbury-on-Thames: Nelson.

Jorgenson, D.W. (1963), 'Capital Theory and Investment Behaviour', *American Economic Review*, May.

Jorgenson, D.W. (1996), *Postwar US Economic Growth*, Cambridge, MA: MIT Press.

*Jorgenson, D.W. (2001), 'Information Technology and the US Economy', *American Economic Review*, March.

Jorgenson, D.W. and Stiroh, K. (2000), 'Raising the Speed Limit: US Economic Growth in the Information Age', *Brookings Papers on Economic Activity*.

Judd, J.P and Trehan, B. (1995), 'The Cyclical Behaviour of Prices: Interpreting the Evidence', *Journal of Money, Credit, and Banking*, August.

Kahn, R.F. (1929), 'The Economics of the Short Period', unpublished Fellowship Dissertation, Cambridge; published in 1989, London: Macmillan.

Kahn, R.F. (1931), 'The Relation of Home Investment to Unemployment', *Economic Journal*, June.

Kahn, R.F. (1984), *The Making of Keynes's General Theory*, Cambridge: Cambridge University Press.

Kaldor, N. (1955), 'Alternative Theories of Distribution', *Review of Economic Studies*, January.

Kaldor, N. (1961), 'Capital Accumulation and Economic Growth', in F.A. Lutz and D.C. Hague (eds), *The Theory of Capital*, New York: St Martin's Press.

Kaldor, N. (1970a), 'The New Monetarism', *Lloyds Bank Review*, July.

Kaldor, N. (1970b), 'The Case for Regional Policies', *Scottish Journal of Political Economy*, November.

*Kalecki, M. (1943), 'Political Aspects of Full Employment', *Political Quarterly*, October/December.

Kareken, J. and Solow, R.N. (1963), 'Monetary Policy: Lags versus Simultaneity', in *Commission on Money and Credit: Stabilization Policies*, Englewood Cliffs, NJ: Prentice-Hall.

*Kasper, S.D. (2002), *The Revival of Laissez-Faire in American Macroeconomic Theory,* Cheltenham, UK and Northampton, MA, USA: Edward Elgar.

Katz, L.F. (1986), 'Efficiency Wage Theories: A Partial Evaluation', *NBER Macroeconomics Annual*.

Katz, L.F. (1988), 'Some Recent Developments in Labour Economics and Their Implications for Macroeconomics', *Journal of Money, Credit, and Banking*, August.

Katz, L.F. and Krueger, A.B. (1999), 'The High-Pressure Labour Market', *Brookings Papers on Economic Activity*.

*Keech, W. (1995), *Economic Politics: The Costs of Democracy*, Cambridge: Cambridge University Press.

Keegan, W. (1984), *Mrs Thatcher's Economic Experiment*, Harmondsworth: Penguin.

Kehoe, T.J. and Prescott, E.C. (2002), 'Great Depressions of the Twentieth Century', *Economic Dynamics*, January.

Kelly, L.C. (2002), 'Pursuing Problems in Economic Growth', *Journal of Economic Growth*, September.

Kenny, C. and Williams, D. (2001), 'What Do We Know About Economic Growth? Or Why Don't We Know Very Much?', *World Development*, January.

Keuzenkamp, H.A. (1991), 'A Precursor to Muth: Tinbergen's 1932 Model of Rational Expectations', *Economic Journal*, September.

Keynes, J.M. (1913), *Indian Currency and Finance*, London: Macmillan.

Keynes, J.M. (1919), *The Economic Consequences of the Peace*, London: Macmillan.

Keynes, J.M. (1921), *A Treatise on Probability*, London: Macmillan.

Keynes, J.M. (1923), *A Tract on Monetary Reform*, London: Macmillan.

Keynes, J.M. (1925), *The Economic Consequences of Mr. Churchill*, London: Hogarth Press.

Keynes, J.M. (1926), *The End of Laissez-Faire*, London: Hogarth Press.

Keynes, J.M. (1929), 'A Programme of Expansion'; reprinted in *Essays in Persuasion* (1972), London: Macmillan.

Keynes, J.M. (1930a), *A Treatise on Money*, London: Macmillan.

Keynes, J.M. (1930b), 'The Economic Possibilities of Our Grandchildren', *Nation and Athenaeum*, October; reprinted in *Essays in Persuasion* (1963), New York: W.W. Norton.

Keynes, J.M. (1933), 'A Monetary Theory of Production', reprinted in D. Moggridge (ed.) (1973a), *The Collected Writings of John Maynard Keynes, XIII*, London: Macmillan.

*Keynes, J.M. (1936), *The General Theory of Employment, Interest and Money*, London: Macmillan.

*Keynes, J.M. (1937), 'The General Theory of Employment', *Quarterly Journal of Economics*, February; reprinted in D. Moggridge (ed.) (1973b), *The Collected Writings of John Maynard Keynes, XIV*, London: Macmillan.

Keynes, J.M. (1939a), 'Relative Movements in Real Wages and Output', *Economic Journal*, March.

Keynes, J.M. (1939b), 'Professor Tinbergen's Method', *Economic Journal*; reprinted in D. Moggridge (ed.) (1973b), *The Collected Writings of John Maynard Keynes, XIV*, London: Macmillan.

Keynes, J.M. (1940), *How to Pay for the War*, London: Macmillan.

*Keynes, J.M. (1972), Vol. IX, *Essays in Persuasion*, London: Macmillan.

Keynes, J.M. (1973a), *The Collected Writings of John Maynard Keynes, XIII*, edited by D. Moggridge, London: Macmillan.

Keynes, J.M. (1973b), *The Collected Writings of John Maynard Keynes, XIV*, edited by D. Moggridge, London: Macmillan.

Keynes, J.M. (1979), *The Collected Writings of John Maynard Keynes, XXIX*, edited by D. Moggridge, London: Macmillan.

Keynes, J.M. and Henderson, H. (1929), *Can Lloyd George Do It?*, London: Hogarth Press.

Khan, Z. and Sokoloff, K.L. (2001), 'The Early Development of Intellectual Property Institutions in the United States', *Journal of Economic Perspectives*, Summer.

Killick, T. (1976), 'The Possibilities of Development Planning', *Oxford Economic Papers*, July.

Kim, J.-I. and Lau, L.J. (1994), 'The Sources of Economic Growth of the Asian Newly Industrialized Countries', *Journal of the Japanese and International Economies*.

Kim, K. (1988), *Equilibrium Business Cycle Theory in Historical Perspective*, Cambridge: Cambridge University Press.

*King, M. (1997a), 'The Inflation Target Five Years On', *Bank of England Quarterly Bulletin*, November.

King, M. (1997b), 'Changes in UK Monetary Policy: Rules and Discretion in Practice', *Journal of Monetary Economics*, June.

King, M. (1999), 'Monetary Policy and the Labour Market', *Bank of England Quarterly Bulletin*, February.

*King, M. (2004), 'The Institutions of Monetary Policy', *American Economic Review*, May.

King, R.G. (1993), 'Will the New Keynesian Macroeconomics Resurrect the IS–LM Model?', *Journal of Economic Perspectives*, Winter.

King, R.G. and Levine, R. (1994), 'Capital Fundamentalism, Economic Development and Economic Growth', *Carnegie-Rochester Conference Series on Public Policy*, Vol. 40.

King, R.G. and Plosser, C.I. (1984), 'Money, Credit and Prices in a Real Business Cycle', *American Economic Review*, June.

King, R.G., Plosser, C.I. and Rebelo, S.T. (1988a), 'Production Growth and Business Cycles: I. The Basic Neoclassical Model', *Journal of Monetary Economics*, March.

King, R.G., Plosser, C.I. and Rebelo, S.T. (1988b), 'Production Growth and Business Cycles: II. New Directions', *Journal of Monetary Economics*, May.

Kirman, A.P. (1992), 'Whom or What Does the Representative Individual Represent?', *Journal of Economic Perspectives*, Spring.

Kirschner, D. and Rhee, W. (1996), 'Predicting the Pattern of Economics Research: The Case of Real Business Cycle Theory', *Journal of Macroeconomics*, Spring.

*Kirshner, J. (2001), 'The Political Economy of Low Inflation', *Journal of Economic Surveys*, January.

*Klamer, A. (1984), *The New Classical Macroeconomics*, Brighton: Wheatsheaf.

Klein, L.R. (1946), 'Macroeconomics and the Theory of Rational Behaviour', *Econometrica*, April.

Klein, L.R. (1947), *The Keynesian Revolution*, New York: Macmillan.

Klein, L.R. (1968), *The Keynesian Revolution*, 2nd edn, London: Macmillan.

Klein, L.R. and Goldberger, A.S. (1955), *An Econometric Model of the United States, 1929–1952*, Amsterdam: North-Holland.

*Klenow, P.J. and Rodriguez-Clare, A. (1997a), 'Economic Growth: A Review Essay', *Journal of Monetary Economics*, December.

*Klenow, P.J. and Rodriguez-Clare, A. (1997b), 'The Neoclassical Revival in Growth Economics: Has it Gone Too Far?', *NBER Macroeconomics Annual*.

Knack, S. and Keefer, P. (1995), 'Institutions and Economic Performance: Cross Country Tests Using Alternative Institutional Measures', *Economics and Politics*, November.

Knack, S. and Keefer, P. (1997a), 'Why Don't Poor Countries Catch Up? A Cross-National Test of an Institutional Explanation', *Economic Inquiry*, July.

Knack, S. and Keefer, P. (1997b), 'Does Social Capital Have an Economic Payoff? A Cross Country Investigation', *Quarterly Journal of Economics*, November.

Knight, F.H. (1933), *Risk, Uncertainty and Profit*, London: London School of Economics, reprint; first published in 1921.

Koopmans, T.C. (1949), 'The Econometric Approach to Business Fluctuations', *American Economic Review*, May.

Koopmans, T.C. (1965), 'On the Concept of Optimal Economic Growth', in *The Econometric Approach to Development Planning*, Amsterdam: North-Holland.

Kornai, J. (1992), *The Socialist System: The Political Economy of Communism*, Oxford: Clarendon Press.

*Kornai, J. (2000), 'What the Change of System from Socialism to Capitalism Does and Does Not Mean', *Journal of Economic Perspectives*, Winter.

Kramer, G.H. (1971), 'Short-term Fluctuations in US Voting Behaviour, 1896–1964', *American Political Science Review*, March.

Kremer, M. (1993), 'Population Growth and Technological Change: One Million B.C. to 1990', *Quarterly Journal of Economics*, August.

Kremer, M. (1998), 'Patent Buyouts: A Mechanism for Encouraging Innovation', *Quarterly Journal of Economics*, November.

Kreps, D.M. (1988), *Notes on the Theory of Choice*, Boulder: Westview Press.

Krueger, A.O. (1978), *Foreign Trade Regimes and Economic Development: Liberalisation Attempts and Consequences*, Cambridge, MA: Ballinger.

*Krueger, A.O. (1997), 'Trade Policy and Economic Development: How We Learn', *American Economic Review*, March.

*Krueger, A.O. (1998), 'Why Trade Liberalisation is Good for Growth', *Economic Journal*, September.

Krugman, P. (1991a), *Geography and Trade*, Cambridge, MA: MIT Press.

Krugman, P. (1991b), 'Increasing Returns and Economic Geography', *Journal of Political Economy*, June.

Krugman, P. (1994a), *Peddling Prosperity: Economic Sense and Nonsense in the Age of Diminished Expectations*, New York: W.W. Norton.

Krugman, P. (1994b), 'The Myth of Asia's Miracle', *Foreign Affairs*, November/December.

Krugman, P. (1994c), 'The Fall and Rise of Development Economics', in L. Rodwin and D.A. Schon (eds), *Rethinking the Development Experience: Essays Provoked by the Work of O. Hirschman*, Washington, DC: Brookings Institution; Cambridge, MA: Lincoln Institute of Land Policy.

Krugman, P. (1997), *Development, Geography and Economic Theory*, Cambridge, MA: MIT Press.

Krugman, P. (1998), 'Its Baaack! Japan's Slump and the Return of the Liquidity Trap', *Brookings Papers on Economic Activity.*

*Krugman, P. (1999), *The Return of Depression Economics*, New York: W.W. Norton.

Krugman, P. and Venables, A.J. (1995), 'Globalisation and the Inequality of Nations', *Quarterly Journal of Economics*, November.

Kumar, S. and Russell, R.R. (2002), 'Technological Change, Technological Catch-Up, and Capital Deepening: Relative Contributions to Growth and Convergence', *American Economic Review*, June.

Kuznets, S. (1955), 'Economic Growth and Income Inequality', *American Economic Review*, March.

Kuznets, S. (1966), *Modern Economic Growth*, New Haven: Yale University Press.

*Kydland, F.E. and Prescott, E.C. (1977), 'Rules Rather Than Discretion: The Inconsistency of Optimal Plans', *Journal of Political Economy*, June.

Kydland, F.E. and Prescott, E.C. (1982), 'Time to Build and Aggregate Fluctuations', *Econometrica*, November.

Kydland, F.E. and Prescott, E.C. (1990), 'Business Cycles: Real Facts and the Monetary Myth', *Federal Reserve Bank of Minneapolis Quarterly Review*, Spring.

Kydland, F.E. and Prescott, E.C. (1991), 'Hours and Employment Variation in Business Cycle Theory', *Economic Theory*.

*Kydland, F.E. and Prescott, E.C. (1996), 'The Computational Experiment: An Econometric Tool', *Journal of Economic Perspectives*, Winter.

Laband, D. and Wells, J. (1998), 'The Scholarly Journal Literature of Economics: An Historical Profile of the AER, JPE and QJE', *American Economist*, Fall.

Laidler, D.E.W. (1976), 'Inflation in Britain: A Monetarist Perspective', *American Economic Review*, September.

*Laidler, D.E.W. (1981), 'Monetarism: An Interpretation and an Assessment', *Economic Journal*, March.

Laidler, D.E.W. (1982), *Monetarist Perspectives*, Oxford: Philip Allan.

*Laidler, D.E.W. (1986), 'The New Classical Contribution to Macroeconomics', *Banca Nazionale del Lavoro Quarterly Review*, March.

Laidler, D.E.W. (1991), *The Golden Age of the Quantity Theory: The Development of Neoclassical Monetary Economies 1870–1914*, Oxford: Philip Allan.

Laidler, D.E.W. (1992a), 'The Cycle Before New Classical Economics', in M. Belongia and M. Garfinkel (eds), *The Business Cycle: Theories and Evidence*, London: Kluwer Academic Publishers.

Laidler, D.E.W. (1992b), 'Issues in Contemporary Macroeconomies', in A. Vercelli and N. Dimitri (eds), *Macroeconomies: A Survey of Research Strategies*, Oxford: Oxford University Press.

Laidler, D.E.W. (1993), *The Demand for Money: Theories, Evidence and Problems*, 4th edn, New York: HarperCollins.

*Laidler, D.E.W. (1999), *Fabricating the Keynesian Revolution: Studies of the Inter-War Literature on Money, the Cycle, and Unemployment*, Cambridge: Cambridge University Press.

Laing, D. (1993), 'A Signalling Theory of Nominal Wage Inflexibility', *Economic Journal*, November.

Lakatos, I. (1978), *The Methodology of Scientific Research Programmes*, Cambridge: Cambridge University Press.

Lake, D. (1992), 'Powerful Pacifists: Democratic States and War', *American Political Science Review*, March.

Lal, D. (1999), *Unintended Consequences: The Impact of Factor Endowments, Culture and Politics on Long-Run Economic Performance*, Cambridge, MA: MIT Press.

*Landau, R., Taylor, T. and Wright, G. (eds) (1996), *The Mosaic of Economic Growth*, Stanford: Stanford University Press.

Landes, D.S. (1969), *The Unbound Prometheus: Technological Change and Development in Western Europe from 1750 to the Present*, Cambridge: Cambridge University Press.

Landes, D.S. (1990), 'Why Are We So Rich and They So Poor?', *American Economic Review*, May.

*Landes, D.S. (1998), *The Wealth and Poverty of Nations: Why Some Are So Rich and Some So Poor*, New York: W.W. Norton.

Landman, T. (1999), 'Economic Development and Democracy: The View from Latin America', *Political Studies*, September.

Lawrence, R. and Weinstein, D. (2001), 'Trade and Growth: Import-Led or Export-Led? Evidence from Japan and Korea', in J.E. Stiglitz and S. Yusuf (eds), *Rethinking the East Asian Miracle*, Oxford: Oxford University Press.

Lawson, T. and Pesaran, H. (eds) (1985), *Keynes's Economics: Methodological Issues*, London: Croom Helm.

Layard, R. and Nickell, S.J. (1998), 'Labour Market Institutions and Economic Performance', Centre for Economic Performance (LSE) Discussion Paper, No. 407.

Layard, R., Nickell, S.J. and Jackman, R. (1991), *Unemployment, Macroeconomic Performance and the Labour Market*, Oxford: Oxford University Press.

Layard, R., Nickell, S.J. and Jackman, R. (1994), *The Unemployment Crisis*, Oxford: Oxford University Press.

*Lee, R. (2003), 'The Demographic Transition: Three Centuries of Fundamental Change', *Journal of Economic Perspectives*, Fall.

Lee, S.P. and Passell, P. (1979), *The New Economic View of American History*, New York: W.W. Norton.

Lee, W. and Roemer, J. (1998), 'Income Distribution, Redistributive Politics, and Economic Growth', *Journal of Economic Growth*, September.

Leeson, R. (1994a), 'A. W. H. Phillips M.B.E. (Military Division)', *Economic Journal*, May.

Leeson, R. (1994b), 'A. W. H. Phillips, Inflationary Expectations and the Operating Characteristics of the Macroeconomy', *Economic Journal*, November.

*Leeson, R. (1997a), 'The Trade-off Interpretation of Phillips's Dynamic Stabilisation Exercise', *Economica*, February.

*Leeson, R. (1997b), 'The Political Economy of the Inflation–Unemployment Trade-off', *History of Political Economy*, Spring.

Leeson, R. (1997c), 'The Eclipse of the Goal of Zero Inflation', *History of Political Economy*, Fall.

Leeson, R. (ed.) (1999), *A. W. H. Phillips: Collected Works in Contemporary Perspective*, Cambridge: Cambridge University Press.

Leibenstein, H. (1957), *Economic Backwardness and Economic Growth*, New York: Wiley.

Leibenstein, H. (1979), 'A Branch of Economics Is Missing: Micro–Micro Theory', *Journal of Economic Literature*, June.

Leijonhufvud, A. (1968), *On Keynesian Economics and the Economics of Keynes*, London: Oxford University Press.

Leijonhufvud, A. (1973), 'Effective Demand Failures', *Swedish Journal of Economics*, March.

*Leijonhufvud, A. (1981), *Information and Co-ordination: Essays in Macroeconomic Theory*, Oxford: Oxford University Press.

*Leijonhufvud, A. (1992), 'Keynesian Economics: Past Confusions, Future Prospects', in A. Vercelli and N. Dimitri (eds), *Macroeconomics: A Survey of Research Strategies*, Oxford: Oxford University Press.

Leijonhufvud, A. (1993), 'Towards a Not-too-Rational Macroeconomics', *Southern Economic Journal*, July.

Leijonhufvud, A. (1998a), 'Three Items for the Macroeconomic Agenda', *Kyklos*.

Leijonhufvud, A. (1998b), 'Mr. Keynes and the Moderns', *European Journal of the History of Economic Thought*, Spring.

Lerner, A. (1944), *The Economics of Control*, New York: Macmillan.

Leslie, D. (1993), *Advanced Macroeconomics Beyond IS–LM*, Maidenhead: McGraw-Hill.

Levacic, R. (1988), *Supply Side Economics*, London: Heinemann.

Lewer, J.J. and Van den Berg, H. (2003), 'How Large is International Trade's Effect on Economic Growth?', *Journal of Economic Surveys*, July.

Lewis, W.A. (1954), 'Economic Development with Unlimited Supplies of Labour', *Manchester School of Economic and Social Studies*, May.

Lewis, W.A. (1955), *The Theory of Economic Growth*, London: Allen and Unwin.

Lilien, D.M. (1982), 'Sectoral Shifts and Cyclical Unemployment', *Journal of Political Economy*, August.

Lindbeck, A. (1976), 'Stabilization Policies in Open Economies With Endogenous Politicians', *American Economic Review*, May.

Lindbeck, A. (1992), 'Macroeconomic Theory and the Labour Market', *European Economic Review*, April.

*Lindbeck, A. (1998), 'New Keynesianism and Aggregate Economic Activity', *Economic Journal*, January.

Lindbeck, A. and Snower, D.J. (1985), 'Explanations of Unemployment', *Oxford Review of Economic Policy*, Spring.

Lindbeck, A. and Snower, D.J. (1986), 'Wage Setting, Unemployment, and Insider–Outsider Relations', *American Economic Review*, May.

Lindbeck, A. and Snower, D.J. (1988a), 'Cooperation, Harassment and Involuntary Unemployment: An Insider–Outsider Approach', *American Economic Review*, March.

Lindbeck, A. and Snower, D.J. (1988b), *The Insider–Outsider Theory of Employment and Unemployment*, Cambridge, MA: MIT Press.

Lipset, S.M. (1959), 'Some Social Requisites of Democracy: Economic Development and Political Legitimacy', *American Political Science Review*.

Lipsey, R.G. (1960), 'The Relationship Between Unemployment and the

Rate of Change of Money Wage Rates in the U.K. 1862–1957: A Further Analysis', *Economica*, February.

*Lipsey, R.G. (1978), 'The Place of the Phillips Curve in Macroeconomic Models', in A.R. Bergstrom (ed.), *Stability and Inflation*, Chichester: John Wiley.

Lipsey, R.G. (1981), 'The Understanding and Control of Inflation: Is There a Crisis in Macroeconomics?', *Canadian Journal of Economics*, November.

Littleboy, B. and Mehta, G. (1983), 'The Scientific Method of Keynes', *Journal of Economic Studies*, Special Issue.

Littlechild, S. (1990), *Austrian Economics, vol. 2*, Aldershot, UK and Brookfield, USA: Edward Elgar.

Litterman, B. and Weiss, L. (1985), 'Money, Real Interest Rates and Output: A Reinterpretation of Postwar U.S. Data', *Econometrica*, January.

Ljungqvist, L. and Sargent, T.J. (1998), 'The European Unemployment Dilemma', *Journal of Political Economy*, June.

Lohmann, S. (1992), 'Optimal Commitment in Monetary Policy: Credibility Versus Flexibility', *American Economic Review*, March.

Long, J.B. and Plosser, C.I. (1983), 'Real Business Cycles', *Journal of Political Economy*, February.

Lovell, M.C. (1986), 'Tests of the Rational Expectations Hypothesis', *American Economic Review*, March.

Lucas, R.E. Jr (1972a), 'Expectations and the Neutrality of Money', *Journal of Economic Theory*, April.

Lucas, R.E. Jr (1972b), 'Econometric Testing of the Natural Rate Hypothesis', in O. Eckstein (ed.), *The Econometrics of Price Determination Conference*, Washington Board of Governors: Federal Reserve System.

*Lucas, R.E. Jr (1973), 'Some International Evidence on Output–Inflation Tradeoffs', *American Economic Review*, June.

Lucas, R.E. Jr (1975), 'An Equilibrium Model of the Business Cycle', *Journal of Political Economy*, December.

Lucas, R.E. Jr (1976), 'Econometric Policy Evaluation: A Critique', in K. Brunner and A. Meltzer (eds), *The Phillips Curve and Labor Markets*, Amsterdam: North-Holland, Carnegie-Rochester Series on Public Policy.

*Lucas, R.E. Jr (1977), 'Understanding Business Cycles', in K. Brunner and A.H. Meltzer (eds), *Stabilization of the Domestic and International Economy*, Amsterdam and New York: North-Holland.

*Lucas, R.E. Jr (1978a), 'Unemployment Policy', *American Economic Review*, May.

Lucas, R.E. Jr (1978b), 'Asset Prices in an Exchange Economy', *Econometrica*, November.

*Lucas, R.E. Jr (1980a), 'Methods and Problems in Business Cycle Theory', *Journal of Money, Credit, and Banking*, November.

Lucas, R.E. Jr (1980b), 'The Death of Keynesian Economics: Issues and Ideas', University of Chicago, Winter.

*Lucas, R.E. Jr (1981a), *Studies in Business Cycle Theory*, Oxford: Basil Blackwell.

Lucas, R.E. Jr (1981b), 'Tobin and Monetarism: A Review Article', *Journal of Economic Literature*, June.

Lucas, R.E. Jr (1981c), 'Rules, Discretion and the Role of the Economic Adviser', in R.E. Lucas Jr, *Studies in Business Cycle Theory*, Oxford: Basil Blackwell.

Lucas, R.E. Jr (1987), *Models of Business Cycles*, Oxford: Basil Blackwell.

Lucas, R.E. Jr (1988), 'On the Mechanics of Economic Development', *Journal of Monetary Economics*, July.

Lucas, R.E. Jr (1990a), 'Supply-side Economics: An Analytical Review', *Oxford Economic Papers*.

Lucas, R.E. Jr (1990b), 'Why Doesn't Capital Flow From Rich to Poor Countries?', *American Economic Review*, May.

Lucas, R.E. Jr (1993), 'Making a Miracle', *Econometrica*, March.

Lucas, R.E. Jr (1994a), 'Interview with Robert Lucas', in B. Snowdon, H.R. Vane and P. Wynarczyk, *A Modern Guide to Macroeconomics: An Introduction to Competing Schools of Thought*, Aldershot, UK and Brookfield, USA: Edward Elgar.

Lucas, R.E. Jr (1994b), 'Review of Milton Friedman and Anna J. Schwartz's *A Monetary History of the United States, 1867–1960*', *Journal of Monetary Economics*, August.

*Lucas, R.E. Jr (1996), 'Nobel Lecture: Monetary Neutrality', *Journal of Political Economy*, August.

Lucas, R.E. Jr (2000a), 'Inflation and Welfare', *Econometrica*, March.

*Lucas, R.E. Jr (2000b), 'Some Macroeconomics for the 21st Century', *Journal of Economic Perspectives*, Winter.

Lucas, R.E. Jr (2002), *Lectures on Economic Growth*, Cambridge, MA: Harvard University Press.

Lucas, R.E. Jr (2003), 'Macroeconomic Priorities', *American Economic Review*, March.

Lucas, R.E. Jr and Prescott, E.C. (1971), 'Investment under Uncertainty', *Econometrica*, September.

Lucas, R.E. Jr and Rapping, L.A. (1969), 'Real Wages, Employment and Inflation', *Journal of Political Economy*, September/October.

*Lucas, R.E. Jr and Sargent, T.J. (1978), 'After Keynesian Macroeconomics', in *After the Phillips Curve: Persistence of High Inflation and High Unemployment*, Boston, MA: Federal Reserve Bank of Boston.

Lucas, R.E. Jr and Sargent, T.J. (1981), *Rational Expectations and Econometric Practices*, Minneapolis: University of Minnesota Press.

Lundberg, M. and Squire, L. (2003), 'The Simultaneous Evolution of Growth and Inequality', *Economic Journal*, April.

MacRae, C.D. (1977), 'A Political Model of the Business Cycle', *Journal of Political Economy*, April.

Maddison, A. (1972), 'Explaining Economic Growth', *Banca Nazionale del Lavoro Quarterly Review*, September.

Maddison, A. (1979), 'Long-Run Dynamics of Productivity Growth', *Banca Nazionale del Lavoro Quarterly Review*, March.

Maddison, A. (1980), 'Western Economic Performance in the 1970s: A Perspective and Assessment', *Banca Nazionale Del Lavoro Quarterly Review*, September.

Maddison, A. (1982), *Phases of Capitalist Development*, Oxford: Oxford University Press.

*Maddison, A. (1987), 'Growth and Slowdown in Advanced Capitalist Economies: Techniques of Quantitative Assessment', *Journal of Economic Literature*, June.

Maddison, A. (1995), *Explaining the Economic Performance of Nations*, Aldershot, UK and Brookfield, USA: Edward Elgar.

*Maddison, A. (2001), *The World Economy in Millennial Perspective*, Paris: OECD.

Madsen, J.B. (1998), 'General Equilibrium Macroeconomic Models of Unemployment: Can They Explain the Unemployment Path in the OECD?', *Economic Journal*, May.

Malinvaud, E. (1977), *The Theory of Unemployment Reconsidered*, Oxford: Basil Blackwell.

Maloney, J., Pickering, A.C. and Hadri, K. (2003), 'Political Business Cycles and Central Bank Independence', *Economic Journal*, March.

Mankiw, N.G. (1985), 'Small Menu Costs and Large Business Cycles: A Macroeconomic Model of Monopoly', *Quarterly Journal of Economics*, May.

*Mankiw, N.G. (1989), 'Real Business Cycles: A New Keynesian Perspective', *Journal of Economic Perspectives*, Summer.

*Mankiw, N.G. (1990), 'A Quick Refresher Course in Macroeconomics', *Journal of Economic Literature*, December.

Mankiw, N.G. (1991), 'Comment on J.J. Rotemberg and M. Woodford: Markups and the Business Cycle', *NBER Macroeconomics Annual*.

*Mankiw, N.G. (1992), 'The Reincarnation of Keynesian Economics', *European Economic Review*, April.

*Mankiw, N.G. (1995), 'The Growth of Nations', *Brookings Papers on Economic Activity*.

Mankiw, N.G. (1997), *Principles of Economics*, New York: Dryden Press.

Mankiw, N.G. (2001), 'The Inexorable and Mysterious Trade-off Between Inflation and Unemployment', *Economic Journal*, May.

Mankiw, N.G. (2002), 'US Monetary Policy in the 1990s', in J.A. Frenkel and P.R. Orszag (eds), *American Economic Policy in the 1990s*, Cambridge, MA: MIT Press.

*Mankiw, N.G. (2003), *Macroeconomics*, 5th edn, New York: Worth.

Mankiw, N.G. and Reis, R. (2002), 'Sticky Information versus Sticky Prices: A Proposal to Replace the New Keynesian Phillips Curve', *Quarterly Journal of Economics*, November.

Mankiw, N.G. and Romer, D. (eds) (1991), *New Keynesian Economics*, Cambridge, MA: MIT Press.

Mankiw, N.G., Romer, D. and Weil, D.N. (1992), 'A Contribution to the Empirics of Economic Growth', *Quarterly Journal of Economics*, May.

Mankiw, N.G., Rotemberg, J.J. and Summers, L.H. (1985), 'Intertemporal Substitution in Macroeconomics', *Quarterly Journal of Economics*, February.

Manning, A. (1995), 'Developments in Labour Market Theory and Their Implications for Macro Policy', *Journal of Political Economy*, August.

Marris, R. (1991), *Reconstructing Keynesian Economics with Imperfect Competition*, Aldershot, UK and Brookfield, USA: Edward Elgar.

Marshall, A. (1890), *Principles of Economics*, 1st edn, 8th edn 1929, London: Macmillan.

Marshall, A. (1920), *Principles of Economics*, London: Macmillan.

*Martin, R. (1999), 'The New Geographical Turn in Economics: Some Critical Reflections', *Cambridge Journal of Economics*, January.

Mas, I. (1995), 'Central Bank Independence: A Critical View from a Developing Country Perspective', *World Development*, October.

Matthews, K. and Minford, P. (1987), 'Mrs Thatcher's Economic Policies 1979–87', *Economic Policy*.

Matthews, R.C.O. (1968), 'Why has Britain had Full Employment Since the War?', *Economic Journal*, September.

*Mauro, P. (1995), 'Corruption and Growth', *Quarterly Journal of Economics*, August.

Mayer, T. (1978), *The Structure of Monetarism*, New York: W.W. Norton.

Mayer, T. (1980), 'David Hume and Monetarism', *Quarterly Journal of Economics*, August.

Mayer, T. (1990), *The Political Economy of American Monetary Policy*, New York: Cambridge University Press.

Mayer, T. (1994), 'Why is There So Much Disagreement Among Economists?', *Journal of Economic Methodology*, June.

*Mayer, T. (1997), 'What Remains of the Monetarist Counter-Revolution?', in B. Snowdon and H.R. Vane (eds), *Reflections on the Development of Modern Macroeconomics*, Cheltenham, UK and Lyme, USA: Edward Elgar.

Mayer, T. (1999), *Monetary Policy and the Great Inflation in the United States*, Cheltenham, UK and Northampton, MA, USA: Edward Elgar.

Mazower, M. (1998), *Dark Continent: Europe's Twentieth Century*, London: Penguin.

Mazzoleni, R. and Nelson, R.R. (1998), 'Economic Theories About the Benefits and Costs of Patents', *Journal of Economic Issues*, December.

McCallum, B.T. (1978), 'The Political Business Cycle: An Empirical Test', *Southern Economic Journal*, January.

McCallum, B.T. (1986), 'On Real and Sticky-Price Theories of the Business Cycle', *Journal of Money, Credit, and Banking*, November.

McCallum, B.T. (1989), 'Real Business Cycle Models', in R.J. Barro (ed.), *Modern Business Cycle Theory*, Cambridge, MA: Harvard University Press.

McCallum, B.T. (1992), 'Real Business Cycle Theories', in A. Vercelli and N. Dimitri (eds), *Macroeconomics: A Survey of Research Strategies*, Oxford: Oxford University Press.

McCloskey, D.N. (1994), '1780–1860: A Survey', in R. Floud and D.N. McCloskey (eds), *The Economic History of Britain Since 1700, Vol. I*, 2nd edn, Cambridge: Cambridge University Press.

McDonald, I.M. (1992), *Macroeconomics*, New York: John Wiley.

McDonald, I.M. and Solow, R.M. (1981), 'Wage Bargaining and Employment', *American Economic Review*, December.

McGrattan, E.R. (1998), 'A Defence of AK Growth Models', *Federal Reserve Bank of Minneapolis Quarterly Review*, Fall.

Meade, J.E. and Stone, J.R.N. (1944), *National Income and Expenditure*, London: Oxford University Press.

Meadows, D.H. et al. (1972), *The Limits to Growth*, London: Earth Island.

Mehra, R. and Prescott, E.C. (1985), 'The Equity Premium: A Puzzle', *Journal of Monetary Economics*, March.

Meier, G.M. (ed.) (1995), *Leading Issues in Economic Development*, 6th edn, Oxford: Oxford University Press.

*Melchior, A. (2001), 'Beliefs vs Facts in the Global Inequality Debate', *World Economics*, July–September.

*Meltzer, A.H. (1988), *Keynes's Monetary Theory: A Different Interpretation*, Cambridge: Cambridge University Press.

Mendoza, E.G. (1991), 'Real Business Cycles in a Small Open Economy', *American Economic Review*, September.

Menger, C. (1981[1871]), *Principles of Economics*, New York: New York University Press.

Metzler, L.A. (1941), 'The Nature and Stability of Inventory Cycles', *Review of Economics and Statistics*, August.

Metzler, L.A. (1947), 'Factors Governing the Length of Inventory Cycles', *Review of Economics and Statistics*, February.

Metzler, L.A. (1951), 'Wealth, Saving and the Rate of Interest', *Journal of Political Economy*, April.

Meyer, S. (1981), *The Five Dollar Day, Labour Management and Social Control in Ford Motor Company, 1908–21*, Albany: State University of New York Press.

Milanovic, B. (2002), *Worlds Apart: Inter-National and World Inequality, 1950–2000*, Washington, DC: World Bank.

Mill, J.S. (1848), *Principles of Political Economy*, Harmondsworth: Pelican, 1970.

Mill, J.S. (1982), *On Liberty*, Harmondsworth: Penguin English Library.

Millard, S., Scott, A. and Sensier, M. (1997), 'The Labour Market Over the Business Cycle: Can Theory Fit the Facts?', *Oxford Review of Economic Policy*, Autumn.

Minford, A.P.L. (1991), *The Supply Side Revolution in Britain*, Aldershot, UK and Brookfield, USA: Edward Elgar.

*Minford, A.P.L. (1997), 'Macroeconomics: Before and After Rational Expectations', in B. Snowdon and H.R. Vane (eds), *Reflections on the Development of Modern Macroeconomics*, Cheltenham, UK and Lyme, USA: Edward Elgar.

Minford, A.P.L. and Peel, D.A. (1982), 'The Political Theory of the Business Cycle', *European Economic Review*.

Minford, A.P.L. and Peel, D.A. (1983), *Rational Expectations and the New Macroeconomics*, Oxford: Martin Robertson.

Minford, A.P.L., Brech, M. and Matthews, K.G.P. (1980), 'A Rational Expectations Model of the UK Under Floating Exchange Rates', *European Economic Review*, September.

Minford, A.P.L., Ashton, P., Peel, M., Davies, D. and Sprague, A. (1985), *Unemployment: Cause and Cure*, 2nd edn, Oxford: Basil Blackwell.

Minier, J. (1998), 'Democracy and Growth: Alternative Approaches', *Journal of Economic Growth*, September.

Miron, J.A. (1994), 'Empirical Methodology in Macroeconomics: Explaining the Success of Friedman and Schwartz's *A Monetary History of the United States, 1867–1960*', *Journal of Monetary Economics*, August.

Mises, L. v. (1953[1912]), *The Theory of Money and Credit*, New Haven, CT: Yale University Press.

Mises, L. v. (1966), *Human Action: A Treatise on Economics*, 3rd edn, Chicago: Henry Regnery.

Mishkin, F.S (1982), 'Does Anticipated Monetary Policy Matter? An Econometric Investigation', *Journal of Political Economy*, February.

*Mishkin, F.S. (1999), 'International Experiences with Different Monetary Regimes', *Journal of Monetary Economics*, June.

Mishkin, F.S. (2000a), 'Inflation Targeting in Emerging-Market Economies', *American Economic Review*, May.

Mishkin, F.S. (2000b), 'What Should Central Banks Do?', *Federal Reserve Bank of St. Louis Review*, November/December.

*Mishkin, F.S. (2002), 'Inflation Targeting', in B. Snowdon and H.R. Vane (eds), *An Encyclopedia of Macroeconomics*, Cheltenham, UK and Northampton, MA, USA: Edward Elgar.

Modigliani, F. (1944), 'Liquidity Preference and the Theory of Interest and Money', *Econometrica*, January.

Modigliani, F. (1977), 'The Monetarist Controversy, or Should We Forsake Stabilization Policies?', *American Economic Review*, March.

Modigliani, F. (1986), *The Debate Over Stabilisation Policy*, Cambridge: Cambridge University Press.

Modigliani, F. (1988a), 'The Monetarist Controversy Revisited', *Contemporary Policy Issues*, October.

Modigliani, F. (1988b), 'Reagan's Economic Policies: A Critique', *Oxford Economic Papers*, September.

Modigliani, F. (1996), 'The Shameful Rate of Unemployment in the EMS: Causes and Cures', *De Economist*, October.

*Modigliani, F. (2003), 'The Keynesian Gospel According to Modigliani', *American Economist*, Spring.

Modigliani, F. and Brumberg, R. (1954), 'Utility Analysis and the Consumption Function: An Interpretation of Cross-Section Data' in K.K. Kurihara (ed.), *Post-Keynesian Economics*, New Brunswick, NJ: Rutgers University Press.

Modigliani, F. and Papademos, L.D. (1975), 'Targets for Monetary Policy', *Brookings Papers on Economic Activity*.

Moggridge, D. (1992), *John Maynard Keynes: An Economist's Biography*, London: Routledge.

Mokyr, J. (1990), *The Lever of Riches: Technological Creativity and Economic Change*, Oxford: Oxford University Press.

*Mokyr, J. (1993), *The British Industrial Revolution: An Economic Perspective*, Boulder, CO: Westview Press.

Mokyr, J. (2002), *The Gifts of Athena*, Princeton: Princeton University Press.

*Mokyr, J. (2005), 'Long-Term Economic Growth and the History of Technology', in P. Aghion and S. Durlauf (eds), *Handbook of Economic Growth*, Amsterdam: Elsevier.

Morgan, B. (1978), *Monetarists and Keynesians: Their Contribution to Monetary Theory*, London: Macmillan.

Mosley, P. (1978), 'Images of the Floating Voter: Or, the Political Business Cycle Revisited', *Political Studies*, February.

Muellbauer, J. (1997), 'The Assessment: Business Cycles', *Oxford Review of Economic Policy*, Autumn.

Mullineux, A.W. (1984), *The Business Cycle After Keynes*, Brighton: Wheatsheaf.

Mullineux, A.W. and Dickinson, D.G. (1992), 'Equilibrium Business Cycles: Theory and Evidence', *Journal of Economic Surveys*.

Mullineux, A.W., Dickinson, D.G. and Peng, W. (1993), *Business Cycles*, Oxford: Basil Blackwell.

Mundell, R.A. (1960), 'The Monetary Dynamics of International Adjustment under Fixed and Flexible Rates', *Quarterly Journal of Economics*, May.

*Mundell, R.A. (1962), 'The Appropriate Use of Monetary and Fiscal Policy for Internal and External Stability', *IMF Staff Papers*, March.

*Mundell, R.A. (1963), 'Capital Mobility and Stabilisation Policy under Fixed and Flexible Exchange Rates', *Canadian Journal of Economics and Political Science*, November.

*Mundell, R.A. (2000), 'A Reconsideration of the Twentieth Century', *American Economic Review*, March.

Mundell, R.A. (2001), 'On the History of the Mundell–Fleming Model', *IMF Staff Papers*, Special Issue.

Murphy, K., Riddell, C. and Romer, P.M. (1998), 'Wages, Skills and Technology in the United States and Canada', in E. Helpman (ed.), *General Purpose Technologies*, Cambridge, MA: MIT Press.

Murphy, K.M., Shleifer, A. and Vishny, R.W. (1989a), 'Industrialisation and the Big Push', *Quarterly Journal of Economics*, May.

Murphy, K.M., Shleifer, A. and Vishny, R.W. (1989b), 'Income Distribution, Market Size and Industrialisation', *Quarterly Journal of Economics*, August.

Murphy, K.M., Shleifer, A. and Vishny, R.W. (1991), 'The Allocation of Talent: Implications for Growth', *Quarterly Journal of Economics*, May.

Murphy, K.M., Shleifer, A. and Vishny, R.W. (1993), 'Why is Rent-Seeking So Costly to Growth?', *American Economic Review*, May.

Muscatelli, A. (1998), 'Optimal Inflation Contracts and Inflation Targets with Uncertain Central Bank Preferences: Accountability Through Independence?', *Economic Journal*, March.

Muscatelli, A. and Trecroci, C. (2000), 'Monetary Policy Rules, Policy Preferences, and Uncertainty: Recent Empirical Evidence', *Journal of Economic Surveys*, December.

Mussa, M. (1976), 'The Exchange Rate, The Balance of Payments and Monetary and Fiscal Policy under a Regime of Controlled Floating', *Scandinavian Journal of Economics*.

Muth, J.F. (1961), 'Rational Expectations and the Theory of Price Movements', *Econometrica*, July.

Myles, G.D. (2000), 'Taxation and Economic Growth', *Fiscal Studies*, March.

Myrdal, K.G. (1957), *Rich Lands and Poor: The Road to World Prosperity*, New York: Harper and Row.

Myrdal, K.G. (1973), 'Equity, Growth and Social Justice', *World Development*, March–April.

Naish, H.F. (1993), 'Imperfect Competition as a Micro Foundation for Keynesian Economics: A Graphical Analysis', *Journal of Macroeconomics*, Spring.

Ndulu, B.J. and O'Connell, S.A. (1999), 'Governance and Growth in Sub-Saharan Africa', *Journal of Economic Perspectives*, Summer.

Nelson, C.R. and Plosser, C.I. (1982), 'Trends and Random Walks in Macroeconomic Time Series: Some Evidence and Implications', *Journal of Monetary Economics*, September.

Nelson, R.R. (1956), 'A Theory of the Low Level Equilibrium Trap', *American Economic Review*, December.

Nelson, R.R. (1973), 'Recent Exercises in Growth Accounting: New Understanding or Dead End?', *American Economic Review*, June.

Nelson, R.R. (1997), 'How New is New Growth Theory?', *Challenge*, September–October.

*Nelson, R.R. and Pack, H. (1999), 'The Asian Miracle and Modern Economic Growth Theory', *Economic Journal*, July.

Nickell, S. (1990), 'Unemployment: A Survey', *Economic Journal*, June.

*Nickell, S. (1997), 'Unemployment and Labour Market Rigidities: Europe Versus North America', *Journal of Economic Perspectives*, Summer.

Nickell, S. (1998), 'Unemployment: Questions and Some Answers', *Economic Journal*, May.

Noland, M., Robinson, S. and Wang, T. (2001), 'Famine in North Korea: Causes and Cures', *Economic Development and Cultural Change*, July.

Nordhaus, W.D. (1975), 'The Political Business Cycle', *Review of Economic Studies*, April.

Nordhaus, W.D. (1989), 'Alternative Approaches to the Political Business Cycle', *Brookings Papers on Economic Activity*.

Nordhaus, W.D. (1994), 'Policy Games: Co-ordination and Independence in Monetary and Fiscal Policy', *Brookings Papers on Economic Activity*.

Nordhaus, W.D. (2001), 'New Directions in National Economic Accounting', *American Economic Review*, May.

North, D.C. (1981), *Structure and Change in Economic History*, New York: W.W. Norton.

North, D.C. (1989), 'Institutions and Economic Growth: An Historical Approach', *World Development*, September.

*North, D.C. (1990), *Institutions, Institutional Change and Economic Performance*, Cambridge: Cambridge University Press.

North, D.C. (1991), 'Institutions', *Journal of Economic Perspectives*, Winter.

*North, D.C. (1994), 'Economic Performance Through Time', *American Economic Review*, June.

North, D.C. and Thomas, R. (1973), *The Rise of the Western World: A New Economic History*, Cambridge: Cambridge University Press.

North, D.C. and Weingast, B.R. (1989), 'Constitutions and Commitment: The Evolution of Institutions Governing Public Choice in Seventeenth-Century England', *Journal of Economic History*, December.

O'Brien, D.P. (1975), *The Classical Economists*, Oxford: Clarendon Press.

Obstfeld, M. (1998), 'The Global Capital Market: Benefactor or Menace', *Journal of Economic Perspectives*, Fall.

Obstfeld, M. (2001), 'International Macreconomics: Beyond the Mundell–Fleming Model', *IMF Staff Papers*, Special Issue.

Obstfeld, M. and Taylor, A. (1998), 'The Great Depression as a Watershed: International Capital Mobility over the Long Run', in M. Bordo, C. Goldin and E. White (eds), *The Defining Moment: The Great Depression and the American Economy in the Twentieth Century*, Chicago: University of Chicago Press.

O'Donnell, R.M. (1982), 'Keynes: Philosophy and Economics', unpublished PhD, University of Cambridge.

O'Donnell, R.M. (1989), *Keynes: Philosophy, Economics and Politics*, London: Macmillan.

Okun, A. (1962), 'Potential GNP: Its Measurement and Significance', *Proceedings of the Business and Economics Statistics Section of the American Statistical Association*, Washington, DC: ASA.

Okun, A. (1975), 'Inflation: Its Mechanics and Welfare Cost', *Brookings Papers on Economic Activity*.

Okun, A. (1980), 'Rational Expectations with Misperceptions as a Theory of the Business Cycle', *Journal of Money, Credit, and Banking*, November.

Okun, A. (1981), *Prices and Quantities: a Macroeconomic Analysis*, Oxford: Basil Blackwell.

Olson, M. (1982), *The Rise and Decline of Nations*, New Haven, CT: Yale University Press.

Olson, M. (1993), 'Dictatorship, Democracy and Development', *American Political Science Review*, September.

*Olson, M. (1996), 'Distinguished Lecture on Economics in Government: Big Bills Left on the Sidewalk: Why Some Nations are Rich, and Others Poor', *Journal of Economic Perspectives*, Spring.

Olson, M. (2000), *Power and Prosperity: Outgrowing Communist and Capitalist Dictatorships*, New York: Basic Books.

O'Rourke, K.H. and Williamson, J.G. (1999), *Globalisation and History: Evolution of the Nineteenth Century Atlantic Economy*, Cambridge, MA: MIT Press.

Paish, F.W. (1968), 'The Limits of Incomes Policies', in F.W. Paish and J. Hennessey, *Policy for Incomes*, London: Institute of Economic Affairs.

Paldam, M. (1979), 'Is There an Electoral Cycle? A Comparative Study of National Accounts', *Scandinavian Journal of Economics*.

Paldam, M. (2000), 'Social Capital: One or Many? Definition and Measurement', *Journal of Economic Surveys*, December.

Parente, S.L. and Prescott, E.C. (1994), 'Barriers to Technology Adoption and Development', *Journal of Political Economy*, April.

Parente, S.L. and Prescott, E.C. (1997), 'Monopoly Rights: A Barrier to Riches', Federal Reserve Bank of Minneapolis Staff Report 236, July.

Parente, S.L. and Prescott, E.C. (1999), 'Monopoly Rights: A Barrier to Riches', *American Economic Review*, December.

*Parente, S.L. and Prescott, E.C. (2000), *Barriers to Riches*, Cambridge, MA: MIT Press.

Parente, S.L. and Prescott, E.C. (2005), 'A Unified Theory of the Evolution of International Income Levels', in P. Aghion and S. Durlauf (eds), *Handbook of Economic Growth*, Amsterdam: Elsevier.

*Parker, R. (2002), *Reflections on the Great Depression*, Cheltenham, UK and Northampton, MA, USA: Edward Elgar.

Parkin, M. (1986), 'The Output–Inflation Tradeoff When Prices Are Costly to Change', *Journal of Political Economy*, February.

Parkin, M. (1992), 'Where Do We Stand?', in M. Belongia and M. Garfinkel (eds), *The Business Cycle: Theories and Evidence*, London: Kluwer Academic Publishers.

Parkin, M. and Bade, R. (1982a), 'Central Bank Laws and Monetary Policy', unpublished, University of Western Ontario.

Parkin, M. and Bade, R. (1982b), *Modern Macroeconomics*, Oxford: Philip Allan.

*Patinkin, D. (1948), 'Price Flexibility and Full Employment' *American Economic Review*, September.

Patinkin, D. (1956), *Money, Interest and Prices: An Integration of Monetary and Value Theory*, Evanston, IL: Row Peterson.

Patinkin, D. (1969), 'The Chicago Tradition, the Quantity Theory, and Friedman', *Journal of Money, Credit, and Banking*, February.

Patinkin, D. (1976), *Keynes's Monetary Thought: A Study of its Development*, Durham, NC: Duke University Press.

Patinkin, D. (1982), *Anticipations of the General Theory?* Oxford: Blackwell.

Patinkin, D. (1990a), 'In Defence of IS–LM', *Banca Nazionale del Lavoro Quarterly Review*, March.

*Patinkin, D. (1990b), 'On Different Interpretations of the General Theory', *Journal of Monetary Economics*, October.

Patinkin, D. (1993), 'On the Chronology of the General Theory', *Economic Journal*, May.

Pearce, K.A. and Hoover, K.D. (1995), 'After the Revolution: Paul Samuelson and the Textbook Keynesian Model', in A.F. Cottrel and M.S. Lawlor (eds), *New Perspectives on Keynes*, Durham, NC: Duke University Press.

Perry, G.L. and Tobin, J. (eds) (2000), *Economic Events, Ideas, and Policies: The 1960s and After*, Washington, DC: The Brookings Institution.

Persson, T. (1988), 'Credibility of Macroeconomic Policy: An Introduction and a Broad Survey', *European Economic Review*, March.

Persson, T. and Tabellini, G. (1990), *Macroeconomic Policy, Credibility and Politics*, London: Harwood.

Persson, T. and Tabellini, G. (1994), 'Is Inequality Harmful to Growth?', *American Economic Review*, June.

Persson, T. and Tabellini, G. (2004), 'Constitutional Rules and Fiscal Policy Outcomes', *American Economic Review*, March.

Pesek, B. and Saving, T.R. (1967), *Money, Wealth and Economic Theory*, London: Macmillan.

Phelps, E.S. (1967), 'Phillips Curves, Expectations of Inflation and Optimal Unemployment Over Time', *Economica*, August.

Phelps, E.S. (1968), 'Money Wage Dynamics and Labour Market Equilibrium', *Journal of Political Economy*, August.

Phelps, E.S. (1972), *Inflation Policy and Unemployment Theory: The Cost–Benefit Approach to Monetary Planning*, New York: W.W. Norton.

Phelps, E.S. (1978), 'Commodity-Supply Shock and Full Employment Monetary Policy', *Journal of Money, Credit, and Banking*, May.

Phelps, E.S. (1985), *Political Economy: An Introductory Text*, New York: W.W. Norton.

*Phelps, E.S. (1990), *Seven Schools of Macroeconomic Thought*, Oxford: Oxford University Press.

Phelps, E.S. (1992), 'Expectations in Macroeconomics and the Rational Expectations Debate', in A. Vercelli and N. Dimitri (eds), *Macroeconomics: A Survey of Research Strategies*, Oxford: Oxford University Press.

Phelps, E.S. (1994), *Structural Slumps: The Modern Equilibrium Theory of Unemployment, Interest and Assets*, Cambridge, MA: Harvard University Press.

Phelps, E.S. (2000), 'Lessons in Natural Rate Dynamics', *Oxford Economic Papers*, January.

Phelps, E.S. and Taylor, J.B. (1977), 'Stabilizing Powers of Monetary Policy Under Rational Expectations', *Journal of Political Economy*, February.

Phelps, E.S. and Zoega, G. (1998), 'Natural Rate Theory and OECD Unemployment', *Economic Journal*, May.

Phelps, E.S. et al. (1970), *Microeconomic Foundations of Employment and Inflation Theory*, New York: W.W. Norton.

*Phillips, A.W. (1958), 'The Relation Between Unemployment and the Rate of Change of Money Wage Rates in the United Kingdom, 1861–1957', *Economica*, November.

Pierce, J.L. (1995), 'Monetarism: The Good, the Bad and the Ugly', in K.D. Hoover and S.M. Sheffrin (eds), *Monetarism and the Methodology of Economics: Essays in Honour of Thomas Mayer*, Aldershot, UK and Brookfield, USA: Edward Elgar.

Piga, G. (2000), 'Dependent and Accountable: Evidence from the Modern Theory of Central Banking', *Journal of Economic Surveys*, December.

Pigou, A.C. (1941), *Employment and Equilibrium*, London: Macmillan.

Pigou, A.C. (1943), 'The Classical Stationary State', *Economic Journal*, December.

Pigou, A.C. (1947), 'Economic Progress in a Stable Environment', *Economica*, August.

Pindyck, R. and Rubinfeld, D.L. (1998), *Microeconomics*, 4th edn, Englewood Cliffs, NJ: Prentice-Hall.

*Plosser, C.I. (1989), 'Understanding Real Business Cycles', *Journal of Economic Perspectives*, Summer.

Plosser, C.I. (1994), 'Interview with Charles Plosser', in B. Snowdon, H.R. Vane and P. Wynarczyk, *A Modern Guide to Macroeconomics: An Introduction to Competing Schools of Thought*, Aldershot, UK and Brookfield, USA: Edward Elgar.

Pomeranz, K. (2000), *The Great Divergence: China, Europe and the Making of the Modern World Economy*, Princeton: Princeton University Press.

Poole, W. (1988), 'Monetary Policy Lessons of Recent Inflation and Disinflation', *Journal of Economic Perspectives*, Summer.

Porter, M. (2003), 'The Economic Performance of Regions', *Regional Studies*, August/October.

Posen, A.S. (1995), 'Declarations Are Not Enough: Financial Sector Sources of Central Bank Independence', *NBER Macroeconomics Annual*.

Posen, A. (1998), 'Central Bank Independence and Disinflationary Credibility: A Missing Link', *Oxford Economic Papers*, July.

*Prescott, E.C. (1986), 'Theory Ahead of Business Cycle Measurement', *Federal Reserve Bank of Minneapolis Quarterly Review*, Fall.

Prescott, E.C. (1996), 'Interview with Edward C. Prescott', *The Region*, September.

Prescott, E.C. (1998), 'Needed: A Theory of Total Factor Productivity', *International Economic Review*, August.

Prescott, E.C. (1999), 'Some Observations on the Great Depression', *Federal Reserve Bank of Minneapolis Quarterly Review*, Winter.

*Prescott, E.C. (2002), 'Prosperity and Depression', *American Economic Review*, May.

Presley, J.R. (1986), 'J.M. Keynes and the Real Balance Effect', *The Manchester School*, March.

*Pritchett, L. (1997), 'Divergence, Big Time', *Journal of Economic Perspectives*, Summer.

Proudman, J. and Redding, S. (1997), 'The Relationship Between Openness and Growth in the United Kingdom: A Summary of the Bank of England Growth Project', *Bank of England Quarterly Bulletin*, November.

Purvis, D.D. (1980), 'Monetarism: A Review', *Canadian Journal of Economics*, February.

Quah, D. (1993), 'Galton's Fallacy and Tests of the Convergence Hypothesis', *Scandinavian Journal of Economics*, December.

Quah, D.T. (1995), 'Business Cycle Empirics: Calibration and Estimation', *Economic Journal*, November.

Radcliffe Committee on the Working of the Monetary System (1959), *Report*, Cmnd 827, London: HMSO.

Raff, D.M.G. and Summers, L.H. (1987), 'Did Henry Ford Pay Efficiency Wages?', *Journal of Labour Economics*, October.

Ramey, G. and Ramey, V.A. (1995), 'Cross-Country Evidence on the Link Between Volatility and Growth', *American Economic Review*, December.

Ramsey, F. (1928), 'A Mathematical Theory of Saving', *Economic Journal*, December.

Rappaport, J. and Sachs, J.D. (2003), 'The United States as a Coastal Region', *Journal of Economic Growth*, March.

Ravn, M.O. and Sola, M. (1995), 'Stylised Facts and Regime Change: Are Prices Procyclical?', *Journal of Monetary Economics*.

Rebelo, S. (1991), 'Long-Run Policy Analysis and Long-Run Growth', *Journal of Political Economy*, June.

Redman, D.A. (1992), *A Readers Guide to Rational Expectations*, Aldershot, UK and Brookfield, USA: Edward Elgar.

Reynolds, L.G. (1985), *Economic Growth in the Third World, 1850–1980*, New Haven: Yale University Press.

Reynolds, L.G. (1994), 'Government and Economic Growth', in G.M. Meier (ed.), *From Classical Economics to Development Economics*, New York: St Martin's Press.

Riddell, R. (1987), *Foreign Aid Reconsidered*, Baltimore: Johns Hopkins University Press.

Rivera-Batiz, L. and Romer, P.M. (1991), 'Economic Integration and Endogenous Growth', *Quarterly Journal of Economics*, May.

Robbins, L. (1971[1934]), *The Great Depression*, Freeport, NY: Books for Libraries Press.

Roberts, P.C. (1989), 'Supply-Side Economics: An Assessment of the American Experience', *National Westminster Bank Quarterly Review*, February.

Robertson, D.H. (1926), *Banking Policy and the Price Level*, London: P.S. King.

Robertson, D.H. (1956), *Economic Commentaries*, London: Macmillan.

Robinson, J. (1933), *The Economics of Imperfect Competition*, London: Macmillan.

Robinson, J. (1962), *Economic Philosophy*, Harmondsworth: Penguin.

Robinson, J. (1971), *Economic Heresies*, London: Macmillan.

Robinson, J. (1972), 'The Second Crisis in Economic Theory', *American Economic Review*, May.

Robinson, J. (1975), 'What Has Become of the Keynesian Revolution?', in M. Keynes (ed.), *Essays on John Maynard Keynes*, Cambridge: Cambridge University Press.

Robinson, J. (1998), 'Theories of "Bad" Policy', *Journal of Policy Reform*.

Rodriguez, F. and Rodrik, D. (2000), 'Trade Policy and Economic Growth: A Sceptics Guide to Cross-National Data', *NBER Macroeconomics Annual*.

*Rodrik, D. (1995), 'Getting Interventions Right: How South Korea and Taiwan Grew Rich', *Economic Policy*, April.

*Rodrik, D. (1996), 'Understanding Economic Policy Reform', *Journal of Economic Literature*, March.

Rodrik, D. (1999a), *The New Global Economy and Developing Countries: Making Openness Work*, Washington, DC: Overseas Development Council.

Rodrik, D. (1999b), 'Where Did All the Growth Go? External Shocks, Social Conflict and Growth Collapses', *Journal of Economic Growth*, December.

Rodrik, D. (2000), 'Institutions for High-Quality Growth: What Are They and How to Acquire Them', *Studies in International Development*, Fall.

Rodrik, D. (ed.) (2003), *In Search of Prosperity: Analytic Narratives on Economic Growth*, Princeton: Princeton University Press.

*Rodrik, D. (2005), 'Growth Strategies' in P. Aghion and S. Durlauf (eds), *Handbook of Economic Growth*, Amsterdam: Elsevier.

Rodrik, D., Subramanian, A. and Trebbi, F. (2004), 'Institutions Rule: The Primacy of Institutions Over Geography and Integration in Economic Development', *Journal of Economic Growth*, June.

Roed, K. and Zhang, T. (2003), 'Does Unemployment Compensation Affect Unemployment Duration?', *Economic Journal*, January.

Rogerson, R. (1988), 'Indivisible Labour, Lotteries and Equilibrium', *Journal of Monetary Economics*, January.

Rogerson, R. (1997), 'Theory Ahead of Language in the Economics of Unemployment', *Journal of Economic Perspectives*, Winter.

Rogoff, K. (1985), 'The Optimal Degree of Commitment to an Intermediate Monetary Target', *Quarterly Journal of Economics*, November.

Rogoff, K. (1988), 'Comment on Macroeconomics and Politics', *NBER Macroeconomics Annual*.

Rogoff, K. (1990), 'Equilibrium Political Budget Cycles', *American Economic Review*, March.

Rogoff, K. (2002), 'Dornbusch's Overshooting Model After Twenty-Five Years', *IMF Staff Papers*, Special Issue.

Rogoff, K. (2003), 'Disinflation: An Unsung Benefit of Globalisation', *Finance and Development*, December.

Rogoff, K. and Sibert, A. (1988), 'Equilibrium Political Business Cycles', *Review of Economic Studies*, January.

Romer, C.D. (1986a), 'Spurious Volatility in Historical Unemployment Data', *Journal of Political Economy*, March.

Romer, C.D. (1986b), 'New Estimates of GNP and Unemployment', *Journal of Economic History*, June.

Romer, C.D. (1986c), 'Is the Stabilisation of the Postwar Economy a Figment of the Data?', *American Economic Review*, June.

Romer, C.D. (1989), 'The Pre-war Business Cycle Reconsidered: New Estimates of GNP, 1869–1908', *Journal of Political Economy*, February.

Romer, C.D. (1990), 'The Great Crash and the Onset of the Great Depression', *Quarterly Journal of Economics*, August.

Romer, C.D. (1992), 'What Ended the Great Depression?', *Journal of Economic History*, December.

*Romer, C.D. (1993), 'The Nation in Depression', *Journal of Economic Perspectives*, Spring.

Romer, C.D. (1994), 'Re-Measuring Business Cycles', *Journal of Economic History*, September.

*Romer, C.D. (1999), 'Changes in Business Cycles: Evidence and Explanations', *Journal of Economic Perspectives*, Spring.

Romer, C.D. (2004), 'The Great Depression', in *Encyclopedia Britannica*, Upper Saddle River, NJ: Pearson Education.

Romer, C.D. and Romer, D.H. (1989), 'Does Monetary Policy Matter? A New Test in the Spirit of Friedman and Schwartz', *NBER Macroeconomics Annual*.

Romer, C.D. and Romer, D.H. (1994a), 'Monetary Policy Matters', *Journal of Monetary Economics*, August.

Romer, C.D. and Romer, D.H. (1994b), 'What Ends Recessions?', *NBER Macroeconomics Annual*.

Romer, C.D. and Romer, D.H. (eds) (1997), *Reducing Inflation: Motivation and Strategy*, Chicago: University of Chicago Press.

Romer, C.D. and Romer, D.H. (1999), 'Monetary Policy and the Well-Being of the Poor', *Federal Reserve Bank of Kansas City Economic Review*.

*Romer, C.D. and Romer, D.H. (2002), 'The Evolution of Economic Understanding and Postwar Stabilisation Policy', Department of Economics, University of California, Berkeley, Working Paper.

Romer, C.D. and Romer, D.H. (2004), 'Choosing the Federal Reserve Chair: Lessons from History', *Journal of Economic Perspectives*, Winter

*Romer, D. (1993), 'The New Keynesian Synthesis', *Journal of Economic Perspectives*, Winter.

Romer, D. (1996), *Advanced Macroeconomics*, New York: McGraw-Hill.

*Romer, D. (2000), 'Keynesian Macroeconomics Without the LM Curve', *Journal of Economic Perspectives*, Spring.

Romer, D. (2001), *Advanced Macroeconomics*, 2nd edn, New York: McGraw-Hill.

Romer, D. (2003), 'Misconceptions and Political Outcomes', *Economic Journal*, January.

Romer, P.M. (1986), 'Increasing Returns and Long-Run Growth', *Journal of Political Economy*, October.

Romer, P.M. (1987a), 'Crazy Explanations for the Productivity Slowdown', *NBER Macroeconomics Annual*.

Romer, P.M. (1987b), 'Growth Based on Increasing Returns Due to Specialisation', *American Economic Review*, May.

Romer, P.M. (1989), 'Capital Accumulation in the Theory of Long-Run Growth', in R.J. Barro (ed.), *Modern Business Cycle Theory*, Cambridge, MA: Harvard University Press.

Romer, P.M. (1990), 'Endogenous Technological Change', *Journal of Political Economy*, October.

Romer, P.M. (1993), 'Idea Gaps and Object Gaps in Economic Development', *Journal of Monetary Economics*, December.

*Romer, P.M. (1994a), 'The Origins of Endogenous Growth', *Journal of Economic Perspectives*, Winter.

Romer, P.M. (1994b), 'New Goods, Old Theory, and the Welfare Costs of Trade Restrictions', *Journal of Development Economics*, February.

*Romer, P.M. (1995), 'The Growth of Nations: A Comment on Mankiw', *Brookings Papers on Economic Activity*.

Rose-Ackerman, S. (2001), 'Trust and Honesty in Post-Socialist Societies', *Kyklos*.

Rosen, S. (1985), 'Implicit Contracts: A Survey', *Journal of Economic Literature*, September.

Rosenberg, N. (1994), *Exploring the Black Box: Technology, Economics and History*, Cambridge: Cambridge University Press.

Rosenberg, N. and Birdzell, L.E. (1986), *How the West Grew Rich*, New York: Basic Books.

Rostow, W.W. (1960), *The Stages of Economic Growth*, Cambridge: Cambridge University Press.

Rostow, W.W. (1990), *Theories of Economic Growth from David Hume to the Present*, Oxford: Oxford University Press.

Rotemberg, J.J. (1987), 'The New Keynesian Microfoundations', *NBER Macroeconomics Annual.*

Rotemberg, J.J. and Summers, L.H. (1990), 'Inflexible Prices and Procyclical Productivity', *Quarterly Journal of Economics*, November.

Rotemberg, J.J. and Woodford, M. (1991), 'Markups and the Business Cycle', *NBER Macroeconomics Annual.*

Rothbard, M.N. (1963), *America's Great Depression*, Los Angeles: Nash Publishing.

Rothschild, K.W. (1971), 'The Phillips Curve and All That', *Scottish Journal of Political Economy*, November.

Rush, M. (1987), 'Real Business Cycles', *Federal Reserve Bank of Kansas City Economic Review*, February.

Ryan, C. (2002), 'Business Cycles: Stylised Facts', in B. Snowdon and H.R. Vane (eds), *An Encyclopedia of Macroeconomics*, Cheltenham, UK and Northampton, MA, USA: Edward Elgar.

*Ryan, C. and Mullineux, A.W. (1997), 'The Ups and Downs of Modern Business Cycle Theory', in B. Snowdon and H.R. Vane (eds), *Reflections on the Development of Modern Macroeconomics*, Cheltenham, UK and Lyme, USA: Edward Elgar.

Rymes, T.K. (ed.) (1989), *Keynes's Lectures, 1932–35: Notes from a Representative Student*, London: Macmillan.

*Sachs, J.D. (1999), 'Twentieth-Century Political Economy: A Brief History of Global Capitalism', *Oxford Review of Economic Policy*, December.

*Sachs, J.D. (2003), 'Institutions Matter, But Not For Everything', *Finance and Development*, June.

*Sachs, J.D. and Warner, A.M. (1995), 'Economic Reform and the Process of Global Integration', *Brookings Papers on Economic Activity.*

Sachs, J.D. and Warner, A.M. (1997), 'Fundamental Sources of Long-Run Growth', *American Economic Review*, May.

Sachs, J.D. and Warner, A.M. (2001), 'The Curse of Natural Resources', *European Economic Review*, May.

Sala-i-Martin, X. (1997), 'I Just Ran 2 Million Regressions', *American Economic Review*, May.

Sala-i-Martin, X. (2002a), 'The Disturbing "Rise" of Global Inequality', NBER Working Paper, No. 8904, April.

Sala-i-Martin, X. (2002b), 'The World Distribution of Income', NBER Working Paper, No. 8933, May.

*Sala-i-Martin, X. and Subramanian, A. (2003), 'Addressing the Natural Resource Curse: An Illustration From Nigeria', NBER Working Paper, No. 9804, June.

Salant, W.S. (1988), 'The Spread of Keynesian Doctrines and Practices in the United States', in O.F. Hamouda and J.N. Smithin (eds), *Keynes and Public Policy After Fifty Years, Vol 1: Economics and Policy*, Aldershot, UK and Brookfield, USA: Edward Elgar.

Salop, S.C. (1979), 'A Model of the Natural Rate of Unemployment', *American Economic Review*, March.

Samuelson, P.A. (1939), 'Interactions Between the Multiplier Analysis and the Principle of Acceleration', *Review of Economics and Statistics*, May.

Samuelson, P.A. (1946), 'Lord Keynes and the General Theory', *Econometrica*, July.

Samuelson, P.A. (1948), *Economics*, New York: McGraw-Hill.

Samuelson, P.A. (1955), *Economics*, 3rd edn, New York: McGraw-Hill.

Samuelson, P.A. (1983), 'The Keynes Centenary: Sympathy From the Other Cambridge', *The Economist*, 25 June.

Samuelson, P.A. (1984), 'Evaluating Reagonomics', *Challenge*, November/December.

Samuelson, P.A. (1988), 'In the Beginning', *Challenge*, July/August.

*Samuelson, P.A. and Solow, R.M. (1960), 'Analytical Aspects of Anti-Inflationary Policy', *American Economic Review*, May.

Sandilands, R. (2002), 'Great Depression', in B. Snowdon and H.R. Vane (eds), *An Encyclopedia of Macroeconomics*, Cheltenham, UK and Northampton, MA, USA: Edward Elgar.

Sanfey, P.J. (1995), 'Insiders and Outsiders in Union Models', *Journal of Economic Surveys*.

*Santomero, A.M. and Seater, J.J. (1978), 'The Inflation–Unemployment Trade-Off: A Critique of the Literature', *Journal of Economic Literature*, June.

Sargent, T.J. (1979), *Macroeconomic Theory*, New York: Academic Press.

Sargent, T.J. (1982), 'The End of Four Big Inflations', in R.H. Hall (ed.), *Inflation: Causes and Effects*, Chicago: University of Chicago Press.

Sargent, T.J. (1993), *Rational Expectations and Inflation*, 2nd edn, New York: HarperCollins.

Sargent, T.J. (1999), *The Conquest of American Inflation*, Princeton: Princeton University Press.

Sargent, T.J. and Wallace, N. (1975), 'Rational Expectations, the Optimal Monetary Instrument and the Optimal Money Supply Rule', *Journal of Political Economy*, April.

Sargent, T.J. and Wallace, N. (1976), 'Rational Expectations and the Theory of Economic Policy', *Journal of Monetary Economics*, April.

Sargent, T.J. and Wallace, N. (1981), 'Some Unpleasant Monetarist Arithmetic', *Federal Reserve Bank of Minneapolis Quarterly Review*, Autumn.

Savage, L. (1954), *The Foundations of Statistics*, New York: John Wiley.

Say, J.B. (1821), *A Treatise on Political Economy*, London: Longmans.

Schmookler, J. (1966), *Invention and Economic Growth*, Cambridge, MA: Harvard University Press.

Schneider, F. and Frey, B. (1988), 'Politico-Economic Models of Macroeconomics Policy: A Review of the Empirical Evidence', in T.D. Willet (ed.), *Political Business Cycles: The Political Economy of Money, Inflation and Unemployment*, Durham, NC: Duke University Press.

Schuknecht, L. (1996), 'Political Business Cycles and Fiscal Policies in Developing Countries', *Kyklos*.

Schultz, K. (1995), 'The Politics of the Political Business Cycle', *British Journal of Political Science*.

Schumpeter, J.A. (1934), *The Theory of Economic Development*, Cambridge, MA: Harvard University Press.

Schumpeter, J.A. (1939), *Business Cycles*, New York: McGraw-Hill.

Schumpeter, J.A. (1942), *Capitalism, Socialism and Democracy*, London: Allen and Unwin.

Schwartz, A.J. (1992), *Monetarism and Monetary Policy*, IEA Occasional Paper No. 86, London: Institute of Economic Affairs.

Selgin, G.A. (1988), *The Theory of Free Banking: Money Supply Under Competitive Note Issue*, Totowa, NJ: Roman and Littlefield.

Shackle, G.L.S. (1967), *The Years of High Theory*, Cambridge: Cambridge University Press.

*Shackle, G.L.S. (1974), *Keynesian Kaleidics*, Edinburgh: Edinburgh University Press.

Shapiro, C. and Stiglitz, J. (1984), 'Equilibrium Unemployment as a Worker Discipline Device', *American Economic Review*, June.

Shaw, G.K. (1984), *Rational Expectations: An Elementary Exposition*, Brighton: Wheatsheaf.

Shaw, G.K. (1988), *Keynesian Economics: The Permanent Revolution*, Aldershot, UK and Brookfield, USA: Edward Elgar.

Shaw, G.K. (1992), 'Policy Implications of Endogenous Growth Theory', *Economic Journal*, May.

Shaw, G.K. (2002), 'Balanced Budget Multiplier', in B. Snowdon and H.R. Vane (eds), *An Encyclopedia of Macroeconomics*, Cheltenham, UK and Northampton, MA, USA: Edward Elgar.

Sheffrin, S. (1989), *The Making of Economic Policy*, Oxford: Basil Blackwell.

Sheffrin, S.M. (1996), *Rational Expectations*, 2nd edn, Cambridge: Cambridge University Press.

Shiller, R.J. (1997), 'Why Do People Dislike Inflation?', in C.D. Romer and D.H. Romer (eds), *Reducing Inflation: Motivation and Strategy*, Chicago: University of Chicago Press.

*Siebert, H. (1997), 'Labour Market Rigidities: At the Root of Unemployment in Europe', *Journal of Economic Perspectives*, Summer.

Siklos, P.L. (ed.) (1995), *Great Inflations of the Twentieth Century: Theories, Policies and Evidence*, Aldershot, UK and Brookfield, USA: Edward Elgar.

Simkins, S.P. (1994), 'Do Real Business Cycle Models Really Exhibit Business Cycle Behaviour?', *Journal of Monetary Economics*, April.

Sims, C.A. (1972), 'Money, Income, and Causality', *American Economic Review*, September.

Sims, C.A. (1980), 'Comparisons of Interwar and Postwar Business Cycles: Monetarism Reconsidered', *American Economic Review*, May.

Sims, C.A. (1983), 'Is There a Monetary Business Cycle?', *American Economic Review*, May.

Sims, C.A. (1996), 'Macroeconomics and Methodology', *Journal of Economic Perspectives*, Winter.

*Skidelsky, R. (1983), *John Maynard Keynes, Vol. 1: Hopes Betrayed 1883–1920*, London: Macmillan.

*Skidelsky, R. (1992), *John Maynard Keynes, Vol. 2: The Economist as Saviour 1920–1937*, London: Macmillan.

Skidelsky, R. (1996a), 'The Influence of the Great Depression on Keynes's *General Theory*', *History of Economics Review*, Winter–Summer.

Skidelsky, R. (1996b), *Keynes*, Oxford: Oxford University Press.

*Skidelsky, R. (2000), *John Maynard Keynes, Vol. 3: Fighting for Britain, 1937–46*, London: Macmillan.

Skousen, M. (1990), *The Structure of Production*, New York: New York University Press.

Smith, A. (1776), *An Inquiry Into the Nature and Causes of the Wealth of Nations*, R.H. Campbell and A.S. Skinner (eds) (1976), Oxford: Clarendon Press.

Smith, D. (1987), *The Rise and Fall of Monetarism: The Theory and Politics of an Economic Experiment*, Harmondsworth: Penguin.

Smith, R.T. (1992), 'The Cyclical Behaviour of Prices', *Journal of Money, Credit, and Banking*, November.

Smithin, J. (2002), 'Phillips Curve', in B. Snowdon and H.R. Vane (eds), *An Encyclopedia of Macroeconomics*, Cheltenham, UK and Northampton, MA, USA: Edward Elgar.

Snowdon, B. (1997), 'Politics and the Business Cycle', *Political Quarterly*, July.

Snowdon, B. (2001a), 'Keeping the Keynesian Faith: Alan Blinder on the Evolution of Macroeconomics', *World Economics*, April–June.

Snowdon, B. (2001b), 'Redefining the Role of the State: Stiglitz on Building a Post-Washington Consensus', *World Economics*, July–September.

Snowdon, B. (2001c), 'Bhagwati on Growth, Trade and Development in the Second Age of Globalisation', *World Economics*, October–December.

*Snowdon, B. (2002a), *Conversations on Growth, Stability and Trade*, Cheltenham, UK and Northampton, MA, USA: Edward Elgar.

Snowdon, B. (2002b), 'The Ups and Downs of Capitalism: Ben Bernanke on the "Great Depression" and the "Great Inflation" ', *World Economics*, April–June.

Snowdon, B. (2002c), 'In Praise of Historical Economics: Bradford DeLong on Growth, Development and Instability', *World Economics*, January–March.

Snowdon, B. (2002d), 'Should We Be Globaphobic About Globalisation? Dani Rodrik on the Economic and Political Implications of Increasing International Economic Integration', *World Economics*, October–December.

Snowdon, B. (2003a), 'In Search of the Holy Grail: William Easterly on the Elusive Quest for Growth and Development', *World Economics*, July–September.

Snowdon, B. (2003b), 'From Socialism to Capitalism and Democracy: Janos Kornai on the Trials of Socialism and Transition', *World Economics*, January–March.

Snowdon, B. (2003c), 'Back to the Future: Jeffrey Williamson on Globalisation in History', *World Economics*, October–December.

Snowdon, B. (2004a), 'Outside the Mainstream: Axel Leijonhufvud on Twentieth Century Macroeconomics', *Macroeconomic Dynamics*, February.

Snowdon, B. (2004b), 'Beyond the "Ivory Tower": Stanley Fischer on the Economics of Contemporary Global Issues', *World Economics*, January–March.

Snowdon, B. (2004c), 'Explaining the "Great Divergence": Daron Acemoglu on How Growth Theorists Rediscovered History and the Importance of Institutions', *World Economics*, April–June.

Snowdon, B. and Vane, H.R. (1995), 'New Keynesian Economics Today: The Empire Strikes Back', *American Economist*, Spring.

Snowdon, B. and Vane, H.R. (1996), 'The Development of Modern Macroeconomics: Reflections in the Light of Johnson's Analysis After Twenty-Five Years', *Journal of Macroeconomics*, Summer.

*Snowdon, B. and Vane, H.R. (eds) (1997a), *A Macroeconomics Reader*, London: Routledge.

Snowdon, B. and Vane, H.R. (1997b), 'Modern Macroeconomics and Its

Evolution from a Monetarist Perspective: An Interview with Professor Milton Friedman', *Journal of Economic Studies*.

Snowdon, B. and Vane, H.R. (1998), 'Transforming Macroeconomics: An Interview with Robert E. Lucas Jr.', *Journal of Economic Methodology*, June.

Snowdon, B. and Vane, H.R. (1999a), 'The New Political Macroeconomics', *American Economist*, Spring.

Snowdon, B. and Vane, H.R. (1999b), *Conversations with Leading Economists: Interpreting Modern Macroeconomics*, Cheltenham, UK and Northampton, MA, USA: Edward Elgar.

Snowdon, B. and Vane, H.R. (2002a), 'James Tobin, 1918–2002: An "Unreconstructed Old Keynesian" Who Wouldn't Quit', *World Economics*, July–September.

*Snowdon, B. and Vane, H.R. (2002b), *An Encyclopedia of Macroeconomics*, Cheltenham, UK and Northampton, MA, USA: Edward Elgar.

Snowdon, B., Vane, H.R. and Wynarczyk, P. (1994), *A Modern Guide to Macroeconomics: An Introduction to Competing Schools of Thought*, Aldershot, UK and Brookfield, USA: Edward Elgar.

Soh, B.H. (1986), 'Political Business Cycles in Industrialized Democratic Countries', *Kyklos*.

*Sokoloff, K. and Engerman, S. (2000), 'Institutions, Factor Endowments and Paths of Development in the New World', *Journal of Economic Perspectives*, Summer.

Solomou, S. (1996), *Themes in Macroeconomic History: The UK Economy, 1919–39*, Cambridge: Cambridge University Press.

Solow, R.M. (1956), 'A Contribution to the Theory of Economic Growth', *Quarterly Journal of Economics*, February.

Solow, R.M. (1957), 'Technical Change and the Aggregate Production Function', *Review of Economics and Statistics*, August.

Solow, R.M. (1966), 'The Case Against the Case Against the Guideposts' in G.P. Schultz and R.Z. Aliber (eds), *Guidelines, Informal Controls and the Market Place: Policy in a Full Employment Economy*, Chicago: University of Chicago Press.

Solow, R.M. (1979), 'Another Possible Source of Wage Stickiness', *Journal of Macroeconomics*, Winter.

Solow, R.M. (1980), 'On Theories of Unemployment', *American Economic Review*, March.

Solow, R.M. (1985), 'Economic History and Economics', *American Economic Review*.

Solow, R.M. (1986), 'What is a Nice Girl Like You Doing in a Place Like This? Macroeconomics After Fifty Years', *Eastern Economic Journal*, July–September.

Solow, R.M. (1988), 'Growth Theory and After', *American Economic Review*, June.

Solow, R.M. (1990), *The Labour Market as a Social Institution*, Oxford: Basil Blackwell.

Solow, R.M. (1994), 'Perspectives on Growth Theory', *Journal of Economic Perspectives*, Winter.

*Solow, R.M. (1997), 'Is There a Core of Usable Macroeconomics That We Should All Believe In?', *American Economic Review*, May.

Solow, R.M. (1998), 'How Cautious Must the Fed Be?', in R.M. Solow and J.B. Taylor, *Inflation, Unemployment and Monetary Policy*, Cambridge, MA: MIT Press.

*Solow, R.M. (2000), *Growth Theory: An Exposition*, 2nd edn, Oxford: Oxford University Press.

Solow, R.M. (ed.) (2001), *Landmark Papers in Economic Growth*, Cheltenham, UK and Northampton, MA, USA: Edward Elgar.

*Solow, R.M. (2002), 'Neoclassical Growth Model' in B. Snowdon and H.R. Vane (eds), An *Encyclopedia of Macroeconomics*, Cheltenham, UK and Northampton, MA, USA: Edward Elgar.

*Solow, R.M. and Taylor, J.B. (1998), *Inflation, Unemployment and Monetary Policy*, Cambridge, MA: MIT Press.

Solow, R.M. and Tobin, J. (1988), 'Introduction to the Kennedy Reports', in J. Tobin and M. Weidenbaum (eds), *Two Revolutions in Economic Policy: The First Economic Reports of Presidents Kennedy and Reagan*, Cambridge, MA: MIT Press.

Sowell, T. (1972), *Say's Law: An Historical Analysis*, Princeton: Princeton University Press.

Spence, M. (1974), *Market Signalling*, Cambridge, MA: Harvard University Press.

Sraffa, P. (1926), 'The Law of Returns Under Competitive Conditions', *Economic Journal*, December.

Stadler, G.W. (1990), 'Business Cycle Models with Endogenous Technology', *American Economic Review*, September.

*Stadler, G.W. (1994), 'Real Business Cycle Theory: A Survey', *Journal of Economic Literature*, December.

Stafford, G. (1999), 'Economic Growth: How Good Can it Get?, *American Economic Review*, May.

Staiger, D., Stock, J.H. and Watson, M.W. (1997), 'The NAIRU, Unemployment and Monetary Policy', *Journal of Economic Perspectives*, Winter.

Stein, H. (1969), *The Fiscal Revolution in America*, Chicago: University of Chicago Press.

Stewart, M. (1986), *Keynes and After*, 3rd edn, Harmondsworth: Penguin.

Stiglitz, J.E. (1984), 'Price Rigidities and Market Structure', *American Economic Review*, May.

*Stiglitz, J.E. (1987), 'The Causes and Consequences of the Dependency of Quality on Prices', *Journal of Economic Literature*, March.

*Stiglitz, J.E. (1992), 'Methodological Issues and the New Keynesian Economics', in A. Vercelli and N. Dimitri (eds), *Macroeconomics: A Survey of Research Strategies*, Oxford: Oxford University Press.

Stiglitz, J.E. (1993), *Economics*, New York: W.W. Norton.

*Stiglitz, J.E. (1997), 'Reflections on the Natural Rate Hypothesis', *Journal of Economic Perspectives*, Winter.

Stiglitz, J.E. (1999a), 'Central Banking in a Democratic Society', *De Economist*.

Stiglitz, J.E. (1999b), 'Towards a General Theory of Wage and Price Rigidities and Economic Fluctuations', *American Economic Review*, May.

*Stiglitz, J.E. (2000), 'The Contribution of the New Economics of Information to Twentieth Century Economics', *Quarterly Journal of Economics*, November.

*Stiglitz, J.E. (2002), 'Information and Change in the Paradigm in Economics', *American Economic Review*, June.

Stiglitz, J.E. and Greenwald, B. (2003), *Towards a New Paradigm in Monetary Economics*, Cambridge: Cambridge University Press.

Stock, J.H. and Watson, M.W. (1988), 'Variable Trends in Economic Time Series', *Journal of Economic Perspectives*, Summer.

Strigl, R. (2000 [1934]), *Capital and Production*, Auburn, AL: The Ludwig von Mises Institute.

Sugden, R. (1987), 'New Developments in the Theory of Choice Under Uncertainty', in J.D. Hey and P.J. Lambert (eds), *Surveys in the Economics of Uncertainty*, Oxford: Basil Blackwell.

Summers, L.H. (1986), 'Some Sceptical Observations on Real Business Cycle Theory', *Federal Reserve Bank of Minneapolis Quarterly Review*, Fall.

Summers, L.H. (1988), 'Relative Wages, Efficiency Wages, and Keynesian Unemployment', *American Economic Review*, May.

Summers, L.H. (1990), *Understanding Unemployment*, Cambridge, MA: MIT Press.

Summers, L.H. (1991a), 'The Scientific Illusion in Empirical Macroeconomics', *Scandinavian Journal of Economics*.

Summers, L.H. (1991b), 'How Should Long-Term Monetary Policy be Determined?', *Journal of Money, Credit, and Banking*, August.

Summers, L.H. (1996), 'Why are Central Banks Pursuing Price Stability? A Comment', *Achieving Price Stability: A Symposium*, sponsored by the Federal Reserve Banks of Kansas City, Kansas City, MO: The Bank.

Summers, R. and Heston, A. (1991), 'The Penn World Table (Mark 5): An

Expanded Set of International Comparisons, 1950–88', *Quarterly Journal of Economics*, May.

*Svensson, L.E.O. (1996), 'The Scientific Contributions of Robert E. Lucas Jr.', *Scandinavian Journal of Economics*, March.

Svensson, L.E.O. (1997a), 'Optimal Inflation Targets, "Conservative" Central Banks and Linear Inflation Contracts', *American Economic Review*, March.

Svensson, L.E.O. (1997b), 'Inflation Forecast Targeting: Implementing and Monitoring Inflation Targets', *European Economic Review*, June.

Svensson, L.E.O. (1999), 'Inflation Targeting as a Monetary Policy Rule', *Journal of Monetary Economics*, June.

Svensson, L.E.O. (2000), 'The First Year of the Euro-System: Inflation Targeting or Not', *American Economic Review*, May.

Svensson, L.E.O. (2003a), 'Escaping From the Liquidity Trap: The Foolproof Way and Others', *Journal of Economic Perspectives*, Fall.

Svensson, L.E.O. (2003b), 'What is Wrong With Taylor Rules? Using Judgement in Monetary Policy Through Targeting Rules', *Journal of Economic Literature*, June.

Swan, T.W. (1956), 'Economic Growth and Capital Accumulation', *Economic Record*, November.

Tamura, R. (1996), 'From Decay to Growth: A Demographic Transition to Economic Growth', *Journal of Economic Dynamics and Control*, June–July.

*Tanzi, V. (1998), 'Corruption Around the World: Cause, Consequences, Scope and Cures, *IMF Staff Papers*, December.

Tanzi, V. (1999), 'Transition and the Changing Role of Government', *Finance and Development*, June.

Tanzi, V. and Schuknecht, L. (2000), *Public Spending in the Twentieth Century: A Global Perspective*, Cambridge: Cambridge University Press.

Tarshis, L. (1939), 'Changes in Real and Money Wages', *Economic Journal*, March.

Tavelli, H., Tullio, G. and Spinelli, F. (1998), 'The Evolution of European Central Bank Independence: An Updating of the Masciandaro and Spinelli Index', *Scottish Journal of Political Economy*, August.

Taylor, A.M. (1998), 'On the Costs of Inward-Looking Development: Price Distortions, Growth, and Divergence in Latin America', *Journal of Economic History*, March.

Taylor, H. (1985), 'Time Inconsistency: A Potential Problem for Policymakers', *Federal Reserve Bank of Philadelphia Business Review*, March/April.

Taylor, J. (1972), 'The Behaviour of Unemployment and Unfilled Vacancies: Great Britain, 1958–71, An Alternative View', *Economic Journal*, December.

Taylor, J.B. (1980), 'Aggregate Dynamics and Staggered Contracts', *Journal of Political Economy*, February.

Taylor, J.B. (1989), 'The Evolution of Ideas in Macroeconomics', *Economic Record*, June.

Taylor, J.B. (1992a), 'The Great Inflation, the Great Disinflation, and Policies for Future Price Stability' in A. Blundell-Wignall (ed.), *Inflation, Disinflation and Monetary Policy*, Sydney: Ambassador Press.

Taylor, J.B. (1992b), 'Synchronised Wage Determination and Macroeconomic Performance in Seven Large Countries', in A. Vercelli and N. Dimitri (eds), *Macroeconomics: A Survey of Research Strategies*, Oxford: Oxford University Press.

*Taylor, J.B. (1993), 'Discretion Versus Policy Rules in Practice', *Carnegie-Rochester Conference Series on Public Policy*, Amsterdam: North-Holland.

*Taylor, J.B. (1996), 'Stabilisation Policy and Long-Term Growth', in R. Landau, T. Taylor and G. Wright (eds), *The Mosaic of Economic Growth*, Stanford: Stanford University Press.

Taylor, J.B. (1997a), 'Comment', in C.D. Romer and D.H. Romer (eds), *Reducing Inflation: Motivation and Strategy*, Chicago: University of Chicago Press.

*Taylor, J.B. (1997b), 'A Core of Practical Macroeconomics', *American Economic Review*, May.

Taylor, J.B. (1998a), 'Monetary Policy Guidelines for Employment and Inflation Stability', in R.M. Solow and J.B. Taylor, *Inflation, Unemployment and Monetary Policy*, Cambridge, MA: MIT Press.

Taylor, J.B. (1998b), 'Monetary Policy and the Long Boom', *Federal Reserve Bank of St. Louis Review*, December.

Taylor, J.B. (1999), 'A Historical Analysis of Monetary Policy Rules', in J.B. Taylor (ed.), *Monetary Policy Rules*, Chicago: University of Chicago Press.

*Taylor, J.B. (2000a), 'Reassessing Discretionary Fiscal Policy', *Journal of Economic Perspectives*, Summer.

*Taylor, J.B. (2000b), 'Teaching Modern Macroeconomics at the Principles Level', *American Economic Review*, May.

Taylor, J.B. (2001), *Economics*, 3rd edn, New York: Houghton Mifflin.

Temin, P. (1976), *Did Monetary Forces Cause the Great Depression*?, New York: W.W. Norton.

*Temin, P. (1989), *Lessons From the Great Depression*, Cambridge, MA: MIT Press.

Temin, P. (1993), 'Transmission of the Great Depression', *Journal of Economic Perspectives*, Spring.

Temin, P. (1997), 'Is it Kosher to Talk About Culture?' *Journal of Economic History*, June.

Temin, P. (1998), 'The Causes of the American Business Cycle: An Essay in

Economic Historiography', in J.C. Fuhrer and S. Schuh (eds), *Beyond Shocks*, Boston, MA: Boston Federal Reserve Bank.

Temple, J. (1998), 'Initial Conditions, Social Capital and Growth in Africa', *Journal of African Economies*, October.

*Temple, J. (1999), 'The New Growth Evidence', *Journal of Economic Literature*, March.

Temple, J. (2000), 'Inflation and Growth: Stories Short and Tall', *Journal of Economic Surveys*, September.

*Temple, J. (2003), 'The Long-Run Implications of Growth Theories', *Journal of Economic Surveys*, July.

Temple, J. and Johnson, P. (1998), 'Social Capital and Economic Growth', *Quarterly Journal of Economics*, August.

Theil, H. (1956), 'On the Theory of Economic Policy', *American Economic Review*, May.

Thirlwall, A.P. (1993), 'The Renaissance of Keynesian Economics', *Banca Nazionale del Lavoro Quarterly Review*, September.

Thurow, L.C. (1983), *Dangerous Currents: The State of Economics*, New York: Random House.

Thurow, L. (1992), *Head to Head*, New York: Morrow.

Timbrell, M. (1989), 'Contracts and Market Clearing in the Labour Market', in D. Greenaway (ed.), *Current Issues in Macroeconomics*, Basingstoke: Macmillan.

Tinbergen, J. (1952), *On The Theory of Economic Policy*, Amsterdam: North-Holland.

Tobin, J. (1958), 'Liquidity Preference as Behaviour Towards Risk', *Review of Economic Studies*, February.

Tobin, J. (1970), 'Money and Income: Post Hoc Ergo Propter Hoc', *Quarterly Journal of Economics*, May.

*Tobin, J. (1972a), 'Inflation and Unemployment', *American Economic Review*, March.

Tobin, J. (1972b), 'Friedman's Theoretical Framework', *Journal of Political Economy*, September/October.

Tobin, J. (1975), 'Keynesian Models of Recession and Depression', *American Economic Review*, May.

*Tobin, J. (1977), 'How Dead is Keynes?', *Economic Inquiry*, October.

Tobin, J. (1980a), *Asset Accumulation and Economic Activity: Reflections on Contemporary Macroeconomic Theory*, Oxford: Basil Blackwell.

*Tobin, J. (1980b), 'Are New Classical Models Plausible Enough to Guide Policy?', *Journal of Money, Credit, and Banking*, November.

Tobin, J. (1980c) 'Stabilisation Policy Ten Years After', *Brookings Papers on Economic Activity*.

*Tobin, J. (1981), 'The Monetarist Counter-Revolution Today – An Appraisal', *Economic Journal*, March.

Tobin, J. (1985), 'Theoretical Issues in Macroeconomics', in G.R. Feiwel (ed.), *Issues in Contemporary Macroeconomics and Distribution*, Albany: State University of New York Press.

*Tobin, J. (1987), *Policies For Prosperity: Essays in a Keynesian Mode*, P.M. Jackson (ed.), Brighton: Wheatsheaf.

Tobin, J. (1988), '"Comment" on David Romer's paper "What are the Costs of Excessive Deficits?"', *NBER Macroeconomics Annual*.

Tobin, J. (1989), 'Keynesian Theory: Is It Still a Useful Tool in the Economic Reality of Today?', *Revista di Politica Economica*, April.

*Tobin, J. (1993), 'Price Flexibility and Output Stability: An Old Keynesian View', *Journal of Economic Perspectives*, Winter.

Tobin, J. (1995), 'The Natural Rate as New Classical Economics', in R. Cross (ed.), *The Natural Rate of Unemployment: Reflections on 25 Years of the Hypothesis*, Cambridge: Cambridge University Press.

*Tobin, J. (1996), *Full Employment and Growth: Further Essays on Policy*, Cheltenham, UK and Brookfield, USA: Edward Elgar.

Tobin, J. (1997), 'An Overview of *The General Theory*', Cowles Foundation Paper, No. 947.

Tobin, J. (1998), 'Monetary Policy: Recent Theory and Practice', Cowles Foundation Discussion Paper, No. 1187.

Tobin, J. (2001), 'Fiscal Policy: Its Macroeconomics in Perspective', Cowles Foundation Discussion Paper, No. 1301, May.

Tocqueville, A. de (1835), *Democracy in America*, New York: Random House, 1954.

Tomlinson, J.D. (1984), 'A Keynesian Revolution in Economic Policy-Making?', *Economic History Review*, May.

Townshend, H. (1937), 'Liquidity-Premium and the Theory of Value', *Economic Journal*, March.

Treasury (1999), *The New Monetary Policy Framework*, London: H.M. Treasury.

Trevithick, J.A. (1975), 'Keynes, Inflation and Money Illusion', *Economic Journal*, March.

Trevithick, J.A. (1992), *Involuntary Unemployment: Macroeconomics from a Keynesian Perspective*, London: Harvester-Wheatsheaf.

Trevithick, J.A. and Stevenson, A. (1977), 'The Complementarity of Monetary Policy and Incomes Policy', *Scottish Journal of Political Economy*, February.

Trigg, A. (2002), 'Business Cycles: Keynesian Approach', in B. Snowdon and H.R. Vane (eds), *An Encyclopedia of Macroeconomics*, Cheltenham, UK and Northampton, MA, USA: Edward Elgar.

Tufte, E.R. (1975), 'Determinants of the Outcomes of Midterm Congressional Elections', *American Political Science Review*, September.

Tufte, E.R. (1978), *Political Control of the Economy*, Princeton, NJ: Princeton University Press.

Ugur, M. (ed.) (2002), *An Open Economy Macroeconomics Reader*, London: Routledge.

Vamvakidis, A. (2002), 'How Robust is the Growth–Openness Connection? Historical Evidence', *Journal of Economic Growth*, March.

Vane, H.R. (1992), 'The Thatcher Years: Macroeconomic Policy and Performance of the UK Economy, 1979–1988', *National Westminster Bank Quarterly Review*, May.

*Vane, H.R. and Mulhearn, C. (2004), 'The Nobel Memorial Prize in Economics: A Biographical Guide to Potential Future Winners', *World Economics*, January–March.

Vane, H.R. and Thompson, J.L. (1979), *Monetarism: Theory, Evidence and Policy*, Oxford: Martin Robertson.

Vercelli, A. (1991), *Methodological Foundations of Macroeconomics: Keynes and Lucas*, Cambridge: Cambridge University Press.

Vetter, H. and Andersen, T.M. (1994), 'Do Turnover Costs Protect Insiders?', *Economic Journal*, January.

Vickers, J. (1998), 'Inflation Targeting in Practice: The UK Experience', *Bank of England Quarterly Bulletin*, November.

*Vines, D. (2003), 'John Maynard Keynes 1937–46: The Creation of International Macroeconomics', *Economic Journal*, June.

Von Neumann, J. and Morgenstern, O. (1953), *The Theory of Games and Economic Behaviour*, 3rd edn, Princeton: Princeton University Press.

Wagner, R. (1977), 'Economic Manipulation For Political Profit: Macroeconomic Consequences and Constitutional Implications', *Kyklos*.

Waller, C.J. and Walsh, C.E. (1996), 'Central Bank Independence, Economic Behaviour and Optimal Term Lengths', *American Economic Review*, December.

Walsh, C.E. (1986), 'New Views of the Business Cycle: Has the Past Emphasis on Money Been Misplaced?', *Federal Reserve Bank of Philadelphia Business Review*, February.

Walsh, C.E. (1993), 'Central Bank Strategies, Credibility and Independence: A Review Essay', *Journal of Monetary Economics*, November.

Walsh, C.E. (1995a), 'Optimal Contracts for Central Bankers', *American Economic Review*, March.

Walsh, Carl (1995b), 'Recent Central-Bank Reforms and the Role of Price Stability as the Sole Objective of Monetary Policy', *NBER Macroeconomics Annual*.

Walsh, C.E. (1998), *Monetary Theory and Policy*, Cambridge, MA: MIT Press.

Walters, A.A. (1971), 'Consistent Expectations, Distributed Lags and the Quantity Theory', *Economic Journal*, June.

Walters, B. and Young, D. (1997), 'On the Coherence of Post Keynesian Economics', *Scottish Journal of Political Economy*, August.

Warming, J. (1932), 'International Difficulties Arising Out of the Financing of Public Works During a Depression', *Economic Journal*, June.

Weber, S. (1997), 'The End of the Business Cycle?', *Foreign Affairs*, July/August.

Weintraub, E.R. (1979), *Microfoundations*, Cambridge: Cambridge University Press.

Weiss, A. (1980), 'Job Queues and Layoffs in Labour Markets with Flexible Wages', *Journal of Political Economy*, June.

Weiss, A. (1991), *Efficiency Wages: Models of Unemployment, Layoffs and Wage Dispersion*, Oxford: Clarendon Press.

Weitzman, M.L. (1985), 'Profit Sharing as Macroeconomic Policy', *American Economic Review*, May.

Wheeler, M. (ed.) (1998), *The Economics of the Great Depression*, Kalamazoo, MI: W.E. Upjohn Institute for Employment Research.

White, H. (1992), 'The Macroeconomic Impact of Development Aid: A Critical Survey', *Journal of Development Studies*, January.

White, L.H. (1989), *Competition and Currency: Essays on Free Banking and Money*, New York: New York University Press.

Wickens, M. (1995), 'Real Business Cycle Analysis: A Needed Revolution in Macroeconometrics', *Economic Journal*, November.

Wicksell, K. (1958), 'Ends and Means in Economics', in his *Selected Papers on Economic Theory* (ed. E. Lindahl), London: Allen and Unwin.

*Willet, T.D. (ed.) (1988), *Political Business Cycles: The Political Economy of Money, Inflation and Unemployment*, Durham, NC: Duke University Press.

Williamson, S.D. (1996), 'Real Business Cycle Research Comes of Age: A Review Essay', *Journal of Monetary Economics*, August.

Wilson, T. (1980), 'Robertson, Money and Monetarism', *Journal of Economic Literature*, December.

Winters, A. (2004), 'Trade Performance and Economic Performance: An Overview', *Economic Journal*, February.

Wittman, D.A. (1977), 'Candidates with Policy Preferences: A Dynamic Model', *Journal of Economic Theory*, February.

*Woodford, M. (2000), 'Revolution and Evolution in Twentieth-Century Macroeconomics', in P. Gifford (ed.), *Frontiers of the Mind in the Twenty-First Century*, Cambridge, MA: Harvard University Press.

Woolley, J.T. (1994), 'The Politics of Monetary Policy: A Critical Review', *Journal of Public Policy*.

World Bank (1993), *The East Asian Miracle: Economic Growth and Public Policy*, Oxford: Oxford University Press.

*World Bank (1997), *The State in a Changing World*, Oxford: Oxford University Press.

World Bank (1998/9), *Knowledge for Development*, Oxford: Oxford University Press.

*World Bank (2002), *Building Institutions for Markets*, Oxford: Oxford University Press.

Wright, G. (1997), 'Towards a More Historical Approach to Technological Change', *Economic Journal*, September.

Wrigley, E. (1988), *Continuity, Chance and Change: The Character of the Industrial Revolution in England*, Cambridge: Cambridge University Press.

Yang, X. (2003), *Economic Development and the Division of Labour*, Oxford: Blackwell.

*Yellen, J.L. (1984), 'Efficiency Wage Models of Unemployment', *American Economic Review*, May.

*Yergin, D. and Stanislaw, J. (1999), *The Commanding Heights: The Battle Between Government and the Marketplace That is Remaking the Modern World*, New York: Touchstone.

Ying, L.G. (1999), 'China's Changing Regional Disparities During the Reform Period', *Economic Geography*, January.

Young, A. (1928), 'Increasing Returns and Economic Progress', *Economic Journal*, December.

Young, A. (1992), 'A Tale of Two Cities: Factor Accumulation and Technical Change in Hong Kong and Singapore', *NBER Macroeconomics Annual*.

Young, A. (1994), 'Lessons from the East Asian NICs: A Contrarian View', *European Economic Review*, April.

*Young, A. (1995), 'The Tyranny of Numbers: Confronting the Statistical Realities of the East Asian Growth Experience', *Quarterly Journal of Economics*, August.

Young, W. (1987), *Interpreting Mr. Keynes: The IS–LM Enigma*, Cambridge: Polity Press.

Young, W. and Darity, W. Jr (2004), 'IS–LM–BP', in M. De Vroey and K.D. Hoover (eds), *The IS–LM Model: Its Rise, Fall and Strange Persistence*, Durham, NC: Duke University Press.

Young W. and Zilberfarb, B.Z. (eds) (2000), *IS–LM and Modern Macroeconomics*, Boston, MA: Kluwer Academic Publishers.

Zak, P.J. and Knack, S. (2001), 'Trust and Growth', *Economic Journal*, April.

Zarnowitz, V. (1985), 'Recent Work on Business Cycles in Historical Perspective', *Journal of Economic Literature*, June.

*Zarnowitz, V. (1992a), 'What is a Business Cycle?', in M. Belongia and M. Garfinkel (eds), *The Business Cycle: Theories and Evidence*, London: Kluwer Academic Publishers.

Zarnowitz, V. (1992b), *Business Cycles: Theory, History, Indicators and Forecasting*, Chicago: University of Chicago Press.

*Zijp, R. (1993), *Austrian and New Classical Business Cycle Theories: A Comparative Study Through the Method of Rational Reconstruction*, Aldershot, UK and Brookfield, USA: Edward Elgar.

주제 찾아보기

ㄱ

ㅋ

ㅌ

ㅍ

ㅎ

기타

인명 찾아보기

ㄱ

ㄴ

ㄷ

ㄹ

ㅂ

ㅅ

ㅇ

ㅌ

ㅍ

ㅎ